BOUQUINS

Collection fondée par Guy Schoeller
et dirigée par Jean-Luc Barré

À DÉCOUVRIR AUSSI
DANS LA MÊME COLLECTION

Léon Bloy, *Journal*, 2 vol.
Casanova, *Histoire de ma vie*, 3 vol.
Léon Daudet, *Souvenirs et polémiques*
Matthieu Galey, *Journal intégral, 1953-1986*
Edmond et Jules de Goncourt, *Journal. Mémoires de la vie littéraire*, 3 vol.
Julien Green, *Toute ma vie. Journal intégral*, 3 vol.
Victor Hugo, *Correspondance familiale et écrits intimes*, 2 vol.
François Mauriac, *Le Bloc-notes*, 2 vol., *Journal et mémoires politiques, Correspondance intime.*
Charles Péguy, *Mystique et politique*
Jules Renard, *Journal (1887-1910)*
Raymond Roussel, *La Doublure*, *La Vue*, *Impressions d'Afrique*, *Locus Solus*, *L'Étoile au Front*, *La Poussière de Soleils*, *Nouvelles Impressions d'Afrique*, *Comment j'ai écrit certains de mes livres*, préface de Yann Moix
Catriona Seth, *La Fabrique de l'intime. Écrits autobiographiques de femmes du XVIIIe siècle*
Sylvain Tesson, *L'Énergie vagabonde*

YANN MOIX

HORS DE MOI

Journal*

15 juin 2016-14 juin 2017

BOUQUINS
la collection

Grasset

ISBN : 978-2-38292-145-6

Dépôt légal : août 2023 – N° d'édition : 65912/01

Bouquins éditions – 92, avenue de France 75013 Paris

À Philippe Sollers

Mon tort est d'accepter de prendre part
au mécanisme d'un monde totalement étranger au mien.
Jean Cocteau, *Le Passé défini*,
dimanche 24 avril 1960

JUIN

Mercredi 15 juin

S'il est bien quelque chose que je déteste, c'est tenir un journal intime. Autant j'adore lire les journaux des autres, autant m'y livrer moi-même me semble abject, vain, visqueux. Toute cette confiture de moi. Emmanuelle m'enjoint de le faire, je cède.

Réveil avec l'album *Atmosphere For Lovers And Thieves* de Ben Webster, 1971 (Polydor, Black Lion Records, BLP 30105, UK). Ben Webster et Ole Kongsted au saxophone ténor ; Kenny Drew et Niels Jørgen Steen au piano ; Niels-Henning Ørsted Pedersen, Hugo Rasmussen et Henrik Hartmann à la basse ; Axel Riel et Hans Nymand à la batterie ; John Darville au trombone ; Arnvid Meyer à la trompette. Enregistré au Metronome Studio de Copenhague les dimanche 5, lundi 13, mercredi 15 et mardi 21 septembre 1965 – je me réveille tous les matins avec un chef-d'œuvre.

Le meilleur morceau de l'album est sans conteste celui qui l'ouvre : « Blue Light », du Duke – déchirant chorus de Webster, version sonore d'un chat qui s'étire, en hommage à celui qui jadis lui donna sa chance. 1965 est l'année où, pour la toute première fois de sa vie, à cinquante-six ans, Webster (que j'ai toujours préféré à son mentor Coleman Hawkins) se rend en Europe : il ne se déplace pas pour rien, alignant les perles, et va même y rester. C'est plus un album du soir que du matin ; mais je m'octroie parfois le droit, sinon le devoir, de me réveiller en douceur.

Ma rencontre avec Emmanuelle date du mois de novembre ; un ami commun m'avait indiqué l'existence d'une Hongkongaise radieuse, à la giflante beauté. Je m'étais rendu sur le lieu de travail d'Emmanuelle mais, au moment de me faire connaître d'elle, elle s'était dissipée dans la foule ; je restai interdit et sur ma faim. J'envoyai quelques messages sans ambiguïté par le biais d'une plateforme virtuelle et adressai, sans m'en douter, mes déclarations transies et mes compliments appuyés à un homonyme parfait. Découragé, j'avais stoppé mes insistances et changé d'élan, décidé de me contenter de ma relation d'alors avec une Belge de trente ans, coréenne d'origine, répondant au prodigieux prénom de Donatienne. Donatienne n'était pas sans qualités, loin s'en faut ; mais la distance le disputait à l'ennui. Certes, son énergie, en position non verticale, entrait en résonance avec sa méticulosité – l'extase était sans cesse au rendez-vous. Surtout, ce qui étonnait chez elle, et qui m'étonna souvent avec mes amies coréennes, c'était cet écart vertigineux entre la mine, douce, scolaire, sage, et la capacité de vice au lit (je n'ai jamais adoré faire l'amour ailleurs que dans un lit et, en cela, je me trouve extrêmement subversif, tant chacun, copulant ici dans un avion, là sur un morceau de trottoir ou sur un balcon, se persuade d'avoir une existence au faîte de l'aventure et une puissance de transgression à peu près inédite dans l'histoire des hommes).

Mais Emmanuelle possédait une figure, jouissait d'une silhouette, pouvait s'enorgueillir d'un allant dont la vivacité ne connaissait guère de concurrences.

Donatienne, en ce mois de décembre 2015, Paris à peine remis des secousses terroristes, avait choisi de m'inviter au Théâtre des Champs-Élysées, pour un concert dont, étrangement, j'ai oublié le programme mais dont Emmanuelle, si je le lui demandais, me rappellerait instantanément le détail. Moi qui suis doté – je ne m'en vante pas ; ce n'est jamais qu'un don de la nature, comme d'autres ont le nez en trompette – d'une mémoire de pachyderme, je ne me rappelle jamais le contenu des programmes de concert classique. Je me souviens avoir quelque peu subi la prestation ; ce que j'ignorais, c'est qu'Emmanuelle fût dans la salle. Lorsque j'en sortis, je reçus d'elle, sur la même plateforme virtuelle, un message m'interrogeant sur le concert : « Avez-vous aimé ? » Instantanément, je sus que nous allions, elle et moi, vivre une histoire. Quand la chiquenaude, quelle que soit son intensité, est provoquée par une femme, c'est que le couple s'est déjà possiblement formé dans son esprit. C'était gagné.

Nous passons parfois des semaines à tenter d'accaparer l'intérêt d'une femme. Il y a meilleure méthode, même si le mot de « méthode » entend donner l'impression qu'il existe une physique amoureuse comme il existe une physique newtonienne (je ne suis pas certain qu'il existe une mécanique stricte des sentiments, mais, en revanche, il est évident que les réactions humaines, quelle que soit la singularité des protagonistes, suivent des lois partagées par tous et toutes) ; cette méthode consiste à asséner nos intentions d'un seul coup, une fois pour toutes, puis à se retirer du jeu ; il s'agit ensuite d'attendre les fruits de notre attaque. Ils ne manqueront pas de venir. En effet, la femme convoitée, s'étonnant de ce que nous soyons si peu constant, se figurera, à son grand désarroi narcissique, que nous sommes bel et bien passé à autre chose – à une rivale. Sans avoir rien fait, nous avons manifesté un changement de cap et, de ce fait, créé une dissymétrie qui, avant cela, s'incarnait de l'autre côté et nous était défavorable.

Journée commencée par un film anecdotique sur l'affaire Kerviel. Jérôme Kerviel est un héros parfait pour les temps modernes : cynisme absolu, courage insidieux, noirceur palpable. L'argent, non comme confort, mais comme inconfort – celui des sensations abyssales, celui des casinos et des sueurs, cet argent sans odeur, fait de chiffres qui défilent sur l'écran. Argent démonétisé ; monnaie désargentisée. L'argentique est mort chez les photographes, au profit du numérique. Mais cette remarque est valable au royaume de la finance : l'argent argentique est mort aussi – et avec lui sa réalité.

Je me souviens d'une époque, non si lointaine, où la photographie était unique, ou presque : à l'aide d'un négatif, on effectuait quelques copies ; la photo était réservée à un cercle minuscule. D'une certaine manière, l'intimité restait dans l'intimité. La famille restait circonscrite à la famille. Tandis qu'aujourd'hui, par sa numérisation, la photo domestique envahit le monde ; elle fait carrière dans l'infini. Elle traverse le monde. Ce qui était secret devient publique ; ce qui ne regardait personne prétend intéresser tout le monde. Il y avait, alors, cette sensation d'un trésor, d'un secret sans autre valeur que le fait que, précisément, il ne possédait de valeur que pour quelques-uns. La beauté d'une photo de famille provenait de cela : qu'elle ne pouvait passionner personne au-delà de quelques-uns. Nous étions heureux de cette limitation ; que cette publication fût confidentielle, réduite, dressait entre le monde et nous un lien solide – il nous ancrait dans une réalité impubliable ; ce qui était commun à tous les hommes, c'était qu'ils étaient riches, chacun chez eux, d'une réalité réservée. En élargissant à la sphère de tous le cocon de quelques-uns, nous exportons dans un cosmos indifférent, et dont l'indifférence nous abîme et nous humilie, un ferment qui valait de l'or et, une fois répandu, ne vaut plus un clou de girofle. Nous avons voulu exposer à la vue de l'humanité tout entière ce que nous considérions comme un gisement merveilleux : les souvenirs nous reviennent ignorés, perdus dans la masse, quand ils ne sont pas souillés par le sarcasme, moqués, conspués, triturés. Il y a un avilissement dans la multiplication de la photographie – son exportation trop facile a fini par abolir l'importance de ceux, de celles qui y figurent. Ces gens, morts ou vieillis, qui étaient tout pour nous, et le sont encore, ne sont que pour les autres, qui y ont eu accès grâce à nous (à cause de nous), des ectoplasmes ou des abstractions.

Loin de comparer les êtres humains à des billets, je constate que l'argent, lui aussi, par son abstraction irrémédiable, est devenu un empilement de non-sens, un amas de signes indifférents, une collection de pointillés. Cette déréalisation, quand elle rencontre un délinquant comme Kerviel, permet à la fois plus facilement le passage à l'acte – puisque l'acte n'a plus de braquage que le maniement de quelques doigts sur les touches d'un clavier d'ordinateur – et une montée d'adrénaline. Kerviel parvient à redonner à l'argent un caractère de réalité par le truchement de la déviance, du « vol », du piratage. Quant à savoir s'il est coupable ou non, l'affaire est plus simple qu'il y paraît : sans jamais qu'on l'y encourageât, il fut tacitement livré à ses propres débauches. Rapporteraient-elles des gains, que ses manigances l'eussent consacré en interne. Mais il se fit prendre ; et on le lâcha forcément.

Quant à Kerviel lui-même, je le perçois comme un être froid, un enfant perdu dans ce siècle de chiffres et de profits, totalement insensible par exemple à la valeur d'un poème (ce en quoi je me trompe peut-être, les hommes ne laissant jamais de nous étonner) ; il est fait pour les réfrigérateurs, les chambres froides. C'est un boucher. Mais un boucher du XXIe siècle ; l'équarrisseur, aujourd'hui, ne fait plus gicler le sang sur sa lame, mais les dividendes sur son écran. Il y a le même rapport désincarné à la bête. D'un côté, le sang est devenu un métier ; de l'autre, l'argent est devenu un jeu. Mais on vide la même besace, par un processus d'intellection que connaît bien le tueur en série : l'abstraction de la souffrance ici, celle de la misère là. Entre la vie et Kerviel, entre la réalité et Kerviel s'intercalent non seulement l'écran de l'ordinateur, mais la mégalomanie de l'ordonnateur.

Qu'incarne Kerviel ? La désincarnation, précisément. Il symbolise, son faciès en couteau aidant, la fin de la chair, l'imminence d'un monde réfrigéré, métallique, où le clavier a remplacé la pioche et la cravate la bonne vieille sueur péguyste. On ne sue plus dans les salles de marché : on suinte. Comme la viande avant de l'installer sur ses crocs, parmi la glace. On est assis, on effectue des transactions. C'est-à-dire que l'homme n'agit plus : il « trans-agit ». Au sens propre : il *achève*. Comme le boucher achève sa bête. La lame est le clavier. On frappe. On transperce. Le marché n'est plus aux Halles ; il n'est plus à Rungis. Il est dans une salle, au dix-huitième étage d'une tour. Cette salle s'appelle tout simplement la « salle des marchés ». C'est là qu'on y saigne la bête. La blouse blanche tachée d'hémoglobine est désormais un costume Gucci et une cravate maculée de café.

Projection : Léa est là, qui semble me bouder. Je l'aime bien ; elle m'amuse. Léa Salamé est une fille intelligente et terriblement maligne. J'ignore si elle a toujours cherché la réussite professionnelle (plus importante chez elle que la réussite sociale) mais, à présent qu'elle a trouvé la brèche, force est de constater qu'elle s'y enfonce avec virtuosité. Elle est faite pour les médias. Elle n'est dupe de rien, toujours située au second degré dans la vraie vie, mais sachant immédiatement, quand elle est sur un plateau et devant une caméra ou un micro, retrouver le premier degré qu'aiment tant les gens.

Son jeu favori consiste à crâner face à sa hiérarchie, qu'elle feint de ne pas craindre. C'est très fort. Tuer le père reste son activité première, son exercice préféré. Tout ce qu'elle fait, défait, refait, méfait vise à décapiter son géniteur, auquel elle doit la plupart de la noire énergie qui sert de carburant à ses succès mérités.

Bien qu'alignant les leçons de morale dans sa matinale sur la radio nationale, elle n'a rien de commun avec la gauche : elle possède un je-ne-sais-quoi d'ultraréactionnaire ; parallèlement, elle parvient, endormant tous ses ennemis, à incarner une manière de « coolitude ». Elle calcule subtilement les risques avant de se lancer. Régulièrement, elle me demande de faire la peau à tel ou tel artiste boboïdal qu'elle exècre, mais qu'elle se doit d'encenser au prétexte que c'est un chanteur, ou un acteur, ou un réalisateur France Inter-compatible. Elle m'envoie ainsi au casse-pipe, ce qui m'est parfaitement égal ; comme un nigaud suicidaire, je m'exécute. Je lui laisse volontiers croire qu'elle me manipule – motif chez elle de jouissance. On s'entend bien.

Léa parvient à être aimée de la jeunesse et des « seniors » – belle prouesse. Elle tombe parfois dans quelques panneaux – elle sait notamment jouer la carte de la rébellion quand la rébellion coïncide avec ce que pense la majorité des téléspectateurs ; elle s'insurge toujours dans le bon sens, mais, comme tous les insurgés, n'hésite pas à lever le poing ni à le frapper sur le pupitre. Je lui pardonne tout. Je l'aime bien, je le répète.

Dans ma loge, elle me demande ce qu'entend Finkielkraut par « gentils », pensant que c'était une manière d'intituler par contraste « méchants » les juifs. Sa culture générale est étrange : elle sait ce que Jean-François Copé faisait en juin 2002 mais n'a jamais entendu parler des Cent-Jours. Je me souviens de cette fois où elle pensait que le Programme commun avait survécu à 1978 et s'était matérialisé par la victoire mitterrandiste en 1981. Est-ce si grave ? Non.

Elle m'a rappelé que, lorsqu'elle avait vingt ans, elle était venue me voir, lors d'une séance de dédicace à Sciences Po, afin que je lui signe *Jubilations vers le ciel* (je ne m'en souvenais pas). Sentiment étrange qu'elle aurait pu être une bonne camarade mais qu'elle ne le sera jamais – hélas.

Emmanuelle m'accompagne à la séance. J'aime ces débuts d'histoire amoureuse où celle que nous avons choisie, qui nous a choisi, nous accompagne *partout*. J'en profite ; je savoure. Un jour viendra où elle ne m'accompagnera plus *nulle part*.

Déjeuner, avec Emmanuelle et Agnès, avenue Victor-Hugo, dans un restaurant japonais. Les mets nous défilent sous le nez, comme un petit train. Cette mangeoire est sordide, quand on y réfléchit bien, et en dit long sur la fin de la civilisation ; mais mon côté enfantin – et impatient – s'en amuse.

J'ai connu Agnès M. au tout début des années 1990. Son mari, Éric, a « étudié » à mes côtés à l'ESC Reims. Nous n'avons guère étudié – surtout moi. Nous n'avons fait que boire. J'ajoute, pour ce qui me concerne, d'autres activités : la lecture, l'écriture, l'ennui et son affreux complice, la masturbation. Je passais de longues heures, entre deux chapitres d'Artaud ou de Joyce, lus frénétiquement, à ne faire que cela. Incapable de réussir à séduire quiconque (n'importe qui y parvenait sauf moi), j'étais condamné à malaxer seul mes chairs, greffant sur le frisson, très bête et tellement mécanique, des visages mélangés, des postérieurs diffus, greffés sur d'autres corps, parfois, que leur corps d'origine. Lorsqu'on me croisait dans les couloirs de cet établissement médiocre (je n'avais point mérité mieux), j'étais branlé de frais.

Je me demande encore pourquoi je ne me suis pas enfui de Reims, pour aller par exemple effectuer un tour du monde avec rien en poche, comme il est de coutume à cet âge. J'ai subi en me taisant ; j'ai remâché mon échec en acceptant et en restant sur place, sur ce miteux campus, parmi de miteuses gens. Le pire est que ce ne fut même pas une expérience, comme il en va de certains traumatismes – non, rien que des blocs d'ennui, de l'ennui à l'état brut. Des jours interchangeables, qui sont décomptés de mon existence, des jours que j'ai consommés sans les *vivre*. Il s'agit là d'un crime contre sa propre humanité.

Je n'aurai pas regardé une seule seconde de Roland-Garros. Pas une seule. Je n'y arrive plus. « Roland » à la télévision, je ne supporte plus (de toute façon, je n'ai pas la télévision). Impression qu'il ne se passe plus rien sur les courts. Qu'on oscille entre l'événement et le non-événement, entre l'excitation passagère et le néant absolu. Dieu sait si j'en ai regardé des matchs, si j'en ai suivi des Internationaux de France et d'ailleurs. Mais, là, ça ne prend plus, sur moi : je ne vois qu'un être humain vêtu de blanc renvoyer une balle jaune en direction d'un être humain similaire, le tout sur fond orange. Et puis, je ne connais plus personne à « Roland ». Il y a trop de nouveaux. Il n'y a que des visages neufs, des patronymes qui ne me disent rien. Mon attention ne s'accroche plus, comme jadis, à des noms dont l'évidence m'enchantait : Noah, Connors, McEnroe, Lendl, Chang. Le suspense, alors, était à son comble. On pratiquait le *name dropping*, on échafaudait des hypothèses, on séchait les cours pour retrouver les commentaires avisés d'Hervé Duthu. On suivait ça comme une série policière, on ne ratait aucun rebondissement. Nerveux, on guettait le moindre faux rebond. Suis-je un brin trop nostalgique ? Ai-je tort ? Je n'arrive pas à savoir si c'est moi qui ai vieilli ou Roland-Garros qui a changé. Suis-je à ce point dégoûté de la télévision que j'ai tendance à ouvrir des chefs-d'œuvre de la littérature ou à aller au cinéma plutôt que d'aller la regarder chez quelqu'un (mais chez *qui ?*) ?

Grâce à McEnroe, le tennis était devenu un art. Il y a art lorsqu'il y a transgression, non des règles, mais de l'utilisation des règles. Fischer a réinventé les échecs non pas en modifiant la marche des pièces, mais en osant des combinaisons à la logique démente. Le n'importe quoi, du point de vue du profane, répond toujours, du point de vue du génie, à des lois précises, à une mathématique cohérente, à une tactique inédite. McEnroe pratiquait un tennis non-euclidien ; il nous démontrait que, avec une raquette et une balle jaune, il existait des milliers de configurations impensables, des scénarios qu'aucun scénariste n'eût pu imaginer. Son service n'était pas répertorié : avant lui, les montées au filet n'avaient jamais eu cette audace, presque enfantine (toujours comme Fischer) ; on reconnaît le coup (c'est le cas de le dire) de génie, bien souvent, à sa simplicité, à l'épure de son trait. McEnroe fut, en cela, aussi (et par ses innovations perpétuelles) le Picasso des courts. Son style ? Lui seul pouvait l'imiter : le génie est également (voir Céline) celui qui se pastiche le mieux. Ce n'est pas tout : les grands artistes sont aussi ceux qui, sans jamais se renier ni se brader, savent toucher le public (Renoir, Proust, Jouvet, Mozart) : ce fut le cas de McEnroe, malgré quelques sifflets qui sont, là encore, l'apanage des demi-dieux.

Reçu un bulletin d'inscription aux « anciens » de Sup de Co Reims. Envie de vomir. Atroce école, atroce période, atroces souvenirs. Les écoles supérieures de commerce constituent une des plus remarquables arnaques du milieu des années 1980, 1990 et 2000. Il en a fallu, du temps, pour qu'on ose s'avouer leur inanité. On n'y apprend rien, que la haine des autres et le mépris de classe ; on n'y fait rien, que se saouler sans jamais ouvrir un livre. On n'y parle que des lendemains, des salaires et des situations : seul l'argent fait office d'argument. On y démissionne en ce qui tient à l'existence. Ce sont de pauvres vies de légumes, de proboscidiens, d'eucaryotes, de poissons rouges qui se préparent dans ces tristes laboratoires à ambitions. Il s'agit de bouffer le monde, mais on ne connaît pas le monde : nul, ici, n'a jamais fait le moindre voyage – on n'y compte que des touristes. Ce sont ainsi trois années de vie humaine qui, dans les rots alcoolisés, les vapeurs de bière chaude et les piquants effluves d'urine, s'écoulent sans qu'on y prenne garde. Tout cela ressemble purement et simplement à la mort. Il faudrait interdire les « grandes » écoles de commerce ; qui sont toutes évidemment minuscules.

Appel de Léa : elle n'avait rien contre moi. La vérité est qu'elle se trouve sur une liste des journalistes menacés par Daech, liste balancée par Larossi Abballa, ce Charles Manson du pauvre, qui vient d'assassiner un couple de policiers dans les Yvelines. « On ne va pas attendre d'être tous allés chez les Frères et revenir chacun notre tour pour commencer », avait-il proféré il y cinq ans. « Terrorisme de proximité », comme le titre très justement *Libération*, et bientôt ce sera le terrorisme domestique, avec des enfants qui tueront leurs parents, ou l'inverse. On peut aussi imaginer qu'un fanatique fête son anniversaire, invitant tous ses copains de lycée ou de fac, et se fasse joyeusement exploser au milieu d'eux.

Larossi Abballa : comme il m'est pénible d'écrire ce nom, un nom qui ne mérite pas d'avoir été prononcé. Ce morceau de chair humaine est venu sur la Terre, et ce fut pour massacrer un innocent. Le plus lâchement du monde, s'il vous plaît : le terrorisme sans lâcheté aurait un visage imité de l'héroïsme, il serait un plagiat de courage. Mais le terrorisme sans lâcheté, cela n'existe pas, n'est point défini. La lâcheté est la matière première du terrorisme ; à ce stade, elle constitue à elle seule une arme. Nous connaissons les armes blanches, les armes à feu : la lâcheté est une arme humaine. Il s'agit de prêter une grande attention aux mots – par « lâcheté », ici, je n'entends pas l'absence de courage, mais son strict contraire, son symétrique opposé. Ici, courage et lâcheté sont placés sur le même axe, mais aux antipodes. La lâcheté comme moteur d'une action – comme *carburant* d'un acte. Non pas la lâcheté qui empêche de faire, mais celle au contraire qui permet que cela se fasse ; une lâcheté, non qui démissionne, mais qui s'exécute. Une lâcheté *en action*.

La lâcheté, dans le cas du terrorisme, est une rupture de contrat avec l'humanité tout entière. Comme le courage, elle distingue, mais à l'envers. La lâcheté, ici, annule l'accord tacite que l'on ne peut non seulement faire ça, mais qu'on n'a pas le droit de le faire *comme ça*. Dans l'horreur, l'humanité s'accommoderait presque d'une intention, d'un résultat, mais au milieu du pire, au milieu des ruines et des larmes, fraîchement ensanglantée, encore sous le choc de ce qui vient d'advenir, elle est médusée au carré par les modalités du crime, par l'état d'esprit qui a permis l'événement. L'attentat n'est possible que par la lâcheté comme la Résistance ne l'était que par le courage.

Un terroriste n'est pas quelqu'un qui n'assume pas ses actes : c'est un homme, c'est une femme qui endort l'humanité en profanant ce qu'elle a de plus noble – la confiance en l'autre. L'attentat repose sur un abus de confiance extrême ; il viole toute forme de moralité. Il efface les devoirs que chaque homme a, non envers la loi, mais envers son prochain.

Bonne nouvelle : Emmanuelle peut réintégrer son travail – depuis février, elle attendait d'être en règle : une kafkaïenne histoire de droit de séjour, due à sa complexe situation de Hongkongaise. Son avocat, d'ailleurs, la drague.

Être juif, c'est avoir Dieu dans le sang.

L'après-midi, je ne parviens pas à travailler. Hypocondrie. IRM cérébrale à 17 heures, persuadé, à cause de céphalées, d'avoir une tumeur au cerveau. Je n'ai pas la moindre tumeur. J'ai cru pourtant que j'allais y passer, le teint cireux, défait, dégoulinant de toutes les sueurs de la capitale, quand le laborantin m'a dit que le docteur voulait « me voir tout de suite » alors qu'on m'avait annoncé vingt minutes d'attente.

Crise de jalousie juste après l'IRM ; dès la sortie, pleurs d'Emmanuelle. Elle menace de me quitter. Je la rattrape, je me confonds en excuses, je pleure, je souffre. Je lui répète, sans effet, qu'elle est la femme de ma vie. Dans un petit jardin du XVe, en larmes, elle me supplie pour la centième fois de lui faire confiance. J'essaie, de toutes mes forces, mais c'est si difficile pour moi.

Il faudrait, pour être honnête et complet, que j'établisse un rapport entre mon hypocondrie et la jalousie ; il est patent que, lors de cette même journée de soleil, durant laquelle j'aurais pu être parfaitement heureux parmi les hommes, j'ai préféré me livrer à ces deux vices – car ce ne sont pas que des tares. Je me roule dans ces deux malédictions ; y entre une importante dose je crois de masochisme. Quel est le point commun entre les deux penchants ? Le manque de confiance en soi. Dans l'hypocondrie, je ne m'estime pas assez solide, du point de vue du corps, de mon propre corps, pour combattre l'ennemi qu'est la maladie, et qu'il me semble apercevoir tout le temps et partout. Dans la jalousie, je manque de confiance dans mon charme, dans ma beauté, disons mon attirance – je pars du principe que l'autre, tout autre que moi, l'autre qui rencontrera Emmanuelle lui plaira davantage que je n'ai réussi à lui plaire. Dans les deux cas je pars vaincu. Dans les deux situations je me désagrège d'impuissance. La jalousie fait de mon prochain l'ennemi que je suis moi-même, en quelque sorte, au sein de l'hypocondrie. Surtout, je n'ai pas, dans les deux situations, la moindre emprise sur les choses. La réalité devient quelque chose qui m'échappe.

Nous croisons les parents, Marc et Marie, de mon vieil ami Jérôme Corcos. Couple à la Dubout. Je connais Jérôme depuis le milieu des années 1990 ; il travaillait alors au côté de Jean-Edern Hallier, pour les activités télévisuelles de ce dernier.

Marc et Marie m'avaient gentiment convié chez eux, l'été 2009 ; j'avais longuement nagé dans leur piscine. Jérôme se comportait avec eux, à quarante-trois ans, comme l'adolescent qu'il n'a jamais cessé d'être. Un jour que nous étions allés nous promener à Avignon, j'avais trouvé, gratuitement offerte par les cinémas Utopia, une petite brochure qui parlait d'Israël en des termes inacceptables (« lobotomie sioniste », etc.). Je m'étais donc fendu d'un éditorial, extrêmement abrupt, dans les pages du *Figaro*. Je comparai ces gens d'Utopia à des Brasillach en sandales, je fustigeai l'antisémitisme de l'extrême gauche française, celle des fromages de chèvre et du patchouli dans les sentiers de thym. Un procès eut lieu. Accusés par moi d'antisémites, les membres d'Utopia eurent la stupide intelligence de choisir pour avocat maître Thierry Lévy, un juif qui n'aimait pas le juif en lui ; il me réduisit en pièces. Je perdis la partie.

Quant à Jérôme, il s'agirait d'écrire sur lui une longue biographie – elle serait au moins aussi captivante que celle d'un Churchill, d'un Lawrence d'Arabie, d'un Charles Quint. J'avais eu, au demeurant, la tentation, il y a une dizaine d'années, d'écrire une série qui lui serait entièrement dédiée. Quel personnage ! Quelle figure ! Il entre chez lui une forme de génie. Comment dire ? Toutes ses forces, toute l'énergie de ce petit bonhomme, par ailleurs d'une fulgurante intelligence et auquel strictement *rien* n'échappe, sont mises à contribution pour *trouver la femme de sa vie*.

J'ai, je crois, été l'un des derniers écrivains français à avoir approché Jean-Edern de près. L'un des ultimes, pour tout dire, à avoir été adoubé par l'infernal trio des années 1970 : Bernard-Henri Lévy, Philippe Sollers, Jean-Edern Hallier. J'ai, par une aberration qui m'échappe et que je maudis, perdu l'intégralité du journal « intime » que j'ai tenu entre 1991 et 1998 et où j'avais consigné, notamment (1993), mes « débuts à Paris ». Je le regrette. Si bien que mon journal a peut-être moins de relief, aujourd'hui, que si j'avais pu le tenir sans interruption de l'âge de vingt-trois ans jusqu'à maintenant ; mais c'est ainsi. Le propre d'une œuvre, comme d'une existence, est d'être truffée de chaos.

C'est peu de dire que Jean-Edern était une crapule. Mais, écrivant cela, qu'aurai-je finalement ajouté ou retranché à sa noire légende ? Que dire sur lui qui n'ait déjà été proféré ? Je le trouvais enfantin ; d'une cruauté de gamin, toujours fier de ses sales coups, évoluant dans une réalité imaginaire et parfois, par pur miracle, atterrissant par le mystérieux truchement de cet imaginaire sur la réalité dure et ferme. Hallier était tout et son contraire de façon parfaitement simultanée. Dès qu'on lui faisait confiance, il trahissait ; mais aussitôt qu'on se défiait de sa personne, il nous apportait sur un plateau de quoi endormir notre méfiance.

Dire qu'il n'aimait que lui ne correspond pas à la réalité : il n'aimait haïr que sa propre personne. Aux autres, il était indifférent, non par nature, mais par esthétisme. Se revendiquant des romantiques, il s'agissait de mettre en scène, avec un panache emprunté au siècle qui l'avait précédé, la solitude nécessaire au créateur. Son art ne pouvant hélas le hisser jusqu'aux cimes qu'il convoitait, il consacra plus d'énergie à rabaisser les autres et à médire de ses contemporains qu'à se mettre au travail pour de bon. Pour posséder certains des livres de sa bibliothèque, je puis confirmer qu'il savait lire : sont soulignés, notamment dans ses exemplaires de Cioran ou de Bloy, les meilleures sentences (il n'hésitait d'ailleurs pas à les recycler sans guillemets dans ses ouvrages) ; c'est parce qu'il fut grand lecteur qu'il fut petit écrivain. Car il y a les écrivains que le génie des autres écrabouille et les écrivains que le génie des autres déniaise. Jean-Edern Hallier, malgré sa frime, appartenait à la première catégorie. Son verbe, qu'il avait toujours grandiloquent, peinait souvent à trouver des motifs, et ses romans étaient semblables aux mouettes qui survolent l'océan : ils cherchaient aussi inlassablement les sujets que ces dernières les poissons. C'est rarement qu'ils les trouvaient. Cela explique pourquoi il ne reste rien (c'est sans doute injuste) des livres de Jean-Edern : ils ne racontaient rien, ramenant tout, tôt ou tard, avec des tempêtes d'adjectifs, à sa monolithique obsession : lui-même.

Ce que je n'aimais pas chez lui, c'était sa texture : le rouge-brun. Ce n'est pas un hasard si ce sont là les véritables coloris du vomi. On ne pense jamais suffisamment le rouge-brun. On étudie partout le communisme, il existe d'éminentes chaires de fascisme, mais le rouge-brun est trop relégué aux catégories de l'anecdote. Dommage ; il y aurait beaucoup à dire. Sur cette esthétique de la délation, cette permanente attirance pour les théories du complot. Le rouge-brun adoucit le fascisme et écrête le communisme : d'où cette insidieuse soupe. Il ne déporte personne, mais connaît sur le bout des doigts les auteurs qui sentent mauvais. Le rouge-brun se tapit, espère de mauvais jours, rigole des malheurs de l'homme, cite les assassins, se félicite de sa culture interdite ; il sent le soudard, rigole au viol, applaudit à la Serbie, relativise Hitler. Staline n'est pour lui qu'un incompris, et Gorbatchev un traître.

Le rouge-brun se reconnaît à son style ; son vocabulaire est toujours saturé de mots grossiers, de points d'exclamation, d'insanités et d'horribles allusions au physique des femmes qui ont le malheur de n'être point « baisables ». La misogynie est l'un de ses signes de ralliement. Un exemple de rouge-brun « chimiquement pur », par exemple, est Limonov (proche d'Hallier évidemment). Le rouge-brun aime les typographies outrancières, massives, rouges, noires, mastoc. Il n'apprécie rien tant que l'éructation. Son ennemi est la nuance. Le journal de toute cette clique s'intitulait, jusqu'aux abords des années 1990, *L'Idiot international*. Jean-Edern, de manière calomnieuse, avait repris la feuille de chou sartrienne et, comme un pirate qu'il était, l'avait détournée de son esprit premier (un maoïsme brouillon). Je me souviens bien de *L'Idiot* – je l'achetais ; je sentais bien que ça puait ; mais je l'achetais. Il y avait là-dedans non seulement quelque chose qui clochait, mais quelque chose qui puait. J'avais dix-neuf ans, vingt ans ; je l'achetais. Je voyais bien qu'il s'agissait là d'une cour de récréation mal fréquentée – Jean-Edern s'était entouré, en chef de misérable gang, d'écrivains, de dessinateurs, de journalistes ; la plupart étaient des ratés ; la plupart étaient dépourvus de talent. Des demi-sel. Mais d'autres avaient pignon sur rue : un sale parfum de collaborationnisme en tant de paix y flottait. C'était un journal moche – mais je l'achetais.

Je me figurais qu'il était important qu'un journal fasse prendre des risques, non seulement financiers, sociaux, mais aussi physiques, à son directeur. C'était là le point qui, chez Jean-Edern, me fascinait d'abord : son strict masochisme. Cela, sans conteste, faisait écho au mien – prendre des coups avait toujours été ma norme, ma société, mon cosmos, mon drôle de destin. Je cherchais ceux qui, non contents d'en ramasser, les attiraient, les recherchaient – les réclamaient. Hallier était de ceux-là : prospecteur d'hématomes, amateur d'humiliations, collectionneur dément de difficultés lourdes. J'étais impressionné par tant de folie – comment un adulte, un homme de cinquante ans passés, pouvait-il à ce point se comporter comme un adolescent, que dis-je : un enfant ? Ce manque de *sérieux* m'intéressait sans doute.

Toujours est-il que se rassemblait dans cette pénombreuse cave, aux relents de Marat, un ramassis très rance de collaborateurs qui portaient très bien leur nom. Par un phénomène de médiocrité collective, ces contributeurs trahissaient paradoxalement moins de talent dans les colonnes de *L'Idiot*, où ils avaient pourtant carte blanche absolue, que dans les différents supports qui accueillaient leur plume par ailleurs. C'était comme s'ils allaient aux toilettes. *L'Idiot* était *in fine* leurs latrines. C'est là qu'ils se lâchaient ; c'est là qu'ils s'oubliaient. Beaucoup de seconds couteaux de l'édition : Patrick Besson, le bâcleur pervers, qui était drôle partout sauf là ; Nabe, éruptif raté pathétique, sous-sosie de Céline ; Michel Déon, qui avait davantage prêté ici son nom que son style, concédait de poussives participations ; le dessinateur Gébé, génial dans feus *Pilote* et *Charlie*, se montrait chez Jean-Edern le roi du torchage et de l'approximation.

Le rouge-brun, c'est une texture – c'est aussi une odeur. Une ambiance sale. Mauvaise vodka et misogyne ; esthétique de caleçon breneux, de cravate tachée, de cigares puants, de souvenirs de guerre non faite. Le tout souvent doublé d'une excessive peur physique, ce qui peut là encore sembler paradoxal : à force d'invectives, de provocations lapidaires, d'approximations diffamatoires, on réclame la foudre mais on finit par vivre dans la terreur qu'elle s'abatte vraiment. Je corrige quelque peu ce que j'ai écrit plus haut : ce que recherchaient Jean-Edern et ses sbires avinés, c'était la peur – cette terreur qui précède le fléau. Vivre dans l'angoisse était son paradis ; car, pour lui, le paradis ne pouvait coïncider qu'avec l'enfer.

Je ne mettrais pas ma main au feu qu'Hallier « écrivait lui-même » ses livres. Toute une brume flotte sur cette question. D'autres ne mettaient-ils pas la main à la pâte ? Je ne sais – c'est là simple supposition. Mais, connaissant la bête, cela ne serait guère étonnant. On m'a parlé (je ne possède aucune preuve à ce sujet) de son frère, Laurent ; on a évoqué, devant moi, la participation de l'ancien directeur de Fayard, Claude Durand. Dur de démêler ces choses – et cela, de toute évidence, ne relève que d'un intérêt modeste. Mon hypothèse est que Jean-Edern écrivait un premier jet surchargé de manies, d'adjectifs, de byzantinismes dans lequel quelques proches, outillés d'un scalpel, venaient tailler. Car comment imaginer Jean-Edern *se concentrer* sur quoi que ce soit, à commencer par l'écriture ?

Il était bien trop occupé à semer la zizanie, à échafauder des coups pendables, à réclamer des postes ou des éditos, à élaborer des embrouilles, à mettre le feu à toutes les poudres (y compris celle qu'il se fourrait dans les narines) pour rester à son bureau, clos dans le travail, concentré sur son cahier. Il possédait, calligraphiquement, une belle écriture – illisible mais intelligente ; secouée, nerveuse, rapide, où les barres et les accents manquaient (ses *t* et ses *l* avaient la même tête).

Il serait très exagéré de dire qu'Hallier me manque ; je ne l'ai pas assez connu pour cela – du moins aura-t-il agrémenté la fin de ma vingtaine. C'était un personnage ; il n'en existe actuellement pas de comme lui. Internet l'aurait rendu fou (encore plus fou qu'il ne l'était) ; mais il fut Internet à lui seul, avant tous les réseaux. Et sa malveillance irradiait sur le pays dès l'aube. Il était matinal pour ne rien rater du spectacle des brasiers qu'il allait allumer toute la journée et ce, dans une seule fin : ne pas s'ennuyer. Il entrait dans sa mégalomanie une peur panique de l'ennui, du quotidien ; mais il n'avait pas entrevu que l'exceptionnel recommencé, que l'outrance répétée, que les exactions journalières relevaient également de l'habitude. Hallier s'encroûta dans l'inouï ; il fit carrière dans l'anomalie.

Je l'avais rencontré en 1995, par l'intermédiaire de son secrétaire et assistant, Anthony Palou. Dans les années 1992-1993, je fus atteint, disons-le ainsi, d'une édernalite aiguë. Je n'avais naïvement pas pris la mesure de l'imposture. J'empruntais ses œuvres complètes à la bibliothèque d'Orléans, celle-là même qu'avait dirigée Bataille quelques temps avant sa mort. Me plaisait, chez Hallier, cette passion pour tout ce qui était littérature ; sa vie même me semblait, non littéraire, mais littérature. Je sais à quel point je m'égarai. Tout chez lui, malgré un départ sincère, était devenu de la fausse monnaie. Il en était arrivé à ne plus connaître, ni même à pratiquer, son propre talent. Son destin, d'une grande pauvreté intellectuelle, l'avait peu à peu fait dériver vers le pire : son propre personnage.

Je le rencontrai la toute première fois dans un café de l'avenue de la Grande-Armée, où il logeait alors dans un immense appartement vide. Il passait ses journées à téléphoner ; sa vue était atrophiée. Un écran-loupe lui permettait de jeter son seul œil valide de moins en moins valide sur son répertoire. Il animait alors une émission sur Paris Première ; ses invités étaient le plus souvent des romanciers et des essayistes, plus rarement des hommes politiques. Le *Jean-Edern's Club* avait établi sa réputation sur le fait que, à chaque fin d'émission, le clownâtre Hallier balançait par-delà son épaule les ouvrages qui n'avaient pas eu l'heur de lui plaire. Levé dès potron-minet, la première activité de « Jean-Edern » consistait à réveiller celles de ses connaissances qui dormaient encore, autrement dit tout le monde.

Il me souvient de cette fois où mon téléphone sonna vers 5 h 30 ; j'entendis une voix, qui ne pouvait être que la sienne, m'agonir d'injures : « Ordure ! » Je ne sus jamais ce que j'avais commis qui pût déclencher dans de telles proportions son ire matutinale ; lui-même, d'ailleurs, oublia bien vite cet incident car le soir même, quand je le vis, il s'était montré on ne peut plus chaleureux à mon endroit. Le cerveau d'Hallier était sans conteste un endroit inhabitable, un infréquentable lieu, une sorte de bolge des enfers. Le voyant pour la première fois dans ce troquet, je fus au demeurant à peu près certain de me trouver en face d'un épigone de Lucifer. Sa face grimaçante, son œil mort, ses expectorations baveuses, son éclaboussante salive et ses saillies mauvaises, toutes appuyées par des menaces sur tel concurrent ou des révélations sordides sur tel autre, se mélangeaient à une odeur de cigare mal allumé, à des rots de vin rosé et à des éclaboussures de sauce rouille. Mangeant avec les doigts, la morve aux narines, le rire méchant, la voix traînante et rogommée, il y avait de la bête blessée chez cet homme à la fois sans hygiène et sans limites. Hallier me sembla immédiatement décevant : sans puissance intellectuelle réelle, sans relief humain, semblable à un enfant très vieilli, dont les colères, les audaces et les caprices, avec l'amassement du temps sur ses épaules, avaient fini par devenir non seulement grossiers, mais grotesques. Il tremblait de joie à la moindre déconvenue d'un collègue, tournant sans arrêt sa tête de la droite vers la gauche et de la gauche vers la droite, lâchant de sa voix de nez des « hein » et des « oui » gras et longs. Il grognait, bavait, suait ; cette trogne de gamin cacochyme affichait, dans sa moindre crispation, la jouissance de porter malheur. Il n'est pas donné chaque jour de rencontrer un représentant de ce que s'essaye à exprimer, jusque dans sa sonorité, le mot de « canaille » : j'en avais une en face de moi.

Certes, le terme est trop doux peut-être ; mais Hallier n'avait tué personne, hors lui-même. Je le revois, nettement, se saisir d'un steak à pleins doigts, de croquer dedans avec les molaires, comme on nous le montre dans les films traitant de la préhistoire ou du Moyen Âge, avant de relâcher le morceau de barbaque dans la sauce marronnasse formant dans son assiette un petit lac boueux. Sa cravate était à fleurs, comme la mode l'exigeait alors. Aucune marguerite, aucun iris, aucune passiflore qui ne fût arrosée par les sauces, la moutarde, la vinaigrette, le vin consommés par Hallier qui, à la fin du repas, avait allumé un barreau de chaise hors de prix dont il avait tiré huit bouffées infectes avant de le noyer dans son verre ou de le planter dans sa purée.

Emmanuelle et moi marchons. Nous dînons, pour fêter nos émotions et ma non-tumeur et son non-retour définitif à Hong Kong, au Mori Venice Bar, place de la Bourse. Pendant le dîner, elle me glisse que nous sommes faits pour être ensemble. Moment de grâce. Je pleure. De joie. Nous rentrons en Uber en écoutant TSF Jazz, la nuit est parfaite. Je suis amoureux, je suis heureux, j'écoute George

Benson en tapant ces lignes tandis qu'Emmanuelle, dans ma chambre devenue la nôtre, lit les aventures de Sartre en bande dessinée.

Jeudi 16 juin

Réveil avec *A Quick One*, The Who, sorti le vendredi 9 décembre 1966 (Decca DL 74892, UK) – j'ai hésité quelques instants avec *Objects Of Desire* de Michael Franks (1982). Album enregistré aux IBC Studios, Pye Studios et Regent Sound de Londres. Roger Daltrey au chant, aux chœurs et au trombone ; Pete Townshend à la guitare, au chant, aux chœurs et au pipeau ; John Entwistle à la basse, à la trompette, au cor, au clavecin et au piano ; Keith Moon à la batterie, au chant et au tuba.

Je possède un pressage américain, que j'espère introuvable et rare (acheté à Eugene, Oregon, en 1986), de cet album, intitulé Dieu sait pourquoi *Happy Jack* outre-Atlantique. Le meilleur morceau, « Boris The Spider », est – une fois n'est pas coutume – signé Entwistle et non Townshend. Le mini-opéra final est le brouillon de *Tommy* ; il s'intitule « A Quick One While's He's Away », soit « Un petit coup pendant qu'il est parti » (oui, l'album s'intitule « Un petit coup », que je traduirais volontiers par « Un petit coup vite fait bien fait »).

Un jour vécu doit être un jour écrit, sinon ce n'est pas seulement un jour pour rien, mais un jour pour *personne*, un non-jour. Processus où la vie légitime le mot, qui à son tour actionne l'existence.

Tenir son journal : sisyphéen projet puisque la vie recommence chaque matin, plus immuable et plus identique à elle-même qu'on veut bien se le faire accroire. Jouissance, pour le lecteur, qui sait (si jamais ce lecteur existe un jour), de (re)vivre en grandeur nature les épisodes amoureux consubstantiels à l'être humain.

La plupart des athées se croient malins en opposant à Dieu le hasard. Dieu, pour eux, serait une construction intellectuelle. Comme si le hasard, lui, n'en était pas une. Entre la croyance dans une Cause première pour expliquer la Genèse et la croyance dans des causes tout court pour expliquer qu'une voiture m'a percuté ou que je viens de croiser quelqu'un que je n'avais pas vu depuis vingt et dont j'ai prononcé le nom cinq minutes auparavant, quelle différence ? Ici la lecture de l'Évangile, là d'un manuel de probabilités. Dieu et le hasard sont les deux noms (l'un appartenant à la métaphysique, l'autre à la physique) de cette chose fascinante : l'imprévisible. La Création et la création ne sont possibles que parce que de l'imprévisible seul peut jaillir la nouveauté.

Un type, dans la rue, veut me frapper ; il me saute au visage, sans crier gare. « Tu es une salope, j'aurai ta peau. Je sais où tu crèches ! Je connais ta rue ! Enflure ! » Il a une minuscule cinquantaine d'années ; ne paraît pas le moins du monde marginal, au contraire : la fripe bourgeoise, la cravate droite, le gilet rouge qui dénote un « bourgeois » des plutôt beaux quartiers. Je l'esquive, le cœur quelque peu battant, ne sachant que faire dans ce genre de situations. Puis, le danger passé, par une manière absurde de fierté rétroactive – et aussi parce que je sens que le danger, sans doute, est inexistant –, je reviens me placer devant lui, arrache le portable qu'il serre dans ses doigts noueux et l'envoie valdinguer de l'autre côté de la chaussée. La scène se passe près du kiosque où, chaque matin que Dieu fait, j'achète gentiment la presse pour l'annoter en prenant mon café – avenue Matignon. Le type, au nez saillant, un peu verruqueux, semble – je n'en suis pas certain – affublé d'une perruque. J'hésite à le gifler, mais l'épisode du portable, qui le fait hurler tel un goret qu'on ébouillante ou qu'on égorge, le fait disparaître ; il me menace derechef, au loin. Je ne lui adresse plus la moindre attention.

Lettre d'Édouard Daladier à Gide, Paris, présidence du Conseil, ministère de la Défense nationale et de la Guerre, à la date du (mardi) 10 octobre 1939 : « Mon cher Maître, j'ai bien reçu votre lettre relative à l'arrestation de M. Jean Giono. Vous pouvez être assuré que Giono sera remis à un régime compatible avec sa qualité d'écrivain. Croyez, mon cher Maître, à mes meilleurs sentiments. »

J'écris ces lignes pendant la préparation de l'émission, en écoutant mon album préféré des Jam, *The Gift* – acheté à Disc 2000, rue de la République, en mars 1982. On croit que l'influence numéro un de Paul Weller a été les Who : c'est en réalité The Beat. *The Gift* : un album funk ourdi par des Mods. Puis j'écoute Son Seals, l'album prodigieux paru en 1973 chez Alligator, *The Son Seals Blues Band*. Alligator ne se trompe jamais : cinq LP par décennie en moyenne. Enfin, quelques notes de Larry Carlton.

Ce soir, nous recevons Henri Guaino, « gaulliste ». Mais que signifie ce mot ? Les politiques sont tellement peureux, lâches, désemparés, qu'ils se succèdent, Hollande le premier (ce que Mitterrand avait toujours refusé de faire), sur la tombe du « Général ». Un seul problème : malgré toutes les courbettes et tous les agenouillements, malgré toutes les génuflexions, de Gaulle ne reviendra pas, ne ressuscitera pas. Philippot, Morano, Hollande, Guaino : le « gaullisme » devient le même fourre-tout que le confucianisme. Une expression morte, vidée de ses sucs.

Guaino est un homme affable, mais il ne voit pas qui il est ; ou, plutôt, il ne voit pas qui il n'est pas. Il évolue dans une fiction magnifique, comme un poisson qui se serait trompé de bocal. Poisson rouge d'aquarium minuscule, il joue les requins dans des eaux malruciennes qui ne sont ni de son époque ni de sa dimension. Il est intelligent, à n'en pas douter ; il a des humanités ; il possède des principes. Mais le décalage entre la personne qu'il est et le personnage qu'il est persuadé d'être, malgré le respect qu'il voudrait tant inspirer et que sans doute il mérite, le voue à tous les ridicules. Le réel n'est qu'un décor pour cette homme de panoplie. Il est un gaulliste sans le moindre Général, un Résistant hors-guerre, un courageux sans risque, un héros sans tragédie. Son verbe, bouffi de XXe siècle et de suffisance, ne rend hommage qu'à sa propre figure ; boursouflé de son importance, il oublie que son sens du devoir, que son dévouement aux valeurs nationales, que son appétence pour la grandeur auraient davantage de relief plantés dans un autre pot que le sien, où ne poussent que quelques pissenlits. Cela étant dit, l'homme est loin d'être sans charme et il est bon que quelques fous sympathiques de son acabit, malgré leur grandiloquence et leur passion pour la France éternelle, soient – au nom même de leur rareté – traités avec moins de mépris que de considération, cette considération fût-elle amusée.

Nous recevons également ce soir la dessinatrice Catherine Meurisse, qui a échappé, grâce à une embrouille matinale sentimentale, au carnage du 7 janvier 2015. Les événements qui ont lieu sans nous sont fascinants : nous « aurions dû » y être, mais nous n'y fûmes pas. Nous devions prendre cet avion, qui s'est écrasé, et finalement, au dernier moment, nous en avons pris un autre. Nous avons notre place dans cet événement, mais comme absent. Il s'agit d'ailleurs, plutôt que d'une simple absence, d'une présence à l'envers.

Catherine Meurisse « aurait dû » se trouver dans la salle de rédaction le jour du carnage : contrairement à nous tous, elle a accès, de manière rétroactive, à son propre futur. Et c'est là que nous voyons la différence fondamentale entre le futur et l'avenir. L'avenir n'est pas le futur. L'avenir est un conditionnel futur. Il est conditionnel futur comme il existe un conditionnel passé ou un conditionnel présent. Le futur est une date qui nous attend ; un entretien arrêté ; un rendez-vous qui est bloqué ; une échéance qui est prévue ; une convocation fixée. Le futur, c'est que le 31 mars de l'année prochaine, j'aurai un an de plus – je ne pourrai pas y déroger.

Le futur, c'est que je dois passer un entretien d'embauche jeudi à 16 heures, et que je m'y vois, m'y projette – d'une certaine manière, j'y suis déjà. Il ne reste plus au temps que de m'accompagner jusqu'au jour dit, autrement dit à la date d'advenir (ce qu'elle ne manquera pas de faire), autrement dit de venir jusqu'à moi et moi jusqu'à elle, et cette superposition de mon présent et de ce qui jusque-là était du futur pourra enfin être intitulée « entretien d'embauche ». L'état présent de ce qui, pendant des jours, ou des semaines, n'était qu'à l'état de futur sur mon agenda, comme en suspens dans le temps, donne une réalité à ce qui, toutefois, n'avait jamais été une éventualité. Cet entretien était là, il était déjà en train d'avoir lieu, mais à une date qui n'était pas encore advenue. Admettons que la date de l'entretien d'embauche ait été décidée le mardi 14 juin, pour le lundi 4 juillet suivant : le lundi 4 juillet était le futur du mardi 14 juin, mais il n'était pas son avenir. Car l'avenir, précisément, modifie sans cesse le futur, le contrarie, parfois l'annule. L'avenir ne coïncide pas avec le futur. Le futur peut se prévoir – il n'est même que cela : prévisibilité. L'avenir est le futur tel qu'il a fini par advenir ; il n'est connaissable que rétroactivement. Il y aura toujours une part de Catherine Meurisse qui aura été présente à *Charlie*. Son futur aura habité cette date pendant un temps ; elle fut sauvée par l'avenir. Pendant les semaines, les jours qui ont précédé l'attentat, elle aura été dans les locaux de *Charlie* le 7 janvier 2015. Le 6 janvier, elle était à *Charlie* le 7 janvier. Cela fait des jours, peut-être des semaines, qu'elle était à *Charlie* le 7 janvier. Le 7 janvier est finalement le seul jour où elle n'a pas été à *Charlie* le 7 janvier.

Je lui poserai les questions qui m'obsèdent, notamment, puisqu'elle évoque ce point dans son livre, *La Légèreté*, la différence qu'elle fait entre « attentat » et « massacre ». Je viens de relire, à ce sujet, tout ce que j'avais écrit voici à peu près un an sur Richard Durn. Durn qui, lui, n'est pas considéré comme « terroriste » étant donné que nul ne l'a jamais entendu hurler « Allahou Akbar ! » au moment où il a décimé le conseil municipal de Nanterre. Pour lui, on a donc considéré qu'il s'agissait d'une « tuerie » et non d'un « attentat ».

D'où l'on relève que la différence entre l'une et l'autre se joue à un paraphe près. Celui qui s'est choisi une mort brevetée (par Daech ou Al-Qaïda) est un terroriste ; celui qui travaille « à son compte », le non-franchisé, est simplement décrit comme un dingo. Or, c'est bien le même processus qui agit là : la radicalité est l'apanage de la jeunesse, dans un premier temps, puis du ratage, dans un second temps. Celui qui prolonge son adolescence dans les années prolonge du même coup sa radicalité, qu'il trimballe d'une certaine manière avec lui toute la sainte journée. Durn avait une pauvre vie d'adolescent rêveur, mais ses rêves d'amour, de romantisme et de gloire n'arrivaient jamais – la « société », du moins ce qu'il nommait telle, ne l'avait pas autorisé à quitter cet état de fantasme (réussir en amour et en gloire, réussir socialement et humainement) ; calfeutré en enfance, il avait décidé d'en finir avec cet état. Mais le suicide en chambrette ne convient pas aux grands ratés, qui sont de grands mégalomanes. Je le sais d'autant mieux que j'en possède un exemplaire dans ma « famille ». Ils se vengent de leurs œuvres non accomplies, partant de l'extraordinaire principe que, s'ils les eussent menées jusqu'à leur terme, elles auraient embelli le monde et renouvelé le génie humain. Durn a fait payer à des innocents le fait, non pas que nul éditeur n'ait jamais voulu de lui, mais que son génie était dépourvu de résultat. Il a confondu le refus sociétal avec son incapacité à produire. Il appelle « humiliation » non pas les dénégations de son être, non pas sa mise au ban, mais son impuissance à créer quoi que ce soit. Il maudit autrui du fait que « Richard Durn » tel qu'il se l'était figuré, tel qu'il l'avait imaginé, conçu, sculpté dans son esprit depuis tant d'années, n'aurait jamais dû n'aboutir qu'à ce Richard Durn-là.

Comme je l'ai écrit, il y a quelques années, dans un tiré à part hors commerce et désormais introuvable intitulé *Apprenti-juif* (mais *Presque juif* eût été un titre mieux inspiré), depuis le temps que je me sens juif, il serait temps que je le devienne. Je suis athée de naissance. Ce n'est pas Dieu qui m'a mis au monde, c'est ma mère. Et ma mère n'est pas juive, pour la bonne raison que sa mère, dont la mère n'était pas juive, n'était pas juive. Être juif de naissance est quelque chose qui, dès ma naissance, m'a été totalement impossible. Même à ma mort je ne serai pas juif de naissance. Et même si, à partir de demain matin, je suis juif, il y aura eu toutes ces années passées dans la peau d'un *goy*. Au mieux, je deviendrai un *goy* juif.

Nagé trois kilomètres à la piscine de Puteaux. Je ne vois pas la natation comme un exercice, ni même comme un sport, mais comme un moment de prière. On s'y retrouve seul, face à son ennui, regardant des carreaux bleus. Il s'agit de trouver en soi de quoi tenir une heure ; c'est une préparation à la guerre, au retrait, à la réclusion. Il y a dans le fait de nager quelque chose d'oblatif qui vertigineusement me convient ; tel est en tout cas le seul exercice vraiment spirituel que je m'offre. Le bassin, ce bénitier géant.

Nouveau dégât des eaux, au moins le dixième cette année, dans l'appartement que je loue en attendant de pouvoir habiter celui que j'ai acheté l'an dernier, mais où je ne puis emménager à cause de dégâts des eaux ! Procès, experts… S'en foutre, n'étaient-ce les conséquences financières de toute cette usine à gaz. Garder patience. Mais il n'en reste pas moins que ce sont ces choses sans importance, ces petites mésaventures médiocres de la vie de tous les jours qui m'assassinent le plus. Je suis lacéré par ces détails, par les dysfonctionnements ménagers, les complications domestiques. Pour tout dire, je les trouve *inadmissibles*. J'estime que le temps qu'elles me ravissent est scandaleusement précieux au regard de leur minable contenu. Je deviens triste, abyssalement malheureux, quand un tuyau goutte, qu'un plomb pète, qu'une chaudière s'enraye, qu'une machine à laver fuit. Une philosophie vraiment profonde devrait prendre en compte ce genre de choses – pour ma part, elles travaillent au stylet mon os, me rapprochant par l'angoisse et l'impuissance de ma condition de mortel.

Vendredi 17 juin

Réveil avec *Pure Music*, Chase, 1974 (Epic, KE 32572, US). La plupart des membres du groupe sont morts dans un crash aérien le vendredi 9 août 1974, jour de la démission de Nixon, en se rendant dans le Minnesota pour un concert à la Jackson County Fair. Bill Chase à la trompette et au bugle ; Jay Sollenberger, Joe Morrissey et Jim Oatts à la trompette ; Dartanyan Brown à la basse et au chant ; Wally Yohn (mort dans le crash) au clavier ; John Emma (mort dans le crash) à la guitare et au chant ; Tom Gordon à la batterie ; Jim Peterik au chant. Le sommet du disque est le troisième morceau de la face A, « Twinkles », à sangloter de beauté.

Wally Yohn avait 27 ans. On pense souvent au « club des 27 », mais il y a aussi le club de ceux qui meurent juste avant 40 ans

– comme Boris Vian (alias « Bison Ravi »), Claude François (alias « Cloclo »), mon si cher Maximin Giraud (alias « Mémin »), Fats Waller, Che Guevara (alias « le Che »), mon également très cher Joseph Lotte, Dennis Wilson, Alma Tell, Élie Kakou, Stauffenberg, Francis Pagnon, Irène Némirovsky, Stéphane Sirkis, Malcolm X, Weber, Van McCoy, Klaus Nomi, Léo Lagrange, Al Jackson Jr., Hermann Essig, Quentin Elias, un des frères Goncourt (il faudrait vérifier lequel), Gabriel Péri, Jean Zay, Martin Luther King, Bertrand Bonvoisin, Christian Hay, Wynton Kelly. Note : la guitare est extravagante sur « Close Up Tight ».

On aime le diariste parce qu'il écrit pour lui ce que nous avons vécu pour nous. Il pense la même chose que nous, a traversé les mêmes déboires que nous, a connu les mêmes extases que nous : et c'est lui qui s'y colle ; c'est le mémorialiste des souvenirs de tout le monde. C'est le biographe du lecteur. Pourquoi y parvient-il avec autant de grâce ? Parce que le lecteur n'existe pas.

Je parviens à surligner les « nouveaux » Pléiades, mais pas les anciens, ceux du temps où la jaquette blanche, avec le portrait de l'écrivain, était fixée, en deux volets amovibles, au recto et au verso. Depuis que ce système de volets a été abandonné, je trouve la collection (dont je suis toutefois un lecteur impénitent) moins belle, plus *cheap*. Le « respect » que j'ai face à chacun des volumes n'est donc plus *exactement* le même. Heureusement, les coffrets proposent encore ce système de couvertures-volets peu pratique (cela glisse tout le temps et rabote, corne les bords) que j'aimais tant. Fétichisme.

Je ne veux pas être juif avec du sang juif, mais avec mon sang. Le seul sang que je possède, et qui est le mien. Je n'essaye pas d'être juif avec le sang sanguin de ma mère, avec ses plaquettes, son hémoglobine, son rhésus. Je ne veux pas être juif avec le sang des autres.

Les grands amoureux ont davantage envie de prodiguer de l'amour que d'en recevoir. On fantasme, on accumule une énergie potentielle d'amour, un trop-plein qu'il faut bien déverser à un moment, et là, on choisit la mauvaise personne. Chacun a fait l'expérience de se tromper et de souffrir pour quelqu'un dont il savait qu'il ne serait jamais aimé. On s'accroche désespérément, on en bave affreusement, mais on souffre en réalité d'un malentendu, pas d'une histoire d'amour.

Taxi-moto jusqu'à LCI pour l'émission en direct d'Audrey Crespo-Mara. Audrey est la « femme » d'Ardisson. Elle est jolie, vive et mystérieuse. On ne sait pas finalement ce qui pousse toutes ces blondinettes, intelligentes par ailleurs, à se ruer vers le journalisme télévisuel. Elles sont devenues le visage même de « l'info ». Ce sont des poupées ; je ne les méprise pas. Mais « l'info » semble traverser leur corps comme le courant celui d'un électrocuté. Dès lors qu'on se trouve (ce qui est trop souvent mon cas) sur un plateau de « news », on éprouve cette sensation brutale, incongrue, que rien n'est plus vital, que rien n'est plus important que « ce qui vient de tomber ».

Le présent, qui ne se déroule plus que sous l'avatar de l'immédiat, sonne toutes ses trompettes en simultané ; tout converge vers lui, doit se tendre vers la dernière nouvelle comme si, de dernière, elle devenait ultime. On se promène sur le balcon de la fin du monde : chaque imminence vient clore l'histoire, jusqu'à l'imminence suivante, qui vient pousser du coude la précédente. L'événement total est toujours le dernier événement en date. On reconnaît son magistère à son arrogance. Puis, si l'on revient le lendemain, ce qu'à Dieu ne plaise, on comprend que ce qui était si premier, si principal hier n'est plus qu'une boule de papier lancée dans la corbeille, que nous avons ratée ; la boule alors gît au sol, délivrée de tout intérêt. Tout ce qui ne se situe pas à la crête de l'instant, tout ce qui ne brûle pas d'actualité relève de la peau morte.

L'événement ne véhicule pas le moindre sens, il n'est pas fait pour être pensé : il a seulement été trituré dans tous les sens ; il a été mâché, mais pas digéré – un peu comme il en va des chewing-gums. On n'a pas même essayé de le penser : on fait venir des gens, plus ou moins autorisés, pour l'interpréter ; c'est-à-dire, pour le vider de son sens. Je dis « interpréter » l'événement en jouant sur le mot : voici un défilé d'acteurs, précisément, qui jouent (surjouent) l'événement comme au théâtre – le texte n'est pas de Molière, mais du journal du matin. Ils viennent répéter ce qu'ils ont lu dans *Le Figaro* ou *Le Monde* ; parfois, les articles qu'ils récitent furent écrits à l'aube ou la veille par eux ; parfois, ils ânonnent les éditoriaux des autres.

Sur le plateau, je parle de terrorisme, de la CGT, d'*ONPC*, de Léa Salamé et de Vanessa Burggraf, qui la remplace à la rentrée (avec laquelle je pense pouvoir très bien, sinon mieux, m'entendre). Vanessa est une blonde hitchcockienne qui, tandis qu'on la croit réfléchie, mûre et posée, sort, par le biais d'un rire incohérent avec sa personne, d'elle-même – ou de l'image qu'elle impose – comme un diablotin de sa boîte. Ce rire ne « colle pas » avec le reste, me dis-je. Et j'ai tort de penser ainsi : au contraire, davantage que l'alcool ou que la drogue, ou même que l'extrême fatigue, le rire nous fait coïncider exactement avec qui nous sommes, avec ce que nous sommes. Alors, en Vanessa, je lis une folie, une folie pure et réelle, ce qui n'est pas dans ma bouche autre chose qu'un compliment. Elle est fissurée comme Léa est structurée. On sent, surtout, qu'elle refuse d'être responsable de sa beauté, dont elle se fait accroire qu'elle délégitime son intelligence – elle vit dans la terreur de paraître stupide, cela se voit immédiatement ; du coup, ses ennemis doivent je suppose n'avoir aucune difficulté à jouer sur cette corde.

Déjeuner avec Maria, qui m'aide et me conseille dans mes contrats d'édition avec Grasset. Sans elle, je serais perdu, définitivement, dans la vie. C'est mon ange gardien. Sa présence à mes côtés, depuis presque vingt ans déjà, est un don du ciel, qui me ferait presque croire en Dieu. Je ne suis pas un cadeau ; elle, si.

Quelques morceaux de Joe Cocker, de Dwight Twilley, de Ry Cooder, de Mink DeVille, d'Andrew More et de Blessed Virgins, puis dentiste, à 15 heures. J'arrive en retard. Anesthésie. J'aurai passé une partie non négligeable de mon séjour terrestre dans des cabinets dentaires. Étrange destin. Et surtout : pourquoi les dents ? Et pas le ventre ? Les omoplates ? Pourquoi pas les yeux ? Non : les dents. Comme Gombrowicz ou Martin Amis – je suis un intégriste de Gombrowicz. Tout le monde, aujourd'hui, emploie cette insupportable expression, usée jusqu'à la corde, de « pensée unique ». Et on entend généralement par là une pensée qui ne ressemble à aucune autre. Non une pensée commune, mais une philosophie spécifique dont les grandes lignes, comme les plus dérisoires illustrations, ne doivent *rien* à *personne*. Witold a acquis cette indépendance d'esprit lors d'un long exil de vingt-quatre années en Argentine. Au fond, le véritable courage intellectuel n'est-il pas de construire, dans le laboratoire de sa singularité propre, des thèses imperméables aux modes, et que l'air du temps ne détourne pas ? « L'Europe entière, écrivait-il, m'avait l'air d'un cheval qui, de son plein gré, glisse la tête dans le harnais… Si humbles, filant si doux, débordant de la meilleure volonté envers toute théorie, et si constructifs, si positifs et méthodiques, si cérébraux qu'ils étaient tous… Ah ! Quel désert ! »

Le génie de Gombrowicz réside dans une part d'inconscience enfantine : il saute des parapets élevés sans anticipation réfléchie de l'entorse. Il est souple et n'a jamais le vertige. Tout ce qu'il regarde, il semble le voir pour la première fois. Ses angles de vue, qui ne doivent rien aux préjugés, sont toujours neufs. Aucun sujet ne l'effraie, que ce soit par l'étendue de ses connaissances ou par celle de ses ignorances. « Witoldo » n'a pas peur de tomber, parce qu'il n'a jamais entendu parler des lois de la gravitation. Les lois fondamentales de la physique, il les invente lui-même, il se crée sur mesure un univers construit d'après ses seules expériences, sans se soucier des autres architectes, aussi reconnus soient-ils par l'élite internationale. Jamais son jugement n'est altéré, contaminé par la réputation d'un penseur ayant réfléchi sur les mêmes sujets que lui : d'emblée, il se déclare implicitement à la hauteur de Montaigne ou de Dante, dont il rectifie les apories avec le plus grand naturel qui soit. Aucune trace de suffisance, seulement son orgueil de Polonais : il s'agit d'abord d'exprimer sa liberté à travers une vérité qui n'a ni vocation à séduire ni prétention à l'infaillibilité.

Mais, si je me trompe, nous enseigne Gombrowicz, c'est par rapport à quelque chose que j'ai posé, figé, inventé *ex nihilo*, et, alors, l'erreur devient le corollaire obligé du vrai, qui l'établit par défaut. Ce qui nous intéresse, à l'heure où chacun ne pense qu'en fonction du voisin, trop fier pour le citer, mais trop craintif pour s'en extraire (la contradiction restant, bien sûr, une manière tout aussi confortable de s'y référer), est de savoir pourquoi nul n'ose plus s'inventer soi-même à travers une philosophie originale – celle-ci fût-elle chaotique, erratique, colérique, comique, hystérique. Et sans doute, une philosophie, par ce qu'elle suggère de cohérence interne et de systématisme construit, est-elle d'ailleurs moins propice à répondre au vide actuel qu'une pensée-réflexe, n'agissant en toute liberté qu'au coup par coup, s'essayant à l'actualité pour se nourrir et croître, se frotter à la solitude pour s'affermir et progresser. « Je dois pouvoir m'exprimer non seulement dans un poème ou une pièce de théâtre, notait Witold, mais aussi bien dans un morceau de simple prose – article, page, journal –, et l'essor de l'artiste doit trouver son reflet sur le plan de la vie quotidienne, comme l'ombre du condor se pose sur le sol. »

Le monde de 2016 vu par Witoldo, ce serait la tribune, non du scandale programmé ou de l'automatique contre-pied, mais d'une vision inattendue, épurée de tout corps étranger grippant la langue et la pensée. Non la simple expression de la liberté, mais sa réalisation effective. Peut-être tenons-nous là, avec l'exemple de Gombrowicz, une perspective : donner la parole, comme commentateur de l'information, aux artistes (de toute nationalité, de tout exotisme) et non plus à la corporation ventriloque des spécialistes (et c'est la raison pour laquelle j'ai accepté de participer comme chroniqueur à *On n'est pas couché*) : « N'étant pas un "penseur" spécialisé, je ne cache pas que, pour moi, la pensée n'est qu'un échafaudage de secours. Je veux seulement dire quelles sont les cordes que l'autre réalité, celle de l'Est, fait résonner en moi. » C'est cela être moderne : accoucher d'une réalité alternative, marginale, oubliée (ou méprisée), à qui nul intellectuel, nul journaliste, par crainte, bêtise ou paresse, n'a donné la possibilité d'exister. C'est parce que toutes les officines médiatiques autorisées possèdent les mêmes instruments de mesure qu'elles mesurent les mêmes choses : autant que de se plagier les unes les autres, elles ont acquis les mêmes réflexes, qui finissent par aboutir aux mêmes réflexions. Au journalisme, par exemple, manque singulièrement cette démarche, familière à tout chercheur, d'élaborer des outils nouveaux propres à s'adapter à la complexité croissante du monde. C'est parce qu'ils partent tous avec les mêmes hypothèses qu'ils parviennent tous aux mêmes conclusions. Nul intrus, dans leur travail, n'est venu en contrarier l'itinéraire balisé.

Mais ce n'est pas qu'une question journalistique – loin s'en faut. Combien de « penseurs » contemporains peuvent se targuer d'avoir inventé de nouveaux instruments ? Sartre ? Sa spécificité résulte d'une interprétation de Husserl et de Heidegger (d'ailleurs, toutes les thèses existentialistes sartriennes sont déjà dans *Ferdydurke*, publié à Varsovie en 1937, un an avant *La Nausée*, et Gombrowicz ne connaissait pas les deux philosophes allemands). Camus ? À propos de *L'Homme révolté*, Witoldo notait en 1953 dans son *Journal* : « Est-ce bien Camus qui me parle dans son livre ? N'est-ce pas plutôt une certaine école de pensée, née en terre française grâce à l'effort collectif des différents Pascal ? » Loin des références obligées : « Gombro ». Qui m'a toujours donné le goût, pour le meilleur et pour le pire, de penser par moi-même.

Surprise magnifique d'Emmanuelle : elle m'offre (enchères à Drouot) les œuvres complètes d'André Gide, la fameuse édition de 1935, chronologique, sur laquelle je lorgne depuis tant d'années.

Ce n'est pas tout : quinze volumes de Dostoïevski, NRF, années 1930. J'en pleure de joie. Les volumes sont splendides, envie de me rouler dessus, de les fumer, de les manger, de faire autre chose que les lire, de les vivre. Je ne puis abandonner le livre au profit du texte numérique : je suis incurablement fou amoureux du papier, de son parfum, de sa texture, du passage des années sur sa figure – sur son visage.

Je suis, je reste, je resterai toujours un immarcescible gidien ; sa prose, qui le dégoûtait lui-même, est la plus belle, peut-être, de la littérature française. Une phrase élancée, toujours quelque peu tortueuse, à la fois désuète et étrangement « moderne » ; on a toujours la sensation que la phrase gidienne est en train de faire de la gymnastique. Une manière de yoga spécial, dont nous connaissons quelques positions mais où l'enchaînement des mouvements nous semble impossible à imiter. Il y a, surtout, dans l'affectation même de sa manière d'écrire, une précision qui donne le vertige. Je crois pouvoir reconnaître une phrase de Gide entre mille. Il paraît parler une langue française si profondément française qu'elle a l'air d'une langue étrangère. Toutes les strates de toutes les époques se fondent dans son style. Le seul fait d'avoir ressuscité le très oublié terme « sotie » au lieu d'employer le mot « roman » atteste ce charroi permanent de tous les stades de notre langue.

Lorsque j'ai découvert Gide, enfant, puis qu'adolescent je m'y suis tout entier plongé jusqu'à m'en faire un spécialiste, j'ai immédiatement été fasciné par la manière dont dansait sa phrase. Ce fut une sensation spéciale, non entièrement cérébrale, pas strictement intellectuelle, semblable à celle qu'on ressent quand on pénètre dans une mer dont importe moins la température que la couleur. Ce n'est pas dans l'eau que nous voulons nager, mais dans la couleur de l'eau. Se sentir dans du bleu, dans du vert. Gide a eu l'art de me procurer la sensation du *bain*. Or rien n'est plus net, n'est plus pur, n'est plus parfait qu'un bain. Le sel possède l'art de l'épure ; il pique aussi. Il procure, après le crawl ou la brasse, une impression de soleil et de saine fatigue. Gide était un homme qui me parlait dans l'eau ; et de cette désuétude, de cette intemporalité propre aux plages et aux vagues, son œuvre me paraissait éternelle et vieille comme celle des grands Grecs. Elle m'inoculait, je ne saurais dire ni comment ni pourquoi, un goût de mythologie et, encore et surtout, un *goût du goût*. Avoir les mêmes goûts que Gide, littéraires et culturels, j'entends, devint très vite une destination : lire ses lectures, aimer ses dieux, refaire ses voyages. Tel serait mon destin : lire ce qu'il avait lu, poser mes pas où il avait posé les siens. Préférer ses préférences. Idolâtrer ses idoles. M'enthousiasmer pour Browning ou Virgile puisqu'il avait été amoureux des deux. Ma culture générale n'aurait rien de générale : elle serait gidienne. Ma culture générale serait la culture générale d'André Gide. Autrement dit une culture générale particulière, arrêtée à 1951, date de sa mort. J'aurais par conséquent des goûts et des enthousiasmes de la fin du XIXe siècle et de la première moitié du XXe.

Browning ? Qui lisait encore du Browning au début des années 1980 ? Et plus spécifiquement chez les adolescents français ? De même, je me forçai à me passionner pour Goethe. Je me « forçai » parce que cet engouement, qui pour Gide coulait de source, je devais, quant à moi, me le fabriquer. Ce qui chez Gide était naturel restait pour moi artificiel. Eût-il adoré les épinards et le foie, deux aliments que j'ai toujours détestés, que je ne me fusse sans doute nourri que de cela. Il arriva plus d'une fois, du temps de mon adolescence, qu'on dît de moi : « C'est incroyable, tout ce qu'il peut connaître. » Les gens ne s'apercevaient pas de la supercherie : j'étais en train de connaître non ce que je connaissais, mais ce qu'avait connu Gide. Incapable de savoir ce que j'aimais, eusse aimé sans lui, je me fiais, aveugle, à tous ses enthousiasmes, qui aussitôt devenaient les miens. Lisant *La Chartreuse de Parme*, je ne lisais pas *La Chartreuse de Parme* : j'étais Gide lisant *La Chartreuse de Parme*.

Quant à Dostoïevski, auquel Gide a d'ailleurs consacré un livre, je l'aime pour des raisons strictement opposées à celles qui me font vénérer Gide. On a toujours la sensation que la littérature, chez lui, n'est jamais une fin mais toujours un moyen. C'est la manière la plus simple qu'il ait trouvée pour écouler à la fois sa folie, sa violence et exprimer tout ce qu'il avait de si pressé, de si urgent, de si important et de si fondamental à dire. Chez Gide, l'envie d'être écrivain préexiste à l'œuvre ; chez Dostoïevski, l'œuvre est plus importante que le statut d'écrivain. Ce qui compte, c'est le contenu ; il méprise le contenant – ou semble le mépriser. Gide, d'une certaine façon, s'est *arrangé pour avoir quelque chose*. Il lui fallait, puisque devenir écrivain et consacrer sa vie à la littérature était conçu pour lui comme un destin (dire « carrière » serait dans son cas aussi injuste que faux ; on ne peut réduire, comme ses ennemis ne l'ont que trop fait, Gide à un « homme de lettres » ; Gide n'est pas Heredia ni Jean Dutourd), il lui fallait, donc, finir par trouver la matière qui lui servirait à écrire et publier. Chez Dostoïevski, si l'on exagère un peu – mais à peine –, la publication n'est pas première ; et la rédaction elle-même n'apparaît que comme la meilleure solution pour faire entendre quelque chose. Ce quelque chose, c'est l'expression d'une vérité. D'où le soin moindre que Dostoïevski apporte au style : il se consacre, jusque dans les profondeurs les plus inouïes, aux complexités du genre humain, dans l'urgence, la peur de perdre en chemin une nuance. Le style ? L'intendance suivra. Le style se trouvera bien lui-même ; l'auteur, lui, a autre chose à faire, d'autres chats à fouetter. Il lui faut dire, dire, dire encore. Il n'a de soucis esthétiques qu'implicites, voire à son insu.

Il a l'esthétique, disons, de son empressement, de sa célérité, de son galop. Il a tant de choses à révéler en même temps, il voit, ainsi que les mouches, la réalité sous tant d'aspects kaléidoscopiques qu'il n'a (et on le sent à la lecture) que le temps de se presser, d'avancer, de progresser, de hâter le pas, d'accélérer encore. Quand un roman de Dostoïevski commence, il est déjà trop tard. L'intrigue a commencé sans nous. On a toujours l'impression, même lorsqu'il n'y a qu'un tome, de commencer par le tome deux. Et tant pis si, pour dire tout ce qu'il y a dire sur les hommes, il faut passer par une œuvre.

Dostoïevski se permet tout mais ne s'en aperçoit pas ; il n'est pas conscient de la révolution littéraire qu'il opère. Il ne cherche jamais, comme Joyce, à inventer le roman moderne, à dynamiter la littérature. Non, il va son chemin, bille en tête, et ces considérations ne sont pas pour lui. Ses dialogues-fleuves, comme dans *L'Idiot* par exemple, ne doivent rien (comme chez le Gide des *Faux-monnayeurs* qui s'est d'ailleurs énormément inspiré de l'écrivain russe) à une recherche de nouveauté, d'innovation, de « modernité ». Il s'avère simplement qu'il a besoin de cette distance, de cet espace, pour couvrir ce qui lui semble essentiel sans rien omettre. Ce qui ne laisse d'ailleurs pas de surprendre, chez lui, c'est cette absence quasi constante de « réalisme » qui débouche malgré tout sur une analyse profondément vraie de l'« âme humaine » (parler d'« âme humaine », lorsqu'on évoque Dostoïevski, est devenu un marronnier aussi constant qu'employer l'expression de « Jean-Jacques » pour évoquer Rousseau). Il y a chez Dostoïevski, même quand il s'inspire (ce qui est presque toujours le cas) d'événements, de faits divers ou de personnages réels, une « burlesquisation » qui s'opère. On dirait parfois qu'on se trouve dans un slapstick ou un cartoon. Ou même chez San Antonio, notamment lorsqu'on se penche sur la figure du père Karamazov.

J'ouvre à l'instant le *Dostoïevski* de Gide, que je n'avais relu depuis 1983, et m'aperçois, pour ma plus grande joie, que mon maître (osons finalement ce mot, puisque de maîtres, je possède une bonne poignée) ne dit pas autre chose (même s'il le dit infiniment mieux) : « Ce que Dostoïevski dit du rêve, nous l'appliquerons à ses propres livres, non que je consente un seul instant à assimiler ses récits à l'absurdité de certains rêves, mais bien parce que nous sentons également, au réveil de ses livres – et lors même que notre raison se refuse à y donner un assentiment total –, nous sentons qu'il vient de toucher quelque point secret qui "appartient à notre vie véritable". » Gide ajoute : « Et je crois que nous trouverons ici l'explication de ce refus de certaines intelligences devant le génie de Dostoïevski, au nom de la culture occidentale. »

Sans doute, du reste, Dostoïevski n'en serait-il pas revenu d'avoir « produit » tant de disciples. Il n'a laissé d'œuvre que ce qu'il avait d'infiniment intime à exprimer. Comment s'inspirer de la *peau* d'un autre ?

Emmanuelle me traîne à son club d'escalade, dans le XVe arrondissement. Je parviens à escalader le mur jusqu'au sommet, mais sur un parcours de difficulté enfant. Elle, grimpe comme une fée, semblant défier l'apesanteur. Rien ne pèse chez cette créature imparable, à la grâce définitive, à l'intelligence aiguë, à la générosité presque mystique. Elle m'apprend à vivre. Ce n'est pas du luxe. Je dirai simplement que se laisser vivre est finalement moins compliqué, malgré ce que l'on pourrait croire, que se laisser mourir.

Nous rentrons (douleurs au genou gauche), Emmanuelle prépare le dîner pendant que je me roule dans mes Gide et mes Dostoïevski. Puis nous passons la soirée à évoquer notre différence d'âge (vingt ans). Je venais de lui faire écouter ma toute première émission de radio, sur France Culture, de juillet 1994, sur Gombrowicz, justement (j'étais alors encore étudiant à Sciences Po) et je lui ai fait cette remarque que ce qui remonte pour moi à l'Antiquité (1994 ou les Étrusques, c'est kif-kif) signifierait pour elle, qui n'a que vingt-sept ans, dans sa vie à elle, une époque remontant à quelques mois à peine. Ce qu'elle vit en ce moment, c'est ce que je vivais en 1995. Ça m'a donné une sorte de tournis. Chose étrange : les très jeunes filles, je l'avais déjà remarqué (et souvent), s'excusent davantage de leur jeunesse que nous ne nous excusons, nous, de notre « vieillesse ». Je mets pour l'instant ce mot de « vieillesse » entre guillemets, mais je sais que viendra le temps où, très naturellement, sans le moindre chichi, je devrai (dignement) les ôter.

J'ai de la chance, je suis heureux. Je plains les invivants.

Samedi 18 juin

Réveil avec *L'Alternative*, François Béranger, 1975 (L'Escargot, ESC 328, France). François Béranger au chant et à la guitare ; Gérard Cohen à la basse et à la basse électrique ; Jean-Loup Besson à la batterie et aux percussions ; Jean-Pierre Alarcen à la guitare électrique, à la guitare rythmique et aux percussions ; Claude Arini au piano électrique et au piano acoustique. Enregistré en juillet, septembre et octobre 1975.

Nevers. Grand-mère en pleine forme. Quatre-vingt-dix ans et demi. Je suis né, à Nevers. Sans que ce soit de ma faute. Je ne nais jamais, d'habitude. Je suis aussi sûr de mourir que j'étais certain de ne pas naître. Les autres m'ont toujours semblé plus prévus que moi. C'était dans ma nature de ne pas *être*. Mais il a bien fallu que je fusse ! Question : pour quoi faire. Car combien de gens viennent au monde qui ensuite restent chez eux ?

Que signifie « venir au monde » ? Étrange expression, qui part du principe que le nouveau-né arrive dans quelque chose qui était là avant lui. Or, c'est évidemment plus compliqué que cela : en venant au monde, je participe à ce monde, je l'invente. Une nouvelle façon de l'appréhender, une manière inédite de le concevoir, de le subir, de le vivre fait irruption, se déploie – par conséquent, chaque venue au monde change le monde. Et le fait d'y arriver, d'en être un des nouveaux arrivants fait que nous ne faisons pas simplement que nous surajouter à un décor préexistant, puisqu'en quelque sorte ce décor est modifié par nous. Non modifié techniquement, empiriquement, « réellement », au sens où le monde connaîtrait à ma naissance des dysfonctionnements brutaux, des changements lisibles, des révolutions notables ou de palpables avatars. Mais le monde est modifié parce qu'avec moi, avec ce nouvel être impensable et impensé qui était moi et qui désormais est bel et bien là, va se développer un rapport au monde qui n'avait jamais existé depuis que le monde existe. Venir au monde, c'est donc aussi faire venir le monde à soi.

Le monde, sans égocentrisme, n'existe qu'avec nous, au moment où nous y naissons et y vivons. Il n'a aucune réalité ni avant ni après. Du moins, la réalité qui le qualifie n'est-elle pas différente des contes, de la littérature, ou des légendes ? C'est un monde livré à l'histoire. Et l'histoire est fixée sur des dates qui concernent ma culture, qui conditionnent mes habitudes, sans doute, mais d'où je puis toujours m'extirper si je le désire. Par exemple, si je me convertis à l'islam, ou au judaïsme, j'utilise alors ma liberté pour contrecarrer les influences de ces événements dont j'étais le produit prévu, le résultat inéluctable. Tant que je suis libre, tant que je me donne les moyens de pouvoir penser, pour le meilleur et pour le pire, de manière tout à fait personnelle, le passé du monde n'est pour moi qu'une hypothèse de travail, un marqueur historique, quelque chose de totalement arbitraire auquel il est, non pas aisé, mais possible de se soustraire. L'histoire est facteur de conditionnement social, certes, toutefois, ce que je garde, ce que je mixe à partir de mes expériences, des livres lus, des films vus, des amours vécus est là pour m'offrir sans arrêt une sortie d'autoroute qui court-circuite le parcours tracé d'avance et nie l'histoire de toutes ses forces comme aimant, comme référent, comme référentiel, comme point de départ, comme absolu.

Ce qu'on appelle « passion » n'est bien souvent que le spectacle qu'on se donne à soi-même, alors que l'amour n'est fait que de choses imperceptibles. Être « amoureux », ce n'est pas poser un drapeau en haut de la tour Eiffel avec inscrit dessus « Je t'aime ma chérie » ; c'est être capable d'écouter en silence la femme qu'on aime.

J'aurais adoré naître juif, mais non : je suis né tout court. Je n'ai fait que naître. Sans supplément.

La manière dont, en Europe, nous montrons nos petits biceps est tellement risible : on exhibe nos muscles de cirons face à des dragons (Chine, États-Unis, Russie, Inde). Avec nos grands petits principes, notre petite grande culture. C'est du passé, tout ça. Chine, Chine, Chine : qu'on le veuille ou non. *Chine.*

Je change de vie assez souvent, seulement cela ne se voit pas toujours de l'extérieur. C'est mon « expérience intérieure », comme dirait Bataille, qui me modifie. Je ne crois aux modifications que si ces modifications sont profondes, qu'elles bouleversent l'être dans son entier. Les plus grands voyages ne sont liés ni à la consommation de kilomètres ni à la consommation de substances. Les grands mystiques voyagent en restant sur place, car la vraie révolution, au sens où les astres décrivent une ellipse autour d'astres plus gros qu'eux, c'est moins de parcourir le monde dans tous les sens – ce qui reste fabuleux, je ne le nie pas – que de trouver sa place. Rester sur place, non. Rester à sa place, oui. Mais la trouver demande parfois une vie. Trouver sa place et y rester : c'est là la plus puissante des choses, la plus révolutionnaire, la plus subversive, la plus passionnante. Cela exige de l'acuité, beaucoup de patience et de courage, et surtout de l'humilité.

J'ai feuilleté, tout à l'heure, de ma chambre de Nevers (le « studio »), mon livre sur Edith Stein. C'est de loin, même si l'envie me démange (ce que je ferai un jour) de le nettoyer de quelques scories et autres vulgarités, un des livres de moi que je préfère. (Ma grand-mère possède tous mes livres, installés derrière une petite vitrine.) Edith Stein s'est cherchée. D'abord, elle a fui ce judaïsme qui lui échappait. Elle, subtile parmi les subtiles, et même au-delà puisqu'elle fut sans conteste une des plus grandes et des plus belles intelligences du XXe siècle, ne comprenait pas ce qu'elle appelait les « subtilités talmudiques ». Ce qui est intéressant, c'est qu'elle était intellectuellement parfaitement bâtie pour maîtriser à la fois la science et la gymnastique talmudique. Les livres qu'elle a écrits, d'une difficulté théorique et d'une profondeur philosophique extrêmes – elle fut la plus brillante des étudiantes de Husserl, qui l'adouba et la prit sous son aile –, le prouvent. Mais non. Il ne lui semblait pas que ce qu'il est convenu, pour aller vite, d'intituler « Dieu » pût dépendre de connaissances aussi pointues, de bagages aussi élaborés, de raisonnements aussi sophistiqués que ceux que l'on rencontre dans le Talmud ou dans le Midrash. Elle, l'intellectuelle absolue, l'intelligence incarnée, ne pouvait croire qu'en un Dieu détaché de ce matériel, de ce langage, de cette mathématique singulière. La religion juive associe la proximité de Dieu à la philosophie, à la pensée, à l'étude. Tout se passe donc comme si elle avait voulu clairement distinguer les deux. À droite, la pensée. À gauche, la grâce. À droite, la complexité. À gauche, la simplicité. À droite, les livres. À gauche, les promenades. À droite, les notes. À gauche, les prières.

Comme beaucoup de grands chrétiens, Edith a eu la révélation de la grâce en une nuit. Mais, et c'est important, à la différence de Claudel par exemple, ou de saint Paul, ce foudroiement n'a pas été strictement charnel, épidermique, sensuel : le Mystère lui a été révélé par la lecture, c'est-à-dire d'une façon intellectuelle. Par le travail de la pensée. C'est ce qui est fascinant dans son cas : elle eut accès à la Croix par une sorte d'équivalent chrétien de l'étude juive. Évidemment, ceci est à nuancer dans la mesure où, à cette époque, elle avait quarante ans et que le judaïsme était quelque chose de lointain déjà pour elle. Elle était alors une philosophe athée. Bien que je récuse le terme « athée » en ce qui la concerne. Lorsqu'on cherche sa place, et rien que sa place, on ne peut être athée. L'athéisme consiste à s'imaginer que notre place est partout. Que c'est partout notre place. L'athée pense non seulement que sa place lui est due, mais qu'elle se trouve là où bon lui semble. À peine installé, il s'agit d'ailleurs pour lui d'en changer. L'athée veut prendre la place : ce qui signifie prendre la place de l'autre, et occuper l'espace. Il veut prendre *de* la place. Ceci est parfaitement normal, puisque l'athée considère qu'il est lui-même son propre dieu. Son propre dieu unique ! L'athée est un monothéiste de lui-même. Il s'octroie le droit de penser qu'il peut donc occuper toutes les places, n'importe quelle place, et mieux que personne, à tout moment. Il est omniplace. Il est multiplace. Il est pluriplace. Sa place, c'est toutes les places à la fois. L'athée n'a foi qu'en lui. Il n'obéit qu'à lui-même, à partir de la pure fiction, auto-célébratrice, de son pouvoir divin.

Dieu n'« existe » vraiment que pour ceux qui ne croient pas en lui ; les autres n'en ont pas besoin, puisqu'ils ont la foi.

J'entends ici donner, rendre à chaque journée la complexité qu'elle réclame, qu'elle mérite. Rendre compte, le plus justement possible, de ce qui me passe par la tête. Qu'on voie ce qui se déroule sous un crâne : le mien. Comment est-ce que je procède ? De toutes les façons possibles : je griffonne des notes, je tape sur mon ordinateur, je dicte à mon téléphone. Chaque soir, j'essaie, avant de me coucher, souvent jusqu'à une heure avancée, de mettre tout au propre, au pair. Et le week-end, je travaille comme un chien. Je me suis promis de ne jamais « compléter » les trous de ces pages au-delà de quinze jours – passé cette échéance, nous devenons malhonnêtes avec les impressions et les faits, que la mémoire trafique selon la sauce qui l'arrange. Si jamais un lecteur existe, ce que je ne sais pas au moment où j'écris ces lignes, je ne lui demanderai jamais de tout lire – il fera le tri dans une journée, choisissant le « plat » qui l'agrée. Nul n'est tenu d'absorber ce qui lui paraît indigeste ; mais je me refuse à alléger ce qui a bel et bien eu lieu dans ma tête, dans mon corps, dans ma vie, dans ma journée. Zéro triche. Écriture « grandeur nature », ou presque. C'est une expérience.

« Se perçoit le reflet d'une opposition entre deux formes de l'utopie messianique : politique, pour l'une, qui se tient au plus près de l'expérience du peuple juif ; intellectuelle pour l'autre, cherchant à rationaliser l'idée d'un monde "qu'aucun œil n'a vu" (Sanhédrin, 99a). À travers elle, la gamme est large sur laquelle peut s'orchestrer la promesse du futur chez ceux qui ont en commun de n'être pas réconciliés avec le monde et l'histoire » (Pierre Bouretz, *Témoins du futur. Philosophie et messianisme*, 2003).

Je me replonge dans *La Chartreuse de Parme*, relis quelques pages au hasard de *La Sonate à Kreutzer*, qui m'a tant influencé pour ma *Simple lettre d'amour* et, en manière de viatique, de *Prométhée*.

Eschyle ne me quitte pas depuis la classe de mathématiques spéciales, où je le lisais pendant les cours d'électrodynamique dans une vieille édition dix-neuviémiste que je possède toujours précieusement.

Dimanche 19 juin

Réveil avec *Workshop*, Philippe Maté/Jef Gilson, 1973 (Palm, PALM 7, France). Album très « aylérien », enregistré d'une traite au Foyer Montorgueil, à Paris, le vendredi 4 février 1972. Maté, saxophoniste hors pair dégueulassement oublié. Philippe Maté au saxophone alto ; Jef Gilson à la clarinette basse, aux claviers, au piano électrique et à l'orgue ; Didier Levallet à la basse acoustique ; Jean-Claude Pourtier à la batterie ; Bruno Di Gioia au cor anglais, à la flûte et aux percussions ; Pierre Moret au piano électrique et à l'orgue ; Maurice Bouhana à la flûte et aux percussions ; Elie Dos Reis aux percussions.

Retour Paris. Train (17 h 58, arrivée 19 h 57 en gare de Bercy, classe 1, voiture 2, place assise 16, fenêtre, 62 euros). Sens contraire à celui de la marche. J'écoute les *Variations Diabelli* par Gulda, qui viennent de sortir. Extraordinaires. Je suis un grand fanatique de Gulda, mais c'est souvent, je l'ai remarqué, le tout premier interprète par lequel, avec lequel, grâce auquel j'ai découvert telle ou telle œuvre que je place, non plus seulement chronologiquement, mais qualitativement, à la première place – un peu comme si, dans mon esprit, il en était un peu l'auteur. Si bien que toutes les interprétations qui suivent m'apparaissent des plagiats. C'est extrêmement injuste, puisque c'est l'arbitraire qui érige une telle hiérarchie. Tout cela pour dire que, malgré le génie de la version de Gulda, je continue, et continuerai ainsi toute ma vie, à préférer celle de Serkin. À mes yeux, les *Variations Diabelli* sont autant de Beethoven que de Serkin. Telle est la violence du hasard. Je ne puis penser ces variations qu'à partir de Serkin, qui en est comme l'originel moule.

Mort le jour anniversaire de la naissance de Mozart, Gulda, qui avait prédit sa propre mort et fêté sa résurrection, n'a pas d'équivalent dans le siècle passé : il entrecoupait ses récitaux de ses propres compositions jazzistiques. Dire que j'aurais pu, en 1984, 1985, 1988 et 1989 lui rendre visite à Vienne – mais, à l'époque, j'ignorais hélas son existence. Ses sonates pour piano de Mozart sont prodigieuses, enregistrées chez lui, sans chichi, destinées au départ à lui seul. « Fritz » avait signé sa première composition, *Allegretto für Klavier*, à l'âge de neuf ans. En 1952, à vingt-deux ans, il joue avec Joe Zawinul ; en 1962, il joue du saxophone pendant un festival de jazz, ayant déjà à son actif l'enregistrement, à dix-huit ans, des trente-deux sonates de Beethoven.

Maria au téléphone. À propos de Maria, qui est mon être humain préféré, je pense à cette phrase d'Aragon dans *Blanche ou l'Oubli* : « Il suffit d'un seul être pour donner au monde sa profondeur. »

Mon point de départ dans la vie s'est inscrit, non dans une mémoire, mais dans le catalogue universel de l'absurde et des molécules. Je suis né perdu dans un gaspillage cosmique et gratuit, un amas sans queue ni tête de hasard et de biologie. Je suis l'enfant naturel d'un vertigineux n'importe quoi : fait de jaune citron, de morceaux de souffrance, de branchies différentes, de cellules puis de larves, de calcaires, de neiges éternelles, d'atomes crochus et de sels minéraux. Rien de strictement juif.

Un véritable marché de la surveillance est en train de se mettre en branle.

Anniversaire de Dominique Jamet, quatre-vingts ans. Je ne peux m'y rendre. Jamet est un homme subtil, doué d'une mémoire phénoménale, et d'une scansion précise, chirurgicale, qui n'appartient plus à notre temps. Capable d'aller chercher dans son encyclopédie cérébrale le détail le plus oublié sur la Commune de Paris ou sur la Terreur, il est le spécialiste des rapprochements fulgurants entre hier et aujourd'hui. Sa culture est vaste et efficace : il l'utilise à bon escient, loin de toute cuistrerie, pour mettre en branle des raisonnements qui éclairent l'actualité.

Quelque peu rapetassé, bien qu'encore très grand de taille, je ne me souviens pas, depuis tant d'années que nous déjeunons ensemble, l'avoir vu boire un seul verre d'eau. Lorsqu'un serveur veut lui verser de l'eau minérale dans son verre, il recouvre celui-ci des deux mains, secouant négativement la tête. Puis, concentré, aimant à prendre du temps et son élan, après un assez long silence, il se lance dans une analyse en général implacable des événements en cours ; on peut ne pas partager sa vision du monde, souvent marquée des préjugés de telle génération – mais il convient d'admettre qu'il ne parle jamais sans « angle », ne s'exprime jamais sans avoir trouvé, pour présenter les faits ainsi qu'on présente un plat dans les grands restaurants, une manière inédite, personnelle, originale, parfois sulfureuse, prompte à réveiller son interlocuteur.

« Dominique » (son véritable prénom est Benjamin) a toujours sous le coude les journaux du jour ; il lui faut du papier, des livres ; il aime à annoter le temps qui passe. Nous parlons essentiellement d'histoire, notamment de la période révolutionnaire, qu'il maîtrise comme personne. Il a, sur le sujet, à peu près tout lu. Napoléon, également, est l'une de ses marottes. Existe-t-il, aujourd'hui, quelque probabilité de voir naître de futurs Jamet ? J'entends, des hommes surfins, fous de culture, de presse et de littérature, amateurs de vins et de bouquins chinés ? Dominique est un rescapé du XXe siècle, dans ce qu'il avait de précieux et, sans doute, de boueux. Mais je ne déteste rien tant que les hommes gris. J'ai toujours eu cette prédilection pour ceux qui me sont différents, tant dans le comportement que dans la culture, dans la biographie que dans l'idéologie ; ne pas penser la même chose que son interlocuteur, que son ami, que son hôte me semble précisément être une des richesses, peut-être un des intérêts majeurs, une des joies même, de l'existence humaine. Je demande à ceux que je fréquente, outre qu'ils me dissemblent au maximum, qu'ils ne soient jamais fades et qu'ils m'étonnent.

Peut-être n'appelle-t-on « Dieu » qu'une volonté de se défaire de soi.

Je retrouve Emmanuelle. Elle reprend le travail demain. J'essaie de lui donner quelques ficelles pour qu'elle travaille sa mémoire et puisse ingurgiter un énorme catalogue des ventes en une heure. Il s'agit d'astuces mnémotechniques. Rapporter chaque page du catalogue, ou plus exactement chaque numéro d'objet, à une expérience personnelle, à une anecdote biographique – meilleur moyen, seul moyen de *retenir*. On ne retient jamais que ce qui nous concerne.

Nous filons à Saint-Ouen, à une soirée organisée par Laurent pour *Les Grosses Têtes*. Discussions avec Steevy, Marcela Iacub (« Tu es très belle… », glisse-t-elle à Emmanuelle), Roselyne Bachelot (« Vous êtes très belle », lance-t-elle deux fois, à une heure de distance, à Emmanuelle), Grichka Bogdanoff, Bernard Mabille, Florian Gazan, Vanessa Burggraf, Léa Salamé, Philippe Geluck, Arielle Dombasle (« Vous êtes aussi belle qu'un mannequin », dit-elle à Emmanuelle), Gérard Jugnot, Gérard Miller.

Steevy est un drôle de petit personnage. Il appartient à cette génération décomplexée qui nous fait entrer, de toute son inculture, dans ce qu'il va bien falloir finir par appeler le XXIe siècle. Il est un prototype passionnant : inculte au dernier degré mais intelligent. La forme la plus aboutie de l'intelligence est la curiosité. Il la possède. Il pose donc toutes les questions, sans la moindre honte ni la moindre hiérarchie. Il se renseigne avec le même ton, la même candeur, le même intérêt aussi, sur ce qu'a fait exactement Hitler et les mousselines de Mme de Staël. Il n'est bon qu'en géographie ; il faut toujours un repère, le sien est spatial. Mais, dans le temporel, il nage et se noie : capable de confondre le temps de Molière et celui de Rachmaninov, qu'il prenait pour un peintre, il admire instantanément, et mêmement, celui qu'il a entendu parler d'Albert Camus et celui qui sait des vers de Watriquet de Couvin.

Steevy s'est fait connaître avec *Loft Story*, en début de siècle, se condamnant lui-même à la fois à une adolescence éternelle et à une célébrité de pacotille. Les deux s'étiolent d'ailleurs parallèlement. On ne voit jamais l'homme, en lui : on devine l'adolescent vieilli ; on ne le connaît jamais, on ne fait que le reconnaître. Il porte sa date de péremption comme une malédiction. Sa croix est d'avoir été enfermé près d'une piscine bleue parmi des filles aux cheveux jaunes. Il n'est pas faux qu'il a incarné, dans une époque où l'homosexualité a encore besoin de se caricaturer pour obtenir son droit à la banalité, l'homo de service, soigneux de son corps et de sa santé. On a les Gide que l'on peut. On peut se moquer de Steevy ; rien n'est plus simple au demeurant. Mais ce fils du peuple pose parfois des questions que je n'ose pas poser moi-même parce que j'ai honte de n'en pas posséder les réponses. Il ose. Je n'ai sur lui que la supériorité d'être allé plus longtemps en classe et d'avoir fait, hors de mon atroce famille, de bonnes rencontres scolaires : d'où pourrais-je m'en vanter. Je ne suis pas plus supérieur à ce petit bonhomme que je ne suis supérieur à personne.

Marcela Iacub est un mystère. Son intelligence, qui est grande, ne se perçoit pas à l'oral. Dès qu'elle prend la plume, je la trouve profonde, originale, subtile ; mais, face à face, elle est banale, confuse, peu nuancée, pétrie de convictions provocatrices faciles. Elle se métamorphose sur la page, comme une chenille devient son propre papillon. J'avoue, brièvement, avoir été tenté de penser qu'elle n'écrivait pas elle-même ses articles ou ses livres ; ce n'était pas là malveillance de ma part, mais souci d'éclaircir, de comprendre ce mystère. Ce cas de figure n'est pourtant pas si rare : Gide ne cesse, dans son *Journal*, de maudire son incapacité à être brillant, intelligent, voire intéressant en public ; devant Malraux par exemple il est tétanisé. Devant sa feuille, plume à la main, ou devant sa machine à écrire, il est éblouissant. Tout le monde ne peut être Proust, qui, de son aveu propre et de celui de Paul Morand, qui l'imitait à merveille, écrivait comme il parlait et inversement. Proust ne se « forçait » pas pour écrire ; il n'obéissait qu'à sa pente, à sa voix, à sa voie.

Physiquement, Marcela Iacub irradie ; elle possède une beauté ciselée, entre chat et diamant, qui transbahute un je-ne-sais-quoi de poignant et d'impitoyable. Lorsqu'elle avait vingt ans, à la faculté, et avant encore au lycée, des garçons, des filles ont dû chercher à se damner pour obtenir les faveurs de cette créature individualiste, radicale, qui ne connaît aucune mesure entre l'extrême gentillesse et la cruauté. Sa souffrance est intense, et cela peut la rendre violente – elle ne supporte pas la contradiction ; si l'autorité, intellectuelle, qu'elle a décidé de s'arroger, est contrariée, elle peut devenir folle de rage. Tout désaccord avec une théorie sienne, un point de vue sien, entraîne une rupture définitive et est interprété par elle comme une remise en cause inadmissible de son magistère. Alors, elle reprend sa science comme un enfant reprend son ballon et, jouant du mépris avec une virtuosité stupéfiante, elle souhaite tout simplement votre mort.

Roselyne Bachelot est née à Nevers – elle aussi. Je voudrais croire que cela crée des liens, mais la vie ne marche pas comme ça. C'est une mère de famille affable, sans doute dingue, qui a le verbe fort et la bonté volontaire. Je ne m'y fierais pas trop ; elle doit savoir assassiner quand on essaie de la piétiner. Ce qui m'intéresse chez elle, c'est son parcours : comment une ministre de la République a fini par rejoindre une bande de comiques. Quel est le moteur d'une telle trajectoire ? Une réponse possible : la recherche des spots ; c'est probable. Une autre réponse possible : l'absence d'esprit de sérieux. C'est l'hypothèse que je retiendrai. On peut tout faire de sa vie – de la politique le matin et de la couture le soir ; cette débonnaire bonne femme, pleine de ressources et de mots sonores, est particulièrement *française*. Elle eût pu, en lieu et place d'Andréa Ferréol, se retrouver, entre Noiret, Piccoli et Tognazzi, dans *La Grande Bouffe*.

Grichka Bogdanoff est venu sans son jumeau ; quand son frère n'est pas là, il n'est pas exactement le même. Libéré de sa conformité avec son autre lui-même, allégé de son statut d'avatar, sans aliénation soudain, il reprend figure presque humaine – on sait que ce duo de frangins photocopiés s'est défiguré le visage de concert pour faire cesser la vieillesse en eux. Je n'ai jamais cru, malgré la forte sympathie que j'éprouve à leur endroit, à la théorie selon laquelle ils auraient contracté une maladie déformante : quel serait donc le nom scientifique d'une telle affliction ? Que ne l'a-t-on répertoriée ?

N'existerait-elle, au monde, que sur leurs seuls faciès ? Cela ne tient pas. Ma thèse est simple : ils ont opté pour une chirurgie esthétique volontairement non crédible : partant du principe que les personnes vieillissent mais pas les personnages, ces mentons fous, ces pommettes aberrantes, ces orbites enfoncées ainsi que des billes dans une peluche de nounours obèse furent conçus pour les faire entrer dans une fiction qu'ils sont les seuls à arpenter. Ils ont voulu devenir des êtres fictionnels, des morceaux de bandes dessinées, des figures de mangas. Gentils, ils ont tellement foiré l'opération qu'ils ont désormais des gueules de méchants ; ils relèguent dans le regard, plein de souffrance, et dans le sourire, saturé de gêne, les éclairs enfantins, bienveillants, qui se diluent dans cet amas de chair boursouflée, suturée, tendue par tous les élastiques de leur frayeur face à la mort.

Leur cas, qui relève évidemment de la psychiatrie, est passionnant ; je suis surpris qu'aucun spécialiste ne se soit sérieusement saisi de leur fascinant dossier. Bien entendu que ce sont des « cas ». Il existe chez eux une obsession de l'apparence intellectuelle – elle l'emporte même sur celle de l'apparence physique. Leur combat de toujours, assis sur un complexe qu'il faudrait fouiller, est d'apparaître comme des spécialistes de la complexité : on fréquente Barthes, parce qu'on ne comprend pas tout ce qu'il dit. La jouissance de ces frères provient de l'ardu, du cryptique, du pointu, du cérébral ; ils entendent, depuis le mitan des années 1970, se frayer un chemin vers tout ce qui effraie les intelligences moyennes. On ignore s'ils sont bacheliers, mais ils fréquentaient le Collège de France bien avant le cours moyen. Du moins est-ce là ce qu'ils voudraient faire accroire – l'un « fait » des mathématiques, l'autre « fait » de la physique. À les entendre, ils ne « font » que ça de leurs journées. Je veux bien. Et c'est tout à leur honneur. Mais j'aimerais que l'on m'explique, moi qui ai connu les classes de mathématiques supérieures et spéciales, en quoi consiste « faire » des mathématiques et de la physique à leur âge, si ce n'est se coltiner des exercices trouvés dans des manuels pour étudiants.

Je ne sache pas, en effet, qu'ils œuvrent dans la physique fondamentale ni que la recherche mathématique n'attende de l'un ou de l'autre l'émergence d'un théorème ou l'avènement d'une démonstration digne de ce nom. Que signifie « faire » des maths ? « Faire » de la physique ? Le tout « chez soi » (ils n'enseignent pas, semble-t-il, dans la moindre université ni ne sont affiliés au moindre laboratoire de recherche ; ils n'ont point de bureau dans les locaux du CNRS). « Faire » de la guitare, « faire » du piano, je me représente ce que cela puit être. J'avoue avoir davantage de difficultés, mais sans doute je me trompe, à me figurer qu'on « fît » des mathématiques chez soi, à près de soixante-dix ans, si c'est toutefois pour se retaper celles qui sont enseignées en Taupe. Mais ils en ont bien le droit, et Paul Valéry faisait à peu près la même chose. C'est sans doute mon esprit qui est mal tourné – surtout, je suis un grand brûlé de ces matières pour classe prépa. Sartre, enfermé dans son bureau avec ses cigarettes et le Castor, ne « faisait » pas de philosophie : il écrivait des livres. Il ne disait pas : « Tiens, aujourd'hui, je vais *faire* de la philosophie. »

La dernière fois que j'avais discuté avec eux, c'était au restaurant, à Brive, en 2013, lors de ma tournée Renaudot. Ils furent, comme à leur habitude, d'une extrême courtoisie et d'une grande affabilité. Outillés d'une diction parfaite, d'une scansion surannée mais agréable à l'oreille, ils s'étaient partagé pendant une heure, et à ma seule intention (preuve chez eux d'une indémodable générosité), un exposé, l'un finissant les phrases de l'autre et *vice versa*, sur le temps. « Nous sommes en train d'achever une nouvelle théorie du temps. Elle va te plaire, mon cher Yann. » Je ne me suis jamais moqué de ces frères-là ; ils ne font de mal à personne ; je me garderais bien de ranger parmi les crétins des êtres dont la poésie, si forte, est aussi éloignée de celle que, peut-être, je prétends tout aussi follement incarner. Leur tropisme, être des hommes de science, vaut bien le mien, qui est d'être écrivain. Ils se prennent pour eux et je me prends pour moi – tous les trois, nous parions morbidement sur une postérité hypothétique ; leur inconscience, leur ridicule, leur pathétique est mon inconscience, mon ridicule, mon pathétique. Ils sont des imposteurs ; je suis un imposteur. Ils sont fascinés par Einstein, Gödel, Riemann, mais pas seulement par leurs œuvres ; ils veulent savoir quelles chaussures ils aimaient, quelles cravates ils portaient, et le temps qu'il faisait le jour où Riemann a eu l'intuition de la fonction zêta.

La petite différence, toutefois, entre l'« écrivain » que je prétends être et les « scientifiques » qu'ils se veulent, c'est qu'il existe dans leur domaine une objectivité – ou du moins une subjectivité, orthodoxe, consensuelle, partagée par ce qu'on appelle la « communauté scientifique » et qui est susceptible, à tout moment, sans volonté première de malveillance, de se pencher sur les travaux des jumeaux, de les appréhender, de les jauger, de les évaluer. Et c'est là, à mon avis, que les choses doivent se corser.

Leur théorie, en 2013, à table (ils ont dû en changer depuis), reposait sur l'idée, pour peu que je m'en souvienne, que le temps de l'univers était stocké sur une sorte de disque. Bien que les explications fussent joviales, elles étaient également quelque peu confuses

– mais je veux bien mettre sur le compte de mon épuisement de ce soir-là le fait que tout ne m'apparût pas avec la clarté proclamée. Il me sembla juste un peu étrange que Grichka, ou Igor, m'indiquât que c'était Igor, ou Grichka, qui s'occupait de la partie « physique » tandis que Grichka, ou Igor, s'occupait, lui, de l'aspect « mathématiques ». C'est un peu comme si, dans un film, on employait deux jumeaux pour jouer un seul personnage : l'un s'occuperait des attitudes, l'autre des dialogues.

Bernard Mabille sue la France blanche du XXe siècle. Gouailleur, double-mentonné, tout est gras chez lui : son rire, ses blagues, sa silhouette et sa poignée de main. Il fait partie de cette vieille clique douteuse, française jusqu'au bout des pieds, de Thierry Le Luron et compagnie. Cette génération, cette France, qui veut encore coller aux basques de la société comme de vieilles moules sur un morceau de tuc, a pourri une partie de mon enfance, puis de mon adolescence. Mabille en tant que tel ne m'a rien fait ; mais, génériquement, ce qu'il incarne me fait fuir : ses saillies de chansonnier, style règlement de comptes à Franchouille City, respirent le buffet campagnard gratuit, Mondial moquette le samedi et le turf le dimanche. En 1992, il avait œuvré lors d'une soirée organisée à Paris par l'École supérieure de commerce de Reims ; là, déjà, je l'avais trouvé daté. Mabille est quelqu'un de *déplacé* : au sens où tout son temps, son époque tentent une percée dans la nôtre, cherchent à se translater vers le XXIe siècle. Mabille y parvient tant bien que mal, ne s'apercevant pas (vieillissant parmi son public, il a la sensation d'un *statu quo*) que tout ce dont il rit, que tout ce avec quoi il tente de faire rire est périmé. Comme un vieux yaourt, ou plutôt comme un pot de rillettes hilare, il vient, regard enfantin et calvitie rosâtre, se secouer de rire devant un micro qui se tétanise quand il voit Bernard s'installer en face de lui.

Un peu cultivé, un peu pas bête, fortement sympathique, Mabille, à merveille, incarne ce Français qui n'existe plus que dans les vieux *Jours de France* : le Français moyen. Il est un dessin de Bellus. Aussitôt qu'on l'aperçoit, on pense à du saucisson. Ses sketchs, tous cousus de fil de blanc (celui-là même qui entoure le gigot), fonctionnent sur une mécanique dont la désuétude le dispute à la prévisibilité. On devine chacune phrase qui va suivre : c'est un peu comme si l'on comptait jusqu'à dix. Mabille est l'un des derniers tenants de l'humour *nécessaire*, au sens mathématique du terme : chaque phrase déclenche la suivante de façon parfaitement devinable, attendue, logique. Tout est préparé, en amont, pour que le calembour vienne jaillir en temps et en lieu voulus. Alors que l'humour est fait pour étonner, pour détonner, chez Mabille, il est là pour rassurer ; il entend nous calfeutrer dans un jadis plus confortable. Alors, Bernard fait mine de n'avoir pas changé de monde, ce qui peut-être est le cas. Il est le contraire d'un millénariste ; l'Apocalypse ne passe jamais par lui. Chaque jour que Dieu fait, il semble regretter l'absence de Georges Marchais, dont il ne peut plus se moquer. Son humour agit comme un prophylactique : on envoie des pics aux politicards, on vanne sur le smic et les congés payés, sur les péages et sur les coulisses du pouvoir. C'est de la turlute de Félix Faure qu'on se gausse. Bernard, comme toute sa génération, œuvre dans le salace et le salé, la gaudriole ; son univers, parfaitement étanche aux vicissitudes du nouveau siècle et aux tropismes du féminisme, est celui du petit salé aux lentilles. Il est à l'hebdomadaire *Marianne* ce qu'un groom serait au *Journal de Spirou*.

Florian Gazan a oublié de grandir, ce qui ne l'empêche hélas pas de vieillir comme tout le monde. C'est un prototype intéressant d'adolescent quasi-quinqua, catégorie qui m'est particulièrement chère ; mais, chez lui, la névrose ne s'est pas développée exactement de la même façon que chez moi – à l'exception notable d'un disque que nous vénérons tous les deux : *Toto IV*. Il y aurait un livre entier, de mille pages, à écrire sur *Toto IV*, un des plus grands albums de pop de tous les temps. C'est l'un des albums que j'ai le plus écouté de ma vie, notamment en écrivant ; à l'été de 1982 (c'était en juillet), j'étais inopinément tombé sur « Rosanna », diffusé sur Orléans-FM, une radio que j'écoutais alors en boucle. J'avais, dès les toutes premières notes, été transporté ; ce disque ne me quitterait plus. Je courais à Auchan Saint-Jean-de-la-Ruelle, implorant qu'on me l'offrît – ce qui fut fait. Fasciné par la première face, je passai plusieurs mois à ne pas retourner le disque ; aussi, je fus surpris, vers décembre, de découvrir qu'« Africa » était gravée sur le même album. Je n'aime rien tant qu'essorer un morceau, jusqu'à m'en dégoûter tout à fait ; je sais qu'il est des morceaux, parfois des albums, que j'ai davantage écouté que leurs auteurs. J'aime à *ressasser*.

Florian, très intelligent, très bon camarade, est resté coincé dans son adolescence, donc ; et j'en suis un autre. Nous sommes les tout derniers habitants de l'année 1982. Nous n'en avons, au vrai, jamais déménagé. On croit souvent que l'on n'habite que l'espace ; on loge aussi dans le temps. Certaines années me sont des demeures. Je ne dirai pas que je n'habite *que* dans l'année 1982 ; mais il y a des années dans lesquelles j'habite et d'autres dans lesquelles je n'habite pas. Il y a des années dans lesquelles je ne fais que me rendre en coup de vent ; d'autres dans lesquelles je passe des vacances plus ou moins longues. 1982, pour moi, est à portée de main ; alors que 2011, par exemple, me semble tout à fait abolie, inaccessible, presque perdue à jamais – je ne me souviens de rien, c'est, pour mes souvenirs et dans mon existence actuelle, une année sans « prise », comme on parle de « prise » en escalade. Rien ne m'y raccroche ; c'est une année dans laquelle il me semble que je n'ai plus rien à faire. Je n'aurai fait que la vivre. Je ne l'aurai vécue qu'une seule et unique fois : en direct, au présent, du temps qu'elle était l'année en cours. Il ne me viendrait jamais à l'idée de la faire ressurgir en moi ; d'ailleurs, elle le sait, qui ne fait rien pour réexister dans mon esprit. 2011 et moi nous sommes tout dit ; 2011 et moi n'avons plus rien à nous dire. Il se passe le même phénomène avec 1997.

Au vrai, ce sont souvent les années d'enfance et d'adolescence qui persistent en nous, insistent, se prolongent. Elles possèdent une densité spéciale. Non seulement, une fois adultes, nous puisons en elles quelques trésors qui nous régénèrent, mais, pour certains, dont je fais partie, nous sommes enfermés dedans. Ce confinement n'a rien de conscient, ni de strictement volontaire. C'est un état d'esprit ; c'est un rapport à la vie. Je conçois qu'il puisse paraître morbide, car le passé est effrayant : il contient toutes les catastrophes, tous les séismes, toutes les horreurs et tous les crimes dont nous savons qu'ils auront bientôt lieu. Comment « aimer » 1982 quand on sait, par exemple, que le petit Grégory y était encore en vie, tranquille, à jouer au ballon et avec ses soldats ? Se projeter en 1982, c'est laisser sa mort en perpétuel suspens, c'est tricher avec la mort et avec la vie, c'est tricher avec les accidents qui, dans cette perspective, sont forcément inéluctables. Se placer en 1982 depuis 2016 est une forme de triche : on gouverne une époque dont on sait à peu près tout, dans laquelle on est bien parce que son souvenir nous répare, mais on oublie que 1982 ne peut qu'annoncer 1985 et le Heysel, 1986 et Tchernobyl, 1987 et le krach, 1988 et la prise d'otages d'Ouvéa, 1989 et la fatwa contre Rushdie, etc.

Gazan et moi, toutefois, ne sommes pas enfermés dans le même 1982. Le mien est gidien, le sien est footballistique. Le mien est littéraire (je n'en tire nulle supériorité), le sien est geek.

Philippe Geluck : esprit rapide, humour profond, ressources immenses. Tenir une carrière entière sur un chat qui produit des aphorismes force le respect. Nous restons au-dessous de Cioran, mais, au royaume actuel de la bande dessinée, nous approchons des sommets. Obsédé par son œuvre, recroquevillé sur son univers, l'air toujours ailleurs, semblant surfer sur les choses, toujours nanti d'un sourire narquois : il a du génie. Endormant tous les ennemis en se faisant passer pour un simple clown inoffensif, un brave gars venu de Bruxelles, auteur de misérables crobards, il parvient à faire en sorte de se faire oublier, de neutraliser toute malveillance à son égard – si bien que lorsque tout le monde s'est écharpé à force de jalousies, d'envies, de compétitions et de mesquins combats, on se tourne, dès qu'un poste se libère, dès qu'une fonction se crée, vers le seul qui ne soit pas entré dans la danse fratricide : lui, Geluck. Lui, Geluck, l'inoffensif de service, le bon copain qui dit toujours oui et ne s'attaque à personne, attend toujours son heure – et cette heure vient toujours.

Arielle Dombasle est à proprement parler un mystère ; on ne distingue jamais la femme du personnage, peut-être parce que, à force de vivre si bien ensemble, ils ont fini par se confondre. À l'aise au milieu des intellectuels, elle se sent parfaitement chez elle parmi les comiques troupiers. On la sent à la fois capable de dire du Verlaine et de roter. Cela tombe merveilleusement bien puisque, avachi dans son ruisseau, Verlaine rotait comme personne.

Gérard Jugnot fait partie de la grammaire française, de l'ADN du pays. J'ai toujours pensé que la véritable matrice de l'œuvre de Houellebecq, en plus d'Auguste Comte, était *Les Bronzés*. Gérard Jugnot et Michel Blanc sont des personnages pré-houellebecquiens.

Gérard Miller est aussi malin que son frère Jacques-Alain est intelligent. L'un a choisi une carrière de saltimbanque, l'autre est une autorité mondiale dans le domaine de la psychanalyse. C'est cette situation, me semble-t-il, qu'il s'agirait d'analyser. Pourquoi le petit Gérard en est-il venu à abdiquer devant le grand Jacques-Alain ? Malin, oui : il a compris (ce qui ne fut hélas pas le cas dans ma propre famille où le petit frère a raté sa vie en voulant à la virgule près imiter celle du grand frère) qu'il se devait de bifurquer, de faire autre chose, de faire autrement. La fascination de Gérard envers Jacques-Alain est sans doute immense ; mais plutôt que de l'avoir exprimée par la haine (instrument qu'il a peut-être dans le passé momentanément utilisé), il s'en est délivré en allant dans la direction opposée. Puisque Jacques-Alain incarne le sérieux, fonçons tête baissée vers la gaudriole. Et pourquoi pas. Ce qui m'intéresserait, c'est de savoir si Gérard a choisi la psychanalyse pour faire « comme son frère » ou bien s'il y a, dans cette famille, un terreau qui prédisposait à cette inhabituelle profession. Notons que Jacques-Alain a fait l'École normale supérieure de la rue d'Ulm en philosophie ; et que Gérard n'a fait « que » celle de Saint-Cloud en sciences humaines.

Lundi 20 juin

Réveil avec *Heaven And Hell*, Vangelis, 1975 (RCA Victor, RS 1025, France). Au chant : Vana Veroutis. Enregistré dans le studio de Vangelis, Nemo studios, en septembre 1975. Je préfère, peut-être, la musique de *Chariots Of Fire*, que j'aurai passé la quasi-totalité de mon été 1981 à écouter – avec une autre BO, celle de *McVicar*, interprétée par Roger Daltrey. Je crois bien que c'est mon ami David Ronk (1966-1992) qui me la fit découvrir – je n'ai jamais pu savoir où il avait été enterré.

Pluie, suite. Pas une goutte de soleil depuis des semaines. Écharde plantaire. J'ai mal quand je marche. J'aimerais bien passer une semaine sans aucun incident corporel. Cela semble difficile à obtenir. J'écris « Pluie, suite » et me dis quelque chose : pour savoir qui mériterait, véritablement, le label d'écrivain, de vrai écrivain, de « grand » écrivain qui sait, il faudrait demander à chacun d'écrire deux pages sur la pluie. Là, nous verrions ce qui se passe ; là, oui, nous verrions enfin qui est qui. Qui n'a rien à dire sur la pluie n'a rien à dire du tout ; qui n'a rien à dire du tout ne saurait être considéré comme un écrivain.

J'avais adoré *Maciste contre le fantôme* (1961). J'ai adoré, ce matin à 8 h 30, regarder Maciste se battre contre des extra-terrestres dans *Maciste contre les hommes de pierre*, un film de 1964 tourné par Giacomo Gentilomo (1909-2001), le roi du péplum. Dans cet épisode, le meilleur, Maciste, interprété par Alan Steel, de son vrai nom Sergio Ciani (mort en septembre dernier à soixante-dix-neuf ans – deux jours avant ses quatre-vingts ans), doit empêcher une colonie de Sélénites, logés temporairement dans la montagne de la mort, de s'emparer d'un groupe de jeunes hippies. La reine Samara, interprétée par la poupée gonflable Jany Clair (née Jany Guillaume en 1938 et toujours vivante – elle est en ce moment quelque part sur Terre, en train de faire quelque chose ; mais *où* ? et *quoi* ?), qu'on croyait sympathique au début, est en fait d'une cruauté sans limites. En effet, elle s'allie au peuple de la Lune, qui lui a promis qu'elle régnerait sur la planète tout entière. Mais, c'est compter sans Maciste. Samara donne des instructions pour que ce dernier soit éliminé sans plus attendre. Maciste a plus d'un tour dans son sac et il résiste. Car il n'est pas seulement fort, il est aussi relativement intelligent. Il a du mérite, parce que ce n'est pas facile de se concentrer sur la musique de Carlo Franci (né en 1927). Mais ce n'est rien, et, suivant à la lettre le scénario d'Arpad DeRiso (1909-1983), Nino Scolaro (né en 1921), Angelo Sangermano (?-?) et Giacomo Gentilomo, Maciste parvient à se tirer d'affaire avec les honneurs. Il s'en est fallu de peu.

Voler son écriture, n'écrire que dans les interstices, lorsque tout nous en empêche.

Il y aurait un roman formidable à consacrer à Gulda. Je crois d'ailleurs – c'est à vérifier – qu'il a écrit ses Mémoires. Je ne pense pas que j'aurai le courage, ni la patience de lire cela en allemand (je ne lis en allemand que Kafka, et parfois Heidegger, quand je ne comprends pas la traduction française) ; il est vrai qu'en France, Gulda n'intéresse pas grand monde. Les gens n'en ont généralement que pour Gould, qui personnellement m'a toujours laissé de marbre.

Les femmes fantasment sur la passion, qu'elles croient préférer à l'amour. Mais, au quotidien, la passion est d'un égoïsme fou, elle ne concerne que celui qui est passionné ; les femmes qu'on prétend ainsi aimer sont niées.

Vu ce qui subsiste du baccalauréat, on ferait bien de le supprimer. Tout le monde l'a. Il suffit de s'asseoir sur une chaise, aujourd'hui, pour l'obtenir. Ça rime à quoi ? Son organisation, au surplus, est une usine à gaz. C'est un diplôme fantoche. De quoi, de qui dit-il le niveau ? Qu'est-ce que le bac évalue, au juste ? Se pose-t-on seulement la question. Carton-pâte total. Supercherie absolue. Les candidats eux-mêmes n'y croient pas, qui font mine, juste pour la frime, d'avoir un peu peur la veille des « épreuves » – j'emploie les guillemets parce qu'elles ne portent pas très bien leur nom.

La manière *inconséquente* avec laquelle les parents distribuent leurs prénoms à leurs enfants. Ils ne comprennent pas que tout – presque tout – est là.

Cette fulgurance de Bataille : « Entre l'homme – qui crie – et l'événement – qui est – s'interpose d'habitude le langage, dont la généralité et le caractère immatériel donnent de plain-pied dans la durée, l'immuable et l'Académie » (« De l'âge de pierre à Jacques Prévert », 1946).

Y a-t-il équivalence entre les énoncés : « je suis non né juif », « je suis né non juif » et « je suis né non-juif » ? Évidemment pas. Mais juif, on peut le *devenir*. Je ne parle pas de conversion. Je ne suis pas un homme de conversion. Cela tombe bien : le judaïsme non plus. Le judaïsme et moi, nous sommes faits pareils : nous n'adorons pas les convertis. Nous les respectons, nous parlons avec eux, nous essayons de les comprendre, mais il nous semble qu'il existe une possibilité beaucoup plus juive de devenir juif que la conversion au judaïsme : rester soi-même.

Je reviens de chez le psy. Lecture dans la salle d'attente. À ma demande, il me fait passer rapidement. Je ne sais que penser de cette psychanalyse ; ces heures, à attendre, au milieu des oiseaux et des chats, sous une immense verrière, je ferais mieux peut-être de les passer à nager, à me promener dans les rues de Paris. Le problème de la psychanalyse, c'est qu'on en attend un « résultat » ; or, elle n'est pas une science. Quand la science constate qu'elle se trompe, elle bifurque : mais dire que la psychanalyse se « trompe » n'a pas de sens ; un « échec » de sa part resterait, du point de vue psychanalytique, tout à fait pertinent. Si bien que l'on n'en sort jamais.

Depuis plusieurs jours, je suis plongé *Les Derniers Feux de la monarchie*, d'un certain Charles-Éloi Vial. Passionnant. À partir de l'été 1789, des domestiques sont appointés par des députés de la nation pour espionner Louis XVI. Les Tuileries, où il va désormais devoir s'installer, sont quasiment en ruine ; quand la cour y prend résidence, cela devient une sorte de cour des miracles des élites. De plus, c'est un véritable gruyère. N'importe qui peut y entrer ; aucune sécurité réelle n'est garantie. Tout a été bricolé et rafistolé en hâte. Des draps, du linge pendent aux fenêtres : c'est Naples en plein Paris. Selon les témoins de l'époque, les peccantes exhalaisons qui s'échappent des sanitaires et des cuisines sont terribles. Vial donne les chiffres de tous ceux qui doivent tenir dans cet enclos : près de deux mille officiers et domestiques, auxquels il faut ajouter quatre mille courtisans.

L'avantage du palais : sa proximité avec l'Assemblée, installée dans le jardin des Tuileries. Les dépenses de la cour sont fortement réduites. On fait des économies partout où l'on peut. Mais on a manifestement du mal à alléger le budget de bouche : les cuisines royales continuent à mener grand train. « En octobre, écrit Vial, comme tous les ans, un valet de chambre fut envoyé à La Rochelle pour y acheter

1 000 bouteilles de madère et des employés furent envoyés en Champagne rapporter du vin nouveau. »

Baudrillard, *D'un fragment l'autre*, 2001 : « Peut-être n'étudie-t-on jamais sérieusement qu'un philosophe, comme on n'a qu'un seul parrain, comme on n'a qu'une seule idée dans sa vie. »

Plus loin : « Il y a Nietzsche, certes, mais aussi une autre racine : la 'Pataphysique. Le commerce que j'ai eu avec la 'Pataphysique, je le dois d'abord à mon professeur de philosophie, Emmanuel P., qui plus tard animera le Collège de 'Pataphysique… » Je pense qu'il s'agit d'Emmanuel Peillet, qui avait deux passions dans la vie : la philosophie et, à égalité avec la philosophie, les *plantes grasses*.

Baudrillard a mauvaise réputation parmi les universitaires. Pour le moment. On sait très bien ce que c'est que l'Université (sur laquelle je me garderai bien de médire : je la juge indispensable pour la raison que, précisément, je vais dire maintenant) : elle finit toujours par panthéoniser ce dont, d'abord, elle se moque. Elle fait matière, longtemps après, de ce qu'elle a conspué. Même Frédéric Dard est devenu l'une de ses proies. Il faut juste prendre son mal en patience, c'est tout. Je ne cracherai jamais sur l'Université – à tel point que je lui adjuge systématiquement une majuscule : j'aime, j'adore les spécialistes, ceux qui savent *tout* d'un sujet. J'en ai besoin pour travailler ; et j'aime savoir qu'ils sont là, au travail, dans la folie passionnée de leur marotte. Vive l'Université.

Mais Baudrillard n'a pas encore franchi le Rubicon. Patience. Je sais pourquoi : lorsqu'on le lit, on a toujours la sensation – et pourquoi pas ? – que, à la manière de Ducasse piratant, dans ses *Poésies*, les *Pensées* de Pascal pour les inverser et, en quelque sorte, les retourner contre elles-mêmes, il pourrait avec le strict même brio écrire le contraire de ce qu'il vient d'écrire. Son génie, précisément, provient à mes yeux de là. La pensée de Baudrillard surprend au premier chef parce qu'elle n'est jamais logique. Elle appartient à une mathématique différente – elle ne relève évidemment pas du cartésianisme, non plus, par exemple, que de la pensée juive. Elle étonne, elle prend par le cou. Elle nous dépose ailleurs, comme une grosse main humaine le fait d'un chaton. Le lecteur est le chaton de Baudrillard. Surtout, il fait feu de tout bois et son intelligence se propage, à la façon de l'eau, dans tous les interstices du réel.

Journée de photos au siège de France Télévisions avec Vanessa et Laurent. Je me transforme, à mon corps presque défendant, en

« homme de télévision », catégorie que je devrais détester. Mais nous sommes au XXIe siècle : exprimer sa pensée par écrit relève de la gageure. Je vois donc cette activité comme le naturel prolongement de ma sensibilité d'écrivain, comme son écho, son porte-voix. La télévision reste le plus grand amplificateur qui soit dès lors qu'on souhaite être entendu.

Au retour, dans mon « cab », je lis une interview, sur le site du *Figaro*, de Jean-Louis Harouel (dont je n'ai jamais entendu parler). Il est l'auteur d'un livre intitulé *Les Droits de l'homme contre le peuple*. Voici ce qu'il dit : « L'islam combinant en lui le politique, le juridique et le religieux, toute concession faite à l'islam comme religion est aussi une concession faite à l'islam politique et juridique, avec pour effet de transformer peu à peu les pays européens concernés en terres musulmanes. » Caricatural et, en grande partie, faux.

J'ai dit un jour, à la télévision, dans le cadre de l'émission (face à Nadine Morano) que le sens de l'histoire allait peut-être dans celui d'une islamisation de la France, j'entends : que la France devienne un jour peuplée majoritairement de musulmans. Pour ce simple constat (dont je ne me réjouissais pas, dont je ne m'effrayais pas), je me suis fait traiter dans la rue, quelques semaines plus tard, de « collabo » par un type à scooter.

Nadine Morano n'est pas une méchante femme, loin s'en faut. C'est avec elle qu'il faut, camping en décor, boire le kir ou le pastaga, s'armer de deux boules de pétanque par personne et pointer en parlant fort. Tout ce que j'aurais pu aimer, finalement, car le camping m'est très cher. Malheureusement, bien que nul ne demande à Mme Morano d'être trotskiste, il est toujours pénible de côtoyer des êtres qui ne considèrent les « étrangers » que sous l'angle triste et mortifère du « retour chez eux ». Les immigrés ne sont nullement des verrues, pas plus que des tumeurs ou des abcès. Il paraît même que ce sont des êtres pourvus de sentiments, de destins, de désirs et d'une certaine intelligence. Mme Morano oublie sans doute que ce sont les siens qui, à partir de années 1970, ont vivement convié ces étrangers à venir faire le sale boulot à notre place. Et quand des gens viennent, ils ne viennent pas seulement avec leurs mains. Ils viennent avec leurs espoirs, avec leur culture, avec leurs habitudes, avec leur mode d'être et avec leur religion.

Je ne peux que constater, depuis que je suis « chroniqueur » (haïssable mot, haïssable statut, haïssable concept), la désolante inculture de l'immense majorité des hommes et des femmes politiques. Plutôt que de prendre, par jour, quelques minutes pour eux-mêmes, seuls avec eux-mêmes, à réfléchir, à (essayer) de penser (par eux-mêmes), plongés dans le silence d'un livre, ils préfèrent, dans le brouhaha et l'hystérie, demander leur avis à des conseillers, des assistants, des communicants et autres intermédiaires – tous essentiellement parasitaires. Ils suivent, non sur ce qu'ils savent, mais sur ce qu'ils ont su ou cru savoir il y a fort longtemps, du temps qu'ils avaient le loisir, l'occasion ou l'obligation de consulter des ouvrages exigeants. Et tant pis si, entretemps, le monde a changé et a cessé de correspondre à leurs souvenirs ou à leurs fiches de lecture d'antan. Ainsi, la journée d'un homme ou d'une femme politique s'évapore-t-elle, part en fumée, en futilités, en bavardages, en incessants avis contradictoires, en bruits et en bruit. Ils n'ont pas pris le temps de *désapprendre*.

Or, rien n'est plus vital, rien n'est plus important, dès lors qu'on veut saisir le présent d'un monde « en mouvement » (cliché journalistique), de penser contre soi, de s'arracher à ses connaissances vieillottes, à ce bagage périmé qui les a menés là où ils sont aujourd'hui. On a la sensation, quand on dialogue avec eux, qu'ils se sont « arrêtés » à une date *t*, date à laquelle ils ont arbitrairement décidé que le corpus assimilé (souvent mal) et le savoir digéré (même remarque) était suffisant pour mener jusqu'à son terme leur carrière (parfois leur destin) politique. Ils ont réfléchi *une fois pour toutes*. Et ce sera à la réalité, au monde, aux événements de venir se couler dans le moule de leur attirail culturel, théorique, intellectuel.

Surtout, ils sont incapables de lire *gratuitement* ; s'ils consacrent une minute à un texte, à une phrase, à un énoncé, ceux-ci doivent obligatoirement concerner la décision à prendre, l'opinion pour laquelle opter. Ils refusent qu'une idée puisse ne pas servir l'absence des leurs ; il s'agit de faire feu de tout bois. Rien ne doit être laissé dans le cimetière de l'inutilité. Toute phrase, tout aphorisme, toute réflexion d'un dramaturge, d'un romancier, d'un poète ou d'un philosophe doit immédiatement être récupérée, validée, travestie, déracinée, extravasée pour venir se fondre dans le discours politique. Peu importe son terreau d'origine, peu importe le climat sous lequel cette phrase ou cet aphorisme vivait : ils sont coupés de leur écosystème naturel pour être transplantés dans une serre, celle de la démonstration démagogique, sous la cloche de laquelle, ne se ressemblant plus et même se trahissant, ils vont s'étioler puis pourrir. Mais qui, dans cette société, prend encore le temps de *vraiment comprendre* ce qu'il lit ?

Dîner avec Maria, puis, rentré, écoute approfondie de Hound Dog Taylor.

Mardi 21 juin

Réveil folkeux – une fois n'est pas coutume – avec *Phoenix Future*, Paul Brett, 1975 (PF 001, UK). Paul Brett au chant et à la guitare ; DeLisle Harper à la guitare basse ; Keith Warmington à l'harmonica ; Steve Holley aux percussions ; Johnny Joyce à la guitare douze cordes ; Romie Singh au chant.

Lecture de quelques pages du *Péguy* de Suarès, magnifique – j'ai la chance de posséder l'édition originale, un très beau, très mince, très élégant petit volume vert bouteille. J'ai découvert Suarès en 1983, lisant le *Journal* de Gide pour la première fois. C'est là que j'ai su son nom. Je demandais ses livres à la bibliothèque municipale d'Orléans. À deux pas de la maison natale de Charles Péguy, je lisais André Suarès grâce à André Gide dans la salle Georges-Bataille : on est heureux comme on peut à quinze ans. Suarès est, au XXe siècle, celui qui fait mentir le vieil adage : « Il n'y a pas de génie méconnu. » Suarès est aussi génial que méconnu. Gide le jalousait, Péguy le respectait, Bergson l'admirait. Son œuvre gigantesque n'a peur d'aucun sujet : Shakespeare, Hitler, Suarès *himself*, Rousseau, Debussy, Pascal, mais aussi Tolstoï, Napoléon, Wagner. Quand on s'attend à du cérébral de la part de Suarès, il est le plus sensible. Lorsqu'on craint les envolées lyriques, il n'y a soudain pas plus rationnel. Suarès n'a jamais écrit de roman. Il était au-dessus de ça : ses prises de notes sur l'univers valent bien toutes les histoires racontées par les hommes. Il savait, lui, qu'une journée de Mozart ou de Dostoïevski équivalait à mille pages d'aventure, d'espionnage et de récit ficelé.

L'œuvre de Suarès est un XXe siècle miniature, un XXe siècle portatif. En racontant le génie des autres, il décrypte le sien. Sa prose est inimitable, car il est incapable de s'imiter lui-même : chaque article, chaque portrait, chaque monographie, chaque essai, chaque « ouvrage » est conçu dans une langue inédite, comme si Suarès découvrait l'écriture en même temps que son sujet. On a toujours l'impression qu'il est le premier, et surtout le seul, à parler des choses dont il parle. On se demande si Debussy et Voltaire, ce n'est pas lui, Suarès, qui les a inventés. À moins que ce ne soit le contraire ! Lire Suarès, c'est toujours un peu lire pour la première fois.

Rendez-vous avec Michèle et Laurent Pétin (les meilleurs producteurs français, sans doute) au Berkeley le matin, puis le soir avec

Michèle Pétin, Olivier Bourdeaut et ses éditeurs pour l'adaptation éventuelle de *Bojangles* au cinéma. Le rendez-vous, laborieux au début, se passe bien. Nous sortons la carte Poelvoorde, qui fait son effet. Nous parlons, avec Bourdeaut (touchant, intelligent et drôle, avec qui je partage l'expérience d'une enfance faite d'hématomes), de la Corée du Nord. Il compare mes voyages là-bas à des sauts à l'élastique. Il semble porté sur l'alcool. Une violence rentrée l'habite.

En attendant Bojangles est un livre assez malin, vianesque à souhait, mais l'on sent (c'est hélas cousu de fil blanc) qu'il sera le seul de son auteur qui surnagera. Bourdeaut fait partie de ces « écrivains » d'un seul livre qui est souvent le premier. Dans cette catégorie, très spéciale, on rencontre Jonathan Littell, avec ses *Bienveillantes*, Maxence Fermine avec *Neige*, etc.

Michèle et Laurent Pétin, producteurs hors-norme, capables de se démener aussi bien pour *Taxi* que pour un Téchiné, ont « mauvaise réputation » ; cela me convient parfaitement puisqu'il paraît que c'est aussi mon cas. Je les apprécie beaucoup, les croisant régulièrement dans le quartier : leur maison de production se trouve dans la rue où j'habite. Ils forment un couple inattendu, ce qui me complaît encore ; on sent une électricité permanente entre eux, enveloppée dans une manière de douceur – à moins que ce ne soit l'inverse.

Ce qui frappe d'abord, chez Gulda, quand il joue, c'est sa montre en or, clinquante, sans doute bruyante (je suis sûr qu'on l'entend, on tendant bien l'oreille, sur les enregistrements) et cet éternel kufi africain sur le crâne, qui le rapproche de Monk. Il existe d'ailleurs un point commun, hors de leur manifeste propension à refuser la soi-disant normalité que veulent leur imposer le monde et la société qui les entourent et, les entourant, les oppressent, c'est cette faculté de pouvoir jouer aussi bien du classique que du jazz. Ce détail, qui n'en est pas un, est peu connu : mais Thelonious Monk maîtrisait, paraît-il, Mozart comme personne.

Diderot, *Promenade du sceptique ou les Allées*, 1747 : « Mes semblables ne sont faits ni pour vivre inconnus, ni pour être négligés : c'est la malédiction de notre état. »

J'ai toujours pensé qu'un amoureux passionné, comme je l'ai été, pourrait devenir fou d'un arbre, ou d'une maison, ou d'une chaise. L'être aimé ne compte pas dans la passion. Dans la passion, on se regarde soi-même en train d'offrir des fleurs, on n'envisage pas l'autre comme une fin, on l'utilise comme un moyen de vibrer. L'amour, c'est le contraire. C'est le respect et le partage.

Vial, suite. À Versailles, le roi et la reine étaient tranquilles ; aux Tuileries, la situation est crispante. Le jardin étant ouvert au public et la reine s'étant établie au rez-de-chaussée, les badauds accourent, tentant de l'apercevoir, ou réclamant qu'elle se montre. Ainsi du roi, qui consent à faire quelques apparitions en terrasse pour calmer la foule. Foule qui, bien que plutôt respectueuse encore de ses souverains, n'hésite pas à crier, à entonner des chants pleins de sarcasmes, parfois d'abjection. Il s'agissait aussi de « fliquer » le roi et la reine, de s'assurer qu'ils n'avaient pas pris la poudre d'escampette. Louis XVI et Marie-Antoinette vivent ainsi cloîtrés, volets clos nous dit Vial, et la peur au ventre.

La foule n'hésite pas, il faut dire, à se propager dans le palais, à entrer dans les salles, dans les chambres, dans les appartements privés du roi et dans ceux, distincts, de la reine et de ses enfants. La Garde nationale est censée assurer la sécurité de Louis XVI et de sa femme mais, selon les témoins de l'époque, elle ne se montre guère zélée dans cette tâche. On multiplia donc la présence de « gardes du corps » afin d'éviter que des poissonnières ne se retrouvent dans la chambre à coucher de la reine.

La cour (famille royale, aristocrates, diplomates, courtisans de tout poil, députés, gardes nationaux) est en confinement et, quand elle n'est pas terrorisée, elle s'ennuie. Le monarque épaissit, qui ne peut plus partir à la chasse et courir les grands espaces. On moque de plus en plus, à renforts d'épithètes animalières soulignant des cousinages porcins, la pachydermique allure de Louis.

Un des exercices les plus compliqués, en littérature, est la description physique des jeunes filles. Il faut bien du courage, quand l'époque est ébaubie par les publications niaises et/ou didactiques, pour revenir à l'essentiel : le mouvement oscillant des coiffures sur fond de ciel. La description des attitudes, la poésie des gestes, le compte-rendu des mouvements : une piscine, un pont de bois, une barrière avec des fils barbelés qu'il s'agit d'enjamber ; c'est dans cet ineffable, loin des puérilités viriles et géopolitiques des raseurs, que se loge ce que l'époque ne supporte jamais : la grâce.

Sur le site de l'Ina, je cherche des choses sur Jean-Pierre Pedrazzini, reporter photographe de *Paris Match* envoyé à Budapest pendant la révolution de 1956. Il n'en revint jamais.

Les nouveaux hold-up seront cybernétiques. Sans doute, bientôt, on volera les romans en préparation, ou les pages de journal intime, que contient mon ordinateur. Et les pirates informatiques me demanderont une rançon afin qu'ils me soient restitués. C'est pour demain – demain matin. J'en mets ma main au feu. Sans doute, même, cela a-t-il déjà commencé. Il n'y a plus aucune raison pour que les vols à main armée, les enlèvements, les détournements d'avion, les pillages de banque se déroulent dans le réel. Le virtuel ne se prête-t-il pas mille fois mieux à l'infraction, je veux dire (pardon) : à l'effraction ? (On pourra même bloquer des gens dans des ascenseurs, des téléphériques, des halls, des immeubles, en échange de rançon, menaçant de faire exploser l'immeuble, etc.)

Cela paraît facile d'être soi-même : en réalité peu de gens y réussissent. Ceux qui ont la chance d'y parvenir ont leur place dans le judaïsme. Cette place est la première.

Je jauge de la non-estime que je me porte au fait que ma susceptibilité, presque toujours, est nulle. Je prends tout, finissant toujours par tout éponger, tout essuyer. Je n'ai strictement aucun effort à fournir pour que quelque chose ne m'atteigne pas. Comme si, en quelque sorte, j'étais toujours déjà souillé d'avance. Essayez sur ma personne les pires quolibets, les plus affreuses énormités, ce n'est pas que je ne les sens pas, au contraire je les sens toutes, mais c'est que *ça me va*.

Je suis parfois surpris par le côté « dédaigneux » de certains SDF. Tout à l'heure, étant allé offrir un croissant à l'un d'eux, il m'a lancé deux flèches noires dans les yeux, terribles de méchanceté, a pris le croissant, non seulement sans m'adresser le plus petit remerciement, mais avec un air inouï de m'en vouloir, comme si je lui avais fait quelque chose de mal.

Quelle folle éducation a dû recevoir Gide (et quelle folle totale a dû être sa mère) pour que le plus grave des péchés, durant toute son existence, consistât de son point de vue à se masturber.

Avant que de m'écrouler, je regarde le début de *Mamma Roma* de Pasolini (1962). *Mamma Roma* n'est pas le plus grand des chefs-d'œuvre de Pasolini, qui n'a fait que des chefs-d'œuvre. C'est le Pasolini en noir et blanc, encore un peu trop littéraire, un peu trop démonstratif, trop influencé par les classiques du cinéma italien des années 1950 (Rossellini, le Fellini de *La strada*). C'est le Pasolini qui n'ose pas encore, se cherche. Il n'y a pas la griffe, la signature reconnaissable de la « Trilogie de la vie ». Ce n'est pas grave, puisque, avec « Paso », on n'a le choix, je le répète, qu'entre des chefs-d'œuvre. *Mamma Roma* est son deuxième film. Le rôle principal est joué par Anna Magnani, que Pasolini a volée à Rossellini – comme Godard vola Léaud à Truffaut : c'est l'une des raisons pour lesquelles il composait des vers entre les prises. *Mamma Roma*, inspiré d'une histoire vraie, est un peu la suite de son roman *Une vie violente* : Mamma Roma, qui vit de ses charmes, veut « réussir », sortir de la misère, élever décemment son fils Ettore. C'est un film sur la quête absolue du bien-être : le rêve des petits-bourgeois, le pire des cauchemars pour Pasolini. S'arracher à sa condition, pour le génie du Frioul, c'est comme vouloir s'arracher aux lois de la pesanteur. Rome n'est pas Cap Kennedy. « Ce n'est qu'au chaos que peut conduire la contamination entre l'idéologie petite-bourgeoise et ses expériences de prostituée », précise Pasolini pour qui la seule grande maladie était le confort – social, physique, sexuel, moral, intellectuel, économique, religieux.

Mercredi 22 juin

Réveil avec *He's Coming*, Roy Ayers Ubiquity, 1972 (Polydor, PD 5022, US). Enregistré au studio Van Gelder d'Englewood Cliffs, dans le New Jersey – Rudy Van Gelder, détraqué de jazz, a enregistré dans son studio plus de deux mille opus –, « la cathédrale du jazz » était le surnom de ce lieu mythique (Lee Morgan, Paul Desmond, Herbie Hancock, Joe Henderson, Wayne Shorter, Jim Hall, Coltrane y sont passés – c'est là-bas que « Trane » a enregistré *A Love Supreme* en décembre 1964). Le premier « studio Van Gelder » était situé au beau milieu du salon de ses parents. On ne dira jamais assez à quel point le son, et ceux qui l'ont sculpté, recueilli, mixé, trituré, restitué, inventé, fait intégralement partie de la musique – comme un instrument à part entière. L'ingénieur du son est, le temps du studio, un musicien *à part entière* d'une formation.

Réunion d'experts et d'assureurs dans mon appartement rue Jean-Mermoz : vingt-trois êtres humains réunis autour d'un dégât des eaux. Le ballet des experts, des assureurs, des contre-experts, des contre-assureurs, des avocats et des procureurs. Maria est là, indéfectible soutien. Notre camp marque des points. Je rêve d'emménager. Chimère ?

On ne dira jamais assez à quel point les problèmes quotidiens de ce genre minent la santé, abolissent l'énergie : on ne peut rien faire pendant ce temps. Des ratés, de mauvais voisins, d'horribles ouvriers parfois grignotent indûment sur notre travail, sur notre existence ; or, je ne suis pas immortel. Il est criminel de ne pouvoir faire autre chose de sa vie que de *gérer un dégât des eaux*.

Diderot, *Promenade du sceptique ou les Allées* : « En moins de deux heures, il épuisa l'extravagance des religions, l'incertitude des systèmes de la philosophie et la vanité des plaisirs du monde. »

Avoir 30 ans, c'est avoir 20 ans en mieux. Physiquement, on n'est pas encore trop différent de ses 20 ans ; financièrement, on a un peu plus d'argent ; sexuellement, on a saisi que l'acte n'était pas une affaire de technique mais de compréhension. À 30 ans, on peut sortir avec des filles de 20 ans comme avec des filles de 40. 30 ans, c'est la jeunesse *plus* l'expérience. On a autant de passé que d'avenir.

Gulda, par une surprenante aberration qui n'est qu'une bizarrerie parmi mille, ne parle jamais exactement de la même manière ; sa scansion, son accent varient, comme s'il passait d'un dialecte de Vienne à un patois de Carinthie sans transition. Tantôt, en outre, on l'entend zozoter ; puis il ne zozote plus. Parfois, il roule les *r*, et parfois, il ne les roule pas.

Même un ciel pur n'est pas pur. Même une eau pure n'est pas pure. Même les mathématiques pures ne sont pas pures. La seule chose qui soit pure, c'est la mort.

Exposition Houellebecq au Palais de Tokyo. Après une heure de natation à la piscine de Puteaux, je m'y rends avec Stéphane Laugier. Je connais Stéphane depuis l'époque Sup de Co Reims, qui ne fut pas, loin s'en faut, la période la plus gaie de mon existence. La première fois que je le vis, je m'en souviens parfaitement, c'était lors des oraux de l'École supérieure de commerce de Nice, quelque part dans Paris (mais où ?). J'avais dans les mains un numéro de *Libération* dont Paul Touvier faisait la une. Il faudrait que je retrouve une trace de ce numéro. Stéphane est un vieil ami, avec qui, de temps en temps, j'aime à me brouiller. Nous avons partagé trois années sur le campus rémois, au milieu de nulle part. Lui était parisien, le jeudi il était chez lui et ne revenait parfois que le mardi. Moi, je restais. C'était la débâcle. Le niveau intellectuel de l'École était consternant ; l'ennui, dans les couloirs, était puissant.

J'étais blessé, meurtri : j'avais échoué aux écoles de commerce parisiennes. À cause, comme toujours, de ces sempiternelles mathématiques. Certes, j'avais fait les classes de mathématiques supérieures et spéciales, mais, au lieu que d'en profiter pour obtenir de bons résultats aux concours des écoles de commerce, je fis un refus d'obstacle ; en prépa HEC, à Tours, je boudais définitivement les maths. J'en avais trop fait. Elles avaient fini par me donner la nausée. Je ne pouvais plus en avaler un seul morceau. Je fus, non pas la risée de la classe, mais du moins considéré comme un étrange spécimen : attendu, craint par mes condisciples comme un cador en algèbre et en analyse, je devais m'y illustrer, très lamentablement, comme l'un des plus mauvais (pour ne pas dire *le* plus mauvais). En revanche, là encore contre toute attente, je forçai le respect dans les matières plus « littéraires », comme la philosophie, où j'étais toujours premier, et les langues. Aux concours, noté au plus bas en mathématiques et souvent au plus haut dans les autres matières, je ne pouvais qu'obtenir des classements intermédiaires : les meilleurs établissements me furent ainsi refusés ; j'échouai donc en province.

À l'ESC Reims, les étudiants avaient beau tenter de se rassurer en se répétant « nous sommes cinquième » au classement national, cela me laissait de marbre : ma fatuité était blessée ; mon orgueil était violé. Je pris tout en grippe : les cours, les locaux, la ville, les étudiants, les professeurs, l'administration et pour finir (peut-être même : et pour commencer) *moi-même*. L'idée que je me faisais de moi avait été flatteuse jusqu'en classe de terminale. Je préparais un bac C (scientifique). On m'avait prédit une mention très bien (« avis très favorable ») ; ce fut un accident en mathématiques qui sonna le glas de mon assurance et de mon confort. J'obtins cinq sur vingt dans cette matière. Toute l'année, mes résultats avaient été flatteurs ; j'en fus assommé. J'aurais pourtant dû regarder la vérité en face, ne pas tricher avec moi-même : je n'étais pas fait pour les mathématiques. Je fais partie de ces adolescents que les parents ont empoisonnés, martyrisés, abrutis, lobotomisés avec cette obsession des maths, de Centrale, de Polytechnique. Entrait là-dedans, en plus d'une peur panique du futur, autre chose qui sentait mauvais : un orgueil malsain, une vanité familiale, une crânerie morbide. Il s'agissait d'arpenter les marchés ou les salles d'attente en pouvant prononcer cette phrase stupide et satisfaite : « Mon fils est à Polytechnique. » Comme si Polytechnique était la capitale officielle de l'intelligence.

Plus tard, quand j'effectuerais mon service militaire avec les X, à l'École d'application de l'artillerie de Draguignan, je saurais par moi-même me rendre compte que mes camarades, excellents en mathématiques et très vifs concernant les raisonnements logiques, n'étaient ni plus ni moins « intelligents » que les autres : ils étaient simplement les meilleurs étudiants de l'année dans les matières scientifiques. Et, souvent, là où s'affirmait un indéniable esprit de géométrie, se recroquevillait un esprit de finesse ectoplasmique. L'intelligence n'a jamais consisté à exceller dans une matière ; mes « parents » (qu'on me permette d'utiliser des guillemets pour désigner ces deux individus dont je souhaite depuis si longtemps la mort et qui ne sont que mes géniteurs) ne pourraient jamais le comprendre.

Je retrouve un Houellebecq en pleine forme, hilare et gai. Entouré de filles (on sent *vraiment* qu'il tient sa revanche et qu'après toutes ces années – c'est ce qui le rend si attachant – il n'en revient *toujours pas*). J'aime Michel ; son intelligence est aussi grande que son humour, ce qui n'est pas étonnant : je n'ai jamais mesuré l'intelligence qu'à l'aune de l'humour (et de la curiosité). La force de Michel, c'est d'être lui-même comme personne, si j'ose dire. Tout passe avec lui : il peut tout dire, tout penser, tout penser tout haut. Il y a, dans chaque génération (ou un peu moins), toujours une place, une seule, pour une parole non pas seulement alternative, différente, mais « scandaleuse », inadmissible. Michel a génialement compris que cette place était libre – que toute société avait toujours besoin de son anti-héros, de son anti-penseur, de son anticorps. Aussi, les Français n'acceptent-ils d'être insultés *que* par Michel Houellebecq. Quiconque n'étant pas lui viendrait à écrire, à dire les mêmes choses que lui serait immédiatement mené à la potence sans autre forme de procès. Occuper cette place demande un peu de virtuosité, quelques nerfs, une légère, très légère dose de cynisme (juste un zeste), un détachement constant et beaucoup de travail. Houellebecq sait « jouer » de la société comme un bluesman de sa vieille guitare : il la connaît sur le bout des doigts.

La « différence » de Michel a donc été entérinée par la société culturelle et même par le pouvoir politique. Ceux sur lesquels il défèque sont extrêmement heureux, honorés de le recevoir à dîner. Tout devient comestible de ce qu'il pense, écrit – sa façon de déranger relève désormais, au sein du système, d'une attraction dans un parc

Disney. À la fête foraine, on appelait cela le train fantôme : on aimait aller se faire peur, se donner des sensations, sachant malgré tout que c'était « pour de faux ». Or, aux yeux des instances politiques et du pouvoir culturel, on considère que le roman est toujours paré de ce côté « pour de faux ». Ce en quoi on se trompe lourdement. Ce en quoi on se méprend. Peu importe pour Michel, qui sait en abuser comme personne ; on sent sa jubilation d'avoir roulé tout le monde et d'avoir gagné sur tous les tableaux. Quand le monstre fait partie de la galerie à la place réservée au monstre, quand l'unique a endossé le costume de l'unique, alors l'intolérable a, comme tel, droit de cité. Sachant évidemment que ce sera le seul, en attendant le prochain. Cette posture exige toutefois, derrière, une œuvre consensuellement reconnue comme digne de ce nom. Si Jean-Edern Hallier, qui postula en son temps à cette place, très prisée, de maudit de la République, ne parvint pas à concrétiser ses ambitions, c'est tout simplement parce que son talent littéraire ne suivait pas. Son écriture, trop déconnectée du réel (bien qu'il traitât maintes fois de l'actualité dans ses livres) et trop prisonnière de son moi, ne parlait qu'à peu de monde. Il voulait occuper par les actes, les gestes, les attitudes, un espace que son œuvre ne parvenait pas à combler. C'était la provocation d'abord, et l'écriture ensuite. Houellebecq, très intelligemment, très stratégiquement, a opté pour la solution opposée : l'œuvre d'abord – des romans qui *concernent* vraiment les contemporains et évitent toute boursouflure (la prose de Michel est infiniment *lisible*) – et la provocation ensuite.

La « salle Clément » est extraordinaire : un mausolée à son petit chien. Des ustensiles et des jouets ayant appartenu à Clément, et des diapos du chien sur fond de Iggy Pop. Je cherche si Jed Martin est dans les parages… Jed Martin, dans *La Carte et le Territoire*, entame sa carrière d'artiste en photographiant des cartes Michelin. Outre que « Michel » et « Michelin » sont des mots frères, la carte Michelin est la meilleure image qu'on puisse donner du style de Houellebecq. C'est une représentation du réel fidèle et sans fioritures, mais ce n'est pas la réalité. Et sa propre beauté, spéciale, un peu étrange, réside dans ces paysages reformulés, ces routes synthétisées, ces villes redessinées, ramassées sur le papier dans une langue accessible et complexe à la fois, épurée mais fouillée, où l'enchevêtrement des lacets reste non seulement intact, mais plus visible encore. Si la carte prenait la dimension du territoire, à l'échelle 1/1, alors le monde serait houellebecquien. Photographier (réalité) le dessin (irréalité) de la réalité : les livres de Michel Houellebecq sont au monde contemporain ce que la carte autoroutière est au territoire. Ils n'omettent rien, et suivant le zoom, accompagnent au plus près une dénivellation sur un chemin de traverse, ou permettent d'entrevoir un chamboulement tectonique. On parlera donc, avec le même flegme positiviste de celui qui ne fait que rendre compte et constater, de Jean-Pierre Pernaut et de Steve Jobs. On entend souvent que Houellebecq n'aurait pas de style : c'est reprocher à Michelin que de n'être pas Picasso.

Dîner avec Stéphane en face de RTL, rue Bayard. Emmanuelle nous rejoint. Je suis un fanatique du sigle « RTL », ce magnifique lettrage rouge, et cette façade de Vasarely. Cela me rappelle ces photos, extraordinaires, des Who lors de la « fête de l'Huma » en septembre 1972 à La Courneuve (concert interrompu par un sabotage, des câbles électriques ayant été sectionnés par des mains malveillantes). Roger Daltrey jouant du lasso avec son micro sous un ciel maussade, devant le logo RTL ; à ses côtés, renfrogné, l'air agacé, presque méchant, Pete Townshend en tenue de pompiste – ou de coureur de Formule 1 –, chaussé de Doc Martens et jouant de sa Les Paul comme d'un marteau-piqueur.

Les femmes ont en général bien d'autres choses à faire que me mettre au monde. Je suis rarement fils.

Sur l'Ina, je regarde ce que je peux trouver sur la guerre en Yougoslavie. Le monde d'aujourd'hui est incompréhensible pour qui ignore que la Yougoslavie fut un des berceaux des grands remous du siècle. 1921 : on parle alors du royaume des Serbes, des Croates, des Slovènes, construction artificielle née de la Première Guerre mondiale (le nom de « Yougoslavie » n'apparaît qu'en 1929). Alexandre Ier, fils de Pierre Ier de Serbie, y règne en despote. Son assassinat, le mardi 9 octobre 1934, par les Oustachis a eu des répercussions dont notre Europe actuelle est l'héritière.

Je poursuis ma lecture du livre de Vial. Le roi et la reine, aux Tuileries, sont obsédés par la « Révolution » ; ils n'ont que ce mot à la bouche. Ils ressassent : comment a-t-on pu en arriver là ? Comment tout cela va-t-il se terminer ? Ils ne saisissent en rien ce changement de paradigme. Toutefois, il semblerait que Louis XVI soit suffisamment intelligent pour tenter de se remettre en cause, cherchant à analyser ses fautes, à soupeser sa responsabilité dans l'écroulement du royaume. Ce qui fait souffrir le couple royal, c'est cette violente désaffection du peuple. Ils éprouvent une mélancolie extrême en remâchant, en pensées, l'époque – sans conteste fantasmée – de leur popularité sans faille.

Je suis en train de devenir juif. Tranquillement, sincèrement : à mon rythme. Sans besoin du sang de ma mère. Ma mère m'a donné la vie. Et puis elle a repris la sienne. Comme si de rien n'était. Une fois la vie donnée, les mères repartent quelque part. Dans un endroit spécial. Je précise que ma mère est une femme. En tant que fils de Noé, et non d'Abraham, ces histoires de sang ne me concernent pas. Je ne suis pas juif au sens de *fait comme un rat*. C'est là ma faiblesse, et c'est là ma force. Je peux agir de *l'extérieur*.

Encore faut-il connaître quelques arcanes de *l'intérieur*. Je ne pourrai jamais savoir ce qui se passe à l'intérieur d'un juif. Mais il serait dommage (il serait criminel) de ne pas tenter de savoir ce qui se passe à l'intérieur du judaïsme.

Jeudi 23 juin

Réveil avec l'inouï *Live In Japan '78*, Count Basie, 1985 (Pablo Live, 2308-246, US) – son meilleur concert (on donne toujours le meilleur de soi au Japon). Enregistré au Shimin Kaikan de Hamamatsu le dimanche 21 mai 1978 – *mais que pouvais-je bien être en train de faire ?* Note : rien, sur ce disque, ne « sonne » comme sonne généralement un dimanche. Il y a beaucoup de monde sur scène autour de M. le Comte ce soir-là. Lui est au piano, c'est pour cela qu'on le paie. Et il s'offre le concours d'un autre T. Rex : Freddie Green *himself*, soixante-sept ans et au sommet de sa forme. Au saxophone baryton : Charlie Fowlkes ; à la basse : John Clayton ; à la batterie : Butch Miles ; au saxophone ténor : Kenny Hing et Eric Dixon, Dixon jouant également de la flûte ; au trombone, ils sont quatre, façon James Brown : Alonzo Wesley Jr., Bill Hughes, Dennis Wilson et Mel Wanzo ; même remarque pour la trompette, où se démènent Norman Smith Jr., Pete Minger, Sonny Cohn et Waymon Reed.

Je passe voir la vente d'Emmanuelle. J'arrive pile au moment de son triomphe : elle vient de faire une enchère à 480 000 euros, un poisson chinois en jade du XVIIIe siècle. Applaudissements. Je suis fier et content. La boucle est bouclée : j'ai connu Emmanuelle il y a six mois, lors d'une vente similaire. C'est Nicolas d'Estienne d'Orves, alias « Neo », qui m'y avait emmené : « Je vais te présenter une fille qui devrait te plaire. » Mais il y a six mois, elle ne m'avait même pas remarqué. Cette fois, elle vient m'embrasser. Bonheur !

Neo est un personnage atypique, bariolé, toujours attifé de couleurs extravagantes, amical parfois, pas toujours (il sait trahir et m'a déjà trahi), mais on lui pardonne systématiquement ses écarts. Il trimballe, sous forme oxymorique, une manière d'égoïsme généreux, c'est-à-dire qu'il ne pense qu'à lui tout en aimant les autres. De même, il cultive une modestie excessive tout en vouant une sorte de culte à son œuvre. Œuvre qu'il adore sous-estimer mais qu'il place, dans sa galaxie personnelle, beaucoup plus haut qu'il ne le laisse présager. Je ne lui jetterai pas la pierre sur ce sujet : comment se voir soi-même comme une nullité dès lors qu'on passe le plus clair de son existence à créer ?

L'oxymore – j'y reviens – est chez d'Orves le totem qui frappe immédiatement : burlesque mais précis, amateur de balivernes mais sérieux, dilettante et travailleur, fêtard et matinal, buveur et sobre. Son intelligence est aiguë, sa culture vaste – mais, là encore, vaste dans un domaine restreint. Connaissances infinies de domaines circonscrits : la bouffe, l'Occupation, la chanson débile, la musique classique. Il maîtrise aussi nettement Wagner que Patrick Topaloff. Il peut décrypter Brahms, reconnaître n'importe quel interprète de Schubert en moins d'une seconde, et écouter en boucle, sur Bide et Musique, des trésors inédits de Pit et Rik. Il est paillard et raffiné. Il est lâche et courageux. Il est égoïste et altruiste. Il est inculte (il ne sait pas qui est Eric Clapton) et cultivé (il connaît le nom de l'accordeur de feu Cziffra). Paillard : rien ne le comble autant que le souvenir, dans son dortoir de Juilly (où il découvrit Offenbach et où je manquai de peu d'aller en 1979), d'une compétition de vents tonitruants ; mais il arbore, citant les rots de tel ou tel, des boutons de manchettes ou des chemises d'organdi. C'est peut-être le dernier de nos snobs. Un snob au sens paléontologique du terme ; le snob, cette espèce en voie de disparition (le terme lui-même se meurt), il l'incarne à lui seul ou presque. Il est le plus français des Français, mais il est américain : depuis toujours, l'été, il part se réfugier dans son île de l'État de New York. Lui, l'amateur de mets délicats et de grande cuisine, s'y gave de hamburgers qu'il n'aime qu'indigestes et exécrables. Longiligne, il est féru de graisse. Il adore les vins fins frais et la mauvaise bière tiède. Il est individualiste comme personne et mondain comme tout le monde, et réciproquement. Totalement solitaire et incapable de rester seul. Il a tout de l'homosexuel (si tant est, ce que je ne crois nullement, que l'homosexualité puisse se « détecter » immanquablement chez quiconque), mais c'est un homme à femmes. Nul n'est moins fait que lui pour avoir des enfants et il en a deux. Sa famille est très riche, mais il est très pauvre. Il semble lunaire mais je ne connais dans la capitale aucun être humain plus débrouillard que lui. Il adore la ville mais passe sa vie dans d'improbables campagnes. C'est, au surplus, un sédentaire dont l'existence s'écoule en innombrables voyages. Il est affilié au *Figaro* mais trouve ses amoureuses parmi le staff des *Inrocks*. Son nom, accolé à la Résistance, ne l'a pas empêché d'être un des meilleurs connaisseurs de la collaboration – qui l'intéresse bien davantage. Il a l'air fragile, mais c'est un gaillard. Il broie du noir, mais affiche un sourire permanent ; ce pessimiste est déguisé en optimiste. Il devrait être haï, mais je ne connais personne qui ne l'apprécie. On ne l'imagine nulle part, mais, si l'on sort un peu, on s'aperçoit qu'il est partout.

Ce qui, chez lui, détend les neurones est son incapacité notable à prendre les choses les plus graves au sérieux – l'esprit de sérieux est, avec la radinerie qui est souvent son alliée, le pire des cancers. Il déteste les opinions courantes, le « politiquement correct », et ne tombe généralement pas dans les panneaux de l'époque. Peut-être protégé par ce nom illustre qui lui sert d'immunité, il se permet de lire les parias, de les apprécier, de les célébrer. Toujours enfantin, il est scatophile et je sais pourquoi : cela lui permet de dire « merde » à la bien-pensance, aux différents censeurs, aux bobos incurables et staliniens, à quelques associations de minorités qui confondent la reconnaissance et la revanche (quand ce n'est pas la vengeance).

Il le sait, hormis un petit livre qu'il a dédié à son meilleur ami disparu, et qui est très beau, je ne suis ni un vrai lecteur ni un grand admirateur de son œuvre ; peu importe. Je ne demande jamais à mes amis, non plus, d'aimer ce que j'écris – et qu'une fois publié, je n'aime au demeurant plus moi-même. Il y a toujours cette frustration d'avoir dit, d'avoir écrit autre chose que ce qu'on voulait dire, écrire. Mais, qui sait, finalement, si ce n'est pas justement là que résident à la fois l'intérêt et la beauté du « travail » littéraire ? Il y a peut-être, qui sait, deux grandes familles d'écrivains : ceux qui parviennent, comme Proust, à exprimer à la virgule près ce qu'ils ressentent, qui ont le génie, la puissance, de planter perpétuellement leur fléchette dans le mille, ceux pour lesquels il n'existe miraculeusement aucun écart, aucun delta, entre la volonté de dire et le résultat de ce qui est dit, pour qui l'expression embrasse à la perfection la réalité visée, et les autres, qui, impuissants à coller avec le réel à dévoiler, avec le souvenir à exprimer, avec le sentiment à extraire, sont sans cesse bringuebalés ailleurs, et se mettent, comme à leur insu, à « créer » à côté, libérant par ce chaos un imaginaire imprévisible mais finalement fertile. On peut bien sûr appartenir aux deux catégories – il faudrait trouver des exemples ; il me semble que je passe tantôt à l'une, tantôt à l'autre, ce qui est un drame en quelque sorte – j'eusse préféré être excellent dans l'une ou l'autre.

Je reviens sur le petit livre qu'il a consacré à son défunt camarade de jeunesse. Nous avons tous un camarade de jeunesse, avec qui nous découvrons tout : à commencer, non par l'appel du sexe et des pulsions, mais par l'art. Dans mon cas, ce fut, à Orléans, au parc Saint-Laurent, Gilles Séréni. Je ne vois plus ce jumeau depuis longtemps : mais fréquemment, je pense à lui. Il fera partie de ma vie jusqu'à la fin. Le jumeau de Neo est mort : il s'appelait aussi Nicolas, il s'est suicidé en 2007. La pierre tombale est un habit qui semble mieux lui seoir que la vie. Car, lorsqu'on vit, il s'agit d'exister : certains en sont incapables, trop sensibles, trop lucides, ou trop doués. Ils sont faits pour s'installer ailleurs, mais cet ailleurs n'existe pas, sinon dans l'art, sinon dans l'œuvre qu'ils ont malheureusement été incapables d'ébaucher. Ce n'est pas le génie qui manquait, c'était le talent. Le Nicolas mort était un gourou ; dès lors qu'il a fallu commencer à être soi, dans la solitude, face aux responsabilités de la vie sociale, loin de toute poésie, seuls sont restés les démons, maquillés dans l'adolescence par des farces, des mises en scène, des poses esthétiques et des rires qui n'en finissent pas. Mais un jour, sans doute au petit matin, les masques tombent : les autres ont trouvé du travail, une amoureuse, ils réussissent à s'insérer, à écrire, à publier. Le Nicolas qui allait se donner la mort en voulait déjà au Nicolas qui allait se choisir une vie d'opter pour les succès relatifs, les choix provisoires et les compromis utiles : l'absolu ne tolère que l'absolu. En attendant le suicide, on se tue autrement, par à-coups, en perdant un peu de sa dignité dans des appartements lugubres, en égarant un peu de son humanité dans l'insulte, le désaxement, l'arrogance surjouée, l'agressivité antisociale. Un jeu pervers commence, jusqu'au cimetière qui marquera une victoire pourrie : je suis trop fort pour côtoyer la vivacité des médiocres, le bonheur des parvenus, la réussite des fonctionnaires du destin. En me mutilant chaque jour davantage, c'est vous que je voudrais abîmer, suicider, trucider – mais la vie est têtue, et préfère étrangement celui qui travaille à celui qui se noie, celui qui se couche et se lève à celui qui s'arrache les yeux, crache du sang, s'enferme dans le noir avec les rats, ses livres non écrits, ses fantômes et ses impuissances. Nicolas, le mort, était voué à une brillante carrière philosophique ; son seul écrit restera, à jamais, un *Petit Futé* sur la Sicile. Michel Foucault a laissé autre chose qu'un *Guide du Routard*. Au lieu de ce Panthéon promis : une destinée en queue d'aronde, une chiure de mouche, un arrogant gâchis, immature. « Où tu en étais ? Mais nulle part, bien entendu ! Au point mort, depuis des mois, des années. » Seule la graphomanie du Nicolas survivant permet de compenser la mort de son double. Ici, d'Estienne d'Orves écrit directement à son ami – mais c'est toute son œuvre, en réalité, qui est épistolaire. Chaque livre écrit est un cri d'amour à l'ami qui n'a pas voulu les lire, les regarder, les accepter. Trop d'amour ? Trop de haine ? Trop d'amour de l'autre et trop de haine de soi. Le Nicolas disparu avait un secret : il préférait les hommes (le lecteur l'apprend tard, sans surprise). L'homosexualité n'est pas simplement sexuelle ; elle éloigne ici autant qu'elle rapproche. Le non-dit se transforme en tout-écrit, qui devient du non-lu. Tout ce qu'a fait Nicolas vivant l'a été pour impressionner Nicolas mort. Son premier recueil s'intitulait *Le Sourire des enfants morts* : l'enfant est resté un enfant, le mort restera un mort. Quant au sourire, c'est une autre affaire, une affaire d'hommes.

Gulda avait convenu lui-même qu'il avait cherché à faire de son existence tout entière un « scandale ». Cela n'est permis qu'à ceux qui peuvent faire acte de génie. Les autres ne sont que de pathétiques potaches, façon Jean-Edern, dont il ne reste plus rien le lendemain de leur mort. Scandaliser, c'est s'engager dans de drôles de noces avec le ridicule, que seule peut contrebalancer une forme de grâce dans l'art qu'on s'est choisi. Gulda, lui, comme Genet par exemple, comme Lennon, comme Zappa, pouvait se le permettre. C'est aussi le cas de Houellebecq.

Faisant un semblant de rangement, j'ai foutu à la poubelle un horrible bouquin : le *Journal* de Michel Polac – affreux bonhomme, plein de rancœur, d'aigreur et de jalousie. D'accord, il aimait Gombrowicz, mais il l'aimait mal et je ne doute pas une fraction de seconde que Witoldo le méprisait. Il aimait Tchekhov, très bien – je n'ai jamais lu une traître ligne de Tchekhov. Il a fait *Droit de réponse*, très bien, mais ce n'est jamais que de la télé. Son journal intime est infect. Numéro radotant d'autoflagellation insincère, factice du début à la fin : journal d'un faux-monnayeur ! Quel escroc. Franchement quel escroc.

Derrière ses perpétuels constats d'échec, Polac se prend pour un grand, un grand en réserve de la République des lettres, un génie qui va éclore, un immense nom de la littérature à l'état d'énergie potentielle. Il affirme : écrire comme Proust, ça je peux le faire, c'est facile. Mais je veux être Dostoïevski ou rien. Il n'est rien. Son érotomanie est ridicule ; sa mythomanie, triste. Cet obsédé sexuel est un vantard ; et le vantard, un menteur. Ça se sent, ça se voit. Sans sa notoriété (strictement télévisuelle, ce qui le rend fou de rage), Polac se serait vu refusé par tous les éditeurs. Ce *Journal* n'a pas le moindre intérêt : il le sait, d'ailleurs, et semble se trouver dans son élément parmi les détritus de ma poubelle, au milieu des pots de yaourt, de la sauce tomate et des peaux de banane.

En tant que chrétien (je suis baptisé), je me fiche infiniment de savoir si c'est ma mère qui m'a mis au monde. C'est moi qui me suis mis au monde. Je m'y mets tous les jours (au monde). Tous les jours, j'essaie de m'y mettre (au monde). Qu'une biologie ait été nécessaire pour cela, et sous la forme apaisante, humaine, nourricière, obligatoire, d'une mère, je ne le nie pas. Mais pour le reste, j'ai appris à me faire tout seul. Pas tout seul comme un grand, non : tout seul comme un petit. Je suis en train de devenir juif *petit* à *petit*.

Déjeuner japonais avec Agnès. Grande fatigue. J'essaie de faire la sieste chez les M., en vain. Je pars à la piscine de Puteaux en Uber, faire mon heure de crawl.

Le soir, enregistrement d'*ONPC*. Cette émission serait fabuleuse si elle était en direct. S'il y a bien quelque chose qui me déprime dans la télévision (je n'ai pas la télévision), ce sont les faux directs. Les émissions tournées, comme *ONPC* précisément, « dans les conditions » du direct. Les présentateurs (et leurs invités) vous font croire qu'ils sont là, avec vous, qu'ils vivent en même temps que vous l'instant présent mais, en réalité, ils font alors autre chose, complètement autre chose. Ils ne se regardent même pas, non : ils se désintéressent totalement (c'est mon cas, du moins) de ce qu'ils sont en train de vous dire, de vous expliquer, de vous démontrer, de vous montrer. Votre présent, c'est pour eux du passé. Cette vieille chose que vous croyez se dérouler sous vos yeux en temps réel, cela ne les concerne plus.

Nous passons déjà nos journées à vivre avec des gens en différé en laissant et en recevant des messages sur les messageries vocales de nos portables (notre présent correspond au passé de la voix de notre interlocuteur), et voilà que ça recommence à la télé. Les émissions de Noël, du Nouvel An (y compris le compte à rebours des douze coups de minuit) : elles furent enregistrées un matin ou un après-midi de la mi-novembre.

Leurs journées de bureau terminées, les gens ne font que regarder, devant leur poste le soir, des journées de bureau d'animateurs. Ce qui se déroule à l'écran, ce sont des morceaux de mercredis à 16 h 30, des moments de jeudis vers 13 h 45. Les téléspectateurs veillent très tard pour suivre jusqu'au bout leur émission préférée ? Ils ignorent que les différents protagonistes dorment depuis longtemps du sommeil du juste. La télé fabrique son propre passé en nous proposant en boucle, à force de zapping et de bêtisiers, ses meilleurs moments. Elle fabrique son propre avenir, en annonçant à longueur de journée les films, les séries ou les émissions de la semaine d'après. Elle est seulement impuissante à créer du présent, du vrai présent, concret, simultané, parallèle au nôtre.

Je préférerai toujours une mauvaise émission en direct à une émission géniale en différé. Je suis en train de m'apercevoir que ce que j'écris est sans doute complètement idiot. Il faut dire que je suis très névrosé. Tous les drames viennent du temps.

Le grand mot de toute cette saison aura été « laïcité ». On n'en sera pas sorti. La laïcité, la loi de 1905. Doucement, ce mot est désormais un gros mot. Chez beaucoup d'intellectuels, la laïcité est, en quelques années, devenue synonyme de brimade : on la trouve tantôt discriminatoire, tantôt liberticide – car prétendument hostile aux religions. Elle ne serait que l'expression, autoritaire et vexatoire, d'un républicanisme outrancier pour qui l'unité devient l'uniformisation. On accuse ainsi la laïcité de tous les maux. Notamment, d'être envers les minorités d'une intolérance crasse. Il est vrai toutefois, nul ne peut le nier, que l'extrême droite passe son temps à humilier les musulmans au nom de la « laïcité ». Or, la laïcité ne se veut le bouclier que contre une menace – elle ne s'érige que contre les ennemis de la liberté, de l'égalité, de la fraternité.

On peut concevoir la laïcité ainsi : comme le ciment qui joint la Trinité républicaine : liberté, égalité, fraternité. La laïcité est ce qui permet la coexistence (pacifique) de trois notions qui, sans elle, peuvent s'exclure, se combattre, s'annuler, s'opposer : la liberté, l'égalité et la fraternité. Autrement dit : on n'a rien trouvé de mieux, pour faire coexister ces trois valeurs, que la laïcité.

On ne peut parler de « laïcité », si on ne réfléchit pas à la devise « liberté, égalité, fraternité » – on doit la penser ainsi, à rebours de la chronologie, comme si elle avait été là *avant*. Un peu comme Bourbaki a refondé les mathématiques, définissant l'algèbre du XVIIIe siècle à partir de concepts du XXe. Encore que ! « Liberté, égalité, fraternité » est une devise issue de la Révolution française (1790 : discours de Robespierre) *et* le principe de laïcité lui-même date de la Révolution française – fin des privilèges ecclésiastiques.

Les mots « liberté », « égalité » et « fraternité » coexistent pour la première fois au sein du même paragraphe dans un discours de Robespierre datant des 27 et 28 avril 1791 à l'Assemblée constituante (il s'agit d'un discours portant sur la Garde nationale) : « Il est impossible que les gardes nationales deviennent elles-mêmes dangereuses à la *liberté*, puisque qu'il est contradictoire que la nation veuille s'opprimer elle-même. Voyez comme partout à la place de l'esprit de domination ou de servitude naissent les sentiments de l'*égalité*, de la *fraternité*, et toutes les vertus douces et généreuses qu'ils doivent nécessairement enfanter. »

Mon hypothèse est, ainsi, que le mot « laïcité » serve de « colle », de « ciment » à « liberté », « égalité » et « fraternité ». Il faudrait montrer, d'abord, comment ces termes, *a priori*, ont du mal à coexister – à ne pas d'emblée s'exclure ; et, ensuite, montrer que la laïcité est sans doute l'une des meilleures « colles » possibles.

Montrer que « liberté » ne coexiste pas naturellement avec « égalité » ; montrer que « liberté » ne coexiste pas naturellement avec « fraternité » ; montrer que « égalité » ne coexiste pas naturellement avec « fraternité » ; montrer comment la laïcité permet de réunir liberté et égalité ; montrer comment la laïcité permet de réunir liberté et fraternité ; montrer comment la laïcité permet de réunir égalité et fraternité.

« Dernière » de Léa Salamé. Maria est dans la salle. Elle est venue me soutenir à chaque émission, ou presque, cette année. Au bout d'une heure quarante, panne de courant. Laurent a l'idée de continuer à tourner vingt minutes à l'iPhone. Du jamais fait.

J'ai connu Laurent Ruquier à l'automne 1996. Il avait lu dans l'été *Jubilations vers le ciel*. Toutes les expériences professionnelles que j'ai pu faire, et Dieu sait si elles sont nombreuses, sont finalement issues de ces *Jubilations*. De l'importance des écrivains dans la société française. Laurent Ruquier est une manière de monstre : de centaure. Il n'est pas mi-cheval mi-homme, mais mi-provincial mi-parisien, mi-prolo mi-Neuilly, mi-chansonnier mi-intellectuel, mi-moyen mi-supérieur. La première moitié n'est pas recouverte par l'autre, non : exactement comme chez un centaure, les deux penchants se voient parfaitement, constituant son être, son essence, sa biologie et sa psychologie. Il ne cherche pas à « faire oublier » ses origines havraises dans une famille économiquement faible, logée dans une HLM, ni d'ailleurs ne les exhibe. Elles sont là, comme le buste humain sur le corps du cheval.

Il s'est inventé un parcours professionnel qui le force à se « cultiver » (mot qui ne veut strictement rien dire mais dont on comprendra ici furtivement le sens), à « lire ». Son prisme n'est que celui du métier. Il transforme toute la matière qu'il voit, entend, éprouve, renifle, caresse, en motif d'émission, en projet de théâtre, en intention radiophonique, en prétexte télévisuel. Il est donc centaure aussi en ceci qu'il est mi-homme mi-métier. C'est un homme-métier. Le métier se confond avec la chair même de l'individu. La carrière, en lui, n'est pas posée sur la personne, elle est fondue dans sa chair. On appelle peut-être cela la vocation.

C'est un homme de parole. Dans ce milieu de fripouilles, cela n'a point de prix. L'empathie est engoncée quelque part dans ses os, mais nul ne connaît l'endroit – à commencer par lui-même. De temps en temps, bien que sa vivacité soit celle du laser, elle lui sert presque à produire des calembours dont l'à-propos, prodigieux, n'a d'égal que la trivialité.

Qu'on le veuille ou non, cet homme a fini par se fondre dans la France ; il est devenu une part du pays. Comme Jean Yanne ou Jacques Martin en leur temps. Comme s'il y avait, dans ce pays, une prime au chansonnier. Mais, plus surprenant, il a hissé son complexe de classe, et ce qu'il a sans doute vécu comme son handicap culturel, jusqu'à devenir celui chez qui se rendront les émules de Roland Barthes pour vendre leur dernier essai. Ce n'était pas gagné pour celui qui, à l'âge où certains entrent à Normale sup, faisait ses classes au Caveau de la République. De la pétomanie au structuralisme, nul doute que le voyage ait été exotique.

Ruquier a tellement poussé jusqu'à ses extrêmes limites le culte de son métier (de ses métiers, plutôt) qu'il s'est tout également arrangé pour que ses amitiés soient solubles dedans. Il appelle « ami » celui avec qui il peut travailler. Partout il est le patron – même dans l'horizontalité des rapports affectifs. Dépourvu d'affect, il ne peut se comporter que comme un chef d'entreprise, un capitaine en campagne ; et ses embardées, ses voyages en groupe, ses excursions en troupe ressemblent à des colonies de vacances surveillées par un chef scout. S'il ne dirige pas, s'il n'organise pas, si tout ne se configure pas autour de son seul totem, son monde – c'est-à-dire le monde – se délite et s'écroule.

Être seul à seul avec lui n'est pas simple. Il n'est à l'aise avec vous que si vous êtes élément d'un tout ; vous n'êtes à l'aise avec lui que s'il peut s'évader à tout moment vers un autre.

Dîner au Costes avec la production. Je ne suis jamais à l'aise dans ce genre d'endroits. Je ne parviens pas à les raccorder à Nevers, à Orléans, à cette province des années 1970 et 1980, qui m'a construit. Ces bimbos cokées, ces Russes à fric, ces acteurs célèbres, ces animateurs de télévision milliardaires… Ces créatures de deux mètres, aux seins en obus, qui vous accompagnent jusqu'à votre table – lorsqu'on « rejoint » et qu'on est seul, on a l'impression de se faire escorter par une maîtresse porno, une maman pute, avec cette sensation étrange qu'on a fait une bêtise et qu'on se rend à la fois à confesse et à la fessée. J'ai grand tort, pourtant, de me laisser impressionner par ces lieux. Ces déesses sont, comme moi, le plus souvent des tartarines de villages français, des plouquesses aussi bien que je suis un plouc. Leur biologie leur a accordé, sans qu'elles ne demandent rien à personne, une constitution qui les dépasse elles-mêmes et dont elles ne sont pas responsables. Elles paraissent au demeurant engoncées dans leur propre magnificence, comme extérieures à leur encombrante beauté, qui leur sied mais en même temps les dérange. Elles font mine d'oublier leurs atouts tout en vous les infligeant comme on inflige une gifle.

Catherine Barma est là, frétillante et plantée dans sa folie communicative. Elle multiplie les âges de la vie à l'intérieur comme à l'extérieur d'elle-même. Mais il en va un peu comme au mikado : dès qu'on touche une époque, on fait bouger toutes les autres. Dès qu'on tente de soustraire un âge à l'ensemble, ce sont tous les autres qui frétillent, sursautent, s'ébranlent.

Si l'on s'interroge sur les différences entre la télévision « d'hier » et celle « d'aujourd'hui », la plus importante est sans doute celle-ci : hier, les émissions avaient la prétention de rester, de laisser des traces, de constituer en quelque sorte des archives, et la création de l'Ina en atteste. Aujourd'hui, la télévision, du moins les émissions, auraient bien du mal à intéresser quiconque dans trente ou quarante ans ; l'inculture, l'empressement, la soumission immédiate et inconditionnelle à la dictature du plus grand nombre ont fini par tout ratatiner. Pis : au lieu que d'imposer des programmes à ce plus grand nombre, on sonde, on teste, se faisant accroire qu'on sait ce qu'il attend et réclame. Or, s'il est bien une seule et unique règle qui prévaut, la voici : le public ne sait jamais ni ce qu'il veut, ni ce qu'il aime, ni ce qu'il désire. Et il ne supporte pas qu'on soit faible avec lui ; c'est un peu comme en amour, il faut savoir lui tenir tête. Il ne respecte (et ne finit par aimer) que ce qu'on lui impose.

Catherine ne comprend pas ça, s'affolant au plus petit « tweet » d'un adolescent enfermé dans sa chambre. L'allégeance aux caprices d'une poignée d'inconnus, d'anonymes oubliant aussitôt leurs « exigences » et leurs goûts, est chez elle poussée à une sorte de paroxysme qui donne parfois le tournis. Elle n'a de dieu que celui de l'imminence. Catherine fait tout dans l'urgence : il ne lui reste que quelques minutes, sinon pour plaire, du moins pour ne pas décevoir. Cela devient alors une question de vie ou de mort. Un attentat, une pandémie, un séisme, une guerre sont parfois moins importants que l'éventualité d'une annulation de la venue de Patrick Bruel ou de Florence Foresti. C'est aussi ce qui la rend touchante et attachante.

Au lendemain de ma « première », Catherine Barma m'appelle ; je la sens soucieuse, contrariée, embêtée – je sais très bien ce qu'elle pense de ma prestation : j'ai été trop « intello », mais elle n'ose pas le dire frontalement, alors elle louvoie, commençant comme à son habitude par me bombarder de compliments pour se frayer une voie, au coupe-coupe, vers le reproche qu'elle a à me faire (elle ne m'appelle *jamais* sans raison ; tout, chez elle, est *toujours* intéressé) : « C'était très bien, vraiment. On a eu de bons retours, mais… » Le « mais » est assez facile à traduire : il signifie que la chaîne lui a passé un savon. « Tu emploies peut-être parfois des mots un peu compliqués. » Traduction : « Votre nouveau type, Catherine, l'écrivain, là, il est imbitable. On va perdre les gens. C'est une émission de divertissement. On n'est pas sur France culture. » Puis : « Il faut que tu arrêtes avec tes mots trop compliqués… Comme "théodule" ou je ne sais quoi ! » J'avais utilisé le mot « théocratie ».

Dans Vial, toujours, dont je lis quelques pages avant de m'écrouler, j'apprends ceci, qui est assez étonnant : la cour et les révolutionnaires se livrent à une manière de cohabitation, notamment en ce qui concerne les fêtes et les cérémonies ; la cour « mobilise ses compétences » et aide à l'organisation des manifestations d'apparat.

Vendredi 24 juin

Réveil avec *Black and Blue Stomp*, Milt Buckner, 1973 (Black and Blue, 33.061, France). Orgue, piano : Milt Bruckner ; contrebasse : Roland Lobligeois ; batterie : Chris Columbo ; guitare : Clarence Brown ; puis je bifurque – ce qui n'a *strictement* rien à voir – vers *On The Other Hand There's a Fist*, Jona Lewie, 1978 (Stiff Records, SEEZ 8, UK) et – incapable de choisir ce matin – vers *D.E. 7th* de Dave Edmunds, 1982 (Arista 204 508, Europe) avec, en ouverture, de Springsteen, « From Small Things, Big Things Come ».

Aragon, dans *Blanche ou l'Oubli* (écrit en 1965), fait de nombreuses allusions à l'année 1982, année de sa mort. « Que vaut-il mieux se représenter, l'avenir ou le passé ? Ces deux genres de science-fiction laissent au présent si peu de place, juste celle de souffrir. Le passé ? Écrivant *Salammbô*, Flaubert s'écrie : *Je me moque de l'archéologie !* Il y a deux mille deux cents ans environ entre Flaubert et son livre, et il me paraît plus simple de "faire croire" à Carthage qu'au monde de 1982. Plus facile de "mentir" Carthage que de "mentir" Paris dans dix-sept ans. Je ne suis pas fait pour la prophétie. »

Je suis en train de devenir un homme de la simultanéité. *J'élis le peuple élu*, lui demande de me recevoir en son sein (en réalité j'y suis déjà, j'y étais depuis toujours), c'est-à-dire, non sous l'aile (duveteuse), mais sous l'œil (critique) de « Dieu ». On commence à être athée quand on met Dieu entre parenthèses. On commence à être juif quand on commence à mettre Dieu entre guillemets.

Searle, *La Construction de la réalité sociale*, 1995 : « Il y a des choses qui n'existent que parce que nous y croyons. Je pense à des chose comme l'argent. » Mais nous sommes passés à un monde où l'argent n'est plus, comme il y a quelques années encore, corrélé aux besoins ni aux envies. Il n'a fini par exister non en tant que lui-même et par lui-même, mais pour lui-même.

Il faut soit écrire des sagas et des fresques pour bien parler de l'humanité et de son destin, soit avoir le don de l'éphémère. L'homme est beaucoup de choses, et même la chose la plus importante du monde, à condition qu'il accepte de n'être rien du tout. Les algues sont vitales, les vagues indispensables, les pâquerettes, le calcaire, la neige et les nuages des questions fondamentales. Rien n'est plus décisif qu'une étincelle. Rien n'a jamais été plus crucial que des lèvres salées, qu'une tache d'huile d'olive sur une nappe ou que le crépitement d'une pluie. Tous les moments de ce journal intime sont cruciaux.

Lettre d'insultes au courrier. Je la déchire sans la lire.

Ce qui frappe chez Gulda, c'est cette ressemblance manifeste avec Larry David, le génial créateur de *Seinfeld* et de *Curb Your Enthusiasm*. Ces lunettes, ce crâne dégarni, cette voussure de l'anatomie, cette grande taille – sans doute Gulda est-il un peu plus enveloppé ; avec les années, on note qu'il a tendance à s'empâter. (Le nez de Gulda est très difficile à décrire. Il faudrait se rendre dans une encyclopédie des nez et tenter d'en faire un compte-rendu précis, mais je n'en ai hélas pas le temps.)

Comme Léautaud, je ne supporte pas le bruit – celui, particulier, singulier, des voisins. Ils sont *toujours* en train de « faire » quelque chose. Déplacer des meubles, marcher… À devenir fou. Kafka, cent ans avant moi : « Aujourd'hui, le bruit m'empêche de dormir, de travailler, de faire quoi que ce soit » (*Journal*, 27 avril 1915).

La fête de la Fédération, célébrée comme on sait le 14 juillet 1790, a été organisée par la « Maison du roi », explique Vial, en collaboration avec La Fayette (alors commandant de la Garde nationale). J'ignorais totalement ce fait. Une cohabitation dans la fête – cela « en fait tout aussi bien la dernière grande cérémonie de l'Ancien Régime que la première fête révolutionnaire ».

Ce qui reste insondable, c'est ce que pense Louis XVI de tout cela dans son for intérieur.

Lecture de Rimbaud, quelques pages avant de dormir. On n'en finit jamais avec les génies. C'est la meilleure définition du génie : quelque chose, quelqu'un avec qui l'on n'en finit *jamais*. Il s'agit simplement de se méfier des rimbaldiens – je les redoute comme la gangrène. Un des plus stupides que j'aurai rencontrés, paix à son âme puisqu'il est mort l'an dernier, fut l'hématologue Jean-Jacques Lefrère. Tandis que je lui expliquais, sur un plateau de télévision, pourquoi il me semblait que la photo qu'il avait récemment exhumée ne me semblait en rien correspondre à ses traits (en ballon de rugby), il me renvoya dans mes cordes avec cet indigent et méprisant argument : « Je me suis laissé dire que vous étiez davantage un spécialiste de Claude François que de Rimbaud, n'est-ce pas ? » Il fallait pourtant bien être aveugle, et imbécile, pour se persuader que l'étriqué petit moustachu qu'il nous exhibait avait quoi que ce soit de commun avec le poète ardennais. À cause de cet ahuri, on se retrouve à présent avec des ouvrages de Rimbaud affichant cette photo de quelque limonadier sur les œuvres du génie.

Je fus le premier, et non pas seulement le premier mais le seul, à l'époque, à tourner cette photo en ridicule – je ne m'en vante pas tant cela relevait de l'évidence. Il suffisait simplement, pour se convaincre que Rimbaud n'était pas cet homme et que cet homme n'était pas Rimbaud, de ne pas regarder le cliché *trop longtemps*. Tant d'incapables et d'imposteurs ont passé leur temps, que dis-je, leur vie, à faire dire à Rimbaud des choses qu'il n'a pas voulu dire ; maintenant on l'affuble d'un visage qu'il n'a jamais pu avoir. Et si on le laissait tranquille, aboli dans le beau silence de son Verbe ?

« La dépêche AFP, le 24 janvier 2011. PARIS – La querelle d'experts continue autour de la photo de Rimbaud à Aden : un spécialiste affirme que l'identification sur le cliché d'un médecin belge exclut la présence de "l'homme aux semelles de vent" au Yémen à la date présumée de la prise de vue, ce que conteste son biographe. » Insupportable : « son » biographe. Rimbaud n'eût-il pas simplement *molardé* au visage de Lefrère ?

Rimbaud était venu à l'hôtel de l'Univers entre 1880 et 1890. Donc, c'était lui. Donc, il fallait absolument, donc, il fallait nécessairement que ce fût lui. Mais ce « donc » n'était à mon goût point suffisant. Tous les journaux, à l'époque, s'empressèrent de publier cette photo à grand renfort de spectacle, faisant confiance aux sacro-saints « recoupements » des « spécialistes », mais les spécialistes en question n'avaient pas grand-chose à recouper, sinon huit autres photos. Huit autres clichés qui, justement, quand on les regarde tranquillement, gentiment, chez soi, à tête très bien reposée, n'avaient rien à voir, n'avaient rien à faire avec le Rimbaud de cette photo de Rimbaud qui représentait quelqu'un qui avait l'air de tout, *sauf* de Rimbaud, qui ressemblait à tout le monde, *sauf* à Rimbaud.

Ces paupières tombantes, ce n'était pas Rimbaud. Cette implantation de cheveux, qu'on nous vendit spectaculairement comme la preuve ultime, tellement absolue, vraiment définitive, elle n'était pas rimbaldienne : nous voyions, sur la photo inédite, un pauvre bougre un peu idiot, bouche un peu bée, au regard sans intelligence, et je veux bien croire que Rimbaud était tout ce qu'on eût voulu qu'il fût (tout le monde lui vole sa vie depuis cent ans), mais il n'était pas celui qu'on voyait sur la photo. Ses yeux bleus devenait foncés sur le cliché trouvés par Lefrère (qui, à force de chercher une photo de Rimbaud, avait décidé qu'il la trouverait) et, surtout, contrairement à ce qu'on nous clamait partout, je ne reconnus pas, moi, du tout, sa lèvre inférieure, habituellement épaisse et charnue et devenue comme par (dés)enchantement totalement mesquine, tellement pas rimbaldienne. Je ne reconnus pas, le moins du monde, son nez en trompette. On s'évertua à nous convaincre avec des attributs connus de Rimbaud : rien, absolument rien, en dehors des dates, ne concordait. C'est tout de même incroyable : ce Rimbaud-là devait absolument être Rimbaud parce qu'il coïncidait non avec les traits d'un visage, mais avec les dates d'une chronologie. Aux fous.

Il est certain, il est très évident que la découverte de photos nouvelles, inédites, neuves, toutes neuves d'un écrivain mythique, dont nous connaissons peu de clichés, ne peut aboutir que sur une rectification de son image éternelle, de l'image éternelle que provisoirement nous avions de lui ; cette éternité est vouée à la révision ; c'est souvent dramatique car les photos inédites viennent empêcher la beauté de se perpétuer dans la beauté – c'est la déception alors qui jaillit, car l'auteur ne ressemble pas à l'idéal construit de cet auteur à partir de deux, trois documents rarissimes. Mais il y a des clichés de Rimbaud qui sont acceptables et des clichés de Rimbaud qui ne le sont pas, parce qu'il y a des clichés de Rimbaud sur lesquels ce n'est pas et ce ne sera jamais Rimbaud qui figure sur le cliché de Rimbaud.

Peu importe que « notre » Rimbaud nous soit volé, qu'il puisse (tel est le risque à prendre) posséder une tête d'abruti, avoir finalement les traits d'un demeuré, d'un simplet, seulement là : je ne marchai pas ; je n'acquiesçai pas, je ne tombai pas dans le panneau, je n'entérinai pas sous prétexte qu'on me « jurait que », qu'on avait procédé pour moi à toutes les vérifications : je n'eus strictement aucune confiance en les gens, en les spécialistes, en les libraires, en les rimbaldiens qui avaient « vérifié » : Rimbaud n'entrait pas dans l'homme de la photo (air vide, mesquine moustache) et, surtout, l'homme de la photo n'entrait pas dans Rimbaud.

Samedi 25 juin

Réveil avec *Infant Eyes*, Doug Carn, 1971 (Black Jazz Records, BJ/3, US). Piano, piano électrique, orgue : Doug Carn ; basse : Henry Franklin ; batterie : Michael Carvin ; George Harper : saxophone ténor, flûte ; Al Hall : trombone, trombone à pistons ; Bob Frazier : trompette, bugle ; Jean Carn : chant.

Il est 16 h 47, samedi après-midi. Je confirme que je n'éprouve pas le moindre plaisir à tenir ce journal. Je ne suis pas fait pour ça. Cafardeux au possible. Les instants heureux ne sont pas faits pour être écrits ; quant aux instants malheureux, les écrire fait du mal. Entreprise d'un grand masochisme, en fin de compte. Je ne vais pas tenir très longtemps, et ce n'est pas très grave. Je déteste raconter ce que je vis ; j'aime justement écrire pour me situer à côté de l'existence. Une solution consiste à être très elliptique, très dense, comme une simple prise de notes. Un pense-bête rétroactif. Un agenda à reculons. Rien de plus. Ne pas passer plus de cinq à dix minutes par jour (ce qui est déjà beaucoup trop) sur cet exercice que j'adore pour les autres, mais que je hais (le mot est faible) pour moi. Le seul aspect positif, agréable, est qu'à force d'écrire tous les jours, très vite on obtient un tas, une masse, un livre – un livre sans intérêt, un livre blanc, un livre inerte, un livre mort, rempli de vie morte, mais un livre. Qui le lira ? Aucune idée, aucune importance. Le livre sera là, imprimé, volumineux, et hop : un ouvrage de plus dans la bibliographie. Dans un genre que je n'ai jamais abordé (ainsi que le théâtre, puisque la poésie et l'essai, je m'y suis déjà frotté) : le journal.

Je quitte ces pages, je sors, je vais lire. Je me suis encore ruiné en livres de toutes sortes. Boulimie de lecture, ou plus exactement : d'envie de lire. Ce qui, hélas, n'est pas strictement la même chose. (La lecture, l'écriture me tiennent momentanément à distance du chagrin.)

J'aime particulièrement, chez Gulda, ses sous-pulls à col roulé, généralement blancs, parfois mis à l'envers et engoncé dans le futal en velours côtelé façon Obélix ; j'apprécie, beaucoup, sa manière de conduire l'orchestre, qui le rapproche du de Funès de *La Grande Vadrouille*. En concert, la gestuelle de Gulda est irréelle. Très monkien là encore, il se lève, s'arrachant d'un coup à son piano, puis griffe l'atmosphère, en de grandes arabesques de Grosminet cherchant son Titi. Le regard, alors, ne peut s'empêcher de s'arrêter sur ses oreilles de troll.

Suicides à France Télécom : les dirigeants de l'entreprise sont menacés de poursuite pour harcèlement moral. À titre personnel, à part la famille bien entendu, qui est le pire enfer qui soit sur cette

Terre, je ne connais rien de plus terrible que l'entreprise. La famille, c'est le lieu maudit de l'ADN ; cela me donne littéralement envie de vomir. Tous ces gens rassemblés autour d'un poulet, le dimanche, au prétexte qu'ils sont détenteurs du même code génétique. Cela, à vrai dire, ne fait pas sens. On devrait, au contraire, nous éparpiller à la naissance, nous donner, nous confier, nous abandonner à des hommes et des femmes qui ne nous doivent rien et auxquels on ne doit pas davantage. Ces regroupements par le sang, par la ressemblance, par la biologie m'ont toujours répugné – déjà enfant la famille m'était écœurante, insupportable, donnant l'affligeant spectacle d'une indicible communauté pataugeant dans une sorte d'inceste permanent. En cela, bien sûr, je suis gidien : je hais les familles ; mais on fait dire à Gide plus qu'il ne voulait. Lui parlait, dans ses *Nourriture*s (il le confirmera dans les entretiens radiophoniques accordés en 1949 à Jean Amrouche), de la famille en ce qu'elle a de socialement close, d'intellectuellement irrespirable – il évoquait le confinement spirituel, l'asphyxie morale, la suffocation éducative.

Pas moi ; je vais plus loin. C'est le concept même de famille, biologiquement, que je récuse. Je ne parviens pas même au stade de l'éducation reçue ni des principes inculqués. Je m'arrête avant ; ma haine se déploie dès le départ, du jour même de la naissance. Qui sont ces êtres affreux qui me touchent, osent me tripoter, m'adresser la parole sous prétexte qu'ils m'ont donné la vie ? Bien que, dans mon cas, ces ordures que furent, que sont encore (ils ne meurent jamais, c'est long) mes géniteurs aient tout fait pour m'en dégoûter, je n'ai pas honte de dire que j'aime la vie. Mais ces deux idiots, qu'ont-ils fait qui mériterait que je les respecte, que seulement je les considère – sinon avoir forniqué ? Tout le monde sait, tout le monde peut forniquer. C'est la chose universellement la plus simple, la plus facile, la plus universelle, la plus répandue : et il faudrait que je leur sois redevable de *ça* ? De ce qu'un chat ou un crapaud peut faire ?

Nous accordons une importance disproportionnée à la génétique ; il faudrait, dans une cité idéale, pour parler comme Péguy, ne jamais rencontrer les individus dont nous sommes nés et, pis, dont nous sommes *faits*. Je me méprise, et je pense à la mort quand, par hasard, accidentellement, j'aperçois sur mes traits, lors d'un traître reflet, des airs, des attitudes de mon père sur mon visage. Que ce type me poursuive jusque-là m'est un scandale et, plutôt que d'éprouver ma liberté dans ce qu'elle a de plus béante, je suis ramené, par cette perpétuelle biologie, à cette fatalité ridicule : continuer un petit bonhomme dont, depuis que je suis sur Terre, j'espère, toujours en vain jusqu'à ce jour, la mort violente.

C'est un fait, oui, que ceux qui m'ont mis au monde ne veulent décidément pas mourir. Ces deux saloperies, qui devraient être en prison pour les sévices qu'ils ont fait subir à un enfant, et je suis cet enfant, seront passés entre toutes les gouttes. Bien préservés, bien à l'abri, dissimulés dans des trous, reclus, protégés, habilement préservés – calfeutrés. Ils détestent la vie mais la mort ne veut jamais d'eux. Quelle injustice.

L'entreprise, en horreur, vient juste après la famille. Je n'en ai pas connu de nombreuses, à vrai dire : *L'Express* et Norwich Union. Les deux, en tant que stagiaire. Un enfer sur la Terre. Lieux de toutes les médisances, de mille cachoteries. Chacun, sans cesse, en train de s'ennuyer ou de préparer un mauvais coup. Et puis, au lieu qu'une saine émulation, cette perpétuelle compétition, faite de chausse-trappes et de pièges. Les portes de bureau, qu'on ferme pour s'isoler avec un collègue, préparant l'assassinat d'un nouveau ou, au contraire, d'un ancien. Contrairement à une idée reçue, l'entreprise ne supporte pas la nouveauté ; elle hait l'innovation. Elle ne s'y plie que pour s'y plier, parce qu'elle a entendu dire que l'avenir était une donnée dont il fallait tenir compte ; mais l'entreprise est crispée, arrêtée, bloquée sur le présent qu'elle souhaite immuable. L'avenir est encombré de trop de dangers. Le salarié n'aime pas les complications, les supputations, les projections : il lui faut du présent, un présent de granit, solide et éternel, sur lequel il peut s'asseoir, sinon s'allonger.

Il y a en entreprise une panique du précaire qui suscite le vertige. J'y ai assisté. Un zoo, cruel, où chacun, sans qu'il y paraisse jamais à l'œil nu, se bat pour sa place, ses intérêts, ses avantages. L'angoisse y est résumée par un ensemble de concepts plus ou moins voisins : changement, restructuration, modification, nouvelles directives, nouvelle direction. Je le résumerai par ce seul mot : évolution. Évoluer est, pour le salarié, synonyme de danger, de mise à mort, de charrette, de guillotine, de fin de son monde, c'est-à-dire de fin du monde. Chacun épie chacun, par conséquent, pour savoir si quelque chose, par hasard, ne serait pas « en train d'évoluer ». On regarde à la loupe, on sort le microscope : on dirait que ça bouge, mon Dieu, j'ai senti comme un frémissement. Une tête neuve dans un couloir et c'est l'infarctus. Mikado géant : chaque lamelle de bois touchée est susceptible de déplacer toutes les autres, ne serait-ce que d'un micron. Mais c'est que la grande crainte, entre ces murs clos, est celle de l'effet papillon. Si le concierge est muté, si le documentaliste part en retraite, c'est la porte ouverte à la variation et, là, cauchemar des cauchemars, damnation des damnations, il va falloir *s'adapter*. On multiplie alors, entre faux amis et en catimini, les cellules de crise et les réunions clandestines pour s'inquiéter ensemble avant de se trahir tous.

Être juif, cela consiste à n'être pas séparé des futurs siens dans le temps : les générations passées font face aux générations futures. Elles sont liées. La terre sépare peut-être les vivants des morts, mais le temps les réunit : les unit. Les unit et non les réunit, parce qu'au fond il ne les sépare jamais. Le Sinaï, c'est tout de suite.

Lecture au jardin des Champs-Élysées. Maria me rejoint. Nous parlons de Maurice G. Dantec : je me demande ce qu'il devient… Puis nous marchons.

La liberté ne coexiste pas « naturellement » avec l'égalité. Définition « basique » de la *liberté* : capacité des individus à agir sans restriction autre que celles imposées par la loi. Notamment : *penser* sans contrainte. Ce qui est important, c'est que la liberté est individuelle – elle est définie *par rapport* à la collectivité mais à la hauteur de l'individu. La liberté du peuple existe ; mais au sens où les individus sont eux-mêmes libres en tant que membres de ce peuple.

La liberté du peuple n'est, certes, pas la somme algébrique des libertés individuelles : la volonté générale n'est pas la somme des volontés particulières. La liberté du peuple ne se confond pas avec la somme des libertés des individus de ce peuple : car le peuple n'est pas, à proprement parler, une addition d'individus. Cicéron : « Par peuple, il faut entendre, non tout un assemblage d'homme groupés en un troupeau d'une manière quelconque, mais un groupe nombreux d'hommes associés les uns aux autres par leur adhésion à une même loi et par une certaine communauté d'intérêt. »

Donc, lorsqu'on parle de liberté comme liberté individuelle, on doit entendre le mot « individu » comme connexe, comme inhérent au terme « peuple ». « Individu », ici, doit s'entendre comme « homme faisant partie de cette communauté nationale qu'est le peuple ». Alors, on peut parler de liberté individuelle et de liberté du peuple sans risque de contradiction. Un peuple n'existe pas sans les individus ; l'individu, sans le peuple, n'existe pas non plus.

Le soir, dîner avec Régis Jauffret à Montparnasse. Je devrais cesser de le voir, pour dire les choses nettement. Il est déprimant. Pourquoi continuer ces dîners, sinon par strict masochisme ? Régis ne parle *que* de lui. Jamais, je crois, depuis que je le connais (cela fait une quinzaine d'années), il me m'aura demandé *une seule fois* de mes nouvelles, ni ce que je faisais, ni quels étaient mes projets, ni comment j'allais. Jamais. Il dit du mal de tout le monde et sans interruption. La description qui suit, signée de mon cher Diderot (*L'Oiseau blanc*), semble avoir été inspirée par lui à la virgule près (constance des caractères à travers les âges) : « Rousch était très méchante langue. Pour de l'esprit, il en voulait avoir. Il était fat, petit-maître, insolent avec les femmes, lâche avec les hommes, grand parleur, ayant beaucoup de mémoire et n'en ayant pas encore assez, ignorant les bonnes choses, la tête pleine de frivolités, faisant des nouvelles, apprêtant des contes, imaginant des aventures scandaleuses qu'il nous débitait comme des vérités. Nous donnions là-dedans ; il en riait sous cape, et nous prenait pour des imbéciles, lui, pour un esprit supérieur. »

Jauffret est engoncé en lui, tout au fond de lui ; il ne sort pas, ne voyage pas, ne rencontre personne en dehors de quelques éparses mondanités. Je l'aime bien et j'aime ses livres. Mais le personnage qu'il commence à jouer est épuisant ; lorsque j'ai fait sa connaissance, il n'interprétait aucun rôle, il était lui-même. Hélas, depuis quelque temps (sans doute depuis le procès que lui a intenté DSK et que DSK a gagné), il ne peut s'empêcher de se complaire dans la composition d'un arlequin sinistre, aigri, bougon et méchant, maudit surtout, qui le fait systématiquement s'identifier à Céline.

— On me dit que je lui ressemble de plus en plus, physiquement…

Il semble fier de ce voisinage (in)esthétique, comme si les traits partagés d'une physionomie signifiaient tacitement que le génie du mort s'était transvasé dans l'œuvre du vivant.

C'est là, précisément, que Jauffret devient épuisant : parlant de plus en plus fort, il ressasse à l'envi qu'il « pense avoir du génie », que « c'est comme ça », qu'il « n'y peut rien ». Il n'en revient pas lui-même, m'éclabousse-t-il, de son inspiration. Il comprend mieux Mozart :

— C'est comme si ce n'était pas de moi…

Puis il se met à baver, un peu monstrueusement. Enfin, après avoir craché tout son plat dans le mien en insultant Strauss-Kahn, il commence son éternel couplet sur la Trinité à laquelle il se croit prédestiné, lui le Christ de la littérature française : le Nobel, le Pléiade, l'Académie. Il exige *grosso modo* les trois, sans transiger.

Le Nobel, « pas tout de suite, et puis il faut faire traduire son œuvre en suédois, c'est ce qu'a fait Modiano. Il faut qu'Antoine s'en occupe, mais il ne va pas s'en occuper tout de suite ! » Il renverse son verre de piquette.

— Modiano, c'est nul. C'est un imposteur. Il n'y a rien à l'intérieur. Rien. Ce n'est pas de la littérature. J'ai essayé, ça tombe des mains. Modiano, c'est incompréhensible… On ne connaît pas tout. Ce n'est pas normal que si peu de talent soit autant encensé. Ses livres sont vides, totalement creux, et il n'a jamais essuyé, de toute sa vie, *une seule* mauvaise critique ? Tu trouves ça normal ? C'est du jamais vu. Du jamais vu sauf avec un plus nul encore : Le Clézio. Le Clézio, c'est une énigme ! On me dit d'ailleurs qu'il a peur de moi, physiquement. Les gens sont des trouillards, de toute façon, dans ce milieu ! De toute façon, le Goncourt et le Renaudot, ça commence à se voir que je ne les ai pas eus. C'est comme si je les avais eus, du coup ! Je les ai eus à l'envers… Parce que, franchement, c'est un peu gros. C'est énorme. Toi, tu l'as eu, moi je l'ai pas eu. Tout le monde l'a, le Renaudot. Tout le monde l'a eu ! Sauf moi. Moi et Angot.

Pour ses œuvres en « Pléiade », il n'a pas le plus petit doute :

— Ça, *a priori*, c'est acquis. Je ne vois pas comment ils pourraient me refuser ça… Avec les nuls qui sont dedans ! Même toi tu es meilleur !

Puis, toujours éructant, crachant, il attaque Houellebecq, son autre obsession, l'accusant d'à peu près tout ce dont on peut accabler un homme :

— Houellebecq, c'est l'arnaque du siècle. C'est un hold-up, c'est du marketing. J'ai essayé de lire sur ton conseil : c'est nul, nul, nul. Ça ne marche pas, son œuvre. Ça ne parle que de types qui ne bandent pas. Mais cet imbécile a oublié qu'on avait inventé le Viagra. Donc toute son œuvre tombe à l'eau ! C'est un imposteur, c'est un publicitaire, c'est tout ce qu'on voudra, mais je ne vois pas là-dedans la plus petite trace de littérature… En France, il y a qui, comme grand écrivain, chez les vivants ?

Il a beau chercher, à part lui, il ne trouve *vraiment* pas. Puis il s'en prend, Dieu sait pourquoi, à Marc Lambron :

— C'est un fonctionnaire. Il écrit derrière un guichet. Je suis certain qu'il est jaloux. Ils sont tous jaloux. Ils rentrent tous à l'Académie pour empêcher les vrais écrivains d'y avoir leur fauteuil. Il faudrait que Beigbeder puisse réussir à y pénétrer : il est absolument nul aussi, mais il m'aime bien, et il m'aidera. Mais Lambron n'est entré sous la Coupole que pour m'empêcher d'y avoir accès.

Je défends Marc, arguant que son souci n'est sans doute pas Régis.

— Mais si ! Je les obsède. Ils deviennent fous. La littérature, ça les effraie. Ils ne supportent pas ça : ça les renvoie à leur nullité, à leur médiocrité. L'Académie est devenue l'endroit, au monde, où l'on méprise le plus les écrivains. Tu peux regarder, il n'y en a pas un seul. Et on verra la gueule de ton Lambron ! Avec ses petits livres décorés comme des sapins de Noël.

Je lui demande s'il a lu *1941*.

— Parcouru ! C'est nul. Tout est pompé, recopié de livres d'histoire et de journaux de l'époque. Il a réécrit en langage académique la presse de l'époque. C'est le contraire de la littérature… Quand je le croise, il me regarde de biais, puis il baisse les yeux. Lui aussi, il me craint. Il craint ce que je suis, qui je suis, ce que j'écris. Il se sent comme un gamin. Il a l'air tout écrabouillé…

Puis j'essaie, n'en pouvant mais, de faire bifurquer la conversation sur l'Europe. J'évoque le fait que le Brexit est consultatif, et que nul, finalement, en Angleterre, n'est obligé d'en tenir compte. Et puis l'article 50 (qui définit le processus de sortie de l'UE) n'impose aucun délai pour partir.

— De toute façon, même quand ils en respectent et entérinent « techniquement » le résultat, les gouvernements méprisent et contournent les implications des référendums : les référendums ne servent à rien. On fait seulement mine d'en respecter les conséquences, mais finalement pour biaiser.

Régis ne m'écoute pas. Du tout. Il repart sur Lambron :

— Le problème de Lambron, c'est qu'il n'est pas intelligent. C'est un crétin.

À cet instant, un homme d'une quarantaine d'années vient me saluer, que je ne connais pas.

— Bonsoir, M. Moix, je voulais juste vous dire que je vous adore. Je ne suis pas toujours d'accord avec vous, mais merci…

Régis, comme fou, explose :

— Et moi ? hurle-t-il face à l'inconnu. Ça ne vous dérange pas, des fois, que j'existe ? Je ne vous gêne pas ? C'est dingue ! Vous ne saluez que les gens qui passent à la télé ? Bravo ! Vous êtes fier de vous ?

Je ne sais plus où me mettre – et, comme chaque fois, je me promets que c'est la dernière fois que je dîne avec lui.

Une fois dehors, je le regarde s'éloigner ; voûté, les mains dans les poches de son manteau mal coupé, il engonce piteusement dans ses oreilles les écouteurs de son téléphone. Il se perd au loin, tel un minuscule personnage de Sempé. Il fait vieux – oui, un petit vieux. Je n'ai pas vu, pas su voir, à quel moment il est devenu ce terrible morceau d'aigreur, perclus de ressentiments brouillons, de haines recuites et de déceptions non digérées. Il fait presque peur.

Je m'endors très tard après avoir regardé quelques courts métrages de comédies hollywoodiennes des années 1910. Une drogue chez moi. Le slapstick est une planète. Avec ses propres lois de la physique : on y tombe plus, on y glisse mieux, on s'y déplace au pas de charge en grimaçant. Et la pomme de Newton devient une tarte à la crème. Charlot, Laurel et Hardy, W.C. Fields hantent à jamais ce cosmos muet. Bouilles rondes et faciès émaciés, blafards, costumes impeccables ou enrubannages dadaïstes, tout bouge trop, sur cette musique inimitable aux syncopes d'outre-tombe, si lointaine dans son swing qu'elle en devient presque triste. Comme ces visages blanc farine, sur la mélancolie desquels on a greffé le terrible sourire du clown qui ne s'amuse plus. Oui, le burlesque sent la mort, c'est une philosophie du destin. Arbuckle, Lloyd, Keaton, Bowers, Chaplin font presque peur avec leurs pirouettes centenaires. 1910 fait rire 2016 : le génie ne vieillit jamais.

Dimanche 26 juin

Réveil avec *New York, Fall 1974*, Anthony Braxton, 1975 (Arista, AL 4032, US). Saxophone : Anthony Braxton ; basse : Dave Holland ; batterie : Jerome Cooper.

Je ne me regarde jamais à la télévision : aucune envie de vivre deux fois la même soirée. Mais, hier soir, déprimé par le sinistre show de Régis et quelque peu désœuvré, je suis allé sur Internet pour voir *On n'est pas couché*. L'émission, à la suite d'une coupure de courant, s'était terminée filmée à l'iPhone et éclairée au briquet – il était intéressant de voir le « rendu ».

Le dernier invité politique de la « saison » était Olivier Besancenot. Besancenot, au propre comme au figuré, réussit l'exploit d'être à la fois maigre et joufflu. Maigre de physionomie et joufflu de visage ; maigre de réflexion et joufflu d'idéologie. Les trotskistes se reconnaissent d'abord au fait qu'ils ne sont jamais trotskistes ; c'est toujours « plus compliqué » que ça. Mais, surtout, ils ont cette capacité, presque folle, ils possèdent ce dérèglement, si propre à fasciner, de ne jamais écouter l'interlocuteur. Ils plaquent les mots sur vous comme si vous étiez le réceptacle passif et mort de leur discours ; quant à la réalité, qu'ils dépiautent avec les instruments de leur haine pour l'argent, elle ne devient, dans le déroulement de leur litanie dogmatique, que le cas particulier de leur démonstration et l'excroissance de leur expression. Besancenot me parle sans s'adresser à moi, me voit sans me regarder – face à lui, je constate, comme rarement j'ai pu le constater, mon interchangeabilité ; étant classé par lui, irrémédiablement, dans la catégorie des nantis, des privilégiés et des bourgeois, il est patent que n'importe quel salaud pris au hasard dans « mon monde » pourrait se substituer à moi – cela arriverait-il, d'ailleurs, sur le plateau, que Besancenot ne s'en apercevrait pas. Il continuerait, avec la constance du jet d'eau et l'entêtement du rocher, à dérouler sa démonstration sans fin, parlant du peuple, par le peuple, au peuple, depuis le peuple, vers le peuple et pour le peuple.

On peut toujours essayer de le prendre au piège, c'est en vain : on ne saurait faire de croc-en-roue à une locomotive. Comment pourrait-il bifurquer dans son récit, puisqu'il applique à tout événement, avec une logique d'airain, la même et immuable grille de lecture ? On ne peut rien *rétorquer* au marbre. On ne peut pas *contredire* l'acier. Besancenot, au demeurant, s'exprime bien, mais il s'exprime tout seul – son solo de guitare, privé de la session rythmique, s'essouffle par manque de tempo ; aucune variation n'est notable, pas plus dans sa scansion que dans son raisonnement, et pas davantage dans son débit que dans son explication. Il fait entrer, devant vous, sans jamais laisser la place à la moindre interjection, tous les faits de la semaine écoulée dans un grand sac conceptuel en toile de jute, et referme le sac en se désolant de son poids, si lourd aux épaules de l'ouvrier dont il est à la fois le chantre, l'idole, l'incarnation et l'interprète.

Ce qui est plutôt agréable avec lui, en revanche, c'est cette absence à peu près totale de cynisme : il ressemble à ce qu'il dit, vit en osmose avec ce qu'il défend ; il est au guichet de la poste à Clignancourt, bureau que je connais par cœur – j'ai vécu dix-sept ans dans ce quartier.

Pour le reste, Besancenot assène ; ce combat est fascinant – d'où vient cette résistance au réel, ce feu révolutionnaire qui ne s'éteint jamais ? De l'éducation ? de la génétique ? acquis ? inné ? petite enfance ? Deux choses sont mises en branle ici : une volonté d'être un sempiternel David contre un sempiternel Goliath, c'est-à-dire une jouissance de minoritarisme, un masochisme quichottien, un mortifère romantisme de la marge, une pulsion de défaite et d'impuissance ; et, de l'autre côté, un vitalisme gueulard, une volonté de puissance, une énergie salubre, peut-être salutaire, un sens entêté de l'utopie. Les deux aspects sont réunis dans une intolérance extrême, une implacabilité asentimentale, une radicalité sourde. On défend les ouvriers, mais les ouvriers sont devenus dans la bouche de leurs défenseurs des idées, des concepts et des enjeux ; ils sont de manichéennes cacahuètes lancées dans la gueule d'un grand singe au cul rouge.

Oui, Gulda avait annoncé sa propre mort à l'équivalent autrichien de l'AFP. Il est bien dommage que personne n'ait songé (en tout cas je n'en ai pas eu vent) à organiser une rencontre au sommet des sommets entre Friedrich Gulda et Thomas Bernhard. Le dialogue eût été culte – et d'une violence de cataclysme. « En Autriche, affirmait Gulda, pour être reconnu, il faut être mort. » Donc, Gulda l'a fait ! Il s'est *rendu* mort ! « Il faut d'abord être mort, alors OK, allons-y ! » Il envoie un fax à Vienne depuis l'aéroport de Zurich annonçant son propre décès. Mais il choisit son jour : celui de Pâques, bien entendu. Ce, afin de pouvoir fêter sa propre résurrection. Les Autrichiens sont outrés par la morbidité et le mauvais goût de cette nouvelle provocation qui, hélas pour eux, n'est pour le coup pas totalement la dernière.

Jacques Bérès m'apprend qu'il vient de passer cinq semaines dans les prisons turques ! Il m'offre l'édition originale (exemplaire numéroté, n° 434) des *Fleurs de Tarbes* de Paulhan (« Il n'arrive pas dans les Lettres beaucoup d'événements de nature à nous enchanter »). Les livres s'accumulent dangereusement chez moi. Ils s'entassent plus vite que je n'ai le temps de les lire. Ne jamais oublier qu'un livre, c'est du temps. C'est le temps qu'on doit mettre à le lire. Tout livre est un morceau du temps, une quantité de temps.

Bérès est un homme fascinant : chirurgien, il passe son temps à aller soigner les blessés dans les guerres les plus dangereuses de la planète, au milieu des bourbiers les plus lugubres, parmi les tirs de roquette, les hurlements des femmes et les cadavres des enfants. Il ne se vante jamais. Il soigne, recoud, ampute, soulage et enterre. C'est un héros, un vrai : à l'écoute, infiniment modeste, curieux des êtres et de la vie. Rien ne l'oblige, si ce n'est une étonnante foi en l'humanité, à prendre des avions destination l'enfer dont la probabilité qu'il revienne est peu élevée. Je lui voue un respect sans faille ; je suis toujours gêné lorsque, devant lui, pendant mes séminaires, assis sur mon siège, je pérore sur la notion d'impossible quand lui, précisément, en revient.

Les compliments qu'il me fait sur mes analyses et mes prestations, je refuse de les entendre ; lui côtoie les conditions que bien à l'abri je théorise. Je me sens minuscule au regard de son courage. Il est des êtres humains qui, se défendant bien de toute arrogance, de toute revendication de courage, en imposent. Jacques Bérès en fait partie.

Des images de maltraitance animale circulent sur la Toile, prises dans des abattoirs français. Elles sont insoutenables. Moutons frappés, cochons estropiés balancés contre des murs, chevaux assommés – ces traitements relèvent ni plus ni moins de la barbarie. On traiterait mieux les biftecks en lesquels ces pauvres bêtes vont finir. Cette manière d'envisager le vivant comme matière soulève le cœur ; l'exploitation, l'industrialisation n'expliquent pas tout. Je dirais même qu'elles n'expliquent rien – ces films tournés en secret montrent l'ampleur du sadisme et de la cruauté dont l'homme est capable. L'animal ne déborde jamais de lui-même, dit Sartre quelque part ; c'est pourquoi il ignore la cruauté. Celle-ci ne lui est d'aucune *utilité*. Le monde animal se définit d'abord par son absence totale de gratuité ; ce que chaque bête fait, elle le fait pour maximaliser son être, pour accumuler de l'énergie et la rentabiliser dans le but de sa propre préservation. Quelle serait la fonction vitale commandée par le sadisme ? La jouissance. L'homme se comprend immédiatement comme être jouisseur ; l'animal, éventuellement, nécessité biologique faisant loi, comme être jouissant – son instinct passe par le biais du « plaisir » aux fins de perpétuer l'espèce. Mais sans doute se débarrasse-t-il hygiéniquement de cette jouissance aussitôt qu'elle a lieu – il est temps d'aller chasser. L'homme, quant à lui, possède ce terrible privilège de pouvoir jouir autrement que par les sens : par le cerveau. Et la cruauté, le sadisme représentent précisément la jouissance de celui qui ne jouit jamais. Il transforme la frustration sexuelle en un orgasme pulsionnel, en une satisfaction de nature non charnelle – sans doute parce que, contrairement à l'animal qui finit toujours par trouver un partenaire sexuel, l'homme, lui, peut rester des semaines, des mois, des années, des décennies, voire une vie tout entière privé d'un autre corps que le sien. D'où aussi que certains, indépendamment peut-être de l'existence d'un tropisme inné, « courent les petites filles aux Tuileries », comme le dit Saint-Simon du comte d'Aubigné. L'animal est d'abord et avant tout l'ennemi du superflu. La cruauté est la continuation de la lubricité par d'autres moyens.

Sade dans *Les Cent Vingt Journées de Sodome*, son chef-d'œuvre, s'interroge justement à ce propos : « Il est donc vrai, dit le duc en s'écriant, il est donc vrai que le crime a par lui-même un tel attrait, qu'indépendamment de toute volupté, il peut suffire à enflammer toutes les passions et à jeter dans le même délire que les actes mêmes de lubricité ! » Puis : « L'infortune est la pépinière où le riche va chercher les objets de sa luxure ou de sa cruauté. » De même, on peut affirmer que l'infortune sexuelle est la pépinière où l'homme va chercher les objets de sa cruauté – la cruauté étant comprise comme mutation de la luxure. Maltraiter une bête est une matière de bander inventée par la privation.

L'animal est un être vivant qui peut se définir comme étranger à toute forme de frustration. D'une certaine manière, la nature finit tôt ou tard par répondre à ses attentes.

« Des meurtres nécessaires, il passa bientôt aux meurtres de volupté : il conçut ce malheureux écart qui nous fait trouver des plaisirs dans les maux d'autrui ; il sentit qu'une commotion violente imprimée sur un adversaire quelconque rapportait à la masse de nos nerfs une vibration dont l'effet, irritant les esprits animaux qui coulent dans la concavité de ces nerfs, les oblige à presser les nerfs érecteurs, et à produire d'après cet ébranlement ce qu'on appelle une sensation lubrique » (Sade). Plus loin : « et, sûr de retrouver dans un nouveau crime des étincelles de lubricité que la jouissance venait de lui faire perdre, il les immola [Sade parle ici de deux enfants de "quatre ou cinq ans"] tous deux à ses passions féroces, et accompagna leur mort d'épisodes si piquants et si cruels que sa volupté renaquit au sein des tourments dont il les accabla ».

Plus loin encore (Sade évoque là Durcet) : « Il ne bande absolument plus ; ses décharges sont rares et fort pénibles, peu abondantes et toujours précédées de spasmes qui le jettent dans une espèce de fureur qui le porte au crime ».

L'Ancien Régime, explique Vial dont je poursuis chaque soir avec avidité et assiduité la lecture, ne s'arrête pas brusquement : il perdure quelques mois, il déborde, administrativement parlant. Il n'y a pas eu de coupure nette. « Le parlement de Paris continua ainsi à rendre la justice jusqu'au 15 octobre 1790. »

Je passe à *La Règle du jeu* après avoir déjeuné avec Maria et sa mère. Puis je vois Marion, qui a insisté pour me voir : ça n'a pas l'air d'être la grande forme ; très peu de plaisir à cette revoyure. Je lui dis que je suis amoureux. Je ne veux pas la moindre ambiguïté entre nous, et surtout ne pas laisser une seule encoignure de porte ouverte.

Je suis né dans *La Règle du jeu*. Pas d'une naissance biologique, hystérique, clinique, sans intérêt : non, j'y suis né comme on naît vraiment, en étant publié. Être publié pour la première fois, c'est en même temps venir au monde et se faire dépuceler : c'est venir au monde en jouissant. Les revues sont aussi là pour ça : pour que des malades (mentaux) comme moi, parfaitement écrivains, très obsessionnellement faits pour ne faire que ça (écrire), puissent pousser, sans impunité aucune, leurs premiers vagissements. Je suis donc né là-dedans, dans cette revue intellectuelle, c'est là que j'ai eu mes premiers boutons, mon acné prépubère et pré-premier roman. *La Règle du jeu* furent mes coulisses, mon école maternelle, et je suis tellement fidèle, immature, dingue, que je continue à jouer dedans. Et sans la moindre règle ! Car, dans *La Règle du jeu*, qui est tout sauf un jeu, il n'y a pas de règle et pas de règlement. Quand j'y fus accueilli, je pensais que c'était normal, que c'était la moindre des choses : et c'est parce que je pensais cela, précisément, que j'y fus accueilli. Combien aurai-je fait de photocopies de mes premières lignes dans *La Règle du jeu* ? Des dizaines ? Des centaines ? Des milliers ? Des millions ? Des milliards ? Des milliards : c'était le nombre (approximatif) des gens qui, sur la planète Terre, devaient bien se douter, même s'ils n'en laissaient rien paraître, que moi je venais de faire paraître quelque chose ! Du Soudan à Rio, en passant par Cap Kennedy, on ne parlait que de ça : « Mais qui est donc ce jeune type qui vient d'entrer à *La Règle du jeu* ? » Ce jeune type, très brillant, ce génie, eh bien c'était moi, et c'est toujours moi : je n'ai pas changé, je suis toujours débutant et arrogant, jeune et publié chaque fois pour la (toute) première fois, j'ai toujours vingt-cinq ans, et je me vois bredouillant, vaguement frimeur, face à Bernard-Henri Lévy au Café de Flore. Mon but était de faire paraître *des choses* dans sa revue. C'était lui ou Sollers. Ce fut lui. J'avais lu tous ses livres, j'avais lu tous les numéros de la revue – sauf le dernier en date. C'est sur le dernier en date qu'il m'interrogea. Bernard m'a toujours interrogé, *au hasard*, sur les quelques lignes de lui que je n'ai pas lues. Il frappe toujours dans le mille. Et pourtant j'en ai lu des lignes de lui ! Mais non, il détecte toujours quand je fais semblant et que je n'ai pas lu. Il a un radar intégré. Il n'est pas rancunier : il continue à me publier. Et j'adore écrire, continuer d'écrire dans cette revue qui m'a vu naître et qui me verra mourir, à condition que je meure. Si un jour je me tire une balle dans la tête, ce sera dans *La Règle du jeu*. Je ne vais quand même pas me suicider dans *Esprit*, *Les Temps modernes* ou la *NRF* ! J'aimerais bien, également, aller baiser dans *La Règle du jeu*. On m'a dit que la revue était ouverte la nuit. Qu'elle contenait même des backrooms. Qu'elle avait des dépendances dans le monde entier. Qu'elle était ramifiée à l'infini. C'est une revue qui n'en finit pas. Une revue blanche, comme il y a des nuits blanches. Bernard n'aime pas les gens qui dorment.

On peut parler tranquillement de liberté individuelle : c'est au niveau individuel que s'exerce le ressenti de la liberté ; mais elle n'est pas définie sans le tout qu'est le peuple. La liberté, ainsi, est *connectée* à cette « association d'hommes » qu'est le peuple. Or, cela ne saurait aller sans problèmes, puisque l'exercice de la liberté individuelle conduit tout droit à l'*inégalité*.

L'égalité est condamnée à n'être comprise que comme « égalité en droits », mais l'« égalité en droits » ne peut, à elle seule, assurer l'égalité ; dans « liberté, égalité, fraternité », le mot « égalité » est sans conteste le plus complexe, le plus difficile à appréhender. En effet, on ne peut parler d'*égalité* sans aborder la question (la « dimension ») sociale.

Je ne sais pas si je me sens juif, ou si je sens que je le suis.

Lundi 27 juin

Réveil avec *Private Eyes*, Tommy Bolin, 1976 (Columbia, PCA 34329, US). Tommy Bolin (mort à vingt-cinq ans, et membre éphémère de Deep Purple, en remplacement de Ritchie Blackmore – auquel il est infiniment supérieur – sur *Come Taste The Band* en 1975) : guitare, chant, piano ; Reggie McBride : basse, chœurs ; Bobby Berge : batterie, percussions ; Mark Stein : claviers, chœurs ; Bobbye Hall : percussions ; Norma Jean Bell : saxophone, percussions, chœurs.

Je peux parler de morale, savoir de quoi je parle en l'évoquant, savoir si une philosophie est morale ou ne l'est pas ; la morale parle et me parle. Je vois ce que c'est. L'éthique, en revanche, me paraît de pas exister. L'éthique n'est *rien*. Catégorie fabuleusement fumeuse.

On partage souvent les auteurs en disant « c'est un adepte de ceci », « c'est un adepte de cela », mais la ligne de partage, en littérature, n'est pas là. C'est entre les œuvres qu'elle a lieu, bien sûr. Il y a deux sortes d'œuvres. D'un côté, l'œuvre qui devait s'arrêter là (Flaubert,

Zola). De l'autre, l'œuvre qui – qu'elle soit considérée ou non comme close – aurait pu continuer à l'infini (Proust, Céline).

Au courrier, une lettre de menaces, évidemment anonyme. Poubelle.

Combien d'individus (je ne parle pas des morts, mais bel et bien des vivants) nous auront-ils vraiment *fascinés* pendant notre séjour terrestre ?

Pour Gulda, sa dernière interprétation de Mozart était toujours la meilleure. On pense à ce long dégagement de Péguy sur les *Nymphéas* de Monet. Lesquels sont les plus « réussis » : les premiers, les derniers, ou bien ceux du milieu ? « Pour moi, affirmait Gulda, Mozart vient juste après Jésus. » J'aurais personnellement dit l'inverse.

Je n'aime rien tant que me proposer de l'ennui à moi-même, par exemple m'infliger, en écoutant une musique que je n'aime pas, la lecture d'un ouvrage qui me déprime. Cela me permet de voir si cette osmose, qui n'en est pas une, peut « donner quelque chose », « aboutir à ». Je ne vois rien, là-dedans, qui relève du masochisme ; bien au contraire, j'essaie de m'essayer ailleurs, en dehors de moi-même et de mes zones de confort, d'habitude ; je prie toujours pour que ce que je commence ainsi par m'infliger, avec force et violence, se transforme en nouvelle habitude, en bonheur, en joie. Ainsi j'ai essayé, il n'y a pas si longtemps, d'écouter l'intégrale de Penderecki en lisant Claude Simon. Façon, radicale, de se renouveler par l'art, de proposer à soi-même un soi-même tout autre.

Je n'aime pas ce qui me tombe tout cuit dans le bec : je préfère ce qui me tombe tout cru.

Au courrier : « Je te méprise de toutes mes forces. Tu ne vaux pas une roubignole de lapin. Tu es tout ce qui est détestable. Tu es le pire du pire. Je n'ai jamais vu une sale gueule comme ça. Espèce de pourriture. Tu te crois où ? Retourne dans ta ville d'Orléans toute pourrie. Tu as un nez tordu. En plus ma femme et moi on a remarqué une chose (ha ! ha !), c'est que tu zozotes !!! Espèce de pauvre crevure. »

Une Europe des peuples est en train de se déployer. Le changement de monde (explosion du numérique) n'a pas encore eu strictement sa guerre – sauf si ladite guerre est celle, d'un nouveau genre, qui a commencé avec le 11 Septembre et qui continue avec Daech. Mais en général le changement de monde, le passage d'une civilisation à une autre, d'une société mondiale à une autre, se fait avec un embrasement, avec un chaos, avec un conflit généralisé, histoire de mettre les nouvelles pendules à la nouvelle heure. Ou plutôt : pour dire la nouvelle heure, il faut accoucher de nouvelles pendules.

Réveil, partout, des nationalismes. Se souvenir de Mitterrand : « Le nationalisme, c'est la guerre. » En même temps, le Brexit met quelque chose en évidence : quand la mer se retire, on voit ce qu'il y avait sous les flots : des bidons rouillés, des jantes, des rats morts. Le Brexit a peut-être mis en évidence ceci : que l'UE n'a jamais réellement existé. Peut-être que les Anglais ont quitté une entité qui n'existait pas.

Boris Johnson, ancien maire de Londres, a comparé l'UE à la « dictature » napoléonienne et à l'Allemagne de Hitler. Et, à présent, lui-même hésite à sortir de l'Europe.

Il est urgent de donner le plus de pouvoir possible au Parlement européen, comme ça a toujours été le cas, au cours de l'histoire, lors des révolutions réussies (France, Angleterre, États-Unis). Le Conseil européen, lui, est une structure opaque, impuissante, byzantine. Il s'agit de redonner voix au peuple, par la souveraineté populaire. Contrer le populisme par le peuple. Merkel (tout est là) : « L'Europe doit montrer qu'elle fonctionne pour les *gens.* »

Problème du Brexit : les liens économiques, très forts, entre l'Allemagne et le Royaume-Uni.

Maurice Dantec est mort. À cinquante-sept ans… Crise cardiaque. Grande tristesse. Je l'aimais beaucoup. Jérôme Béglé nous avait réunis, au bar d'un hôtel, il y a quelques années, pour un entretien. L'entretien, hélas, n'a jamais paru. Nous y avions parlé d'Edith Stein, de sainte Thérèse et du terrorisme. Écrivain important, type attachant. Punk compliqué, aux idées parfois brumeuses. L'entropie était maximale dans son cerveau. Et pourquoi pas ? RIP, Maurice. Vraiment, ces derniers temps, c'est l'hécatombe. Boulez, Bowie, Prince, Dantec… Je n'avais, à vrai dire, jamais lu un seul de ses illisibles et alambiqués romans punks. Je n'aime ni les polars ni la SF. Je n'aime pas tout ce qui s'affiche comme viril. En outre, je ne supporte pas tout ce qui est « cyber ». Mais j'avais aimé son journal, paru chez Gallimard. J'y avais découvert des fulgurances, de belles envolées, de l'intelligence, beaucoup d'énergie.

J'ai toujours trouvé suspect (mais touchant, en même temps) les types à lunettes noires et blouson de cuir : les durs à cuire – les durs à cuir. Ce sont souvent des chochottes, des trouillards, des poules mouillées, des craintifs, des petites natures. Il y avait de cela chez Dantec : un rebelle, mais caché ; un guerrier, mais retranché. Un tueur, mais qui reste chez lui. Je ne lui jette pas la pierre. Il aura réussi, comme Amélie Nothomb, Frédéric Beigbeder, Michel Houellebecq, à s'inventer un personnage (une folie sur mesure) – ce qui compte tout autant – hélas ? – que le talent littéraire.

Nous n'avions pas vu venir Dantec. Il avait commencé par la « série noire ». On ne prend jamais totalement au sérieux les écrivains des abords ; comme Houellebecq, qui lui avait commencé aussi, on l'oublie souvent, par un petit essai sur Lovecraft.

Maurice, oui, était brouillon, excessif et drogué. Il prenait, comme Keith Moon, tout ce qui lui tombait sous la main : médicaments, publications, boissons. Il faisait avec toute cette matière des cocktails explosifs. J'aimais bien l'imaginer dans une tour de métropole canadienne, au cœur de la nuit, s'épuisant à réfléchir tous azimuts, ne parvenant lui-même pas toujours à suivre ses saillies, s'épuisant à comprendre les phrases qu'il frappait sur son clavier d'ordinateur, comme s'il était plus intelligent que lui-même. Maurice était tout sauf un intellectuel : au sens strict, il *écrivait comme une bête*. C'était un homme de sueur et de création, inapte au compromis, millénariste et se vivant comme un soldat, comme un barbouze des ultimes heures de la civilisation. Il était chrétien comme Jean Moulin était résistant : pour dire non à l'implacable. Il se vivait à la fois comme un paria et comme un para. Il bombait le torse, ne courbait jamais l'échine, s'inventant par l'écriture une posture de super-héros. C'était un être gentil, généreux, pourvu d'une naïveté sans bornes, naïveté qui, dans la réalité, contrastait avec l'acuité de sa paranoïa publiée. Certains écrivent pour se rassurer ; lui écrivait pour avoir peur. Il avait hâte qu'arrive l'Apocalypse qu'il feignait à la fois de craindre et de ne pas craindre. Il faisait le malin, en prophète cybernétique, avec la fin du monde. Il voulait, par curiosité, jeter un regard sur la fin du monde, juste « pour voir », comme au poker.

Ses livres étaient des événements, mais on ne sut jamais dire si quelqu'un les avait jamais lus jusqu'à la dernière page. Leur parution comptait davantage, peut-être, que leur contenu – Maurice était en train d'inventer une prose spéciale pour dire le chaos, la mort de la civilisation et les dangers de l'islamisme. Il était parvenu à réunir sainte Thérèse de Lisieux et Spielberg, le Saint-Esprit et l'intelligence artificielle. Son hostie était une clef USB. Amen.

Un événement littéraire de première importance : la publication de *Kronos*, de Gombrowicz. Son vrai « journal intime ». J'ignorais l'existence de cet inédit dans les tiroirs de Rita, sa femme, que je connais si bien et depuis si longtemps. J'ai perdu l'intégralité de mon journal intime des années 1993-1997 ; mais je n'y parlais alors quasiment que de Witold et de mes rencontres avec Rita. C'est une partie importante de ma vie – Gombrowicz a fait que je suis devenu écrivain. Il reste l'un de mes cinq écrivains préférés de tous les temps. Rita m'a proposé d'en écrire la préface – j'ai immédiatement accepté.

Je suis en train de devenir juif par le cerveau. Pas par le sang, mais par la lecture. Par des heures passées à lire des textes. Ma mère n'est pas juive, mais les textes que je lis, et qui me mettent au monde tous les jours, qui accouchent de moi à chaque instant, les textes que je lis, eux, sont juifs. C'est la Torah qui est enceinte de moi.

Searle, *La Construction de la réalité sociale*, 1995 : « La réalité sociale est créée par nous pour nos fins propres et elle nous paraît aussi immédiatement intelligible que ces fins elles-mêmes. » Plus loin (« L'ontologie fondamentale ») : « La vérité est que, pour nous, la majeure partie de notre métaphysique est dérivée de la physique (ainsi que des autres sciences de la nature). » Extrême acuité de cette remarque, que l'on peut sans arrêt éprouver.

Exactement comme nous ne pouvons entendre notre « vraie » voix, ou que nous ne pouvons connaître notre « véritable » odeur corporelle, on ne peut, je crois, jamais appréhender l'intérêt objectif que nous représentons. La question serait (qui donne le vertige) : *Suis-je intéressant ?* Je n'ai, à partir de moi-même, strictement aucune possibilité de le savoir. Seuls les autres connaissent la réponse (et le secret est bien gardé, etc.).

Tous ceux qui, depuis vingt-cinq ans, veulent ma peau, et qui, les uns après les autres, tombent comme des mouches.

Je maudis presque toute la journée mon effarant *manque de culture*. On verra de la pose dans ce genre de discours. Or, c'est précisément le contraire. Je passe toute la journée à m'apercevoir que ce que je ne sais pas recouvre de mille épaisseurs ce que je sais ; mais ce n'est pas tout : ce dont je ne me doute pas recouvre encore ce que je ne sais pas de mille épaisseurs. Enfin, ce dont je ne peux même pas me douter recouvre de mille épaisseurs ce dont je ne me doutais pas.

Marat dans *L'Ami du peuple*, jeudi 16 août 1792 : « Paris renferme au moins vingt mille mouchards, et coupe-jarrets soudoyés, dont un grand tiers compose les bataillons pourris. Paris renferme, en outre, trente mille mauvais citoyens, tous dévoués à l'ancien régime. Il y a dans les environs de Paris, sept à huit mille satellites, prostitués au despote. »

Mardi 28 juin

Réveil avec *Alive On Long Island*, Tommy Bolin Band, 2003 (Tommy Bolin Archives, Inc – TBACS 4, US). Concert enregistré le samedi 22 mai 1976 à My Father's Place, Roslyn, New York. Tommy Bolin : guitare, chant ; Reggie McBride : basse ; Narada Michael Walden : batterie, chœurs ; Mark Stein : claviers, chœurs ; Norma Jean Bell : saxophone, chœurs.

On livre le piano d'Emmanuelle chez moi. Les déménageurs me demandent de faire, en bas, dans ma cour, une séance de photos avec eux.

Jésus n'a jamais quitté le judaïsme. Il en a été un prolongement spécial, un avatar complexe – et particulier. Jésus a davantage à voir avec le prolongement du judaïsme qu'avec le commencement du christianisme.

Dès l'âge de vingt ans, Gulda est au sommet, considéré dans son pays, puis très rapidement dans le monde entier, comme un des plus grands pianistes du XXe siècle. Cela lui attire les foudres des jaloux. La jalousie n'est même pas un défaut : elle est consubstantielle à l'être humain, comme la tête, la parole, les yeux, les jambes. Mais, surtout, Gulda ne fait rien comme ses pairs : alors qu'il joue Mozart comme personne ne l'avait interprété depuis Mozart lui-même (et peut-être Mozart lui-même se fût-il incliné), le Viennois passe son temps dans les clubs de jazz, sort la nuit, collectionne les disques de Coltrane et de

Charlie Parker. Né en 1930, il n'a pas oublié que, pendant la guerre, écouter du jazz à la radio, divertissement strictement interdit par la Gestapo, pouvait être lourd de conséquences. La guerre terminée, Gulda lâche les chiens. Il fréquente le Art-Club de Vienne ; il joue du jazz avec son ami Joe Zawinul, lui aussi pianiste, futur créateur de Weather Report (groupe que je découvre en 1984) – et avec le saxophoniste Hans Koller.

Je suis en train de devenir juif en lisant. Devenir juif non par le sang, mais par le sens.

Cette laideur, qui dure de siècle en siècle, de continuer à ranger l'humanité en deux grosses, épaisses, catégories politiques : la droite, la gauche. Cela n'a à vrai dire *aucun* sens.

Ces vacances seront ratées si je ne parviens pas à lire comme un fou, à lire excessivement, à lire sans interruption. Ne pas se laisser gangrener par les petits rendez-vous, les parasitages, les choses acceptables en cours d'année mais pas en vacances ; avoir de longues et belles journées vierges. Très important.

Appel de Jauffret, qui se jean-edern-hallise de plus en plus (à la fois physiquement et intellectuellement, les deux allant chez lui de pair) : « Tu sais que j'ai eu confirmation, hein, il paraît que Pivot rase les murs. Il fait dans sa culotte à la simple évocation de mon nom. Tu peux dire à Lambron qu'il peut se carrer son épée quelque part ! Ils vont me donner le Goncourt l'année prochaine. Pas 2016, mais 2017 ! Le livre n'est pas commencé, mais c'est pas grave. De toute façon je peux écrire un livre par semaine. Je ne sais pas comment je fais d'ailleurs ! Je me regarde faire sans rien comprendre… Je ne sais pas si c'est ça être un génie, et je m'en fiche totalement d'être un génie, mais ça doit y ressembler ! C'est sûr que Lambron ne doit pas souvent être étonné par ce qu'est en train d'écrire Lambron. Lui, il ne risque pas de se dédoubler ! C'est tout juste s'il coïncide. Moi, je suis comme deux droites parallèles, ou perpendiculaires, ou tout ce que tu veux ! Lambron, lui, c'est un point. Et pas un point final, hein… Pas un point final ! C'est un point qui n'a même pas commencé. C'est un point de départ sans départ. C'est les pires… En tout cas, il est beaucoup plus intelligent que moi, lui. Il a compris quelque chose que j'ai mis des années à piger : qu'en écrivant de la daube, tu gagnes un temps fou dans la vie ! D'ailleurs il me craint aussi, lui, d'après ce qu'on me dit. Mais physiquement, hein ! Garcin, Pivot, déjà, il paraît que, lorsque tu prononces mon nom, ils se vident… Et Lambron maintenant ! De toute façon, l'Académie, je vais laisser passer Beigbeder d'abord, ou alors toi. Et ensuite, vous me faites rentrer ! Et ensuite, on rigole, on regarde la tête de tous ces vieux collabos… Et il faut faire rentrer des filles, des putes, tout ça… Des vrais fous, des vrais monstres comme moi, pas des petits vieux qui sont bons en grammaire… Mais ils vont élire Houellebecq, parce que Houellebecq, c'est le pouvoir, c'est l'institution. C'est le nouveau Jean Mistler… C'est vraiment nul, d'ailleurs, littérairement. Creux, vide… Incompréhensible que des gens aiment. Et il est impuissant. Impuissant et bête, parce qu'il paraît qu'il ne sait même pas que le Viagra existe. Enfin, lui, il le sait sans doute, mais pas ses personnages ! Ils se plaignent de ne jamais bander, mais ils ne vont jamais chercher de Viagra à la pharmacie. Excuse-moi, mais là, il y a quand même un gros problème de logique… C'est nul, en tout cas. Nul, nul de chez nul… Vraiment… ».

Emmanuelle me rejoint, le soir, avec Tarzan, son boa constrictor, enfermé dans une boîte à chaussures – en attendant que les déménageurs apportent son vivarium. Je préfère le « loger » dans mon appartement en travaux, de l'autre côté de la rue. Angine. Symptômes grippaux. Frissons. Mal de gorge. Emmanuelle me fait couler un bain chaud.

Il me semble fou que les vétérinaires existent. N'est-ce pas là un signe évident du déclin de l'histoire humaine ?

Écoute (playlist) de Can, The Stooges, Jefferson Starship, The Allman Brothers Band, Black Sabbath, Kevin Ayers, Cannonball Adderley, Johnny Rivers, Linda Lewis, Grateful Dead, Shawn Phillips, James Brown, Steppenwolf, Cecil Taylor, Rory Gallagher et Magma.

Deux choses qui font plaisir dans la vie d'un homme, et qui pourtant n'ont rien à voir : un orgasme et le prix Nobel de littérature.

Reprise de la lecture des (géniaux) *Cahiers* de Cioran. Cioran, on ne le dit jamais, est un penseur hors-norme. Les post-adolescents mal dans leur peau l'utilisent généralement comme guide de leurs poussées de bubons ou président de leurs passagères envies de se pendre. Or, Cioran est un penseur ; sans doute pas de la taille de Nietzsche, mais c'est un Nietzsche miniature. Cioran possède la profondeur de vue, l'humour, la pénétration d'esprit, la capacité d'introspection, la puissance d'analyse et la lucidité philosophique des géants. Mais son œuvre, d'une certaine manière, se présente plus modestement que ce que ses capacités lui eussent autorisé. Surtout, Cioran possède ce privilège, si rare et presque exceptionnel, d'avoir un style littéraire. On peut, à stricte égalité, le ranger parmi les écrivains et les philosophes ; c'est un poète, et c'est en cela que c'est un penseur – c'est un penseur, et c'est en cela que c'est un poète.

Cioran ne tombe dans aucun panneau ; là où Nietzsche jouait du marteau, Cioran joue du scalpel. Nietzsche entendait tout casser ; Cioran, lui, est plus sadique. Il écartèle le monde sur la table d'opération, et s'amuse à jouer avec ses viscères – et avec ses nerfs. Sa présence au monde, d'une manière tout originale, est totale mais négative. Il ne se ferme pas au monde : il s'y ouvre par le refus. Il l'accueille, mais à l'envers. Il ne ferme pas sa porte, puisqu'il récuse jusqu'à la notion de porte. Il ne désinvite pas, puisqu'il n'a jamais invité : entre qui veut. Cioran n'est pas désagréable, ni agréable – ces catégories n'ont pas la moindre importance. Nul n'est convié, mais quiconque sonne, bien qu'on ne lui réponde jamais, entre si le caprice ou la curiosité l'y poussent. Cioran se fiche totalement de la présence d'autrui – à commencer par celle du lecteur. Même entouré, surtout entouré, il décide d'être seul ; c'est cette passion pour la solitude qui le pousse, afin de n'être jamais rejoint là où il se situe, à penser toujours plus profondément. Oui, Cioran est misanthrope : cette misanthropie se manifeste par une réflexion cruelle – il exprime ce que le tout-venant pense mais n'a jamais su formuler. Cioran nous montre, en nous narguant, ce que nous aurions dû écrire et qu'il a écrit à notre place. C'était à votre portée, bande d'imbéciles, mais vous n'avez pas su l'écrire ; je suis désormais propriétaire de cette formulation du cafard du dimanche soir, et le concept désormais m'appartient. Tout le monde aurait pu être Cioran mais lui seul l'a été. Rien de ce qu'il écrit n'était impensable ; mais sa manière de l'exprimer, définitive, le rend universel à notre place.

J'aime, chez lui, sa haine des systématiques. C'est, à ses yeux, une maladie de l'esprit, une déviance de l'intelligence humaine, et en quelque sorte un échec couru d'avance, que d'édifier de grands systèmes de pensée dans lesquels chaque morceau de réalité doit venir s'insérer.

Surtout, Cioran est actuel. Si Nietzsche a écrit des *Considérations inactuelles*, Cioran lui, ne fait qu'écrire des « Considérations actuelles ». Je ne note cela que pour la frime, Nietzsche étant toujours déjà actuel. Il y a, chez Cioran, notamment, un texte sur le fanatisme d'une très grande puissance dans *Précis de décomposition*. Le *Précis* date de 1949 et Cioran semble parler de 2016. Ce texte, par lequel commence le volume, s'intitule « Généalogie du fanatisme ». Il permet d'éclairer de nombreux aspects du terrorisme d'aujourd'hui. « En elle-même, écrit-il, toute idée est neutre, ou devrait l'être ; mais l'homme l'anime, y projette ses flammes et ses démences ; impure, transformée en croyance, elle s'insère dans le temps, prend figure d'événement : le passage de la logique à l'épilepsie est consommé… Ainsi naissent les idéologies, les doctrines, et les farces sanglantes. Idolâtres par instinct, nous convertissons en inconditionné les objets de nos songes et de nos intérêts. » Il y a tout dans ce passage, ou presque. L'élaboration, par la folie, et à partir de la parole, d'un discours explosif – c'est-à-dire d'une interprétation malade. Ou intéressée. Cioran voit bien que la folie, bien exploitée, peut être l'outil par lequel on exploite et parvient à ses fins. Ne pas croire que Daech, par exemple, au sommet de sa pyramide, ne soit en quoi que ce soit concerné par quelque Dieu quel qu'il soit : on profite de la démence de quelques-uns, via la religion, pour installer un pouvoir.

« Lors même qu'il s'éloigne de la religion, poursuit Cioran, l'homme y demeure assujetti ; s'épuisant à forger des simulacres de dieux, il les adopte ensuite fiévreusement : son besoin de fiction, de mythologie triomphe de l'évidence et du ridicule. » Plus loin : « Dans les crises mystiques, les gémissements des victimes sont parallèles aux gémissements de l'extase. »

« Nous ne pouvons pas admettre que le message juif essentiel se conserve dans le sang et se transmette par les voies obscures de l'atavisme » (Emmanuel Levinas, *Difficile liberté*, 1963). Je me connais : je n'aurais pas supporté d'être juif en naissant. Je n'aurais pas supporté qu'on me demande d'être ce que je préfère en réalité devenir. Alors je suis en train de devenir ce que d'autres ont toujours été.

Dans mes phases de grande paresse, je travaille comme un fou. Ce n'est ainsi pas comme contenant que je suis paresseux, mais comme contenu.

Nouvel attentat terroriste : la Turquie est frappée, aéroport d'Istanbul. La Turquie prend très cher ces derniers mois : en décembre 2015, à l'aéroport Sabiha-Gökçen ; en janvier, dans le quartier de Sultanahmet, au beau milieu de la vieille ville ; au mois de mars, sur İstiklal, l'équivalent des Champs-Élysées. Cela ne surprend même plus ; les actes terroristes ont fini par se graver dans le réel ; ils sont consubstantiels à la vie quotidienne. Deux kamikazes se sont fait exploser juste après qu'ils furent repérés par la police. Il y aurait eu, en sus, des tirs de kalachnikov. Daech n'a pour l'instant rien revendiqué. Écoutons Diderot en direct (et en duplex) de l'année 1746 : « C'est le comble de la folie que de se proposer la ruine des passions. Le beau projet que celui d'un dévot qui se tourmente comme un forcené pour ne rien désirer, ne rien aimer, ne rien sentir, et qui finirait par devenir un vrai monstre s'il réussissait » (*Pensées philosophiques*).

Mercredi 29 juin

Réveil disco avec *Who Do Ya (Love)*, KC and the Sunshine Band, 1978 (T.K. Records, TK 607, US). Harry Wayne Casey : chœurs, claviers ; Fermin Goytisolo : congas, timbales, percussions ; Fire, Beverly Champion et Jeanette Williams : chœurs ; Whit Sidener : saxophone baryton ; Robert Johnson : batterie ; Jerome Smith : guitare ; Ken Faulk : trompette ; Vinnie Tano : trompette.

L'Allemagne est totalement dépassée par l'afflux de migrants – que je préfère appeler « exilés ». Merkel admet une chose évidente : fermer les frontières est illusoire et absurde.

Pour rester soi-même, il s'agit de *retourner* à soi-même. Par quel moyen ? Suivant quelle direction ? C'est à ce voyage que je m'invite. Je pars maintenant. Qui m'aime me suive ? Ou plutôt : qui s'aime me suive.

Jeune, Gulda ressemble à Alain Decaux vieux. Front haut, déjà ; grosses lunettes ; costumes clairs. La calvitie est précoce. Au piano, il devient prodigieux, pouvant, sachant tout jouer, dans tous les registres : « Je ne jouais pas. *Ça* jouait à travers moi. » Ce que Gulda affirme de la musique, je pourrais le signer à la virgule près, l'appliquant à la littérature : « La musique me donne un sentiment de sécurité, comme une mère. Un sentiment de fiabilité, de confiance, une présence constante, quelque chose comme une épouse parfaite. J'étais le plus beau et le plus fort. J'étais marié à la musique, pas à la vie. » Liszt disait : « Il me semble que j'ai oublié de vivre » ; mais la vie, n'est-ce pas *aussi* la possibilité de ne pas vivre « la » vie ?

« Égalité », étymologiquement : *aequalis*, de *aequus* : ce qui est uni, juste. Au XVe siècle : « *relation* entre deux choses ne présentant aucune différence de grandeur, de qualité ». Aucune différence de niveau. Pour les socialistes, l'égalité, c'est : l'égalité juridique, l'égalité politique, l'égalité sociale. Pour Robespierre, l'égalité résulte de l'amour de la patrie et de la République, qui ne tolère pas l'*extrême disproportion* des richesses. Pour Robespierre, l'égalité implique l'abolition de l'héritage, d'abord, le travail pour chacun, ensuite, la mise en place d'un impôt progressif, enfin. Égalité pour Rousseau (extraordinaire formulation, à la fois, ce qui est rarissime, lyrique *et* mathématique) : « Nul citoyen assez opulent pour pouvoir en acheter un autre, et nul assez pauvre pour être contraint de se vendre. »

Lecture en terrasse du Berkeley ; je prends quelques notes sur Mark Chapman, l'assassin de Lennon. La « relation » entre Chapman et Lennon. La séparation des Beatles a eu lieu en janvier 1970. Chacun des membres allait enfin être libéré de ses obligations antimilitaires. C'est Lennon, ne nous voilons pas la face, qui, surtout, n'en pouvait plus de cet étau. Je n'ai jamais « adoré » Lennon. Je place audessus de lui, artistiquement (humainement, après tout, on a le droit de s'en ficher), Paul McCartney et George Harrison. Mais la mauvaise humeur de Lennon, sa mégalomanie, ses tendances dépressives et suicidaires, son mal-être permanent sont littérairement précieux – il fut sans conteste, en même temps que le plus surestimé, le plus complexe des quatre.

Du temps des Beatles, on disait « John ». Après leur séparation, du temps des carrières solo, on a commencé à dire « Lennon ». Depuis décembre 1980 et l'assassinat, on dit « John Lennon ». Lennon, avec ses baskets, ses lunettes, sa veste de treillis, sa fortune et ses idées libertaires, est historiquement le tout premier des bobos, dont il est à la fois le moule et l'inventeur.

Il y a un rapport entre le terrorisme et Chapman. Chapman a sa « Bible », son « *Petit Livre rouge* », son « Coran » : *L'Attrape-cœurs* de Salinger (roman, l'un des plus surestimés de toute l'histoire de la littérature, qui, chaque fois que j'ai tenté de le lire, m'est tombé des mains au bout de vingt pages). Il a « vu » dans Salinger un message : assassiner Lennon. Il a transformé ce roman en *discours* – un discours déconnecté de son contenu réel. Il a construit un discours (délirant *parce que* rationnel) à partir de ce roman. C'est ce que le terroriste seventies faisait en « lisant » Mao ou Marx ; c'est ce que le djihadiste fait avec le courant. Construction d'un discours sur une parole. D'une intention sur une gratuité.

Certains sont totalement juifs le jour où ils naissent, peut-être serai-je totalement juif le jour où je mourrai. J'ai tout mon temps. On ne peut pas devenir juif si on n'a pas tout son temps.

Déjeuner au musée de l'Homme avec Philippe Labro, que j'aime toujours autant ; anfractuosités agréables, alvéoles salvatrices que ces déjeuners avec lui.

Philippe est « décrié » ; j'ai souvent entendu des médiocres le qualifier de médiocre. Ce ne sera pas mon cas : j'aime chez lui sa fragilité, cette façon d'incarner la France de la deuxième moitié du XXe siècle. J'aime qu'il ait été le dernier à voir Melville, puisque Melville est mort devant lui, le nez planté dans son assiette. J'aime ses articles écrits sans la moindre fioriture, sa prose sans lacets ni reliefs – j'aime qu'il incarne, tel un rabbin l'orthodoxie, cette permanence d'un style clair. Il est une sorte de Hergé de la littérature : limpidité, netteté. Je ne le crois pas capable de courage physique, mais il est capable de plus téméraire : être fidèle en amitié. Sa manière de m'aider à consister à faire en sorte que, d'abord et pour commencer, je m'aidasse moi-même.

Je suis allé le rencontrer au culot au mitan des années 1990, sortant d'à peu près nulle part sinon d'une pénombre orléanaise ; je voulais, j'exigeais qu'immédiatement il m'ouvrît toutes les portes, lui qui alors dirigeait RTL. Je lui demandai mon émission sur-le-champ, fût-ce à 3 heures du matin. Il défit sa cravate :

— Je ne t'aiderai pas, coco. Tu vas te démerder. Et je suivrai de loin. Écris partout, dans les revues, les magazines, les quotidiens. Fais des beaux livres. Pars en reportage. Sois curieux. Va voir ce qui se passe là où ça se passe. Fais du cinéma. Fais tout. Telle est la « Labro University ». Si tu veux en être diplômé, obtiens le diplôme par toi-même. Moi, je ne bougerai pas le petit doigt. Tu crois que parce que tu forces les portes de mon bureau au culot, que tu m'arraches un rendez-vous que je n'avais pas vraiment envie de t'accorder, je vais te mâcher le travail ? Que tout va te tomber droit dans le bec ? Tu plaisantes, j'espère. Tu crois que c'était plus facile, à la fin des années 1950 et au début des années 1960, quand j'ai commencé ? Faux. C'était aussi dur. J'ai tout donné. Et je peux te dire que ce n'est pas la modestie qui m'étouffait. Il faut que tu sois humble. Ce sont les cons qui manquent d'humilité. Mais la modestie, tu oublies. Ce sont les cons qui sont modestes. Tu vois, là, dans quelques minutes, je vais te mettre à la porte, eh bien il faudra que tu reviennes par la fenêtre… Mais pas la mienne ! Je n'ai pas que ça à faire, tu es gentil. Je te fous à ma porte, mais tu reviens par la fenêtre d'un autre, s'il te plaît. Quand tu te seras aidé toi-même, on verra ce que je pourrai faire.

— En gros, vous m'aiderez quand je n'aurai plus besoin de votre aide.

— Tu comprends vite, coco ! Aider, ça ne sert à rien. Ça ne « tient » pas longtemps. C'est une fixation artificielle. Ça finit par se voir, par sonner faux. Ce que tu vas obtenir, tu vas l'obtenir non seulement grâce à toi, mais parce que la façon dont tu vas l'obtenir te ressemblera. Et d'ailleurs tu verras que ce sont les meilleurs moments. Quand on a ce qu'on veut, on s'emmerde. Sois obstiné sans être un emmerdeur. Ça demande de la finesse. On voit trop d'emmerdeurs. Aie du caractère, mais ne sois pas une grande gueule. Aie de la personnalité, mais ne le montre pas trop vite. Montre-leur d'abord que tu es capable de normalité. Insère-toi dans le système par la normalité, et ensuite, une fois dans la place, déploie tous les monstres que tu veux. N'aie jamais peur d'admirer, mais ne fayote pas. Les gens sentent quand on les flatte. Ou alors, si tu le fais, fais-le bien. N'oublie jamais d'accompagner un compliment par une réserve, un bémol, un « mais ». C'est comme une bonne sauce : ça donne de la crédibilité au plat. Mais je conseillerai quand même d'être toi-même. C'est ce qu'il y a de plus simple. Ça fait perdre un peu de temps au début, mais ensuite, quand tu pénètres dans les lieux convoités, ton assise est plus solide. Le greffon prend mieux. Si tu as du talent, tu vas en chier. Parce que ceux-là mêmes qui vont le repérer voudront s'en servir… Te publier. Le talent c'est toujours précieux dans une rédaction. Et en même temps ils voudront te tuer, parce que la jalousie, coco, explique à peu près tout dans ce monde, et même dans le monde tout court. Ne crois surtout pas que la jalousie ne soit qu'un défaut. Elle fait partie de l'homme. De même qu'il a un nez, deux yeux, deux oreilles, il a la jalousie en lui. Même ton meilleur ami ressentira un picotement désagréable quand tu auras une bonne nouvelle à lui annoncer. Sache aussi que nous sommes dans un pays où, contrairement aux États-Unis, que je connais par cœur, chacun de tes succès, si jamais tu en as et je ne vois pas pourquoi tu n'en aurais pas, sera suivi d'une punition. D'une fessée… En France, quand on te donne, on te reprend toujours la fois d'après. Tu passes à la caisse. Tu deviens trop visible, trop riche, trop tout. On te coupera ce qui dépasse. Et c'est là que ce sera dur, qu'il faudra persister à faire et à être. Si tu résistes, que tu persistes, que tu fais du sport et que tu es en forme, que tu continues et que tu leur dis « merde », ils se lasseront et passeront à autre chose. Alors, tu feras partie du décor. Tu auras été accepté. Ce qui présente d'autres dangers : celui, justement, de se banaliser, de ressembler à la masse. Ne te crois jamais arrivé. Sois toujours un débutant à tes propres yeux. Sinon, ça s'appelle être un petit vieux. Ici, à RTL, il y a des jeunes de soixante piges et des vieillards de trente.

— Oui.

— N'aie pas le melon. Pas bon, ça. Si je peux t'aider à une chose, c'est à ça. À te dégonfler ta citrouille de temps en temps. Je connais le problème : ça m'est arrivé, le melon. Je ne vais pas te mentir. Quand j'ai cassé la baraque avec *L'Héritier*… Je l'ai eu. Après ça s'est tassé, mais je l'ai eu. Et tu l'auras. Tout le monde finit par l'avoir. C'est un peu comme la rougeole. C'est la rougeole des imbéciles. Voilà. Quand je te vois, je me revois devant Lazareff. Mais je ne suis pas Lazareff et tu n'es pas moi. Allez, coco ! Bon vent. Et fais pas trop le con, hein. Des cons, il y en a déjà plein. Essaye autre chose. Ça nous changera…

Philippe est né en 1936. Il y a quatre « trente-sizards » à Paris, qui sont, de manières fort diverses, parvenus à se faire un nom : Philippe Labro, Gabriel Matzneff, Jean-Edern Hallier et Philippe Sollers. Labro : le prudent qui dure ; Matzneff : l'imprudent qui se prolonge ; Sollers : l'impudent qui perdure ; Hallier : le dément qui n'a su ni durer, ni se prolonger, ni perdurer.

Je croise Julie Depardieu, lui confirmant que je serai ce soir, en compagnie d'Emmanuelle, au concert de Philippe Katerine, le père de ses deux enfants. Dans les toilettes du restaurant, un branché prend de la coke.

J'ai connu Julie en 1997, place des Abbesses ; je l'avais très vaguement draguée, oubliant cette prime intention au bout de quelques minutes, après qu'elle m'eut offert un verre pour discuter. J'étais accompagné de mon ami Philippe Hatsadourian (« Elles ont l'air bonnes, là, les deux ! Viens, on y va ! »), ancien de l'École supérieure de commerce de Reims et, elle, d'une amie du Cap-Vert – que j'ai, pendant des années, tenté de séduire en vain ; jusqu'au jour où, en ayant abandonné l'espoir depuis longtemps, c'est elle qui m'a relancé, constatant comme moi que mes élans s'étaient violemment rapetassés, pour ne pas dire éteints comme un vieux volcan mort. À aucun moment (et pourquoi l'eussé-je fait ?) je ne lui demandai son nom de famille ; ce fut « Julie », un point c'est tout. Nous parlâmes longtemps ; elle me dit son souhait de devenir comédienne, « entre autres ». Elle avait un côté roots, camionneuse, américaine. Tatouages. Façon de parler à la garçonne. Une intelligence prodigieuse ; une immense vivacité. À mesure que nous discutions, je sentais mon désir de coucher avec elle décroître agréablement, ce qui me libéra de cet épouvantable poids qui, souvent, au lieu de nous faire vraiment rencontrer un être et le percer, nous en éloigne en installant entre lui et nous l'aveugle obligation de le posséder. Tout tendu que nous sommes vers cet objectif, nos mots deviennent des mécaniques huilées, nos phrases de misérables morceaux de bravoure surjoués (et surtout précédemment utilisés en de semblables circonstances) et l'instinct, qui parasite tout, nous isole de l'autre pour n'en faire que l'interchangeable réceptacle de nos biologiques appétences.

Je pris son numéro de téléphone, lui jurant que, si un jour, je parvenais à réaliser le court métrage dont je rêvais, elle jouerait dedans. Je gardai précieusement le numéro, puis, fin 1999, la rappelai ; j'étais prêt. J'avais écrit un scénario et trouvé des producteurs – les futurs producteurs de *Podium*. Julie me demanda de lui envoyer le script, ce que je fis. Elle me rappela pour me dire que cela l'avait amusée et qu'elle acceptait. Il s'agissait de *Grand oral*. Quelques jours plus tard, le producteur exécutif voulut connaître, pour des raisons administratives, le patronyme de Julie. Je répondis que je n'en savais rien et lui donnai le numéro. Il revint vers moi : « Tu es marrant toi. Tu en as d'autres, des comme ça ? » Interdit, je rétorquai : « Des comme quoi ? D'autres quoi ? Je ne comprends pas. » Sa réponse me transperça : « Je ne savais pas que tu connaissais *la fille Depardieu*. » Ce que j'ignorais totalement que Julie fût. C'est de cette ignorance que Julie a tiré l'amitié profonde que, j'ose le dire, elle nourrit à mon égard, qui est réciproque et qui, sans la moindre fissure ni le moindre cahot, dure encore jusqu'à ce jour.

Je rentre à l'appartement pour aider Emmanuelle à installer le boa Tarzan dans son vivarium ; nous le plaçons sur une table en verre sur laquelle j'avais entassé des livres. Il semble un peu hagard de sa nuit passée dans une boîte à chaussures.

En Irak, Daech, après Tikrit, Baiji et Ramadi, a perdu Falloujah et ne contrôle plus à présent « que » Mossoul. Ils perdent les deux tiers de leur influence géographique. Chaque jour, Daech perd des combattants : environ 20 000 depuis 2014. C'est long, c'est fastidieux, c'est trop artisanal, mais chaque microvictoire est une macrovictoire dans cette guerre. La Turquie a fini (il était temps) par contrôler plus sévèrement (ce n'était pas difficile) sa frontière avec la Syrie. Du coup, les djihadistes gagnent moins facilement sur les territoires de l'EI. Il a fallu que l'Europe donne des milliards à Erdoğan pour qu'il condescende à renforcer ces contrôles. En outre, Daech commence à subir le contrecoup de la baisse de ses revenus pétroliers : les fous de guerre sont mal rémunérés, et la population paye chaque jour davantage de taxes – autant de signes, même modestes, de délitement de l'organisation terroriste. Mais ne nous leurrons pas : éradiquer ces merdes sera un travail de titan, ou plutôt de fourmis. Abou Bakr al-Baghdadi a prévu d'aller enfoncer ces troupes de lâches, d'assassins, de frustrés sexuels et de ratés congénitaux dans la Jazeera irakienne. Faire la guerre à Daech dans cette région ressemblera au jeu de l'épingle dans une botte de foin, comme d'habitude. La « victoire », si ce mot a encore un sens, n'est pas pour demain, ni même pour après-demain.

Pendant ce temps, à Falloujah, l'ambiance est à l'épuration. On traque les collabos. Finalement, on en revient toujours là. Épuration sanglante et sans pitié, avec son lot de barbarie et d'arbitraire – avec son lot de barbarie *donc* d'arbitraire.

Ce qu'il faudrait (mais cela relève encore de l'utopie), c'est que les États-Unis et la Russie s'entendent et fassent front contre Daech : mais ils ne sont toujours pas d'accord sur l'épineux dossier el-Assad. Bachar ne pose pas simplement un problème : il est le problème ; toutes les méduses sont sorties de sa gueule. Heureusement que les Kurdes (aidés par les Américains) se battent : dans ce cas, le nationalisme a du bon. Le fait qu'ils aient un intérêt politique historique à battre Daech (indépendamment du fait que Daech soit une organisation terroriste) est une extraordinaire aubaine sur laquelle il faut s'appuyer.

Ces djihadistes sont vraiment les pires lâches et les pires femmelettes, et ce, au sens strict puisque, pour fuir Falloujah et l'armée irakienne, ils se rasent la barbe et se déguisent en femmes, eux qui les haïssent (on devrait dire : eux qui les craignent). Ils portent le niqab. Il fallait y penser : le niqab comme couverture ! Se déguiser en ce qu'ils se targuent, à longueur de prêche, de ne jamais être ! Devenir femme pour passer incognito, devenir femme pour devenir invisible, devenir femme (ce qu'il y a à leurs yeux de plus faible) pour devenir invincible ! Tant de lâcheté, tant de cynisme confond. En femmes, les voilà, pissant de trouille sous leur niqab, mélangés à la population (mélangés aux autres femmes et autres enfants, car les djihadistes ne sont finalement rien d'autre que des femmes et des enfants), tentant de fuir la ville qu'ils ont martyrisée pendant des semaines. Quelle ironie du sort que de vouloir sauver sa peau en se faisant passer pour le contraire de ce qu'on prétend être. Le terroriste mâle barbu qui sauve sa peau en se travestissant en terrorisée femelle glabre ! Extraordinaire. Même les cadres, les hauts gradés de Daech tentent de s'extirper comme des *fiottes* (je choisis à dessein une terminologie qui les agrée) pour échapper au chaos qu'ils ont déclenché. Et quand ils ne revêtent pas la panoplie de leur ennemi numéro un sur cette Terre, la femme, ils revêtent celle de leur ennemi numéro deux : les miliciens chiites. (Nous, Occidentaux, ne sommes que leur ennemi numéro trois.) Cette stratégie de camouflage viendrait d'en haut : « Avant de tout perdre, prenez des uniformes des milices chiites pour fuir et détruisez des mosquées pour qu'on puisse accuser après les chiites de s'être vengés. » L'idée est de perpétuer la guerre civile. Les merdes enfuies agitent ensuite, sur leur passage, des drapeaux chiites volés afin de franchir les barrages près du lac Thartar. Ils sont ainsi non repérables.

À Falloujah, 1 500 djihadistes ont tout de même été appréhendés. Les autorités font appel à la délation – un grand classique. Vingt mille hommes ont été « interviewés ». Parmi les collabos, il y a de tout, comme ce fut le cas en France durant l'Occupation. Des instits, des comptables, des chauffeurs de taxi, des commerçants. La classe moyenne.

Pour certains « observateurs », il apparaît étrange que Daech ait été défait aussi rapidement et facilement (après seulement trois semaines de combat). On parle, çà et là, d'un « arrangement » entre les terroristes et le gouvernement irakien. Un échange de bons procédés : on donne leur chance aux civils entre nos mains et vous nous laissez partir tranquillement. Les généraux irakiens, évidemment, réfutent ce scénario, au prétexte qu'aucune négociation avec Daech n'a jamais été possible, *a fortiori* une négociation aux motifs humanitaires. Pourtant, des témoins insistent sur le fait que les contrôles aux sorties de la ville ont été, ces derniers jours, inexistants, et que les rares coups de feu tirés le furent en direction des airs. On parle d'une « bataille propre » ou d'une « drôle de bataille », comme on parlait, en 1939-1940, d'une « drôle de guerre ». Autre indice accréditant l'hypothèse d'un compromis : le fait que Daech ait très peu miné la ville.

Concert de Philippe Katerine avec Emmanuelle, sur une péniche, le Flow. J'aime beaucoup Katerine. Son univers existe, situé entre le patronage de bout de ficelle et le dandysme londonien, la franchouillardise provinciale et le boboïsme ultraparisianiste. Katerine a réussi la prouesse, pratiquement inédite, d'opérer un alliage entre la plouquerie et le raffinement, entre le bocage vendéen et le Flore, entre la scène underground et la ferme. Et partout où il va, à tous les degrés, il parvient à faire se fondre en lui ce qui usuellement se méprise ou s'exclut : à Paris même, où il est le moins parisien de tous de manière très parisienne et le plus parisien qui soit en restant le plus provincial qui se peut rencontrer, il est le chantre de l'élitisme *Inrocks* et le chouchou des masses façon Patrick Sébastien. C'est un alchimiste des genres. Son personnage non seulement passe entre toutes les gouttes, mais semble complaire à toutes les météos. Katerine est fait pour les podiums populeux des stations balnéaires et les casinos chics, les rades dégueulasses à l'alcool morbide et les grandes scènes de jazz aux frondaisons lumineuses ; son personnage est amphibie et toutes saisons. Par ses élans scatophiliques, il fait la joie des tout petits ; les femmes le vénèrent comme Claude François ; les vieux l'adorent parce qu'il perd ses cheveux. S'il veut être beau, il le peut ; s'il entend être laid, il y parvient. Il est à son aise dans les salles sans clim faites pour vingt personnes, mais à Bercy il irradiera. Il ne fait pas de concessions – sa manière indolente de dire « marche ou crève » fait que tout le monde, de *Télérama* à *Jours de France*, a fini par marcher. Avec beaucoup d'ingéniosité, il a su se sculpter un personnage à qui personne ne peut en vouloir et dont nul ne saurait être jaloux. De ses approximations, il a fait une œuvre impeccable ; lorsqu'il délire, c'est pour mieux préparer derrière un album exigeant. Il s'achète, par un travail acharné et un faux amateurisme, la liberté parfois de se mettre nu, au propre comme au figuré. Son but est de parvenir à un état où plus rien, au monde, ne lui donnerait le *moindre* complexe.

Il se libère, se lâche – tout lui est prétexte à thérapie. Pour s'aimer, il est parvenu à faire en sorte que *tout le monde* l'aime. Et jusqu'aux animaux. Looké à ses débuts comme un potentiel remplaçant de Roger Moore dans *Amicalement vôtre*, chic anglais et à-plat de couleurs, raie bien dessinée, costumes de tweed et cravates en organdi, il est devenu ce savant fou à gants Mapa, le cheveu gras, hirsute et rare, à sous-pull douteux qu'on imaginerait volontiers au côté de Piccoli dans *La Grande Bouffe*. Sa folie fait désormais partie du décor, et, alternant les facéties confidentielles et les orgies pour *prime time*, il crée, crée comme le fou qu'il aimerait tant qu'on continue à lui permettre qu'il soit. Katerine a commencé par parodier toutes ses idoles et est parvenu aujourd'hui à se parodier lui-même sans qu'on sache, ce qui force le respect, qui il est vraiment. Son travail consiste à nous faire accroire qu'il est toujours tel qu'il se montre. Mais nous savons bien que les créatures lunaires ont une redoutable propension, aussitôt qu'ils le décident ou que la situation le décide pour eux, à poser leur pied de paysan dans la bocageuse gadoue du réel.

Nous quittons la salle au bout de trente minutes parce que le concert, précisément, est trop brut. C'est le Katerine en lâcher-prise, ce soir. Le Katerine, toujours tacitement présent chez lui, de la régression anale et du travestissement de cabaret ; c'est le Katerine de patronage qui a chiadé son artisanat, a composé son amateurisme avec soin. Il propose là une prestation dont la sophistication est tout entière mise au service de l'approximation, et la précision à celui du flottement. C'est le genre de cession strictement réservée au fan hardcore, ce que je ne suis point. S'il s'agit d'une soirée hommage à Zappa, je peux tout endurer, tout supporter, de la célébration « métal » façon Mats and Morgan à la séance-fleuve de « musique sérieuse » ; mais pour Katerine, sans nier le génie qui lui est propre et qui fait bel et bien cosmos, je ne me sens pas aussi enclin à la résonance inconditionnelle.

Nous tombons sur un chauffeur Uber complètement abruti, « Marvin ». Marvin, comme quelques-uns, pour ne pas dire la plupart, de ses collègues, ne conduit pas dans des rues réelles, mais dans les rues virtuelles que lui propose, à mesure que laborieusement il fait se mouvoir son véhicule, cet ordinateur de bord appelé GPS. Le GPS est, tout bonnement, une abrogation de la réalité. Marvin ne connaît pas Paris – il l'ignore, même. Il pourrait être dans n'importe quelle ville au monde qu'il conduirait et se conduirait de la même façon. Le réel n'entre pas dans sa conception de la conduite ; sa présence sur la Terre, justifiée en ce moment par le métier qu'il fait – cette justification est momentanée –, est abolie par une substitution du virtuel au réel. Nous progressons ainsi dans des rues imaginaires, empruntant des avenues qui n'existent pas. C'est un miracle de parvenir à destination par le truchement du dessin animé.

Cinéma : un excellent film brésilien, *Le Professeur de violon*.

Jésus a proposé un prolongement personnel, personnalisé du judaïsme. Il est l'inventeur du jésudaïsme.

J'ai un peu avancé sur ma pièce *Le Chien*. Tarzan semble traumatisé par sa nuit dans une boîte à chaussures. Dans son vivarium, il se terre, se cache sous des copeaux, sans opérer le moindre mouvement. On le dirait mort. Il est sonné. J'en arrive à avoir de l'empathie pour un boa. On progresse en tout, dans la vie. La question étant de savoir s'il s'agit bien, en l'espèce, d'un progrès.

Jeudi 30 juin

Réveil en trompette avec *Feels So Good*, Chuck Mangione, 1977 (A&M Records, SP-4658, US). Chuck Mangione : bugle, piano électrique ; Charles Meeks : basse ; James Bradley Jr. : batterie, congas, timbales ; Grant Geissman : guitare électrique, guitare douze cordes, guitare acoustique, guitare classique ; Chris Vadala : saxophone soprano, flûte piccolo, flûte, saxophone baryton, saxophone ténor.

Envie de lire – surtout des classiques. Rien ne nettoie davantage. Et, surtout, rien ne renseigne mieux sur l'actualité du monde. *L'Énéide*, par exemple, comme je l'ai dit lors de ma première ou deuxième prestation à *ONPC* à l'automne dernier, éclaire mieux que n'importe article sur la crise des « migrants ». La grande littérature est toujours déjà actuelle.

Gulda, dans les entretiens qu'il donne, fume souvent des cigarillos ; j'aimerais trouver exactement les mêmes, et en fumer quelques-uns. Il est plus simple de l'imiter en cela que de l'imiter devant les touches d'un piano. N'est-ce pas ? Je le regarde jouer, là, sur des captations de concert datant du milieu des années 1980. Il est totalement voûté sur son instrument. Son corps se love dans la musique, cherchant sa plasticité idéale pour entrer en résonance avec le génie de Mozart, le reconvoquer par une position permettant la meilleure note possible – aérodynamique acoustique.

Le bilan des attaques terroristes à l'aéroport Atatürk est (pour l'instant) de 41 morts et 239 blessés. Il est de plus en plus évident, au vu du protocole suivi, qu'elles portent la marque de l'État islamique. Personne ne peut sérieusement imaginer que c'est un coup du PKK. Les kamikazes sont arrivés à l'aéroport en taxi. Ils ont tiré dans la foule, avant de se faire exploser chacun à des étages différents. Scènes dont nous avons désormais l'habitude : visages en sang, panique, hurlements, corps inanimés jonchant le sol, sirènes des ambulances. Des vidéos de l'attentat circulent partout sur les réseaux sociaux, assurant, à la façon d'une bande-annonce, une publicité infernale à Daech. C'est là, précisément, que se situe le cercle vicieux : cette « propagande » entretenue, non par les bourreaux, mais par les victimes.

La plupart des morts sont turcs, mais il y a aussi des touristes : Irakiens, Saoudiens, Chinois, Jordaniens, Ukrainiens, Ouzbeks… des Français parmi les blessés.

Erdoğan est prêt, semble-t-il, à « travailler » avec Poutine, malgré la tension entre les deux pays depuis qu'un bombardier russe a été abattu près de la frontière syrienne en novembre dernier. Moscou (qui soutient un el-Assad dont Erdoğan, au début proche de lui, est devenu l'ennemi juré) avait alors déclaré que les autorités turques n'avaient pas envoyé la moindre sommation. Erdoğan vient de présenter officiellement des excuses, aussitôt acceptées par Poutine.

Mais la Turquie essaie, également, de se rapprocher d'Israël. La brouille entre les deux nations remonte, elle, à 2010 : c'était la fameuse affaire de la frégate voulant forcer le blocus maritime de Gaza. Ce que j'avais alors nommé, à la télévision, seul contre tous, un « attentat mou ». Erdoğan veut, coûte que coûte, sortir de son isolement diplomatique. Il commence à se sentir un peu seul, dans la région, en termes d'alliances. Pour Israël, qui espère aussi en tirer des bénéfices économiques (exportation de gaz naturel), un rapprochement avec la Turquie comporte l'avantage de peser face à l'Iran.

Comment se passionner pour la sortie de la Grande-Bretagne de l'Union européenne ? N'est-ce pas, finalement, une tempête dans un verre d'eau ? En quoi les Anglais étaient-ils européens ? Ne sont-ils pas sortis d'un club qu'ils ont passé leur vie à snober ? Ils sont restés au seuil en refusant la zone euro. L'Europe existe pour tout le monde, sauf pour les Européens, et pour une raison simple : l'Européen n'existe pas. Quelque chose ne « prend » pas. C'est toujours en Allemagne, qu'on se rend, ou en Pologne, ou en Italie. Aucun Européen ne se rend jamais en Europe.

Une question se pose, néanmoins : le référendum est-il une arme à mettre entre toutes les mains – que ce soit celles des élus ou celles du peuple ? Les citoyens ont-ils (vieille idée recuite, considérée le plus souvent comme abjecte et réactionnaire) le niveau requis pour décider, selon tel ou tel critère, du sort d'un pays ? Comment les gens jugent-ils ? Comment, finalement, peuvent-ils juger quoi que ce soit, sinon (je ne leur jette pas la pierre, je fais partie de leur nombre) selon des impressions, des sensations, des tentations – que la plupart du temps, d'ailleurs, les partis populistes leur soufflent ? Il serait bon que les référendums, pour être écoutés, pour être entérinés, demandent une majorité de 60 ou 70 %. Au-dessous, cela paraît aussi arbitraire que l'horoscope ou la météo. Au-dessous, on a un peu le sentiment que c'est la caprice qui commande – ou le bistrot. Ce qui est comique, c'est que l'Écosse va reprendre, sans le moindre doute, son indépendance.

Comme d'habitude, Hollande est en dessous de tout : il veut « punir » l'Angleterre. Petit monsieur. Minuscule quinquennat.

Je file à France Télévisions : on fait une fausse émission d'*ONPC* pour les annonceurs. Je demande à Drucker ce qu'il a retenu des années 1980 : « Mitterrand et Coluche. » Michel Drucker est un drôle de bonhomme ; perclus de frousses, il atteint des sommets dans l'hypocondrie que moi-même, pourtant expert en la matière, je n'ai jusque-là pas même entrevus. Surtout, il s'arrange pour n'avoir jamais le moindre symptôme. Plutôt que de vivre, il surveille en lui les mouvements de la mort. Il tressaute à la moindre anomalie ; il se veut en *parfaite* santé – c'est-à-dire qu'il s'offusque au premier bégaiement du plus petit commencement de dysfonctionnement. Il court à l'hôpital (courir est bon pour la santé) s'il sent naître en lui une infime palpitation dont, peut-être, il était affublé depuis sa naissance mais dont il vient juste de s'aviser. Quand il n'a rien, que son corps fait silence, il lui demande de se taire davantage encore pour mieux se concentrer sur une anomalie ; de bénigne, celle-ci, par successions de suppositions et concentrés d'inquiétudes, va doucement, à mesure que croît l'intranquillité du patient perpétuel, se transformer en cancer du genou, des cheveux, de la rétine ou de l'ongle.

La gorge serrée, Drucker passe ses vacances d'hiver et une partie de ses congés d'été en observation, arpentant les uns après les autres tous les services hospitaliers – il s'agit de savoir où le corps en est, de prendre à temps tel ou tel de ses hoquets douteux, avant qu'il ne dégénère en catastrophe. L'organisme de Michel Drucker, soumis à tous les sports, ne parvient pas à convaincre par lui seul son propriétaire que tout va bien : il faut que la science valide l'impression générale, que l'examen prenne le relais du sentiment, que l'IRM conclue dans la direction du ressenti. Michel est un adepte du footing, pratique la natation, passe sa vie sur son vélo, marche des heures dans la nature. Mais il ne fait pas de sport : il fayote avec son corps. C'est un *deal* qu'il passe incessamment avec sa propre biologie : en échange de ce temps que je te sacrifie, jure-moi que tu me laisseras tranquille, promets-moi que je ne tomberai pas malade. Drucker ne comprend pas que, malade, il l'est, et gravement : sa maladie consiste à s'imaginer qu'il l'est. De ce mal, il possède absolument tous les symptômes. Et une question se pose : l'hypocondrie congédie-t-elle le pire ? Ou l'attire-t-elle ?

Drucker n'habite pas le XXIe siècle ; il est resté bien au chaud dans le XXe, celui de ses débuts puis de sa gloire. Tout le monde est passé chez lui ; il est présent dans le paysage ainsi que le soleil, les arbres ou la pluie. Il vieillit, mais fait vieillir tout le monde en même temps que lui – tel est son tour de passe-passe pour nous amener aux abords du tombeau sans que nous ne nous en apercevions. Lorsque j'avais trois ans, son visage apparaissait le dimanche après-midi sur les écrans de télévision ; je viens d'en avoir quarante-huit et il est toujours là. Il nous parle de Johnny ou d'Eddy comme s'ils venaient de sortir leur premier album. Surtout, dans sa galaxie congelée, nul ne semble plus primordial que Sardou. Son pendant « culturel » est Bernard Pivot, dont le Johnny est Jean d'Ormesson. Homme du XXe siècle, Michel Drucker a choisi de rester dedans, ainsi que dans un bunker. Aucune nouveauté ne doit venir perturber l'air vicié (de 1966, de 1979, de 1982, de 1990) qu'il respire. L'actualité est un scandale. Quant au présent, il n'est que l'excroissance surfaite du passé – ce passé que Drucker continue d'arpenter comme on arpente un château vide. On a toujours la sensation, quand on discute avec lui, que Claude François vient de se faire électrocuter ou que les obsèques de Mike Brant auront lieu demain matin. Métaphysicien de la ritournelle, exégète de la vieille paillette seventies, il assure une permanence absurde et vacillante qui brûle de ses derniers feux dans une ultime fragrance de pneu de moto brûlé.

« Michel » a toujours à vous raconter une anecdote inouïe datant d'avril 1975 ou de juin 1980. Joe Dassin, Gainsbourg, Dalida : il évolue dans ce panthéon-là, persuadé que le secret de la vie s'y trouve ; toute cette écume de coulisses et de costumes, de shows et de dimanches forme sa messe. Il appartient au temps, et son quotidien est rempli des ritournelles dissipées. Mais est-ce là la vérité, sa vérité ? Ou bien s'est-il inventé, plus cyniquement, un autel où prier pour de faux, aux fins de recevoir l'amour des multitudes et de cette chose qui n'a jamais existé : le public ? Tout cet attirail de souvenirs dépassés, de modes datées, de dates démodées : n'est-ce pas, aussi, un moyen pour rester, s'attarder encore un peu dans le salon des Français et ne jamais rester seul à seul avec soi ? Tout savoir sur Annie Cordy ou Carlos n'est-il pas plus simple, plus facile, plus aisé et aussi plus gentiment efficace et démagogique que de décrypter les complexités du monde et les miasmes de la société ? N'y a-t-il vraiment *aucun* cynisme, *aucun* calcul chez Michel Drucker ? Étant moi-même dépourvu de toute espèce de cynisme (ce qui apparaît sans doute comme ma seule et unique qualité), je vais pencher pour la version aimable – pourquoi pas ?

Ils sont plusieurs, à vrai dire, les Michels Druckers. Il y a un Michel qui fait du vélo, un autre qui fait de la télé le dimanche, un autre qui en fait le lundi, un autre qui ne présente que des émissions exceptionnelles. Il y a un Michel qui fait de l'hélicoptère, un autre passionné par le foot, un qui a traversé les années 1960, un autre les années 1970, encore un autre (Michel 23) les années 1980, quand Michel 125, lui, s'est illustré dans les années 1990. Et, depuis quelques années, c'est Michel 475 qui s'occupe de nos dimanches télévisuels. Michel étant copain avec tout le monde, il est parfaitement logique qu'il soit ami avec lui-même, et c'est pour cela que tous les Michels Druckers entre eux s'entendent à merveille. Certaines écoles, certains courants de pensée, soutiennent l'hypothèse selon laquelle il n'y aurait bel et bien, sur la planète Terre, qu'un seul et unique Michel. Le même depuis 1962 ! Le postulat semble énorme. Et s'il est avéré que tous les Michels n'en font qu'un, c'est véritablement spectaculaire : car la France changerait, mais pas lui ? On aurait changé de monde, mais Michel n'aurait pas changé de Drucker ? Non, franchement, la piste de l'unicité de Michel, de son indivisibilité, paraît étrange, car regardons les gens qui étaient présents autour de lui, mettons, qui étaient ses contemporains dans les années 1970 (où Michel s'occupait déjà de la case « dimanche après-midi » !)… Il y avait Giscard : aujourd'hui, Giscard n'est plus qu'un ex-ex-président qui vient de temps en temps exhiber son aigreur et ne nuit plus qu'à son chien ou son chat. Il y avait Chirac : Chirac appartient désormais à un autre monde, à un autre siècle, téléporté pour toujours dans un jadis immémorial, et c'est comme si son actualité était une actualité Pathé des années 1920. Chirac, depuis un mois, a cent ans. Au moins. Il y avait Claude François : Claude est mort il y a trente ans. La France de ce Drucker-là, de ce Drucker qui est toujours le même et toujours (bien) là, était la France de : Jean Yanne, Coluche, Dewaere, Montand, Signoret, Mike Brant, Mort Shuman, Chaban, Marchais, Rocheteau, Jacques Martin, *À nous les petites Anglaises*, Gainsbourg, Nixon, Brejnev et Mao. C'est dire si nous frôlons les limbes. Ces noms font presque peur, quand on les situe dans leur environnement naturel : le passé – mais un passé faussement proche ; car le monde de 2016 est hors sujet avec le monde de 1974. Il lui est étranger. Il lui est même hostile. Seul debout, vestige de bronze, sourire collé aux dents, micro pointé vers une star qui avait trois ans en 1974 : Michel Drucker. Il a traversé les krachs boursiers, les guerres au Moyen-Orient, les attentats et les tremblements de terre, les naufrages de pétroliers, les décès des grands hommes, les disparitions de la plupart de ses amis. Mais : il est heureux d'être (encore ? toujours ?) là. Heureux d'être un dimanche, car les dimanches, semble-t-il nous dire, durent toute la vie.

Je n'ai finalement peur que de moi-même.

Si je voulais être juif tout de suite, là, maintenant, il faudrait que je sois catholique, parce que les catholiques adorent ce qui advient *hic et nunc*, en une fraction de seconde, d'un coup d'éclair. Les catholiques raffolent de ce qui foudroie. Mais un problème se pose : on ne peut pas exactement être juif et catholique. On le pourrait, mais on ne peut pas. On le pourrait, parce que les catholiques ont continué le judaïsme. Sauf que continuer le judaïsme, c'est cesser d'être juif.

On ne parle jamais suffisamment du Directoire, période qui semble désertée par les historiens. C'est bien dommage. Période riche, complexe, fascinante. Le premier Directoire a du mal à s'établir. Il entend tracer une voix intermédiaire entre la gauche et la droite. Immédiatement, il se cherche des institutions propres, neuves, efficaces (il déchantera vite). La Convention avait décapité, outre des hommes, la fameuse Constitution fantôme de 1793 (Constitution de l'An I) sur un argument qu'on oublie systématiquement : « L'égalité est une chimère. »

JUILLET

Vendredi 1er juillet

Réveil avec *Bad Dreams*, Ike Turner, 1973 (United Artists Records, UA-LA087-F, US).

Sarkozy remonte dans les sondages. Au premier tour de la présidentielle, l'avance de Juppé sur Sarko (« Je ne suis pas mort ! ») n'est plus que de 7 points. Il faut prier pour n'avoir pas, au second tour, le choix entre Sarkozy et Hollande, c'est-à-dire entre un faux dur et un vrai faible.

Pauvre Hollande qui joue les représentants de commerce : il se vante, crâne, le tout au beau milieu du marasme et de l'apocalypse d'un pays qu'il n'a jamais eu les capacités, ni même sans doute l'intention, de diriger. C'est le pays qui le dirige. Tous les Français sont présidents de la République, sauf lui. Le voilà, capable de tous les contraires et de toutes les démagogies, de promettre à présent, après des années de matraquage pur et simple, une « baisse des impôts ». On nage en pleine pornographie.

Quant à Fillon, qui n'est pas un mauvais bougre, ni un sale type, et qui ne manque pas de tenue, il délire totalement : il promet, en cas de victoire, de réécrire la loi Taubira sur le mariage gay. « Je ne juge personne et respecte toutes les tendresses. » Quelle étrange formule. « Mais n'en déplaise à certains, le cycle de la vie est poussé par l'union des femmes et des hommes et on ne m'ôtera pas de l'idée que rien n'est mieux pour un enfant que d'avoir un papa et une maman. » Effrayant. « La GPA, c'est une marchandisation intolérable du corps de la femme. » Une « dégradation de notre conscience humaine ».

J'ai rencontré Nicolas Sarkozy quatre fois ; une fois, il me téléphona. La dernière fois, c'était dans son bureau du quartier Malesherbes, et il n'était plus président de la République – il ne présidait plus que lui-même. La première fois eut lieu, par une journée ensoleillée d'été, il y a six ans à un mois près, le samedi 31 juillet 2010, à 16 h 30. Je me rendis, donc, en compagnie d'Alain Carignon, à l'Élysée. J'ai connu Carignon un jour que, oralement ou par écrit, je ne sais plus (c'était en 2007 ou 2008), je pris sa défense, au prétexte qu'il avait payé sa dette à la société en ayant fait de la prison et qu'il n'était pas acceptable de refuser, électoralement, de lui faire confiance. Les peines ont précisément été inventées pour que ceux qui les ont purgées puissent, dans la société, être perçus *comme s'ils n'avaient rien fait*. Carignon n'est pas un intellectuel. Il fait partie de ces gaullistes provinciaux, amateurs de sensations électorales, qui pensent que la politique peut, sinon modifier la texture du monde, du moins remplir une existence.

Cette naïveté, très répandue, est à la fois touchante et morbide. Le monde n'appartient pas aux discours ; il s'ébroue généralement loin des salles de réunion. Les meetings, où l'on sue, n'offrent que des compilations de bavardage. Ne s'y décident, à coups de couteaux et à force de postillons, parmi les crânes souvent dégarnis et les putschistes en bras de chemise, que les nominations des plus avides. Je n'aime pas la politique ; jamais je n'ai cru, une seule seconde, au dévouement pour la chose publique – je ne vois là qu'une compétition maniaque des ego, une jungle à pouvoirs, une obsession du destin. Entrer dans l'histoire n'est permis qu'à un seul de temps en temps ; on s'écharpe pour la postérité. Des vies entières se déroulent ainsi, sur les routes défoncées de la France et dans les salles des fêtes, devant des micros vacillants et des électeurs défraîchis, à aligner des mots sans queue ni tête, dans l'espoir aberrant, têtu, de franchir cette grille qui rend fou : celle de l'Élysée.

Ici entre la morbidité : cette constante remise à plus tard de la jouissance de l'élection, conçue comme le seul horizon possible, sur lequel on a tout misé, et qui tend « l'homme politique » comme la corde d'un arc. Chaque geste fait par lui, chaque phrase qu'il prononce est tordue, voûtée par cette destination maniaque, en dehors de laquelle il n'est point de salut. Cela fait des vies détraquées, où la chose publique, la vocation de l'État sont prises en otage, et en prétexte, par des individus qui n'ont pas trouvé un seul talent en eux, que celui de parler, de parler, de parler encore, et de parler sous le soleil lourd, et de parler sous la pluie battante, commentant tout sans cesse. Comme Céline a fait beaucoup de mal à la littérature à cause de ses imitateurs et de ses plagiaires (ils se reconnaîtront), de Gaulle aura brisé des vies, gâché des existences, suicidé des séjours terrestres. De Gaulle qui, par ailleurs, se fichait bien du gaullisme, des gaullistes et des gaulliens.

Alain Carignon est un homme humble, intelligent, complexe et courageux, « sonné » par ce qui lui est arrivé et dont les seules lunettes sont celles qui lui font voir le monde et sa réalité sous la forme de la politique. Pourtant rompu à toutes les magouilles, déçu de toutes les déceptions, revenu de presque tout, quelque chose en lui bouge mystérieusement encore : l'action politique. Ce mouvement brownien, dans son crâne, qui lui exhorte de ne pas rester immobile et de « partir au combat ». Le combat est à la fois macroscopique et microscopique, gigantesque et minable. C'est un mixte d'Élysée et de gargote, d'Histoire de France et de calculs foireux sur un coin de table, de grands discours pour demain et de petites médisances personnelles. Chacun est là, emmêlé dans le destin qu'il s'est inventé, tous les autres ne lui apparaissant que comme utiles ou nuisibles, alliés ou ennemis, conciliants ou gênants. La réalité n'est qu'une excroissance de la volonté. Le spectacle de ce manque de recul est étonnant en même temps qu'il est affligeant.

Carignon, usé par toute cette mascarade, s'y intéresse pourtant encore ; il bouge toujours, comme un éphémère au petit matin qui a tournoyé toute la nuit autour du même lampadaire.

Il fait partie de cette génération de jeunes marlous, fascinés par le romantisme gaullien, qui ont exécré les soixante-huitards. De Gaulle fut pour ceux-là un père de substitution. Ils ont donc fait carrière dans la droite comme on fait carrière dans la chaussure. Ce ne sont pas des intellectuels, ni des énarques. Madelin, Longuet, ont fait partie, de manière différente de celle de Carignon, de cette mouvance où la gauche se confondait immédiatement avec le « gauchisme », formule inventée pour dire leur mépris. Ce sont en quelque sorte des bouseux de la politique – ils réfutent à la fois l'anarchisme des contestataires et la morgue des technocrates, la chienlit et les diplômes.

Carignon est un homme sincère et direct. Il a cette manière, sans y toucher, d'avoir accès à tous les vestibules, d'avoir l'oreille, à Paris et ailleurs, de tout ce qui n'est pas de gauche. Bien qu'amical, sans doute fidèle au Général et à ses amis, il y a chez lui quelque chose de propre à la classe politique et qui est assez désagréable : il a toujours une idée derrière la tête. À sa décharge, l'idée qu'il a derrière la tête n'est pas toujours un service à lui rendre, mais parfois un service qu'il veut absolument vous rendre ; il voulait, ainsi, faire de moi un ambassadeur : soit à Rome, soit à Malte, soit auprès de l'Unesco. Le président Sarkozy n'ayant donné suite à aucune de ces hypothèses, je n'ai pas eu à me triturer la conscience pour savoir si, oui ou non, il fallait que je donnasse suite à de telles propositions – la politique n'est pas faite pour moi. Alain Carignon n'est pas dupe de la vie politique. C'est parce que rien n'y est jamais gratuit, ni donné, précisément, que les existences politiciennes s'évaporent – et non seulement elles ne laissent pas les traces qu'elles eussent voulu imprimer sur les choses et dans les livres, mais elles n'auront pas été riches pour elles-mêmes. Elles n'auront servi à rien, pas même à ne servir à rien.

Samedi 31 juillet 2010, donc. Nous marchons avec « Alain » en direction de l'Élysée. On nous fait entrer ; on nous mène à la terrasse, face aux jardins. Le président de la République est là, Ray-Ban « Aviator » sur le nez et polo Lacoste noir ; il travaille sur une petite table en métal de jardin, une sorte d'énorme téléphone portable (un modèle que je n'avais pas vu avant et que je n'ai jamais vu depuis). Alain Carignon me présente. Le président de la République écoute, sans l'interrompre.

— Voilà Nicolas, dit Alain, une fois son exposé à mon sujet terminé. C'est la raison pour laquelle je me suis dit qu'il fallait que tu rencontres Yann Moix. Pour toutes ces raisons, et parce qu'il me semble que personne, en France, aujourd'hui, ne possède comme lui le sens de la formule.

Le pied droit du président de la République, posé sur sa jambe gauche, et qu'il enserre dans sa main droite, gigote. Il ne dit toujours pas un mot.

— Par exemple, pour Yann, la gauche dit « je sais » et la droite dit « j'essaie »...

À très juste titre, le Président ne semble pas ébahi par la saillie. Il s'agissait à vrai dire d'une pauvre phrase (peut-être une de mes plus minables) que j'avais lâchée à Carignon au téléphone. Il ne s'en était pas remis. Le Président m'adresse un de ces célèbres sourires grimacés qui annoncent une vacherie dont il est déjà fier. Sans doute me regarde-t-il droit dans les yeux (je n'en doute pas un instant), mais je ne vois que moi, en double, dans le reflet de ses Ray-Ban.

— Moi, commence le président de la République, j'ai autre chose à faire que des formules. Ma vie serait belle si, comme vous, je n'avais, de toute la journée, que des formules à trouver. Les Français : « Qu'est-ce que vous avez fait, monsieur le Président, de votre journée à l'Élysée ? » Et moi, je devrais leur répondre : « J'ai trouvé une formule ! » ? Carla : « Qu'est-ce que tu as fait, Nicolas, aujourd'hui ? » Et moi il faudrait que je lui réponde sans regarder mes chaussures : « Ma chérie, tu vas être fière de moi, dis donc ! J'y ai passé toute ma journée, mais j'ai fini par trouver une formule ! »… Et puis un jour, au paradis – si tant est qu'on veuille de moi, là-haut, et *a priori*, si j'en crois certains, c'est mal parti –, Dieu va me dire : « Mon fils, tu as fait quoi, de ton séjour sur Terre ? »… Et moi, regardant bien à droite et à gauche pour que personne ne m'entende, je devrais lui répondre « des formules » ?

Le président de la République fixe alors Carignon, sur l'air de *Remballe-moi ton matériel, tu seras gentil* :

— Tu vois Alain, moi, ce que j'ai tendance à penser, mais peut-être que je me trompe, hein, tu me dis si je me trompe, c'est que pendant que certains travaillent, d'autres font des formules.

Il me regarde de nouveau. Et, sans la moindre transition :

— Vous pensez quoi, de l'A 13 ? Ce qui s'est passé ?

Il y avait eu sur l'A 13 une altercation terrible, qui avait mal tourné. Un accrochage s'était soldé par le meurtre d'un jeune d'origine arabe ; une bande de racailles, des Noirs, étant venue à la rescousse de l'accrocheur. La presse n'avait pas voulu, alors que toute l'affaire s'explique précisément par là, préciser l'origine ethnique des assassins. Je dis au Président :

— Voilà ce qu'est devenue la France. Des Noirs qui tuent des Arabes en les traitant de Français parce qu'ils ont voulu que soit fait un constat.

— Non. C'est plus compliqué que ça, répond le président de la République. Vous avez peut-être le sens de la formule, mais vous n'avez peut-être pas celui de la réalité. La réalité est toujours plus compliquée qu'une formule. D'ailleurs, si les choses rentraient dans les formules, que ce soient les vôtres ou celles de vos amis, ça se saurait !

Je n'ose pas lui demander qui sont ces mystérieux amis qu'il ne cesse de me prêter et ne l'interromps pas, ne faisant que penaudement acquiescer.

— Il faut apprendre à relativiser. Toujours relativiser. Mon métier, moi, ici, ça ne consiste d'ailleurs qu'à ça : relativiser. Je suis payé pour ça. Je me dois d'être le premier *relativisateur* de France. Agir, ça ne se fait qu'après. C'est le fruit de la relativisation. Relativiser, c'est comme traduire les faits et les événements dans une langue étrangère. Cette langue-là, je me dois de la parler couramment. Celui qui gouverne un pays comme la France et qui ne relativise pas, il va dans le mur.

Il me sourit en grimaçant ; puis grimace en me souriant.

— Alors comme ça, vous avez fait un joli petit portrait de moi, dans *Voici*.

Sa mâchoire se crispe quelque peu ; je vois, au blêmissement *relatif* de Carignon, que cela n'est pas forcément très bon signe.

— Vous pensez que je passe mes vacances à Saint-Tropez ? C'est ça ?

Je réponds par une sorte de « heu ».

— Vous me semblez confondre Saint-Tropez et Le Lavandou. Je me méfie des gens qui confondent Saint-Tropez et Le Lavandou. Vous ne confondez pas Sartre et Camus, j'imagine ?

— Non, monsieur le Président.

— Vous ne confondez pas le Flore et les Deux-Magots ?

— Non…

— J'espère que vous ne me confondez pas encore avec Mme Royal ?

— Non, monsieur le Président, dis-je en souriant.

— Alors la seule chose que je vous demanderai pour aujourd'hui, si vous le voulez bien, c'est de faire un petit effort, oh, tout petit, et de ne plus confondre, en tout cas en ma présence – derrière mon dos, vous ferez ce que vous voudrez, je n'irai pas vérifier, hélas j'ai d'autres choses à faire –, Saint-Tropez et Le Lavandou. Vous connaissez Saint-Tropez, bien sûr ?

— Oui, monsieur le Président. J'ai vécu à Sainte-Maxime.

— Et vous connaissez Le Lavandou ?

— Non…

— C'est bien ce qu'il me semblait. Si vous connaissiez Le Lavandou, vous ne confondriez pas Saint-Tropez avec Le Lavandou. C'est exactement comme si vous me disiez que *Le Rouge et le Noir* et *La Chartreuse de Parme*, c'est le même livre. C'est le même auteur… Mais ce n'est pas le même livre ! Pareil avec Saint-Tropez et Le Lavandou : c'est dans le Sud, mais ce n'est pas le même endroit.

Sourire cruel :

— Je suis désolé, je n'ai pas votre sens de la formule et je ne sais pas si je me fais bien comprendre en fait…

— Si.

Puis, sans la moindre transition, avec l'air de dire qu'il s'agit à présent d'entrer dans le vif du sujet, de passer aux choses sérieuses :

— *Podium*, j'adore. Et si j'adore *Podium*, c'est parce que j'adore Claude François. C'était quelqu'un ! Il n'arrêtait pas de travailler… Nerveux, exigeant, pointilleux, se donnant à cent pour cent dans tout ce qu'il faisait. Sportif. Regardant toujours, avec beaucoup d'attention, ce qui se passait du côté des États-Unis… Ça vous rappelle quelqu'un ?

La saillie fait rire Carignon. Le président de la République, cette fois, est lancé. Il est sur orbite. Il est *bien*.

— Les années 1970, quand même ! Quel drôle de truc ! Quelles années étranges ! La preuve : Giscard était ici, à ma place ! C'est tout dire. Sylvia Kristel dans son fauteuil en rotin, Giscard à l'Élysée… Tout ça la même année, en 1974… Vous vous rendez compte ? Les gens ne doutaient de rien. Ne s'étonnaient de rien, surtout ! Et les chemises ! Les vêtements ! Pas possible ! Les pattes d'éléphant – tu as bien connu, toi Alain –, je vais vous dire, c'était pas raisonnable. Franchement… Et les cols pelle à tarte ! Non mais franchement, il faut quand même être sérieux deux minutes. Comment on pouvait prendre des décisions importantes dans des déguisements pareils ? Et en même temps c'est là que les énarques ont commencé doucement à s'infiltrer partout, comme l'eau dans les dégâts des eaux… Les énarques, ça se croit indispensables. L'eau de pluie, c'est indispensable. Mais l'eau qui tombe du plafond, celle du dégât des eaux, c'est non seulement inutile, mais on s'en passerait bien. Un énarque, c'est ça : ça va te faire croire que c'est de l'eau qui tombe du ciel, alors qu'en fait c'est le voisin du dessus qui a oublié de couper le robinet de sa baignoire ! On devrait leur mettre des pattes d'éléphant, d'ailleurs, parce qu'avec les chevilles qu'ils ont, ça serait plus approprié ! Y a plusieurs catégories d'énarques. La première catégorie, c'est celle de ceux qui considèrent qu'avoir fait l'ENA, c'est aussi important que d'être venu au monde… La deuxième catégorie, c'est celle de ceux qui considèrent qu'ils ne sont venus au monde que pour faire l'ENA… La troisième catégorie, c'est celle de ceux qui s'imaginent que ceux qui n'ont pas fait l'ENA ne méritent pas d'être venus au monde… La quatrième catégorie, c'est celle de ceux qui sont persuadés que l'immense majorité de ceux qui viennent au monde ne méritent pas de faire l'ENA ! Dans les gens les plus intelligents que j'ai croisés dans ma vie : aucun énarque. Dans les gens les plus cultivés que j'ai rencontrés depuis que je suis sur Terre : aucun énarque ! Faire l'ENA, c'est sans doute chic, mais il y a plus chic encore : ne pas faire l'ENA ! Il y a un « ENA de l'ENA » : ne pas faire l'ENA ! Il y a une énarchie supérieure à l'énarchie : c'est l'ENA de ceux qui ne l'ont pas faite ! Les énarques sont au-dessus d'une quantité de gens, mais c'est pour mieux être au-dessous d'une quantité d'autres. Ils ne touchent pas le sol, mais ne touchent pas le ciel non plus ! Sinon vous aimez le cinéma italien ?

— Rossellini. Pasolini…

— Ah non, Pasolini, je n'entre pas dedans ! Ces gens statiques et tout nus sous le soleil, qui tergiversent… Soit ça ne bavarde pas assez, soit ça n'agit pas assez, mais il y a un problème. La pièce tourne mais ne tombe jamais ni du côté pile ni du côté face ! Alors tout le film on attend qu'elle tombe sur pile ou sur face, mais non, tout le film, elle continue de tourner. C'est épuisant ! En plus, on sent que ce n'est pas de l'italien, mais du marxisme dans le texte. L'italien, j'en sais quelque chose avec Carla, c'est la plus belle langue du monde – après le français, et encore ! – mais l'italien marxiste, c'est pas possible. C'est comme si on mettait une salopette à la Vénus de Milo ! Moi, je suis fan d'Almodóvar. Il aurait mérité d'être italien, lui, tiens ! Ça c'est du cinéma. Et même si c'est espagnol, c'est du cinéma italien ! Le cinéma italien, ce n'est pas du cinéma d'Italie, c'est plus compliqué que ça : c'est un genre en soi. Moi, quand je dis que j'adore le cinéma italien, je ne dis pas que j'aime le cinéma *qui vient d'Italie*. Je dis « cinéma italien » comme je dirais « comédie musicale » ou « film de science-fiction ». C'est une catégorie. Almodóvar est un immense cinéaste italien espagnol, à moins qu'il ne soit un très grand cinéaste espagnol italien ! *Parle avec elle*, vous l'avez vu ? C'est un chef-d'œuvre, *Parle avec elle* ! Vous voyez un énarque faire ça, vous ? Et puis pour Pasolini, je ne suis peut-être pas assez homosexuel pour apprécier… *Théorème*, ce n'est pas mon truc. Je comprends, hein, mais je ne rentre pas dedans. Je reste à la porte. Je ne fais pas comme lui, moi ! Je n'entre pas. *Mamma Roma*, à l'extrême rigueur ! C'est pas mal, *Mamma Roma*… Ça se tient. Y a des choses. Mais moi, je suis un fan absolu de *La strada*… Oh ! Je vais pas vous mentir ! C'est grâce à Carla, tout ça. Le cinéma italien, c'est elle qui m'a initié. C'est devenu une drogue. Je ne peux plus m'en passer. Tous les soirs – les soirs où je peux – c'est un film italien ! Et Hitchcock ? Vous aimez ? Je me suis fait l'intégrale en deux jours !

Il regarde Carignon :

— En deux jours Alain, Hitchcock, c'était réglé !

Puis il se tourne de nouveau vers moi :

— Mon préféré c'est *La Corde*… Ah, *La Corde*, c'est quelque chose ! *The Rope*, en anglais…

— De Pasolini, je vous conseille tout de même *Les Contes de Canterbury*, monsieur le Président. Il y a dedans un magnifique hommage à Chaplin. À Charlot…

— Il y a deux axes, ici, manifestement, Alain. L'axe Rossellini-Pasolini de Moix et le mien, d'axe, l'axe Antonioni-Fellini. Parce qu'Antonioni, *La notte*, ce n'est pas rien… Celui qui me dit que *La notte*, c'est rien, c'est lui, à mon avis, qui n'est rien ! Je sais pas ce que tu en penses, toi, Alain.

« Alain » n'a pas l'air d'en penser grand-chose. Il était venu parler de politique, Alain. Pas de cinéma. Tout ce qui n'est politique ennuie Alain.

Le président de la République repart de plus belle :

— J'ai lu toute la collection « littérature française », là, de d'Ormesson. C'est bien fichu. Mais je vais vous dire : ça coûte quand même 9,90 euros le volume… Et vous croyez qu'on me les aurait envoyés ? Rien ! Dassault ? Il ne me les a pas envoyés ! Mougeotte ? Pareil ! Pas envoyés ! Ah, je te jure, il y en a pas un pour racheter l'autre. On se demande vraiment où ils ont la tête. Ils n'ont pourtant que ça à penser. De leurs journées ! 9,90 euros ! Je suis allé les acheter moi-même, j'ai donné 10 euros et on m'a rendu 10 centimes de monnaie. 9,90 euros ! D'abord, je trouve que c'est encore trop cher, et ensuite, ils auraient pu me les envoyer. Mais non. Rien ! Ni Dassault, ni Mougeotte. Je te jure, Alain, il y a du laisser-aller… Mon problème, tu vois, c'est que je suis trop gentil.

Puis il me regarde de nouveau, de plus en plus détendu – au vrai, je le trouve de plus en plus sympathique :

— Mais je déteste m'humilier à répandre ma culture. Car ça m'appartient. C'est à moi. Je ne suis pas énarque. Un énarque, ça ne sait rien de Stendhal. Ça sait de Stendhal juste de quoi faire croire qu'on a lu Stendhal. Ça sait de Stendhal ce qui tient sur une fiche parlant de Stendhal. Je les hais. L'ENA, ce n'est même pas une école. Tu arrives à Strasbourg, et on te demande d'aller voir ailleurs si tu y es ! Et tu n'y es pas non plus… Tu n'es nulle part, quand tu es énarque. Les gars te disent « je suis énarque » comme ils te diraient « je suis ceinture noire quatrième dan de karaté ». Mais si tu les boxes, ils te répondent quand même par un geste de karaté. C'est absurde ! Moi, mon école, c'est regarder des films avec Carla, ici. Pas de dîners en ville ! Je ne suis pas Pompidou. Les minauderies, les petits fours, merci ! Avec Carla, on ne sort pas. C'est deux cent cinquante films par an. L'Élysée est devenu une annexe de la Cinémathèque.

— Mais quand même, monsieur le Président… Excusez-moi d'insister… Mais Rossellini… *Rome ville ouverte*… Quand même…

Là, il passe au tutoiement :

— *Rome ville ouverte* ? Tu déconnes ou quoi ? Mais évidemment ! Par cœur je connais !

À « Alain » :

— Il déconne ou quoi ?

À moi :

— Énorme, *Rome ville ouverte* ! Énorme… Non mais quand même, *Rome ville ouverte*… Quand même ! *Rome ville ouverte*, c'est même pas une question de Rossellini ou pas Rossellini : *Rome ville ouverte*, c'est *Rome ville ouverte* ! Il ne faut pas non plus déconner, *Rome ville ouverte*. Tu plaisantes, ou quoi ! Mais allez-y, vas-y, donnez-moi, donne-moi encore des films ! Des titres !

— *College*, de Keaton… dis-je. Un de mes films préférés de tous les temps.

— *College* ? Je ne connais que ça ! J'adore. J'adore *College* ! Mais je vais vous dire. Ça ne vaut pas Dreyer. Rien ne vaut Dreyer. Je suis désolé… Mais Dreyer, c'est quand même Dreyer. On peut chercher ce qu'on voudrait bien mettre au-dessus, mais au-dessus de Dreyer, je suis bien obligé de constater qu'il n'y a rien… Qu'est-ce qu'il y a au-dessus d'un film de Dreyer, franchement ? À part un autre film de Dreyer ? Dreyer, moi, c'est à fond ! Si je pouvais, ce serait matin, midi et soir. Vous voyez, *Ordet*, je l'ai offert à mes enfants.

Soudain, son téléphone se met à sonner ; il s'agit de Carla :

— Mon amour ! Ah ? Tu es au Virgin en train d'acheter des DVD ? C'est bien mon amour… Bien, très bien !

Il raccroche et s'adresse à « Alain » :

— Toi, il va falloir que tu te mettes à *Dexter* ! C'est extraordinaire. C'est un serial killer, tu vois, qui enquête sur ses propres crimes, étant donné qu'il fait partie de la police… Ah ! Il fallait y penser. Les scénaristes américains, ils pensent à tout. Ce n'est pas comme Dassault et Mougeotte !

Il me fixe de nouveau :

— Bon, sinon ? La situation dans les banlieues, vous suivez un peu ? Ça vous intéresse ? Ça vous dit quoi ?

— Vous n'êtes respecté dans les banlieues, dis-je, que lorsque vous montez le ton.

— Monter le ton, c'est un truc de ministre de l'Intérieur ou de candidat à l'Élysée. Ce n'est pas fait pour les présidents de la République. On peut tout monter, tout faire monter, là où je suis, sauf le ton… Des amis à vous me trouvent agité, mais vous leur expliquerez qu'ici, au palais de l'Élysée, il faut être calme. Ne pas faire d'excès. En rien ! Churchill, tout ça, la politique du cigare, la politique du whisky, c'est fini… Les outrances, les grandes figures, toute cette mystique des excessifs et des géants, cette époque des légendes qui gueulent, qui s'emportent, qui font l'Histoire et qui se saoulent ! Moi, je travaille au calme, et le soir, avec Carla, un Dreyer ! Vous savez ce qu'il a dit, Churchill, juste avant de mourir ? « Tout cela me fatigue… » Pas mal, non ? Eh bien il avait raison ! Gouverner, c'est déjà assez compliqué et fatigant, alors si en plus il faut monter le ton… Et la dernière phrase de l'archiduc François-Ferdinand, vous la connaissez ?

— Non…

— Toi tu la connais, toi, Alain, non ?

— Non, je ne crois pas.

— Il a dit : « Ne mourez pas, *darling*, pensez à nos enfants… » C'est génial ! Et Jean Jaurès, en train de rendre l'âme après son coup de pistolet ? Qui demande qu'on lui apporte une tarte aux fraises ! Ça c'est grand ! On est loin de Jean-François Kahn, là ! On est loin de *Marianne* ! On est loin de Giesbert et du *Point* ! On est quand même dans une autre dimension… Faire semblant d'avoir lu est tellement plus fatigant et contraignant que de lire le livre une fois pour toutes ! Mais non, là, du coup, le gars, Alain, il se perd dans ses fiches, il ne comprend même pas ce qu'on lui a préparé, les trucs qu'on lui a résumés… C'est de la marmelade, c'est de la bouillie. Je ne vois pas l'intérêt de faire une émission avec des livres si on ne lit pas les livres ! À part pour montrer sa bobine… Autant lire le bouquin une bonne fois pour toutes, plutôt que de ne rien comprendre sur des fiches, s'emmêler les pinceaux, gagner du temps quand on a l'écrivain en face, faire des phrases et noyer le poisson !

Puis il se tourne vers Carignon :

— Sous l'ORTF, ces types-là, ils n'auraient pas eu d'émission… C'était l'époque où on lisait les livres des gens qu'on invitait. Sous de Gaulle, ou bien on lisait ou bien on ne lisait pas, mais on ne disait pas qu'on lisait quand on ne lisait pas, hein Alain ?

Il s'adresse de nouveau à moi :

— Sous de Gaulle, c'était du solide ! On était solidement cultivé ou solidement inculte ! Moi, de Gaulle, il m'épatera toujours. Il n'est pas du tout ce qu'on croit. Il est même ce qu'on ne croit pas ! On parle quand même d'un type qui est allé voir Franco… En 1970… On n'en parle jamais, de ça. Mais vous imaginez, un peu ? Franco ! « Naturellement je verrai Franco »… Et il y va ! Avec Madame, avec Yvonne… En Andalousie. Il n'y a que quatre ou cinq photos. De Gaulle traverse la France, il pique-nique, et il arrive en Espagne, où Franco a tout fait nettoyer… Des généraux… Quelle provocation. C'est inouï. Vous imaginez la tête de Malraux ? Qui s'est battu en Espagne ? Personne ne parle jamais de ça. Vous imaginez ? Le héros de 1940 bras dessus, bras dessous avec Franco. Un criminel.

Un dictateur ! Pas mal, hein, comme dernier voyage ? « Comment voulez-vous qu'à soixante-sept ans, j'entame une carrière de dictateur ? »... 19 mai 1958... En attendant, il a fini sa vie en allant en saluer un ! Sa façon de dire : j'en étais peut-être un finalement, je vous ai bien eus... Ma Constitution, c'était juste un cache-sexe ! Comme les filtres pour l'eau... L'eau est trop chargée en plomb, hop, on met un filtre, et on peut la boire quand même. La Constitution de 1958, c'est ça : c'est un filtre... qui nous permet de nous infuser de Gaulle. De rendre de Gaulle buvable, potable, digestible, comestible ! Bien joué ! Ça c'est un artiste ! Il n'avait pas besoin de monter sur scène comme Mme Royal, lui, à faire de la pantomime de théâtre amateur devant les gens de *Télérama* ! De Gaulle, en même temps, il ne pouvait plus continuer comme ça, à entendre la pendule sonner, à Colombey... À compter les feuilles qui tombent à l'automne... Une jaune, une orange, une rousse ! À vérifier la couleur des nuages et à regarder tomber la pluie derrière le carreau. La vue sur la plaine, ça va bien cinq minutes ! Sa traversée du désert, il ne faut pas la sous-estimer : il a fait une dépression... Une grosse dépression ! Les tables de bridge, ou de rami, ces tables pliantes, là, qui lui renvoyaient un cafard insondable... Un cafard fait de province et d'enfance... À la fin, pareil, retour à la Boisserie... La même pendule, la même table pliante et la même pluie ! Et puis tante Yvonne à se coltiner toute la journée. Yvonne et son cancer ! Quelle sinistre période ! Ça n'allait plus... Quelque chose s'était détraqué, dans l'air... Tenez, dix jours avant la mort de De Gaulle sort *Le Gendarme en balade*, avec de Funès... Comme par hasard, c'est le seul de la série des « Gendarmes » qui ne soit pas regardable... Il est plein de couleurs et de hippies et de soleil, mais il ne marche pas, il y a quelque chose qui ne prend pas... On n'y croit pas, ça tourne à vide. Ce film plein de fleurs fout un bourdon impensable... C'est le de Funès de la fin de De Gaulle, et ça se sent, ça transpire de partout. Le maréchal des logis-chef Cruchot a la tête ailleurs, hein Alain ?

— J'avais pas vu les choses comme ça, Nicolas, mais maintenant que tu me le dis...

— C'est pourtant l'évidence ! *En balade* pue la mort. On oublie *En balade* ! Il pue la mort ce film. Quelle horreur ! Alors que tous les autres sont des chefs-d'œuvre ! Moi, ce qui m'embête, c'est que je n'aurai pas eu mon « Gendarme »... De Gaulle en aura eu trois : *Le Gendarme de Saint-Tropez*, *Le Gendarme à New York* et *Le gendarme se marie*... Pompidou, un : *Le Gendarme en balade*... Le « Gendarme » sinistré... Le maudit de la série... Giscard aura eu le sien aussi : *Le Gendarme et les Extra-terrestres*… Et Mitterrand aussi : *Le Gendarme et les Gendarmettes*, un des meilleurs en plus ! Moi, je n'aurai pas eu cette chance d'avoir mon « Gendarme »… Tant pis ! C'est comme ça ! De Funès, c'est un génie, le plus grand ! On ne parle jamais assez des deux derniers, *Extra-terrestres* et *Gendarmettes*, mais c'est injuste. Je les adore aussi.

— Avez-vous vu *Mammuth*, monsieur le Président ? Avec Depardieu ?

— Je vous conseille *Rome* ! Vous avez vu, *Rome* ? Saison 1… Géniale… Mais y a que deux saisons… C'est nul ! Pourquoi, d'abord, est-ce qu'il n'y a que deux saisons ? Ça, c'est un truc qui m'échappe… Y a jamais assez de saisons quand quelque chose est super. Quand un truc est nul, en revanche, tu as plus de saisons qu'il n'y a de jours dans une année ! Faut que vous regardiez *Les Tudors*, aussi… Magnifique, *Les Tudors* ! Et Woody Allen ! Tout Woody Allen ! Dans l'ordre, hein, par contre ! Si on le regarde pas dans l'ordre, Woody Allen, on rate quelque chose… Je ne sais pas exactement quoi, mais on rate quelque chose. Le problème, avec mon métier, c'est que je n'ai pas le temps de regarder tous les DVD que je voudrais. Pareil, je voudrais lire encore plus, mais c'est pas facile. Lire Houellebecq, le lire encore mieux, encore plus. Moi, je vous le dis, j'adore Houellebecq. J'aime Maupassant, j'aime Houellebecq… J'aime aussi Racine et Corneille, mais je vous avoue que mon préféré, c'est quand même Racine. Il est à la fois fabuleux et génial. Alors que Corneille est soit fabuleux, soit génial, mais pas les deux à la fois. Maupassant, Racine, Houellebecq… Mais, surtout, mon idole, c'est Céline. Lui c'est le plus fort… Il les envoie tous valser ! *D'un château l'autre*… Son meilleur ! Avec *Féerie* ! Ça c'est un sommet…

— Je suis d'accord ! Avec le coup de l'« Université de mes vices »…

— Moi je vais vous dire, Céline… Ce n'est pas compliqué, Céline… Il était obsédé par les virus, les microbes et les bactéries. C'est le Céline médecin, celui qui a fait sa thèse sur Semmelweis… Eh bien il voyait le monde plein de miasmes, et les miasmes macroscopiques, c'était les juifs. Le juif, c'était l'homme viral… Le peuple juif, c'était pour lui le peuple qui contamine. Pas plus compliqué que ça. Quand on sait ça, c'est bon, on a tout compris ! Mais je suis écœuré, moi, vous comprenez, par *Bagatelles*. *Bagatelles*, c'est pas possible, c'est pas excusable…

— C'est ignoble et illisible… dis-je. Et c'est du gâchis, car les passages qui ne parlent pas des juifs, dedans, sont extraordinaires. Notamment les pages sur la pollution à Paris…

— Vous lisez, moi je lis, mais on doit bien être les deux seuls. Les gens ne lisent plus. Ils écrivent, mais ils ne lisent pas. Comme si ajouter leurs livres à des chefs-d'œuvre avait le moindre intérêt… Giesbert ! Tiens, il ferait bien de lire plus et d'écrire moins…

Sur Giesbert j'imite Dalí (avec accent) :

— Tant d'arrivisme pour si peu d'arrivage !

Il reprend :

— J'en ai marre de ces bavards, de ces scribouillards, de ces commentateurs… Ils peuvent passer une journée entière à déblatérer sur le fait qu'un moucheron est tombé dans mon verre… Et la taille du moucheron, son âge… Si il a un petit nom. Et l'heure de l'accident, les circonstances exactes de la noyade ! Tu me dis si j'exagère, Alain ! Quand je fais quelque chose, ils me critiquent. Mais si je ne fais pas ce même quelque chose qu'ils me critiquent d'avoir fait, ils m'assassinent. Et quand ils en ont assez de commenter mes actes, ils commentent leurs commentaires… Les gens du *Nouvel Obs*, eux, c'est les pires. Sournois, sectaires, la pensée unique dans toute sa splendeur. Vous avez raison sur Ariane Chemin : une dinde ! Ils me prennent pour un fasciste ! J'aimerais bien leur donner des cours d'histoire, mais je ne suis pas payé pour ça. L'histoire, j'essaye de la faire en faisant mon travail. On me reproche tout, tout le temps, et tout et son contraire !

— Je crois que beaucoup de Français, monsieur le Président, vous reprochent de n'avoir pas vu le Kärcher que vous aviez promis d'utiliser dans les banlieues…

— Je vous ai dit que je pouvais pas. Je suis plus à l'Intérieur.

— Vu votre niveau dans les sondages, vous pouvez faire ce que vous voulez.

— Les élites me détestent, il est là mon problème. Et d'ailleurs, c'est pas mon problème, c'est le leur. Vous trouvez ça normal qu'ils me détestent à ce point ? On n'a jamais vu ça. De Gaulle, Pompidou, Giscard, Mitterrand, Chirac ont pris des coups, des sérieux, mais des comme je prends, de la part des élites et de l'intelligentsia, jamais à ce point ! Je suis l'homme à abattre ! Je suis l'ennemi de ces gens-là… Je les dérange. Y a une forme de racisme social, là-dedans… J'ai pas fait l'ENA. Mitterrand non plus, mais ils vous diront que « Mitterrand c'est Mitterrand »…

— Ils ne disent pas que vous n'êtes pas intelligent. Ils disent que vous n'êtes pas un intellectuel. Ce n'est pas la même chose.

— Mmmm… Ils vont tous jouer Aubry contre moi en 2012. C'est gros comme une maison. Aubry, Aubry, Aubry !

— Est-ce que vous croyez que Martine Aubry pourrait être émue en regardant un Rossellini ?

— Tu parles ! Faut des qualités humaines, pour ça. Et j'en ai, figurez-vous. Je suis très loyal avec mon Premier ministre. Je trouve ça immonde ce que de Gaulle a fait à Pompidou, qu'il ne l'ait pas soutenu, qu'il l'ait même enfoncé comme il l'a fait ! Vous imaginez, si je faisais ça à Fillon ? L'histoire jugera… Moi je suis fait pour les crises comme Chirac était fait pour le calme. Je suis fait pour le chaos et le désordre, pour la guerre… Chirac était fait pour la paix. On devrait classer les Présidents comme ça : les « faits pour la paix » et les « faits pour la guerre »… De Gaulle, bon, je vais pas vous faire un dessin… Même si à chaque fois que ça chauffe il s'en va ! Londres, Baden-Baden ! Pompidou très bien, en 1968… Il a tout fait. Il a tout réglé. Il a tout calmé. Giscard est pas fait pour la guerre. Mitterrand, si ! La guerre du Golfe, parfait. Et avant ça, le Tchad, les Malouines, le Liban… C'était un chef de guerre, Mitterrand. Un vrai ! Chirac : pas fait pour la guerre. C'est même la seule chose qui restera de lui, de pas l'avoir faite, en Irak ! Tout le monde ne peut pas être Churchill… Mais moi j'ai une théorie sur les états de guerre, de crise, les situations exceptionnelles… Pendant la guerre, étonnamment, tout est plus facile. On n'a même pas peur, pendant la guerre. Les décisions s'imposent d'elles-mêmes. Dans les situations exceptionnelles, tout est plus facile, il suffit d'accompagner l'événement pour être un grand homme…

— Je suis d'accord avec vous, monsieur le Président. Il est plus facile d'être exceptionnel dans l'exception que d'être exceptionnel dans la normalité.

— Ségo, vous l'imaginez, là-dedans, ici, à ma place ? Tu l'imagines Alain ? Votre ami Bernard-Henri Lévy, lui, se l'est très bien imaginé ! Vous lui direz de ma part qu'il a vraiment beaucoup plus d'imagination que je ne croyais ! Bon mais sinon n'hésitez pas à m'envoyer des films, des livres… À me conseiller des trucs. J'ai tellement de retard à rattraper ! Je vois tout, je lis tout… Hitchcock, c'est vraiment bien ! Mais il devait quand même avoir de gros problèmes avec sa mère. Quand on regarde tout, et dans l'ordre, on devine le malaise ! Et il est gros, le malaise. Ça me change, tous ces génies, des journalistes ! De toute façon je ne lis que *L'Équipe*. C'est pas humain sinon, toutes les horreurs qu'on lit sur soi… J'imagine que ça doit finir par atteindre. Je lis rien ! Comme ça je suis tranquille ! Mes lectures quotidiennes préférées, c'est *L'Équipe* et Maupassant… *Pierre et Jean*, c'est mon favori. Maupassant, Céline… Ils sont forts, ces deux-là. Céline et son antisémitisme, d'accord, mais ça n'empêche pas son génie. Comme l'homosexualité de Proust… Quand je lis Céline, je lis un écrivain, je ne lis pas un antisémite, quand les gens lisent Proust, j'imagine qu'ils lisent un écrivain, pas un homosexuel… Le *Voyage*, quand même, Alain… Tu es d'accord ?

« Alain » semble parfaitement d'accord. « Alain » est toujours déjà d'accord. C'est ce qui fait son charme.

— J'adore ça, le *Voyage*… Et *Mort à crédit*, franchement ! C'est pas énorme, ça, *Mort à crédit* ? Et la « trilogie »… Sigmaringen ! La description de l'Allemagne…

— Quand on lui a demandé quelle épitaphe il souhaitait, vous savez ce qu'a répondu Céline, monsieur le Président ? « Qu'ils étaient lourds ! »

— C'est merveilleux ! Je voudrais passer plus de temps dans Céline… Mais avec ce boulot… Je n'arrête pas. Vous croyez que ça m'amuse de travailler le samedi, le dimanche ? Là, je suis sur cette affaire d'otage en Somalie. Ça fait quatre jours que je n'arrête pas. Et là, dans ces moments-là, M. Moix, je peux vous dire qu'on ne fait pas semblant. C'est pas de la comédie.

— Vous connaissez la définition de l'intelligence, par Malraux, monsieur le Président ? Esprit de jugement, d'analyse, et destruction en soi de la comédie.

— Je préfère lire *Une vieille maîtresse*, de Barbey d'Aurevilly, que Malraux… Vous avez lu *Une vieille maîtresse* ?

Quelques mois plus tard, déjeuner à l'Élysée. Je me souviens que Zemmour, très enrhumé et le nez morveux, était là. Malade comme un chien. Il y avait Denis Tillinac. Sarkozy :

— J'ai une bonne nouvelle pour toi, Denis… Je songe à faire de toi mon ambassadeur auprès du Vatican.

Pendant tout le déjeuner, Tillinac essaie d'étouffer son contentement, de juguler sa joie, de surjouer la sobriété. Puis, vers la fin, le Président, avec un léger sourire sadique :

— Tu n'es pas divorcé au moins ?

Réponse de l'intéressé :

— Si pourquoi ?

Sarkozy :

— Ah zut ! Alors oublie.

Sur le chemin du retour, l'ambassadeur au mandat le plus court de l'histoire du Vatican, Tillinac tente de dissimuler la déception et d'atténuer l'humiliation :

— De toute façon, je pense que j'aurais refusé.

Le pauvre.

Nicolas Sarkozy et François Mitterrand furent les deux seuls hôtes de l'Élysée à n'être pas issus des grandes écoles de la République. De Gaulle était diplômé de Saint-Cyr, Pompidou normalien, Giscard polytechnicien et énarque, Chirac énarque. Mitterrand a fait simplement son droit ; Sarkozy a fait de même. D'où, chez eux, une méfiance entretenue à l'égard des « élites », et principalement des grands commis de l'État passés au rouet de l'École nationale d'administration. Je ne pense pas, non plus, qu'on gouverne un pays (on s'en rend compte depuis quatre ans) par l'énarchie – il ne s'agit pas, bêtement, de stigmatiser une institution qui a fait ses preuves, mais d'admettre une liberté, rafraîchissante, de mater parfois l'arrogance de quelques abonnés de la morgue conceptuelle. Je me souviens comment, à Sciences po, l'ENA se préparait : Stendhal était une fiche parmi les autres.

Sarkozy, évidemment, réincarna Mitterrand d'une autre façon : par l'appétit qu'il mit à diviser parfois ses troupes pour régner dessus. Cette façon, inimitable mais qu'il imita si bien, et où son père spirituel socialiste excellait, de jouer avec les nerfs des ministres aux alentours du remaniement. Est-ce par pur sadisme ? J'opterais plutôt pour une volonté d'éprouver les caractères, de saisir les défauts, de démasquer les mauvais joueurs. On notera que Fillon, finalement, aura été le Pierre Maurois de Nicolas Sarkozy : proche, utile, compétent, fiable, honnête, présent. Il n'aura somme toute pas eu de mal à s'en séparer.

Une autre étrange ressemblance avec François Mitterrand (outre celle de ne pas lâcher ses amis quand ils sont pris dans la tourmente), depuis l'affaire des Roms, est Vichy. Vichy comme passé, pour Mitterrand ; Vichy comme présent, pour Sarkozy. Vichy comme réalité, pour Mitterrand ; Vichy comme analogie, pour Sarkozy. Vichy comme vérité, pour Mitterrand ; Vichy comme accusation, pour Sarkozy. Ils furent les deux seuls à avoir, dans le réel ou dans le fantasme des foules, croisé le chemin du maréchal Pétain. Mitterrand fut « vichysso-résistant » : il a croisé, il a connu Pétain. La francisque lui aura collé à la peau jusqu'à la dernière minute, avec une malhonnêteté stupéfiante : on a fait mine, en 1994, de découvrir ce que tout le monde savait, ce que chacun disait savoir, depuis 1945. On a fabriqué, pour mieux le haïr, et pour l'occasion (sa fin de règne qu'il s'agissait de précipiter tant elle n'en finissait pas de durer), un Mitterrand vichyssois qu'il n'était nul besoin de fabriquer : puisqu'il existait. On a fait semblant de se souvenir brusquement. Ce n'est pas, ce n'était pas une démarche digne. De la même manière, et quoi que l'on puisse penser de la politique de Sarkozy entérinant l'expulsion de ces pauvres populations roumaines désœuvrées, misérables et souffrantes, il n'est pas digne de se fabriquer, même pour l'occasion, un Pétain nouveau, renouvelé, prêt à proposer comme hier le pire à la France. Ceux qui, sans rougir, ont brandi les adjectifs, les dénominations relevant des années noires de notre pays se sont-ils penchés vraiment sur l'histoire ? On a fait en 1994 de Mitterrand, vichyssois d'hier, un vichyssois par surprise, un vichyssois revisité, coupable comme un sou neuf, salaud depuis toujours mais officiellement depuis ce matin. C'est la même tentation, celle de réveiller les spectres pourris, qui anime quelques Français, inconscients autant qu'ignares, lorsqu'ils tentent d'accoler à Sarkozy, président d'un régime démocratique, élu au suffrage universel, la marque de l'indignité, de la moisissure et de la Révolution nationale.

Mitterrand, François, eût adoré Sarkozy, Nicolas. Il eût été très étonné, par exemple, très épaté aussi, de voir qu'un président de la République française parvient à ne point céder quand les jeunes sont dans la rue, prêts à tout casser. C'est sans doute une première, depuis de Gaulle. C'était donc possible. Les Français aiment que celui qu'ils font semblant de haïr leur tienne tête. Quand tout, strictement, oppose deux hommes, voilà étrangement qu'ils se ressemblent, s'accompagnent, se digèrent. L'un citait Chardonne, l'autre Céline. L'un était amateur d'incunables, l'autre de cigares. L'un pratiquait les reliefs du Morvan, l'autre les lacs américains. L'un aimait les femmes vénéneuses et secrètes, l'autre les femmes fatales et célèbres. L'un ne pratiquait de sport que la marche, aidé d'un bâton de hêtre noueux, l'autre fait du footing en short et sue dans son maillot. L'un parcourait les quais de Seine en passant près des bouquinistes, l'autre fait du vélo et les passants le regardent. Deux styles, à la symétrie strictement inverse, qui avaient tout à se dire, l'un annonçant l'autre, l'autre prolongé dans l'un. Deux hommes, haïs, aimés, haïs et aimés en même temps, haïs dès qu'ils sont trop aimés, aimés aussitôt que trop haïs et qui, très étrangement, ont marché ensemble. Sarkozy re-Président ? Mais Sarkozy sera-t-il cette fois un Président de droite ?

Sa droite n'a pas été suffisamment de droite, elle a essayé de plaire à ses ennemis. Sa droite ne fut pas la droite. Ce fut une droite qui joua les durs, bomba le torse, se transforma en Superdroite le temps d'une campagne électorale, puis s'affaissa au pouvoir, ratatinée soudain par les complexes qu'elle s'était promis à elle-même de ne plus trahir. La droite qui ne complexait pas d'être de droite fit tout ce qui était en son pouvoir pour plaire à la gauche. Nicolas Sarkozy n'a eu de cesse que de vouloir obtenir la couverture des *Inrocks*, ainsi que mille preuves d'amour de la part de *L'Obs*. Nous connaissons bien les ressorts mentaux de la gauche : elle ne méprise rien tant que ceux qui cherchent à s'attirer sa bienveillance. La gauche préfère un homme de droite qui lui crache nettement au visage, qu'un homme de droite qui voudrait trouver avec elle des terrains d'entente, des motifs d'union, des instants partagés. Ainsi va le sectarisme : un ennemi pacifié lui est mille fois plus insupportable et méprisable qu'un ennemi survolté.

La gauche ne respecte que la droite de droite. La gauche hait la droite de gauche. La vérité, c'est que la droite aimerait être aimée par la gauche, qui elle n'aime rien tant qu'être détestée par tout ce qui n'est pas de gauche. La droite réclame de l'amour, la gauche se complaît dans la haine. La droite paradoxale de Sarkozy fut donc celle-là : accéder à l'Élysée par surenchère droitière pour finalement minauder dans l'arrière-cour de la gauche. Résultat : les électeurs de droite se sont sentis lésés, et ont commencé à détester Sarkozy ; et les électeurs de gauche se sont sentis musclés, et ont achevé de tuer Sarkozy. Conclusion : la droite, si elle est vraiment de droite, ne doit jamais jouer à la gauche, surtout quand elle a joué à la Surdroite. En face de cette droite mal à droite et par conséquent maladroite, s'est dressée une droite moins à droite et du coup plus adroite : celle d'un juppéisme naissant, d'où s'élèvent, doucement, les promesses d'une société libérale mais juste, inflexible mais sociale, rationnelle mais généreuse. La droite actuelle, l'étrange créature enfantée par ces deux courants : ici, fille d'une droite mieux à droite et adroite, fille d'une droite droite dans ses bottes, fille d'une droite gaulliste que Chirac n'incarna jamais (il fut le Guy Mollet de la droite), fille d'une droite calme et glaciale qui s'imprégna de chiraquisme dans l'espoir de faire un jour du gaullisme ; et là, fille d'une droite maladroite et mal à gauche, fille d'une droite bouillonnante et remuante qui s'imprégna de gaullisme pour produire du chiraquisme, quand ce n'est pas du mitterrandisme. La droite d'aujourd'hui est cette fille débile, fille d'un orléanisme juppéiste en devenir et d'un bonapartisme sarkozyste passé. Mais ce n'est pas tout : elle est en sus schizophrénique. On lui demande sans cesse de choisir entre ce qu'elle déteste beaucoup, la gauche, et ce qu'elle est censée dire qu'elle déteste davantage, l'extrême droite. Son drame, c'est que la symétrie entre l'extrême gauche et l'extrême droite n'existe pas. La droite est prise depuis trente ans dans ce filet : si elle se durcit, soit elle semble plagier la Le Pen family et se voit dans l'obligation de lui reverser des droits d'auteur (se décrédibilisant au passage), soit le Front national lui emprunte ses idées. Elle est prise dans une toile d'araignée infiniment complexe. Elle est, en permanence, accusée par ses propres électeurs de s'inspirer de l'extrême droite ou de l'inspirer. Et quand ce n'est pas le cas, on dit qu'elle entend faire une politique de gauche.

En réalité, la droite donne l'impression de n'être jamais de droite. La gauche a contre elle la droite, l'extrême droite et une partie de l'extrême gauche ; la droite a d'abord contre elle la droite. Dès qu'elle est européenne, on lui reproche de faire du sous-hollandisme ; quand elle l'est moins, on l'accuse de faire du sous-lepénisme. Elle manque de cohérence. Elle ne sait pas qui elle est. Par habitude, elle aime qu'un Bonaparte surgisse, et fasse d'elle ce qu'il veut. La séduise, l'étonne – la prenne, sauvagement. C'est une tradition, chez elle, l'homme providentiel. La gauche se fait souvent engrosser par des tâcherons, des bureaucrates, des apparatchiks, des laborieux, des méritants ; la droite, elle, aime les sensations fortes, les hommes de Brumaire et de Juin, les inopinés, les imprévisibles, les fous furieux remplis de destin.

Un convoi de djihadistes a été détruit par des frappes aériennes aux environs de Falloujah. L'armée irakienne grignote chaque jour un peu de terrain. Un exode a lieu au sud-est de Mossoul. Les déplacés de Mossoul, traumatisés par Daech, parlent : la plupart se terraient chez eux, paniqués que les djihadistes les surprennent à rire, à fumer, à tout simplement vivre, à tout simplement être. S'échapper de Mossoul était beaucoup plus dangereux que de s'évader de Colditz. Les cadavres de ceux qui ratèrent leur coup étaient exposés à la foule pendant des jours entiers. Les messes de Daech, selon les témoins, ne parlaient que de mécréance et de mort. Les populations (carencées, vidées, saignées, humiliées, tétanisées, blessées, violées) de cet exode trouvent refuge au camp de Dibaga, près d'Erbil, qui se situe dans le Kurdistan irakien. Un camp dont la capacité d'accueil est doublement dépassée : 11 000 personnes s'entassent, dans des conditions précaires, là où 5 000 étaient prévues.

L'épuration continue. Ce sont des régions où l'on sait se venger. L'armée irakienne est vigilante sur les traîtres : qui a fait quoi, et pourquoi, et quand, où et comment, avec Daech ? Qui s'est souillé ? Qui s'est compromis ? Et dans quelle proportion ? Une villageoise qui aurait fait du pain pour les djihadistes, par exemple, est susceptible de n'être pas acceptée à Dibaga. La tondra-t-on ? Parfois, les évasions de Mossoul ont la teneur des évasions nord-coréennes. On part à deux, trois copains, on attend la nuit, et il y a un fleuve à traverser (ici, le Tigre). Et, comme en Corée, on se fait généralement tirer dessus. On meurt noyé, ou d'une balle, ou, si l'on se fait prendre, sous l'effet de la torture (ou au peloton d'exécution).

Terrorisme domestique… En Cisjordanie, un crime atroce a eu lieu. Hallel Yaffa Ariel, treize ans, s'est fait assassiner à coups de couteau par un Palestinien de dix-sept ans qui s'est faufilé dans sa chambre. Elle dormait à poings fermés, rêvait peut-être, et fut lacérée. Tsahal a diffusé une photographie de la scène de crime : un petit lit superposé maculé de sang. La minable petite merde humaine qui a commis cette atrocité avait quelques heures auparavant, sur son compte Facebook, réclamé la mort : « La mort est un droit et je la réclame. »

Les attentats se suivent, se ressemblent, mais ne jouissent pas tous, dans la presse, de la même notoriété. Les talibans, par exemple, ne sont plus autant à la mode qu'ils l'étaient au début de ce siècle, au moment de la grande folie du 11 Septembre. C'étaient eux, à l'époque, les méchants. C'étaient eux, alors, qui incarnaient officiellement (et prioritairement) le Mal. Aujourd'hui, force est de constater qu'ils ont été éclipsés par Daech ; Daech a volé la vedette à toutes les saloperies de la planète, et jusqu'à Al-Qaïda et ses franchises (Al-Nosra…). Si Daech avait commis l'attentat qui, à Kaboul, vient de faire vingt-sept victimes (tous des policiers), il est évident qu'on n'entendrait parler que de cela. Mais là, non : juste quelques lignes, planquées.

Nouveau bilan à Istanbul : 43 morts. À Paris, on surveille les aéroports « comme jamais ». Et c'est bien là, finalement, que se lit notre impuissance face au terrorisme. Comment le terrorisme serait-il aujourd'hui là où il était hier encore ? Le terrorisme ne consiste jamais à reproduire les mêmes scénarios : il est toujours déjà ailleurs ; d'une certaine façon, les aéroports, le lendemain d'un attentat dans un aéroport, sont les seuls lieux du monde à ne pas surveiller. De toute façon, quand on voit le sérieux avec lequel les affaires et les valises sont fouillées à Orly ou à Roissy, on sait, on sent que nous ne sommes protégés de rien. Personnel lamentable, la tête ailleurs, parlant et déconnant entre eux, hilares, endormis, pourrissant d'ennui et d'envie de faire leur pause… Je déteste cette expression, mais on sent bien qu'ils ne sont pas « au taquet ». Tout se fait dans la rigolade et la décontraction, l'amateurisme, le « pour de faux ». Ils jouent à inspecter, ils n'inspectent rien du tout – ou si mal. Ils se focalisent sur une bouteille d'eau, mais ne verraient pas un Smith et Wesson. Des abrutis.

Nouveau « nouveau bilan » : 44 morts. Les auteurs des attentats sont : un Russe, un Ouzbek et un Kirghiz. L'attentat n'a toujours pas été revendiqué. Mais la piste Daech ne fait guère de doute. Chez Daech, on trouve de tout. C'est la Samaritaine de l'horreur. Beaucoup de Russes, notamment du Caucase. Des Ouzbeks.

Daech revendique, en revanche, le meurtre d'un prêtre copte égyptien. Par balles.

Au Cameroun, un kamikaze de Boko Haram s'est fait exploser : 11 morts, 12 avec le kamikaze – mais on hésite à les comptabiliser ensemble. D'abord, parce que mettre dans le même panier des hommes et un étron ne coule pas de source ; ensuite, parce que la mort ne signifie pas la même chose pour ceux qui la redoutent et celui qui l'appelle.

Un juif ne continue pas le judaïsme : il l'approfondit, il le creuse, il le recommence, il y retourne, il s'y replonge, il s'y enfonce, il s'y engloutit. On est juif par compréhension, et catholique par extension.

Gulda se plaint, à longueur d'interviews, des catégories dans lesquelles le public, toujours mesquin, étriqué, petit-bourgeois, tente de ranger coûte que coûte les artistes et plus spécifiquement les musiciens. Il rage de ce qu'un « musicien classique » ne puisse être en même temps applaudi, reconnu, consacré comme jazzman. Il s'emporte. J'aime ses colères. Et, surtout, son manque total de modestie. Gulda n'est jamais modeste ; mais il est toujours humble. Il revendique le droit à être un musicien complet, c'est-à-dire un musicien tout court : de faire de la pop, de la variété. « Mais non, on vous enferme dans des boîtes, dans des pigeonniers. Franchir les frontières, aller du classique vers le jazz, ce n'est pas seulement un tabou musical. C'est un tabou social. Techniquement, dès vingt ans, je pouvais jouer absolument n'importe quoi. Mais il fallait absolument que, comme jazzman, je sois considéré comme une nullité totale. Sans quoi j'aurais perdu mon aura comme pianiste classique. » Qu'à cela ne tienne, puisque le public ne veut décidément pas d'un pianiste à deux têtes, c'est en tant que saxophone baryton qu'il viendra swinguer et improviser sur la scène jazzistique : « J'ai pratiqué comme une brute et joué dans tous les clubs. Et je suis très fier de mes compositions jazzoïdales de cette époque. »

Machiavel, Sun Tzu ont trouvé un lieu neuf pour avoir raison : celui des petits chefs et des assistants, des stagiaires et des patrons. Clausewitz est dans l'ascenseur. Il y a un ego dément par mètre carré sur cette Terre, et chacun est le tortionnaire de chacun, tout le monde détruit tout le monde ; on cherche moins ici-bas à installer son propre bonheur qu'à assurer le malheur de son prochain. Un manuel de guerre locale pour tous ceux qui travaillent entourés de collègues, c'est-à-dire d'ennemis mortels.

Samedi 2 juillet

Réveil avec *Blue And Lonesome*, Little Walter, 1978 (Le Roi du Blues, 33.2007, US). Little Walter : chant, harmonica ; Willie Dixon : basse ; Elgin Evans, George Hunter et Fred Below : batterie ; Dave Myers, Fred Robertson, Louis Myers, Jimmy Rogers, Luther Tucker, Muddy Waters et Robert Lockwood Jr. : guitare.

Un incendie a détruit un pressing dans l'immeuble jouxtant celui de Maria. Impressionnants dégâts. Massage. Exposition « Carambolages » au Grand Palais.

Lettre d'insultes (très, *très* épaisse) au courrier : celui qui a écrit ça, y passant des heures, peut-être des jours, sait-il qu'elle est partie dans la poubelle sans avoir été regardée plus de trois secondes ?

Gulda joue avec les plus grands, dont Chick Corea (que je découvre en 1984 également, avec l'album *My Spanish Heart*, 1976, sans doute son chef-d'œuvre ; plus tard, en 1992, je découvrirai les merveilleux albums de Return to Forever, notamment le *live* inouï de 1978). Corea et Gulda s'adorent. Le premier donne des conseils de piano jazz au second qui, en retour, lui enseigne les rudiments du piano classique (que Corea rêve d'apprendre). Il faut les voir, tous les deux, accolés par deux pianos comme des frères siamois, leurs génies ne faisant plus qu'un. Gulda, le dos rond, Corea, droit comme un i, placé un tout petit peu en arrière par rapport au clavier. L'un va chercher la note et l'autre paraît s'en débarrasser, l'un l'épouse et l'autre la frôle. Gulda s'approche du son, s'enveloppe dedans pour s'y lover, se confondre et se mélanger à l'harmonie ; Corea, comme méfiant, griffe les touches. L'un peint, l'autre sculpte. L'un caresse, l'autre taquine. Le premier chat embrasse sa souris, le second s'amuse avec. « Les Blancs riches ne me pardonnaient pas de jouer une musique de Noirs pauvres. » On pourrait ajouter que les Noirs pauvres, tout comme les Blancs riches, ne comprenaient pas que Gulda jouât une musique de Noirs pauvres.

Combien de sortes de guerres de genres différents sont-elles en train d'avoir lieu ? Quelles sont celles que l'on voit à l'œil nu ? Quelles sont celles qui ne se voient pas ? Des alliés ne peuvent-ils pas se combattre selon des modalités autres que celles qui les feraient classiquement se bombarder ? La paix n'est plus le contraire de la guerre ; le contraire de la guerre, c'est une autre guerre. Le contraire de la guerre, c'est une guerre qui ne se voit pas. Le contraire de la guerre, c'est une guerre que personne ne remarque.

Je suis en train de devenir juif : ma famille (je n'en ai aucune preuve, c'est mon père, à la fois idiot borné et mythomane patenté, qui le martelait) *descendrait* des marranes. Les marranes sont des juifs qui ont été contraints de devenir catholiques pour sauver leur vie. C'est-à-dire que je suis en train de (re)devenir juif. Peut-être que juif, après tout, ce n'est pas quelque chose qu'on devient, mais que c'est quelque chose qu'on redevient. J'aimerais donc redevenir ce que je ne suis pas encore.

Je repense à cet entretien, relaté hier dans ce journal, avec Nicolas Sarkozy. Il y a tout de même une distance abyssale entre François Mitterrand et lui : c'est celle qui sépare la culture et la cuistrerie. Sarkozy a-t-il écrit un seul de ses livres ? Je ne sais. Peut-être. Mais aurait-il été capable d'écrire *Le Coup d'État permanent* ? Réponse : non.

François Mitterrand a passé une partie de sa vie à attaquer la Constitution de 1958 : lors du référendum (septembre 1958) il appelle à voter non. Il l'insulte, encore, dans, justement, *Le Coup d'État permanent*. François Mitterrand, soudain, est un pamphlétaire – comme Péguy, comme Bloy, comme Bernanos, comme Mauriac (dans une certaine mesure, assez sage, assez scolaire, assez plate, Mauriac fut un pamphlétaire). Le pamphlétaire, en lui, est aussi permanent que le « coup d'État » qu'il dénonce. Un pamphlétaire, ce n'est pas tant quelqu'un qui s'adresse à un autre que quelqu'un qui s'adresse à lui-même. Ce qu'il reproche à de Gaulle, c'est que Mitterrand n'est pas (encore) de Gaulle ; ce qu'il hait chez de Gaulle, c'est ce que lui, Mitterrand, n'est pas. Mitterrand, finalement, se hait lui-même, s'insulte lui-même, s'en veut à lui-même de n'être pas (encore), de peut-être ne jamais parvenir à être ce que de Gaulle est parvenu à être : le premier, le plus grand des Français.

Tout pamphlet est une prière : on croit aboyer contre un ennemi, mais on prie pour soi-même, de toutes ses forces, pour obtenir aussi bien que cet ennemi. Le pamphlet est toujours touchant, le pamphlet est toujours émouvant : son auteur veut donner des coups, mais il ne fait en réalité qu'exposer publiquement ses blessures. Le pamphlet est une machine à tuer inventée par des blessés. Et celui que Mitterrand veut éliminer, ce n'est pas tant le général de Gaulle que le Mitterrand qui fait honte à Mitterrand, le Mitterrand que Mitterrand ne parvient pas à admirer. *Le Coup d'État permanent*, c'est *le coup de cafard permanent*. C'est *le coup de blues permanent*.

Non pas que Mitterrand veuille devenir de Gaulle, non pas qu'il veuille ne serait-ce que *ressembler* à de Gaulle : seulement, il veut devenir le Mitterrand, il veut ressembler au Mitterrand qu'il sait qu'il peut être – dont il est agacé que tout le monde ne s'aperçoive pas que c'est celui qu'il sera. Là où se trouve de Gaulle, ce n'est pas un endroit pour de Gaulle, c'est un endroit pour Mitterrand. Mais Mitterrand sait très bien (et c'est pourquoi il utilise la littérature pour s'insurger, et le genre très connoté, très précis du pamphlet qui appartient à l'outrance, à l'exagération, à la caricature – parfois même burlesque) que, pour que cette place (la première) jouisse un jour du plus grand prestige possible, de la plus grande aura, il est bon que de Gaulle l'occupe avant lui, la baptise, la sanctifie en l'habitant, en l'incarnant. Mieux vaut que ce soit de Gaulle, personnage historique, qui vienne marquer ce siège de son empreinte historique, héroïque, mythologique – ce sera toujours un peu de cette histoire, de cet héroïsme, et ce sera toujours un peu de cette mythologie qui rejaillira (« le moment venu », comme eût dit Pompidou) sur lui, Mitterrand – qui le contaminera, lui, Mitterrand. Ce sera comme un adoubement rétrospectif une fois qu'il y sera.

C'est pourquoi, Mitterrand, d'*une certaine manière*, attaque *autant* le Général qu'il fait *semblant* de l'attaquer. Dans un discours, dans une conférence de presse, dans une déclaration solennelle, et même dans un débat télévisé, ou au cours d'une interview, dans un article, on attaque de vrais hommes pour de vrai, entre hommes, entre vrais hommes. Entre vrais hommes vrais. Mais le pamphlet, mais le recours au pamphlet, c'est autre chose. Le pamphlet est une arme littéraire – c'est l'arme des écrivains. Ce n'est pas (traditionnellement) l'arme des politiques. Un pamphlet peut être (est souvent) politique, mais il reste une arme aux mains de l'écrivain : c'est *Napoléon le Petit* de Victor Hugo, où l'auteur des *Misérables* utilise toutes les ressources de son génie, de sa littérature, de son *art* pour déboulonner la statue (vivante) de Napoléon III ; c'est *L'Argent suite* où Péguy s'en prend aux pacifistes et prévient Jaurès qu'en temps de guerre, qu'en temps de rupture, de révolution, la logique voudrait que sa tête tombe (sur fond de roulement de tambour) ; c'est, encore, pour se rapprocher de nous (et de François Mitterrand), Jean-Edern Hallier qui publie, en une petite quinzaine d'années, un pamphlet contre Giscard et deux contre Mitterrand.

Un pamphlet, c'est un écrivain contre un politique ; ou bien c'est un écrivain contre un écrivain (*Paul et Jean-Paul* de Jacques Laurent, où Laurent compare Jean-Paul Sartre à Paul Bourget ; *Les Funérailles du naturalisme*, brûlot de Bloy contre Zola ; *Contre Sainte-Beuve*, même, où Proust – à sa manière – règle ses comptes au critique littéraire le plus influent de son époque, etc.). Un pamphlet, c'est un écrivain contre quelqu'un. Contre quelque chose ; contre tout le monde ; contre le reste du monde. Contre le monde entier – mais ça part de l'écrivain ; c'est projeté depuis la littérature ; et la catapulte, c'est un tempérament (littéraire) ; c'est le style.

Le pamphlet, ce n'est pas un roman, car ça *s'adresse à*. Le pamphlet, ce n'est pas un essai, car ce n'est pas sage, posé, parce que ce n'est pas (forcément, obligatoirement) documenté. On place dans le pamphlet, sous forme projectile, la même vision du monde que celle que nous plaçons (nous les écrivains) dans nos romans. Et c'est parce que le pamphlet appartient davantage à la fiction qu'à la réalité. La fiction, ce n'est pas une « histoire » qu'on (se) raconte : c'est une manière personnelle, inédite, d'aborder, de décrire, de dévoiler la réalité sans passer par la vérité. Par la vérité de tous, celle qui est communément admise – celle des universitaires, des sérieux, des journalistes. La fiction, ce n'est pas une histoire qu'on (s')invente : c'est une manière, à la fois extrêmement prétentieuse et parfaitement modeste, de faire comprendre aux gens que la vérité, en tant que telle, n'existe pas ; que ce qui existe, à l'infini, c'est la manière de décrire une réalité donnée – cette infinité des approches (la science en est une, la poésie une autre, parmi des milliards d'autres) s'appelle, *pourrait éventuellement s'appeler* la vérité. Un pamphlet, c'est du style ; le style, c'est de la vision du monde ; c'est de la littérature.

La fiction, la réalité, la vérité, le mensonge : tout ça n'a plus le moindre sens – ce qui intéresse l'écrivain, c'est de trouver les mots pour exprimer le plus justement, le plus précisément, le plus personnellement ce qu'il pense – ce qu'il *voit*. « Précisément », « justement », « personnellement » deviennent alors synonymes. Peu importe qu'on appelle ça de la fiction ; peu importe que ça exprime *la* réalité, que ça revienne à dire *la* vérité – ou que ce soit là affabulations de mythomane : ce qui intéresse ici, c'est la *sincérité*. L'écrivain, le vrai, peut se tromper sur la réalité (qu'il prend pour de la fiction, et vice versa), il peut se méprendre sur ce qu'il pense être la vérité : mais il ne peut tricher, il ne peut s'arranger avec la sincérité. Zola est sincère dans son « J'accuse » de *L'Aurore*. Bien sûr, sa sincérité est appuyée par sa conviction profonde de clamer la vérité – mais Zola, même convaincu, sait qu'il peut se tromper ; il sait que ce qu'il croit définitivement être la vérité n'est pas totalement définitif, n'est pas définitivement définitif. Zola a trop étudié les sciences, celles de l'homme comme celles des concepts, pour savoir que la vérité ne se proclame qu'avec conviction, jamais avec certitude. Avec sincérité, jamais avec autorité.

C'est pourquoi le « J'accuse » de Zola, parce que Zola est écrivain, n'a pas la même valeur politique (même si sa valeur médiatique est réelle, immense) qu'un hypothétique « J'accuse » de Poincaré ou de Clemenceau. Ce qu'on attend d'un homme politique, c'est qu'il n'exprime rien d'autre que la vérité ; ce qu'on attend d'un écrivain, c'est qu'il n'exprime rien d'autre que la sincérité. Parce que Zola est écrivain, qu'il est reconnu, connu comme écrivain, identifié comme écrivain, célèbre comme écrivain, son « J'accuse » ne peut être au mieux, non pas l'illustration d'une éclatante vérité, mais une éclatante sincérité. Il se trouve que Zola avait raison ; mais Zola aurait très bien pu se tromper : quelques décennies après lui, un autre écrivain engagé a souvent beaucoup accusé, a souvent beaucoup invectivé, pris à partie : et s'est souvent trompé. Il s'appelait Jean-Paul Sartre. Quand Sartre défend l'invasion de la Tchécoslovaquie par l'URSS, il est persuadé d'avoir raison – comme son prédécesseur Zola, il met sa réputation d'écrivain au service de ce qu'il croit être la vérité, mais qui n'est en réalité que sa vérité. Ce qui reste de tout cela, au moins (un homme politique ne s'en serait pas remis), c'est une tragique mais louable, mais respectable *sincérité*. Zola qui ne se trompe pas est sincère et pourrait se tromper ; Sartre qui se trompe est sincère et pourrait ne pas se tromper. L'avenir, lui, s'occupe mieux que les hommes de la vérité – l'histoire est là pour ça.

Mais, au présent, ce que l'écrivain peut offrir de mieux, sait offrir de mieux, c'est au-delà de sa fiction réelle, de sa réalité fictive, de sa vérité mensongère, de son mentir-vrai (pour reprendre l'expression d'Aragon) : c'est sa sincérité. Ce que le responsable politique peut nous donner de plus noble, c'est la vérité ; ce que l'artiste, ce que l'écrivain, ce que le pamphlétaire peut nous apporter de plus noble, c'est la sincérité. En écrivant un pamphlet, Mitterrand s'est mis du côté de l'écrivain ; il s'est fait écrivain : il a, l'espace d'un instant, abandonné son costume d'homme politique pour le troquer contre l'habit de l'écrivain. Cela veut dire, cela signifie que ce qu'il a décidé, au mieux, de nous offrir, c'est la sincérité. Et non pas la vérité. En muant de politique en écrivain, Mitterrand a souhaité échanger le plus possible de vérité contre le plus possible de sincérité. Il sait (mieux que quiconque) que le général de Gaulle n'a pas fait un putsch, qu'il ne s'est pas emparé du pouvoir par un *pronunciamiento*. Il sait que l'expression « coup d'État » ne dit pas la vérité ; elle dit la sincérité. Mitterrand, en utilisant une casquette d'écrivain, ne dit pas : « De Gaulle est un dictateur » ; il dit qu'il perçoit, qu'il ressent de Gaulle comme un dictateur. C'est une vérité politique erronée, mais une vérité littéraire géniale. C'est une vérité historique contestable, mais une trouvaille artistique incontestable.

Zola n'a pas écrit de pamphlet, il n'a pas conçu son « J'accuse » comme un exercice littéraire ; il ne l'a pas inscrit dans un genre : il a voulu braquer son habit d'écrivain contre celui de citoyen engagé ; cela veut dire que, même ponctuellement, Zola a été politique ; un acteur politique – cela veut dire que, même trois secondes, Zola a voulu cesser d'être un écrivain pour être un homme politique. Car un écrivain qui fait de la politique (même trois secondes) cesse pendant trois secondes d'être un écrivain : c'est un politique. Un écrivain qui cesse (même trois secondes) de faire de la littérature pour faire de la politique doit être considéré (pendant trois secondes) comme un homme politique – mais, en face, tout le monde lui refuse ce statut. Reste la réputation : quand bien même Zola quitterait à jamais (et par conséquent pour une durée supérieure à trois secondes) la littérature pour « entrer en politique », il resterait écrivain aux yeux du monde entier et des générations futures.

Zola (contrairement à Voltaire, contrairement à Hugo, contrairement à Henri Rochefort) n'a peut-être pas voulu faire un pamphlet (c'est même certain : il a tout voulu faire *sauf* un pamphlet), il n'en reste pas moins que son « J'accuse » a un pied tout entier (pour ne pas dire les deux – je serais volontiers tenté de dire les deux) dans la littérature. Ce n'est pas un hasard, lorsqu'on ouvre un manuel de littérature, si le « J'accuse » de Zola est tout aussi martelé que dans un manuel d'histoire. On a cru voir là la naissance des écrivains du XXe siècle ; d'une nouvelle race d'écrivains : les intellectuels ; les écrivains « engagés ». D'abord, il y a eu le moi barrésien total – le roman du moi, le culte du moi (avec cet intérêt récurrent chez lui, malgré tout, pour la politique – comme quoi le moi profond et le moi politique paraissent indissociablement liés) ; ensuite, il y a eu le moi gidien : mélange d'égotisme stendhalien et d'engagement. Gide : le moïste et l'intellectuel. Un moi et un engagement partagés : presque à égalité (du moins en apparence). Le Gide du *Journal* coexiste avec le Gide de *Retour de l'URSS* ; celui de *Et nunc manet in te* (son récit le plus intime) avec celui du *Retour du Tchad*. On voyage dans un nombril et on voyage dans le monde. Gide assure la transition entre moi et le monde, entre le nombril et la géopolitique, entre le placenta barrésien et le globe-trotterisme sartrien.

Le chaînon entre Barrès et Sartre, c'est Gide. C'est lui qui assure la transition. Il achève Barrès et contient, en germe, le Sartre à venir (une parenthèse, toutefois : exactement comme le moi barrésien n'est pas – loin s'en faut – un moi fœtal replié sur lui-même, un moi d'œuf, un moi sourd et muet et aveugle au monde et aux mondes, aux bouleversements du monde, l'engagement international, le nomadisme intellectuel, le dévouement universaliste, activiste, pétitionniste, épuisantiste de Sartre n'est exempt de lassitude, de haine du voyage, du déplacement, de hantise d'autrui, d'être dérangé par le monde extérieur). Et Sartre engagé reste un écrivain. Et Zola non littéraire, Zola non pamphlétaire reste un écrivain. Zola fait le chemin inverse de celui de Mitterrand. (Mais le troc est illusoire.) Comme Zola a voulu aller de la littérature vers la politique, Mitterrand a voulu aller de la politique vers la littérature. Mais : l'acte politique de Zola appartient à la littérature et l'acte littéraire de Mitterrand appartient à la politique.

Le pamphlet est une arme politique entre les mains des écrivains. Le discours est une arme littéraire entre les mains des hommes politiques. Le pamphlet est une arme politique qui appartient à la littérature. Le discours est une arme littéraire qui appartient à la politique. Mitterrand n'a aucun intérêt à ce que *son* de Gaulle coïncide avec de Gaulle tout court. Il a besoin, en face de lui, d'abord, d'un de Gaulle fantasmé, d'un de Gaulle non pas fictif mais quelque peu fictionnisé. Mitterrand n'est pas (encore) en mesure de s'en prendre à la réalité du Général. Il définit alors un de Gaulle à sa mesure – il se construit, il se bâtit un de Gaulle sur mesure. Non pas un faux de Gaulle, mais pas (non plus) un de Gaulle vrai. Un de Gaulle passé par le prisme de Mitterrand, des envies, des passions, des appétits de Mitterrand. Un de Gaulle mitterrandisé. Mitterrand utilise la littérature pour mitterrandiser de Gaulle parce qu'il souhaite qu'en politique Mitterrand soit un jour degaullisé. Mitterrand a besoin d'une fiction gaullienne pour se rêver en réalité mitterrandienne. Il crée un de Gaulle de toutes pièces pour se créer lui-même : il ne lui reproche que ce qu'il lui envie. Il conteste les moyens parce qu'il est jaloux des fins. Il engueule une marionnette, une poupée, un monstre de papier pour s'entraîner : la réalité, ce sera pour plus tard – en 1965, d'abord ; en 1981, ensuite.

Dans *Le Coup d'État permanent*, Mitterrand parle de Mitterrand quand il parle de De Gaulle ; une fois à l'Élysée, Mitterrand parlera de De Gaulle quand il parlera de Mitterrand. En 1958, Mitterrand a politiquement besoin de se faire *une certaine idée de De Gaulle*. Il a besoin de se créer sa vision personnelle du Général ; sa vision littéraire. Il n'est pas politiquement de taille pour l'affronter, alors il va se déguiser en écrivain pour l'attaquer littérairement.

On ne peut pourtant pas s'empêcher de penser qu'en faisant l'acte politique consistant à écrire « J'accuse », Zola, au plus profond de lui-même, savait qu'il était en train de réaliser un coup d'éclat littéraire ; et on ne peut pas s'empêcher de penser que Mitterrand, au plus profond de lui-même, savait qu'il était en train de réaliser, en écrivant son pamphlet, un coup d'éclat politique. Mitterrand c'est l'homme du coup d'éclat permanent.

Ce qui apparaît exceptionnel à l'écrivain Émile Zola (sortir, avoir le sentiment de s'extraire de l'art pour s'engager dans la société) apparaît banal, apparaît (du moins) naturel dans le registre de la politique (tous les politiques ont écrit à la une des journaux pour défendre des causes qu'ils jugeaient – parfois – historiques). De même, ce qui paraît exceptionnel au politique, à l'homme politique François Mitterrand (sortir, avoir le sentiment de s'extraire de la politique pour s'engager dans l'art du pamphlet et, de ce fait, dans la littérature) apparaît banal, apparaît (du moins) naturel dans le registre de la littérature (Voltaire, Hugo, Pascal, Céline, Zola, Bloy, Rochefort, Tailhade, Hallier, etc.).

Mais Mitterrand, en 1958, a besoin d'installer de Gaulle dans une fiction. Il est nécessaire qu'il le façonne à son goût – ce qui est le propre de l'art –, qu'il le visite avec ses obsessions, le sculpte avec ses fantasmes, qu'il fasse converger en cette figure historique, en un seul et même point, son amour et sa haine. François Mitterrand bâtit un roman sur de Gaulle, un de Gaulle de roman, parce qu'il sait (mieux que quiconque) que de Gaulle ne s'est pas emparé du pouvoir comme un militaire, qu'il n'a pas commis de putsch. François Mitterrand, qui a été plusieurs fois ministre sous la IVe république, sait bien (sait mieux que personne) que, pour s'emparer du pouvoir, de Gaulle n'a eu qu'à le prendre, et que, pour le prendre, il n'a eu qu'à le ramasser. Il était là, par terre (le pouvoir), il gisait – sur une sorte de trottoir… de caniveau. Mais il fallait s'inventer un adversaire plus grand ; ou plutôt, il fallait grandir l'adversaire pour faire grandir l'attaque. Pour donner plus de grandeur à l'assaut. Le pamphlet de Mitterrand contre de Gaulle (imagine-t-on un pamphlet de Chirac contre Mitterrand, ou de Sarkozy contre Chirac ?!) n'a pas été écrit pour *rabaisser* de Gaulle (c'eût été rabaisser du même coup le courage, l'audace et l'ambition de Mitterrand) ; le pamphlet de Mitterrand contre de Gaulle a été écrit pour conférer, pour attribuer, pour donner la pire des grandeurs à de Gaulle : celle d'un tyran ; celle d'un empereur ; celle d'un dictateur ; celle d'un Napoléon. Il n'est pas question pour François Mitterrand de *réduire* l'importance historique de De Gaulle (elle est presque de l'agrandir, de la renforcer), mais de la *pervertir* ; de la *détourner*. De lui donner un sens différent – de lui faire porter un habit que, de fait, de Gaulle, objectivement, ne peut endosser ; que, même en étant de parfaite mauvaise foi, on ne peut faire endosser à de Gaulle.

En politique, la mauvaise foi a *malgré tout* des limites (en les dépassant, on court le risque de se décrédibiliser ; de se griller). En littérature, au contraire, la mauvaise foi n'a pas de limite ; c'est le rôle des pamphlets, chaque fois qu'ils ont (ap)paru dans l'histoire, que de nous le montrer – que de nous le prouver.

« Pamphlet, n. m., petit écrit de caractère satirique et violent, souvent anonyme, qui attaque un gouvernement, des institutions, la religion, des personnages connus, etc. » Dans le pamphlet de Mitterrand, de Gaulle est un cauchemar pour Mitterrand parce que, en dehors de son pamphlet, de Gaulle est un rêve pour Mitterrand.

La situation se complique, néanmoins, quand on remarque (comment ne pas le remarquer ?) que de Gaulle aussi écrit ; que de Gaulle aussi a des prétentions d'écrivain. De Gaulle a toujours cru à la force des mots ; à l'emploi du mot juste. Aujourd'hui, les œuvres du général de Gaulle sont en Pléiade ; les œuvres de Mitterrand ne le sont pas (encore ?). En 1958, Mitterrand le politique met le masque de l'écrivain pour attaquer de Gaulle le politique, mais tout en sachant que le de Gaulle écrivain existe ; qu'il est là, derrière – jamais tellement loin. Les rôles s'intervertissent avec une certaine ironie : de Gaulle vient de passer douze ans à écrire, à jouer les écrivains, dans le silence de sa Boisserie (auquel Mitterrand répond – on le notera – par le silence de sa bergerie) et délaisse la littérature pour revenir à la politique (l'avait-il jamais quittée ?), Mitterrand vient de passer douze ans à s'activer comme personne dans le milieu (de la) politique et délaisse la politique pour la littérature – il ne la délaisse pas au sens où il l'abandonne, il la délaisse au sens où il utilise, pendant quelques minutes, une arme différente de celle qui offre généralement celle-ci. C'est un chassé-croisé politico-littéraire – à moins (bien sûr) que ce ne soit un chassé-croisé littéraro-politique.

Mort d'Yves Bonnefoy. Mort d'Elie Wiesel. Mort de Michel Rocard. Mort de Michael Cimino. Par ordre de disparition ! Si j'avais du temps, je m'amuserais à chercher un lien (on trouve toujours) entre ces quatre morts.

Je n'ai presque jamais lu Yves Bonnefoy. Sa discrétion plaide sans doute pour le génie que tout le monde lui prête sans jamais l'avoir lu. Je me méfie comme de la peste, en littérature, de la sacro-sainte discrétion. Certains ont fait carrière là-dessus, comme si le retrait et le silence valaient génie. Je me méfie des auteurs qui se cachent, se tapissent – la *doxa* ambiante leur accorde *de facto*, uniquement pour cette raison qu'ils ne se montrent pas, la pénétrante importance de la figure incontournable de la littérature. Se taire de son vivant, c'est préparer sa postérité comme on prépare sa valise avant de partir pour Venise. C'est un peu facile. Je répète que, parmi les taiseux, les silencieux et les tapis, très peu, sans doute, ont agi par calcul : ils ont accompagné leur nature en croupissant dans leur tanière ; mais je ne sache pas que le lien entre la taisance et la grâce soit si mécanique qu'on le proclame. Il y a dans cette approche un snobisme clair, une stupide sacralisation de la littérature qui a davantage à voir avec l'imagerie d'Épinal qu'avec la réalité – on est là dans le « littéraire », non dans la littérature. Imagine-t-on Chateaubriand, Bernanos, Sartre, Gide ou Genet se taire ? Imagine-t-on demander à Aragon de la boucler ?

Ceci posé, Yves Bonnefoy était un « poète », ce qui est rare aujourd'hui ; et peut-être le silence lui était-il un véritable compagnon de route. Il était, disait-on, « nobélisable » depuis des années. Cela ne veut pas dire grand-chose non plus. Passons. Attendre le Nobel, si tel fut son cas (ce que j'ignore), est indigne de toute façon ; on n'écrit pas pour un hochet, fût-ce un hochet de cette importance. On peut à la fois rêver du Nobel et ne pas l'attendre – on peut l'oublier *tout à fait*.

N'est-ce pas là, d'ailleurs, à la fois la meilleure raison et la meilleure façon de l'obtenir un jour ?

Ce que je ne comprends pas, avec Bonnefoy, c'est la non-importance que l'époque lui a octroyée. Impression qu'il n'est connu que des poètes eux-mêmes, que d'une élite à l'intérieur de l'élite. Sensation, vraiment, que *personne* ne le lisait. Qu'il avait fini, un peu par décret, par être consacré, mais d'une consécration par la mise aux oubliettes – un auteur qu'on aurait sauté comme aux dames on saute une case, ou aux petits chevaux. On l'aura célébré sans avoir jamais fait la moindre allusion à ses écrits. Bonnefoy n'est pas un écrivain-œuvre, c'est un écrivain-nom. Quand on disait « Yves Bonnefoy », on avait tout dit : plus besoin de le lire. Pas besoin de lire, jamais, *puisque* c'est un grand. Comme si l'œuvre n'était que pour asseoir la grandeur et que, celle-ci dûment et définitivement reconnue, admise, entérinée par tous, il n'était plus besoin de la lire. Le nom serait alors l'acmé de l'œuvre – et *in fine* son seul but. Les livres ne seraient que le prétexte, le moyen de parvenir à laisser son nom dans la littérature. Un peu comme au judo on obtient la ceinture noire. Et il ne viendrait à l'idée de personne d'aller regarder tous les combats qui ont mené à l'obtention de cette ceinture.

Bonnefoy était pauvre, fasciné par le latin (« un feuillage vert sombre ») dès l'enfance ; il lut Virgile aussi tôt que je lus Gide. C'est dire. Il passait ses vacances dans le Lot, à lire, lire, lire. Il aimait décrire les figues, les prunes et les raisins. Je possède un point commun avec lui : il a étudié au lycée Descartes de Tours (c'est dans ce lycée que j'ai fait ma « prépa HEC » durant l'année scolaire 1988-1989). Je possède un autre point commun avec lui : une passion – sans la moindre borne – pour Paul Valéry. Il fait partie, comme Caillois, comme Bataille, de ces surréalistes qui ont assez vite quitté le groupe (à cause de Breton, comme tout le monde). Caillois a rompu avec Breton à cause d'une histoire de pois sauteurs – Caillois voulant briser leur coque pour vérifier ce qu'il se passait à l'intérieur, Breton refusant tout net au nom du mystère. Bonnefoy, lui, est parti pour un désaccord au sujet de l'occultisme ; il était contre la magie noire, ce « religieux de travers ».

Je possède un troisième point commun avec lui : j'ai étudié les mathématiques (maths sup, année scolaire 1986-1987 ; maths spé, année scolaire 1987-1988). Je possède un quatrième point commun avec lui : j'ai abandonné mes études de mathématiques. Il fut l'ami de Gilbert Lely, que je confonds systématiquement avec Michel Delon, le grand spécialiste de Sade. Je possède un cinquième point commun avec Yves Bonnefoy : il a dirigé une revue intitulée *L'Éphémère* (1967-1972) ; j'ai dirigé un journal intitulé *Éphémère* (1982-1983). À mes yeux, toutefois, le plus grand poète vivant est – de loin – William Cliff.

J'aimerais imaginer un poète à son bureau, dans le matin ; quand ceux qui apprendront ses poésies, transformées en récitations, se rendent à l'école. Écolier, j'adorais penser à Prévert : je me faisais accroire qu'il se levait à la même heure que nous, possédait les mêmes horaires que nous. Ce n'était d'ailleurs pas quelqu'un qui écrivait des poèmes – c'était quelqu'un qui composait des récitations. Je ne comprends toujours pas pourquoi Michel Houellebecq l'a traité de con ; Prévert est très houellebecquien.

Elie Wiesel. Je n'ai pas lu *un seul* de ses livres. Je sais les terribles torts qu'on a essayé de causer à sa mémoire. Je sais les ignominies qui l'ont accablé. Je sais à quel point les négationnistes en ont fait une tête de Turc. Je n'ai jamais prêté attention à ces horreurs, considérant que nul rescapé ne peut « faire carrière » dans la Shoah – il se débrouille comme il peut dans l'existence avec cette brûlure. Je suis de ceux qui ne reprochent jamais *rien* aux survivants des camps nazis. Ni leur silence, ni leur volonté de dire, de dire encore, de dire toujours, sans arrêt. En admettant qu'ils ne soient pas des saints, du moins sont-ils sacrés à mes yeux. Elie Wiesel n'échappe pas à cette règle intime.

Chacune des apparitions d'Elie Wiesel était douloureuse. Qui pourrait le lui reprocher ? Wiesel fut une incarnation majeure du XXe siècle, un de ces hommes, comme Neil Armstrong, impensables au XIXe siècle. On peut imaginer un écrivain, un peintre, un sculpteur, un mathématicien dans tous les siècles ; mais il est des hommes qui, par les prouesses de la technologie ou l'horreur des désastres – rendues possibles elles aussi par cette même technologie –, sont les fruits et les purs contemporains de leur temps.

Michel Rocard n'a aucun rapport avec l'art. Il fut le contraire même de l'art. Une vie de réunions, de salles enfumées, de tracts et de dossiers, de costumes et de cravates, de petits matins et de soirs de sueur, à « faire de la politique ». Écrire des discours, les relire, tisser des concepts autour des faits, proposer des panoplies théoriques aux événements, déduire des conclusions économiques de l'histoire en train de se faire. C'était un homme théorique. Il parlait la théorie couramment, comme d'autres l'anglais ou l'allemand. Un homme, sinon de parole, du moins de discours ; un homme de micros, de tribunes. Un homme d'importances à gérer, de priorités à établir, de dogmes à entretenir. Une vie de peine et d'efforts, une vie soucieuse, une vie de complications. Une existence vouée à la réforme, une existence poussée par des passions floues. Oui, tel fut le problème numéro un de Rocard : il avait le moteur flou, la vocation illisible. Il voulait en être, tout en s'excusant ; la politique repose sur une volonté sans faille, celle de s'imposer soi. Les idées ne viennent qu'ensuite. Rocard a cru pouvoir se hisser au sommet par l'idée et non par l'ego. Grave faute. Soit il ne voulait pas tout à fait devenir président de la République, soit il s'y est pris comme un pied. Il n'a pas manqué d'intelligence, mais de caractère. Il n'a pas manqué de subtilité, mais de clarté. Il fut trop intellectuel et pas assez malin. Il fut un homme entre deux eaux : pas suffisamment talentueux pour être un penseur, trop riche intellectuellement pour faire un grand homme.

Était-il, d'ailleurs, si intelligent qu'on se plaît invariablement à le dire ? Rien n'est moins sûr. Ses saillies étaient implexes, ses raisonnements abstrus. Ce qui sortait de sa bouche était emberlificoté. Rien jamais n'était simple ; il n'était pas capable de vulgariser ses intuitions – ce qui est mauvais signe puisque Pascal et Bergson, eux, y parvenaient dans une langue parfaitement limpide. Pourtant, borgne au royaume des aveugles, Rocard a cru que la seule possibilité, pour lui, de s'affirmer serait par l'analyse. Il ne restera rien du « rocardisme », sinon la part rêvée d'un socialisme pragmatique qui n'aura pas eu lieu.

Rocard, qui était sans conteste un chic type et un brave homme, honnête, avait un penchant inconscient pour le ridicule ; ridicule de sa scansion, notamment. Il a toujours fait vieux – cela posait un problème puisqu'il se rêvait le chantre d'un socialisme neuf et moderne. Il parlait comme un vieux, marchait comme un vieux, grimaçait comme un vieux et se mouchait comme un vieux. Il s'habillait comme un vieux. Son gros cartable de cuir de médecin de province de 1952 le vieillissait encore. Il se rasait comme se rasent les vieux, se coiffait comme se coiffent généralement les vieux. Je devine qu'il se parfumait comme un vieux. Toute sa gestuelle était vieille. L'avenir qu'il proposait était vieux.

Michael Cimino, comme tous les génies, fut victime de son génie. On dit souvent qu'il a tué les studios. Est-ce une blague ? Ce sont les studios qui l'ont tué. Si *La Porte du paradis* a plombé United Artists, c'est parce que United Artists a *fait semblant* de donner les pleins pouvoirs à Cimino. Sous prétexte que ce sont eux qui payent, les producteurs ne parviennent jamais à faire totalement confiance aux réalisateurs. Ce en quoi ils ont tort. Si tel était le cas, les films marcheraient. Ils seraient moins bâtards, sortes de compromis bancals entre volonté de carton au box-office et volonté de chef-d'œuvre. Faire confiance à un réalisateur à 95 % ou à 0 %, c'est exactement la même chose. Il faut laisser les artistes tranquilles à 100 %.

Nouvel attentat signé Daech au Bangladesh, dans un café prestigieux rempli d'expatriés. Premier attentat signé de l'EI dans ce pays. Une vingtaine de morts. « Quels types de musulmans sont ces gens ? Ils n'ont pas de religion », a déclaré la Première ministre, Sheikh Hasina. Au Bangladesh, Daech veut cibler des intellectuels, des blogueurs et des représentants des minorités religieuses.

Dimanche 3 juillet

Lever 8 heures avec *Will The Circle Be Unbroken*, Nitty Gritty Dirt Band, 1972 (United Artists Records, UAS 29 1461-3 UXE, Germany). Il s'agit du fameux triple album de bluegrass. Jeff Hanna : chant, guitare, planche à laver et percussions ; Jimmie Fadden : batterie, harmonica, percussions et chant.

Nous nous rendons à Caen, avec Emmanuelle. On commande un Uber ; un bras cassé. Nous ne lui mettrons que deux étoiles (on poireaute, il prend un chemin aberrant parce qu'il obéit, comme un robot, à son robot routier, et ne trouvera jamais – jamais ! – TSF Jazz…). Il nous notera aussi. Fascinant. Tout le monde note tout le monde. Uber : un million de chauffeurs dans le monde. Un véritable Big Brother qui collecte massivement les données. Uber a fourni toutes les informations nécessaires de 13 millions de passagers au gouvernement américain. Cela dit, plus on est surveillé, moins on est surveillé ; plus on récolte sur tout le monde, moins est grande la possibilité d'en savoir sur chacun. On peut télécharger des milliers de films et n'avoir jamais le temps de les regarder. C'est ce qui se passe, d'ailleurs, avec le terrorisme. Il s'agit de surveiller moins et de surveiller mieux.

Mon analogie n'était pas la bonne hier. Je vais la corriger : Mitterrand lançant son pamphlet contre le général de Gaulle, ce n'est pas la même chose que Chirac écrivant un pamphlet contre Mitterrand ; et ce n'est pas la même chose que Sarkozy écrivant un pamphlet contre Chirac – ou alors il faudrait jouer sur les années – non, Mitterrand s'attaquant en 1958 à de Gaulle, c'est Bayrou publiant un pamphlet contre Chirac ; ou bien, c'est Montebourg publiant, lançant un pamphlet à la figure de Jacques Chirac.

Ce dont François Mitterrand rêve, lorsqu'il rédige son *Coup d'État permanent*, c'est à son coup d'État à lui, un coup d'État démocratique et lent, laborieux, légal, licite, électoral : aura-t-il la patience ? Se doute-t-il que de Gaulle en 1958, ce sera lui, mais en 1981 ? Vingt-trois années dont il ne sait pas qu'il faudra les traverser, les endurer, les supporter, les vivre. La légitimité locale, c'est fait depuis longtemps ; la légitimité municipale, obtenue ; la légitimité nationale : la case est biffée aussi. Député, ministre. Tout à la force du poignet – à la main. Ce sera la première fois, en France, qu'une carrière à destin national, qu'un parcours présidentiel se fera sans technocratie ; sans grandes écoles d'administration, sans ENA, sans Polytechnique.

J'ai du sang juif dans le sang. Un tout petit peu. Ce n'est pas suffisant. « Peut mieux faire », disaient mes profs.

Je ne peux plus supporter ces gens dont les enfants sont, systématiquement, des surdoués, pour ne pas dire des génies. Connaît-on seulement la valeur des mots ? Il n'y aurait donc plus que ça dans les écoles et les cours de récréation : des petits Mozarts, des Einsteins de poche, des Hawkings en miniature ? « Il est précoce », « il est surdoué », « il est *haut potentiel* »… « Haut potentiel » est en effet la dernière expression à la mode. Je me suis toujours méfié de la « précocité ». Elle sent toujours plus ou moins la dégringolade. Les parents feraient bien de régler la hauteur du socle. Pauvres gosses. Qui n'ont rien demandé, à commencer par subir cette injonction de devoir être des génies – qu'ils ne seront certainement jamais. Parfois, il suffirait à ces enfants d'un escabeau pour escalader le mur du bonheur d'avoir vécu la vraie vie ; au lieu de quoi ils deviendront des précoces vieillis, d'anciens espoirs poussiéreux, des avortons de demi-dieux. Un sur cent mille fera peut-être quelque chose d'un peu intéressant. Et encore. Sinistre.

En Autriche, le FPÖ parvient à faire annuler l'élection présidentielle du 22 mai. Calmons-nous, le Président, en Autriche, n'a guère plus d'importance que la reine d'Angleterre. À noter : l'extrême droite autrichienne est la plus puissante d'Europe. Étrange pays qui n'est pas capable d'organiser un scrutin. Un seul point positif : le FPÖ ne pourra plus venir se plaindre d'être mis au ban du système démocratique qui, ici, joue à plein – et en sa faveur. C'est le paradoxe de la démocratie que de pouvoir permettre la victoire de ceux qui veulent sa mort.

Les Anglais commencent à regretter amèrement le Brexit. Les partisans d'une Angleterre européenne réclament un référendum annulant celui de la semaine dernière, invoquant qu'un référendum n'engage pas. Mais, alors, pourquoi un nouveau référendum assumant le précédent référendum serait-il, lui, contraignant ? Le chaos est total – et burlesque. La réalité se remet toujours de tout ; que restera-t-il, dans cent, dans mille ans, de ce pauvre épisode qui n'est, malgré ce que j'ai pu lire ici ou là, en rien, en strictement rien, comparable à la chute du mur de Berlin.

Ce qui est cocasse, c'est que les Anglais veulent continuer, évidemment, à jouir des nombreux avantages offerts par le marché européen. Ils sont sortis de l'Europe parce qu'ils ne supportaient plus la libre circulation des migrants chez eux, ni des travailleurs venus de l'Europe tout entière. Ils sont sortis de l'Europe parce qu'ils ne supportaient plus que leurs avantages sociaux s'appliquent à des gens de l'extérieur, à des « profiteurs », à des « intrus ». Le problème, ce sont toujours les gens ; on n'a jamais pensé l'Europe avec des gens dedans. On avait pensé à tous les flux possibles, mais finalement pas aux flux humains, à tout ce qui est humain et entend le rester – on avait pensé à l'Europe des marchandises, des matières premières, puis à l'Europe de la finance, à l'Europe de la monnaie, mais pas à l'Europe des gens. Et même quand on proclame, en boucle, que l'Europe a été faite pour préserver la paix, on oublie que cette paix est d'abord la paix des hommes, avec des hommes, entre des hommes. Tout circule, tout bouge, tout fuit, tout passe et a le droit de passer, de se faufiler, de se glisser, de s'immiscer – à l'exception des hommes. Un bâtiment, mais conçu comme un musée, où l'homme est presque de trop, où il n'a pas le droit de toucher quoi que ce soit sans qu'une alarme se mette à sonner, ameutant les gardiens ; le droit de regarder, coi, et de faire le silence.

Je sais des musées où l'on considère que les visiteurs sont seulement *tolérés*, que les œuvres n'ont pas besoin d'eux – comme si ces œuvres n'avaient pas été conçues par des hommes, à destination des hommes ; *idem* de l'Europe, dont la destination doit être les hommes, et la mobilité des hommes.

Souvenons-nous des débuts de la Révolution française, où la « liberté » consistait d'abord, signifiait avant tout liberté de circulation des biens et des marchandises. Et puis un jour, les « gens » (ce qu'on appelle le « peuple ») sont venus. Il faut absolument tenter d'être clair dans ce qu'est la compréhension du mot « peuple » ; c'est là-dessus, voulant faire le malin, que j'ai somme toute perdu ma joute avec Michel Onfray, l'automne dernier, pendant l'émission. Il s'agit en réalité, pour l'année prochaine, pour la saison prochaine, d'avoir quelques idées seulement (pas forcément des milliards) mais claires. Parmi mes intuitions, c'est que les mots « peuple » et « représentativité » (et donc « légitimité ») vont revêtir beaucoup d'importance dans les mois qui viennent.

En 1970, Gulda invente un personnage : celui du chanteur de variétoches Albert Golowin. Il se déguise ainsi en Golowin : favoris, perruque, fausse barbe de ces colliers de barbe des profs gauchistes des seventies, généralement associés à la pipe, tel le Prunelle des albums de Gaston Lagaffe. (J'ouvre ici une brève parenthèse : ce qui m'a toujours gêné, chez Lagaffe, c'est son patronyme, comme si le contenant avait fini par appeler inexorablement le contenu, comme si l'attitude face à la vie devait se rassembler dans un nom lui ressemblant – cette dénomination d'un personnage par ses tropismes affadit sa réalité, et il ne devient qu'une simple incarnation de sa propension à gaffer, ne se résumant strictement qu'à cela, comme l'annonçait de fait ce nom qui n'est même pas un surnom. Et aucun personnage, dans la bande dessinée en question, pour s'étonner, ne serait-ce qu'une fois, qu'une misérable fois, de l'adéquation tout de même étonnante, de la coïncidence somme toute troublante, entre le patronyme « Lagaffe » et le nombre de gaffes commises. Lagaffe, inventé pour gaffer, a été rétrospectivement affublé de ce nom parce que Franquin savait ce qu'il allait lui faire faire : c'est là le degré zéro de la liberté. Le nom de Lagaffe se coule dans ses actes et inversement. Être emprisonné dans un nom au prétexte d'une fonctionnalité qui en sus s'apparente à une tare : le pire des destins ; la définition, sans doute, de la dictature.)

Dans *Le Monde*, je lis un excellent article écrit par un militaire, Michel Goya. Il explique que Daech a toujours l'avantage sur nous. « Cas unique dans notre histoire, 100 % des pertes françaises sont civiles. » Il déplore cette absurdité, que les soldats ne partent plus combattre, mais qu'ils restent protéger les civils (ces victimes en puissance) comme des policiers. C'est vrai qu'il se passe quelque chose d'assez étonnant, quand on réfléchit bien : ceux qui, jadis, partaient faire la guerre ou obtenir la paix (ce qui est parfois confondu) s'attaquaient aux causes, plutôt que de protéger les conséquences ! Protéger *ici* plutôt que de combattre *là-bas*, car ici n'est que l'épicentre du là-bas, c'est finalement entériner, sans le dire, le fait que nous avons non seulement perdu cette guerre, non seulement rendu les armes, mais baissé les bras. C'est un peu le même processus que pour les salles de shoot : on entérine une défaite car on ne peut plus combattre ; l'État a perdu la bataille de la drogue, alors il gère, publiquement, son incapacité à mener le combat contre ce fléau (dealers, réseaux, etc.) en accompagnant du mieux qu'il peut les victimes (les toxicomanes). Mais l'État oublie que, s'il y a des victimes de la drogue, c'est parce qu'il n'a pas su faire en sorte que la drogue ne parvienne jamais jusque dans les seringues, puis jusque dans les veines, de ces mêmes victimes ; et *idem* du terrorisme : incapable de guillotiner à la source, puis incapable d'empêcher les terroristes de s'insinuer jusqu'à nous, il « accompagne » les sacrifiés (ceux qui sont à cause de lui sacrifiés) jusqu'à leur inexorable trépas.

Goya écrit : « Au lieu de jeter nos soldats sur l'ennemi après avoir été agressés, c'est dans les rues françaises que nous les envoyons, comme si c'étaient des policiers. Organiser des rondes n'a empêché aucune des attaques depuis janvier 2015 et n'a pas fait reculer l'ennemi. Là où l'ennemi est le plus présent, c'est là où nous sommes le moins forts. Très clairement, nous évitons le contact. Nous évitons le combat, car nous imitons les Américains. Au coût moyen de 200 000 dollars (180 000 euros) par ennemi tué par le biais des seules frappes aériennes, les Américains sont les seuls à pouvoir déployer une telle débauche de moyens. Il suffirait de transposer dans la région la logique de l'opération "Barkhane" menée au Sahel pour obtenir des résultats tangibles contre l'EI. Concrètement, nous pouvons compléter l'action de nos excellents mais rares avions de combat par d'autres moyens de feu comme les hélicoptères d'attaque, les pièces d'artillerie et des troupes de raids, spéciales et conventionnelles. Au Mali, nous l'avons fait face à des adversaires moins dangereux pour la France, pourquoi nous sentons-nous incapables de le refaire contre l'EI ? Vouloir gagner une guerre signifie prendre des risques et accepter que des soldats tombent, plutôt que des civils. »

Goya met le doigt là où le bât blesse, en effet : est-ce à dire qu'au prétexte que Daech s'attaque aux civils, et presque exclusivement à des civils, c'est une guerre qui ne regarde les militaires qu'en deuxième analyse – ou plutôt que les militaires doivent se « civiliser » à leur tour, prenant la place et jouant le rôle des policiers ? La réaction de la France, en effet, ne serait sans doute pas la même, en termes de riposte, si Daech avait déclaré une guerre classique à la France, à savoir armée contre armée. Si l'on désire d'ailleurs monter d'un cran, on peut même considérer, au vu de l'amateurisme des djihadistes (qui sont des assassins mais des guerriers de pacotille), qu'*il n'y a finalement aucun militaire, aucun soldat dans cette guerre*. Ce sont des civils déguisés en soldats (de Dieu) qui s'en prennent à des civils. L'armée n'a presque rien à voir là-dedans ; elle ne sait ni qui attaquer (car elle n'a pas de belligérants répertoriés en face, mais des ectoplasmes et des fantômes disséminés, dissimulés parmi les populations civiles syriennes et irakiennes) ni qui protéger (tout le monde peut être visé par un loup solitaire ou une horde façon 13 Novembre). L'armée n'a personne à attaquer et tout le monde à protéger. Du coup, elle fait à la fois de la figuration et du surplace ; de la figuration *donc* du surplace.

En fait, l'armée sait bien qui attaquer – on connaît les lieux, les mouvements de l'ennemi ; mais cela demande, mais cela demanderait qu'on se joigne aux armées kurdes ou irakiennes, qu'on se serve, au sol, de pièces d'artillerie, bref : qu'on fasse la guerre. Nous *sommes* en guerre, mais on ne la *fait* pas. Et une guerre, et la guerre, cela exige naturellement des morts, comme un moteur qui désire avancer réclame de l'essence. Il est sans doute devenu insupportable de le dire, de le déclarer, de l'affirmer : mais la mort des soldats est le carburant de la guerre. Une guerre qui se gagne est une guerre qui sait accepter de faire perdre la vie à ses soldats. Étrange équation, étrange logique, étrange calcul qui consiste à vouloir économiser en priorité la vie de ceux qui sont implicitement prêts à la donner pour que nos autres, civils, ne la perdions pas – et, surtout, ne la perdions pas *à leur place*.

« Nous avons décidé de combattre l'EI, continue Goya, il faut maintenant assumer cette guerre et la conduire réellement. Alors que nous étions déjà en conflit contre Al-Qaïda, au Sahel en particulier, nous avons choisi de nous ajouter un ennemi et cet ennemi, comme cela arrive parfois à la guerre, nous a frappés. Quand on décide de faire la guerre, il faut la faire sérieusement ou pas du tout. Il est temps de vaincre. »

Tout le problème est là : dans le « vaincre ». On ne sait plus « vaincre », on ne sait plus ce que c'est que de « vaincre ». Doucement s'est insinuée en nous l'idée que la victoire, ce n'était pas pour nous, ou, pire encore, que la victoire était un mot désuet, grossier – inapproprié au monde tel qu'il doit se voir, et se concevoir, aujourd'hui.

De là, aussi, ce recours prioritaire aux drones. Depuis 2009 et l'arrivée au pouvoir d'Obama, les frappes américaines par drones auraient tué 2 581 « combattants » et une centaine de civils – chiffre évidemment faux ; on pense qu'il faut le multiplier par six ou sept. Un soldat distingue mieux un civil que ne le fait un drone : mais puisque les soldats ne sont plus là pour accepter éventuellement de mourir (ce que Goya nomme « la mort comme hypothèse de travail »), etc.

Yves Bonnefoy : « La tâche du poète est de montrer un arbre, avant que notre intellect nous dise que c'est un arbre. » Il a étudié au lycée Descartes, comme moi. Il a étudié les mathématiques, comme moi. Il considérait que la traduction était un processus de création poétique, un acte de transformation du langage – je dirais : « une traversée ».

C'est un sujet qui me passionne. Bonnefoy a aussi dit, en 2008 : « Le XXIe siècle, c'est bien possiblement celui qui verra la poésie périr, étouffée sous les ruines dont il couvre le monde naturel autant que la société. » Idée pour ce journal intime : l'intituler *La Mort de la poésie*. Autre idée : *Années zéro*. Encore trop tôt pour trancher.

Le député Thierry Solère a visité la prison de Fleury-Mérogis. Il a pu apercevoir la merde humaine Salah Abdeslam, responsable des attentats du 13 Novembre. Merde humaine qui n'en est, visiblement, pas une pour tout le monde : monsieur dispose d'une salle de sport, munie d'un rameur, et en attente de matériel plus sophistiqué (rien n'est trop bien pour monsieur), d'un joli tapis de prière et d'une télévision (sans doute plasma). Évidemment (mais cela ne surprendra pas), il a été applaudi par des jeunes supporteurs quand il a fait son entrée dans cette prison (la plus grande d'Europe). Il est filmé vingt-quatre heures sur vingt-quatre ; et comme il passe son temps à regarder des émissions de téléréalité, la mise en abyme est immédiate : on regarde non-stop la vie d'un pauvre type enfermé en train de regarder non-stop les vies de pauvres types enfermés.

On apprend (c'est dans *Le Journal du dimanche*) que monsieur se parfume avant de prier, que monsieur est maniaque et qu'il fait maniaquement son lit (on reste un peu étonné que personne ne vienne le lui faire), que sa famille lui apporte des livres (on donnerait cher pour savoir lesquels) et qu'il lit le Coran, assis sur son lit. Ah oui ! Important : monsieur aime généralement à faire la grasse matinée et n'aime à se lever, qu'on se le dise, qu'aux alentours de onze heures bien sonnées. Monsieur, par ailleurs, est fort marri de ces caméras qui privent monsieur de son intimité – monsieur a eu l'heur de s'en plaindre. Emmanuelle pose une bonne question : combien coûte monsieur au contribuable français ? Rien dans l'article. L'obsession de la direction de Fleury, c'est que monsieur n'attente point à ses jours : ce lâche n'a pas eu le cran de se faire exploser la couenne, on ne voit pas comment il aurait celui de se pendre en cellule.

Aller-retour Caen, donc, avec Emmanuelle – elle doit régler des problèmes familiaux compliqués, avec son père. Nous déjeunons tous les trois, puis nous raccompagnons son père à la maison de retraite, où elle a quelques mauvaises nouvelles à lui annoncer. Je reste dans la voiture, où je lis sur la *Kehre* chez Heidegger. Il est évident que la « deuxième période » heideggerienne est la plus passionnante et la plus fascinante – on quitte la philosophie pour pénétrer, de plain-pied, dans la poésie, et dans une certaine forme de folie accomplie, également appelée génie, qui rappelle celle d'Artaud, de Joyce, de Pound ou de Céline.

J'ai découvert Heidegger durant l'année scolaire 1985-1986, lors de mon année de terminale, en classe de philosophie. Notre professeur, M. Jean Dyonet, un des meilleurs professeurs que j'aurai eu de mon existence, était un grand heideggerien. Il s'arrangeait toujours pour qu'on ne comprenne pas totalement tout, tout de suite dans ses cours. On rentrait chez soi avec des concepts à creuser par soi-même. Pour lui poser une question sur Heidegger, il s'agissait d'abord d'être allé, seul, en terrain heideggerien, et de se battre à mains nues contre les monstrueuses créatures verbales et conceptuelles que l'on était susceptible de rencontrer. La lecture de Kant était difficile, celle de Heidegger se présentait d'emblée comme impossible. Kant tentait de répondre à des questions qu'on avait pu éventuellement se poser : comment les mathématiques peuvent-elles dire le monde ? Mais Heidegger se posait des questions que jamais on n'aurait eu le culot de se poser : qu'appelle-t-on l'Être ? Heidegger reprenait tout de zéro, ne dialoguant qu'avec Platon et quelques autres, triés sur le volet. Sa pensée n'était pas corsetée, agencée, organisée : elle semblait sans cesse s'arracher à elle-même, non pas se contredire mais se défaire d'elle-même, comme pour se penser davantage, ou plutôt : différemment. Elle changeait sans cesse de chemin, bifurquait, accélérait, souvent ralentissait, s'arrêtait net et creusait, creusait, arrêtée, jusqu'aux tréfonds d'elle-même.

Rien, chez Heidegger, ne coulait de source, à commencer par ce qui coulait de source. Heidegger faisait sur chaque mot un arrêt sur image ; chaque locution était prise comme un lapereau dans les phares de sa pensée. En juillet 1987, à Heidelberg, après une années de maths sup, j'achetai *Sein und Zeit*, que je commençai à lire en allemand. Lecture absurde pour quelqu'un étudiant les mathématiques et la physique – lecture difficile, ardue, terrible. Toujours ralentie par un mot, une phrase qu'on ne comprendra peut-être *jamais*.

J'ai retrouvé mes notes de l'époque, que je recopie trente ans plus tard : « l'être, c'est la présence du "présent de l'être" » ; « l'être, c'est la présence de l'étant » ; « *ousia* = étant » ; « la condition de possibilité d'interprétation et de compréhension de l'être : le *Dasein* » ; « La vérité est la dispensation même de l'être dans l'étant. Le *Dasein* est donc le lieu de la vérité (c'est l'étant qui se dévoile) » ; « Maintenant que nous avons montré que l'homme peut comprendre, par la structure du *Dasein*, l'être, voyons comment il peut comprendre cet être » ; « Le “retour aux choses” heideggerien et ses différences avec le “retour aux choses husserlien” » ; « La “mondanéité” du monde comme *Dasein* » ; « La mondanéité du monde est une condition de possibilité de l’existence humaine. C’est un *Dasein* » ; « L’homme fait l’expérience du temps sur le mode de l’épreuve de la finitude ».

Mon ami Richard Pezet, producteur, trouve le synopsis de *Podium 2* mauvais. Je ferais peut-être bien de ne pas insister et de passer à autre chose. Seul Florian Gazan, en dehors de mon agent bien sûr, fait du forcing ; chance inespérée, pour lui, d’entrer dans la danse. Mon instinct me dicte qu’il faut renoncer à cette suite.

Quant à Richard, c’est un homme que je respecte à l’infini. Il était venu me chercher, après *Podium*, pour m’embarquer chez Pathé. Je lui avais proposé *Cinéman*, qu’il avait accepté. Le film fut un échec. Mais, lors de la traditionnelle « soirée chiffres », Richard, plutôt que de se détourner de moi, et alors que je sentais bien que j’étais cuit, me prit à part dans un petit bureau dans les locaux de la rue Lincoln : « Ce n’est rien. Ça va nous coûter de l’argent, et à toi, quelques mois désagréables à passer. Mais, au cinéma, c’est le succès qui est l’exception, et l’échec est la règle. Moi, ce film, je ne le trouve pas nul. Il est malade, mais pas nul. Réfléchis aux raisons qui t’ont fait aboutir à tout ce qui cloche dans le résultat, et tu vas rebondir. Je sais que tu as la tête dans le guidon, au moment où je te parle, que tu te dis que c’est foutu. C’est faux, complètement faux. Tu as du talent et un four – car je ne vais pas te dire que ce n’est pas un four –, cela fait partie intégrante de la carrière d’un réalisateur. Un réalisateur sans four, ce n’est pas un réalisateur sérieux. Un réalisateur sans film raté, pour moi, n’est même pas un réalisateur du tout. Pense aux réalisateurs que tu admires. Dans leur filmographie, il y a toujours un vilain petit canard, un film bancal, un loupé. Mais ton métier – tu n’as pas le choix –, c’est de rebondir. Tu es jeune. Ça va piquer, tu vas être gentiment tricard un temps – moins longtemps que tu ne le crois –, puis d’autres fours que le tien vont arriver, qui vont faire oublier ce que tu crois être une humiliation. Ton tournage a été horrible, et, dès le départ, tu as enchaîné les problèmes. J’ai assisté à de sacrées guignes, depuis que je fais ce métier, mais c’est vrai que tu n’as pas été épargné. C’est le métier qui rentre, mon cher Yann. »

Il m’avait dit tout cela de sa voix grave et chaleureuse, reconnaissable entre toutes ; il portait un de ses sempiternels foulards en soie (ou écharpe) ; il semblait toujours enrhumé, paraissant parler du nez. Impeccable de tenue, vestimentaire et morale. Un être humain fait de force et voué au respect des artistes, de ceux qui travaillent – et savent encaisser les coups. Jamais je ne devais oublier cette séance d'humanité pure, au milieu du fiasco, au milieu du chaos. Comme j'étais loin de *Podium* ! Là, les écrans n'explosaient pas ; on voyait, sur les écrans, les chiffres de fréquentation des salles rester immobiles, statiques, morts.

Lecture de Guitry. Sacha Guitry avait-il de *l'esprit* ? Il possédait, surtout, une connaissance intime, parfaite, de la langue française, de ses origines, de ses racines, de ses profondeurs. La langue est attachée à la lettre, sans doute ; mais la langue française, d'abord, est vouée à l'esprit. Dans sa texture même, dans son trope, elle appelle une forme particulière d'intelligibilité qui requiert, autant que de la rigueur, sa part de légère ironie. Et si c'était la langue elle-même qui, par sa forme naturelle, empêchait celui qui la maîtrise de se prendre une fois pour toutes au sérieux ? La langue guitryque obéit à cette loi : rigueur donc légèreté, précision donc apesanteur. Guitry, contrairement à une idée reçue, n'est pas l'homme des « bons mots » ou des « petites phrases » comme Cioran serait celui des aphorismes. Il n'est pas, à proprement parler, un « homme d'esprit » : il est un écrivain majeur, dans une langue majeure. Cette langue, la nôtre, refuse de peser : elle offre, dans la mécanique même de son verbe, de sa structure, mille portes d'entrée ; mais le français est surtout la langue des portes de sortie. L'esprit est, finalement, ce que l'on n'attendait pas ; l'esprit, c'est une phrase qui commence comme il fallait qu'elle commençât, et qui soudain bifurque, s'évade, s'offre une échappée vers une imprévisible conclusion. L'esprit contrarie l'attente ; il assassine non tant les convenances qu'il décapite les habitudes. C'est pourquoi il ne supporte pas l'à-peu-près : une sortie de terrain assumée, voulue, doit promettre plus de spectacle que le match lui-même. Une saillie doit prétendre en même temps à la clarté et à la victoire – un trait d'esprit est toujours provisoire, mais il est toujours définitif. Il est une manière, éphémère, de conclure. Mais d'une conclusion, d'une coda qui n'affirme rien d'autre que son caractère facultatif, adventice, subsidiaire : une conclusion qui sait qu'elle prend la place d'une autre. Le mot d'esprit est le passager clandestin de la conversation. Guitry, de ce point de vue, est un flibustier hors pair, qui arraisonne les navires (discours ennuyeux, causeries pompeuses) pour en détourner les modalités : il deviendra conférencier lui aussi, mais conférencier de lui-même, véritable dictionnaire amoureux vivant. Et quand il parle de La Fontaine ou de Voltaire, ce n'est pas un prof qui parle, mais un esprit qui convoque les esprits. L'esprit de Guitry est l'esprit français en ceci qu'il est une langue qui fait tourner les tables des matières de la littérature. Une littérature où la langue continue de s'ébrouer, de virevolter, même quand nul ne la lit plus. Guitry s'inscrit dans une tradition ; il n'est pas, ne sera jamais le bouffon misogyne que ses foireux thuriféraires, depuis sa mort, essaient de nous vendre à coups d'affreuses « citations » apocryphes. L'esprit français, l'esprit guitryque est justement l'ennemi des citations : il ne se déploie que dans un contexte. Le contexte est la rampe de lancement des missiles guitryques. Aucune espèce de « comique » dans cette affaire ; mais la vivacité des intelligences qui saisissent l'instant en plein vol, et le changent aussitôt, et le résument instantanément, par une sorte de miracle, en une phrase – ou en un mot.

Appartement. Nous regardons avec Emmanuelle des films de Pierre Étaix : *Le Grand Amour* et *Tant qu'on a la santé*. Quel génie. Je vais tout faire pour tenter de le rencontrer. On dit Étaix aigri, mais il y a de quoi : pour de sordides questions de droits, c'est-à-dire d'argent, l'œuvre la plus désintéressée qui soit, et la plus lumineuse, est restée pendant des décennies dans l'ombre. Étaix, inconnu des nouvelles générations et à peu près complètement oublié des anciennes, n'a rien à envier à Chaplin : il a montré, avec une virtuosité flamboyante, que le soleil californien n'était pas la condition *sine qua non* pour réaliser des slapsticks. Qu'on pouvait, à Paris sous la pluie, ou dans les mornes rues de Tours, se hisser au niveau de Keaton ou de Lloyd. La beauté de ses films vient précisément de cette francité, de ce burlesque provincial : c'est un Chabrol du muet. D'ailleurs, ses films ne sont pas muets, mais sonores. Les personnages ne ressentent pas le besoin de *discourir* : mais tout parle en eux. Les sons, les bruits de leur sillage, de leur corps et de leurs gaffes, les onomatopées que ne manquent pas de produire leurs situations. C'est un festival de musique bruitiste ; et le comique se passe merveilleusement des dialogues, dont Étaix nous rappelle à chaque plan qu'ils ont peut-être tué le cinéma.

Lundi 4 juillet

Réveil avec Jim Capaldi, *The Sweet Smell of Success*, 1980 (Carrère, CAR 00009, France). Jim Capaldi : chœurs, batterie, percussions ; The Voice Squad : chœurs ; Peter Bonas : guitare ; Mel Collins : cor, flûte ; Chris Parren : claviers ; Ray Allen : percussions.

Je vérifie que Tarzan se trouve bien dans son vivarium.

« Lorsqu'on regarde un document, photographique ou cinématographique, en noir et blanc, on a l'impression que les gens *savent* qu'ils sont dans le passé. On a l'impression qu'ils se comportent comme des gens du passé – d'un passé lointain.

Martin Buber, dans une conférence de 1911 sur « le judaïsme et les juifs », s'exclamait : « Le judaïsme n'a de sens pour le juif que dans la mesure où il existe en tant que réalité intérieure. » J'en faisais des bonds de trois mètres ! Je suis vite retombé sur terre : « Le jeune juif découvre la succession des générations, il considère cette lignée des pères et des mères qui aboutit à lui, où il perçoit de quelle concentration d'individus, de quelle confluence de sang il est le produit. » « Lignée des pères et des mères. » Il semble y tenir. « L'existence juive, écrit Benny Lévy dans *Être juif*, se réfère à un instant privilégié du passé et sa position absolue dans l'être lui est assurée par sa filialité. » Autrement dit, je suis fait comme un goy. Pour Martin Buber, le sang est intérieur, et le sang est antérieur. Pour moi, le sang est extérieur, et le sang est postérieur.

Attentat à Bagdad. 140 morts, 185 blessés. Bilan provisoire. Mais, avec le terrorisme, le bilan, par définition, est *toujours* provisoire. Il était minuit, camion piégé. Revendiqué par Daech. Représailles de la perte de Falloujah. Trois jours de deuil national. Sur les réseaux sociaux, la colère gronde : on dénonce les fameux faux détecteurs d'explosifs. Hollande : « C'est l'œuvre de criminels abjects. » Le pauvre – pourquoi ouvrir le goitre, si c'est pour lâcher une telle ineptie ? Daech ne veut pas mourir, et ne meurt pas. On n'en a jamais terminé. Même quand l'État islamique, Daech, mutera en État – en état mental, en état d'esprit. On ne voit pas très bien quel jour pourra connaître la fin « officielle » de Daech. Et pourtant, ça passera. La pulsion de mort trouvera autre chose pour s'exprimer.
Il était naïf de penser (qui le pensait, d'ailleurs ?) que la victoire de Falloujah signait l'arrêt des horreurs de Daech en Irak. Daech possède encore – sur le plan logistique – de nombreuses ressources. Le monde (lequel ?) attend avec impatience que Mossoul tombe. Mais qui endiguera les volontaires au martyre, jusque dans les siècles ? La menace continuera de planer, territoire repris ou non. Plus de 40 000 Irakiens ont, entre 2008 et 2013, fait les frais du terrorisme. 40 000 ! Pas 30 morts en terrasse : 40 000 morts, partout.

Interview comique (dans *Le Monde*) du ministre turc des Affaires étrangères : « Nous combattons déjà Daech par tous les moyens. » Christophe Ayad (excellent journaliste) : « La Turquie est en guerre contre l'EI et contre le PKK (parti des travailleurs du Kurdistan, séparatistes). Est-ce raisonnable de mener ces deux combats de front ? » Réponse : « Quand vous êtes attaqué par des terroristes, quels qu'ils soient, vous n'établissez pas de priorité. Ces deux organisations sont aussi dangereuses l'une que l'autre de notre point de vue. » Tout est là : l'anti-terrorisme international, ou le combat uni international contre le terrorisme n'est pas possible parce qu'il y a une priorité nationale différente par pays.

Le ministre des Affaires étrangères continue (tout, d'une certaine manière, est lumineux) : « Au prétexte que le PKK combat Daech, il faudrait le laisser mener ses activités terroristes en Turquie, tuer nos soldats et nos policiers ? Ce n'est pas sérieux. »

La Turquie peut nous aider à éliminer Daech, mais grâce à des combattants qu'elle veut qu'on l'aide à éliminer !

Déguisé à l'insu de tous en Golowin, Gulda donne des tours de chant, sans que nul se doute de qui se cache sous l'allure ringarde, démodée, moche de ce chanteur viennois à l'ancienne, populaire et dépressif, semblant sorti d'un épisode de *Derrick*, et qui chante comme une casserole. « C'est mon double noir et mélancolique, expliquera Gulda vingt-cinq ans plus tard. J'ai inventé cette figure et je me suis fondu en elle. » Et Golowin donne des entretiens à la radio, à la télévision, dans les journaux – et personne, jamais, ne fait le rapprochement avec Gulda ! Il est vrai, ce dernier modifie sa voix. Et, contrairement à son créateur, ne porte pas de lunettes. Des vidéos existent sur Internet. Magnifique. Sublime. Des journalistes sont mis dans le coup : cela permet, grâce à un ingénieux montage, de réaliser une émission de télévision, *Die Große Glocke* (« La grande horloge »), dans laquelle Gulda, au piano, accompagne Golowin ! L'interview de son avatar plouc, quand lui Gulda est tiré à quatre épingles façon salle Pleyel, n'est pas piquée des vers :

— Monsieur Golowin, comment avez-vous rencontré Gulda ?
— Ben c'est tout simple, j'l'ai entendu jouer et j'ai aimé ça.
— Vous a-t-il entendu chanter ?
— Ouais, il m'a entendu, ouais.
— Et il a aimé ?

— J'crois bien qu'il a aimé, ouais.

— Il a composé pour vous, du coup ?

— Du coup, il a composé pour moi.

— Vous aimez chanter ses chansons, sur sa musique qui plus est ?

— Ouais, c'est super, passque j'ai pas b'soin d'apprendre l'anglish.

— Les textes, donc, vous plaisent *vraiment* ?

— Puisque je vous dis qu'oui, nom d'un rat ! Bon, c'est sûr que je pourrais en faire autant, hein… Je pourrais les écrire moi-même ! Mais…

— Mais quoi ?

— Je suis trop une feignasse.

— Herr Golowin, qu'allez-vous nous interpréter ?

— Ben une chanson de Gulda, donc… « Wann I Geh' »…

Gulda, cheveux plaqués et smoking impeccablement taillé, est installé à son piano – il acquiesce. Et Golowin se met à chanter grotesquement, faux bien entendu, roulant outrageusement les r. Pendant trois ans, Gulda parviendra à entretenir la supercherie, lui le pianiste le plus sophistiqué de la planète, le plus propre sur lui, se produisant sur scène déguisé en Albert Golowin. « Un abruti de critique, confiera Gulda, a écrit un jour que Golowin était une révélation majeure, un événement considérable dans l'histoire de la chanson. Et il a ajouté : "Hélas, Gulda, tout à son ego, ne lui apporte pas tout le soutien qu'il mérite." »

La faiblesse du Directoire tient à plusieurs phénomènes concomitants : les gens n'aiment pas ce gouvernement ; les vrais patriotes n'ont pas le droit de vote (seuls peuvent voter les riches, même si ce sont des bandits ou des truands) ; l'instabilité est très grande, étant donné qu'il faut renouveler les députés tous les ans par tiers, l'administration départementale par cinquième et l'administration municipale par moitié. Mais, surtout, la Constitution n'est ni fiable ni viable : elle fait se dresser face à face deux blocs, sans possibilité de « tampon » – le Directoire, d'un côté, et, de l'autre, les Conseils. D'un côté les armes, de l'autre, l'argent. Puissance militaire contre puissance financière. Les moyens de transiger, de négocier sont rares. C'est la porte ouverte aux coups d'État. Au surplus, il n'existe rien entre les communes et les départements : un espace vide (plus de district). Quant aux juges, ils apparaissent dans leur majorité comme des royalistes qui ne disent pas leur nom.

Mais la personnalité des Directeurs pose également un problème. Ils ne s'entendent pas. Et puis, comment faire, à cinq, preuve d'autorité ?

Comment, à cinq, incarner le pouvoir ? Lazare Carnot n'a rien à voir, ni rien à faire par exemple, avec un Reubell. Et encore moins avec Barras. Et que viennent faire là-dedans Le Tourneur et La Révellière-Lépeaux ?

L'incontournable Talleyrand est évidemment dans les tubes : il dirige les Affaires étrangères. Parmi les députés des Conseils : Sieyès, Daunou, Cambacérès, Ortalle, Thibaudeau.

Après Étaix, je regarde des Max Linder. Fascinant type. Totalement tombé dans l'oubli. Alain s'appelait Émile Chartier. Raymond Abellio s'appelait Georges Soulès. Julien Gracq s'appelait Louis Poirier. Max Linder, lui, s'appelait Gabriel Maximilien Leuvielle. Même Chaplin, à côté, était un nain : il l'appelait « le Maître ». On pense trop souvent que le burlesque est né tout seul, *ex nihilo*, là, sous le sabot d'un cheval noir et blanc au trot accéléré (le trot accéléré n'a strictement rien à voir avec un galop), sur fond de ragtime ensablé (c'est-à-dire signé Jean Sablon). Le burlesque fut bien la géométrie d'un Euclide tout en zigzag fou : Linder. Une star internationale, Max. Plus de deux cents films réalisés et interprétés entre 1905 et 1925. Une véritable anthologie du dandysme. Quelque chose entre Roger Gilbert-Lecomte et Mandrake le Magicien.

Rendez-vous avec Olivier Nora, chez Grasset, pour signer mes contrats. Maria, qui m'accompagne, est, une fois de plus, dépitée par ma naïveté. En affaires, je perds (et ai toujours perdu) presque 100 % de mes bras de fer. Je suis l'homme le moins malin du monde.

Olivier est un grand éditeur ; il est certain que son pessimisme, très fameux, peut effrayer. Il voit tout en noir, mais cela ne signifie pas que ce noir, il le broie. Il est heureux dans le chaos, et il semble que le marasme soit son écosystème. Lorsque le pire n'arrive pas, Olivier le guette tout de même : force est de constater qu'il n'est jamais déçu. Je voudrais louer son intelligence – cet esprit de finesse qui lui sert au surplus, ce qui est rare, d'esprit de géométrie. Oui, peut-être bien que Pascal s'est trompé : plutôt que de distinguer l'esprit de finesse et de géométrie, on pourrait possiblement supputer que l'esprit de géométrie, quand on le possède, n'est que la conséquence, n'est qu'un sous-ensemble de l'esprit de finesse (tandis que la réciproque, elle, est résolument fausse).

Olivier est élégant, tant de parole que de gestuelle, et cette allure le rend presque irrésistible, si bien qu'il parvient toujours à me faire accroire que je lui suis inférieur à la fois socialement et intellectuellement. Ne pouvant accepter ce postulat, parce que tout simplement je suis propriétaire comme tout un chacun d'un ego et que cet ego me l'interdit, je me vois obligé, devant lui, de jouer un rôle qu'il ne peut pas embrasser, ni me voler, et où la compétition, la comparaison, joue enfin à son désavantage : le sale gosse, le provocateur immature, en quelque sorte le poulbot. Je joue en définitive à lui faire peur et il a la bonté de me faire accroire que j'y réussis. D'où cette solidité d'une amitié qui, en fin de compte, s'appuie sur un respect mutuel quand bien même je ne supporte plus ce mot de « respect » qu'on agrémente, en provenance ou au contraire en direction notamment des banlieues chaudes, à toutes les sauces.

Pour Robespierre, la force armée est consubstantielle à la liberté ; il n'y a pas de liberté si cette liberté ne se présente pas, immédiatement, avec ce qui la *conserve*.

Déjeuner avec Maria au Pain quotidien. Longue séance de travail à *La Règle du jeu*.

Demain : aller nager, absolument, obligatoirement.

21 heures, psy. J'y vais à pied. Le parcours me conduisant chez le psy est possiblement plus bénéfique que la séance elle-même.

Jésus n'adore en réalité que lui-même, il n'attend que lui-même : puisqu'il est son propre messie – c'est ce qui l'autorise, également, à être le seul à pouvoir se haïr.

Mardi 5 juillet

Réveil avec *Desire*, Bob Dylan, 1976 (Columbia, PC 33 893, US). Bob Dylan : guitare rythmique, harmonica, chant ; Emmylou Harris : chœurs ; Rob Stoner : basse, chœurs ; Sheena : congas, cloches ; Howard Wyeth : batterie ; Dominic Cortese : mandoline et accordéon ; Vinnie Bell : guitare douze cordes ; Scarlet Rivera : violon. Les notes sont rédigées par Allen Ginsberg – que j'ai rencontré en 1995 ou 1996 (impossible de me souvenir de la date exacte ni de l'occasion) à l'ambassade des États-Unis.

Voir Ginsberg « en vrai » n'est pas une mince expérience ; je ne suis pas fanatique de son œuvre, sauf à considérer qu'il est son œuvre à lui seul. Ginsberg fait partie de ces gens qui « sont » l'histoire plus qu'ils ne la font. Ginsberg représente ; Ginsberg incarne. Il « est » la seconde partie du XXe siècle. Il était dégarni, grand – très grand –, bigleux, un peu voûté. J'avais du mal à me dire que c'était bien lui, que ma vie, fût-ce pour quelques minutes, avait convergé vers la sienne, que ses pas et mes pas s'étaient rendus au même endroit – avec tout ce qui nous séparait, à la fois dans la géographie et le temps ; mille hasards pour en arriver là, depuis ma Beauce, face à ce New-Yorkais mondialement lu, connu, irréel. On peut ne rien connaître de lui : on le connaît. C'est un mythe. Ce dont il était revenu : les drogues, les maladies, les errances, les mauvaises rencontres. Sachant que, dans ce cas, les mauvaises rencontres furent évidemment les bonnes.

Ce jour-là, sans vergogne ni complexe, posant son verre de whisky sur le piano, Sollers se mit à jouer, devant tout le monde. Confondant culot. Surtout qu'il ne sait pas jouer – il frappait des notes bouléziennes absolument gênantes ; lui n'était pas gêné – du tout. C'était d'ailleurs le seul, si ma mémoire ne défaille pas trop, à ne l'être point. Cela fait un joli souvenir ; cela fait un cocasse morceau de passé à poser ici, sur cette page qui n'en attendait pas moins. Il faudrait que je consulte Sollers sur la date et l'occasion de ce raout.

En cette période d'attentats, et de destruction par Daech des joyaux de la Syrie antique, la lecture de Diderot semble tout indiquée : « Du fanatisme à la barbarie, il n'y a qu'un pas », écrit-il dans sa préface à l'*Essai de M. S*** sur le mérite et la vertu* (1745). Par barbarie, j'entends cette sombre disposition qui rend un homme insensible aux charmes de la nature et de l'art, et aux douceurs de la société. En effet, comment appeler ceux qui mutilèrent les statues qui s'étaient sauvées des ruines de l'ancienne Rome, sinon des *barbares* ?

Ceux qui étêtent les statues veulent en réalité éradiquer le temps ; s'en prendre à l'histoire, c'est considérer que quelque chose qui a eu lieu n'aurait pas dû se dérouler. Ils tuent non seulement le contenu du temps mais, au sens strict, ils *tuent le temps*. Ils veulent le supprimer comme contenant – seule manière de détruite absolument toute possibilité de contenu.

Hugues M. mention Bien au bac S – 6/20 en philo. Étrange matière, que les profs enseignent sans enseigner, c'est-à-dire à coups de concepts. Il faudrait nettoyer l'enseignement de la philosophie (et la philosophie elle-même) de la notion de « concept ». Apprendre à dire, plutôt qu'à réciter. La notion de « liberté », si elle n'est que le recrachat de la liberté chez Spinoza, ou chez Descartes, ou chez Kant, n'a finalement aucun intérêt. Le problème de la philosophie, c'est qu'il faut toujours se rendre « chez ». Les philosophes empêchent autant de penser qu'ils y aident. D'où ma passion pour Heidegger, qui ne « philosophe » jamais. Et puis : ce sont toujours les mêmes philosophes qu'on croise – pourquoi ne pas seulement enseigner Platon, rien que Platon, et s'en servir comme rampe de lancement ?

Gulda change de cap. S'entichant de la cultissime et fascinante *Sonate pour piano n° 32 en ut mineur*, opus 111, de Beethoven, il part jouer ce compositeur dans des fermes, dans des coopératives, dans des poulaillers, dans des sentiers buissonneux, dans des métairies, dans des bourbiers, dans des jardins. En plein air. Dans la nature. Entouré de jeunes, de « hippies ». Puis dans une taverne, à Ossiach, en Carinthie, 500 habitants qu'il élira pour de bon, de ces tavernes autrichiennes où le *Spritz* coule à flots. Gulda y crée un festival. « Loin des nœuds papillons et proche des papillons… » Il semble merveilleusement logique que Gulda soit à l'aise dans la sonate n° 32. Elle établit à elle seule un pont, extraordinaire et inédit, entre la musique « classique » et le jazz. Je mets des guillemets à « classique » puisque la musique de Beethoven, de Mozart, de Schubert, de Brahms ne se doutait pas une seconde, alors, qu'elle était appelée ainsi – elle était, pour elle, tout simplement de la musique. Les « trois plus grands », pour le génie viennois, sont Beethoven, Bach et Mozart. « Beethoven est le plus accessible et le plus simple… » Et, avec sa modestie légendaire, de rajouter : « Il ne vous aura sans doute pas échappé que je me spécialise dans Beethoven depuis des années, maintenant. Vous connaissez le résultat… » « Bach », en allemand, signifie « ruisseau » : « Moi, je l'appelle Johann Sebastian Meer, car Bach n'est en rien un ruisseau. C'est un océan. »

Un beau jour de 1971, 4 000 hippies « investissent » Ossiach et son festival. « Ils voulaient s'incruster dans mon festival sans payer ! » fulmine Gulda dont « l'alternatisme » est finalement tout relatif. « C'était assez désagréable… »

On dit souvent que le temps a modifié l'espace ; il est vrai que, la vitesse de déplacement se réduisant considérablement, le monde nous semble plus petit. Nous mettons moins de temps pour aller d'un endroit de la planète à un autre. Mais il me semble que c'est davantage l'espace qui a modifié le temps. L'espace a été envahi par le tourisme, les visites et les agrégats d'humains, l'espace se remplit, l'espace se sature, l'espace est de plus en plus encombré : il s'agit donc de le vider afin que d'autres, juste derrière nous, puissent aussitôt le remplir – c'est ce qui se passe à la chapelle Sixtine, désormais semblable à un hall de gare. L'encombrement des lieux implique une réduction du temps de passage, où toute contemplation devient non seulement impossible, mais interdite. La restriction du temps, ainsi, est liée à une réduction obligatoire et mécanique de l'espace. L'espace doit se partager toujours davantage – c'est pourquoi, de ce partage de l'espace, découle, annexé à lui, un partage parallèle du temps. Le temps que nous pouvons passer dans tel lieu est proportionnel à la réduction de l'espace qui nous est imparti. Le tourisme de masse ne doit pas seulement se comprendre comme une mobilité infiniment multipliée, mais comme une immobilité infiniment partagée ; ceci a des incidences sur le temps, qui désormais est mesuré, chronométré. Nous disposons de telle portion de temps pour jouir de telle portion de lieu. D'autres, derrière nous, attendent leur tour : ils disposeront de la stricte même tranche de temps pour « apprécier » la stricte même tranche d'espace. L'attente n'est rien d'autre que le résultat d'un encombrement stérique.

Aucune idée, je le redis, de ce que vaut Elie Wiesel comme *écrivain* – n'est pas Kertész qui veut. Il me semble que l'hommage à Kertész, un des dix plus grands écrivains du XXe siècle, n'a pas eu lieu. Lui consacrer un séminaire ? Ou à Saint-John Perse – comme cela me tente depuis des années.

Premier cours particulier de grec ancien. Je ne m'y mets que pour pouvoir mieux lire Heidegger.

Déjeuner Agnès (japonais, avenue Victor-Hugo). J'apprends, par une conductrice, ma note Uber : 4,58/20. Les salauds. Je ne ferai plus de cadeaux. Je mettrai 1/20 désormais à tous les chauffeurs !

Toute la difficulté, dans mon cas (précis, difficile, extrêmement *singulier*), est d'accepter le judaïsme sanguin pour les juifs (le judaïsme des plaquettes, de l'ADN) et de créer une sorte d'exception pour le non-juif, pour le ben Noah (fils de Noé) que je suis. Être juif non-juif, sans naissance juive j'entends, sans se convertir. Sans *me* convertir. Montrer en quoi je suis beaucoup plus juif encore sans conversion.

Montrer que j'ai ma place dans le judaïsme *précisément parce que je ne me convertis pas*.

Emmanuelle est partie acheter un rat à décongeler quai de la Mégisserie pour Tarzan. Le repas de Tarzan, joli et musculeux boa constrictor d'un mètre vingt mais qu'elle considère, sinon comme un bébé, du moins encore comme un adolescent, est un spectacle à ne pas rater. La procédure est simple et immuable. Il s'agit de sortir le rat du congélateur, où il reposait dans un sac plastique parfaitement étrange. La pauvre bête ne semble née que pour finir ici, objet d'une digestion domestique. Tarzan meurt de faim : on reconnaît la férocité de son appétit au fait que le moindre geste le fait se dresser, qu'une chiquenaude contre la vitre de son habitat fait frétiller sa langue, fourchue et vive, qui lui sert de détecteur à effluves. Comme tous les serpents, Tarzan est sourd ; il ne réagit qu'aux vibrations. Il ne bouge quasiment jamais, si bien que souvent je l'ai cru mort. Son œil est jaune et, quand la mue approche, vitreux. La nuit, sur la pauvre branche qu'il a à sa disposition, il sort et fait la fête, s'enroule, glisse, cherchant par instinct à forcer le toit de sa maison, qui est un frêle grillage. Il hume, chasse, rêve d'une proie. Il fait de l'exercice. Mais, le jour, il est comme assommé : imperturbable. Je le caresse quelquefois, ce qui ne semble pas l'émouvoir beaucoup. Il a la peau glacée. Il se fiche de tout ; seule une immémoriale méfiance le fait s'intéresser à ma présence.

Je ne crois pas qu'il reconnaisse sa « maîtresse ». Il n'est pas venu sur terre, me dis-je, pour rester bloqué dans ce cube de verre, mais Emmanuelle m'assure que, né en captivité, l'animal serait désemparé dans la nature, et qu'il mourrait au bout de quelques heures – parce qu'incapable, selon elle, ce qui est peut-être vrai, de se défendre et de se nourrir. Elle s'amuse à le sortir, à jouer avec, il coulisse le long de son épaule ; elle fait bien attention à ce qu'il n'entoure pas sa nuque, car c'est une bête qui étouffe ses proies, ou plus exactement les anéantit en brisant les os de leur cou. Sorti de sa demeure, Tarzan furète, curieux de tout, cherchant, regardant, scrutant, les sens aiguisés, tendu comme un radar. Il adore les étagères, passer derrière les livres de la bibliothèque, passer, malgré son volume inouï qu'il parvient toujours à réduire, sous la barre poignée du four. On n'en revient pas que l'extrémité de son corps soit si dépendante du début de ce même corps, que tout cela se réponde, corresponde, soit une seule et même entité.

Tarzan n'est ni « méchant » ni « gentil », pas plus qu'il ne se montre agressif ou pacifique : ces mots, en ce qui le concerne, n'ont strictement aucun sens. Il n'est qu'instinct. C'est une longue et instinctive queue musculeuse et nerveuse et froide. Sa langue sort, entre, sort à une allure infinie. Emmanuelle le remet alors dans son habitacle de verre. Puis elle sort le rat, qu'elle immerge, à l'aide d'une grosse pince à cornichons en bois, dans une casserole d'eau bouillante. Le rat ramollit. Puis Emmanuelle le plonge dans un bocal. Qu'il refroidisse un peu. Ensuite, elle le sort avec la pince à cornichons, l'étale sur deux feuilles de sopalin pour le faire sécher. Avec la pince, elle l'attrape par la queue. Le boa, depuis plusieurs minutes, a bien compris, à l'odeur, qu'une proie se trouvait dans les parages : il sait, il sent qu'il y a rat sous roche, qu'un rongeur est à portée de crocs ; il est excité, il se love, se tend, glisse, se faufile. Il est tout entier sorti de son petit rocher, un abri dans l'abri. Sa langue s'affole, elle frétille, elle lape dans le vide mais comme une minuscule mitraillette. Nous n'avons pas envie d'être ce rat, même mort.

Emmanuelle enserre le rat dans sa pince. Elle ouvre l'habitacle par le toit grillagé. Puis elle s'amuse à le secouer, pour lui conférer un semblant de vie. Tarzan ne sait pas qu'il a affaire à un mort. Ce simulacre lui va très bien : il en va de son estomac ; et son instinct ne le trompe jamais – je me souviens de cette fois où, bien qu'affamé, il avait boudé un rat, s'étant sans doute avisé de sa mauvaise qualité. Le boa est immobile, plus statique encore qu'un galet. Son œil est rempli d'obsession : il fixe le rat secoué comme si le monde n'existait plus. Et soudain, à la vitesse de l'éclair, il attaque : nous n'avons rien vu ; une secousse molle, mais terrible, un choc pelucheux, et voici le rat entre les dents du boa. L'en retirer serait aussi peu possible que de déplanter la tour Eiffel à la main.

Tarzan « étouffe » ensuite son rongeur, écrasant tout ce qu'il comporte de muscles, de nerfs, d'alvéoles, de veines et d'artères, ne se doutant jamais, le pauvre, qu'il est en train de tuer un mort.

Attentat du jour : l'Arabie saoudite. Trois attaques suicides. Quatre agents de sécurité tués. Sur les Lieux saints. L'Arabie saoudite paye son « soutien » (il faut le dire vite) à la coalition « anti-EI » (il faut le dire vite) « conduite » (il faut le dire vite) par les États-Unis. Daech, surtout, ne supporte pas qu'une autre puissance sunnite incarne l'autorité de référence dans la région – les chiites, eux, ne représentent que 10 % de la population saoudienne.

Une commission d'enquête parlementaire, formée à la suite des attentats du mois de novembre, rend ses (piteuses) conclusions. Je résume : faire fusionner le SCRT et la SDAO tout en lui octroyant une partie du rôle de la DRPP ! On est rassurés !

Le Point refuse mon Guitry, que je dois refaire. Pas la moindre envie. Horreur de recommencer. Il y a toujours eu, chez les journalistes, une propension constante, pratiquement obsessionnelle, à vouloir tuer les écrivains. Cela s'explique d'abord, pour la plupart, par une jalousie qui renvoie à une certaine impuissance à écrire des romans. On se demande pourquoi. Chacun son métier. Je ne sache pas, après tout, qu'il existe une hiérarchie entre la littérature et le journalisme. Personnellement, la littérature est ce que je préfère au monde, juste derrière la musique, mais je n'en fais point toute une montagne : je ne pense pas à hiérarchiser. C'est ce que je préfère – je n'ai, par conséquent, nullement besoin, ni souci, de vouloir situer la littérature ailleurs qu'au royaume de mes passions, de mes intérêts, de mes goûts. Mais les journalistes – pas tous, Dieu soit vraiment loué – ne voient pas les choses ainsi ; ils s'obsèdent tout seuls, à longueur de journée, sur le fait de devenir à tout prix écrivain, parce qu'écrivain c'est « mieux ». Non, écrivain ce n'est ni mieux ni moins bien : c'est ce qui convient à merveille à ceux qui, comme moi, seraient bien incapables d'être journalistes. Appeler des gens, enquêter « sur le terrain », passer ses journées au téléphone et – pire que tout – « recouper » des informations, c'est pour moi, tout simplement, comme activité, la définition de l'enfer. Je préfère presque tout à ça. Mais je suis fort aise, et bien content, que d'autres que moi s'en chargent, s'acquittent de cette tannée.

Les journalistes envient les écrivains et sacralisent la littérature (bien davantage que les écrivains, qui ne la sacralisent que lorsqu'ils sont mauvais) parce qu'à force de travailler dans l'éphémère, ils dépriment et se demandent à quoi bon. Mais l'écrivain, le véritable écrivain, se moque de la postérité comme d'une chaussette : il est là pour dire, non pas tant ce que les autres n'ont pas dit, mais ce qu'ils n'ont pas, ce qu'ils n'ont jamais dit *comme ça*. Il est là pour voir, non pas strictement ce que les autres n'ont pas vu, mais ce qu'ils n'avaient pas, n'avaient jamais vu *ainsi*. La postérité n'est l'idole que des imposteurs : à quoi bon en rêver, parce que non contente d'être capricieuse, elle est parfois injuste. La postérité n'est qu'un éphémère plus long. Tout va mourir et la Terre un jour ne sera plus. La postérité, qui ne s'exprime qu'après la mort d'un être, n'intéresse pas cet être, qui ne peut en jouir. Seule vaut la postérité de son vivant, c'est-à-dire pas de postérité du tout, mais seulement, oui, seulement les bribes de cette reconnaissance qui vaut pour une manière d'amour du public et de quelques critiques et suffit à nous rendre heureux. Nous vivons ainsi dans un espoir de postérité qui est la seule postérité enviable et aussi, pour nous, la seule possible, la seule accessible. Tout le reste n'est que de l'idiote spéculation.

Je vois bien, ce n'est pas difficile, tout ce qui se met en branle, au jour le jour, je remarque parfaitement tous les efforts que font certains vivants (lecteurs, critiques, institutions) pour établir la postérité de quelques autres vivants (écrivains). C'est amusant, c'est louable – ce sera peut-être même payant. Mais il y a fort à parier que le temps balaiera tous ces efforts et que ne restera, on ne sait selon quels critères ni quelles modalités, ce qui *doit* rester. La postérité ne se décrète pas, ne se travaille pas, ne se prépare pas : il faut travailler et être soi-même. C'est tout. Et puis, il faut savoir de quelle postérité nous parlons. Il y a celle de Stendhal, en effet, qui est vraiment lu ; et celle de Malraux, qui est illisible et partiellement illu. Les journalistes en veulent aux écrivains de la postérité qu'ils n'auront peut-être jamais.

On a trop tendance à faire de tout et n'importe quoi une manifestation de la sécularisation. Qu'est-ce, d'ailleurs, que la sécularisation ? Est-ce, dans nos sociétés, le lent pourrissement de la transcendance ou la marque arrogante de victoire de la raison ?

Le carnage d'hier en Irak a eu lieu dans un quartier populaire chiite. Devise du terrorisme : « Les femmes et les enfants d'abord. »

La Métamorphose de Kafka, écrite en 1912 : récit, aussi, sur ce qui est devenu, patiemment, incidemment, la plaie du judaïsme – la sécularisation. La sécularisation des juifs. Gregor Samsa appartient à une famille juive, mais il est seul, vraiment seul, à être juif dans cette famille juive. Il est le seul à être vraiment juif dans cette famille juive qui n'est plus vraiment, qui n'est plus véritablement juive. Le père, la mère, la sœur de Gregor : ce sont des *modernes*. Ils sont dans le siècle, tout bien dégueulasses, au milieu du siècle ; dégueulasses et dégueulassés par une fuite en avant, terrible : se fuir comme juif, tenter d'échapper à son être juif. Pire : être dégoûté par celui qui, chez eux, accepte sa condition de juif, ne renie *jamais* son être juif. Celui-là, c'est la bestiole : c'est le monstre ; c'est leur fils hideux, c'est Gregor Samsa. Celui qui, même à quatre pattes, animal, et méprisable même dans le règne animal, opérera son Retour.

Tous les journaux nous vendent la figure exemplaire de Rocard. C'était un honnête homme : pourquoi être venu s'user l'existence en politique ? C'est n'avoir rien compris à la politique que d'avoir tenté d'en faire.

Jésus n'a pas voulu fonder une nouvelle religion. Il a voulu que la religion soit refondée en chacun.

Mercredi 6 juillet

Réveil avec *Hot Stuff (1936-1949)*, Memphis Minnie, 1977 (Magpie Records, PY 1806). Chant et guitare : Memphis Minnie et Little Son Joe ; basse : Ransom Knowling ; batterie : Fred Williams ; piano : Blind John Davis.

Départ pour Capri avec Emmanuelle, d'une part, et Fleur Pellerin et Laurent, son mari, d'autre part. Hollande a récemment viré Fleur du ministère de la Culture ; évidemment, elle s'en fiche éperdument. Le matin même, elle appelle François Hollande : « Il y a des rumeurs, cher François. Des rumeurs de départ me concernant. – N'y prête surtout pas attention », avait répondu le Président. Rassurée, elle s'en va au Sénat présenter son projet de loi. Lors d'une pause cigarette, un appariteur l'informe qu'elle ne peut se rendre dans l'hémicycle. « Plaît-il ? » répond Fleur. Et l'appariteur, de lui asséner : « Madame, vous n'êtes plus ministre. Quelqu'un est en train de vous rapporter votre sac et vos dossiers. »

J'ai retrouvé – c'est une parenthèse – la lettre par laquelle, en 2012, j'étais entré en contact avec Fleur. La voici :

Chère Fleur Pellerin,

Veuillez m'excuser de ne pas vous appeler « Madame le Ministre » : le titre vous honore, mais il ne peut vous seoir autant que le prénom dont vous êtes dotée. Le plus fort (comme à la bataille, comme la fonction exponentielle en mathématiques) l'emporte. C'est votre prénom le plus fort : c'est lui qui l'emporte. Je sais bien qu'il en va pour les fleurs comme pour la plupart des ministres ; on connaît leurs visages et on ignore leurs noms. Sachez, en attendant, que j'ai su retenir le vôtre. En l'espèce, il ressemble à votre visage ! Vous avez le prénom tautologique.

Ces inconvenants propos étant à présent diffusés, je me permets de vous écrire sur le conseil de mon éditeur et ami (de mon ami puisque mon éditeur, de mon éditeur puisque mon ami) car je songe à partir cet été en Corée.

J'exerce en effet à mes heures et aux heures qui ne sont pas les miennes, le métier d'écrivain, qui n'est pas un métier. Si c'était à refaire, je me consacrerais sans doute au piano. Encore qu'il soit à peu près aussi impossible de devenir Cziffra que Proust (je suis fait comme un rat).

Jean-Paul Enthoven me dit que votre aura là-bas, en Corée, n'a d'égale que l'éloquence de Périclès dans la République d'Athènes. Puissiez-vous, actionnant vos réseaux neufs comme Franklin son cerf-volant sous le ciel électrique de Philadelphie, me mettre en contact avec quelque autorité culturelle de votre connaissance à Séoul ?

Je n'exclus pas de vous révéler, car je n'ai pas reçu la moindre espèce d'éducation, que vous n'êtes pas absolument étrangère à cette idée de voyage : sans doute, je pars pour rencontrer (à Pusan ? à Suwon ? à Pohang ?) la même que vous en moins ministre. En moins florale, peut-être, mais en moins ministre.

En espérant que cette démarche vous agacera un peu, mais pas trop, je vous adresse (juste après mes félicitations) un bouquet de remerciements dont je vous laisse le soin d'extraire la plus belle fleur.

Yann Moix

Le personnage historique préféré (à qui il rêve de consacrer une biographie) de Laurent est Adolphe Thiers : qui de plus trouillard, de plus veule, de plus calculateur, de plus fourbe, de plus faux, de plus hypocrite, de plus retors, de plus vendu, de plus visqueux que Thiers ? Thiers est la honte de la France. Il ne faut pas oublier que le premier « président de la République » en tant que tel a été Thiers ; cela en dit long sur le pays. Il a tiré sur le peuple pour faire plaisir aux Allemands qui, comme sous Pétain, n'en demandait pas tant. Laurent, lui, est « thiériste » ! Il faut tout de même le faire.

Pendant des semaines, lorsque Fleur songeait à le quitter pour plus brillant, plus fou et plus romanesque que lui, je l'ai porté à bout de bras. Il me suppliait de passer du temps avec lui – le plus souvent dans des bars. Il pleurait, et cela me faisait de la peine de le voir dans cet état. Soir après soir, au zinc, je tentais de trouver les mots pour qu'il ne chute point complètement. Il n'écoutait rien de ce que je lui disais, ce qui est bien normal en pareille situation, et parlait indéfiniment, jusqu'à extinction des feux. C'était un homme à bout de nerfs et de tristesse, et qui n'excluait pas de « faire une bêtise », même si lui et moi savions que cet état aime généralement se payer de mots définitifs.

Le pire, chez lui, c'est l'esprit scolaire. Tout ce qu'il sait, dit, pense relève de la leçon bien apprise et récitée. Il s'imagine sans cesse qu'il est interrogé. On dirait qu'il passe sa vie à lever la main pour aller au tableau. Incapable de la moindre pensée personnelle, de la moindre idiosyncrasie, de la plus petite saillie qui ne doive rien à ses lectures, bref, interdit à toute originalité, il donne l'impression de régurgiter ses leçons. Il arbore en outre, de façon quasi permanente, un sourire espiègle d'enfant vieux : cela lui confère un air de lutin rapetassé. Il a la facétie potache, mais d'une potacherie sérieuse, comme un enfançon qu'on grondera s'il est pris en train de reprendre un bonbon. Le registre de son humour, resté bloqué à la moitié des sixties, sent Jacques Balutin. De son propre chef, il ne peut proposer rien qui soit inédit. Même ce qui fait rire est au programme dans son cahier de texte, et ses blagues sont démoulées de similaire façon que ses fables de La Fontaine, intactes dans sa mémoire. Bien que premier en tout, il n'est au niveau nulle part. Étrange écart entre sa propension à la brillance et sa paralysie dans la profondeur.

Gulda ne compte pas s'arrêter à la traversée Bach-Coltrane. Un autre voyage l'intéresse – au bout de lui-même, une fois encore. Nous sommes au mitan des seventies. « Ces dernières années, j'ai voulu m'attaquer à une autre frontière : celle qui sépare la normalité et la folie. » Il donne alors une série de concerts qui ne sont pas des concerts. Ce sont des happenings hystériques et débridés, tératologiques, aberrants, réalisés le plus souvent dans des bourgades oubliées et perdues, et jouées, délivrées devant un auditoire tantôt clairsemé, tantôt absent. Ils sont trois, qui se déplacent dans un camping-car baba cool : lui, Gulda, Limpe Fuchs l'hurlante, connue pour ses extravagances rythmiques et postmoderne qui tape sur ses peaux, et un certain Hans Rettenbacher, que je ne connais pas. Le trio, baptisé « Anima » (c'est un « projet » et surtout pas un « groupe »), veut opérer une révolution sociale, acoustique, musicale et culturelle. Il s'agit de se libérer de tous les carcans. De s'oublier dans le son. Dire qu'il s'agit là de musique expérimentale paraît bien faible au regard du résultat, dont on peut, en cherchant bien, se procurer quelques traces. En dinguerie, c'est à peu près imbattable – les Mothers of Invention, à côté, ont l'air des Chaussettes noires.

Tâtonner sans filet. Avancer dans les jungles. Je n'ai pas de « professeur » en judaïsme et je n'en veux pas. C'est ma façon (erratique, imparfaite) de me professer à moi-même *un* judaïsme (*mon* judaïsme) qui m'intéresse. Me passionne. Je ne veux de professeurs en rien. Et même pour l'hébreu, je préfère finalement ma méthode Assimil aux cours particuliers. J'ai un respect infiniment infini pour les rabbins (orthodoxes ou non) et pour tous ceux que j'ai pu croiser, dont la science en la matière donne le vertige. Mais c'est aussi à leur contact que, loin de me résigner à faire avec les moyens du bord (avec les propres moyens de mon propre bord), j'ai compris que ma voie (erronée ? fausse ? indécente ? absurde ? imbécile ?) était la seule qui vaille. Personne ne lit Rimbaud comme moi. Personne ne lit ni mieux ni moins bien que moi. Le Talmud n'est pas Rimbaud. Mais j'ai décidé de faire, malgré tout, ce qui ne se fait pas : me promener seul, tout seul dans ses couloirs et ses avenues, me perdre en toute solitude dans ses impasses et ses lacets, me confronter à mes incompréhensions et à ma balourdise, me tromper de chemin et de voie, et par conséquent pousser le lecteur – si jamais ce journal est publié, ce que j'espère – vers des interprétations inadmissibles.

Mais, là, deux choses : d'abord, ce lecteur n'est pas *un* lecteur, c'est *mon* lecteur. Et si mon lecteur fait ce qu'il veut de moi, je fais tout aussi bien ce que je veux de lui. S'il n'entend pas me suivre, s'il se cabre sur la route, s'il refuse d'avancer plus avant, c'est son problème. C'est qu'il n'est pas véritablement *mon* lecteur. C'est *un* lecteur qui me lit. Nuance. *Le* lecteur qui voudrait (de toutes ses forces) savoir exactement ce qu'il faut penser des textes talmudiques (par exemple) sait où trouver les « bonnes » références. Il connaît les « bonnes » adresses. Moi, il est possible que je sois mal famé. J'assume. Je ne puis être que moi.

On crève un peu, aujourd'hui, non pas tant du fait que tous les livres se ressemblent, mais que tous les genres se ressemblent. Ici tu as un « roman », là un « essai ». Avec des calibrages, des « cahiers des charges ». Avec des incompressibles. Des obligations. Des traditions. « Ce qui se fait ». « En général, on ». Ou bien les biographies, bien chronologiques. Les plaquettes de poèmes, bien artisanalement éditées. Tout ça manque de personnalité. Nous manquons de midrash, et de folie.

Vive le coq-à-l'âne. Ce sont les associations d'idées qui comptent. Si l'esprit passe d'une idée à une autre, c'est qu'il y a bien une raison. Qui n'est pas systématiquement (Dieu soit loué) guidée par la raison, où l'on pense que Descartes l'entendait, alors qu'il ne l'entendait pas en réalité comme ça. Mais cela fait bien longtemps qu'on ne s'intéresse plus à ce qu'entendait Descartes par ceci ou par cela. On ne lit plus Descartes, mais des gloses sur Descartes. On ne lit plus jamais Descartes, on ne lit plus que des cartésiens. Or, Descartes n'a jamais été cartésien (il avait bien d'autres choses à faire, et notamment :

être Descartes, être Descartes coûte que coûte et cartésien pour rien au monde).

À table, le soir, nous regardons des vidéos des Monty Python, dont Fleur et Laurent sont des fanatiques absolus (ensuite, nous passons aux Deschiens – une de leurs vignettes, au sujet de Gide, est à crever de rire). Je ne suis pas certain de goûter l'humour des Monty Python : et pourtant, ils me font rire. Je préfère n'importe quel film des Marx Brothers à n'importe lequel des leurs : et pourtant, je ne revois presque jamais des films des Marx Brothers, et presque toujours les leurs. Je me souviens de presque tous leurs gags : et pourtant, lorsqu'ils adviennent, je me fais encore avoir, comme la première fois. Les Monty Python me font toujours rire pour la première fois. Je n'aime aucun d'eux séparément : et pourtant, je les aime tous ensemble. Je ne comprends pas tous leurs jeux de mots en anglais : et pourtant, ils me font marrer quand même parce que je *sens* que c'est drôle ! Parce que la drôlerie que j'y place est peut-être plus drôle que la drôlerie originale ! Bref : les Monty Python sont à peu près tout ce que je déteste (des comiques professionnels, métier le plus sinistre au monde), et pourtant, je les adore depuis très longtemps (1980, très exactement) ; en plus, ils ont l'humour qui dure. C'est quand même étrange que seule l'Angleterre puisse sécréter une troupe comme la leur, et non pas l'Allemagne ou la Finlande ou le Portugal, par exemple. L'humour anglais est aussi un humour qui n'a rien à voir avec les Anglais. Alors que l'humour français ressemble aux Français.

Le Messie se devait-il (*La Métamorphose*) d'avoir une figure humaine ? Et même d'avoir une *figure* tout court ? Le Messie n'est pas forcément figure ; aucun messie sérieux, de ce point de vue, ne saurait être catholique. Ce n'est pas un *hasard* : Franz Kafka refusait qu'on représentât, qu'on dessinât Gregor Samsa. Il souhaitait qu'on l'imagine ; que chacun le dessine à son idée, par la pensée. En cela, Kafka, qui récuse toute forme de représentation visuelle, est particulièrement (est *universellement*) juif.

Il s'agirait, idéalement, de n'appeler « culture » que ce qui, dans les œuvres (musicales, picturales, littéraires), nous concerne personnellement, intimement – ce qui ne nous interpelle pas presque nommément dans une œuvre, il faut accepter que cela soit perdu à jamais (perdu pour nous, mais pas pour tout le monde).

Jeudi 7 juillet

Réveil avec *Magic Sam Live*, Magic Sam, 1981 (Delmark Records, DL-645/646, US). Basse : Mack Thompson et Bruce Barlow ; batterie : Bob Richey, Robert « Huckleberry Hound » Wright et Sam Lay ; chant : Mack Thompson, Magic Sam et Eddie Shaw ; piano électrique : Tyrone Carter ; guitare : Magic Sam ; saxophone ténor : Eddie Shaw. Enregistré en 1963 et 1964 au Alex Club de Chicago et au Ann Arbor Blues Festival du Michigan en 1969.

Pour nager, à Capri, il faut louer un emplacement, puis un transat, puis un parasol – le tout à l'unité. De la folie pure, à la limite de la légalité. C'est le problème de toutes les côtes italiennes. On a le choix entre des plages hors de prix ou nager dans des dépotoirs.

Ambiance tendue avec Emmanuelle ; Fleur et Laurent nous ont attribué la moins belle chambre, sans vue, avec une clim qui fait un boucan infernale. Je change de chambre en pleine nuit pour aller dormir dans une minuscule chambre d'enfant. Au matin, crise d'Emmanuelle qui me reproche de « l'avoir abandonnée ». L'accusation, me semble-t-il, est quelque peu exagérée. En 1914, elle m'aurait fait fusiller pour désertion.

La mère de Fred Hoyle – Hoyle est une de mes idoles – se fait renvoyer du cinéma local où elle travaille : on est à l'époque du muet et, ancienne chanteuse devenue pianiste, elle s'est mise dans l'idée d'accompagner tous les films programmés en jouant des sonates de Beethoven par-dessus. Westerns, slapsticks, navets romantiques : Beethoven. Une semaine plus tard, on vient frapper à la porte des Hoyle : le directeur du cinéma la supplie de revenir car, depuis son départ, la salle désemplit à faire peur. La raison : les gens ne venaient pas pour le film, mais pour le récital.

Jésus est l'inventeur de l'individualisme en religion. C'est bien pour ça (les juifs étant les moins communautaristes du monde) qu'il est totalement, absolument, irrémédiablement juif. Jésus est un cas *pratique* de judaïsme personnalisé ; ses disciples en ont fait un cas *théorique* de christianisme personnifié.

Enfer de la sécularisation : la famille de Gregor se veut plus royaliste que le roi, plus prompte à l'ignominie chrétienne (catholique)

que les chrétiens (que les catholiques) eux-mêmes. Tout devient farce pour eux. Le judaïsme est réduit à une manière de sketch mondain. Est moderne non ce qui est mondial, mais ce qui est mondain ; il y a, de toutes les façons, une mondanité du mondial. Tout ce qui n'est pas universel, mais seulement mondial, pauvrement mondial, finit sa chute, achève sa chute, son parcours dans le mondain. Entre le mondial et le mondain, seule l'échelle est modifiée.

Quelque chose de mondial, c'est devenu (aujourd'hui) quelque chose dont on parle mondialement. Quelque chose dont *tout le monde* parle. Ce qui, précisément, est la définition même de la mondanité : quelque chose dont tout le monde parle ; plus à l'échelle de la planète seulement, misérablement à l'échelle de la ville – qu'importe. Mondial et mondain expriment (désormais) une même illusion : que c'est la conversation sur les choses, que c'est l'appétit (médiatique) pour un événement qui crée (de toutes pièces) son importance. Les mondains planétaires, ce sont les modernes : hommes d'État, hommes d'importance, parfaits dans leur gloire, ravis de leur puissance économique et atrophiés dans leur pensée ; hommes de communication et qui transforment le globe (terrestre) en une immense, gigantesque usine à buzz, à rumeurs, à blogs, à *news*, à informations, pardon : à *infos*. Tout communique avec tout ; flux, jamais de *reflux* (tout le problème est là, bien sûr !). Quand *tout le monde* pense que, quand *tout le monde* dit que, quand *tout le monde* sait que, quand *tout le monde* sait bien que, nous sommes (au diable les proportions, toutes les échelles) dans le mondain.

Mondain mondial, mondial mondain ; mondanité mondiale ou mondialité mondaine : c'est le même phénomène, nous parlons à la virgule près, mais tantôt au macroscope, tantôt au microscope, de la *même chose*. La sécularisation, c'est le phénomène (moderne) par lequel le mondial et le mondain ont fini par se confondre. Par s'entredigérer. Il y a belle lurette (j'adore cette expression) que le mondial a cessé, malgré son importance géographique, de rivaliser avec l'universel. Le monde est devenu aussi petit que le boulevard Saint-Germain. Non pas seulement parce que les communications (Internet, le portable) ont connu une révolution, mais également parce qu'une certaine mystique est morte. L'intelligence a tout balayé – il n'y a plus de place pour la mystique, la poésie, le rêve (je ne dis pas la rêverie mais le rêve). L'intelligence, optant sans cesse (paradoxalement) pour ce qui rapetisse le monde quand elle devrait l'agrandir, a mis toute son énergie, fabuleuse, au service de la *publicité*, de la communication.

« Il rassembla tous les grands prêtres et scribes du peuple, et leur demanda où le Christ devait naître » (Matthieu, II, 4). Hérode veut vérifier le lieu. C'est le lieu (le lieu prédit, le lieu prévu) qui crédibilise la possibilité du Christ, de Christ. La possibilité de *Messie*. C'est donc par la géographie d'abord que Jésus est Jésus. Que Jésus est Jésus-Christ. Sa naissance, chez Matthieu, est moins une question de temps, de temporalité, de date, de chronologie, que de géographie, de lieu, de topographie. Cassure totale avec le judaïsme traditionnel, qui est d'abord une pensée du temps, du temps comme refuge, comme substitut d'une géographie, comme absence de terre, absence de lieu, absence d'*endroit*.

Stendhal, *Journal*, à la date du 24 fructidor an X, soit le 11 septembre 1802 : « Adèle me traite comme quand je croyais qu'elle m'aimait. » Et, le 27 : « Je lui dis ce que je pense : qu'elle joue toujours la comédie. Elle me promet de me dire la vérité. » Cette sensation de panique qui nous étreint, en effet, quand *on sait* que l'autre nous ment – on comprend, alors, le recours à la torture de jadis.

N'étant pas religieux, pas « croyant » (ce mot qui ne veut *rien* dire), je ne peux pas (je ne souhaite pas) me « convertir » au judaïsme. Mais n'étant pas « désireux » de devenir un juif politique, un Israélien, je ne veux pas non plus me convertir au judaïsme pour m'installer en Israël. Quelle option me reste-t-il pour devenir juif sans en avoir le sang de naissance ? Moi qui me passionne pour les textes et le Texte, lit la Bible comme un roman, plonge dans le Talmud avec passion, passe ma vie à regarder sur le site de l'Ina des rabbins pitpulliser, moi qui tente de comprendre les philosophies juives dans l'Histoire, je serais « moins juif » qu'un nouveau-né né juif ?

Gulda, auprès duquel Albert Ayler semblerait un communiant, a laissé son piano au profit de la flûte à bec. On ne sait exactement quels genres d'oiseaux il tente d'imiter ni si ce sont des oiseaux. « Les gens disaient : "il est fou"… Bien. Mais ça veut dire quoi, "fou" ? Vous le savez, vous ? Et de quel droit le monde dans lequel nous vivons, et qu'on nous inflige, aurait-il le droit et la prétention de se qualifier lui-même de "normal" ? Franchement… Oui, les salles étaient vides. Oui, nous jouions à perte. Oui, on habitait à trois dans un camping-car. Oui, on allait de village en village… Oui, il pleuvait sans arrêt. »

Décors à la *Derrick*, saules cafardeux, bitumes tristes, ciel lourd. Le titre du « spectacle » ? *Folklore aus Niemandsland*. Tout est dit.

« C'est de la Freie Musik », précise Gulda qu'on interroge à l'époque. Pas simplement de la musique libre, au sens d'improvisée, et pas strictement, non plus, de la musique « libérée ». Mais de la liberté sous forme de musique. « Nous refusons de reconnaître *la moindre* règle. Vous comprenez, ça ? Hein, dites, vous comprenez ? » Piano, flûte à bec, percussions, cris, éternuements, danses qui ne sont qu'implexes trémoussements, petites transes, ululements, exclamations.

« Comment ? Pour vous ce n'est pas de la "musique" ? Et alors ? Qu'est-ce que vous voulez que ça me foute ? En quoi votre définition de ce qui est de la musique et de ce qui n'en est pas me concerne-t-elle, d'une part, et serait intéressante, d'autre part ? Vous voulez de la forme ? De l'harmonie ? Du rythme ? Vous êtes comme les autres. Vous êtes tous des cons. Pour vous, ce n'est pas de la "*mûûsiique*" mais pour moi, c'est peut-être là, justement, que les choses sérieuses commencent. » On ne peut pas, ici, ne pas s'empêcher de penser à Bataille : laisser sa nécessité s'ouvrir à soi. Il y a là, de toute évidence, quelque chose de l'ordre de « l'expérience intérieure » : « l'idéal d'un esprit qui joue naïvement, c'est-à-dire sans intention, par excès de force et de fécondité » (la phrase, citée par Bataille, *L'Expérience intérieure*, 1943, est de Nietzsche, *Ecce homo*, écrit en 1888).

Kafka n'a jamais écrit un seul roman kafkaïen, mais seulement des « romans » de Kafka. Personne ne peut en dire autant. Cependant, j'ai toujours pensé que Kafka avait un côté proustien. Son œuvre parle très souvent de jeunes filles en fleurs – et pas seulement dans *Le Procès*, où le peintre a une maîtresse de treize ans. « Devant la plupart des jeunes filles, je reste désemparé », dit Kafka. Devant elles, il se sentait coupable de chacun de ses gestes. Je connais bien ce sentiment. Le jour où j'ai rencontré Laurence, je rentrais mon ventre. Elle m'a ensuite avoué qu'elle l'avait remarqué. Et que non seulement elle l'avait remarqué, mais que c'est un des détails qui l'avaient fait craquer. Allez comprendre.

La culpabilité d'être sur Terre est le grand thème des chefs-d'œuvre de Kafka, « très peu résolu à l'égard des femmes ». Pourtant, sans elles, il n'y aurait pas eu cet humour qui, dans *Le Château* ou dans *Le Procès* (le plus drôle de tous les Kafka étant évidemment *Amerika*), a dynamité la littérature mondiale. La mère de Franz a mis Kafka au monde ; mais toutes les autres femmes ont mis le monde de Franz Kafka au monde. Il y a eu Felice, celle qui lui a appris la souffrance ; Julie, celle qui lui a appris l'indifférence ; Milena, celle que la gloire a retenue et à qui Kafka avait donné à lire le *Journal*, c'est-à-dire l'équivalent de la

Bible, des *Mille et Une Nuits* et du *Mahābhārata*. Et Dora : celle qui a guidé Kafka jusqu'où il est actuellement : au paradis des demoiselles. Le bonheur n'existe pas ; mais il reste malgré tout quelques visages ancrés sur les vies qui passent. Ce sont ceux des femmes que nous avons aimées. Elles forment, toutes ensemble, la capitale de la littérature.

Là où les Américains sont forts, notamment dans la confection des séries, c'est que, oui, d'accord, ils se sentent obligés de faire une série avec ou autour d'un transgenre, politiquement correct oblige – mais attention : contrairement à nous, Français, qui feront de ce transgenre un gentil, forcément, les Américains en feront un serial killer. Tout est là. Ils ont compris que la folie humaine devait s'appliquer à tous ; nous, nous faisons bien attention de ne pas ajouter une « tare » à une autre. Absurde. Car, tous les « différents » devenant des gentils (sous la pression de qui ? on se le demande bien), ils deviennent de ce fait ostracisés à l'envers.

Vendredi 8 juillet

Réveil avec *Transatlantic 770*, Jimmy Dawkins, 1972 (Excello, EX 8024, US). Jimmy Dawkins : chant et guitare ; Tony Stevens : basse ; Reg Isidore : batterie ; Pete Wingfield : piano, piano électrique et orgue ; Joe Jammer et Olympic Runners : guitare rythmique.

Sur les « convertis », sur les djihadistes « cultivés » (bacheliers), là encore il faut lire Diderot : « Et quel autre nom donner à des gens qui, nés avec cet enjouement qui répand un coloris de finesse sur la raison et d'aménité sur les vertus, l'ont émoussé, l'ont perdu, et sont parvenus, rare et sublime effort ! jusqu'à fuir comme des monstres ceux qu'il leur est ordonné d'aimer ? Je dirais volontiers que les uns et les autres n'ont connu de la religion que le *spectre* » (préface à l'*Essai de M. S*** sur le mérite et la vertu*).

Considérons un juif de sang parfaitement maternellement juif, parfaitement idéalement juif, un juif d'un sang aux globules absolument ancestralement juifs, aux plaquettes clairement immémorialement juives : si ce juif-là se *détourne* des Textes, de l'hébreu, de toute la littérature, de Roth, de Kafka, de Maïmonide et de Rachi, de Marcel Proust et de Franz Rosenzweig, de Jules Isaac et de Gershom Scholem, qui sont mes auteurs de chevet, qui sont mes génies quotidiens, et m'aident à vivre et à penser, et m'aident à faire et à être, alors ce juif-là serait, parce que médicalement reconnu tel en naissant de sa belle naissance, « plus juif » que moi ?

La réponse est simple (mais me complique la tâche). Le sang, c'est la constance. Le sang, c'est l'invariance. C'est ce qui, au cours des siècles et des siècles, ne se démotivera pas. Le sang est l'opposé du caractère : il ne fluctue jamais. Il est d'une incroyable fiabilité ! Il sait comment insister. Il est irréductible. Il va contre les mouvements d'humeur. Le sang est ce qui est de moins capricieux sur la Terre. On peut le verser, mais il n'est pas versatile. On peut le donner, mais on ne peut jamais s'en débarrasser. On peut perdre du sang, mais on ne peut pas perdre son sang. Et en admettant qu'on puisse perdre son sang, on ne peut pas le *quitter*. On peut *donner* son sang, mais on ne peut pas le *rendre*.

Je n'aime que les écrivains qui n'écrivent que pour eux-mêmes, absolument dédaigneux du lecteur, puisque le lecteur n'existe à leurs yeux qu'en sus, jamais nécessaire.

Arrive la décennie quatre-vingt. Gulda tombe amoureux d'une folle : Ursula Anders. Ils partent en tournée ; elle « joue » de la batterie n'importe comment, trouant ses fûts ; elle hurle à la mort. Comparée à Ursula, Limpe était la Callas. Ursula est totalement nue sur scène. Les yeux sont ronds, écarquillés, le sourire est démoniaque, les rires et les cris hideux. On se croirait au milieu d'une secte satanique. Ce n'est plus que le public ne vient pas : c'est que le public fuit. Les gens ont littéralement peur. Physiquement ! Sur scène, Ursula assène des stridences informant sans ambiguïté le public absent : « Je suis folle ! Je suis folle ! Je suis folle ! » Et elle ajoute : « Je suis folle ! » On peut se fournir, pour assister malgré tout à cette manifestation de démence pittoresque, le mythique *Concerto for Ursula*, sorti en 1982, et qui fait bien entendu partie de la discographie officielle de Gulda. Gulda qui, tout bien irréfléchi, se débarrasse lui aussi de ses frusques avant de monter sur scène. Tout le monde à poil ! Et de s'empresser de faire chorus avec sa démente : « Moi aussi je suis fou ! » Et d'enchaîner de très, très dissonants solos de flûte à bec et de kazoo. Il prend même soin, afin qu'aucun doute ne puisse subsister dans les esprits dérangés venus en monômes épars et rares dans la salle, de dire : « Nous sommes fous tous les deux ! » On ne lui ôtera ni sa folie, donc, puisqu'il la revendique avec une vigueur manifeste, ni une certaine aptitude pour le raisonnement logique. Il est là, chauve, bedonnant, et nu, torse velu de quadrumane, sa flûte dans la bouche, en faune gras.

Jésus n'a voulu opérer qu'une sorte, qu'une forme de révolution : c'était une révolution intérieure et interne. Intérieure à lui. Et interne au judaïsme. Intérieure à sa personne. Et interne au judaïsme. Il a voulu rendre de l'intériorité à un judaïsme qu'il jugeait trop extérieur (à sa personne). Ses disciples, les traîtres, incapables de fonder leur propre intériorité, ont créé de l'extériorité avec l'intériorité de Jésus : c'est ce faisant qu'ils ont créé de l'externité à partir de ce qui n'était que de l'internité (au judaïsme). La révolution interne au judaïsme a engendré un judaïsme non plus intérieur ni extérieur, non plus intériorisé ni extériorisé, mais un judaïsme externe. Or, un judaïsme externe, c'est-à-dire externe au judaïsme, ce n'est plus (par définition) du judaïsme. Du judaïsme qui n'est plus du judaïsme, cela a commencé par être du christianisme. Il faut toujours lire les Évangiles comme les aventures d'un juif. Pas comme celles du Messie. Ou alors : comme celles du Messie que nous sommes tous à nous-même, pour nous-même – que nous sommes en nous-même. Les Évangiles : une histoire juive. Comme Kafka, Roth, Proust. Jésus, c'est Zuckerman crucifié. Jésus, juif comme Charlot. Avec son humour, son burlesque. Ça, ça a de l'intérêt. Ça, c'est passionnant. Ça, ça réveille.

Tous ces articles, dans la presse, qui emploient, sans jamais le définir, le mot de « modernité » – quand ce n'est pas celui de « post-modernité ». Tenter, au moins pour moi, d'y voir un peu clair. La modernité, c'est l'invention du tourisme, au sens où la sociologie est un tourisme, que le télescope est un tourisme, et toutes les astronomies : ce qui vise loin sans jamais atteindre. C'est dans la sphère microscopique de son jardin, dans une futaie, que nous créons mieux le monde, en l'élargissant par la pensée. Le voyage, Internet et l'avion rétrécissent l'univers, ils empêchent à l'homme un surpassement qui n'est pas celui, pathétique, du surhomme nietzschéen, mais celui, transcendant, du mystique enfermé dans un cloître dont les dimensions, par cette restriction géographique implacable, expriment l'infini même. L'Autriche avait Kraus, nous avions Péguy, l'Angleterre est riche de Chesterton et de la profondeur d'une pensée, éminemment claire, qui place l'homme du côté de sa vraie force : la faiblesse.

« Tous les empires et tous les royaumes se sont effondrés à cause de cette faiblesse inhérente et perpétuelle, c'est-à-dire pour avoir été fondés par des hommes forts et sur des hommes forts. Mais cette communauté, l'Église chrétienne, historique, fut fondée sur un homme faible, et c'est pour cette raison qu'elle est indestructible. Car aucune chaîne n'est plus forte que son chaînon le plus faible » (*Hérétiques*, 1905). Chesterton ne manie pas le paradoxe : c'est la modernité qui confond, sans arrêt, la cause et l'effet, le temporel et l'intemporel.

Ce que nous nommons « modernité », jusqu'à Meschonnic en passant par Suarès, c'est l'illusion qui nous fait accroire que la réalité est autre chose qu'un imaginaire plaqué par notre envie de pouvoir, de puissance, de gloire et de satisfaction immédiate, toutes choses qu'on engloberait sous l'appellation pratique de « progrès » si le progrès, justement, n'était tout autre chose : l'établissement préalable et nécessaire d'une doctrine morale où l'asseoir, à partir de laquelle le définir. « Le mot “progrès” est un mot sacré, un mot qui ne pourrait être utilisé correctement que par de sévères croyants à une époque où règne la foi. » Ce que Chesterton baptise du nom d'« orthodoxie », ce n'est pas l'agenouillement face aux crucifix sur un parterre glacé dans une chapelle aux vitraux cassés, mais l'installation progressive, dans le quotidien des hommes, d'une douceur qui vise au respect de l'autre, instaurant ainsi une poétique de l'existence où s'exercerait incessamment l'humilité. La vie, pour qui sait la voir, mérite d'être vécue : il suffit simplement de s'enraciner plutôt que de perpétuellement s'envoler vers ailleurs, collectionnant les destinations comme autant de fictions. Les pays visités, feuilletés, perdent parce qu'ils sont des racines pour leurs autochtones, quand ils ne sont pour le moderne que des éruptions touristiques, des ancrages volatils, des endroits qui s'évaporent.

« Dès que nous avons une vision de l'univers, il nous appartient. » Est moderne celui qui ne possède aucune vision personnelle du monde ; celui qui, errant dans la pensée commune, celle des autres, ou dans un néant de pensée, est condamné à subir le monde en l'explorant dans toutes les directions sans que cela ait le moindre sens. Voir les hommes, de même, ce n'est pas les essaimer, les semer, mais les vénérer : leur présence, sur Terre, mieux que tous les imaginaires, est « une chose véritablement merveilleuse et déconcertante ». Soyons humains. Doux.

La meilleure alliée de la publicité (de la communication), c'est la technologie. La technologie a gagné la partie parce qu'elle permet (qu'elle a toujours permis) un maximum *de mondanité possible*. Un maximum de dénigrement possible : une réputation, de nos jours, se détruit à la vitesse de la lumière. Un mauvais bruit, un mauvais buzz, fait trois fois le tour de la Terre, s'amplifiant, se ramifiant, s'enivrant de toutes les haines prêtes à s'accoler joyeusement, technologiquement, à lui en quelques minutes – je raconte n'importe quoi : en quelques dizaines de secondes. Comme dans le salon de Mme Verdurin. Verdurinisation du monde ; que la technologie est gourmande d'amplifier, de faire fructifier, d'alimenter. Les déclarations sur les événements ? Plus importants maintenant que les événements eux-mêmes. On a vu cela, de manière inédite, avec la mort de Michael Jackson. Sa formulation, sa digestion numériques, sa mise en abyme internautique : mille fois plus spectaculaire que la biologie de cette mort, que sa *réalité*. La mort de Michael Jackson, comme l'élection d'Obama, était le lieu où il fallait être. Ce lieu est-il à Los Angeles ? À Washington ? Non, il est dans notre salon : devant *l'écran* qui, nous verdurinisant à l'infini, permettant les commentaires incessants, et les commentaires de commentaires, et les commentaires (au cube) des commentaires de commentaires (au carré), fait de nous des créateurs d'événements, des inventeurs de réalité, des façonneurs de n'importe quoi.

Nous critiquons, nous déballons, nous décrétons, parfaitement crétins et parfaitement juges : peu importe ce qui s'est passé, ce qui ne s'est pas passé (nous n'en sommes plus là). Nous inventons un monde qui, mondial, se mondanise par nous ; à travers nous ; pour nous. Nous obtenons alors, dans le salon, sur l'ordinateur mondain mondial où un simple clic fait de nous un expert – en vérité un beau salaud –, un monde sur mesure ; un monde à notre échelle ; un monde infiniment individualisé, mais il s'agit en réalité (qu'on ne s'y trompe *jamais*) d'une individualisation de masse.

Chesterton, *Hérétiques* : « Aujourd'hui, l'athéisme lui-même est pour nous trop théologique. » Ce pauvre Chesterton (je l'ai découvert à l'été de 1988 avec *Le Défenseur*) est presque totalement inconnu en France. C'est bien dommage. Il a tout été : romancier, journaliste, essayiste, pamphlétaire, chroniqueur, éditorialiste, militant politique, grand voyageur, dessinateur, humoriste, théologien, poète, critique, dramaturge. Et j'en oublie sûrement : « Chester » est bien du genre a avoir inventé des catégories littéraires inédites. On pourrait presque – à la rigueur ! – parler d'un Guitry anglais. Sa béatification, à l'heure où j'écris ces misérables lignes, serait en cours. Comme il le disait lui-même dans *Le Défenseur* : « On peut commémorer un grand homme de deux manières : par une statue ou par une biographie. » Il en est une troisième, si ledit grand homme est écrivain : le lire. Il faut lire, sérieusement et de près, l'œuvre de Chesterton.

Samedi 9 juillet

Réveil avec *The Okeh Sessions*, Big Maybelle, 1983 (Charly Records, CDX 27, UK). Big Maybelle : chant ; Jerome Richardson et Paul Ricci : saxophone alto ; Dave McRae, Haywood Henry et Leslie Johnakins : saxophone baryton ; Al Hall, Grachan Moncur, Lloyd Trotman et Norman Keenan : basse ; Charlie Smith, Herbie Lovelle, Jimmy Crawford, Marty Wilson et Panama Francis : batterie ; Brownie McGhee, James Cannady et Mickey Baker : guitare ; Al Williams, Lee Anderson, Fletcher Smith et Ernie Hayes : piano ; Budd Johnson, Sam Taylor et Maurice James Simon : saxophone ténor ; Al Cobbs, Eli Robinson et Billy Byers : trombone ; Joe Wilder et Taft Jordan : trompette. Dirigé et arrangé par Quincy Jones. Enregistré entre 1952 et 1955 – Big Maybelle est morte en 1972 (coma diabétique).

Eau verte et moussue. Mais trop de bateaux dans les baies. Ça fourmille. C'est trop. Les gens ont plus d'argent que l'on croit. Cette orgie de plaisanciers. Sorte d'embouteillage immobile.

Jamais lu une seule ligne de Malaparte. Il s'agirait peut-être d'essayer. J'ai souvent « feuilleté » ; cela ne m'a guère inspiré. Sensation d'une littérature virile, ce que je déteste par-dessus tout (Hemingway, Malraux…). Je me trompe sans doute.

On ne déserte jamais son sang. Il est trésor et fatalité, drame et facticité, il est notre chance et notre composante. L'identité, c'est lui. La pérennité, c'est lui. Et la postérité, c'est encore lui. C'est lui qui dissipe les mirages, contient les éclats cuivrés de notre lignée, exprime la chair de nos pères, offre aux juifs la stabilité pour les siècles de demain. Le sang ne s'impatiente pas ; il fait tranquillement son travail de sang. Le sang seul n'a pas peur de l'avenir – le sang seul n'a pas peur. Le sang n'a pas besoin d'espérer : il sera là. (Tu peux compter sur lui ; tu devras compter avec lui.) C'est lui qui te trahira. Mais il ne te trahira jamais. Il sera même dans toutes les époques. Il sera même, il sera identique, dans son originelle coulée, depuis son originelle source. Il coulera identique dans le présent, il représentera le passé dans le présent : il fera s'écouler dans nos veines, au présent, tout ce qu'il y a de passé dans l'histoire des Pères. Les juifs ont de l'aïeul dans les globules. Passé dans le présent, et présent dans l'avenir, et passé dans l'avenir.

Montherlant, *La Marée du soir. Carnets 1968-1971*, Gallimard (1972), à l'année 1970 : « Mourir aidé par la conscience des plaisirs accomplis comme d'autres meurent aidés par la conscience du devoir accompli. »

Ne pas chercher, dans ces pages, à faire le malin, à imiter les autres. N'être l'otage que de soi. Être face à soi dès que la médiocrité s'insinue, s'avance, s'exprime. Faire face à ce qui habituellement se déguise, s'échappe, se masque et se tapit volontiers. Ne pas se censurer ; accepter, par avance, d'ennuyer les autres avec son propre ennui, si jamais l'ennui advient. Ne pas avoir peur de n'avoir rien à dire, et le dire (c'est ce que je suis en train de faire). Ne pas avoir peur des pages blanches, vides, vidées, creuses, délestées de tout entrain, de toute étincelle, abandonnées par toute forme possible de génie. Aller jusqu'au bout du rien, de l'absolument rien, du rien minuscule et ridicule – écrire comme si on écrivait la biographie d'un ongle.

Aragon était le plus grand écrivain de gauche de droite. Pardon : le plus grand écrivain de droite de gauche. Il avait de la droite de son époque l'élégance et la désinvolture du verbe et, de la gauche, les remords et les rêves. Il ne fut pas un grand politique parce que la politique était un peu trop étriquée pour sa grandeur. Il ne fut pas un grand romancier parce que le mot « roman » était trop étroit pour son génie. Alors, quand on ne sait plus que dire face à une prose qui étonne, décolle, s'élève, on parle de « poète ». Aragon était donc un « grand poète ». Mais qui préférait qu'on chantât ses strophes plutôt qu'on les récitât d'une voix blanche. Aragon aimait la jeunesse, Paris, Elsa, les yeux d'Elsa. Aragon n'était pas du style à tomber dans tous les panneaux puisqu'il était communiste, qu'il était ami avec Drieu, qu'il ne fut ni hussard ni académicien, qu'il avait donné sa chance à un inconnu répondant au nom de Philippe Sollers. On a du mal à imaginer qu'en 1982 Louis Aragon était toujours là, qu'il fréquentait le Palace et connaissait « Juste une mise au point » à la Jakie Quartz ainsi que les séances d'aérobic de Véronique et Davina. Restent ses livres, qui se cherchent un style et ne le trouvent jamais, tellement ils semblent avoir le choix. Aragon n'a pas eu de successeur. Comme Proust, comme Céline, il se succédera à lui-même jusqu'à la fin des temps.

« Une vie comme du fumier, une quantité de vaine paille reliée par de l'ordure » (Claudel, *Journal*, avril 1914).

Comme Gide, lecture assidue, régulière, en profondeur, de l'Évangile. « Où est ce roi des Juifs qui est né ? » (Matthieu, II, 2) peut se lire de deux manières différentes : ce roi des juifs (qui est né) ou : ce roi des juifs qui est *né* (ce roi des juifs qui est : né). Le roi des juifs, c'est le roi habituel des juifs, le roi attitré des juifs, on le connaît, c'est le Seigneur, c'est Dieu. Matthieu dit, fait dire aux mages du Levant venus à Jérusalem *pour* cette occasion : « Où est ce Dieu qui naît ? » Où est ce Dieu qui a eu le culot inouï, le culot divin d'humainement naître ? Un Dieu, habituellement, normalement, ça ne naît pas – et ça naît encore moins ici. Chez nous. Un Dieu qui naît, est-ce bien cela qu'on appelle un messie ? Le messianisme est généralement associé au temps. Matthieu, lui, insiste sur l'importance du lieu, de la notion de lieu, d'espace, de géographie dans ce qui la lie, l'allie, au messianisme. Le Hérode de Matthieu ne se demande pas si le Messie vient trop tôt, ou trop tard, ni si le messianisme est une question de date, de date de naissance, de chronologie : son point de vue, obsessionnel et monomaniaque, est celui du *lieu*. De l'endroit. De la place. C'est le génie de Matthieu qui s'exprime ici. Sa révolution. Son chef-d'œuvre. C'est le côté original et culotté, dérangeant – subversif – de Matthieu. Pour lui, le messianisme n'est pas d'abord une affaire de « fin des temps », mais une question de « début de l'espace » ! D'origine de l'espace. De commencement des lieux.

Pour Matthieu, le Messie, c'est celui qui habite un endroit, qui est hanté par les lieux, par la terre des lieux, par les situations géodésiques. Le Messie aime la géologie, la tectonique des plaques, les roches, la rocaille : les murs et quelques bâtiments, diverses poussières. Il est passionné par les villes et les demeures et les maisons : tout ce qui est pays, place du village, les bourgs, les cantons. Les panneaux. Les capitales. Pour lui, si les juifs ont inventé leur Messie, c'est pour rêver à leur maison. En attendant du dur, de la pierre, de l'immobilier, du pays, du jardin, du mur, en attendant d'être propriétaires d'une masure, ou d'un immeuble, ils ont loué une parcelle de temps. Le Messie est celui qui annonce que l'espace se substitue enfin au temps. Qu'un salon, qu'une cuisine, qu'une chambre d'enfants, cela n'a rien à faire sur un calendrier ; cela a tout à faire dans une maison (avec des murs, un toit, et même une porte qu'on peut ouvrir, ou bien fermer !).

C'est pour cela qu'est très importante l'expression : « Et toi Bethléem, terre de Juda, tu n'es sûrement pas le moindre des *chefs-lieux* de Juda » car, pour que le *roi* des juifs puisse *naître*, un lieu est nécessaire, mais pas n'importe lequel, un lieu qui soit chef, un lieu qui soit le chef des lieux, et même : un lieu qui soit le chef de tous les lieux. Pour que puisse naître le chef de tous les juifs, il s'agit de trouver un lieu qui soit le chef de tous les lieux. Non pas tant un chef-lieu qu'un lieu-chef ; non pas tant un chef-lieu qu'un roi-lieu et, même, un lieu-roi. Le roi des lieux. Le roi de tous les lieux.

Gulda : « Je suis dégoûté par le conservatisme du public. Il réclame toujours en boucle les cinq mêmes sonates de Mozart. Pendant des années, j'ai été comme une guêpe dans un bocal, à taper contre les parois, étouffant. Il faut se tourner vers les jeunes. » En 1986, il joue avec son petit camarade Zawinul, en duo, à Munich, piano contre piano, tout contre : c'est à pleurer de beauté. Des lames de notes. Tout est diaphane. Larmes et bleus. Gulda joue voûté, comme toujours, la langue saillant de la gueule comme un bulldog qui a soif. Il grimace. Entre les deux : amitié et rivalité. « Zawinul sait que je suis sur cette Terre le seul pianiste à prendre au sérieux. Et je pense exactement la même chose de lui. »

Je ne comprendrai jamais ceux qui sont d'accord avec eux-mêmes et une bonne fois pour toutes ; il me semble que l'intelligence a été d'abord inventée pour se contredire avant que d'être là, en nous, bien installée, pour se plier à son incorruptible cohérence. Celui qui change de conception, d'avis, d'optique, et rature sa conclusion de la veille : celui-là m'intéresse. Les autres vont mourir sans jamais avoir été autre que ce que toujours ils furent. Sinistre.

Le défaut que j'ai le moins (car il n'est aucun défaut que nous ne possédons pas *du tout*) : la lâcheté. J'ignore si je suis courageux ; je sais en revanche que je ne suis pas lâche. Le nombre de lâches qui m'entourent donne le vertige.

Je ne crois pas que la vie ait le moindre sens. Nous sommes jetés au hasard ici-bas. « Ici-bas » n'est pas le contraire de « là-haut » ; le premier existe, pas l'autre. Nous n'allons nulle part. Rien ne signifie rien. Nos actes, comme nos paroles, n'ont strictement aucun sens. Il n'y a pas de progrès, pas de période antérieure et de période ultérieure.

Il n'y a pas de période du tout. Le Tout n'existe pas, il n'est rien. Autant, *du coup*, aimer son prochain.

Qui possède aujourd'hui le leadership « moral » sur la planète ? Autrement dit : qui joue le rôle de l'adulte ? Quel pays ? Quelle nation ? Je ne vois pas.

Dimanche 10 juillet

Réveil avec *The Blues Never Die !*, Otis Spann, 1965 (Prestige, PR 7391, US). Otis Spann : piano et chant ; James Cotton : harmonica et chant ; Milton Rector : basse ; S.P. Leary : batterie ; Dirty Rivers et James Madison : guitare. Enregistré à Chicago le samedi 21 novembre 1964.

À quoi bon la compagnie, quand le souvenir est présence ?

Lecture de l'Évangile. « Alors Hérode appela en secret les mages, il se fit préciser par eux le temps où l'étoile était apparue. » Ce n'est (on le voit, on le constate) que dans un second temps qu'arrive, chez Matthieu (qu'arrive, pour Matthieu), le souci du temps, de la date et de la temporalité. En Matthieu, II, 7, Hérode ne plaisante pas avec la précision. C'est un scientifique : c'est un policier. Il se fait *préciser*. En Matthieu, II, 8, il exige qu'on se « renseigne exactement sur l'enfant ». C'est une démarche clinique et *cynique*. C'est une démarche qui rappelle les années 1940. Quand la Gestapo, quand les Allemands, les nazis *se renseignaient exactement sur des enfants*.

Quand le préfet de la Nièvre écrivait aux représentants de la force publique, à la gendarmerie nationale, à la gendarmerie du coin, de Nevers, que deux petites sœurs, deux enfants de sept et huit ans, se trouvaient d'après leurs renseignements exactement en vacances à Decize et très exactement à l'adresse suivante, et encore plus exactement hébergées chez la famille Lemerle, et pour finir que ces deux petites étaient parfaitement, totalement, absolument, exactement, scientifiquement juives.

Gide est né et mort un lundi.

Avoir le toupet de considérer que tout ce qui n'est pas intéressant est intéressant. Avoir le courage de son néant. C'est peut-être là que se situe la littérature : un peu comme quand je nage, à la piscine, et qu'après quelques longueurs seulement, je n'ai plus rien à me dire.

Je ne parviens pas à aimer les chats, ce, malgré de constants efforts. Je leur préfère par exemple le bourdon.

L'État est aujourd'hui devenu une entreprise comme les autres – simplement un peu moins bien dirigée et moins compétitive.

« Toute éternité non fondée sur le sang, écrit Rosenzweig, se fonde sur la volonté et l'espérance » (*L'Étoile de la Rédemption*, 1921). Ce qui, hélas, ne suffit pas à rassurer. Le sang, lui, ne change pas d'avis. Jamais sang ne fluctue. Il est plus têtu que la volonté ; plus réel que l'espérance.

« Aujourd'hui encore, il se demandait si son goût des départs ne tenait pas tout entier à cette attente et à la possibilité entrevue jadis d'un authentique commencement » (Marcel Cohen, *Faits, III, suite et fin*, 2010).

Bataille, « Le surréalisme et sa différence avec l'existentialisme », 1946 : « L'artiste en éclairant d'une vive lumière un point donné décide ce que verront les autres. »

L'âge adulte a ceci d'extraordinaire que nous n'avons plus à subir, sortant de chez nous par un matin glacé, et après une nuit agitée, un devoir surveillé de mathématiques dans une salle à néons enrobée de nuit.

Je crois bien que la plupart des proverbes, lorsqu'on les inverse symétriquement, sont tout aussi pertinents. L'avenir peut très bien appartenir à ceux qui se lèvent tard. Et assénerait-on cette sentence depuis des millénaires que tout le monde aurait fini par être parfaitement d'accord avec elle.

Les bonnes résolutions sont des pétards mouillés.

Écrire ces pages comme elles le méritent et le réclament : pour nul autre que moi. En être, dans dix ans, dans vingt ans, le seul lecteur. Je ne m'intéresse pas qu'à moi-même, loin s'en faut, mais dans dix ans, dans vingt ans, je ne serai plus du tout ce *moi-même-là*.

Écrire un journal exige non pas exactement de la paresse, mais un certain laisser-aller qui, finalement, oscille entre l'inconscience, le suicide et le courage. Se faire un destin, pourtant, est impossible si l'on est pas d'abord – pour un temps du moins – détesté, honni, proscrit, voué aux gémonies, marginalisé, « grillé ». Tous ceux qui ne passent pas par cette sale période ne font, au mieux, qu'une « carrière ». Plutôt crever que de faire carrière. Faire carrière : réussir dans la vie ; il s'agit de réussir sa vie. Traduction concrète : la soumettre à tous les dangers (intellectuels, physiques).

Hypermnésie ? Je n'en sais rien, mais je possède tous les âges en même temps ; tous les âges que j'ai eus – et qui se superposent. J'ai à la fois 12 ans, 26 ans, 37 ans et 46 ans.

Je ne déteste rien tant que les écrivains qui écrivent pour le lecteur. Ça me fait penser au fast-food McDonald's (je ne sais trop pourquoi). Écrire pour le lecteur : l'acmé, pour moi, de la grossièreté, de la bêtise, de la prostitution. Je ne méprise aucunement le lecteur, bien au contraire : c'est l'auteur qui veut, qui cherche à lui complaire qui à mon sens le prend pour un débile, un toutou, un veau. Je n'ai pas à me plier à l'attente de quiconque ; c'est « marche ou crève ». Telle est la forme (à mes yeux) la plus haute, la plus extrême du respect que je porte à ceux qui daignent me lire. Les autres, il est évident que non seulement je ne leur en veux pas, mais que je les comprends. Faulkner se fichait du lecteur comme de sa première chaussette, et Nathalie Sarraute, que je place au sommet de la littérature du XXe siècle, pensait de même. La littérature a besoin du lecteur, mais l'écrivain, pour être soi jusqu'au bout, a besoin de le nier de toutes ses forces au moment de la rédaction. Chacun son métier ; le mien est d'écrire ; et le métier du lecteur est de lire – non pas de *me* lire. Le vrai, le véritable lecteur m'en voudrait tellement d'adapter, de formater mon univers livresque à ses desiderata. Celui qui prend des précautions avec « son » public est un piètre carriériste. Je n'écris que pour me faire plaisir – et ne cherche jamais à faciliter ni à compliquer les choses (style, structure) pour que l'« œuvre » (mot que par ailleurs je déteste) soit plus simple ou plus difficile à appréhender. Pour moi, faire ce que je veux et faire ce que je peux sont une seule et même chose – le reste est de l'ordre de la conversation mondaine. J'écris et je me tais. Les compliments sur mes livres ne me font jamais plaisir (j'en connais trop bien les défauts) ; les attaques en piqué ne me font jamais de mal (j'en connais assez les qualités).

Mondialisation du mondial : c'est ainsi l'autre nom de la modernité. Le judaïsme est là, normalement (entre autres ?) pour contrer, pour contrarier ce mécanisme – pour empêcher ce phénomène ; pour freiner cette dérive (et il en va, nous le savons bien, mais *tout le monde* ne le *sait pas*, du sort de l'humanité). Il faut lire ainsi Kafka – comme l'atroce conte, l'analyse précise de cette dérive ; sur ce penchant de l'humanité à préférer transformer le mondial en mondain plutôt qu'en universel. (À vrai dire, l'universel est rarement mondial.)

Retour de Capri. Fleur et Laurent, qui ont quitté l'avion avant nous, ne nous ont même pas attendus pour nous dire au revoir – alors que nous venons de passer quatre jours ensemble. Nous devrons nous contenter d'un texto foireux : « On a filé, on était pressés. » Sans commentaire. Emmanuelle et moi, dans la même situation, aurions *évidemment* attendu.

L'argent a été inventé pour qu'on l'oublie. Ceux qui en ont trop y pensent autant, sinon plus, que ceux qui n'en possèdent pas assez.

Gulda compose pour le génial violoncelliste autrichien Heinrich Schiff et considère, comme Zappa, que l'humour est soluble dans la musique : « J'ai un bon sens de l'humour musical. » J'ai toujours pensé, pour ma part, qu'il n'était de génie sans humour – on trouvera bien quelques contre-exemples donnant poids à cette théorie. « Je compare sans problème Mozart et la musique disco. Les deux me plaisent. Les deux me rendent heureux. Les deux sont joyeux. Les deux sont érotiques. »

Le sang, ça ne rechigne pas. Ça peut ne faire qu'un tour, mais ça ne fait pas demi-tour. Ça ne revient pas sur sa décision. Ça ne rature pas : le sang ne se décommande pas. Le sang ne s'annule jamais au dernier moment. Il ne s'arrête jamais. Ni sur une erreur, ni sur le chemin, ni sur son parcours, ni sur sa lancée. Il trace sa voie, par des hommes : qui s'engendrent. Qui se font naître les uns les autres. Qui ne cessent de se donner la vie entre eux, rien qu'entre eux, car ce sont les aventures du même sang qui doivent continuer. Nous voulons suivre, humain par humain, juif après juif, les épisodes d'un seul et même sang qui forme le sang, fait de tous les sangs ajoutés, d'un Léviathan spécial, d'un Golem particulier : le peuple juif. Cette aventure doit continuer. Sans changer de dessinateur, jamais. C'est de la même encre que le roman (ininterrompu) doit continuer encore, et à jamais, de ne pas s'interrompre.

Lundi 11 juillet

Réveil avec *Sugar Farm*, Robert Pete Williams, 1972 (Blues Beacon Records, 1932 101, Germany). Robert Pete Williams : guitare et chant.

Personne ne m'oblige à tenir ce journal tous les jours. C'est la raison pour laquelle je le tiens tous les jours.

Mort de Paul-Jean Franceschini. Je l'avais connu, en 1994, quand j'étais stagiaire à *L'Express*. Je me souviens qu'il suscitait une forme de respect archaïque et sans faille. Brontosaure bourlingueur. Boudeur à cigares. Cool bourru. Bribes… J'ai à la fois un excellent souvenir et un mauvais souvenir de mon expérience de stagiaire. J'ai découvert là-bas l'horreur de ce que signifiait travailler en entreprise ; j'ai bien compris que ce n'était pas fait pour moi. Les histoires de couloirs, les complots, les non-dits, les jalousies, les haines – les assassinats. Le tout avec le sourire, de manière languide, presque *agréable*. Il faut être fou pour accepter de travailler avec des gens, parmi des bureaux, avec un ascenseur, des fiches de salaire. Je crois que si j'avais dû rester là-dedans je me serais tiré une balle dans la tête. Pourtant j'ai tout fait pour ; j'avais peur de me retrouver à la rue, sans rien. Ça n'allait pas fort, financièrement, à l'époque. Ils ont failli m'embaucher. Ça ne s'est pas fait pour des raisons extrêmement sordides. Tant mieux.
J'aurai toutefois assisté au vrai spectacle de la panique, de la trouille, de la terreur. Les journalistes étaient tétanisés par la patronne : Christine Ockrent. Il n'y avait pas de quoi – Christine a de l'humour et n'est pas bien méchante. C'est une fausse méchante ; mais c'est une vraie dure. Les gens redoutent davantage la dureté que la méchanceté. L'expérience n'a pas duré ; elle faisait son travail sans concession. C'est elle qui m'a fichu dehors, sous la pluie, un soir de novembre ; je pleurais en marchant sur les Champs-Élysées. Je ne lui en veux pas du tout. Je la remercie. Lorsque je vois ce que sont devenus ceux qui sont « arrivés en même temps que moi » (et contre lesquels, évidemment, je n'ai rien), je ne puis que me flatter d'avoir fini sur le pavé.

J'avais la sensation, que j'ai gardée vive en moi, que vivre consiste à sortir perpétuellement de sa propre vie pour en vivre *une autre*. J'en avais assez qu'on m'assigne sans arrêt à la vie pour laquelle tout le monde savait, sentait, que tacitement j'étais fait. On croit toujours que les vies réussies, les grandes vies, les grands destins sont des vies abouties, des vies vécues comme elles devaient l'être, des vies totalement accomplies : rien ne me semble plus faux que cette vision des choses. Je crois au contraire qu'il s'agit là d'une illusion d'optique. Que les vies exemplaires, grandes, hautes, faramineuses, que les vies devenues des destins sont des vies qui ont suivi un autre chemin qu'elles-mêmes, des vies qui ont démissionné d'elles-mêmes pour devenir la vie d'un autre. Une vie aboutie est une vie qui d'abord s'est trahie elle-même. Qui a bifurqué d'elle afin, précisément, de ne jamais se ressembler, de ne jamais se confondre ni coïncider avec elle.

Gulda, alentour de 1995, se met à organiser des soirées disco et techno. Des « dance party » ! Lui qui avait commencé comme Serkin, Fournier, Kissin. Il trie sur le volet (faisant passer les castings à Ibiza) quelques pures bombes sexuelles qui viennent se trémousser sur sa musique, qu'il assène sous les lasers d'une boîte de nuit le crâne engoncé dans une casquette rose, pop-électro-techno-transdico-guldaïque. Après le Gulda néo-expérimental baba, après le punk messianique, voici le vieux dégueulasse. On l'interroge sur ces fées vicieuses, languides, infernales. « Dans ce domaine, mon goût est évidemment très bon. J'ai combiné l'agréable et le pratique. » Puis : « Je vais mourir… À un moment donné c'est sûr, je vais mourir. Je n'en ai pas les preuves, mais j'en suis pratiquement sûr. Mais ce qui est vraiment certain, en revanche, et beaucoup plus certain que ce que vous appelez “la mort”, c'est que je ne vieillirai jamais. » Un temps. « Peu importe ce que je joue, je joue toujours Gulda. »

Il est mort quand même. Du moins biologiquement. Il a laissé une bande magnétique (on croirait entendre Thomas Bernhard ou Péguy) pour nous dire une dernière chose de là où il est : « Je ne veux pas de nécrologie, ni dans la presse ni nulle part. La raison de ce choix est la crasse. La crasse dont m'ont recouvert certaines personnes et certains cercles pendant toute ma vie. Je ne veux pas que ma mort, ni ma tombe ne soient recouvertes de cette même crasse. J'interdis donc tout commentaire et toute chronologie. »

Le nazisme, c'est le nom qu'on donne à des adultes habillés en soldats et dont l'un des ennemis principaux est l'enfant. L'enfant juif. Un nazi, c'est un adulte allemand ou français habillé en soldat allemand, ou vêtu en gendarme français, dont l'ennemi mortel est l'enfant né juif.

L'ennemi du nazisme, c'est la naissance.

« Plus tard, adolescent, écrit Kafka (*Lettre au père*, traduction de Marthe Robert, Gallimard, 1957), je ne comprenais pas que toi, avec le fantôme de judaïsme dont tu disposais, tu pusses me reprocher de ne pas faire d'efforts (j'aurais dû en faire, ne serait-ce que par respect, disais-tu) pour développer quelque chose de tout aussi fantomatique. » La traduction a choisi « fantôme », « fantomatique », mais Kafka, dans la langue originale, va plus loin : « wie Du mit dem Nichts von Judentum », à savoir « avec le *Rien* du judaïsme, avec les miettes des miettes de miettes du judaïsme ».

Gide a vécu 29 673 jours. Péguy, 15 215. Soit à peu près la moitié. Si Péguy avait vécu autant que Gide, Péguy serait mort le samedi 23 octobre 1954. Si Gide avait vécu aussi peu que Péguy, Gide serait mort le vendredi 21 juillet 1911. Il n'aurait donc pas écrit *Corydon*, *Isabelle*, *Les Caves du Vatican*, *La Symphonie pastorale*, *Les Faux-monnayeurs*, *Si le grain ne meurt*, *Voyage au Congo*, *Le Retour du Tchad*, *L'École des femmes*, *Robert*, *Les Nouvelles Nourritures*, *Retour de l'U.R.S.S.*, *Retouches à mon retour de l'U.R.S.S.*, *Thésée*, *Ainsi soit-il ou Les jeux sont faits*, ni les années 1912-1949 de son *Journal*. On mesure ainsi mieux la perte de la mort de Péguy. D'ailleurs, à la date du lundi 15 juin 1914, Gide notait dans son *Journal* : « Par moments, lorsque je songe à l'importance de ce que j'ai à dire, à mon *Christianisme contre le Christ*, à *Corydon* et même à mon livre sur Chopin, à mon roman, ou simplement à mon petit *Traité des Dioscures*, je me dis que je suis fou de tarder et de temporiser ainsi. Je mourrais à présent que je ne laisserais de moi qu'une figure borgne, ou sans yeux. »

Le sang, c'est ce qu'il y a de plus sûr ; l'étude c'est incertain. Le caractère, c'est volatil. La volonté, c'est éphémère. La culture, ça meurt (les traditions, ça meurt, et les habitudes) ; mais le sang, cela vit ; le sang, c'est la vie. Le sang, c'est ce qui ne meurt pas. Quand ce n'est pas le sang qui persévère, il faut, alors, que ce soit le tempérament, l'entêtement, le courage, la volonté. « Toute éternité non fondée sur le sang, écrit Rosenzweig, se fonde sur la volonté et l'espérance » (*L'Étoile de la Rédemption*, monumental chef-d'œuvre).

Ce qui n'est pas très rassurant. Ce qui n'est pas (loin s'en faut) très sécurisant. Le sang, ça ne change pas d'avis. Le sang, c'est ce qui abolit le temps. C'est l'éternité… Le sang de tous les juifs, c'est le sang unique d'un juif immémorial. Ce juif immémorial, c'est le peuple juif. « Le peuple n'est peuple qu'à travers le peuple. »

Dentiste. Nouvelle couronne ; une dent commençait à se dévitaliser. J'ignore si Stendhal, par exemple, eût écrit ce genre de détails dans son Journal. Je mens : il l'aurait fait ; il l'a fait. Mais c'était, mais *c'est* Stendhal ! Ce n'est pas rien d'avoir été cet homme ; venir sur Terre et être ça, être lui. Cette intelligence souple et empressée, ce physique qui ne ressemble pas à son esprit, mais que l'esprit, quelquefois, parvient à faire oublier. Quel ciseau, quelle lame que cet homme-là, en apparence bouffi, suintant, courtaud, mais prince de toutes les finesses, ami des nuances, génie de la simplicité dans la concision. La liberté de son style, si français malgré qu'il cherchât à se faire « italien » en tout. Si je devais finir seul, sur la fameuse île déserte où l'on est sommé d'emporter des bouquins et que nul n'a jamais réussi à situer sur une carte, je crois bien que c'est *tout Stendhal* que j'emporterais. On n'en fait jamais le tour ; c'est toujours frais, toujours recommencé. C'est insensément et incessamment neuf.

J'aime, chez Stendhal (je dis « Stendhal », et non « Beyle », comme le font les snobinards et ces gens de clubs stendhaliens qui sont d'épouvantables cuistres doublés d'écrivains calamiteux), cette manière qu'il a eue de renoncer à « faire » Polytechnique. Sa vie était ailleurs. J'aime aussi sa manière d'être seul malgré sa sainte horreur, ou plutôt son horreur athée, incrédule, de la solitude. C'est un forçat de la solitude ; il avait en sus sa laideur à surmonter. Ce ne fut pas – à ce point tout au moins – mon cas, même si mes géniteurs, dont je souhaite et ne cesse de souhaiter le trépas depuis tant d'années – depuis toujours, en réalité –, ont cru bon de m'inculquer l'évidence que j'étais aussi repoussant qu'une vermine ou qu'un ragondin. Comme moi, Stendhal n'aime pas Paris ; je déteste Paris. Mais la province plus encore. Comme moi, c'est un fou d'Italie – mais je me méfie des fous d'Italie, qui sont souvent des stendhaliens, et plus souvent encore des beylistes. Suivez mon regard. Deux ou trois d'entre eux, infâmes et faux, hantent les couloirs des maisons d'édition, des comités de lecture et des cocktails. Leurs œuvres, d'une préciosité dramatique, sont des foirades absolues ; oui, voilà le mot que je cherchais, pourtant coulant de source, pour les décrire : ce sont des *foireux*. La foirade aux vanités. Stendhal, les croisant, ne leur aurait jamais adressé la parole – évidemment. Il ne connaissait pas le cynisme, quand le cynisme est leur langue natale.

Stendhal m'est précieux pour ce *Journal*. Il me patronne. Il est là, au-dessus de mon épaule, penché, pendant que j'écris. Cette phrase, qui me parle tellement (à la date du 1er septembre 1806 – un lundi) : « J'ai sauté plusieurs journées très intéressantes, souvent on gâte le plaisir en le décrivant. J'écris, parce que j'augmente par là celui que j'ai eu avant-hier et hier. »

Le 13 thermidor an IX, alias 1er août 1801 (samedi), il note (il a dix-huit ans) : « Je suis ainsi que beaucoup d'autres embarrassé lorsqu'il s'agit d'enfiler une femme honnête. Voici un moyen très simple. Lorsqu'elle est couchée, vous la baisotez, vous la branlez, etc. ; elle commence à y prendre goût. Cependant la coutume fait qu'elle se défend toujours. Il faut alors, sans qu'elle s'en aperçoive, lui mettre l'avant-bras gauche sur le cou, dessous le menton, de manière à l'étouffer. Le premier mouvement est d'y porter la main ; pendant ce temps, il faut prendre le vit entre l'index de la main droite et le grand doigt, tous deux tendus, et le mettre tranquillement dans la machine. Pour peu qu'on y mette de sang-froid, cela est immanquable. Il faut cacher le mouvement décisif de l'avant-bras gauche par des giries. C'est Percheron qui m'a donné ce moyen, et il y est expert. »

Je continue de m'enfoncer dans la Révolution. On peut y passer une vie. Période de contradiction permanente : quelque chose doit en sortir, mais personne ne sait *exactement* quoi. C'est la raison pour laquelle, progressivement, le comment remplace le pourquoi ; et que les moyens se substituent aux fins. La Révolution confond sans cesse les causes et les effets, les moyens et les fins, les pourquoi et les comment. C'est très notable pendant la Terreur. Le but de la Terreur ? Ce sont ses causes elles-mêmes. Les causes de la Terreur ? C'est son but lui-même ! Pendant la Terreur, la Révolution se dissout dans la Révolution ; il faut donc faire advenir la Révolution, car, et il faut ici admettre le calembour, on n'en voit plus la fin. Il s'agit donc d'en montrer le moyen et, ce, par tous les moyens.

Barras est fascinant : flasque et fin, retors et balourd à la fois. Il a découvert Bonaparte, mais un peu à la Gribouille. Comme Gribouille se jette à l'eau pour ne pas que la pluie le mouille, Barras se dépêche de faire de Bonaparte « quelqu'un » parce qu'en réalité il le craint comme la peste. C'est pour se protéger de lui qu'il en fait son protégé.

Barras n'est pas à proprement parler un « raté » auquel la Révolution aura réussi – comme on peut le dire de Collot d'Herbois. Il fait simplement partie de ceux qui ont réussi à prendre intelligemment la Révolution en marche ; c'est un opportuniste avisé. Doublé d'un fieffé mythomane : tout, dans ses Mémoires, est exagéré, imprécisé, antidaté ou carrément faux. C'est un homme – Barras – qui aime à se hausser du col pour pénétrer dans la postérité. Il a trente-quatre ans en 1789. Il est athée, chantre à la Rousseau de la liberté ; mais, comme Diderot, il préfère encore la liberté individuelle. Barras vient de la noblesse, ne pas l'oublier : vicomte Paul de Barras. À son actif – ce n'est pas rien –, le fait de ne jamais avoir tenté d'effacer ses origines. C'est son côté Philippe d'Orléans – qui par ailleurs fut son mentor.

Barras n'est pas quelqu'un qui a beaucoup lu ; c'est un malin, pas un intellectuel ; c'est un roublard, pas un cérébral. Il est militaire d'abord – et peut-être avant tout. Bien que bordélique lui-même, dans sa vie et son intimité, il ne supporte pas le désordre : la société doit être rangée comme une gentille maisonnée. Il a voyagé : Espagne, Indes. Lorsqu'il échoue avec tout un équipage, il s'invente des prouesses de naufragé. Ses Mémoires fabriquent l'image, montée de toutes pièces, d'un pur héros. Alors qu'il n'est qu'un simple figurant. Il fait converger dans ses écrits tous les événements, fait ployer le réel pour que le réel ne devienne plus que le cas particulier de ses exploits, l'excroissance de son courage, la conséquence de son tempérament. En vérité, il n'en est rien.

Barras est « bipolaire » comme il est de mode de le dire aujourd'hui – cette expression est insupportable, parce qu'exagérément répandue, mais elle a le mérite d'être plus claire que « maniaco-dépressif » ou, pour remonter plus loin dans le temps, « neurasthénique ». Gide était, je pense, également bipolaire : il « soignait ses nerfs ». Barras se rend en Afrique du Sud, au Cap. Il est alors lieutenant. Il y reste deux ans pleins. Il se découvre là-bas des prédispositions à la mondanité. Dans ses Mémoires, toujours, il se pose en rebelle, se décrivant seul contre tous, ennemi du pouvoir, de tous les pouvoirs, bombant le torse face à l'absolutisme et à la monarchie : du vent. Un crâneur, décidément.

De retour à Paris, sans un sou vaillant, il traînasse. Il va errer pendant six ans, sans horizon. Il mène une existence de débauché ; sa réputation commence à se construire. D'aucuns vont jusqu'à prétendre qu'il est proxénète. Il multiplie les maîtresses. Sa garçonnière de la rue Saint-Jacques ne désemplit pas. J'avoue ne pas vraiment comprendre en regardant les portraits de lui qu'on peut trouver çà et là, mais il plaisait aux femmes. Énormément. Il avait peut-être de l'allure ; il eût fallu le croiser. Dessiné, peint, figuré, représenté, il est d'une grande laideur.

La convocation des états généraux l'a laissé de marbre. Il hésite. Il observe. C'est un attentiste. Un rusé qui ne se précipite pas. Il sera ce qu'il faut être au moment voulu. C'est son côté Mitterrand. Il « rate » la dimension symbolique qu'est la prise de la Bastille. Son idole est Jean-Paul Marat – c'est également mon cas. J'ai écrit des dizaines de pages sur Marat dans *Naissance*. Et Marat est également un des « héros » de *Panthéon*.

Il épouse une femme qu'il laissera moisir en province tandis qu'il fera ce qu'il voudra de son corps à Paris et partout ailleurs. C'est son côté Gide. Un Gide hautement hétérosexuel.

Le temps passe, et cette formule est atroce. Il passe, cela veut dire qu'il est passif. Le temps est indifférent. Il passe comme un passant qui nous ignore, ne nous connaît pas, ne veut pas nous connaître. Il passe devant nous. Mais il passe en nous, et par conséquent sur nous – dans l'usure, dans les dégâts. L'immobilité des immeubles, de la pierre, des statues ; ce qui reste, demeure, et sur lesquels le temps ne passe pas, sur lesquelles le temps se casse les dents, et ricoche, abandonne. La pierre déçoit le temps, l'agace. Aucune emprise. La pierre passe sur le temps, elle est la plus forte – mais à y bien regarder, c'est encore le temps qui gagne ; sa victoire est plus vicieuse, plus insidieuse, plus microscopique. Mais tel monument s'effrite, comme s'abîment nos artères. L'énigme n'est pas tant l'espace infini, que le temps qui s'achève en nous, et continue après tout, une fois que nous sommes achevés. Sommes-nous ses victimes ou ses passagers ? Tout journal intime est une burlesque lutte contre cet invisible titan qui nous pousse vers cet abîme : l'âge. L'âge est un cosmos que gouverne le ridicule. Il s'agira donc de s'y amuser ; j'ai bien fait de pleurer d'abord. Viennent les jours, doucement, où je n'aurai d'autre choix que de m'abandonner sans vergogne à ce que je crois que je suis – jusqu'à le devenir.

Il faudrait réfléchir sur la question qui lie le terrorisme au temps ; comment les attentats, d'une certaine façon, modifient le temps. Le temps « terroristique » est chargé d'attente, d'un « suspens » plus ou moins sourd, plus ou moins lourd – nous nous attendons à ce qu'un nouvel attentat advienne. « Nous nous attendons à » signifie implicitement que « nous attendons ». Nous n'en finissons pas d'attendre quelque chose qui, finalement, n'advient *presque* jamais. Et c'est, précisément, cette distorsion avec cette attente (implicite et infinie) et la rareté de l'événement qui épuise. La guerre des nerfs qu'occasionne le terrorisme vient de là : de ce que l'attente (une attente faite essentiellement de crainte et de peur) est disproportionnée au regard de l'occurrence de l'événement qu'est l'attentat. La réalisation du but terroristique obéit à une temporalité inverse à la temporalité de sa crainte. L'attentat est à la fois rare et bref ; l'attente sous-jacente qu'il provoque est fréquente (est permanente) et s'étend infiniment. Note : quand j'écris que l'attentat est rare, je ne fais là montre d'aucune provocation – les attentats sont *toujours trop fréquents* ; chaque attentat est un attentat de trop (bien entendu). Mais il n'en reste pas moins qu'ils constituent des faits exceptionnels.

Mardi 12 juillet

Réveil avec *Lionel Hampton At The Vibes*, Lionel Hampton, 1962 (Spin-O-Rama, S-3077, US).

Moral dans les chaussettes. Hier soir, énorme crise avec Emmanuelle.

Je suis venu au monde au beau milieu d'un calendrier chrétien et, sans que personne me demande mon avis, j'ai été baptisé. Ma croyance a été décidée ce jour-là. Mes convictions intimes, profondes, internes, solitaires, philosophiques, théologiques, ont été entérinées, officialisées, déterminées, enregistrées. Des gens que je ne connaissais pas m'ont conduit dans une église pour me livrer à cette cérémonie qui, pour moi, n'est rétrospectivement qu'une mascarade. Être juif par la naissance, à la naissance, je ne trouve pas ça très intelligent, mais devenir catholique six mois après, c'est encore plus stupide.

L'islamisme radical n'en finit plus de vouloir notre malheur. La Chine, elle, sans qu'on semble s'en inquiéter outre mesure, a commencé à vouloir notre bonheur. Entre deux maux, notre cœur risque d'énormément balancer.

À 13 heures, après un déjeuner avec Agnès qui me trouve déprimé (elle a raison), je fonce chez Emmanuelle qui a un rendez-vous avec ses ouvriers. Elle est belle, je l'aime, elle m'aime ; nous reprenons des forces et confiance. « J'ai 10 101 jours », m'annonce-t-elle. Je lui réponds : « Ça mérite un gros "palin". » Cela la fait manifestement rire. Sous le soleil, à la station Saint-François-Xavier, nous nous embrassons en nous promettant des belles choses. L'avenir est un chic type. Puis, je passe à *La Règle du jeu* pour travailler – et au lieu de travailler (je n'ai pas commencé à écrire les 30 000 signes pour *Match* à rendre… après-demain !), j'écris ces quelques lignes aussi insupportables à écrire que la réalité qu'elles décrivent fut insupportable à vivre.

En Syrie, Alep (que je connais et que j'adore ; j'y suis allé à l'été 1995, sur les traces de Hala) est encerclée par les forces d'Assad. Assad n'a jamais craqué. Cinq ans (cinq ans !) qu'il tient. Si ce n'était une pure saloperie, on pourrait aisément applaudir, tant cela force le respect. Alep était la capitale (et le symbole) de l'opposition (et de la rébellion) au régime. Sale temps intime et international. Sale temps *intimational*. Assad a été aidé par l'armée russe – et sans doute par des renforts chiites irakiens, iraniens et libanais. On imagine aisément le cauchemar qu'endure la population : bombardements, pénuries de nourriture (les marchés sont quasiment vides et les prix des produits de première nécessité, les médicaments par exemple, atteignent des records, quand on arrive à se les procurer). Au mois de février dernier, l'aviation russe avait déjà permis à Assad d'opérer une percée. Le régime syrien avait pourtant promis, il y a quelques jours, un « régime calme ». Les civils ne peuvent pratiquement plus sortir de chez eux sans risquer la mort. Il y a eu deux attaques contre le régime, venant de deux fronts eux-mêmes antagonistes : la première, issue de l'Al-Qaïda local (Al-Nosra), alliée aux Frères musulmans ; la deuxième, venant de formations locales soutenues par les Américains. C'est une période faste pour Bachar. Le rapprochement entre Poutine et Erdoğan soulage Assad de la furie de ce dernier – Erdoğan finance les groupes rebelles anti-Assad. Ce même Erdoğan entend, par ailleurs, donner la nationalité turque aux réfugiés syriens (ce qui concerne quand même 300 000 personnes).

Les Américains décident d'envoyer davantage de soldats en Irak afin de lutter contre Daech et reprendre Mossoul. Cela fera 4 600 soldats américains sur le sol irakien.

En France, la DGSI craint, de la part de Daech, l'utilisation d'armes sales – radiologiques, chimiques. Ainsi que des attentats, comme à Bagdad, à la voiture piégée. Contrairement à l'époque du 11 Septembre, les zombies de l'État islamique ont acquis dans ce domaine une capacité industrielle. La menace est forte. Les enfants (qui ont dix ans aujourd'hui) se trouvant en Syrie ou en Irak, emmenés de force par leurs parents djihadistes, constituent par ailleurs de véritables bombes à retardement. Comme disait Céline : « L'avenir, c'est pas une plaisanterie. »

Le passage du temps sur les êtres, sur les situations, sur les primevères, sur les mers, sur les plaques chauffantes, sur les rues que nous traversons, momentanément. Etc. Le temps qui passe sur la pochette d'un disque 33 t d'Eric Dolphy. Et que fait le cadavre d'Eric Dolphy tandis que j'écris ces lignes ?

Le nazisme, ce n'est pas *la* mort. Car la mort est quelque chose d'humain. La mort, *c'est* l'humain. Le nazisme, qui est mortifère, est une négation de la vie mais parvient à ce point extrême d'être tout aussi bien une négation de la mort. Il donne la mort tout en la niant. Le nazisme est allé beaucoup plus loin, encore, qu'assassiner les juifs, que leur « donner la mort », il a voulu annuler leur naissance, ce qui n'est pas exactement la même chose. Donner la mort à un homme, c'est reconnaître son existence, c'est admettre qu'il est en vie ; mais le nazisme n'a jamais admis, n'a jamais reconnu l'existence des juifs – il a donc fait en sorte qu'ils ne naissent pas, qu'ils ne soient jamais nés ; d'où ce macabre souci de cacher les crimes, de les nier.

L'extermination ne consiste pas simplement à ôter la vie, à interrompre une existence ; elle entend corriger l'aberration d'une venue au monde. La volonté de l'extermination n'est pas de couper court à l'avenir, mais d'effacer le passé d'un être, toute trace de ce passé, toute preuve de son passage, tout signe de cette existence dont on pourra affirmer rétroactivement qu'elle n'a finalement pas eu lieu. Il ne s'agit pas tant de faire mourir que de faire dé-naître. De nier que l'apparition sur cette Terre n'a pas eu lieu ; que cette anomalie a été rectifiée, que cette proposition de la nature a été infirmée, que ce projet de destin a été abrogé. On ne tue pas ce qui n'existe pas.

Il y a, dans le crime, sinon un respect, du moins une reconnaissance de la vie de l'autre : je tue parce que l'autre me gêne, parce que je le hais. Le nazisme ne tue pas, il ne fait pas que supprimer la vie : il supprime la mort. Celui qu'il extermine ne saurait posséder ni vie ni mort, ni de vie ni de mort, ni de droit de vivre ni de droit de mourir, ni de droit à vivre ni de droit à mourir. On abolit, on contredit la nature, on revient sur ce qu'elle a fait (mettre un juif au monde). C'est pourquoi le nazisme, pour mener à bien son entreprise, est obligé de remonter le cours du temps. Il s'agit pour lui de se placer à la racine ; d'instiller son poison, de planter son couteau, d'installer son germe à la naissance, de venir se placer dans l'éclosion. Le nazisme est une abolition du temps : la durée de la vie qu'il anéantit ne doit pas former une droite, une courbe, mais un point. L'instant de la naissance et de la mort du juif honni doivent être confondus. Et non pas tant confondus dans la naissance qu'avant cette naissance ; ils doivent se confondre non seulement en un point, mais en un point imaginaire, en un point qui n'existe pas, n'a jamais existé ; un point dont l'épanouissement en segment, puis en droite, en courbe, n'a jamais pu se faire. Un point dans le néant, un point d'avant-point. Il s'agit de couper court à toute possibilité pour le juif d'être. La naissance est déjà de trop ; elle est déjà une expérience – une biographie de deux heures est déjà une biographie ; et c'est une insulte. C'est une présence qui a trop duré, une provocation qui a trop perduré. Le juif est venu au jour, et c'est ce jour qu'il s'agit d'empêcher.

Les nazis furent les premiers négationnistes de leurs actes. Il serait bien naïf d'imaginer qu'ils voulussent effacer toute trace de leur barbarie. D'abord parce que, pour le nazisme, le camp d'extermination ne relève pas de la barbarie, mais de l'assainissement. C'est une station d'épuration ; c'est là qu'on élimine les miasmes pour rendre le monde enfin habitable – *respirable*. S'ils ont voulu camoufler leurs crimes, c'est précisément pour éviter qu'on puisse voir dans leurs actes quelque chose qui ait le moindre rapport avec la « criminalité ». L'expression « camp de la mort » est humiliante pour le nazisme, lui qui entend se débarrasser de la mort elle-même. C'est de la mort de la mort qu'il s'agit. De la dissolution même de ce concept, et de ce mot, qui parviennent, en ces lieux, à ne plus signifier ce qu'ils avaient signifié jusqu'alors.

On ne « donne la mort » qu'aux hommes et aux animaux. « Donner la mort » à un parasite, un chancre, un virus, un bacille, une vermine ne fait pas sens. Le projet nazi est d'annuler chez les juifs toute possibilité d'être reconnu *comme homme et comme animal*. Les « nègres » occupent déjà, au demeurant, la case de l'animalité. Le nazisme entend retrancher les juifs de l'humanité, c'est-à-dire de les interdire d'accès à toute expérience humaine : or, la mort est une expérience humaine. C'est pourquoi cette mort qu'il leur prodigue « malgré tout » (c'est là la contradiction propre au nazisme, qui est contraint d'avoir recourt au crime *comme tout le monde* – d'où sa volonté de le nier) est si spéciale ; les camps, toute la journée, toute la nuit, souillent la mort, l'inventent, la réinventent, la renouvellent. Ils ne jouent pas avec la vie des déportés ; ils jouent avec leur mort. Et, ce faisant, ils en atrophient la dignité, ils en polluent l'humanité. Ils ajoutent à la perspective de mourir leur ironie, leur crachat, leur indifférence et leurs rires. Ils en nient l'atrocité, ils font tout pour en empêcher la grandeur, ils entendent en désavouer le mystère, en moquer l'abîme. La mort devient la chose la moins importante qui soit.

J'essaye une fois de plus de lire un « Maigret » mais, comme chaque fois, j'abandonne au bout de trente pages. J'ai mon compte. C'est bon, j'ai compris. Je l'arrête comme on arrête un disque. Simenon : 330 romans, 600 millions d'exemplaires vendus. Et ne surtout pas oublier de mentionner le fameux soi-disant chiffre de 10 000 femmes connues bibliquement. Simenon est aussi un homme de chiffres. Et qui déchiffre. Quoi ? La société. Il a fabriqué un « idealtyp », comme dirait Max Weber, pour nous dépeindre la société à travers les décennies que nous avons traversées, et cet « idealtyp » n'est pas un type idéal, puisqu'il s'agit de Maigret, et que Maigret est un Français moyen. J'appelle « Maigret », pour simplifier, tous les flics, commissaires, inspecteurs, détectives, que Simenon a mis au monde. Bien avant Houellebecq, son style s'est adapté à ce qu'il décrivait : un style moyen pour décrire les Français moyens, une analyse profonde pour décrire la France profonde. C'est simple comme un raisonnement de Maigret, mais il fallait y penser. Le génie de Simenon est d'écrire sans le moindre génie. Chacun de ses mots est essentiel, comme un coup dans une partie d'échecs. Simenon écrit comme jouait Fischer : avec une simplicité tellement culottée, tellement confondante qu'on en viendrait presque à se demander si on n'a pas affaire à un grand naïf, jusqu'à ce qu'on s'aperçoive que les grands naïfs, c'étaient nous. Mais, surtout, on lit entre les lignes de Simenon, parfois grises comme la pluie – on lit entre les gouttes, si j'ose dire –, les soubresauts intimes du névropathe qu'il était sans doute, et qui font de lui, comme Gide a eu le courage de le dire, un des plus grands écrivains du XXe siècle, et non seulement un des plus grands écrivains du XXe siècle, mais un des plus grands écrivains du XXe siècle qui me tombe des mains.

Mercredi 13 juillet

Réveil avec *Blues In My Bottle*, Lightnin' Hopkins, 1972 (Vogue, BL. 12504, France) – l'édition américaine, que je ne possède pas, date, elle, de 1961. Lightnin' Hopkins à la guitare et au chant.

Journée de travail à *La Règle du jeu*.

Je vais acheter des draps et une couette d'été – nous étouffons, la nuit, et le ventilateur agit comme un distributeur d'angines.

Dîner chez Matsuri avec Maria.

Emmanuelle, à qui j'écris deux poèmes, passe me prendre à la revue. Véritables retrouvailles – on redevient proches comme rarement, et peut-être comme jamais. Cette nouvelle crise a ouvert un nouveau stade ; soirée de véritable connivence. Nous rions : Emmanuelle pense que je suis Asperger sous prétexte que 1) je suis d'une maladresse inouïe ; 2) je suis hypersensible ; 3) je me focalise sur des sujets extrêmement précis ; 4) je suis inapte à la vie en entreprise ; 4) je suis incapable de fonder une famille ; 5) je continue une conversation même quand elle n'intéresse personne ; 6) je vis dans l'imaginaire et la création toute la journée. Cela dit, le voisinage avec les « vrais » Asperger n'est pas spécialement déplaisant : Woody Allen, Glenn Gould, Albert Einstein, Bill Gates, Bobby Fischer… (Mais qui les a mesurés ? Bizarre).

À la limite, chez les juifs, si tu es né, c'est que tu es juif, et si tu es juif, c'est que tu es né. Naître juif et naître, c'est la même chose. Tandis que chez les catholiques, tu nais rien du tout et, quelques semaines plus tard, on considère qu'il est grand temps que tu deviennes le fils du Fils du Père.

Emmanuelle ne pouvant venir au concert de Springsteen à Bercy ce soir (elle va voir *Aïda* avec sa mère), j'appelle la quasi-totalité de mes amis. Personne ne peut (ne veut ?) venir. C'est toujours comme ça ; et puis, quand Springsteen se retirera, tous viendront pleurnicher : « J'aurais tellement aimé le voir en concert… » Combien de fois me suis-je retrouvé seul aux Stones, à Lou Reed, à Prince ou à Neil Young ? Coup de théâtre : Emmanuelle a trouvé une solution. Elle vient ! C'est mon ami Georges Lang, de RTL, qui nous invite. Nous serons (c'est dans moins de deux heures) dans la loge du producteur. Fantastique. Ce sera la troisième fois que je vois le *boss*.

Un djihadiste allemand (vingt et un ans) vient d'être condamné à deux ans de prison ferme pour « crime de guerre ». Deux ans ? On aurait mieux fait de le relâcher tout de suite, c'eût été moins obscène. Le sieur en question avait posé, tout jouasse, au beau milieu des têtes empalées de deux soldats de l'armée d'Assad. Et, bien évidemment, il avait diffusé les images sur les réseaux « sociaux ». C'est d'ailleurs à se demander si ce ne sont pas les réseaux sociaux qui déclenchent cette barbarie ; l'ego humain est capable de s'insinuer dans les pires basses-fosses de l'horreur. Les possibilités numériques, technologiques semblent donner un coup de pouce à ce dont l'homme est capable au royaume de l'impossible et de l'ignominie.

Valéry, *Mélange*, 1941 : « Ce qui n'est pas entièrement achevé n'existe pas encore. Ce qui n'est pas achevé est moins avancé que ce qui n'est pas commencé. »

La revue *Nature* publie un article passionnant sur les différences entre les hommes et les femmes concernant la douleur. En effet, les expériences sur les animaux ont généralement lieu sur des rongeurs mâles – or, il n'y a *a priori* aucune raison pour que la souffrance physique ne dépende pas du sexe de l'individu qui l'endure. Comment appréhender la douleur d'une octogénaire, par exemple, à partir de conclusions obtenues par la réaction d'un souriceau fraîchement né ?

En écrivant ce journal, j'écoute les Who. Je n'ai pas évolué d'un iota depuis 1981. Asperger ? J'admets volontiers qu'il y a chez les Who une certaine pauvreté de « vocabulaire » ; les riffs sont souvent les mêmes, les ritournelles se valent toutes et parfois manquent de cette profondeur, abyssale, qu'on trouve par exemple chez Led Zeppelin. C'est ce que j'ai toujours aimé chez les Who : ces mains, ces huit mains dans le cambouis. Ce sont des ouvriers. Ils *usinent*. Même le leader du groupe, Townshend, qui passe pour un intellectuel, n'en est évidemment pas un : il a simplement ouvert un livre ou deux dans sa vie, là où les trois autres membres du groupe n'en ont jamais ouvert aucun. On n'imagine pas la moindre bibliothèque dans l'extravagant, dans l'inquiétant, dans le terrifiant manoir de John Entwistle. Entwistle : propriétaire d'un château de cent pièces vides, toutes aussi lugubres les unes que les autres, jonchées de cadavres de bouteilles ou de carcasses de motos. De temps en temps, pendu au milieu d'une salle, un squelette. Mais jamais d'ouvrage, pas un seul, pas la plus petite plaquette de poésie, pas un seul roman policier : rien. Savait-il lire ? Le solfège, certainement. Il reste pour moi, d'assez loin, le plus grand bassiste de rock de tous les temps. Ses acolytes Townshend, Daltrey et Moon, à côté de lui, sont des bricoleurs, des amateurs, des clowns.

Pourtant, Entwistle, qui ne s'est jamais mêlé des affaires du groupe, comme s'il était une entité parallèle, un greffon accidentel, fait tout ce qu'un bassiste n'a jamais le droit de faire : des solos sans fin, poussés à fond sur l'ampli, jusqu'à recouvrir la voix de Daltrey et la guitare de Townshend. Sans rien dire à personne, il monte le son, toujours. En concert. Le véritable leader, sans qu'il ait jamais adressé la parole aux trois autres, ou presque, c'est lui. Les trois autres sont pris en otage, sempiternellement, par lui. Il porte sur leurs nerfs. Cela l'amuse. Les reproches ne l'atteignent pas ; les colères de ses collègues le laissent de marbre. Il profite du groupe comme d'un support pour se faire plaisir à la basse. C'est humainement le plus discret, mais c'est musicalement le plus présent quand on y regarde – quand on y écoute – de très près. Tout glisse sur lui ; il est inatteignable. Le groupe n'est qu'un prétexte pour lui ; un prétexte pour faire passer, quasiment en contrebande (Entwistle est un passager clandestin sur le paquebot Who), ses virtuosités incroyables. Personne ne pense jamais à lui, personne ne parle de lui, tout le monde oublie, ignore sa présence : mais Entwistle, comme un pirate de l'air un avion, a détourné les Who. Il a forcé le groupe, sans rien dire à personne, à bifurquer vers lui. Il n'est même pas sûr que Daltrey, Townshend et Moon – ce dernier, de toute façon, s'en fichait bien – s'en soient jamais aperçus.

Étonnant groupe au sein duquel chacun aimait le batteur, aimait d'amour Keith Moon, mais se détestait un à un. Townshend, notamment, haïssait Daltrey, dont il méprisait le côté campagnard, fermier, agriculteur. Mal usiné, l'ancien ouvrier métallo. En comparaison, Townshend, il est vrai, pouvait aisément se faire accroire qu'il était Martin Heidegger. Le guitariste et le chanteur ont souvent pratiqué le coup de poing. À part Daltrey, de toute façon, aucun des membres du groupe n'avait envie de faire partie des Who. Townshend rêvait d'une carrière solo, et faisait des autres rien de plus que « ses » musiciens ; englué dans son autisme, Entwistle ne s'est jamais vraiment aperçu qu'il n'était pas tout seul dans la formation ; Keith Moon était en prison dans sa folie et ses drogues. Les Who est formé de forces centripètes. C'est un groupe qui est toujours en train de s'exploser, de se démissionner, de se suicider, de se séparer. Ils n'ont rien à se dire, les uns les autres, les uns aux autres. Ils ne s'adressent pas la parole. Même sur scène, on le voit, ils se coupent, ils s'isolent, ils essaient de se neutraliser : ce sont quatre solistes réunis, quatre individualités artificiellement accolées. Une sorte de Yougoslavie. Une entité artificielle, créée de toutes pièces par des forces extérieures ; eux n'avaient rien demandé – juste faire du bruit, quitter l'usine.

Surtout, aucun d'entre eux, en dehors de Daltrey, n'aime les compositions, les chansons, les morceaux du groupe. À commencer par celui qui les a créés : Townshend. Il préfère le classique, il préfère le blues, il préfère le jazz. Entwistle s'en fiche : il plaque ses solos sur n'importe quoi, n'écoute que son instrument, creusant ses mélodies comme des galeries dans le son qui l'environne et auquel il est parfaitement insensible. Keith Moon, lui, ne prend personne en traître : il a déclaré, à maintes reprises, qu'il n'aimait *aucun* morceau des Who. Et pourtant cela « tient ». Cela « fonctionne ». Cela « marche ». Les Who, malgré *Who's Next*, n'est pas une formation très élaborée. J'écris « malgré *Who's Next* » parce que leur meilleur album est l'album qui leur ressemble le moins. Leur chef-d'œuvre n'apparaît pas comme l'acmé d'une façon de faire, mais comme un hapax qui ne sonne pas tout à fait comme eux. Les « vrais » Who sont partout sauf là, dans cet album prodigieux qui ne contient ni leurs qualités habituelles ni leurs défauts récurrents. Un album des Who « normal » est toujours quelque chose de bancal, d'approximatif et de foireux – le tout au service d'une ambition étrangement démesurée. L'ego de Townshend, montagne qui accouche le plus souvent de quelques épars souriceaux, donne aux productions du groupe une dimension qu'objectivement elles ne possèdent pas.

Mais ces motifs sur l'os, cette rage anormale, cette énergie hors de proportion font des Who un groupe sans équivalent ; ils osent. Ils n'ont pas peur du carambolage, du brouillage d'onde, de l'excès suicidaire, de la pulsion de trop. Ils font des carnages en concert et des albums inaboutis. J'aime, j'ai toujours aimé ce cambouis, cette sensation à la fois merveilleuse et masochiste d'avoir entre les mains, et sur la platine, un disque imparfait, fait pour moitié de lave et pour moitié de Motul, qui sent les mains sales et les coups de poing dans la gueule, le whisky, la sortie d'usine et la nouba d'enfer. Groupe rock, blues, hippie et punk tout à la fois, sans jamais la moindre cohérence, chaque LP contredisant plus ou moins le précédent et, surtout, résultant de miracles successifs, d'approximations acrobatiques, de bâclages prodigieux. Tous les albums des Who sont expéditifs ; le groupe n'a jamais eu envie de les faire – et cela s'entend. Ils sont tous, absolument tous imparfaits. Tantôt c'est un des musiciens qui n'est pas dans le coup, tantôt c'est le mixage qui est raté. Morceaux paresseux, morceaux métalliques ; métal posé sur de la paresse, quand la crise d'inspiration survient. On crie, on beugle, et tout à coup une mélodie pleine d'anges vient trouer le ciel noir. Groupe formé par un intello inculte alcoolique, un prolo fermier sensible, un autiste mégalo ruiné et un clown scato shooté. Le plus grand groupe de rock qui ait jamais existé.

Le nazisme, ce n'est pas la mort, parce que la mort n'est pas l'ennemie de la naissance. La mort n'est pas là pour combattre la naissance :

elle la justifie au contraire, elle la définit, elle la rend possible, elle la permet. La mort, c'est ce qui aide la naissance. La mort aime la naissance. Même si la naissance déteste la mort, parce que tout simplement la vie a peur de la mort, la mort, elle, aime la vie. La mort n'a pas peur de la vie. Parce que la mort, *c'est* la vie. Si la vie hait la mort, c'est simplement (c'est logiquement) parce que la vie, *ce n'est plus* la mort. Le nazisme, ce n'est pas assez humain, ce n'est pas suffisamment la vie pour être la mort. Pour être de la mort. Et même : pour être comparé à de la mort. Il n'est pas acceptable que le nazisme rime avec la mort, qu'il en soit même le synonyme. Dans la mort, il y a l'homme. Il y a de l'homme. Avec la naissance, avec la vie, il n'y a rien qui soit plus humain que la mort. C'est la mort humaine qui fait que la vie est humaine. La mort n'a strictement rien à voir avec le nazisme.

Apparenter le nazisme à la mort, c'est une insulte pour la mort, et c'est une insulte pour la vie (humaine). C'est une insulte faite à l'homme. Jamais la mort ne se permettrait de *localiser* exactement un enfant, de vérifier si un petit enfant est bien juif, de faire emmener une fillette par des butors armés jusqu'aux dents.

Hérode, nazi avant l'heure, nazi primitif, nazi d'avant le nazisme, exige qu'on lui *précise* les choses. Il ordonne qu'on le renseigne (scientifiquement, policièrement, nazistiquement, gestapiquement) sur « l'enfant ». « L'enfant » n'a pas (la moindre) peur de Hérode. Mais Hérode semble terrorisé par l'enfant (je cesse d'user de guillemets). Matthieu, II, 3 : « Le roi Hérode fut troublé. » Mais « troublé » n'est pas le mot qui convient. Ce n'est pas la bonne expression. Ce n'est pas la bonne traduction. Hérode n'est pas troublé : Hérode est terrorisé. Par un nouveau-né. Comme Hitler est terrorisé par *chaque* nouveau-né. C'est *chaque* enfant (né) juif qui est le Messie. C'est *chaque* enfant juif qui est le roi des juifs.

Chaque enfant qui naît juif est un enfant-roi. Voilà ce qu'aucun Führer, aucun empereur ne peut supporter : qu'on décrète l'existence d'un *autre roi*. Il y a péril en le royaume. Il y a concurrence. Le Führer n'a qu'un seul rival : c'est l'enfant. Hérode panique. Il n'est pas serein : l'enfant qui naît constitue la seule menace sérieuse qui plane sur lui. Chaque enfant juif qui naît, pour Hitler, est Jésus – est le roi des juifs, est le Christ, est le Messie. (D'où la haine, chez Hitler, du christianisme ; elle dérive logiquement de sa haine du judaïsme.) Ce qu'est *cet* enfant, *chaque* enfant juif l'est pour Hitler. Du point de vue du nazisme, chaque enfant juif qui naît est un messie – possède la puissance de feu d'un messie. La vérification de la judéité par la Gestapo n'est rien d'autre que de la vérification de messie.

Kafka, suite. *Das Nichts :* le Rien ; le Néant. Un fantôme, ce n'est pas du néant, ce n'est pas du rien : c'est du quelque chose. Du spectral. Mais les traducteurs n'aiment pas (toujours) ce qui est simple. Surtout, ils détestent les répétitions (ce qui n'est pas le cas des grands écrivains ; voir Péguy, voir Dostoïevski).

Le travail des années sur les êtres ; hier (il a fait semblant, sur son vélocipède, de ne point m'apercevoir), j'ai aperçu, boulevard Saint-Germain, au croisement avec la rue des Saints-Pères, Éric Neuhoff (contre qui je n'ai absolument rien ; j'ai toujours eu avec lui d'assez bons rapports et il a, plus souvent qu'à son tour, écrit sur moi des choses gentilles à une époque où il était quasiment le seul à le faire). Il n'a plus vingt-six ans et nous ne sommes, définitivement, plus en 1982. Il y a quelques mois, à *ONPC*, Jean d'Ormesson avait lancé : « Il faut qu'un jeune me remplace à l'Académie… Quelqu'un comme Éric Neuhoff, par exemple, serait très bien ! » *Mazal tov*. Pourquoi Springsteen – que je vais voir ce soir à Bercy – semble-t-il plus frais que Neuhoff ? J'ai bien une idée.

Le grand secret de l'écriture – *a fortiori* pour un journal –, c'est le palimpseste.

Il est possible que le monde dans lequel nous vivons aujourd'hui ne soit pas celui du virtuel, ou de l'individu, ou du « retour du religieux », ou du je ne sais quoi d'autre, mais, plus simplement, plus prosaïquement, celui de l'impatience. Il faudrait développer cette idée dans un petit essai. Nul ne supporte plus d'*attendre*. Le temps reçoit sans arrêt l'ordre de cesser d'être une étendue. Il s'agit de le rendre toujours plus court. Dès que s'offre à nous une plage de temps, nous n'avons de cesse que de nous y soustraire, effrayés par le peu de chose que nous pourrons inscrire à l'intérieur. Dix minutes d'attente à la poste, quinze minutes d'attente dans la file d'un concert, trente minutes d'attente dans la queue pour une exposition sont perçues comme insupportables. Nous ne perdons pas simplement patience : nous avons perdu la patience, comme on dit « nous avons perdu le sens du sacré ». La patience était l'une des modalités de la temporalité ; nous sommes parvenus à l'abolir. Une nappe de temps disposée devant nous : voilà ce que nous refusons, voilà ce que nous *prenons mal*. De cette même durée à notre disposition, chez nous, nous n'aurions sans doute rien fait de plus intéressant, mais qu'importe : c'est *attendre* qui est devenu inacceptable. C'est-à-dire non seulement la temporalité de cette attente, le temps qui semble s'y consumer en vain, le gâchis que cela paraît constituer, mais aussi l'humiliation implicite que cela suppose : je suis englué dans la même lenteur que le tout-venant ; je ne me distingue pas par une temporalité supérieure, autrement dit par un tempo accéléré. Le passe-droit aujourd'hui, n'est pas simplement spatial (pénétrer dans un lieu prestigieux), il est temporel : je suis entré *plus vite* que les autres.

Jeudi 14 juillet

Réveil avec *Big Walter Horton with Carey Bell*, Big Walter Horton with Carey Bell, 1973 (Alligator Records, 4702, US). Walter Horton : harmonica et chant ; Carey Bell : harmonica ; Joe Harper : basse ; Frank Swan : batterie ; Eddie Taylor : guitare.

Nous sommes sortis, hier, du concert de Springsteen vers 23 h 30. Georges Lang, de RTL, nous raccompagne en voiture rue Jean-Mermoz. Grand concert (pas le meilleur de Springsteen que j'aie vu – j'ai préféré le parc des Princes, il y a cinq ou six ans). Springsteen porte le muscle noueux et le débardeur des salles de musculation. Il arbore une boucle d'oreille qui le rend manouche ou voyou ; il ne déserte pas le boucan et la sono vibre de tous ses abus. Des larsens tuent l'ouïe. Il joue beaucoup trop fort. Tout sature tout, sous un jet de lasers démodés. Il lance des cris de blues, sa voix s'éraille dans les riffs de métal fondu. C'est un homme simple à qui le succès ne monte plus à la tête ni ne descend dans le bas-ventre depuis longtemps. Il a gardé ses excès pour lui : c'est un farouche pudique. Sa violence est polie, elle est rentrée. Il a le poing calme même si l'on devine ce qu'il sait en faire. Son génie est de faire croire à ce prodigieux machisme de sale gosse à ruelles, quand en réalité on devine qu'il se faisait tout petit face à sa femme, épluchant son courrier, remplissant son chèque pour le Trésor public ou remettant de la poudre dans le lave-vaisselle. Mais sa légende est *crédible* et c'est l'essentiel. Il est parfait et inaccessible dans ce charme de chêne obtus, plein de carrure et de biceps, de guenilles, de vestes de jean déchirées et de futals troués. C'est un cow-boy sans cheval, qui croit tellement à l'Amérique qu'il passe sa vie à la démolir à coups de pamphlets mélancoliques. Cette brute est douce, tannée par les saisons, remplie de paysages de neige, de recoins poussiéreux ; il crache des cailloux rauques et sue sous son soleil faux. On ne sait plus trop pourquoi on vient le voir en vrai, tout près de nous, sous sa sueur et ses postillons, debout en transe vieillie sous ses bottes, à le voir se déhancher comme un loulou de dancing arraché aux fifties. On voit bien qu'il est court sur pattes, mais nous nous en fichons ; nous sommes venus dire que nous l'avons vu, c'est une démarche égoïste, qui a moins à voir avec ce qu'il est qu'avec ce qu'il fut. Nous sommes venus applaudir quelqu'un qui existe moins pour lui qu'il n'existe en nous. N'est-ce pas cela, au fait, qui est émouvant ?

Je m'endors vers 2 heures – Emmanuelle, qui dort chez sa mère car elle se lève tôt pour aller à Aix-en-Provence (festival, opéra), a oublié ses billets chez moi ; je prends un Uber (qu'elle paye, car j'ai supprimé l'application) et vais les lui donner.

Lever 5 h 40. À 6 h 25 du matin, sur les Champs-Élysées qui s'apprêtent à accueillir le défilé, une Coréenne. Elle attend déjà ; se « prépare ». Taxi moto (Karim). Orly-ouest. Dans l'avion, je lis sur La Fayette. À 9 h 15, j'atterris à Toulouse – Daniel m'attend à l'aéroport.

Gide, à lady Rothermere, la traductrice du *Prométhée mal enchaîné*, cette très péguyste et très heideggerienne saillie : « Il m'a toujours paru que la pensée, dans mes écrits, importait moins que le mouvement de ma pensée. »

Rien n'est plus répandu que la peur de la banalité. Et pourtant. (Il y a chez l'être humain, même chez le plus capable d'un destin, *une paresse de l'exception*.)

Le présent, non seulement se modifie, mais il est fait pour ça : il est modification même. L'avenir est la conséquence de cette modification perpétuelle. Le passé, lui, n'est modifiable que par le déni, le mensonge, ou l'oubli. Le passé relève de l'immodifiable – mais il contient autant d'espaces vierges que l'avenir. L'avenir est infini, le passé est fini. Mais le passé est tellement vaste qu'il a des allures d'infini : le nombre de livres qu'on peut écrire avec notre alphabet semble infini, mais il est fini. Il en va de même avec ce qui est révolu.

Il faut tout le temps que je sois quelque chose que je ne suis pas. J'ai longtemps voulu être Zorro, sans y être jamais complètement parvenu, puis américain (et je ne suis toujours qu'un pauvre petit

Français), puis musulman (j'étais amoureux d'une Syrienne), puis catholique (c'était ma période sainte Thérèse de Lisieux), et à présent : juif. Je n'ai aucune personnalité. En réalité, mais la réalité n'existe pas, je ne suis jamais né.

Toulouse. Daniel et moi jouons aux échecs avec des inconnus du monde entier, sur Internet.

Nous allons prendre un verre avec Daniel et Sylvia. Puis, dîner. Emmanuelle m'envoie un SMS : il y aurait eu un attentat à Nice. Je vérifie sur mon iPhone : un camion fou aurait, sur la promenade des Anglais, foncé dans la foule. On parle d'une cinquantaine de morts ; un véritable carnage. Hollande venait d'annoncer, l'après-midi même, que l'état d'urgence touchait à sa fin. Ce sera pour une autre fois.

Acte isolé ? Acte d'un détraqué ? Acte d'un dépressif ? « Richard-durnerie » ? Peu importe : tout, désormais, se mélange dans un grand chaudron, toutes les causes et toutes les impulsions, tous les motifs et toutes les intentions : le propre de ce nouveau terrorisme, de ce terrorisme 3.0 est de faire se confondre, en une seule et même action générique, toutes les actions, des plus brouillonnes aux mieux préparées, des plus minutieuses aux plus improvisées, des plus professionnelles aux plus amatrices. Mieux (pire) : l'amateurisme devient une manière de professionnalisme. Daech a dépassé le stade du scolaire « Allahou Akbar ! » Plus besoin de ce cri, de ce logo crié. On peut s'en passer. Ça ira bien comme ça. Daech prend quand même. Daech récupère ce qui ne se fait pas en son nom ; Daech devient le simple synonyme de tous les actes passés, présents, à venir, à condition que ces actes tuent, détruisent, ravagent. Nous sommes entrés dans une nouvelle phase. L'acte ne précède plus la revendication : l'acte se déroule dans une revendication perpétuelle, permanente, constante, qui est le fond d'écran, le décor, l'écosystème de toutes les actions qui se présentent. La revendication est valable par tous les temps, et tout le temps. La revendication précède l'action. Le nouveau terrorisme est un terrorisme *inversé*. Et peu importe en quel nom cela a eu lieu, puisque le propre du terrorisme est de donner la sensation que tout, toute la journée, a rapport avec lui, que tout vient et provient de lui, que tout jaillit de lui et y retourne, s'y recycle, s'y renforce, s'y ragaillardit, s'y rassérène et s'y régénère pour repartir de plus belle. Tout vient, provient de Daech, la réalité est offerte par Daech, et retourne à Daech. La réalité, les arbres, les maisons, les oiseaux sont la propriété de Daech, ne sont que des décors pour les actes de

Daech, les décors muets, passifs, d'un film d'horreur qui est toujours dans l'imminence de (re)commencer.

Je suis brouillé (définitivement ?) avec Laurence ; mais elle habite Nice – je l'appelle. Elle est saine et sauve – et à l'abri.

S'il est avéré que ce qui vient d'advenir est bel et bien un attentat, comment allons-nous répliquer ? Avec des marches indignées ? Avec des bougies ? Avec des larmes ? Des processions douloureuses ? Avec un « esprit Nice » comme il y eut, soi-disant, un « esprit 11 Janvier » après les attentats de *Charlie* et ceux qui suivirent immédiatement ?

La nature du terrorisme est d'agir par échantillons : échantillon de temps, échantillon de lieu, échantillon de victimes. On frappe à une heure fixe, en un lieu défini, sur un panel de personnes qui n'est représentatif que dans l'esprit de celui ou de ceux qui commettent l'attentat. Ces échantillons ont pour vocation de se généraliser dans l'esprit d'une cité, d'une région, d'un pays, d'un continent : l'heure de l'attentat, heure effective, va se transformer jusqu'à devenir toutes les heures, n'importe quelle heure. Le terroriste vient de contaminer le temps : un temps-pieuvre vient de naître, qui englobe tout. Ce sont toutes les heures à venir, toutes les minutes et toutes les secondes qui sont dangereuses, explosives, potentiellement mortelles. Le terrorisme change l'énergie cinétique en énergie potentielle. Tout devient danger. Le lieu de l'attentat, tout à fait précis, répertorié, s'élargit à tout l'espace, il envahit toute la géographie disponible de sa terreur. Il en va de même pour l'échantillon humain : les victimes effectives apparaissent comme les premiers sacrifiés, les premiers touchés d'une longue liste à venir, à laquelle chacun, vous, moi, est susceptible d'appartenir. Le terroriste change le lieu en n'importe quel lieu : en tous les lieux. L'heure en n'importe quel moment : en tous les instants. Une victime en toutes les victimes potentielles. L'acte terroriste lui-même n'est que l'entrée en scène de la terreur ; la terreur y naît, elle y est créée : elle n'a plus qu'à se répandre dans l'espace et le temps et dans les esprits. Tout, désormais, aura un lien probable, plausible, possible avec elle : elle ramène la couverture de la réalité à elle, la tire de toutes ses forces. Elle plane. Son invisibilité, bien sûr, devient la preuve de sa proximité ; son absence et sa présence se confondent. Quand le danger n'est pas là, c'est parce qu'il est là. Le terrorisme modifie la causalité des choses : il inverse et perturbe la logique de l'existence humaine. Ce que je redoute me menace surtout si rien ne me prouve qu'il le fait. Autrement dit : ma mort est sans cesse immédiate, déguisée en vie. La mort ne se ressemble plus : elle n'est plus cette chose que l'homme malade combat, en face à face ; elle n'est plus cette chose que l'homme jeune et sain relègue dans l'avenir ou confie à la loi du hasard et de l'accident. Non, c'est une mort bâtarde car elle n'est ni une maladie ni un rendez-vous lointain ou improbable : le hasard, la destinée, le destin, l'accidentel ont eux-mêmes subi une modification. Le hasard n'est plus entre les mains du hasard, il ne s'obéit plus, il n'est plus le maître de son caprice aberrant qui fait à la fois le sel et l'injustice de l'existence humaine. Le hasard est entre les mains des terroristes : il est entre des mains humaines. On lui a adjoint une volonté supplémentaire, il a changé de route, il est pris en otage. C'est un hasard en quelque sorte piloté. J'entends bien qu'on peut périr, dans une fusillade, lors d'une prise d'otage ou d'un hold-up, pour avoir été au mauvais endroit au mauvais moment : mais cela reste du hasard pur, pas du hasard trafiqué – pas de ce hasard planifié, de cet oxymore de hasard qui fait que le hasard lui-même semble appréhendé comme une fatalité calculée, comme quelque chose qui nous vise plus particulièrement que tout autre, une sorte de hasard d'un type nouveau, un hasard auquel on ne peut jamais ne pas songer. Un homme équilibré, livré au hasard quotidien, ne pense pas incessamment à ce qui peut lui advenir : peut-être songe-t-il furtivement qu'il peut se faire écraser, ou périr dans un incendie en s'endormant ; tandis que le même homme, après un attentat terroriste, voit le hasard foncer sur lui en permanence ; l'attaquer, le mordre, le narguer, l'obséder. Cette virtualité se superpose à la réalité, et la mort n'est plus rangée dans l'avenir, ou dans cet autre étui qu'est l'accident, puisque l'avenir a été raccourci, violé, amputé et que l'accident est devenu l'élément naturel, l'écosystème dans lequel il s'agit à présent de vivre. Ou plutôt de survivre. Le terrorisme a raccourci la vie. Il l'a rendue étriquée. Repliée. Le présent est abîmé, estropié par le passé récent : et l'avenir proche n'est que risque. La liberté, par conséquent, a été réduite – elle a été amputée.

Le terrorisme nous force à prédire et prévoir l'imprévisible, à comprendre l'incompréhensible, à surprendre la surprise, à calculer l'incalculable : il nous force, non pas à qualifier l'inqualifiable, mais à le *quantifier*. Il n'est pas seulement disproportion, il est dérèglement : il change les règles ; mais il change aussi la façon de les établir. Il n'y a pas d'étalonnage possible. Il nous contraint de faire des calculs sur des sables mouvants. Le terrorisme est jumeau de ces sables : plus nous luttons contre lui, plus nous nous enfonçons en lui. Cette lutte que nous lui opposons, c'est son prétexte neuf pour vouloir nous anéantir. La cause de notre perte devient alors l'effet de notre volonté d'en sortir. La riposte, aux yeux de ceux qui nous frappent, devient la provocation. Car le terrorisme, s'il n'a pas de logique autre que l'illogisme, n'a pas non plus de mémoire. Seul compte ce qui adviendra ; au nom d'un passé qu'il a fantasmé, seul le futur le concerne : un futur habillé par lui, estampillé de sa griffe, comme un futur sans autre contenu que lui. Un futur sans contenu, c'est un futur privé d'avenir. Le terrorisme veut que la teneur en avenir du futur soit nulle : le futur qu'il propose est un perpétuel présent, une prison de présent. Au sens où le présent est égal à sa présence. Le terrorisme veut tuer le temps, mais au sens strict : assassiner son écoulement, stopper son flux. C'est à l'homme comme projet qu'il s'en prend ; c'est l'homme comme liberté qu'il veut anéantir.

J'ai l'impression qu'en me baptisant, on a voulu m'empêcher d'être juif.

Vendredi 15 juillet

Réveil avec *Pleading The Blues*, Junior Wells, 1979 (Isabel, 900.501, France). Junior Wells : harmonica et chant ; Buddy Guy et Phil Guy : guitare ; J.W. Williams : basse ; Ray Allison : batterie.

C'est de l'astrophysique que je voulais faire. Calculer des étoiles. Deviner les galaxies. Regarder par-dessus Dieu.

Céline, le jeudi 10 novembre 1932, à Charles Bonabel (*Lettres*) : « Vous savez quelle grande place la littérature tient dans ma vie, comme dans la vôtre, la même que le yoyo. C'est un yoyo qui fait du bruit. »

Je peux très bien ne pas exister : mais si j'existe, j'ai forcément un passé. J'ai toujours voulu exister. Chacun cherche tôt ou tard à créer son personnage, une figure étrangère qui accable son prochain, et ce, en vue d'en tirer une satisfaction narcissique immédiate. J'ai toujours voulu exister : mais avant, hélas, il faut vivre. Mais vivre sans Dieu, je veux dire sans dieu, pardon : sans dieux, n'est pas évident. Artistiquement, je suis très polythéiste. Franz Rosenzweig :

« Rejeter la peur du terrestre. » Il écrit ça au tout début de *L'Étoile de la Rédemption*. Dès la première page.

Je suis toujours heureux de voir quelqu'un lire dehors, dans le métro, sur un banc, dans un musée – quel que soit le livre, ou le journal. C'est que le quelqu'un en question tient dans sa main du papier, des mots imprimés. La définition du bonheur, mettant de côté l'extase sexuelle qui finalement est d'une autre nature, est peut-être bien ceci : le matin, le café, la presse ou un livre, un crayon de papier pour noter une idée ou souligner une phrase. Cela peut être *Le Parisien* ou Shakespeare ; les deux m'émeuvent presque à égalité. Mieux : *Le Parisien* et Shakespeare. J'aime beaucoup l'idée, à présent que *Le Monde* vend en supplément tout Shakespeare en fac-similé, d'aller chercher *Hamlet* en kiosque. Je n'ai jamais fumé de mon existence (un cigare de temps en temps), mais je comprends ce qu'une cigarette rajoute à ce bonheur : le côté grillé, qui se consume ; dès lors je pense à Valéry, qui – je cite de mémoire – disait que le bonheur c'était un ami, une cigarette et un café.

L'esprit de sérieux est le véritable cancer de l'humanité. Non seulement *se* prendre au sérieux, mais prendre au sérieux ce que l'on fait, a à faire ; de là découlent toutes les complications, les conflits. Il y a un lien, qu'il faudrait étudier de toute urgence, entre l'absence d'humour et la guerre. S'il est une chose à retenir de toute la philosophie de Nietzsche, c'est la haine de l'esprit de sérieux. Guitry et Nietzsche, je le dis sans plaisanter ni sans le moindre esprit de provocation, sont – de ce point de vue du moins – infiniment voisins.

Si je possède une faramineuse lacune, c'est bien de n'avoir jamais vraiment pris Schopenhauer à bras-le-corps, c'est-à-dire m'enfermer avec lui, crayon en main, pour en déceler le génie qui, paraît-il, bondit tel un cabri à toutes les pages – certains disent à toutes les lignes. La vérité est que tout m'intéresse, des *Tuniques bleues* à Bergson, et que je peine à rattraper mon retard ; les ouvrages s'accumulent dans mon appartement, que je me promets de dévorer le soir même et dont j'oublie (fais semblant d'oublier) au moment de leur achat qu'ils contiennent des heures, des dizaines, des centaines d'heures à leur consacrer. J'ai la naïveté de confondre l'acte d'achat avec l'acte de lecture, comme s'il existait une sorte d'équivalence magique entre le fait de les posséder et de les avoir lus sans même les avoir ouverts. Cette maladie pose un problème ; aussi, c'est souvent par culpabilité, ou pour évacuer le spectre de la cuistrerie de l'entassement, que je m'y colle en jetant un œil dessus. Mais un vertige me saisit : tous les livres non lus qui m'entourent me mettent une sorte de pression – je rêve de partir loin, dans un hôtel, avec un seul Pléiade et ne me consacrer qu'à lui, dans sa belle unicité, dans sa belle exclusivité, débarrassé de toute cette débauche de choix en attente qui m'entoure et m'oppresse.

Avec Daniel, nous visitons Albi (nous écoutons, sur la route, le *live* de 1970 des Who à Leeds ; je l'avais acheté pour la première fois, en vinyle, à Münster, en 1982). Incroyable cathédrale. Puis musée Toulouse-Lautrec – extraordinaire. Le gérant m'offre le livre du musée ; je signe le livre d'or : « Merci d'avoir fait un si grand musée pour ce si petit bonhomme. Mais il est vrai que le génie, pour se déployer, a toujours besoin d'espace. »

J'ai toujours été un fanatique de Lautrec. Il fut le Petrucciani de la peinture et du XIXe siècle : un monstre divin. L'aliénation du corps, débile, contre la perfection de l'art, sublime. Tout a été mis en branle, chez l'un comme l'autre, dans et par le déni de l'atrophie – ayant compris immédiatement qu'ils se plaçaient aux confins d'un cosmos où le corps ne voulait rien dire, ils ont pris la parole autrement : l'un jouant des couleurs sur sa toile, l'autre peignant des notes sur son clavier. Deux nabots plus beaux que Brad Pitt et George Clooney réunis. Ces handicapés ont réinventé le mouvement : ils ont trahi leur ankylose, leurs empêchements, leurs freins par une fluidité extrême de la composition. Ils n'avaient presque pas de jambes : qu'importe puisque le génie leur a donné les mêmes ailes que les anges. Car tout cela se passe dans le ciel, tout à fait haut dans les nuages.

Lecture de la presse en terrasse ; je perds 150 euros. Ils sont tombés de ma poche. Rien vu. C'est courant chez moi – sans compter le nombre de fois où je tire de l'argent au distributeur en oubliant l'argent dedans.

Bataille, « À propos d'assoupissements » : « La croyance, plutôt l'asservissement au monde réel est sans l'ombre d'un doute un fondement de toute servitude. »

Attentat de Nice. Il y aurait 84 morts, dont deux enfants. Des personnes ont couru dans tous les sens, panique, cauchemar. Et, au sein de l'abjection, une abjection supplémentaire : des gens filmaient, avec leur smartphone, des blessés en train d'agoniser. Je suggère qu'ils soient arrêtés, pour complicité. Eussent-ils filmé à Auschwitz ? À Buchenwald ?

Hollande, qui parle de la guerre à tout bout de champ sans jamais la faire, a décidé de faire appel à la réserve opérationnelle. Il serait temps, plutôt, d'accepter de se lancer vraiment dans ce conflit, sur le terrain, au sol, sur le sol de la Syrie, sur le sol de l'Irak, avec des soldats qui nous protègent en tuant les membres de Daech, et non pas avec des soldats qui ne nous protègent pas en nous regardant nous faire tuer, sur le sol de la France. Mais le gouvernement français n'a toujours pas compris la gravité de la situation : ce ne sont, à ses yeux, finalement *que* des attentats. Le mot « guerre » n'a été sorti du chapeau que pour la frime.

À Nice, la tradition djihadiste est forte – voir, notamment, le Sénégalais Omar Diaby, proche d'Al-Nosra.

La prochaine étape, à mon avis : l'empoisonnement. L'eau… Les fruits et légumes dans les supermarchés. À la seringue. Dans les pommes, les bananes, les petits pots. Les djihadistes ne demandent plus (c'est quasiment officiel) aux jeunes merdes humaines françaises de faire le déplacement en Syrie : nous sommes passés au stade supérieur. Plus besoin d'Allah (ça, on l'avait compris), plus besoin de déguisements, plus besoin de déplacement. Les jeunes djihadistes peuvent désormais agir sur notre territoire (qui est aussi le leur) – c'est plus rapide. « On aurait dû y penser avant », a dû se dire Daech. Toutes les économies sont bonnes à prendre.

Sur une vidéo : « Déchire ton billet pour la Turquie, le paradis est devant toi, tu manipules deux trois voyous, tu trouves une arme dans n'importe quel quartier. » J'adore le : « tu manipules deux trois voyous ». Le type qui doit trouver deux trois voyous à manipuler étant lui-même manipulé, il y a là un effet « Vache qui rit ».

Le Monde (c'est ce que j'écrivais hier – tout à l'heure, en réalité, car j'écris ces deux jours d'une traite, à 2 h 39 du matin) parle d'attentats « peu sophistiqués ». Désormais, l'impréparation est l'âme de l'attentat et du terrorisme.

Tentative de coup d'État en Turquie.

Chine, Inde : voilà le visage du XXIe siècle. Europe, c'était au XIXe siècle. États-Unis, au XXe. L'affaire est pliée.

Tout le monde, toute la journée, utilise les mêmes mots ; ce, sans s'apercevoir que ces mêmes mots ne sont pas les mêmes.

« C'est moi l'ours des tuyauteries de l'immeuble, des tuyaux de l'eau chaude, du chauffage, de l'air frais, je vais par les tuyaux d'étage en étage, je suis l'ours qui va par les tuyaux » (Julio Cortázar, *Cronopes et Fameux*, 1962).

Hérode « envoie supprimer » dans tout Bethléem « et tout son territoire » « tous les garçons de deux ans et au-dessous, selon le temps qu'il s'était fait préciser par les mages » (Matthieu, II, 16). Afin d'être certain de détruire un seul enfant précis, Hérode ordonne qu'on extermine tous les autres – parce que le Messie se trouve (statistiquement) parmi eux, parce qu'il est (mathématiquement) du nombre, parmi eux.

Sollers, *Le Rire de Rome*, 1992 : « *Paradis* est une machine à traduire la traduction. D'où cet effet assez étrange que tous les textes quels qu'ils soient pourraient s'y trouver *améliorés*, *saisis* dans leur nombril… à la fois rythmique et logique. »

Messages et conversations avec Emmanuelle : tout est au beau fixe ; bonheur. Elle est allée aujourd'hui à Bormes-les-Mimosas.

Échecs sur Internet (je gagne une partie sur deux ; je suis un peu rouillé).

J'éteins.

Samedi 16 juillet

Réveil avec *At Folsom Prison*, Johnny Cash, 1968 – sorti en *mai* 1968 (Columbia, CS 9639, US). Johnny Cash : chant et guitare ; Carl Perkins et Luther Perkins : guitare électrique ; W.S. Holland : batterie ; Marshall Grant : basse ; The Carter Family et The Statler Brothers : chœurs.

Deux petits déjeuners avec Daniel sur deux terrasses différentes (une glauque au café immonde, une belle au café excellent). Grand et plein et chaud soleil. Déjeuner chez lui avec deux amis de Daniel et Sylvia – un prof de français et sa femme enceinte. Puis vélo avec Daniel et Joachim, son fils de quinze ans, le long du canal. Ambiance de nature et d'été, de hêtres, de péniches, d'eau.

Pour penser soi-même il faut s'assimiler la pensée des autres. L'érudition n'est jamais intéressante ; c'est l'assimilation qui compte. L'exactitude est une défaite – place à la vérité.

Je n'ai au fond qu'une idole : l'association d'idées. La seule transcendance que je reconnaisse est le Saint-Esprit d'escalier.

Recevoir m'est insupportable ; donner m'est jouissif. La pesanteur contre la grâce.

Perspective : un monde tellement violent que la notion même de guerre n'y aurait plus aucun sens.

Je n'adore rien tant que consulter les journaux de l'époque révolutionnaire – comme si, à l'instar de *Libération*, du *Figaro* ou du *Monde*, ils sortaient aujourd'hui même. *L'Ami du peuple*, de Marat, est d'une lecture fascinante. Mardi (*sic*, le 13 août est un lundi) 13 août 1792, page 2 : « Sans doute, la peur peut bien les forcer à se couvrir du masque de l'hypocrisie : mais refond-elle le cœur des scélérats ? Leur donne-t-elle une âme nouvelle. » Plus loin : « N'en doutez pas, les ennemis de la liberté seront éternellement les suppôts du despotisme, et les traîtres à la patrie machineront éternellement sa perte. »

Aragon, *Le Mentir-vrai*, 1980, « Les jeunes gens » : « Élisée aurait voulu être craint. Ce qui lui plaisait dans les Allemands, c'est qu'ils savent se faire craindre. »

Hérode était parti de la précision, de la concision (cet enfant précis à éliminer), et voilà que toute cette affaire débouche sur de la généralisation, sur de l'élargissement. C'est par perte de renseignement sur un seul, devenu inlocalisable, qu'Hérode décide d'élargir la sentence de mort à plusieurs. Hérode recourt à l'extermination pour atteindre un seul corps : sa frappe n'est plus chirurgicale, mais son but le reste. Son assassinat, son crime est général, mais sa victime est d'abord particulière. Parmi tous ces enfants qu'il va faire assassiner, il y en a un seul et unique qui l'intéresse, qui le « trouble », qui le hante, qui le terrorise, qui le défie. Qui le nargue. Qui lui fait peur : qui lui fait de l'ombre. Qui le menace. Tandis que ce sont tous les enfants qui font de l'ombre au IIIe Reich. Hitler généralise le particulier. Il frappe les enfants non pas pour être certain d'en supprimer un seul :

mais il généralise la particularité d'un seul pour l'ériger en généralité de tous les autres. Pour Hitler, il y a un Roi des Juifs par enfant.

Pierre Bouretz, *Témoins du futur*, 2003 : « Les Juifs avaient depuis toujours vécu le temps de leur expérience entre la remémoration du passé et l'anticipation du futur. »

J'écris ces lignes dimanche soir, 17 juillet – cela fait trente-neuf ans que mon grand-père est mort noyé, à Nevers, dans la Loire, en allant faire un tour en bateau. Je me suis toujours senti coupable de cette mort. Il m'avait demandé si je voulais faire un tour en voiture, j'avais répondu que non, que je préférais aller jouer dans le parc qui jouxtait les HLM. Jouer avec un type qui est peut-être mort aujourd'hui, ou parti très loin (il était de deux ans plus jeune que moi je crois) et qui s'appelait Jean-Noël Desbouis. Trente-neuf ans… Je me souviens aussi qu'en 1987, le 17 juillet, j'étais en train de penser au fait que mon grand-père était mort dix ans plus tôt à Portland, Oregon. Chez Marilyn. Qu'est-elle devenue ? Et Jim, son mari ? Et leur fille, Shannon – avec qui ils avaient tenté de me caser ? Et Trisha, quarante ans, très belle brune façon « Drôles de dames », qui avait tenté de me séduire.

Ce que j'aime dans le judaïsme, c'est l'absence de Dieu. Dans le judaïsme, c'est d'abord l'athéisme que j'adore ! C'est une religion qui me permet de ne pas « croire » en Dieu. Ni tout de suite ni plus tard. Ni un peu ni beaucoup. Ni passionnément, ni modérément, ni bien, ni mal. Ni passablement. Ni aveuglément. Ni médiocrement. Ni brillamment.

On ne meurt que de deux façons : par interruption brusque ou par lent frottement.

Dire la vérité, c'est prendre le risque de blesser ; mentir, celui de tuer. Je ne maîtrise rien, à commencer par moi-même.

Retour en ville. Beaucoup de « racaille » à Toulouse : je pose mon vélo deux minutes, et Joachim, qui le surveillait, est obligé d'empêcher un pseudo-dur à cuire de s'en emparer.

Librairie. Je reste une heure et demie, j'achète une quinzaine de livres. J'entends le responsable (ou le patron), qui croit que je suis parti, dire des horreurs sur moi. Ensuite, un jeune refuse de m'accompagner aux Pléiades (qui sont, comme toujours – il faudra en finir un jour avec cette ridicule manie –, derrière des vitrines fermées à clef) – je voulais m'acheter les deux volumes de Michelet sur la Révolution française. Je pose les livres sur la caisse et je me tire. Insupportable.

Dans la rue, un jeune type me suit, je le sens. La « célébrité » développe un sixième sens : on sent, on sait quand quelqu'un vous suit, ou se prépare à vous demander quelque chose, à vous importuner. J'essaie de le semer ; j'y parviens. Enfin, je croyais ! Je retrouve le type dans les travées de la Fnac (où je suis parti racheter tous les livres que j'avais amassés dans la librairie des cons) avec mon dernier livre à la main (*Une simple lettre d'amour*, édition de poche) – qu'il vient de saisir dans un rayon.

De Kafka, de Dante, de Nietzsche, de Bataille, je dois user avec la plus grande des libertés – et aller, s'il le faut, pour accoucher de mes propres pensées, jusqu'à *mal comprendre* les leurs. Je suis tout prêt à éclore, à m'épanouir, sur des malentendus.

Échange, toute la journée, de SMS très sexuels avec Emmanuelle. Il semble que notre entente soit maximale depuis l'épisode de l'opéra.

Roth, *Le Grand Roman américain*, 1973 : « Mon ami, les orgies d'allitérations que j'ai trouvées dès la première page de votre livre sont absolument ridicules chez un homme de votre âge – ça confine au suicide. »

Il faudrait commencer à s'inquiéter que Philip Roth n'ait toujours pas obtenu ce qui lui revient de droit : le prix Nobel de littérature. À force de ne pas l'avoir, il est en train d'en devenir un lauréat « à l'envers ». Cette œuvre est, de loin, une des plus imposantes, des plus virtuoses et des plus culottées de la deuxième partie du XXe siècle. Mais les Nobel, capables pourtant de ne pas se tromper – ils l'ont prouvé plus d'une fois –, semblent bel et bien avoir décidé de bouder Roth. À cause de sa pornographie ? Roth n'est pas pornographique : c'est son époque, c'est le monde qui le sont. Or, Roth se situe dans le monde. On rêve pourtant qu'une institution qui n'a pas raté Faulkner, considéré comme moins que rien en dehors de la France quand il est allé chercher son prix, ne rate pas Roth. Je ne compare pas les deux : Roth est un immense talent, Faulkner est un vertigineux génie. Malgré tout, Roth doit se demander ce qui se passe et ce qu'il a bien pu faire de mal ; sans compter cette manière de torture qui consiste, chaque année, à entendre la rumeur de son nom se promener dans l'atmosphère médiatique. Pour ma part, je crois bien hélas qu'il quittera cette Terre sans cette récompense, pour laquelle il est d'ailleurs devenu presque trop vieux – et peut-être même trop important.

Son œuvre est faite tout entière d'un perpétuel renouvellement formel, et forme ainsi plusieurs pans, plusieurs cycles situés les uns et les autres dans des veines différentes, parfois « contradictoires ».

Le soir, restaurant sur une petite place (dont j'ai oublié le nom) ; Joachim et Octave (jeune champion d'échecs) prennent deux hamburgers chacun.

Vieux mot : « deintié », « daintier », terme de chasse qui désignait les « honneurs » de la pièce abattue, le morceau d'honneur. Celui qui s'indigne, c'est celui qui ne trouve pas digne que. Celui qui refuse qu'on fasse honneur à. Celui qui profère que le morceau d'honneur ne doit pas revenir à.

Notes en vrac pour un roman futur. Utiliser ces expressions, que j'aime beaucoup : « chemise de batiste », « un ton paterne » et le verbe « marmotter ».

Écrire sur les noyés : dans leur bain, en mer, etc.

Le temps est-il déformé lorsqu'on vit nos dernières minutes ? Le monde est devenu polémique permanente.

Lorsqu'on est connu (Beigbeder, de beaucoup plus mégalomane que moi, dirait « célèbre »), on vit dans une dictature.

La mort de la nuance.

Autres très belles expressions : « écales de noix », « ganse de cuir », « chaussons de lisière ». De très beaux mots : « lapis-lazuli », « chrysocale », « grog », « coutil », « dais ».

Hugues Panassié – un chapitre ou du moins un paragraphe sur lui. Hommage à l'harmonica (instrument largement sous-estimé).

Faire entrer l'histoire.

Flaubert : « Faire tenir l'océan dans une carafe. »

Évoquer 1989 (*1989* est un titre de roman extrêmement tentant). Aller de la chute du mur de Berlin aux attentats de 2015.

Aller du communisme vers le capitalisme.

Intelligence artificielle.

Faire entrer : l'animalisme ; la disparition (occultation) de la monnaie ; la disparition du temps ; l'avènement des minorités et des genres.

Comment le temps a-t-il fini par disparaître ? En physique, la variable « t » est désormais considérée comme obsolète.

L'abolition de la mort (transhumanisme).

1989 jusqu'à 2016 – du communisme jusqu'au capitalisme ; de la guerre froide jusqu'à la multiplication des conflits locaux ; du réel vers le virtuel ; de la politique à la mystique ; de Dieu à la religion ; de Rushdie aux attentats islamistes ; des blocs aux miettes (cellules) ; du vrai au faux ; du peuple aux individus (plus exactement : à l'individualisme de masse – selfies, etc.) ; du livre à l'image ; de l'analogique au numérique.

Nous sommes passés de Dieu à la religion, de la monnaie à l'argent, du réel au virtuel, de l'écrit à l'image, de la vitesse à l'accélération, du peuple à la meute. Perte de Dieu, de la monnaie, du réel, de l'écrit, de la vitesse, des mots, de l'attente, de la patience, de la durée.

Dimanche 17 juillet

Lever 7 h 30 – avec un pur chef-d'œuvre : *Hard Goin' Up*, Little Sonny, 1973 (Enterprise, ENS-1036, US). Harmonica, chant : Little Sonny ; basse : Rod « Peanut » Chandler ; batterie : Curtis Sharp ; guitare : Eddie Willis et Sam Witcher ; guitare rythmique : Aaron Willis, Jr. ; claviers : Rudy Robinson.

Départ pour Paris. L'avion décolle à 9 h 55. Vol AF 7517. Seat 14 F. Class : smart. Derrière moi, dans l'avion, un type, qui m'a reconnu, parle avec sa fiancée, tout fort, spécialement pour que je l'entende :

— Je n'aime pas les gens qui ont le melon. Je déteste ça. Tu sais, ces gens qui pensent tout savoir sur tout et qui sont payés des millions pour cracher sur les autres. Ces gens qu'on voit à la télé le samedi soir et qui n'ont pas de talent, et qui le savent, et qui viennent insulter la Terre entière parce qu'ils n'ont rien fait de leur vie.

Je ne réagis pas – du tout ; du coup, l'individu en question monte un peu le son de sa diatribe, pensant que mon absence de manifestation est due à la faiblesse de son volume sonore.

— Il y a des gens, en France, qui se croient plus intelligents que les autres. Mais ils ne comprennent pas que l'intelligence, ce n'est pas d'avoir été choisi par un clown pour médire des autres. Hein ? Là, qui fait semblant de ne pas m'entendre… Monsieur je-sais-tout, monsieur j'ai-tout-lu…

J'aurais, très honnêtement, pensé que sa fiancée, comme il arrive souvent, le calme ; nenni : elle rit à ses saillies, paraissant en redemander. Je ne me retourne pas. Non par lâcheté : mais pour le laisser patauger dans son verbe, s'embourber dans mon silence, le laisser seul avec lui-même.

— Des monsieur j'ai-vu-tous-les-films. Un petit journaliste qui se prétend écrivain et qui n'a écrit que des torche-culs. Que personne n'a lus. Personne. Tu as lu un livre de M. Yann Moask, toi ? Moi non. Personne. Jamais ! Ça n'existe pas, les lecteurs de ce monsieur. C'est un rien, un parasite. Un parasite qui est sourd ou bien qui fait semblant de ne pas m'entendre…

Pendant ce temps, je relis tranquillement, presque imperturbablement, la *Correspondance* Paulhan-Ponge. Elle a paru chez Gallimard. 1986 est une bonne année pour Gallimard – j'ai remarqué. Puis je « bifurque » sur le livre de Pierre Alféri, publié chez Minuit en 1989, *Guillaume d'Ockham, le singulier* : « La première grande question ockhamiste est : qu'est-ce qu'un singulier ? » Question qui me passionne depuis toujours. « C'est la question, la première et la seule, qui permet de s'orienter dans le grand cadastre du discours. La réponse préalable la plus générale, Ockham la donne en termes logiques, *logice loquendo*. » « Le privilège accordé par Ockham, sans cesse et dès le départ, à la logique. » « C'est bien plutôt la pensée ockhamiste en son entier qui se rassemble et se singularise sous le titre de "logique" » (en note : « La logique est l'instrument le plus efficace de tous les arts, sans lequel aucune science ne peut être parfaitement connue »). « L'affaire première de la logique est d'établir le cadastre de la pensée discursive, d'attribuer à chaque genre de discours un lot, des objets, un langage, des limites propres. »

Sans mes influences, je n'existe pas. Quelles sont-elles ? Gide, Péguy, Gombrowicz, Guitry. Et les autres.

Le judaïsme est un athéisme révolutionnaire.

Montherlant, *La Marée du soir, carnets 1968-1971* : « Quelqu'un qui dit tout ce qu'il pense est à peu près comme un enfant qui pisse au lit. »

Combien d'hommes, de femmes, se suicideraient s'ils ne pouvaient plus *jouir* ? (Je ne parle pas là de défaillance érectile, mais de défaut de jouissance.) Et quelles conséquences concrètes sera aurait-il sur le monde ?

Dire que je me promenais, alentour de 1987, avec un baladeur CD (offert et aussitôt détruit par mon sale géniteur). Qu'en 1988, je photographiais tout ce que pouvais avec un appareil jetable (Fujicolor). En 1989, j'ai vérifié mes résultats aux concours sur Minitel. Le Bottin commençait à se démoder – on en riait ; il empestait le passé. J'essuyais mes Zappa (en vinyles, rapportés de Portland, de Eugene, de Vienne) avec une brosse prévue à cet effet. Pendant mes voyages interrail, obligation de prendre (1988, 1989) une banane. On mettait dedans les choses importantes, mais l'argent dans les chaussettes ou le caleçon. Je laissais des messages à mes amoureuses sur leur répondeur.

Valls et Cazeneuve ne sont pas au diapason sur l'attentat niçois. Faut-il appeler ça un « attentat » ? Oui. Et non. Pour Valls, Mohamed Lahouaiej Bouhlel (qui a désormais son nom imprimé partout, en énorme, dans tous les journaux, avant que son successeur dans l'horreur – qui inéluctablement viendra – ne le fasse oublier, et ainsi de suite) est lié au terrorisme radical. Pas pour le ministre de l'Intérieur. Tout le problème, justement, est là. Que ce soit une opération islamiste kamikaze ou le simple suicide d'un paumé à bout n'est plus la question : c'est devenu synonyme ; nous sommes passés à un mélange des causes, ou plutôt : à une équivalence des impulsions et des motifs. Il va falloir désormais accepter qu'il y a deux profils, au moins, de terroristes : ceux que nous connaissions jusqu'ici, et qui faisaient cadeau de leur vie à Daech (ou à Al-Qaïda) et les nouveaux venus, qui font cadeau à Daech de leur mort. Il y a les terroristes qui font don de leur mort et ceux qui font don de leur vie. Ceux qui offrent leur existence et ceux qui offrent leur suicide. Offrir sa vie, cela veut dire qu'on est un martyr, que, d'une certaine façon, quelque chose nous rattache, plus ou moins, à la cause pour laquelle on est prêt à mourir – pour, éventuellement, ressusciter au ciel, parmi les salopes. Tandis qu'offrir sa mort, c'est habiller un acte personnel de la possible tunique de Daech – mais nous restons dans le richard-durnisme. Ce qu'a commis, il y a une dizaine d'années, Richard Durn, serait aujourd'hui récupéré et revendiqué par Daech et nous parlerions, bien *évidemment*, d'un attentat. Les actes isolés de tarés entrent à présent *de facto* dans la catégorie « attentat » non pas *malgré* le fait qu'ils n'ont qu'un lien inexistant ou imaginaire avec Daech et son idéologie, mais *parce qu'ils* n'ont rien à faire, précisément, et rien à voir avec Daech. Daech est parvenu à effacer le *prétexte* – mais ténu. *Tout ce qui n'a rien à voir avec Daech mais se suicide au carnage a à voir avec Daech.* C'est tout simplement la mort qui est recrutée, sous toutes ses formes, par l'État islamique. Peu importe les acteurs et les modalités. Peu importe les motifs : c'est un terrorisme non plus de préparation, de préméditation, mais de résultat. Si le résultat est mortel, alors cela relève, en effet, de la compétence de Daech, de son magistère, de sa sphère d'influence – de son autorité. Daech a lancé une OPA sur la mort. « Le déclenchement à distance des pulsions morbides d'individus fragiles fait partie intégrante de la stratégie de l'EI », écrit très justement Soren Seelow dans *Le Monde*. Fait partie intégrante de la stratégie de l'EI d'acheter, pas simplement *a posteriori* mais *a priori*, toute destruction quelle qu'elle soit, indépendamment des causes et des profils des assassins. Daech rend générique tout ce qui tue ; il appose sa franchise sur toutes les pulsions passées, présentes et à venir, inventant une matière de Léviathan terroristique qui fait feu de tout bois.

Au courrier :

Je n'aime pas votre tête, M. Moix. Je n'aime pas votre voix, M. Moix. Je n'aime pas votre regard, M. Moix. Il exprime la bêtise, la méchanceté et la fourberie. Je suis un homme de quarante-huit ans, comme vous, et je remercie chaque jour le Seigneur de ne pas être comme vous : haineux, rancunier, perdu dans la vie, rempli de bile, malsain, pervers. Car il n'est pas tellement difficile de voir, sur votre petite tête agitée, tous ces défauts, ces horribles défauts, qui ont l'air de s'agiter comme des petites marionnettes. Croyez-moi, payer sa redevance chaque année pour tomber sur vous, c'est vraiment digne d'un portage (*sic*) de plainte. J'aimerais bien voir la tête de votre femme et de vos enfants, les pauvres. Libérez-les. À moins qu'ils ne vous ressemblent, bien sûr, auquel cas restez tous ensemble dans votre zoo.

Cette autre :

Je connais des gens qui te connaissent. Ils me disent que tu as le nez fourré dans la coke du matin au soir. Ça ne m'étonne pas. Tu le portes sur la gueule. Tu ferais mieux d'essayer l'héroïne, de nous faire une bonne petite overdose et qu'on n'en parle plus. Ça débarrassera le plancher et crois-moi, ça risque de faire un paquet d'heureux.

Dire qu'on m'a un jour nourri de Blédine – je n'en reviens pas. Dire que j'ai posé sur ma tête la couronne pour avoir (ou non) eu la fève un dimanche de galette – je n'en reviens pas.

Une de mes immenses fiertés (qu'on ne me demande pas pourquoi) : n'avoir jamais porté de chemise Lacoste.

Une passion jamais démentie pour le papier Canson. La première chose que je fais, quand je me rends dans une ville que je ne connais pas, à l'étranger : me ruer (au plus vite) sur une papeterie. J'achète mille choses dont je me fais croire que je vais me servir un jour pour écrire Dieu sait quel chef-d'œuvre, écrit ou dessiné. Les chefs-d'œuvre à l'état de projet fourmillent ; et même un chef-d'œuvre, un vrai, n'est jamais une œuvre prévue qui a réussi – il est toujours le fruit d'une bifurcation, sinon d'un renoncement.

Encore Montherlant (même livre) : « Dans la mer infinie de conneries qui nous entoure, infinie, infinie, le désir (sensuel) est la seule chose pure. » Sans jouer les pisse-vinaigre, j'eusse aimé qu'on demandât aux enfants qu'il encula ce qu'ils en pensent aujourd'hui, de cette pureté, quand ils ne seraient pas morts à leur tour.

Bien malin celui qui, aujourd'hui, pourrait faire la différence entre la guerre et la paix. La guerre emprunte ses airs à la paix ; la paix se tait, mais tue.

Déjeuner avec Maria, rue Saint-Benoît. Je croise MC Solaar (je ne cesse de le croiser, dès que je suis sur un vélo, notamment). Je crois également Yvan Attal, qui me salue, fumant le cigare. J'aime beaucoup Yvan. Puis sieste à *La Règle du jeu* (je suis mort) pendant que Maria lit un article écrit par Christine Angot pour la revue. Nous allons lire aux Tuileries – je lis le tome 2 de François Furet sur la Révolution (Restauration) : extraordinaire de clarté, de fulgurances, de formules, d'esprit de synthèse et d'intelligence. On retient (presque) tout ce qu'on lit.

Aux Tuileries, une jeune Asiatique à lunettes, qui m'a repéré, fait un show assez appuyé (elle est avec des amis) pour que je la repère et m'intéresse à elle. Je fais semblant de ne rien remarquer. *Et je le regrette, évidemment.*

Cioran, *Cahiers* : « Il faut s'habituer à ne rien posséder. En ce sens, j'ai fait un bon apprentissage pendant les vingt-cinq ans que j'ai passés dans les hôtels. Une bibliothèque est une propriété, un fardeau. Ne rien accumuler, même pas les années, se détacher de son passé et de son avenir, affronter le présent, non, s'y résigner. » Pour ma part, j'accumule mille fois trop – les livres, essentiellement.

Retrouvailles avec Emmanuelle. Chaudes. Très, *très* chaudes.

Nuit terrible – je dois prendre des « produits » pour une coloscopie demain.

Lundi 18 juillet

Réveil avec *Too Bad Jim*, R.L. Burnside, 1994 (Fat Possum Records, 80307-1, US). R.L. Burnside : guitare et chant ; Kenny Brown : seconde guitare ; Calvin Jackson : batterie.

Journée commencée par une coloscopie et une fibroscopie – et achevée par *La Grande Vadrouille* aux Fauvettes, en version restaurée. À propos de De Funès, si l'on s'amuse à se rendre sur le site de l'Ina, on pourra se rendre compte de la bêtise des critiques. *Le Masque et la Plume*, le pauvre Jean-Louis Bory, qui, au nom d'un intellectualisme de bas étage, assassine un film populaire dans le sens noble du terme. Il y a un cinéma d'auteur qui vole bas et un cinéma populaire qui se situe tout en haut. On est gêné pour Bory, qui n'aura rien laissé d'autre que quelques écrits bien plus grimaçants que le jeu de De Funès. Feuilletons *Le Pied* : sinistre. Bory pouvait être touchant ; mais il était proprement sinistre. Et ce n'est pas faire grande injustice à sa mémoire que d'affirmer qu'il n'était nanti que d'un fort piètre talent. Je respecte son combat pour la cause homosexuelle ; mais ça n'allait tout de même pas bien loin. *Le Corniaud* passe tous les ans à la télévision ; de Bory, qu'on le regrette ou pas, il ne reste *rien*.

— Doit-on parler de ce *Corniaud* ? demande Polac.

Bory, au milieu de rires et de gloussements perpétuels du public, de Polac et de ses confrères :

— D'un côté vous avez Louis de Funès, qui fait son numéro d'écureuil cousu de tics, de l'autre côté vous avez Bourvil qui fait son numéro de Normand demeuré. Devant Bourvil, Louis de Funès fait du sur-de-Funès. Devant de Funès, Bourvil fait du sur-Bourvil. On arrive naturellement à la catastrophe qu'est le film de Gérard Oury. Le scénario est imbécile et débile. Les talents de metteur en scène de M. Gérard Oury restent perdus dans un mystère profond. Sa nullité de dialoguiste saute à l'oreille. La direction d'acteur, on n'en parle pas, étant donné qu'il a lancé Louis de Funès sur un rail, Bourvil sur un autre rail… De temps en temps, ça se rencontre et, je vous le dis, le résultat est absolument extraordinaire. C'est un film qui m'a mis dans un tel état de fureur que si j'avais rencontré quelqu'un à la porte – et particulièrement le metteur en scène –, je crois que je serais en ce moment en prison ! Je trouve surtout scandaleux qu'un critique de cinéma ose faire un baroud d'honneur pour un film qui représente le vomi du cinéma français, se complaisant à sa bassesse avec une satisfaction jubilarde !

Et salve d'applaudissements, des mêmes qui iront applaudir le film, ou l'ont déjà applaudi, ou l'applaudissent encore (pour les survivants). Keaton, de son vivant, avait connu les mêmes lynchages. Pour devenir, sous la plume des mêmes, quelque temps après sa mort, un monument officiel du cinéma mondial – ce qu'est de Funès aujourd'hui. Mais il est vrai qu'il a été « purifié » par Valère Novarina ; cela aide.

Lecture passionnée de François Furet. À peine réveillé de mon anesthésie, je me précipite dessus.

Une des plus belles phrases, une des plus puissantes phrases de la littérature de tous les temps : Kertész, *Être sans destin*, 1975 : « Ce n'était pas mon destin, mais c'est moi qui l'ai vécu jusqu'au bout. »

Socialement, je suis indestructible. Sentimentalement, c'est tout le contraire.

On dit que la phrase de Proust est interminable, et c'est faux. On dit que le style de Céline tend vers le bégaiement, et c'est faux. On dit que Zola est naturaliste, et c'est vrai. Mais, dans le cas de Zola, même s'il se confirme à la lecture, le lieu commun n'est pas très grave : tout ce qu'on lui reproche est vrai (descriptions infinies, manie du détail, passages laborieux) mais la plupart de ses romans sont des chefs-d'œuvre. Les gens croient que les chefs-d'œuvre ne se font qu'avec des qualités extraordinaires. J'ai toujours pensé qu'ils se faisaient avec des défauts exceptionnels. Qui, aujourd'hui, parvient à saisir son siècle, à décrire la société qui l'opprime avec autant de vérité ? En France, personne n'a succédé à Zola. Aux États-Unis, il a fait école – Roth, notamment. Décrire son temps, rien que son temps : voilà ce qu'on demande aux écrivains. Seuls les grands y parviennent. Avec Balzac, Proust, puis Céline, Zola est un des rares à avoir payé de sa personne pour restituer, non sa vie, mais celle de son époque. Sa manière est sans doute plus scolaire que celle des trois autres. Zola est le seul écrivain français génial à n'avoir pas de génie. C'est-à-dire : de style. Mais il a eu le reste : le courage, le talent, l'ambition et l'œuvre. La postérité le lit distraitement, mais l'aime plus qu'on le croit. Je lis Zola régulièrement. Il a travaillé à son génie, comme on travaille ses muscles. De tome en tome, il prend du biceps.

La stagiaire de *La Règle du jeu*, Félicité (qui vit, d'après ce que m'a dit Maria, dans des conditions précaires), termine son stage. Maria part lui acheter des gâteaux. Je fais deux dessins. Maria, Alexandra et moi lui souhaitons bon vent.

Comme moi, Gide lisait très lentement. Je me rattrape en écrivant très rapidement.

Hitler affronte Jésus, mais à travers chaque enfant : parce que chaque enfant (juif, qui naît) est Jésus. Car Jésus n'est pas un juif comme les autres. Jésus est un juif qui n'entend pas s'abrutir de pratiques obligatoires, qui pense que le judaïsme est ouvert à tous les judaïsmes possibles, à toutes les *variations* possibles autour du judaïsme. Qu'il y a un juif par juif. Jésus n'est peut-être pas *le* Messie qu'on pensait, au sens prévu, au sens attendu (au sens où on l'entendait et où on l'attendait). Jésus est d'abord le Messie de lui-même.

Déjeuner au Fontenoy avec Maria.

Ponge, à Camus (mercredi 20 janvier 1943) : « Est-il possible d'imaginer un Sisyphe paresseux ? Ne serait-ce pas le comble de l'absurde, ou serait-ce seulement contradictoire ? » (*Correspondance, 1941-1957*).

Rendre son relief au chétif, suivre l'insaisissable à la trace, faire émerger une vérité d'états successifs, *météorologiques*, et tenter de la fixer, de la figer. Parfois, le roman est inerte, là où la description de la nature parvient à mettre la prose en marche, à la faire décoller ainsi que la plus inouïe des fictions, le souffle du vent et le murmure des marées, on écoute l'intérieur de l'homme, on passe par les diverses couleurs de l'existence, dont la palette s'étale de la douleur à la félicité, de l'angoisse à la sérénité. Quand nous serons tous morts, ce journal restera comme restent la montagne et la mer. C'est au temps que je confie ces pages. Rien n'est plus difficile, en littérature, que de rendre les sensations : toute tentative de les encercler nous les fait brusquement s'évanouir, comme l'arc-en-ciel se débine à mesure qu'on croit pouvoir l'atteindre et le lecteur, souvent, reste indifférent aux alignements de descriptions usées, rebattues, lamentables. Essayer de dire ô combien les matinées sont toutes neuves, dire les nuits tombantes qui tombent pour la première fois, et peut-être pour la dernière.

Devenir juif, c'est devenir celui qu'il aurait fallu qu'on soit le plus tôt possible (mais ça n'a pas été possible pour un tas de raisons) : soi. Devenir juif, pour moi, c'est précisément ne pas appartenir à un groupe. Être juif, c'est échapper à tout communautarisme. Mais c'est être soi parmi d'autres juifs : être soi, ce n'est possible que si les autres sont les autres. Et les autres qui sont les autres, c'est la définition de la communauté. Les antisémites aimeraient que la communauté soit le synonyme du communautarisme. La communauté, c'est précisément ce qui empêche le communautarisme, qui est un mot inventé par des gens qui s'excluent d'abord, alors que s'inclure est précisément la définition de la liberté individuelle. La communauté est le décor naturel de l'individu. De plus, la communauté des juifs a choisi d'être la communauté des hommes. Que serait un communautarisme des hommes ? Sinon un concept inventé par les ennemis de l'humain.

Oublions le jugement des faits, les obscénités humaines, les pensées noires, l'état permanent des horreurs, et réfugions-nous, le temps de ces pages arrachées à l'inconséquence technologique, auprès de ce qui disparaît aussitôt qu'on veut le toucher, le décrire ou le regarder : j'ai nommé le bonheur de vivre.

Psy – je continue ma lecture dans la salle d'attente.

Ce que je cherchais, hier, comme expression est : la « daecho-compatibilité » ; toute manifestation de la mort est daecho-compatible.

Je prends un verre, au Montalembert, avec Vanessa. Le bar est rempli de Congolais – qui, immédiatement, la reconnaissent : c'est une star en Afrique, grâce à son émission de débats sur France 24.

Je pars à Nevers tout à l'heure. La SACD vient de me verser 15 000 euros (bruts) qui, vraiment, tombent à pic. Les finances ne sont pas fameuses ces temps-ci ; je dépense trop (et puis cette saloperie de loyer). Nous envisageons de partir au Myanmar, cet hiver, avec Emmanuelle – elle en rêve depuis des années, moi aussi. Seul hic : c'est devenu la destination la plus touristique du monde. Je n'ose pas imaginer ce qui se passerait en cas « d'ouverture » de la Corée du Nord.

Hier soir et ce matin : sexe extraordinaire avec Emmanuelle (avec qui d'autre ? tautologie).

Mardi 19 juillet

Réveil avec *The Distant Galaxy*, Don Sebesky, 1968 (Verve Records, V6-5063, US). Trombone : Don Sebesky ; basse : Chuck Rainey ; batterie : Donald McDonald ; effets : Rick Horton.

Je passe embrasser Emmanuelle à son travail. Amour total. Nous partirons pour la Birmanie, c'est sûr. L'argent rentre.

Le message de Jésus est : nous sommes tous un messie de nous-même, et celui que nous attendons, que nous guettons, c'est nous. Le messianisme de Jésus a quelque chose d'introspectif. Jésus dit : « C'est moi le Messie. » Mais Jésus est aussi celui qui m'autorise, *moi* qui ne suis pas le messie, à dire : « C'est moi le Messie. » Et c'est toi. C'est nous.

« L'insulté cherche qui insulter » (Montherlant, *La Marée du soir, carnets 1968-1971*).

Train pour Nevers. Je composte mon billet à 12 h 13 à la gare de Paris Bercy. Je suis assis en 1re classe, comme à chaque fois depuis 1997. Ma place, assise, est couloir, en Club 6, mais nous ne sommes que deux. Du coup, étant dans le sens opposé à la marche, j'ai tout loisir de me placer dans le sens de la marche. Cette place assise porte le nº 76. Je suis dans la voiture nº 1. Le train part à 13 heures, très précises, et arrive en gare de Nevers (elle est en travaux) à 14 h 57.

François Furet, toujours aussi fort. Fermeté, clarté, clairvoyance, intelligibilité, intelligence, tout cela poussé à l'extrême. Je vais tenter, dans la mesure du possible (il faut d'ailleurs que je continue ma lecture, ici, de Virgile), de noter dans ce journal ses formules les plus fulgurantes. « Louis XVIII doit apprivoiser la Révolution pour redevenir un roi national : problème formidable pourtant, peut-être insoluble » ; « il accepte sans barguigner 1789 » ; « La Révolution française s'était voulue sans passé. La monarchie restaurée doit perdre la mémoire » ; « Des places ? Il n'en a pas à offrir » ; « Faute d'exploits militaires, le roi ne peut que distribuer des grades militaires fictifs » ; « celui-ci s'attache méthodiquement à effacer la Révolution dans l'ordre symbolique » ; « Cette France aurait pu leur pardonner la gloire perdue, s'ils avaient trouvé les mots et les gestes de la liberté retrouvée ».

Sur les Cent-Jours (et ses suites) : « C'est l'aventure la plus extraordinaire de cette vie extraordinaire. » Sur 1815 (deuxième Restauration) : « La patrie de la Révolution avait été relativement ménagée l'année précédente. Elle est punie en 1815. » L'épisode des Cent-Jours « a manifesté pour la première fois un trait qui va devenir caractéristique de la politique française au XIXe siècle : ce goût, ou cette fatalité, de la répétition des scènes et des régimes. L'Empereur est revenu après avoir été exilé à l'île d'Elbe, et le frère de Louis XVI, roi pourtant tout récent, remonte pour la deuxième fois sur le trône de ses ancêtres ». Mon Dieu que c'est bien vu. Deuxième Restauration : « faire une révolution contre la Révolution ». Extraordinaire. Je continue : « Louis XVIII avait sagement prêché l'oubli en 1814, pour tenter de recoudre à son profit les deux passés de la France. En 1816, il est redevenu malgré lui le roi de la Contre-Révolution. » Et ceci, lumineux : « La Révolution a finalement produit une société atomisée en individus isolés, unis au niveau politique par une volonté générale censée représenter ce qu'ils ont en commun ; mais en fait, très vite soumis à une dictature administrative seule capable de conjurer l'anarchie inséparable de cet individualisme radical. » (Ici, Furet cite [longuement] Royer-Collard : « La Révolution n'a laissé debout que les *individus*. De la société en poussière est sortie la centralisation ; il ne faut pas chercher ailleurs son origine. La centralisation n'est pas arrivée, comme d'autres doctrines non moins pernicieuses, le front levé, avec l'autorité d'un principe ; elle a pénétré modestement, comme une conséquence, une nécessité. En effet, là où il n'y a que des individus, toutes les affaires qui ne sont pas les leurs sont des affaires publiques, les affaires de l'État. C'est ainsi que nous sommes devenus un *peuple d'administrés.* ») « Villèle resta au pouvoir plus de six ans, jusqu'en 1828 ; il domine ainsi la période politique la plus longue et la plus caractéristique de la Restauration : les retrouvailles de la royauté avec ses souvenirs » ; « la royauté fêtait son retour par l'anniversaire de ses malheurs » ; « cette noblesse est en train, avec les ultras, d'obtenir ce qu'elle n'avait jamais eu sous la monarchie absolue, le pouvoir politique ». Sur Charles X (et qui s'applique si bien à François Hollande) : « Il est davantage fait pour la chasse que pour la guerre, et pour les dames que pour les idées. »

Je suis en train de devenir juif parce que les parias forment une communauté qui me plaît plus que la communauté de ceux qui ne le sont pas. Le judaïsme est le point de départ que je me suis choisi comme point d'arrivée. Le catholicisme n'est pas l'accomplissement du judaïsme. L'accomplissement du judaïsme, c'est moi.

À Nevers, c'est la canicule. Je m'écroule devant une émission consacrée à Antoine Blondin – plus exactement : Blondin et le Tour de France. Dans les années 1990-1991, j'ai beaucoup lu Blondin ; je n'en serais plus capable aujourd'hui car ce n'est pas un très bon écrivain. Il était intelligent, sensible, subtil, mais son œuvre, qui se proclame mineure, ne peut s'empêcher (comme c'est toujours le cas dans les œuvres qui se veulent mineures et sont fières de l'être) d'aspirer à une manière de grandeur. L'émotion, chez Blondin, a toujours quelque chose de fabriqué, de préparé, de factice. Et puis il y a cette façon, très immature, d'essayer de montrer aux grands écrivains que les petits sont plus forts que les grands ; que les artisans écrivent « mieux » que les génies. Le sens de la formule, chez Blondin, supplante finalement son contenu, presque inexistant. Peu de profondeur, beaucoup de brio. Une modestie qui crâne. Une humilité qui ne peut s'empêcher de montrer ses capacités – certes, il avait beaucoup de difficultés à écrire ; j'en aurais, à le lire, aujourd'hui, tout autant. En outre, je n'aime pas les gens qui aiment Blondin – les écrivains qui le vénèrent. Cela a donné naissance à une tripotée d'écrivaillons un peu droitiers, obsédés par le style, et persuadés (c'est là que se situe leur point faible) que l'insolence est la chose la plus importante qui soit. N'est pas Artaud qui veut – imagine-t-on Artaud (ou Nietzsche) « insolants » ?

Aucune subversion dans la bande à Blondin (qui fut celle, en gros, des « Hussards », Nimier, etc.). Je suis persuadé (bien que je ne l'aie jamais lu) que le plus doué de la bande reste Déon, ne serait-ce que parce qu'il est parvenu à survivre à tous les autres. Nimier, dont la veuve habite ma rue, n'est pas parvenu à se forger une œuvre – et sa principale importance, dans la littérature, aura été de donner à Céline toute son importance dans la littérature ! Blondin, Nimier : tatillons comptables des mots, fonctionnaires de la jeunesse réac, appointés de la prose sacralisée, douloureuse. Nimier s'enivrait de vitesse, Blondin s'enivrait tout court – et les Hussards ne sont peut-être, après tout, que les ivrognes de la littérature. Me revient un souvenir : en 1996, cette vieille sorcière antisémite de Geneviève Dormann, qui avait écrit dans *Le Figaro* un article dithyrambique (le premier) sur *Jubilations vers le ciel*. Article empoisonné, baiser du tueur : à cause de ça, j'ai injustement, dramatiquement été étiqueté réactionnaire et de droite pendant des années, et suis resté tricard dans des journaux comme *Les Inrocks* ou *Le Nouvel Obs* pendant près de vingt ans. Cette vieille salope de Dormann, en me louant, m'a en quelque sorte assassiné. Et m'a éloigné de gens avec qui j'aurais pu m'entendre bien beaucoup plus tôt : je pense à Marc Weitzmann, je pense à Arnaud Viviant, qui sont devenus des amis.

Après-midi, en terrasse du Bureau (qui ne s'appelle plus le « Bureau » mais le « Lord »), lecture d'Edmond Jabès. C'est autre chose que Blondin ! Gide, qui avait le goût sûr, n'était évidemment pas passé à côté – Jabès ne peut que me plaire : c'est le chaînon (non manquant, donc !) entre Gide et Levinas. L'année prochaine, mon « gimmick », à *ONPC*, ne sera plus Levinas (que j'ai usé jusqu'à la corde) mais Jabès. Après un léger « péage » pour entrer dans sa poésie (j'adore les écrivains à péage, à ticket d'entrée), je trouve ça fabuleux. C'est Chouraqui, mon psy, qui me l'a conseillé lundi. En général, je lis toujours ce qu'on me conseille – pour le meilleur, et généralement pour le pire ! C'est incroyable à quel point je n'ai pas le goût des autres (en littérature, en musique, en cinéma). Alors que culinairement, gustativement, je suis une sorte de clébard ; je m'en fiche. Jabès est un grand, cela ne fait pas un pli ! Le volume que j'ai emporté est *Le Seuil Le Sable*, ses poésies complètes (1943-1988). Dans la collection (fabuleuse collection) « Poésie/Gallimard » (qui vaut à mon avis bien des Pléiades).

Ça commence en réalité très (très) fort (remarque : j'aime, quand j'écris ce journal, oublier toute considération de style ; j'aime écrire banalement ; quelle liberté, quelle chance, quelle respiration, ça commence par avoir de bons effets sur moi – et, surtout, cela évite de ne jamais travailler, ce qui, comme tous les bourreaux de travail, répond à ma tendance naturelle) : « Comment s'effectue le passage du silence à l'écrit ? » Question clef, mais qui, pour moi (c'était le sujet de mon séminaire sur Bataille), ne vaut pas celle-ci : « Comment s'effectue le passage de l'écrit au silence ? » Et plus exactement : « Comment *dire* le silence ? » Dire le silence, ce n'est pas se taire. Des dizaines d'expression, dans Jabès, que je trouve extraordinaires : « La terrasse à nourrir de nuits nouvelles » ; la terre qui « baigne dans de vaines visions de voyage » ; le chemin, « sans indulgence pour qui s'en détourne ».

Ceci, encore, ouvrant les *Chansons pour le repas de l'ogre*, 1943-1945 : « *À la mémoire de Max Jacob*… parce qu'il y a peut-être une chanson liée à l'enfance qui, aux heures les plus sanglantes, toute seule défit le malheur et la mort. » Ou : « Nous étions trois ombres / sans lèvres, sans cou / avec des rires / sous le bras » (« Chanson pour trois morts étonnés ») ; « Il y a une aimée pour chaque page et c'est toujours celle que j'aime. / Si tu étais blanche, tu te noierais dans les yeux » (« Chanson pour mon encre fidèle ») ; « Je ne cesserai pas / de chanter la morsure rouge des lèvres, / l'épaule insoumise, les aisselles surprises, / les seins toujours à l'heure aux rendez-vous nocturnes » ; « car je te crains, car je t'aime et te crains » ; « Je ne cesserai pas / de couper tes mains, / tes bras et tes poings / pour que jamais l'adieu / ne remonte sur l'eau » (« Chanson pour toi »).

Quand je lis, j'ai une particularité un peu étrange, un tropisme : je cherche ce qui concerne l'actualité du monde – à vrai dire, la littérature le permet sans cesse ; sans doute, c'est sa nature (davantage que sa fonction – la littérature n'a pas de *fonction*, elle est, c'est tout). Rapport aux attentats de cet atroce mois : « Juillet, l'espoir crève / Comme un chien galeux » (« Chanson de l'année tragique » – et cela pourrait bien m'inspirer pour le titre de ce journal : *Chanson des années tragiques*). J'ai aussi beaucoup aimé ceci : « Si je prenais tes bras / et les coupais en quatre / Tu aurais autant de bras / que si j'étais quatre » ; « Lacs / et quatre / lunes / quatre parcs / et quatre / prunes ». (Note qui n'a rien à faire ici, mais l'idée vient de m'en traverser le caberlot : ne pas passer, non plus, trop de temps à écrire ce journal ; pendant ce temps, je ne « vis » pas, je ne nage pas, je ne lis pas ; il y a malgré tout une sorte de doublonnage des choses quand on écrit son journal – vivre, écrire ce qu'on a vécu – qui n'est pas acceptable, qui n'est pas complètement supportable ; la seule solution est de faire court ; et là, par exemple, je vois bien que je fais trop long, que cela vire à la graphomanie ; il y a des jours où écrire ces pages est une drogue, d'autres jours où c'est un supplice ; je suis tiraillé entre deux culpabilités symétriquement opposées : celle d'écrire – et de ne pas vivre –, celle de vivre – et de ne pas écrire.) « Si je prenais ton cœur / et le coupais en quatre / tu aurais autant de cœurs / que si tu brisais quatre / Ruches / et quatre / rondes / quatre cruches / et quatre / mondes » (« Chanson pour le retour des hirondelles »). J'adore ça !

Et ça : « Mais l'amour me surprit / dans ma haute nuit de haine / avec un oiseau mort dans les bras. » Très bonne expression, là encore, pour dépeindre le terrorisme : « dans ma haute nuit de haine / avec un oiseau mort dans les bras. » De même que : « Comment la nuit fait-elle à suivre / le mal que je nourris au secret ? » (« Chanson pour une amoureuse secrète »). Et, dans le même poème : « Je ne me souviens que de ses lèvres / tant il y avait dans l'air / d'étranges insectes lents. » Expression extraordinaire : « d'étranges insectes lents ». Pour dire le désœuvrement des loques qui nous assassinent en ce moment : « Je ne sais plus où je vais. / Le temps des fleurs est consommé. » Dans « Chanson des trois éléphants rouges », ceci, que je recopie pour l'envoyer par SMS à Emmanuelle (qui adore aussi) : « Entrez, bonnes fées et faunes / Ogre, satyres aphones / Jours d'été striés de plumes / Qu'une seule abeille allume. » Fabuleux.

« Chanson pour le jardin d'une nonne » : « Combien de rires, combien de roses / dans le corsage d'une nonne. Combien de roses fanées, combien de rires rongés, / combien de corps piétinés / pour un seul qui n'existe pas. » Cette fin, pour dire ce qui s'est passé à Nice le 14 juillet, est incroyable : « combien de corps piétinés / pour un seul qui n'existe pas. » Je le publie aussitôt sur Facebook : une débile ne « voit pas le rapport ». Effroyable bêtise des gens. À propos de bêtise, en terrasse, je compte pas moins, en trente minutes de terrasse, de six abrutis en voiture qui écoutent leur « musique » (de la techno à gerber) à en faire trembler tous les murs de la vieille ville.

Dans le train, tout à l'heure, lu un article absolument *extraordinaire* dans *Le Monde*. La confirmation, par la science, d'une intuition que j'ai depuis très longtemps : dans le cerveau, la vraie littérature n'active pas les mêmes zones que la littérature de merde. C'est l'argument définitif : scientifique. Fabuleux pour la rentrée, à *ONPC* : garder, encadrer cet article signé Florence Rosier (je ne la connais pas, jamais entendu parler). Il faudrait tout recopier. On savait déjà que la littérature invitait (c'est ce que Bataille avait compris, c'est le sens même de l'expression « expérience intérieure ») à vivre ce qu'on lisait (de l'éprouver, sinon réellement, du moins *vraiment*), on sait désormais que seuls les grands écrivains le permettent. La littérature permet l'« empathie » (le terme n'est pas le meilleur qui soit ; à vrai dire, elle autorise à être ce qu'on lit – non pas tant de se mettre à la place de ce personnage, mais d'être ce personnage ; ce en quoi elle va peut-être plus loin que la vie, puisque, dans la vie, nous savons que nous ne pouvons être l'autre, tandis que, dans le roman, nous oublions momentanément que nous ne le sommes pas).

L'imagerie cérébrale montre que « les aires du cerveau qui s'activent, quand nous lisons la description d'un processus mental, sont les mêmes que celles qui s'activent dans la vie courante, quand nous mettons en œuvre ce même processus ». CQFD. « Examinons maintenant des volontaires dont le cerveau est scruté au cours d'une imagerie par résonance magnétique fonctionnelle (IRMf), quand on leur lit un extrait de livre où le protagoniste, par exemple, tire sur une cordelette. Eh bien, cette lecture active une aire cérébrale impliquée dans la saisie d'un objet, a montré une étude en 2009. » Il faut que je trouve cette étude. « De plus, les aires cérébrales qui s'activent lorsque nous lisons (et comprenons) une fiction narrative recouvrent en partie celles qui s'allument, dans la vie réelle, lorsque nous reconnaissons les pensées, les intentions et les sentiments d'autrui – une capacité nommée "théorie de l'esprit". » Et c'est là que ça devient redoutable, et jouissif : « La qualité littéraire apparaît essentielle. "La complexité des personnages littéraires aide le lecteur à se faire une idée plus sophistiquée de émotions et des motivations d'autrui, bien plus que les personnages stéréotypés de la fiction populaire", remarque Frank Hakemulder. » Je ne sais pas qui est ce Frank Hakemulder (il est dit qu'il est « de l'université d'Utrecht [Pays-Bas] »), mais je comprends à présent pourquoi je n'ai jamais aimé, pourquoi, à vrai dire, j'ai toujours détesté la littérature populaire – ces conclusions me désinhibent un peu plus encore, même si je n'étais pas très inhibé sur la question.

Lors de la dernière émission d'*ONPC* de la saison, « l'« écrivain » Michel Bussi (n° 1 perpétuel des ventes) m'avait posé la question : « Ze ne comprends pas pourquoi Yann Moitss aime la çanson populaire, le cinéma populaire et pas la littérature populaire… Ce serait intéressant de le savoir. » Eh bien maintenant, voilà, je le sais ! Et je le savais déjà, mais balancer mes intuitions sans l'assise scientifique aujourd'hui permise m'eût fait passer pour un fasciste du goût. Je suis libéré. Combien de fois ai-je dit, et répété, que la littérature n'est pas là pour nous raconter une histoire, que l'histoire n'est pas indispensable, ce qui est indispensable, c'est le point de vue, c'est la psychologie des personnages, c'est la profondeur de l'analyse, et que ce qu'on appelle le « style » (et c'est ce que ce pauvre Blondin, adepte du style en tant que tel, du style « en soi », n'aura jamais compris) est un simple instrument pour injecter le lecteur dans la tête du personnage (de l'auteur, éventuellement, car le premier personnage d'un récit, d'un roman, c'est l'auteur lui-même ; « Madame Bovary, c'est moi »). Ce que cette étude ne sait pas, n'a pas « pensé », c'est cela : les personnages, tous les personnages sans exception, sont des seringues (ou des navettes) qui nous injectent dans les veines de l'auteur, dans l'esprit de celui qui écrit, dans son cerveau – dans son être ; dans sa peau. La littérature est affaire d'intraveineuse.

Je continue de citer (ces histoires-là me passionnent au-delà de ce qu'on peut imaginer) : « En 2009, une étude a examiné les effets de la lecture d'une nouvelle de Tchekhov, *La Dame au petit chien*. Ceux qui lisaient cette nouvelle en témoignaient : l'œuvre avait fait évoluer leur personnalité, en fonction du degré d'émotion ressentie. Pas de telles évolutions, en revanche, chez ceux qui lisaient un récit de même longueur, relatant la même histoire mais dénué de valeur artistique. » Et Florence Rosier, décidément excellente, d'aller chercher de quoi alimenter son papier dans la *Recherche* : « Un romancier "déchaîne en nous pendant une heure tous les bonheurs et tous les malheurs possibles dont nous mettrions dans la vie des années à connaître quelques-uns", écrivait Marcel Proust dans *Du côté de chez Swann*, 1913. "Qu'importe dès lors que les actions, les émotions de ces êtres d'un nouveau genre nous apparaissent comme vraies, puisque nous les avons faites nôtres, puisque c'est en nous qu'elles se produisent, qu'elles tiennent sous leur dépendance, tandis que nous tournons fiévreusement les pages du livre, la rapidité de notre respiration et l'intensité de notre regard." » Plutôt que « nous apparaissent comme vraies » je dirais : « nous apparaissent comme réelles » – car vraies, elles le sont.

Un tour à la Fnac ; j'achète des livres pour ma grand-mère (des Elsa Ferrante ; Fleur à Capri les dévorait) et Delphine de Vigan. Jamais lu, pour ma part. Un jeune type m'a reconnu, veut me parler : avec désobligeance, je coupe court à la conversation (« J'ai envie d'être tranquille »). Même cirque, quelques minutes plus tard, avec deux filles dont une blonde pulpeuse qui me sourit et, qu'immédiatement, je refroidis du regard : « Bon, lâche-t-elle, on ne va pas vous embêter. » Il faut vraiment que je me promette d'être plus aimable, plus avenant – ils ne font rien de mal, ils me « reconnaissent » ; ce n'est ni de leur faute ni de la mienne. Ce qui est intéressant, c'est de constater à quel point les êtres ne peuvent résister à la célébrité ; la notoriété déclenche une sorte de besoin : besoin de parler, de dire, de demander, besoin d'avoir besoin. Toujours une chose à réclamer, à préciser – tout, en réalité, est prétexte, est hameçon pour approcher la bête célèbre. Est-ce parce qu'elle déteint, par misérables bribes, sur tous ces anonymes que bientôt, que très vite, je rejoindrai ?

Je ne boude pas cette « célébrité » ; elle n'est pas désagréable. Mais je suis prêt, désormais, maintenant que je l'ai enfilée comme on enfile une panoplie, à rendre ce tablier-là pour m'en passer. Je ne m'y accrocherai pas. Ma célébrité, je suis prêt à la céder, mais je n'y suis prêt que parce que j'y ai eu accès, que parce que j'ai eu la chance (rare) d'en profiter, de la vivre. Je suis cette année, qu'on le veuille ou non, un des types les plus célèbres de France – ça m'a fait du bien, c'était une expérience dont, jusque-là, j'avais été pratiquement vierge. Tout le monde en rêve, je sais. Parce que j'aurai été célèbre, je ne pourrai jamais être dans l'aigreur de l'anonymat recouvré – au contraire, une case sera cochée, un appétit, assouvi, et je reprendrai mon écriture, que je souhaite de plus en plus simple, profonde, épurée. L'âge ? Je ne parviens pas à savoir si quarante-huit ans, c'est jeune ou vieux. Quand je suis avec Emmanuelle, j'ai tendance à me trouver vieux ; quand je viens visiter ma grand-mère, comme aujourd'hui, à Nevers, et qui a quatre-vingt-dix ans, il est vrai (et elle me l'a confirmé) que je me trouve infiniment jeune. C'est l'âge qu'elle avait en 1974 – et, vu de son âge à elle, j'ai par définition toujours été très jeune. Il faudrait lui demander si, à quarante-huit ans, en 1974, elle se trouvait jeune ou pas : mais le jeu est biaisé, car sa réponse serait une réponse donnée, proférée depuis 2016, depuis son âge de quatre-vingt-dix ans – et elle répondrait que oui, qu'en 1974, elle se trouvait jeune, si bien qu'il faudrait, c'est la seule solution, que je me rende de ce pas en 1974 et que je lui demande si elle se trouve jeune. Ce qui est certain, c'est que je trouve, moi, que j'étais vraiment très jeune en 1974.

Attentat en Allemagne. Un jeune Afghan de dix-sept ans a agressé des passagers d'un train à l'aide d'une hache. On a retrouvé dans sa famille d'accueil un drapeau aux couleurs de l'État islamique. Olé.

Aux États-Unis, la campagne de Trump, qui est notre nouveau Reagan (après Ronald, Donald ?), est centrée en priorité sur l'immigration, comme chez nous, les frontières, comme chez nous, la sécurité, comme chez nous, et conséquemment les forces de l'ordre, comme chez nous. Les attentats sont du pain béni pour Donald – il déclare être « le candidat de l'ordre ». Son maître-mot est « force » ;

et il vrai, pour le coup, que le maître-acte d'Obama fut la faiblesse – Obama est de loin le pire président des États-Unis depuis Carter (encore que le mandat de Carter soit de temps en temps, selon les modes, réhabilité).

Dimanche, un certain Gavin Long, vingt-neuf ans, qui avait changé son nom en « Cosmo Setepenra » devant les tribunaux, a tiré sur sept policiers en Louisiane, à Bâton Rouge. C'était le jour de son anniversaire. En France, Daech récupérerait évidemment la fusillade, en faisant immédiatement un attentat. Car c'est évidemment le mot « attentat » qu'il s'agit de redéfinir. En France, on appelle « attentat », pour le moment, toute matière mortifère et létale daecho-compatible. Peu importe les motivations ; peu importe les causes ; peu importe le niveau d'islamisation ; peu importe le niveau de politisation : l'attentat ne peut plus se définir que par son résultat. Il serait bien qu'on cesse de privilégier les causes sur les effets. On glose sur les sources ; or, les origines des attentats coïncident désormais avec leur destination finale. La cause de l'attentat, ce sont tout simplement ses conséquences. Ce sont des causes rétrospectives, des motivations à rebours : c'est bel et bien la projection mentale de ce qui advient, ne manquera pas d'advenir, qui fournit la légitimité, déguisée en causalité (sociale, politique, religieuse, pathologique) à l'action. La cause de l'attentat, ce sont les victimes de l'attentat. Le terrorisme nouveau a fait se confondre la cause et la conséquence ; il n'y a pas d'autre cause, si l'on veut, que la conséquence elle-même.

En Syrie, depuis dimanche, 300 000 habitants d'Alep sont coupés du reste du pays, et de l'univers, par des armées rebelles anti-Assad. C'est le siège d'Alep comme il y eut, en 1870, le siège de Paris. On imagine l'enfer, le tout sous une canicule apocalyptique. Quel destin que celui de la terre syrienne ; celle d'Israël doit se sentir moins seule, dans le martyre. Les pénuries de nourriture ne vont pas tarder, les maladies, les rats… Toute la panoplie des sièges. La ville d'Alep a été partagée en deux il y a quatre ans (2012) : à l'ouest, les armées régulières d'Assad ; à l'est, comme c'est souvent le cas dans l'histoire, les insurgés.

Quand une guerre a lieu, aujourd'hui, on a la sensation de ne jamais la voir se « conclure », comme au bon vieux mauvais temps. Au bon vieux mauvais temps, il y avait des bons, des gentils, des vainqueurs et des vaincus. Terminé. Les guerres commencent et meurent à petit feu, doucement, comme des feuilles dans l'automne ; les guerres s'étiolent. On ne s'aperçoit jamais de l'instant précis auquel elles finissent, se terminent, s'achèvent, se ponctuent, se concluent. On n'arrive jamais à trancher : qui a perdu ? qui a gagné ? Ni les uns ni les autres, tantôt les uns et tantôt les autres. Ère des guerres hésitantes. Ère des guerres qui errent.

« Apéritif » en terrasse, avec Frédéric Jonard. En rentrant (il me dépose), on voit des gens, des jeunes, se baigner dans la Loire – je lui dis qu'ils sont tarés, il n'est pas d'accord ; lui-même prend, parfois, des bains de minuit dans ce fleuve qui a emporté mon grand-père le 17 juillet 1977. Puisque j'écris ces lignes mercredi 20 juillet, je puis affirmer, hélas, que ma remarque était fondée : un adolescent de dix-sept ans, ami d'ailleurs du fils de Fred, Théo, est mort noyé. Sans doute un de ceux que nous avions aperçus. Fourbe fleuve, avec ses trous, ses accélérations, ses lenteurs trompeuses, ses tourbillons soudains, ses langueurs qui enveloppent et puis foudroient, son courant si lent si rapide, qui tétanise et absorbe, et nous avale et nous boit.

Je ne suis pas retenu, comme réalisateur, pour l'adaptation de *Bojangles*. Michèle Pétin est furieuse – à juste titre. Ils ont choisi le réalisateur d'un très mauvais film, *Populaire*, sorti il y a trois ou quatre ans, avec Romain Duris. Pas grave : je ferai tôt ou tard un film avec les Pétin, je le sais.

Le soir, avec ma grand-mère, nous regardons un film épouvantablement mauvais, *While We're Young*. Scénario qui ne tient pas (des adultes qui jouent à être jeunes au contact de jeunes), mise en scène fadasse. Depuis combien d'années Ben Stiller ne m'a-t-il pas fait ne serait-ce que sourire ? Je n'aurais pas dû acheter ce DVD.

Mercredi 20 juillet

Réveil avec *Survivor*, Eric Burdon, 1977 (Polydor, 2310 577, France). Eric Burdon : chant ; Zoot Money : claviers et chant ; Steffi Stephan : basse ; Dave Dover : basse et chant ; Alvin Taylor : batterie ; Alexis Korner, Colin Pincott, Frank Dietz et Geoff Whitehorn : guitare ; Ken Parry : guitare et chant ; John « Rabbit » Bundrick : claviers ; Maggie Bell et Vicki Brown : chant.

Je supporte de moins en moins le bruit. Les gens se trahissent d'abord par le bruit qu'ils font. Le bruit qu'ils font, c'est le bruit qu'ils *sont*.

Dans le christianisme de Jésus (c'est-à-dire *inventé* par Jésus), il y a un messie par personne. Mais le christianisme inventé par Jésus n'est pas (encore) du christianisme. Il faut dire : dans le judaïsme *inventé* par Jésus, il y a un messie par personne. Le judaïsme sans Jésus est une chose, le christianisme est une autre chose. Entre les deux, il y a le judaïsme de Jésus. Il y a le post-judaïsme de Jésus qui est l'anté-christianisme de Jésus. Il a fallu la mort de Jésus pour que commence, que débute le christianisme. Le christianisme a toujours eu lieu sans l'aide de Jésus, il a eu lieu *indépendamment* de lui. Le christianisme s'est développé en dehors de Jésus lui-même, de Jésus vivant. C'est avec Jésus mort qu'on a édifié les bases du christianisme (ce n'est pas un hasard : c'est la mort qui passionne les chrétiens, et plus particulièrement la mort de Jésus – tandis que c'est la vie qui intéresse et passionne les juifs).

Un chauffeur de VTC appréhendé : il était fiché « S », fan de Daech. Prochaine étape du terrorisme (même si raisonner en « étapes » n'a plus aucun sens – étapes de quoi ?) : un conducteur se fera exploser avec ses passagers. Évident.

Un Marocain a poignardé une femme et ses filles, dans les Hautes-Alpes. La femme aurait porté des tenues trop affriolantes eu égard à l'épouse dudit Marocain, enceinte et voilée. Olé.

À Mossoul (1,5 million d'habitants), préparation des combats de la coalition contre l'État islamique, qui est implanté là-bas depuis deux ans et martyrise la ville. Nombreux sont ceux qui ont tenté, au prix de leur vie, de s'évader ; mais Daech (qui compte sur place, selon des témoignages, des soldats asiatiques : coréens ? japonais ? chinois ? cambodgiens ?) a pris soin de couper toutes les issues. On ne doit sous aucun prétexte quitter la terre du califat, ce pur paradis. Sans compter le risque (répertorié, souvenons-nous de nos passeurs en zone libre, ou des passeurs nord-coréens) de tomber, le cas échéant, sur des intermédiaires véreux. Intermédiaires eux-mêmes généralement exécutés par les islamistes. La ville est une chape de plomb. La vie sociale, culturelle, économique s'étiole. D'après la CIA, il y aurait en tout 20 000 « soldats » de Daech en Irak et en Syrie. Mossoul est la capitale irakienne de Daech. Le pendant de Raqqa. Les habitants de Mossoul vivent l'enfer, qui attendent la libération de la ville comme on attend le messie (une partie de la population a d'ailleurs tenté de se soulever contre l'occupant) ; le gouvernement irakien mise sur la saturation de la population pour vaincre les combattants islamistes de Daech. Les commandos irakiens sont opérationnels et motivés, aidés par les États-Unis. Mais la reprise de Falloujah, il y a quelques jours seulement, a traumatisé les troupes : nombre de soldats irakiens ne veulent plus retourner au casse-pipe.

Mossoul est une ville sunnite. Les peshmergas (kurdes, sunnites) participeront-ils à l'assaut ? Aux côtés de combattants chiites ? En outre, les habitants de Mossoul sont ultra-nationalistes et ne supportent pas les chiites – accepteront-ils d'être défendus, et sauvés, par d'aussi irrémédiables et immémoriaux ennemis ? Casse-tête à tous les étages. Eux aussi, comme nous, comme la planète entière, se doivent de *hiérarchiser* l'ennemi. Cette guerre, plus mondialisée que mondiale, est une guerre de hiérarchisation ; il s'agit de miser sur le fait que la population de Mossoul ne saurait plus longtemps tolérer le joug des islamistes de Daech, véritables nazis du désert. Drôle de situation où des ennemis anciens, très anciens, viennent libérer les Mossouliotes d'ennemis moins anciens, beaucoup moins anciens – des ennemis d'il y a cinq cents ans viennent les aider à combattre des ennemis qui n'existent que depuis quatre ans. Certes, l'Irak et l'Iran se situent dans la même coalition (qui est aussi celle des Russes et du Hezbollah libanais), mais les sunnites irakiens n'ont jamais pu supporter les gardiens de la révolution iranienne. Les chiites, en Irak, sont majoritaires ; ils représentent à peu près les deux tiers de la population musulmane. C'est le seul pays au monde, avec l'Iran et le Bahreïn, où le chiisme l'emporte numériquement sur le sunnisme.

Pour les autorités françaises, la priorité n'est pas d'attaquer Mossoul, mais Raqqa – source de tous nos maux. Ce que les Américains refusent : « *no plan for Raqqa* ». Les Américains sont prêts, en Irak, à déployer des troupes au sol ; ce n'est pas le cas en Syrie. Les seules troupes au sol en Syrie sont les Kurdes du PYD, aidés aussi par la Russie, ce qui fâche la Turquie. Laquelle Turquie souhaite intervenir en Irak – mais le putsch manqué pose de nouvelles difficultés. Les forces de sécurité, depuis le coup d'État raté, sont fragilisées.

Complexité de l'Irak. Saddam Hussein arrive au pouvoir en 1979. Il est du parti Baas, le parti de la « résurrection arabe et socialiste », qui a réussi en 1968 un coup d'État. But de ce parti : former, un jour, une grande nation arabe. Laïc. Présent en Syrie également.

Mélange de socialisme et de panarabisme. Saddam Hussein remplit son administration de fonctionnaires sunnites, donc représentants de la religion minoritaire du pays. La plupart des chiites et des Kurdes sont écartés des postes importants. Pire : chiites et Kurdes sont, de fait, purement et simplement réprimés. Dès 1970, un accord avait été signé entre les Kurdes et les autorités pour l'autonomie du Kurdistan dans un délai de quatre ans. L'URSS s'était rapprochée du gouvernement irakien ; l'Iran avait apporté son soutien aux Kurdes. En 1974, quatre ans plus tard donc, Saddam propose aux Kurdes une solution sur l'autonomie du Kurdistan que les Kurdes trouvent inacceptables. Une guerre civile commence. En 1975, le Chah rencontre Saddam et promet à ce dernier de ne plus soutenir les Kurdes. En 1979, Saddam se hisse à la présidence de l'Irak. Il a quarante-deux ans. Période de purges au sein du Parti. Puis advient la révolution iranienne, qui a des conséquences en Irak : Khomeiny, pourtant hôte de Saddam pendant quatorze ans, entend renverser Saddam, un « impie ». Du coup, Saddam veut renverser celui qui veut le renverser. C'est le début de la guerre Iran-Irak, qui a fait la une des actualités pendant toute mon adolescence (de 1980 à 1988).

Saddam pensait ne faire qu'une bouchée de pain de Khomeiny. Mauvaise intuition. Il va sortir l'artillerie, la lourde et la sale. Comme les armes chimiques. Notamment utilisée contre les Kurdes (Halabja, 1988). La guerre a endetté le pays. En 1990, le Koweït, créancier important (avec l'Arabie saoudite), demande à être remboursé. Saddam préfère l'Anschluss. Les États-Unis font mine de rester neutres, rassurant Saddam, l'exhortant même à faire comme il l'entend. Saddam annexe donc le Koweït, persuadé d'avoir l'aval de Washington. La deuxième guerre commence : l'opération « Tempête du désert » (nom ridicule) est lancée par l'ONU. Saddam se retire quelques mois plus tard. Avril 1991 : insurrections kurdes et chiites contre le gouvernement. Répressions sanglantes de Saddam.

2003, troisième guerre : les États-Unis et l'Angleterre frappent Saddam sans le moindre mandat officiel de l'ONU pour le faire. La France refuse de se mêler à ce carnaval. C'est un caprice de George W. Bush, le plus calamiteux des présidents des États-Unis de toute l'histoire. Le Japon collabore, et la Corée du Sud, la Pologne, l'Espagne, l'Italie. Quelques semaines plus tard, le régime de Saddam est renversé. Nous sommes en mai 2003. Les États-Unis et leurs amis occupent le pays. Élections démocratiques en 2005. Chiites et Kurdes votent en masse. Le président élu est kurde. Inimaginable deux ans seulement auparavant. 2006 (30 décembre) : exécution de

Saddam, dont tous les sites Internet du monde montrent la pendaison. Climat, depuis : guerre civile. Chiites, sunnites baasistes et sunnites salafistes s'affrontent.

Devenir juif, c'est oser penser avec mon intelligence propre : c'est la liberté qui est offerte à ma pensée de penser ce qu'elle veut, mais aussi ce qu'elle peut. Le judaïsme, qui commence avec la lecture des textes, a cette particularité de montrer que les limites d'une intelligence ne la bornent pas : mais qu'avec ces limites, ces impuissances, ces lacunes, on a accès à une vérité possible, à une vérité aussi. Comme s'il y avait une intelligibilité propre à chaque intelligence, une leçon profitable à chaque type d'intellect, un enseignement digne, profond, subtil, pour toute intelligence qui s'y intéresse, s'y consacre, ou s'y voue. Le judaïsme est toujours un apport : l'intelligence y récolte toujours plus de subtilité qu'avant de s'exercer sur les textes. Le judaïsme, en quelque sorte, rend l'intelligence intelligente. Le gain d'esprit, de finesse, est toujours porté à l'actif. Chez les catholiques, l'idiot est promis à une vision idiote de Dieu, l'intelligent à une vision intelligente de Dieu, le subtil à une vision subtile de Dieu, l'ennuyeux à une vision ennuyeuse de Dieu. Le rapport de gain est de 1 à 1. Il n'y a pas d'effet de levier. Dans le judaïsme, l'idiot n'est promis à rien car, lire, ce n'est pas pour les idiots. On ne peut pas, en toute logique, être juif et idiot : se pencher sur des mots, des paragraphes, des chapitres, des paroles, ce n'est possible que pour des intelligences. Il y a un élitisme juif qui n'est pas déplaisant. Dans le judaïsme, l'intelligent aura la possibilité d'avoir une vision géniale de Dieu. Il y a un effet de levier. Le subtil aura la possibilité d'avoir une vision révolutionnaire de Dieu. L'ennuyeux aura la possibilité d'avoir une vision passionnante de Dieu. Devenir juif, voilà qui augmentera, non pas mon intelligence, mais l'intelligence de mon intelligence. Le jour où j'aurai réussi à être juif, je saurai, non pas que je serai plus intelligent qu'avant, mais que jamais mon intelligence ne m'avait ressemblé à ce point.

« Apéro » (je déteste cette expression) avec Fred Jonard au Bureau. Nous « rejoint » par hasard un ami d'enfance (c'est flou dans ma mémoire), Michel – qui ne me semble pas très loin d'applaudir à tout ce que font les terroristes dans ce pays ; il me fait la bise (envie de vomir ; il suinte, ruisselle, on dirait le sergent Garcia) et est accompagné de son beau-frère, un musulman qui passe ses journées devant Al-Jazeera et qui, l'œil pétillant, ne cache pas sa joie de nous annoncer que deux soldats français viennent de trouver la mort en Libye. Glauque. Je reste glacial. Je déteste la notion selon laquelle, sous prétexte qu'on jouait dehors avec des types en 1978, ces mêmes types, jaillissant du passé comme des diablotins d'une boîte de farces et attrapes, se permettent toutes les familiarités qui soient. Il n'y a pas de confrérie du passé ; il n'y pas d'Internationale de l'Enfance. Je n'ai strictement plus rien à dire à ce « Michel », ni plus rien à voir avec lui (ceci n'est pas jugement social – ce critère n'a jamais eu cours chez moi, mais humain) ; à fuir, à grandes enjambées.

C'est un 20 juillet (jeudi) que j'ai acheté « en kiosque » mon premier numéro du *Journal de Spirou*. Cela fait trente-huit ans. Il s'agissait du n° 2101. En couverture, Tif et Tondu, par Will (1927-2000). Et des marges illustrées par Deliège (1931-2005), le créateur de Bobo. L'accroche de ce numéro estival : « Un coin de fraîcheur ! » J'étais allé le chercher à vélo. À travers Beauce. Dans la fournaise jaune. Souvenir net. Ce numéro, comme tous ceux qui viendraient, je l'ai lu des centaines de fois. J'emportais souvent des exemplaires du *Journal de Spirou* à la piscine municipale de Meung-sur-Loire (puis, ce fut *Rock & Folk* et *Le Magazine littéraire*, à partir de l'été 1982). Le numéro s'ouvrait sur le courrier des lecteurs (« Le facteur rouspète, les lettres passent »), puis « Tif et Tondu », comme annoncé, pour une aventure intitulée *Les Passe-montagnes*. Le scénario était signé Desberg, né en 1954, et qui n'avait par conséquent que vingt-quatre ans à l'époque. Suivait « La patrouille des Castors », par Mitacq (1927-1994) et Charlier (1924-1989), avec *Passeport pour le néant*. Puis : *L'Évasion*, « Bobo », un récit complet, dont le scénario avait été conçu par Julos (je n'ai pas retrouvé sa date de naissance) et Didgé (né en 1953, soit vingt-cinq ans en 1978) ; *Ghost Queen*, « Buck Danny », par Hubinon (1924-1979) et Charlier ; *Kodo le Tyran*, « Spirou et Fantasio », par Fournier (né en 1943) ; « La gazette de Pépin » ; « Dispositif paranoïa », « Drakko » (j'ai l'exemplaire sous les yeux et avais totalement oublié cette série), par Blanchart (aucune trace nulle part) et Croze (né en 1953, vingt-cinq ans à l'époque) ; une page de publicité pour le dernier album de « La Ford T » (« La rédaction de Spirou frémit encore en pensant à leur dernière visite ») ; *Le Scrameustache et les Galaxiens*, par Gos (né en 1937) ; *Par la palette et par l'épée*, « Les plus belles histoires de l'Oncle Paul », par Joly (1910-1988) et Pascal (1931-1993) ; une double page – rédactionnel sur « L'énergie des pauvres » et publicité pour des skate-boards ; *Le Fétiche*, « Benoît Brisefer », par Peyo (1928-1992) et Blesteau (né en 1950) ; *L'Île des hommes-papillons*, « Docteur Poche », par Wasterlain (né en 1946) ; Trésor de guerre, « Aurore et Ulysse », par Seron (né en 1942) et Desberg ; une publicité pour un album Dupuis consacré à l'électromagnétisme ; *La Chasse au Stradivarius*, « Myrtille [jeune femme noire], Vidpoche et Cabochar » par Renaud (né en 1936) et Mittéï (1932-2001) ; page avec abonnement et sommaire du numéro suivant – un rhinocéros dessiné par Frank (né en 1956, vingt-deux ans à l'époque) ; un concours « Spirou et Pepsi » ; enfin, « Boule et Bill », par Roba (1930-2006) ; ce numéro avait coûté 3 francs et cinquante centimes et avait suffi, ô combien, à faire mon bonheur. Fermez le ban.

Échange de SMS avec Laurent. *Technikart* veut faire sa une sur lui en septembre. Ils passent par moi, je transmets. Je pensais que, ces derniers temps, Ruquier m'en voulait de quelque chose – il était peu sympathique à mon endroit. Ce n'est pas la première fois que j'ai cette impression ; je n'exclus pas que cela soit de la paranoïa de ma part – je m'y connais dans ce domaine. Les SMS sont, en tout cas, amicaux. Il songe à inviter Minou Drouet dans l'émission, à la rentrée. Il part demain pour New York, puis au Japon.

Bataille, « De l'âge de pierre à Jacques Prévert », 1947 : « La poésie est *aussi* pour nous *la littérature qui n'est plus littéraire*. »

Parfois, je trouve dommage d'avoir perdu mon journal des années 1991, 1995, 1996, 1997 et 1998 (certaines pages traînent dans des ordinateurs prêtés, donnés, jetés). Et parfois, je m'en réjouis.

I miss Emmanuelle.

Jeudi 21 juillet

Réveil avec *A Single Man*, Elton John, 1978 (The Rocket Record Compagny, 7131 180, France). L'album de lui que je préfère avec *Blue Moves* (1976). Elton John : chant, chœurs, piano, piano électrique, harmonium, orgue (d'église !), mellotron, synthétiseur, ARP et solina ; Paul Buckmaster : synthétiseur ; Tim Renwick : guitare acoustique, guitare électrique et mandoline ; Davey Johnstone : guitare solo et chœurs ; B.J. Cole : guitare pedal steel ; Herbie Flowers : basse ; Clive Franks : basse ; Steve Holley : batterie et klaxon ; Ray

Cooper : tambourin, marimba, shaker, vibraphone, congas, timbales, carillons éoliens et boîte à rythmes ; John Crocker : clarinette et saxophone ténor ; Henry Lowther et Patrick Halcox : trompette ; Jim Shepherd : trombone ; Gary Osborne, Vicki Brown, Joanne Stone, Chris Thompson, Stevie Lange, The South Audley Street Girl's Choir et Watford Football Club : chœurs.

On note, dans les journaux, une débauche d'analyses sur les attentats terroristes. C'est légitime : chacun veut livrer, non pas sa version, mais son point de vue sur les causes, les effets, les raisons, les conséquences de ce qui se passe en France. Personne n'a raison ; personne n'a tort. Il s'agit, avant toute chose, de donner forme à « quelque chose » qui n'en a pas vraiment. Ce pays de culture, cette nation d'intellectuels (c'est touchant, c'est honorable, c'est ce qui fait la beauté de la France) tente, désespérément, à chaque fois qu'un attentat a lieu sur son territoire, de venir greffer sa part de clairvoyance, de connaissance, d'intelligence sur le chaos. On ne sait plus qui croire, qui lire, tant l'offre abonde : sociologues, historiens, théologiens, philosophes, écrivains se succèdent, s'empilent parfois, pour tenter de défricher l'indéfrichable et essayer de déchiffrer l'indéchiffrable. Car ce qui frappe, d'abord, quand on lit la presse de ces derniers jours, c'est l'écart vertigineux entre la qualité des auteurs et la médiocrité des acteurs ; entre l'intelligence des articles et la bêtise crasse des actes ; entre la profondeur des éditorialistes et l'indigence des terroristes. Le lecteur a, souvent, le sentiment qu'on injecte désespérément, et exagérément, du sens dans ce qui n'en a finalement aucun. Que la convocation de tant de finesse trahit notre impuissance à circonscrire une réalité qui, par quelque bout qu'on la prenne, nous échappe. Toutes les subtilités du monde, issues des meilleures plumes et des cerveaux les plus aigus, semblent vaines, interdites, presque ridicules face à ce qui *a eu lieu*. Comme si les idées ricochaient, perpétuellement, contre ce bloc de granit qu'est l'événement. Un événement chimiquement pur, fait de sa seule irruption, de son inaccessible originalité et de son irrémédiable évidence.

L'attentat a ceci de particulier, en effet, qu'il nous apprend deux choses : que l'impossible peut ne jamais le rester, et que l'incompréhensible peut le rester toujours. L'impossible n'est pas le contraire du possible, il en est sa réussite. L'incompréhensible n'est pas le contraire du compréhensible, il en est son échec.

Écrivant ces lignes, je n'échappe pas à ce que je suis en train de dénoncer : l'inflation du discours sur des faits dont la nature même est de narguer, et de neutraliser, le bien-fondé de la raison, l'acuité de ses hypothèses et la pertinence de ses conclusions. Mais la tâche d'une société civilisée, tandis que la barbarie tente de la gangrener, réside davantage dans la profusion de la pensée que dans sa restriction. Voici donc, puisque vient logiquement mon tour, quelques remarques inspirées de la situation dans laquelle la France, depuis plusieurs mois, est enlisée.

L'État islamique est en train de devenir un état mental. Peu importe, en effet, que la part des régions conquises par Daech se recroqueville comme peau de chagrin. L'État islamique, doucement mais sûrement, se déterritorialise ; il migre désormais vers la géographie des esprits, dans une géographie strictement mentale. Cette déterritorialisation est une dématérialisation. À mesure qu'il perd du territoire, l'État islamique gagne des cerveaux. Pays de plus en plus imaginaire dans la réalité, il devient de plus en plus réel dans l'imagination. Chaque parcelle perdue se métamorphose en intention. Les attentats au nom de Daech ne cesseront pas avec Daech : le califat perdu, comme le paradis promis, se réalisera dans les têtes. L'État islamique sera le pays de tous ceux qui n'ont d'autre état mental que celui de vouloir en faire partie. Ce sera l'État de tous ceux qui se trouveront dans un *certain* état. L'État de tous ceux qui seront dans cet état. À l'heure où le réel et le virtuel se conjuguent et souvent se confondent – en atteste notamment le jeu Pokémon Go –, ce serait un réflexe appartenant au précédent siècle que d'affirmer qu'un pays qui n'existe pas dans la réalité n'existe pas tout court. La réalité n'est plus, aujourd'hui, circonscrite au réel ; le virtuel en est l'une des modalités. État islamique de la Terre et État islamique de la Toile, même combat. Bien malin qui pourrait dire lequel est l'avatar de l'autre. Dans une époque où l'ordinateur remplace l'ordonnateur, et le clavier la mosquée, nous serions naïfs de penser que la version territoriale de Daech l'emporte en légitimité, mais aussi en réalité, sur sa version portable. La dimension internationale est siamoise : un corps est géopolitique, l'autre est domestique. Ils sont discernables, mais équivalents. L'un, à tout moment, est prêt à prendre le relais de l'autre. Et, à la mort de son frère géodésique, c'est le frère numérique qui continuera de semer la terreur.

Le mot « radicalisation » est mal utilisé et, de fait, mal compris. L'islam, en tant que tel, ne peut se radicaliser ; l'islam est la manifestation d'une parole, recueillie par et dans le Coran. Il ne faut jamais confondre la parole et le discours. La parole est un chemin, qui n'obéit qu'à lui-même. La parole est un « Holzweg » ; non pas un chemin qui ne mène nulle part, mais un chemin qui ne veut pas savoir où il mène. Dans la parole, qui est avant tout gratuité, la destination n'importe pas. La parole peut se perdre, errer, chercher, forer sa vérité par tâtonnements. Elle n'attend rien de personne, elle est. La parole, pour les athées, est celle de la littérature ; pour les croyants, elle est celle du Livre. Tandis que le discours, lui, est calcul : il est en attente d'une fin ; il est le moyen par lequel tel ou tel, qu'il soit homme politique ou homme de religion, chef d'entreprise ou chef de secte, tentera de parvenir au *résultat* qu'il appelle de ses vœux. Il y a dans le discours une intention ; il n'y a pas dans la parole la moindre intention (quelle serait « l'intention » d'un roman, quelle serait « l'intention » de la Bible ?). Or, la radicalité se définit avant tout comme une intention qui ne bouge pas, une intention si têtue qu'elle peut sans ambages traverser l'abîme qui sépare les mots de l'action. La radicalité porte en germe la traversée d'une intention qui quitte la rive des mots pour accoster sur celle des actes.

Certes, on m'opposera que le discours religieux existe ; mais il ne concerne pas Dieu. Il n'est que discours sur une Parole ; d'une certaine façon, il est contraire à la foi. La religion prend la place de la foi parce que le discours a pris la place de la parole. La foi échappe précisément à toute possibilité de discours. Toute religion quelle qu'elle soit est finalement, par captation de la foi, une première tentative de « politisation » de la parole divine – l'Église, par exemple, tire sa légitimité d'un discours *sur* Dieu, discours sujet à variations suivant les siècles, et auquel on a donné le nom de *dogme*. Les chrétiens sont le peuple du Christ, et le Christ, précisément, a transformé en discours la Parole de son Père. Il aime généralement à s'exprimer par sermons, or le sermon est un discours – mais c'est le degré zéro du discours, si l'on veut ; celui où la densité de politique est la plus faible possible.

De même, le Talmud est un recueil de discours, c'est-à-dire tentative, sans cesse recommencée, de mise en politique de la parole de Dieu – le Talmud entend tirer, après force débats, des *conclusions* (aussi passagères soient-elles, aussi immédiatement remises en cause soient-elles). Et c'est pourquoi la présence de la religion est généralement inversement proportionnelle à celle de Dieu. Si toute religion entend fabriquer, produire un discours sur la Parole dont elle émane, on peut *a fortiori* prétendre qu'un discours sur la religion nous éloigne un peu plus de Dieu.

L'Évangile (le Nouveau Testament) est, d'une certaine manière, un discours sur l'Ancien Testament – d'ailleurs, le simple fait de réintituler le corpus juif (« Ancien Testament ») est une prise de position ; il y a, évidemment, une intention. Et l'intention est toujours politique. La religion, de ce fait, est toujours politique. C'est d'ailleurs pourquoi Péguy a bien pris soin de ne jamais parler du danger du virage de la *religion* en politique mais bien du virage de la *mystique* en politique.

Religion, cela signifie « relire » ; toute « relecture » contient une intention ; mais cela signifie aussi « relier » (c'est selon) – nous sommes là au cœur même de l'intention ; du moyen en vue d'une fin ; la religion est bien le lieu du discours. Si l'on m'oppose que le discours religieux existe, alors on peut être radical à partir d'une religion… Réponse : oui. C'est ce qui a permis toutes les horreurs : Inquisition, guerres, etc.

L'islamisme est un discours, non pas sur Dieu (comme l'est toute religion, et par conséquent l'islam) mais sur la religion elle-même. L'islamisme est un discours au carré. Chercher un « rapport » avec l'islam et le terrorisme est par conséquent une piste qui ne mène pas très loin ; il est plus légitime de se poser la question du rapport de l'islamisme avec le terrorisme – mais cela supposerait que le terroriste soit politisé. Or, on s'aperçoit que le contenu idéologique des auteurs d'attentats est d'une indigence qui les éloigne, très notamment, des terroristes d'extrême gauche des années 1970 et 1980.

Nous avons deux sortes de terroristes aujourd'hui. Ceux qui meurent pendant l'attentat, et ceux qui étaient morts bien avant. Zombies.

Repenser, pour les attentats, deux notions clés : la préméditation ; la revendication.

Je ne parviens pas à gonfler les pneus de mon VTT (je ne comprends pas la manière dont fonctionne la pompe ; un enfant de quatre ans comprendrait). Ma bêtise m'interdisant de vélo, je vais, du coup, faire un tour de la ville à pied pour décompresser du travail d'écriture (de ce journal) et de lecture (trop peu à mon goût) de cette journée. Il n'est pas aisé de faire tenir, dans une même journée, le sport, la lecture, l'écriture en général et l'écriture en particulier de ces pages. Il faut que je me discipline, que je fasse plus court ici. Mais la graphomanie souvent l'emporte – impression que c'est l'exercice, au fond, qui me convient le mieux ; non pas écrire sur ma vie, mais commenter l'actualité, comme une sorte d'éditorialiste permanent. Au fond, je suis un journaliste, comme Péguy ! (Et je vois déjà, si jamais ces pages sont publiées, mes ennemis ou les critiques s'emparer de cette phrase : « Oui, il ne vaut finalement pas beaucoup mieux qu'un journaliste. »)

Tout ce que j'ai en réserve, sans y avoir accès, j'y aurai accès quand je serai juif.

« Comme j'aimerais être ma tante et comme cela m'est impossible » (Julio Cortázar, *Cronopes et Fameux*, 1962).

Des Africains ont emménagé à côté. Le boucan produit est phénoménal. Aucun bruit le jour, mais la nuit, impression qu'ils sont dans notre salle à manger. Je ne comprendrai jamais comment on peut parler à autant de personnes en même temps, et surtout aussi fort. Ils réussissent à couvrir le son du film que nous avons regardé avant d'aller dormir, ma grand-mère et moi – *Saint Amour*, que j'avais déjà vu en salle, et que je tiens pour un chef-d'œuvre.

Écoute de Zappa.

Vendredi 22 juillet

Excellente qualité de sommeil. Réveil avec *Misunderstood. 1981 Sessions*, Eric Burdon, 2011 (Acrobat Music, ACMCD4221, UK). Chant : Eric Burdon ; chœurs : Debbi Neal, Kate Markowitz, Lisa Scott et Lynn Carey ; basse : Howard Messer et Terry Wilson ; batterie : Chris Couchois et Tony Braunagel ; guitare : John Sterling, Pat Couchois et W.G. « Snuffy » Walden ; claviers : Michael Ruff, Ronnie Barron et Bobby Martin ; saxophone : Bobby Martin et Rosa King ; harmonica : Bobby Martin. Deux morceaux de John Lee Hooker dans cet album prodigieux : « Crawling King Snake », qui ouvre les festivités, et « Boom, Boom ».

Humeur massacrante. Je pensais rentrer tranquillement par le train de 18 heures ; Emmanuelle me presse de prendre celui de 15 heures. Je n'aurais pas dû lui « obéir » et continuer à travailler, à lire, jusqu'à 18 heures. Je vais prendre mon billet à la borne, je le mets dans ma poche arrière, et je le perds. Je ne me supporte plus : j'en ai marre d'être moi ; 150 euros tombés de ma poche avant à Toulouse, il y a une semaine ; là, un billet (en plus, une place isolée, les meilleures pour lire et travailler). Ce n'est pas tant une question d'argent que de ras-le-bol de tout perdre, en permanence, sans que le mystère ne parvienne jamais à s'éclaircir. Je refais le chemin en sens inverse deux fois, mais en vain. C'est naïf. Avec la tripotée de clodos qui ramassent tout ce qui traîne (le moindre mégot est immédiatement prélevé du pavé), j'étais certain de ne rien retrouver. Ça me met dans un état de sueur et de nerfs que je ne parviens pas à juguler. *Comme chaque fois*, et pour une raison différente chaque fois, je pars de chez ma grand-mère sans déjeuner, et quasiment en claquant la porte – façon immature, névrotique, de punir un peu tout le monde, à commencer évidemment par un des êtres qui m'aiment le plus.

J'écris ces lignes comme un pauvre imbécile, sur un banc, devant la gare, dans les pots d'échappement des taxis, qui racontent des choses sans la moindre importance, un peu comme ce que je suis en train d'écrire. Mais ce qui est étrange, c'est que, si ces chauffeurs écrivaient leur journal intime, je serais le premier à le lire (je m'avance un peu).

Ma grand-mère avait préparé le déjeuner, la salade était sur la table, le pain, coupé, et je suis parti. J'ai éteint mon portable ; je suis énervé. En colère contre moi-même (c'est-à-dire contre le monde entier) pour une pitoyable broutille ; et je ne parviens pas à sortir de cet état, que je sais pourtant aussi ridicule que passager. Je suis prêt, vraiment, à être le plus désagréable qui soit avec quiconque, dans les heures qui viennent, m'adressera la parole.

Au guichet SNCF, une salariée éteinte, sans la moindre étincelle et sans la moindre volonté ni de me comprendre ni de m'aider, m'explique qu'elle ne peut rien faire pour moi et que je suis obligé de repayer – ce que je fais, en rogne (et pendant que sa voisine, une blonde qui avait l'air plus sympa, m'a reconnu et se marre) –, héritant cette fois d'une place duo – pas envie de me coltiner un type à rap à fond dans les oreilles, ou un malade de jeu vidéo. Je décide de ne plus *jamais* (de ma vie) payer un seul billet de train en France. Je me ferai contrôler à l'infini (avec la chance que j'ai) mais on verra bien, au bout de quelques années, qui sera gagnant – je suis un abruti, je sais bien que c'est eux ; c'est devenu pire que les flics. Les contrôleurs sont des flics (je parle comme un adolescent) – le ton de leur voix, leurs manies, leurs petites précautions oratoires quand ils verbalisent, ah : qu'ils crèvent tous.

Je ne noterai plus rien dans ce journal pour aujourd'hui, tellement je suis exaspéré ; suivre son instinct, ne pas écouter les autres : je voulais prendre le train de 18 heures. Ne pas céder – après, cela crée un effet boule de neige dont on ne peut plus se dépatouiller. Il faut que je me calme, mais je ne sais pas comment.

Un chauffeur de taxi vient de me lancer une manière de blague ; je ne relève même pas la tête. Une vieille à petit chien est à côté de moi sur le banc (nous faisons face à un sinistre bistrot nanti d'une sinistre terrasse, « La Flèche du monde ») ; elle est laide, elle est calme, elle attend Godot.

Il y a une chose, chez moi, que je ne comprendrai jamais : comment les choses graves, macroscopiques, sérieuses sont métabolisées avec calme et maturité, quand les choses minuscules, sans importance, secondaires parviennent à me ronger et à me plonger dans de tels états ? Il faut, véritablement, que j'en parle à Chouraqui.

Dans le train, je vais tenter de retrouver ma « place isolée » – mais dans quelle voiture était-ce ? ; et, surtout, tenter tant bien que mal de passer à autre chose. La lecture de François Furet m'y aidera sans doute. Sorte d'overdose de lecture de la presse – écœurement, chronophagie. Surtout, sortir de cette mauvaise humeur car cela peut avoir des répercussions sur la soirée (je retrouve Emmanuelle et les Orléanais, Zam, Ida, pour dîner) – et je veux à tout prix éviter ça. À tout prix. Relativiser ! Et vite.

Grand-mère en larmes au téléphone : « Je suis un bouc émissaire. » Pincement de cœur. Je suis vraiment allé trop loin ; je suis un salaud. Me comporter aussi *lamentablement* avec une femme de… quatre-vingt-dix ans. Au fou.

Emmanuelle m'a fait un cadeau : le dernier Zappa, *Frank Zappa for President*, que nous écoutons ensemble, et qu'elle trouve inaudible. Je ne suis évidemment pas d'accord (même si c'est un Zappa âpre et un peu difficile d'accès). Très belle pièce au synclavier, « Overture To “Uncle Sam” », d'un peu plus de quinze minutes.

Je suis en train de devenir juif, et je ne sais même pas ce que c'est qu'un « autre » juif. Il faudrait pour ça connaître chaque juif personnellement. La communauté juive, c'est la communauté de ceux qu'il faudrait connaître chacun personnellement. C'est par individualisme que j'aimerais entrer dans la communauté des juifs. On n'est chrétien qu'ensemble. On n'est juif que tout seul. Un mauvais chrétien est un chrétien qui trahit les autres. Un mauvais juif est un juif qui se trahit lui-même.

Un génie dépourvu d'humour n'en est pas un.

Nous vivons dans un monde phobophobique. Les gens ont peur de la peur.

1811 : apogée territorial de la France ? Logique souhaitée : blocus continental – fermer les côtes européennes aux marchandises anglaises (exemple : annexion de la Hollande). Référence, désormais : Rome, et non plus les Carolingiens.

J'ai toujours adoré acheter des carnets – prendre des notes. Mais pendant combien de temps, en toute franchise, ai-je pris des notes dedans ? Un jour, deux jours ? Zéro jour.

Il y a des traîtres de naissance et des trahis de naissance.

Il n'y a plus de guerre mondiale : seulement des conflits généralisés.

Je « surfe » sur le Net pour étudier, de près, les tableaux des plus grands musées du monde. Je « revisite » virtuellement le Louvre, cet ancien « chez moi ». Toile de génie : *Ruth et Booz*, de Poussin. Passé des heures devant. Tableau « figuratif » *et* « abstrait ». Tableau qui *montre* le messianisme. Le Bernin reprochant à Poussin d'écrire avec le cerveau. Accusation de peinture « intellectuelle ».

Révolution du XVIIe siècle. Ruth : soumission à un ordre venu d'ailleurs – la *Loi*. Personnage (messianique) très important du tableau : le *Christ* derrière Ruth ? Mais pas seulement : le joueur de musique ; le joueur rythme la scène. Mélodie. Refrain : « air nouveau » – messianisme. De plus, ce personnage est situé le plus à droite : sens d'écoulement du temps. Il est le dernier « en date ». Sur ce tableau : temps messianiques. Mais les temps messianiques se « déroulent » surtout *au fond du tableau*. (Été, midi, démon de midi). Montagne, Sinaï, *Loi*. Lumière (Torah).

Poussin n'est étrangement pas un peintre qui *représente*. Il n'est étrangement pas dans l'iconographie – et donc dans l'idolâtrie –, dans la représentation. Ses toiles s'apparentent à la lecture. Effort de *symbolisation*. Poussin peint par symboles. Poussin demande à être *interprété*.

Importance du manteau de Booz – doré. La lumière provient des personnages. Ruth : « route ». J'ai le droit de jouer sur les mots (que faisait Lacan, sinon jouer sur les mots ?). J'essaie à mon tour. Maison blanche tout en haut de la colline : maison plutôt humble. Maison de Dieu ? Éclairée. Maison du *Messie* ? Il y a derrière le lointain un autre lointain : messianisme.

Aspect asymptotique – comme l'horizon. Rapport entre l'horizon et le messianisme. Ce tableau est une Révélation. Blé coupé, devant ; blé *non* coupé, derrière. Toujours le messianisme. Il n'y a pas moins froid et moins académique que Nicolas Poussin. On découvre presque le sein sous le tissu de Ruth ; cela paraît parfaitement *normal* dans la mesure où Ruth vient du pays des Moabites – c'est-à-dire de la dépravation et de l'idolâtrie ; de la *prostitution*. (Le texte biblique, en particulier le Midrash, identifie l'idolâtrie à la prostitution.)

Comparer les deux mains de Ruth. Main gauche, sublime. Main droite – tendue vers Booz –, pataude. Main gauche, main de Dieu, main divine, main juive ; main droite, main païenne.

Peinture allusive. Il y a dans cette toile du *Picasso* en puissance et du *Courbet*. Et du *Corot*. Dans cette toile, Poussin est *influencé* par Picasso. Messianisme.

De plus, tableau peint par Poussin *au soir* de sa vie. Les saisons (l'été) vont continuer sans lui.

Les deux arbres (sur la toile) se « répondent ». Le Père et le « Fils » (au sens midrashique du terme, au sens messianique du terme). Ici, Poussin peint comme un « juif ». Poussin est un peintre « juif ».

Poussin est le peintre le plus anti-spectaculaire qui soit. Sa façon à lui de n'être plus dans l'idolâtrie. D'ailleurs, Dieu n'est *pas* représenté, sinon par la montagne, la lumière.

On entend parfois qu'il « reste » beaucoup de racistes au FN. La formulation est trompeuse. Il ne s'agit pas que de « restes ». Il y en a aussi un paquet qui sont venus après Marine Le Pen, *pour* Marine Le Pen, *par* Marine Le Pen. Une flopée de racistes ont été recrutés par celle-ci : beaucoup sont des proches, des intimes et occupent des postes au « bureau national ». On entend parfois, lorsque des propos honteux sont proférés par un membre du FN, qu'il s'agit de « dérapages » ou qu'ils sont minoritaires. Faux. Si on regarde tout ce que la presse a publié depuis 2012, on trouve des centaines, des centaines et des centaines de saloperies. Il y a des déclarations *inouïes* et qu'« on » laisse passer. Même si leurs auteurs jouent un rôle de « premier plan ».

Tribulation : *tribulatio*. Affection, tourment moral, épreuve. Religion catholique. Adversité considérée comme des épreuves voulues par Dieu.

Même de certains chefs-d'œuvre que je lis, je ne puis plus : je les prends en grippe, je n'ai de cesse que de vouloir les achever – au sens strict. Je n'accepte pas de les abandonner et me force à les finir, comme on se force, puni, à terminer un plat, un dessert, alors qu'on n'a vraiment plus faim.

Le gros problème des œuvres – je ne manque pas de toupet en écrivant une telle chose – est leur longueur. Imaginez une histoire drôle de vingt minutes.

Lettre de saint Paul aux Romains (VIII, 18) : « Les souffrances de la vie présente n'ont aucune proportion avec cette gloire qui doit un jour éclater en nous. » À placer dans un roman.

Dîner rue de Provence avec Emmanuelle, Zam, Ida, Raphaël, Caroline.

Très contrarié par l'épisode Nevers.

Fusillade à Munich.

Samedi 23 juillet

Réveil avec *Lord Upminster*, Ian Dury, 1981 (Polydor, 3170 617, Germany). Ian Dury : chant ; Sly Dunbar : batterie ; Robbie Shakespeare : basse ; Tyrone Downie : clavinet, synthétiseur ; Chas Jankel : guitare et claviers.

Fécamp, avec Emmanuelle. Suite donnant sur le port. Mer nette, ciel net. Bleu. À-plat rouge du phare. Journée parfaite ; juste un peu gâchée par l'épisode Nevers. Je nage. Je lis François Furet. Je joue aux échecs sur Internet, Emmanuelle installe la même application que moi ; elle joue. Elle déteste perdre. Elle menace de jouer toute la nuit contre des internautes, jusqu'à ce qu'elle gagne.

L'idée que mes parents puissent lire mes livres me donne envie de dégueuler. Viol. (Ils ne meurent jamais. *Jamais*. La méchanceté, la bêtise, la cruauté et l'inculture leur servent d'élixir. Ah, les salauds. Increvables saloperies que ma bonté et ma naïveté auront préservées de la prison.)

Épuisant appel de Régis. Je ne parviens jamais à l'arrêter ; non seulement il s'agit d'un monologue, mais j'ignore s'il sait auprès de quel interlocuteur il monologue :
— Excuse-moi de te déranger, mais je crois que j'ai compris pourquoi j'avais du génie. Écoute bien, c'est tout simple, en fait… Comment te dire ? Ce qu'il faut saisir, et que j'ai saisi, c'est qu'avoir du génie et être un génie, ce n'est pas la même chose. Je ne sais pas si je suis un génie, mais, en revanche, je sais que j'en ai. Mes livres, je ne les écris que pour moi. Ça n'a plus d'importance, les lecteurs, finalement. On verra ça dans cent ans. J'écris pour dans cent ans, pour quand il n'y aura plus un seul lecteur sur la Terre, sauf un, peut-être, sauvé des eaux, trempé, qui sera en train de me lire. Ce n'est pas pour me comparer à eux, mais si Proust, si Balzac, si Tolstoï et Simenon ont été ce qu'ils ont été, c'est bien parce qu'ils pensaient d'eux ce que je pense de moi. Ce n'est pas le grand livre, qui fait le grand écrivain, c'est le contraire… ! Tu vois ?
— …
— C'est le grand écrivain qui fait le grand livre. Nuance ! Et de taille ! Les gens ne comprennent pas ça. C'est pourtant simple. Le problème, c'est que si tu te radines devant un journaliste, au micro, et que tu dis à 7 heures du matin sur France Inter que tu es un génie, les gens vont te trouver prétentieux. Ce sont des cons ! Parce que si tu dis : « je suis quinteux » ou « j'ai la goutte », ça ne posera pas de problème ! Comme si on faisait exprès d'être génial. Moi j'ai du génie comme d'autres ont des verrues sur le menton, je suis désolé. Ce n'est quand même pas de ma faute ! Les gens s'imaginent qu'être Balzac, ou Proust, ou Céline, ou quelqu'un par exemple, de… de comme moi, qui est un peu l'équivalent aujourd'hui – je ne vois pas qui mettre d'autre alors, hop, hein, je me mets ! –, les gens s'imaginent que c'est facile d'être un géant de quelque chose. Tu parles ! Je ne sais même pas me mettre un sparadrap quand je me coupe. Je suis intellectuellement incapable de me servir d'un vide-ordures et passer le permis de conduire est à mon avis la chose la plus difficile qui soit imposée à un homme, avec changer une ampoule… Oulala, c'est super, la vie

de génie. Les gens ne veulent pas voir que le génie c'est une tare, un boulet qu'on porte, une croix, qu'il y a quelque chose de christique là-dedans, et que je dois me coltiner la souffrance du monde entier pour pouvoir la recracher dans mes bouquins ! Ça, c'est sûr que ce n'est pas du Angot ! Du Beigbeder ! Beigbeder, franchement, c'est un polichinelle. Et je ne parle pas de Houellebecq. Mais heureusement, je suis moi… Parce qu'être Houellebecq, merci bien ! Autant être François Nourissier, lui au moins il a dû se marrer, à arracher les pattes des grenouilles, une fois par an, au moment de remettre son putain de Goncourt… On parle de Goncourt, de prix, de jury, mais tout ça c'est de la foutaise. Ces gens sont des tortionnaires : leur table chez Drouant, là, c'est une table de torture… Ils épluchent les candidats, après tu vois la tête de Labro, de Lévy, de Lambron, les types ne s'en remettent jamais… Ce sont des pelures ! Des pelures de patates à vie. Merci bien… Personnellement, j'hésite entre casser la gueule à Pivot pour avoir le Goncourt, ou bien lui casser la gueule s'il me le donne… Il faut que je casse des gueules. Le milieu a la trouille de moi, à ce qu'on dit, alors autant leur montrer, à ces types à tire-jus, ce que c'est qu'une beigne à la marseillaise. Ils n'ont jamais donné le Goncourt à un Marseillais… Du coup, ils ont peur que je vienne leur foutre mon poing marseillais dans leur gueule parisienne…

— Jean-Jacques Schuhl… Né à Marseille.

— Oui mais ça c'est un coup de Sollers ! Né à Bordeaux. Ils ont donné le Goncourt à Sollers en le donnant à Schuhl ! C'est un Goncourt bordelais. Et tu as déjà vu un Bordelais se battre, toi ? Tu as déjà entendu parler d'une mafia bordelaise ? Rien ! Tintin ! Les coups de boule, ça vient de la Cannebière. Remarque bien que le coup de boule, franchement, je ne sais pas si je pourrais le réussir, je ne me suis pas entraîné depuis quarante ans, et ça n'a jamais été mon truc… Je suis plutôt coups de poing et même coups de pied, s'il le faut… Même si j'ai ma cuisse qui me lance un peu… Enfin elle me lance surtout après le sport. Bon ! De toute façon, Pivot et Decoin ne le savent pas, eux, que je n'ai pas révisé mon coup de boule depuis le lycée ! Je suis sûr qu'il n'y en a pas un seul, dans le jury, qui sait se battre !

— Philippe Claudel… À ta place je ferais attention…

— Lui ? Un bonbon ! Une guimauve ! Un nounours ! Comme ses livres d'ailleurs. Ce ne sont pas des livres, ce sont des télélivres, comme il y a des téléfilms ! Franchement, excuse-moi, mais il y a deux choses qu'on n'a pas le droit de dire à propos de Claudel, c'est, petit un, qu'il sache se battre et, petit deux, qu'il sache écrire. Et puis, je suis désolé, mais c'est ridicule de ne pas avoir changé de nom. Quand tu t'appelles Claudel, tu changes ton nom. Il a tellement peur que les gens voient qu'il ne sait pas tenir un stylo, qu'il s'arrange pour habiter dans un mort de génie. C'est un bernard-l'hermite ! Il a vu que le vrai Claudel était libre, qu'il n'y avait plus personne dedans, alors hop, allez, comme je t'y fourre, il s'y est engouffré. Et depuis, comme un imbécile, il est là au fond de sa coquille, en espérant qu'on confonde ses blagues de Carambar primées de partout avec les chefs-d'œuvre du vrai et du seul Claudel possible : Paul ! Quand tu veux devenir écrivain et que tu crois en ton étoile, ou à ton talent, tu ne vas pas t'installer dans le palace d'un mort avec ton papier-cul, ton canif et ta vieille couvrante récupérée au stock américain. Tu te fais ton propre nom. Tu ne pique-niques pas pour l'éternité chez les autres. C'est limite légal, d'ailleurs. C'est du squattage. Du squattage littéraire… Il faudrait signer une pétition pour l'expulser du nom de Claudel. Sinon, tiens, pourquoi tu t'installerais pas dans Stendhal, demain matin ? Et pourquoi je viendrais pas forcer la serrure de chez Céline pour vivre dedans à l'année ? C'est ignoble… Et, comme les gens mélangent tout, aujourd'hui, ça entretient la confusion… Non, ce qu'il peut faire, ça je l'y autorise, c'est d'échanger son nom avec Lambron. Là, on n'y verra que du feu… Une terre contre une terre, comme on disait dans la cour, quand on jouait aux billes… Lambron ne serait pas dépaysé dans Claudel et Claudel se plairait en Lambron… Encore que ! J'ai la sensation d'une minuscule nuance entre les deux… J'ai l'impression – tu me dis si je me trompe, hein – que Lambron écrit plutôt pour les pépés, et Claudel pour les mémés… Mon rêve, c'est de faire un attentat, à l'Académie ! Je déboule en pleine séance, je sors une page de Proust et je fais faire une dictée ! Et je corrige !

Tous les catholiques ont pour vocation de se rassembler, de se ressembler. Ils sont entre eux des « semblables ». C'est la communauté des semblables. Les juifs ont la mission inverse : ne se rassembler jamais, sauf cas de force majeure, et surtout ne jamais se ressembler. Ils sont entre eux des dissemblables. C'est la communauté des dissemblables. L'antisémitisme chrétien a longtemps consisté à vouloir faire de ces dissemblables des semblables. C'est ainsi, qu'en voulant dessiner ce juif semblable, ils en sont venus à inventer le juif ressemblant, le juif qui ressemble à tous les autres juifs. Dès qu'on tente de faire ressembler un juif à un autre, il y a antisémitisme.

Dimanche 24 juillet

Réveil avec *Burning Bridges*, Glen Campbell, 1967 (Capitol Records, ST 2679, Canada). Glen Campbell (toujours vivant) : chant et guitare.

Fécamp. Journée *parfaite*. Partout, nous lisons des articles sur le Pokémon Go. Pauvre humanité, réduite à chercher des Pikachu dans les rues, les buissons, les voies ferrées. Lire, lire, écrire.

Lecture de François Furet – le meilleur historien français.

La relation avec Emmanuelle, qui n'est plus une « relation » mais du vrai amour, s'approfondit de jour en jour.

Diderot, *Promenade du sceptique ou les Allées* : « Était-il naturel que vous abandonnassiez les amusements de votre chère solitude, pour venir sécher d'ennui parmi la foule d'oisifs dont j'étais obsédé ? »

Cette question de la dissemblance juive est fondamentale. Car Abraham n'a pas voulu remplacer une multitude de dieux contre un seul pour des questions de simplicité. Ce n'est pas par pur esprit de synthèse. Ce n'est pas par souci de commodité. C'est un acte révolutionnaire, au sens copernicien du terme : à une perception humaine unique d'une infinité de dieux, il a substitué une perception humaine infinie d'un seul dieu. Les dieux sont devenus les points de vue. Il n'y a plus une conception d'un milliard de dieux, mais des milliards de conceptions différentes, variées, diverses, d'un seul dieu. Et si le judaïsme n'aime pas nommer le nom de Dieu, c'est parce que Dieu n'a de sens que celui que l'intelligence de chacun (de chaque lecteur de la Torah) lui attribue. Nommer Dieu, ce serait l'imposer comme figure autarcique, homogène, monolithique, abstraite : tandis qu'en en imaginant le nom, chacun en décide la couleur, la définition, les contours, la compréhension, l'incompréhension, la densité, l'étendue, la signification.

Retour Paris. Dans le train, un Chinois ne cesse de changer de place, instable, et de se servir du whisky, serrant très fort son sac et souriant par à-coups. J'indique à Emmanuelle, qui me prodiguait à ce moment-là un massage de pieds faramineux, que je souhaite changer de compartiment – c'est en n'ayant pas peur du ridicule que l'on échappe, aussi, aux attentats. Seule solution, à part la vigilance et une certaine paranoïa, pour échapper aux terroristes : la chance.

Paris, Saint-Lazare. Chaleur atroce, moite, lourde, pas un zeste de vent. Je déteste ça. Emmanuelle découvre, dans la petite salle de bains, une nouvelle fuite d'eau. Ma douzième cette année. Malédiction – les dégâts des eaux me suivent, à la trace ; je suis le Pikachu des plombiers.

Nous écrivons une lettre à Bernard Cazeneuve, pour le remercier de l'aide qu'il a apportée à Emmanuelle pour sa situation administrative. Bernard Cazeneuve est l'homme politique honnête par excellence. Et, comme tous les hommes politiques honnêtes, il n'a à peu près rien à faire en politique. Compassé, mais sans exagération, il est solidement arrimé à ses dossiers, qu'il maîtrise avec modestie, ainsi qu'un solfège fraîchement acquis. Il ne fait jamais le malin, et prête attention aux gens et aux faits. Il est empreint, sans doute jusqu'à la caricature, de prudence et d'humilité – sa fermeté est hypothétique, c'est-à-dire que, comme à tous les hommes en retrait qui, paraissant n'avoir rien demandé et ayant accédé aux affaires, on la lui *suppose*. La France n'aime rien tant, après avoir épuisé toutes les grandes gueules et les personnalités outrancières, que savoir qu'existent, dans les réserves de la République, quelques recrues modestes et incorruptibles, susceptibles d'être arrachées en cas de guerre ou par temps de crise, de leurs soupentes ou de leurs strapontins. Ce ne sont pas tant des seconds couteaux que nos dernières cartouches. On les sort quand on en a besoin. Quand, au vrai, nous n'avons plus le choix. Alors, on leur demande à la fois ne nous rassurer, de régler les problèmes, de rattraper les erreurs et de nettoyer les écuries. Leur tombent sur les épaules, ainsi, des blocs de responsabilités et des promesses de douleurs qu'ils n'avaient jamais connus de leur existence mais dont, par leur modération et leur componction, par leur discrétion ou leur timidité, ils ont fini par incarner les solutions, les remèdes, les réponses. On se souvient d'eux quand la situation le nécessite – eux qui, jusqu'à ce stade, avaient paru falots et ternes, secondaires et subsidiaires, étriqués, effacés.

On les reconnaît, d'emblée, au fait que, malgré leur âge encore jeune, ils paraissent des vieillards usés. Par exemple, Bernard Cazeneuve n'a que trois ou quatre ans de plus que moi : il paraît déjà embrumé des vapeurs de la retraite, avec sa calvitie grisonnante et ses lunettes de notaire angevin, ses petits costumes sérieux et ses chaussures de médecin, quand je vaque en baskets, mes écouteurs sur les oreilles, faisant des roues arrière avec mon vélo. J'écoute Coltrane en lisant Aragon, vautré sur mon canapé, quand, à quelques mètres de ma rue, il est plongé dans de gros dossiers de couleurs. Je dessine des ours et des lapins pour Emmanuelle quand il tente de déjouer un attentat ou se rend dans un commissariat assiégé.

Il est vrai que Cazeneuve fait du bien dans ce marigot d'esprits instables et d'ambitions s'entrechoquant. L'homme politique qui se tait se place immédiatement dans une altitude vers laquelle les bavards, les gueulards et les prétentieux, qui pullulent, ont grand mal à s'élever. On se repose sur un Cazeneuve parce qu'il repose. Il est posé et reposé ; il est reposant. On comprend, je crois, ce que je veux dire. Nous sommes là à mille lieux de l'hystérie – et, partant, de la stérilité des vanités, des postures et des déclarations de principe, au grand jamais suivies du plus petit effet. C'est la fameuse prime aux taiseux – qu'on finit toujours, le moment venu, par repérer.

La France, de plus en plus exagérément, se défie de l'islam. Passion, haine : voilà ce que le pays réserve à cette religion qu'il ne connaît pas, ne comprend pas, n'essaie ni de connaître ni de comprendre. L'hostilité envers « les musulmans », catégorie qui ne signifie rien, est immédiate, immanente – mécanique. Elle tient du réflexe. Le réflexe en lieu et place de la réflexion : mauvais signe. On ne peut pas laisser la « pensée » à des vieux messieurs dépassés tel Pascal Bruckner, dont le logiciel respire le brumeux XXe siècle. La « question de l'islam » est assimilée à un « problème avec l'islam ». Et, ici, de toute évidence, le panurgisme est de mise. C'est à qui sera le plus malin, le plus fort, le plus roué pour mettre en évidence, à longueur de colonnes et d'éditoriaux, les perversions de l'islam, ses dangers intrinsèques, sa lourde morbidité. Sa létalité. Les politiques, sur le sujet, s'en donnent à cœur joie ; tout le monde se lâche, se croit autorisé à se lâcher. Sans oublier l'Université, où l'on réfléchit toute la journée sur la nocivité de cette religion.

Tout le monde possède son biais, sa vision, ses thèses, sa façon, ses principes pour contrecarrer l'influence grandissante (traduisons : inquiétante) de l'islam sur le territoire français. On n'hésite pas, chez les plus à droite, à comparer la présence musulmane à celle des Allemands pendant la dernière guerre. Chaque élection est le prétexte à une parole lâchée, terrible, grégaire ; on ne se sent plus. Le musulman est l'ennemi – je suis persuadé que, derrière le musulman, c'est plus simplement, c'est plus tristement l'Arabe qui est honni. La religion est fort pratique pour déguiser la haine raciste de l'individu maghrébin en tant que tel. Il est quand même fascinant qu'un futur président de la République, Jacques Chirac pour ne pas le nommer, ait pu, du temps qu'il occupait la mairie de Paris, s'en prendre avec autant de véhémence aux musulmans (et aux Noirs – dans la même phrase). Cette indécence-là doit nous amener à réfléchir – sinon à penser – sur nous-mêmes.

Lundi 25 juillet

Réveil avec *We Want Miles*, Miles Davis, 1982 (CBS 88579, Europe). Trompette : Miles Davis ; Basse : Marcus Miller ; Batterie : Al Foster ; Guitare : Mike Stern ; Percussions : Mino Cinelu ; saxophone soprano : Bill Evans. Album live enregistré à trois endroits différents : à Boston le samedi 27 juin 1981, à New York le dimanche 5 juillet 1981 et à Tokyo le dimanche 4 octobre 1981.

Être un génie n'est pas une vie : c'est un travail. Miles a travaillé la trompette et la trompette a travaillé Miles. À ce niveau, l'homme et l'instrument se façonnent mutuellement. On appelle « jazz » le résultat de cette opération lorsque cette opération tend vers le bleu. Le bleu, c'est la couleur de la nuit, des océans – des mélodies sirupeuses, des « slows », que son œuvre offre aussi, elle qui regorge de chorus chaotiques et de tempos accidentés. Ces ballades, elles ont rendu Miles malade : il a fini par les renier, les qualifiant de « camelotes d'un autre temps » et de « résidus de poubelle ». Miles ne supportait pas l'achèvement : il a toujours préféré les brouillons du chercheur à l'œuvre conclue, les laboratoires de l'émotion à la matière éteinte. Trouver le lassait : son souffle explorait. Miles ne s'intéressait qu'aux performances futures, inconcevables, imaginaires. Seul ce qui lui échappait retenait (momentanément bien sûr) son attention. La note bleue est une asymptote : on tend vers elle, et plus on s'en approche, plus on comprend qu'elle restera inaccessible à jamais ; le chemin qu'on parcourt dans sa direction s'appelle un standard. Le génie de Miles est de l'avoir cherchée dans toutes les directions ; et à toutes les altitudes. C'est le Picasso du son. « L'éphémère toujours réinventé » : telle était sa définition de l'éternité ; c'est aussi un autoportrait.

Je retournerais volontiers à Nevers, mais je n'ose même pas demander à ma grand-mère. À quarante-huit ans ! Pathétique. Tandis que j'écris ces lignes, je retarde le moment d'appeler – pourtant, là-bas, je travaille merveilleusement bien.

Travaux : la pièce, ce journal, revoir un peu le roman nord-coréen, lire la presse de près (pour me faire des dossiers), lire des classiques. Terminer *L'Énéide*, les *Mémoires d'outre-tombe*, François Furet.

Un mot qu'on n'emploie plus du tout : celui de *joie*. Un mot qu'on emploie sans interruption : celui de *fête*.

Rien de plus sinistre que le mot de *fêtard*.

Avant le judaïsme, il y avait presque un homme par dieu. Avec le judaïsme, on est passé à un Dieu par homme : le même. Le coup de génie, c'est que chacun pensant, mais différemment, qu'il a le même Dieu, chacun a un Dieu différent convergeant vers la création du « même Dieu » ! Le « même » est la résultante d'une infinité de différences !

Je vais prendre ma douche. Hier, nouvel attentat en Allemagne, avec ceinture explosive. Des terroristes appréhendés au Brésil, qui comptaient endeuiller les Jeux olympiques. Les attentats deviennent quotidiens. Notre génération, qu'on le veuille ou non, aura eu sa guerre.

Fusillade aux États-Unis, dans une boîte de nuit. Ma douche est prise. Je me sèche.

Pour le terroriste, la vie n'est même pas le brouillon de la mort – la vie est ce qui *permet* la mort.

Nevers : c'est *niet*. Ma tante Lydia serait là-bas, etc. Je ne l'ai pas volé.

J'aurai passé toute ma vie, depuis que je suis né, à essayer de me retrouver dans l'existence d'un autre : Gide, Péguy, etc. J'ai toujours aimé partir en voyage ou en vacances dans un autre. C'est cela que j'appelle lire.

Daech, d'accord : mais, qui se greffe dessus ? une Internationale des ados qui ne vont pas bien.

Écoute de Fausto Romitelli (1963-2004), *Professor Bad Trip*. C'est le « gibbon » Denut qui m'avait prêté ce CD (je ne le lui ai jamais rendu) il y a cinq ou six ans. « Mort des suites d'un long cancer », Romitelli, selon Wikipédia. De la musique contemporaine vraiment audible et inspirée. C'est rare.

Puis je remets *Frank Zappa for President*. Je laisse ce journal. Encore un peu de rangement, puis vraisemblablement travail à *La Règle du jeu* (puisque Nevers impossible) avant de retrouver Régis Jauffret et Pierre Lescure à dîner.

Ranger procure un incommensurable plaisir. Centaines de livres à lire – qui s'empilent… Envie de me masturber.

Péguy, *Notre jeunesse*, 1910 : « 1830 fut une restauration, républicaine ; ah j'oubliais, on oublie toujours Louis XVIII ; la Restauration fut une restauration, monarchiste ; 1830 fut une restauration, républicaine ; 1848 fut une restauration, et une explosion de la mystique républicaine ; les journées de juin même furent une deuxième explosion, une explosion redoublée de la mystique républicaine ; au contraire le 2 Décembre fut une perturbation, une introduction d'un désordre, la plus grande perturbation peut-être qu'il y eut dans l'histoire du XIXe siècle français ; il mit au monde, il introduisit, non pas seulement à la tête, mais dans le corps même, dans la nation, dans le tissu du corps politique et social un personnel nouveau, nullement mystique, purement politique et démagogique ; il fut proprement l'introduction d'une démagogie ; le 4 septembre fut une restauration, républicaine ; le 31 octobre, le 22 janvier même fut une journée républicaine ; le 18 mars même fut une journée républicaine, une restauration républicaine en un certain sens, et non pas seulement un mouvement de température, un coup de fièvre obsidionale, mais une deuxième révolte, une deuxième explosion de la mystique républicaine et nationaliste ensemble, républicaine et ensemble, inséparablement patriot(iqu)e ; les journées de mai furent certainement une perturbation et non pas une restauration, la République fut une restauration jusque vers 1881 où l'intrusion de la tyrannie intellectuelle et de la domination primaire commença d'en faire un gouvernement de désordre. »

Dîner avec Régis Jauffret et Pierre Lescure. Ce qui est fou, c'est que, de la bouche de Lescure, tombe le nom de Juan Tizol dans la conversation ! (En école de journalisme, Lescure a eu François Furet comme prof…)

— Je fais peur à tout le monde, dans ce petit monde de peureux et de pleutres, Pierre, commence Régis. Les gens du Goncourt pissent dans leur pantalon quand ils me voient débouler… Ils savent très bien que le prix ne peut plus m'échapper, et ça les angoisse ! À chaque fois que je dois l'avoir, ils s'arrangent pour me le donner à leur façon, c'est-à-dire en ne me l'attribuant pas ! Ça commence à se voir, que je ne l'ai jamais. C'est comme la Légion d'honneur et chevalier des Arts et des Lettres… C'est toujours pour les autres. Toujours. Mais en même temps, je le prends bien. Je me dis que c'est parce que j'ai quelque chose qu'ils n'ont pas, que personne n'a chez les écrivains français vivants… Tu imagines Céline avec la Légion d'honneur ?

— Tu es sûr que c'est un bon exemple ? demandé-je devant un Lescure interloqué.

— Attends, je parle, là, d'un Céline sans antisémitisme, d'un Céline sans les juifs. Imagine Céline avec juste son style et sans sa haine des juifs, et là tu obtiens quelque chose qui ne tombe pas si loin que ça de ce que je suis, de tout ce que ces gens des prix savent que je suis, mais du coup… Du coup, comme ils n'ont que du talent – et encore, il faut le dire vite –, ceux qui ont un petit peu plus que ça, eh bien, ça les tétanise. Foenkinos, il l'aura le Goncourt, même s'il a eu le Renaudot, parce qu'il est poli et fayot. Carrère aussi, parce qu'il est à la mode et que ses livres ne dérangent personne… On dirait des articles de mode ! Même Houellebecq, ils préféreront lui donner deux fois, que de me le donner à moi. Houellebecq, je ne comprends pas. C'est Paul Bourget, c'est Georges Duhamel, au mieux du mieux c'est André Maurois… Au mieux du mieux ! Mais franchement, c'est juste du Beigbeder en un peu moins bête… Et encore, je me demande si je ne préfère pas Beigbeder. Lui, au moins, il sait et il écrit que j'ai du génie. Il est généreux, Beigbeder. Je l'aime bien. Il me suit. Il me lit. Il répète partout ce qu'il pense de moi…

— Mais il te préfère quand même Houellebecq, excuse-moi…

Jauffret manque de s'étouffer ; il postillonne, mauve de rage :

— Il a pas le choix ! Houellebecq l'a mis dans un de ses romans ! C'est en vase clos leur système… C'est un échange de bons procédés… C'est très malin, ce qu'ils font, tous ces mecs-là. Ces renvois de politesse à l'infini. Un coup j'écris que tu es le meilleur, le coup d'après c'est toi. Moi, je suis tout seul, je reste dans mon coin, je ne bouge pas. De toute façon, le Renaudot, ça ne m'intéresse plus… Je vais me concentrer sur le Goncourt. Il n'y a que ça qui compte. Oh, ce n'est pas pour le prestige, c'est pour l'argent. Pour le prestige, il y a d'autres choses, et ça « Antoine » le sait bien… Tôt ou tard il faudra bien qu'on en parle…

— Tu parles de quoi, là ? Du Pléiade ? Du Nobel ?

— Le Pléiade, si c'est pour après ma mort, je te le dis tout de suite, ça ne m'intéresse pas ! Après ma mort, je suis certain que je l'aurai… Ils ne peuvent pas faire autrement, parce que, pour le XXIe siècle, s'ils ne me mettent pas dans la collection, ils n'auront personne… Ils ne vont quand même pas mettre Duteurtre ou Rufin ! Mais c'est avant que j'aurais bien voulu… Comme Kundera, qui est quand même ce qui se fait de plus nul dans l'histoire du roman contemporain. Ça pue les années 1980, une horreur ! Ça sent le « walkman » et la boîte à rythmes. C'est vraiment de la littérature pour les années Mitterrand, ce machin. Le Nobel, il faudrait qu'Antoine me donne un coup de pouce. Le problème, en littérature, c'est la subjectivité. Si on pouvait définir des critères objectifs pour détecter le génie, comme en mathématiques, en biologie, en physique et tous ces trucs-là, je serais nobélisable depuis des lustres… Tandis que là, tout le monde fait comme si mon génie ne pouvait pas se constater objectivement. C'est vraiment ignoble… Mais, en même temps, ça fait partie de mon destin. À force de ne jamais rien avoir, c'est comme si j'avais tout. D'une certaine manière, *je n'ai tellement pas eu* le Goncourt que j'ai inventé une manière à moi de l'avoir. Et ce n'est pas permis à tout le monde. Pivot n'est pas fou. Il sait bien que je vole à des altitudes jamais atteintes depuis… je sais pas… oui, depuis Céline… Même Sartre, excusez-moi, mais ça ne vole pas très haut. Disons, pour aller vite, Céline, Simenon, moi. Je ne vois personne d'autre. Houellebecq, Despentes, Beigbeder, ce sont des articles de mode. C'est déjà fini. Beigbeder, regardez, on a mis du temps à s'en débarrasser, mais c'est terminé, ça sent l'automne… Fini. On dirait une feuille morte. Il n'a plus de jus, plus rien. Les pubards, c'est comme les comiques, ça ne dure qu'un temps. Or, quand on regarde bien, le point commun entre Houellebecq, Beigbeder et Despentes, c'est quoi ? Eh bien ce sont des publicitaires. Des gens de marketing. De gros malins. Le problème avec la « grosse-malinerie », c'est que ça se périme. Sur chacun de leurs livres, on voit en énorme, en train de clignoter, la date de péremption. Les gens ne sont pas des imbéciles. Ils le sentent. Moi, j'ai choisi la littérature. Pas la pub. Je sais qui je suis. Garcin et Pivot le savent. C'est pour ça qu'ils tremblent en me voyant. Y a qui en face ? Personne. Je cherche, je cherche… Ce n'est pas de la prétention. C'est facile d'être le meilleur. Étant donné que je suis le seul. On n'est même pas deux ! Quand je dis personne, c'est qu'il n'y a personne ! Chez les vivants, je veux dire. Chez les morts, j'ai quelques collègues. Maupassant, Dumas. Balzac est meilleur que moi, mais Balzac est meilleur que tout le monde. Hugo, pas mal, mais j'écris comme lui dans cinq minutes, si je veux. Toute sa poésie, j'en fais autant en rentrant chez moi tout à l'heure. Il n'y a rien de plus facile, au monde, que d'écrire en alexandrins. C'est inné chez moi. Je peux vous faire cinq cents pages en alexandrins pour le mois prochain…

— Echenoz ?

— C'est une blague ? On dirait les aventures de Tintin, mais sans les images. Des histoires drôles, racontées par un type qui veut avoir ses quatre pages de compliments dans *Les Inrocks*. Ça devrait être interdit de publier des inepties pareilles. On s'étonne que les gens ne lisent plus. Mais si c'est pour lire Tintin sans les images, c'est normal. Autant lire directement de la bande dessinée. Au moins c'est bien fait et ce n'est pas prétentieux. Je déteste les auteurs « discrets » et qui font des petits livres « ironiques ». Il y a un côté « j'écris *Paludes* » chez Echenoz, qui m'est totalement *insupportable*. J'ai beaucoup plus d'humour que lui, d'ailleurs, et il le sait. Quelqu'un m'a dit qu'il le savait. Il sait que je sais qu'il le sait. De toute façon, on ne va pas se mentir, ce que publient les Éditions de Minuit, ça ne vaut pas un pet de lapin : on dirait que ça sort tout chaud de l'Almanach Vermot. Le Belge, là, Jean-Philippe Toussaint. Lui, alors là, c'est le pompon. On a l'impression de manger un caramel mou. C'est presque pire que Foenkinos. Foenkinos, c'est Bécassine chez Gallimard. Mais Toussaint, lui, c'est Bibi Fricotin ! Pas beaucoup mieux… Franchement. Ça me déprime. Je suis vraiment seul. Pas grave. Il en faut bien un, de toute façon. Autant que ça soit moi.

— Claude Simon ?

— Il est mort ! Et ce n'était pas grand-chose. Vraiment. Une accumulation de mots compliqués, pour jouer à Marcel Proust comme les gosses qui jouent au cow-boy. Je déteste les écrivains qui se prennent pour Proust. Il n'y a pas pire. Angelo Rinaldi, atroce. Rien à dire, mais ce qu'il n'a pas à dire, il le dit comme Proust. Les gens ne se rendent pas compte d'une chose évidente, pourtant : c'est que Proust n'avait pas le style proustien ! Il n'avait pas de style : il n'avait que le style de ce qu'il avait à dire. Et des choses à dire, il en avait. C'est pour ça que ça fuse de partout, que ça déborde, que ça se déploie, que ça s'allonge non-stop, que ça se ramifie de partout, que ça gonfle comme un torrent : parce que personne n'a jamais eu autant de choses à dire que lui. Il ne se regarde pas écrire, lui, il n'a pas le temps. Il se dépêche de dire tout ce qu'il a à dire avant de claquer. Il ne s'applique pas, il n'observe pas sa main d'écrivain en train de dessiner des belles phrases. Alors que Rinaldi, le pauvre… Il regarde sa feuille, il rature, il refait son nœud de cravate, il va faire un tour, il toussote, il crachote, il s'enferme dans ses toilettes pour pleurer, il est là, à son bureau, tout proustien… Avec son vocabulaire à recaser, son triste dictionnaire, sa collection de mots rares. Ça sent la chaussette de momie. Ce n'est pas une vie. Mais lui, en tant qu'imitateur, en tant que Gerra de Proust, il est évidemment rentré à l'Académie. Moi, on m'empêche d'entrer. Comme partout. Comme au Nobel, comme on m'empêche d'entrer dans la « Pléiade ». À ce niveau-là, ça relève du destin… Du destin ! C'est sûr que Lambron, lui, qui écrit pour les lectrices de *Madame Figaro*, n'avait plus qu'à attendre son tour pour entrer sous la Coupole. Avant même sa naissance son couvert était réservé. Il va à l'Académie le jeudi comme les gens de la génération de mon père allaient aux putes. C'est normal qu'il soit académicien, puisqu'il est académique ! Le Quai Conti a été inventé par des gens comme Lambron pour des gens comme Lambron. Quand tu regardes une phrase de Lambron, ça fait l'effet d'un lépidoptère épinglé. Ça ne bouge pas, ça ne vit pas, ça ne respire pas. C'est des phrases qui n'ont jamais pris l'air.

— Un papillon ça a pris l'air, avant d'être épinglé…

— Oui, mais lui il a inventé les papillons qui ne prennent pas l'air. Ils volent sous la Coupole. D'ailleurs, ce ne sont pas des papillons, Lambron, ce sont des mites. Des bestioles qui volent dans les habits, dans les penderies. Autour de l'habit vert, et lui, il essaye de les transpercer avec son épée, ou son sabre. Je ne sais jamais si c'est une épée ou un sabre à l'Académie. De toute façon, ils seraient bien incapables de s'en servir. Ils ne savent pas se battre. Rien de plus logique puisqu'ils ne savent pas écrire. Ce n'est pas avec la flopée de Lambrons qu'on trouve sous la Coupole qu'on va monter une armée, moi je vous le dis. Surtout vu leur âge…

— Marc est jeune. Il a ton âge, en gros.

— Il a peut-être mon âge mais, moi, je n'ai jamais cessé d'être jeune et lui n'a jamais cessé d'être un vieillard. Ça fait vingt-cinq ans que je le croise et ça fait vingt-cinq ans qu'il a quatre-vingts piges. Et ses livres ! Mais ses livres ! C'est plein de raisins secs partout, comme sur les puddings… Horrible. C'est du Troyat avec du Maurice Genevoix par-dessus… Et un peu de Henri Bosco… Avec un zeste d'André Dhôtel. Quelle horreur, mais quelle horreur. Lambron, non seulement ce n'est pas de la littérature, mais c'est le contraire. C'est la mort des mots. C'est de la napthaline. Du formol. Venir sur Terre pour faire des livres pareils, autant ne pas naître. Moi je suis né, et ça ne plaît pas à Lambron… Oui… Le problème, dans mon cas, c'est que je suis vivant, et pas mort, comme tous les Lambrons de l'ENA, de Normale sup, du Conseil d'État et de l'Académie ! C'est ce qu'on me reproche. De pas être agrégé et d'être vivant ! Si j'étais bouffé par les vers, j'aurais ma rue, mon école, ma place, mon square, mon Pléiade et mes mémoires universitaires. D'ailleurs, il y a tout un tas de thèses qui se publient sur moi… Si ça continue, je vais faire acteur de cinéma… Je suis furieux qu'aucun de vous deux, au passage, n'ait vu, depuis le temps, le film dans lequel je joue comme acteur.

— Sinon, demande Lescure, tu trouves plus agréable de lire, ou bien d'écrire ?

— Écrire, de très, très loin ! Lire, c'est permis à tout le monde. Encore que !… Mais écrire, on est combien ? L'orgasme et l'écriture, je mets ça à égalité… Avant tout le reste !

— Je ne suis pas d'accord, dis-je… J'aime autant lire qu'écrire. C'est d'ailleurs mon drame. Il faudrait une vie pour l'un et une vie pour l'autre. Et une pour le sport.

— Excuse-moi, mais c'est peut-être pour ça que – je le dis sans méchanceté, hein – tu ne m'arrives pas à l'ongle du petit doigt de pied… Le sport… Rien à voir ! Je ne fais du sport que pour écrire, moi. C'est ça qui fait la différence… Je suis désolé !

— Moi je n'ai jamais fait de sport de ma vie, avoue Lescure. C'est paradoxal, car ça ne m'empêche pourtant pas d'être un véritable hypocondriaque. Toi, Yann, l'hypocondrie te fait nager, et c'est comme ça que tu la soignes…

— Que je *tente* de la soigner… Mon corps m'informant qu'il va bien – et je le sens, et je le *crois*, je crois ce qu'il me *dit* –, du coup le spectre de la maladie s'éloigne…

— Du moins c'est ce que tu t'imagines, balance Jauffret en s'éclaboussant de sauce. Si tu cessais de faire du sport, sans doute, tu tomberais malade ; et si Lescure cessait de ne pas faire du sport, sans doute, il tomberait malade.

Nous croisons Jean-Pierre Bacri, soit mal aimable, soit timide, ou les deux, qui semble malade (cancer ?). Jean-Pierre Bacri paraît avoir fait carrière dans le bougonnage et l'acariâtrie. Son sale caractère, qu'il continue sur l'écran, s'affiche en plein sur ses traits. On le sent méfiant avec ceux qu'il ne connaît pas ; surtout, il ne paraît guère être friand de nouvelles rencontres. Il fait partie, sans doute, de ces êtres qu'effraie l'inédit et que rebute l'inconnu. Je me trompe peut-être : je vois néanmoins en lui le type même du ressasseur, du type qui ne pardonne pas, qui se trouve sans arrêt dans l'incapacité de « passer à autre chose ». Très étrangement s'est greffé sur lui, depuis une quinzaine d'années, tout ce que le politiquement correct français compte d'abonnés. Cela ne laisse pas de m'étonner : comment ce mâle blanc, intime du semi-beauf qu'est Lescure, a-t-il pu symboliser une gauche progressiste et tolérante jusqu'à la caricature ? Lui, qu'on verrait plutôt devant un verre de bordeaux et un cigare dans le bec, chantre de la pensée *Inrocks* et des préjugés téléramiques ? Je ne lui reproche pas son antipathie ; elle est l'apanage des célébrités qui, passées un certain âge, refusent de se laisser envahir par des gens dont ils savent qu'il est désormais trop tard pour les transformer en copains. Mais tout de même : tant que l'existence n'est pas complètement close, n'est-il pas dommage – et dommageable pour la santé – que de faire taire la nouveauté et d'évacuer les irruptions ? N'est-ce pas choisir l'ensevelissement confortable à l'étonnement nécessaire à la régénération des cellules ? Si Bacri a si mauvaise mine, c'est peut-être, je suis tout prêt à l'entendre, parce qu'il doit quotidiennement vivre dans la proximité d'Agnès Jaoui (ce à quoi, sur cette Terre, nul ne devrait être tenu), mais c'est peut-être aussi parce qu'il a décidé de ne plus jamais s'ouvrir à l'autre, au monde, au cosmos. Il est pris dans ses propres filets ; et force est de constater que la pêche est aussi maigre que lui.

Il faudrait tenter d'établir *ce qui manque* à Bacri. On pourrait alors, sans pratiquement se tromper, citer en premier lieu la joie de vivre. Quant au pourquoi d'une telle carence, elle est à rechercher dans une aigreur biographique insondable, que lui seul doit connaître – et encore. Alors, avec Pierre Lescure, qui définit à sa manière une idéale zone de non-être, il peut ressasser ses dégoûts de la façon la plus molle, en reprenant du vin. Ils ne se parleront d'ailleurs pas : ils se connaissent depuis « si longtemps ». Pierre Lescure fait partie de ces zozos qui n'ont que des meilleurs copains. Et des meilleurs copains qui sont de vieux, de très vieux copains – à une époque, très ancestrale, où nul au monde n'avait entendu les mots de « Jean-Pierre » et de « Bacri », Pierre Lescure, lui, était déjà le meilleur ami de tous les temps de Jean-Pierre Bacri. Et sans doute en va-t-il de tous ceux, devenus hyperconnus, qu'il a fini par connaître en dirigeant Canal +.

Ah ! Ce fameux « esprit Canal » dont il ne reste que quelques grimaces et deux ou trois bourdes. Cet esprit consistant à prolonger l'adolescence par-delà cinquante ans. Autant l'esprit d'enfance me paraît être un des départements de la mystique, une des catégories de la création (et cet esprit-là n'est point l'apanage de n'importe quel quidam), autant « l'esprit d'adolescence », installé sur les calembours, les concours de quéquette et les lancers de gâteaux m'a toujours profondément ennuyé. Je déteste la parodie, le carnaval et l'ironie. L'esprit d'enfance est humour ; l'esprit d'adolescence est ironie. L'humour consiste à se moquer de soi-même. L'ironie consiste à se moquer des autres. C'est dire si un abîme sépare ces deux activités. « L'esprit Canal » : des gens très bien rémunérés qui se déguisent en femmes de chambre, en bonniches, en fraises Tagada, merci bien. Ces accents étrangers imités, ces faux seins, ces couleurs fardées, criardes, ce sempiternel sourire sur la face, cette manière de se retenir à peine de rire à ses propres blagues pas drôles, cette satisfaction outrancière et permanente de soi, tout cela m'a toujours prodigué un insondable cafard. Cette façon, systématique et pénible, de toujours tout *détourner*. Cette manie de se croire au-dessus des autres, sous prétexte qu'on s'arroge plus de jeunesse, plus de cocaïne et plus de dollars. Cette puissance artificielle de la subversion permanente, obligatoire et, surtout, autoproclamée. Cette pression, qui se veut intimidante, de la punkitude en costume. Ses insupportables autoréférences, ses clins d'œil aux coulisses, ce vrai faux esprit de famille et d'artisanat, cette débauche de familiarités débiles et de publicités internes, cet inceste en vase clos, ces messages pseudo-cryptés, cette absurdité entretenue, cette pornoïté scolaire. Cette culture de la grungitude à la lèche-moi-les-aisselles.

Je rentre tard en vélo, je retrouve Emmanuelle. Nous nous écroulons de fatigue, mais à près de 2 heures du matin.

Mardi 26 juillet

Réveil vers 8 h 30 – avec *I Feel Alright*, Steve Earle, 1996 (Warner Bros. Records. 9 46201-2, US). Steve Earle : guitare, harmonica, chant ; Ray Kennedy : guitare ; Richard Bennett : guitare, harmonium, percussions ; Kurt Custer : batterie, percussions, chœurs ; Greg Morrow : batterie, percussions ; Garry Tallent, Kelley Looney, Ric Kipp, Roy Huskey Jr. : basse ; Bob Mason : violoncelle ; Rick Schell : batterie ; Lee Larrison : viole ; Carl Gorotedzky, Pam Sixfin, Richard Grosjean : violon ; Andy Logan, Lucinda Williams et The Fairfield Four : chœurs.

Emmanuelle part travailler. Je fais deux parties d'échecs. L'appartement est rangé, propre, net : il respire. Du coup, je respire aussi. On ne dira jamais assez les bienfaits d'un appartement respirable et respirant.

Prise d'otages dans une église, en Seine-Maritime (à Saint-Étienne-du-Rouvray) ; on ignore encore si c'est un « attentat », mais, surtout, on ignore ce que le mot « attentat » signifie encore. Toute exaction, tout crime, tout « pétage de plomb » (horrible expression à la mode) est comme un fleuve qui se jette dans cet estuaire sanglant qu'est l'attentat. Ce qui définit de moins en moins l'attentat, c'est l'absence de préméditation de l'attentat en tant qu'attentat – je veux dire : en forme d'allégeance à un groupe terroriste (Daech, généralement). Hier, un Japonais a tué une quinzaine de handicapés à coups de couteau. En France, Daech aurait sans nul doute revendiqué ce moment de folie.

J'écris ces lignes à la terrasse du Fontenoy, rue du Bac, où circule un peu de vent – à *La Règle du jeu*, on étouffe, on transpire, c'est l'étuve.

Drôle de pays qui, malgré le terrorisme, continue à être ce qu'il pense qu'il est, qu'il doit être : un gentil pays rempli de commisération, et qui aime pleurer autant sur son sort que sur celui, abstrait, du monde en général. La France semble étrangement hors sujet avec ce qui lui arrive en ce moment. Elle est indifférente à l'actualité, qu'elle digère comme une caisse enregistreuse, sans en tirer la moindre conséquence. Nous ne savons faire que poser des bougies, faire choir des larmes, crier notre indignation, écrire des poèmes, saturer les réseaux sociaux de bons sentiments et de clichés pacifistes, résignés, manichéens, *munichéens*. L'attentat de Munich, vendredi, aurait dû se passer en France, puisque c'est en France que l'esprit de Munich est le plus grand. Nous n'avons rien appris, finalement, depuis la dernière guerre. La faiblesse attise la haine. Chaque manifestation de nos larmes nationales, chaque défilé des pleurs, chaque cortège grimaçant de toutes nos douleurs rassemblées constitue, pour Daech, un motif de jouissance sans bornes, un spectacle dont il ne se lasse pas. Nous sommes des faibles, un point c'est tout. La seule chose que nous sachions faire est d'attendre le prochain attentat, et d'en commémorer en temps réel les victimes, multipliant les mémoriaux numériques et les numéros spéciaux dans les journaux.

La preuve que nous sommes des faibles, c'est que nous protégeons les futures victimes innocentes plutôt que de multiplier les futures victimes coupables. On poste des soldats à côté de ceux qui peuvent, à tout moment, être frappés. Mais comme tout le monde, et à tout instant, peut être frappé, cette non-réponse à l'agresseur n'est pas seulement vaine, inopérante, inefficace et inutile : elle est ridicule. Surtout, elle est preuve que le gouvernement actuel n'a toujours pas choisi de faire la guerre qu'il a lui-même, sinon décrétée, du moins nommée. Ce qui étonne, c'est la naïveté – naïveté qui consiste, avec un train de retard chaque fois, à se concentrer exagérément sur le dernier attentat en date, un peu comme si on tentait de le prévenir, mais *a posteriori*, de le prévoir, mais après, de l'empêcher, mais une fois qu'il a eu lieu. Nous avons toujours une imagination de retard. Depuis Nice nous surveillons les camions, depuis le 13 novembre nous nous focalisons sur les salles de concert – mais c'est oublier que les terroristes, tel est le bon plaisir, tel est sans doute, même, le seul plaisir avec celui de semer la mort, n'aiment rien tant qu'à surprendre, modifiant sans arrêt les modalités de leurs actes, diversifiant au maximum les instruments de leurs carnages, variant à la fois les effets et les décors. Leurs mises à mort sont toujours des mises en scène. Ils sont, chaque jour ou presque désormais, les frénétiques concurrents d'une sorte de concours Lépine de l'attentat, dont les lauréats doivent combiner la virtuosité et l'efficacité, le qualitatif et le quantitatif. Les terroristes s'affrontent aussi *entre eux*, comme dans un jeu grandeur nature, ils se lancent indirectement des défis dont nous sommes, tous, les otages et la matière première. C'est à qui laissera la plus grande trace dans les pages noires de l'histoire ; c'est à qui sera le plus rapidement célèbre. Oui, ces ados jouent. *Ils jouent à la guerre, sans doute, plus qu'ils ne la font réellement* – et c'est, paradoxalement, ce qui rend leur guerre plus dangereuse qu'une guerre qui ne joue pas. Ces soldats ne sont pas des soldats, puisque leur vie ne semble pas revêtir, à leurs yeux, la même réalité que celle que nous octroyons à la nôtre. La vie, pour eux, n'est qu'un processus ludique où se mélangent divertissement et pulsion de mort. La guerre que nous mène Daech est la première guerre immature de l'humanité ; non pas une guerre faite par des enfants, mais une guerre infantilisante, entretenue par des insociables, des capricieux, des caractériels, des colériques, des marginaux, autant de qualificatifs qui décrivent généralement les enfants. Et, sinon exactement les enfants, du moins les ados. Des ados restés dans l'enfance, qui refusent la vie qui s'annonce, avec ce qu'elle contient d'avenir, c'est-à-dire à la fois d'incertitudes et de responsabilités.

Guerre sans idéologie, guerre qui fait feu de tout bois parce qu'elle est, tout simplement, la guerre de ceux qui sont mal dans leur peau. Guerre de ceux qui nous cherchent parce qu'ils ne se sont pas trouvés. Guerre de ceux qui sont mal chez eux parce qu'ils sont mal en eux. Guerre contre la France, de ces Français qui n'aiment pas la France parce que c'est en France qu'ils vont mal – comme ils iraient mal n'importe où ailleurs.

Il s'agit, bien entendu, de continuer à frapper sur le terrain (c'est le métier, c'est la mission des forces armées) ; mais puisque ceux qui nous combattent sont des adolescents, du moins dans leur tête, alors il s'agit de considérer, sans état d'âme, qu'une chambre à coucher, une cave, une cage d'escalier, une salle à manger sont aussi des zones de guerre – et que la guerre se déroule aussi sous une literie, qu'elle se mène dans un placard, dans un ascenseur, dans un grenier. Extension du domaine de la guerre, comme dirait Houellebecq. Frapper sur le terrain : mais les chambrettes, mais les salons, mais les cuisines sont devenues le terrain, le lieu des combats. Le champ de bataille est en bas de chez nous.

Nous sommes des faibles, nous sommes des mous. Nous sommes toujours déjà des vaincus. Sur une vidéo, une petite frappe marseillaise défie Daech, genre : « Venez chez nous, les gars, on vous attend, ha ha, vous allez voir ce que c'est, des gens qui savent se servir des armes. » Personne, dans le personnel politique, n'a réagi à cette pathétique et irresponsable provocation. Mais elle en dit long : d'abord, elle dit qu'à la menace immature des pauvres « adulescents » de Daech correspond une immaturité symétrique, aussi vide d'intelligence et de sens, aussi m'as-tu-vu, aussi cours de récré ; ensuite, elle dit, tout simplement, que la France est incapable d'interdire le trafic d'armes (comme le trafic de drogue).

Nous accueillons beaucoup d'étrangers, et nous les accueillons mal. Résultat : tout le monde est perdant ; tout le monde est frustré. Nous ne pouvons pas, indéfiniment, être pris dans cet étau : faire venir des étrangers auxquels nous ne savons pas inculquer la fierté d'être français (le rêve d'une partie de la gauche et de l'extrême gauche), et ne pas faire venir des étrangers parce que nous ne savons pas les aider à s'intégrer (le rêve d'une partie de la droite et de l'extrême droite). Réfléchir à une autre manière d'intégrer les étrangers ; *repenser* l'immigration. Les coutures craquent, il faut créer un autre modèle. Si l'on veut accueillir plus, accueillons mieux.

Pourquoi, notamment, gardons-nous des criminels étrangers sur notre sol ? Pourquoi conservons-nous, en notre sein, des salafistes connus par les services de renseignement et considérés comme potentiellement dangereux ? Mystère. Pourquoi, rue Jean-Pierre-Timbaud, toutes ces burqas et ces librairies intégristes appelant au djihad ou à la destruction d'Israël, et dans lesquelles on trouve tout un tas d'écrits révisionnistes ? Pourquoi ne pas reconduire, aux frontières, les imams qui prêchent à longueur de journée la haine des Français et annoncent la fin de notre civilisation ? Remystère.

(Aveuglé par le soleil tandis que j'écris ces lignes.)

Ranger ce journal, et faire autre chose de mes journées, que l'écrire. Contre toute attente, cela devient une drogue.

Chez les catholiques, c'est le plus bête qui a raison : il y a une prime à la débilité. L'approche la plus fruste, celle du petit berger ignare au front bas dans les montagnes, dessinera l'indépassable modèle de Dieu : un Dieu immédiat et naïf, souriant aux petits enfants et aux simples d'esprit, et ce sera, ensuite, aux « intelligents », aux « intellectuels », aux docteurs, aux théologiens, aux exégètes, d'injecter dans les visions d'Épinal neuneus des concepts d'agrégés de philosophie. Les catholiques passent leur vie à présenter de la manière la plus subtile possible, la plus conceptuelle, la plus formelle, la plus universitaire, la plus complexe, la plus raffinée, la plus sophistiquée, la plus profonde, la plus fouillée, la plus Collège de France, la plus agrégation, la plus recherchée, la conception immature d'un Dieu grossier apparaissant sous forme de Christ ou de Vierge à des benêts de sept ans en sabots. On part de la bêtise pour aller vers l'intelligence : mais l'intelligence ne sert pas ici à se débarrasser de la bêtise, à la remplacer, à la corriger. Elle sert à la renforcer, à la cautionner, à la crédibiliser, à la nourrir. Dans le judaïsme, on part toujours de l'intelligence, quitte à en arriver à la bêtise. Dans le catholicisme, on part toujours de la bêtise, quitte à en arriver à l'intelligence.

Déjeuner avec Maria au Pain quotidien.

L'attentat dans l'église a été « revendiqué » par Daech ; sinon ce n'est pas drôle. « Récupéré » en réalité, comme c'est la mode en ce moment. Un prêtre égorgé. (J'écris ces lignes à *La Règle du jeu*.)

J'apprends un mot en lisant *Libération* : « misophonie ». C'est l'horreur, provoquée par autrui, de la mastication, des reniflements, des raclements de gorge. Excellent article signé Virginie Ballet (que je ne connais pas). Sur le fait, donc, de ne pas supporter qu'autrui mâche un chewing-gum, sirote avec une paille, fasse des bruits de chips. Personnellement, c'est le papier d'aluminium qui, sans rire, peut me faire tomber dans les pommes : quand il est froissé, etc. À sa simple vue, je puis défaillir. Coups de chaud… Mal aux dents… Atroce ! J'ai ça depuis toujours. Les misophones ont véritablement envie de tuer les personnes qui font ces bruits (c'est-à-dire, en gros, tout le monde). Émilie témoigne : « Une image me vient en tête. J'attrape la tête de la personne et je la cogne jusqu'à ce que le bruit s'arrête. » Sont-ils misophones, chez Daech ? On essaiera, quelque jour, de leur poser la question.

Noter les fulgurances de Furet… Ça en vaut la peine. La Restauration, suite. « Avec l'aide du pouvoir, l'Église reprend des positions, à défaut de pouvoir récupérer ses biens » ; « Rentrée en France par la petite porte, rétablie une seconde fois sur la défaite et l'occupation étrangère, la monarchie a bénéficié un temps de la fatigue de l'opinion et de la prudence du roi ; mais le tournant de 1820 et la victoire de l'esprit ultra ont brisé ses retrouvailles précaires. Ils ont séparé à nouveau le pouvoir de la nation et fait resurgir la Révolution française en face des Bourbons et des nobles » ; « La préparation secrète du "grand soir" réunit les libéraux, les bonapartistes et les jacobins » ; « La France produit à nouveau, comme au XVIIIe siècle, une formidable culture politique d'opposition ; mais sûre de l'irrésistible mouvement de l'histoire, mis en évidence par la Révolution, elle n'a plus à vaincre que des vaincus » ; « La "nation". Cette figure collective de la citoyenneté moderne, devenue le sujet de la grande aventure civile et militaire de la Révolution, n'est plus pensée comme au XVIIIe siècle en termes de droit naturel. Elle n'est plus cette origine inséparablement historique et mythique, dépositaire du contrat social, volonté générale enfouie dans la nuit des temps dont il s'agit de réaccomplir la promesse. Elle est désormais une épopée et un patrimoine, dont les survivants gardent précieusement le souvenir, magnifié pour les générations suivantes par la double tradition jacobine et napoléonienne ».

Fascinant : toutes les sensibilités, toutes les possibilités ont été au pouvoir, tour à tour, au long du XIXe siècle : les légitimistes avec Louis XVIII, les ultras avec Charles X, les orléanistes avec Louis-Philippe, les républicains libéraux avec 1848, les bonapartistes avec Napoléon III, puis les rouges avec la Commune. Nous sommes loin de l'alternance bipartite.

J'essaie de reformuler, clairement, synthétiquement, ce que j'ai pu, déjà, mais de manière peut-être plus brouillonne, écrire les jours précédents. Sur la notion de revendication, sur la notion de zombies, sur le virtuel et le réel, etc.

Daech a inventé la revendication constante et *a priori*. L'action ne précède plus la revendication ; c'est la revendication qui précède toujours déjà l'action. C'est une manière de réalité toute neuve qui se déploie : la revendication cesse d'être la qualification d'un acte passé ; elle est désormais appropriation de n'importe quel acte à venir. La revendication n'est plus un contenu, mais un contenant. Daech signe des chèques en blanc à longueur de journée ; l'expression « mort à crédit », chère à Céline, prend ici toute sa pertinence. Tout attentat commis vient, dès lors, se poser en quelque sorte sur le segment de futur que Daech lui avait réservé à l'avance, les yeux fermés. Tandis qu'après chaque tuerie nous commémorons, tournés vers nos morts, c'est-à-dire vers le passé, les terroristes, eux, d'une certaine façon, commémorent l'avenir. Nettoyé de toute mémoire à mesure qu'il avance, Daech, plutôt que de s'encombrer d'hommages à la mémoire de ses « héros », célèbre non pas ceux des siens qui sont déjà morts, mais ceux qui s'apprêtent à mourir. Cette guerre est aussi une guerre des temporalités. Ici le temps des victimes, qui s'écoule à rebours, tourné vers hier ; là le temps des assassins, renouvelé, régénéré, tourné vers demain. Ici un temps qui freine ; là un temps qui accélère.

Les terroristes, désormais, appartiennent à deux familles qui se mélangent : ceux qui font don de leur vie et ceux qui font don de leur mort. Jusqu'à une période très récente, le profil type des djihadistes était celui de kamikazes voués, par conséquent, à se sacrifier. Ce qu'ils offraient, après allégeance à leur dieu et à leur organisation d'origine (Al-Qaïda, Daech, etc.), c'était leur vie humaine, dont ils avaient peu à peu accepté de se démettre, à condition que leur soient données, en échange, quelques garanties ou compensations – allant de leur accueil dans l'éternité céleste par des houris enflammées, aimantes et voraces, jusqu'à la notoriété ici-bas et quelques rétributions financières à la famille. On peut aisément imaginer que l'idée de donner leur vie (même pour une telle cause) a dû s'apprivoiser lentement. Mais voici qu'aujourd'hui apparaît une autre catégorie de terroristes : ceux pour qui rester en vie est plus difficile encore que de mourir ; ceux qui, Daech ou non, eussent mis de toute façon fin à leurs jours. Ils ne peuvent pas donner leur vie, puisqu'en quelque sorte ils sont déjà morts. Leur mort biologique n'est, pour eux, que l'adoubement technique d'une mort commencée bien avant. Ceux-là, qu'on nommerait volontiers des zombies, n'ayant plus la moindre parcelle de vie à offrir à Daech, font donc cadeau de leur mort. C'est de leur suicide qu'ils font cadeau à l'État islamique, et non de leur existence. (Aujourd'hui, Richard Durn, qui décima en 2002 le conseil municipal de Nanterre, ferait parapher son acte de folie par Daech.) On sait, aux échecs, qu'à partir d'un certain niveau les noirs sont condamnés à perdre, tandis que les blancs sont presque sûrs de toujours l'emporter. Nous avons, face à nous, à la fois les noirs et les blancs ; ceux qui meurent en mourant, et ceux qui sont morts bien avant de mourir ; ceux qui meurent en même temps que leurs victimes, et ceux qui étaient morts bien avant le jour de leur mort.

Nous avons toujours, face au terrorisme, une imagination de retard. Lorsqu'un attentat a lieu dans le Thalys, nous voilà obsédés par les trains ; puis nous abandonnons les trains au profit des aéroports à cause d'un attentat à Bruxelles, puis des aéroports nous passons avec davantage de concentration aux camions de gros tonnage. Nous sommes, ce faisant, des aruspices inversés, capables de ne prévoir que l'irrémédiable et le révolu. Nous sommes ainsi dans la position, ridicule, de ne pouvoir empêcher que ce qui a déjà eu lieu, comme si l'avenir des attentats n'était que la répétition photocopiée des attentats advenus. Or, c'est oublier la nature de l'attentat, qui est de surprendre la réalité et, en quelque sorte, de la violer. Un attentat prévisible n'est plus un attentat.

Il n'est que de voir les « dialogues » entre les petits caïds marseillais, sur les réseaux sociaux, et les jeunes djihadistes français partis en Syrie pour vérifier, avec effarement, que nous sommes entrés dans un conflit dont la base théorique égale le niveau d'une cour de récréation d'école primaire.

Guerre, aussi, où se mélangent le virtuel et le réel. Dans un monde où des individus normalement constitués, ou supposés tels, sont capables, au risque parfois de leur vie, de passer des heures entières à capturer des Pikachu dans la nature, confirmant dès lors que la frontière jusque-là naturelle de la virtualité et de la réalité, du faux et du vrai, est désormais abolie, on aura du mal à s'étonner que des tireurs, des égorgeurs, des piétineurs, des dynamiteurs, des snipers, des crémateurs et des décapiteurs sachent exactement où se situe la barrière entre la vie et sa négation.

Cinéma avec Emmanuelle, rue Saint-André-des-Arts : *Mr. Gaga*. Excellent film. En y allant, nous croisons Bruno Le Maire, décontracté, mais préoccupé par la situation terroristique, avec qui nous discutons quelques minutes. Nous dînons ensuite dans un (excellent) restaurant espagnol sur les quais de Seine.

Mercredi 27 juillet

Sexe – excellent réveil, donc. Avec *Laughter and Lust*, Joe Jackson, 1991 (Virgin America, 261 413, Europe). Joe Jackson et Joy Askew : chant, claviers ; Sue Hadjopoulos : percussions, batterie ; Dan Hickey : batterie ; Graham Maby : basse, chœurs ; Tom Teeley : guitare, chœurs.

A priori, mon papier sur le terrorisme est pris par *Le Monde*. Très bonne nouvelle matinale ! Écoute de *Tinsel Town Rebellion* de Zappa (pas écouté depuis longtemps).

Cioran a raison : « Quand on a quelque chose à dire, on le dit, un point c'est tout. » Je cite de mémoire – et en même temps, je n'ai guère de mérite, puisque j'ai lu ce passage la nuit dernière, juste avant d'éteindre et de m'endormir. Oui : écrire simplement désormais, dans la plus grande simplicité, la plus pure épure, sans attendre quelque effet que ce soit, sinon celui de la concision, de la précision – ça va nettoyer mon « œuvre ». Je déteste le mot « œuvre », alors disons l'ensemble des livres que j'ai publiés, empilés les uns sur les autres, et dont, si je veux être strictement honnête, je n'aime aucun. Ils ne sont faits que de défauts, ils sont bancals, ils sont fumeux. Dans *Jubilations vers le ciel*, trop de BHV, ou de Samaritaine : trop de rayonnages, et trop d'objets, d'articles posés sur les étagères. Bric, broc. Étalage, quasiment constant, de lectures diversifiées, brouillonnes, qui donne à l'ensemble (par ailleurs difficilement cohérent) une allure de rafistolage frimeur. Le lecteur averti sent bien (et c'est d'ailleurs le défaut principal de tous mes « romans ») que la plupart des chapitres ont été écrits indépendamment les uns des autres, tous voués à raconter quelque chose d'autre, tous dédiés à un autre contexte, tous prévus pour une autre histoire, un autre livre, un autre roman – morceaux, hétéroclites, de journal intime, d'articles de journaux, de délires potaches écrits en cours d'histoire ou d'économie, lettres écrites à des filles puis recopiées à toutes fins (in)utiles. Et puis, ce style toujours compliqué, alambiqué, qui bombe le torse, réclame des applaudissements, provoque sans arrêt, ou pire : entend provoquer sans jamais y parvenir tout à fait, car ce n'est pas par la forme que l'on provoque, c'est toujours par le fond. Sans compter que le fait même de provoquer est, en soi, une manière d'échec ; la littérature n'a nul besoin de savoir qu'elle est en train de provoquer : elle doit se dérouler, sans calcul, sans visée spéciale, sans jamais se corrompre par l'obsession de ses conséquences. Elle doit avancer comme un train dans la nuit, aveugle à ce qu'elle déclenchera peut-être, entre crachats et trophées. Dans *Les cimetières sont des champs de fleurs*, c'est encore pire. Le « scénario », la « trame », si j'ose dire, fut trouvé, *grosso modo* (autant que je m'en souvienne) après la rédaction des deux tiers du livre – quant à la fin, elle était une nouvelle, d'ailleurs publiée en son temps par Sollers dans sa revue. À propos de Sollers, j'apprends aujourd'hui, par la presse, la mort de Jean Ricardou. Je dois faire partie de l'ultime génération (et encore, parce que je m'y suis intéressé, notamment avec mon ami Anthony Palou, très présent dans les pages de mon journal intime de 1995, aujourd'hui définitivement perdues) à savoir qui il était. *Anissa Corto* : trop évidemment proustien, tétanisé par la lecture de Proust. Nous ne sommes pas loin du pastiche – art justement proustien ; donc, en quelque sorte, je retombe sur mes pattes. *Partouz* est plutôt réussi, parce que cohérent du début à la fin, et pensé comme un tout ; même remarque pour *Podium*, beau roman de gare je trouve, énormément travaillé, et qui eût franchement fait un parfait Goncourt (Rambaud l'avait soutenu). *Panthéon* aurait pu être réussi, il ne l'est pas – il souffre, entre autres, des trop grosses coupes que j'y ai effectuées. Ce roman était prévu pour faire plus de mille pages, puis, en quelques heures, avant de rendre le manuscrit, j'en ai sabré plus de sept cents. Il y a malgré tout de bons passages, et lui aussi est cohérent. C'est pour moi le brouillon de *Naissance*. *Naissance* : trop d'adjectifs inversés, à l'allemande – j'ai voulu, comme dans *Edith Stein* avec les deux points, essayer quelque chose, innover ; et j'avoue que cela ne marche pas systématiquement, loin s'en faut. Pourquoi dire « la noire nuit » quand on peut dire (quand il « faut » dire) « la nuit noire » ? Du coup, je n'aime pas relire des passages de *Naissance* – juste pour cette raison. C'est un peu du gâchis, parce que, quand, relisant tel ou tel paragraphe, je remets les adjectifs dans le bon sens, eh bien, je trouve cela aussi bon que si quelqu'un d'autre en était l'auteur. Parfois, envie de reprendre tous mes livres, et de les corriger, mais je ne le ferai jamais – dans les éditions de poche, je laisse même les coquilles.

On croit toujours qu'il est trop tard pour tenir un journal intime ; c'est faux. Il n'est jamais aussi tard qu'on le croit. J'aimerais bien pouvoir écrire que la vie est très longue, beaucoup plus longue que l'on peut l'imaginer – mais avec ce qui se déroule, partout dans nos rues, jusqu'en province, nous ne sommes plus certains de cette longévité proclamée.

Déjeuner avec Maria. Vive elle.

Si les chrétiens n'aiment pas les juifs, c'est parce qu'ils ne les comprennent pas. Et s'ils ne les comprennent pas, ce n'est pas parce qu'ils se méfient des juifs, mais parce qu'ils se méfient de ce qui se comprend.

Quand je publie un livre, soit je ne pense plus ce qu'il contient, soit je le pense encore, mais en mieux, en plus profond, en plus clair.

Le Figaro de ce matin, titre : « Daech assassine un prêtre dans son église ». Le père Jacques Hamel a été égorgé, en effet, par un certain Adel Kermiche, dix-neuf ans (il est né en 1997). Cette phrase du quotidien du matin est à la fois totalement vraie et absolument fausse. Fausse, pour commencer, parce qu'en aucun cas un petit psychopathe, décrit comme instable et malade, ne peut se confondre avec Daech, qui ne le connaît pas et que lui-même, malgré sa simiesque allégeance, ne connaissait sans doute que dans les « grandes lignes ». Mais vraie, en seconde analyse, parce que Daech est bel et bien devenu cela aussi : pas seulement un État improvisé sur le sol du Moyen-Orient, mais un État incarné par le premier détraqué venu, sur le sol de France. À ce niveau, on peut presque dire qu'il existe un Daech par personne ; un État islamique par individu. Et que, comme il en va pour les fractals, le macroscopique est dessiné par une infinité de motifs microscopiques qui lui sont similaires, jumeaux. Daech a finalement réalisé ce prodige, que d'être à la fois une entité territoriale et évanescente, politique et religieuse, structurée et improvisée, réelle et virtuelle, verticale et horizontale, milliardaire et fauchée, internationale et locale, analogique et numérique, collective et individuelle.

Ce qui frappe, dans les attentats récents, c'est la disparition totale, autant dans les revendications que dans les éditoriaux, des allusions au corpus coranique. Comme s'il était acquis pour tout le monde que le texte n'était plus indispensable pour justifier quelque passage à l'acte que ce soit. Chez Daech, les islamistes auront réussi à faire l'impasse sur l'islam ; on ne tue plus qu'au nom du meurtre lui-même, et Allah est devenu, ni plus ni moins, que le surnom de la mort.

Dire la vérité, rien que la vérité : phrase abstraite. La vérité ne se *dit* pas ; elle s'entend. Elle est peut-être davantage un contenant qu'un strict et objectif contenu ; un contexte, un écosystème, un environnement – et c'est à partir de cet environnement que la parole, plongée dans tel cosmos, peut commencer à se déployer, sans plus jamais à avoir à se poser la question si ce qu'elle exprime est vrai ou faux.

Magnifique solo de Zappa sur « Outside Now » (je tiens ce morceau, mal connu et sous-estimé, pour un des plus fantastiques de son œuvre) dans le *live* de 1980 à Rotterdam. J'écoute « Peaches en Regalia », version *Solid Gold – Live On Air* (qui vient d'apparaître sur Deezer), puis je me replonge dans François Furet. C'est par « Peaches en Regalia », sous le nom de « Peaches III », album *Tinsel Town Rebellion*, que je suis définitivement entré dans Zappa, en juin 1984 – grâce à Daniel, justement, qui m'avait fait une cassette « *best of* ». À partir de ce déclic, cela ne s'est plus jamais arrêté – même si, avec Zappa, il faut parfois se purger un peu, faire des (plus ou moins longues) pauses afin de laisser reposer un peu. On n'y retourne ensuite que plus volontiers. Écoute de « Dancin' Fool ». Il faut toujours écouter Zappa sans aller, bêtement, « chercher le solo ». Travers dans lequel, parfois, maintenant que le numérique permet, d'un léger coup d'index, d'aller là où on le souhaite dans un morceau, j'avoue tomber. Écoute de « St. Alphonzo's Pancake Breakfast », toujours sur le *Live On Air*. Je pense que c'est Terry Bozzio qui est à la batterie ; qui d'autre ?

Que fait Eddie Jobson à l'instant où j'écris ces lignes ?

François Furet me donne envie de lire les *Souvenirs* de Tocqueville (qui est un génie), mais que faire ? Accumuler encore davantage de lectures en attente ? C'est à donner le vertige ; je n'ai plus assez de place dans mon avenir pour loger tous les livres que je dois lire. Pas le courage, en revanche (ni l'envie) de lire Marx sur le même sujet (1848).

Emmanuelle vérifie que la mue de Tarzan s'est bien déroulée ; celui-ci, avant qu'elle ne tente de l'empoigner (ce qu'elle renonce à faire), semble en position d'attaque. Elle le laisse tranquille, le touche ; je le touche aussi. C'est musculeux et froid. Je trouve que, depuis quelques jours, la bête n'a pas l'air dans son assiette. Je me demande bien quel numéro de téléphone je devrai faire si, ce que je n'espère pas, Tarzan (par mégarde ou folie passagère) s'en prend à la main d'Emmanuelle.

Zola disait qu'une œuvre d'art est un coin de la création vu à travers un tempérament. Cette définition géniale résume tout. C'est pourquoi un écrivain ne sera jamais un journaliste, même quand il fait, comme Arthur Miller dans *Fenêtres sur le siècle*, un travail que font aussi les journalistes, à savoir décrypter les événements qui façonnent le monde. J'ai rencontré Arthur Miller le mercredi 12 septembre 2001, le lendemain même des attentats, chez François Gibault, rue Monsieur, qui organisait un raout pour l'occasion. Je ne me souviens plus très bien de qui était présent ce soir-là. Je ne me souviens que de Miller. J'aurai donc serré la main et discuté avec le mari de Marilyn. Il était grand, posé, attentif – et pour tout dire imposant ; précédé de cette pesante légende. « Ce qu'a vécu, ce qu'a connu cet homme », me répétais-je en le fixant. Les années traversées. Les épisodes. Les époques. Le XXe siècle, en gros – ne barguignons pas. Dans *Fenêtres* – que je parcours une fois encore comme cela m'arrive régulièrement –, Miller livre ses visions des procès nazis, du régime de Vichy, du maccarthysme évidemment, de la ségrégation raciale bien sûr, de la présidence de Nixon et de la chute du mur de Berlin. Il les pense de façon systématiquement inattendues. Systématiquement surprenantes. Systématiquement personnelles. Du coup, ces événements finissent par appartenir à la littérature, la seule, la grande – la vraie.

Les écrivains qui « racontent » des histoires qui auraient pu se passer dans un autre temps et une autre géographie, même s'il est des exceptions heureuses, ne sont jamais les meilleurs. Cela va de soi. C'est un lieu commun que de le marteler. Tout écrivain, a écrit Ionesco quelque part (je ne sais plus où), doit être un dynamiteur. Ce qu'il s'agit de dynamiter, c'est l'époque. Les opinions, les réflexes, les a priori, les conformismes. Le XXe siècle que décrit Miller est tellement le nôtre, Miller est tellement le seul à l'avoir ressenti comme ça qu'il en devient le nôtre, qu'il en devient extraordinairement clair et universel. Miller a été de son époque : il sera donc de tous les temps.

Jeudi 28 juillet

Réveil avec *King of the Slide Guitar*, Elmore James, 1994 (Capricorn Records, 9 42006-2, US). Chant : Elmore James ; saxophone : J.T. Brown et Paul « Huckelbuck » Williams ; saxophone ténor :

George Coleman ; saxophone baryton : Paul « Huckelbuck » Williams ; basse : John A. Williamson (alias « Homesick James ») et Sammy Lee Bully ; batterie : Belton Evans, Earl Williams, King Mose, Odie Payne et Sam Myers ; guitare : Elmore James, Riff Ruffin et Wild Jimmy Spruill ; harmonica : Sam Myers ; piano : John « Big Moose » Walker, Johnny Acey, Johnny Jones, Walkin' Willie ; trombone : Dickie Harris ; trompette : Danny Moore.

Échecs (je perds pratiquement toutes les parties, même contre de très mauvais joueurs) ; lecture de François Furet – il aborde Louis Napoléon Bonaparte (Cavaignac, « sauveur de circonstance », Louis Napoléon, « sauveur de métier »). Toujours aussi passionnant, toujours aussi fulgurant.

Mort de Guy Kédia. « Guikédia », RTL : sonorité de l'enfance.

Hier, le cardinal André Vingt-Trois a célébré une messe, à Notre-Dame, en hommage au prêtre assassiné par une crotte daechienne. Les débats, un peu partout, portent essentiellement sur le droit pénal, que de nombreux juristes et politiques appellent à revoir de fond en comble pour s'ajuster à la menace et aux actions terroristes. L'enjeu est celui d'une révision constitutionnelle. Pour ma part, je trouve criminel que le législateur n'ait pas daigné créer un délit de séjour en Syrie ou en Irak. Qui nous ferait accroire que quiconque puisse aller, en ce moment, dans ces pays pour des raisons strictement touristiques ou culturelles ? (Adel Kermiche, l'assassin du père Jacques Hamel, avait bel et bien tenté de se rendre en Syrie en mars 2015, juste après les attentats contre *Charlie*, et une fois encore deux mois plus tard ; il avait été arrêté en Turquie et mis en examen pour association de malfaiteurs en relation avec une entreprise terroriste.) Notre système juridique n'est pas adapté à la réalité terroristique, qui n'est ni de l'ordre de la délinquance ni de l'ordre de la guerre, mais un mélange inédit des deux. La répression qui suit l'exaction n'est intellectuellement et moralement plus pertinente pour combattre le djihadisme intérieur. Notre État de droit est également devenu un territoire, une zone de combat. Et cela, la machine juridique ne l'a pas encore entériné. Si nous attendons les faits pour sanctionner, nous sommes perdus. Il y a quelque chose de particulier au terrorisme : c'est que l'intention et l'action se confondent ; le terrorisme est une intention constante, têtue, qui se déploie d'abord sous la forme des mots, puis se matérialise en actes. La radicalisation, c'est la continuation (et on pourrait parler de continuité) d'une intention parlée à une intention réalisée. La fin est toujours déjà en germe dans l'œuf, si bien que distinguer l'intention de l'action, chose sur laquelle reposait la punition des droit-commun, n'a plus de sens dans le cas du terrorisme. Un terroriste est déjà passé à l'action à l'instant même où a commencé à se développer son intention ; distinguer l'une de l'autre est inopérant. L'action, pour lui, n'est qu'une des manifestations techniques d'une intention empoisonnée, fixe, constante, permanente, immobile – l'action n'est pas seulement un passage à l'acte, mais une incarnation différente, à telle date, de l'intention originelle. « Nous, on l'écoutait, dit Younès (un jeune de Saint-Étienne-du-Rouvray, connaissance d'Adel Kermiche), mais on lui disait “arrête tes conneries !”. On était un peu bluffés quand même. Il était déterminé, il avait un programme, une clef USB dans la tête. » CQFD.

Mais voilà : on ne peut sanctionner, on ne peut punir une intention, sauf à entrer dans une dictature. Les dictatures seules font des procès d'intention – ce qui permet notamment les fameuses purges, communes à tous les systèmes répressifs ; et ce qui permet, également, de juguler toute forme de résistance extérieure au pouvoir. Punir un individu qui n'est pas passé à l'acte : telle est la révolution juridique qu'il s'agit de concevoir, si l'on veut venir à bout du terrorisme. Et puis : il y a la fameuse et sacro-sainte Cour européenne des droits de l'homme, qui, en la circonstance, nous empoisonne la vie. Il faut les dépoussiérer ; les adapter au monde dans lequel nous évoluons. Israël vit, depuis 1948, en état d'urgence. Ils ne s'embarrassent pas, là-bas, des commissions de Droits de l'homme. On incarcère chez eux très facilement de simples suspects, par tranches renouvelables de six mois. Les demeures des auteurs sont réduites à l'état de cendres et de gravats – ce qui envoie un signal fort aux familles susceptibles d'avoir décelé chez leur rejeton une inclination au djihad. Nous devrions, m'est avis, aller faire un tour en Israël, et étudier de près, de très près, toutes les réponses apportées aux différentes formes d'attentats.

Il faut vérifier de près les réseaux sociaux, créer une police internautique. En Israël, c'est ce qu'ils font. Mais cette police a détecté près d'un million de profils à risque, des Palestiniens, âgés de seize à trente ans.

Voltaire, à Pierre Louis Moreau de Maupertuis (décembre 1732) : « Adieu. Je vous aime et je vous admire, mais j'ai bien peur d'être obligé d'abandonner toute cette philosophie. C'est un métier qui demande beaucoup de santé, et beaucoup de loisir, et je n'ai ni l'un ni l'autre. »

Une façon de se battre contre le terrorisme, c'est de n'avoir pas peur du ridicule : aller désigner une valise solitaire, un type qui gratte sa barbe, une anomalie qui se trouvait finalement être normale, etc.

La magie du journal, c'est que ce sont les jours qui, techniquement, font les pages. Lorsqu'on écrit un roman, on fabrique des journées avec des pages ; lorsqu'on écrit son journal, on fabrique des pages avec des journées.

On peut cesser d'être catholique en lisant Claudel, et commencer à être juif en lisant Kafka.

Déjeuner au Matsuri de la rue du Bac avec Emmanuelle et Agnès – nous parlons de ses ados. Je lui dis tout net qu'ils me sortent par les trous de nez. Ce qu'elle accepte d'entendre.

Je vais reposer ce journal pour aujourd'hui – ne serait-ce que pour *faire*, au lieu d'*écrire*. (Je considère évidemment que lire, c'est faire.)

Ce qui serait bien, à Santa Margherita, c'est que je me fasse un programme strict comprenant : écriture de ma pièce, lecture histoire, lecture littérature, lecture presse, journal intime et tout le reste (sport, marche, natation). Pas évident. Je vais prendre, comme l'été dernier, les *Mémoires d'outre-tombe*, que je n'ai pas terminés. Tocqueville, *Souvenirs*. Et François Furet. Et quelques *BAAG* (*Bulletin des Amis d'André Gide*) en retard. Et *L'Énéide*… Et la nouvelle traduction de l'*Enfer* de Dante ! Et Jabès ! Ne pas trop prendre à lire, ni pas assez. Subtil dosage – comme chaque année. Je prie pour *finir* chaque livre que je commence.

Mon article sur le terrorisme paraîtra dans *Le Monde* daté de dimanche-lundi.

Maria m'offre un iPad ! J'en rêvais sans en rêver : je n'aime pas la technologie, j'adore la presse papier et je ne lis que sur des vrais livres. Mais là, il y a un logiciel de dessins fantastique, et puis, en vacances, il est bon de pouvoir télécharger l'intégrale de Rémusat et de Louis Blanc !

Exposition Paul Klee, à Beaubourg, avec Emmanuelle. Ce qui me trouble et me passionne, chez Klee, c'est l'intranquillité. L'intranquillité est une notion sans laquelle, donc, on ne saurait penser ce que c'est qu'être juif. C'est très clair chez Kafka, dont une nouvelle traduction de *La Métamorphose* s'impose. Mais l'intranquillité ne se retrouve pas simplement chez Kafka. On la trouve, aussi vive et fébrile, chez Klee. Le nom même de « Klee », avec ce qu'il autorise de jeu avec le langage (« clef »), est un instrument fondamental pour ouvrir la porte du siècle précédent. Je précise toutefois que Klee lui-même a joué sur l'homophonie Klee/clef en intitulant l'un de ses tableaux *Zerbrochener Schlüssel*, c'est-à-dire « la clef cassée ». C'est une œuvre de 1938, période qui précisément ne permet l'ouverture d'aucune porte. Non pas seulement parce que les portes, toutes les portes, sont fermées, mais parce qu'aucune clef ne peut plus les ouvrir. On remarquera par ailleurs que *Zerbrochener Schlüssel* paraît se composer des lettres (déstructurées, fracassées, démantibulées) du mot « Klee ».

L'intranquillité interpelle immédiatement, bien sûr, l'être-juif. Et, au-delà, une fois que je la situe dans l'essence même du juif, je tente de la lire à une échelle différente encore : au sein de ce que j'appelle l'être-marrane. Le marranisme renvoie d'ailleurs au Brésil, que je connais si bien et que j'aime tant – pas Brasilia, qui est une ville sans mémoire de ce point de vue, mais Recife, ville fondamentale pour l'histoire des marranes. Et fondamentale surtout parce que Maria y est née !

William Cliff, poète génial et trop méconnu, le plus grand poète francophone vivant à mes yeux et qui devrait depuis longtemps avoir obtenu le prix Nobel de littérature, utilise dans *Épopées* l'expression de « dissidence foudroyante ». Plus exactement, il parle de « la dissidence foudroyante qui peut nous surprendre ». C'est un passage qui se déroule dans un parc, la nuit, et où l'intranquillité est à la fois l'amie et l'ennemie. Le narrateur (le poème s'appelle « En Auvergne ») la cherche, la recherche, en hume le parfum, et finalement s'aperçoit que ce qu'il redoute, ou fait semblant de redouter, n'aura finalement pas lieu : parce que nous sommes en province, en Auvergne précisément, et que la dissidence foudroyante reste dissidence, reste foudroiement, pour finir chez soi, en chambrette, sous la forme la plus solitaire qui soit : la frustration. L'œuvre de Klee procède de la même manière, par dissidences foudroyantes. Elle semble aussi calme qu'un parc nocturne, bien balayé, bien propre, parfaitement lisse et géométrique, mais sur ce fond paisible, sur ce décor impeccable va pouvoir se jouer le plus inattendu, le plus inquiétant : et finalement, ce n'est pas seulement ce qui vient se tramer sur ce décor, à savoir le motif, qui bouge, et mute, mais le décor lui-même : nous n'en avons plus, la peur et l'angoisse advenues et une fois installées, la même perception. Les proportions s'abîment, de ce que nous pensions être un décor familier, voire familial, et les formes amies se déforment, pratiquement à notre insu. On ne s'aperçoit pas, comme chez Kafka d'ailleurs, du moment, de l'instant à partir duquel tout est trop tard. Nous avons en quelque sorte raté le point d'irréversibilité. Klee a d'ailleurs écrit sur cet instant. Il appelle cet instant, un point, le *point gris*. Il est normal que pour lui, un instant, en tant que peintre, soit un point – ce qu'il est également, d'ailleurs, pour le mathématicien.

Pour Klee, dont la pensée contient des intuitions eschatologiques (messianisme et intranquillité sont en réalité infiniment liés), il s'agit d'« établir un point dans le chaos ». Il explique tout cela dans un petit livre inouï, un des livres de peintre les plus intelligents et profonds jamais écrits, intitulé *Théorie de l'art moderne* – le titre est sinistre, il n'est d'ailleurs pas de lui et il ne faut pas s'y arrêter, il faut passer outre. « Établir un point dans le chaos, écrit Klee, c'est le reconnaître nécessairement gris en raison de sa concentration principielle, et lui conférer le caractère d'un centre d'où l'ordre de l'univers va jaillir et rayonner dans toutes les dimensions. » L'intranquillité, maximale en ce point gris, point de densité extrême, où l'inquiétude (mais intranquillité et inquiétude, ce n'est pas la même chose, ce n'est absolument pas synonyme), l'intranquillité est donc cette phase, cet acmé plutôt, qui fait chercher, au milieu du désastre, de l'apocalypse, un centre au monde, un centre que le monde a perdu. Ce n'est pas une recherche du centre du monde, ce qui n'aurait aucun sens (ni aucune utilité autre que géographique ou, pire, historique, c'est-à-dire politique), mais d'un centre à partir duquel penser le monde, lui conférer une autre harmonie possible, un équilibre neuf, inédit. L'affecter, dit Klee, d'une vertu centrale : il s'agit de le faire re-naître. Tout est à recommencer, pas pour refaire la même chose, mais pour construire différemment. L'histoire nous a montré que le centre choisi, jusque, disons, en 1933 avec l'arrivée au pouvoir des nazis, n'était pas le bon barycentre, pas le bon point d'équilibre. Le point gris est le point qui traduit ce basculement dans un monde à refaire intégralement, l'agonie du monde finissant, les lueurs du monde commençant. « Point fatidique entre ce qui devient et ce qui meurt », dit Klee. Je souligne : *fatidique*. Il y a cette idée, chez Klee, que ce déséquilibre perpétuel, installé dans et par le chaos universel, permet, d'une certaine manière, l'art « abstrait » tel qu'il le pratique : que sans la déstructuration du tout, la violence et l'intranquillité dans lesquelles le monde nous installe, nous plaque, nous serions à même de pratiquer une forme d'art qui coule de source, un art immédiat, non filtré par notre génie, par nos tortures, nos plaies, nos peurs : cet art serait, dit-il, immanent. Il nous dicterait immédiatement sa forme, son style, dessinerait pour ainsi dire ses figures à notre place, et nous ne serions plus, comme Moïse avec les paroles d'Adonaï, que les simples scribes d'un univers qui guiderait chacun de nos gestes sur la toile : cet art d'immanence, débarrassé, lesté de toute intranquillité, serait un art d'évidence.

Klee établit donc une corrélation entre la dangerosité du monde et l'évolution de l'art. Dans son *Journal*, publié en France à la fin des années 1950, il note, en 1915 (c'est après son fameux voyage en Tunisie, voyage où il a eu une révélation par rapport à son art, il a trente-six ans) : « Plus le monde est terrifiant et plus l'art se fait abstrait, tandis qu'un monde fortuné susciterait un art immanent. » Au lieu de « fortuné », qui est une mauvaise traduction, il faudrait plutôt dire : « apaisé », « tranquille ». L'art est le fruit, chez Klee, ou plutôt le lieu, le lieu même de l'intranquillité. Comme Miles Davis a toute sa vie cherché la note bleue, Paul Klee a cherché le point gris. Point de la plus haute intranquillité, de l'intranquillité poussée à son paroxysme – mais aussi à l'espoir de sa fin, de l'agonie de ce mode d'être insupportable qui fait de l'homme, tout en provoquant chez lui de l'art et de la dignité (c'est tout le paradoxe), une bête traquée. Qui trouve refuge où ? Dans l'œuvre. Non dans l'œuvre faite bien sûr : mais dans l'œuvre à faire, son seul abri, sa seule issue.

Le « point gris » : point de jonction entre un monde révolu et un monde nouveau, un point qui correspond au passage de la nuit au jour, un point d'aube, si l'on veut. Ce passage de la nuit au jour, cette zone de gris, est une question passionnante, tant chez Klee, chez Kafka, que dans le Talmud par exemple. Le traité Berakhot démarre ainsi sur ce débat, de savoir à quelle heure on doit réciter le *Chema'*… Est posée la question de la *limite ultime* pour cette récitation. Cette limite ultime, c'est le point gris de Klee. Dans le Talmud, Rabbi Eli'ezer pense que la prière doit être exécutée, récitée lors de la préparation au coucher, c'est-à-dire dans le premier tiers de la nuit. Mais quelques-uns de ses collègues ne sont pas d'accord, comme il se doit (dans le Talmud, personne n'est jamais d'accord avec personne) : pour eux, la limite ultime se situe « à la fin de la première moitié de la nuit ». Une troisième réponse est apportée par

Rabban Gamliel pour qui cette limite, c'est l'aube. Toute cette histoire rappelle l'épisode tragi-comique de *Amerika*.

Je fais ici allusion à l'épisode de la lettre, dans le chapitre III, intitulé « Une maison de campagne aux environs de New York ». Le « héros » (je mets des guillemets à héros), Karl Rossmann, est en visite – parce qu'il n'a pas su refuser, et c'est pour cette raison une visite angoissante, intranquille – dans une immense propriété. Vite mal à l'aise, il fait tout, dans les limites de la courtoisie, pour quitter les lieux. Il invoque tous les prétextes, et ses hôtes, les sinistres Green et Pollunder, finissent par céder. Mais Rossmann ne pourra pas partir avant minuit, puisque c'est à minuit pile que Green doit lui remettre, selon des indications précises, une lettre signée de l'oncle de Rossmann. Pendant près d'une heure, Rossmann devra donc patienter : sans lecture de cette lettre, pas d'autorisation de partir – d'autant que cette lettre, a annoncé Green, concerne les modalités du retour à New York. Rossmann, pour tuer le temps, visite la propriété, ce qui donne lieu à de nombreux sous-épisodes drôles, très drôles, et terrifiants. Enfin, minuit arrive. Green remet la lettre à Rossmann : son oncle lui dit que, n'étant pas rentré à temps, il le renie et ne veut plus jamais entendre parler de lui. En gros, Rossmann n'avait que la permission de minuit, et c'est à minuit qu'on devait lui remettre la lettre concernant son infraction horaire de dépassement de minuit ! Car avant minuit, il n'était pas en faute. Mais après minuit, il l'était définitivement. Voici, de manière géniale, expérimentée dans le roman de Kafka, la notion de « point gris ». Le point gris de Klee, c'est le minuit de Karl Rossmann. À partir de ce point (de cette heure) de non-retour, un monde nouveau, effectivement, va s'ouvrir pour Karl : et ce monde nouveau, précisément, c'est l'Amérique, c'est-à-dire le Nouveau Monde.

Minuit est la « limite ultime »… Le minuit de Karl Rossmann dans *Amerika* correspond à la limite ultime du traité Berakhot. Kafka emploie l'expression de « délai ultime ». Il faudrait que je regarde en allemand, mais l'édition que je possède ici, celle de Bernard Lortholary, traduit « délai ultime ». Voici la phrase : « Est-ce que l'enveloppe ne dit pas très clairement que minuit devait être pour moi le délai ultime ? » Le point gris, la limite ultime, le délai ultime : point du maximum d'intranquillité, que nous allons tenter, je l'espère, de circonscrire encore plus précisément, ensemble. Je n'aime toutefois pas le mot « délai », qui paraît un peu académique, ou du moins administratif – la traduction, en cela, est bonne. Mais le mot « limite » est évidemment plus fort. Il tranche de manière, non pas administrative, bureaucratique, mais existentielle, mais métaphysique.

Le Talmud emploie une expression que j'aime beaucoup : la « colonne de l'aurore ». Ce pourrait être un beau titre, quoiqu'un peu parnassien peut-être, sur l'eschatologie. Le moment, dit le Talmud, où « se lève la colonne de l'aurore » est difficile à déterminer. On s'en doute, ce n'est pas là seulement une question d'astronomie.

Limite ultime, délai ultime, point gris… Tout cela décrit la même chose. Un point de basculement. Le point de basculement du passé vers le présent, du présent vers le futur, de l'ancien vers le neuf. Un nouveau monde nous ouvre ses portes, une « nouvelle partie », dit Klee dans une conférence intitulée « De l'art moderne », « révèle d'autres dimensions, propose une tout autre direction menant dans une région écartée où le souvenir pâlissant des dimensions déjà parcourues risque de faire défaut ». On note, dans ses propos, l'utilisation de l'adjectif « pâlissant », qui rappelle l'aube. L'aube s'insinue, advient, quand la nuit devient pâlissante, lorsqu'elle s'efface graduellement pour faire place à quelque monde lavé, nouveau, et on devrait dire : inédit. Le point gris, zone de la nuit pâlissante, fait basculer vers un monde de dimensions non déjà parcourues, vierge de toute mémoire, propice à toute proposition d'aventures encore non vécues par personne. Il y a là l'idée, assez extrême, d'une mémoire qui doit aussi savoir faire le vide pour que l'aventure humaine sache, et puisse, se renouveler. L'idée n'est pas, bien sûr, de faire table rase du passé, ce qui relèverait de la barbarie, mais de savoir, consciemment, désapprendre, déconnaître avec la même science que nous mettons parfois à apprendre et connaître. C'est un problème qui passionne Klee… Dans un petit texte, « Approches de l'art moderne », parlant de Delaunay, il pose l'hypothèse d'une « destruction par amour de la construction ». Une des raisons pour lesquelles Boulez est fasciné par Klee, dont il s'est si souvent inspiré pour consolider (ou déconsolider !) son univers musical, réside d'ailleurs là. Le dimanche 12 novembre 1972, Boulez est l'invité de l'émission *Le Musée imaginaire*.

Cette émission, sur l'Ina, vue récemment, sur Boulez, dont Klee est le peintre favori… Derrière Boulez, une toile agrandie de Paul Klee. Impression que Boulez est installé dans une sorte de vaisseau spatial visitant le monde de ses œuvres favorites. Pierre Boulez : « Je ne trouve pas que la mémoire joue un rôle très important, chez moi en tout cas. Ma mémoire fonctionne avec une irrégularité très bonne, chez moi en tout cas car elle me préserve d'accumuler. On accumule de nos jours beaucoup trop de connaissances et de mémoire. Et à mon avis, c'est le signe des civilisations qui meurent. On a parlé beaucoup de gardes rouges, il y a quatre ou cinq ans. On a trouvé très sacrilège qu'ils brisent des statues – d'une valeur inestimable. Et je trouve que les civilisations autrefois, qui étaient très sanguines, n'avaient pas peur de s'extraire un peu de sang quand il y en avait de trop. Et je trouve que de nos jours, il y a un problème, qui est le problème de la mémoire. Il y a beaucoup trop de mémoire. Il y a beaucoup trop de mémoire présente partout. Et tout le monde tient à se situer parmi toutes les composantes de l'univers possibles et imaginables. On se situe à la fois dans l'histoire, dans l'espace par une référence à toutes les cultures et finalement, ça devient intimidant. » Et Boulez se fige sur son fauteuil design blanc.

Ce qu'il dit va très loin (et tout le monde s'en fiche). Ce que décrit ici Boulez, sans le savoir, c'est le point gris. On voit à quel point ces propos peuvent paraître extrêmes, loin de tout politiquement, culturellement correct ; Boulez ne s'émeut pas de la destruction de statues anciennes… Mais je voudrais apporter une précision d'une extrême importance. Ce qu'il appelle « mémoire », en vérité, est improprement nommé. Ce n'est pas de la mémoire, qu'il parle, mais du patrimoine. Ce n'est pas la mémoire, qu'il condamne, c'est le patrimoine. Car en effet, la mémoire est tout le contraire de ce à quoi Boulez s'en prend. La mémoire, précisément, est ce qui permet à l'humanité de se délester du passé. Pas de s'en débarrasser, de s'en délester : de s'alléger. La mémoire est ce qui permet au passé de continuer à vivre dans le présent, au présent, sous forme de présent. Entendons-nous bien : la mémoire n'est pas une forme simplifiée du passé, elle n'en est ni une caricature, ni un schéma, ni une forme éthérée. La mémoire est la forme que prend le passé dans le présent pour que le passé ne soit pas confondu avec le dépassé. La mémoire est la forme vivante du passé. Le contraire de la mémoire, c'est la commémoration. Et, d'une certaine manière, le contraire de la mémoire, c'est l'histoire. L'histoire, c'est la manière de fixer dans le passé, comme on pique des papillons sur le liège, des événements qui ont eu lieu. L'histoire est donc là pour ranger dans un tiroir du temps, à son emplacement, un événement qui ne reviendra plus. Je ne dis pas que l'histoire est quelque chose de mort, qui n'interroge pas le présent, mais simplement elle est là pour comprendre ce qui n'est plus, ce qui ne sera jamais plus. L'histoire est une actualisation perpétuelle de notre connaissance du passé. Mais elle ne fait pas vivre le passé, elle ne le fait pas continuer. L'histoire reconnaît que le passé est sa matière première : et cette matière première, qui n'a peut-être pas livré tous ses secrets (ce qui fait que l'histoire est bien vivante), est révolue. L'histoire admet que le passé ne bouge plus, qu'il est inscrit sur une ou des dates. Les dates sont fixes, et ce qui bouge, ce qui est mobile, c'est notre travail sur ces dates. L'histoire se meut autour de dates et d'événements fixes, parfaitement immobiles. L'historien est en orbite autour de ces dates qu'il étudie. Suivant l'altitude à laquelle il se place, selon que son orbite est très proche de la date ou très lointaine au contraire, son instrument peut varier, il peut changer de focale. L'histoire se meut autour d'une date, d'un événement fixe. Et lorsqu'elle étudie les conséquences de cet événement, elle ne modifie pas la date de cet événement : elle veut comprendre sa manière d'irradier, de se propager. Il en va différemment de la mémoire. La mémoire, elle, est ce qui permet au passé de changer perpétuellement de coordonnées sur l'abscisse du temps. La mémoire consiste à se placer dans les conditions exactes, notamment par la prière, qui est transmission, qui prévalaient il y a deux mille ans. Kippour, par exemple, n'est pas une célébration historique. On n'étudie pas la chute du Temple, chez les juifs, mais on prie de la même manière que ceux qui prièrent du temps que le Temple existait encore, était encore debout. On a fait glisser l'existence du Temple dans le temps, de telle sorte que, en dehors de toute considération historique, de manière totalement inverse et contraire à l'histoire, le Temple puisse arriver intact jusqu'à nous : ce qui permet ce miracle, c'est cela que j'appelle la « mémoire ». C'est, précisément, par un allégement total, ou quasi total, de l'événementialité historique (avec son bagage de références et de dates) que le passé parvient, intact, jusqu'à nous. Il a diffusé. Il s'est insinué jusqu'à nous sans perdre ni sa texture, ni son grain, ni sa personnalité, ni sa teneur, ni son parfum. Il n'a pas été abîmé : il arrive frais. La mémoire a permis la diffusion de ce passé par transmission, et le rôle de la transmission n'est pas d'alourdir, mais d'alléger. Toute date à retenir serait un handicap. Les juifs savent que la mémoire humaine a des limites (et là, il s'agit de comprendre le mot mémoire sous son aspect strictement cognitif) : ils n'ont rien simplifié, ils n'ont rien trahi de leur passé, de leur originellité, ni de leur originalité du coup. À aucun moment la mémoire, ici, n'a été un processus de vulgarisation. Mais le passé, la chute du Temple par exemple, ou ce qui s'y déroulait avant sa chute, a été, tout simplement, ramassé, densifié sous une forme rituelle via la symbolisation (qui peut se manifester aussi par la légende, par l'art). Une manière de faire passer le passé dans le présent si j'ose dire, de le faire parvenir et surtout advenir jusqu'à nous, peut utiliser le symbole. Car le symbole n'est pas une simplification : le symbole est une densification. Le symbole est là, justement, pour faire en sorte que rien ne se perde en chemin. Le symbole n'est pas une simplification : le symbole est une condensation. Alors que l'histoire a comme principe de se mouvoir autour de quelque chose de fixe, d'immobile, de mort, la mémoire a comme principe, au contraire, de se fixer sur quelque chose qu'elle fait se mouvoir, qu'elle rend mobile, et donc vivant. L'histoire bouge autour d'un passé mort, la mémoire s'immobilise sur un passé vivant.

Boulez confond donc ici histoire et mémoire… Il confond héritage patrimonial et héritage mémorial. Héritage historique et héritage a-historique. Boulez dit : « Il y a beaucoup trop de mémoire présente partout. Et tout le monde tient à se situer parmi toutes les composantes de l'univers possibles et imaginables. » Il dit encore : « se situer ». C'est donc, implicitement, « se référer », et se référer à quoi ? Aux dates fixes, aux événements immobiles que je viens d'évoquer et qui sont de nature historique, non mémoriale. Il y a dans l'histoire un mouvement en arrière, et dans la mémoire un mouvement en avant. Dans le cas de l'histoire, il s'agit de se « référer », de se « situer », et par conséquent de partir de nos connaissances présentes pour visiter le passé ; dans le cas de la mémoire, il s'agit de partir de nos connaissances passées pour visiter le présent. L'histoire éclaire le passé avec l'intelligence du présent ; la mémoire éclaire le présent avec l'intelligence du passé. De toute façon, on voit bien que Boulez confond mémoire et histoire, ou du moins qu'il les intitule l'une et l'autre indifféremment. Il dit encore : « On se situe à la fois dans l'histoire, dans l'espace par une référence à toutes les cultures. Et finalement, ça devient intimidant. » La mémoire, notamment la mémoire juive, ne se situe absolument pas dans l'histoire et absolument pas dans l'espace : c'est une mémoire qui s'est construite en dehors de l'histoire et, surtout, en remplacement de l'espace que le peuple juif n'a pu avoir, n'a pu posséder. Le Talmud est mémoire – c'est une sortie de l'histoire et un acte d'annexion du seul pays qui fut longtemps accessible aux juifs : le temps. Que le patrimoine intimide, cela est normal : il est encombrant et nous regarde de haut. C'est le coup des pyramides et de Napoléon : « Soldats, du haut de ces pyramides, quarante siècles vous contemplent. » La mémoire, évidemment, agit une fois encore à l'inverse : avec elle, ce ne sont pas les Patriarches qui vous contemplent, mais c'est vous qui contemplez les Patriarches.

Et c'est pourquoi Paul Klee est le peintre absolu de la mémoire. Dans cette conférence que je citais tout à l'heure, consacrée à l'art moderne, il dit : « À chaque dimension qui s'efface dans le temps, nous devrions dire : “Tu es en train de devenir le passé, mais il se peut que nous nous retrouvions en un point critique, et peut-être propice, de la nouvelle dimension qui te rendra au présent." » Voici pour moi la plus belle des définitions, sans conteste (et l'on retrouve notre « point gris », ici nommé « point critique »), de ce qu'est la mémoire, et de ce que n'est pas, ne peut être l'histoire. Important : « en un point critique, et peut-être propice ». J'y reviendrai dans ce journal ou ailleurs. Car c'est ce point critique dont parlait mal, mais parlait bien, Boulez.

Dîner immonde au Grand Colbert – immangeable, vraiment. Rouget à goût de lessive usagée, sauce au ragondin, même le champagne (offert) ferait vomir un évier. C'est la dernière fois, malgré le sympathique accueil de Diego, le boss, que nous y mettrons les pieds.

Emmanuelle m'offre un cadeau merveilleux : un album photo de tout ce que nous avons vécu (avec des commentaires) depuis décembre 2015, jusqu'à aujourd'hui. Je suis touché. Il y a le Théâtre des Champs-Élysées, Rome, Syracuse, Cannes, Nice, Capri… Fécamp !

Je dessine avec mon iPad jusqu'à une heure et demie du matin ; valise ; demain, départ pour Gênes et Santa Margherita, où je suis en train de taper ces quelques lignes. Je ferme mon journal : repos, natation, soleil, au revoir.

Vendredi 29 juillet

Réveil avec *Out Of Nowhere*, Snooks Eaglin, 1989 (Black Top Records, BT-1046, US). Snooks Eaglin et Anson Funderburgh : guitare ; Snooks Eaglin : chant ; Lloyd Lambert et Rhandy Simmons : basse ; Marc Wilson : batterie ; Sam Myers (on n'y échappe pas) : harmonica ; Ron Levy : orgue ; Matt McCabe : piano ; Mark Kazanoff : saxophone.

Gênes, Santa Margherita. Arrivée à l'hôtel, frénésie masturbatoire – à la Gide ! Étrange. Le changement d'air ?

Séance de dessins sur l'iPad. Une véritable drogue. On peut avoir accès à toutes les textures, à tous les instruments : crayon, pastel, fusain, pinceau, pointe, aérographe…

La vie, pour un terroriste, est ce qui *retarde* le commencement de la mort.

Bain de mer. Eau chaude, aucun « péage » pour y pénétrer. Hélas, je croise une méduse – brûlé deux fois l'année dernière. Ça gâche un tantinet la baignade. Elle était petite, mais c'est désagréable.

Dans l'élément « eau », on peut se mouvoir, bouger, barboter, se noyer, freiner face aux dauphins, rencontrer un poisson. Il y a les anémones. Je vois, qui dansent, la multitude des algues, tout est extrême et salé, et profond, et vert, d'un vert subtil et bleu, bleu, bleu, bleu. Ne jamais abandonner face au bleu : lui faire face. Ne pas se laisser impressionner. Après tout (je suis désolé mais) c'est une couleur comme les autres, elle est douce, azur, elle est ciel et elle est robe, elle est claire et paix. Je préfère le bleu dans la nuit : quand il est marine, avec des étoiles greffées dessus. Multiples étoiles, filantes et lentes, tantôt oubliées, qui scintillent, et je ne vois plus rien.

C'est de l'astrophysique que je voulais faire. Calculer des étoiles. Deviner les galaxies. Regarder par-dessus Dieu.

« Si durs que soient les hommes, la nature des choses est encore plus dure » (Bernanos, *La Grande Peur des bien-pensants*, 1931).

Les chrétiens voient Dieu de leur mourant ; les juifs voient Dieu de leur vivant.

Chez les chrétiens, on ne peut pas voir Dieu sans mourir ; chez les juifs, on ne peut pas voir Dieu sans vivre.

Les gens sont tous à vouloir être sans cesse en train de s'occuper. Quelle plaie. Ils prennent la voiture, sortent, cherchant des occupations comme les pigeons des morceaux de biscotte. Il faut que tout, chez eux, se mette en branle sans arrêt : faire, faire, faire. Ce sont des intégristes du faire. Faire pour se débarrasser de soi : de son corps, de ses (absences d')idées ; de son existence, qui représente un insupportable fardeau. Pourquoi ne restent-ils pas enfermés dans leur chambre, à lire, à écrire, à prendre des notes, comme je suis en train de le faire ? Pourquoi n'essaient-ils pas de prendre un Balzac, d'apprendre une fable de La Fontaine, d'apprendre le grec ancien ? Et tout cela clos, enchaînés au bureau de leur chambre ? Le monde ne serait-il pas merveilleux si les gens, au saut du lit, se précipitaient comme des fous sur *La Henriade* de Voltaire ? Mais non, jamais de *Henriade*, pas la moindre *Henriade* : ils sortent pour faire ; ils sortent et ils font. Le tout généralement accompagné de grands gestes brouillons, d'éclats de voix. Cela leur permet d'évacuer une journée et, paradoxalement, ayant la sensation de la vivre à plein, de ne pas la vivre du tout, de ne pas l'éprouver un seul instant. C'est une misère que l'action – que l'action pour l'action ; qu'agir pour agir.

Ce qui me tue, chez l'être humain (j'entends : chez autrui), c'est cette permanente satisfaction qu'il affiche d'être lui alors que son irrémédiable jalousie lui donne envie, sempiternellement, d'être un autre – oh, pas d'être Napoléon, mais tout simplement d'être son voisin de palier. Beaucoup haïssent l'autre parce qu'ils voudraient être lui.

Dieu que je n'aime pas le soleil. Ce que j'adore, c'est septembre, c'est octobre, c'est novembre, etc. Quand mars s'annonce, c'est pour moi la tristesse et la désolation ; je hais les mois chauds. Je n'aime pas, je n'ai jamais aimé l'été. Je suis un fanatique de l'automne. Je n'apprécie que les décors détrempés, les sentiers boueux, les froids matins, les filets de brume, les feuilles orange dans les flaques rouillées. Le reste m'est insupportable, avec cette manie des vacances au surplus, que les gens viennent plaquer sur la notion d'été. Le soleil n'est bon qu'à produire des mélanomes. Je comprends ceux qui ne supportent plus la Californie, le Brésil, l'Argentine : trop de soleil, c'est-à-dire trop de mort.

Les gens que je croise ont l'impression, tous, d'être importants, vitaux, prépondérants, premiers : ils ne sont que mon décor, comme je ne suis que le leur. Les autres ne nous sont rien, nous ne sommes rien aux autres. Des riens croisent des riens, ce, jusqu'au cercueil.

Je devrais être en ce moment à Pyongyang – pour la troisième fois. Je ne me sens finalement pas si mal en Ligurie. La Ligurie que Nietzsche aimait tant (venu en 1883, où il a écrit une partie de son *Zarathoustra*) ; Maupassant aussi.

La mère du terroriste Abdel Malik Petitjean, l'un des deux assassins du prêtre, ne peut évidemment pas croire (on commence à être habitué) que son fils, un gentil garçon très doux, très timide, et qui jouait ce dimanche encore tranquillement au foot en bas de l'immeuble avec ses copains, puisse être mêlé de près ou de loin à quelque carnage que ce soit. Apprenant la mort de celui-ci (individu que je qualifierai pour ma part de pur étron), elle hurle : « Ils ont tué mon fils ! Ils ont tué mon fils ! » Puis elle se montre à la fenêtre de son HLM, Coran en main, et menace en gueulant les journalistes : « Venez ! On va régler ça ! »

Le Coran (que les terroristes ne lisent plus, sauf dans l'édition « pour les Nuls » qu'ils commandent sur Amazon avant de se rendre en Syrie) est-il un livre violent ? Je ne sais pas si l'on se rend bien compte de quoi nous sommes en train de parler. Le Coran date du VIIe siècle : la notion de livre, la notion de violence, la notion même d'homme n'avaient strictement rien à voir avec ce qu'est aujourd'hui un livre, avec ce qu'est aujourd'hui la violence, avec ce qu'est aujourd'hui un homme – non que l'homme ait varié ; mais sa conception d'alors nous est aujourd'hui quasiment inaccessible. Ce ne sont pas seulement les temps qui ont changé, c'est le temps lui-même qui a changé. Il n'y a pas de fidélité au Coran : mais une fidélité par lecture du Coran.

Mes quatre écrivains français préférés du XXe siècle sont Céline, Guitry, Péguy et Proust – dans le désordre. Et les voici dans l'ordre : Péguy, Proust, Céline, Guitry. Il est possible que cet ordre change demain. Mais il y en a un, du XIXe, qui me semble les préfigurer tous les quatre, les annoncer tous les quatre, les amalgamer tous les quatre, les mélanger tous les quatre, les synthétiser tous les quatre, les préparer tous les quatre : c'est Gautier. C'est Théophile Gautier. Gautier dans lequel je me plonge (« avec délectation », dirait Gide) pendant près de deux heures. Quel génie aussi celui-là. Mon Dieu quel génie aussi. Maria m'avait offert les Pléiades, il y a une petite quinzaine d'années. Dévorés. D'une traite dévorés. Gautier est burlesque, raffiné, méchant et mélancolique – la somme de ces paramètres s'appelle l'humour. Ce que je préfère chez Gautier, comme chez Péguy, comme chez Proust, comme chez Céline, comme chez Guitry, ce sont les digressions. Un auteur qui refuse le hors-piste s'appelle un romancier. Un auteur qui le pratique s'appelle un écrivain. La digression, c'est le début de la transgression.

Gautier, lui, rien ne l'effraie. Rien *du tout*. Il ne parvient pas à terminer un conte fantastique ? Il fait mourir aussitôt le « héros » et conclut ainsi : « N'est-ce pas, lecteur, que cette fin est bien commune pour une histoire extraordinaire ? » Comme un roman policier dans lequel le détective ne résoudrait pas l'énigme. Si Conan Doyle avait agi comme Gautier, Sherlock Holmes ne serait jamais passé à la postérité. Il y a ça aussi que j'aime beaucoup : « Ferdinand jeta sa carte à Daniel Jovard, et s'esquiva en l'invitant à le venir voir. Un instant après, sa déesse vint le rejoindre dans son avant-scène, ils levèrent les stores et… Mais c'est l'histoire de Jovard et non celle de Ferdinand que nous avons promise au lecteur. »

Écrire, ce n'est pas raconter une histoire. C'est s'arranger pour ne pas raconter l'histoire qu'on avait prévu de raconter – à condition d'avoir quelque chose à dire ! Est littérature tout ce qui n'est pas littéraire.

Le nombre de livres qui paraissent donne le tournis. C'est d'autant plus absurde que parmi ceux qui les achètent encore, presque personne ne les lit. « L'écrivain » (j'utilise ce terme pour aller plus vite) du XXIe siècle n'écrit *grosso modo* pour personne, sinon pour avoir le droit de se dire à lui-même (et à quelques autres autour de lui) : « Je suis écrivain. »

Je retrouve les M. (avec ados) à Gênes, pizzeria Savô, sans doute la meilleure du monde. Dans la navette, lecture de François Furet (Louis Napoléon va bientôt faire son coup d'État du 2). Cigare sur les docks. Je rentre claqué, un peu bourré (rossini, rosé, bière). Conversation par Facetime avec Emmanuelle – sa mère a failli se faire cambrioler ; ils ont essayé mais la porte est blindée. Elle possède chez elle une grande quantité d'objets d'art et de tableaux. À moins qu'elle ait été suivie dans la rue : les Chinois sont connus pour posséder chez eux pas mal de liquidités. À part ça, elle me dit que les choses rentrent dans l'ordre au boulot – la stagiaire vénéneuse, après un dernier round empoisonné et pathétique (chantage, pleurs pour rester dans la boîte), est finalement obligée de prendre la porte. Pour ne pas avoir à lui dire au revoir, Emmanuelle se tire dans les sous-sols !

J'écoute un peu de Zappa en rentrant, prenant ma douche (« Outside Now » et son envoûtant solo et la voix, tout aussi envoûtante, d'Ike Willis – que fait Ike Willis à l'instant où j'écris ces lignes ?) ; puis je m'écroule littéralement en lisant Tocqueville – qui n'y est pour rien. Pas un bruit dans l'hôtel, silence de coma, bonheur absolu.

Un des pires livres qui aient jamais été commis (style affligeant, propos risible) : *Éloge littéraire d'Anders Breivik*. Tout y suppure la haine, la bêtise – la hargne, la stupidité. Je savais que Millet était un piètre écrivain (style atrocement compliqué pour pas grand-chose), mais pas à ce point. Millet crève d'être reconnu comme un classique : dommage pour lui, car tout ce qu'il écrit ressemble à une pièce meringuée pleine de sucre. À lire sous le lustre malade d'un château de province, un dimanche soir de novembre, avant pendaison. Ouste. Du balai, mon vieux. J'ajoute : lorsqu'on abhorre l'humanité, il faut en avoir les moyens ; il faut être génial. Confer Céline. Entre autres. Mais Millet, non merci : c'est un maigrichon qui commande des haltères sur Amazon. Dieu que ce monsieur ranci me déplaît, avec ses gros livres inintéressants truffés d'adjectifs puisés chez George Sand. Ôtez cette œuvre de ma vue, s'il vous plaît.

Autre personnage qui enlaidit le monde – des lettres, et le monde tout court : Renaud Camus, chantre du « grand remplacement », cette abjection théorique – vision complotiste d'un monde occidental qui ferait tout pour que les populations « indigènes » viennent, par le nombre, supplanter les Européens « de souche ». Délire vomitif. Honte d'être contemporain d'un pareil triste sire. Que lui est-il donc arrivé, dans l'enfance, pour parvenir à faire éclore, dans son cerveau malade, de pareilles hypothèses ? On reste coi devant tant de sinistre fantaisie. Idéologie strictement raciste.

Camus, Millet ont de grandes responsabilités : leurs thèses font des petits, gangrènent la société, se propagent insidieusement. Ils savent parfaitement ce qu'ils sont en train de faire. Leurs propos ne manqueront pas de contaminer les campus, les services publics, les bistrots, les entreprises – entreprises dans lesquelles celui qui veut pratiquer tranquillement le ramadan se verra montré du doigt, où les femmes voilées seront conspuées ou humiliées. Une unanimité est en train, en France, de se développer, de se faire, contre la population musulmane – c'est désormais l'évidence même. On se trompe de combat. On ne comprend rien. C'est ainsi, surtout, que l'on s'empêche soi-même de combattre le fascisme islamiste qui, de cette erreur fondamentale que nous commettons en brimant les musulmans, se lèche babine, lui qui à la fois ne rêvait que de cela et n'en espérait pas tant. Les islamistes, intelligents, ont misé sur notre bêtise – ils ont hélas eu raison. Nous sommes en train de faire de nos musulmans nos ennemis ; bourde indigne et fatale.

Samedi 30 juillet

Réveil avec *Mighty Earthquake And Hurricane*, Willie Dixon, 1984 (Pausa Records, PR 7157, US). Willie Dixon : chant ; Freddie Dixon : basse ; Jimmy Tillman : batterie ; John Watkins : guitare ; Johnny B. Moore : guitare ; Billy Branch : harmonica ; Lafayette Leake : piano ; Ayo Kason, Ellen Samuels, Mae Cohen, Zora Young : chœurs.

Le Monde a publié ma tribune, pleine page, avec une magnifique illustration couleurs – extraordinaire. Emmanuelle en achète sept ! Ils ont opéré quelques petites coupures, mais je suis très content.

Lecture de François Furet. Tout le monde a sous-estimé Louis Napoléon, sauf lui-même.

À l'inégalité dans la vie, le terroriste veut répondre pas une inégalité dans la mort. (Dans la mort, il est assuré d'être le plus fort.)

Écrire m'aura rendu heureux toute ma vie, contrebalançant largement toutes les souffrances adjacentes. Et quand je n'écris pas, je ne cesse de penser à ce que je vais écrire, et cela me rend heureux. Ce qui, au contraire, me rend triste, c'est de penser à ce que j'ai déjà écrit – et malheureusement publié. Je voudrais être vierge de l'œuvre qui est derrière moi, la recommencer de zéro. Je ne suis, pour l'instant, satisfait d'aucune. Pas même d'*Une simple lettre d'amour*, même si c'est là mon meilleur livre, et de loin.

Je suis incapable de savoir si je possède un « style ». Seuls les autres, en réalité, peuvent s'en apercevoir. Du moins ai-je eu l'inconscience de publier : beaucoup ne passent pas à l'acte. Mais je sais que mes romans n'en sont pas ; je suis, jusqu'à aujourd'hui, puceau de tout « véritable » roman. Tous mes livres se prétendant tels trichent, et s'arrangent pour être « autre chose » que des romans. C'est que raconter une histoire, avec un début, un milieu et une fin, cela me fatigue : je trouve cela vain. Cela m'intéresse déjà très modérément chez les autres ; je ne vois pas pourquoi cela me motiverait chez moi. Un jour, j'essaierai sans doute de jouer vraiment le jeu – mais alors, ce sera pour une longue saga, en plusieurs tomes, à la Zola. Quelque chose d'excessif et de fou. Avec un univers très précis, très délimité, très borné – pour ce, il faudrait que j'aille faire un peu d'espionnage industriel du côté de chez Faulkner. C'est un génie dont je suis pratiquement vierge – je n'ai lu que *Le Bruit et la Fureur*. Dans les années qui se profilent, je décide que je serai habité par une ambition sans limites. Je dis bien : sans limites.

Un des buts que je me suis donné dans la vie, et jusqu'à la fin de cette vie : ne jamais en vouloir à quiconque – j'entends : à quiconque m'ayant fait du mal. Ma punition sera précisément de pardonner à la vitesse de la lumière.

Voilà, de Diderot, *Pensées sur l'interprétation de la nature* (1753), qui pourrait parfaitement circonscrire ma manière d'appréhender ce journal : « Je laisserai les pensées se succéder sous ma plume, dans l'ordre même selon lequel les objets se sont offerts à ma réflexion ; parce qu'elles n'en représenteront que mieux les mouvements et la marche de mon esprit. »

Diderot – ça ne lui aurait pas plu – est un de mes dieux. Je suis fasciné par son courage, l'humour de son courage, le courage de son humour. Le XVIIIe siècle, contrairement à mille idées reçues, n'est pas un siècle lumineux. C'est un cosmos lugubre, un puits sombre, un gouffre sourd, un trou noir. Nul rayon ne pourrait en sortir, n'était le génie de quelques-uns, à commencer par celui de Diderot. Ce qu'on appelle « les Lumières », ce n'est pas une éclaircie dilatée sur tout un siècle, ce n'est pas un astre qui viendrait éclairer cent ans d'histoire humaine : non, « les Lumières », c'est le travail d'une poignée d'hommes, ce sont les aventures de quelques photons qui, au prix de leur vie, ont voulu s'arracher à la force gravitationnelle des ténèbres. Le siècle de Diderot ne serait rien si Diderot n'avait contribué à l'inventer.

Mais Diderot porte une griffe spéciale : il démissionne à l'avance des haines recuites à la Voltaire (échappant même à toute tentation antisémite), ainsi qu'aux lamentations masochistes, fussent-elles géniales en leur genre, de Rousseau. Voltaire manie l'ironie ? Diderot lui préfère l'humour. Diderot est un maître en jubilation : l'esprit est une fête, que ne doivent gâcher ni le pessimisme professionnel ni l'optimisme béat.

Ivresse, inconscience, état permanent d'ébriété causé par le parfum de liberté que Diderot conçoit pour lui-même, essaie sur lui-même, dans une société de mouchards et de geôles, d'arrêts et de fers, de blâmes et de plomb. Les livres sont chers, les écrits circulent mal, l'anonymat est requis dès qu'on quitte les langoureux registres de la bluette, la notion d'auteur n'existe pas : les hommes sont agglutinés dans un épais goudron d'ignorance, de méfiance. Le monde est statique et clos. Diderot va l'ouvrir, le faire pivoter, lui rendre son mouvement. Diderot, presque à lui seul, incarne ce mouvement. C'est *in extremis* que le XVIIIe siècle a été celui des Lumières – Diderot se sera largement acquitté de son tribut de lucioles : sans doute fut-ce la toute dernière fois, dans l'histoire de l'humanité, qu'un seul homme ait pu posséder le savoir quasi intégral de son temps. Qu'on n'imagine cependant pas Diderot à la peine, courbé à quelque bureau, installé à l'étage d'une tour : il virevolte, aime le monde et toutes les femmes, il est en chair, il cavale, il s'étonne, il étonne. La sclérose : voilà l'ennemie. On la combattra par cet exercice aujourd'hui méprisé, par cette manière d'être au monde (et de le rendre hospitalier) maintenant conspuée : penser. Non strictement penser en intellectuel (la pensée ne devrait jamais être un métier), non point penser en penseur (la pensée ne devrait jamais prendre la pose), mais penser en homme libre, penser contre les autres aujourd'hui afin que les autres puissent penser comme soi demain. Diderot a incarné, à la folie, ce courage qu'on n'acclamera jamais assez dans un monde où seuls les prouesses technologiques et les exploits physiques sont adoubés par la société du spectacle : celui d'écrire ce que l'on pense. Le mot qui va le mieux à Diderot, contemporain de la bougie, est un mot qui résume à la fois les Lumières et la vivacité, la spontanéité et les éclairs du génie – mieux qu'éclectique : électrique.

Les méchants se voient comme tout, sauf comme des méchants : c'est pourquoi ils sont si insupportables et dangereux.

Le doute ne fait pas avancer l'athée ; il n'agit pas encore sur lui. Le doute ne fait pas reculer le mystique ; il n'agit plus jamais sur lui.

Je suis en train de devenir juif. Peu à peu, doucement. Sans la moindre contrariété. Sans la moindre obligation. Sans le moindre rabbin en bas de chez moi. Sans la moindre juive sublime à épouser. Je ne suis jamais allé à Tel-Aviv, vérifier les mannequins, embrasser des seins juifs. Je ne suis pas allé, pour l'instant, au mur des Lamentations. Je ne me lamente presque jamais. Je suis en train de devenir juif, et je ne suis pas circoncis. (Mais comme je me sens juif, que les gens sentent que je le suis même si je ne le suis pas, on m'appelle : « l'incirconcis » – la référence, c'est *quand même* la circoncision !) Je suis en train de devenir juif, et je ne fête pas les fêtes juives. Je suis en train de devenir juif à ma manière. Il n'y a qu'une seule et unique manière de devenir juif : la sienne.

L'économie française, comme d'habitude, est au point mort. Croissance de zéro pour cent. Pays du zéro : zéro espoir, zéro changement, zéro remise en question, zéro réforme, zéro avenir, zéro autorité, zéro fermeté intérieure, zéro influence extérieure, zéro président de la République. Ça commence à faire beaucoup de zéros devant et après la virgule.

Pour le moment, selon les sondages, Hillary Clinton obtient 43 % des intentions de vote contre 42 % pour Trump. Clinton est trop scolaire ; c'est la première de la classe hyperlaborieuse. On en a tous connu, à l'école, des comme elle. Elle s'exprime mal en public ; elle est sérieuse comme un cercueil. Le symétrique opposé du malade d'en face (qui est toutefois fort comique et ne manque pas d'humour – il réalise en quelque sorte le rêve coluchéen d'un clown provocateur au sommet du pouvoir ; j'allais écrire « d'un clown sinistre », mais tous les clowns, à commencer d'ailleurs par Coluche lui-même, ne sont-ils pas sinistres ?).

Les discours d'Hillary Clinton ne sont que clichés et perles enfilées – et c'est pourquoi, hélas, Trump a de très grandes chances de l'emporter le 8 novembre. (Affligeant) exemple : « Je serai la Présidente des démocrates, des républicains et des indépendants [ce en quoi elle est finalement très Louis Napoléon Bonaparte !]. De ceux qui luttent, de ceux qui s'accrochent et de ceux qui réussissent. De ceux qui auront voté pour moi comme de ceux qui ne l'auront pas fait. De tous les Américains. » Et, sans doute, a-t-elle oublié : Présidente des mouches, des abeilles, des vivants mais également des morts, des couchers de soleil, des encoignures de porte et des verres de soda vides. Voici le bon passage de son discours à la convention démocrate de jeudi : « Un homme que vous pouvez appâter avec un tweet n'est pas un homme auquel vous pouvez confier des armes nucléaires. » Mais, hélas, la bêtise et la creusitude reprennent aussitôt leurs droits : « C'est la première fois qu'un grand parti désigne une femme pour être Présidente. Je suis heureuse pour les grands-mères et les petites-filles, et toutes celles qui sont entre les deux. » Confondant de stupidité – et si, par hasard, c'était de l'humour, c'est de l'humour qui ne fait pas rire.

Cauchemar à Alep, suite. Cette fois, les habitants de la ville, pris dans un étau terrible, sont obligés de chercher le soutien des terroristes d'Al-Nosra pour contrer les forces assassines de Bachar. C'est une alliance atroce, un pacte terrible. C'est ça, semble-t-il, ou la mort certaine démultipliée. Entre deux diables il faut choisir le moindre – je viens de m'apercevoir que je venais d'oublier l'*Enfer* de Dante, nouvelle traduction, à Paris. Al-Nosra, qui se rebaptise ces jours-ci « Front de la conquête du Levant », vient de se détacher « officiellement » d'Al-Qaïda. « Nous avons décidé d'arrêter d'opérer sous le nom d'Al-Nosra et de recréer un nouveau groupe portant le nom de Front Fatah al-Cham. » Mais cela ne doit tromper personne, c'est évidemment un leurre. Il s'agit, en réalité, de changer momentanément de nom (et de « statut ») pour faire dévier, en jouant sur les mots, les bombes russes et américaines – car le seul consensus qui se fait, entre Poutine et Obama, les seuls pour lesquels le mot « terroriste » est à la fois valable en Amérique et aux États-Unis, concerne Al-Nosra. Si l'étiquette Al-Qaïda n'est plus collée, alors, peut-être, ne serons-nous plus considérés comme des djihadistes infréquentables – c'est le calcul d'Ahmed Hussein al-Chara, alias Abou Mohammed al-Joulani, chef d'Al-Nosra, né près de Deraa en 1984 – ce qui fait que, lorsque j'étais dans cette région, en 1995, je l'ai peut-être croisé, c'était alors un enfant de onze ans ; tout cela donne quelque peu le vertige.

Il ajoute : « Nous voulons protéger les populations, les musulmans, de bombardements dont le prétexte est de viser le Front Al-Nosra, une filiale d'Al-Qaïda. » Le tour de passe-passe est grossier. Idéologiquement, on se demande bien ce qui sépare Al-Nosra d'Al-Qaïda. Le but d'al-Joulani est évidemment de former une manière d'émirat (cela nous change un peu du califat) et d'imposer la charia dans la « région » (mais quelle région exactement ?). Mais al-Joulani rêve parallèlement de former un Al-Nosra plus nébuleux encore que dans son ancienne formule, auquel viendraient s'agréger nombre d'autres groupes djihadistes.

C'est un peu comme chez Marvel, toutes ces histoires : les différentes formations d'X-Men. Première formation, dans les années 1960 : le Professeur X, Angel, Le Fauve, Cyclope, Strange Girl (alias Phénix), Iceberg ; puis, en 1975, deuxième formation : Le Hurleur, Colossus, Diablo, Feu du Soleil, Tornade, Épervier, Serval. Mais cette formation, assez vite, perd deux éléments : Feu du Soleil (qui disparaît des radars) et Épervier (qui meurt). Et tous les anciens X-Men s'en vont, à la notable exception de Cyclope et Tornade – qui fait parfois partie des Quatre Fantastiques. Quand Cyclope n'est pas là, Tornade assure l'intérim. En 1980, Étincelle fait son entrée. Et Malicia. Et Phénix II. Et Magnus, Psylocke, Dazzler, Longshot… Pour les habitants d'Alep, les X-Men, depuis quelques jours, sont donc Al-Nosra (pas question de compter sur Obama, terrorisé par Poutine). On imagine que les Alépins ne font pas ce choix de gaieté de cœur, mais que faire ? Trois cent mille personnes craignent, chaque jour, de mourir de faim ou sous une bombe. Le siège promet d'être long. Les gens font pousser des légumes sur les toits de leurs immeubles en ruine.

Ne pas oublier, aussi, qu'Al-Nosra, initialement bourgeon de Daech ayant formé sa branche, sait pertinemment, comme nous tous, que les jours de Daech sont comptés sur le territoire syrien. Problème : en cas d'alliance de groupes rebelles modérés avec Al-Nosra, il est plus que probable que la Turquie suspende son soutien militaire.

En Allemagne, Merkel ne plie pas. « *Wir schaffen das !* » : « Nous y arriverons ! » Au beau milieu du chaos, elle a décidé de continuer de sourire aux migrants – c'est courageux. L'Allemagne connaît ses premiers attentats (Ansbach, il y a une semaine, premier attentat suicide sur son territoire, dû à un réfugié syrien ; six jours plus tôt, près de Würzburg, une attaque à la hache, signée d'un autre réfugié ; et le 22, à Munich, la fusillade qui a fait huit morts), malgré son absence de soutien lourd à la coalition. Armin Schuster, député CDU (le parti de Merkel), a souhaité que la politique de « culture d'accueil » de la chancelière se transforme en « culture du départ ». L'Allemagne a accueilli en 2015 plus d'un million de migrants.

L'homme moderne ne sait plus mourir. Surtout, il ne le veut plus. Nous sommes entrés dans l'ère du refus de la mort.

Exécuté une trentaine de dessins ; nagé mais pas suffisamment (les méduses gâchent un peu la fête – et, possiblement, nous gâchons la leur).

Emmanuelle en Facetime. Lecture de Tocqueville, *Souvenirs*. Puis sommeil profond.

Dimanche 31 juillet

Réveil avec *Rick Danko*, Rick Danko, 1977 (Arista, AB 4141, US). Rick Danko : basse et chant ; Denny Seiwell et Terry Danko : batterie ; Doug Sahm, Jim Atkinson et Michael DeTemple : guitare ; Charlie McBurney, Jim Gordon, Jim Price, Lewis Bustos et Rocky Morales : cors ; Blondie Chaplin, Gerry Beckley, Rob Fraboni et Wayne Neuendorf : chœurs ; Jim Gordon : orgue ; Walt Richmond : piano.

Chaque fois que Clapton meurt, le blues progresse. La guitare n'est pas un instrument : c'est le prolongement du désespoir par une autre manière. Une note n'est pas une note, mais le concentré, aussi dense qu'une naine blanche, des heures de solitude et des jours gâchés. Clapton fut historiquement le premier *guitar hero*, il est aujourd'hui, avec Neil Young, le dernier. La country et le blues ferment le ban, après avoir engendré les rockers, les hippies, les punks, les hardos et les grunges – des fantômes aujourd'hui. Muddy Waters a vaincu. Le style de Clapton, fondé sur une apparente facilité, une fluidité absolue, une naïveté presque touchante parfois, rappelle celui de Bobby Fischer aux échecs. Rien, chez ces deux champions du monde, d'inutile, de futile, de gratuit : leur élégance, poussée jusqu'au génie, n'a jamais répondu qu'aux critères de la nécessité, qu'elle fût mathématique ou esthétique. Les coups de Fischer, dont la simplicité est révoltante, combinent une efficacité maximale et une beauté dont la poésie, l'inventivité, nous laissent abasourdis. Tel est le jeu de Clapton, dont chaque solo obéit à une cohérence interne sans faille, poussé qu'il est vers leur destination naturelle, logique, divine, tout en nous émouvant à chaque seconde. Eric fut rapidement surnommé « God » ; quant à Bobby, on sait qu'il s'est entraîné de 1975 à sa mort, reclus, dans le seul but d'affronter Dieu.

C'est en 1966 que Clapton entre à jamais dans l'Olympe, aux côtés des Yardbirds (groupe où Page a lui-même été bizuté). On craint déjà qu'il devienne ce qu'il est devenu. Il a vingt et un ans. Son premier chef-d'œuvre, considéré par beaucoup comme indépassable sauf peut-être par Clapton lui-même, s'intitule *Blues Breakers with Eric Clapton*, du nom de la formation de John Mayall grâce à qui il n'aura plus jamais besoin de *curriculum vitae*. S'ouvrent ensuite les années Cream, groupe devenu mythique, à côté duquel les Beatles sonnent comme une chorale de scouts et les Stones comme Philippe Lavil. C'est l'époque où les solos sont aussi longs qu'une phrase de Proust, aussi perturbés qu'un chapitre de Dostoïevski.

Mais, comme chaque fois qu'il épuise un genre qu'il vient de réinventer, Clapton s'ennuie vite et réclame de l'inédit : il fonde Blind Faith, enregistre un album dont la pochette serait considérée aujourd'hui comme pédophile (à l'instar de celle de *Houses of the Holy* de Led Zeppelin et de *En avant, les petits enfants* de Pierre Vassiliu). Clapton se rapproche de l'épure, il nettoie un peu sa scansion, affûte son électricité. Il devient noir. Chante comme un Noir. Se lamente comme un Noir, avec une voix blanche, mais une voix blanche de Noir.

Son premier album solo (un incompréhensible bide) sort en 1970. Le titre, *Eric Clapton* tout court, est aussi sobre, aussi simple, aussi personnel que les morceaux qu'il renferme. N'assumant pas cette mégalomanie présupposée, il fonde encore un nouveau groupe, tout aussi mythique que les précédents, Derek and the Dominos. On voit à quel point, en fait, Clapton ne se fait pas confiance et redoute la surexposition. Il aime à se dissimuler sous des pseudonymes, se diluer dans des formations. Il voudrait n'être qu'un son. Pour oublier qu'il est aussi un homme, il se jette dans l'héroïne. Comme pour Lou Reed, les shoots le font accoucher d'albums noirs, mais plus du tout au sens gospel du terme. L'enfer est en route, et Clapton s'enfonce. Il sera sauvé par Pete Townshend et les médecins, puis reviendra à la surface en 1974 avec un tube planétaire, « I Shot the Sheriff », emprunté à Bob Marley. *461 Ocean Boulevard* n'est pas un album grandiose, loin s'en faut, mais du moins annonce-t-il en germe les sommets qui vont suivre, et dont Clapton ne décrochera plus jusqu'à aujourd'hui. Car là s'ouvre une nouvelle page de la musique du XXe siècle : un *guitar hero* qui ne veut plus mourir concentre son génie dans des mélodies aseptisées, des riffs maîtrisés, des refrains anodins qui, à première vue, sont ceux d'un fonctionnaire de la musique mais qui, en réalité, n'ont pas d'égal, au royaume des bluesmen, dans la créativité, l'innovation et la profondeur. Clapton a trouvé sa vraie voie : la retenue. Le Clapton excessif n'est jamais aussi convaincant que le Clapton parcimonieux. Comme Picasso. N'en déplaise aux spécialistes de Clapton, aux fans, aux exégètes, je prétends que la discographie idéale d'Eric débute en 1976 avec *No Reason to Cry* et, bien qu'anecdotique pendant les années 1980 (ce qui fait partie du parcours normal de *guitar hero*), atteint sa perfection pendant les années 1990, 2000 et 2010. *Journeyman* (1989) est l'un des plus grands albums jamais enregistrés ; *From the Cradle* (1994), qui suit la mort accidentelle de son jeune fils par défenestration, est tout simplement l'un des deux ou trois meilleurs Clapton (parce qu'il ne triche à aucun moment) ; *Pilgrim*, chef-d'œuvre total sorti en 1998, est conspué par nombre de claptoniens qui cherchent chez lui, contresens absurde, un Hendrix bis alors qu'il n'a jamais rêvé que de devenir John Lee Hooker.

Pilgrim contient des hymnes qui font pleurer. C'est un recueil de cicatrices, un journal intime, l'œuvre achevée d'un *guitar anti-hero* qui a fini par devenir lui-même à 1 000 %. Toutes les grandes œuvres sont celles de la concession zéro. Écoutant *Reptile* ce matin, je trouve Clapton si déchirant… Si « intelligent ». Clapton est désormais condamné à ne produire plus que des joyaux : il a fini par son style définitif. Il a supplanté tout le monde : les géants morts, sa propre légende et ses démons personnels. La sagesse est là, portée par la note bleue. Tout est bleu. D'un bleu Clapton comme il y eut, comme il y a, un bleu Klein. Ou le bleu du ciel, ici, maintenant, sur ma terrasse.

« Le juif n'a pas l'idée du péché, il a l'idée des péchés, des infractions à la loi divine, mais non du péché engendrant le mal moral » (Bernard Lazare, *Le Fumier de Job*, publication posthume).

Heidegger est décidément définitivement associé au nazisme ; on ne s'en sortira pas – il s'agira désormais, chaque fois qu'il faudra le citer, s'en réclamer, louer son génie – car c'est un génie – préciser que non, ou que cela ne change rien, etc. Pénible. Exemple : *L'Obs* de cette semaine. Entretien de Jean-Luc Nancy, parlant de Heidegger : décevant. Je n'ai jamais rien lu de Nancy, considéré je crois comme un philosophe de premier plan – hélas, ce qu'il dit de Heidegger, sur le plan philosophique, ne vole pas très haut. Je sais bien que cela s'adresse à un large public, estival qui plus est, mais quand même. Déjà, il se trompe lourdement en faisant de Bataille un « élève » de Heidegger – Bataille parle très peu de Heidegger dans son œuvre. D'ailleurs, c'est étrange, car il existe en effet une intéressante, une étrange proximité entre les deux. Les rares fois où Bataille évoque Heidegger, c'est généralement pour en dire des choses, sinon fausses, du moins approximatives ; sans doute, sans nul doute, il ne l'a pas lu. Et si, par accident, il l'a lu, alors n'aura-t-il fait probablement que le survoler. Toujours est-il qu'une compréhension de Heidegger par rapprochement, par frottement avec l'œuvre de Bataille (notamment, mais pas seulement, de *L'Expérience intérieure*) est possible – est souhaitable. Bataille ne l'a pas fait exprès – qu'importe. Entre génies… Je crois beaucoup à l'idée selon laquelle les œuvres expliquent les œuvres – quand bien même elles s'ignorent, se sont échafaudées indépendamment les unes des autres ; les œuvres des uns, oui, permettent un accès miraculeux aux œuvres des autres, que les commentaires ne parviennent presque jamais à opérer, à permettre. Je ne connais personnellement pas de bon commentateur, de bon introducteur à Bataille – ce qui, pour Heidegger, n'est pas le cas (nous avons François Fédier, nous avions Jean Beaufret).

Éric Aeschimann, lors de l'entretien, demande à Jean-Luc Nancy ce qu'est le « fameux *Dasein* ». Réponse du philosophe : « L'homme, par la perspective de la mort, met à chaque instant en jeu sa propre existence, son propre fait d'être. C'est cette expérience singulière que Heidegger nomme le *Dasein*. » Cette réponse, à vouloir être claire, ne l'est pas. Ce n'est pas « par la perspective de la mort » que « l'homme » met en jeu sa propre existence ; et d'ailleurs, le mot même d'« existence » est tautologique avec ce que Nancy nomme « mise en jeu ». L'existence, chez Heidegger, est justement cette « mise en jeu » elle-même. Autre maladresse : le « fait d'être » se distingue, chez Heidegger, de l'existence. Si, chez l'homme, l'un et l'autre se confondent, c'est par une manière d'illusion d'optique, si l'on veut : l'homme, même le plus perclus dans ses habitudes, dans son quotidien, ne peut être autre chose qu'une perspective, qu'un mouvement à venir, qu'une intrusion dans ce qui n'est pas encore tout à fait. Le *Dasein* est « l'homme » compris comme arraché au « fait d'être », de ne « faire qu'être » par une précipitation vers quelque chose qui n'est pas encore lui, qui n'a pas encore été accompli vers lui : une imminence inédite, une modalité de soi qui n'est pas encore accomplie, mais qui est sur le point d'advenir ; le *Dasein*, dès lors, est la *possibilité*, admise et comprise par chacun, de se propulser vers des possibilités non encore explorées, et, pourquoi pas, vers des impossibilités. Plus qu'une percée vers la mort, qui est l'impossible des impossibles, le *Dasein* se comprend comme (hypothétique) percée vers l'impossible en général. Le *Dasein* exprime la transcendance horizontale de l'homme vers l'homme ; chacun s'attend quelque part, plus grand que lui-même, plus différent, plus inédit, moins clos, plus « ouvert », plus livré que prévu à une expérience que rien n'autorise à prédire. Ce mouvement du possible vers l'impossible, du clos vers l'ouvert, du confort vers le danger, du circonscrit vers l'inconnu, c'est cela qu'exprime d'abord le *Dasein*, qui est l'équivalent de Dieu pour les hommes, puisque, dans le *Dasein*, l'homme découvre que le seul dieu possible, c'est encore et toujours lui : non pas au-dessus, mais au bout ; non pas au-delà, mais par-delà. Tel trouvera ce dépassement dans l'expérience de la guerre, de l'aventure, de la pensée, de la solitude, de l'ennui, de la souffrance, du courage, de l'amour, de la peur, qu'importe – c'est ce que Nietzsche avait en première instance appelé le Surhomme (*Übermensch*, l'homme de la « traversée »). Heidegger reprend cette idée d'un dépassement de l'homme par l'homme, d'une traversée de l'homme vers l'homme (de l'homme du confort vers l'homme du danger), mais il en fait la condition même de l'Être – et, plus que sa condition, les modalités, chez l'homme, de sa manifestation. Chez Nietzsche, l'homme, mais puissamment poussé jusqu'à la rive de sa propre transcendance, était encore un « étant » ; chez Heidegger, cette traversée de la rive – ou plutôt, cette perpétuelle possibilité de la traverser, cette propension à vouloir ou pouvoir l'effectuer – est ce par quoi l'Être advient, se révèle, se dévoile. Nous ne sommes plus dans un questionnement métaphysique : l'homme ne se comprend plus par l'étude, comme une manière de constante générique, ou par quelques penchants ; l'homme lui-même n'est plus le personnage principal, comme chez Nietzsche, de l'aventure ; c'est l'Être qui lui vole la vedette – et « l'homme » n'est d'une certaine façon intéressant que parce qu'il est le seul à pouvoir en lire, en tracer, en expérimenter, par l'existence, la manifestation. Chez Nietzsche, l'homme renfermait de l'être ; chez Heidegger, l'Être renferme de l'homme. Et cet échantillon humain, cette trace d'humanité prélevée dans l'Être, notamment sous forme d'Histoire, peut permettre d'en *éclairer* un des aspects – son aspect sans doute le plus important, le plus passionnant ; à quoi l'on voit ce que l'« humanisme » est une insuffisance (et une mauvaise compréhension) de la pensée heideggerienne. L'Être se dévoile, par bribes, parce qu'un des modes de dévoilement, sur l'une de ses bribes, est l'homme ; cette possibilité de prélèvement de l'Être, par ponctions, chez l'homme, est ce par quoi l'homme « mérite » le nom de *Dasein*. L'homme est un loup pour l'Être.

Le travail que Nietzsche a fait avec la métaphysique, Heidegger le fait avec la philosophie. Le travail que Nietzsche a fait avec l'homme, Heidegger le fait avec l'Être. Et il le fait doublement, et il le fait au carré – car l'Être peut bien se permettre d'être le carré de l'homme. Le « nouveau commencement » (que Heidegger développe dans les *Beiträge*) consiste à faire avec l'Être le même travail que ce qui a été fait avec l'homme – trouver l'« équivalent » du *Dasein* pour l'Être. Ce que Heidegger appelle le « Dieu ultime », le Dieu-de-la-fin.

Bernanos, *Les Enfants humiliés*, 1939-1940 : « Il n'y a rien de plus sot qu'un journal, du moins aussi longtemps que son auteur vit. »

31 juillet – c'est un 31 juillet qu'on a eu la peau de Jaurès. 31 juillet 1914. Première victime – symbolique – d'une guerre avec laquelle s'achevait vraiment le XIXe siècle. Mais Jaurès est-il jamais mort ? N'est-ce pas sa voix qu'on entendit du Front populaire à l'après-guerre froide, en passant par le congrès d'Épinay et Mai 1981 ? Seules obsessions de Jaurès : la vérité, la paix. Péguy, chantre de la première, ne lui aura pas pardonné la seconde – et avec quelle virulence. Jaurès, en tous les cas, n'était pas – pour reprendre deux expressions péguystes – un « systématique », un « doctrinaire ». Plus libre que paralysé par l'orthodoxie. Je me souviens d'avoir vu, jadis, Fresson interpréter Jaurès. Tout le monde a oublié Fresson.

Parfois, j'ai *très sérieusement* envie de me remettre aux mathématiques, juste pour vérifier si ma nullité en cette matière provenait du stress et de la compétition, du système, ou véritablement de moi – serais-je bon en maths si j'avais tout le temps pour moi et que j'envisageais cette matière, non plus comme une punition, mais comme un *loisir* ?

Être dans le Christ, c'est se mouvoir avec lui. C'est se trouver au cœur même du mouvement. Être *dans le Christ*, c'est être *dans le mouvement*. Mais ce n'est pas être le mouvement : le mouvement, c'est la foi. Seul le Christ peut en même temps être en mouvement et mouvement lui-même. Il se confond avec la foi ; il est la forme humaine de la foi. Il est la forme humaine du mouvement. Il est l'homme en mouvement. Il est l'homme fait mouvement ; il est l'homme-mouvement. Être dans le Christ, c'est se mouvoir avec lui parce que dans lui. Nous sommes dans le vide, et nous nous balançons. Le monde, c'est ce qui se trouve dessous, il est le lieu où, si nous tombons, nous pouvons nous écraser. « Nous voudrions ne jamais tomber ? interroge sainte Thérèse de l'Enfant-Jésus dans une lettre à sa sœur Céline (26 avril 1889). Qu'importe, mon Jésus, si je tombe à chaque instant. » Et sainte Thérèse de Jésus : « N'ayant pas encore vingt ans, je tenais déjà, ce semble, *le monde enchaîné sous les pieds*. »

Le monde, c'est ce qui se situe sous les pieds de celui, de celle qui a la foi. Quant à la notion de mouvement, Thérèse ne l'oublie pas : le mouvement se trouve, quand on y regarde de plus près, dans cette phrase. Le mouvement se trouve dans l'adjectif « enchaîné ». Car le monde chaotique et bruyant dans lequel nous vivons apparaît immobile à celui qui se balance au-dessus de lui. Il y a d'un côté la foi, qui est le lieu du mouvement ; et de l'autre le monde, qui est le lieu du repos. Le mouvement est quelque chose qui est intérieur ; rien de ce qui est extérieur n'est véritablement en mouvement, n'est véritablement mouvement. Révolution copernicienne théologique : pour le fidèle, c'est la vie intérieure qui est mouvement et la vie extérieure qui est repos. La mobilité est intérieure ; l'immobilité est extérieure. Contre toutes les apparences, il n'y a pas plus immobile, statique, stable, reposant, que le monde extérieur. Et pas plus mobile, remuant, instable, éprouvant, que le monde intérieur. En regard de la foi, le monde est une chape de plomb. Il est « enchaîné ».

Moins le monde nous paraît fixe, immobile, enchaîné, plus nous sommes attachés à lui. Plus il nous paraît enchaîné, plus nous sommes libérés de lui : plus nous sommes proches de ce qui n'est pas lui – c'est-à-dire de Dieu. Simone Weil disait : « Se dépouiller de la royauté imaginaire du monde » (*La Pesanteur et la Grâce*, 1947). Et Claudel notait dans son *Journal*, en janvier 1911 : « Le peuple s'amuse d'une fiction. »

Jacques Ellul : « L'Église s'est laissé envahir par les images. Elle a voulu devenir visible » (*La Parole humiliée*, 1981). Puis : « Je suis tout à fait navré des choses désagréables que je suis obligé de dire au sujet des admirables œuvres d'art produites par l'art chrétien. Je m'émerveille devant cette floraison artistique. (Mais) qu'on le veuille ou non, la profusion des images, la beauté des cérémonies, le triomphe visuel des liturgies, la symbolique purement visuelle, tout cela fut la source majeure de toutes les erreurs médiévales et postérieures, dans l'Église romaine et orthodoxe. »

Je dessine un Charlie Mingus que j'envoie à Emmanuelle (qui est allée voir un dessin animé avec sa copine Marion). Facetime.

Nombreuses et positives réactions à l'article du *Monde*.

Écrire tous les jours cesse doucement de devenir une aliénation : sensation d'accumuler des pages ; or, l'empilement des pages fait l'œuvre. Je ne suis pas contre une œuvre quantitative, massive – qui *finit par se voir*.

Les différentes instances musulmanes, en France, se décident enfin à bouger, et signent collectivement une tribune dans *Le Journal du dimanche*. Elles disent, en gros, que ça suffit, que, oui, les musulmans français (ou les Français musulmans, on ne sait plus) doivent afficher une plus grande solidarité ; sont, dès lors, condamnés tous les attentats de ces dernières années – sauf deux : Merah et l'Hypercasher. Soit les deux attentats où furent visés des juifs en tant que tels. Voilà encore une manière, inconsciente, d'attiser les braises ; on ne s'en sortira pas. Pauvre pays, pauvre cloaque, pauvre marigot de haines recuites et de haines de soi. On rêverait de trouver (il n'existe pas) le point de basculement exact, précis, de toute cette pétaudière qu'est devenue la France.

AOÛT

Lundi 1er août

Soleil brûlant. Lever un peu avant 9 heures – avec *Big Shoes To Fill*, Watermelon Slim, 2003 (Southern Records Group & Management – SRG – 1001). Watermelon Slim : chant, harmonica, dobro, guitare slide ; musiciens : The Fried Okra Jones Band.

Douche. Petit déjeuner. Lecture de la presse de 2016, puis de celle de… 1848 !

Recul incroyable des rédacteurs du *Constitutionnel*, dès les premières lignes de l'édition du 24 février : « De grands événements viennent de s'accomplir. Un gouvernement provisoire est établi. L'ancien gouvernement est tombé comme sont tombés ses prédécesseurs, pour avoir compris son intérêt et son devoir, une année, un jour, une heure trop tard. » On dirait du Tocqueville !

« Voici la composition du gouvernement provisoire : Arago, Louis Blanc, Marie, Lamartine, Ferdinand Flocon, Ledru-Rollin, Recurt, Armand Marrast, Albert, ouvrier. » Émouvant. L'histoire en direct. Et ça, surtout : « On ajoute que M. Garnier-Pagès est nommé maire de Paris, que la république est proclamée, qu'une assemblée nationale est immédiatement convoquée. » La république est secondaire, est adventice par rapport à la nomination de Garnier-Pagès comme maire de Paris !

Tocqueville raconte le calme, le professionnalisme tranquille avec lesquels des artisans, coupant des arbres quasiment en sifflotant, avaient préparé les barricades. Avec le souci du travail bien fait (*Le Constitutionnel* confirme : « À 9 heures, trois barricades, qui ne sont pas construites sans art, ferment la rue Poissonnière » ; « Quelques-unes de ces barricades ont été faites lentement et avec soin. Elles offrent presque l'aspect d'une construction ordinaire. On a ménagé aux deux extrémités un passage pour les piétons. On apporte des maisons voisines de petits drapeaux tricolores, sur lesquels sont inscrits ces mots : *Vive la réforme !* et qu'on plante sur la crête des barricades »). Comme de bons ouvriers. « Des ouvriers en blouse », précise *Le Constitutionnel.* « On peut remarquer qu'un grand nombre de jeunes gens du quartier, qui portent le costume des classes aisées, leur prêtent un concours empressé. »

La foule arrive aux Tuileries, mais on est très (très) loin de 1792 : « Le flot populaire [quelle expression !] est arrivé presqu'en même temps aux Tuileries par la cour et par le jardin. Les appartements ont été bientôt envahis, mais il n'y a pas eu de dévastation. Une boîte remplie de bijoux ayant été trouvée dans les appartements de la reine, elle a été portée à la mairie du troisième arrondissement. » Incroyable. Toutefois : « Dans la salle du trône, on s'est emparé du fauteuil qui a été porté tout le long des boulevards, et brûlé sur le soubassement de la colonne de Juillet, en présence d'une foule immense. » Mais on s'attaque au symbole, non au corps du roi – qu'on laisse s'enfuir. De plus, « on livre aux flammes une foule d'objets précieux » récupérés au Palais-Royal.

Quant à cette histoire de vol, passage intéressant dans Tocqueville : « Nous avons passé tant d'années en insurrections, qu'il s'est formé parmi nous une espèce de moralité particulière au désordre, et un code spécial pour les jours d'émeute. D'après ces lois exceptionnelles le meurtre est toléré et la dévastation est permise, mais le vol est sévèrement défendu » (*Souvenirs*, publiés en 1893).

Je devrais profiter davantage du soleil, aller marcher, sortir – au lieu que de rester enfermé à lire des journaux de 1848 dans ma chambre d'hôtel. Mais n'est-ce pas aussi ça, les vacances : se permettre de passer des heures sous Louis-Philippe ? Je continue à noter tout ce qui me plaît. 24 février 1848, *Le Constitutionnel*, suite : « On annonce que le général Lamoricière a été blessé à la main. »

Publicités du *Constitutionnel* (édition du 23 février – où les débats à la Chambre des députés, tandis que les émeutes commencent, tournent surréalistiquement autour de la création d'un établissement bancaire à Bordeaux) :

Nouveau dentier MASTICATEUR de M. PAUL SIMON, médecin-dentiste de la Faculté de Médecine de Paris. Prix du Dentier masticateur, de 600 à 4,000 francs ; Dentiers ordinaires et osanores, de 300 à 500 fr. ; chaque Dent. *nouveau système*, de 25 à 30 fr. ; système ordinaire et osanore, de 15 à 20 fr., chez l'auteur [chez l'auteur !]. BOULEVARD DU TEMPLE, n° 42, en face le Jardin Turc.

ACCOUCHEMENT. 40 FR., ET LES NEUFS JOURS. – Mme MESSAGER. CHAUFFAGE compris. Appartements et chambres à tous prix : PLACE DE L'ORATOIRE-DU-LOUVRE, N° 4. Consultations tous les jours pour les maladies des femmes.

40 fr. KOUSSO la dose remède infaillible contre le VER SOLITAIRE. Approuvé par les Académies de Paris. GUÉRISON en 2 ou 3 heures – Innocuité parfaite. – Exiger la signature de BOGGIO.

PLUS DE CHEVEUX BLANCS. Avec l'EAU MEXICAINE, dont l'emploi est facile et sans le moindre inconvénient, Mme J. ALBERT, 4, RUE DE CHOISEUL, teint les cheveux en toutes nuances en moins d'UNE HEURE, et remet immédiatement la coiffure dans un état de propreté tel qu'il est impossible de se douter du plus léger artifice. Flac. 6 et 10 fr. (Env. affr.) – *Parfumerie fine*.

Dans le numéro du 25 :

ÉPILEPSIE ET DANSE DE SAINT-GUY. Guérisons obtenues par un nouveau mode de traitement dont l'auteur est une de nos sommités scientifiques. S'adresser pour les renseignements, à la pharmacie MORLE, rue des Lombards, 14.

Je crois que, *fou* de textes et de littérature comme je le suis, *fou* de lecture, *fou* de livres et de romans et d'essais et de poèmes et de théâtre et de pamphlets, je pourrais passer ma vie (tout entière) dans une école talmudique à tenter d'extraire du Talmud une interprétation millimétriquement neuve, moléculairement nouvelle, microscopiquement inédite. Jouissance, intellectuelle, presque physique, de faire jaillir, comme abasourdi, un brin de lumière sur un vieux paragraphe usé par les interprétations, les relectures, les veillées ?

À Alep, pour résumer, il y a plusieurs zones. La zone tenue par les forces d'Assad, la zone tenue par les Kurdes, la zone tenue par les rebelles et des mouvements dûs à feu Al-Nosra. Le siège est quasi total. Ceux qui tentent de le briser sont des salafistes (Fatah al-Cham et Ahrar al-Cham). Poutine bombarde les rebelles, apportant de l'aide aux forces gouvernementales. Les enfants, à Alep, brûlent des pneus afin de produire de la fumée, misant sur le fait que la visibilité des avions d'Assad sera perturbée. Des combattants venus d'Iran aident l'armée régulière, de même que des « soldats » du Hezbollah. Les denrées alimentaires s'amenuisent de manière inquiétante. Assad et Poutine prétendent avoir ouvert des couloirs humanitaires – ce qui semble loin d'être avéré. Ils promettent l'amnistie aux rebelles en cas d'abandon des combats. Normalement, mais ce n'est évidemment pas le cas, le 1er août devait être la date de la mise en place d'un organisme de transition pour ériger une nouvelle Constitution en Syrie (la Russie et les États-Unis s'étaient mis d'accord là-dessus, qui coprésident le GISS, Groupe international de soutien à la Syrie, organisme fantoche et risible – un de plus). Ce qui pose un (énorme) problème, depuis maintenant presque cinq ans, c'est le destin d'Assad. Personne, à l'heure où je tape ces phrases, n'est d'accord sur son sort. L'Arabie saoudite réclame son départ ; la Turquie réclame son départ. Mais Assad entend bien rester, appuyé par la Russie et l'Iran.

Le pape François a déclaré : « Je n'aime pas parler de violence islamique, car tous les jours, dans le journal, je vois des violences, ici en Italie, l'un qui tue sa fiancée, l'autre son associé, et ce sont des catholiques baptisés ! Ce sont des violents catholiques. Si je parle de violence islamique, je dois parler de violence catholique. Non, tous les musulmans ne sont pas violents. Tous les catholiques ne sont pas violents. » Puis : « Le terrorisme est partout. Pensez au terrorisme tribal de quelques pays africains. Et tant qu'au centre de l'économie mondiale il y a le dieu argent et pas la personne, c'est ça le premier terrorisme. C'est un terrorisme de base contre toute l'humanité. » Puis : « Je me demande : combien de jeunes, nous, Européens, avons-nous laissés vides d'idéaux, qui ne travaillent pas, se droguent, prennent de l'alcool, vont vers les groupes fondamentalistes ? » Fadeur de cette litanie de clichés : Le Clézio écrirait-il les discours pontificaux ?

Camus (*Carnets*, 1947) : « L'action, désormais, ne nous paraît justifiable que pour des objectifs limités. Ainsi parle l'homme contemporain. Il y a contradiction. »

Nage, puis hôtel, écoute de Zappa, puis assez longue marche dans la montagne avec Agnès. Le soir, en terrasse, où je dîne avec les M. (sans les ados), quelqu'un vient me saluer : c'est Emmanuel Jouan ! Emmanuel Jouan, né en 1970, et que je connais depuis 1974 ou 1975 (parc Saint-Laurent, Orléans). C'était mon voisin du dessus – ses parents étaient les voisins du dessus de mes parents. Il n'a pas changé ! Toujours aussi rouquin. Il est avec sa femme et sa fille.

C'est d'ailleurs la journée du rouquin, puisque Pierre, un ami de Gautier, l'aîné des M., vient rejoindre la famille après quatorze heures de trains – passées à roupiller et à lire le Coran (« pour essayer de comprendre » ; comprendre quoi ?).

Céline (*Lettres*) : « Je vous dis, ma chère, que la guerre est un théâtre, on a la flemme de se lever) » (lettre à Simone Saintu, lundi 11 décembre 1916).

Message de Georges Lang : « Yann, je suis en studio en direct à RTL et vois sur CNN qu'un typhon s'abat sur Hong Kong. Y es-tu ? Mets-toi à l'abri ! Amitiés fidèles et sincères. Et mes hommages à Emmanuelle très sympathique. Georges. »

Moi : « Oh ! C'est super gentil d'y penser ! Mais je suis pour le moment en Italie ! Ça va toi ? » Puis : « Je vais t'écouter, tiens ! »

Georges : « Ça va pour le moment, c'est la rentrée du mois de septembre qui sera plus difficile, avec une soirée en moins, et surtout le fait de savoir que c'est la dernière saison… Et toi, tu te ressources en Italie, où es-tu exactement ? »

Moi : « Santa Margherita, près de Gênes. »

Georges : « J'adore cet endroit. Quand j'ai rencontré celle qui allait devenir ma femme, nous sommes partis à l'aventure en Italie et sommes restés quelques jours à Santa Margherita. Ça me rappelle des souvenirs, c'était en 1980 !… Je roulais à l'époque dans une voiture américaine, une Chevrolet Camaro bleu ciel ! »

« L'homme ne supporte pas le Temps. Heureusement, il n'a pas, toute sa vie, à supporter sa vie » (Michaux, « L'éther », dans *La nuit remue*, 1935). J'aurais tellement aimé que Michaux écrivît, à la place : « L'homme ne supporte pas le Temps. Heureusement, il n'aura pas à le supporter toute sa vie. »

S'il subsiste un ultime charme à la France, c'est de n'être pas encore une *nation technologique*.

Facetime avec Emmanuelle, un peu vexée que je n'aie pas effectué, encore, les dessins qu'elle m'a demandés (Pierre et Marie Curie, Batman et Robin, Léa Salamé…). Du coup, elle tente de raccrocher un peu brutalement. Rien de grave – mais elle est peut-être plus susceptible que moi en réalité ; moi, je fais semblant (ce qui est encore pire, puisque totalement incompréhensible !).

« La vie m'enseigne que nul n'est consolé en ce monde qui n'ait d'abord consolé, que nous ne recevons rien que nous n'ayons d'abord donné » (Bernanos, *Les Enfants humiliés*, 1939-1940).

Lecture de Tocqueville – puis je m'écroule (vers 1 heure du matin).

Mardi 2 août

Lever 9 heures – avec *Superpickers*, Chet Atkins, 1973 (RCA Victor, APL1-0329, US). Chet Atkins et Jerry Shook : guitare ; Johnny Gimble et Buddy Spicher : violon ; Buddy Harman et Larrie Londin : batterie ; Charlie McCoy : harmonica ; Weldon Myrick : guitare pedal steel ; Farrell Morris : percussions ; Hargus « Pig » Robbins : piano ; Paul Yandell : guitare et ukulélé ; Henry Strzelecki : basse ; Bobby Thompson : banjo et guitare.

Petit déjeuner – lecture de la presse (*Le Figaro*). Rien ne me fascine davantage que le comportement des êtres humains aux petits déjeuners des hôtels. Cet appétit sorti de nulle part, cette appétence, cette volonté de rentabiliser ce qui a été payé, ce qui est compris dans le prix de la chambre… Ce mélange (peu subtil) de mesquinerie et d'orgie. Cette obsession de la sustentation. Ils mangent, mais de manière peu tranquille : leur sérénité est gâchée, troublée par le fait qu'il y a peut-être des aliments qui partent dans d'autres assiettes, que des estomacs concurrents menacent d'autres mets, non encore exploités par eux, vierges encore de leurs coups de fourchette. Les hôtes, alors, empilent la nourriture dans une assiette générique, mélangeant le fromage, le yaourt et le melon, l'œuf et le bacon et les céréales, guettant d'un œil calculateur, torve, scientifique et avisé, si la quantité restant sur le buffet est, ou non, suffisante pour l'appétit prévu, pour l'appétit qu'il s'agirait de pouvoir garder le plus intact possible ; le premier repu, en quelque sorte, a perdu. Dès qu'un nouveau couple pénètre dans la salle, ceux qui déjà mangent esquissent une grimace : il y a danger. Alors, plutôt que d'achever le plat commencé, ils se lèvent et la guerre commence, recommence – un peu comme il y a guerre chez les pigeons, sous le banc, pour telle miette de biscotte ou de pain tombée. Il faudrait tout emporter ; impossible. On se transforme donc en doggy bag humain. Ce n'est pas qu'il faille impérativement tenir jusqu'au soir (oh non ! on n'oubliera point de déjeuner, trois heures plus tard à peine) : mais c'est qu'il faut gagner cette guerre ; l'ennemi est le manque à manger. Ce qui part, comme nourriture, dans d'autres organismes que le sien. Il faut avaler ce qu'on a payé, et comme on pense avoir payé très cher, il faut manger beaucoup – il faut absorber davantage. Davantage que ? Davantage. Chacun, chez soi, dans son pays, le matin, se contenterait (et, de fait, se contente) du dixième de ce qu'il prend ici : mais ici, c'est payant, tandis qu'à la maison, c'est en quelque sorte gratuit. L'estomac, qui a compris la mission, obéit sans broncher ; pour lui, c'est un peu le service militaire. Une volonté étrangère à la sienne, une dictature soudaine, sortie de nulle part ou plutôt du porte-monnaie, jaillie d'un moche instinct qui n'a rien à voir avec la faim, lui impose à la fois un rythme et des quantités qui, à Londres, à Paris, à Berlin, ne sont généralement pas les siennes ; il marche au pas. Ce n'est pas « marche ou crève » mais « mange ou crève ». On sent, au buffet, une tension militaire, une pulsion de haine, où personne ne supporte celui qui, devant lui, se sert et l'empêche de se servir. Les sourires sont figés, les têtes remplies de meurtre. Ce bout de saucisson ? La grosse Allemande le voulait, le voulait de toutes ses forces, elle ne s'était levée que pour lui, il avait donné sens à sa matinée, à sa vie. Il était comme une promesse pour elle ; un destin. Elle l'avait repéré, elle n'avait pas eu le courage de se lever tout de suite pour aller chercher une autre assiette et le jeter dedans ; du coup, à présent, elle paye cher, très cher, cette incurie – le dernier morceau de sauciflard est en train, c'est un affront, c'est la fin du monde, de lui passer sous le nez ; un Suisse chauve, maigre mais abruti de rentabilité lui aussi, s'en empare comme si sa vie tout entière en dépendait. Entre la mort de sa femme et ce bout de charcutaille suintante, il n'hésiterait pas une fraction de seconde.

Pour en revenir à (l'Évangile de) Matthieu, il y a dedans, et d'emblée, quelque chose qui est énorme. Quelque chose qui tient du burlesque. Quelque chose qui tient de l'humour : c'est le Saint-Esprit. On voit tout de suite que, malgré le terme identique, « emprunté » à l'Ancien Testament, l'Esprit saint, le Saint-Esprit est ici autre chose, une magie, un truc, une manière d'aberration. Il y a deux manières de considérer le Saint-Esprit (c'est faux, il y en a une centaine). Soit comme une chose qui tient à la sainteté. Soit (c'est de la logique pure) comme une chose qui tient à l'esprit. Car les deux (Matthieu n'a aucune raison d'être tautologique) diffèrent : l'Esprit n'est pas *nécessairement* saint, et, inversement, ce qui est saint n'est pas *forcément* spirituel. Mais ce qui est étonnant, ce qui est stupéfiant, c'est cette facilité, cette simplicité avec laquelle Matthieu nous « vend » *sa*, *cette*, conception (réinventée, remodelée, redéfinie) de l'Esprit saint. Cette façon dont, si j'ose dire, littéralement, littérairement, l'Esprit saint surgit de nulle part.

Quelques images de *Baisers volés*, sur YouTube. Doinel, c'est le Félix de Vandenesse du *Lys dans la vallée* au royaume de la chienlit. Sa geste peint l'agonie d'une époque : celle des aveux par pneumatique et des joues effleurées ; celle du déjeuner dominical, coincé chez les hypothétiques beaux-parents. Film qu'on regarde sans arrêt, le connaissant par cœur, et mieux que Truffaut lui-même, pour le mélancolique plaisir des gouailles parisiennes d'un naguère évaporé. Il ne reste quand même pas grand-chose de nos amours. Presque jamais de sexe dans Truffaut. Alors que, dans la vie de Truffaut, le sexe a sans doute davantage compté que les sentiments. Ceci expliquerait-il cela ?

« Le manque de plaisir me rend mélancolique en me fanatisant, la mélancolie et le fanatisme me poussent dans les voies de la réflexion perpétuelle », Albert Caraco, *Ma confession* (1975).

Écoute de *Toto IV*, sorti le 8 avril 1982, de McCoy Tyner et de Zappa.

Deux heures et demie dans la mer.

Emmanuelle a nourri Tarzan, qui a avalé tout rond son rat, mais semble-t-il (lui) sans voracité. Elle l'a nourri avec une semaine d'avance sur son appétit officiel (c'est une fois par mois, strictement ; là, ça ne fait que trois semaines).

À propos d'animaux : opération du chien Hissey, qui n'a plus de couilles dès aujourd'hui – ou, du moins, plus rien dedans. Grande inquiétude d'Agnès, ce matin, après l'anesthésie générale. Mais rassurée par un coup de téléphone.

La pauvreté, c'est une chose ; la grande pauvreté, c'en est une autre. Il y a une cassure, d'ordre quasiment métaphysique, entre la pauvreté et la grande pauvreté ; entre la pauvreté et la misère. Bloy, Péguy l'ont dit. Bloy était misérable, Péguy était pauvre.

Il y a un mépris de la pauvreté. La pauvreté est d'abord une question d'argent mais soulève un autre problème : celui du regard qu'on porte sur les pauvres. La pauvreté : ce qu'on fait ou qu'on ne fait pas (plutôt) pour les pauvres trahit une chose : la tête de lecture que nous avons choisie est bien celle de l'argent. Les pauvres sont doublement pauvres ; oubliée la grandeur du pauvre ; la mystique du pauvre. C'est le respect du pauvre qui est aujourd'hui perdu.

Le pauvre se situe au centre de deux névroses, de deux peurs : ce que nous avons été dans un passé plus ou moins lointain ; ce que nous pouvons être un jour dans un futur plus ou moins proche.

Autrefois, la pauvreté était sacrée ; à présent, c'est l'argent qui est sacré.

Qui sait si Céline n'a pas eu l'idée des trois points en lisant *La Peau de chagrin* ?

Arrivée de Paul. Dîner chez les M. Silence mutique et étonnant, à table, de A. Lecture de Tocqueville après avoir dessiné jusqu'à 2 heures du matin ; je m'écroule.

Bernanos : « La terrible introspection de Proust ne va nulle part. Elle peut tromper un temps encore notre attente, et découvrant sans cesse de nouvelles perspectives, nous tenir en haleine, faire illusion sur la leçon qu'elle va donner, et ne donne jamais. Cette poursuite est hallucinante, pour ne pas dire désespérée. Oh ! ces bêtes raisonnables et lubriques, compliquées comme des instruments de chirurgie, polies comme eux – et pour lesquelles le Christ est mort en vain ! Je ne dis pas seulement que Dieu est absent de l'œuvre de Proust, je dis qu'il est impossible d'y retrouver même sa trace. Je crois qu'il serait impossible de l'y nommer » (interview de 1926).

Les écoutes téléphoniques. Cela pose le problème de la vie privée. Et, ensuite, de la position des journalistes. Transparence ; et même, transparence de la transparence. Le crime, aujourd'hui, n'est pas tant que l'on cache que le fait de vouloir cacher. La forme plus grave que le fond. Ce qu'on écoute est moins important que n'est grave le fait d'écouter.

Le jugement des journalistes est définitif ; sans appel. Le journaliste travaille dans l'éphémère. Tout ce qui peut donner de l'importance au journalisme est bon à prendre.

Le régime est démocratique. Mais la démocratie n'est pas une « pratique ». Ce sont des hommes qui sont aux commandes de la démocratie. On ne peut donc pas dire que les écoutes sont impossibles (on l'a vu sous Mitterrand) dans un pays démocratique.

Au moment où l'on craint que la dictature soit là, on s'aperçoit qu'il n'y avait pas besoin de cela : Facebook. Les gens se livrent tout seuls – au sens étymologique : ils se livrent. Ils nous imposent leur vie privée – dont on s'aperçoit qu'elle est inoffensive et inintéressante. Vie intérieure : zéro. Tout s'écoule en vie extérieure. Abyssale misère.

La véritable espèce menacée, aujourd'hui, ce n'est pas l'homme au pouvoir, ce sont les journalistes. Il faut savoir que le journaliste adore qu'on fouille dans son ordinateur. Le vol ou la destruction, le piratage d'un ordinateur est le scoop absolu ; au fond, rien ne passionne davantage le journaliste que cela. Une destruction d'ordinateur vaut de l'or.

Mercredi 3 août

Réveil avec *Bongo Joe*, George Coleman, 1969 (Arhoolie Records, 1040, US). Chant et batterie : George Coleman. Le disque a été enregistré sur un équipement portatif à San Antonio, Texas, le samedi 7 décembre 1968.

Mal dormi, frigorifié par la clim, que j'ai réglée au maximum de fraîcheur. Petit déjeuner : il y a des nouveaux. Je dois changer de chambre aujourd'hui. Je suis fatigué.

1830 se voulait la réalisation de 1789 ; 1848, la réalisation de 1793. Pâles remakes ? « Surtout les pièces de théâtre avaient réhabilité la Terreur et l'avaient rendue en quelque sorte à la mode. On faisait donc parler dans la langue enflammée de 93 les passions tièdes du temps, et l'on citait à tout moment l'exemple et le nom d'illustres scélérats, auxquels on n'avait ni l'énergie ni même le désir sincère de ressembler » (Tocqueville, *Souvenirs*).

« De tant de choses profanes j'ai tiré la conséquence chrétienne » (Claudel, avril 1911, encore et toujours dans son *Journal*, véritable mine, terrain *miné*).

Enfin, les États-Unis se décident à faire quelque chose contre Daech. Ils pilonnent Syrte, en Libye. Les Américains ont pris position pour le gouvernement d'union nationale de Faïez el-Sarraj (il y a en ce moment deux pouvoirs concurrents en Libye, le gouvernement de Tripoli, aidé par Obama, donc, et le gouvernement de Tobrouk) et à sa demande (mais monsieur, qui entend rouler les mécaniques auprès de ses partisans, tente de minimiser l'importance de ce décisif appui ; il faut dire aussi que l'opposition ne va pas tarder à le traiter de collabo, ou de faible, laissant les Américains, une fois de plus, faire ingérence dans des régions et des situations qu'ils ne connaissent pas ou mal). Jusque-là, les interventions militaires américaines avaient été plus que timorées (un petit raid en novembre dernier). L'État islamique perd effectivement du terrain en Libye. Il contrôlait il y a quelques mois encore un territoire de 200 km sur 40 km, et ne possède plus à l'heure actuelle que quelques enclaves au sein de la ville (hôpital, université, palais des congrès, etc.). Cela dit, les djihadistes se battent vraiment. Toujours, évidemment, avec leurs dégueulasses armes habituelles – mines antipersonnelles, snipers embusqués, voitures piégées.

Changé de chambre ; je suis désormais au dernier étage ; je surplombe. D'ici, au loin, je vois la mer. La chambre donne l'impression d'être dans un bateau. (Villa Anita, chambre 330. J'avais précédemment la 104. Plaisir étrange à noter ces détails.)

Ce que je n'aime pas dans le catholicisme, c'est la révélation brutale. C'est la brutalité de la révélation. La foi comme foudre. Je trouve ça surfait, romantique, menteur. Je préfère ce qui infuse, ce qui chemine, ce qui advient en douce. C'est la même chose avec les femmes. Avec les femmes, dans l'amour, je déteste les coups de foudre : ce sont des attrape-cons. Pareil avec les ruptures spectaculaires, les larmes nulles grandioses folles, avec cris inclus, blessures obligatoires, théâtre, guignolades. Je préfère les sentiments qui se déploient au ralenti, sur une musique de western spaghetti, en de très longs plans séquences leoniens bien étirés. L'accéléré est adolescent. Le ralenti est enfantin. Le ralenti coule de source : c'est la nature qui rythme les cœurs, et pas le contraire. Pour la foi, je dirais la même chose : faire entrer la foi dedans son âme à cause d'un pilier claudélien, ça me donne de très fortes nausées. Je ne veux pas succomber à ces crises, qui ne sont pas religieuses, mais névrotiques et, d'ailleurs : la religion catholique est une névrose. Dès qu'il y a Fils, il y a névrose. Le Fils est le réceptacle à névroses des parents, de la mère, surtout. Les chrétiens sont d'abord des œdipiens. On parle toujours de mère juive, la très caricaturale, la très woody-allenesque, la très philip-rothienne mère juive. Je trouve cela bien déplacé : c'est de la mère catholique qu'il faudrait parler. De la mère du Christ ! Des maladies transmises, des folies. Des névroses passées dans les gènes, ou dans l'éducation. Tout dépend toutefois de ce qu'on « fait » de Marie : si on la considère comme mère juive lambda ou comme Mère Chrétienne absolue. Elle n'est soit pas grand-chose, soit Tout.

Je prends de plus en plus de plaisir à la lecture de Tocqueville (je le dévore sur un banc un peu ombré, devant la statue de Marco Polo, érigée en 1892 ; cette statue est d'ailleurs difforme, ratée : Marco Polo semble hydrocéphale) – esprit profond, fin, vrai. Voici un dégagement qui est fait pour me plaire, moi dont l'obsession (l'une des obsessions) est de, toujours, opposer la parole et le discours, la littérature et le littéraire, le roman à la thèse, la mystique à la politique, comme dirait Péguy : « Le métier d'écrivain et celui d'orateur se nuisent plus qu'ils ne s'aident. Il n'y a rien qui ressemble moins à un bon discours qu'un bon chapitre. Je m'en aperçus bientôt et je vis bien que j'étais rangé parmi les parleurs corrects, ingénieux, quelquefois profonds, mais toujours froids et par conséquent sans puissance. Je n'ai jamais pu me réformer complètement sur ce point. Ce ne sont pas assurément les passions qui me manquent, mais à la tribune la passion de bien dire a toujours éteint momentanément chez moi toutes les autres. »

Dire qu'il y a un an, j'étais déjà ici, dans la même ville, la même mer, mais dans un tel état de délabrement – à cause d'une fille, qui n'en valait évidemment pas la peine. Je souffrais, j'étais mal. Les décors sont les mêmes, et pourtant ils m'enchantent, là où l'an dernier chaque millimètre du même port, du même ciel, de la même mer, des mêmes rochers me donnait la nausée, comme recouvert d'un enduit visqueux, nauséabond, triste à vomir. Vive Emmanuelle. Elle m'a sauvé la vie. Savourer chaque seconde avec elle.

J'espère qu'à la rentrée, je tiendrai : que je parviendrai à tenir ce journal chaque jour. M'est avis que cela va être sportif.

Sur le chemin de l'hôtel, un rat écrasé, puis ré-écrasé, et ainsi de suite. Plat comme une horrible photocopie couleurs. Le voyant (je vais encore le « croiser » souvent), je ne peux m'empêcher de penser à Georges Bataille – il aurait sans doute sorti son iPhone pour photographier la bête écrabouillée, dont le cerveau n'est plus qu'une gerbe lilas, une sorte de tapisserie, de dégueulis de sang qui fait comme un tatouage au bitume.

Commencé à lire Guizot (ses *Mémoires*) ; quelle platitude, quelle grisaille, quel ennui à côté de Tocqueville – toute la théorie de Tocqueville sur la littérature contre les discours prend ici son sens. Pas étonnant.

Trump continue ses minables provocations, allant jusqu'à créer la polémique dans son propre camp. Il s'en est pris, cette fois, aux parents d'un jeune soldat musulman (officier) mort en Irak (je crois que c'est en Irak ; oui, en Irak, je viens de vérifier – en 2003). Obama l'a immédiatement dégommé, lançant que Trump n'était pas qualifié pour le poste. On le savait ; mais Obama l'était-il beaucoup plus ? Qu'aura-t-il fait ? Rien. Ou presque. Trump a mille fois raison quand il dit qu'Obama a été « le pire Président, peut-être, dans l'histoire des États-Unis ». (« Je pense qu'il a été un désastre. Il a été faible et inefficace. ») Il n'en reste pas moins que comparer Obama et Trump n'a aucun sens ; cela ne se situe pas au même niveau, et le préciser est déjà ridicule. « Il y a un moment où l'on doit dire "assez" ! » s'est encore exclamé Obama. Et même McCain a monté le ton : « Que le parti l'ait nommé ne lui donne pas le droit de diffamer les meilleurs d'entre nous. » Certains républicains importants commencent à annoncer qu'ils voteront Hillary. Trump n'a pas tenu à s'excuser. Aux États-Unis (contrairement à la France), l'armée est respectée.

Selon un rapport américain, la production de dioxyde de carbone a atteint un record en 2015. Tocqueville et Guizot n'avaient pas ces problèmes ; certes, ils en avaient d'autres. Les records de chaleur ont également été battus. Thiers n'aura pas souffert de ça… Ne pas oublier que tout est lié : chaleur, sécheresse, mauvaises récoltes, mouvements de population, tensions, migrations, terrorisme… Le niveau des mers monte de plus en plus, les glaces fondent, les ouragans se multiplient. Là aussi, c'est une guerre. Là aussi, c'est la guerre. Tout est guerre. Pluies, incendies, inondations, glissements de terrains, surchauffe des océans, prolifération d'algues… En août dernier, à Marrakech, il a plu seize fois plus que d'habitude à la même période. 2015 aura été l'année la plus chaude depuis 1861 : ah ! du coup, Guizot, mort en 1874, et Thiers, mort en 1877, ont souffert de ça… Comme quoi. Il ne faut jamais rien affirmer à la légère, n'est-ce pas ? Tocqueville, en revanche, mort deux ans avant, en 1859 (à cinquante-trois ans), aura été épargné. D'après les experts, l'année 2016 battra le record affreux de 2015. Dire qu'il y a encore des climato-sceptiques ! Depuis 1993, le niveau moyen de la mer s'est élevé de 70 millimètres. C'est l'océan qui absorbe le dioxyde de carbone. Mais combien de temps tiendra-t-il ? On consomme toujours davantage d'énergies fossiles. Logique : tant qu'il y a des réserves… Pétrole, charbon, gaz. On ne cesse de découvrir de nouveaux gisements, de nouvelles réserves. Phénomène d'effet de serre. Méthane, protoxyde d'azote…

Écrire sur Emmanuelle ; dire sa beauté, pas seulement sa jeunesse, mais sa beauté. Sa simplicité, son intelligence. Son élégance. Son immense curiosité. Sa bienveillance. Sa capitale frénésie. Je ne lui connais guère de défaut, nonobstant une petite tendance à la susceptibilité – et une micro-caractérialité qui n'est que le milliardième de la mienne. Quand je lui dis qu'elle est susceptible, elle se vexe…

Je vais laisser ce journal pour aller, avec Paul (qui n'a pas dû quitter sa chambre d'hôtel de la journée), dîner chez les M.

(Je reprends ce journal aux alentours de 23 h 15. Paul lit Gustave Le Bon. Nous avons parlé, sur le trajet vers l'appartement des M., de Tocqueville ; de son génie. Et de Guizot – et de son absence de génie. Quand je suis rentré, la chambre était un véritable glaçon ; j'adore. 18 °C. J'avoue, je confesse avoir le vice de la clim.)

Très bonne soirée. A., la petite amie de Gautier, ce soir encore, au dîner, a péroré sur tous les sujets, a alourdi toutes les conversations. J'expliquais à Hugues que jamais, au grand jamais (et Paul était d'accord), il ne fallait lire les préfaces ou les introductions ou les postfaces des livres au programme des concours (en l'occurrence, La Boétie) et qu'il valait mieux les relire dix fois et réfléchir par soi-même, mais A. a clamé que non, que c'était irresponsable, que son prof de français lui avait dit qu'il fallait les lire, etc. Tâcheronne… Appliquée, obéissante. Une salariée de la soumission. D'autant plus que La Boétie parle de soumission volontaire !

Ne jamais lire les commentaires, en général rédigés par des intelligences inférieures à l'intelligence de l'auteur. Aller directement au texte, toujours. C'est comme avec les filles, mon cher Hugues : ne jamais passer par un intermédiaire. Droit à l'essentiel ! Droit au but ! Tout le reste est bavardage, perte de temps… Les préfaces sont toujours rédigées pour de mauvaises raisons, souvent alimentaires, ou égotiques. La plaie. Mais les gens ont tellement peur de rentrer dans le texte, dans le dur, dans le vif, qu'ils freinent des quatre fers, qu'ils ralentissent. Ils sont comme impressionnés ; ils ne font plus confiance à leur intelligence devant le texte : alors ils demandent à d'autres, pas plus fins qu'eux (même si plus âgés, même si plus roués), d'être intelligents à leur place. Ce complexe d'infériorité face à un texte, face à un « classique ». Pourtant, les classiques ne l'ont point toujours été – et là encore, il faut écouter Péguy, et lire Homère comme s'il venait de sortir en librairie.

Quel dommage, à propos de Péguy, qu'il n'ait pas tenu, à proprement parler, son journal intime – même si je considère que toute son œuvre est un journal intime, mais non factuel. Un journal intime intellectuel ; Péguy ne parle qu'à lui-même ; il est seul. D'abord face aux autres, puis face aux siens, puis face à lui-même, puis face à Dieu, puis face à la mort.

Soirée sur le port, allongés, la tête dans les étoiles, avec Éric, Agnès et Paul. Maria arrive demain. Satellites artificiels, météorites, avions…

Une bouteille est posée sur le bureau où j'écris ces lignes. Calizzano, Fonti Bauda, frizzante. Je sens de la bonne et vraie fatigue m'envahir, celle du corps qui a joué à la balle dans l'eau, qui a fait des efforts sains. On oublie le corps à Paris, ou quand on y pense, c'est techniquement, en allant au sport, comme pour faire le plein. On quitte donc le rapport au corps – le corps est perpétuellement tenu à distance. On le « nourrit » de sport, mais ce n'est pas ça, l'effort physique que j'appelle sain ; ce qui est sain, c'est de coïncider avec le corps, et non se souvenir qu'il existe à heure fixe, pour le faire (au sens propre comme au sens figuré) suer. J'ignore si ce que j'écris est très clair, j'ignore si ce que j'écris, ce soir, est bien ou mal écrit – et je m'en moque, et c'est agréable, et cela provoque en moi comme une véritable sensation de plaisir, semblable à celle que je viens d'éprouver à jeter un œil, rapide, sur tout ce qui précède – ça commence à s'amasser, ça commence à faire masse, à faire tas, peut-être même à faire livre. Mais taisons-nous, avant de pérorer comme pérore A.

(Je vais quand même remonter un peu la clim. Disons, jusqu'à 20 °C.) Je pense à Emmanuelle, actuellement dans l'avion pour Reykjavik (où je suis allé en 2001, sur les traces de Bobby Fischer ; j'étais à cette époque obsédé par les échecs, et avais un bien meilleur niveau qu'aujourd'hui – je suis devenu pitoyable).

Jeudi 4 août

Sommeil agité. Lever avant 9 heures – avec *Pushin' My Luck*, Robert Belfour, 2013 (Fat Possum Records, 80369-2, US). Robert Belfour : guitare et chant ; Ted Gainey : batterie.

Petit déjeuner, Paul me rejoint. Je lis dans *Libération* une étonnante enquête sur des archéologues faisant des fouilles sur le lieu du tournage de *Peau d'âne*, de Jacques Demy, tourné dans la région parisienne (pour partie) en 1970. Ils retrouvent des mégots, des embouts de cigarillos, des morceaux d'ampoules à flash, des clous, des capsules de bière. C'est exactement le genre de projet qui m'enchante.

Chronique de Renaud Girard dans *Le Figaro* (celle d'hier, mais que je ne lis que ce matin). Je ne la rate jamais, le mercredi. Il consacre sa chronique, cette semaine, aux relations entre Israël et les États-Unis. Netanyahou, dit-il, n'a jamais aimé Obama. Pour plusieurs raisons : l'importance donnée par son administration à l'Iran, le lâchage de Moubarak (lâchage qui trahit le manque de fiabilité d'Obama). Girard explique que, en effet, Obama s'est « désintéressé » (volontairement) du Moyen-Orient pour se concentrer sur l'Asie. Israël a donc décidé d'un plan B. Premier axe : cela consiste à se rapprocher des monarchies sunnites du Golfe (Arabie saoudite, notamment). « Ces royaumes du désert, écrit Girard, sont les Docteurs Jekyll et Mister Hyde de la géopolitique : ils entretiennent secrètement de très bonnes relations avec Israël mais nourrissent au sein de leurs populations et diffusent à l'étranger une idéologie wahhabite, pour qui la destruction d'Israël est un devoir sacré. » Deuxième axe : rapprochement d'Israël avec la Russie de Poutine. Girard rappelle les liens très anciens rattachant les deux pays – l'URSS, on l'oublie trop, ayant été le premier pays à reconnaître Israël. « La population juive était très importante dans la Russie tsariste et soviétique. Aujourd'hui, du fait de l'immigration des Juifs russes, le russe est la deuxième langue la plus parlée par les Juifs israéliens. La communauté russe est la seconde communauté en Israël (derrière la communauté arabe). Grâce à cette alliance russe, Israël espère que la Russie pourra calmer les ardeurs de son ami iranien et compte mener une fructueuse coopération contre l'ennemi commun qu'est le djihadisme sunnite. » Et puis, continue Girard, il y a aussi, cela date d'il y a quelques semaines à peine, le rapprochement entre Israël et la Turquie – souhaité par Erdoğan. Les relations étaient au point mort depuis 2010. Je continue à citer Girard, parce qu'il est vraiment d'une très grande clarté. Tout ce qu'il raconte, en général, va à l'encontre des apparences et des lieux communs. « En ce qui concerne l'Iran, les Iraniens n'ont aucune intention de détruire Israël, mais le discours anti-israélien de Téhéran sert les intérêts des deux parties. En étant la cible des discours iraniens, Israël peut brandir cette menace pour unir sa population, obtenir de nouvelles fournitures d'armes aux États-Unis et atténuer les pressions internationales au sujet du sort des Palestiniens dans les Territoires occupés. Les chiites ne constituant que 15 % de la population musulmane de la planète, fustiger Israël permet à l'Iran chiite de s'acheter une popularité à bon compte auprès d'une partie des masses sunnites. »

Tiens, étrange. Des auteurs (Dan Senor et Saul Singer, *Israël. La nation start-up*) ont écrit sur Israël (c'est Girard qui les cite) ce que j'ai écrit, dans ma tribune du *Monde*, sur l'État islamique : « Israël n'est pas seulement un pays, mais un état d'esprit. » La formule est la même ; mais le parallèle s'arrête évidemment là. Ironie… « Depuis l'indépendance en 1948, poursuit Girard, c'est la spontanéité, la détermination et la prise de risques qui caractérisent l'histoire du pays. Le culte de l'esprit critique, le pragmatisme et le goût du raisonnement systématiquement encouragés dans les universités, tout cela a rendu la société israélienne très adaptée aux défis du XXIe siècle. » Je continue à citer Girard : « Mais l'intelligente stratégie diplomatique de Netanyahou bute sur un obstacle : l'éternelle question palestinienne. Israël a-t-il vraiment intérêt à conserver ces Territoires arabes, occupés par son armée depuis la guerre des Six Jours en 1967 ? Le pari de Netanyahou est-il que les Palestiniens, dégoûtés, finiront par partir et qu'en attendant Israël doit jouer la montre et rester intransigeant, afin de récupérer un jour l'intégralité de la Palestine mandataire comme territoire internationalement reconnu de l'État hébreu ? Mais les Palestiniens ne partiront pas ; ils savent que s'ils restent, c'est pour eux que le temps travaillera, du fait d'une natalité plus élevée. Face à la bombe démographique arabe, qui menace l'État juif dans son existence même, Netanyahou doit se montrer stratège jusqu'au bout. Il devrait avoir deux objectifs : l'intégration politique et commerciale d'Israël à sa région ; et la reconnaissance d'un État palestinien comprenant Gaza et la Cisjordanie (22 % du territoire de la Palestine mandataire), quitte à procéder à quelques échanges de territoires pour rattacher à Israël les trois blocs de colonies les plus importants. Il devrait montrer du courage politique et reprendre à son compte le projet de Rabin à Oslo (1993), qu'il avait, en son temps, outrageusement critiqué. » Lumineux.

Toute cette jeunesse, sur la plage ; la puissance de feu de la jeunesse réside dans cette disponibilité infinie de futur, où elle peut puiser tous ses rêves. Et tout ce qu'a pu réaliser une vie de quarante-cinq ou de cinquante ans, même avec éclat, ne vaut finalement rien face à ce qui ne sera peut-être jamais réalisé, mais reste une réalisation possiblement à venir, une création potentielle. Il y a une force disproportionnée de l'avenir face au passé – on peut avoir gagné tous les combats, ces combats ne comptent pour presque rien devant ceux qui arrivent ; toute chose réalisée, effectuée, accomplie est un cadavre au pied de ce qui n'est pas encore fait, quand même bien cela ne se ferait jamais. L'hypothèse de faire, la possibilité de faire, le faire en devenir, le faire poser quelque part, très loin, sur l'axe du futur, sont en eux-mêmes une richesse faramineuse. Le projet l'emporte toujours sur la réalisation. Le présent est une sorte de malentendu : y coexistent, comme dans la mer où tous les corps de tous les âges se mélangent dans la même eau et la même géographie, ceux qui ont fait et ceux qui feront, ceux qui ont vécu et ceux qui vivront. Mais ils n'ont rien de commun dans ce présent qui n'a pas la même texture pour les uns et pour les autres ; pour les uns, il est fait de souvenirs, pour les autres, d'aspirations. Pour les uns, il est un toboggan vers leurs regrets, leurs remords, leurs fiertés, leurs accomplissements ; pour les autres, un tremplin vers les possibles, les espoirs, l'espérance, les lendemains. Le présent est ce lieu du temps où, comme dans une gare, ceux qui arrivent et ceux qui partent se croisent.

Moi, je suis pour la religion cérébrale. Je suis en train de devenir juif. Par le cerveau. Pas par le cœur, pas par l'âme. Mais par l'intellect. Par la lecture, l'étude, la réflexion. Par les idées, par les notions. Et par les concepts. Et par les articles, et par les comptes-rendus de colloques, et par les conversations, et par les confrontations. Levinas est un génie. Dans *Difficile liberté* (1963), il écrit : « N'être lu que par de moins savants que soi, quelle corruption pour un écrivain ! Sans censeurs, ni sanctions, les auteurs confondent cette non-résistance avec la liberté et cette liberté avec le trait de génie. » Ça pourrait être du Proust, mais c'est du Levinas. Un texte sur la Torah. *À la recherche du temps perdu* aura longtemps été mon texte sur la Torah. Mon Talmud. (Ne jamais oublier que le Talmud est, en partie, une œuvre française.) Il ne faut pourtant pas se laisser impressionner par cette phrase de Levinas (et lui faire dire ce qu'il n'a pas voulu dire) : car les censeurs et les sanctions, en tant qu'écrivain, je m'en branle comme tu n'imagines même pas. Et même si ce que j'écris est faux pour les savants, ce sera vrai pour moi – rien de ce qu'écrit un écrivain, à l'intérieur d'une fiction, ne sera jamais faux. « Nous venons de lire un texte beau et vrai, vrai comme seule la fiction peut l'être » (Emmanuel Levinas, « Aimer la Torah plus que Dieu », dans *Difficile liberté*).

Trois heures dans l'eau, à jouer à la balle. Maria nous rejoint sur la plage.

Apéritif, deux Spritz ; déglingué. Dîner chez les M., où l'horrible A., maquillée comme un rideau d'hôtel bavarois, a recommencé ses solos de suffisance et de je-sais-tout. C'est incroyable de ne pas s'apercevoir à ce point de ses propres défauts et, par conséquent, de ne pas les corriger. Personne n'en peut plus, mais nul n'a le droit de le dire frontalement ; c'est un tabou qui plane. Une horreur.

Jacques Lacarrière, *Entretien*, 2002 : « Cinq doigts aux pieds, c'est sans doute dû à un lointain ancêtre, le cœlacanthe, un poisson des profondeurs qu'on trouve encore dans la région de Madagascar, et qui, le premier, acquit des nageoires pédonculées à cinq cartilages, qui ne seraient autres que les ancêtres de nos doigts ! »

J'ai toujours, oui, de longue date, éprouvé une immense camaraderie intellectuelle pour Lacarrière. Je ne l'ai jamais rencontré et je le regrette. C'était un grand homme, un grand et vrai être humain. Gros bonhomme à sandales, plein de Grèce, le cheveu peu net, fort soucieux de ne pas s'habiller pour se rendre à l'Opéra, préférant les sauterelles aux sauteries et les chemins de poussière au marbre des Instituts. J'aime son savoir sûr, sa tête de malicieux prélat amateur – cela se devine – de fromages coulants, la pétillance de son regard et l'étendue de sa science. Cet homme a tout donné au grec parce qu'il a aimé, enfant, Homère et la mer et le soleil. Homère et la mer et le soleil furent ses amis sous les bombardements orléanais, dans les années noires, quand il était enfant parmi les cris, la cendre et les débris de verre. Il allait au lycée Pothier. Comme moi, comme Péguy. De mon temps, il avait déménagé. Mais enfin c'était toujours, c'était quand même le lycée Pothier. Homme de Loire amoureux de la Méditerranée ; homme de pluie spécialiste de tous les soleils antiques. J'avais lu, il y a sept ans, son magnifique petit livre sur les gnostiques.

Et passé des heures à l'écouter parler (émissions de 1974) sur France Culture. Voix captivante, un peu fluette, montant volontiers dans les aigus – comme souvent chez quelques gens d'embonpoint – et parfois pressée. Et puis, cette coupe de cheveux qui n'était pas possible, sauf pour un enfant d'Orléans peut-être : cette coupe à la Jeanne d'Arc. Un peu la même coupe que Mireille Mathieu et que Hervé Bazin.

Facetime avec Emmanuelle. Dans leur auberge de jeunesse, un couple leur rend la vie difficile ; l'homme ronfle (Mister Noise), la femme libère des vents au dioxyde de soufre (Miss Smell). Emmanuelle et Johanna quittent Reykjavik demain.

Vendredi 5 août

Lever un peu avant 9 heures – avec *Jessie Mae Hemphill*, Jessie Mae Hemphill, 2012 (Mississippi Records, MRP-084, US). Jessie Mae Hemphill : chant, guitare électrique.

Il a plu cette nuit. Je n'ai rien entendu. Je me suis écroulé de fatigue.

Nos sociétés occidentales modernes n'ont pas suffisamment de transcendance à offrir. Les hommes ont soif d'éternité, la société ne propose que le contraire de cette éternité : de l'*éphémérité*. De la fugacité. De la volatilité. Comment obtenir de l'éternité ? Comment, plus exactement, avoir accès à l'immortalité ? L'Académie française n'est réservée qu'à quelques-uns, qui mourront quand même. Si le christianisme a connu tant de succès, c'est parce qu'il débouchait sur l'immortalité promise, sur l'immortalité *garantie*. Avec la déchristianisation, puis la sécularisation, c'est la politique qui a dû prendre le relais de cette promesse : mais sous quels avatars ? La société libérale déchristianisée avait deux possibilités – soit mater, étouffer ce rêve, soit le faire muter, lui proposer d'autres atours, créer une immortalité sans divine transcendance, une immortalité sans ciel. La gloire fut (est toujours) l'une des portes proposées pour échapper à la temporaire et temporelle temporellité du tout-venant. On se souvient de la phrase de Machiavel : « Tous les hommes ont en vue un même but : la gloire et les richesses. » La gloire, c'est la renommée, c'est la réputation ; mais, bien avant, bien devant, la gloire, en latin chrétien, c'est la majesté divine, c'est la béatitude *éternelle* que l'on réserve à Dieu et aux élus de Dieu. La politique a donc dû se résoudre à prendre cette éternité à bras-le-corps ; elle a dû se résoudre à élaborer, sans l'aide d'aucune foi, d'aucun paradis, une béatitude pour l'ici-bas, qui serait la forme sécularisée, athée, de la béatitude du là-haut. Il a fallu inventer une éternité de substitution, un Éden de remplacement, une béatitude sociétale, strictement placée, exactement installée à hauteur d'homme. Une béatitude non plus céleste, mais terrestre. Déjà, il fallait transiger un peu, réviser l'exigence : ce que l'Église promettait, ce que la Bible annonçait, c'est-à-dire l'éternité éternelle, on ne pourrait sans doute en récupérer qu'une portion, à savoir une éternité moins éternelle, une éternité partielle, une éternité rognée, une éternité qui serait davantage une temporellité poussée dans ses extrêmes, une temporellité dilatée au maximum de dilatation possible, une éternité étirée de toutes nos forces vidées de l'immémoriale force de Dieu, qui lui savait dilater, mais infiniment, qui lui savait étirer, mais naturellement, qui lui savait prolonger, mais indéfiniment. À l'éternité, nous avons dû substituer une temporellité de premier choix, mais cela restait de la temporellité : c'est-à-dire un morceau du temps, fût-il immense, dans lequel, au sein duquel, on finirait tôt ou tard par mourir, et dans lequel, au sein duquel, après notre biologique mort notre nom lui-même finirait par sombrer dans la mort des noms, que l'on appelle aussi l'oubli et qui est une mort au carré.

Promenade avec Maria et Agnès, par les hauteurs, jusqu'à la Villa Durazzo. Agnès s'en va, Paul nous rejoint. Déjeuner près du port, sous un arbre et sur un échiquier. La pluie. Nous avons acheté des parts de pizza, du pain, de l'eau minérale.

Maria travaille sur ma terrasse. Après une averse, vue dégagée. Mer à l'horizon, palmiers, église… Chant des cigales à l'infini.

Gide, *Attendu que*…, 1943 : « Il suffit que l'on me dise que je vais bondir, pour que je ne bondisse pas. »

Les Français antisémites, tout comme les antisémites français, devraient parfois se souvenir du rôle primordial, du rôle vital que la France a joué dans l'histoire du judaïsme. La France a connu l'un des plus immenses commentateurs du Talmud. Un commentateur sans lequel on ne comprendrait peut-être plus rien (du tout) aujourd'hui (car le Talmud n'était pas toujours très clair) : Rachi. La rigueur de la syntaxe française, son rythme et sa concision, au service du Talmud, est quelque chose d'étrange. Une rencontre impossible, et qui pourtant a eu lieu. Toutes ces subtilités orientales, venues du désert, passées au tamis de la langue française par un *Champenois*. Pour ceux qui ont des difficultés avec l'*Ulysse* de Joyce, je demande de se représenter la tête de Rachi face à la tâche : des milliers et des milliers (et des milliers [et des milliers]) de pages, non seulement sans ponctuation, mais sans voyelles. Au moins, dans le monologue de Molly Bloom, il y a des voyelles. Et ce n'est pas dans de l'hébreu « classique », de l'hébreu « littéraire » que Rachi a dû (c'était au XIe siècle) s'immerger, mais dans un mélange d'hébreu et d'araméen. À côté, *Finnegans Wake* c'est le dernier Bernard Werber.

Le juge Trévidic prévoit pour la France (année électorale oblige) une année cauchemardesque en termes d'attentats. On ne peut hélas être que d'accord avec une telle prophétie. La saison 2015-2016 n'était qu'une introduction, une préface à l'horreur.

On a vaincu le nazisme en combattant les nazis, le communisme en combattant les communistes. Le terrorisme ne semble pas se combattre en combattant les terroristes, puisqu'ils naissent comme terroristes avec l'acte terroriste en lui-même, c'est-à-dire l'attentat.

Lecture sur la terrasse. Soleil… Tocqueville (génial) : « Il y a eu des révolutionnaires plus méchants que ceux de 1848, mais je ne pense pas qu'il y en ait jamais eu de plus sots ; ils ne surent ni se servir du suffrage universel, ni s'en passer. S'ils avaient fait les élections le lendemain du 24 février, alors que les hautes classes étaient étourdies du coup qu'elles venaient de recevoir, et quand le peuple était plutôt étonné que mécontent, ils auraient obtenu peut-être une assemblée suivant leur cœur ; s'ils avaient hardiment saisi la dictature, ils auraient pu la tenir quelque temps dans leurs mains. Mais ils se livrèrent à la nation et, en même temps, ils firent tout ce qui était le plus propre à l'éloigner d'eux ; ils la menacèrent en se livrant à elle ; ils l'effrayèrent par la hardiesse de leurs projets et par la violence de leur langage, et l'invitèrent à la résistance par la mollesse de leurs actes ; ils se donnèrent les airs d'être ses précepteurs en même temps qu'ils se mettaient dans sa dépendance. Ils semblèrent, en un mot, s'être donné à tâche de résoudre ce problème insoluble, à savoir : de gouverner par la majorité, mais contre le goût de celle-ci. Suivant les exemples du passé sans les comprendre, ils s'imaginèrent niaisement qu'il suffisait d'appeler la foule à la vie politique pour l'attacher à leur cause, et que pour faire aimer la république, c'était assez de donner des droits sans procurer des profits. »

Cette dernière phrase est d'autant plus forte qu'elle permet, aussi, de comprendre que, dans le contexte actuel, faire aimer la France pour aimer la France n'a aucun sens – il faut y trouver son *profit*.

Nage. Plage ; mer métallique ; nuages. Rare soleil. Paix. (Tout est en paix ; le corps, l'esprit.) Coupure totale. Loin (très loin) du métro Châtelet.

J'en reviens à l'exactitude scientifique, policière, d'Hérode. « Allez vous renseigner exactement sur l'enfant. » Cette folie de l'exactitude et de l'emplacement : des coordonnées (cartésiennes, polaires, etc.) du petit enfant à tuer. Cette folie du repère, du repérable et du localisable. Comme aussi dans Matthieu II, 9 : « Et voilà que l'étoile qu'ils avaient vue se lever les précédait, et elle vint se placer *au-dessus* de l'enfant. » Folie des lieux, folie des endroits – II, 11 : « Entrés *dans la maison* ils virent l'enfant. »

L'étoile au-dessus de l'enfant : un jour elle sera sur l'enfant. Cousue sur l'enfant. Le héros de Matthieu se présente d'abord sous l'aspect d'un enfant. Normal, puisque les Évangiles « racontent » la vie de Jésus, qui commence d'abord par être un enfant (comme tout le monde). Sauf qu'il y a à ça une autre explication : c'est le souci (obsessionnel) de faire disparaître la mère, toute trace de mère, de sa mère Marie : mais la Vierge est d'abord vierge de descriptions – on pourrait même dire d'intérêt. Dans tout le début de Matthieu, elle est ectoplasmique, passive, fantomatique, elle est infiniment discrète, infiniment effacée, infiniment en retrait – totalement soumise aussi. Marie, malgré sa présence, est totalement absente. C'est pourtant elle la principale *concernée*. Or : elle est d'une passivité totale. Première passivité : « Marie sa mère était fiancée à Joseph », mais qui est aussi (ailleurs, dans d'autres traductions, d'autres éditions) rendu par : « Marie était accordée en mariage à Joseph » (c'est en I, 18). Ce n'est pas une passivité (mœurs de l'époque) surprenante. Passons donc à la deuxième (forme de) passivité : « Elle se trouva enceinte par le fait de l'Esprit saint. » Là, c'est un chef-d'œuvre de passivité, c'est *le* chef-d'œuvre de la passivité : c'est la passivité absolue.

Ce retrait de Marie, son effacement a une vocation claire, un but précis : celui de donner à la mère un rôle secondaire, lui faire (même momentanément) jouer le rôle d'une silhouette, d'une simple figurante. Un enfant n'est juif que si sa mère est juive. On le sait. C'est la loi. Pour Matthieu, la mission, c'est de placer la mère au second plan, de placer ce qui fait qu'on est (ou non) juif en retrait : c'est l'enfant le héros, c'est lui qui vient se placer au premier rang, devant une mère floue, vierge de tout, d'intérêt, et vierge de premier rôle, c'est l'enfant qui est filmé en gros plan.

Dans le judaïsme (même si, d'après la Loi, elle n'est pas obligée d'éduquer son enfant), c'est la femme qui commande au sein de la famille. Elle est le sein de la famille : c'est elle le chef. Et c'est l'homme, c'est son mari qui est lointain, secondaire, flou, effacé. Il entre du divin, évidemment, dans la mère (juive). Les Évangiles, ici Matthieu, commencent par nettoyer ça. Par inverser les rôles. Le père passe d'abord, et puis l'enfant bien sûr, personnage principal. Mais le père est celui qui décide, il est celui qui commande. C'est une première poussée révolutionnaire, une rupture – brutale. Joseph reçoit des commandements directement de l'ange du Seigneur (en songe, il est vrai). Ce n'est pas à Marie que s'adresse l'ange (ce n'est pas Marie qui a fait le rêve, le songe). La femme ici obéit. Elle subit. Elle n'a pas son mot à dire, et pas son ange à écouter. Elle ne choisit évidemment pas le nom de son fils : c'est Joseph qui le lui imposera, puisque l'ange du Seigneur l'a imposé lui-même à Joseph. Joseph est actif par rapport à Marie et passif par rapport à l'ange. Ce que reçoit donc Marie de Joseph, c'est de la passivité de Joseph par rapport à l'ange. Elle est soumise à une passivité de Joseph : elle est la passive d'un passif. I, 21 : « Elle enfantera un fils et *tu* l'appelleras Jésus. »

Je me moque bien de savoir quelle était la coutume de l'époque, quelle était historiquement la manière, la façon de donner un prénom à un fils (s'il est « normal » ou non que le père choisisse) : je lis les Évangiles comme un roman, selon leur logique pure et interne, décontextualisés de leur histoire historique. Je les lis comme s'ils venaient de sortir, de paraître. Comme s'ils venaient d'apparaître en vitrine de la librairie Gallimard, place de Clichy. C'est là que, longtemps, quand j'habitais porte de Clignancourt, j'achetais le plus souvent mes livres. Là que j'ai écrit les miens, des *Cimetières* à *Naissance*. C'est là, dans cette librairie, que j'ai acheté *Les Confessions* de Rousseau comme si elles étaient en lice pour les prix d'automne. Là, que je me suis procuré ma dose de Joyce comme si Joyce était un jeune écrivain « prometteur ». C'est là, dans cette librairie de la place de Clichy (place sur laquelle je reviendrai un jour littérairement, tant il y a à en dire) que je lisais Gide et Voltaire, Swift et Valéry, Giono et Dante comme s'ils venaient de sortir. Comme s'ils étaient non seulement vivants, mais jeunes, mais confidentiels encore, avec plein d'avenir devant eux.

Samedi 6 août

Réveil avec *Jazz Guitar*, Jim Hall Trio, 1957 (Pacific Jazz, 1227, US). Red Mitchell : basse ; Jim Hall : guitare ; Carl Perkins : piano.

Marche sublime jusqu'à Portofino avec Maria, Agnès, Éric. Nage, puis trois heures de tennis aquatique. Maria va visiter des églises et la Villa Durazzo. Paul reste lire en chambre.

La gloire a d'abord eu soin de s'incarner dans la création. Dieu avait créé le monde ; aux fins d'être son laïc équivalent, nous tenterons, se dirent les humains, de créer des mondes, qu'ils soient mathématiques, picturaux, romanesques, théoriques (et nous avons eu Michel-Ange, et nous avons eu Newton, et nous avons eu Balzac). Nous produirons de la démesure à notre mesure, de l'infini à notre dimension. Nous inventerons ; nous érigerons. Nous œuvrerons – et nous œuvrerons dans le bienfait. Nous avons, comme l'eût fait Dieu à notre place, du temps que nous y croyions encore, décidé d'être les bienfaiteurs de l'humanité – voilà en quoi désormais consistera notre gloire, par laquelle nous voudrons rester gravés dans la mémoire universelle : créer. Le terroriste, lui, reprend ces préceptes en les inversant : nous avons, comme l'eût fait Dieu à notre place, du temps que nous n'y croyions pas suffisamment, décidé d'être les malfaiteurs de l'humanité – voilà en quoi désormais consistera notre gloire, par laquelle nous voudrons rester gravés dans la mémoire universelle : détruire.

Importance *capitale* des rabbins français du Moyen Âge : depuis huit cents ans, dans le monde, on étudiait le Talmud avec des commentaires français. Mais le Talmud va être attaqué… et notamment en France. Il va se passer des choses bizarres… Du pas net… Du flou… On a l'impression (ce n'est pas qu'une impression) que la chrétienté n'a jamais entendu parler de la Loi orale du judaïsme. Ce n'est qu'au XIIIe siècle que le pape reçoit, en bonne et due forme, une dénonciation du Talmud disant que les juifs ne se contentent plus de leur ancienne Loi, mais qu'il leur en faut une nouvelle, complètement différente, qui est le Talmud ! Et que cette Loi est très (très) dommageable à la chrétienté parce que, dans le Talmud, il y aurait des injures à l'encontre de la religion chrétienne et ses fondateurs. Un procès s'ouvre. Le plus important a lieu à Paris. Sur une initiative (sur une dénonciation) du caraïte Nicolas Donin (nous sommes en 1236). Nicolas Donin, outré par les interprétations talmudiques, s'est converti au christianisme. Il faut dire que les caraïtes étaient violemment contre le Talmud. Il y a eu un procès : Donin contre quatre rabbins. Des rabbins très éminents, très spécialisés, très spécialistes. Le tribunal n'était pas forcément très objectif. Pourtant, la reine Blanche de Castille intervient souvent, et dans des conditions qui sont à son honneur. Elle dit qu'il faut laisser aux rabbins le soin de parler comme ils l'entendent. Qu'il faut leur permettre de ne pas prêter serment. Comme ils le demandent. Elle intervient pour prouver que les arguments des rabbins sont de bons arguments. Mais le Talmud est finalement condamné. Parce que, de toute façon, le pape l'avait ordonné ainsi. Le problème du Talmud, c'est le problème même de l'histoire juive et du judaïsme. Le Talmud, c'est l'aspect externe (ou interne – comme on veut) du judaïsme à travers les siècles. La grande argumentation de Donin auprès du pape était que c'est à cause du Talmud que les juifs ne se convertissent pas au christianisme. Le Talmud est la cause de tous les malheurs. Le livre maudit. Il est vu comme responsable de l'obstination juive. Finalement le Talmud a été brûlé. On a aussi perdu la quasi-totalité de la littérature des juifs de France. Le Talmud a peut-être eu le tort d'insulter Jésus, présenté comme le fruit des amours d'un légionnaire et d'une pute ! Le Talmud attaque parfois les païens. Il n'attaque jamais les chrétiens. Mais les chrétiens prétendent qu'en attaquant les païens, le Talmud attaque en réalité les chrétiens ! La Loi orale résulte de la destruction d'un livre. *Fahrenheit 451*. La faculté de mémorisation des juifs est née d'une obligation de mémoire.

Il est presque inquiétant de voir à quel point on ne pense pas la même chose lorsqu'on écrit à la main et lorsqu'on tape sur un clavier. La pensée glissée et la pensée frappée. Tel qui, à la main, serait peut-être de gauche, pourrait devenir de droite en travaillant sur son ordinateur, et *vice versa*.

Je crois, comme Barthes, que non seulement on ne peut penser qu'en écrivant, mais que toute pensée dépend de la langue dans laquelle elle s'exprime. Muni des mêmes neurones, mais ne parlant que l'allemand, je ne penserais pas la même chose – il est vrai que la discussion s'arrête là, puisqu'être allemand suppose qu'on soit baigné dans une culture et un environnement radicalement différents du nôtre. Mais qu'importe : une langue crée peut-être des connexions entre les synapses que ne crée pas exactement à l'identique une autre langue. Il serait intéressant de fouiller cette question.

Il y a ceux qui assimilent Dieu à Jésus et ceux qui les séparent. On les reconnaît très vite au milieu de la foule. Écrire un roman là-dessus ? Non. Mauvaise idée. Nul ne le lirait. Dommage. Il y a des sujets de roman qui ne *peuvent* intéresser – ce sont ceux-là qu'il faut écrire quand même. Les chefs-d'œuvre sont d'abords ceux-là. L'histoire d'Emma Bovary, « pitchée », est d'un mortel ennui.

Le XIXe et le XXe siècle ont fait des efforts pour que Jésus coïncide avec le Christ ; que le personnage historique et la figure théologique ne fassent qu'un, ou du moins convergent l'un vers l'autre. La recherche historique sur Jésus m'intéresse aussi peu que la recherche historique sur Babar. Il y a l'histoire de la théologie, c'est un fait ; il y a aussi, c'est un autre fait, la théologie de l'histoire.

On parle du Christ (tout le monde parle du Christ), mais personne n'injecte le même sens dans ce mot. « Christ » dépend de la manière dont on perçoit le Christ – il y en a un certain nombre, qui généralement se contredisent (et se contredisent violemment).

Plus que l'histoire de Jésus (le Jésus « historique »), c'est l'histoire de l'histoire de Jésus qui me passionne. Son historiographie. Comment Jésus, pas à pas, est devenu le Christ. L'élaboration, autrement dit, du Christ par la *doctrine*.

Jésus est né juif – traduction : son personnage émerge au sein de la tradition juive.

Ce qui me passionne, c'est l'histoire de la façon, étape par étape, dont on a fini par avoir l'idée de la divinité de Jésus – de le métamorphoser en Christ. L'histoire du dogme : voilà qui fascine. Que Jésus ait existé ou non est secondaire. S'il a existé, l'histoire de sa divinisation est palpitante ; s'il n'a pas existé, l'histoire de sa divinisation est captivante.

Être chrétien, c'est choisir une manière particulière, une manière *parmi d'autres*, de parler de Jésus – de l'envisager. Le christianisme consiste à penser Dieu sous la forme de la paternité : Dieu est celui qui a un Fils ; ce Fils est Jésus. Pour ceux qui confondent Dieu et Jésus, Jésus est son propre Père, et Dieu son propre Fils. Le christianisme ne peut considérer Dieu sans sa descendance ; ni le Jésus sans son ascendance. Jésus est Christ dès lors que cette filiation est admise. Dieu tout seul, en singleton dans l'univers, ne peut être le Dieu de l'Église chrétienne ; Jésus tout seul ne peut être le Christ. Quant au Christ tout seul, quant au Christ solitaire, c'est une contradiction logique, un oxymoron, un impossible – le Christ peut être abandonné par son Père, mais pas seul de toute éternité. On entrevoit tous les problèmes que cela pose : celui qui croit en Dieu (le chrétien qui croit en Dieu) ne peut pas ne pas croire en son Fils. Il lui faut épouser les deux. De même, symétriquement, celui qui a foi en Jésus-Christ, mécaniquement, est sommé d'avoir foi en Dieu. Il y a ceux qui entrent en religion par Dieu, ceux qui entrent par le Christ, mais tous se rejoindront tôt ou tard. Il est généralement plus simple de croire en Dieu d'abord, puis en Jésus-Christ, que l'inverse. C'est alors la foi en Dieu qui conduit en la foi en Jésus-Christ. Pour ceux qui font le chemin contraire, car cela existe (tout existe), c'est la foi en Jésus-Christ qui les dirige vers la foi en Dieu. En Dieu, le Christ est tacite ; comme tacite est Dieu dans le Christ.

Ce qui me fascine, ce qui me passionne : comment le Jésus palestinien aux pieds sales, celui qui a vécu sous le gouvernement de Tibère, celui auquel on a planté deux lourds clous dans les paumes sur une croix de bois (ou un seul transperçant les deux mains sur un poteau, selon les versions) est « devenu » la figure du Verbe, installé dans l'éternité à la droite de son Père, et que la prière actualise incessamment ? Comment le personnage du passé est-il devenu l'incarnation du présent ? Ces deux entités, Jésus et le Christ, loin de se contrarier, peuvent s'unir : ainsi, justement, par le trait d'union : « Jésus-Christ ».

J'ai parfois le fantasme d'être gardien de phare ; pour écrire. Comme sport, monter et descendre les escaliers. Puis lire et écrire toute la journée. Sans la moindre interruption.

Rien ne me rend plus heureux que d'écrire – et de lire (bonheur de commencer un livre, bonheur d'achever un livre). « Écrire un livre » : quelle phrase merveilleuse, qui raconte toute ma vie. Je suis écrivain comme je respire, même si cette affirmation peut suinter la pose. Pas grave : lire, écrire, écrire, lire, rien ne me paraît plus beau, plus noble, plus exaltant, plus passionnant, plus grand, plus noble. À part, et encore : la vie. Mais je ne vis sans doute que pour écrire. Ici, mon serpent se mord donc la queue. J'écris depuis toujours (depuis que j'ai sept ans) mais j'ai commencé sérieusement en 1982, à quatorze ans. J'ai d'ailleurs utilisé dans *Naissance* quelques paragraphes écrits à cette époque, miraculeusement conservés – mes géniteurs, qui furent des barbares et des tortionnaires, ont brûlé, déchiré toutes mes productions, tous mes romans, toutes mes pièces de théâtre, tous mes poèmes, de même que l'intégralité de mes dessins, que la totalité de mes bandes dessinées. Il en subsiste quelques exemplaires – hélas pas les meilleurs, hélas pas ceux auxquels je tenais le plus – chez ma grand-mère et chez le seul de mes oncles qui soit fréquentable. Le seul, oui. Triste constat : hormis ma grand-mère, femme remarquable, courageuse, et d'une intelligence rare, tous les membres de ma famille sont des êtres médiocres, vénaux, bas. Aucun générosité – pingrerie à tous les étages. Pas la moindre curiosité : ils ignorent, sans avoir l'excuse de la maladie ni de l'âge (certains n'ont que dix ans de plus que moi), dans quel monde ils vivent, ne s'intéressant qu'à leur misérable vie de famille, à ce qu'ils vont dîner le soir, aux économies qu'ils vont faire, quand bien même ils gagneraient convenablement leur vie. Famille étrange, insupportable, qui a toujours entretenu à son égard le mythe de la pauvreté – alors que ce n'est pas le cas. Surtout, aucune curiosité, pas la plus petite ambition : des culs plombés, des destins en queue d'aronde ; des gens médisants, des gens méprisants qui – au surplus et sans vergogne – se sont toujours arrogé le droit de se situer au-dessus des autres. Oui, j'ai été élevé, presque vingt-quatre heures sur vingt-quatre, non seulement dans les cris, les hurlements, les menaces, le chantage et les coups mais pis : dans la médisance. La médisance perpétuelle. La médisance permanente. Usant.

Je voyais mes géniteurs – ces salauds ne méritent évidemment pas le nom de « parents », et je rêve qu'ils crèvent au plus tard demain matin, tous les deux ensemble, si possible – faire des courbettes à leurs invités, rire avec eux, plaisanter avec eux, les complimenter à tour de bras, et, une fois ces hôtes partis, les agonir de quolibets, d'atroces surnoms, critiquer leur façon de penser, leur manière de parler, leurs goûts vestimentaires, leurs tics de langage, jalouser leurs moyens, insulter leurs enfants, s'en prendre à leurs professions. Un carnage. J'avais honte d'entendre ce que j'entendais. Honte d'être le témoin de ce tribunal. Je n'avais, pour ma part, qu'entrevu (jamais je n'étais autorisé à rester) des gens normaux, aimables, bien mis et propres sur eux – aucunement des monstres ni des gueux. Et je les entendais, à peine avaient-ils passé le pas de la porte, réduits en lambeaux.

On ne peut pas se figurer le cauchemar que ce fut d'avoir passé vingt ans de sa vie avec des êtres pareils. Enfermé avec eux, entre les mêmes murs qu'eux, murs spatiaux, mais murs temporels aussi. Dépendant d'eux, à la merci d'eux, devant obéir à leurs ordres, devant respecter leurs injonctions, subissant leurs coups, recevant de leurs part des hématomes, en bouquets. Être humilié par eux, puni par eux, sans arrêt, tous les jours, tous les jours sans exception. Pas une seule journée, une seule nuit sans, au choix, une remarque blessante, une insulte, un juron, une gifle, un coup de pied, de poing, une lacération au fil électrique, une menace, un chantage, un tirage de cheveu, une mise à la porte, une rouste, une raclée, une dérouillée. Des hurlements, des cris de bête, assourdissants : les grimaces horribles de ma mère, cette sorcière, terrible, méchante – l'être humain de loin le plus méchant que j'aurai rencontré sur cette Terre. Et, pour ma déveine, il a fallu que l'être humain le plus méchant (le plus abject, le plus obscène, aussi) rencontre le plus bête, le moins intelligent, le moins subtil, le plus rustre, le moins terminé qui soit cérébralement parlant : mon abruti de « père », mot qui lui sied aussi bien qu'un haut-de-forme à un bouledogue. *De quel droit* ces deux individus m'ont-ils infligé cet enfer ?

Voltaire, à Nicolas-Claude Thiriot, mercredi 4 août 1728 : « Il n'y a que Paris au monde où l'on puisse me soupçonner de cette guenille. Mais *odi profanum vulgus et arceo* (Hor. Lib. III, od. I), et les sots jugements et les folles opinions du vulgaire ne rendront point malheureux un homme qui a appris à supporter les malheurs réels : et qui méprise les grands peut bien mépriser les sots. »

Passivité totale de Marie qui est la première mère juive à perdre sa place, à céder sa place, à quitter (de force) son rang : « Voici, la Vierge sera enceinte et enfantera un fils, et lui, on l'appellera Emmanuel », disait, indiquait (rappelle Matthieu) l'Ancien Testament. C'est dans Isaïe. En VII, 14.

Une remarque, ici, avant que je ne continue, sur l'eschatologie. L'eschatologie, c'est l'idée d'un monde achevé, et mieux qu'achevé : accompli. Tandis qu'un monde accompli passe par l'obligation d'être achevé. L'achèvement, ce n'est pas l'accomplissement. L'accomplissement, ce n'est pas l'achèvement. On peut dire que l'accomplissement, d'une certaine manière, c'est l'achèvement de l'achèvement. Est achevé quelque chose qui n'est pas forcément satisfaisant. Est accompli quelque chose qui contient la satisfaction de l'achèvement. Il y a une intelligence, il y a une pensée dans l'accomplissement qu'on ne retrouve pas dans l'achèvement. L'achèvement n'est pas intelligent. Il est bête. Il s'inscrit dans une mécanique. Il y a une sorte d'aveuglement de, et dans, l'achèvement. Il y a une sorte de vue, et même : de vision, dans l'accomplissement. Il y a la possibilité d'une morale au sein même de l'accomplissement. L'accomplissement est purement et totalement humain. L'achèvement est plus animal. Il existe aussi dans la nature. Dans la nature de l'homme, bien sûr : mais aussi dans la nature de la nature.

À part cela, journée parfaite.

Dimanche 7 août

Réveil avec *Bird And Diz*, Bird And Diz, 1952 (Mercury, MGC-512-A, US). Charlie Parker : saxophone alto ; Curly Russell : basse ; Buddy Rich : batterie ; Thelonious Monk : piano ; Dizzy Gillespie : trompette.

Chaque fois que je pars en vacances, je m'abîme quelque chose, me casse quelque chose, me fracture quelque chose – dans presque 100 % des cas. Ça ne rate pas. Crac ! Je hurle. Chute, entorse, en allant par de petits sentiers à Rapallo (avec Maria, Agnès et Éric). J'en ai eu une dizaine à chaque pied. Immobilité. Glace. Vacances en quelque sorte gâchées. Journée terrasse (écrasée de chaleur). Déjeuner sur la terrasse : Maria et Paul me rejoignent. Emmanuelle m'appelle – je lui avais raconté par SMS ce qui m'est arrivé. Lecture sur la terrasse : Tocqueville. Sieste. Chaleur. Maria est là ; elle s'écroule aussi.

La pharmacienne de Rapallo n'a pas donné de quoi faire correctement le strapping (pas de bande adhésive). Maria le prend pour elle ; alors que c'est à la pharmacienne que j'en veux (soi-disant que c'est une bande « révolutionnaire », pas besoin de bande adhésive, etc. ; résultat, je ne sais pas comment réaliser le strapping). Maria est furieuse. Cela assombrit quelque peu l'ambiance : « Je comprends, me lance-t-elle, pourquoi nous ne sommes plus ensemble. » C'est marrant : rien ne peut jamais se dérouler sans accroc. Tout était paradisiaque, jusque-là. Le temps, les décors, l'atmosphère… C'est un malentendu. J'écris ces lignes sur la terrasse, la cheville enflée. J'ai brisé l'harmonie du séjour avec cet accident (qui est davantage un incident).

J'avais un pressentiment ce matin ; je n'avais pas envie (contrairement à hier) de faire cette balade. Je me suis forcé, Maria m'avait dit que j'avais tort de me forcer (« en vacances, il faut écouter son corps, ses envies, sinon ce ne sont pas des vacances ») – j'aurais dû, comme d'habitude, l'écouter.

Tout rentre ensuite dans l'ordre. Dîner dans le centre, mais le chemin du retour, semé de marches à monter et non plus à descendre, s'avère, en béquilles, particulièrement difficile et physique – nous mettons, avec Maria, plus de quarante-cinq minutes au lieu de dix. Maria est géniale avec moi ; merveilleuse de générosité, de bonté, de gentillesse et de patience.

La politique étrique. On est « touché par » la grâce ; mais on touche « à » la politique. La politique est pesanteur, quand la grâce est apesanteur. La politique abaisse, la grâce élève. La politique ne permet rien de *supérieur* – à commencer par l'humilité. Les démocraties libérales fournissent des biens de consommation et de la liberté. Mais elles sont sèches, elles sont arides dès lors qu'il faut fournir de l'au-delà, de la transcendance, de la gloire et de l'ascension, de l'éternité et de l'élévation. Le peuple des élus s'efface devant le peuple des électeurs. Comment s'élever, non pas dans la société, mais au-dessus ? C'est la question à laquelle la société est incapable de répondre. Comment être plus que soi-même, comment planer au-dessus des autres sans que ce soit par écrasement, par piétinement ? Comment s'élever sans « réussir » ? Comment être le plus grand sans être le plus fort ? Quelle grandeur s'offre aux aspirations géniales, qui ne soient point des grandeurs sociales, qui ne soient point, comme dirait Bonaparte, des hochets ? Les grands inventeurs d'aujourd'hui, les Galilée d'aujourd'hui sont aussi ceux qui réussissent socialement : ce sont Bill Gates, Steve Jobs. On ne peut réussir que par le succès. On ne peut s'élever que par la réussite. La transcendance sera parvenue, donc, à déserter jusqu'au génie.

Paul a passé la journée à lire, enfermé, à la lumière artificielle.

Je ne suis pas convaincu, loin s'en faut, par la notion d'État ; mon côté strictement anarchiste. S'autojugeant, l'État est par nature totalitaire, même en démocratie. Le totalitarisme n'est pas le contraire de la démocratie ; par la simple présence d'un État, on est plongé dans le totalitarisme – ne pas confondre totalitarisme et dictature. En dernière instance, c'est l'État qui délibère au sujet de l'État, qui se donne tautologiquement *toujours raison*. Comment pourrait-il en être autrement ? La mise en place de l'État, son acceptation, sont le fruit d'une extravagante docilité. L'État est, en soi, non pas simplement une curiosité – mais une aberration. L'enjeu, pour tout chef d'État : garder sa place, parvenir à ne la céder point. Rien d'autre ne compte ; ce qui se conçoit aisément.

L'empathie est contradictoire avec les hautes fonctions étatiques ; n'avoir pas de considération pour l'autre, le traiter comme un moyen et jamais comme une fin (pratiquer autrement dit l'anti-kantisme) – autant de qualités requises pour devenir (et rester) « chef d'État ». Horreur de cette expression – que l'on ne décortique jamais assez : « chef d'État ». « Le chef de l'État ». Ce mot « chef » que l'on n'entend plus à force de l'avoir prononcé, lu, entendu – mais qui est bel et bien là. Ce mot « chef » si daté, si ridicule – si grégaire. C'est sur lui que nous vivons ; c'est sous lui que nous périssons.

La seule chose que craigne véritablement le « chef de l'État » : la rue, la foule, les émeutes – peur *physique* de se faire déloger. Le jour où les gens décident de se réveiller, le pouvoir en effet peut trembler – alors, c'est l'effroi. On oublie trop souvent de parler de l'insécurité du chef de l'État ; alors que cela le hante. Hollande craint évidemment une marche sur l'Élysée, comme Sarkozy avant lui et comme le craindra son successeur – Hollande ne fera évidemment pas de nouveau mandat, comment cela serait-il seulement *envisageable* ?

Comment mater la foule ? Par la police et l'armée ? Par la gendarmerie ? Non : par l'« opinion », ce monstre. Ce mot « opinion » qui, lui non plus, n'est jamais *pensé* – il doit l'être, dans des revues que personne hélas ne lit parce que personne hélas n'en connaît l'existence.

Pour empêcher l'émeute, l'État doit être perçu par l'immense majorité des citoyens qu'il administre comme un bien de première nécessité – il passe, par exemple, avant une biscotte tartinée de beurre et de confiture. Les journalistes, les intellectuels « font » (au sens strict) l'opinion : c'est-à-dire qu'ils sont là pour assurer la continuité de la docilité au sein du peuple. Ils agissent comme des tampons anti-émeutes. Et je ne parle pas des professeurs – au fond, je ne suis pas favorable à l'école : tout y est formaté de manière générique en fonction des seuls besoins de l'État. Sinon, pourquoi l'école serait-elle *à ce point obligatoire* ? Tout ce tintouin fait autour de l'éducation n'est ni si normal ni si naturel. Il est une question qu'il faudrait se poser, là encore : pourquoi éduque-t-on ? Pour qui, surtout ? On ne me fera point accroire que c'est pour notre bien personnel : pourquoi l'État, si aveugle et cynique, si indifférent aux individus dans tous les domaines sans exception, se soucierait-il, soudainement, et en cet unique domaine, de ma minuscule personne ?

Chacun devrait, dès son lever, remettre en question toutes les questions qui coulent de source – ces habitudes, sociales, intellectuelles, sociétales, qu'on ne voit plus à force de s'y livrer mécaniquement. Obéir à l'État – comme l'argent – repose sur un consensus, rien de plus. Il ne tiendrait qu'à nous que ce consensus s'arrête net. L'État n'existe que parce que nous le voulons bien. De là réside sa fragilité flagrante – et il le sait, qui cherche toujours à former de plus en plus de policiers, fût-ce au rabais. J'assisterais pour ma part volontiers à la fin de l'État – pour « voir ». Il n'est pas certain (je pense même le contraire) que les choses seraient pires. L'État, cette obligation insidieuse, n'est pas nécessaire – loin s'en faut.

Être juif est un état d'esprit. Israël est un État d'esprit.

Quand je suis célibataire, rien ne m'intéresse que l'amour ; quand je suis amoureux, c'est tout sauf l'amour qui enfin m'intéresse.

Ce que je ne supporte pas chez les êtres, c'est qu'ils ne font finalement que répliquer les idées de leurs parents et se forger les mêmes idéaux qu'eux. Il n'y a rien, à mon sens, de plus abject.

Dans un roman, je cherche d'abord – et presque uniquement – ce qui me *concerne*. Chez Proust, *Guermantes* me concerne moins, par exemple, que le cycle d'Albertine.

Je ne puis m'intéresser à un roman sans m'intéresser presqu'aussitôt à son auteur. Sur lequel il me faudra devenir incalable – non pour épater la galerie, il va sans dire, mais pour moi-même.

De même que les femmes les plus belles sont pétries de complexes, les hommes les plus « patrons » et « chefs » sont les moins sûrs d'eux qui soient.

Dire du mal de quelqu'un qui n'est pas là ne ressortit pas nécessairement à la malveillance : c'est le faire exister quand il n'est pas là. La médisance envers l'absent prouve que cet absent nous manque. Le vipérin, parfois, est un sentimental qui s'ignore. Mais il y a bel et bien des gens qui n'existent que par la médisance, incapables de trouver la moindre qualité à qui que ce soit – exemple, parmi mes connaissances : Régis Jauffret. Et c'est d'ailleurs la raison pour laquelle jamais Régis ne pourra être un ami ; c'est une connaissance ; quelqu'un avec qui je dîne quand je m'ennuie. D'où peut provenir, chez un être, autant de rancœur, d'aigreur, de bile ? Chez lui, c'en est presque fascinant. Habituellement, ceux qui pratiquent ce sport consistant à tailler des costards à tout ce qui bouge sont des fascistes. Jauffret ne semble pas, du peu que je sais de lui, en être un. Mais ce permanent vinaigre fait qu'un jour, je cesserai forcément de le voir. Chaque rendez-vous est plus pénible que le précédent. Terrible. Terrible et pathétique – sensation d'un gnafron qui fait sous lui.

L'eschatologie, dans le judaïsme, s'intéresse au destin des juifs tous ensemble, pris dans leur ensemble de peuple, dans leur Tout de peuple. L'eschatologie du jésudaïsme est (évidemment) différente : pas différente dans sa nature, mais dans sa perception. Dans son interprétation. Dans sa gestation. L'eschatologie jésudaïque permet à Jésus (c'est-à-dire à chacun, à toi, à moi) de s'intéresser à son propre destin (à son destin propre). Le jésudaïsme, c'est ce qui autorise chaque juif du judaïsme à s'épanouir dans son individualité totale. L'eschatologie, dans le jésudaïsme, s'intéresse en premier lieu au destin final de chaque individu (juif) pris séparément, qui se prend lui-même séparément, qui ose lui-même se penser séparément du reste des autres (juifs).

Il ne neige jamais suffisamment. Il y aurait sans doute moins de dépressions, de suicides, s'il neigeait chaque fois qu'il pleut. Quelques degrés de moins, et les gens seraient moins malheureux. Paris est devenue une ville sans neige, ce qui ajoute à l'atrocité d'y vivre – nous nous *infligeons* Paris.

Qui, tandis que j'écris ces lignes, se soucie de Ménippe ? Ce n'est pas que je m'en soucie – je ne veux pas jouer les cuistres – mais c'est la sonorité de son nom à laquelle, la nuit dernière, je ne sais pourquoi, je pensais : Ménippe de Sinope. C'est quand même très beau. Ménippe était l'esclave d'un certain Bâton. Est-ce que cela s'invente ?

Mon pied gauche est boursouflé. Je m'écroule.

Lundi 8 août

Réveil avec *Journeyman*, Eric Clapton, 1989 (Duck Records, 926074-2, Europe). Eric Clapton : guitare et chant ; Nathan East : basse ; Jim Keltner : batterie ; Robert Cray (un de mes dieux) : guitare ; Richard Tee : piano.

J'écris ces lignes sur mon lit, le pied gauche dans la glace. Combien de vacances ai-je ainsi passées ? Je ne sais plus.

Pourquoi s'étonner de ce que, parfois (souvent), les terroristes soient décrits comme de doux enfants et de gentils individus ? Tocqueville (évoquant les journées de Juin ; même s'il est vrai que les exemples qu'il prend là sont le contre-exemple des djihadistes – puisqu'il décrit des hommes qui, eux, n'attaquent pas la patrie mais la défendent –, il n'en reste pas moins que le passage est intéressant) : « Comme je passais sur le quai de la Ferraille, je rencontrai des gardes nationaux de mon voisinage, qui rapportaient sur des civières plusieurs de leurs camarades et deux de leurs officiers blessés. Je remarquai, en causant avec eux, avec quelle effrayante rapidité, même au milieu d'un siècle aussi civilisé que le nôtre, les âmes les plus pacifiques se mettent, pour ainsi dire, à l'unisson des guerres civiles, et comme le goût de la violence et le mépris de la vie humaine s'y répandent tout à coup en ces temps malheureux. Les hommes avec qui je m'entretenais alors étaient des artisans rangés et paisibles, dont les mœurs douces et un peu molles étaient encore plus éloignées de la cruauté que de l'héroïsme. Ils ne rêvaient pourtant que destruction et massacre. Ils se plaignaient qu'on n'employât pas la bombe, la sape et la mine contre les rues insurgées et ne voulaient plus faire de quartier à personne. Je fis ce que je pus pour calmer ces moutons enragés. »

Excellentes pages de Georg Simmel sur la notion de conflit (*Sociologie. Études sur les formes de la socialisation*, 1908) – qu'on devrait, en cette période de guerre terroristique, lire et/ou relire. Le conflit est pour lui une forme de socialisation, en ce qu'il est un commerce réciproque entre les hommes. Il mène, *in fine*, à une manière d'unité, de stabilité. Il est la résolution d'un problème résultant de tensions contraires. Mais il est des cas, dit Simmel, où il « n'apparaît pas créateur d'unité ». C'est le cas, évidemment, même si Simmel n'aborde pas cet aspect en tant que tel, du terrorisme. Ce qui suit me paraît particulièrement lumineux, appliqué à la situation actuelle. Je cite : « Quand un tel conflit n'a pas d'autre but que la pure et simple destruction, il se rapproche bel et bien du cas-limite qu'est le meurtre crapuleux, où la part d'élément créateur d'unité est devenue égale à zéro ; en revanche, dès que d'une manière ou d'une autre il est question d'épargner la victime, d'imposer une limite à la violence, il y a déjà une part de socialisation, même si celle-ci n'a qu'un effet de frein. »

Le terrorisme, ainsi, peut se concevoir comme événement « désocialisateur » (quel mot atroce – il fait bien de ne pas exister) en ceci qu'il abolit toute possibilité d'épargner quiconque. C'est un acte qui ne freine pas, ni ne se rature ni ne rebrousse chemin. C'est quelque chose qui est mené à son terme (j'ai écrit tout ça dans mon livre inédit *Terreur*, que je pense « publier » en ligne sur le site de *La Règle du jeu*). Une intention qui ne bouge pas, mais, aussi, et surtout, n'*épargne* pas.

Dans des notes restées inédites, extraites justement de *Terreur*, et écrites le 5 juin 2015, je notais : « Dans la guerre, la crise, la rupture (sentimentale), le "passage à l'acte" (qu'il faut étudier de près), on ne s'économise pas. On ne s'épargne pas. On passe du possible vers l'impossible : on se sort de soi-même. On cesse de ne faire qu'être. On *existe*. » Certes : mais dans le passage à l'acte du terroriste, on ne s'épargne pas *et* on n'épargne pas autrui.

J'avais écrit aussi, dans *Terreur* : « Le terroriste, dont les actes sont tournés vers la destruction de la société dans laquelle le plus souvent il vit (je parle des terroristes islamistes français), *s'intègre en se désintégrant*. »

Je continue de citer Simmel : « Kant affirmait qu'une guerre où les camps en présence ne s'imposaient pas quelques réserves dans l'emploi des moyens possibles devenait forcément une guerre d'extermination, ne serait-ce que pour des raisons psychologiques. »

Simmel étudie avec minutie ce cas-limite de conflit « causé exclusivement par le désir de se battre ». « Dès qu'il est excité par un objet, par le désir de posséder ou de dominer, par la colère ou la vengeance, l'objet ou l'état à atteindre n'entraînent pas seulement des conditions qui soumettent le combat à des normes communes ou à des restrictions de part et d'autre ; mais quand le but en question est extérieur au conflit, le fait que toute fin peut être atteinte en principe par des moyens *différents* donne une certaine coloration au combat. Le désir de posséder ou de soumettre un ennemi, voire de l'anéantir, peut être assouvi par d'autres stratégies et d'autres événements que par le conflit. Lorsque le conflit n'est qu'un moyen, déterminé par son *terminus ad quem*, il n'y a pas de raison de ne pas le limiter ou de ne pas s'en abstenir, puisqu'il peut être remplacé par un autre moyen avec le même succès. Mais lorsqu'il est déterminé exclusivement par son *terminus a quo* subjectif, lorsqu'il y a des énergies intérieures qui ne *peuvent* être satisfaites que par le conflit en tant que tel, alors il est impossible de lui substituer autre chose, il est sa propre fin, son propre contenu, et il ne vient donc s'y ajouter aucune autre forme. Ce type de conflit pour l'amour du conflit semble être entraîné par une certaine pulsion formelle d'hostilité qui s'impose parfois à l'observation psychologique. »

Ce qui est intéressant dans ce passage, dès lors qu'on tente (et c'est mon cas !) de l'appliquer à Daech, c'est qu'on voit à quel point l'État islamique répond à la fois aux deux définitions, entre simultanément dans les deux catégories qui, pourtant, chez Simmel, semblent *a priori* être exclusives l'une de l'autre. Il y a d'ailleurs, quand on lit la presse, une partie des analystes qui voient Daech comme un moyen (posséder des territoires, mettre sur pied une prépondérance sunnite faisant concurrence à l'Arabie saoudite) et une autre partie des analystes qui voient Daech comme une fin en soi : un État-guerre justifié par sa simple et propre pulsion d'anéantissement – et qui mourra précisément de cette pulsion par laquelle, sur laquelle, il est né. Je pense, pour ma part, que l'originalité de Daech est de combiner les deux options, moyen et fin, limite et illimite, calcul et irrationalité, sagesse et démence, désir de posséder et volonté d'anéantir, rêve de construire (un califat) et obsession de détruire. C'est, d'ailleurs, ce qui rend la lutte contre lui quasiment impossible – car cette construction se fait par la destruction (construction au sommet, destruction en bas de la pyramide, chez et par les paumés) ; les frontières se dessinent par l'absence de frontières. Ce n'est plus « la fin justifie les moyens » mais « les moyens justifient la fin ».

Lorsque je lis une biographie, je ne peux m'empêcher, morbidement, de me précipiter vers les derniers chapitres. Puis je regarde ce que faisait le biographé à mon âge – où il « en était » dans la vie. Et je compare.

Si je travaille autant, c'est parce que je sais que ma paresse ne me laisse aucun répit.

Passage extraordinaire, dans *Entretien d'un philosophe avec Mme la Maréchale de* *** de Diderot (écrit en 1773 ou 1774). « N'êtes-vous pas monsieur Crudeli ? – Oui, madame. – C'est donc vous qui ne croyez rien ? – Moi-même. – Cependant votre morale est d'un croyant. – Pourquoi non, quand il est honnête homme ? – Et cette morale-là vous la pratiquez ? – De mon mieux. – Quoi ! Vous ne volez point, vous ne tuez point, vous ne pillez point ? – Très rarement. » Et, là, cette chute : « Que gagnez-vous donc à ne pas croire ? » Fantastique.

Pendant des années, on a cru McCartney mort et c'est Lennon qui s'est fait assassiner. Les fans, les fous, les complotistes, les obsessionnels et les détraqués avaient acquis la conviction que « Paul » n'était pas vraiment Paul sur les pochettes – notamment celle d'*Abbey Road* (il va pieds nus, pas les autres : c'est *donc* un signe). On comparait Paul avant et Paul après. La thèse du sosie commença d'émerger. On regarda ses traits à la loupe, sa veste au microscope : c'était bien pas lui ! McCartney mort, comme James Dean, dans un accident de voiture. On a dû garder le silence : les fans se seraient pendus et défenestrés en masse. Sur la pochette de *Sgt. Pepper*, un indice précieux : « OPD » dit l'écusson que porte Paul – pour « *officialy pronounced dead* ». Le trumpisme, là-dedans, à l'état de germe.

Parmi les thèses les plus stupides, je me souviens d'un ami (il ne l'est plus pour de très graves raisons que je raconterai tôt ou tard ailleurs) qui soutenait mordicus que Kennedy avait succombé sous les balles d'un gang de gays.

Je suis en train de (re)devenir juif parce que les juifs aiment autant la vie que les catholiques aiment la mort. Les catholiques, on dirait qu'ils sont pressés. Vivement la mort qu'on vive enfin. Thérèse d'Avila dans ses Mémoires : « Je lisais donc les souffrances que les saintes Martyres avaient endurées pour Dieu ; il me semblait qu'elles achetaient à bon compte le bonheur d'aller le posséder. Aussi, j'appelais de tous mes vœux le même genre de mort. Ce qui me guidait, ce n'était pas un amour de Dieu dont j'eusse conscience, mais le désir d'aller promptement au ciel pour y jouir de ces délices ineffables dont nos livres nous entretenaient. » Thérèse d'Avila dans ses poèmes (traduits ici par le R.P. Grégoire de Saint Joseph, carme déchaussé, pour l'édition de 1949 des *Œuvres complètes*) :

Qu'elle est triste, ô mon Dieu
La vie sans vous !
Anxieuse de vous voir,
Je désire mourir.

Il y a quelque chose que je déteste dans ma psychologie ; je romps toujours le premier, dans une relation, puis une liesse s'ensuit – sentiment de libération, jouissance, euphorie –, et enfin un retour au réel accompagné d'un incommensurable chagrin. C'est alors que je m'effondre, que je m'enfonce, que je pleure et m'engonce dans une tristesse infinie. Plus rien ne m'intéresse, ni écrire ni lire – c'est une incessante agonie ; pire que la mort. Je deviens littéralement fou de mélancolie ; je regrette la rupture, et fais tout pour la réparer. Comme cela, dans l'immense majorité des cas, n'est pas possible, je deviens fou. La crise dure des mois. Et ce scénario se déroule chaque fois, toujours le même. Rompre, regretter, revenir, échouer. Voici l'inéluctable déroulé de ma vie sentimentale. Je n'ai jamais réussi à déroger à ce schéma. Jamais. J'y suis comme condamné. Et, si la psychanalyse m'a plutôt réussi (je ne pique plus de colères dantesques, par exemple, et suis davantage à l'écoute des gens), je ne suis pas parvenu à modifier ce pénible, ravageur et mortifère protocole. Si bien qu'à chaque nouvelle rencontre, non seulement je le redoute, mais sais que tôt ou tard il adviendra. Je suis un Sisyphe du cœur. Lamentable destin qui ne m'a jamais permis de véritablement vivre en couple. Ceci étant posé, vivre en couple n'est nullement une obligation.

Après-midi sur la terrasse, le pied dans la glace. Je lis Tocqueville. Nous commandons une salade (Maria, Paul et moi). Nous déjeunons avec la montagne et la mer en pleine figure.

L'eschatologie du jésudaïsme s'intéresse en premier lieu au destin final de l'individu et du monde, mais ça ne signifie *jamais* (bien au contraire) qu'il se désintéresse, qu'il se détourne de l'avenir du peuple (juif).

Le soir, nous allons dîner dans le « meilleur restaurant de la ville ». Un taxi, au retour (je ne me sentais pas de rentrer à pied avec les béquilles), nous arnaque ; nous montons dedans avec un compteur qui indique déjà 7,50 euros, le minuscule kilomètre à faire atteint bientôt 19,60 tandis que nous sommes au seuil de l'hôtel et, soudain, hop, le chauffeur appuie sans doute sur une pédale et voici que s'affiche le montant de 25 euros ! Magnifique.

Mardi 9 août

Réveil avec *AB3*, Arthur Barrow, 1999 (Cydonian Music, Cydonian 1003, US). « Art » y joue de tous les instruments, mais se fait aider par quelques collègues zappiens comme Tommy Mars (piano) et Bruce Fowler (trombone). Cela est bien sympathique, mais reste du sous-Zappa.

Lorsqu'on laisse passer trop de temps sans le mettre à jour, le journal intime devient désagréable. C'est le cas. Je suis aux abords de la piscine de l'hôtel (Villa Anita) et nous sommes jeudi. Il faut donc que je me remette dans la peau de cette chose, de ce cosmos, de cet univers qui n'est plus, ne sera plus jamais : le mardi 9 août 2016. Il n'est pas loin, il est là, tout près, et pourtant il est très loin, aussi loin en réalité, parce qu'aussi inaccessible que le 13 mai 1665 ou le 26 avril 1972. Il a le même statut que le 2 décembre 1834. Il a rejoint, dans le quelque part des jours, le 23 janvier 1774. Nous ne pouvons plus (jamais) retourner, même quelques secondes, dans le mardi 9 août 2016. Il nous est interdit à jamais – je me le remémore : entorse, béquilles, Maria qui m'aide, nous allons à la plage, nous déjeunons à la plage, à moins que cela ne soit demain, je veux dire : à moins que je ne confonde avec le mercredi 10 plutôt. Et c'est le cas : le mardi 9 août 2016, l'aujourd'hui de ce journal, qui est l'avant-hier de ma vie (ma vie présente se déroulant dans le jeudi 11 août), a intégralement été passé sur la terrasse de ma chambre – à lire Tocqueville, à jouer aux échecs, à ne rien faire.

J'aimerais beaucoup partir une troisième fois en Corée du Nord, mais sous un angle inédit, « trouver quelque chose » qui fasse sens. Éviter de faire toujours le même voyage, en surplace total.

Je me dis souvent que, si la littérature n'existait pas, je n'aurais pas de métier, ni aucune occupation, ni la moindre passion – le cinéma me passionne moins. Sauf la musique peut-être ; oui, j'aurais appris un instrument, le piano, la batterie (mes géniteurs n'ont jamais voulu bien que nous habitassions, à la campagne, une grande maison sans voisins), la guitare. Je m'en veux de ne jouer d'aucun instrument ; cela s'appelle rater une dimension de l'existence humaine. Il n'est pas trop tard, et je puis encore me surprendre. Se surprendre soi-même : ne sommes-nous pas sur la Terre pour cela ?

Pour les catholiques, la vie n'est ni tout à fait ici ni spécialement maintenant. C'est ailleurs et plus tard.

> La vie terrestre est un deuil constant,
> La vie véritable
> Est seulement au ciel.
> Permettez mon Dieu,
> Que j'aille y vivre.

La vie, c'est la mort. Et la mort, c'est la vie ! En attendant, il y a la souffrance :

Il est juste que je souffre,
Que j'expie mes errements

Tandis que dans le judaïsme, la souffrance n'est pas une attente : c'est une atteinte. Chez les catholiques, la mort est un absolu. Une pierre angulaire. C'est d'elle que tout part, et c'est vers elle que tout va. La vie n'est même qu'un cas particulier de la mort. Tandis que, dans le judaïsme, la mort est une forme de vie comme les autres – elle est un cas particulier de la vie.

Je ne me suis posé aucune question, à vingt ans, quant à ma vocation d'écrivain. D'une certaine manière, je n'ai pas même vu la difficulté consistant à être publié – tout m'est apparu en quelque sorte, quitte à paraître prétentieux, comme un adoubement. Je ne me suis pas fait une montagne des éditeurs : j'ai toujours considéré qu'ils étaient là pour moi, faits pour moi, que notre rencontre et notre entente ne pouvaient être qu'inéluctables, et mieux qu'inéluctables : naturelles, coulant de source, allant de soi. L'édition était de toute éternité mon écosystème. De même que je ne me suis jamais « forcé » à écrire, ni n'en ai jamais éprouvé de difficulté, être édité s'est fait (plutôt) facilement ; c'est (pour aller vite) entré plus ou moins comme dans du beurre – même si, après toutes ces années, j'ai sans doute tendance à lisser les moments râpeux et à raboter les angles.

Il n'en reste pas moins que je ne comprends pas ceux qui souffrent le martyre quand ils écrivent. Moi, je suis comme Georges Perec : je suis heureux quand j'écris, je suis fou de bonheur, et j'affirme que je ne vis que pour ça. Il est injuste que la mort se soit emparée de Perec alors que Perec commençait tout juste son œuvre. Il avait vingt-cinq projets dans le crâne, et quelques-uns dans ses papiers. Cette décapitation de géant porte au cœur. Pourquoi lui ? Et pas le butor affreux qui tabasse sa femme ? Il est un immense tabou, dans l'histoire de la civilisation moderne : c'est d'avouer qu'une vie ne vaut pas une vie. Pourquoi devrais-je me forcer à considérer, alors que je ne le pense pas une fraction de seconde, que la vie du salaud qui viole ses enfants vaut celle de Georges Perec. Perec n'aurait sans doute pas été d'accord avec moi. Il aurait eu raison : moi-même je ne suis pas d'accord avec moi. Moi-même je déteste la misère philosophique qui vient de m'échapper. Moi-même je déteste ce bruit de fond que je viens de répandre ; c'est justement parce que toutes les vies se valent que la littérature est possible, grande, humaine – précieuse. Rien, au demeurant, n'est plus réjouissant que de se raturer en temps réel, comme je viens de le faire sous mes propres yeux. La vie de Hitler vaut celle de Gandhi. Être humain, faire partie de l'humanité, c'est se faire à soi-même le devoir de le penser ; on avouera que cela ne coule pas de source – et c'est pourquoi nous sommes des hommes, et qu'il y a des écrivains : parce que nous faisons face, irrémédiablement, et incessamment, à ce qui ne coule pas de source. À l'impossible, autrement dit.

Les Grecs, comme les Romains, croyaient dans les dieux des autres. Une fois la cité ennemie prise, les divinités des vaincus étaient conviées à se mêler aux divinités des vainqueurs. Ce mélange de dieux concurrents finissant tous ensemble fait ma journée.

Je m'aperçois que tout le monde écrit. C'est peut-être pour cela que les Français lisent tant (les Françaises, surtout) : par espionnage, pour voir comment font les autres, s'en inspirer, et se mettre à leur tour à composer leur roman personnel. J'en reçois plus qu'à mon tour, de ces manuscrits qui sont presque émouvants tellement ils manquent ce qu'est la littérature – il s'agit le plus souvent de témoignages. Et lorsqu'ils se veulent « littéraires », c'est la pure catastrophe : style ampoulé, ravagé de tics empruntés, de manies copiées çà et là. Mais, je le répète, c'est émouvant. Je n'éprouve aucun mépris pour ces tonnes de papier remplies chaque année par ces gens qui, comme moi, vont sans doute mal (je vais sans doute mal, allez) mais qui, hélas, n'auront jamais la joie de se voir publier. Je considère que j'ai de la chance – la chance que j'aurai eue dans ma vie, force est de le reconnaître, est absolument phénoménale. Je n'en reviens pas moi-même. Ma seule malédiction aura été d'avoir des géniteurs immondes. Qui auraient dû passer par la case prison. Pas très grave : c'est leur existence, leur prison. Ils sont simplement punis d'être ce qu'ils sont, ont toujours été, seront toujours jusqu'à leur mort qui, mon Dieu, tarde tellement à venir – ce que je ne comprends pas. Ces deux carnes ont décidément la peau dure. La méchanceté, doublée de la stupidité, conserve. Ces deux saloperies ne sont venues sur Terre que pour faire du mal, médire, frapper, trahir, mentir, anéantir – mais, *in fine*, ils n'auront, comme tous ceux qui sont venus sur cette Terre pour rien, anéanti qu'eux-mêmes. Il n'en reste pas moins que leur départ me serait sympathique, qu'il ferait du bien à l'humanité, qu'il soulagerait la planète. Le monde serait un peu moins mauvais s'ils étaient sous la terre, visités par d'indifférents vermisseaux fouillant leur crâne. Mais non, ils insistent, ils s'agrippent, ils résistent. Ils persistent abominablement dans leur être. Cela ne peut plus durer. Quand ils crèveront, ce sera champagne. Quand le premier sera parti, le second devrait le suivre de peu. Logiquement. On verra. Mais quand ? Quand ? C'est long.

Je n'ai pas changé de vie depuis que je suis adolescent. Toujours plus ou moins seul, jamais véritablement en couple – pas de famille fondée, pas d'enfant ; des passions excessives et des impulsions soudaines. Et, surtout, toujours à mon bureau, en train d'écrire, de travailler. Aucune évolution, non. Le même. Les mêmes journées, passées à être écrivain, à lire, à écrire. Cela me ravit. J'ai évité d'en passer par la fameuse case « adulte ». Cela tombe merveilleusement bien, tant je ne supporte pas, n'ai jamais pu supporter les adultes. J'ai remarqué, il y a longtemps déjà, que les enfants se séparent en deux catégories : ceux qui sont bien dans leur enfance et les autres, les collabos, qui n'ont qu'une hâte – devenir adultes, devenir des adultes. Ces enfants-là sont généralement hideux (je ne parle pas physiquement, encore que). Rien ne me semble plus naturel que de ne pas évoluer. Pourquoi faire ? Qu'on me donne un paysage, zéro responsabilité, personne à charge, un bureau, une feuille de papier, un stylo, ou un ordinateur, et me voilà heureux, me voilà, oui, le plus heureux des hommes. N'est-ce pas simple, comme vie ? N'est-ce pas là une saine définition du bonheur ? Lorsque je voyage, je refuse désormais de « visiter », perturbé par le syndrome de « tout voir ». Je m'en fiche. Je préfère rester, au même endroit, dans la même chambre – avec de quoi nager, écouter de la musique, écrire. Mon voyage est de rester. Pas de bouger. Je laisse la mobilité et les visites de musées, de sites, de rues à ceux qui n'ont rien de mieux à faire que bouger. Je ne bouge plus pour ma part. Je ne bouge pas. Je ne bougerai plus. Sauf si, précisément, cela est du travail – sauf si je filme, sauf si je fais un reportage, sauf si cela m'est matière, sauf si cela m'est travail. Obsession de tout transformer en travail et en œuvre. Comme si rien ne devait se perdre, comme si rien ne pouvait rester là, en latence, sans me servir littérairement, philosophiquement, journalistiquement, graphiquement, cinématographiquement.

Lorsque j'ai vraiment commencé ma vie d'écrivain, une fois publié, j'avais quelques angoisses en début d'après-midi ; j'ai même cherché du travail, un temps. J'aurais peut-être même, qui sait, accepté d'être salarié. J'ai fait en ce sens quelques lamentables démarches – mais les recruteurs ont tout de suite deviné que je ne serais jamais qu'un poids, un boulet, un total imposteur. Cela me paraît désormais bien lointain. Que de temps perdu, doux Seigneur !

Nietzsche, *Le Gai Savoir*, 1882 : « Je vois ici un écrivain qui, comme tant d'autres gens, séduit par ses imperfections plus que par tout ce qu'il réussit et parachève. Son œuvre n'exprime jamais à fond ce qu'il voudrait exactement dire, ce qu'il voudrait parfaitement avoir vu. Mais une prodigieuse convoitise en est restée au fond de son âme, et c'est en elle qu'il va puiser sa tout aussi prodigieuse éloquence : celle du désir et d'une immense faim. »

Et Renan, *Moi-même*, tome IX de ses *Œuvres complètes* dans la magnifique édition d'Henriette Psichari (1960) : « Le poète et le penseur ne peuvent exprimer que la plus petite partie d'eux-mêmes. Le plus précieux, l'intraduisible, l'inexprimable, la fine touche de sentiment, le vif acumen qui n'a pas de nom, tout cela est là, caché. C'est ce qui fait le désespoir des poètes. »

Départ de Paul. Plage – je rejoins les M. avec Maria (nous déjeunons sur la plage). Je nage et joue à la balle. Mais, à la piscine de l'hôtel, j'ai passé trop de temps à « masser » ma cheville avec un jet très puissant, et mon pied gauche est terriblement enflé.

Une famille de Français ne cesse de m'épier – le père, la mère, la fille.

Dîner le soir, avec Maria, dans un restaurant pas touristique du tout, dans une rue perdue (près de la statue de Cavour). Il n'y a que des Italiens, bonne ambiance, on se croirait chez Fellini. Agréable. Les M. nous rejoignent en plein dîner.

Sur l'Ina, je regarde des émissions sur et avec Dalí. Dans les ouvrages que Salvador Dalí a eu l'honneur de consacrer à Salvador Dalí, Salvador Dalí explique que, même pour Salvador Dalí, être Salvador Dalí n'est pas chose aisée. Ramollisseur de montres, entrepreneur de démolitions et créateur de modes, Dalí a trempé sa moustache dans toutes les couleurs pour se peindre lui-même. Architecte d'un royaume de Narcisse, il règne sur des déserts bleus où des Christs à dos de moustique galopent entre les crucifix et les œufs. Le voici chez Pivot, le voilà chez Drucker. Danièle Gilbert, Jacques Chancel l'invitent. Le Maître, bien sûr, saura se venger de ces invitations. « L'unique chose qui m'intéresse, c'est qu'on parle tout le temps et constamment de Dalí, et cela même dans le cas où l'on en parle bien. »

Dans le judaïsme, les juifs sont le peuple de Dieu. Dans le jésudaïsme, chaque juif est le fils de Dieu.

Je n'ai pas suivi l'actualité, je la rattraperai plus tard. Je passe à demain. Je crois savoir qu'Erdoğan a rencontré Poutine.

Mercredi 10 août

Réveil avec *Tampa Red 1935-1942*, Tampa Red, 1987 (Old Tramp, OT-120, Netherlands). Tampa Red : guitare et chant.

J'allume mon téléphone portable : flopée de SMS d'Emmanuelle – elle me fait une crise au sujet de propos (par ailleurs insignifiants) que j'ai tenus au sujet de Vanessa, la remplaçante de Léa. Je passe une partie de la matinée à éponger la crise ; franchement, je n'avais ni envie ni besoin de cela. Les béquilles, ce n'est déjà pas très amusant ; mais les problèmes de couple, cela tue davantage encore. Il est finalement assez difficile, sur Terre, d'avoir des journées strictement *parfaites*.

Le père de la famille de Français qui m'épie profite que je ne sois pas là, au petit déjeuner, pour demander à Maria (« Excusez-moi, je suis indiscret ») si je suis bien le « journaliste de la télé ». Réponse de Maria, qui le mouche direct : « Vous êtes indiscret. » Le trio infernal ne cessera de me pister toute la journée, partout dans l'hôtel, jusqu'à la piscine, dans les couloirs, etc., tendant l'oreille (et des pièges) pour recueillir la moindre information et noter le moindre de mes propos. Sinistre. À la piscine, la fille (vingt ans ?) se regarde les ongles des mains pendant des heures. La mère fait semblant de dormir. Le père lit des cartes Michelin.

Chaque roman que j'ai achevé pourrait continuer encore. Je les ai clos soit par ennui, soit par délai, soit par raison. Le fait d'achever un roman est plus arbitraire encore que de le commencer. La publication n'est qu'un accident ; elle agit comme un couperet.

John Maynard Keynes : homosexuel et antisémite.

Maria, toujours aussi adorable (c'est un ange, un pur), s'occupe de moi. Abords de la piscine toute la journée – je lis Tocqueville et aussi Maurice Agulhon sur la révolution de 1848. Et je fais une dizaine de parties d'échecs ; je progresse un peu, mais au moment de gagner, il y a toujours une faute d'attention qui, généralement, me coûte la partie.

Je ne supporte pas, n'ai jamais supporté, ne supporterai jamais le bricolage. Je ne veux pas jouer les cérébraux ; je ne veux jouer à rien. Mais les outils ne sont pas faits pour moi. Au surplus, je ne comprends jamais les notices. Dès qu'il y a quelque chose à installer, à monter, je capitule intérieurement, je sais que je n'y arriverai pas. Je suis par exemple strictement incapable d'accrocher un tableau au mur. Sans frime, j'ignore la procédure pour y parvenir. Si bien que, chez moi, tous les tableaux sont posés à même le sol. Il en a toujours été ainsi. Jamais je n'ai, non plus, pu ouvrir une bouteille de vin sans décapiter le bouchon à l'intérieur du goulot – je dis bien : *jamais*. J'aimerais être un bricoleur. Je ne le puis, ne le pourrai jamais ; cela s'appelle un handicap.

« Le bonheur, c'est se trouver toujours en état d'être agréablement déçu » (Swift).

Parmi mes pochettes de disque préférées, celle de *Face Dances*, des Who – album que j'ai dévoré en 1983 (sorti en 1981). Premier album sans Keith Moon, remplacé par Kenney Jones, que Daltrey n'a jamais pu souffrir. Pochette réalisée par Peter Blake (à qui l'on doit celle de *Sgt. Pepper*, qui est loin d'être le meilleur Beatles mais qui, très étrangement, est le plus réputé – snobisme). Blake, pour réaliser sa pochette composée de seize portraits (quatre fois chaque musicien), a demandé à seize peintres différents de s'y coller. Francis Bacon avait été sollicité. En vain. Dommage. Mais il y a Richard Hamilton, Howard Hodgkin et David Hockney.

La décennie de la vie que j'ai préférée : la trentaine. À tel point qu'il me semble que nous venons sur Terre pour ça : vivre la trentaine.

Où sont les morts ? Ils slaloment entre des poussières : satellites. Je ne crois qu'aux mathématiques et aux ondes. Dans moins de cent ans, quelque part dans le temps, à une date qui s'écrit déjà sur les calendriers prévus, on me glissera dedans une terre : je serai aimable et mort. Des connaissances, peut-être sous la pluie, fronceront les sourcils. Ils penseront à l'astuce qui pourrait les soustraire à la même chose : cette mort mienne avertissement de cette mort leur, qui les nargue en mon cimetière, les noue d'angoisse, imprime leur tour sur le carton d'invitation. Mort, je leur apporte la preuve qu'ils sont mortels. N'aimeront pas cette sensation. Sans doute : je suis déjà ce qui restera de moi. Je pourrais m'arrêter là : ne plus écrire, filmer, me déplacer dans des soirées, raconter mes pauvres histoires (les incessamment mêmes en boucle). Je pourrais m'enfermer et lire : lécher de la chair de femme jusqu'à la toute fin, attaché au défilé des jours successifs et microscopiques qui, à force de discret défilement, achèvent de décréter la vie close et les biographies ponctuées. Je voudrais bien passer la durée qui me reste à durer à regarder en détail les murs de mon appartement, me passionner pour le carrelage, m'interroger sur la pomme de ma douche, relire les livres que je n'ai jamais lus. Mais je préfère essayer de devenir juif.

Lorsque j'étais adolescent, et que je lisais que Gide, en 1917, par exemple, se masturbait, j'étais scié. D'abord, il fallait comprendre qu'il se masturbait : « Aujourd'hui encore, j'ai cédé. » Il faut un peu de flair, tout de même, pour saisir à quatorze ans que c'est bien de cela qu'il s'agit. Et puis, lorsqu'on s'avise qu'en effet il s'agit bien de cela, le cœur se met à battre, étrangement. Gide aussi… Lui, l'homme du dictionnaire, l'homme du Petit Larousse 1974, la tête entre les mains sur ma photo, l'attention fixée sur un ouvrage sévère – lui aussi un être onanistique, et ô combien. Je me disais : mon Dieu, se masturber à près de cinquante ans, quelle misère. Mais, pratiquant la même chose et au même âge, je comprends qu'on ne voit pas la vie passer : Gide s'asticotait à cinquante ans parce qu'il n'avait jamais cessé d'être adolescent. Seul son corps avait traversé les années, et cela se voyait. Mais pas « lui ». Je comprends, désormais, qu'on reste inchangé dans un corps qui se modifie. C'est incroyable ce que je suis gidien.

On n'écoute pas assez *Emotional Rescue*, des Stones, que je considère – de loin – comme un de leurs meilleurs opus. J'adore, de façon générale, les albums des Stones considérés comme malades. Je pense être le seul au monde à vénérer *Dirty Work* que Charlie Watts, paraît-il, n'a jamais écouté une seule fois dans sa vie. Je place le morceau « Emotional Rescue » au-dessus de « Miss You », et digne de figurer sur la mythique deuxième face de *Tattoo You*. Jagger tout en falsetto (à faire pâlir Roy Estrada de jalousie) et en effets de cockney. « Dance (pt.1) » est un monument digne de « Fingerprint File » – ces chants de sioux qui viennent syncoper les syncopes. Envoûtant. « Summer Romance », médiocre il est vrai, assure le minimum syndical de morceau crado et simple de tout album stonien qui se respecte. « Send It To Me » : chef-d'œuvre. « Let Me Go » : Excellent. « Indian Girl » : chef-d'œuvre. « Where The Boys Go » : chef-d'œuvre (avec le chorus féminin final qui vient couper le sifflet aux voix mâles). « Down In The Hole » : chef-d'œuvre. « Emotional Rescue » : chef-d'œuvre. « She's So Cold » : passable. « All About You » : le Keith de l'album, chef-d'œuvre.

Jésus s'est-il donné en sacrifice ? Non : Jésus s'est donné en *exemple*. Le point essentiel de l'eschatologie du jésudaïsme réside dans la croyance que chaque juif est le fils de Dieu. Seulement, il a bien fallu qu'un juif vienne le montrer, se dévoue, se dévoue le premier. Il a bien fallu qu'un juif (Jésus) dise (le premier) : « Je suis le fils de Dieu. » Ce qui ne veut pas dire, ce qui ne signifie pas que la bouche de Jésus puisse prononcer la phrase : « Tu peux dire "je suis le fils de Dieu" aussi. » On observe la nuance. Cette nuance n'est pas aussi subtile qu'elle en a l'air. Le point essentiel de l'eschatologie du jésudaïsme, c'est qu'elle crée une possibilité et une impossibilité connexe à cette possibilité. Elle crée l'impossibilité de dire à l'autre : « Tu es le fils de Dieu » (et de dire de l'autre : « Il est le fils de Dieu »). Et elle crée la possibilité (pour chacun, pour chaque juif individuellement considéré) de de dire : « Je suis le fils de Dieu. » Chacun peut penser, et sans la moindre contradiction, que le fils de Dieu, c'est lui. Qu'il est l'unique fils de Dieu. Car Dieu n'a que des fils uniques. Chaque juif est fils unique de Dieu. Dieu n'a pas qu'un seul fils unique. Le premier (historiquement) à avoir compris, à avoir eu le génie de réaliser, qu'il était le fils unique de Dieu, c'est Jésus. Le point essentiel de l'eschatologie du jésudaïsme réside dans la croyance que chaque juif est le fils (unique) de Dieu et que la victoire ultime est une victoire de soi sur soi. Que la vérité et la justice se révéleront, puis régneront, mais en soi, dedans soi. L'ère eschatologique du jésudaïsme est (ainsi) un *moment* de la vie, un morceau de l'existence : paix intérieure (quitte à livrer une guerre extérieure, voire *externe* !, c'est-à-dire extérieure à soi, et externe au judaïsme). La paix s'impose entre moi et moi, entre moi et l'enfant que je ne suis plus, entre moi et le vieillard que je ne suis pas encore, entre moi et l'adulte que je veux être (que j'aspire à être). Le héros du christianisme, c'est l'enfant. Le héros du judaïsme, c'est l'adulte. Et même, le héros du judaïsme, c'est l'adulte adulte. Lorsque l'ère eschatologique du jésudaïsme adviendra, je serai en paix avec moi-même, dedans moi-même. En paix avec les autres, avec le monde, avec les animaux (en paix avec les poissons, les chats, les oiseaux, la plupart des éléphants, etc.). Ce jour-là, je serai le Messie. Ce jour-là, je serai l'un des fils uniques de Dieu.

Mais il faut en revenir à Isaïe. En VII, 14. « Aussi bien le Seigneur vous donnera-t-il lui-même un signe : voici que la jeune femme est enceinte et enfante un fils et lui donnera le nom d'Emmanuel. » Dans les Évangiles, dans Matthieu, chez Matthieu, pour Matthieu, il faut être très honnête sur ce point (précis), le signe que le Seigneur donne *lui-même*, il ne le donne pas lui-même. Ce n'est pas le Seigneur lui-même qui donne un signe du Seigneur. C'est un de ses anges. Et ce n'est pas, non plus, l'ange du Seigneur lui-même qui donne un signe du Seigneur. On dira que c'est chipoter. C'est vrai. Mais il est tout aussi vrai que c'est par une suite (ininterrompue) de chipotages successifs que le christianisme, à partir du judaïsme qui ne lui avait rien fait, qui ne lui avait rien demandé, s'est développé. Car le coup de l'ange, l'emploi de l'ange, il faut s'y attarder. D'une part. Et d'autre part, il faut s'attarder sur le fait que ce n'est pas le Seigneur lui-même qui donne un signe du Seigneur, ni son ange ni un ange, mais un songe d'ange ! C'est un songe d'ange qui donne un signe. Chez Isaïe, pour Isaïe, c'est le Seigneur *lui-même* qui donne un signe, qui fait signe. Chez Matthieu, pour Matthieu, c'est un songe d'ange qui donne un signe, qui fait signe. Je dis simplement, je remarque (justement) que : ce n'est pas exactement (ce n'est pas du tout) la même chose. Il ne faut pas se hâter sur le sujet des anges. Car les anges de l'Ancien Testament ne sont pas les anges néotestamentaires. On ne parle pas des mêmes anges. Il y a détournement d'anges. Il y a malhonnêteté. On nous trompe sur les anges. J'essaie de développer ça demain.

Barrès serait impossible aujourd'hui. Je ne parle pas des idées politiques de Barrès qui, elles, sont toujours de mise dans le monde de 2016. Et en Europe, et aux États-Unis. En France, bien entendu. Mais je parle d'un écrivain qui soit à la fois lu par tout le monde, adulé par la jeunesse, faisant l'opinion, ayant un siège sous la Coupole et un autre à l'Assemblée nationale. Un écrivain dont chaque livre crée une détonation. Imaginons Houellebecq *plus* tout ce que je viens d'énoncer. C'était ça Barrès. J'entends souvent des butors associer Barrès et Maurras. Inculture crasse. Barrès éprouvait du mépris pour le sourdingue antisémite à barbiche. Barrès : une sorte de Zemmour avec du talent. Chantre, lui aussi, de la France éternelle. Avec, il est vrai, le goupillon en sus.

Faire des mots avec sa vie : seul le permet, dans sa flasquitude, le journal intime. Le roman, même expérimental – surtout expérimental –, est trop mathématique pour qu'on y enferme le mouvement. Heureusement : Proust.

Nous retournons dans le restaurant d'hier – cette fois les M. dînent avec nous. Prix corrects et excellent. Et, surtout, toujours pas le moindre touriste. Une jeune Italienne blonde, la vingtaine, pourrait jouer dans un Antonioni.

Jeudi 11 août

Réveil avec *Vinnie Colaiuta*, Vinnie Colaiuta, 1994 (Stretch Records, SCD-9007-2, US). Vinnie Colaiuta : batterie, percussions et synthétiseur ; Sting, Neil Stubenhaus, Sal Monilla, Pino Palladino, Tim Landers et John Patitucci : basse ; Dominic Miller, Michael Landau, Mike Miller : guitare ; David Sancious : orgue ; Bert Karl : percussions ; Chick Corea et Herbie Hancock : piano ; David Goldblatt : synthétiseur et piano électrique ; Steve Tavaglione : saxophone ténor ; Ron Moss : trombone ; Jeff Beal : trompette et bugle.

Petite relâche dans l'actualité – j'ai vu que feu Al-Nosra avait remporté la partie à Alep. Je regarderai ça de plus près tout à l'heure.

Pour Duns Scot, « l'individu n'est que le dernier rejeton de l'essence » (Pierre Alféri, *Guillaume d'Ockham le singulier*, 1989). Plus loin, toujours au sujet de Duns Scot : « Par-delà la différence seulement formelle qui les sépare, le commun et l'individué s'uniraient dans une nature à la fois plus large et moindre que la singularité. »

Piscine. Il y a des Français. Avec des gosses (le plus petit s'appelle Armand ; c'est un dictateur). Qui ne font que pleurer, hurler. Insupportable. Les parents essaient de comprendre pourquoi Armand ceci, et surtout pourquoi Armand cela. Armand veut une glace – il ne la veut pas : il l'exige. Et immédiatement, si possible. Papa et maman sont paniqués à l'idée de le faire patienter trop longtemps. Papa pique un sprint, rapporte un eskimo, mais Armand pique, lui, une colère : le parfum choisi ne lui agrée point. Et puis la glace est trop froide – la glace est trop glacée. C'est maman qui la lui prend, mais cela ne lui plaît pas non plus ; papa s'en va, toujours au pas de course, chercher un nouveau parfum. Cela semble davantage au goût du dictateur, qui se calme un temps. Puis, à mi-glace, son cirque reprend : il hurle de plus belle, comme il n'avait jamais hurlé depuis sa naissance, comme nul n'avait hurlé depuis que le monde est monde. La fréquence sur laquelle il émet brise les tympans de la ville, des arbres, de la montagne ; l'eau de la piscine en frétille. Les parents n'en ont cure : c'est Armand le héros. C'est Armand le dieu. C'est Armand Dieu. C'est lui qui décide, lui qui commande, lui qui mène le bal et a pouvoir de vie ou de mort sur tous les hôtes. Nous sommes à sa botte, qu'on se le dise. Nous dépendons désormais tous de lui. De ses humeurs. De son appétit. De ses petits nerfs. De la qualité de ses siestes. Il ne viendrait à personne l'idée, saugrenue, de discuter un ordre d'Armand. Les parents, parfaits moutons, demandent implicitement aux autres de suivre leur exemple, de se faire tout petit devant le petit enfant, de passer son chemin, de se faire discret, de ne surtout, surtout, jamais le contrarier – sa colère pourrait être terrible, vos vacances, gâchées. Filez droit devant Armand. Ou il vous en coûtera. Qu'on se le dise.

Émile Benveniste, *Dernières leçons, Collège de France, 1968 et 1969* : « Quand l'homme primitif "représente" en le dessinant un animal ou une scène, il l'écrit. Son "écriture" alors reproduit la scène elle-même, il écrit la réalité, il n'écrit pas la langue, car pour lui la langue n'existe pas comme "signe". La langue est elle-même création. On peut donc dire que l'"écriture" commence par être "signe de la réalité" ou de l'"idée", qu'elle est *parallèle* à la langue, mais non son *décalque*. » Non seulement limpide, mais lumineux.

La mentalité que je déteste par-dessus tout : celle du squatteur.

À part jouir, lire est la chose que je préfère au monde. C'est un excellent début pour devenir juif. Les catholiques ont tellement peur de la mort qu'ils ont inventé l'immortalité pour tenter de la combattre, de biaiser avec elle. Les juifs, eux, combattent tout simplement la mort avec la vie.

La jalousie, je l'ai souvent remarqué, n'est pas un défaut – elle est simplement consubstantielle à l'homme, comme le genou.

Je me méfie des gens qui annoncent qu'ils vont être brefs ; ce sont souvent les plus longs.

Dans ce journal, je tiens à constater, quand je le relirai – si je le relis jamais –, les contradictions qu'il contient, et qui me disent mieux que ne le font mes cohérences. Un être n'est jamais que le perpétuel contraire de ses décisions, la démission de ses certitudes, l'inverse de ses pensées, la dénégation de ses actes, le contre-exemple de sa morale. Je ne suis que le brouillon de ce que je crois que je suis. Je suis vivant, c'est-à-dire que je n'ai pas la personnalité que je m'assigne, ni celle qu'on m'accole. Je m'échappe sans arrêt de ce que je décide, je m'évade de ce que je prévois, je rature ce que j'échafaude, je m'enfuis de moi-même sans m'en rendre compte, et lorsque j'en suis conscient, au lieu que d'en avoir mauvaise conscience, il s'agirait plutôt que j'en jouisse. Échapper à soi : voilà le motif de l'existence. Je ne supporte pas celui qui est fidèle à ses principes, parce qu'une vie de fidélité n'est pas une vie, et qu'une vie de principes tutoie la mort. Fidélité aux êtres, oui. Aux choses ? Plutôt mourir.

Je m'aperçois que je travaille plus que n'importe qui sans jamais avoir travaillé de ma vie.

Lorsque je croise un vieillard, je me dis qu'il a vécu, il y a cinquante, ou quarante, ou trente ans, la journée que je suis en train de vivre – j'entends : qu'il a eu à la milliseconde près l'âge que j'ai quand je le croise. Que faisait-il alors ? Où était-il ? Quelle tête avait-il ?

Bataille a montré, avec une grande clarté, prolongeant Nietzsche, comment l'impossible, loin d'être le contraire du possible, était au contraire son acmé. L'impossible est une arrachée. Une sortie du possible. L'impossible n'est pas ce qui ne peut arriver, advenir, mais au contraire du possible parvenu à incandescence. Le possible, chez lui, est concerné par les mots de tous les jours. L'impossible, ce face à quoi nous restons cois, est concerné par le silence, d'abord, et ensuite par la parole, c'est-à-dire des mots qui ne sont pas, qui ne peuvent pas être les mots de tous les jours. Ces mots, ce sont les mots qui disent l'« expérience intérieure », nom que donne Bataille à la littérature. Seule la littérature peut dire l'impossible. Parmi les impossibles, on peut noter, ce n'est pas limitatif : l'inceste, la guerre, la mort, la Shoah… Je rajoute : les attentats.

Les gens brillants m'épuisent. Je ne supporte que les gens profonds. Surface contre fonds marins.

Écrire un livre dans lequel n'apparaîtrait jamais deux fois le même mot.

Je supporte de moins en moins les agités, ceux qui veulent tout voir, à l'étranger, tout voir et tout « visiter ». Qu'on m'épargne ces gamineries, qu'on me fiche la paix avec ces niaiseries : rester, rester, écrire, rester, nager au même endroit, tous les jours. Le tourisme est mobile. Le voyage est immobile.

Je sais des gens – des amis, des connaissances – dont le rêve est d'être clonés. C'est étrange : la vie n'est-elle pas faite pour la mort et la mort pour la vie ? Vivre deux fois annule le fait d'avoir vécu une seule.

Le rêve de Perec (qu'il n'a pu hélas réaliser parce que la mort est une salope sans discernement) : écrire un roman composé de tous les mots du dictionnaire. Et pas n'importe quel dictionnaire : le Bescherelle, qu'utilisait Raymond Roussel.

Regarder la mer est sans doute l'occupation *à la fois* la plus stupide et la plus intelligente qui soit. Je ne comprends pas exactement ce que signifie cette phrase, et pourtant je sens qu'elle exprime quelque chose – quelque chose de plus subtil que je ne le suis moi-même. J'aimerais que quelqu'un de plus puissant que moi intellectuellement l'ait écrite ; alors, je la trouverais profonde – peut-être même géniale.

Je regarde pour la millième fois un de mes Belmondos préférés de tous les temps : *Le Guignolo* (1980). J'avais dit à Lautner, lors d'un déjeuner rue Marbeuf en 2004 (il avait adoré *Podium*), que c'était le film de lui que je préférais. Il l'avait très bien pris. J'ai eu l'affiche de la 6e à la terminale dans ma chambre d'adolescent. Dans le cinéma français, on trouve des nanars intellectualistes, des nanars prétentieux, des nanars qui s'ignorent, mais il n'y a plus de nanars qui s'affichent comme tels, tellement fiers d'être des nanars que leur budget est digne d'un James Bond. Il y a quarante ans, c'était encore possible. En partie grâce à Lautner, justement. Lautner est un « grand » cinéaste et Belmondo un « grand » acteur. En mettant ces guillemets à *grand*, je ne pratique ni tout à fait l'ironie ni tout à fait l'absence d'ironie. C'est le problème avec les nanars : ils ne possèdent pas de nomenclature. Nous sommes en Venise en 1979 et Belmondo est suspendu au-dessus de la lagune en calfouette à pois rouges, accroché à un hélicoptère. C'est le principal. Pour le reste, il y a la scène où l'« immense » Philippe Castelli se prend un pointard dans les parties, quelques cabotinages belmondissimes, des dialogues qui ne font pas toujours mouche et une brune suffisamment sublime. Les nanars, je les aime purs, non coupés. Là, on peut y aller, c'est de la bonne. À ce niveau, c'est même de l'art. Dans cent ans, *Le Guignolo* sera une des marottes des historiens du cinéma. On ne peut pas en dire autant de tous les films. Il y a (presque) de quoi rendre Max Pécas (que j'ai eu longuement au téléphone en 1999) fou de jalousie. C'est dire l'ampleur du machin. Et la force de sa poésie, assez particulière.

Définition du sexe : une torture à l'envers.

Genèse. C'est en XVIII, 1 que tout commence. « Le Seigneur apparut à Abraham aux chênes de Mamré alors qu'il était assis à l'entrée dans la tente dans la pleine chaleur du jour. » Puis (XVIII, 2) : « Il leva les yeux et aperçut trois hommes debout près de lui. À leur vue il courut de l'entrée de la tente à leur rencontre, se prosterna à terre et dit (nous sommes en XVIII, 3) : "Mon Seigneur, si j'ai pu trouver grâce à tes yeux, veuille ne pas passer loin de ton serviteur." » Ce qu'on remarque immédiatement (c'est particulièrement important), c'est qu'Abraham aperçoit trois hommes. Il n'aperçoit pas, les yeux fermés, trois hommes dans un songe, il n'aperçoit pas un songe de trois hommes : les yeux levés, par conséquent : les yeux *ouverts*, les yeux *grands ouverts*, il aperçoit trois hommes. Un homme, ce n'est pas quelque chose de céleste. Un homme (du moins, il me semble), c'est quelqu'un de terrestre. Avec des pieds qui sont sur terre. Abraham ne s'y trompe pas : c'est d'abord des pieds, c'est d'emblée des *pieds* qu'il parle avec le Seigneur. Ce qu'Abraham veut faire, se propose de faire à ces trois hommes terrestres, à ces trois hommes qui ont les pieds sur terre et qui ont des pieds, c'est, ces pieds, de les leur laver. Il ne s'agit pas de peigner des ailes, non : mais de laver des pieds. Le pied, c'est terrestre. Rien n'est plus terrestre qu'un pied. Et rien n'est moins céleste qu'un pied.

Il y a une lecture biblique avec des anges célestes et une lecture biblique avec des anges terrestres. Le judaïsme est du côté de la terre. Le judaïsme n'aime pas les anges qui ont des ailes. Être juif, c'est couper les ailes aux anges. Le paradis des juifs n'est pas au ciel. Il est sur Terre. C'est, précisément, ce qu'on leur reproche. On ne supporte pas qu'une terre terrestre, qu'un morceau de terre terrestre soit considéré par tout un peuple comme le paradis. Le bonheur sur Terre, on ne peut pas l'admettre : le bonheur sur quelque chose qui est de l'ordre de la terre, qui est non seulement terrestre, mais terrien, et qui mène au terreux, on ne le supporte pas. Il y a dans l'antisémitisme, et dans son corollaire nommé « antisionisme » (horrible expression), une haine pour le bonheur. Une haine contre un bonheur qui serait non pas céleste, ailé, aérien, galactique, astral, extraterrestre, mais terrestre. Posé sur une terre, posé les pieds sur la terre, les pieds dans la terre (les pieds dans la boue). Il y a une lecture biblique avec des anges terreux, des anges culs-terreux, des anges qui sont de la campagne et de la gadoue, de la glaise. Il y a des anges, dans cette lecture biblique, qui sont judaïquement enfoncés avec bonheur dans leur boue, dans leurs sables, des anges enlisés, des anges embourbés, des anges en bottes crotteuses dans les mottes, parmi les sillons, au milieu des champs. Des anges de terre ferme, de Beauce, des anges de plain-pied. Des anges qui pèsent, des anges qui font leur poids, et qui le font en kilos, des anges qui s'enfoncent dans la terre meuble, qui ont les pieds crottés, qui ont le pas lourd, des anges faits de pesanteur et de gravité. Pas des anges d'ailes et de lévitation.

Vendredi 12 août

Réveil avec *Naturally !*, Nat Adderley Quartets, 1961 (Jazzland, JLP46, US). Nat Adderley : cornet ; Joe Zawinul et Wynton Kelly : piano ; Sam Jones et Paul Chambers : basse ; « Philly » Joe Jones et Louis Hayes : batterie.

Nage, plage, soleil, révolution de 1848.

On a souvent reproché à Miles de jouer dos tourné au public, oubliant que le Duke faisait de même et ce, parfois, pendant toute la durée d'un concert.

Promenade le soir sur le port… Ignoble article sur moi dans *Marie Claire*. Des gens que j'ai fait démarrer professionnellement tiennent sur moi des propos ignobles. Notamment Alan Corno, dont mes producteurs ne voulaient pas comme premier assistant sur *Podium* (il végétait sur des *Navarro*), à qui j'ai tenu à donner sa chance, et qui déclare, quatorze ans après à une journaliste, que j'étais une pourriture humaine. Ainsi va le monde.

Je ne pourrais pas vivre sans excès, avec toutes les conséquences que l'excès implique – vivre comme un fou, passer pour un fou, multiplier les ennemis, recevoir des coups de toutes parts ; telle est ma gymnastique et je l'adore. Ceux qui pensent qu'il s'agit là de masochisme ont presque raison : se préserver des hématomes relève de la vie de caniche. Je m'expose donc je suis. Sans démence, même contrôlée, sans démesure, même bénigne, je me consume dans la servitude – celle où, me maîtrisant, je deviens moins maître de moi que je n'en deviens justement l'esclave.

Je ne suis pas un obsédé sexuel – c'est peut-être même le contraire. Il m'arrive parfois (il m'arrive souvent) de rêver à un monde sans sexe, du moins un monde où nous serions moins suspendus à l'injonction du coït, de la jouissance, du plaisir de la chair, de l'intromission et j'en passe. Un monde d'apaisement, de tranquillité, où pendant quelques semaines, mois, on pourrait s'intéresser à autre chose ; vision naïve – comment se déposséder d'une pulsion aussi naturelle que le battement du myocarde ou que l'envie de soulager sa vessie ? Ruse de la raison biologique, qui travestit en envie, en désir, parfois même en sentiments, un besoin strictement naturel.

Je me méfie de ceux qui prétendent « avoir trop de respect pour la littérature » pour commettre un livre. Leur vanité désoblige. Implicitement, ils entendent me signifier que ce que je fais, ce à quoi j'ai voué ma vie, est nul et non avenu.

Je me souviens d'un film, dans les années 1980, avec Michel Galabru (je ne l'ai jamais revu) intitulé *Celles qu'on n'a pas eues*. Merveilleux titre. Cela se passait dans le train : des types se racontaient leurs râteaux. Je me demande s'il n'y avait pas là-dedans Jean-Luc Bideau. Faire un livre sur ce beau sujet : celles qui n'ont pas craqué, celles qui n'ont pas cédé à mon « charme », trouvant précisément que j'en manquais. Cet affaissement du sol, sous mes pieds, chaque fois qu'une fille, qu'une femme, m'a dit non : comme une négation de mon être. Chaque fois je me suis dissous. Chaque fois cela fut ressenti comme une rature de ma naissance. Je me suis pris cela comme un coup de poing dans le ventre ; chaque fois j'ai eu envie de mourir, chaque fois je suis mort. Je rentrais chez moi, à pied, avec cette honte d'avoir *osé*. Humilié, vexé, parce que j'avais la naïveté, la vanité (deux mots qui sont presque des anagrammes) d'avoir cru que c'était possible, qu'il y avait une « ouverture ». Je m'en veux, dans ces cas-là, de mon manque de discernement. Je me suis cru plus que je n'étais – les regards qu'elle m'a lancés ne voulaient donc pas dire ça ; j'ai présumé de mes forces. Et l'humiliation au carré lorsqu'on connaît la raison du refus – tel bellâtre, etc. Pire encore : quand la raison du refus fut moi, moi seul, et non le fait que la fille était en couple. Elle ne voulait pas *parce qu'elle* ne voulait pas.

Il y a aussi celles que j'aurais pu avoir et que je n'ai pas eues. Nombreuses. Je le dis sans vanité. Nombreuses, oui. Pas eues par bêtise, par paresse, par prétention, par lunatisme, sale caractère. Pas eues par dissipation, par étourderie, par incurie. Le nombre de filles que j'ai annulées au dernier moment, tout simplement, parce que je devinais *à la virgule près* (ou croyais deviner) le déroulé de la soirée. J'en arrive à un point (je devrais dire : à un âge) où, rien qu'à partir du physique, des mimiques, de l'attitude d'une femme, j'arrive à imaginer ce qui m'attend si je vais plus loin avec elle. Je parviens à distinguer, comme si elles avaient eu lieu, les conversations à venir, les gestes, le temps exact qu'il nous faudra pour nous embrasser puis aller dans ma chambre.

Dire l'impossible : telle est la tâche, la mission, le devoir, le métier, la vocation de l'écrivain. Le reste n'est que fond de cacao au fond d'un bol ébréché.

Christophe B., condisciple de l'ESC Reims : vivait comme on ramasse des crottes de chien. (Je ferai de lui, tôt ou tard, un personnage de roman – sa radinerie, son *génie de la médiocrité*.)

Je pense que si j'avais un enfant, cela m'amuserait cinq minutes. Pas une de plus.

Je pourrais être parfaitement heureux en prison – à condition que je puisse faire du sport. Heureux avec un lit de fer, une couverture, quelques livres, un bloc de papier, un ordinateur, des stylos, une chaise (de fer également), une table (de fer toujours) et une fenêtre pas loin. Je suis certain que j'en sortirais avec un beau livre épais, rempli de souvenirs et de douceur. J'aspire à faire de ma vie une manière de cellule, même et surtout en voyage : un cosmos édifié pour l'écriture, mais sans sacraliser l'écriture. Je ne supporte pas les idéalisateurs de l'écrit, les écrivains qui sont à la peine, suant dans le jus de leurs efforts, écrivant dans le goutte-à-goutte, penchés sur la feuille, grimaçant. On ne devrait jamais se forcer. Imagine-t-on

Picasso *faire un effort* ? Trop d'écrivains font trop d'efforts. D'où une certaine mort de la littérature.

Je n'ai jamais compris l'engouement qu'éprouvent à la fois la critique et les masses pour la peinture de Soulages. J'aime cette sensation, régulière (je l'ai avec Brassens, je l'ai avec Visconti, je l'ai avec Wagner) qu'un génie *m'échappe*.

Message d'insultes (appel masqué). Des quolibets inaudibles, suivis de vagues promesses de représailles.

Je suis heureux de n'être pas alcoolique. Je remarque que les écrivains vraiment alcooliques ne sont jamais ceux que je préfère. Péguy, buveur d'eau. Gide, peu porté sur la bouteille. Céline, pas davantage. Kafka n'était pas alcoolique. Je n'ai pas souvenir de grosses canasses de Gombrowicz. Sartre aimait bien un petit whisky de temps en temps, mais l'alcool n'était pas son carburant. Exception notable : Joyce. Mais non, je ne suis pas un amateur de poivrots ; sans doute parce que moi-même je n'aime pas boire (quand je bois, je me force toujours, je ne bois que pour me *bourrer la gueule*). Exit Hemingway – je fais une autre exception pour Faulkner. Exit Blondin et consorts. Je préfère (bien que je ne fume pas non plus) les grands fumeurs. (Proust : pas d'alcool non plus. Du thé, plutôt.) Raison pour laquelle, chez les Simplistes, Vailland n'a jamais été mon préféré – je préfère encore les hallucinés au champignon façon Daumal ou les shootés à la seringue façon Gilbert-Lecomte.

Parmi les mots qui ne veulent rien dire et qui sonnent creux : « sincérité ». Pourquoi cet intermédiaire foireux ? Fonçons directement, fleur au fusil, vers la vérité.

Souvenir, Orléans. Emmanuel B. se faisant crever l'œil au compas, sous mes yeux, dans la cour de récréation, par un « grand », un certain Jean-Yves, qui semait la terreur. Œil qui se vidait – comme de la gelée de lait qui pendait à l'orbite, et les lunettes sur l'oreille, qui restaient accrochées. La grimace du petit supplicié. Jean-Yves qui comprit trop tard ce qu'il venait de commettre, qui commença à accuser le petit gros de ma classe, Lucas T. La panique qui s'ensuivit. Nous revîmes notre camarade quelques semaines plus tard, absolument borgne. Il m'arrive souvent d'y penser. Je le revois avec sa blouse écossaise, juste avant le drame. On n'a jamais su exactement ce qui s'était passé ;

une affaire de calot de porcelaine, ou de goutte d'eau. La scène eut lieu derrière l'énorme chêne de la cour ; sur ce chêne couraient ces insectes appelés « gendarmes » qu'on ne voit guère, d'ailleurs, que dans les cours de récréation – il me semble que je n'en ai jamais revu depuis. Des masques africains paraissaient tatoués sur leur carapace rouge. Lorsqu'on les écrasait, cela produisait le même blanc laiteux que l'œil crevé d'Emmanuel B.

Je m'avise que cet insecte, mythique, cet insecte de l'enfance s'appelle en réalité « pyrrhocore ». Il s'intitule parfois « diable » et « cherche-midi ». Ce que j'ignorais totalement. C'est une sorte de punaise. Il y en avait partout dans l'enfance. On les aimait bien. On jouait avec ; nous les écrasions. C'était plutôt gai. Nous en faisions ce que nous voulions. C'étaient des vies. Ce n'étaient pas exactement des vies. Nous les regardions s'accoupler cul à cul, restant collés, se déplaçant scotchés, greffés l'un à l'autre (j'écris ces lignes en écoutant Buddy Guy).

La chose la plus difficile chez un être, comme pour l'huître, est de parvenir à *l'ouvrir*.

La seule chose qui m'embête un peu, ce sont les rites. Il ne suffit pas de pratiquer une fois par semaine pour être juif. Mais peut-on être juif sans pratiquer du tout ? Ce serait ça, mon rêve. Que de la lecture, de l'exégèse, des commentaires, des discussions : mais sans le moindre rite. Je préfère les rites de l'athéisme, ils sont moins contraignants.

Nietzsche, *Fragments posthumes* : « Sitôt que l'on veut *connaître* la chose en soi, *elle n'est rien d'autre que ce monde* – la connaissance n'est possible que comme reflet et comme rapport à *une* mesure (sensation). » Puis : « Nous *savons* ce qu'est le monde : vouloir la connaissance absolue et inconditionnée, c'est vouloir une connaissance sans connaissance. »

On pourra me donner tous les exemples possibles tirés de la Torah, m'envoyer des rabbins chez moi à 6 heures du matin, je suis désolé, je serai inflexible, je ne céderai pas sur ce point : qu'il n'y a pas d'anges célestes dans le judaïsme. Que dans le judaïsme il n'y a pas d'ailes parce qu'il n'y a pas de ciel. Dans le judaïsme, il n'y a que de la terre. Il y a de la terre, et de l'eau, parce que l'eau fait partie de la terre, parce que la mer habite sur la Terre. Mais il n'y a pas de ciel.

La Genèse commence par le mot « ciel », c'est vrai. Mais les deux premières phrases contiennent deux fois le mot « terre » et une seule fois le mot « ciel » ! « Lorsque Dieu commença la création du ciel et de la terre, la terre était déserte et vide. » C'est sur la terre que le texte insiste. C'est sur la terre qu'on s'interroge d'abord. C'est à propos de la terre qu'on s'inquiète surtout. Et quand il est dit (I, 2) que « le souffle de Dieu planait à la surface des eaux », c'est encore de la terre qu'on parle, de la partie non plus solide mais liquide de la terre. Ce qui fait que contre un seul ciel, voici trois évocations de la terre. Et même, un peu avant, toujours dans I, 2, on nous dit : « La terre était déserte et vide, et la ténèbre à la surface de l'abîme. » La ténèbre, c'est quelque chose de terrestre, c'est quelque chose de profond : pour qu'il y ait profondeur, il faut qu'il y ait terre, ou mer, parce que la profondeur du ciel, la profondeur d'un ciel, ça n'existe pas.

La ténèbre, c'est quelque chose de terrestre, c'est quelque chose d'obscur, qui habite dans l'obscurité, c'est-à-dire dedans la terre. C'est quelque chose qui ne voit (jamais) la lumière. Qui ne regarde (jamais) le ciel. La ténèbre, c'est la mort. La terre de la Terre est faite de ça : de la terre morte des morceaux de morts, en humus, enchevêtrés là par couches, strates. Géologie. Et les cailloux : ce sont de la mort. La ténèbre, c'est l'enfer. Et l'enfer, c'est en sous-sol. C'est sous le sol terreux de la Terre. La Genèse commence par un peu de ciel et beaucoup (beaucoup !) de terre : la terre, ça fait une occurrence, la terre, ça fait deux occurrences, la ténèbre, ça fait trois, la surface des eaux, ça fait quatre, et voici la cinquième : l'abîme. (« La terre était déserte et vide, et la ténèbre à la surface de l'abîme. ») Abîme, au singulier, il faut l'entendre ici, il faut le lire ici comme une énorme, une gigantesque, une démentielle masse d'eau douce située sous la terre (et alimentant les sources). Sous la terre, comme la ténèbre. Et quand bien même on aurait trouvé l'abîme au pluriel qu'on serait resté sous la terre, puisque les abîmes, c'est le fond de la mer.

Il y a une sixième occurrence : c'est « surface ». La surface de la terre, on comprend. La surface de la mer aussi. Mais la « surface du ciel », c'est comme la profondeur du ciel, ça ne veut rien dire, c'est absurde, ça n'existe pas. Or, « surface », on le trouve deux fois (« et la ténèbre à la surface de l'abîme ; le souffle de Dieu planait à la surface des eaux »). Cela fait donc un ciel pour sept terres ! Sans compter que le souffle de Dieu est parfois traduit par « vent violent » : le vent n'est-il pas la conséquence de la rotation de la Terre ? Oui, on le voit, l'obsession, ce n'est pas le ciel, c'est la terre.

Le judaïsme, ce n'est jamais le ciel : c'est toujours la terre. Le ciel est réservé au christianisme. Les chrétiens veulent avoir leur place au ciel. Les juifs veulent avoir une place sur la terre. D'ailleurs, le firmament n'est pas dans la Genèse quelque chose d'originellement, d'originairement aérien, brumeux, gazeux : le firmament, comme la terre, comme la texture même de la terre, est quelque chose de *solide*. C'est une voûte, mais une voûte qui est solide, tellement solide que, tel un barrage, elle « sépare les eaux supérieures des eaux inférieures » (I, 6). Le firmament, ce n'est pas un hasard (le hasard existe partout *sauf* dans la Bible), est donc quelque chose de solide, c'est un matériau, c'est compact, c'est dur, c'est immeuble, c'est fiable. En latin, *firmamentum* désigne la voûte céleste à laquelle les astres sont fixés, cloués, accrochés comme des boules sur un arbre de Noël. Le firmament, c'est un soutien. C'est un appui. C'est robuste. C'est un dérivé de *firmare*, « rendre ferme, rendre solide ». Donc un firmament c'est quelque chose qui n'est pas tellement ciel, mais plutôt terre. Ainsi, ce que Dieu nomme « ciel », c'est quelque chose qui relève de la terre : « Dieu appela le firmament "ciel" » (I, 8). L'obsession du judaïsme, ce n'est pas le céleste, le brumeux, le nuageux, mais le solide, le terrestre, le géologique, le géodésique. D'ailleurs, le firmament du ciel est tellement immeuble, tellement immobilier, que le ciel de Dieu est un ciel en carton-pâte, un faux ciel, un ciel en trompe l'œil – I, 14 : « Dieu dit : "Qu'il y ait des luminaires au firmament du ciel pour séparer le jour de la nuit." » Par parenthèse, la différence entre le jour et la nuit, c'est depuis la terre qu'elle fait sens.

Le judaïsme n'est pas la plume, ce qui est oiseau, ciel céleste, voies lactées. Pour les juifs, le ciel céleste est un décor, en carton-pâte, en stuc, comme dans un film de Méliès. I, 14 et 15 : « Dieu dit : "Qu'il y ait des luminaires au firmament du ciel pour séparer le jour de la nuit, qu'ils servent de signes tant pour les fêtes que pour les jours et les années et qu'ils servent de luminaires au firmament du ciel pour illuminer la terre." » Le ciel n'est là que pour mettre la terre en valeur, pour l'éclairer, parce qu'elle ne peut *techniquement pas* s'éclairer elle-même. De l'intérieur.

Samedi 13 août

Réveil avec *God Bless My Solo*, Illinois Jacquet, 1978 (Black and Blue, 33.167, France). Illinois Jacquet : saxophone ténor ; George Duvivier : basse ; J.C. Heard : batterie ; Hank Jones : piano.

Le véritable nom d'Illinois Jacquet, ne jamais l'oublier, était *Jean-Baptiste* Jacquet. Je ne le précise que parce que cela me semble de la première importance. J'ignore d'ailleurs pourquoi cela me semble de la première importance, mais il doit bien y avoir une raison. Que je trouverai tôt ou tard. Ou peut-être jamais. En tout cas : *Jean-Baptiste* Jacquet.

Rousseau méprisait le peuple. Logique – sa haine de soi. Comment aimer ce qui lui ressemblait ?

Le ciel, dans le judaïsme, est fonctionnel. C'est un ciel simplement pratique. C'est un simple ciel utilitaire. Genèse I, 16 : « Dieu fit les deux grands luminaires, le grand luminaire pour présider au jour, le petit pour présider à la nuit, et les étoiles. » Par parenthèse, on parle ici de « firmament du ciel » alors qu'on nous a indiqué plus haut (I, 8) que « Dieu appela le firmament "ciel" ». Qu'est-ce, alors, que le « firmament du ciel » ? Qu'est-ce, autrement dit, que le « ciel du ciel » ?

Tout système philosophique contient tôt ou tard en son sein le germe de son anéantissement.

S'il est un mot, un seul, qui devait résumer mon existence tout entière, c'est celui-ci : *humiliation*.

Je voudrais comprendre *scientifiquement* pourquoi le fait de répéter indéfiniment un mot le dissout.

Cette viande truquée qu'est l'être humain : ses petits secrets lassants, la « part d'ombre ». Ça serait mieux un monde tout de matin pur. Que l'homme ressemble plus à l'été. Mais non : toujours à manigancer dans la foule merdeuse. Toujours à plus ou moins tuer. À vaguement violer. À s'incruster dans les jours, entêté comme une bête. Il faudra bien qu'il meure. Voûté enfin, les étoiles sur la gueule. Bon débarras dans l'univers. Partout des astres vides à la place, et une grande paix du ciel, sans beaufs ni bobos. Besoin physique d'éthique. Ce que je préfère dans le judaïsme, c'est sa totale absence d'abstraction.

On a souvent dit, et écrit, que François Mitterrand était antisémite : il portait quelque chose de juif en lui ; ce n'était pas la mort qu'il redoutait, mais « ne plus vivre ». Peut-être une des phrases les plus fidèles qui soit à la conception juive de la mort.

L'existence est la somme des choses qu'on n'aurait jamais dû faire. Partir à la recherche de mots disparus. Affaire à suivre.

La littérature fait ressusciter ce que la science tue. Je n'ai jamais aimé, en science, cet isolement de l'objet, sa capture pure, sa mise à l'écart de « tout le reste » pour permettre son auscultation.

Le rêve fabrique du présent avec du passé ; la réalité fabrique du passé avec du présent.

En 1948, Paul Valéry, dans *Vues*, regrettait déjà que la France perde son rang. Il parle même « d'état d'infériorité sans recours ». On ne lit plus Valéry ; c'est un immense gâchis – il n'est pas si cérébral que le proclame sa légende. On a voulu l'enfermer pour la postérité dans l'esprit de géométrie : c'est le champion toutes catégories de l'esprit de finesse. Tout ce qu'il écrit est foudroyant – on aurait presque envie d'écrire un roman autour de ses phrases, pour le plaisir que ces réflexions fassent scintiller la trame, inculquent de l'intelligence au tout. Il s'agirait de romancer ses pensées, d'installer, les mélangeant, une action qui les intégrerait naturellement ; on ne serait alors pas très loin d'obtenir (mais la méthode est peut-être naïve) une manière de chef-d'œuvre.

Je suis étrange en amour. Il y a chez moi quelque chose de proustien. Parfois, je veux dire souvent, je regrette la présence réelle de la femme que j'aime parce qu'elle m'empêche de penser à elle – j'étais si bien avec son idée, je travaillais bien, mais voici que la « vraie » me dérange un peu. Surtout, je distingue la compagnie et la présence. La présence ne réclame pas la compagnie de l'autre pour que l'autre soit là, avec nous. L'autre *en* moi m'importe peut-être davantage que l'autre *avec* moi.

Chaque fois que je passe rue de Rennes, c'est toujours la même chose, je me fais avoir, j'oublie le numéro où habitait Bataille – c'est le 76 bis. Il s'agirait que je m'enfonce cela une bonne fois pour toutes dans le crâne.

Un de mes défauts les pires a toujours été la jalousie. Il y a dans la jalousie non seulement une reconnaissance, un aveu de sa propre faiblesse, on admet en se rendant jaloux une forme d'infériorité par rapport au concurrent qui se pointe, mais en en jouissant un peu. Perversité – je jouis de me sentir inférieur, et, d'ailleurs, j'exagère cette infériorité pour pouvoir faire ma crise. Je sais objectivement que telle femme m'aime, mais, subjectivement, j'ai un doute sur ma valeur par rapport à celui dont je fais tout pour me faire accroire à moi-même qu'il menace mon couple. J'en fais toujours trop dans ma propre jalousie (dans sa manifestation, mais aussi dans sa conception, son appréhension). Je ne suis pas très crédible à mes propres yeux, mais j'ai envie de la crise qui est servie avec, je la réclame en quelque sorte, je la souhaite, je l'appelle – et, par conséquent, la déclenche avec une avidité masochiste.

On dirait toujours que je me débrouille pour incarner le jaloux, pour parvenir à ressentir de la jalousie ; comme si j'y étais voué. Je suis même capable d'exagérer l'amour (les sentiments) que j'ai pour une femme afin de m'abandonner corps et âme à ce défaut, et d'y consacrer des heures. Dans la crise de jalousie, je m'avilis de toutes parts, comme un gueux, comme un pauvre imbécile. D'une part, mon « concurrent » (qui n'en était peut-être pas un) constate que je me place au-dessous de lui ; d'autre part, la femme avec qui je suis s'aperçoit que j'installe cet autre au-dessus de moi – et cela la fait réfléchir. Ce concurrent, je le lui fabrique comme tel ; c'est par ma faute que, pour la toute première fois peut-être, pour la toute première fois sans doute, elle l'envisage comme un amant ou un amoureux possible. C'est moi qui ai hissé le tocard à ce niveau (au niveau, disons, de l'admissibilité). Je n'ai pas fait que détruire : j'ai construit. J'ai bâti, par ma propre imbécillité, une réalité qui n'existait pas – j'ai frayé une voie, comme disent les alpinistes.

J'aurai passé des heures, au Louvre, devant les quelques mêmes tableaux. Me rendant là-bas précisément pour les voir, comme on visite des amis. Parmi ceux qui ne laissent pas de me fasciner : le *Pèlerinage à l'île de Cythère*. Son cas est intéressant ; ayant vu à Berlin son jumeau, l'*Embarquement pour Cythère*, au château de Charlottenburg, j'ai pu vérifier par moi-même ce que je pressentais déjà en regardant les reproductions : c'est que, malgré cette gémellité, l'un est un chef-d'œuvre et l'autre pas. Le *Cythère* du Louvre possède la grâce, celui de Berlin en est délesté. On peut légitimement se demander à quoi cela tient – à rien, bien sûr, mais c'est ce rien qui fait tout. Pourtant, celui de Berlin est plus lumineux, qui éclate de soleil. Mais il est plus figé aussi, moins brumeux ; il est plus sûr de lui. Il sait trop où il va. Il va à Cythère !

C'est drôle : les gens que l'on croise semblent vivre leur journée comme si elle ne valait rien, comme si elle n'était pas décomptée de leur temps à vivre – comme s'il y en aurait ainsi, des comme celle-là, jusqu'à la fin des temps. Ils se comportent à la fois comme des imbéciles et des immortels.

Si j'en avais le temps, rien ne me comblerait davantage que de connaître le nom de toutes les fleurs, de tous les arbres, de tous les végétaux. J'aurais alors la sensation de vivre dans un monde différent, nouveau, neuf – renouvelé.

Je n'ai jamais compris comment on pouvait aimer le *goût* du champagne – et même de l'alcool en général. Jamais compris non plus pourquoi le champagne était associé à la fête (les bulles, sans doute) ; du coup, celui qui a envie d'en boire seul chez lui se sent doublement triste, doublement coupable par rapport à celui qui siffle son pinard : il est pris en flagrant délit de fête triste, de célébration solitaire, de festoiement sinistre et indu. Comme s'il y avait dans le seul fait d'ouvrir une bouteille de champagne sans rien à fêter, à « arroser », à célébrer, une manière d'étrange illégalité.

Rien ne me rend plus heureux que des feuilles, des feutres, des crayons, de quoi dessiner, écrire – créer. Quand la mer n'est pas loin, alors la joie, non pas de vivre, mais d'être, tout simplement d'être, est alors portée à son comble.

Il faudrait que je trouve dans les années qui viennent non plus la force de la résilience, mais celle de l'indestructibilité.

J'aime savoir, lisant leur journal, que Gide est allé chez le gastro-entérologue ou Cocteau chez le dentiste. J'aime aussi savoir que, sur eux, contre eux, on écrivait des choses si horribles que tout ce qu'on écrit à mon propos, depuis que j'ai commencé à exister littérairement, artistiquement (c'est-à-dire à exister tout court), me paraît infiniment doux.

À propos de Cocteau, et de son journal, il qualifie quelque part Melville (Jean-Pierre, pas Herman) de « nul ». C'est aller un peu vite en besogne ; j'adore que les génies s'adorent (Cocteau et Picasso), mais j'adore aussi qu'ils se haïssent. Nos bibliothèques font coexister, dans le même espace, des écrivains qui, de leur vivant, se fussent craché au visage. Les livres crient, se hurlent dessus, ou s'ignorent – et nous n'en savons rien, nous ne voyons rien.

Cocteau : « Un chef-d'œuvre n'est autre qu'une figuration temporelle de l'infini. »

Cocteau, « prince des poètes » : qu'on ne s'imagine pas que c'est une sorte de postérité bienveillante qui l'a intitulé ainsi. Non. C'est un concours. Un référendum des *Nouvelles littéraires*. Ils étaient plusieurs en lice – Supervielle, Paul Fort, etc. Ce qui fait qu'il a dû y avoir quelques magouilles. Des coups bas, des coups de fil. Des coulisses. Décevant. La légende valait mieux. Mais, en même temps, il fallait bien que cette appellation provienne de quelque part.

Ceux qui n'ont jamais cru en moi, n'y croient pas et n'y croiront jamais : mes parents (qui s'obstinent à vivre alors qu'il serait tant de nous laisser en paix).

Je devrais parler de l'Italie (de la Ligurie) et je ne le fais pas ; je ne fais pas un très bon commentateur de voyage. Celui qui, par hasard, lirait ce journal, aurait la sensation qu'il n'a cessé d'être écrit au même endroit – dans l'immobilité, sans paysage changeant. C'est que je me trimballe partout, tout simplement. C'est ma carcasse le paysage – comment en serait-il autrement ? Je raymond-roussellise mes voyages.

Pour faire le monde autrement, il faut le voir autrement. Toute révolution politique est condamnée à la débilité : on n'opère que sur le réel, pas sur une fiction. Une révolution qui voudrait changer le monde (moderne) sans avoir accès au monde réel est vouée à l'échec. L'universalité de la révolution vient de l'individualité. Pour que la révolution ait lieu, il faut que je fasse *ma* révolution. À *mon* niveau. Personnel. Et que chacun fasse, au niveau qui est le *sien*, *sa* révolution. Certains vont opter pour la phénoménologie. D'autres (et parfois ce sont les mêmes) pour le christianisme. Le but de ce livre est de montrer (car telle est mon intime conviction au moment où j'écris ces lignes – mais je peux changer d'avis en cours de route, évoluer, me rétracter, me réfuter) que la révolution (considérée comme une sortie définitive du politique) n'est possible que par le judaïsme.

C'est pour cela que je suis juif. C'est parce que j'ai compris ça que, n'étant pas juif, je suis juif quand même. Je n'aime pas, tout bien réfléchi, les gens qui « se sentent juifs ». J'ai eu tort de dédier *Mort et vie d'Edith Stein* à « tous ceux qui se sentent *juifs* ». Je n'ai pas osé, à l'époque, franchir le pas. C'est un tort. J'ai eu tort. J'aurais dû foncer, y aller carrément. Non, je ne « me sens pas » juif. Je ne me considère pas (comme quelques pauvres imbéciles) comme « à moitié juif ». Non : je ne suis pas juif mais je le suis. Ce n'est pas que je le sens ou pas, c'est que je le suis. La conversion ? Hors de question ! J'ai décidé que j'étais juif, sans naître juif, non parce que je suis une sorte d'illuminé hassidique et tout à coup, privé de repères, je me suis fait (à l'approche de la quarantaine) une jolie petite crise mystique répertoriée dans tous les manuels de psychiatrie, dans tous les best-sellers de psychanalyse. Je suis juif.

Dans *Mort et vie d'Edith Stein*, j'ai défendu la thèse selon laquelle le christianisme était la suite du judaïsme : je m'en veux à mort. Je n'avais rien compris. On est soit juif, soit chrétien. Et le judaïsme ne serait être englobé dans le judaïsme, ni l'inverse. Je suis juif. Les juifs ne sont pas mon peuple, mais je suis juif. Je ne fais pas partie du peuple juif, mais je suis juif. Je suis à part chez les juifs. Je n'ai pas ma place dans le peuple juif : je suis le juif des juifs.

Retour Paris. En réalité, je n'ai pas envie de rentrer. J'étais bien ici. C'est ça que je voulais : de la mer, du soleil, des livres, un hôtel, une piscine. La perspective de Hong Kong m'épouvante – surtout dans mon état physique. Le brouhaha, la grouillance, la mousson, les douze heures de vol : je n'ai pas envie de vivre ça, et pourtant je vais quitter l'Italie pour le vivre. Maria m'aide. Béquilles, valises, etc.

Grande journée belle et triste. Samedi bleu, ensoleillé, azur, avion. Et atterrissage. Tristesse des retours. J'achète des journaux. Soleil béant qui appuie sur la tristesse, le néant, les grands halls villes du Terminal 2G ; tout pue plus ou moins la mort. Nous nous quittons avec Maria.

Dimanche 14 août

Réveil avec *Blues For Allah*, The Grateful Dead, 1975 (United Artists Records, UAS 29895, UK). Basse : Phil Lesh ; batterie et percussions : Bill Kreutzmann ; guitare et chant : Bob Weir et Jerry Garcia ; claviers et chant : Keith Godchaux.

Rien n'est plus fabuleux que le sexe après le travail, si ce n'est le travail après le sexe.

Se dire qu'à l'endroit de chaque immeuble, de chaque route, de chaque feu rouge, il y a eu un jour un sapin, un arbre, des fleurs.

J'aimerais savoir quels ont été, parmi les génies que j'admire, ceux qui se sont le plus masturbés. Je me demande si Kant se masturbait. Ou Goethe.

Eric is God.

Le peuple juif n'est pas un peuple tombé du ciel et fait pour le ciel. Il est un peuple surgi de la terre et fait pour la terre. On voit bien que le ciel (Genèse) est un décor – une décoration, un trucage de cinéma, une invention méliésienne. Les oiseaux ne volent pas dans le ciel, mais « face au firmament du ciel » comme devant une toile peinte (I, 20).
I, 26 : « Dieu dit : "Faisons l'homme à notre image, selon notre ressemblance." » Phrase clef. C'est pour cela que les trois hommes venus voir Abraham ressemblent à Dieu : parce qu'ils ressemblent aux hommes. Un ange, cela ne ressemble pas complètement à un homme : ce qui ressemble à un homme, sur la Terre, c'est d'abord quelque chose, c'est d'abord quelqu'un qui n'a pas d'ailes. Le Dieu des juifs est tellement terrestre qu'il en est presque aérien : il aime le ciel. Les débuts de l'humanité se font dans un paradis qui est terrestre. Et qui est terrien, qui est paysan. Une obsession de l'agriculture est développée très vite. II, 5 : « Il n'y avait encore sur la terre aucun arbuste des champs, et aucune herbe des champs n'avait encore germé », etc.

La Révolution française a bien saisi que l'Église catholique avait trop de pouvoir. Petit *a*. Petit *b* : la Révolution française a parfaitement compris que cette même Église catholique était un frein au progrès. Or, l'idéologie qui sous-tend la Révolution tout entière n'est rien d'autre que l'idée – cela vire d'ailleurs à l'obsession – de *progrès*.

Mais comment se débarrasser de l'Église, se demande la Révolution ? En se débarrassant de la foi, tout simplement ! Il suffisait d'y penser ! En tout cas : en se débarrassant de cette foi-là. En la remplaçant par une autre (tour de passe-passe). Ne pas oublier que la Révolution est le fruit (intellectuel et technique) de déistes. Exemple : Robespierre est déiste. Et il y a un déisme de Rousseau – *Du contrat social* est rien de moins qu'un livre *religieux*. Ce que la Révolution propose, c'est, puisque la transcendance – comme la nature – a horreur du vide, de combler la vacance due à l'assassinat de Dieu.

On proposera, en son lieu et place, l'Être suprême. Autrement dit la Raison.

Mais cela ne semble pas suffisant pour colmater la brèche laissée. Pour recouvrir le trou béant que forme l'absence de Dieu, désormais mort et abandonné aux orties. La réalité est qu'il s'avère proprement impossible (impensable), pour fonder une république (en France du moins), de faire l'impasse sur la religion. C'est un ciment nécessaire. Indispensable. La république se bâtit sur et avec et dans la foi – appétit de transcendance. C'est ce que la République de 1792 n'a pas voulu comprendre. C'est aussi ce que la République de 1848 aura appris à ses dépens.

Mon cher Révellière-Lépeaux, lui, avait eu cette intuition formidable. Directeur, il s'était fait le chantre de la théophilanthropie. Certes, ce fut un échec total. Du moins avait-il saisi quelque chose de ce qu'exige une république « française ». Bref, pour le dire vite, si une religion semble nécessaire pour édifier une république durable et digne de ce nom, il est patent qu'elle ne proviendra pas du corpus catholique, d'une part, et que, d'autre part, une religion bricolée, inventée de fraîche date, sortant de nulle part, créée *ex nihilo* pour les besoins de la cause, une religion qui tombe du ciel, fringant neuve, ne peut pas non plus être efficiente. Que faire ? Idée de génie : aller regarder ce qui se passe là où l'herbe semble être plus verte, c'est-à-dire en Suisse, dans les pâturages, c'est-à-dire se tourner vers le protestantisme.

Preuve absolue du philosémitisme de Mitterrand : « Je ne pensais pas qu'un juif pouvait être aussi con. » (C'était à propos d'un de ses ministres.)

Péguy : philosémite devenu catholique. Claudel : catholique devenu antisémite. Bloy : catholique resté antisémite. Bernanos : antisémite resté catholique.

Pourquoi, après tout, *punir* les délinquants ? Et si cette idée avait fait son temps ? Et si cette conception était devenue obsolète ? A-t-elle vraiment fait ses preuves ? Comment le savoir puisque, jusque-là, nous avons choisi de punir ? Le pénal est-il une réponse viable ?

Enfant, je jouais à la mort, sous mes draps ; je descendais au pied du lit, étouffé par les couvertures, puis je cessais de respirer pendant quelques instants. Pour moi, c'était ça « être mort » (manière de *répétition générale*, en quelque sorte). Mais la mort m'apparaissait, plus petit encore – vers quatre ans – comme logée dans les pots de fleurs : la terre des pots ; c'était là-dessous qu'on enterrait les défunts, puis on arrosait les plantes pour faire pousser leur souvenir.

Une fois mort, les autres continuent à écouter des morceaux de musique qui avaient fini par nous appartenir.

Les écrivains qui ont tout compris à la mort, qui l'ont la mieux appréhendée et la mieux décrite (ceux aussi qu'elle aura le plus effrayés), sont morts *quand même*.

Lorsque j'ouvre la biographie d'un écrivain, je commence toujours par la fin : je veux comprendre à la fois *comment* et *pourquoi* il est mort.

Que Pirandello, Renoir (Jean), Pasolini, Rossellini et Gombrowicz soient morts (et Kafka) n'est pas – je suis désolé – dans *l'ordre des choses*. C'est même dans le désordre des choses.

La mort de Hendrix. À vingt-sept ans. Tout ce qu'il aurait pu faire. Un live avec Sting, un album avec Miles Davis. La tournée 1982 qu'il n'a pas faite. Stade de France avec les Stones. Sur scène à Sceaux en 1987 avec Madonna, etc. Sans oublier sa rencontre avec Prince – un moment historique dont l'histoire n'aura pas voulu. Il pourrait être encore là – comme Dylan, comme Neil Young, comme McCartney.

Flaubert, jeudi 13 septembre 1838, à Ernest Chevalier, sur Hugo : « On a bien attaqué cet homme parce qu'il est grand et qu'il a fait des envieux. On fut étonné d'abord et l'on rougit ensuite de trouver devant soi un génie de la taille de ceux qu'on admire depuis des siècles. – Car l'orgueil humain n'aime pas à respecter les lauriers verts encore. »

J. en prépa HEC, fou de chagrin parce que quitté, et qui but d'une traite une bouteille de Destop. Œsophage brûlé, plus de pharynx, plus de larynx, une langue en plastique, etc. Une vie sans goût, pour une fille (V.) aujourd'hui vieillissante, aigrie, méchante, égoïste – je ne dirai pas ici son nom. Si J. avait su ce que V. deviendrait, il aurait éclaté de rire, passé normalement les concours au lieu de rendre feuille blanche sur feuille blanche, et aurait intégré une grande petite école, ou une petite grande école, comme tout le monde, comme nous tous – l'ESC Reims, pour ma part, minable établissement, humiliation terrible d'avoir atterri là-bas (me suis « vengé » en intégrant Sciences Po Paris, ce qui m'a je crois sauvé de l'aigreur, je n'hésite pas à le dire).

Mes lectures à l'ESC Reims : nombreuses. Très nombreuses. Melville, Bloy, Joyce, Artaud, Céline, Cohen. Je n'ai jamais été un immense fanatique de Cohen. Suis sans doute injuste : mais style balourd, emphatique, collant, gluant, poisseux, analyses lourdaudes – il est à Proust ce que la collection entière de *Placid et Muzo poche* (que je suis capable de m'offrir si je la croise sans qu'il vienne en manquer *un seul* volume) est à l'œuvre intégrale de Buffon.

Je suis fasciné par le fait que le mot « bleu » s'applique au ciel. Pourquoi cette sonorité-là, *bleu*, a pu être associée à cette couleur précise, jusqu'à s'y confondre (et pourquoi, par exemple, ce n'est pas le mot « rouge » qui se confond avec le bleu du ciel).

Ma force absolue, et qui me rend à peu près indestructible, est la capacité que j'ai – que je me suis acquise, au forceps – de pouvoir rester seul, de pouvoir supporter la solitude (la vraie) très longtemps. *Extrêmement* longtemps. Ce, sans *jamais* m'ennuyer – même si la zone 15 heures-19 heures, surtout par grand soleil, est difficile parfois à traverser. Je suis un marin sans mer, mais solitaire ; le problème qui se pose (qui est intimidant il est vrai) est celui de la sexualité, de la libido – comment faire ? C'est le point délicat. Il ne faut pas se laisser impressionner. Cela a pourri la vie de Gide. Sans ses pulsions, plus enfermé, plus solitaire, il aurait peut-être fait une œuvre supérieure (Proust).

Non seulement Péguy n'a jamais peur de se répéter, mais il a peur de ne pas se répéter.

Phrase géniale de Nietzsche (*Fragments posthumes*) : « La *pure logique* est ainsi l'impossibilité grâce à laquelle la science subsiste. »

Mes véritables, mes seuls parents : Gide, Guitry, Rossellini, Kafka, Gombrowicz, Simone Weil, Jacqueline Delubac. Évidemment qu'on choisit ses parents. La biologie ne vaut rien. Ses critères désobligent. Il faudrait passer son existence entière à la réfuter. Être non pas simplement transgenre, mais trans en tout, transfamilial, transgénétique, transgamètes, transADN. Ce serait la liberté – la véritable ; être libéré, affranchi de sa propre descendance ; il n'est point d'autre salut. Si le paradis existe, il est là : aucun lien de sang (s'abstraire du lien de sang).

Je dois tout de même préciser qu'en 1994, Jacqueline Delubac m'a fait un chèque. Au nom de *La Règle du jeu*. J'avais tellement besoin d'argent que je l'ai encaissé. Je m'en veux aujourd'hui – je me maudis, même. Il serait encadré dans mon bureau, je le regarderais de temps en temps, cela me mettrait en joie. Mais non. Quel manant je fais. Je me déteste.

Lundi 15 août

Réveil avec *Anthem Of The Sun*, The Grateful Dead, 1968 (Warner Bros-Seven Arts Records, 1749, Germany). Basse, trompette, kazoo, piano : Phil Lesh ; batterie et cloches : Bill Kreutzmann et Mickey Hart ; guitare : Jerry Garcia ; orgue : Ron McKernan ; piano : Tom Constanten ; guitare rythmique : Bob Weir.

Arrivée, après douze heures de vol. (Réveil, à bord, avec *The Man From Utopia*.) À l'aéroport de Hong Kong, le commandant de bord du vol vient me voir, tandis que nous attendons nos valises, et s'excuse de n'avoir pu me surclasser. « Je savais que vous étiez dans ce vol, mais nous étions complets. » D'abord, il ne savait pas que je me trouvais dans son vol ; c'est une hôtesse qui vient de le lui dire ; ensuite, le surclassement était évidemment possible puisque le sbire du guichet (ou du comptoir, c'est la même chose) nous l'a proposé à condition de régler 600 euros de plus. Aucune importance.

Pluie torrentielle à Hong Kong. La chauffeuse (féminin de chauffeur) de la mère d'Emmanuelle vient nous chercher et nous dépose à l'hôtel. Vue globale sur Hong Kong. Mais à peine arrivés, crise. Emmanuelle a un mouvement d'humeur et soudain c'est la goutte d'eau : terrible engueulade, je menace de ne pas sortir dîner. Nous allons dîner quand même.

Bien qu'amoureux de l'Asie, et toujours joyeux à l'idée d'arriver dans un pays, une ville dont je ne connais rien, le charme n'opère pas : je n'ai tout simplement pas envie d'être là. J'étais dans une ambiance, me voici transvasé ; avec cette entorse. J'en rajoute peut-être dans la mauvaise humeur, la mauvaise foi. Mais le choc avec l'Italie est trop fort – je n'avais pas envie de mousson, de gratte-ciel et de klaxons, mais de soleil et de mer bleue, de quiétude et de grillons, de citrons et de ciel bleu. De Méditerranée, d'azur, d'anchois, de pizzas, de sable fin, de port de pêche. Et me voici dans une des plus grandes mégalopoles du monde, handicapé, donc en boulet, d'une part, et à « la merci » de, d'autre part. Mal dormi, voyage épouvantable, près des toilettes, un enfer, à ne savoir comment allonger ma jambe. Je me suis vraiment demandé ce que je faisais là. Mais lorsqu'Emmanuelle décide quelque chose, je n'ai jamais suffisamment de volonté pour lui dire non (ce qui ne manque jamais de créer ultérieurement des problèmes) ; je suis trop faible de caractère avec elle. Je n'ai pas vu l'instant où les choses ont basculé, où je suis devenu le « suiveur » dans ce couple, où, en quelque sorte, j'ai abandonné ma volonté et laissé mon libre arbitre au vestiaire. C'est ainsi ; j'ai abdiqué. Il faut avouer qu'Emmanuelle possède, non seulement un caractère, mais une personnalité extrêmement forte. Elle sait systématiquement ce qu'elle veut et – de moi du moins – l'obtient tout aussi systématiquement. J'ignore comment elle parvient à réaliser ce tour de passe-passe. Mais respect : c'est très bien fait. Et puis je préfère cela qu'une amoureuse mollasse.

Au restaurant, je ne me sens pas bien. Je suis rempli de tristesse, de cafard, d'angoisse : Maria et l'Italie me manquent – la bienveillance de Maria, sa douceur, son humeur égale, son attention permanente. Je vois bien la différence : avec Emmanuelle je suis mené « à la dure » et en fin de compte, je ne le supporte pas. Je ne me sens pas moi-même, pas libre, mais corseté, empêché, étouffé. Je monte aux toilettes du restaurant, je m'enferme dans les WC réservés aux handicapés et là, je lâche tout, toutes les larmes de mon corps, et de ma tête, et de ma vie : sensation d'être passé à côté du plus grand amour de ma vie, qui pourtant est toujours là à mes côtés, Maria, et, au lieu que de l'avoir vécu, au lieu que de le vivre vraiment, de le fuir en permanence pour vivre d'autres histoires à la place, et au final des histoires qui ne correspondent jamais autant que celle-là ; je m'écroule en larmes, devant la glace, au milieu des mouchoirs pisseux et des bruits de chasse d'eau, piteux, hideux d'avoir fait tant de mal à Maria pendant toutes ces années, de l'avoir si souvent trahie, heurtée, meurtrie, abandonnée, chagrinée, attristée, trompée, humiliée. Je suis une boule de néant, une moucheture de rien, je ne mérite jamais les gens qui m'aiment – je ne sais que leur faire du mal. Oui, toutes ces années défilent, tout ce temps gâché, ce temps perdu, ces moments qui ne reviendront jamais et que j'ai vécus avec d'autres, que j'ai donnés à des intruses, à des pauvres créatures qui ne les méritaient pas. Gâchis total, envie de mourir.

Toutes les révolutions, en France, ont été volées, empêchées, tuées dans l'œuf – et chaque fois par la bourgeoisie. 1830, volée, récupérée par Louis-Philippe. 1848, volée, récupérée par Louis Napoléon. Dans les règles, il est vrai. Comme Louis-Philippe : dans les règles lui aussi : c'est la première fois – on l'oublie souvent – que l'Assemblée a « élu » un roi. La Commune, 1871 – non pas volée, mais matée. Mais, la plus sourde, la plus insidieuse, la plus maligne a été celle de 1789. Les Constituants ne sont pas nés de la dernière pluie, loin s'en faut. Les « actifs » d'un côté, les « passifs » de l'autre. Ceux qui, payant le cens, ayant les moyens de le faire, ont accès à la sécurité, c'est-à-dire à la liberté, et les autres, qui n'ont plus que leurs misérables yeux de misère pour pleurer comme des madeleines. Tu es pauvre ? Alors tais-toi. Tu n'as pas voix au chapitre. Le pauvre fait le pain, que le bourgeois consomme. 1789 est la révolution par excellence du nanti, du nanti bourgeois qui réclame quelque chose qu'il n'a encore jamais obtenu : le pouvoir. 1789 est une révolution de riches par les riches et pour les riches. Bourgeoisie d'affaires qui veut vraiment parvenir aux affaires. Des industriels, comme Périer, des banquiers, etc. Les riches ont commencé à comprendre qu'ils comptaient, qu'ils représentaient une véritable « force vive » de la nation ; il exigent désormais avoir leur part du gâteau, la plus grosse possible, et même le gâteau tout entier. C'est cela, et rien d'autre, qu'on nomme la « révolution française de 1789 ». Les pauvres serviront de bras armés : les manants sont là pour faire peur à la noblesse, à l'aristocratie, à la cour de Versailles, au roi. Mais, attention, on sait que cette « racaille », nécessaire pour les coups de bélier, peut s'avérer très dangereuse quand elle n'a plus rien à perdre ; il faut à tout prix empêcher qu'elle ne se sente pousser des ailes – qu'à cela ne tienne, on va créer une milice bourgeoise pour modérer ses ardeurs. Une milice bourgeoise qui, elle, aura le droit d'être armée (puisqu'elle paye des impôts, qu'elle en a les moyens) : la Garde nationale. La Garde nationale obéit par conséquent à une double fonction : intimider la noblesse et intimider les gueux. Il fallait y penser. Pas bête.

Les nantis de la société civile ne possèdent point de particule au-devant de leur patronyme, mais ils possèdent tout le reste. Ils réclament le pouvoir, ils entendent gouverner, gérer la France. Et même le mot « France » devra être clairement défini.

Nietzsche (*Fragments posthumes*) : « Les *buts* nous *égarent*. »

Qui écoute encore le groupe Bread ? De David Gates ? De ce chef-d'œuvre qu'est l'album *Guitar Man*, édité en 1972 par le fabuleux label Elektra ? Pourquoi tant de trésors oubliés, ensevelis ? Cet album vaut bien quelques-uns des opus des Beatles ou de Simon & Garfunkel, de Crosby, Stills & Nash, Elton John. Mais non : les oubliettes. Guitare diaphane, mélodies envoûtantes – onirisme à tous les étages (et Dieu sait si je n'aime pas le mot « onirisme »). L'hommage à Audrey Hepburn, intitulé « Aubrey », est un des plus grands morceaux de tous les temps ; le solo de guitare sur « Fancy Dancer » ne déparerait pas sur un album de Steely Dan. Mais non : les oubliettes. Qui écoute le groupe Bread ? Qui décolle encore, tel l'adolescent qu'il ne cesse d'être, à la voix de David Gates : moi. Gates, né en 1940, est toujours vivant – je m'en réjouis, je m'en félicite. Je pourrais passer des nuits entières, sans fermer le moindre œil, à écouter *Goodbye Girl*, sorti en 1978 (album solo). Il faut dire que j'ai un problème avec l'année 1978. Je ne suis pas très net en 1978 : je considère que tout ce qui est sorti en 1978 est génial (sons, mélodies, textures, pochettes, etc.). Je suis un fou de l'année 1978. Autres années dont je suis absolument inconditionnel : 1975, 1976, 1979, 1980, 1981, 1982. J'omets sciemment 1977 car c'est l'année où mon grand-père s'est noyé (dimanche 17 juillet) et c'est une année qui « ne passe pas », qui m'écœure, qui m'est encore et toujours douloureuse. Si quelqu'un, un jour, décide de lire ce journal (s'il paraît jamais), j'aimerais tellement qu'il le lise en écoutant *in extenso Goodbye Girl* – et dans l'ordre des morceaux.

Nietzsche, *Considérations inactuelles*, 1873 : « Un cadavre est une belle pensée pour le ver, et le ver une pensée horrible pour tout être vivant. » Il ajoute : « Les vers se représentent leur royaume céleste sous la forme d'un corps bien gras. »

Je n'ai pas peur de l'échec. Bien au contraire. J'aime (sans le chercher, du moins consciemment) rater, tomber, chuter. Parler de mes « succès » ne m'intéresse pas. Je puis ainsi parler des heures de mon échec à HEC ou de *Cinéman* ; mais ne parle jamais de mon admission à Sciences Po ou de *Podium*. Il ne me viendrait jamais à l'idée d'évoquer mon Renaudot, sinon pour dire que c'est l'échec de *Cinéman*, précisément, qui m'a galvanisé et remis en selle. Il existe une beauté, une grandeur – une mystique – de l'échec. Je me méfie toujours des gens qui redoutent qu'on leur rappelle leurs fiascos. Max Gallo, par exemple, ne supportait pas qu'on évoque devant lui qu'il avait failli finir tourneur fraiseur, mais gloussait de bonheur quand on lui rappelait qu'il était agrégé d'histoire. Je suis le contraire en cela de Gallo (et pas qu'en cela). Mais l'idée n'était pas de parler de

Gallo – un jour, peut-être. Car Gallo est un cas intéressant ; il y a des aspects de lui que j'aime : le bourreau de travail, le fou d'écriture, l'homme qui préfère sa machine à écrire à la vie (des choses qui me parlent, en y réfléchissant bien). Mais laissons Gallo là.

J'ai échoué à des concours ; j'écrirai là-dessus quelque jour. Je commettrai un roman sur l'École supérieure de Reims, qui reste l'une de mes plus grandes humiliations scolaires. J'aurai mis tant de temps à l'accepter, à le digérer. L'homme est fait pour échouer, davantage que pour réussir ; tel est son lot. Échouer me renvoie à mon destin, à la beauté de mon aventure sur la Terre ; échouer aide à me chercher, peut-être à me trouver. Échouer me transforme en cet inconnu, tortueux, mystérieux, que je croyais connaître et qui me reste une terre vierge à explorer. Le succès n'est qu'un malentendu. J'ai écrit quelque part : le succès est la forme la plus subtile de l'échec. Je ne déteste pas me citer. Voilà qui est fait. Je suis un fanatique de mes imperfections – je recherche la même chose chez les autres (chez la femme que j'aime, très notamment). J'aime les cicatrices qui proviennent de la chute, la trace des griffures, la marque des lacérations : les stigmates de l'échec. Rien n'est plus beau sur un visage. J'aime les vies abîmées, cassées, puis doucement, douloureusement réparées. J'aime les pentes remontées. La réussite est l'apanage des imbéciles. Le cerveau humain est fait, me semble-t-il, pour convoler en amoureux avec l'échec – sorte de perpétuelle lune de miel. L'échec est une galaxie neuve, un inédit cosmos. Nous y habitons, seul avec nous-même, et le jeu consiste à nous reconnaître, nous retrouver, nous rencontrer dans ce ciel-là.

Il ne peut effrayer que les idiots. Proust n'aurait jamais accouché de la *Recherche* sans *Jean Santeuil*. *Jean Santeuil* ne fonctionnait pas, ne prenait pas, ne voulait pas prendre – Proust en a tiré les conséquences, il a tout repensé, réévalué, cherché à comprendre, comme un mathématicien, un physicien, ce qui n'allait pas ; et il a tout repris, tout recommencé. Faulkner faisait la même chose, il lâchait l'affaire, réécrivait tout, pas à pas – n'hésitant pas à sacrifier des mois de travail et un manuscrit tout entier. Il faudrait consacrer une étude, un gros livre, bien épais, aux échecs des génies.

Parmi mes échecs : échec à l'épreuve de mathématiques, au bac C (session de juin 1986, académie Orléans-Tours). J'avais toute l'année obtenu entre 14 et 18. Au bac, m'étant trompé dès la première question dans une dérivée, je me suis retrouvé avec la pitoyable note de 5/20. Ça m'a fait beaucoup de mal, beaucoup. Non seulement cela m'a empêché d'obtenir une mention (malgré mon 17 à l'écrit de français et mon 18 à l'oral de l'année précédente), mais, en plus, l'année suivante, à la rentrée de maths sup, le premier jour, quand chaque taupin a dû annoncer sa note devant tout le monde, j'ai passé un très mauvais moment – immédiatement j'ai été détecté comme celui qui serait le cancrelat de la classe (et ça n'a pas raté). Toujours au bac, j'ai été vexé, blessé, humilié de ma note en physique (11/20), matière dans laquelle je peux dire que, non seulement j'excellais, mais où je brillais – je rêvais de devenir physicien, plus exactement astrophysicien. Je connaissais par cœur les ouvrages de Feynman (ses fameux cours, que j'avais commencé à lire pendant les vacances de Pâques 1984, à seize ans, quand je me trouvais en classe de seconde). Mon livre de chevet, véritable chef-d'œuvre, compulsé mille fois, était *Les Trois Premières Minutes de l'univers*, écrit par Steven Weinberg. Le bac m'a également humilié en philosophie : 11/20 ; une gifle, une claque, une raclée. Me faire ça à moi, l'un des meilleurs heideggeriens du lycée Pothier ! À moi, l'un des meilleurs élèves de M. Jean Dyonet !

Jean Dyonet, petite moustache, œil pétillant, était un esprit supérieur. Toute son énergie était mise à la préparation de son cours, bien plus subtil et complexe que ce que nos capacités, nos connaissances, nous permettaient alors de capter. C'est le meilleur professeur que j'aie jamais eu. De toute ma scolarité. Je ne souhaite pas, bien sûr, humilier ni oublier les autres. Le meilleur avec Mme Moulin, professeur de français de classe de 3e, que j'ai appelée, le jour où j'ai obtenu le prix Renaudot, pour chaleureusement la remercier. Si Jean Dyonet, si Mme Moulin, par le plus grand des miracles, par le plus fantastique des hasards, lisent un jour ces lignes (ces misérables lignes), je voudrais qu'ils sachent, encore et encore, ce que je leur dois ; ce que leur doit l'enfant, l'adolescent, le presque jeune homme que je voudrais ne jamais cesser d'être car grandir ne m'intéresse pas. Grandir n'est pas mon sujet. Ce n'est pas quelque chose pour moi ; au vrai, grandir ne concerne que les autres, le reste de l'univers. Je préfère croupir en enfance, dans la désolation d'un âge clos, recroquevillé dans la coquille d'années décédées, que décider d'avoir la vie, les responsabilités, les devoirs d'un « homme adulte ». Je suis un enfant, je suis un sale gosse, je reste un adolescent. C'est ainsi que, morbidement attaché à des époques enfuies, à des spectres rigolards que tout le monde a oubliés sauf moi, je suis heureux. Je vis très peu dans l'avenir, et pas du tout (*du tout*) dans le présent. Qu'on ne me plaigne pas, surtout. Que les neurologues, les spécialistes du cerveau ne viennent (par pitié !) pas m'expliquer que le bien-être provient de l'éclosion, de l'ouverture maximale au monde ; moi, je m'ouvre par le passé, je pousse à l'envers, j'éclos en *reverse*. C'est en 1978, et pas à Paris, que je passe mes journées. Je ne dérange personne. Je vis sur une île. Elle n'est pas située dans l'espace ; mais dans le temps.

Jean Dyonet faisait son cours pour deux, trois personnes – mais sans le dire. Il faisait mine, sourire en coin, caressant, lissant sa moustache en regardant dehors, de s'adresser à la classe dans son ensemble. Je savais que ce n'était pas vrai ; que ce n'était pas possible. Ses cours étaient trop pointus, trop savants, trop exigeants. Platon, Husserl, Heidegger. Telle était sa sainte trinité. Kant, parce qu'on ne peut jamais faire l'impasse sur Kant. Hegel, pas un mot : ou presque. Cela pose son homme. « Un *maintenant*, c'est une multitude d'intentionnalités. » C'était une phrase de Husserl. Dont je me souviens. Sur la phénoménologie (« toute conscience est conscience *de* quelque chose »).

Échecs, humiliations : être dernier de la classe en maths sup. Le classement affiché dans la classe ; tout le monde qui se précipite pour aller voir. Et je comprends immédiatement que je suis, non pas l'antépénultième, ni l'avant-dernier, mais le *dernier*. Et mon ami Philippe Catel, baba-cool bon en maths, à catogan, qui sait, qui a vu – il est arrivé avant moi ce matin-là –, à qui je lance : « Je sens que je minore, que je suis le dernier », et qui me répond : « Mais non, arrête, tu n'es pas le dernier. » Étrange mensonge, étrange gentillesse, étrange (naïve) manière de vouloir rassurer un ami, puisqu'il sait très bien que dans quelques secondes je ferai face au classement. Et tout le monde qui vous regarde, avec compassion, avec méchanceté, avec pitié, avec cruauté. Il m'arrive encore, la nuit, d'en cauchemarder. Je ne me suis jamais remis, à quarante-huit ans, de mes années de classes préparatoires scientifiques. Dire qu'en khâgne j'eusse été comme un poisson dans l'eau, heureux comme un pape. Mais non : c'est dans la mathématique que masochistement je m'ébroue, m'enlise, m'enfonce, m'embourbe. Je suis immédiatement considéré – cela se voit dans les regards de mes condisciples – comme le *moins intelligent de la classe*. Nous sommes là dans une galaxie, en effet, où une corrélation est fortement établie entre les résultats en mathématiques et le « quotient intellectuel ». Il faut donc vivre avec cela ; affronter le regard des autres. Ce fut une terrible, une horrible épreuve.

L'échec, foudroyant, a continué l'année scolaire suivante, en classe de mathématiques spéciales. Souffrance plus aiguë encore qu'en mathématiques supérieures. Humiliation d'avoir été envoyé dans la pire des classes, la « Spé P », et d'être, là encore, en queue de classement. J'arrête pour aujourd'hui sur ce sujet. Trop plombant.

Être juif ne va jamais de soi parce qu'être soi ne va jamais de soi. J'ai envie de devenir juif comme on retourne à l'école. Le judaïsme ou la discussion infinie. Rien n'est plus étranger à l'esprit du judaïsme que la phrase (la sentence) : « La discussion est close. »

Mardi 16 août

Lever 14 heures. Avec *Nick the Knife*, Nick Lowe, 1982 (F-Beat, XXLP-14, UK). Nick Lowe : basse, chant, guitare ; Bobby Irwin : chœurs et batterie ; James Eller : basse ; Terry Williams : batterie ; Billy Bremmer et Martin Belmont : guitare ; Ben Barson, Neil King, Paul Carrack, Steve Nieve et Carlen Carter : piano et orgue.

Sinistre journée : pluie hongkongaise, chaleur étouffante, médecin pour mon entorse, massage pas terrible (la masseuse me trouve « bossu »), cafard noir. Hong Kong est une ville qui ne me fait ni chaud ni froid, en dehors de l'étuve au-dehors et de la clim poussée à bloc partout au-dedans.

Je pourrais faire des belles descriptions littéraires de tout ce que je vois, du joyeux bordel ambiant, des odeurs (les mêmes qu'au Brésil), de la moiteur (la même qu'au Brésil), mais (franchement) je n'en ai ni le temps, ni la patience, ni le courage. Sale passe…

On ne dira jamais assez ce que Céline a « emprunté » à Jules Vallès. C'en est même assez surprenant.

En maths spé, donc, souffrance atroce, supplice total. Une année de cauchemar. Intellectuellement, ça ne marchait pas ; je ne suivais pas. Je ne comprenais rien. Dépassé par tous les événements. J'ai subi. Pendant une année scolaire, j'ai subi chaque cours, chaque démonstration, chaque raisonnement, chaque explication, chaque colle, chaque heure, chaque minute, chaque seconde. Les terribles séances de dessin industriel, d'informatique (de programmation), de chimie, de mathématiques, de sciences physiques. Un enfer de tous les instants. Des notes qui tutoyaient systématiquement le néant. Une évidence que je n'intégrerais aucune école, même la pire. Et entouré de gens moins intelligents que moi, mais bons dans les matières scientifiques. Dire que j'avais été pris en hypokhâgne à Henri-IV. Mais non, chez mes géniteurs : mathématiques, mathématiques, mathématiques. Les lettres étaient pour les feignasses, les nullards, les bons à rien. Dans leur malade cervelet, il valait mieux intégrer céramique Mulhouse ou électrodynamique Vesoul que l'ENS en lettres modernes ou en philosophie.

Cette année scolaire 1987-1988 a été une année de dépression : je ne savais pas ce que je faisais, ne comprenais ni ce que je lisais, ni les corrections, ni les corrigés aux problèmes, aux épreuves de concours. J'étais perdu. Seul et perdu. Je me réfugiai, comme je l'avais toujours fait, dans la littérature, les livres, « l'écrit ». Surtout, j'étais fasciné, absolument, par le manque d'ambition de mes condisciples. Comment pouvait-on abdiquer à ce point ? Comment pouvait-on accepter de continuer de cravacher pour intégrer des établissement de dixième, de vingtième, de trentième zone ? C'était se concevoir soi-même comme un brin de néant. On ne vient pas sur la Terre pour fabriquer des carburateurs. Je suis désolé.

J'ai échoué à tous les concours, évidemment ; en décembre, je suis tombé amoureux d'Anouk A., sœur d'un taupin qui avait été dans ma classe l'année précédente, Karim A. Je lui envoyais de longues lettres, généralement recopiées, de manière malhonnête, de passages d'un foudroyant (d'un flamboyant) roman de Patrick Grainville, *Le Paradis des orages*.

— Comment, m'avait dit Jauffret, peux-tu t'être entiché d'un type qui écrit un livre avec un titre aussi ridicule ? *Le Paradis des orages* ! Et pourquoi pas *Le Firmament des brumes* ? Grainville est un minus. Un zéro absolu. Il doit se trouver bien seul dans son paradis, au milieu de ses orages. Remarque, il est peut-être en compagnie de Sollers et Lambron, à écrire leurs conneries à trois. Pour se faire marrer entre eux. C'est marrant, quand même, avec les morts, tu as bon goût. Avec les vivants, tu es sourd, aveugle et muet. Franchement, à chaque fois que tu me sors un nom de ton chapeau, c'est celui d'un tocard. Houellebecq : nul de chez nul. Lambron : mauvais de chez mauvais. Éric Laurrent : pitoyable de chez pitoyable. Grainville : ridicule de chez ridicule. Avec son style d'horloge du XVIIe siècle, rococo à la con. Pourquoi pas Erik Orsenna ou Jacques Attali, puisque tu aimes tant les zéros pointés ? Je ne te comprends pas. Ce sont des seconds couteaux, ce ne sont même pas des couteaux du tout. Pourquoi pas Jean d'Ormesson, pendant qu'on y est. Au fait, j'ai essayé de lire un autre imposteur, pédophile jusqu'au bout des ongles, comment il s'appelle, l'abruti germaniste, tu sais, ancien garçon coursier qui ne s'en est jamais remis de rater l'agrég de philo ?

— Tournier.

— C'est ça. Lui, sa place n'est pas chez Gallimard, mais à la Santé. Sale bestiole. Mais ne te gêne pas ! Pourquoi pas Nourissier ? Tant qu'on y est ? Ou Chandernagor ? Pourquoi, pendant que tu y es, tu ne te mets pas aux œuvres complètes de Decoin ?

Anouk m'avait posé un lapin, le jour de l'an 1988. Nous avions rendez-vous au cinéma le Royal. J'avais un cadeau pour elle. Un livre (*La Salle de bain*, éditions de Minuit, Toussaint). Elle n'est jamais venue. Le film était mauvais. Nous étions trois dans la salle. Un mauvais Fellini, oui – en version française. J'ai retenu mes larmes. Je continuerai la liste de mes humiliations ultérieurement ; un jour où je n'aurai pas le cafard. Sinon : double peine.

Désolé, mais je n'ai pas les preuves scientifiques que les juifs ont tué Jésus.

Je lis une biographie de Gambetta. Je ne sais pas quoi penser de lui. Petit chez les grands, grand chez les petits. Par rapport à Thiers, un héros ; par rapport à Louise Michel, un lâche. Par rapport aux versaillais, un républicain, mais par rapport aux communards ? Le mot « république » est compliqué en 1870-1871. Tout le monde s'en réclame et tout le monde veut l'incarner. Il a eu du courage en montant en ballon. Bel épisode auquel, au demeurant, il doit sa réputation et sa postérité. Appliquer à Gambetta cette phrase de Diderot – dans *Promenade* : « Il m'inspirait le mépris pour tout ce qui élève l'homme sans le rendre meilleur. »

La Commune : un épisode si compliqué qu'on ne nous l'enseigne jamais à l'école. On ne me l'a jamais enseigné, pour ma part. Période horrible, qu'on passe souvent sous silence – cendres sous le tapis, mies de pain sous la moquette. Ni vu ni connu. On fait l'impasse. Alors que la Commune dit tant sur la France d'aujourd'hui – et sur les Français de tous les temps. On m'a si mal enseigné, il faut bien l'avouer, la Révolution de 1789. Je n'y comprenais rien : pas de point de vue. Rien que des faits, mélangés, entrechoqués les uns aux autres. Pas d'incarnation de la part de nos professeurs : au prétexte, si absurde, qu'il fallait « rester neutre ». Celui qui enseigne l'histoire en restant neutre n'est pas un bon professeur d'histoire. Le bon professeur d'histoire est celui qui n'insulte pas l'intelligence de ses élèves, de ses étudiants, en les laissant imaginer que de tels événements ne parlent pas politiquement – c'est-à-dire *différemment* – à chacun. Le bon, l'excellent professeur d'histoire est celui qui dirait : « Voilà. Mon camp, c'est celui-là. Je pense que Mirabeau est un génie, que

Robespierre est un salaud. » Ou l'inverse. Le bon, le très bon professeur d'histoire, c'est celui qui annoncerait la couleur, *sa* couleur, en clamant : « J'aurais été à l'époque guillotiné cent fois. Je suis contre la Révolution. Je suis anti-Révolution. La Révolution est le début de la fin de la France. » Ce professeur, émigré ou robespierriste, thermidorien ou jacobin, girondin, monarchiste, ce professeur-là, nous l'aurions écouté parce que nous l'aurions compris. Il nous aurait concernés parce qu'il aurait été concerné d'abord. Il nous aurait offert le plus beau des cadeaux : une latitude, une intelligence, des outils pour ne pas être d'accord avec lui. Au lieu de ça, les professeurs d'histoire que j'ai eus – je parle avant d'intégrer Sciences Po, où j'ai eu la chance de croiser des êtres d'exception, tels Jean-Noël Jeanneney, Michel Winock, Valérie Hannin, Christophe de Voogd – ont été médiocres.

J'aurais bien aimé qu'on m'explique mieux (je suis peut-être injuste, je n'étais sans doute pas assez malin, pas assez fin, pas assez intelligent pour comprendre) que 1789 a été un complot de très grande ampleur ourdi par une classe qui en avait assez de n'être pas dominante à la place de la classe dominante : la classe des nantis, des bourgeois, des banquiers, des chefs d'entreprise. La classe mobilière qui commençait à en avoir jusque-là de n'avoir pas autant de pouvoir que la classe immobilière, celle des nobles, celle des curés, des évêques. En 1789, le temporel veut renverser l'intemporel. Est intemporel le roi (« Le roi est mort ! Vive le roi ! »). Est intemporelle l'Église (« *habemus papam* »). Cette caste va devoir patienter avant que son rêve ne devienne réalité : patienter quarante ans, patienter jusqu'en 1830. C'est long quand on veut s'emparer des manettes. Tout avait pourtant bien commencé pour les nantis : entre 1789 et 1792, ils ont pensé que c'était dans la poche, que la fin de l'histoire avait eu lieu, fukuyamistes avant l'heure. À propos de Francis Fukuyama, dont j'ai toujours (au feeling) pensé qu'il s'agissait, dès sa parution, d'une escroquerie intellectuelle, il faudrait que je le lise aujourd'hui, calmement, posément, histoire de rire un bon coup. Entre 1789 et 1792, les aristocrates et les bourgeois sont parvenus à s'entendre – magnifique association de malfaiteurs. Les nantis ont utilisé de grands mots, ont hissé de grands concepts, ont édicté de grands principes (là se situe leur coup de génie, un coup de marketing frappé au sceau du voltairianisme et du rousseauisme) : c'était un tour de passe-passe. Le but était ailleurs. L'obsession était de prendre les places. De parvenir aux affaires, de piloter la France en en inventant une autre. Le peuple, mélange d'intelligence et de naïveté, d'instinct de méfiance et de volonté de confiance, s'est laissé tenter par cette éruption de sentences magnifiques, de promesses définitives, de gazouillages philosophiques, de préceptes kantiens et d'avenirs heureux. Il a véritablement cru que, lorsqu'on parlait en son nom, on parlait de lui. Le pauvre.

J'ignore si les événements ont été – comme on le dit de pantalons – trop larges pour Gambetta, mais force est de constater qu'il n'a pas su les endosser, les chevaucher, les incarner, se les approprier. Dans son *Gambetta*, paru en 1917, Émile Corra fait voisiner le barbu avec Vercingétorix, Charlemagne, Jeanne d'Arc et Danton. Pour Danton, on peut en discuter – l'historiographie a exagéré l'importance de Danton, ou du moins a fait de lui, époque après époque, un portrait pour le moins erroné (aucune grande journée révolutionnaire ne porte la trace de Danton, présent la veille, présent le lendemain, mais jamais le jour dit). Mais la date de 1917 n'est pas anodine dans l'hommage : « Il convient, avertit Corra, d'autant plus d'évoquer sa mémoire dans les épreuves solennelles que nous subissons, que ces épreuves sont en étroite relation avec celles que son génie a dominées. » Problème : Gambetta, qui n'avait de génie qu'au tribunal, dans ses plaidoiries (ce qui n'est pas si mal), n'a rien dominé du tout. Il a inventé, sans doute, la plaidoirie pamphlétariste.

S'il a eu l'idée de se battre, il n'a pourtant pas eu la volonté de vaincre. C'était un esprit faible. Un homme velléitaire. Je l'imagine, comme on dirait aujourd'hui, « bipolaire ». Il a proclamé en 1872 : « Ce que j'ai fait, je suis prêt à le refaire ! » Preuve de son imbécillité. Il a été « le maître absolu » de la République, mais d'une République éventée. D'une République que les royalistes, avec Thiers en tête de proue, lui ont confisquée bien avant qu'elle puisse faire ses premiers pas. Gambetta a dirigé un avorton de République. Une République fantoche. Une fiction, un rogaton de République. Le mot « République » (qui est un beau mot, surtout chez les gens qui, comme Gambetta, s'expriment merveilleusement bien) a été collé sur une entité qui n'était pas républicaine (ironie de l'histoire) : cet agglomérat d'intérêts, emmené par Thiers, qui ne voyait dans la « République » qu'un moyen d'enterrer définitivement l'Empire, d'une part, et de mater les foules haineuses et tumultueuses des rues (la plèbe, pour le dire clairement), d'autre part.

La barbarie, pour Nietzsche : « L'absence de style ou le mélange chaotique de tous les styles » (*Considérations inactuelles*, 1873).

Mercredi 17 août

Lever à 15 h 30 avec *The Man From Utopia*, Frank Zappa, 1983 (Barking Pumpkin Records, FW 38403, US). Ike Willis : chant baryton ; Scott Thunes : basse ; Chad Wackerman : batterie ; Steve Vai : guitare ; Ray White et Frank Zappa : guitare et chant ; Craig « Twister » Steward : harmonica ; Tommy Mars : keyboards ; Arthur « Tink » Barrow : claviers, basse et guitare rythmique ; Bobby Martin : claviers, saxophone et chant ; Dick Fegy : mandoline ; Ed Mann : percussions ; Marty Krystall : saxophone.

Je ne parviens pas à me caler dans l'horaire. Mot glacial d'Emmanuelle sur l'oreiller. Elle m'attend en bas, en face de l'hôtel, où travaille sa mère, pour prendre un café. Je ne la rejoins pas. Pas envie. Sa mère ayant vu qu'elle a les yeux gonflés, elle décide de ne plus m'inviter à dîner jeudi soir !

Journée lugubre de crise (je ne parviens pas à sortir de ma mauvaise humeur), de pleurs, de clopin-clopinade sous la flotte avec mes béquilles, de promenades morbides le long de la jetée avec vue sur la ville. Remontrances, procès, pleurs. Les larmes d'Emmanuelle font « ploc » dans son thé à la menthe. Ville sans grand intérêt où les gens achètent des choses. Les filles ne sont pas très jolies. Les gens sont gentils.

Savoir que les juifs sont des gens qui savent mieux lire que moi m'agace. Savoir que les gens qui savent mieux lire que moi sont les juifs m'apaise.

L'animal possède l'instinct de survie au niveau de l'espèce ; l'homme possède l'instinct de survie au niveau de l'individu.

J'ignore si quelqu'un, sur la Terre, tandis que j'écris ces lignes, écoute *Nights Are Forever* (1976) d'England Dan & John Ford Coley. Album que je mets un peu au-dessous, pour ma part, de leur *Dr. Heckle and Mr. Jive* de 1979.

Je me maudis de n'être jamais « bien » très longtemps dans une « histoire d'amour ». J'adorerais que cela provienne de l'autre, des défauts de l'autre (de ses névroses), mais il est possible que tout provienne de moi. Je ne sais pas comment être heureux longtemps ; je ne parviens pas à composer (très longtemps) avec le caractère de l'autre, ses humeurs, ses envies – je ne sais pas *m'adapter*. Pourtant, je me regarde – je me contemple ? – comme facile à vivre. Je veux juste qu'on me laisse écrire, lire ; quand je ne puis me livrer à ces activités, mon humeur s'en ressent. Je pars du principe qu'une journée est faite pour travailler. Je suis venu sur cette Terre pour faire des livres et en lire. Je me fiche bien que mon « œuvre » reste ou non – j'aimerais mieux qu'elle reste, mais comme la probabilité est faible, d'une part et que, d'autre part, je ne serai plus là pour en être informé, mieux vaut s'en ficher totalement. Il faut faire de son mieux, un point c'est tout. Je me souviens de Jean-Edern, dont l'obsession première était de s'inscrire dans la postérité (il n'avait que ce mot à la bouche) et qui est tombé dans l'oubli le plus profond (le plus injuste ?) dès le lendemain de sa mort. Régis, lui, aussi, n'a que ce mot à la bouche : postérité. C'est lassant. C'est saoulant. C'est immature. C'est vain. Tout le monde a envie que ses livres restent – Bernard Werber est sans doute même persuadé qu'on lira ses torchons dans deux cents ans (et ce sera peut-être le cas, quand, hypothétiquement, nul ne saura plus qui est Houellebecq). Il faut n'avoir que cela à penser pour se gâcher l'existence avec ce qu'il adviendra de nos romans après notre mort.

Je n'aime le théâtre que filmé.

Dîner. Nous faisons la paix. Du coup, sa mère, mise au courant par téléphone qu'Emmanuelle va mieux, me réinvite à dîner jeudi ! Ce qu'évidemment je refuse, ne serait-ce que parce que je possède un petit peu (pas beaucoup, il est vrai) de dignité.

Soirée calme, plutôt amoureuse et bienveillante ; chacun fait très attention à ne pas blesser l'autre. Nous marchons sur des braises, cela fait du bien. Bilan provisoire du séjour : catastrophique – sur tous les plans : intellectuel (je n'ai pas ouvert un livre ni écrit une ligne, j'ignore en sus tout ce qui se passe dans le monde depuis que j'ai quitté Gênes) ; culturel (Hong Kong est une ville assez hideuse et sans intérêt – je ne comprends pas l'engouement des touristes pour cette destination) ; sentimental (je ne me suis jamais autant engueulé avec Emmanuelle en aussi peu de temps et je ne l'ai jamais vue autant pleurer) ; seul le sexe fonctionne, et Emmanuelle en convient non sans humour, qui me dit que sans cette osmose, elle serait déjà partie depuis longtemps. D'ailleurs, je sens que la rupture n'est pas très loin, parfois, de la démanger : « Pourquoi ne m'as-tu pas laissée te quitter, samedi ? »

J'ai de l'admiration pour le Gambetta des débuts, le crève-la-faim qui bat le pavé, essaye de se faire un nom en crânant du verbe dans les bouis-bouis du Quartier latin – le Gambetta qui entend se faire un nom ou mourir, le gars du Sud fauché comme les blés qui ne supporte plus l'anonymat. Le jeune homme semi-clodo, tapeur et cradingue. J'aime moins celui qu'il est devenu, grassouillet et installé. Gambetta n'a fait qu'effleurer son idéal : il en est resté au brouillon. Il n'a pas *tout* donné. C'est une statue à laquelle il manque un socle – si bien qu'elle ne peut tenir debout et qu'on est obligé de la poser à même le sol en position couchée. Gambetta a l'altitude grandeur horizontal. Il est plus large que grand. Je ne dirai pas que c'est un raté, mais il a raté sa grandeur ; il n'a pas été à la hauteur de la place que lui proposait l'histoire ; il n'a pas eu l'envergure de son destin. En termes de postérité, ce n'est pas si grave : il est encore là, avec ses rues, ses boulevards, ses avenues et ses parkings, ses parcs, ses patinoires, ses piscines et ses statues. De ce strict point de vue, c'est gagné. Sa réputation est supérieure à l'homme, sa dimension imaginée supplante sa dimension réelle. Tant mieux pour lui. Mais l'historien est plus méfiant : il regarde à la loupe. Je ne suis pas historien, et je ne possède pas de loupe – mais, à l'œil nu, je ne suis pas spécialement enchanté par Léon Gambetta, je veux dire : non pas le Gambetta qui est resté, mais celui qui est mort, non pas le Gambetta de nos célébrations, mais le Gambetta avec une tête, un cœur et des jambes, et des poumons pour respirer.

Encore une remarque (Dieu seul sait pourquoi) sur le théâtre : être dans une salle de théâtre égale pour moi une prise d'otages. Atroce sentiment de n'avoir pas le droit de m'en aller si je le souhaite.

Benoît Duteurtre (pourquoi pensé-je à lui, là, maintenant ? mystère ; peut-être parce que je l'ai écouté en Podcast la semaine dernière en marchant) est un des petits grands écrivains que je préfère ; il est aussi un des grands petits écrivains que j'aime le plus. Il lui arrive d'écrire des livres parfaits – au sens où un énoncé mathématique est parfait. Il aime Sempé parce qu'il est lui-même un personnage de Sempé. Il est timide, légèrement pleutre (avec charme, et ne s'en cache pas), s'excuse un tout petit peu d'exister, ne sait pas dire non (manque de caractère, mais cela ajoute étrangement, là encore, à son charisme).

Dans ses romans, la violence est limpide, incroyablement calme dans l'expression. « Dudu » est descendu de sa Normandie et a commencé à Paris comme journaliste musical – ce qui paraît impensable au XXIe siècle et l'était déjà un peu au XXe. Il y a du XIXe siècle chez lui – de là, sans aucun doute, son amour de Maupassant. Les humiliations mondaines, il a bien connu, lui aussi.

Duteurtre a longtemps prétendu hésiter, tergiverser entre deux sexes, mais c'est l'amour qui longtemps (plus maintenant, à ce que je crois savoir) lui a fait peur. Sa névrose, ce n'est pas le passé, mais ce qui, dans le présent, subsiste du passé. Ce n'est pas le temps perdu, ni retrouvé, mais le temps enfoui. Cette Belle Époque qu'on lit encore, qu'on devine un peu (de moins en moins) à travers les briques, les rues, les monuments de Paris. Il fait comme si. Comme si Offenbach et Haussmann, comme si Reynaldo Hahn et Proust étaient encore vivants. Il se réfugie à la campagne, du coup. Ou au Balajo, ces lieux où le XXIe siècle ne veut rien dire. Mais, étonnamment (« Étonnez-moi, Benoît ! »), Duteurtre est tourné vers le passé non comme un passéiste, mais comme un visionnaire. Avec lui, le passé redevient neuf. Vierge. Et Debussy tutoie Steve Reich ; Ravel écoute James Brown ; Barry White est le meilleur ami de Stravinsky. J'aime bien « Dudu ». Dommage qu'il ne se rappelle à ma mémoire et ne se souvienne de notre vieille amitié que lorsqu'il sort un livre. Mais il est comme ça. Ne pas, ne surtout pas s'en formaliser.

J'écris ces lignes, tandis qu'Emmanuelle dort (je viens de regarder, dans le cadre des Jeux olympiques de Rio, un match de ping-pong en double opposant la Corée à l'Allemagne, à la télévision ; ce sont les Allemands qui ont gagné), sur un bureau attenant au lit. Tout cela est épuisant, triste, déprimant – et tenir ce journal, une véritable torture qui ajoute à la torture de vivre.

J'ai une tendance, assez grave, à la théorisation. Cela se ressent même dans mes romans ; il faut toujours que je m'efforce à lancer l'action. Dans un roman, que ce soit les miens ou ceux des autres, dès qu'il se « passe vraiment quelque chose », je m'ennuie. Chez Conrad, ce n'est pas la tempête qui m'intéresse, mais ce que pensent de la tempête ceux qui la subissent. Ce que je préfère chez Hugo, c'est évidemment son génie du hors-piste, sa propension au hors-sujet, ses sorties de route phénoménales – tout ce qui, autrement dit, *ralentit* l'action. J'ai voulu, avec *Naissance*, écrire un roman qui ressemblerait à une flaque d'eau stagnante. Je pense y avoir (de ce point de vue strict) pas trop mal réussi. Je resterai, toute ma vie, fasciné par *La Montagne magique*.

On ne possède qu'un seul trésor : la seconde que nous sommes en train de vivre. Goethe, à Eckermann (lundi 3 novembre 1823) : « Persévérez et tenez-vous toujours ferme à l'heure présente. Chaque état présent, chaque seconde est d'une valeur infinie, car ils sont les représentants de toute une éternité. »

Il y a des gens qui, parce qu'ils ont vécu un drame, sont malheureux toute leur vie. Je me demande si le contraire existe : quelqu'un qui serait heureux jusqu'à sa mort parce qu'il aurait, dans le passé, vécu un épisode d'intense félicité.

L'existence consiste à vivre sans arrêt autre chose.

Hong Kong me rendrait presque aphoristique. Plus la ville où je me trouve est grande, plus mes phrases sont courtes.

On détestait, jadis, le « roman à thèse » : mais qui serait aujourd'hui capable d'en commettre un ? Qui, en 2016, serait capable, parmi les romanciers, de la moindre, de la plus petite, et même de la plus plate des « thèses » ?

Admettons que, par pur génie du snobisme, quelqu'un prétende, à grands renforts de publicité, ouvrir à Paris le « plus mauvais restaurant de tous les temps ». Y aurait-il la queue ? Peut-on (en dehors de Hitler, et de toute forme de barbarie ; en art, par exemple) être le *meilleur* dans le *pire* ?

À quel moment, dans un accident, quand on sait qu'on va mourir, l'accepte-t-on ? Et ce moment existe-t-il ?

On est l'ombre de soi-même quand on n'est plus le soleil de personne.

Les biographes sont des gens qui savent combien de temps il vous restait à vivre.

Et si le paradis n'existait pas pour l'unique raison qu'il *est* le passé. Le paradis serait alors ce qui n'est plus. Y croire ou n'y pas croire, dès lors, n'a plus de sens – on progresse un peu. (Je viens, en toute humilité il va de soi, d'opérer une *trouée mystique*.)

Chaque fois que je suis seul, j'ai la sensation de m'entraîner à mourir.

Dissymétrie absolue : on ne s'imagine pas vieux alors qu'on se revoit jeune.

Ce qui torture dans l'âge, c'est que seul le corps vieillit. Il serait amusant de réaliser une enquête pour savoir à quelle catégorie les gens préféreraient appartenir – catégorie n° 1 : ceux qui veulent que leur corps vieillisse plus vite que leur esprit (cas trivial de la condition humaine) ; catégorie n° 2 : ceux qui veulent que leur esprit vieillisse plus vite que leur corps ; catégorie n° 3 : ceux qui veulent que leur esprit et leur corps vieillissent à la même vitesse. Je serais vraiment curieux du résultat.

Mon pire ennemi sur la Terre : l'esprit de sérieux. Il est la matrice de tous les défauts que j'exècre – à commencer par la radinerie. Je hais (le mot est trop fort : je méprise) celui qui s'économise.

Met-on la même énergie (qualitativement) à se mettre d'accord sur ce qui nous semble la meilleure composition de Mozart que sur ce qui nous paraît être la pire ? Plaide-t-on de manière analogue ? Ou bien les raisonnements se situent-ils, du strict point de vue de la logique, sur des terres étrangères l'une à l'autre ? La question est moins simple qu'il y paraît.

Celui qui fait « attention » à son style dans un journal intime est le pire des salauds. En tout cas : un faux-monnayeur. Un vrai.

Je pense souvent à ces écrivains qui, sans en avoir ni la culture ni le talent, se lancent dans des fresques « historiques » ; je me dis alors : « de quel *droit* ? »

Un des plus grands bonheurs qui soient : se réjouir de l'arrivée de quelqu'un. On pourrait en déduire qu'un grand bonheur est lié à une petite chose. Mais l'arrivée de quelqu'un (qu'on aime) est tout sauf une petite chose. C'est une chose simple, mais ce n'est certainement pas une petite chose.

Non pas tout savoir, mais mieux savoir. Tout savoir est réservé aux gens brillants. Mieux savoir, aux gens profonds.

Gustave Thibon, *L'Illusion féconde*, 1995 : « Passage dans mon ancienne bibliothèque à Libian. Ces centaines de livres poussiéreux, lus jadis et qui n'ont laissé en moi aucune trace. Gavage de l'intellect et dénutrition de l'âme. Disproportion terrifiante entre le dit et le vécu. L'histoire de la pensée humaine fait songer à un tonneau des Danaïdes qui, non seulement ne retiendrait pas l'eau qu'on lui verse, mais dont les douves rétives en resteraient à peine imprégnées… »

Essayer, dans ce journal, de dire vraiment toute la vérité. Pourquoi ? Pour qui ? En dehors de prendre des risques, cela n'a sans doute aucun sens ; mais à titre, peut-être, d'expérience. En suis-je seulement capable ? Dois-je revenir en arrière pour « compléter » des trous ? Ou dire plus tard les choses, longtemps après qu'elles ont été vécues ? Torture du journal intime, cette chierie.

J'étais tellement heureux en Italie.

Jeudi 18 août

Réveil avec *Another Grey Area*, Graham Parker, 1982 (Arista, AL9589, US). Graham Parker : chant, guitare acoustique et guitare électrique ; Kurt McGettrick (zappien, mort d'un cancer en 2007) : saxophone baryton ; Jack Douglas : percussions ; Eric Troyer, Karen Lawrence, Krystal Davis et Fred Hostetler : chœurs ; Paul Prestopino : banjo ; Doug Stegmeyer : basse ; Mike Braun : batterie ; David Brown : guitare électrique ; Hugh McCracken : guitare électrique et harmonica ; George Small : claviers ; Nicky Hopkins : piano ; Jim Clouse : saxophone.

Pluie, suite (sans fin). Emmanuelle me trimballe dans Hong Kong, y compris jusqu'au pic, en fauteuil roulant. Du coup, on passe partout, on ne fait la queue à rien. Je tiens le parapluie pendant qu'elle me pousse. Burlesque attelage.

Thibon : « Apprendre à désapprendre. Science dernière : recracher le fruit de l'arbre de connaissance. »

À Hong Kong, les *choses* prolifèrent.

J'appelle « modernité » un monde qui se multiplie par lui-même.

Le cuisinier de Gambetta s'appelait « Trompette ». « Léon » ne plaisantait pas sur les mets.

Si les sondages ne servent jamais à rien, c'est parce que les sondés ne jouent pas aux électeurs, mais aux sondés.

Les gens qui s'aiment, à force de rester en couple, finissent souvent par se détester. J'aimerais qu'on puisse tester l'inverse : voir si les gens qui se détestent, contraints de rester ensemble, finiraient par s'aimer.

J'ai remarqué que, dans un couple, celui qui aime le moins au début est celui qui aime le plus à la fin. Le moins motivé à la naissance d'un amour est le plus dépité quand cet amour meurt. Il faudrait, à la loupe, étudier le moment de basculement. Cette inversion sentimentale me semble pouvoir être déclenchée subitement (acte, parole) ou tout simplement par graduation.

Il y a toujours un moment, dans un couple (un moment terrible), où l'un des deux (parfois les deux, mais rarement en même temps) s'aperçoit qu'il s'agissait bel et bien d'un malentendu. Le danger provient du fait que, souvent, nous ne nous sommes intéressé à l'autre que selon un critère précis qui a fini par évacuer tout le reste (intelligence, beauté, humour, âge, compte en banque, etc.).

Si j'étais suffisamment scientifique pour devenir juif, serais-je assez littéraire ? Et si j'étais suffisamment littéraire, serais-je suffisamment scientifique ?

Je ne cesse de perdre aux échecs (je joue trop vite ; il est vrai qu'Internet pousse à jouer trop rapidement). Je ne supporte pas de perdre aux échecs – chaque fois, l'espace d'une ou deux secondes, je souhaite la mort physique de mes vainqueurs. C'est-à-dire que si quelqu'un venait me proposer d'abattre mon adversaire mexicain, chinois ou italien, je répondrais : « Feu vert. » Je vis chaque partie perdue comme une humiliation. Je peux comprendre qu'on m'en fasse rabattre sur mon physique (encore que) ; mais sur mon intelligence (supposée), je le supporte très mal. J'ai toutefois remarqué qu'il est rare que je perde quand, dès le premier coup, je décide *vraiment* de gagner. Mais chaque fois que je commence une partie mollement, sans la foi, je me fais rabattre violemment mon caquet et quelqu'un, à Rio, Tanger ou Saïgon, me fait mordre la poussière.

Le véritable écrivain est celui pour qui le lecteur n'est jamais un postulat, mais toujours une hypothèse.

J'aime le voyage, mais hais le tourisme. On peut voyager à cent mètres de chez soi, et ne pas se retrouver en situation de voyageur à dix mille kilomètres. Voyager est une question de point de vue – vision du monde ; le touriste utilise la planète comme un réceptacle, comme une manière de réservoir à pays dans lequel il va chercher à piocher. Une fois le pays choisi (comme on choisit un film, une paire de chaussures, une pâtisserie) il s'agira de se faire le maximum de bien avec, et dedans. Le « pays » n'existe plus en tant que tel, avec ses prérogatives nationales, ses exigences intimes, son histoire et sa culture : il devient une destination, c'est-à-dire le lieu d'une exclamation temporaire où le touriste, loin de réclamer du dépaysement, va précisément *exiger* le contraire : ce sera non pas à lui de s'adapter au pays, mais au pays de s'adapter à lui – satisfaisant le moindre de ses désirs (et si les désirs ne sont point comblés, on criera tout simplement, tout bonnement au scandale). Le voyageur cherche le dépaysement ; le touriste cherche le repaysement – c'est-à-dire la reconfiguration de son propre cosmos ailleurs ; il cherche un nouveau lieu qui accueillerait, soleil ou exotisme (ou le deux) en plus, en les préservant du mieux possible, ses habitudes. Le touriste ne voyage qu'en conserve. (Je ne suis pas heureux de cette dernière formulation, car on ne saurait, d'après ce qui vient d'être dit, considérer que le touriste puisse jamais *voyager*.)

Une partie des souffrances des hommes provient du simple fait que la beauté n'implique pas la bonté, ni la laideur la méchanceté. On se fait du mal en sonnant aux mauvaises adresses pour les bonnes raisons, et aux bonnes adresses pour les mauvaises raisons. Comprenne qui voudra.

Jamais je n'aurais dû faire de mathématiques, m'engluer dans ces horribles études, qui n'étaient pas faites pour moi, pas adaptées à mon cerveau. Cette affreuse dictature des matières scientifiques, à peu près partout dans le monde, fait des ravages, bâtissant une société scientiste qui se fourvoie dans la technologie à outrance et l'ivresse du progrès. L'Asie connaît cela ; mais la France aussi, qui perd en nuances, car les humanités étaient vitales pour éclairer les situations, expliquer les événements, penser le présent, envisager l'avenir, rappeler le passé. Un monde qui trie ses étudiants en fonction de leurs capacités en mathématiques et en physique est un monde qui déraille ; la science n'étant faite que de présent (elle se moque des théories antérieures et l'idée qu'elle se fabrique de l'avenir émerge des théories qu'elle utilise et possède *à présent*), elle produit des étudiants, puis des citoyens, puis des hommes qui ne sont riches d'aucune mémoire, titulaires d'aucun passé, et impréparés aux lendemains. Folie pure, immense gâchis ; mouvement irréversible, quand la technologie est l'alliée numéro un du capitalisme. Cette alliance du scientifique et du technologique, qui coulait moins de source que l'on ne le croit, *a fini par* devenir inéluctable.

J'aimerais savoir si la durée de vie d'une espèce est corrélée à la perception qu'elle a du temps. L'éphémère a-t-il la sensation, aux abords de la mort, après une existence de quelques heures, d'avoir vécu aussi longtemps qu'un homme de quatre-vingt-quinze ans ?

Les imposteurs n'en sont pas, puisque dans l'imposture ils ont trouvé leur place.

Sartre à Beauvoir, dans *La Cérémonie des adieux* (chef-d'œuvre ; lu pour la première fois en 1988, à Tours, lycée Descartes, prépa HEC) : « Je pense que je peux avoir un peu plus de talent qu'un autre, une intelligence un peu plus développée ; mais ce ne sont que des phénomènes, dont l'origine demeure une intelligence égale à celle du voisin, ou une sensibilité égale à celle du voisin. Je ne pense pas avoir une supériorité quelconque. Ma supériorité ce sont mes livres, dans la mesure où ils sont bons ; mais l'autre a aussi sa supériorité ; ce peut être le cornet de marrons chauds qu'il vend l'hiver à la porte d'un café ; chacun a sa supériorité, moi j'ai choisi celle-là. » Extraordinaire (je pense à la virgule près la même chose) ; Proust rêvait que sa prose soit aussi parfaite que la sole aux pruneaux de Céleste. (Je me trompe peut-être de plat, qu'importe – du reste, j'ignore si la sole aux pruneaux est un plat qui existe ; quoique rien n'empêche personne de la faire exister *sur-le-champ*.)

Il est extraordinaire de ne connaître quelqu'un *que* par ses livres. (Ayant lu *tout* Péguy, par exemple, il est possible que je sache mieux qui est Péguy que tous ses intimes qui ne l'ont pas lu. Ce serait à eux de me demander : « Alors, il était comment ? »)

J'aime les textes (on en trouve sur le site Gallica de la Bibliothèque nationale) qui ne concernent *plus personne* – pas même les historiens. Encore qu'on puisse décider de devenir l'historien, le spécialiste, de cette chose-là, précisément, qui ne concerne plus personne, ne dit plus rien à personne, n'a plus d'intérêt en soi – à tel point que, malgré la lisibilité des phrases, leur contenu soit devenu proprement illisible. Il faudrait en faire la liste, trouver des exemples (qui lit, par exemple, les études structuralistes, avec schémas à l'appui, d'une étude de poème de Baudelaire parue en 1971 dans une revue mao ? Certains numéros de *Tel Quel*, ainsi, semblent écrits par des gens venus d'une autre galaxie).

J'adore, chez certains génies (Picasso, McCartney, Pasolini, Zappa, Péguy, Boulez, Godard, Guitry, Rossellini), qu'ils soient tantôt géniaux comme personne, tantôt affligeants de nullité, mais *jamais moyens*. Le génie ne connaît pas le moyen, qui est l'apanage du seul talent. L'homme de talent ne connaît pas les extrêmes. Il ignore les électrocutions et les noyades, les étincelles et les sorties de route, les décollages et les naufrages, la cime des montagnes et les fonds sous-marins. Il reste sur la plage ou sur le trottoir, sur l'herbe – au sol. C'est ça : cloué au sol.

Il me faudra, tôt ou tard, écrire un petit livre sur Péguy. Un sur Guitry. Un sur Pasolini. Un sur Rossellini. Parmi mes films préférés de tous les temps : *L'Évangile selon saint Matthieu* et *Les 11 Fioretti de François d'Assise* – que j'avais projeté au Club Saint-Germain devant une salle comble.

La plupart des êtres humains préfèrent le surf à *L'Évangile selon saint Matthieu*. C'est un tort. Pistil au vent à couteau de crête, l'épaule placée juste sous le soleil, ils ignorent à peu près tout de la rencontre de Pasolini avec Sandro Penna (1951) et ne savent plus trop si c'est dans *Les Contes de Canterbury* ou *Le Décaméron* que Ninetto Davoli imite Charlot.

P.P.P. : gueule de corsaire à plume trempée dans la fiente d'ange. Si Jésus avait été athée, il aurait eu le visage pierpaolopasoliniesque d'un impossible bouquet de cratères – deux bourgeons pointus pour les yeux, des racines drues pour la tignasse. L'œuvre de Pasolini est religieuse à mille pour cent : il n'a fait que vider la Bible de son sang pour y mettre du sperme à la place. Ses auréoles sont des taches. On boit chez lui aux robinets des corps.

Une nuit. Dans une flaque de couacs, de débris d'étoiles. Jazz noir. Le corps de Pier Paolo Pasolini. Son visage sans gueule. Une toile d'araignée, rouge. Tout est fini. Les centaures piétinent déjà son cadavre (on reconnaît, au passage, Laurent Terzieff). Sa bouche sans bouche. On dirait qu'il a mangé des clous. Comme dans *Salò ou les 120 journées de Sodome*. Champs. Manèges morts, au loin dans les brumes. Cinq heures du matin. Paso monte au ciel, cet enfer. Tout doucement. Il s'étonne que les nuages soient truffés de ronces. Il s'écorche en s'élevant. Un long voyage commence. Il verra des lunes malades, des scarabées orange et des poupées sans yeux. Des nains chauves lui arracheront les ongles en chantant des comptines. On l'enfermera dans une boîte spéciale avec des punaises écœurantes. On l'obligera à regarder le soleil en face. On le crucifiera pour rigoler. On l'obligera à faire l'amour à des femmes dans une fosse d'enfants morts. Il marchera dans le noir et n'aura plus jamais le droit de dormir. Il nagera dans des piscines de pisse, des rats sur la tête. Chaque matin, on lui intimera l'ordre d'être heureux. Il ne désobéira jamais. Il récitera du Baudelaire. On lui mettra des pâquerettes dans les oreilles tous les vendredis à 13 h 34. On fera des trucs avec son corps. Des anges estropiés le sodomiseront en pleurant. Des squelettes de fées le suceront. Il fera l'amour à des cailloux. On l'attachera à des tombes. On l'aspergera de bière et de mauvais vin. Il mâchera du papier d'aluminium les jours pairs et du coton les jours impairs. On le priera hypercordialement d'enfoncer ses ongles dans des murs de plâtre. Il aura des migraines définitives et des fièvres inconnues. Il mourra sans arrêt.

Silence de mort (Pier Paolo venait de se racler la gorge). Ninetto tendit un micro que le Maître refusa. Paso épousseta son pardessus : « Vous n'êtes pas des anges, mais votre cœur est grand, je le sais. » Pier Paolo raconte le monde merveilleux de l'amour, dans un modeste bastringue couru du cœur de Rome. Il parle des culs d'il y a mille ans. Gros, fermes, jouant, joufflus. Il parle d'un petit pipeau de roseau tout érect. De sa bouche sortent des pyramides, des faisans éblouissants, des hommes que des hommes violent. Dans le cube de plâtre blanc, encoignures gouttantes, nos ombres au plafond donnant l'heure, les faisans partent, les pyramides bougent comme des cristaux, des fesses partout, rondes, rebondies, bronzées, pleines de muscles. Et pailles en ces pommes. Sirop. Je. Le vin. Pier Paolo tour à tour calme, son débit lent comme l'Orénoque, il prend son temps, non seulement pour vider son verre ou allumer sa cigarette, mais pour conduire qui veut le suivre à travers le dédale des ruelles à corps jeunes pas chers ; et, tempêtant, rouge, la sueur au front, perlant, comme il nous parle de souffrance, de meurtres aux doigts de rose, prescrits par les siècles, d'anus.

Sa bouche fine, deux ourlets de chair plus rouge que la peau qui flottent comme au vent, désordonnés, sans grâce, pour laisser filer, comme s'il s'agissait de bulles, comme s'il s'agissait des balbutiements usés d'un simple, l'extrême délicatesse de ses contes et de son sens de la vie (voir la trilogie du même nom), désordonné, immature peut-être, malgré la dignité contrite des deux rides en sa peau fine, bronzée, usée, autour de cette bouche qui soulait de flotter (j'ai repris le vieux verbe français *souloir* : avoir l'habitude de), fleur niaise couleur de sang, au milieu du souvenir de ses joues lisses – ne fût l'acné, au jour de ses quinze ans sur fond de feuillage dans une rue de Bologne – bouche frioulane, a débagoulé sa haine du père officier, a chanté avec un drôle d'accent le chant du dégoût. Cuisson tropicale de ses deux lippes qui, nom de Dieu, allaient en prendre des cigarillos fins et des bites roses, et s'assécher peut-être, s'affiner dans la fumée de tabac, la poussière des tournages au Yémen, la possession des voyous.

Le visage de Ninetto… Ses grosses lèvres gercées par le climat sec, à moins que ce ne soit par la haine qu'il a vouée à son propre physique – sa maigreur, son front bas, ses frisettes… son ancienne bouche de nègre, hé hé. Il avait chanté des coplas dans les rues de Bologne et puis Pier Paolo l'avait pris sous ses ailes. Pour vivre, pour manger, pour ne plus avoir faim dans les rues, Ninetto s'était acoquiné et vendu.

Autant de paraboles où déjà germe, proche, la catastrophe définitive. Un doigt célèbre dans son cul d'inconnu, présence semi-douloureuse découvrant au cœur du trou sa corporéité comme étrange, mystérieuse et autre, syllabe fouillant la mâchoire : l'habitude vient mal. Mais à force d'hélices savantes, de tourbillons de pulpe, de tourniquets de haschisch, de toupies de musique et d'espace tout au fond dans l'orifice lunaire, un écho apparaît en lui, Tommaso, le démange et l'envahit dans une nausée de fractals. La douleur lentement se mue en plaisir, en jouisse délocalisée qui l'étreint comme un poison partout, des tempes aux orteils, il coïncide avec mon corps. Un drôle de laisser-aller s'installe. « J'y vais. Ne t'inquiète pas… Laisse-moi faire… » Tommasino cligne imperceptiblement des paupières, la gorge serrée, il est au bord de l'évanouissement. Penser à autre chose, comme pour les prises de sang. Se défendre ? Ses liens, chiffons noués très serrés et mouillés, interdisent toute rébellion contre l'humiliante initiative. « Non ! Non ! Je ne joue plus ! Arrête ! C'est ridicule ! Dans un torticolis rapide il aperçoit une dernière fois la chose, ses nervures bleues, ce gland, méat qui va le déchirer à jamais, l'abrutir de douleurs et de sangs de cauchemars, dans la nuit d'août pure. Tommaso entre dans un cosmos neuf, des pals et des clous, l'horreur, hurlements, Pier Paolo Paso l'écarte et l'écartèle, papier de cigarette, une enclume dans l'intimité très profonde, vertiges de béton, soufre et souffrance, Tommasinetto se fracasse dans les débris, criblé de punaises, gouffre et malaises, il touche à sa propre fin. Dans son cul la lance tournoie, virevolte brûlante en spasmes, cris de couacs, en plein délire, évanouissements sous des tonnes d'icônes et de charbon.

Ostie. Sa nuit, son parc. Terrain de football. Il a dix-sept ans. Son jeune amant. Une flûte de champagne sur la table. Il se rase les jambes. Garde la lame. Pour tout à l'heure. À l'heure du foot avec le corps de Paolo. Voiture, nuit, station-service. Spaghettis. Bitume. Paolo suce. Et tout à coup on le tire du véhicule. Coup sur le crâne, des étincelles et du sang. Des cris en italien. Il faut résister dans le scandale. Course. Les herbes du terrain. Dérapages. On arrache le bout d'un banc. Avec la planche, on frappe, on frappe. Crâne. Nez. Rampe cinéaste. Lève-toi. Et le coup fatal. Mille obus. Des catapultes. Dans les testicules. On voit des mouches. L'horreur. Morceaux de Paso. Des brodequins lui écrasent la gueule. Plus de fuite. Du figé qui saigne. Bientôt le noir cercueil. Ostie. Les dents. Le sang jaillit. Le sang jaillit. Le sang jaillit. Renverse. Les tibias. Broyés. Les mains écrasées. Plus d'ongles, Paso. Les assassins sont moqueurs.

Ils rigolent bien dans la nuit qui ne rigole pas. « Pisse-lui dessus ! Ha ! Ha ! » La course à travers les ronces. Le véhicule. Le cadavre de Pier Paolo Pasolini a froid. Ses yeux comme des calots « porce ». Il ne bronzera plus. Les tempes en bouillie. Adieu le temps des rondes collines. Il fut quelqu'un qui était né dans une ville pleine de portiques en 1922. Poteaux de foot en 1975. Un clou dans l'occiput. Le sang jaillit. Les assassins sont très jeunes. Il fait très nuit. Le matin arrive. Paso-la-bouillie dégueule son sang. Os brisés. Serpillière. En boule dans l'herbe bleue. Plus un râle. Plus de jubilations vers le ciel.

Il y a en France une orgie de temps libre qui me dégoûte un peu, quand je vois ce qu'en font les gens (iPhone, jeux vidéo, chat, tweets, Youporn…). Le travail est devenu adventice. Retournement de situation : c'est le travail qui est devenu le passe-temps. Entre deux verres en terrasse à 4 heures de l'après-midi, on se souvient de temps en temps qu'il faudrait *peut-être aller travailler*. Et puis non.

Je vois trop de choses pour écrire ce que je vois. Je vis trop de choses pour écrire ce que je vis. Je ne sais pas assez de choses pour ne pas écrire ce que je sais.

Le soir, Emmanuelle s'écroule. Nuit totalement blanche pour ma part. Je ne trouve le sommeil que vers 9 heures du matin ; je lis toute la nuit la (mauvaise) biographie de Gambetta sur mon iPad.

Vendredi 19 août

Réveil avec *Lead Me To The Water*, Gary Brooker, 1982 (Mercury, 6359 098, Netherlands). Gary Brooker : claviers ; Chris Solberg et Dave Markee : basse ; Henry Spinetti, Scott Mathews, Steve Holley et Phil Collins : batterie ; Peter Maunu, Albert Lee, Tim Renwick, Eric Clapton et George Harrison : guitare ; Chris Stainton et Philip Aaberg : claviers ; Kent Middleton : percussions ; Mel Collins : saxophone.

Plage. Nage. Dans la mer de Chine.

Nous sommes passés de la guerre froide à la *guerre liquide*. Non plus à un affrontement de bloc (gelé) à bloc (gelé), Occident contre régime communiste, mais à une guerre flasque, gélatineuse, qui ne dit jamais son nom parce que, précisément, son nom terrorise. Disons plutôt que la guerre, elle, ne cesse de clamer son nom, de toutes parts, et sans arrêt, mais que nous regardons nos baskets – là où nous portions jadis des brodequins puis des rangers – comme si nous n'avions rien entendu. L'Europe, par confort intellectuel, vit dans un monde cotonneux de déni de guerre. La guerre n'est plus, comme jadis, ce qui ne manquera pas d'arriver, mais ce qui (grosse erreur) n'arrivera « évidemment » plus jamais. Croire la guerre impossible est aussi fou que de la vouloir à tout prix. Ce mot « guerre », d'ailleurs, a pratiquement disparu des bouches, hormis quand c'est aux terroristes qu'il s'agit de la faire (ce qui est une ineptie, mais il fallait bien que le mot, tombé en désuétude, serve à quelque chose). On évacue soigneusement le mot « guerre » afin de congédier l'hypothèse de sa réalité. Naïve, infantile, puérile autrucherie. Nous ne voulons peut-être pas la guerre, mais la guerre, elle, veut et voudra toujours de nous ; nous ne voulons peut-être pas la guerre, mais d'autres la veulent pour nous, et contre nous. Lorsque j'ai effectué mon service militaire, en 1992-1993, lors des cours de stratégie mais aussi pendant les manœuvres, on ne jouait pas à se battre contre les Fritz, la vermine jaune, les bicots ou les cocos, comme au bon vieux temps, mais contre ce qui nous était présenté sous la formule « ennemi générique ». Il y avait un vide. Une béance. Les officiers qui nous faisaient cours et nous formaient au métier des armes afin que nous devinssions officiers nous-mêmes étaient bien embêtés : il n'y avait pas, il n'y avait plus d'ennemi. Il fallait s'en créer de toutes pièces – *ex nihilo*. On ne s'entraînait pas pour la prochaine guerre, non, on ne faisait qu'en mimer une fausse avec en face des ennemis imaginaires voués à le rester : une armée de fantômes, de Playmobil, d'arbres morts, de fantasmes, de courants d'air plus ou moins méchants, de martiens. Ceux qui s'étaient fait quitter avant le service pouvaient même, pour se donner des forces, s'imaginer s'ils le voulaient que se battaient en face des armées entières composées d'avatars de la maudite qui avait osé les quitter. On n'avait plus personne à tuer, même pour de faux. Que des souvenirs, des projections datées, des hypothèses vacillantes, des postulats douteux. Ce n'était pas très sérieux. Il s'agissait alors de se concentrer et d'essayer d'avoir peur quand même : peur de lendemains qui ne chanteraient pas, mais nous n'y parvenions jamais, car nous savions, parmi cet absurde théâtre ou nous étions grimés, déguisés en kaki et coiffés de casques lourds, que, dehors, la paix était partout, que tout sans cesse, dans le moindre recoin de la vieille Europe assagie, était pacifique et pacifié, et que personne ne nous en voulait, qu'aucun pays sur la Terre ne voulait nous anéantir. Le « service national » avait donc l'air d'un interminable cours de gymnastique déguisé plus que d'une mission militaire. Nous nous amusions d'autant mieux habillés en guerriers, que nous savions que nous n'aurions jamais à « faire la guerre », à combattre, à « mourir pour la patrie ». Même quand nous chantions « La Marseillaise » juste, nous savions qu'elle sonnait faux. Nous jouions à être commandés, puis, galons d'aspirant acquis, à commander à notre tour.

On ne veut plus « faire » la guerre, aujourd'hui. Mais la guerre s'en fiche, qui se fraie un passage vers nous chaque jour que Dieu fait (défait). Depuis le 11 septembre 2001, la guerre est là, toute prête à se donner, à s'offrir, à être faite : nous sommes, en France par exemple, des « ennemis » d'Al-Qaïda. Dès lors qu'il y a ennemi, je suis désolé mais il y a guerre, il y a imminence de guerre. Mais ce n'est pas tout ; on n'a rien dit une fois qu'on a dit ça. Il y a une autre guerre qui se prépare, plus classique, plus traditionnelle : ne croyons pas que les guerres « mondiales » (et non simplement mondialisées) appartiennent au passé. Nous en connaîtrons d'autre. Le monde dans lequel nous vivons aujourd'hui ressemble à une longue préparation pour qu'éclate, comme le tonnerre, la Troisième Guerre mondiale. De grandes puissances se dessinent, parfaitement nationalistes (« Le nationalisme, c'est la guerre ! » avait prévenu Mitterrand) dont la Chine et la Russie ne sont pas les plus anodines, ni les moins menaçantes. La guerre rôde. La guerre – la vraie, la dure, la concrète, la réelle – plane. Elle est là. Nous ne voulons pas la voir, mais elle nous regarde. Et non seulement elle nous regarde, mais elle nous observe. Et non seulement elle nous observe, mais elle nous scrute.

Gambetta : une obsession maladive pour la célébrité (on appelait alors cela « la gloire »). L'affaire Baudin va satisfaire sa soif. Il battrait à plate couture nos meilleurs tribuns s'il revenait aujourd'hui. Il faut dire que les hommes politiques actuels, à côté de lui, sont d'un ridicule consommé : leur niveau est nul. Pas d'éloquence, pas de culture, pas de lettres, pas de science non plus – rien. Une vague culture télévisuelle sinistre. Ce n'est guère étonnant : les plus jeunes d'entre eux étaient élèves de collège dans les années 1990, années où tout a commencé, non seulement à décliner, mais à s'effondrer en matière d'éducation. Je rêverais qu'on fasse passer un examen de culture générale à la plupart des ministres : il y aurait de quoi se faire peur. Mieux encore, plus sadique : une dictée. Ce serait l'hécatombe. Nous nous vantons – à juste titre – de nos médailles Fields et de la magnificence de l'ENS, mais il faudrait parallèlement souligner que les résultats des jeunes Français sont, en mathématiques, les pires de l'Union européenne. Préciser que « nous » sommes également les derniers, non plus cette fois dans la catégorie de l'esprit de géométrie, mais dans celle de l'esprit de finesse : des buses concernant la compréhension profonde (et même superficielle) d'un texte littéraire (je ne parle même pas de la philosophie). Lorsque j'ai passé mon bac scientifique (série C), en juin 1986, le taux de réussite était d'un peu plus de 60 %. Il est aujourd'hui supérieur à 90 %. N'obtient pas son bachot, pour le dire clairement, celui qui a déféqué sur son bureau pendant les épreuves ou a traité de salope une examinatrice – et encore : on sera fichu de lui trouver, en cherchant bien, des circonstances atténuantes. Gambetta, au moins, avait les moyens de son enflure. Pas nos contemporains. Quand on voit, par exemple, ce que le sinistre Descoings a fait de Sciences Po. Descoings a assassiné l'IEP.

Dîner avec quatre amis d'enfance d'Emmanuelle. Bonne ambiance. Nous croisons, après le dîner, le « petit ami » de Fabienne, avec qui, entre autres, nous venons de dîner (restaurant branché) : un certain Thibaut, affublé d'un gros gras chauve Victor à gueule de garçon boucher. Ledit Thibaut, ingénieur, me fait une très sale impression (il a cru, d'ailleurs, que j'étais le prof des quatre autres ; mais diable, comment les autres font-ils pour savoir que l'on n'a pas vingt-cinq ans ?).

Pauvre Jacques Julliard : non seulement il n'enfile que des perles, mais aucune d'elles ne brille. (Prose cimenteuse, idées dignes d'une copie de Sciences Po notée 12/20, pas d'humour – tout cela, naphtaliné au dernier degré – respire la vieille grenouille voulant se faire aussi grosse que le jeune bœuf. Cent pour cent de ce qu'il dit a toujours été dit ailleurs et avant, en mieux. Il est à Jean Baudrillard ce que Loana est à Marlène Dietrich. Pas beau à voir, pas terrible à lire : on n'est jamais étonné quand on le lit. Tout glisse. Julliard écrit sur une nappe cirée.) L'obsession de Julliard : qu'on dise de lui qu'il est intelligent. Très intelligent. Qu'on lui laisse au moins ça. Que les oreilles lui tintent : « Tu as lu le papier de Julliard ? Fort, non ? » Il lui faut ça, tous les jours, avec sa bouillie du matin et sa soupe au poireau du soir. Ça et quelques médailles, des colifichets, des petits honneurs de vieillards de la République, les fameux hochets qu'on agite avec sa vanité. Jacques Julliard : *à la virgule près* ce que j'aurais détesté être. Comme de la plupart des œuvres, il ne restera rien de la mienne, rien du tout : mais si je veux me rassurer, je pense à la sienne, et se met à briller, le torse gonflé, le torse aberrant de la postérité. Hélas, celle-ci n'a pas à choisir entre Jacques Julliard et moi. Ce serait trop beau, trop facile, trop simple. Ce ne serait pas du jeu. « L'œuvre » de Julliard ressemble à ces acteurs dont la lumière ne veut pas. Mais je vais arrêter là ce portrait qui n'a pas la prétention d'en être un : « Ah ! mon cher Cliobule, cherchez-nous, s'il vous plaît, des sujets plus intéressants, ou souffrez que nous nous reposions » (Diderot, *Promenade du sceptique ou les Allées*).

Si j'étais suffisamment scientifique pour devenir juif, serais-je assez littéraire ? Et si j'étais suffisamment littéraire, serais-je suffisamment scientifique ?

L'art n'est pas une question d'esthétique, mais de gratuité. Non parce que ce qu'il exprime ne concerne pas l'essentiel (c'est tout le contraire), mais parce qu'il aurait pu choisir de ne pas l'exprimer – Kafka voulait détruire ses écrits.

En cinéma, je ne place *personne* au-dessus de Pasolini – à part Rossellini. J'ai vu absolument *tous* ses films, les documentaires animaliers de ses débuts, sa trilogie dite « fasciste » (parce que produite par le fils Mussolini), ses grands chefs-d'œuvre célèbres, mais aussi l'intégralité de ses films didactiques réalisés pour la télévision italienne, sans omettre son documentaire sur Beaubourg en travaux bien sûr, ni la messe qu'il a filmée pour la RAI quelques mois avant sa mort. Je n'oublie pas, non plus, toute sa série sur l'Inde, sur l'homme à travers les âges ou sa saga sur… les métaux. Je suis un rossellinien accompli, studieux, passionné, obsessionnel, compulsif, maniaque. Je dois beaucoup à la Cinémathèque, dont la rétrospective Rossellini en 2006 fut totalement, fabuleusement complète, parfaite, intelligente, intégrale.

La plupart des films de ce pur génie restent totalement méconnus. On connaît *Rome, ville ouverte* et *Allemagne année zéro*, on connaît *Stromboli*, on connaît *Voyage en Italie* et un peu *Europe 51*, mais ses quarante autres films passent généralement à la trappe. Son *Louis XIV* est pourtant un sommet, il a fait un *Pascal* (avec Arditi dans le rôle-titre !), un *Saint Augustin*, un *Socrate*, un film de plus de quatre heures sur les Médicis, un film génial sur l'Inde, *India 58*, il a adapté *La Voix humaine*, de Cocteau. Il s'est même essayé à la comédie, avec *La Machine à tuer les méchants*, un nanar incroyable. Il a adapté Stendhal, avec *Vanina Vanini*, etc. C'est une œuvre, non à redécouvrir, mais à découvrir. Ce qui lui a fait beaucoup de mal, à cette œuvre, c'est son intellectualisation outrancière, dans les années 1950 et 1960, par les critiques, notamment des *Cahiers*, que Rossellini méprisait doucement, en riant dans sa barbe. Ce en quoi il était un peu injuste car Truffaut, Godard et leurs amis ont fait beaucoup pour faire connaître ses films qu'ils portaient, à juste titre, aux nues, et dont il se sont très largement inspirés. Mais il est vrai que l'étiquette de « néo-réalisme » a causé beaucoup de tort à « Roberto », à sa réputation, faisant de lui quelque chose qu'il n'a jamais été : un intellectuel ennuyeux. Il était intelligent, mais ce n'était pas un intellectuel. Son œuvre est physique, puissante, presque « sportive ». Elle est épuisante. Son seul successeur véritable, son seul héritier digne de ce nom est William Friedkin. *French*

Connection est bourré de références, volontaires ou non, à *Païsa* et à *Rome, ville ouverte.*

Contrairement à la plupart des films qui traitent de mystique, Rossellini rend dans *11 Fioretti* quelque chose de fondamental et propre à la religion, en particulier aux Franciscains : la joie. Pas la gaieté, car la gaieté est athée, ni les larmes : mais la joie. La joie est quelque chose de mystique. Nous sommes loin de *Thérèse*, d'Alain Cavalier, film encensé qui, à mon sens, rate le sujet de la petite sainte de Lisieux, à cause de son austérité justement. Rossellini et saint François ont une approche assez identique de la mystique : retour à la nature, aux éléments naturels, mais ils s'érigent contre les dogmes, contre l'Église dogmatique, pour développer une conception « hors piste » de la foi. Ils ne veulent pas vraiment faire « école », au sens où l'école édicterait des lois, des règles intangibles. Ils préfèrent, comme dans la dernière scène du film, donner une direction, puis que chacun parte de son côté, sans vraiment de disciple, mais avec une discipline de vie interne, sur mesure : libre. François, comme Roberto, fut laïc. Il s'est converti, mais à l'âge de vingt-cinq ans… Il a d'abord vécu hors de l'Église, et, à mon sens, y est toujours resté. Le franciscanisme est-il la dernière communauté monastique, se demande notamment Jacques Le Goff, ou la première fraternité moderne ? Toute la question est là, évidemment, et y répondre n'est pas simple.

Roberto Rossellini a eu une vie dissolue, comme François avant de devenir saint François. Tous deux ont une légende, dans laquelle il semble difficile de démêler le faux du vrai. Et qu'importe ! C'est une même énergie qui les fonde, un amour des êtres, des enfants et, surtout, la proximité d'une femme. Claire, pour François. Et pour Rossellini, la Magnani au début puis, surtout, à partir de la fin des années 1940, Ingrid Bergman. Mais j'insiste vraiment sur l'amour des enfants et de l'enfance, à mon avis fondamental chez ces deux génies. C'est là-dessus que François fonde sa foi. Les simples, les humbles, les « Mineurs », nom de sa compagnie, ce sont en définitive des enfants, des êtres-enfants, et surtout, l'enfance, en mystique, opère une proximité avec le Christ. C'est un retour au Christ qui, comme chacun sait, propose une théologie de l'Enfance, de l'Enfant-Jésus. La mort de son jeune fils Romano, à neuf ans, a été un choc déterminant dans la vie de Rossellini. Il a préparé un de ses films, *Païsa* je crois, depuis une cabine téléphonique qu'il avait fait installer près du cimetière qu'il ne quittait plus.

Les 11 Fioretti de François d'Assise est un monument : mais un monument humain, humble, frêle, à l'image du saint qu'il décrit.

C'est un film fragile, amoureux de la vie, qui saisit des instants que le cinéma, habituellement, oublie de saisir ou ne sait pas saisir. On a une sensation de liberté totale, d'improvisation, de folie, de virtuosité, mais, surtout, nous nous attachons aux personnages comme rarement. Xavier Beauvois, avec *Des hommes et des dieux*, approche parfois la grâce rossellinienne. *11 Fioretti* est un chef-d'œuvre, un des plus beaux films jamais réalisés.

Le judaïsme est une religion à un Dieu et zéro dogme. C'est une religion booléenne. Un concentré de superstitions, une fois touillé dans un grand récipient appelé aussi bénitier, donne le christianisme. Un coup de pied dedans donne le judaïsme.

Samedi 20 août

Réveil avec *Rookie Of The Year*, John Lovick Turner, 1973 (Polydor, PD 5053, US). Max Bennett et John Mulkey : basse ; Daniel Ben Zebulon : congas ; Ed Green, Gary Malibar, Mike Berowitz et Roy Yeager : batterie ; Larry Carlton : guitare ; Larry Knechtel : orgue et piano ; Tom Hensley : piano ; Dean Parks : guitare et guitare rythmique ; Jay Lewis : guitare rythmique ; Will Boulware : synthétiseur ; John Lovick Turner : chant.

Lecture sur le XIXe siècle, la République.

Concert au City Hall. Mozart, Beethoven. Basson, Matthias Rácz. Un Allemand de trente-six ans. Pas facile de faire décoller cet engin peu fait pour les solos (pour les soli !). Il s'y emploie. Beaucoup d'enfants dans la salle ; certains sont captivés, d'autres dorment. Tous les enfants sont musiciens en Asie. Nous y allons en chaise roulante – course dans le métro. Hong Kong n'est pas une ville faite pour les handicapés.

C'est un leurre, c'est une erreur (qui risquerait bien de nous être fatale) que de croire que l'avenir est aux seules guerres « asymétriques ». La vraie guerre classique, telle qu'on la déteste, telle qu'elle nous fait peur, avec des vrais civils qui meurent, des vraies bombes, de véritables bombardements, des cadavres d'enfants, du sang, des plaies, des cris, des hurlements, des barbaries à tous les étages, cette guerre-là n'est pas morte ; elle reviendra. Tôt ou tard.

Une guerre qui ne sera pas celle d'une poignée de détraqués contre nous, mais d'un pays, un vrai, un vrai pays tout entier – une nation. Avec des combattants dedans. Prêts à en découdre. Une guerre comme on n'en fait plus depuis longtemps. Nous ne comprenons pas que nous venons, depuis 1945, de vivre une parenthèse enchantée ; et plus exactement depuis 1989. Mais que cette parenthèse est en train de s'achever. De se refermer. Bientôt, dans un futur assez proche, la vraie guerre reviendra. De pays à pays, d'État à État, de nation à nation.

Est-ce que tout ce qui est propre aux valeurs humaines ne relèverait pas aussi (par une sorte de ruse de la raison biologique qui travestirait nos penchants innés en motifs intellectuels) de l'instinct ? La morale elle-même ne pourrait-elle pas, par exemple, être *instinctive* ? Étant donné qu'elle consiste à se sacrifier (peu ou prou) pour quelqu'un d'autre, on peut en première analyse en douter. Mais c'est qu'il se cache peut-être, qu'il se dissimule sans doute *à notre insu*, un calcul subliminal, une mathématique invisible, un avantage implicite, induit, inné, indevinable, indiscernable, qui nous fait agir ainsi. Cela voudrait dire que la morale pure, c'est-à-dire gratuite, c'est-à-dire kantienne, serait une vue de l'esprit.

Homoousios : consubstantialité. Je n'aime rien tant qu'en apprendre *tous* les jours.

La plupart des comiques me font immédiatement – et irrémédiablement – penser à la mort. Comment peut-on faire de l'humour un métier, *son* métier ? Nausée totale. Imminent vomissement. Quelle horreur. Travestissement sordide de ce qui devrait être strictement réservé à la spontanéité et à la gratuité. Le comique rend la gratuité payante et la spontanéité laborieuse. Je hais ces guignols qui, au surplus, dans la vie, sont tous plus susceptibles, et moins drôles, et plus ennuyeux, et plus sérieux, et plus procéduriers, et plus sinistres, et plus autocentrés, et moins généreux les uns que les autres. Les spectacles comiques, les festivals de l'humour, les chroniqueurs rigolos (dont l'ironie nous fait crever de honte et d'ennui) : tout cela devrait être *interdit par la loi*. Cette débauche de dérision, de gags, de saillies, de calembours, d'imitations – ce n'est pas possible. Seul point positif des dictatures : les comiques passent au peloton d'exécution. Ils rient moins fort. À bas les vannes. Sus aux vanneurs. Si quelqu'un tombe un jour (par hasard) sur ce paragraphe, qu'il ne s'imagine surtout pas que je *plaisante*.

La grande impasse du catholicisme (et plus largement du christianisme) c'est qu'il oblige perpétuellement, et depuis qu'il est né, à choisir entre Dieu et Einstein. Entre le ciel et les quanta. Entre sainte Thérèse de Lisieux et Max Planck. Entre la Bible et la théorie du Big Bang. Ce dilemme paraît aujourd'hui naturel, alors que ce n'en est pas réellement un. Les juifs peuvent tout à la fois être des religieux férus et des savants accomplis. C'est même mieux s'ils sont les deux ! Ils n'en seront que meilleurs juifs et meilleurs savants. La foi perfectionnera le raisonnement mathématique, et les mathématiques vivifieront la foi. En hébreu, science et sagesse se traduisent par le même mot. Pour Levinas, l'esprit du judaïsme a directement à voir avec l'exercice rigoureux de la science, l'intimité spéciale qui existe chez le savant (moderne, celui des labos) entre lui et la matière, cette intériorité spéciale qu'est l'intériorité du mathématicien. Pour lui, le labo est le lieu actuel de la morale et de la sainteté.

Nous dînons très tard dans un boui-boui fabuleux, à même la rue ; tenu par des mamies, et que nous a conseillé le taxi. Poulpe, homard, soupe… Un délice.

Attentat en Turquie, dans un mariage – j'avais pour ma part prédit que ce serait plutôt lors d'un anniversaire que cela arriverait ; ce sera pour la prochaine fois. On parle de plus de trente morts.

Dimanche 21 août

Réveil avec *Cool Fool*, Bruce Roberts, 1980 (Elektra, 6E-262, US). Piano et chant : Bruce Roberts ; Paulinho Da Costa : percussions.

Plage. Je me fais piquer, sur le sable, par une fourmi rouge.

Rares sont ceux au monde qui, au bout du compte, auront été aussi peu chrétiens que le Christ.

Je relis un peu de Bataille, à la volée. Il est évidemment possible de s'expliquer cet oubli par l'exigence de cette œuvre, sa difficulté d'accès. Mais, en réalité, Bataille est moins difficile à comprendre, pour nos contemporains, qu'à accepter. Ce n'est pas son élocution, si j'ose dire, qui est en cause, mais bel et bien sa pensée, une pensée intacte et que la société actuelle n'a aucunement les moyens de digérer.

Les imbéciles pensent généralement que Bataille a un « penchant » pour le « malsain ». Ils mélangent le Mal et le malsain. Le Mal, le malsain, ce n'est pas la même chose. Dans « malsain », il y a une assimilation du physiologique avec la morale, le corps et l'âme, d'une certaine manière, se confondent. Or, Bataille veut précisément en finir avec l'âme, et absolument en terminer avec la morale. Il s'intéresse au corps, ce grand oublié. Le corps n'a pas, pour lui, la fonction simplement physiologique, biochimique, biologique que lui attribue la médecine. Il n'est pas, non plus, cette enveloppe pataude qui empêche l'élévation, et encore moins ce qui nous limite. Le corps, pour Bataille, est le lieu, mais aussi la condition de toute forme d'extase. Il s'agit de ramener son corps à la surface, parce qu'il a été enfoui, enseveli par les expériences humaines. Le Mal est un moyen pour le corps de se réveiller, mais il ne faut pas entendre « Mal » comme une tare. Le Mal, chez Bataille, est toujours ambivalent : il abrite la souffrance, sous mille formes, mais représente une chance, pour l'homme, de se libérer. Le Mal est une force libératrice.

Bataille est celui qui m'a donné l'envie, m'a communiqué le besoin de m'affranchir des règles. Il dit très clairement dans un texte consacré à Proust qu'il est dangereux, qu'il est toxique d'observer les interdits, d'obéir aux règles, aux lois. Qu'il faut avoir le courage de les enfreindre. Sinon, précise-t-il, il n'y aurait pour nous « plus d'issue ». Voilà, semble-t-il, ce que la société actuelle, en France du moins (mais on peut facilement généraliser), ne supporte pas d'entendre. Car on se doute bien que Bataille, ici, ne parle pas d'aller vendre du haschisch en bas de la rue. Les interdits qu'il songe à transgresser, qu'il appelle plutôt à transgresser, sont des interdits profonds, des tabous installés dont la négation, même temporaire, est susceptible de détruire toute forme de stabilité sociétale. Il faut, ainsi, apprendre, quitte à se forcer, ou réapprendre à mentir, à être « injuste ». Car la justice perpétuellement appliquée aux êtres donne à ces êtres une forme qui n'est pas la leur. D'autant que cette même justice, par exemple, n'entre pas en contradiction avec la violence guerrière, qu'elle accompagne volontiers. Et même, elle ira jusqu'à punir de mort, comme ce fut notamment le cas en 1914, celui qui refuse de tuer son prochain. Bataille est définitif : « Le meurtre est partout chargé d'horreur et partout les actes de guerre sont valeureux. » Bataille nous enseigne à cesser toute forme d'humilité vis-à-vis de la loi. À ne pas s'excuser d'exister, à en finir avec la timidité, car le timide est toujours conspué, écrasé, laminé. Il faut être souverain de soi-même dans un premier temps, et dans un second temps citoyen d'un État, d'une nation. Ce n'est pas une apologie de l'anarchie, au contraire. Il s'agit d'être son propre souverain, parfois de dépasser la loi pour lui montrer que c'est elle qui se trompe, et que, dès lors, elle ne nous impressionne pas. La loi est nécessaire car l'acte de transgression est un moment de dépassement possible pour chacun.

La chair, chez lui, est le centre de tout : elle est comme le tremplin du salut, où le mot « salut » représente ici une ouverture maximale sur le monde. Une ouverture « au » monde et une ouverture « du » monde en soi. La rupture de Bataille avec les surréalistes provient de là : ils sont désincarnés, sans la moindre chair que celle des mots. Or, les mots, pour Bataille, ne sont pas suffisants : ils sont momentanément acceptables, mais le lecteur doit sans cesse les dépasser, les transformer en actes à venir. Et si les actes ne viennent pas, l'expérience aura lieu malgré tout : Bataille ne dessine pas des réalités, mais des possibilités de réalités. Il aime les choses claires – qu'elles soient « virtuelles » ou « réelles » ne l'intéresse pas. Ce qui compte, c'est la « communication », comme il dit, c'est-à-dire le contact de la chair avec la chair. Chair des mots avec la chair des mots, chair des mots avec la chair du monde, chair des êtres avec la chair des êtres, chair des êtres avec la chair des mots.

Casque sur les oreilles, je regarde *À l'origine*, que je connais par cœur. François Cluzet s'embarque dans la construction d'un tronçon d'autoroute, une « bretelle » comme on dit, de deux kilomètres. Ce sont deux kilomètres qui, si on ne suit pas sa mystique personnelle, ne mènent nulle part. François Cluzet, Xavier Giannoli nous mènent loin. Non pas sur une simple bretelle, mais sur un chemin strictement christique.

Toutes les religions, peut-être, commencent par être des arnaques. C'est le sens que l'on injecte dans ces absurdités, la conviction qu'on y place et, *in fine*, l'humanité qu'on y éprouve qui donnent lieu à une épiphanie. Cluzet avance : son tronçon, c'est sa foi. Ce qui n'est qu'une minable arnaque supplémentaire, assez virtuose, va se terminer comme toutes les œuvres qui perdurent : rien n'est plus éternel que cette bretelle inachevée. Cet inachèvement même est le signe de la Passion : Cluzet, en chemin de croix déguisé en autoroute, ne fabrique pas du cul-de-sac, mais de l'infini. Ce qu'il faut, dit Giannoli, c'est imaginer ce qui suit : ce qui succède à ce tronçon. Ce n'est pas un morceau de route absurde, qui ne mène nulle part : c'est une piste de décollage, l'espoir décolle. Cluzet, comme sur une autoroute, ne peut plus faire demi-tour : et ce n'est pas Jean-Claude Romand qui, par déni de réalité, fera un carnage. C'est Philippe Miller qui, par déni de ce qu'on appelle officiellement la réalité, va transcender des moments de quotidien, des efforts d'hommes de bonne volonté qu'on appellera des ouvriers, des salariés, en autant d'actes d'apôtres. Cette expérience n'est pas malheureuse : c'est la défaite des autres ; mais la victoire de Cluzet. (Et de Cluzet l'acteur, parallèlement, ici au sommet de la cime de l'aiguille de son art.)

Les travaux mis en œuvre, graduellement, ne deviennent plus qu'un prétexte : celui de faire converger un projet commun. La fin ne justifie pas les moyens, puisque la fin et les moyens se confondent. Il en est toujours ainsi dans la mystique : l'abolition du but, remplacé par la pratique. Le but, c'est la pratique car seule la pratique peut garantir le sens qu'on attribue à l'acte de vivre. Or, vivre, ce n'est pas être séparé des hommes : c'est se rapprocher d'eux, et les relier, les associer est un exposant de plus, réservé à quelques-uns, des élus qu'on appellera simplement des saints.

La totalisation, ici, n'est pas l'achèvement. L'autoroute est théorique ; c'est une fiction mais le réel est une fiction perpétuelle. Le génie est celui qui, d'abord, fait accroire que cette fiction est la réalité, peut être, plutôt, une réalité de substitution. Mais le génie est celui qui, ensuite, invite autrui à habiter cette fiction inventée, cousue, confectionnée par lui. Le vertige du film est de voir comment une folie « originelle », puis « originale », finit par *concerner* tout le monde. Giannoli repère tous les niveaux (humains, sociaux, économiques) où se lisent les conséquences de cette folie.

C'est une folie évidemment gratuite, car la folie est forcément gratuite et le film parle de gratuité : l'argent, présent comme obsession, est absent car il est systématiquement soustrait. Cluzet finit par restituer, peu à peu, par soustraction, la somme colossale que lui a rapportée son arnaque initiale, arnaque qui n'a plus, peu à peu, d'arnaque que le nom, le nom que ne manqueront pas de lui attribuer les tribunaux, celui de la justice et celui de tous ceux qui n'ont pas croisé son chemin. Évidemment, les apôtres se méfient. Les ouvriers doutent ; les contremaîtres commencent à sentir les choses. Giannoli, ainsi que dans les Évangiles, nous montre que ces doutes finissent par constituer la foi. On comprend alors que tous accompagnent Cluzet dans ce qui n'est plus tellement une folie, mais une vision de la vie.

Le monde est dehors : ici, nous sommes « entre nous ». Nous partageons, jour après jour, et nous nous moquons bien de savoir pourquoi, une même route. Une même autoroute, qui est un terrain d'entente et non une pierre de discorde. C'est un projet qui devient, par son absurdité même vu de l'extérieur, la forme concrète d'une compagnie. La « compagnie » n'est plus le nom générique d'une société autoroutière, mais un groupement humain, épaulé par un chef qui aime ses hommes.

C'est un projet idéologique ; une utopie. Qui se construit, sous nos yeux. Les apparences sont toutes contre ce projet qui seul connaît sa propre signification, sa propre poésie. Giannoli, avec ce Christ casqué, nous parle de l'enfance. Et de l'invention du christianisme – ce qui est strictement la même chose. Le casque remplace la couronne d'épines. Comme Jésus déguisé en roi de pacotille avec sa couronne d'épines, voici Cluzet, tout aussi imposteur et carnavalesque, tout aussi bouffon, tout aussi ridicule qu'on voulût que le Messie fût.

Ce que fabrique doucement Cluzet, ce n'est pas une escroquerie supplémentaire, puisque de toute façon, dès la moitié du film, il fait vœu de pauvreté. Non : c'est la construction d'une universalité. Dépasser les apparences, c'est-à-dire l'absurdité, pour changer le monde. Cluzet veut changer le monde et il n'est pas fou. C'est le moins fou des hommes et le moins mégalomaniaque. Giannoli comprend parfaitement ce qui, ici, est en jeu : c'est de démontrer (et l'art fut inventé pour cela) que la « réalité » des hommes, gâtée par leur esprit de sérieux et leur économie, leurs responsabilités, leurs pouvoirs et leurs gloires, n'existe pas. Elle s'invente. Elle se crée : le monde, minuscule, créé de toutes pièces par Cluzet, c'est le monde entier tel que Cluzet finit par (vouloir) le voir.

Cluzet / Miller ne savait pas qui il était : en recouvrant de bitume deux kilomètres d'herbes folles, il développe une philosophie, un langage, un savoir et une sagesse. Il donne naissance à des systèmes d'idées, à des mythes, et le héros de ce film mystique et accompli, est la complicité entre tous les interlocuteurs. La signification rigoureuse de l'entêtement de Cluzet est claire : proposer un choix alternatif à la société dans laquelle nous vivons. Prendre une « bretelle » d'autoroute, sortir, opérer une déviation. Cluzet aurait pu être l'objet d'une dérive : il est le chantre de la déviation. Il est celui qui propose *autre chose*.

Cette réalité inédite qu'il entend soumettre au jugement de ses collègues en se la proposant à lui-même dans le jusqu'au-boutisme, il a fallu la forger à la force du mental : ce n'est pas un psychopathe qui fuit le réel, mais un être humain qui, à mesure que les travaux avancent, construit une autre route en lui-même : j'ai raison de faire ce que je fais puisque quelque chose *advient*. Autour d'un prétexte bitumé, je dévoile une part du monde en participant de l'amour, de la fraternité, et du travail dont on sait quelle charge mystique et quelle Grâce, chez Simone Weil, il trimballe. Il y a du Simone Weil chez Giannoli.

Car *À l'origine* est un film sur le travail. Il y a une mystique du travail. Un homme qui travaille, quel que soit ce travail, n'est jamais ridicule. On dit qu'il n'est de sot métier. C'est particulièrement faux : il n'y a, pratiquement, que des sots métiers. La plupart des métiers que je connais, que je rencontre, que je vois, que je croise, dont j'entends parler, sont sots. En revanche, dès qu'un homme, quel qu'il soit, est en train d'effectuer ce sot métier, il se pare automatiquement d'une sorte de dignité suprême, non, d'une dignité tout court, de la dignité dans son acception la plus noble, j'entends : la plus simple. Dans sa dignité la plus nue. Dans sa dignité la plus digne. Cluzet, dans ce film, remet les gens au travail. Le travail n'est pas une occupation : il est ce qui freine la mort. Il a le visage, ici, de l'espoir dans une région sinistrée en proie au chômage.

Cluzet va redonner des racines à des déracinés du travail. Et ce sera, sans aucun doute, le seul patron qui ne se comporte pas « en patron ». Par un paradoxe subtilement instillé dans le film, Cluzet montre qu'être un vrai patron, cela peut être, dans l'objectivité des faits et des institutions, être un faux patron : mais cela doit être un vrai homme, pardon – un homme vrai. Ce que veut Cluzet, c'est atteindre sa vérité. Chaque homme qui atteint sa vérité approche de la vérité. « Après des mois de ténèbres intérieures, écrit Simone (Weil), j'ai eu soudain et pour toujours la certitude que n'importe quel être humain, même si ses facultés naturelles sont presque nulles, pénètre dans ce royaume de la vérité réservé au génie, si seulement il désire la vérité et fait perpétuellement un effort d'attention pour l'atteindre » (Lettre du 14 mai 1942 au P. Perrin).

Et Simone écrivait, ailleurs (*Du temps*, 1929), que l'homme ne connaît pas le monde. Cluzet / Miller le connaît ; même, il le rend habitable ; il le rend viable. Et voici ce qui, à mon avis, résume le mieux la situation du personnage principal d'*À l'origine*. C'est toujours de Simone, et c'est encore dans *Du temps* (Simone a vingt ans) – c'est assez vertigineux : « Quelques-uns certes qui imaginent un Dieu, un démiurge législateur du monde, quelques-uns aussi qui pensent être athées, se mettent en quelque sorte à la place de Dieu, légiférant, assignant au nom d'études qu'ils nomment théologiques, ou physiques, ou chimiques, ou mathématiques, des règles à l'univers, ou plutôt ils essayent de penser ces règles telles qu'elles ont été assignées aux choses ils ne savent par qui, comme un esclave qui toujours chercherait à penser l'ordre de la cité comme le pense le roi qui a créé cet ordre et le maintient. »

Ici, dans ce début de passage, Simone ne fait rien d'autre qu'opposer ceux qui ont la foi et ceux qui se prétendent « athées ». Pour elle, un athée est quelqu'un qui, non seulement a remplacé Dieu par autre chose, mais qui plus est, a remplacé Dieu par cette autre chose qui est l'homme lui-même. Et pire encore, car c'est ce qui est ici sous-entendu : chaque athée remplace Dieu par lui-même ; c'est moi qui me substitue à Lui. Dieu, c'est moi. L'athée est celui qui se prend pour un dieu ; et qui se prend pour Dieu. Mais, pour l'instant, Cluzet n'est pas concerné. Nous ne savons pas s'il a la foi ou non, s'il est athée ou non : lorsque le film commence, lorsque le film débute, Cluzet ne croit pas même en lui. Il ne se prend pas lui-même comme *origine*. Il n'est rien. Pas même athée : rien, il ne croit en rien et *surtout pas en lui-même*. Poursuivons, car la suite devient plus intéressante pour nous ; elle nous concerne au plus près.

« Mais le commun des hommes s'intéresse peu à ces conjectures, poursuit Simone Weil. L'homme n'aspire à connaître que sa propre condition. » Là, nous pénétrons chez Giannoli. Nous mettons un pied dans le film. Cela commence, sérieusement, à nous interpeller. Car le film ne nous parle que de cela : du commun des hommes. Comment un homme, commun, parvient à faire, avec d'autres hommes, communs, un miracle. Jaillissement de miracle en frottant le commun au commun, à la manière des silex.

Simone, suite : « Ce qui existe, comme tel, n'est pas intéressant ; ou, pour mieux dire, de tout ce que nous croyons composer l'univers, rien n'existe que ce que chaque homme peut d'une certaine manière trouver, en cette condition qui lui est imposée, comme dans le creux de sa main. Tout ce que nous pouvons saisir, nous le saisissons, non certes en nous-mêmes, car il n'y a rien en nous, mais d'où nous sommes. Avant donc de me demander ce qu'est le monde ou même s'il est un monde, je me demande, non pas si je suis, car je le sais, non pas non plus ce que je suis, mais plutôt comment je suis, sous quelle condition j'existe ; et je trouve aussitôt que ma manière d'exister se définit à la fois par une certaine puissance de moi sur moi, et par une certaine impuissance de moi par rapport à moi. »

Si nous vivions dans un monde intelligent, voilà ce qu'il aurait fallu mettre sur l'affiche du film : cette phrase, cette dernière phrase de Simone Weil. Je la recopie de nouveau – j'en copie un tronçon : « Ma manière d'exister se définit à la fois par une certaine puissance de moi sur moi, et par une certaine impuissance de moi par rapport à moi. »

J'aimerais continuer à laisser parler Simone de ce film, oui, je laisse la parole, encore, à son fulgurant génie. On croirait qu'elle a vu *À l'origine*, mais en réalité, elle l'a vu puisque Giannoli a fait en sorte de faire un film qui pense. Pas un film boboïdal comme *Un prophète*, qui n'est qu'un film qui frime, et même, qui n'est qu'une frime de film où jamais rien n'advient – mais un film qui pense. Qui contient du discours ; de la pensée. C'est toujours issu de *Du temps*, c'est la suite, j'ai coupé quelques paragraphes intermédiaires mais c'est la suite, cela habite dans le même texte de 1929 : « Exister, pour moi, c'est agir, pourvu que ce mot soit pris en son sens plein ; or dès que j'agis, il m'apparaît que je ne me suffis point. Agir n'est autre chose pour moi que de me changer moi-même, changer ce que je sais ou ce que je sens ; mais ce changement de moi-même que je veux, il ne me suffit pas de vouloir pour l'avoir. » Je laisse de côté quelques lignes, et je reprends : « Ma condition est telle que je n'ai à conquérir l'éternité que d'une manière qui ne consiste pas à essayer de parcourir le temps ou de l'arrêter, mais à l'emplir de mon travail, en établissant par le travail, entre le projet et l'œuvre, ce lien qui ne peut m'être donné. » Et voici le coup de grâce : « La loi du travail enferme, quant à mon action, qu'elle dure, quant au monde, qu'il s'étende. »

Attentat en Turquie, mariage : on parle désormais de cinquante morts.

L'écriture, comme processus de défrichement, puis de déchiffrement, de l'Être, n'a guère besoin de publication : ce sont les jours passés qu'il s'agit d'imprimer en soi.

Lundi 22 août

Réveil avec *Cheer Up*, Bill Lovelady, 1981 (Charisma, 6302 100, Spain). Bill Lovelady : chant et guitare.

Atterrissage à 6 heures du matin.

Jacques Attali m'a gentiment diligenté son chauffeur à Roissy, Terminal 2E.

Emmanuelle me demande d'attacher la ceinture de sécurité à l'arrière ; je ne m'exécute pas.

Sieste, sexe.

Déjeuner avec Laurent et Vanessa pour préparer l'émission. On n'a toujours pas l'invité politique. Laurent essaye d'avoir Montebourg, qui fait manifestement le mort. Je propose Valls, Le Maire… Je me sens vraiment prêt – je pense que, cette année, je peux être bon, et peut-être même un peu plus ; mais il faut que je travaille davantage.

La panique de la guerre est tacite : ne jamais oser nommer l'ennemi (Russie, Chine) est un aveu de faiblesse – 1939 n'est pas loin (je ne parle pas là de chronologie – encore que ! mais d'état d'esprit). Poutine n'a pas, pour sa part, ce genre de problèmes. Lui désigne. Lui ose désigner. Lui ose pointer du doigt ses ennemis. Et il les intitule « ennemis ». Sans ambages. Nous sommes terrorisés, nous nous laissons terroriser par Poutine. Nous tremblons devant lui ainsi que des surmulots. Pourtant, les choses devraient être clairement dites : Poutine n'aime pas l'Europe, Poutine ne nous aime pas, Poutine nous considère, nous autres Européens, comme les ennemis de la Russie éternelle. Mais nous préférons, foireux, paniquards, lui dérouler le tapis rouge. Le signal ainsi envoyé à un homme, à un pays qui non seulement n'a pas peur de la guerre mais ne recherche qu'elle, n'est pas le bon. Les Anglais ne nous posent plus de problèmes, les Allemands sont nos alliés, des alliés sûrs et durables – si tout va bien : cela nous suffit pour nous insuffler, naïvement, l'illusion que toute guerre est désormais derrière nous, que tout risque de conflit interétatique est balayé. Folie. La disparition du mot « guerre » n'a pas fait disparaître le risque de guerre – au contraire. Il n'a fait que rendre moins palpable son imminence, plus diffuse sa réalité. Folie au carré.

C'est un enfant qui a commis l'attentat en Turquie, à Gaziantep, une grande ville commerçante du Sud, en pleine cérémonie de mariage ; je savais que cela arriverait : mais, je le répète, j'avais misé sur un enfant qui aurait invité ses amis à un anniversaire. Le « terroriste » a entre douze et quatorze ans. Il s'agissait, je ne l'ai pas précisé plus haut (je l'ignorais tout bonnement) d'un mariage kurde. Bilan (provisoire ?) : 51 morts, dont 22 enfants de moins de quatorze ans. 69 blessés. Le jeune kamikaze était arrivé au mariage en compagnie de deux adultes de sexe masculin. Ils l'ont abandonné au milieu des invités, et le tour était joué. C'est l'attentat le plus meurtrier de l'année en Turquie. L'attentat serait « signé » Daech.

Question : est-ce que la Turquie va sortir de sa situation intenable, elle qui se rapproche de la Russie et de l'Iran, mais qui, en Syrie, soutient les ennemis de la Russie et de l'Iran contre Bachar ? On murmure qu'Erdoğan commence à mettre de l'eau dans son vin en ce qui concerne Assad, et qu'il finirait éventuellement par accepter que son ancien ami devenu irréductible ennemi reste au pouvoir – mais ce, durant une phase transitoire. Il n'en reste pas moins que la véritable obsession turque est la création d'un Kurdistan autonome au nord de la Syrie.

Le principal fléau de la France est la drogue. Personne ne prend le sujet au sérieux. On ne fait rien. On est dépassé. Les salles de shoot en témoignent. À Marseille, les dealers obligent les handicapés, des migrants et les petites gens paniquées (« nourrices ») à stocker leur drogue de merde. Excellent article de Luc Leroux à ce sujet dans *Le Monde*. « Femmes seules avec enfants et endettées, personnes handicapées ou travailleurs n'éveillant pas les soupçons. » Peur des représailles : les « nourrices » n'ont pas le choix. Dégueulasse. Je préconise que ces petites frappes soient lâchées en pleine forêt amazonienne, avec deux jours de vivre, et qu'on les laisse se démerder une petite quinzaine de jours. Au milieu des bestioles, entre deux courantes, ils se feraient une autre idée de leur petite puissance d'impuissants. Une femme de soixante-treize ans a vu son appartement investi totalement par les dealers. Ça sentait le shit à plein nez chez elle, et elle ne touchait rien, pas un centime : c'était accepter ou se faire déglinguer la tête. Son témoignage tord les boyaux, vrille le cœur, bouche mille artères d'un coup : « Au début, c'était des insultes, des injures, on m'a tagué la porte, on a tiré dessus. Pour avoir la tranquillité, j'ai essayé de sympathiser avec eux. Je suis toute la journée couchée, sous cachets. Je laisse la porte ouverte. Depuis huit ou neuf mois, ils ont profité de la situation. Je les voyais vendre dans le hall et je les laissais rentrer pour qu'ils aillent aux toilettes mais je ne suis pas "nourrice", je n'ai jamais pris d'argent de leur part. » Vive la France.

Travail toute la journée à *La Règle du jeu*. Je lis sur les prisons, sur l'islam. Je me confectionne des dossiers pour l'émission ; je suis scolaire. J'écoute Claudio Capéo pour l'émission – je n'aime pas. Mélange de Gérard Manset, de Zebda et d'André Verchuren. Ces postures de cloche et de macadam m'exaspèrent ; marre des bitumeries. Je ne comprends pas pourquoi les musiciens bâclent les textes à ce point. Exemple : « Un homme ce n'est trois fois rien / Et ça bâtit des murs. » On fait rimer « Paname » avec « macadam », comme Renaud il y a quarante ans. Et on cite « Le Bateau ivre », sans trop savoir pourquoi.

« Je vous embrasse fort », chanson sur Paris, n'est faite que de clichés dignes de Coréens ou de Japonais rapatriés à la suite d'un passage en cellule de crise pour cause d'illusions abusives quant au soi-disant romantisme de Paris. Qui, je veux dire : quel Français, croit encore, en 2016, que Paris est le Paris des *Aristochats* et de *Ratatouille* et des amoureux de Peynet ? « L'envers du décor », « le dos de la carte postale » : mais nous ne sommes ni à Tokyo ni à Séoul ; et même eux, qui sont préparés, sont plus avertis que le narrateur de la chanson. C'est triste à dire, mais j'ai vu à l'aéroport de Séoul, dans le hall d'embarquement, un guide donner un cours à son groupe : que faire à Paris au moment où un pickpocket vous arrache vos affaires ? Comment, aussi, les repérer ? Comment préserver ses affaires en toute occasion ? Etc. Vive la France !

Et puis ces expressions… Comme : l'espoir qui « décède ». Surtout, cette omniprésence de la foi, mise à toutes les sauces : « Priez pour que je m'en sorte / Priez pour que mieux je me porte » ; « En ce moment, c'est dur, je confesse » ; « Un homme s'est levé […] / La foule a grondé / Comme les dieux qui se fâchent / […] Un homme a prié / Dans un temple païen / Il a pardonné / La haine effacée / Un homme a aimé / Sauver l'humanité / Un homme a aimé / Le monde est sauvé ». On se demande bien de quel homme il s'agit !

Mais notre homme est très notamment philosophe : « Si y a l'épine, y a la rose / Il suffit de s'en souvenir. » Ou encore : « Tôt ou tard je sais qu'il fera beau. » Une reprise de Delpech, « Chez Laurette », sauve cet album au chant maniéré (trop d'effets recherchés).

SMS de Jauffret : « J'ai eu cette nuit la preuve technique que j'ai du génie (ou du moins quelque chose qui s'en rapproche). Je te raconterai. »

Maria m'accompagne au bus. Dans le 83, je lis Daniel Halévy, sur la Révolution : *Histoire d'une Histoire esquissée pour le troisième cinquantenaire de la Révolution française*, Grasset, 1939. La vermine d'extrême droite se reconnaît à ceci qu'elle ne meurt jamais ; elle est en veille. Toujours prête à disséminer son choléra. L'extrême droite n'est pas même là pour donner la mort, injecter la mort, prodiguer la mort, non : l'extrême droite *est* la mort. De la mort en vie, si l'on veut. De la mort baraquée, de la mort en groupe, de la mort aux aguets, non pas seulement ennemie de ce qui pense différemment, mais ennemie de ce qui pense tout court. Non pas seulement haineuse de ce qui est différent, mais haineuse de ce qui est. Non pas seulement ignoble envers ceux qui sont nés ailleurs et vivent ici, mais ignoble envers ceux qui sont nés et qui vivent.

L'extrême droite ne tue pas : elle est elle-même le meurtre. Meurtre contre tout ce qui est innocent, contre tout ce qui est inoffensif, contre tout ce qui est seul, contre tout ce qui est faible, contre tout ce qui ne demande rien à personne.

L'extrême droite est la mort parce que la mort, par définition, demande des comptes, sans prévenir, à ceux qui ne lui ont rien demandé. L'extrême droite est la mort, parce que la mort est toujours inégale, injuste, et que la mort n'est jamais intelligente. L'extrême droite est la mort parce que la mort déteste de toutes ses forces ceux qui déploient leur force, leur courage, leur vivacité, leur jeunesse pour tenter de vivre, et peut-être même de vivre heureux. L'extrême droite est la mort parce que la mort, cela ne réfléchit jamais, parce que la mort, c'est incapable d'avoir une seule idée en dehors d'elle-même, en dehors de faire mourir, en dehors de supprimer ce qui est.

L'extrême droite est la mort parce que la mort ne comprend jamais ce qu'on lui dit. Parce que la mort, cela n'aime pas la tolérance, cela n'aime pas ce qui est tempéré, ce qui est mesuré, ce qui est réfléchi, ce qui est nuancé. La mort aime bien les mots quand les mots font du bruit, la mort aime bien parler pour ne rien dire : mais la mort ignore ce qu'est la parole. L'extrême droite est abrutie, comme la mort, par une parole mécanique, par une parole qui ne sait pas parler, par une parole qui ne parle pas. Par une parole qui ne dit rien. L'extrême droite ne parle pas, elle crache des mots qui sont pires que le silence, qui lui est parole. La mort, contrairement à une idée reçue, n'est pas un gros silence qui pèse, une chape de plomb qui fait tout taire – mais c'est un verbiage, c'est un mensonge, un boucan, une stridence, des propos de comptoir. La mort, c'est la parole sans parole donnée à l'instinct, c'est-à-dire à l'instant.

L'extrême droite, c'est ce qui s'insinue, car la mort s'insinue. Elle est toujours là, faufilée, infiltrée, à l'écoute, comme sur la Toile, au courant de tout, sans cesse imminente, sans cesse prête, ramifiée, rapide – insinuée. L'extrême droite, ce ne sont pas seulement des groupes ou des groupuscules éparpillés : mais un poison qui coule, partout où il peut couler ; une viscosité, une bave qui slalome entre les espaces. Ce poison, cette saloperie, cette vermine n'attendait qu'une occasion de légitimer sa haine de la vie. Elle lui fut donnée, comme un blanc-seing, par tous ces semi-fascistes hostiles au bonheur des hommes, au bonheur des hommes avec les femmes, au bonheur des hommes avec les hommes, au bonheur des êtres avec les êtres. Je demande au président de la République, sans plus attendre, de punir tous ceux qui, sur notre territoire, feront honte à notre nation née sur la négation de toute forme de morbidité.

L'extrême droite n'est pas un « mouvement », un « parti », c'est la mort incarnée dans quelques foireux vivants, en réalité de pauvres zombies. L'extrême droite a raté sa vie – elle entend raturer la vie des autres. On nous dit que l'extrême droite n'aime pas les juifs, les Noirs, les Arabes, les homosexuels, les « gauchistes ». Mais si les juifs, les Noirs, les Arabes, les homosexuels et les « gauchistes » n'existaient pas, elle les haïrait quand même. Elle les inventerait à la seule fin de les haïr, de les persécuter, de les massacrer, de les assassiner. Pour l'extrême droite, nous sommes tous, absolument tous, nous serons tous, absolument tous, tour à tour, des juifs, des Noirs, des Arabes, des homosexuels et des « gauchistes ». L'extrême droite ne peut pas mourir : la mort ne peut pas mourir. À nous tous, en attendant, de lui donner une bonne, une vraie leçon de vie.

Soirée avec Emmanuelle, nous regardons *Le Fils de Jean*. Décevant car cousu de fil blanc, malgré de bonnes scènes et d'excellents acteurs.

Dire qu'un tout petit juif a fait le plus grand des chrétiens.

Écoute de « The Great Silkie ». Je suis un fan absolu de Judy Collins. Meilleure que Joan Baez (et de loin), Judy n'a pas froid aux yeux : elle interprète Kurt Weill et a fait faire ses premiers pas à un autre génie : Randy Newman. On la retrouve ici avec l'incroyable Tommy Makem, folkiste irlandais mort dans une indifférence totale en 2007. Pour moi, ce fut un jour de – vrai – deuil.

Je dors seul ; sommeil réparateur.

Mardi 23 août

Réveil avec *Cat In The Hat*, Bobby Caldwell, 1980 (Clouds, 8810). Bobby Caldwell : chant, guitare, basse, batterie, vibraphone, claviers et synthétiseur ; Mike Lewis et Mark Colby : saxophone ; John Paulus : basse ; Ed Greene, Joe Galdo, Harold Seay et Andy Newmark : batterie ; Bruce « Mal » Malament : claviers et synthétiseur ; George « Chocolate » Perry : basse ; Gary Lindsay : clarinette ; Jerry Peel : cor d'harmonie ; Chris Colclessor : clarinette et saxophone ; James Marshall : trombone ; Hollis Burridge et Jeff Kievit : trompette et bugle.

Comme Gambetta, François Hollande est obsédé par la trace qu'il laissera dans l'histoire : c'est assez comique, parce qu'il ne laissera pratiquement rien. N'est pas de Gaulle qui veut. Hollande, en premier lieu, manque d'autorité ; or, les Français raffolent de l'autorité : à peine la république déclarée, en 1848, voilà qu'ils utilisent le suffrage universel qu'elle leur offre pour choisir l'option du césarisme, avec Louis Napoléon Bonaparte. Même chose avec Thiers, à la naissance de la république suivante : c'est Thiers, ancien orléaniste, figure marquante de la monarchie de Juillet (président du Conseil, ministre des Affaires étrangères, ministre de l'Intérieur, ministre des Travaux publics), qui emporte la mise. Jules Ferry avait de l'autorité, Clemenceau avait de l'autorité. Je ne parle pas de Pétain, même si, d'une certaine manière, cela relève de la même mécanique (le besoin d'autorité). Et puis de Gaulle. Mitterrand, finalement, a été apprécié et réélu pour ces raisons, et Giscard a perdu parce qu'il en manquait. Sarkozy, sans le moindre doute, a également été élu sur ce malentendu : on a cru, il a fait croire, qu'il avait de l'autorité. Hollande est finalement le premier président élu dont on savait qu'il n'avait aucune autorité : il a simplement, durant sa campagne présidentielle, fait mine d'en être nanti. Tout le monde est tombé dans le panneau. En outre, une raison pour laquelle il ne restera rien du quinquennat Hollande, c'est parce que Hollande n'est rien sans la politique ; il le dit, il ne sait rien faire en dehors : difficile d'avoir une vision du monde, une vista, quand sa vie ne se confond qu'avec la vie politique, la vie publique – on se demande où est la place, dans tout cela, pour la vie intérieure. Ça n'empêche pas, chez lui, le narcissisme ou la mégalomanie – il fait de la air-histoire comme certains de la air-guitare.

À Oyonnax il s'était fait siffler – il était venu commémorer les maquisards. « C'était dur. J'entendais les sifflets et ça m'a fait mal…

Ça m'a fait mal pour la République. » Justement, il ne se confond pas avec la République – et personne ne le confond avec la République. Tout le problème est bel et bien là. C'est très intéressant, d'ailleurs : la Ve République, fondée en 1958 sur le bonapartisme démocratique, est-elle faite pour un autre que de Gaulle. Mitterrand ? Mais Mitterrand est un de Gaulle inversé, un de Gaulle de l'attente.

Et puis, cette immense naïveté : « L'Élysée n'a pas été conçu comme si on était en guerre », lance-t-il, parce qu'inquiet de la « Manif' pour tous » ou des Bonnets rouges. Naïveté, oui : et les cortèges des années 1930, notamment 1934 (6 février) et 1936 ? La montée des Ligues. Le Front populaire. D'autant qu'il devrait savoir, en sus (je parle des Bonnets rouges), qu'il y a à gauche une vraie tradition de la manifestation violente : Juin 1848, Mai 68.

Surtout, il semble craindre autant Daech que Montebourg. Cet homme, devenu international, reste avant tout local. C'est un chef d'État municipal.

Et puis, cette très grave affaire, l'affaire dite « Leonarda » : lorsque le président de la République française s'abaisse à lui répondre personnellement, il installe un face-à-face inouï, inédit, d'égal à égal, entre l'État et une gamine déracinée, paumée – cela est propice au canevas même du terrorisme, qui fonctionne précisément sur cette fiction du face-à-face : d'homme à homme, moi le djihadiste de vingt ans, moi tout seul, héroïquement, et sur un même plan, face à la République. Affligeant. Quand François Hollande se fait siffler, il a mal à la République, dit-il. Mais quand il répond à Leonarda, c'est nous, tous les Français, qui avons mal à la République. Et c'est, plus simplement, la République elle-même qui a mal à la République. C'est à la République qu'il fait mal.

Rien n'est plus critiquable que la politique et les hommes (et les femmes) qui l'incarnent. Ils l'incarnent, mais sont pourtant eux-mêmes, la plupart du temps, désincarnés. C'est-à-dire privés de leurs corps. Non au sens mystique, évidemment, puisqu'ils sont la négation même des mystiques. Mais, pourtant, j'observe que les hommes politiques sont dans l'oubli du corps. Là où les mystiques oubliaient le corps par manque de confiance en lui, par peur que la chair ne les trahisse ou surtout ne leur mente, les hommes politiques oublient le leur pour une raison symétriquement opposée : ils l'oublient parce qu'ils ont trop confiance en lui. François Hollande, par exemple, dit qu'il ne s'adonne jamais à la moindre activité sportive : il part du principe que son corps lui fait crédit, il l'oublie parce que son corps est quelque chose d'accessoire, de secondaire, de subsidiaire, d'anecdotique. Mais le mystique prend le temps de se séparer de son corps, cela lui demande parfois une vie, toute la vie. Tandis que François Hollande n'a pas le temps de lui consacrer une seule minute. Le mystique est dilué dans l'éternité dans laquelle il s'agira de retrouver le corps, de reprendre corps, un corps de lumière mais un corps. Le politique n'a de corps qu'instrumental, instrumentalisé : le corps est un moyen de locomotion pour aller d'une ville à une autre, le corps est mis au service, comme un vulgaire employé ou un assistant lambda, d'une ambition ; le corps (politique) est une machine qu'il s'agit de sustenter, de remplir, pour que l'homme qui l'habite (qui s'en sert) puisse escalader les marches du pouvoir. Cet oubli du corps est un mépris par le bas : le corps est utilitaire. L'oubli du corps, chez les mystiques, est un mépris par le haut : il s'agit de dépasser son magistère, de provoquer son autorité, de hisser à son impressionnant niveau d'influence quelque chose qui n'a rien à voir avec lui : l'âme, l'esprit. Les chrétiens ont trouvé l'astuce, et c'est une astuce géniale…

L'incarnation, c'est lorsque quelque chose ayant trait au divin forme viande, forme chair. Le mystique, par l'imitation du Christ, est certain de rester par la chair au cœur du Logos. Il n'oublie son corps que pour se fondre totalement en lui. Le Saint-Esprit n'est pas une simple invention visant à « souder » le Père et le Fils, mais une intervention digestive par laquelle ce qui est Fils et Chair parvient à l'état de Père et Verbe. Le Saint-Esprit transforme la viande en lumière. Mais son action fonctionne dans l'autre sens : de la lumière vers la carnation. L'incarnation, c'est, pour la lumière, faire son entrée dans la viande. Le mystique se situe au point d'écluse, frappé par le Saint-Esprit, en lequel sa chair de Fils atteint, par un mouvement ascendant le Verbe du Père, et où le Verbe du Père est con-descendant : il y a l'idée de descente aux chairs. Le mystique se situe au lieu de la con-ascendance et de la con-descendance. Il y a un perpétuel mouvement d'aller et retour du corps vers l'âme et de l'âme vers le corps. C'est un mouvement, déclenché par le Souffle, qui va du pondérable vers l'impondérable et de l'impondérable vers le pondérable. Le mystique revient toujours au corps, à la pondérabilité du Fils, puis s'en retourne vers l'impondérabilité du Père. Dieu ne fait pas le poids, c'est au Fils de le faire. Face aux malheurs du monde, de l'histoire, le Père ne fait pas le poids. Il n'est pas là pour ça. Le poids, c'est le poids de l'histoire, c'est le poids du corps, c'est le poids du Fils. Vouloir se débarrasser de son corps, pour un mystique, reviendrait à vouloir, non tuer le Père, mais tuer le Fils – or le fils, c'est lui, c'est lui par imitation, c'est lui par com-passion. Le mystique n'étant pas suicidaire, il va prendre corps autrement. Le corps et l'âme sont appelés à se réunifier. À coïncider. Chez le politique, ils se scindent, ne s'unissent jamais plus : Hollande se désincarne en perdant des kilos, il modifie son corps parce que ce corps renvoie une mauvaise image. Un corps gros n'est pas un bon corps électoral. Sa chair n'est pas appelée à devenir Verbe, mais à dissimuler le Verbe au contraire. L'image (le pondérable) n'ira pas se fondre dans la Parole (l'impondérable) : mais elle va la recouvrir. Hollande montre une image neuve de son corps destinée à masquer le discours. Le contenant du corps occulte le contenu de l'esprit. Il n'a rien à dire, donc il montre à voir. Et ce faisant, il objectivise de nouveau son corps : il l'utilise. Il s'en dissocie : son corps n'est pas là pour le trahir, mais pour lui obéir, pour lui obéir au doigt et à l'œil.

« Mon Père, pourquoi m'as-tu abandonné ? » : pourquoi n'as-tu pas confiance dans le Corps ? Dans le corps du Fils. Dans le Corps du Christ. Le premier mouvement est le doute. Le Verbe doute de la Chair. La foi sans le doute, cela n'a aucun sens. C'est un mouvement de balancier. L'esprit peut douter du corps, mais le corps ne peut douter de l'esprit. Le corps demande à l'esprit de ne pas l'abandonner. C'est l'épisode de la Passion. L'esprit éprouve le corps, le Père met le Fils à l'épreuve. Mais il ne l'oublie pas. Il l'abandonne, mais ne l'oublie pas. L'abandon n'est pas l'oubli. C'est même le contraire : en abandonnant, on est certain de ne plus jamais pouvoir oublier. Voyez les femmes qui abandonnent leurs enfants. Chez le politique, le corps est totalement oublié. Pas abandonné : puisqu'on s'en sert. On l'instrumentalise. L'incarnation, c'est l'épreuve de l'abandon du corps par l'esprit, de l'abandon du Fils par le Père. La désincarnation (la politique, donc), c'est l'oubli du corps par l'esprit, c'est l'oubli du Fils par le Père. Reniement de l'Enfance, de l'Enfant-Jésus, du petit enfant, pour devenir adulte, père, père de la nation. Le président de la République peut incarner à son tour (la République, l'autorité) ; mais nullement le candidat, qui est une suite de moyens mis à la disposition d'un but à atteindre, d'une ambition à assouvir. Le candidat est désincarné, il incarne la désincarnation.

Il incarne la modernité. Il incarne du présent. Il incarne le présent. Il s'incarne lui-même, puisqu'il est son propre dieu. Il est un Fils qui se prend pour le Père, il ne met plus rien au-dessus de lui alors qu'il n'a fait que se faufiler entre des obstacles politiques, où aucune transcendance n'est possible. Le politique « se fait tout seul ». Il s'auto-engendre. Il se fait naître tout seul tous les jours. Il a tué le Père, sans savoir qu'il n'en a jamais eu.

« Un seul être de trop, et tout est surpeuplé » (Jean Baudrillard, *Cool Memories IV, 1995-2000*).

Exemple du faux génie par excellence : Carax. D'autant plus étrange qu'il n'a même pas de talent (films lourdingues, mal écrits, aux dialogues risibles, aux plans crispants, bouffis d'ésotérisme boutonneux, clinquants, ados, gluants, vieillots). Incompréhensible. Il vit, depuis trente ans, sur un vague espoir suscité par son premier film – comme si on ne pouvait pas commencer par le meilleur et ne faire, ensuite, que régresser. Il arrive qu'une première œuvre soit réussie parce qu'on ne l'a pas fait exprès ! Et qu'ensuite, se prenant pour ce qu'on n'est pas (un artiste), on ne fournisse que de la gélatine et de pâteuses foirades. Carax : un cinéaste qui *fait le malin* – il ne sait pas faire autrement ; on est gêné pour lui.

Les juifs se sont fait élire par le Dieu qu'ils se sont inventé. Quoi de plus légitime ? On refuse aux juifs le droit et le privilège d'être en connexion directe, en communion prioritaire, en responsabilité particulière avec un Dieu qu'ils ont fait jaillir de leur propre génie. Ceux qui se plaignent de l'élection de la tribu d'Israël n'ont qu'à s'élire un autre Dieu. Dieu n'a pas inventé les juifs ; ce sont les juifs qui ont choisi Dieu.

Départ de Maria pour Marrakech. Je passe l'après-midi seul, à travailler (très efficacement) à *La Règle du jeu* ; pratiquement huit heures sans la plus petite interruption.

Je rejoins Emmanuelle ; nous faisons des jus, des soupes (betterave, chocolat, tout y passe) – elle m'a offert un « blender » –, et des salades.

Je dors seul, ventilateur au niveau cinq. Canicule sur Paris.

Mercredi 24 août

Réveil avec *Banana Moon*, Daevid Allen, 1971 (BYG Records, 529 345, France). J'ai manqué de mettre, à la place, *Trout Mask Replica*, de Captain Beefheart – mais, au dernier moment, je me suis dit que j'avais *peut-être* passé l'âge.

Café avec Fred Assayag, directeur artistique de l'émission, pour faire le point. Léa a été prise en photo une fois de plus en une de *Voici*. Mauvais pour Raphaël Glucksmann, lui aussi pris dans la nasse. Cela va être dur, après cela, de faire des séminaires sur la Shoah.

Je n'ai rien, à titre personnel, contre Raphaël Glucksmann – seulement, il aura la carrière d'un galet, trimballé par les eaux, lisse, rarement inquiété, rarement acteur, ou acteur dans le sens du courant. « Cet avis s'accordait avec ma tranquillité, mes intérêts et mes vices ; et je le suivis » (Diderot, *Promenade du sceptique ou les Allées*).

Mais celui qui agit dans le sens du courant ne reste pas dans les mémoires : il occupe évasivement, pour faire rire ses contemporains, quelques colonnes de journaux avant de se défaire dans un oubli méchant. Raphaël, homme courtois, plus malin que l'on pense et moins intelligent que l'on imagine, ne restera pas : ni comme philosophe, puisqu'il n'est pas philosophe, ni comme écrivain, puisqu'il n'est pas écrivain, ni comme penseur puisque penser n'est pas son propos (ni son genre) : il préfère réfléchir. Voilà : Raphaël Glucksmann est un *réfléchisseur*. Ce n'est déjà pas si mal, par les temps qui courent – il aime bien, très notamment, que la lumière réfléchisse sur lui. Cela lui confère, sous les projecteurs, ce sourire un peu niais que nous lui connaissons, et dont il tire son charme. Car il n'est pas dépourvu de charme : grand, bientôt presque aussi chauve que Michel Foucault, vêtu comme on se vêt généralement lorsqu'on veut montrer qu'on vote à gauche, j'ignore s'il a tout pour plaire, mais j'admets qu'il n'a rien pour déplaire. Dégingandé, diligent, féminin, c'est le contraire d'une grande gueule : son mystère se cultive par là, par le mot rare, la réflexion qui tombe à pic, la mise en retrait tactique.

Je l'aime bien pour ma part – dommage qu'il prenne tout au sérieux, lui-même compris. Il rate une dimension de la vie : celle du burlesque assumé, du ridicule tacite, du lâcher-prise inconvenant. J'allais dire : du risque. Il ne se mouille que lorsqu'il pleut : c'est-à-dire uniquement lorsque tout le monde est trempé. Non seulement il réfléchit, mais c'est à deux fois. C'est un prudent. Il a entendu parler de la notion de risque, bien sûr, et même de celle de courage : dans la série « Le Club des Cinq » quand il était petit. Mais Raphaël Glucksmann n'a jamais été petit. Et quand bien même l'aurait-il été, qu'il ne faudrait pas le dire. Avoir eu une enfance ne se fait pas quand on appelle à soi autant de tragédies à considérer, de drames à analyser, de perspectives historiques à dresser. Raphaël n'est pas là pour plaisanter. On ignore pourquoi il est là, du reste : mais ce n'est pas pour plaisanter. Et quand il se rend quelque part, on ignore pourquoi il s'y rend, si ce n'est qu'il s'y rend pour ne pas y plaisanter. « Que vient-il faire ici ? – Il vient ne pas plaisanter. – Ah, d'accord ! Merci du renseignement ! – Mais je vous en prie, c'est bien naturel. – Qui est exactement ce type ? Vous le connaissez ? – Je ne sais pas qui il est, mais je sais qui il n'est pas : un plaisantin. »

Quant au couple Léa-Raphaël, il n'est point besoin d'être un grand scrutateur des choses humaines pour s'apercevoir, presque à l'œil nu, que ce n'est pas tant un couple qu'une association – un arrangement. Un échange de bons procédés. Les gens font ce qu'ils veulent. Je m'en fiche allégrement. Je trouve même cela plutôt amusant. C'est malin, du côté des deux. Ce n'est pas intelligent (aucun des deux n'est très intelligent) mais c'est malin. Notoriété, célébrité. Glucksmann se fait mieux connaître (c'est l'apport de Léa : la « lumière », même si c'est de la fausse gloire, c'est-à-dire de la gloire télévisuelle, de celle dont il ne restera rien) ; Salamé se fait mieux considérer (c'est l'apport de Raphaël : l'intellectualisme, alors qu'il n'est pas tant un intellectuel qu'un touriste des idées – et il a bien raison, et il est encore plus sympathique ainsi, sourire aux dents, gros yeux bleus roulants sous la calvitie du penseur). Bref, je ne vais pas passer la journée sur eux, mais concluons rapidement : ce n'est pas de l'amour, c'est de la balistique. Chacun attend de ce couple *quelque chose.* (Modèle : Kouchner-Ockrent – et pourquoi pas ? Je parlerai un jour, dans ces pages, peut-être, *si j'ai le temps*, de Bernard Kouchner et de Christine Ockrent, que j'ai approchés et connus, les deux dans des circonstances différentes.)

Coiffeur, puis travail à *La Règle du jeu*, où je tape ces lignes. Je ne vais pas m'éterniser dans ce journal – je m'en doutais un peu.

La profondeur de la vie fait craindre à chaque paragraphe d'un journal intime l'imminence de la mort.

Ceci, très intéressant, de Marcel Gauchet : « L'Europe est totalement démunie face au phénomène religieux qui continue d'être très vivant dans le reste du monde, et qu'elle ne prend pas au sérieux. Au fond, pour les gens "éclairés" d'Occident, la religion est du folklore : les religieux ont leurs coutumes, nous avons les nôtres, trouvons un *modus vivendi*. Il y a la bourrée auvergnate et il y a le ramadan, voilà la conviction la plus généralement répandue ! Ce manque de connaissance – et de respect – est une preuve de plus de l'ethnocentrisme occidental : un Occidental moyen ne peut plus comprendre ce qu'est une religiosité traditionnelle. »

Plus loin : « Autrement dit, toute interrogation sur une *altérité* vraie est stigmatisée du mot infamant d'"exclusion". Nous sommes dans des sociétés incapables d'interroger la diversité civilisationnelle puisque celle-ci est *a priori* réfutée par l'idée de la similitude universelle » (*Comprendre le malheur français*, 2016).

Diderot, *Promenade du sceptique ou les Allées*, génial (Dieu, la Bible) : « Deux volumes épais, remplis de merveilles et d'ordonnances, tantôt bizarres et tantôt raisonnables, renferment ses volontés. Ces livres sont écrits d'une manière si inégale, qu'il paraît bien qu'il n'a pas été fort attentif sur le choix de ses secrétaires ou qu'on a souvent abusé de sa confiance. »

L'ensemble de tous les juifs forment un Christ. Ce sont tous les juifs pris ensemble qui sont le Fils de Dieu. Jésus n'est pas le premier chrétien : c'est le juif ultime. Le juif ultime, ce sont tous les juifs ultimement rassemblés. Il n'y a pas de judaïsme sans ultimatum. Quand les juifs ont été rassemblés, ç'a souvent été, dans l'histoire, pour le pire (pour *leur* pire). Les juifs rassemblés tous ensemble forment le Christ ; le Christ est le nom du rassemblement pour le pire. La Croix est le *pire* des juifs. La Croix est le lieu ultime de l'ultime rassemblement des juifs. Il n'y a *hélas* pas de judaïsme sans ultimatum.

Edmond Jabès moins présent que je ne l'eusse pensé dans ce journal. Était-ce un éclat passager – suspense !

Gide, *Correspondance avec Jef Last* (publiée en 1985) : « Je crois que j'écrirais des choses très épatantes si seulement *les autres* voulaient bien me ficher la paix. »

Reçu un mail très sympathique de Stéphane Zagdanski. Il y a quelques années, je l'avais malmené dans un article paru dans *Elle*, puis remalmené dans une revue. Franchement, je le regrette. Je n'aurais pas dû. Se faire des ennemis, pourquoi pas – et c'est sans doute même vital. Mais se faire des ennemis qui pourraient, qui devraient être des amis, c'est idiot. Les raisons de ces attaques sont un peu confuses aujourd'hui : disons qu'une tierce personne, par ailleurs écrivain hystérique, aigri, antisémite, et finalement mineur, avait jeté pas mal d'huile sur le feu. Je ne suis pas juif, mais, dans le judaïsme, la médisance est un des péchés les plus graves. Heureusement, le pardon est quelque chose d'essentiel dans ce même judaïsme, et peut-être Stéphane me pardonnera-t-il un jour. Je considère que quelqu'un qui s'intéresse autant à Martin Buber et aux aphorismes de Kafka ne peut que (re)devenir mon ami. Par ailleurs, Zagdanski est très proche je crois de quelques jeunes auteurs de chez Sollers, eux aussi férus de littérature, comme notamment Valentin Retz et Jean-Philippe Rossignol, qui sont à mon avis en train d'ébaucher des œuvres importantes.

La première fois que j'ai rencontré Stéphane, il me semble que c'était, au mitan des années 1990, lors d'une petite allocution que j'avais faite, accompagné (et introduit) par Rita Gombrowicz, dans un local de la bibliothèque François-Mitterrand, sur Gombrowicz. Il y avait peu de monde, il faut bien le dire. Stéphane était là. Nous avions parlé. Il était venu gentiment me trouver : « Tu es le seul à avoir raconté quelque chose d'intéressant. » « Zag » est fou de Talmud, de Proust, de Heidegger et de Céline – ce qui ne fait, avec moi, que des points communs. Lorsqu'on est plus jeune, qu'on débarque à Paris, il y a deux attitudes possibles : soit on entre en contact, en empathie, en amitié, en fraternité avec ceux qui partagent nos passions, soit on se braque bêtement, un peu jaloux, et on voit tout à l'aune de la concurrence – ou plutôt (le mot est plus fidèle à ce que j'essaie d'exprimer) : de la compétition. J'ai stupidement choisi la deuxième voie. Qui est une impasse. Et une preuve d'immaturité, sinon de bêtise. J'ai longtemps, j'ai beaucoup été bête. J'ai longtemps, j'ai énormément été stupide. Je le suis resté, bien entendu (je ne suis toujours pas parvenu à la sagesse, peut-être même pas à ce qu'on nomme l'« intelligence »), mais du moins ai-je fait quelques progrès. À tel point que je connais peu, aujourd'hui, d'écrivains capables à ce point de dire leur admiration pour un autre écrivain – là où la plupart de mes contemporains se recroquevillent dans une attitude suffisante, hautaine. Le problème des écrivains, c'est que chacun se croit, seul dans son rabicoin, le meilleur, le plus grand, le plus beau, le plus fort – le seul.

J'aime chez Stéphane la folie de l'autodidacte ; sa soif de tout comprendre – de vouloir percer le secret de la littérature, dont il a bien senti, lui, qu'il allait de pair avec le grand secret biblique. Stéphane sait ce que « parole » signifie. Il a saisi les correspondances entre la pensée de Heidegger, la poésie, la littérature et la Torah. Ce n'est pas un homme de lettres. C'est un homme de *la* lettre. J'aime beaucoup Stéphane. Je suis heureux de le savoir sur Terre – il assure une manière de permanence.

Il a cessé de publier, écrivant son œuvre autrement, à la main, sur des toiles, des feuilles, des objets, des cadres et autres supports uniques. Il en avait assez que ses ouvrages soient, en librairie, mélangés à ceux du tout-venant – du tout-écrivant. Certes, il n'est pas agréable d'être logé à la même enseigne que David Foenkinos, Delphine de Vigan, Laurent Gaudé, Maylis de Kerangal ou Éric Reinhardt ; je puis parfaitement l'entendre. Encore que : cela ne donne-t-il pas plus de piquant ? J'aime que mes livres soient mélangés à ceux des autres, cela leur donne une allure normative, et ne confère que plus de puissance encore à leur contenu – ils sont indiscernables par l'allure, par la robe, et la subversivité n'en est que plus grande. Cela ne m'a jamais dérangé que, dans une librairie, Grangé et Gide soient voisins. Au contraire. C'est la guerre entre les livres. Une guerre muette, mais violente. Les œuvres se reniflent entre elles. Elles savent très bien qui est qui. Je ne suis pas inquiet. Zag, si. Il l'est. Il en avait plus que marre que son talent ne se remarque pas dans ce cimetière de l'imprimé. Il a donc décidé de retirer ses billes. C'est un jeu dangereux. Pas sûr qu'il y gagne.

Je me méfie de ce genre de positions radicales, surtout quand, comme c'est le cas ici, elles sont guidées par le seul orgueil. Oui, le gros problème de Stéphane, que je respecte tant – si jamais il tombe sur ces lignes, je crains qu'il ne les prenne mal, hélas, car il n'est pas le dernier à être susceptible –, c'est son orgueil. Comme personne ne le place à la hauteur à laquelle il souhaiterait être placé, il s'y place tout seul, s'y installe d'autorité au risque de finir par s'admirer tout seul, d'être son seul lecteur, son seul thuriféraire, son seul public et son seul critique.

Il exagère un peu : dans les « Z », ils ne sont pas si nombreux que ça. La concurrence est moindre que dans les « M ». Moi, par exemple, il faut que je me coltine le voisinage de Modiano : pas évident à vivre. Modiano à l'œuvre si fabriquée, si insincère, si cynique, si truquée, si attendue, si marketing – si fausse. À « Z », il n'y a pas grand monde. Il aurait pu se battre davantage.

J'écris ces lignes dans le petit bureau de Maria, à *La Règle du jeu* (dans le grand bureau, une femme fait du classement de revues) ; c'est l'étuve. Je me nourris de morceaux de noix de coco comme s'il s'agissait de cacahuètes.

Se remettre au travail.

Jeudi 25 août

Réveil avec *Tampa Red Vol. 1*, Tampa Red, 1976 (RCA, PM 42029, France). Tampa Red : guitare et chant.

Pour entorse, kiné (énorme raciste, porcinet, rosâtre, j'y reviendrai si j'ai le temps). J'essaie ensuite d'aller nager mais, à cause de la canicule (Paris est une chape de plomb), toutes les piscines sont complètes ou affichent deux heures d'attente. Pas grave. Je rentre travailler encore un peu. Je tombe sur des éléments intéressants à propos de la loi de 1905 – ou plus exactement sur la Séparation. Aristide Briand, rapporteur. De bonnes cartouches pour l'émission de ce soir.

Le livre de Sarkozy, *Tout pour la France* : du césarisme de rez-de-chaussée.

Émission, la première avec Vanessa. Ça se passe bien. Je me sens parfaitement en forme. L'invitée politique est Nathalie Kosciusko-Morizet. Au milieu des figures de la droite chauve et mâle, déconfites par les embrouillaminis, usées par les combats de coqs, tordues par les tentations du pire et les pulsions suicidaires, « NKM » apparaît comme une flamme belle et neuve, cheveu sur la langue, neurone au vent, les idées fermes et l'ambition collée au corps, beaucoup moins arrogante que je ne l'ai lu, moins sûre d'elle-même que je ne le croyais. La fille dont on tombe amoureux en classe, mais dont les regards se tournent vers les grands. Celle autrement dit, pour l'écrire sans ambages, qu'on n'aura pas. Le libéralisme français avait besoin d'une vigueur vierge, d'une énergie nouvelle, d'une intelligence verte, d'un frais culot : NKM résume à elle seule les grandes facettes de la droite républicaine de 1958 à nos jours : fantasmes gaulliens de sauver la France par le haut, de s'y vouer en se confondant avec elle, coolitude pompidolienne qui – contre toute attente – ne surjoue pas la proximité de bistrot, altitude giscardienne dans l'intellect, le maintien et le chuintement, chiraquiens penchants pour les victoires narcissiques, les gaffes malheureuses et les cadavres sur la route, sarkozienne façon d'imposer ses vues et de faire swinguer les dossiers grisâtres.

Je l'avais rencontrée lorsqu'elle était candidate à la mairie de Paris, ses vues étaient classiques mais claires : propreté à gogo, sécurité *über alles* (Rudolph Giuliani, ex-maire de New York et inventeur de la tolérance zéro, figurait alors en haute place dans son panthéon portatif), dépoussiérage du fonctionnariat, ainsi que quelques colifichets architecturaux qui ne verraient jamais le jour ou autre décapitation, hélas utopique, de la tour Montparnasse. On ne saurait dire, chez les politiques, ce qui relève de la démagogie ou de la foi, du cynisme ou de l'élan humain. Nathalie Kosciusko-Morizet rêvait de Paris, mais entendait faire en sorte que Paris rêvât d'elle. Le sourire agrafé au visage, elle avait arpenté le bitume crade, goûté les pâles aubes, s'était fait photographier sous une pluie, avait serré la main d'êtres à cabas parmi les tomates.

Je l'avais lancée sur les journalistes, qu'elle goûte autant qu'un chat les bananes : ici, elle avait fustigé leurs coups bas, là elle s'était attristée de leur pornographie quand, dans les épisodes dramatiques de l'existence, ils s'appliquent à la bastonner plus encore. Le répit les intéresse peu ; la dignité les encombre. Nathalie Kosciusko-Morizet, pourtant, ne s'était plus intitulée « NKM », ce soir-là, au restaurant, face à moi, lorsqu'elle avait convoqué, les larmes ailleurs que dans les yeux, le spectre de son frère parti. Elle fut humaine et douce, en ce dimanche soir, aussitôt qu'elle confia sans pathos la gravité de l'état de santé de son père. Ces fissures, qu'elle ne colmate que par une frénésie d'avenir, lui font frôler des abîmes que je soupçonnais, mais dont j'ignorais la profondeur. « Dans ces moments d'intime douleur, les ennemis, et parfois quelques journalistes, ne vous lâchent pas. Aucune trêve. Pas d'humanité. Ils redoublent de violence. Ils ne vous veulent pas seulement à terre, ils vous veulent morte. C'est dur. »

Nous avions évoqué Sarkozy, dont elle a fini par se faire aimer, lui pour qui l'écologie n'était qu'un mot, et sur lequel elle sait pouvoir compter. Je lui demande au débotté de nous débarrasser des bobos. « Je ne sais pas ce que le mot "bobo" signifie, avait-elle très sérieusement asséné. Le concept ne m'a jamais convaincue. »

Un couple d'artistes bavard, hystérique de la voir « en vrai », lui avait offert un livre :

— Vous saviez que Mitterrand venait souvent dans ce lieu ? Ha ! Ça vous en bouche un coin, ça ! Non ?

— Pas du tout, au contraire. Cela prouve qu'il avait du goût.

Elle s'était montrée patiente, courtoise – surtout face à telle dégoulinade de fayotage. Plusieurs biographies, écrites de la main gauche et déjà obsolètes, lui avaient alors déjà été consacrées : NKM va plus vite que les mots. J'avais essayé de l'amener sur le chapitre de la littérature, justement, car je suis incapable de m'intéresser longtemps aux plans d'urbanisme, à la remise à neuf des hangars désaffectés, à la lourdeur des impôts locaux : elle avait lu le Goncourt, mais pas le Renaudot.

Elle avoua, je la partage, une passion fascinée pour Simone Weil, notamment *L'Enracinement*. Qu'a-t-elle en commun avec la géniale allumée morbide, experte en sacrifices ? La volonté ? La folie ? On ne saura pas ; mystère. Dommage que je ne vote jamais.

NKM semble timide, mais ne l'est pas. Elle est sérieuse, sans le moindre esprit de sérieux. Elle est punk. Ce soir, elle n'évite aucun sujet, ne slalome pas : tout schuss dans les réponses, la ligne est droite, l'énergie parfaite. C'est une nageuse. Elle est belle. Je ne peux m'empêcher de penser que j'aurais dû rencontrer Nathalie en 1992 quand, étudiant à Sciences Po, j'effectuais mes classes d'élève officier avec les polytechniciens de sa promo. Hélas, j'étais dans l'artillerie et elle dans la marine. La mer lui va bien, écume, houle, huile, tempêtes.

Aucune aigreur chez cette femme dont cinq années me séparent. On la dit prétentieuse, c'est plus complexe, et cela va plus loin : ses ambitions, façon de Gaulle, se mêlent à celles de la France. Reprocherait-on à un hockeyeur d'affûter ses patins ? Lors de notre dîner, elle ne m'avait posé aucune question, ce qui m'avait vexé. Soit elle n'y avait pas pensé (preuve qu'autrui l'intéresse moins qu'elle ne le prétend) ; soit je suis trop égocentré. Et naïf : le maire de Longjumeau a sans doute plus d'ego que Joyce et Faulkner réunis. Ministre de l'Écologie, elle avait fait comprendre à la vieille droite chauve que l'écologie se situait désormais au centre du cyclone.

Je cherche en elle ce qui pourrait m'énerver ; ce qui m'a toujours retenu, par exemple, de la *draguer*. J'ai trouvé : elle s'intéresse à des sujets qui me concernent mais qui ne m'intéressent pas. Je suis indécrottable : il n'y a que l'art, la littérature, la musique, le cinéma, la religion et l'histoire qui m'intéressent. Je suis fasciné qu'elle s'inflige tout ça : les meetings, les visites dans les cages d'escalier, les interminables réunions avec des momies, les petites phrases des petits parasites, les jus d'orange tièdes, les dégustations de pinard, les discours à la Champignac et les pots d'honneur, les rencontres au sommet avec les chefs et les sous-chefs des administrations municipales. Vient-on sur la Terre pour vivre ça ? Ne peut-on pas directement viser l'Élysée comme on vise la Palme d'or à Cannes (ou le prix Renaudot) ? Sa légitimité à droite ne fait aucun doute. Elle évacue les trahisons, les scissions, d'un revers de la main.

J'aurais fait un mauvais journaliste ; d'autant que je suis incapable de dire du mal de cette femme – un être humain qui se donne les moyens d'assouvir sa volonté, je n'ai rien contre. Je ne puis m'empêcher de penser que la politique a été inventée pour que des gens sans talent puissent malgré tout avoir accès à la lumière. Mais il est vrai que tant d'énergie, de passion, d'obsession, de sacrifice, force le respect. Un respect qui m'impressionne moins qu'une note griffonnée de Kafka sur un cahier oublié, mais un respect. Nathalie Kosciusko-Morizet sera parvenue, qu'on le veuille ou non, à dessiner, à toute vitesse, une courbe ascendante, neuve à défaut peut-être d'être inédite, qui la mènera, tant qu'elle continuera la natation, aux marches des palais où se décide, sinon l'avenir, du moins le futur du pays.

Toujours est-il que ce soir – je ne sais pourquoi – je me montre d'une extrême violence avec elle. Au moment même où j'agis de la sorte, je m'en veux. Mais je ne puis plus reculer. Elle ne doit plus rien comprendre : elle a j'imagine conservé un souvenir agréable de notre dîner. Rien de personnel, évidemment, dans mes attaques, mais je ne supporte plus les à-peu-près de la politique. Ces gens, ces femmes, ne prennent jamais une seconde pour ouvrir un livre, réfléchir – je n'ose même pas dire « penser ». Ainsi, NKM prétend que le salafisme mène au terrorisme ; ce n'est pas vrai. Ce n'est plus vrai, en tout cas. Elle veut mettre le salafisme « hors la loi ». Je lui balance que c'est vouloir combattre le rhume en interdisant le vent. Ridicule. On en revient toujours au même débat : la parole contre le discours. La parole appartient à la sphère de la foi : elle ne peut déboucher sur aucun acte ; l'acte est le fruit du discours. Or, tout discours est politique. La radicalisation ne peut être enfantée par le fondamentalisme, et en particulier par le salafisme, parce que le fondamentalisme, et en particulier le salafisme, opère un retour aux sources, à Dieu – les salafistes ne sont pas dans la république, c'est certain ; les mettre hors la loi n'a aucun sens : ils y sont déjà, ils habitent un ailleurs dans lequel la politique (le discours) n'a aucun sens. Or, ce qui est dangereux, ce qui fait dynamite, ce n'est pas la parole, ce n'est jamais la parole, c'est le discours sur cette parole. La radicalisation religieuse ne précède pas (ne précède plus, en tout cas) la radicalisation tout court. On peut considérer que le salafisme, expliqué-je à NKM, qui ne comprend pas, qui ne veut pas comprendre, qui préfère (électoralement ?) ne pas comprendre, est un ennemi, mais ce n'est pas un danger au sens où Daech, au sens où le salafisme « révolutionnaire » est dangereux ; seule la politique, seul le discours fabriquent de l'action.

J'explique à NKM que les terroristes, ne parlant même pas arabe, ne peuvent en aucun cas être rangés dans la catégorie des salafistes, qui prônent un retour aux sources intégral et ardu et absolu : comment retourner à la foi des Pères sans la langue ? Absurde ; idiot.

La polémique sur le burkini enfle. Là encore, je contre les arguments de l'ancienne ministre de Sarkozy. Les hommes, les femmes politiques de 2016 ne comprennent pas ce qu'est la laïcité. Quand, dans l'article 2 de la loi du 9 décembre 1905, il est dit que l'État ne « reconnaît » aucun culte, c'est littéralement, c'est au pied de la lettre qu'il faut comprendre le verbe « reconnaître » : l'État ne reconnaît aucun culte comme une mère ne reconnaît pas ses petits, comme un Alzheimer ne reconnaît pas les membres de sa famille, comme on ne reconnaît pas un paysage, ou l'écriture ou le visage de quelqu'un. L'État ne « reconnaît pas », cela ne veut pas dire qu'il ne reconnaît pas au sens d'un père qui ne veut pas reconnaître un enfant, mais bel et bien qu'il reste interdit devant le culte, qu'il est incapable de distinguer quoi que ce soit dans la réalité, entre ce qui est religieux et ce qui ne l'est pas : plus rien n'est religieux, pas plus une soutane qu'un blue jean ou qu'un blouson, qu'un monokini ou qu'un burkini. Les signes religieux n'existent pas. Point. Ils existent peut-être, ils existent sans doute pour les individus, mais pas pour l'État. C'est comme en escalade, sur les murs en salle : quand vous arpentez le parcours bleu, vous ne distinguez pas le parcours vert, ni le rouge, ni le jaune ; vous concentrant uniquement sur le bleu, non seulement les parcours vert, rouge et jaune semblent être invisibles, mais ils paraissent se valoir tous. Le jaune qu'on ne voit pas est égal au rouge qu'on ne voit pas qui est égal au bleu qu'on ne voit pas. Voilà ce qu'est la laïcité.

Je ne vote jamais aux élections. C'est chez moi un principe immuable. « Choquant. » Entendu ça mille fois : « Choquant. » Oui, sans doute. Mais je ne me positionne pas par rapport à ceux qui ne pensent pas comme moi, n'agissent pas comme moi. La principale difficulté de l'existence, et ce qui la rend passionnante, c'est précisément de ne se mesurer qu'à soi, à sa propre médiocrité comme à sa supposée propre excellence. Si je ne vote pas, si je ne vote jamais, ce n'est pas pour faire le malin. Je ne fais jamais le malin. Je ne vote pas parce que j'ai compris, dès l'âge de dix-huit ans, qu'aucune élection, présidentielle ou non, mais essentiellement présidentielle, n'était motivée de la part des candidats par un quelconque souci de se dévouer à la nation, à la patrie, au pays, au peuple, à la France, appelez cela comme bon vous semble. C'est la destinée personnelle qui obsède chacun des hommes ou des femmes qui veulent entrer au palais de l'Élysée. Peu importe ce qu'ils feront de la victoire, et peu importe aussi sous quel régime nous évoluons : figurer dans l'histoire de France est la seule chose pour eux qui compte. Je ne désire pas, par conséquent, aider quiconque à se faire un nom en prenant comme prétexte, comme tremplin, comme béquille, un peuple dont je fais partie. Je n'ai pas vocation à faciliter l'érection d'une ambition personnelle. Je n'ai pas vocation à aider quiconque à devenir quelqu'un. Il faudrait que le président de la République soit anonyme. Nous verrions là, soudain, se présenter fort peu de candidats.

La politique – je le martèle – a été inventée, le pouvoir a été inventé pour que des hommes sans talent, sans le moindre génie, et souvent sans le moindre soupçon de vie intérieure puissent malgré tout accéder, sinon à la gloire, du moins à la notoriété. À la célébrité. Cela ne veut pas dire que je n'admire personne en politique. Il y a des cas, des exceptions, des monuments à part. Clemenceau, par exemple. Clemenceau qui était un immense écrivain. Sa correspondance, que j'ai lue de près, n'a strictement rien à envier, par moments, à la verve d'un Bloy. De Gaulle, grand péguyste, mérite aussi tout mon respect. Il était comique, subversif, dupe de rien. Ce fut un immense acteur, qui a inventé de toutes pièces son personnage, souvent burlesque, de faux dictateur. De Gaulle est mille fois plus fin que la caricature qu'il a décidé d'offrir à la France. Je l'aime beaucoup. Comme j'adore également Léon Blum, fin lettré, intelligence phénoménale. Un destin, un vrai destin de juif et un vrai destin juif.

Additionnons la culture de Clemenceau (qui connaissait les États-Unis comme sa poche aux alentours de 1895, cas très rare encore aujourd'hui dans la classe politique), de Léon Blum et de De Gaulle, et nous arrivons à un résultat vertigineux. Vertigineux ! Mais ce sont des hommes qui, comme par hasard, eussent fait des artistes de toute façon. Des écrivains. Blum écrivait régulièrement dans *La Revue blanche* et son ambition initiale était littéraire. De Gaulle, pour sa part, est entré dans la « Pléiade », ce dont je me réjouis, et il n'est pas impossible que Mitterrand l'y rejoigne un jour. Marguerite Duras, piètre écrivain, pour ne pas dire plus (ou plutôt : pour ne pas dire moins !), y est bien entrée. Ce qui est une rigolade.

Souvenir d'une conversation avec Nicolas Sarkozy, à l'Élysée, au sujet de Céline. Il aime vraiment Céline, qu'il connaît dans les détails. Il n'a pas simplement lu *Voyage au bout de la nuit*. Il a lu le reste – même *D'un château l'autre*, à mon avis le chef-d'œuvre absolu de Céline (même si, en ce moment, relisant le mal aimé *Guignol's band*, je me dis que mon Céline préféré est toujours celui que je suis en train de lire !). Mais je ne pense pas, en revanche, qu'il se soit penché sur les pamphlets.

On me pose dix fois par an la question : « Que penser des pamphlets de Céline ? Faut-il ou non les rééditer ? », etc. Je cite souvent, alors, les propos de Stockhausen sur le 11 Septembre. Stockhausen avait dit qu'il trouvait que le spectacle des flammes, après que les avions se furent encastrés dans les tours, était « la plus grande œuvre d'art jamais réalisée ». Autrement dit : en adoptant un point de vue déconnecté de toute morale, de toute préoccupation humaine, une sorte de point de vue de martien, on pouvait trouver que ce spectacle « en soi » était magnifique. Le problème, évidemment, est que nous ne pouvons déconnecter la beauté des flammes avec l'horreur qui les sous-entend, et même : qui les « sur-entend ». La difficulté est donc d'accepter à la fois la beauté et l'horreur, sachant que, sans l'horreur, il n'y aurait jamais eu cette supposée beauté. Je dis « supposée » car, personnellement, je n'ai pas trouvé ces flammes particulièrement graphiques, ni particulièrement esthétiques. Mais elles *peuvent* l'être puisque, manifestement, d'autres subjectivités que la mienne sont subjuguées par leur contemplation. Pour les pamphlets, c'est pareil : on ne peut pas les lire sans lire l'horreur qui est livrée avec. Il faut être franc. Néanmoins, mon analogie est en partie fausse. Parce qu'il se trouve que dans *Bagatelles pour un massacre*, par exemple, il y a des passages entiers, notamment sur la critique littéraire, ou la pollution à Paris, qui ne contiennent pas la moindre allusion aux juifs. Ce qui fait qu'on pourrait les éditer tels quels. Personnellement, je milite pour deux choses. La première, c'est une édition intégrale des pamphlets, dans la « Pléiade » ou ailleurs (mais la « Pléiade » me semble totalement adaptée pour cela), comportant un appareil critique précis, de type universitaire, rédigé par un spécialiste de Céline et un historien spécialisé dans cette période des années d'avant-guerre et de guerre ; la seconde, c'est, en collection de poche, une édition des meilleurs passages des pamphlets dans lesquels aucune allusion n'est faite au peuple juif. Tout ceci étant précisé, je considère que Céline est un tout, que du *Voyage* à *Rigodon* en passant par la correspondance et *Les Beaux Draps*, il n'y a qu'un Céline et un seul.

Il est absurde de découper une biographie en lamelles, ôtant ce qui nous plaît et ce qui nous déplaît. Il n'y a qu'un seul homme, un homme seul, avec ses errances, ses folies, ses erreurs. Son génie ne peut en aucun cas se soustraire, comme on enlève une tumeur cancéreuse d'un corps humain, à son antisémitisme. Tel est le problème posé par Céline : il n'y a pas la moindre adéquation entre le génie et le Bien. Cette équation, sans doute insoluble, nombre de céliniens ou de non-céliniens ont tenté de la résoudre. Chacun y est allé de son calcul, de son analyse, de son « Eurêka », de son « CQFD ». Celui-ci a essayé de prouver que Céline n'était pas antisémite mais était l'antisémitisme tout entier. Celui-là veut nous démontrer qu'un génie ne peut être mauvais.

Ces subtilités sont intéressantes, mais vaines. Céline était à la fois un génie et une pourriture. Un géant et un salaud. Une étoile et une flaque de merde. Un monument et une crevure. Un ciel ouvert et une cave pourrie. Le plus grand des écrivains et le plus abject des humains. Encore que j'ai la faiblesse de penser, ce qui n'engage que moi, que son abjection n'est pas totale : il a commis des saloperies, et il a aussi fait du bien aux petites gens, aux pauvres, qu'il soignait gratuitement. Il a aussi, en prison, compris son erreur. On le lit dans la correspondance. Il a des fulgurances, des ébauches de regrets. De remords. Ce n'est évidemment pas suffisant pour le racheter, lui pardonner, l'excuser. Je dis pourtant que, de lui, il faut tout lire, de la première à la dernière ligne. Car c'est l'écrivain français le plus important du XXe siècle.

En quoi l'on voit que, via Céline qui l'incarne si bien, c'est le XXe siècle tout entier qui pose un problème, qui est fou, qui est un siècle à la fois génial et barbare, à la fois généreux et totalement antisémite. J'espère que le XXIe siècle laissera les juifs enfin tranquilles… Hélas, sur ce point précis, je ne suis guère optimiste. Le XXe siècle avait choisi de haïr et de persécuter (et de détruire) les juifs par la « race » (cette fiction démente), j'ai bien peur que le XXIe siècle choisisse de haïr et de persécuter les juifs par la géopolitique : l'État d'Israël. C'est une histoire qui ne veut jamais finir. Personnellement, et j'assume ces propos qui n'engagent nul autre que moi, je dis que l'antisémitisme est le fléau numéro un de ce monde. Tant qu'un seul antisémite vivra sur cette Terre, l'air sera irrespirable. Quitte à choquer, je choque : rien n'est plus grave à mes yeux que l'antisémitisme. Il trahit, plus que n'importe quoi d'autre, une haine de l'humain pour l'humain. Une haine profonde de l'humain pour ce qu'il y a de profond dans l'humain. L'antisémite livre une vision du monde à la fois claire et confuse. Claire : il veut supprimer les juifs. Confuse : parce qu'il est incapable de trouver une seule raison autre que fictive à cette haine. Les juifs ont été haïs, au cours des siècles, non seulement parce qu'ils étaient innocents, mais parce qu'ils étaient inoffensifs. La faiblesse, on le sait, attise la haine – c'est de Nietzsche. Heureusement, aujourd'hui, ce n'est plus le cas. Ils savent se défendre. On le leur reproche assez puisque chaque fois qu'Israël se défend, une multitude de pays appellent cela une attaque. La cause et l'effet sont inversés. Or, quand la cause et l'effet sont inversés, il y a antisémitisme. Ça ne rate jamais. Tu es coupable parce que je t'accuse : si tu n'étais pas coupable, je ne t'accuserais pas. C'est mon accusation, plus exactement, qui te rend coupable. On reproche aux juifs du XXIe siècle de n'être plus simplement des juifs, mais d'avoir la possibilité d'être des Israéliens. Aux yeux des antisémites, les juifs ne sont plus innocents de rien, mais coupables de tout. Ils ne sont plus inoffensifs, mais offensifs. On hait les juifs pour des raisons strictement inverses à celles des siècles et des millénaires précédents. Autrefois, on détestait le juif, maintenant, le juif c'est un État tout entier. Et c'est lui qu'il faut détruire. Humilier. Haïr. Il n'y a plus qu'un seul juif géant, c'est un pays. Et tout ce que fait ce pays est jugé avec des lunettes différentes. Même ceux, au fond, qui l'acceptent, le considèrent comme une entité tératologique, différente, anormale. De quel droit les « amis » d'Israël lui donnent-ils des conseils, des avertissements, des punitions, comme si Israël était un enfant de huit ans ? Je pense que si j'étais juif, j'habiterais là-bas. À Tel-Aviv, ou à Jérusalem.

Je ne suis pas juif, mais j'ai quand même décidé de le rester. Pas besoin d'être juif pour être juif. Pas besoin d'être un juif pour *rester* juif.

« Je reste juif. » *Finalement*, je reste ce que je suis originellement. Le messianisme, ce ne serait pas *aussi* cela ?

Diderot, *Promenade du sceptique ou les Allées* – toujours à propos de Dieu : « Il habite, dit-on, un séjour lumineux, magnifique et fortuné, dont on a des descriptions aussi différentes entre elles que les imaginations de ceux qui les ont faites. C'est là que nous allons tous. »

Vendredi 26 août

Réveil avec *Bursting Bubbles*, Kevin Coyne, 1980 (Virgin, 2152, UK). Kevin Coyne : chant, guitare acoustique ; Brian Godding : guitare électrique ; Vic Sweeney : batterie ; Chris Hunter : saxophone. Qui écoute encore des trucs pareils ? J'ai la réponse : moi.

Toute la journée, après le kiné, à travailler à *La Règle du jeu*. Je lis le (très) mauvais livre de Catherine Cusset, paru chez Gallimard, et qui, avec 275 pages en moins (il en fait 289) eût pu être sans doute très réussi. Cela s'intitule *L'Autre qu'on adorait*. Catherine Cusset a inventé le livre rayé, comme il existe des disques rayés. Tout tourne en boucle. C'est l'histoire, romancée, d'un ami à elle, qui a « raté » sa vie. Échecs sentimentaux, échecs professionnels répétés. Tout n'est pas nul dans ce livre, en réalité : mais c'est la répétition des situations qui tue le livre ; et, surtout, le terrible manque d'empathie qui s'en dégage.

Le principal protagoniste, un certain Thomas Bulot, avait, à la lecture d'une première tentative de l'auteure d'écrire sur lui, pourtant prévenu : « Un texte qui n'est pas seulement blessant, mais mauvais. » Il lui avait aussi dit : « Tu sais, Catherine, les gens ont une vie intérieure. » Manifestement, Cusset n'aura pas compris (du tout) cette injonction à comprendre les êtres plus en profondeur, et recommence la même erreur : du factuel, du chronologique, des allers-retours entre Paris et les États-Unis jusqu'à épuisement – épuisement du personnage, épuisement du lecteur. Le véritable raté, dans l'histoire, ce n'est pas tant Thomas que le roman lui-même. Le livre reste « au ras des pâquerettes ». C'est, une fois de plus, de la littérature de normalien. Il est intéressant de remarquer qu'au cours de l'histoire littéraire, les normaliens sont quasiment incapables d'écrire des grands romans, de grandes œuvres – Sartre est une exception, mais qui aura fait beaucoup de mal à ses successeurs et encore plus à ses imitateurs ; Péguy est une exception, mais il a démissionné de l'École. Jarry n'a jamais été reçu. De peu, mais il a été recalé. Bergson, mais Bergson est philosophe, et non romancier. Il paraît que Tristan Garcia s'en sort très bien ; je n'ai, à ce jour, pas lu un seul de ses romans. J'essaierai quelque jour.

Nous frôlions le terroriste dans nos rues, nous l'avons peut-être klaxonné, nous sommes peut-être trouvés, au cinéma, dans la même rangée que lui. Il a été notre contemporain, infiniment semblable à nous, dans une infinie proximité : et tant de mort ramassée en ce semblable, tant de siècles de mort et de morbidité, tant de larmes, de drames et de sang, contenus dans ce survêtement, sortant du McDo en tapotant, baskets immaculées, hilare ou l'air absent, sur son iPhone.

Lecture de *La Fin des notables*, de Daniel Halévy (Grasset, « Les Cahiers verts », 1930, très belle édition), passionnant mais un peu emberlificoté ; moins bien écrit que ce à quoi je m'attendais. Quelques fulgurances, toutefois, qui ne sont pas sans rappeler Tocqueville.

Sarkozy relance le débat sur « l'identité ». Épuisant... Les politiques ne savent pas ce qu'est l'identité, et ils manient toutefois ce concept mille fois par jour. Ils croient que l'identité est derrière : elle est devant ; qu'elle est objective : elle est subjective ; qu'elle est fixe : elle est capricieuse.

Les chrétiens espèrent une vie après la mort. Les juifs redoutent une mort pendant la vie. Les chrétiens se *passionnent* pour la vie de la mort et pour la mort de la vie. Les juifs, pour la vie de la vie et la mort de la mort.

Tous les écrivains qui ont une œuvre importante à faire, comme dans mon cas, connaissent des mouvements d'hostilité. Mais je tiens bon, d'abord parce que j'ai de solides amis et également de solides réseaux, et, surtout, parce que cette œuvre à laquelle je travaille, précisément, tient le choc et encaisse, plutôt bien je dois dire, les coups de boutoir perpétuels qui tentent de la briser. Il est vrai que j'ai une meute aux mollets, ce qui est parfois désagréable et parfois satisfaisant : c'est en effet la preuve, la preuve tangible, de mon influence grandissante. Mes romans, mes essais, mes articles, mes dessins à présent (que je publie hebdomadairement dans *Le Point*), le succès de mon film *Podium*, l'échec de *Cinéman*, enfin, ont fait de moi quelqu'un qui existe. Qui existe beaucoup trop aux yeux de certains. Ma chance, au fond, c'est d'avoir une foi infaillible en mon œuvre, d'une part, et, d'autre part, d'être suivi par quelques milliers de fans *hardcore*. Ils ne sont pas des centaines de milliers, pas des dizaines de milliers, non, quelques milliers pour l'instant, mais leur existence m'importe beaucoup. Ce que je paye parfois, en somme, c'est une certaine incontournabilité doublée d'un éclectisme qui, dans mon pays, la France, est très mal supporté.

Chacun de mes livres se vend, en moyenne, aux alentours de 20 000 exemplaires. Ce n'est pas extraordinaire et ce n'est pas honteux. Je suis bien avec ces chiffres. J'ai la chance, qui est déjà un luxe, de ne pas écrire dans l'ombre, dans la nuit, dans l'inconnu. Le reste, je ne puis agir vraiment dessus. Parfois, je me décourage, mais ce n'est jamais pour des raisons de chiffres de vente : c'est qu'il m'arrive, c'est assez rare mais cela m'arrive, de douter de la place de la littérature dans le monde d'aujourd'hui. Puis je lis Kafka, Gombrowicz, Sartre, et hop, cela relance la machine, je suis de nouveau heureux d'être dans cet art-là, d'avoir « choisi » la littérature, en laquelle je crois de toutes mes forces, malgré ces crises de doutes aiguës, mais passagères. J'aime savoir, contrairement à nombre d'autres écrivains que je connais, que des lecteurs me liront, et même, oui, que des critiques me liront. C'est parfois à eux que je pense quand j'écris. Je me dis : « Tiens, Bidule ne va pas aimer cette page, mais elle fera rire Machin. » Je ne peux pas m'empêcher d'y penser, ni de penser aux lecteurs. Et très paradoxalement, cela me pousse à être d'autant plus personnel, « égoïste », comme si mon but était de les étonner jusqu'à les décevoir absolument. Organiser un absolu, assez masochiste, de la déception… Tout en pensant que, finalement, ils vont adorer quand même. Écrire, pour moi, c'est écrire dans ce leurre permanent. Comme dirait Modiano : « C'est compliqué » !

Rater un livre, c'est n'avoir pas réussi à faire le livre qu'on s'était promis de faire. Et comme, au moment de commencer un roman, je ne sais jamais de quoi il sera fait (à l'exception notable de *Podium*), je ne puis considérer que je rate une cible : je n'ai pas de cible. J'aime être étonné par mes livres, et parfois je le suis, un peu comme s'ils n'étaient pas de moi. Je fais partie de ces écrivains, finalement assez rares, qui, un peu comme Gide, ou Suarès, ou encore Gombrowicz (pour citer quelques-uns de mes maîtres), changent de « genre », de « registre » à chaque livre, et chaque fois pour plaquer sur ce genre une ironie particulière, comme un détournement de genre.

Pour *Podium*, je rêvais d'écrire un roman de gare, pour *Edith Stein*, d'écrire un petit évangile de chevet. *Partouz*, je le rêvais fou, déglingué, absolu. Comme un livre qui, sans cesse, perdrait le contrôle. *Jubilations vers le ciel*, mon premier roman, je voulais en faire un hommage à la littérature que j'aimais, mêler tous les styles, les plagier tous, les redigérer. *Les cimetières sont des champs de fleurs*, lui, a été composé à la mitraillette, en un mois, parce que je souffrais à cette époque, j'étais très malheureux, et je voulais faire non pas un livre sur la souffrance, mais véritablement un livre qui souffre. Quand je repense à cette époque, je me dis que j'ai vraiment atteint des abîmes de souffrance, de mal-être, de solitude. C'était vraiment une période atroce. Vraiment.

Pour *Anissa Corto*, le but était, tout en me jurant d'écrire le livre le plus romantique des années 2000 (je crois que j'y ai réussi d'ailleurs), de fondre Proust et Walt Disney, car j'aime les mélanges impossibles. Si un mélange ne fonctionne pas, cela crée alors un hiatus, une brisure, et cela m'intéresse encore plus – c'est ce que j'aime chez Boulez. Je fonctionne en réalité par trilogies, indépendamment des genres : ma première trilogie est une trilogie sur la folie sentimentale, romantique, amoureuse (*Jubilations*, les *Cimetières*, *Anissa Corto*), la deuxième est une trilogie sur la folie du monde actuel (*Podium* : fanatisme et célébrité, *Partouz* : fanatisme et religion, *Panthéon* : fanatisme et politique). Puis une troisième trilogie est née, faite de livres peu épais, mais qui ont excité à la fois critiques et lecteurs (en bien comme en mal) : *Mort et vie d'Edith Stein*, réflexion sur la mystique de l'être adulte, *Cinquante ans dans la vie de Michael Jackson*, réflexion sur la mystique de l'enfance, et *La Meute*, réflexion sur la mystique du banni.

Je crois à la continuité conceptuelle chère à Zappa. *Edith Stein* doit être considéré comme le tome second d'*Anissa Corto*. *Panthéon* et *Michael Jackson* sont également les tomes premier et second d'un même livre. Et *Partouz* ne peut être lu qu'avec *Transfusion*, mon recueil de poèmes. Mes thèmes sont souvent les mêmes : l'intranquillité, l'enfance, la persécution, l'idolâtrie. Et surtout : comment être soi dans une société qui ne le permet pas. Qui, sans nul doute, ne l'a jamais permis. Et n'existe que pour cela : nous en empêcher de toutes ses forces. À cela, il faut opposer l'art. L'œuvre à faire, cette œuvre qui occupe la plupart de mes jours et de mes nuits. Et qui est toute ma vie.

Dîner avec Régis Jauffret dans un restaurant immonde (salade tristos avec poulet frit et quelques croûtons mous), La Grille Saint-Germain. Il me serine encore avec sa « Pléiade ». Chaque fois que je dîne avec Jauffret, je me souviens, à l'instant où je m'assieds, que je n'aurais pas dû venir, et me jure – jusqu'à la fois prochaine – que c'est la dernière fois. Long monologue hystérique, litanie sans fin : son Nobel, son Goncourt, son Pléiade. Ce soir, l'obsession se pose sur ses œuvres complètes en papier bible. Je ne parviendrai pas, de tout le dîner, à en placer une.

Je n'ai jamais compris que la « Pléiade » puisse à ce point affoler les esprits : j'en possède quelque deux cents volumes, que je maltraite allégrement comme de vulgaires livres de poche, puisque les livres de poche ne sont jamais vulgaires. Panthéon ? Cimetière ? Paradis ? Cercueil ? Je m'en fiche avec bonheur : des livres que je souligne, déchire, rachète, perds, oublie, offre ; sur lesquels j'écris, où je laisse entrer du sable ; que j'oublie sur des plages, et je les récupère trempés. Mes Pléiades sont tapissés de graisses diverses, de ketchup, de taches d'encre. Je ne délègue pas à la maison Gallimard, malgré le respect que j'ai pour la littérature et le respect moindre que j'ai pour le livre en tant que tel, le droit de me dire qui est génial et qui ne l'est pas, qui est éternel et qui l'est moins. La « Pléiade » est bourrée de défauts, d'absents ; de fautes d'orthographe, de coquilles, d'erreurs. D'aberrations. Il faut la salir et la souiller, cette collection : c'est ainsi qu'elle vit, qu'elle respire. Désacraliser ce qu'elle sacralise elle-même – elle est hautaine, c'est vrai. Méprisante avec les vivants. Kundera en « Pléiade » ? Il me tombera des mains pareil qu'en poche avec ses romans-pensums faussement ironiques, ses démonstrations postmodernes, sa subtilité à coups de marteau (communiste) ; il me plaira autant qu'en « Folio » quand, dans ses essais que j'aime tant (le dernier était raté), il tissera des liens entre Kafka et Beethoven (je ne suis pas sûr que ce soit Beethoven). J'aime Kundera parfois ; souvent il m'ennuie comme une pierre sans lézard dessus. Les lézards aiment le granit des tombes : ils fuiront la « Pléiade » et ses hommages pour cuire dans l'indifférence où l'entrée (et la sortie) des écrivains dans cette collection me plonge. La « Pléiade »… Voyons… Bloy ? Absent. Suarès ? Absent. Guitry ? Absent. Robbe-Grillet ? Absent. Freud ? Absent. Musil ? Absent. Primo Levi ? Absent. Élie Faure ? Absent. Beckett ? Absent. Karl Kraus ? Absent. Thomas Bernhard ? Absent. Gombrowicz ? Absent. Mais Kundera y entre… Grand bien lui fasse. Je pars en voyage, loin.

Nous allons boire un verre rue de Buci où Emmanuelle, qui dînait chez son ex, nous rejoint. Sur Trip Advisor, nous attribuons une note calamiteuse au restaurant où Régis et moi venons de dîner – on s'aperçoit, à la lecture du site, que quelques clients ont, ces deux ou trois dernières années, été en proie, après le repas en ces lieux, à des intoxications alimentaires. Terminado.

Samedi 27 août

Réveil avec *All The Best Cowboys Have Chinese Eyes*, Pete Townshend, 1982 (ATCO Records, K450 889, Germany). Pete Townshend : guitare, chant, claviers ; Tony Butler : basse ; Simon Phillips et Mark Brzezicki : batterie ; Peter Hope Evans : harmonica ; Chris Stainton : claviers ; Jody Linscott et Poli Palmer : percussions ; Virginia Astley : piano. Trente-cinq ans que j'écoute cet album sans m'en lasser.

Départ pour Saint-Malo avec Emmanuelle. J'achève dans le train le Cusset qui finit, lui aussi, de m'achever.

Beau temps – cela prolonge un peu les vacances. Les Malouins sont accueillants, l'ambiance est moins agressive qu'à Paris. Le serveur du restaurant que nous choisissons, pour déjeuner, est un véritable showman, et le show est plutôt bien fait, malgré le tutoiement qu'Emmanuelle a un peu de mal à supporter.

Bain de mer. Un enfant fait du cerf-volant ; il s'appelle Roméo. C'est le fils du chauffeur de salle de l'émission, qui s'est installé, avec sa femme, à quelques mètres de notre serviette, sur la plage.

« Le retour de l'Empereur, c'était la fatalité bousculée, c'était le commencement d'une vie différente. Théodore craignait que ces malheureux [les Français] ne comprissent point la conjoncture qui s'offrait à eux, qu'ils laissassent s'échapper leur chance… Soudain il se sentit envahi par cette idée du théâtre, qu'il était au théâtre, que ses sympathies tenaient à l'éclairage, à l'habileté de l'auteur, au jeu des acteurs, et il craignit comme un enfant que l'enchantement ne cessât, que tout à l'heure, le rideau retombé, il allât retrouver ses idées d'avant, ses croyances habituelles, que tout fût enfin comme si la pièce n'eût été que du théâtre, il souhaita désespérément continuer à croire » (Aragon, *La Semaine sainte*, 1958).

Promenade, lecture, dîner. Le soir, on jette un œil sur l'émission, histoire de vérifier que « le duo fonctionne » bel et bien – c'est le cas. Sur mon compte Facebook, je reçois près de deux cents demandes d'amis, presque toutes issues de musulmans. Accompagnant parfois leurs demandes d'amis d'un message, ils me remercient de ce que « j'ai fait pour eux », de mon intervention face à NKM – Aristide Briand leur a beaucoup plu. Preuve que les musulmans, en France, sont véritablement en état de souffrance. « Merci merci merci de mesurer à quel point le poids des mots est important. Vous êtes au top. Souad ». Etc.

Dieu est humble, il respecte les hommes, mais il entend conserver sa part de divinité. Il y a *coupure* entre le monde divin et le monde humain.

Le meilleur portrait peint de Gide fut réalisé en 1892 par Jacques-Émile Blanche : Gide n'y figure pas. On y voit, s'ignorant et s'enlisant dans un ennui pâteux, ses amis Pierre Louÿs et Henri de Régnier. Gide était prévu, mais n'est pas venu poser : il était ailleurs. Pourtant, en négatif, on ne voit que lui. Son absence réunit à la fois sa présence et son mystère. Était-ce simplement ce Narcisse aux talents masturbatoires ? Ce laborieux de la gloire littéraire engoncé à jamais dans les cols amidonnés de son enfance névrotique et de sa puberté lyrique ? Cet ami possessif, ce collègue influençable, cet immature permanent plein aux as et ce pape des lettres frotté aux chairs enfantines ? Gide est-il, enfin, ce spectre mallarméen propageant son XIXe siècle jusqu'à l'exacte moitié du XXe ? Oui, non, peu importe : plus qu'un « inquiéteur » (son titre quasiment officiel), il fut le supplicié de lui-même : torturé dans sa chair quand l'homosexualité vouait ses adeptes aux gémonies ou au suicide (selon l'exemple de son ami d'enfance Émile Ambresin, fils de pasteur) ; tourmenté par son impossible fidélité à une épouse et cousine qu'il n'honora jamais, préférant l'abandonner au ciel pluvieux de Basse-Normandie tandis qu'il vaquait, persécuté par ses propres mensonges, avec des jeunesses bronzées sous le soleil de toutes les libertés ; hanté, sa vie durant, par la présence mortifère du fantôme de sa mère, professionnelle de l'étouffement, de la suspicion et de l'interdit ; harcelé par son envie de s'enfermer pour écrire et par son désir de s'évader pour vivre (« Je trouve qu'il n'y a que des lieux de passage. Rien n'est habitable plus de quinze jours » ; phrase mégagidienne) ; lacéré par son besoin de gloire quand il comprend, en même temps qu'il s'acharne, ses insuffisances et son absence de génie. Pourtant, je le dis sans plaisir de manier le sophisme, Gide a fait de cette absence de génie la matière même de son génie, de son art. Il est le seul génie de toute l'histoire de la littérature à ne pas être génial. Quant à sa phrase, elle jouit d'une particularité saisissante : elle ne peut s'imiter. On imitera, on pastichera Proust, Malraux, Céline, et avant eux Péguy, Chateaubriand, Hugo, Flaubert même : pour Gide la tentative est impensable. Non qu'il ne possède pas de style, au contraire : il semble les renfermer tous à la fois. Sa phrase scintille, si elle ne flamboie pas ; elle avance, remplie de nuances et riche d'une précision qui donne le vertige ; elle serait bancale quand, *in extremis*, un à-coup imprévisible lui confère son altitude. C'est une prose étrange, faite simultanément de reculs et d'avancées, d'élans de témérité et de retraits craintifs ; du moins est-ce une prose, en cela si confondue avec la pensée qu'elle abrite, qui ne se rature pas. Qui ne se reprend, ni ne se dédit. L'inquiéteur Gide est surtout un inquiété, un inquiet : comme tous les froussards, il se précipite dans les dangers, et en devient courageux à son propre étonnement. Il n'est jamais modeste et jamais prétentieux ; le plus souvent, il est humain à l'instant même où il allait sembler aveugle ou hautain. Gide est un écrivain qui se rattrape sans cesse, qui à la dernière minute fait mouche, emporte tout : ce n'était pas gagné, mais soudain le voici vainqueur. Personne n'y comprend plus rien. Il était ailleurs ; il est là pourtant. Toujours là.

Message, vers 1 heure du matin, de Laurent, qui me fait (je le concède) chaud au cœur – Laurent n'est pas quelqu'un qui complimente beaucoup : « Vanessa a été très bien pour sa première mais en regardant l'émission, je me dis que je ne t'ai peut-être pas assez dit que tu étais excellent – brillant et drôle. Ça sent bon cette onzième saison. On sent que tu en as une dans les jambes déjà, c'est top. » Ce à quoi je réponds : « Merci cher Laurent ! Ça me touche beaucoup ! Et tu as fait un choix d'enfer : elle est topissime cette fille. Et humainement elle est chouette aussi ! »

Les juifs ne sont pas plus intelligents que les chrétiens. Mais le judaïsme réclame plus d'intelligence que le christianisme.

On essaie de me nuire sur Wikipédia, inscrivant sur mon compte des choses factuellement erronées. Impossible, évidemment, de les corriger. Wikipédia n'est pas une encyclopédie, ce n'est pas vrai. C'est un joli champ, provisoire, de délations et de règlements de compte. Si je vais à « Yann Moix », dans Wikipédia, je suis condamné à la nullité, à la zéroïté : et les types se sont arrangés pour que je ne puisse rien modifier, ils ont repéré mon adresse « IP » ; alors ils écrivent « écrivain médiocre, cinéaste nul » et continuent à s'intituler « encyclopédie ».

Mais Wikipédia, c'est encore pire que *Télérama* : une universalité, une encyclopédie « universelle », mais qui salit. Ce n'est pas universel, Wikipédia, c'est universale. C'est de l'universaleté. Une encyclopédie existe, c'est du moins ce que j'avais appris petit, à la communale, bien sagement, à Orléans, une encyclopédie existe non pas pour dire que les gens sont des enculés, des ratés, des rats, des nuls, des nullards, des serpents, des belettes, mais pour dire qu'ils ont écrit des écritures, fait des actions, romancé des romans, chanté des chansons, fait rimer des rimes.

Jamais une encyclopédie ne citerait, comme dans mon cas, le petit article acide d'un joli gentil raté de *La Voix du Nord* ou des *Échos cons du Québec*, la plupart du temps rédigé par des cruciverbistes alcooliques et dépressifs, pour donner au public ce que le public devrait savoir de moi : que je suis simplement un écrivain et un cinéaste, ne vous en déplaise. J'ai plusieurs fois, naïvement, tenté, tout en laissant les horreurs déjà imprimées, de rectifier un peu le tir, d'équilibrer un peu le lynchage, en reproduisant des extraits d'articles cette fois favorables à mes œuvres, à mon physique avantageux, à mon thorax, à mes films, à mon intelligence moins débile qu'on veut bien l'affirmer encyclopédiquement, mais peine perdue : chaque fois Wikipédia ôte les nouveautés positives, raye, biffe les apports sympathiques, les extraits bénéfiques, les descriptions positives. Il y a des petits policiers, minuscules parfaitement, qui derrière leur écran veillent à ce que je reste un paria, un nullard, un chien, un haï, un haineux. Ils sont tapis dans l'ombre et ne supportent jamais qu'un article élogieux vienne gâcher leur fête haïssante et vile, dégueulasse et morbide. Ils sont là, comme des petits chiens, de garde, ils gardent ma mauvaise réputation comme on garde une villa désaffectée, ou pire un petit pavillon de banlieue cafardeux avec des petits nains de petit jardin, des petits chiens chihuahuas partout qui crient, voudraient mordre, et empêchent le facteur de délivrer ne serait-ce qu'une bonne nouvelle.

Il y a forcément quelqu'un derrière, derrière ces petits chiots baveux anonymes haineux ratés, un gentil procès bien méchant comme un chien que je suis, n'est-ce pas, où je demande juste d'avoir le droit de citer gentiment un article gentil sur moi pour contrecarrer toutes les citations systématiquement négatives, avilissantes, morbides, qui s'impriment, avec une délectation mortifère de masturbateur, à mon égard. Les punaises qui fomentent toute cette gadoue ne savent pas très bien à qui ils ont affaire. À présent, cela suffit : on parle sans cesse de respect, et le respect, qui ne veut plus dire grand-chose évidemment, à force d'être dégueulé jour et matin dans les radios et toutes les rues, les venelles et les télés et les avenues, le respect c'est d'avoir le droit, quand je me fais officiellement et encyclopédiquement traiter de larve et de ver de terre, de juste répondre que cela n'est dit que par quelques-uns, que cela n'est déclamé que par une parcelle d'êtres humains désireux d'humilier plus doué qu'eux ; et de répondre en affichant, sans qu'elles disparaissent immédiatement, dans la minute même, des gloses sur moi qui sont dithyrambiques, qui savent que je suis un écrivain qui écrit, qui travaille, un romancier dont les romans sont romancés, un réalisateur dont les films sont réalisés, dont les films sont filmés. Je vous hais, radicales punaises de Wikipédia, avec votre anonymat rectificateur de compliments et votre acharnement à tuer ceux qui œuvrent, là où vous n'œuvrez que dans le fliquage et la pratique masturbatoire, avec vos vies de merde. La Gestapo numérique est là. Gestapédia. Le fascisme numérique est arrivé. Ça ne se passera pas. Pas comme ça.

Maria m'annonce, par SMS, que je suis troisième des buzz sur Twitter. Je ne suis pas fier de ça : je me moque du buzz, je méprise Twitter (de toutes mes forces) ; un dépotoir de mots.

Dimanche 28 août

Réveil avec *Trio '65*, Bill Evans Trio, 1965 (Verve Records, V6-8613, US). Bill Evans : piano ; Chuck Israels : basse ; Larry Bunker : batterie.

Petit déjeuner et travail en terrasse pendant qu'Emmanuelle va faire son footing. Puis promenade sur les remparts, déjeuner – fruits de mer.

L'Ancien Testament est un télescope ; le Nouveau Testament un microscope.

Lecture de *Misère de la Vᵉ République* de Bastien François. Très intéressant.

Baignade, l'eau est froide. Lecture. Je joue aux échecs. Dîner.

Gare. J'achète des magazines, des bouteilles d'eau pour le voyage. On me demande des autographes. Un certain Kevin, vingt-trois ans. Qui me lance : « On a eu Guy Bedos. Et un jour, en sortant des toilettes de la gare, je suis tombé nez à nez avec Cookie Dingler ! » Départ. Nous évitons, dans le compartiment, un couple qui pique-nique dans les odeurs de sauciflard.

Trois heures de train, je prépare l'émission et je me replonge dans le tome 1 de la biographie de Gide par Frank Lestringant. Lorsqu'il s'agit de défendre Gide, qui n'est même plus attaqué, on se sent bien seul. Hormis quelques maniaques, qui se rassemblent en associations, groupuscules, hormis quelques universitaires français, américains, japonais, et les lycées où des professeurs incompétents, fatigués, ne font souvent que le tuer un peu plus, hormis cette faune, oui : je suis seul. On s'excuse presque, quand son nom arrive au bord des lèvres – comment aimer un écrivain sans chef-d'œuvre, sans style fixe, sans univers délimité, bref : sans génie ? Un écrivain dont les livres, reliés pleine peau, sont recouverts par les acariens, et dont l'os, depuis soixante ans, est déserté par les lombrics ? Je salue donc, avec suffisamment d'espace pour crier mon amour gidien, ma passion gidienne certes adolescente mais qui perdure en l'adulte, et même se déploie, grandit, prend davantage de place, plus nette, moins brouillée, plus belle. Il faut se rendre à l'évidence : c'est la première biographie qui soit à la fois complète et digne de ce nom. Horizontalement complète, en ce qu'elle balaye tout, le temps et l'espace (jusqu'à l'âge de cinquante ans pour cette première partie) ; verticalement complète, en ce qu'elle parvient à inscrire Gide dans une visibilité, une lisibilité, au sein même de son propre fouillis, oui : elle le fait tenir à peu près droit, elle lui administre une logique, ou du moins une absence de logique qui lui tient lieu de programme. Et c'est la première fois que le travail est fait, vraiment fait. Les travaux de Jean Delay sur la jeunesse de Gide étaient fabuleux : mais concentrés, comme ceux d'Auguste Anglès sur le premier groupe de la NRF, sur une période particulière : nous manquions la cohérence globale, les grands mouvements tectoniques, on ne pouvait pas « repérer » Gide, qui fuyait, s'absentait, s'éloignait. Lestringant, mine de rien, en vient à bout ; il l'épingle, ce sacré papillon, ce drôle de type, évanescent, volatil, fugace, inaccessible. Je suis étonné d'une chose, à la lecture : c'est que je ne suis pas certain que le biographe, et c'est précisément de là que vient l'excellence sans doute de cette biographie (momentanément) définitive, porte son sujet en haute estime, littérairement j'entends. Passons : qu'est-ce qui, dans ce monumental travail (où l'érudition est égale à l'intelligence : analyses, hypothèses, synthèses, recoupements, déductions, parallèles – et parallèles avec aujourd'hui –, lectures originales, nettoyées, interprétations claires et courageuses ; c'est un bonheur de biographie, un modèle, une référence pour n'importe quel biographe à venir de n'importe quel auteur), qu'est-ce qui, disais-je, dans ce monumental travail nous semble à retenir (et que nous n'avions pas aussi bien retenu en lisant en 1997 la biographie, dont le tome 2 n'a jamais paru à ce jour, de Claude Martin) ?

On retient que Gide, pour commencer, ne peut se comprendre sans sa passion, son obsession, son admiration pour Mallarmé. Sans Mallarmé, pas de Gide : il note tout, connaît tout, apprend tout par cœur du travail de son Maître qui, lui, pour le coup, est un génie, et un vrai (puisque Gide est supposé en être un faux). Mais ce mallarméen, ensuite, est également lecteur assidu, absolu, fanatique d'un ouvrage dont l'auteur (il faudrait dire « les » auteurs), pour être aussi génial, n'en est pas moins mystérieux : les Évangiles. André les lit et les relit, ils ne quittent jamais sa poche, même et surtout dans les endroits les plus exotiques, les retraits les plus glauques, les circonstances les plus poisseuses. Mallarméen, évangéliste, et ami intime de Louÿs : Louÿs qui fait le malin, prend Gide (qui d'abord se prête au jeu, lui si enclin à cacher sa supériorité autoproclamée, mais autoproclamée dans le silence de sa chambre) pour un tocard, et en fait bien vite son souffre-douleur – mais le chétif André, proie de ses quolibets, de ses moqueries, de ses humiliations incessantes, sadiques, malsaines, sans rien dire, va commencer une œuvre, monter en notoriété, en crédibilité, en importance, ce que Louÿs, abasourdi, et abruti de mondanité crasse, de drogues, de sexe, de boisson, de versatilité et d'impuissance littéraire, ne lui pardonnera pas. Le pur-sang n'était pas celui qu'on croyait : le canasson huguenot, complexé, maladroit, timide, à fleur de peau, souvent ridicule, voilà qu'il soulève quelques montagnes à force de s'être entraîné sur des dunettes et des monticules : il choisit la vérité, la voie du vrai. Grâce aux voyages (Biskra est sa révélation, son Sinaï intime), il admet à la fois sa vocation et sa sexualité – il est fait pour rester dans la postérité et pour soulager sa nature en se frottant aux corps des petits garçons, des jeunes enfants, des adolescents. Il se libère quand l'autre reste enchaîné – à la Prométhée. Car Prométhée, c'est quand même Gide (il entend apporter aux hommes la connaissance – enfin, la connaissance de lui-même) : mais un Prométhée « mal enchaîné ». Gide libéré, c'est Gide qui se contredit aussitôt : homosexuel accepté, il épouse sa cousine, et Lestringant montre bien, fort bien, que, contrairement à une légende tenace (parfois entretenue par certains gidiens), Madeleine n'a jamais été dupe – ce, dès les premières années de leur union : en effet, elle « accepte » d'aller trotter seule dans Rome pendant que son mari, dans leur chambre d'hôtel commune, fait monter des ribambelles de jeunes bergers pour les photographier (les photos ont été publiées pour la première fois cette année). Une Madeleine que Lestringant réhabilite totalement : cette femme, bien souvent, se montre plus fine, plus intelligente, plus acerbe, plus maligne, plus drôle que Gide lui-même (ce qu'il aurait par ailleurs sans nul doute admis). Sur l'antisémitisme, la cousine Rondeaux, par exemple, ne transige pas : elle n'accepte pas cette manie qu'a son époux de détester les juifs.

Car Lestringant ne lésine pas sur les preuves, accablantes pour Gide : oui, il s'agit de le reconnaître, de l'imprimer noir sur blanc, Gide était, fut, et resta sa vie durant un antisémite. (Antisémite « passif », dit l'auteur, mais je ne sais pas ce qu'est l'antisémitisme passif ; l'antisémitisme est toujours actif, même quand il ne dénonce pas.) Lestringant livre ici une fine analyse, qui semble évidente une fois lue, mais que personne n'avait à ce point (à ma connaissance du moins) développée avec à la fois autant de précaution et de fermeté : l'antisémitisme gidien est religieux, du fait de son protestantisme ancré et assumé, et non racial, à la Céline par exemple, parce que Gide (c'est la thèse principale de l'ouvrage) n'a finalement jamais sauté la barre séparant le XIXe et le XXe siècle. Celui qui fut décrit comme le « contemporain capital » ne fut jamais contemporain, même s'il fut, il est vrai, capital en son temps. J'attends, avec impatience, de voir comment Lestringant, dans le second tome, va démontrer cette thèse, puisque y seront étudiés les grands engagements politiques de Gide (Congo, URSS, etc.) – mais jusqu'à cinquante ans l'hypothèse est évidente, lumineuse : intellectuellement, et par conséquent stylistiquement, littérairement, Gide est resté bloqué, coincé au temps de ses Mallarmé et Nietzsche, et Schopenhauer, et Goethe. La seule fois, d'ailleurs où, à mon sens, il a tenté de « sonner » moderne, XXe siècle, et ce jusqu'à la naïveté, c'est dans son seul et unique roman, *Les Faux-Monnayeurs* : un ratage monumental, qui fait autant de peine que ce cygne dépeint dans l'autobiographie de Nabokov qui fait des mouvements incongrus, vains et désespérés pour monter dans une barque, sans jamais y parvenir, et perdant dans cet effort débile sa grâce et sa dignité. Gide n'embarquera jamais dans le XXe siècle (il rate Picasso, Matisse…). L'épisode où il finit par accepter, après d'infinies tergiversations, de signer la pétition en faveur de Dreyfus (parce que son ami Léon Blum le harcèle) est édifiant à cet égard. Ce Gide dont on a voulu faire le précurseur de Sartre, pour son engagement, il faut quand même révéler qu'il n'a jamais voté de sa vie. Que son seul idéal, le seul idéal auquel il soit resté fidèle sa vie durant naquit dans les salons étriqués et guindés du symbolisme, chez Heredia, dans les années 1890 – une géographie close, où le monde tout entier ne valait pas un poème sur le myosotis. On ne comprend pas Gide, même le Gide tardif, si on ne s'avoue pas que, pour lui, la seule vérité qui ait jamais compté est celle de l'art pour l'art. Cela, il est vrai, fait froid dans le dos.

Autre trait permanent chez Gide (qui n'a froid ni dans le dos ni aux yeux) et qui prend vite tout l'espace, jusqu'à l'empêcher de travailler, de penser, de vivre : l'obsession sexuelle. Il n'aime pas simplement les garçons : il ne pense qu'à eux, à les suivre sur les boulevards, la nuit, comme une ombre. Il est toujours, il est sans cesse en chasse. Il tente tout, n'abandonne jamais, jusqu'au visqueux, jusqu'au moche, jusqu'au très, très, très sordide (je vous laisse le soin d'aller vérifier). « Ce monstre de la chair », dit-il. Gide est un des plus énergiques et redoutables dragueurs de toute la littérature, qui parvient le plus souvent à ses fins (malgré un physique peu avenant : calvitie, verrues). Pour finir sur les « tares », notons encore que l'auteur des *Nourritures terrestres* (qui s'autoédite, faute de lecteurs, jusqu'à quarante ans passés) partagera en outre, jusqu'à sa mort, les idéaux de Maurras – un Maurras qui l'a toujours soutenu, contrairement à Barrès qui l'humilia – et dont il s'inspira, ce qu'on sait peu, pour sa *NRF*, *Nouvelle Revue française*, dont le titre emprunte clairement à *L'Action française*.

Et pourtant Gide est attachant. J'aime Gide ; sa phrase, sa musique, sa précision d'aiguille, son verbe envoûtant, son style en incises et lacets. Cette prudence qui soudain s'abandonne, se livre, se suicide pour s'excuser encore, raturer en direct, reprenant sa parole, pour la rendre plus sincère, puis plus fausse, puis plus vraie, perdant le lecteur en lui avouant ce qu'il n'a jamais demandé. Gide est là, envoûtant : on *sent* qu'il est dangereux. Déguisé pour rassurer, il administre une sorte de venin, s'en rend compte, tente de vous en débarrasser, puis vous tue, navré, heureux. Gide est vénéneux et libère pourtant : il fait de sa vie un exemple en ceci que toute vie, selon lui, est un exemple à suivre pour soi. À une condition – fascinante, culottée : que lui soit enjointe une morale. Malgré les apparences, parmi les contradictions mêmes, la morale gidienne existe. Elle est le lieu du respect humain, de l'amour évangélique de l'autre, même si Satan est le héros des Évangiles, même si le Diable est le nom du Christ : le seul mal serait de passer à côté de la vie, du monde, de l'autre – de soi. Mais un soi maximum, maximal, accompli ; un soi exagéré par soi, peut-être, un soi égoïste sûrement (et lâche, et monstrueux parfois) mais un soi qui n'aura pas à regretter de n'avoir pas fait son œuvre, de n'avoir pas vécu.

Diderot, *Promenade du sceptique ou les Allées* : « Présenter la vérité à de certaines gens, c'est introduire un rayon de lumière dans un nid de hiboux ; il ne sert qu'à blesser leurs yeux et à exciter leurs cris. »

Lundi 29 août

Réveil avec *Outward Bound*, Eric Dolphy Quintet, 1960 (New Jazz, NJLP-8236, US). Eric Dolphy : saxophone alto, flûte, clarinette basse ; George Tucker : basse ; Roy Haynes : batterie ; Jaki Byard : piano ; Freddie Hubbard : trompette.

Je retrouve (avec grand plaisir) Maria à *La Règle du jeu*, qui revient de Marrakech.

Le président de la République a envoyé un SMS à Bernard-Henri Lévy à mon sujet à propos de l'émission de samedi : « C'est irrespectueux. Parler de moi ainsi, sur le service public. Ce n'est pas correct. Même s'il est brillant. » Il est vrai que je l'ai pas mal étrillé sur le plateau – en son absence ; j'espère que nous l'aurons sur le plateau au moment de la campagne électorale. Qui a déjà commencé. Qui a toujours déjà commencé.

Je tape ces lignes à *La Règle du jeu*. Nous sommes lundi matin. Tout à l'heure, kiné puis séance de photo *ONPC* pour *Paris Match*. Ensuite, j'aimerais me concentrer sur l'émission de jeudi prochain. Le travail, le travail, acharné, méticuleux, laborieux, précis – c'est ça que je veux pour cette année, maintenant que je suis libéré de Léa Salamé, qui m'étouffait (j'ai bien voulu me laisser étouffer par elle ; mais disons-le, nous n'étions pas compatibles, pas le moins du monde, et les internautes commencent à s'en apercevoir, qui me trouvent mille fois moins bridé ; à l'instar de Jérôme – Corcos – qui me trouve lui aussi transfiguré).

Laurent Ruquier craint que les hommes politiques ne veuillent plus venir dans l'émission à cause de mes questions. Ne pas se laisser monter le bourrichon ; rester modeste, rester humble. Ne pas me faire accroire que j'ai le moindre pouvoir : travailler, travailler, il n'y a que cela qui vaille, que cela qui permette de faire éclore quelques vérités, sinon la vérité.

D'où vient, à la lecture, que l'Ancien Testament sonne très nouveau et que le Nouveau Testament fasse très ancien ?

Suarès, *Voici l'homme*, 1906 : « La guerre n'est pas seulement entre les peuples : elle est dans le peuple entre les gras et les maigres, entre les myopes et les presbytes : une dioptrie en plus ou en moins fait des frontières et des ennemis. Si elle n'était pas dans la ville, la guerre serait dans ta maison. Ceux qui veulent la paix à tout prix, qu'ils la fassent chez eux : ce n'est pas qu'ils ne le voudraient bien ; mais ils ne peuvent. Et si la guerre n'était pas dans leur maison, elle serait en eux. »

Je déteste les journées entrecoupées : ce qu'il me faut, ce sont de longues lignes droites de travail ; c'est là que je suis efficace, bon, à l'aise. Trop de parasitage et la concentration en pâtit. Les séances photo, les émissions de promo, tout ça, je déteste – ça me détourne de l'essentiel.

Je rédige ces quelques lignes en écoutant Zappa, « Outside Now », concert à Rotterdam, 1980. La voix d'Ike Willis.

Cet après-midi, je vais trier des articles, faire des photocopies pour alimenter mon classeur de documents à toujours avoir sous la main, fruits de mes lectures (livres et presse).

Séance photo, au Bristol, terminée. Le prix de la suite, à la nuit, où nous avons fait les photos et l'interview s'élève à 11 000 euros. Pendant l'entretien, Laurent se met (fort justement) en colère contre le journaliste Benjamin Locoge, qui (pour mieux critiquer les débuts contestés de Vanessa – tous les débuts sont contestés, c'est la règle) commence par citer des phrases relevées sur Twitter.

Un des meilleurs amis de Vanessa était, me dit-elle, installé juste à côté d'Emmanuelle et moi dans le train du retour. Décidément, il faut faire attention à ce qu'on dit (même si je n'ai jusque-là tenu que des propos sympathiques sur Vanessa). Mais après le chauffeur de salle sur la plage (type par ailleurs charmant), ça fait beaucoup.

On m'assigne en justice à la suite des propos que j'ai tenus il y a quelques mois dans l'émission. Je suis convoqué chez les flics vendredi matin.

Dans la Ve République, le président ne « représente » pas la volonté générale, ni le « peuple » (mot qui ne veut rien dire), ni la nation : il l'incarne. Il n'est pas un représentant mais une incarnation.

La Ve République, c'est la rencontre, assez inédite en France, de la démocratie et de l'autorité. En 1794, on avait l'autorité sans la démocratie ; Thermidor : ni démocratie ni autorité ; Directoire : démocratie sans autorité ; Consulat : autorité sans démocratie ; Empire : autorité sans démocratie ; Restauration : autorité sans démocratie ; monarchie de Juillet : autorité sans démocratie ; IIe République, phase 1 : démocratie sans autorité ; phase 2 : autorité sans démocratie ; Second Empire, phase 1 : autorité sans démocratie ; phase 2 : « démocratie » (même s'il faut le dire vite) et autorité – c'est peut-être la phase qui ressemble le plus à la Ve République ; IIIe République : à fouiller, quasiment année par année ; IVe République : démocratie sans autorité.

Bachar el-Assad a attaqué les Kurdes cet été. Cela peut paraître surprenant. Il s'agit, en réalité, de renouer les liens avec la Turquie. C'est un signal (fort) envoyé à Erdoğan. Car jamais les Kurdes ne se sont montrés offensifs envers Bachar. La Turquie opère, depuis moins d'un mois, une véritable métamorphose – sans complexe, sans rendre de compte à quiconque, et en particulier pas à ses nationaux. Rapprochement avec la Russie de Poutine, rapprochement avec Israël, rapprochement avec l'ami devenu ennemi qui redevient doucement ami, donc : la Syrie d'Assad. Bachar ne tient pas à abandonner trop de son territoire aux Kurdes syriens – ce qui fait la joie d'Erdoğan, dont l'élargissement du Kurdistan syrien est l'obsession première. La solution du conflit passera par Poutine et Erdoğan. Ce sont eux les seigneurs de la région, qu'on le veuille ou non. Tout, comme quelquefois aux échecs quand aucun des deux camps ne semble plus pouvoir bouger la moindre pièce, semble bloqué sur le terrain : Bachar ne parvient pas à écraser les rebelles et les rebelles ne parviennent pas à écraser Bachar. Le Hezbollah prête parfois main forte au régime, c'est peu de le dire, mais commence à se lasser. Les États-Unis, conduits par cette calamité d'Obama, ne bougent pas vraiment le petit doigt ; ils rechignent toujours à s'allier à la Russie pour éradiquer Daech une bonne fois pour toutes. Ce qui est certain, c'est que la guerre en Syrie est en train de muer en conflit turco-kurde.

Pause : je regarde des extraits de films de Godard, en vrac, sur YouTube. Une très bonne façon, au demeurant, de les regarder. Le cinéma de Godard est toujours futur. Devant un de ses films, on comprend immédiatement quel film il va essayer de faire après, et dont celui-ci n'est pas simplement le brouillon, mais l'embûche. C'est pourquoi, désertant finalement l'intérêt qu'il a pour l'œuvre se déroulant sous nos yeux, il passe directement à l'œuvre suivante mais sans attendre l'œuvre suivante. C'est à l'intérieur même du film que nous sommes en train de voir que Godard passe au film suivant. La créativité de Godard, plus rapide que ses films, plus impatiente que la temporalité d'un film, trépigne : elle attend l'entreprise nouvelle. Chaque film de Godard, ainsi, se dépasse non pas au sens strictement artistique, mais chronologique. Nombreux sont les cinéastes qui aiment, sinon ressasser, du moins remettre en perspective, dans leur nouveau film, la matière de leurs courts métrages ou longs métrages précédents. Je pense évidemment à Truffaut et son cycle « doinélien », je pense au De Palma de *L'Esprit de Caïn*, mais aussi à Claude

Lelouch et ses multiples effets de miroir (dans *La Bonne Année*, on regarde *Un homme et une femme* à la télévision). Godard lui-même a beaucoup joué avec ça : c'est Belmondo évoquant *À bout de souffle* dans *Une femme est une femme*, ou encore des dialogues du même *À bout de souffle* qu'on retrouve dans *Hélas pour moi*. Chez Godard, cependant, le clin d'œil n'est pas seulement rétroactif mais prospectif. Le dernier Godard en date s'assume d'emblée comme un hommage déguisé à l'œuvre à venir. Telle est sa ligne, qui est de fuite.

On ne s'étonnera pas, dès lors, comme c'est le cas (entre autres) dans *Pierrot le Fou* ou *À bout de souffle*, que le personnage godardien parle soudain au spectateur : il *sait* qu'il fait partie d'un film parce que le film présent est déjà terminé en tant que film ; Godard démissionne de lui-même pour passer à autre chose. La preuve, c'est que ses créatures elles-mêmes étouffent sur la pellicule, dans ce scénario, dans cette prison. Ils n'ont pas tant la volonté de redevenir des acteurs (Pierrot ne nous dit pas : « Je suis Belmondo ») que de rester des personnages mais *ailleurs*. Dans une fiction neuve. On entend souvent dire que les films de Godard sont ennuyeux (cela m'est arrivé) : en réalité, ce n'est pas tant le spectateur qui s'ennuie dans un Godard, que Godard lui-même. Ayant épuisé, en quelques traits, en quelques fulgurances, le message qu'il voulait dire, ou le tableau qu'il voulait peindre, il perd l'œuvre en route, sciemment, l'éprouve, la met en danger. Chaque film de Godard, très vite (généralement dès la première moitié, parfois dès le premier tiers), est à proprement parler à bout de souffle.

Il y a quelque chose qui, passé une certaine durée, fait frein, bloque. Et les titres des films de Godard, étrangement, insistent sur cette fatalité. Le blocage est tantôt suggéré par la tautologie (une tautologie est une impossibilité d'avancer) : *Une femme est une femme*, *Vivre sa vie* ; par le lieu commun ou la banalité (qui empêche fatalement la progression) : *Une femme coquette*, *Une femme mariée*, *Tout va bien*, *Comment ça va ?*, *Un film comme les autres*. Des sept péchés capitaux, dans un film collectif du début des années 1960, Godard avait d'ailleurs (évidemment) choisi celui-ci : *La Paresse*. De même, *2 ou 3 choses que je sais d'elle* : passées ces deux ou trois choses, on tourne en rond, comme Lemmy Caution dans *Alphaville*, qui, nous avertit Godard en sous-titre, vit une « étrange aventure » qui a ceci d'aventure qu'elle n'en est pas une, qu'elle est circulaire, qu'elle tourne tout également en rond, tournée dans cette maison ronde qu'est la Maison de la Radio.

Le cinéma de Godard est circulaire : quand le film a tout dit, il revient sur lui-même, à son point de départ ; et les personnages et le réalisateur, s'avisant qu'ils ont encore une heure à tenir, admettent que, malgré le fait établi qu'il va bel et bien continuer (à se dérouler), le film, en soi, est terminé. Le spectacle continue mais le film est fini.

C'est pourquoi le cinéma de Godard est éprouvant : il est événementiel. Cette circularité, une fois repérée (les fréquences varient d'un Godard à l'autre : parfois le film opère trois cycles, trois révolutions sur lui-même, parfois dix, douze), nous force à sortir perpétuellement du film, au risque de sortir de la salle. Mais il faut (essayer de) rester. C'est comme en psychanalyse : la phase où nous pensons que nous n'avons plus rien à dire constitue le début véritable, le lieu même des turbulences. Personne n'a jamais dit qu'un film n'était qu'un film, et que ses limites concrètes ne devaient pas être abolies pour s'étendre plus loin que la pellicule elle-même, que l'écran. Godard ne propose jamais de film : mais une idée de film. La totalisation mentale d'un Godard est impossible puisque, tôt ou tard, le film commence, non à se raturer, à se renier, à dérailler, mais à s'engendrer lui-même comme matière à autre chose que lui-même. C'est ça ou l'asphyxie. Jeu : s'amuser, dans un Godard, à repérer la véritable fin du film.

Travaillé jusqu'à 21 heures. Demain, je vais me pencher sur le revenu universel. Surtout si, comme annoncé, nous recevons jeudi Benoît Hamon : le revenu universel est à son programme présidentiel – Benoît Hamon président, *by the way*, cela n'a strictement aucun sens.

Il sera sans doute difficile de trouver chaque semaine de quoi déstabiliser vraiment les invités politiques ; mais il faudra chercher, fouiller, travailler.

Je suis heureux ; tout est en place dans ma tête. Quel contraste avec l'an dernier, la rupture, Marie-Pierre, l'angoisse et la tristesse.

Mardi 30 août

Réveil avec *The Call*, Henry Grimes Trio, 1966 (ESP Disk, 1026, US). Henry Grimes : basse ; Perry Robinson : clarinette ; Tom Price : batterie. Enregistré à New York le mardi 28 décembre 1965.

« Ainsi pour effrayer l'impie et le superbe / Les vents font rage et le tonnerre mugit longtemps » (Swift).

Swift, encore, dans *Pensées sur divers sujets moraux et divertissants*, 1706 : « Nous avons juste assez de religion pour nous haïr, mais pas assez pour nous aimer les uns les autres. »

Continuons : « La religion semble être retombée en enfance, elle demande à être nourrie de miracles, comme à son berceau. »

Encore : « Si l'on faisait le compte de toutes ses opinions sur l'amour, la politique, la religion, le savoir, depuis son jeune âge et jusqu'à sa vieillesse, quel amas d'inconséquences et de contradictions on y découvrirait ! »

Et celle-ci : « Des lois rédigées avec tout le soin et toute la précision possibles, et en langue vulgaire, sont détournées de leur véritable sens. Pourquoi nous étonner qu'il en aille de même de la Bible. »

Il ne faut jamais s'inquiéter de ce qu'une femme ne veuille pas de nous : c'est un autre que nous qui souffrira quand elle le quittera.

Il faudrait, pour chaque être que nous rencontrons, connaître son coefficient de vérité : est-il avec nous comme il est vraiment le reste du temps ? Est-il avec nous ce qu'il *est* vraiment ? Se présente-t-il tel qu'il est réellement ? Quel est son coefficient de « panoplification » ? Hommes politiques : masqués, tous ; tous faux. Coefficient de vérité qui tend vers zéro.

La religion a commencé en fabriquant des dieux animaux mieux traités que les hommes ; elle a fini en fabriquant un dieu-homme moins bien traité qu'un animal.

Rien n'est plus pitoyable que de vouloir sortir victorieux d'une conversation. J'avoue avoir ce défaut – mais ce n'est pas tant pour avoir raison (Ruquier, lui, est maladivement atteint par ce défaut) que pour éprouver la validité de ma thèse, de ma réflexion, jusque dans ses ultimes retranchements.

Quand on écoute les albums des Kinks des années 1980 et 1990, on a la sensation d'un dégât des eaux : des eaux usées des années 1960 qui veulent mouiller, qui essaient de tremper des années dans lesquelles, honnêtement, ils n'ont plus rien à faire. Un morceau des Kinks de 1968 paraîtra toujours moins vieilli qu'un morceau des Kinks de 1993. Car les Kinks de 1993, enfermés dans leurs sixties, ne savent pas que 1993, en réalité, leur est inaccessible : qu'ils ne sont pas faits pour 1993. (Cela dit, *Phobia*, dans son éther, est loin, très loin d'être un mauvais album.)

Mercredi 31 août

Réveil avec *Blues In Thirds*, Earl Hines, 1967 (Fontana, 683.902 JCL, France). Earl Hines : piano et voix.

Je m'abrutis de travail – notamment sur le concept de revenu universel, pour l'émission. Nous recevons jeudi le très pâlichon Benoît Hamon, candidat à la primaire « socialiste ». Peu d'idées, peu de charisme ; pas méchant, pas gentil. Pas grand-chose. Mais il a bien le droit, démocratie oblige, de venir défendre, sinon ses idées, les raisons de son passage sur la Terre. Je n'ai rien contre Benoît Hamon, je n'ai rien pour. Il n'est pas plus niais qu'un autre. Pas moins, non plus. « Ce n'est pas la force de son esprit, mais celle du vent qui a porté cet homme où il est » (Lichtenberg, *Aphorismes*, 1800-1806).

Toujours rendre à César : rien ne me rend plus heureux qu'une phrase de Kafka soit *réellement* de Kafka.

Je déteste apprendre que quelqu'un que je n'aime pas aime la musique que j'aime. Lorsqu'à un concert d'un de mes musiciens ou groupes préférés, j'aperçois un « ennemi », je suis contrarié : pas *lui*, pas *ici*. Ma joie en est quelque peu gâchée.

« Attention chien méchant. » Cela ne veut *rien* dire. Dangerosité du chien à cause de la bêtise de son maître. Meilleure formulation. Un animal n'est *jamais* méchant. Anthropocentrisme. La méchanceté est le propre de l'homme.

L'existence consiste à rejouer sans cesse son enfance : soit dans le but de lui donner un sens, soit au contraire dans celui de la rendre insensée.

Pourquoi j'écris des livres ? Il est possible que cela soit un subterfuge. Me trouvant dans l'incapacité totale et absolue d'exercer un quelconque métier, d'embrasser la plus petite profession, de me retrouver emprisonné dans une entreprise, je donne le change en écrivant – obligé d'aligner les publications pour prouver ma bonne foi.

Pour mes géniteurs, un brouillon de roman signé de moi était pire qu'un vol, un viol, une croix gammée taguée sur un mur. Une seule chose leur eût paru plus ignoble, plus obscène et plus indigne : un dessin signé de moi.

Les parents pensent rassurer leurs enfants : ils les inquiètent.

Je suis tellement naïf que, malgré le fait que je le sache, je continue à l'être.

L'espace public est désormais individualisé : on fait de la trottinette, on marche avec un casque sur les oreilles ou des écouteurs dans les oreilles ; et ainsi du temps : on écoute et regarde tout en différé, selon sa temporalité propre. Le temps et l'espace sont éclatés ; ils sont fragmentés en autant d'individus qui les consomment. Ils ne sont plus des étendues, mais de brouillons amas de lucioles.

Une « vraie » guerre, militaire, de nation à nation (de grande puissance à grande puissance) est-elle encore possible ? Malgré les apparences : évidemment.

J'ignorais que Céline admirât Brasillach – surtout que les compliments, chez l'auteur du *Voyage*, sont rarissimes. À moins que cela ne soit que l'expression, bien sordide, d'une confraternité collaborationniste. Toujours est-il que voici ce qu'écrit Céline à Brasillach (« Mon cher Brasillach ») en juin 1944 :

> Mille mercis affectueux pour votre magnifique *Quatre Jeudis*. Je l'ai dévoré par morceaux. Je l'achèverai rognerai encore avec délices [on dirait du Gide !] aux moments libres… Je vous admire mais je me permets un tout petit reproche – dans l'ensemble vous faites la part trop belle à la pensée et pas assez à l'émotion. Émotion dans le sens physiologique – le « *Rendu émotif* ». C'est de *cela* bougre bordel dieu dont notre race et notre langue a tant besoin, si ratatinée, si sèche, si calculière, si goujate, si mufle, si insensible derrière toutes ces facettes polémiques, poëtiques et raisonnables. Voir NRF. Si MORTE déjà la *chanson* du *nerf directe* s'il peut *encore chanter*. 300 000 Gides pour ½ Villon ! 4 500 000 Maurras tout enhellenisés ! Combien de Giraudoux !

Pas la moindre peur de finir à la rue – je vivrai cela, s'il le faut, comme une effroyable mais fantastique expérience. Surtout, j'étudierai la façon, passionnante à écrire, dont *forcément* je me relèverai.

Qu'on n'attende pas du genre humain (moderne) une originalité croissante : la subjectivité, devenue mort d'ordre, n'est plus que l'avatar fractionné (divisé comme une part de gâteau informe, mettons un pudding) par le nombre d'individus qu'il y a sur la Terre. C'est à se flinguer.

Une des denrées les plus rares du XXIe siècle, c'est le silence. Nous sommes véritablement entrés dans l'ère du bruit. Bruit des mots, notamment. Prospère d'ailleurs toute une économie de « l'anti-bruit » : casques, bouchons, boules Quiès, villas au calme, etc. Les gens ne sont pas bruyants : ils sont des bruits, comme autrefois on disait « ce sont des brutes ». Plus rien n'est silencieux : et dans les morceaux de musique qui font les tubes d'aujourd'hui, plus jamais de temps mort, de respiration ; et dans le moindre restaurant, dans la plus petite gargote : de la musique, ou la radio, comme si le silence était devenu l'ennemi. Tout l'espace sonore doit être occupé, c'est une sorte de loi de Mariotte de l'acoustique. Les gens sont de moins en moins discrets : on entend, dans le train, dans les transports en commun, dans la rue quand nous marchons tranquillement, leurs conversations téléphoniques. Je suis l'otage du bruit. La pensée elle-même, qui ne pense plus, est devenue un *bruit de fond*. Il y a comme un effet de basse continue ; ça bourdonne sans arrêt. La réalité est devenue quelque chose de strictement cacophonique. La ligne de partage des eaux se fait désormais entre le silence et le bruit, entre la douceur du calme et la dictature de l'étendue braillarde.

Je passe trop de temps sur ce journal. Si je n'ai plus de vie à cause de lui, comment vais-je faire pour la raconter dedans ? À ce rythme-là, il est fort possible que je ne tienne pas longtemps. J'ignore si j'ai du plaisir à le tenir ; certainement pas, en réalité – je l'ai déjà dit. Mais, comme le dit Léautaud quelque part dans le premier volume du sien, si je n'ai pas de plaisir, j'en ai la *volonté*.

Quand j'écoute du Stravinsky, j'aime bien que ce soit Stravinsky qui dirige lui-même. Ça me rassure. Boulez le fait très bien, Salonen le fait très bien. Mais Stravinsky dirige mieux Stravinsky que n'importe quel Stravinsky au monde. Cela nous permet, au-delà, d'imaginer Mozart diriger Mozart, Liszt diriger Liszt, Bach diriger Bach. Voilà ce que représente, aussi, Stravinsky dirigeant Stravinsky. Joyce lisant Joyce. Seul Char lisant Char me laisse pantois : il a la même voix et le même accent que Pasqua.

« Créer » des ennuis. Quelle étrange expression. Quand on y réfléchit *vraiment*.

Voltaire, à Charles Porée : « On trouvait alors l'*Œdipe* de Corneille excellent, je le trouvais un fort mauvais ouvrage, et je n'osais le dire. Je ne le dis enfin qu'au bout de dix ans, quand tout le monde est de mon avis. Il faut souvent bien du temps pour que justice soit rendue. »

À propos de *Grand oral*, quelque chose qui n'a rien à voir : je sais que la première personne qui a travaillé sur ce film, pour faire des repérages, et qui est donc la première (un jeune homme) à jamais avoir travaillé pour moi sur un film, est morte la semaine même où elle a commencé les repérages. N'ayant jamais su qui c'était, ne l'ayant jamais rencontrée, je souhaite ici convoquer sa mémoire par ces quelques phrases qui lui disent ma gratitude.

Je regarde *Le Masque de fer*, pas vu depuis l'enfance. Jean Marais : quel génie. On n'y pense plus assez. On dirait que sa postérité a fait son temps. C'est très injuste. Il était potier. La terre tournait entre ses mains ridées qui avaient des crânes dans *Hamlet* et faisaient jaillir le mousquet du fourreau dans ses films de cape et d'épée. Il fut gringalet précieux dans les décors de Cocteau, au milieu des masques de cheval et des ruines de Troie. Il fut condottiere et d'Artagnan, menton levé sur les donjons, à l'heure de la cinquantaine. Tel est le miracle Marais : l'adolescence intellectuelle et l'âge mûr casse-cou. C'est un aigle à deux têtes. Sur le visage de l'octogénaire rigolard, les années n'avaient fait que passer : Marais avait de la jeunesse plein l'œil, celle des cascades et des ponts-levis. Et des amours, qui n'étaient jamais mortes. De Fairbanks – un de mes dieux absolus – à André Hunebelle, en passant par l'Occupation et Cocteau, Marais fut quasiment un siècle. Un siècle *français*. Envie, du coup, de revoir rapidement *Le Bossu* et *La Belle et la Bête*.

J'ai rencontré Jean Marais. J'ai eu cette chance. C'était au JT de 13 heures, en 1996, sur la 2. Pendant le Salon du Livre, porte de Versailles. C'était la première fois que je publiais un livre ; ce serait pour lui la dernière (*Mes métamorphoses*). Je l'avais fait rougir en lui disant qu'il était un « magnifique cocteaugénaire ». Puis il avait ri sous cape (ce jour-là, il n'avait pas d'épée). Cocteau écrivain dessinait toujours les mêmes visages, en forme de boucles. Cocteau cinéaste n'a fait que filmer le visage de Jean Marais, en boucle. D'habitude, un artiste cherche son style. « Jean », lui, avait trouvé « Jeannot ».

C'est quand même incroyable. À chaque fois qu'on veut parler de Marais, rien que de Marais, on ne peut s'empêcher de mentionner Cocteau. Pourtant, Marais a tourné avec d'autres : Christian-Jaque, René Clément, Pabst et Guitry. Je suis un imbécile, un vrai : je n'ai pas osé demander de dédicace à Marais. Comment faire à présent ?

Je suis né en coup de vent. Mai 68 était déjà là. Tout le monde autour était si pressé. Ma mère m'a donné la vie et a repris la sienne. Deux événements posés sur la même date, c'est encombrant : j'ai cédé ma place.

Jésus n'est pas le dernier juif (évidemment !) : mais c'est le juif dernier. Jésus est quelque chose d'ultime. Jésus est une ultimité. Emmanuel Levinas (toujours dans *Difficile liberté* – quel titre !) : « Le monde futur ne serait-il pas la possibilité de retrouver le sens premier des mots qui est aussi leur sens ultime ? »

Rien n'est plus pornographique qu'une émission culinaire. Obscènes reportages, également, sur les chefs étoilés. Nausée. Et que je parle de la coriandre, et des effluves de ceci, de cela, du romarin cueilli à l'aube, de la « saveur du produit ». Honte. J'ai honte, pour le genre humain, que cela existe.

Diderot, *Promenade du sceptique ou les Allées* : « Vous n'avez pas seulement affaire à des gens qui ne savent rien, mais à des gens qui ne veulent rien savoir. »

Je suis un des êtres les plus violemment jalousés que je connaisse ; je me l'explique assez mal.

On ne me passe jamais rien mais toujours on me pardonne ; ceci rectifie cela. Mais Dieu que c'est épuisant.

Je ne suis pas content d'être ce que je suis ; mais être un autre serait une punition bien pire : à partir de lui, il me faudrait tout de même parvenir à moi. En étant moi, rien que moi, et personne d'autre, je gagne finalement un temps fou.

Jérémie (XXII, 3) : « Pratiquez la justice et l'équité, arrachez celui qu'on dépouille des mains de l'oppresseur, ne faites subir ni avanie ni violence à l'étranger, à l'orphelin et à la veuve. »

SEPTEMBRE

Jeudi 1er septembre

Réveil avec *One More Twist*, John Watts, 1982 (EMI, EMC 3402, UK). John Watts : guitare, synthétiseur et chant ; Dave Purdye : basse et chœurs ; Derek Ballard : batterie, batterie électronique et chœurs.

Le cas de Rimbaud illustre à merveille les dérapages de la critique – universitaire, en particulier –, et ce depuis un siècle. Le XXe siècle a été le siècle de la glose jusqu'à l'absurde, le siècle du désossement intégral et absolu de la moindre relique littéraire, de l'étude au microscope linguistique, structuraliste, marxiste, telqueliste, barthiste, trucmachinchosiste du plus insignifiant brouillon d'écrivain, et même des brouillons de brouillons, oui : des brouillons au carré, des brouillons au cube. Or, les brouillons d'écrivains n'ont peut-être strictement aucun intérêt, dès lors qu'ils sont dépassés par l'intelligence, la culture, la névrose de leurs exégètes. À ce sujet, le cas Rimbaud est exemplaire.

« Arthur » est devenu un rat de laboratoire conservé dans le formol du CNRS et de la Sorbonne. De temps en temps, avec de nouveaux instruments analytiques, on vient disséquer son cadavre, prélever un peu de moelle épinière. Que paraisse tous les mois ou presque, comme un mensuel de *funboard*, une biographie de 1 000 pages n'est pas le pire (le plus nul des rimbaldiens étant, de loin, le sinistre Jean-Jacques Lefrère). Le pire, ce sont les explications, les interprétations, les suppositions, les supputations qui, depuis sa mort en 1891, se sont multipliées comme des virus informatiques. Le XXe siècle a inventé Rimbaud de toutes pièces. Rien, chez lui, ne coïncide avec ce qu'il a fini par être avec les manuels sous la pression de nos fantasmes. Si Arthur vivait, il ne comprendrait pas le millième de ce qu'on a voulu, sous la torture, lui faire dire. Rimbaud n'était « poète » (selon l'acception glossatrice) que de temps en temps, pour *rigoler*, et méprisait ça, la « poésie ». Quand il était malade, avant de mourir dans son lit, sa sœur lui faisait la lecture. Dès que les passages « poétiques » arrivaient, il la priait de les sauter. Il avait envie de vomir.

Si c'est pour se crisper comme ça sur son génie, autant affirmer que Rimbaud ne l'est pas, génial, et pouvoir l'aborder en toute sérénité, en toute musique, sans être assommé d'avance par la tâche vaine et scolaire d'avoir à élucider ses prétendus messages. Le révisionniste Robert Faurisson avait fait scandale, dans les années 1960, en donnant au sonnet des « Voyelles » une interprétation pornographique. Étiemble, notamment, lui avait répondu, outré. Seulement, les explications d'Étiemble, d'Antoine Adam, de Louis Forestier, d'Enid Starkie, de Claude Jeancolas, d'Albert Py, tous rimbaldiens respectables, ne sont ni plus ni moins recevables.

Un exercice comique est de comparer, à titre d'exemple, les diverses interprétations du poème « Aube », issu des *Illuminations*, considéré, selon les commentateurs, comme le plus clair ou bien le plus obscur, le plus évident ou bien le plus complexe des poèmes de Rimbaud. Florilège, donc, des glossateurs en folie. Forestier (Rimbaud, *Poésies. Une saison en enfer, Illuminations*, Poésie/Gallimard, 1973) : « C'est un rêve conduit hors de l'espace et du temps réels, et qui se dissipe quand on reprend conscience de ce temps. » Py (Arthur Rimbaud, *Illuminations*, Librairie Droz, 1969) : « Il s'agit d'une entreprise, de la volonté presque consciente de faire surgir la vie, comme magiquement, par le mouvement. Il s'agit, poétiquement, de libérer par l'écriture les énergies latentes de la création. » Jeancolas (*Rimbaud l'œuvre*, Textuel, 2000) : « Le poète est celui qui engendrera la vie nouvelle, deviendra l'aube, il a tous les pouvoirs. » André Guyaux (Rimbaud, *Œuvres*, Classiques Garnier, 1981) : « Faut-il y voir simplement l'évocation d'un paysage endormi qui peu à peu s'éveille dans le matin ? » Pierre Brunel (Rimbaud, *Œuvres complètes*, Le Livre de Poche, « La Pochothèque », 1999) : « C'est une apocalypse nouvelle. » Pascaline Mourier-Casile (Arthur Rimbaud, *Œuvres*, Presses Pocket, 1990) : « Ce retour à l'origine unitaire est aussi celui vers une genèse, une jeunesse du monde. » Jean-Luc Steinmetz (Rimbaud, *Illuminations*, GF-Flammarion, 1989) : « Rimbaud présente ici une course onirique après une femme-nature, une femme-éveil [*sic* !] qui pourrait être aussi celle qui donne naissance, une image de la jeune mère vue comme un immense corps par l'enfant. »

Pour certains encore, il s'agit d'un poème à caractère pornographique, dont l'acmé serait le « il était midi » final, qui, selon le dictionnaire érotique Delvau, qu'Arthur a très bien pu se procurer, est synonyme de « bander violemment ». Et que nous dit Enid Starkie à propos de « Aube » ? Ceci : « Ce n'est pas le désir et l'ardeur que Rimbaud éprouve, mais la plénitude de l'orgasme. » J'arrêterai là, mais je pourrais continuer très longtemps. Je passe sur les analyses mystiques – celles du bloyo-péguyste Stanislas Fumet, par exemple. Lionel Ray (*Arthur Rimbaud*, Seghers, « Poètes d'aujourd'hui », 1976) – le meilleur commentateur selon moi, parce qu'il digère toutes les interprétations pour en revenir à la fraîcheur première du texte, indépendamment de ce qui est, ou non, « crypté » chez Rimbaud (notamment les évidentes obscénités, qui, pour être ludiquement voilées, ne peuvent être considérées que comme un moyen de création et non une fin) –, Lionel Ray, donc, explique, à propos des gloses de l'école *hard* des rimbaldiens : « Quand bien même nous prendrions en considération de telles hypothétiques intentions, le texte tel qu'il existe n'en proclame rien, en déplace l'intérêt, les absorbe jusqu'à les faire disparaître sous autre chose, cette autre chose qui est, au-delà de tout message, volontaire ou involontaire, réel ou supposé, la mise en scène de l'univers rimbaldien. »

Je propose donc qu'on fiche la paix aux écrivains, aux artistes, aux poètes, qui ne méritent pas cette collection de commentaires. Commentaires qui, tous, à force de finesse, rejoignent ce point critique dont parlait Malraux où trop d'intelligence rejoint la connerie. Qu'on laisse la littérature aux écrivains et à leurs lecteurs. Les autres, il s'agit de les mépriser pour longtemps. À mort, les rimbaldiens.

Gide, *Correspondance avec François-Paul Alibert* (dimanche 29 décembre 1907) : « Vous ne m'en voudrez pas, n'est-ce pas, de vous avoir parlé en critique – c'est ma façon de parler en ami. »

J'arrive fatigué à l'émission. Le sommeil prime sur tout quand on veut y exceller – mieux vaut être en forme et avoir peu travaillé que l'inverse ; le mieux étant, bien sûr, de combiner les deux. Je suis un peu en sueur, pas très à l'aise quand même sur les questions économiques, même avec du travail, beaucoup de travail, derrière. Laurent, en sus, me savonne quelque peu la planche, ou du moins ne me laisse pas terminer mon laïus, si bien que je passe un peu pour un imbécile.

Personne n'aime passer pour un imbécile ; du coup, Hamon est aux anges : ils sont deux contre moi. Il est vrai que nous avons reçu des consignes pour être plus « gentils » avec les invités – il s'agit de ne pas effrayer les suivants. Comment, dans ces conditions, faire une bonne émission ? Casse-tête chinois. Trop de logiques s'enchevêtrent. Trop d'intérêts divergent. Il faut slalomer entre tout ça. C'est sportif.

Hamon est un second couteau de la politique. Il s'agit de tout, dans ma bouche, sauf d'une insulte. Les premiers couteaux de la politique ne me passionnent pas. Les géants, oui ; les premiers couteaux, non. Regardons l'Élysée. Géants de la politique, depuis 1958 : de Gaulle, Mitterrand. Premiers couteaux : Pompidou, Giscard, Sarkozy. Second couteau : Hollande. Preuve que l'on peut être de seconde zone, de division deux, et pénétrer dans le Palais. Hamon n'a pas que des mauvaises idées. Bien que, pour le jeu, je le chicane sur la faisabilité du revenu universel, c'est une belle idée ; mais Hamon manque d'aisance, quelque chose en lui freine, son expression n'est pas fluide. Ce n'est pas un imbécile, loin s'en faut : mais sa finesse ne se voit pas. Il manque de roublardise pour communiquer sa valeur. C'est en quoi il n'est pas fait pour la Politique avec un grand « P ». En animateur de motions, cravate dénouée, sueur au front, dans la pinède d'une université d'été, avec les criquets qui non loin chantent, et des militants qui plantent leur cigarette dans un reste de sauce, il est sans doute l'un des meilleurs. Mais il y a ce plafond de verre. Qu'il ne parviendra jamais à crever. Il n'est pas brillant.

Faire de la politique suppose qu'on finisse premier. Il n'y a qu'une seule place. Toutes les autres, tous les autres postes sont interchangeables et finissent par se dissiper dans les mémoires. Hamon n'est pas un hors-bord. Il va à l'Élysée à la rame ; il y va même à la nage. Et ce n'est pas même un crawleur. Il y va à la brasse, contre le courant. Avec une tendinite à l'épaule. On voit l'effort sur sa figure. Il est crispé dans sa coolitude même. Sa sympathie, réelle, se dégage lorsque, de temps en temps, il distille çà et là dans l'espace, sans s'en douter lui-même, le regard de l'enfant qu'il fut en 1974, quand Giscard fut élu. Il y a quelque chose de touchant chez lui ; il est trop Benoît et pas assez Hamon. Le « hamonisme » est peut-être trop un humanisme pour exister réellement. Il lui manque un brin de cynisme, de dureté, de rouerie. On dirait un militant vieilli monté sur des échasses. Une sorte de héron de la politique. Son temps n'est pas encore venu, mais on sent qu'il est passé quand même, à son insu, à l'insu de tous. Hamon a fait tout ce qu'il a fait pour une date qui n'a pas eu lieu, n'a jamais voulu avoir lieu. Comme s'il s'était endormi au moment où il ne le fallait pas. C'est pourquoi, un peu ahuri, il semble toujours sortir de sous sa couette. C'est toujours un peu le matin, pour Hamon. Son grand soir sent trop la grasse matinée pour advenir jamais.

Hamon n'est pas une bête politique, ni même un homme politique, c'est un frangin, un copain, il a des airs de camarade de classe, de délégué de classe intelligent, qui sait défendre ses condisciples parce que les professeurs, qui le respectent, l'aiment bien. On n'a hélas pas comme président de la République un délégué de classe ni un voisin de manif. Il est émouvant de le voir défendre ses idées : car il croit encore, naïf sortant d'un œuf neuf, que les idées ont de l'importance, que les Français élisent leur président sur un programme cohérent, sur des concepts osés, des propositions inédites. Cela me fait plaisir, et cela me fait de la peine. Pour lui. À moins qu'il ne mime son ambition, que le chemin vers le pouvoir ne soit qu'une marelle dessinée à la craie sur le bitume de la République transformée pour l'occasion en cour de récréation nationale.

Après l'émission, bien que défiguré par la fatigue, je vais prendre un verre au Plaza Athénée avec Vanessa et Laurent – ça se termine à 2 heures du matin. Emmanuelle, qui est venue assister à l'émission, est rentrée (chez moi) dormir ; elle a eu raison.

Immense lassitude de vivre dans un monde saturé, non d'islam, mais de *débats* sur l'islam – débats sur l'islam dont l'islam ne débat pas.

Diderot, *Promenade du sceptique ou les Allées* : « Les raisonnements de l'esprit fort sont-ils solides, on a tort de les combattre ; sont-ils mauvais, on a tort de les redouter. »

Le judaïsme est né de la naissance de Dieu ; le christianisme est né de la mort du Christ. Le judaïsme est né avec de la naissance ; le christianisme est né avec de la mort.

Vendredi 2 septembre

Réveil avec *Pictures At Eleven*, Robert Plant, 1982 (Swan Song, SS 8512, US). Robert Plant : chant ; Robbie Blunt : guitare ; Jezz Woodroffe : claviers et synthétiseur ; Paul Martinez : basse ; Cozy Powell et Phil Collins : batterie ; Raphael Ravenscroft : saxophone.

Je vais déposer chez les flics. Puis journée perdue à dormir, à procrastiner, à cause de la fatigue et du pot tardif d'hier soir.

Verre avec Marc Weitzmann, qui n'est pas d'accord avec mon analyse du salafisme n'entraînant pas le djihadisme. Weitzmann dont l'obsession première – qui vire à la maladie – est de ne ressembler à *personne*. Il s'agit, pour lui, d'être le premier et le seul à penser *cela* à propos de *ceci* – et *vice versa*. Weitzmann adorerait avoir une pensée complexe – il n'a qu'une pensée compliquée. Il est compliquiste comme d'autres sont simplistes. J'invente ce mot pour lui : *vanicuité*. Un véritable penseur cherche à comprendre : Weitzmann cherche à être compris.

Paranoïde figurant du milieu littéraire, dont il est une des excroissances complexées virant désormais sur l'aigreur (il n'est ni connu ni reconnu, or il faut, à Paris, être au moins un des deux ; publier à l'insu des lecteurs finit par être mauvais pour l'estomac), il possède une manière de vous faire comprendre qu'il détient la vérité comme un gosse, mauvais joueur et dont l'équipe vient de perdre, tient le ballon de foot en otage dans ses mains. L'adjectif qui sied le mieux à Marc, même si on aimerait bien l'aimer bien (mais il nous en empêche, hélas), est : *foireux*. Dommage. Avec moins de complexes d'infériorité, moins d'assurance de sa supériorité, plus de simplicité et moins de comptes à régler, de revanches à prendre, il serait presque agréable – il n'a *aucun* ami.

Ses livres s'ajoutent à ses livres, et seule sa propre bibliothèque s'en aperçoit.

On reconnaît l'imposture à la posture.

Le passage que je vais recopier à présent me semble l'exacte contraire de la déviance terroriste, et peut-être même (on peut rêver) son élixir – son antidote. Il est tiré de *L'Amour fou*, de Breton (Gallimard, 1937). « Les hommes désespèrent stupidement de l'amour – j'en ai désespéré –, ils vivent asservis à cette idée que l'amour est toujours derrière eux, jamais *devant* eux : les siècles passés, le mensonge de l'oubli à vingt ans. Ils supportent, ils s'aguerrissent à admettre surtout que l'amour ne soit pas *pour eux*, avec son cortège de clartés, ce regard sur le monde qui est fait de tous les yeux de devins. Ils boitent de souvenirs fallacieux auxquels ils vont jusqu'à prêter l'origine d'une chute immémoriale, pour ne pas se trouver trop coupables. Et pourtant pour chacun la promesse de toute heure à venir contient tout le secret de la vie, en puissance de se révéler un jour occasionnellement dans un autre être. »

L'enfance est tellement lointaine que les hommes, une fois hommes et faits pour se reproduire entre eux lamentablement (et infiniment mêmement), la rêvent toute leur vie. Ils y devinent des trésors enfouis, des joies cachées, alors que rien n'est plus triste au monde que de n'être pas devenu grand, détaché à jamais de la dictature amusée des grands, à l'immense et conne condescendance. J'ai mis du temps à comprendre que ceux qui m'ont élevé étaient moins intelligents que moi. C'est un traumatisme à comprendre. C'est le virage inadmissible : c'est une étape dans nos vies. Les êtres humains viennent sur Terre définitivement complexés par ceux qui les y ont précédés ; mais la chronologie ne suit jamais les dates, elle suit les caractères : ce sont les génies, les peintres et les surdoués qui finissent par inventer les jours qui nous restent à respirer, et les écrivains, et ceux qui composent les airs qui ont changé nos destins. Les musiques importantes qui nous ont fait rencontrer ou quitter cette femme. Les deux sœurs jumelles violées sur un slow d'été pur, une sorte de bluette de camping, avec des néons, des Allemands qui gueulent, et une Lune pratiquement rousse au fond du dangereux ciel. Le monde des enfants n'est qu'un monde sans le moindre relief, aspiré du dedans par les personnages abjects qui les touchent, les lavent, les frappent, les éduquent et les revendiquent : nos « parents ». Je ne vois pas pourquoi tel ou tel géniteur ne mériterait pas tout bonnement la peine de mort pour m'avoir donné la vie. Cette décision de me faire naître ! Je ne fus pas consulté, ni par le mâle, rusé rutard vaguement lettré, ni par la femelle, ahurie de promesses occultes, visant à partager une sorte d'avenir comprenant entre autres des enfants, un chien, quelques maisons et des voitures construites à Hambourg.

Le présent est la forme la plus aboutie de la réalité.

L'amour a été inventé par les hommes pour que les hommes donnent naissance à des hommes. L'amour est une possibilité parmi mille pour rentrer dedans une femme : à l'intérieur.

Pour tordre un crayon, il suffit de regarder son image dans une timbale.

Mon ami L. : « Il y a celles que j'aimerais rebaiser et celles que j'aimerais débaiser. »

Le passé est toujours devant nous tant qu'il n'a pas été alpagué par le souvenir, harponné par le verbe, entrepris par la langue.

Je suis tellement parano que je suis sûr que vous êtes en train de lire cette phrase. Dès que j'entends prononcer mon nom, je suis convaincu que c'est pour y faire entrer des horreurs, comme un vase qu'on remplirait de merde. En parano pur, je suis un monument. Je trouve régulièrement dans mon courrier des lettres de menaces. On veut ma mort à vie. Avant même d'avoir la moindre copine, je me sentais cocu. J'ai fait des tests du sida alors que j'étais puceau comme un abat-jour. Je me suis persuadé que j'allais mourir tout à l'heure parce que le médecin venait de m'annoncer que j'étais en bonne santé. Je suis le seul non-fumeur de la Terre qui aura une tumeur liée, de près ou de loin, à la cigarette, à la nicotine, au goudron, ou au papier.

On devrait toujours faire des doubles des lettres que nous envoyons aux femmes. En les relisant, nous essayons de lire avec leurs yeux. Et on se dit : « Elle est peut-être en train de lire ce *passage-là*, en *ce* moment. » On tente d'éprouver les mêmes émotions qu'elles, de les deviner.

Péguy s'est suicidé (je l'ai toujours pensé)… « On riait de sa prolixité : c'est qu'il était pressé d'écrire, je le crois bien ! Il n'avait pas de temps à perdre » (Louis Gillet à Romain Rolland, 17 septembre 1914. *Feuillets de l'Amitié Charles Péguy* n° 1, p. 6). « Pleins de visions comme un prophète ». Louis Gillet à Barrès : « On devinait en lui une vocation tragique ». « L'heure approchait pour lui du sacrifice total » (Bernard Guyon, *FACP* n° 2, p. 5). « Tous ceux d'entre nous qui se sont penchés attentivement sur la vie et sur l'œuvre de Péguy, se sont certainement arrêtés, avec une particulière émotion, à cette année 1911, où le poète, accablé de ces “épreuves sans nombre” dont il fait confidence à Joseph Lotte, a failli perdre pied, où il a connu la tentation suprême. » « Péguy atteint cet “âge de quarante ans” dont il nous dit que c'est un “âge terrible”. » « J'ai connu des gens qui pensaient que Péguy avait couru vers la mort comme vers une délivrance. Dieu nous garde d'un tel blasphème ! » Je suis un blasphémateur.

Le catholicisme, c'est peut-être ça : ce qui *cloue* sur place. La Croix, c'est un point qui hésite entre quatre directions.

Le mot « Français », le concept de « Français » est strictement hors sujet avec la parole de Dieu.

Il y a eu l'invention des religions, l'art de la guerre, et puis ce plaisir innocent, calmant, de se munir de ciseaux et de découper ce qui dépasse, ce qui surpasse. Nous nettoyons. Il faut faire place à la fraîcheur, les jeunes pousses, ce qui ne demande partout qu'à bourgeonner, qu'à déclarer ses flammes, ses hystéries de chlorophylle en partouze, ce qui remue en jungles, et les branchages, les tons, les profondeurs de nuances, quand on s'enfonce : forêt.

Dîner masochiste avec Régis (il est en promo pour *Cannibales*, son dernier roman) : « Je pense sans la moindre prétention n'avoir écrit jusque-là que des grands livres, mais là, je sens que c'est un chef-d'œuvre. Les gens se font toute une montagne du chef-d'œuvre. Mais ce n'est pas si dur. Il faut juste te dire que tu vas plus loin que d'habitude. Plus on va loin en soi, plus on va loin dans ce qu'on sait faire, plus on a de chance d'en faire un, de chef-d'œuvre. J'en suis arrivé à un point, maintenant, à un stade, où il est plus facile pour moi d'écrire un chef-d'œuvre que de ne pas en écrire un. Je crois que c'est pour ça qu'ils sont tous terrorisés, rien qu'en me voyant, dans le milieu littéraire. Que Garcin, que Pivot et tous les autres tremblent comme des feuilles quand ils me croisent : un type qui décrète qu'un chef-d'œuvre est plus facile à faire qu'un mauvais livre, c'est forcément quelqu'un de dangereux. Et c'est vrai que je suis dangereux. Je ne sais pas si tous les gens dangereux sont des génies. Je ne pense pas. Ça serait débile. Mais en revanche, si je sais quelque chose, c'est que les génies sont des gens dangereux. Marc Lambron, c'est sûr, il ne risque pas de tétaniser Pivot ! Mais de toute façon, je ne vois pas les choses comme les autres. Je pense que je suis simplement là pour combler le vide des génies morts. Je remplace Céline. Il en faut un, voilà. On ne va pas non plus en faire un plat. D'ailleurs, Céline n'est pas le meilleur. Simenon est supérieur à Céline. Je suis en train de lire tout Simenon. C'est lui le meilleur ! Mais son génie se voit moins. Moi, mon génie est, disons, plus visible. On le palpe en examinant une phrase tirée au hasard. Comme pour Céline. Alors, bon, si on devait classer les génies, je me rangerais moi-même, par paresse, à côté de Céline. C'est comme ça.

Je n'en suis pas fier, je m'en fiche totalement. Je suis génial comme d'autres ont des boutons sur le front. Ça ne m'intéresse pas plus que ça d'être un génie. Ce qui m'intéresse, c'est d'écrire mes livres. Et puis, si ça se trouve, tu es génial aussi ! Tout le monde est génial ! On s'en fiche, non ? Ce n'est pas moi qui me trouve génial. Ce sont les autres, les journalistes, les jurys. Moi, je fais comme si je n'avais pas d'éditeur. J'écris. Le reste… »

En rentrant, je regarde *Mais qui a tué Harry ?* pour la millième fois. Je suis un fanatique des œuvres « mineures » des génies. À titre d'exemples, *Whity* est un de mes Fassbinder préférés, *Vanina Vanini*, un Rossellini que je peux regarder en boucle, *Jenny, femme marquée*, le meilleur Sirk à mon goût, et *L'Argent de poche*, le Truffaut que j'ai le plus vu. Ce n'est pas par snobisme, mais c'est que j'ai l'impression d'être un peu seul dans ces films, qu'il y a moins de monde. C'est comme skier dans la poudreuse. Et puis c'est là qu'on entre en contact avec la vraie nature du créateur. Les œuvres mineures ne sont pas des œuvres ratées. Film « mineur », *Mais qui a tué Harry ?* (1955) est ainsi un des Hitchcock que je connais le mieux. La première fois, je l'ai vu à Orléans, en juin 1984, et je suis allé le revoir trois fois en deux jours : j'étais bien dedans. C'est tout. Je ne l'ai pas vraiment quitté depuis. À force, je vais bien finir par m'inscrire dedans.

D'abord, c'est une comédie, et je suis un malade mental des comédies. C'est le genre supérieur. Tous les Hitchcock sont des comédies, mais, là, c'en est « officiellement » une. Nous sommes dans le Vermont. Un enfant découvre un cadavre : celui d'un certain Harry. Un vieux chasseur (Edmund Gwenn) pourrait bien l'avoir tiré à la place d'un lapin. Jennifer (Shirley MacLaine, vingt ans, pour la première fois à l'écran), l'épouse de Harry (obsédée par la… citronnade !), pourrait bien l'avoir liquidé d'un coup de poêle à frire à l'issue d'une dispute conjugale. Et, enfin, la vieille fille locale, miss Gravely (Mildred Natwick), l'avoir supprimé d'un coup de talon aiguille. Toujours est-il que le cadavre est bien là.

Hitchcock s'amuse à peindre avec humour les habitants d'une petite ville de la campagne américaine, et il nous montre avec cruauté qu'un macchabée est quelque chose qui, somme toute, est bien encombrant. D'un côté, tout tourne autour de ce pauvre Harry, qu'on enterre, déterre, enterre, déterre, mais, d'un autre côté, personne ne pleure sur sa mort, personne ne s'intéresse réellement à lui. Le corps de Harry n'est dans le film conçu que comme source probable de désagréments avec la police ! Quand on demandait à Hitchcock d'où venait son génie du suspense, il expliquait que, lorsqu'il était petit garçon, il avait été effrayé par un gendarme et que, à partir de là, il eut toute sa vie peur des gendarmes.

Mais *Harry* est aussi un film critique sur le cinéma de Hitchcock lui-même, qui décide, ici, de se parodier. Il est possible qu'une définition du génie soit « artiste dont l'œuvre est à ce point marquée par un style qu'elle est propice à la parodie, et qui parodie elle-même cette œuvre ». Il y a à ce propos une scène, dans *Harry*, qui compte parmi les plus vertigineuses de tout le cinéma de Hitchcock : celle où Marlowe (John Forsythe), le peintre, apporte des retouches au portrait mortuaire de Harry en faisant mine d'expliquer son art au shérif, détruisant ainsi la pièce à conviction ! Il existe un petit film de Hitchcock intitulé *L'inspecteur se met à table* (*Lamb to the Slaughter*) où la même histoire nous est contée, avec une variante : une femme qui vient d'assassiner son mari avec un gigot congelé (en lui assénant de violents coups sur le crâne) met ledit gigot au four. Et quand les policiers arrivent, elle leur fait manger l'arme du crime, détruisant ainsi toute preuve contre elle-même !

Enfin, *Harry* est un des plus beaux films de Hitchcock parce qu'il est rempli de dialogues à mourir de rire, entre Beckett et Seinfeld. Exemples : « Comment naissent les lapins ? Comme les éléphants. » Ou : « D'accord, vous l'avez tué, mais c'était un accident. Peut-être que la foudre devait le tuer et qu'il n'y avait pas de tonnerre disponible. » *No thunder available !!!* Ou : « Si vous, un artiste, me suspectez… Alors vous imaginez, la police ! » Un dernier : « Le problème, c'est que la police s'intéresse beaucoup aux morts. »

Harry fait partie de ces films à part, quasi tératologiques, mystérieux, dans lesquels rien n'est normal (à commencer par leur existence même) et où l'on se doute bien que si l'on passait une vie à les étudier, à les ausculter, à les disséquer, on ne découvrirait qu'une bien maigre partie des références, des allusions, des symboles, des fantasmes, des folies, des excès, des visions qu'ils renferment. *Harry* est un asile de fous. De prime abord, comme Hitchcock, il a l'air parfaitement normal. Enfantin… Il commence d'ailleurs avec un enfant. C'est ce qu'on appelle, je crois, un film dangereux.

Samedi 3 septembre

Réveil avec *Jazz Mission To Moscow*, Mel Lewis, 1962 (Colpix Records, SCP 433, US). Mel Lewis : batterie ; Phil Woods :

saxophone alto et clarinette ; Jerry Dodgion : saxophone alto et flûte ; Zoot Sims : saxophone ténor ; Gene Allen : saxophone baryton ; Willie Dennis : trombone ; Eddie Costa : piano ; Bill Crow : basse ; Jimmy Maxwell et Marky Markowitz : trompette.

Départ pour Fécamp avec Emmanuelle. Superbe journée. Déjeuner chez Eddy, au Reidroc, en terrasse. Lecture, bain de mer. La mer est moins froide que la semaine dernière, à Saint-Malo.

Je lis le livre de Mélenchon, Jean-Luc, que nous recevons dans l'émission de jeudi prochain. Pénible. Quel pensum. Et pourtant, c'est un livre d'entretiens. J'abandonne pour Musset. Pas rouvert depuis longtemps. Un de mes obsessionnels de prédilection. Plus que l'intelligence, la culture, l'imagination ; plus que le goût de la syntaxe ou l'art de la formule, ce que la littérature réclame, c'est l'obsession. Le style naît de la monomanie, de la névrose et de l'excès. Proust ? Un malade mental, fou de mélancolie, perdu dans un pays révolu qui s'appelle hier, se tuant à défricher les souvenirs, à donner vie à la mort, à préférer la mort à la vie. Céline ? Une blessure ambulante, obsédée par la guerre, la peur, la violence. Stendhal ? Meurtri dans sa chair par la méchanceté des beautés inaccessibles, hanté par la séduction, tué par le chagrin : tout un destin voué à plaire, et qui se fracassa contre l'évidence d'un physique rédhibitoire d'où put jaillir le style le plus pur de la langue française. Dois-je encore citer Gombrowicz et la fascination du détail ? Sade et la passion de la douleur ? Joyce et l'aberration sexuelle ? Flaubert et les traumatismes de l'abandon ? Chateaubriand et la question de Dieu ? Modiano, les êtres disparus et les décors restés ?

Que vaut, en face de ceux-là, quelqu'un comme Malraux, par exemple ? Malraux écrivait comme un manche. Rien ne le hantait sincèrement, sauf la gloire. Envie de répéter, à l'envi, ce poncif qui fait tellement de bien : l'écrivain, le vrai, celui qui fait taire toutes les proses sur son passage, écrit toute sa vie le même livre. Ou plutôt : tous ses livres n'en font qu'un, tous étant les angles de vue différents, parfois contradictoires, les milles visages d'une seule et unique obsession.

Musset fait partie de ces géants. Avant Proust, dont il est le véritable précurseur, il a tout dit sur la mélancolie. Plus exactement, il est le premier à avoir exprimé avec autant de clarté, autant de vivacité, la différence fondamentale entre la mélancolie et la tristesse. Chez lui, la mélancolie, souvent empreinte d'une certaine gaieté, n'exprime que cette idée dans laquelle il eût sans doute aimé qu'on résumât son œuvre tout entière : « Un souvenir heureux est peut-être sur Terre/ Plus vrai que le bonheur. »

Autre thèse obsessionnelle (connexe) de Musset, à travers la galerie des femmes qu'il aima et qui, enfuies, ne sont plus que des fantômes qui ne poseront jamais plus les yeux sur lui : l'amour ne coïncide pas avec le bonheur. Dans l'œuvre de Musset, un homme peut bien lui dérober la femme aimée. Il sait que la vie la ramènera à lui sous une autre forme qu'on appelle le souvenir et qui s'intègre dans un paysage ni tout à fait réel ni tout à fait rêvé qu'on nomme précisément la mélancolie. Car, pour Musset, une fois en exercice, l'amour se regrette déjà lui-même. Pouvant enfin s'exprimer, l'amoureux bénit le temps où, réduit au silence, il rêvait de grandeur et donnait à ses palpitations les seules limites de sa démesure.

L'amour s'arrête avec le commencement de l'amour. Dès qu'il quitte sa spécialité, qui est de se projeter sans cesse plus loin dans l'avenir et de se mesurer à des ambitions plus hautes, l'amour ne sait plus se reconnaître dans le cadre délimité du quotidien. Lui, si à l'aise dans la glorification du passé, si percutant dans l'évocation du futur, se retrouve emprisonné dans un présent où ses ailes se cognent aussitôt qu'elles veulent se déployer. Professionnel de l'universel et de l'éternel, voici désormais qu'au sein du couple, nous répète inlassablement Musset à chaque poème, l'amour va devoir faire face au détail. Aucune barrière ne se dresse devant lui : sa propre barrière, c'est lui.

L'amour abîme l'amour ; bientôt, surgira de lui le besoin de renaître ailleurs, l'illusion de pouvoir s'incarner dans un bonheur neuf. Tout le travail de l'amour consiste à faire accroire que le bonheur existe, qu'il découle de lui. C'est en cela que Musset nous enseigne que l'amour est aveugle : le bonheur règne partout, sauf au pays de l'amour. Ce que Musset appelle l'amour, c'est ce moyen que choisissent les êtres humains pour se faire du mal en se faisant du bien. Mais, conclut-il : « Il faut aimer sans cesse, après avoir aimé. »

Écoute de *Live in Maui* (jeudi 30 juillet 1970, ultime concert de Jimi), en bootleg. Son pourri mais tant pis. Meilleure version selon moi de « New Rising Sun ». Chuck Wein (je reviendrai un jour, si j'en ai le temps, sur Chuck Wein) : « *Jimi should be here in a few minutes*… » Si Dieu a pris des couleurs, c'est un peu grâce à Hendrix. Plongeant le monde dans la lumière de sa négritude à fleurs, Hendrix a non seulement inventé la guitare : il a inventé les doigts. Mieux qu'Armstrong ou Bechet, plus sûrement encore que Miles ou

Monk, il a cueilli le coton des nuages dans les plantations de l'Éden. Il suffit que Jimi pose un pouce sur une cordelette de métal infime pour que vrombissent tous les tonnerres de son ciel cassé. L'enfant du vaudou ne joue pas de la guitare : il se joue d'elle. La triture, la tabasse, la caresse, la viole, l'assassine et l'embrase. La musique adoucit les meurtres. De dièses lunaires en bémols débiles, de riffs tabous en larsens non euclidiens, voici Hendrix à Hawaï, un mois et demi avant sa mort. Rien n'est plus émouvant que l'empressement qu'il semble mettre à en finir une bonne fois pour toutes avec son génie, à l'épuiser, à le vider. Hendrix ne veut rien prouver, il joue.

L'islam des terroristes est superficiel. « Techniquement », ils sont par conséquent beaucoup plus proches de l'athéisme que de la foi. Car « mal croire », c'est ne pas croire du tout. Et ce « mal croire » est précisément à la source du Mal auquel on croit. Mal croire, c'est finir par croire le Mal, et ne croire qu'en lui. Mal croire, c'est rater la foi. C'est rater la rencontre avec Dieu. Rater Dieu parce qu'on y croit mal ou le rater parce qu'on n'y croit pas du tout, cela revient techniquement, cela revient pratiquement (c'est-à-dire, du point de vue de la *praxis*) au même. Le terroriste est un raté de l'islam ; il est aussi un raté de l'athéisme : puisqu'il ignore que ce ratage de l'islam lui fait rater Dieu comme un athée le rate. Certes, l'athée *veut* rater Dieu. Mais si l'athée sait ce qu'il veut rater, sait-il ce qu'il rate ? L'athée rate d'une certaine manière son ratage : il rate la manière dont il rate Dieu, car il s'en débarrasse. L'athée n'est pas exactement celui qui réussit à rater Dieu ; disons seulement qu'il y *parvient*. Le terroriste rate ce Dieu auquel il veut parvenir – sa réussite rate. L'athée parvient à rater ce Dieu – son ratage réussit. Mais la conclusion est plus terrible encore, pour le djihadiste terroriste : il n'est mort pour rien, comme un rien, au nom de rien, du point de vue du musulman ; il n'est mort pour rien, comme un rien, au nom de rien, du point de vue de l'athée. Le musulman écarte le terroriste parce qu'il n'a pas suffisamment la foi ; l'athée rejette le terroriste parce qu'il l'a trop. Le musulman répudie le terroriste parce qu'il est trop superficiel ; l'athée le conspue parce qu'il est trop profond.

Le judaïsme contracte sa nature ; le christianisme étale sa culture.

Après quelques pages de Musset, lu, sur iPad, pour me donner des forces, de l'énergie pour ces pages, quelques paragraphes du *Journal* de Bloy. C'est grâce à Borges, au printemps de 1984, que je suis arrivé à Bloy. Bloy vécut dans la misère toute sa vie, payant le prix d'une indépendance d'esprit qui n'a jamais souffert la moindre concession. La violence de ses invectives à l'égard des médiocres de son temps, des imposteurs, des nantis et des journalistes, ces représentants de la « grande vermine », déclenchèrent sur sa personne une « conspiration du silence » qui l'isola et le rapprocha de Dieu, son seul maître. Nous n'avons plus, aujourd'hui, le moindre Bloy. Pas le plus petit soupçon de bloyennité dans le « milieu littéraire ».

Rien n'est plus cher aux génies que les lieux communs. Soit ils les inventent, les réinventent, soit ils révèlent leur part de complexité, leurs zones inexplorées d'intelligence et de profondeur. La vie et l'œuvre de Bloy se rencontrent, s'unissent en un seul poncif, mais qui vaut de l'or : le style naît de la souffrance, et c'est sur l'autel de la misère que les chefs-d'œuvre éclosent. « La Douleur, voilà la solution de toute vie humaine sur la terre, le tremplin de toutes les supériorités, le crible de tous les mérites, le critérium infaillible de toutes les beautés morales », écrit le trentenaire Bloy à l'un de ses amis en 1877. Organiserait-on, du Moyen Âge à 2016, un concours de pauvreté, un championnat international du désespoir que Bloy le remporterait haut la main.

Pourtant, ce désœuvré n'a cessé d'œuvrer. L'accouchement de la mère de Bloy eut donc lieu dans la douleur, à Périgueux, en 1846. À vingt-deux ans, après une scolarité de cancrelat, il rencontre Barbey (1868), dont il devient l'encombrant thuriféraire. C'est que Bloy ne peut déployer son envergure que dans l'excès. Qu'elle s'appelle haine obsessionnelle ou amour fou, il ne connaît – comme le Christ – que la passion. Qu'il soit votre meilleur ami ou votre pire ennemi, il vous dévaste tout pareil, sans pareil. Son registre est celui des coups : de foudre, de poing, de gueule – mais toujours de cœur. Bloy n'est à l'aise que dans les hématomes. C'est un homme d'ecchymoses et de bleus. Au fond, son seul rival, c'est Jésus. « Léon Bloy est une gargouille de cathédrale qui vomit les eaux du ciel sur les bons et les méchants », dira de lui Barbey.

Quand il fait la guerre aux Prussiens, Bloy est un héros, sinon rien. Maniant la baïonnette, il découvre son style littéraire : il sera franc-tireur, écrira comme on éventre. Il inventera la prose au couteau. Il signera ses livres de son sang. Agent comptable, il démissionne et se lance dans le style : journalisme, littérature, misère. Les temps n'ont pas changé : dans la presse, il rencontrera plus de comptables qu'à la Compagnie des chemins de fer du Nord, où il végétait. De petits messieurs dont la postérité se rit pour toujours lui barrent la route, effarés par cette lave en fusion qui menace, cette énergie qui balance tout, s'insurge, insulte son époque et guillotine les puissants. Veuillot, Blanc de Saint-Bonnet refusent ses articles incandescents et le jettent à la rue. L'horreur va commencer. Bloy est le premier grand SDF de la littérature. Pas comme Rimbaud, à la romantique. Mais à la tragique, parfois à la grotesque.

En 1879, déjà usé par des années d'errance et de confitures refusées par tous les cochons de la capitale, Bloy entame une crise mystique : c'est le pèlerinage à La Salette, où apparut la Vierge quelques semaines après sa naissance, en compagnie d'un abbé. Il devient fou amoureux (pléonasme chez Bloy) d'une putain, Anne-Marie Roulé. « Une sainte peut tomber dans la boue et une prostituée monter dans la lumière, écrit-il dans *La Femme pauvre*, son chef-d'œuvre, mais jamais ni l'une ni l'autre ne pourra devenir une honnête femme – parce que l'effrayante vache aride qu'on appelle une honnête femme, et qui refusa naguère l'hospitalité de Bethléem à l'Enfant-Dieu, est dans une impuissance éternelle de s'évader de son néant par la chute ou par l'ascension. » On reconnaît là le résumé de *Mamma Roma* de Pasolini – car les bloyens sont forcément des pasoliniens, et *vice versa*.

En 1884 paraît le premier livre de Bloy, un ouvrage sur Christophe Colomb, *Le Révélateur du globe*, œuvre difficile qui ne lui apporte qu'un peu plus de pauvreté. Anne-Marie est internée à Caen, devenue folle. Bloy va devenir le désespéré du *Désespéré*, roman-cendre, sans issue, à la prose incantatoire et hallucinée, en un mot : bloyenne. Il n'y broie pas que du noir, mais aussi la langue française, rendue dans toute son hystérie, sa colère, son malheur, sa pitié, sa malédiction, son martyre. C'est une crucifixion.

Mais Bloy reste un damné. Consigne est donnée, dans le milieu des lettres, de taire son nom et son œuvre. La conspiration du silence ne lâchera plus Bloy, et jusqu'à sa mort, en 1917, on étouffera, comme on le fera plus tard pour Suarès, la voix inadmissible, la prose impubliable d'un insupportable génie (qui se complaisait lui-même dans l'enfer qu'il s'était dessiné pour accoucher de son œuvre). Non, plus *personne* n'écrit comme *ça* aujourd'hui. Non, plus personne n'a aussi peu peur à ce point-là. Non, plus personne ne sera Léon Bloy. « Ma croix méprisée éclatera de splendeur, comme un incendie dans la nuit noire. »

Couette trop épaisse et trop chaude à l'hôtel – impossible de trouver le sommeil. Ça sent la nuit blanche ; exceptionnellement, je prends un somnifère (un de ceux que j'eusse dû prendre à Hong Kong, mais j'avais évité de le faire).

Dimanche 4 septembre

Nuit atroce, mais le somnifère a eu raison de moi. Emmanuelle me réveille à 11 h 30. Je suis dans le coltar. J'écoute *Apollo Hall Concert*, Lionel Hampton and his Orchestra, 1955 (Epic, LN 3190, US). Lionel Hampton : vibraphone ; Peter Badie : basse ; Bobby Plater : saxophone alto ; Wilford Eddleton : batterie ; Dwike Mitchell : piano.

Mauvais temps. Vent. Nous n'irons pas nager ; nous passons l'après-midi entier à lire au Reidroc, après nous être allongés sur des transats en bois, caressés par le vent. La mer est vert bouteille, les galets sont gris. Impression de grande netteté. D'un paysage lavé. Les mouettes font du surplace dans le ciel.

Diderot, *Promenade du sceptique ou les Allées* : « Ce ne sont point les grandes vérités qui ont inondé la terre de sang. Les hommes ne se sont guère entretués que pour des choses qu'ils n'entendaient point. »

Le christianisme a été inventé pour que Dieu soit couvert de femmes. Les chrétiens rêvent du Ciel ; les juifs rêvent de la Terre. Si le paradis existait, il faudrait être fou pour lui faire autant de publicité.

« Malheur à celui qui ne pleure pas » (Léon Bloy, *Dans les ténèbres*, 1918, posthume).

Tenir ce journal chaque jour relève véritablement du sport de haut niveau. Espérons que je tienne. Rien n'est moins sûr.

En trente ans, les dépenses militaires de la Chine ont été multipliées par quinze. Comprenne qui voudra.

Péguy, *Par ce demi-clair matin*, 1952, posthume : « Quand deux hommes de génie contemporains ne s'aiment pas, une bonne raison, une bonne cause en est presque toujours qu'ils sont contemporains ; le génie n'aime pas le génie contemporain. Quand il y a un ressentiment de génie, c'est que le génie même fonctionne. »

Les agences touristiques exploitent le passé comme le proxénète exploite la femme. Le touriste écarte les cuisses de l'histoire, qui n'a pas vraiment le choix, contre un peu d'argent.

Le tourisme a succédé au voyage, le divertissement a succédé à l'art, le virtuel a succédé au réel, le faux a succédé au vrai. J'ajoute : la généralisation a succédé à l'universalisation ; l'accélération, à la vitesse. À force d'être abrégé, il est tout à fait possible que le temps ait purement et simplement *disparu*.

Hier, nous nous déplacions dans une géographie ; aujourd'hui, nous sommes cette géographie.

Passage du réel au virtuel ; de la mobilité à l'immobilité (on surfe sur Internet) ; du voyage au tourisme. Telle est la transformation (la mutation) du « vrai » en « faux ».

Le virtuel est immobilité ; le tourisme aussi.

Voyager : être mobile même quand on est immobile. Faire du tourisme : être immobile même quand on est mobile. Je suis un voyageur.

En 1968, les gens du monde entier étaient des étudiants. Mes parents étudiaient aussi : *moi*. Ils consultaient des docteurs sérieux qui avaient suffisamment de diplômes (de spécialisations) pour leur annoncer la bonne nouvelle : que je serais une fille. Ou autre chose – qu'importe : tout sauf un garçon. L'unique supplique que mes parents affolés, stressés, surpaniqués adressaient au Ciel (parfois même *en direction* du ciel – comme si le Ciel se trouvait au ciel !), c'était que le destin leur donne la créature *la moins mâle possible*.

Nous ne parvenons plus à croire ce que nous savons, ce que l'histoire nous a appris. Auparavant, nous doutions de ce que nous ne connaissions pas – Dieu ; aujourd'hui, nous doutons de ce que nous connaissons très bien : l'histoire. Le doute ne s'applique plus à l'inconnu, mais au connu.

Le XVIIIe siècle a vu la victoire du vrai sur le vraisemblable ; le XXIe siècle consacre la victoire du vraisemblable, voire de l'invraisemblable, sur le vrai.

Nous sommes passés de « Dieu est mort » à « l'homme est mort », coincé qu'est l'homme entre l'animal et la machine.

Le temps a perdu toute forme de réalité.

La découverte des trous noirs a ouvert la porte à une nouvelle conception de la lumière. Ainsi qu'à une nouvelle appréhension du temps.

Le temps, c'est le cycle de la lumière ; le temps est en perpétuel rapport avec la lumière. Les trous noirs « tordent »-ils le temps ? Lorsqu'un trou noir restitue (Hawking) de la lumière (résiduelle), restitue-t-il du temps (résiduel) ?

À partir de 1975 (Hawking) : la lumière non plus considérée comme *source* mais *résidu*. Virage important. Fin du *photocentrisme*. Révolution « copernicienne » en science de la lumière. La lumière n'est plus *source* mais *restituée*. Elle n'est plus *première* mais *seconde*.

Einstein : la lumière, c'est d'abord une *vitesse*. Hawking : la lumière, c'est d'abord un *résidu*. On passe d'un monde de vitesse à un monde de *résidu*. Qu'est-ce qu'un monde résiduel ? Le monde résiduel, c'est le monde qui reste. Ce qui reste du monde. Le monde qui nous reste. Les restes du monde – *vestiges*.

C'est un dimanche 4 septembre que la IIIe République a vu le jour. Défaite à Sedan – débâcle, comme dit Zola. Cette façon, très romanesque, qu'a l'Empereur de se constituer prisonnier. Il se rend, mais ne rend pas la France. Du point de vue romanesque, je le répète, c'est imparable. Les Français sont ivres de rage contre lui. Sensation de trahison immense, de « tout ça pour ça » ; ces sacrifices, ces souffrances pour un homme qui finit ainsi, dans l'humiliation la plus sinistre. Ne s'est-on pas fourvoyé en acceptant de voir en lui un Bonaparte ? Sensation, chez l'élite et les bourgeois français, de s'être sacrément fait rouler. Comme si on venait d'apprendre qu'un chanteur admiré, respecté pour sa voix puissante, n'avait jamais fait que chanter en play-back. Napoléon III avait servi de paratonnerre aux émeutes, servi de coupe-feu à toute tentative révolutionnaire, mais voilà : il s'en va désormais, l'aventurier, penaud, nuque basse, donnant du « mon frère » au roi de Prusse, laissant ses protégés face au peuple. Or, le peuple, le peuple français, est toujours déjà en colère. C'est un peuple-colère. Cela n'a pas changé ; cela ne changera jamais. Raison pour laquelle on aime tellement la France et qu'on déteste autant les Français. L'empereur aspiré par les limbes, tombé, avec l'Empire, dans un trou noir. Napoléon III qui, en quelques heures, n'est plus rien, admet qu'il n'est rien – et, partant, donne l'impression qu'il n'a jamais rien été. Sa fin ressemble à ses premiers débuts (c'est un homme qui a eu plusieurs débuts, c'est un homme qui a laissé des brouillons d'événements dans l'histoire – voir ses putschs ratés) : elle se déroule sous le sceau du ratage – de la foirade. Badinguet achève sa course par une piteuse débandade.

Cette capitulation, néanmoins, le grandit à mes yeux. Là, il est parfaitement humain (il l'a toujours été, malgré sa noire légende) ; il fait face à son destin – celui d'un homme qui essaie sans garantie, d'un homme qui tente sa chance, d'un homme au succès jamais certain, d'un homme qui, autrement dit, n'était sans doute pas fait « pour tout ça ». On va tout tenter pour que l'information circule le moins vite possible, on va freiner la nouvelle de Sedan. L'épisode a eu lieu le vendredi 2 septembre, avant midi. Thiers en est informé en fin d'après-midi. Le samedi, la Chambre l'apprend. Tout le monde craint, tétanisé, à droite comme à gauche, dans la majorité comme dans l'opposition républicaine, la réaction de la foule, susceptible de se faire meute en un rien de temps. Même des gens comme Ferry ont pris leurs distances avec cette gauche folle, cette gauche de la rue, cette gauche des pics, coupeuse de têtes et assoiffée d'hémoglobine. 1848 est encore dans les mémoires ; 1830 aussi. 1848, en 1870, c'est comme 1994 pour 2016. 1830, en 1870, c'est comme 1976 pour 2016. Ce n'est rien. Pour l'histoire, c'est rien de moins que tout à l'heure. Les républicains rejoignent donc les aficionados de l'empereur dans la panique. Même Gambetta rigole peu, lui qui a admis, quelque temps plus tôt, vouloir se faire le chantre de l'ordre et de la stabilité. Les mélenchonistes, pour le dire ainsi, terrorisent virtuellement tout le monde. Le Mélenchon de l'époque s'appelle Auguste Blanqui. Il a derrière lui une masse aveugle prête à en découdre. Ce sont eux les révolutionnaires, les vrais. Ils ne sont guère nombreux, mais sauront compenser la faiblesse du nombre par la force de la hargne. Ce sont des gens qui n'ont rien à perdre. Un homme qui n'a rien à perdre est à peu près l'équivalent d'une bête. Qu'est-ce qu'un animal, sinon un être vivant dénué de projet ?

Les blanquistes sont trois mille, quatre mille en comptant très large. Les Parisiens sont deux millions. Sont-ils si dangereux ? Ou exagère-t-on leur pouvoir ? Comment savoir ? Ne sont-ils pas des créatures pour une bonne part fantasmées par les horribles souvenirs des deux précédentes révolutions – toutes deux savamment volées au peuple par l'élite ? Qu'importe : on panique à tous les étages de la société. D'autant qu'il *n'y a plus d'armée*. Personne pour mater les éventuels excités, pour tirer à boulet rouge sur les rouges. Le seul espoir qui reste est que « le peuple » se sente suffisamment en guerre pour préférer faire la guerre aux Prussiens avant que de penser la faire aux notables. Il va s'agir d'agiter avec dextérité le pompon patriotique.

Telle est la proposition – paniquée – de Favre, qui entend amalgamer toutes les forces politiques et, après les avoir mélangées dans un shaker, créer une seule et même entité aux indiscernables courants : la Défense de la nation. Manière, même pas déguisée, d'instaurer une dictature de l'urgence (mais on sait que les dictatures se créent dans l'urgence pour s'asseoir dans une manière d'éternité) incarnée par Trochu. Un Trochu qui attendait son heure, un Trochu pour qui cette fenêtre de tir était inespérée. Un Trochu au demeurant non consulté. La peur est mauvaise conseillère. La proposition de Favre fait long feu. *Exit* l'hypothèse Trochu. L'idée se fait alors jour (mais à toute vitesse – le temps presse) que Thiers serait peut-être l'homme de la situation, le sauveur. Les trois Jules, Ferry, Favre, Simon l'implorent, pratiquement à genoux, de sauver la patrie en danger. Les Prussiens ne sont rien comparés aux agités sanguinaires qui n'ont à la bouche que le mot « égalité » – un mot qu'il faudra bien leur concéder un jour, à défaut de la réalité censée l'accompagner. Vite, un gouvernement provisoire, vite, voter la déchéance de l'Empire : la nature a horreur du vide, et sans pouvoir clair, les cerbères des trottoirs vont venir déchiqueter tous ceux qui, dans la majorité comme dans l'opposition, incarnent et symbolisent le privilège, la réussite – le pouvoir. Thiers sera le chef. On ne sait exactement de quoi, ni vraiment de qui, ni comment : on sait seulement *pourquoi*.

Je me disperse beaucoup trop en termes de lectures – je lis toujours tout un tas de livres en même temps, c'est une manie. Les ouvrages de toutes sortes s'accumulent. J'en commence énormément, que je peine à achever ou que j'achève trop longtemps après les avoir commencés. Il faut que je canalise cette boulimie, parce qu'à force, je finis par ne rien lire du tout.

L'homme fera toujours beaucoup plus pour l'argent que l'argent pour l'homme.

Gide, *Journal*, à la date du 4 août 1935 : « Certains jours, l'ennui peut fondre soudain sur moi comme un vautour, avec la force d'une passion et ressemblant presque à la haine. » J'étais sûr – je l'aurais parié – que Gide avait écrit ceci un dimanche. Rien n'est plus terrible qu'un dimanche d'août, surtout *ensoleillé*.

Commencé *La Légitimité des Temps modernes* de Hans Blumenberg (1966). Il évoque très clairement le concept de sécularisation :

« dépérissement des liens religieux, des partis pris d'ordre transcendant, des attentes d'un au-delà de la vie, des pratiques cultuelles et des tournures figées ».

Ina : je regarde un vieux *Bouillon de culture* avec Woody Allen. Allen – deux yeux las dans un bocal de verre myope. Quelques rides, un froncement qui commence à se creuser par rapport au Woody des années 1970. Savoir qu'il est sur Terre fait du bien. Il est là. Traverse les mêmes dates que nous. Nous accompagne dans les années. Ça rassure un peu.

Lundi 5 septembre

Réveil avec *Musiq Musik*, Jacques Berrocal, 1973 (Futura Records, SON 06, France). Jac Berrocal : trompette, cloches, percussions, trombone et cor ; Roger Ferlet : cornet, chant, percussions, cloches et cordes ; Dom Coster : trombone et cloches.

Anniversaire. Le lieutenant Péguy s'immisce dans l'air jaune. Ses galons sont recouverts de la poussière de l'été. Il sait que la mort habite tout près, parmi telles betteraves. Il porte à la ceinture le pistolet automatique des officiers ; dans le poing son sabre. Les hommes, confiants, le suivent. Nous entendons les balles traverser le décor. Le combat a commencé, cela ne se voit pas : quelques fracas abstraits, moins dangereux que des mouches. Les lignes allemandes sont invisibles. Le soleil est le même pour tous et partout.

Pour moi, rien n'est *jamais* politique.

Thiers, héros du mari de Fleur : le politicard vicieux par excellence. Menteur, couard, manipulateur, amoureux de sa sale personne. Peu d'hommes, dans l'histoire, auront à ce point-là voulu le pouvoir aussi longtemps – avançant dans l'âge, il ne cède pas sur son rêve ; il aurait pu tout rater, il persiste. Plus âgé encore que Mitterrand quand, enfin, il parvient aux fonctions suprêmes. Thiers, l'idole du mari de Fleur, est un des hommes politiques les plus foireux, les plus vermineux, les plus roués qui fussent jamais. Une horreur. Dès le lendemain de l'« élection » de Louis-Philippe, il rêve de sa République à lui, une République personnelle, sa République thiériste – une République dure à cuire, lui qui était par excellence le plus pleutre des hommes face aux armes (mais nombre de dictateurs sont physiquement de jolis trouillards).

Avant que la guerre de 1870 ne soit déclenchée, il exulte, croyant son heure enfin venue : l'empereur a son gros caillou dans les reins et n'est plus que l'ombre de lui-même. Au cas où, Thiers est là, comme une tique. Il tombera de son arbre pour piquer le destin à la plus petite occasion. Prêt, fin prêt – depuis plus de dix ans. Vérifiant chaque jour, dès le lever, si le destin n'est pas pour maintenant. Il est à noter que Napoléon III, comme Kim Il Sung, refuse que les médecins l'opèrent – il sait trop bien que la probabilité qu'on profite de l'intervention pour se débarrasser de lui, même faible, n'est pas totalement nulle. Un dictateur digne de ce nom ne peut faire confiance à *personne*. Telle est la limite des pouvoirs autocratiques. Toujours est-il qu'en cas d'incapacité de l'empereur, Thiers prendra les rênes ; il en est persuadé. Ce n'est pas le falot Ollivier, Émile, qui lui barrera la route – oh non. Hélas pour les calculs politicards de Thiers : la guerre.

Une guerre qu'il aurait fallu faire tôt ou tard, de toute façon. Il y avait dans la manière prussienne d'agir quelque chose qu'on reverrait en 1939. Cette façon de s'approprier des territoires indus, de provoquer, de tester, de vérifier quelles limites on pouvait – ou non – franchir. Il est vrai que cette guerre a été déclenchée sur un prétexte, sur une broutille – mais une broutille qui en disait long. La Prusse, véritablement, entendait écraser la France ; par « la Prusse », il faut traduire « Bismarck ». Guillaume n'était pas très chaud, loin s'en faut. Napoléon, encore moins. Les deux hommes auront été poussés à déclencher le conflit par des tiers, contre leur gré. Guillaume, par Bismarck, donc, qui rêve d'en découdre depuis longtemps et souhaite tirer un trait définitif sur la France ; Napoléon, par les ultras qui l'entourent, et qui misent sur le fait que cette guerre mettra fin à la stupide ère libérale inaugurée par « Badinguet » au mitan des années 1860. Bismarck, plus royaliste que le roi ; les ultras, plus impérialistes que l'empereur.

Bismarck, qui a modifié comme on sait la dépêche d'Ems, a fait très fort ; il s'est arrangé pour que la France, qui de toute façon ne supporterait pas une sorte d'esprit de Munich avant la lettre, ne puisse faire autrement que déclarer la guerre à la Prusse. Oui, cette guerre était inévitable (trop, c'est trop), mais ce timing, pour la France, n'était peut-être pas le bon – n'était, vu la suite, évidemment pas le bon. La France est tombée dans un piège. Du moins peut-on lui reconnaître cette qualité : elle a eu le courage de dire à l'ennemi que cela suffisait, que la plaisanterie avait assez duré. Qualité, hélas, gâchée ô combien par les véritables motifs, par les réelles et à peine voilées motivations de cette guerre : des motifs, des motivations strictement intérieurs. Guerre déclenchée par peur des rouges, des révolutionnaires, des émeutiers – et, du point de vue de la droite dure, pour sauvegarder ses privilèges et préserver son statut.

Mais cette guerre était incontournable. J'ai quelquefois lu le contraire – c'est également la thèse, me semble-t-il, de l'ami Jamet. Incontournable parce qu'il faut rappeler l'épisode danois, qu'il faut se souvenir de l'épisode autrichien. La Prusse, comme le Reich hitlérien, avait vocation à se répandre, à s'étendre – maladie allemande.

Nuit quasiment blanche – Emmanuelle n'a cessé de remuer dans le lit, tressautant souvent. Ayant le sommeil fort léger, je suis allé dans le salon vers 4 heures du matin, achever ma nuit sur le canapé, auprès de Tarzan.

Je demande à Emmanuelle de passer seul les trois prochaines nuits. Pour me « remettre à niveau ».

Le téléphone portable a modifié la pensée humaine ; comme le traitement de texte.

Kiné, avenue Victor-Hugo. Un horrible petit monsieur, donc (j'avais promis, il y a quelques jours, que j'y reviendrais), sorte de porcinet, rosâtre, qui doit bouffer de la tête de veau à tous les repas, raciste comme pas un. Il est obsédé par tout ce qui est noir et arabe, musulman et africain. Son rêve, martelé pendant qu'il me fait faire des exercices inutiles (il est totalement à côté de la plaque), est celui d'une France blanche. Alors que lui est totalement rose. Odieux petit cochon, qui ne jure que par la « droite dure ». On dirait mon père, cet étron humain, en train de ratiociner contre les « bougnoules ».

« Ça ne peut pas durer, M. Moix, sinon la France est foutue. On ne peut pas se laisser faire. On n'est plus chez nous. Il va falloir y aller avec l'armée, dans les cités. Et foutre toute cette racaille à la porte. La France, c'est la France. On ne peut pas continuer comme ça. Hollande n'a aucune autorité. C'est bientôt la guerre civile et il ne s'en rend même pas compte, à vouloir régulariser les situations de tous ces Noirs. Je n'ai rien contre les Noirs, mais *chez eux*. » Etc.

Travail à *La Règle du jeu*. Puis, à 15 h 30, mon premier comité de lecture chez Grasset – il y a notamment, en plus d'Olivier Nora, Pascal Bruckner, Christophe Bataille et Jean-Paul Enthoven. On s'y amuse plutôt ; et, surtout, on prend la littérature très au sérieux. Cela n'a pas de prix en ce début de XXIe siècle. Quelle alvéole ! Mais qu'on ne s'y trompe pas. C'est là, en vérité, que le combat a lieu.

Jean-Paul, justement grâce à ses défauts, qu'il transforme en alchimiste de génie en autant de qualités, est un des êtres humains que je préfère sur cette Terre. Je n'exclus pas (il peut en dire tout autant de moi) que cela soit par masochisme. Qu'importe : tant d'humour, de culture, de bric-à-brac intellectuel, de mémoire, d'anecdotes à narrer, d'épisodes à décrypter, d'analyses à dégorger sont sans équivalent. J'insiste sur l'humour : tout est drôle chez lui. Tout est fin, tout est raffiné. À tel point qu'on ne remarque pas, sous des apparats si exquis, la folie fabuleuse dont il est la proie. Jean-Paul agit sur moi comme une drogue : déjeuner avec lui, le croiser, le voir est toujours beaucoup trop court. On est en manque quand on ne le voit plus depuis trop longtemps ; alors, il s'agit de s'en refaire une injection. Je ne nie pas sa part d'ombre, sa propension, qu'il niera en bloc si on lui posait la question, à se montrer perfide, parfois injuste – méchant. « Tout le monde veut votre mort », m'a-t-il lancé un jour chez Lipp. Je ne dis pas qu'il avait tort. Il avait sans doute même parfaitement raison : mais avait-il raison de me le dire ? Pour quoi faire ? À quoi bon ? Voilà en effet le genre d'informations qui font du mal et dont on ne peut pas faire grand-chose.

Bref, il a réussi, malgré tout, à bâtir une véritable légende autour de sa personne ; un jeu consiste, dans ce qui s'appelle, je crois, « les dîners en ville », auxquels il est abonné et que je ne pratique pas, à trier le bon grain de l'ivraie dans les anecdotes à son sujet : celle-ci est-elle vraie ? et celle-là ? Car il y a des variantes, des variations, des nuances – chacun possède sa version, ainsi qu'il en va des histoires drôles (« Moi, je la connaissais autrement… »). Il n'y a finalement pas grand-monde, dans Paris, sur qui on peut passer une soirée de glose.

Hier, à la prison d'Osny, un surveillant a été attaqué par un détenu islamiste. Selon la nomenclature en cours, il s'agit bien d'un « attentat ». L'acte n'est pas isolé ; il a été organisé, prémédité, concerté, préparé. Une lame de 25 centimètres fine, aiguisée, a transpercé la gorge du gardien. À 2 millimètres de la carotide. L'islamiste a badigeonné la porte de sa cellule avec le sang de sa victime et a levé les mains au ciel (c'est-à-dire au plafond) pour prier. À Osny, des séances de massage sont régulièrement proposées aux détenus.

Attentat à Tartous – ville que je connais. J'ai dormi, en juillet 1995, dans un hôtel désaffecté de cette ville. Je me souviens de l'eau couleur rouille qui sortait des lavabos, de la présence de personne, je dis bien de personne, dans tout l'établissement. Et des bidons rouillés qui flottaient sur la mer. Des barbelés dépassaient de l'eau. J'avais croisé un légionnaire – un ancien légionnaire ; il était originaire de Fleury-les-Aubrais. Couleurs de fin du monde, du mauve partout sur la ville et dans le ciel. Attentat à Homs – que je connais. Attentat à Hassaké – que je ne connais pas. On dénombre quarante-huit morts en tout (pour l'instant).

Le judaïsme n'a pas la *passion* du corps.

Ce journal intime est un journal de guerre. Je l'appellerai sans doute ainsi, *Guerre*. À vrai dire, je ne vois pas comment l'intituler autrement.

Dîner, seul, au restaurant chinois de ma rue. Puis je rentre re-re-re-regarder *Le Carrosse d'or* – qui était le Renoir préféré de Truffaut (d'où les « Films du carrosse »). Quel génie. Truffaut n'existe pratiquement pas à côté. Et Dieu sait si je vénère Truffaut. Mais je vénère Gide et Gide n'existe pratiquement pas à côté de Proust. Mais je vénère Clapton et Clapton n'existe pratiquement pas à côté de Hendrix. Mais je vénère Zappa et Zappa n'existe pratiquement pas à côté de Stravinsky. Mais je vénère Miró et Miró n'existe pratiquement pas à côté de Picasso. Mais je vénère Bataille et Bataille n'existe pratiquement pas à côté de Nietzsche. Mais je vénère Sartre et Sartre n'existe pratiquement pas à côté de Heidegger.

Le murmure d'une rivière, une rondeur dans les ajoncs, la moire mouchetée de l'étang à l'heure des libellules. C'est du Renoir. Les jurons d'un clochard, la lippe des bâfreurs, le rictus d'un salaud. C'est encore du Renoir. Une poitrine en soleils dodus, quelques jupons défaits, la balade d'une main sur la soie, du bleu et des femmes. C'est toujours du Renoir. Renoir filme les frissons à même la chair. Les acteurs ont sa caméra dans la peau. C'est à travers cette lorgnette que Michel Simon, Gabin ou Jouvet se sont inventés. Il a d'ailleurs joué à leurs côtés, avec sa trogne d'ours hirsute. Patibulaire et déambulant, pataugeant dans sa pantomime, bafouillant des mains lorsqu'il dirigeait ses nymphes, nul mieux que lui n'a su capter les nuances et saisir les instants précieux. La pellicule du boxeur a la finesse de la dentelle.

Rohmer, Truffaut, Lelouch sont ses enfants terribles. Ses films, eux, sont plutôt maudits : tous des échecs, à de rares exceptions près.

Car le succès posthume de Renoir ne doit pas faire oublier l'accueil pitoyable qui, chaque fois, accompagna la sortie de ce qui nous apparaît aujourd'hui comme des perles. Mes Renoir préférés, dans l'ordre décroissant : *La Fille de l'eau* (1924), *Une partie de campagne* (1936), *La Chienne* (1931), *La Marseillaise* (1938), *La Règle du jeu* (1939), *Le Petit Théâtre de Jean Renoir* (1969) et *Le Carrosse d'or* (1952).

Mardi 6 septembre

Réveil avec *Further Explorations*, The Horace Silver Quintet, 1958 (Blue Note, BLP 1589, US). Horace Silver : piano ; Teddy Kotick : basse ; Louis Hayes : batterie ; Clifford Jordan : saxophone ténor ; Art Farmer : trompette.

Travail à *La Règle du jeu*. J'ai bien dormi. André avait mis, dans sa boîte à lettres, des somnifères à ma disposition – j'ai soigneusement évité d'aller les chercher, mais savoir qu'à tout moment je le pouvais a très certainement contribué à mon endormissement sans douleur. Avant de dormir, j'ai lu sur la Commune de Paris – sujet qui me passionne de plus en plus, comme 1848 il y a quelques semaines à peine.

Si je tue mon coéquipier sur la Lune, suis-je condamnable ? Quel droit s'applique à moi en dehors de l'attraction terrestre ?

Sport. Kiné : « Je vais vous dire, M. Moix, ce qu'il nous faudrait, c'est un bon coup de schlague. L'armée. La guerre civile ne demande qu'à éclater. On est à deux doigts. Moi je vous le dis. Ça va péter. Vous verrez. Ça va péter. » Le tout dans des renvois abominables de charcutaille.

Dans le Uber, je feuillette le journal de Sollers (année 1998) qu'il publie dans la dernière livraison de *L'Infini* (qui lit *L'Infini* ? Sollers et Pleynet, mais ensuite ?) Je recopie ce passage que j'aime beaucoup – Sollers se trouve à Venise : « Averse rapide, puis soir idéal. Ciel bleu-rose, hirondelles hautes. La seule perturbation, au café, est celle de vieilles Américaines parlant très fort, avec un mépris complet de leur environnement. Le *yankee* bestialement traînant est une douleur pour l'oreille. Donald Duck. » Extraordinaire.

Lorsque je commande des livres, des objets, des vêtements, des ustensiles, des vacances sur Internet, ce que les sites recueillent de moi, c'est mon mode de vie, ce sont mes habitudes, c'est ma façon d'être, c'est mon comportement dans l'existence. Ma vie est leur matière première. Ils stockent des attitudes humaines pour en faire commerce. On ne vend plus d'hommes, comme autrefois, on vend ses gestes. Le comportement humain comme monnaie. On s'échange, sur les marchés numériques, cette denrée qui vaut de l'or : ma *prévisibilité*.

J'avais raison il y a quelques semaines quand je prédisais que le Brexit n'allait strictement rien changer à rien – ce qui est drôle, c'est que les mêmes journaux qui criaient à la catastrophe en juin ou juillet (je ne me souviens plus de la date exacte et ne compte pas aller vérifier) sont ceux-là qui, aujourd'hui, font leurs grands titres sur le thème « RAS ». Je ne suis pas journaliste, je ne suis expert de rien du tout, et pourtant cela paraissait clair comme de l'eau de roche.

En 1870, le peuple est d'accord pour faire la guerre. Que ce soit le peuple d'en bas ou celui d'en haut. Il faut dire que le peuple d'en haut, celui qui peut payer, continue à bénéficier du système des « remplacements » : pour quelques milliers de francs, on enverra un pauvre se faire trouer la peau en première ligne à sa place.

Cette guerre, elle aura lieu de toute façon parce que le dernier plébiscite en date, à Paris, s'est soldé par un bide. C'est là le « paradoxe » (apparent) du virage libéral : on desserre l'étau, on octroie davantage de libertés – notamment d'expression – au peuple, et le peuple utilise ses nouveaux droits, non pour féliciter le régime et lui en être reconnaissant, mais pour exprimer son ras-le-bol de l'Empire. Ce n'était pas l'effet escompté, on s'en doute, par l'empereur. Qui a fini par se mettre ses plus fidèles thuriféraires à dos. L'empereur ne serait plus, autrement dit, à la hauteur de l'Empire. Émile Ollivier, qui incarne ce virage, devient la cible – on n'ose pas s'en prendre frontalement au souverain, même si, chez les bonapartistes intégristes et les ultra-royalistes, on n'en pense pas moins.

Comme Napoléon III, il est vrai, est devenu l'ombre de lui-même à cause de la maladie. De ce calcul rénal, de cette gravelle, de cette pierre – de ce caillou. « Maladie de la pierre. » Le terme scientifique est « lithiase urinaire ». Il ne sait pas ce qu'il a. Avant d'accéder au pouvoir, aucune trace chez Badinguet de cette pierre. La maladie n'apparaît que cinq ans (1853) après son élection – c'est établi par un rapport secret concocté par la police : « C'est la vessie qui paraît être l'organe particulièrement en cause. » Les complications urinaires, dès lors, vont empirer, d'abord doucement, puis en s'accélérant. Le déplacement à cheval (campagnes militaires, voyages, inaugurations, revues) aggrave le mal et multiplie la douleur. Napoléon est examiné en juillet 1870 ; un rapport médical est rédigé : urines sanglantes et purulentes signifiant une « cystite calculeuse ». C'est dire si, l'été du déclenchement de la guerre, l'empereur souffrait le martyre – il suffit d'avoir eu une seule fois une cystite dans son existence pour comprendre qu'il ne pouvait qu'avoir la tête ailleurs, tournée essentiellement vers son bas-ventre. Faire la guerre avec une « cystite calculeuse », c'est un peu comme passer le concours de l'X avec une rage de dents. Il ne saura qu'en 1872, pendant son exil londonien, la teneur exacte de sa maladie – il regrettera, l'apprenant, de ne pas s'être fait opérer plus tôt. On se demande bien pourquoi les médecins français – le Dr Conneau, notamment –, à l'été 1870, ne lui ont pas révélé exactement de quoi il s'agissait. Conneau, son fidèle médecin et ami à qui il aura tout juste le temps de glisser, sur son lit de mort, paraît-il : « Tu étais à Sedan, Henri, nous n'avons pas été des lâches. » Il s'éteint – à cause de cette pierre.

La Croix est-elle là pour empêcher le Christ de tomber ou pour l'empêcher de s'envoler ? Est-elle un empêche-terre ou bien un empêche-ciel ? Une interdiction de terre ou une interdiction de ciel ? Une privation de terre ou une privation de ciel ? Dans le judaïsme, la justice s'obtient par la justesse. La justice des décisions s'obtient par la justesse des analyses.

« Je me vis entièrement à ma place dans la poussière et dans l'ordure, et je sentis passer sur moi la Beauté divine » (Léon Bloy, *Lettre à Jörgensen*).

En Syrie, le cauchemar ne veut décidément pas baisser de quelque cran que ce soit – tout s'aggrave sans cesse ; ce qui est le propre des cauchemars. Cela rappelle, quelque peu, justement, la Commune de Paris – à ceci près qu'Adolphe Thiers, lui (comme d'ailleurs Bismarck), avait refusé le blocus, avait rechigné à affamer la population – population qui sortait du siège de Paris, tenu par les Prussiens de septembre (le 17) 1870 à janvier (le 28) 1871. Bachar, lui, ne recule devant rien. Il bombarde et il affame. Il veut récupérer le terrain perdu en 2011. En Chine, à Hangzhou, les Américains et les Russes n'ont pas réussi à s'entendre au sujet de la situation syrienne. Bachar en a profité et a fait monter la pression sur les quartiers rebelles d'Alep.

L'armée régulière s'est emparée de l'académie d'artillerie et contrôle les différentes écoles militaires. Et ce qu'elle fait à Alep, elle le fait aussi dans d'autres cités : à Daraya, notamment, dans la banlieue de Damas. Ou à Mouadamiya, également dans la banlieue de Damas. Ou à al-Waher. Les habitants manquent de médicaments, de nourriture, les enfants n'ont pas de lait, les hôpitaux sont à l'arrêt. Ils ont le choix entre mourir (s'ils tentent de partir) ou mourir (s'ils veulent rester). Bachar veut punir son peuple ; punition collective – ceux qui ne font pas allégeance au gouvernement en place sont des traîtres à saigner. Ignoble. C'est fromage et dessert, en quelque sorte : encerclement et bombardement. C'est vrai que cela rappelle la Commune, mais une Commune faite d'acteurs multiples, là où la Commune ne s'était déroulée, aux yeux des Prussiens, qu'entre Français. Mon parallèle s'arrête là, même si on peut considérer que, aux yeux des blanquistes les plus furieux, le régime de Thiers, bien qu'élu – ou, justement, parce qu'élu au suffrage universel –, devait sans doute apparaître aussi abject, arbitraire et inique qu'est aux yeux de la population syrienne le régime d'Assad.

Sauf qu'il y aurait, en Syrie, dix-huit « Communes de Paris » selon l'ONU. Ce qui représente six cent mille personnes prises dans la nasse (c'était deux cent vingt mille, de mémoire, en 1871).

Seule bonne nouvelle dans ce chaos : Daech commence à prendre cher. Les épigones de l'État terroriste ont été délogés, ce week-end, des abords de la frontière turque. Du coup, la riposte a lieu par des attentats. Logique. L'Aqma a fait savoir que Daech revendiquait les attentats de Tartous, Homs et Hassaké. À Tartous : un kamikaze, ceinture, explosion. On commence à connaître la musique ; elle devient aussi banale que celle d'un pinson. Au milieu de la foule, bien sûr. Trente-cinq morts. À Homs, Daech a visé la communauté alaouite – c'est un signe fort, puisque la famille el-Assad fait partie de cette communauté. Dire qu'il y a encore quelques semaines, Daech et Bachar s'ignoraient. Mais la créature née de ses décisions est en train de se retourner contre lui. C'était inéluctable – je corrige immédiatement cette remarque, car rien, jamais, n'est inéluctable ; tout le devient une fois que tout a eu lieu (illusion d'optique ; merveilleux texte de Bergson à ce sujet ; sur le possible).

Un détraqué a décapité sa mère, en banlieue parisienne. J'aurais juré qu'il s'agissait d'un allégeant à Daech. Ce n'est pas le cas. Ce sera pour la prochaine fois.

Opéra de Jacques Attali et Bilal aux Invalides, *La Bohème*, de Puccini ; nous croisons le thiériste Laurent Olléon, avec sa « maman » (ce type me met toujours aussi mal à l'aise). Fleur n'est pas venue (j'eusse préféré la configuration inverse). Je présente Emmanuelle à Manuel Valls : « Joli prénom ! » lance-t-il. J'aime beaucoup Valls. Il regarde les gens droit dans les yeux. C'est rare chez les hommes politiques. Il n'a pas peur de déplaire. Ce qui est encore plus rare – et courageux. Il a compris, comme l'avait recommandé Mitterrand, qu'un homme politique, pour diriger la France, doit posséder deux (maximum trois) idées claires. C'est son cas. Il parle clairement, concevant clairement les choses. J'aime savoir que son idole est Clemenceau. J'adore les gens dont l'idole est Clemenceau. C'est sans doute la plus belle figure politique qui soit. Jean-Noël Jeanneney, que je place très haut, vraiment très haut, est clemenciste – et cela ne m'étonne pas. Il faut lire l'incroyable correspondance du Tigre : à mourir de rire, à crever d'émotion. Sensation, parfois, de lire du Bloy. Je me suis énormément inspiré de sa manière pour créer, dans *Naissance*, la façon de parler de Marc-Astolphe Oh. Manuel Valls, au surplus, est quelqu'un qui, bien qu'à Matignon, peut prendre quinze minutes de son temps pour vous parler, étant vraiment *là*, et pas ailleurs, sans regarder son portable une fraction de seconde. C'est à cet homme qu'il faudrait confier le pays : je parle de l'Élysée. Il en a la dimension ; je crois aussi qu'il y a chez lui, ce qui là encore n'est guère courant, une assez saine distribution de la portion intérêt général et ambition personnelle. Hélas, les Français œuvrant souvent dans l'aveuglement, le moutonisme et tombant dans bien des pièges, il est fort possible que nous « rations » Valls, comme nous avons, par le passé, raté bien des hommes, sinon providentiels (s'ils avaient été providentiels, ils eussent été élus) mais du moins capables. Je pense à Barre. Je pense à Jospin. Je pense aussi, dans une moindre mesure, à Michel Jobert. Je ne pense pas à Chaban, qui n'avait pas le niveau de Giscard. Je ne pense pas à Balladur, que je tiens pour une fripouille.

Nous ne restons que pour la première partie. Cet opéra est indigent. D'une grande vulgarité. Très pompier. Jacques Attali, que je connais bien et estime, n'est pas un artiste. Il n'a aucun goût, aucune fibre artistique. Tant et si bien que, si l'on me demandait quel est le contraire d'un artiste, c'est son nom qu'aussitôt je dégainerais. Je trouve bien qu'on veuille faire de l'opéra autre chose qu'un raffinement désuet réservé à l'élite. Mais quand je vois Patrick Poivre d'Arvor et Jacques Attali mettre en scène des opéras, j'ai la sensation de pouvoir devenir chirurgien dentiste demain matin, ou cascadeur, ou professeur de philologie au Collège de France – ces gens s'affranchissent de cette idée, pourtant évidente, que mettre en scène un opéra est un métier, d'une part, et que, d'autre part, ce métier résulte d'une vocation, d'un appel de l'enfance, d'une décision de l'adolescence, qu'il s'agit de l'écho visible de toute une vie de sourde tectonique intérieure – bref, que ce n'est pas quelque chose qui s'improvise.

PPDA, Attali, s'emparant de cet art comme on vole un bœuf – ils avaient préalablement, publiant leurs romans, volé un œuf –, manifestent, au nom de l'ego, un mépris pour cet engagement de toute la moelle qui fait d'un homme un artiste ; ils prennent en quelque sorte l'art en otage, et personne n'ose le leur interdire, personne surtout n'ose leur dire que le « résultat » est accablant, qu'il s'agit de tout sauf d'opéra, que c'est une déroute, une banqueroute, une gabegie, un crime, un meurtre – un assassinat. On ne peut pas *tout* être, on ne saurait *tout* faire. Ce qui est beau, dans un passage humain sur la Terre, c'est précisément de devoir choisir, trier, se concentrer sur ce qu'on croit, qu'on sait qui nous ouvre les bras pour nous offrir, sinon un destin, du moins une existence digne de ce nom. Cela s'appelle trouver sa place. On ne peut pas s'étaler sur toutes les places, on n'a pas le droit de s'installer sur tous les fauteuils au seul prétexte qu'il faudrait que notre patronyme éclaire jusqu'au ciel par sa flamboyante renommée, son prestige audacieux. Tout cela n'est que pathétique, surtout quand on connaît la part véritable du travail fourni par les intéressés. C'est du toc, c'est de la fausse monnaie. Ce n'est pas si grave – on pardonnera. Mais on aura le droit, sinon le devoir, de se tirer avant la fin.

Dîner au restaurant chinois de ma rue avec Emmanuelle, qui repart en Uber.

Mercredi 7 septembre

Dormi seul – et comme un bébé. Je préfère dormir avec Emmanuelle, mais je me repose mieux seul. Au réveil, festival Neil Young (vu en concert deux fois, Bercy, en 2006 avec Houria, et Palais des Congrès, en 2003). J'écoute, très fort, l'album de lui que je préfère avec *Comes a Time* (1978) : *Weld*, live sorti en 1991 (Reprise Records, 7599-26671-1, Europe). Avec le Crazy Horse. Neil Young : chant, harmonica et guitare ; Billy Talbot : basse et chœurs ; Ralph Molina : batterie et chœurs ; Frank Sampedro : guitare, synthétiseur et chœurs.

Il faut croire à Neil Young comme on croit à la vitesse de la lumière, à l'organisation sociale des fourmis, à l'expansion de l'univers : en sachant bien qu'on ne peut pas comprendre. Les chansons de Neil Young sont comme un immense texte liturgique où les riffs et les solos valent autant que des versets ou des chapitres entiers. Les créateurs, ai-je écrit dans *Anissa Corto* (je me cite, et je me souviens que Josyane Savigneau – que j'aime *beaucoup* – avait trouvé cette phrase stupide), sont semblables à ces compas qui, hors de leur circonférence maximale, ne peuvent plus rien tracer. Neil Young, lui, sait aller au-delà de cette limite. Il y a, sans doute, les bons musiciens et les mauvais : mais ils ne fabriquent jamais ce qui était prévu, s'accomplissent dans le cadre étriqué de ce qu'on nommera « leur destin », laisseront ce que le mauvais goût aime appeler « une œuvre ».

Neil Young, lui, est né pour étonner le monde. Il fut d'abord un jeune homme, fils de journaliste, éloigné de sa mission première par le manque de confiance, d'ambition, d'avenir (déjà, à l'époque, le futur n'existait pas). Mais il a le sens de la route et rencontre des épaves en chemin. Il débute dans la misère et l'humiliation : ce sont les années club folk, à Toronto puis à Los Angeles, où il fonde avec son acolyte bassiste Bruce Palmer, Stephen Stills, Richie Furay et Dewey Martin le mythique Buffalo Springfield. Il possède déjà cette voix de casserole castrée qui, aussi nasillarde que son harmonica rouillé, donne à ses compositions cette tristesse de désert, de rocaille et de vent, et fait venir ainsi les larmes aux yeux. Excepté Dylan (mais Dylan écrit une chanson inouïe pour cinq chansons inaudibles), Neil Young est sans aucun doute possible le plus grand chanteur guitariste compositeur du XXe siècle.

Neil Young n'est pas un homme, c'est un cimetière. Des croix en forme de guitare y sont plantées. Ce sont celles de Presley, de Hendrix et de Cobain. C'est grâce à lui s'ils ne reposent pas en paix. Neil, leur vieux copain, avec ses bajoues de bouledogue en sueur et sa silhouette colossale vêtue de daim, n'abandonnera pas le combat. Un combat commencé assis en tailleur, devant un feu de camp avec les amis aujourd'hui disparus, ceux du Crazy Horse, son deuxième groupe, et les autres, dont il se souvient aussi. Avec son allure de chien mouillé, son regard sans bonheur et sa démarche voûtée par le poids des guitares, voici 1969, une année qui, à en croire les envolées mélancoliques d'*Everybody Knows This Is Nowhere*, sent le bitume, l'alcool et les néons cafardeux dans la nuit. Aucune frime, dans cet album, mais la puissance, maîtrisée, de ceux qui savent attendre leur heure en se saoulant au mauvais rhum. Il ne quitte jamais ses bottes crottées, Neil Young, et, s'il ne sait pas très bien où il va, marche droit devant lui. *After the Gold Rush*, sorti l'année suivante, classé au Top Ten, est un bijou et nul ne saurait quitter cette Terre sans avoir, au moins une fois dans sa vie, écouté tout seul dans le noir, après une rupture sentimentale douloureuse, « Only Love Can Break Your Heart » (le titre portant en lui une thèse que je fais immédiatement mienne). Il faudra attendre 1972 pour qu'arrive le chef-d'œuvre absolu et également, mais c'est pur hasard, son plus gros succès commercial (3 millions d'albums vendus), *Harvest*, célèbre surtout par le surmégatube « Heart of Gold » qui fait partie de ces morceaux tellement connus que les siffler est un réflexe, les oublier l'annonce d'un début d'Alzheimer.

Suicidaire comme personne (mais seul à ne jamais mourir), Neil Young, plutôt que de se frayer une voie toute tracée vers le succès, préfère ne jamais mourir complètement. Son guitariste attitré meurt d'une overdose : les morceaux se font noirs. L'album live, culte et longtemps introuvable (j'en sais quelque chose), *Time Fades Away*, semble avoir été enregistré dans un caveau : c'est une beauté effrayante qui en émane, de la mort à l'état pur. Quant à *Tonight's the Night*, sorti en 1975, il est au disque ce que *Suicide, mode d'emploi* est au livre : extrêmement clair sur ses intentions.

En 1979, en pleine ère disco, sans rien concéder aux modes, sort un nouveau chef-d'œuvre : *Rust Never Sleeps*. Surprise, il est soutenu par les punks, qui reconnaissent en Neil Young, comme en Lou Reed, l'un des seuls dinosaures qui ne soient pas ridicules et à qui ils doivent tout – ou presque. Il faut dire que le « vieux » tient la rampe : chaque note qu'il arrache à sa guitare vient de tellement loin que nul ne peut lui disputer le monopole de la souffrance. Le génie de Neil Young est d'avoir trouvé, au milieu des Pistols et de Travolta, puis plus tard de Nirvana, qu'il soutint de toutes ses forces de bûcheron canadien, et de l'avènement de la techno – qui n'existe pas pour lui – une puissance d'émotions sans égale dans l'histoire du rock, à savoir une manière de tristesse et de mélancolie tantôt country, tantôt métallique, plutôt grunge que hard-rock, d'où se dégage une énergie comme seul le désespoir en produit. D'une apparente simplicité, ses compositions, qu'il s'agisse du texte, de la musique, des intonations et de la scansion qui se mêlent les uns aux autres, forment un univers musical d'une complexité digne de Led Zeppelin ou de Zappa. Mais les disques de Neil Young, tout comme ses concerts, refusent de manière catégorique l'élitisme que l'on prête parfois à ces derniers.

On ne peut rien comprendre à Neil Young aussi longtemps qu'on ne voit pas en lui un poète, un inégalable poète en action. Son poème, c'est sa discographie. Il n'y en a pas une qui l'égale. Dans les nuits solitaires où les amoureuses ne sont plus là, sa musique ramène les êtres enfuis comme la marée les algues : il est le roi du deuil qui refuse de s'accomplir, un couteau dans la plaie.

« Le plus grand mal que pourrait vous faire cet ennemi forcené serait de vous amener à lui ressembler » (Claude Roy, *Le Rivage des jours, 1990-1991*).

« Sport en salle. » Tous ces abrutis qui passent leurs journées dans les embouteillages, en voiture, et qui, le soir, se ruent vers les salles de sport. Feraient mieux de marcher. Civilisation absurde : aller en voiture courir en salle. Je fais partie de ces abrutis, sauf que je m'y rends à pied.

Sollers a écrit que Péguy incarnait la « France moisie », BHL a fait de Péguy un préfasciste. Deux choses fausses. Le sanguin petit Orléanais en a vu d'autres. En verra tellement d'autres. Péguy : celui qui, au fond, ne nous laisse jamais en paix.

Je passe au studio Gabriel pour qu'on m'explique le déroulé de l'émission de demain, qui sera en « *prime time* ». Ça ne sent pas très bon : trop de rigolade prévue, notamment avec Timsit, qui ne fait plus rire depuis longtemps (depuis avril 1993, je dirais).

Robbe-Grillet (France Culture) : « Dans la continuité d'un récit, il y a deux sortes de rupture possibles : le manque et la contradiction. Dans la contradiction, pas de manque, mais, tout d'un coup, un contraire. »

Jésus n'est peut-être pas n'importe quel chrétien, mais il est n'importe quel juif. Le plus important des chrétiens équivaut à n'importe quel juif. Le plus grand des chrétiens, c'est le plus petit des juifs. Le plus grand des chrétiens est à la tête des chrétiens plus petits que lui. Le plus petit des juifs tient tête aux plus grands que lui.

La modernité – le propre de la société toute neuve – consiste en cela précisément : le *se-faire-tout-seul*. Le se-faire-tout-seul est le signe d'une vénération du présent et d'une réfutation entêtée du passé. Le passé devient ce qui empêche d'empocher seul le fruit de la réussite.

Le travail du passé est aboli pour ne trouver sa traduction, sa réalité effective, que dans *le résultat* : la gloire. La société toute neuve est celle du résultat parce que le résultat se décline toujours au présent. Les moyens, eux, restent enfouis dans le passé, avec les pères, avec le Père, avec toutes les filiations, avec toutes les obligations, avec la mémoire, avec les témoins gênants, avec ce qui empêche de *jouir* au maximum du présent.

Le passé est perçu comme quelque chose de contrariant. Il fait comme barrage au décollage du présent : au décollage imminent. Le passé est l'ennemi de l'imminence, et l'imminence est le corollaire, dans l'absolument présent, de la jouissance méritée. Le passé est labeur, tandis que le présent, étant jouissance et résultat, est plaisir. Le passé n'est plus utile au présent : il n'en est que le brouillon. Il s'agit de le jeter – inutile de garder les traces d'un temps où la réussite n'était pas réalisée, effective. Le passé, c'est ce qu'il n'est pas *nécessaire* de *rappeler*. En le commémorant, on ne fait que le lier à une occurrence présente. Le passé est une soute dans laquelle s'est préparé, s'est usiné, s'est construit l'aboutissement suprême : l'instant présent. L'instant de la victoire.

« Plus on s'approche de Dieu, plus on est seul. C'est l'infini de la solitude » (Bloy, *Méditations d'un solitaire en 1916*).

La peur des femmes est évidemment une constante chez les terroristes. Ils ont, d'une part, peur d'elles, et, d'autre part, sont dans l'obsession de les posséder sexuellement. Ils ne peuvent faire autrement, pour les uns, qu'attendre d'être morts pour se satisfaire (ils ne font pas confiance à leur corps terrestre) ; et, pour les autres, il s'agit de souiller les vivantes. Entre pureté là-haut et souillage ici-bas, il n'y a rien. Le terroriste est l'ennemi du juste milieu.

Travail à *La Règle du jeu*, d'arrache-pied, pour l'émission de demain.

Jeudi 8 septembre

Réveil avec *Fantastica – Music From Outer Space*, Russ Garcia and his Orchestra, 1958 (Liberty, LRP 3084, US).

Attentat raté près de Notre-Dame. Trois jeunes filles, dont une convertie.

L'échec, pour un homme politique, n'est jamais au présent. Il n'est toujours conçu quc comme le passé d'une réussite à venir, d'un triomphe ultérieur. Tout ce qui est réussite est présent. Tout ce qui est présent est réussite. Et quand ce qui est présent est échec, alors on change de nomenclature et on dit que cet échec au présent, que ce présent de l'échec est en fait le passé anticipé, le passé prémédité d'un présent situé dans l'avenir : d'une réussite future.

Suarès, *Voici l'homme*, 1906 : « La foi est l'état d'innocence. On se pardonne ; ou on est pardonné. Mais grâce est faite toujours au conquérant : il peut jouir en paix de sa conquête. »

Le Messie habite dans le temps ; et même : dans le temps du Temps. Le Messie est asymptotique. Plus on l'attend, plus il existe ; et plus on l'attend, plus on l'attendra longtemps. Plus on attend le Messie, plus l'attente sera longue. On est toujours indéfiniment infiniment proche de la venue du Messie. Plus la venue du Messie est proche, plus elle est lointaine. Ce qui fait l'imminence du Messie, c'est sa soudaine impossibilité. Le Messie est une imminence ajournée. Le Messie est toujours déjà imminent. Le Messie passe son temps à être toujours déjà prêt. Le Messie passe sa vie à être toujours déjà imminent. Plus on attend le Messie, plus le Messie existe. Le Messie est un temps situé dans le Temps. Plus il y a attente de Messie, plus il y a venue. Les chrétiens ont pris cette histoire de Messie au pied de la lettre : le Messie, ce n'était pas destiné à être « quelqu'un ».

Un anonyme, sur le Net, me traite de « fils de pute de coké à mort ». On a souvent cru, et pas seulement parmi les anonymes, que je me droguais. Moi, me droguer ? Extraordinaire plaisanterie. Les seules lignes que je prends sont des lignes d'eau, dans lesquelles je crawle. Deux fois de la coke, à Los Angeles (1998) et c'est marre. Une fois, je crois, pendant la promotion de *Podium*. Une fois avec Stéphane L. J'avais détesté la « descente ». Je m'étais réveillé tard et seul, alentour de midi, dans ma chambre d'hôtel belge ; il bruinait dehors. C'était atroce. J'avais envie de mourir. Le téléphone ne cessait pas de sonner : il fallait à tout prix « libérer la chambre ». J'ai toujours constaté – je ne dois point être le seul – qu'une fois qu'on a payé, que le séjour est derrière, l'injonction de « libérer » la chambre, occupée comme par un intrus dès lors, véhicule une abyssale violence. C'est la guerre. Et lorsqu'on condescend à nous tolérer jusqu'à midi trente, on nous fait bien comprendre qu'il s'agit du cadeau du siècle.

Mais je déteste la drogue. Je suis fatigué à l'avance des réactions que je sais que les shootés auront. Toute cette esthétique de la défonce. Pourquoi s'infliger ça ? Je préfère tellement nager. Crawler comme un fou, tous les jours. Les shootés sont des vieillards, quel que soit leur âge ; je ne suis pas un fanatique des vieillards (au sens métaphysique et non biologique du mot). Les shootés n'ont rien à faire valoir, rien à dire : tendus tout entiers vers leur consommation, c'est-à-dire vers eux. Égocentrisme noir. Tout pour le corps, mais à l'inverse strict de l'activité sportive. Se droguer : le symétrique opposé du sport. Faire du mal à son corps. Quand je fais du sport, je me fais du mal et ça me fait du bien ; celui qui se drogue se fait du bien et ça lui fait du mal.

Il est vrai qu'après l'enregistrement d'*ONPC*, j'avale de temps en temps une boule de shit (je ne fume pas) pour écouter un peu de Hendrix ou de Bill Evans. Est-ce cela, se droguer ? Je déteste la drogue, je la hais – et, surtout, elle m'épuise par ceux qui la recherchent. Je déteste la proximité de ses aficionados. Pas pour des raisons de morale, non : mais de paresse. Tout le cirque autour de la drogue, le manège, les dealers, les petites expressions entendues, les signes tacites, la mise en scène, les minables précautions, la sensation – très pitoyable – de vraie fausse subversion (ou l'inverse, je m'en fiche) : pas pour moi, au secours. Pas le temps. Je ne suis pas drogue, je ne suis pas drogué. Je ne crois pas, évidemment, même et surtout chez Michaux, à la drogue « pour créer ». Je me souviens d'une interview de Johnny (lui est tombé à la fois dans la drogue et dans le panneau de la drogue). C'était dans *Le Monde*, il y a vingt ans : « Nos chansons, on ne les sort pas forcément d'une pochette-surprise. » On se shoote aussi, chez les « stars », pour tuer l'angoisse de la surestimation et de la solitude des sommets ou, à l'instar de Hendrix, pour chasser la peur de la mort – du coup il en est mort.

Au fond, la star se drogue pour les mêmes raisons que le petit paumé anonyme : il s'agit, dans tous les cas, de rectifier l'image, tronquée, que le monde extérieur lui renvoie. Ici, une volonté de n'être plus perçu comme un moins-que-rien ; là, celle de redevenir un homme comme les autres. Se droguer, c'est rectifier. C'est se donner l'illusion de coïncider de nouveau avec soi-même.

La drogue. « C'est une substance qui, au lieu d'être “vaincue” par le corps (et assimilée comme un simple aliment), est capable de “vaincre” le corps par elle-même et de produire, à des doses infimes par rapport à celles des aliments, d'importantes modifications organiques, ou psychiques, ou les deux à la fois » (Antonio Escohotado, *Histoire élémentaire des drogues*, 1995). On comprend que nombre d'artistes aient été tentés, afin d'élargir les horizons de leur créativité et de leur imaginaire, d'avoir recours à toutes sortes de produits prohibés. Ou, du moins, aujourd'hui prohibés, puisqu'au début du siècle précédent aucune drogue n'était interdite par les autorités de quelque nation que ce fût – c'est entre les années 1930 et 1950 que, à l'issue d'une longue croisade orchestrée par les États-Unis, des lois draconiennes furent élaborées d'abord pour réduire, puis pour mettre hors la loi, la détention d'opium, de cocaïne, de morphine et d'héroïne. Même si les jazzmen avaient déjà abusé de stupéfiants, tout a véritablement commencé pour les musiciens avec la révolution « psychédélique ».

Le point de départ de ce phénomène fut la publication, en 1954, des *Portes de la perception* (*The Doors of Perception*) de Huxley – d'où Morrison a tiré le nom de son groupe (pas écouté depuis des lustres ; grande période en 1989) – qui décrit, avant Michaux, les premières impressions de l'écrivain face à la mescaline. Bien vite, Huxley allait explorer le monde nouveau mis à la portée de tous grâce à une drogue qui devait marquer l'histoire de la musique : le LSD. Cette molécule possède des propriétés psychédéliques qui furent accidentellement découvertes en 1943 par le chimiste Albert Hofmann, et dont les bienfaits furent prônés par son « pape » Timothy Leary, professeur à Harvard.

L'acide devient très vite, pour les musiciens du début des sixties, le moyen de changer d'univers pour changer la vie : les Beatles lui rendent un hommage éclatant avec « Lucy in the Sky with Diamonds » et les Who, dans *Tommy*, en 1969 avec « Acid Queen », interprétée plus tard (en 1975) par Tina Turner dans le film éponyme de Ken Russell.

« La crise des valeurs qui affecte tous les domaines de la vie dans notre société industrielle occidentale ne pourra être dépassée que si nous remplaçons l'image matérialiste du monde qui sépare l'homme de son environnement par la conscience d'une réalité qui englobe tout, jusqu'au moi qui la découvre, et dans laquelle l'homme se sache en harmonie avec la nature et toute la création » (Hofmann, *Voyage acide, naissance du LSD*, L'Esprit frappeur, 1999). Autrement dit, on refuse le monde extérieur non en le cassant, mais en lui substituant une réalité intérieure : le psychédélisme devient dès lors le corollaire obligatoire de la défonce totale.

Les portes de la perception sont grandes ouvertes. Les clefs qui les ouvrent, outre le LSD, sont nombreuses : marijuana, haschisch, peyotl (ou cactus hallucinogène), mescaline, ou encore une amphétamine, la méthédrine (plus connue à l'époque sous le nom de *speed kill*). Un des tout premiers groupes à défoncer ces portes est, dès 1966, le mythique 13th Floor Elevators, avec, surtout, l'incroyable album *Live* (1968) – que je suis en train d'écouter et dont le son est horrible – truffé de solos célestes et de riffs proprement hallucinogènes. Mais c'est Pink Floyd, le groupe formé par celui qu'on nomme « le Rimbaud des classes moyennes », Syd Barrett, qui va littéralement incarner, une fois pour toutes, la musique psychédélique. Des albums comme *The Piper at the Gates of Dawn* (1967) ou *Ummagumma* (1969) baignent dans les références aux philosophies orientales. La musique, elle aussi, devient une expérience sensorielle. Expérience dont le pauvre Syd, écarté du groupe en 1968, ne se remettra jamais : le LSD a fait de lui une épave (Syd n'est jamais « redescendu ») et, malgré son indéniable génie et quelques tentatives solo discutables (j'ai les disques, ils ne s'écoutent pas deux fois), celui-ci a vécu jusqu'à sa mort chez sa mère, dans un petit pavillon de Cambridge.

C'est que la drogue charrie son lot de mauvais trios : les Stones se souviendront longtemps, comme le montre *Gimme Shelter*, du concert gratuit organisé en décembre 1969 à Altamont où, au milieu de milliers de fans sous acide, un débile défoncé tente d'abattre Jagger à l'aide d'un revolver avant d'être tabassé à mort par le service d'ordre. Sale temps pour « le plus grand groupe de rock du monde » dont le guitariste, roi de la défonce, a été découvert le 3 juillet, noyé dans sa piscine de Hartfield après une surconsommation d'héroïne – j'ai longuement décrit la noyade de « Brian » dans *Naissance* ; personne, sans doute, n'est arrivé à ce chapitre (qu'importe). Cette mort est un symbole : avec l'héroïne, on quitte l'univers du *flower power* au sens strict et ses drogues planantes qui font exploser les limites de la conscience, pour pénétrer dans les ténèbres, paralysantes et glaciales, des substances dures, dont les adeptes sont baptisés *junkies*.

On ne partage plus son joint, mais sa seringue. On se shoote sans ambages ni discours, comme Lou Reed sur scène pendant une tournée en France, qui se fera un garrot avec le fil de son micro afin de se prodiguer un flash devant des milliers de fans éberlués. Avec l'héroïne, célébrée en France par Gainsbourg avec la chanson « My Lady Héroïne », on se rapproche de l'enfer : cette substance, proche de la morphine, à qui les Stones rendent hommage en 1971 dans l'album *Sticky Fingers* (« Sister Morphine »), est plus violente et accroît la dépendance. D'autant que la durée très limitée de ses effets nécessite plusieurs prises par jour. Les hippies, peu à peu, deviennent des camés. Les fleurs pourrissent. Et le ciel mauve est devenu un trottoir sale où l'on meurt tous les jours. La seringue envoie nombre de génies sous terre. La plupart, Dieu sait pourquoi, ont vingt-sept ans. Après Brian Jones, c'est Hendrix qui s'éteint, à Londres, le 18 septembre 1970 (un vendredi – j'aime bien préciser les jours des dates, car il est *bien évident* qu'un lundi n'a strictement rien à voir avec un vendredi). Quinze jours plus tard, le 3 octobre (un samedi), c'est au tour de Janis Joplin de s'en aller, sans avoir eu le temps d'achever son chef-d'œuvre, *Pearl*.

Mais la cocaïne, qu'on peut, comme l'héroïne, sniffer, fumer ou s'injecter, commence aussi à faire des ravages. Ses effets sont rapides, de même que sa dépendance, et c'est elle qui va bientôt s'affirmer comme le must des dopes hard. Clapton, reprenant J.J. Cale, immortalise la poudre mortelle (Parker y a jadis laissé sa peau) : « Cocaine » deviendra son plus grand tube. Les années *destroy*, peu à peu, commencent à enterrer – en s'y opposant inconsciemment – l'ère hippie. La drogue n'est plus une fête, mais un rituel glauquissime placé sous l'égide d'une solitude qui sent la fin. Le cuir marron de Lou Reed a remplacé les chemises à fleurs. Et les portes du tombeau de Morrison se sont refermées pour toujours, au Père-Lachaise, en un triste été de 1971.

L'hécatombe va continuer : c'est une dose d'héroïne de trop qui, le 2 février 1979 (encore un vendredi ; j'étais en CM2, classe de M. Rouilly, 28, rue du Faubourg-Saint-Jean), emporte le bassiste des Sex Pistols, Sid Vicious, reconnu quelques mois plus tôt coupable du meurtre de sa petite amie. Trois ans plus tard, en 1982, c'est Joëlle, la chanteuse d'Il était une fois, qui succombe à la poudre après avoir chanté « Mescalino » (1979 ; mon premier 45 t acheté, avec « Ma gonzesse » de Renaud, « Le Chanteur » de Balavoine et « In the Navy » de Village People), puis John Belushi, l'acteur et chanteur des Blues Brothers, à un mélange détonant héro + coke. Parmi les dernières victimes célèbres de la dope, Amy Winehouse, bien sûr. Il y avait eu, avant elle, l'un des Bee Gees, Andy Gibb, mort à trente ans, le 10 mars 1988 – un jeudi, ce qui nous change un peu –, et la sublime Nico, ex-égérie du Velvet et des années Warhol, qui, ravagée par vingt années de défonce, décède sur son vélo, à Ibiza, des suites d'une hémorragie cérébrale, le 18 juillet de la même année – un lundi.

Puis ce fut Johnny Thunders, fondateur en 1975 des Heartbreakers et héroïnomane invétéré, retrouvé mort le mardi 23 avril 1991 (j'étais en deuxième année de Sup de Co, sans doute occupé à me torcher à l'anis, en pleine campagne BDE) à Miami, dans sa salle de bains, à l'âge de quarante ans. « Je ne compose pas grâce à la poudre, disait-il, mais malgré la poudre. » En France, le 22 janvier 1993, un vendredi (j'étais alors aspirant, tout frais, au 3e Rama, à Verdun), les Négresses vertes perdent leur inimitable chanteur, Helno. Le jeune prodige Kurt Cobain, après des années de prises diverses, se tire, lui, une balle dans la tête le 5 avril 1994 – un mardi. Le – vendredi – 12 juillet 1996, un claviste jouant avec les Smashing Pumpkins meurt également d'une surdose, et un an après l'ancien guitariste des Replacements, Bob Stinson, autre roi de la seringue.

Restent les incroyables rescapés. Ceux qui, en toute logique, auraient dû trépasser il y a longtemps et qui sont toujours là, au prix d'innombrables cures de désintoxication et de miracles. Ils s'appellent Bob Dylan (porté pour mort en 1966), Alice Cooper (adepte aujourd'hui de l'eau minérale et du jogging), David Crosby, Iggy Pop, Keith Richards, Eric Clapton, Courtney Love.

Le très *freak* Zappa, lui, malgré les apparences, passa sa vie à conspuer les apparences. Arrêté au Japon en 1980 pour détention de marijuana, McCartney milite actuellement pour sa légalisation.

Non, la drogue et la musique, ce n'est pas fini. La techno a sa came, elle aussi : la MDMA (« ecstasy »), créée au début du siècle dernier à partir des amphétamines et célèbre pour ses vertus désinhibantes et euphorisantes, dont les séquelles physiologiques et psychiques peuvent, là encore, s'avérer très graves. Mais aux drogues illustres qui, jadis, bâtirent la grande légende du rock a succédé une tristounette armada d'artistes de seconde zone qui, vaguement snobs et vaguement paumés, ne croient plus à la révolution ni, hélas, à la musique.

Émission, invité Jean-Luc Mélenchon. J'ai été trop gentil. Mélenchon, en réalité, est fou. Dès qu'on aurait envie de le prendre en empathie, avec un sectarisme sorti de la préhistoire du gauchisme, il montre les dents. On a toujours la tentation, déçue, de le faire plus grand qu'il n'est en réalité – un apparatchik caractériel qui n'a aucun égard pour personne, en dehors de lui, et qui a transformé son parti entre un fan-club à la Cloclo et un Emmaüs pour tous les Robespierres au petit pied. La haine, chez lui, ne met jamais longtemps à suppurer. On peut considérer que c'est dommage – mais c'est, hélas, lui faire peut-être encore trop d'honneur.

Une séquence a été coupée. « Jean-Luc », se vantant d'avoir été un des meilleurs professeurs qui soient – en lycée technique –, réagit excessivement mal lorsque je lui demande (il commet la faute dans son livre) comment on orthographie « par acquit de conscience » (il a écrit « acquis »). Il s'offusque, rougit, rugit, érupte, éructe. Dommage qu'il soit ainsi ; il y a peut-être, qui sait, quelque chose de sincère dans cette folie, cette haine stagnante.

Je ne suis pas satisfait de ce que je viens d'écrire. C'est trop caricatural, pas assez pensé. La réalité est plus complexe. Mélenchon mérite sans doute mieux que ce portrait expéditif. Car en réalité nous avons affaire, là, à *un cas*.

J'ignore combien d'hommes se trouvent au-dedans de Mélenchon ; mais ils sont un paquet, et ils ne s'entendent pas très bien. Il y a le faux calme, le vrai simili-sage, le réel total excité, l'homme d'écoute et celui qui fait taire, le copain au sourire serein et l'ennemi qui veut votre tête, le démocrate cultivé et l'autoritaire coco, le littéraire et le calculateur, l'excessif et le posé, le tolérant et le Fouquier-Tinville, le juge de paix et le maître de guerre. Il y a celui qui avance et celui qui recule, celui qui accélère et celui qui freine, celui qui panse les plaies et celui qui donne les coups. Ce ne doit pas être très reposant d'être lui ; ce ne doit pas être de tout repos d'être eux. On ne sait jamais à l'avance quel Mélenchon va sortir du bonnet phrygien. Il faut être dompteur quand on l'interroge ; sur un seul mot qui lui déplaît, il peut sortir de ses gonds, tandis que son regard s'excuse déjà, au beau milieu de la colère, de ses propres feux. Mélenchon sait-il qui sont Mélenchon ? Rien n'est moins sûr. Cela fait trop de monde dans une seule tête et pour un seul corps. Il est à la fois sa caricature et le contraire de sa caricature. Il s'exagère et il s'annule. Il s'enfonce et il se sauve.

Six heures d'enregistrement (une blonde, dans le public, ne cesse de me fixer, et cela m'obsède) ; tout, à peu près, sera charcuté, il ne restera rien, ou presque, de mon travail et de mes échanges – notamment sur la Révolution. Déprimant.

Bloy, *Dans les ténèbres*, 1918, posthume : « Malheur à celui qui ne pleure pas. »

Vendredi 9 septembre

Réveil avec *Local Hero*, Mark Knopfler, 1983 (Vertigo, 811 038-1, Netherlands). Mark Knopfler : guitare, synthétiseur, percussions, batterie ; Alan Clark : piano, synthétiseur, orgue ; Eddie Gomez (oui, celui de Bill Evans), Neil Jason, Tony Levin, Brian Rowan et John Illsley : basse ; Steve Jordan, Ed Bicknell et Terry Williams : batterie ; Hal Lindes : guitare rythmique ; Alan Darby et Roddy Murray : guitare ; Dale Winchester : accordéon ; Mark Winchester : violon ; Jimmy Yuill : sifflements ; Michael Brecker (oui, celui de Zappa) : saxophone ; Mike Mainieri : vibraphone ; Gerry Rafferty : chant.

Le christianisme est une possibilité de judaïsme impossible. À moins que le christianisme ne soit une possibilité impossible de judaïsme.

Nous allons faire du sport avec Emmanuelle, puis restaurant coréen, petit début d'engueulade, vite désamorcée par mes soins : je marque des points (elle en pleure dans mes bras ; je suis touché).

Nous nous rendons à un anniversaire, dans le XIVe. La prof de danse d'Emmanuelle. L. Trente ans. Vue sur la tour Eiffel. Ciel dégagé. Nuit nette. Le père de L., soi-disant, m'admire et rêve de me parler. Guet-apens total : une fois que je lui fais face dans la cuisine, je constate qu'il ne sait rien de moi, ne connaît strictement rien de ce que j'ai fait dans ma vie – il m'a juste entr'aperçu à la télé, le samedi soir, chez Ruquier. Tout ça n'est qu'une stratégie pour occuper le vieux, dont personne ne peut mais. Je vais donc devoir me le coltiner pendant plus d'une heure, ce qui est d'autant plus infernal qu'il n'a rien à dire, en dehors de la description, fort minutieuse, de son étroite existence – il y a vraiment des gens, sur Terre, à qui il n'est *rien arrivé*, c'est fou. De temps en temps, il s'arrête, interdit, fasciné : il n'en revient pas (« C'est vraiment bien lui. C'est vraiment bien vous ») de s'entretenir (de s'entretenir tout seul, en son infini monologue) avec quelqu'un dont la trogne s'affiche sur le petit écran de son salon. Et voici, cela change un peu, qu'il me parle de sa fille adorée. L. est adorable, telle n'est pas la question. Mais je puis dire qu'à l'issue de ce joli traquenard, je sais tout d'elle ; je pourrais devenir aisément son biographe. Tout sur ses débuts comme danseuse, son talent, son génie, ses joies, ses peines, les fois où elle a failli arrêter – finalement elle a choisi de continuer.

À propos de passage à la télévision et de notoriété, cet épisode, dans la rue, il y a quelque temps :
— C'est bien vous ?
— Non.
— Ah d'accord. Désolé.

Emmanuelle rêverait d'aller voir les Stones en concert. Qu'elle ne s'inquiète pas. Ils reviendront bientôt. Les Stones en concert, cela revient comme l'averse. Il n'est d'ailleurs pas si important que ça d'aller les voir sur scène (les choix de morceaux de Jagger, toujours les mêmes parce qu'il a peur de prendre des risques, deviennent insupportables de redondance) : ce qui compte (comme pour Philippe Sollers dont il n'est plus nécessaire de lire les livres ou pour Godard dont il n'est plus nécessaire de voir les films), c'est de les *savoir là*. En un sens, ils rassurent. Les Stones, sans jamais renier leur rhythm n'blues ni leur rock n'roll – même si la grande époque de *Sticky Fingers* est loin –, assurent cette espèce de constance (de permanence) presque réactionnaire qui, à l'instar du pape ou de l'Académie française, incarne une institution. Ce qui serait étonnant, c'est qu'ils prennent leur retraite. Ils sont les derniers. Les derniers, avec Kissinger, qui nous parlent en direct des années 1970.

Le temps ne passe sur eux que physiquement : les états d'âme des Stones portent encore des pattes d'eph et fument de la marijuana. La guerre du Golfe n'a pas eu lieu. Et quand Jagger prend le micro, le Vietnam vit toujours ses derniers soubresauts face aux Américains. Les Stones, nous ne leur demanderons au fond rien d'autre, en 2016, que de nous faire visiter 1969.

Mais il n'y a pas que les Stones. Dans le visage aimé que dépose à mes pieds le souvenir de l'année 1967 (1967 fait partie de ces années dont on se souvient même quand on ne les a pas vécues) se détache une silhouette des Beatles. La plage où j'ai laissé mes pas, quand les vagues de 1972 me giflaient le torse, n'existe plus que sur la seconde face de *Who's Next*. Certains baisers me rappellent toujours le mois d'août 1978 et le *Live Bullet* de Bob Seger. Les breakfasts pris en Amérique ? Avec Supertramp et les pancakes qui ont conservé le goût d'une matinée de 1979. Les années sont parties, je partage ma vie entre l'accessoire et le nécessaire. 1973, 1975, 1977 n'existent plus ? Quelle est la part de juin 1976 en moi ? Que m'apporte, au lever, le mois de février 1971 ? La musique, elle, est restée.

Le passé ressuscite tous les jours : on appelle ça le rock, la pop, peu importe. Robert Plant continue à faire des albums. Les Who aussi, et des concerts. On revoit Genesis de temps en temps. Yes n'est pas mort. Brian Wilson continue de tourner. Dylan aussi. Deep Purple revient régulièrement (affiches de patronage). J'ai vu récemment que Wishbone Ash était à l'affiche. Wishbone Ash ! Funkadelic et George Clinton ne sont pas morts, loin s'en faut. Clapton est en pleine forme. Je ne parle même pas de Neil Young. Les années 1970 pètent le feu. Mille fois plus que les années 1980. Les années 1980 furent celles des dépressions, des traversées du désert, de la stérilité artistique, du néant pour les dinosaures que je viens de citer. C'est que les comètes punks, puis new wave, sont venues s'écraser sur la vieille planète rock, qui aura près de quinze ans pour renaître de ses cendres. En musique, ce que j'appelle les années 1970 est la période 1967-1977 (en gros, de *Pet Sounds* à l'arrivée des Pistols – qui font vieillir d'un coup tous les groupes mythiques et les *guitar heroes*). Les années 1980, par suite, la période 1978-1988. En 1967, on peut considérer que les Fab Four, les Beach Boys, les Birds, les Kinks, Dylan, les Stones et les Who (qui viennent de sortir *The Who Sell Out*) ont pris le pouvoir sur le rock n'roll à papa, celui de Bill Haley ou de Cochran. 1977, c'est la préhistoire de l'ère trash – d'un côté – et – de l'autre – de l'ère orgue Bontempi et boîte à rythme.

À cause de Johnny Rotten (l'âme des Pistols, à supposer que les Pistols en eussent jamais été pourvus) et de sa bande, des génies comme Clapton, Bowie, Townshend, Page, Keith Richards ou Jeff Beck passent, à trente ans, pour des grands-pères et des mégatocards. La musique de Queen, Genesis, Deep Purple, Pink Floyd, Eagles ou Marley, à partir de 1977, est considérée – surtout en Angleterre, berceau des nouvelles tendances – comme de la musique de vieux, pompeuse, conventionnelle, ennuyeuse.

Seuls Lou Reed (père spirituel du mouvement punk), Iggy Pop (les Stooges ont vu le jour en 1967), Neil Young et les New York Dolls (chantres dès 1972 de la mouvance « destroy ») ne sont pas traînés dans la boue par cette génération ultraviolente tout droit sortie des poubelles, des usines et des bars à putes. Parmi les fous furieux qui réussissent ce putsch, alentour de 1977 (dès 1976 en réalité), outre les Pistols, on compte plusieurs formations exceptionnelles tant par leur amour des hématomes que par leur singularité (notamment rythmique). Au premier plan s'avancent les Clash, que je découvre en 1981 grâce à mon ami David Ronk (1966-1992), avec le single « The Magnificent Seven » – un choc. Les Clash sont fondés à Londres par Joe Strummer – chanteur. Qui proclame : « The Clash doit être une formation de combat, un commando. » (Le guitariste et le bassiste du groupe, pour donner une idée de l'ambiance londonienne de l'époque, jouaient auparavant au sein du sympathique London SS.)

Avec son mélange inouï de rock n'roll pure souche (en quasi-pastiche proustien), de reggae et d'hystérie punk, les Clash deviennent très vite l'un des événements musicaux de la décennie. Leur album *London Calling*, sorti en 1979, fait d'eux, instantanément, le plus grand groupe du monde – avec Police, groupe étrangement féru, lui aussi, de reggae. En même temps explosent les Cramps (venus de l'Ohio !), les Buzzcocks (nés à Manchester). L'année suivante émerge, de Manchester également, l'un des groupes les plus importants de l'histoire du rock : Joy Division. Je n'oublie pas non plus Cure (découvert grâce à David Ronk en février 1981), les B-52's, Dead Kennedys, Adam and the Ants (découvert en juillet 1981 à Münster, Westphalie).

Il est injuste, *in fine*, de tirer à boulet rouge sur les années 1980 : la musique n'est pas morte en 1977 et d'autres courants que le punk et la new wave, comme le ska ou le rockabilly, ont eu aussi leur rôle à jouer. Et puis les années 1980, outre Police que je viens de citer, c'est aussi U2, Prince, Toto, Madonna, Iron Maiden – Prince n'est pas mort, Toto se produit tous les ans, U2 est au sommet de sa forme, Madonna est toujours sur le pont, les gens de Maiden, imperturbables, font comme si les années n'existaient pas. Mais ce que je cherche à comprendre – ça me travaille –, c'est pourquoi les génies des années 1970 n'ont pas su traverser les années 1980.

Retournons, disons, en 1966 ou 1967. D'abord, il est clair qu'un groupe créé par des *kids* dont la moyenne d'âge est de vingt ans démarre dans l'inconscience artistique totale ; celle-ci, souvent alliée à une technique instrumentale largement améliorable, correspond parfaitement à la philosophie du mouvement hippie, qui consiste justement à laisser parler son inconscient. Mais une fois qu'il a tout dit, qu'on lui a fait dire tout ce qu'il pouvait à force de drogues, de voyages ou d'expériences érotiques limites, il s'agit de se tourner vers autre chose : nombre de formations n'en ont pas été capables et ont disparu. Pour les autres, un des recours fut de progresser techniquement (seuls Pink Floyd et Hendrix parviennent alors à combiner paradis artificiels et maîtrise technique hors du commun).

Commence alors pour tous ces musiciens, souvent à l'apogée de leur succès, une concurrence nouvelle : ce ne sera plus, désormais, à qui sonnera le plus psychédélique (ce terme étant devenu péjoratif), mais à qui fera montre de la plus grande virtuosité. Nous entrons ainsi dans l'ère des solos de guitare de vingt minutes et des dieux de la six-cordes. Nous ne sommes plus en 1967, mais en 1972-1973.

Les protagonistes ont vieilli (ils ont entre vingt-cinq et vingt-sept ans) et, entre-temps, ont commencé à y croire (et à s'y croire) vraiment. L'insouciance est derrière : ils savent désormais, chose impensable cinq ou six ans auparavant, qu'ils sont les maîtres du monde. Le danger est pourtant clair : à jouer les singes savants, à explorer sans fin les ressources purement techniques des instruments, on finit par ressembler au voisin. L'uniformisation menace : tel solo du dernier *live* de Lou Reed pourrait figurer dans celui de Clapton. Aerosmith ? Ils sonnent comme les Stones. C'est du Deep Purple ? Excuse-moi, je croyais que c'était du Black Sabbath ! À part Led Zeppelin et Zappa qui se tracent chacun à leur manière une voie inédite en créant de toutes pièces des univers sonores d'une complexité et d'une richesse sans précédent dans l'histoire du rock (on les a souvent comparés à des compositeurs classiques), la plupart des dieux ne font plus que de la gestion des affaires courantes. Déconnectés de la réalité (ils sont tous déjà riches et célèbres), ils n'ont rien à dire : les paroles de leurs chansons (excepté celles de Lou Reed) sont creuses, pour ne pas dire débiles. C'est contre cela que se dressent soudain les années 1980.

La musique reprend tout de zéro, de là où elle est née : de la rue. C'est un système contre un autre : la notoriété et les dollars ne sont plus une fin. Après une grosse décennie d'artifice et d'hypocrisie, il faut en revenir à la réalité, à la vérité. Quand commence à frapper le chômage, on ne peut plus se trémousser comme une gonzesse avec des frisettes, une chemise à fleurs et un jean « moule bite » en beuglant des chansons d'amour. On ne chante plus : on crie. Les longues plages musicales laissent place, dans une Angleterre plongée dans la crise économique, aux hurlements déchirés des Pistols ou, un peu plus tard, aux compositions post-nucléaires et minimalistes de Cure. Il ne s'agit plus tant de produire du son que du sens. Or les McCartney et autres Clapton n'en ont jamais été capables. La musique cesse d'être un spectacle, c'est un acte social.

La barrière vie publique/vie privée s'estompe : on se produit sur des petites scènes, on discute et on se bourre la gueule avec ses fans, on cherche systématiquement la guerre aux autorités (« *God Save the Queen / The fascist regim !* »). On ne cherche plus à se suicider doucement, mais au plus vite. C'est dans l'éphémère et l'anarchie qu'il faut agir : seuls les salauds et les nantis durent. (Sans doute faut-il regretter, de ce point de vue, la reformation, il y a dix ans, en 1996, des Sex Pistols lors d'un pathétique revival – mais la contradiction était aussi inscrite à leur programme-sans-programme.)

Pendant ce temps-là, les vieilles barbes de l'époque *flowers* galèrent. Elles essaient de nouvelles formules, elles s'adonnent, avec des résultats désastreux, à des carrières solo et flirtent, tels Neil Young ou Bowie, avec la musique électronique. Elles ne sont plus elles-mêmes. Elles se croient perdues. Non seulement leur génie créatif semble épuisé, mais personne ne veut plus de leur professionnalisme accouchant d'*opus* millimétrés. Le public veut du sale, du dégoulinant, de la puanteur et du bâclé. Les punks sont adulés aussi parce qu'ils sont des musiciens pour la plupart nullissimes, ce qui rend d'autant moins grande la distance qui les sépare de leurs admirateurs. La fracture scène/public s'estompe. Tout le monde est sur la scène et tout le monde est dans le public. Message ? Nous sommes tous dans la même merde et nous allons tous crever : *No Future*.

Alors les vieux ont pris leur mal en patience. Ils ont bu. Ont failli mourir d'overdose plusieurs fois. Ils ont un peu travaillé quand même, mais pour eux. Pour eux seuls. Débarrassés de leurs costumes à paillettes et de leur frime, ils ont essayé de se connaître vraiment (ils n'avaient que ça à faire). Les bides retentissants de leurs quatre ou cinq derniers albums les ont fait mûrir. Le doute les a rendus modestes. Alors ils sont revenus modestement, jouant d'abord pour des publics restreints, assumant pleinement leur nouveau statut de *has been*. Ce qui a fini par donner du nerf au travail de certains. Nombre d'entre eux sont meilleurs ou au moins aussi bons qu'il y a vingt ans : Dylan, Clapton, James Brown, Peter Gabriel, Iggy Pop, Robert Wyatt, Patti Smith, George Clinton, Lou Reed, Neil Young (légendes dont il faut posséder absolument l'intégrale ou rien !).

D'autres n'auront pas réussi à faire oublier les années et me font de la peine : Supertramp (sans Roger Hodgson), Genesis (sans Phil Collins), David Bowie (sans David Bowie), Fleetwood Mac, Pink Floyd (sans Roger Waters), Eagles, Aerosmith. Pour les Stones, le débat reste ouvert.

Samedi 10 septembre

Réveil avec *Blue Desert*, Marc Jordan, 1979 (Warner Bros. Records, QBS-3362, Canada). Marc Jordan : chant ; Abraham Laboriel : basse ; Ralph Humphrey (celui de Zappa), Jim Keltner et Jeff Porcaro (de Toto) : batterie ; Michael Omartian : claviers et synthétiseur ; Greg Mathieson, Buzz Ramar & The Swinging Strings et Steve Porcaro (de Toto) : synthétiseur ; Jay Graydon : guitare et synthétiseur ; Steve

Lukather (de Toto), Dean Parks, Jake the Rake et Ray Parker Jr. : guitare rythmique ; Ernie Watts et Pete Christlieb : saxophone ; Venette Gloud, Bobby Kimball (de Toto), Tim Kelly, Bill Champlin, Carmen Twillie et Marcy Levy : chœurs ; Chuck Findley : bugle ; Dave McMorrow : piano électrique ; Ben Beney : harpe.

Caen. Dans la famille d'Emmanuelle. Barbecue dans le jardin. Enfants. Puis plage, baignade à Ouistreham. La mer est froide.

Croisé, sur la plage, un sosie (approximatif il est vrai) de Sophie Marceau. Je suis fou de Sophie Marceau. Elle est subtile, belle, intelligente, cultivée, et en plus elle a de l'humour. C'est notre seule vraie star, en réalité. Et je vais écrire quelque chose que personne n'ose écrire : c'est une star totale, une star absolue, une comédienne de génie – mais qui n'a tourné que dans *deux* bons films en trente-cinq ans de carrière : *La Boum* (1980), excellente comédie populaire, et *Police* (1985), peut-être le plus grand Pialat. Mais après ? *La Boum 2* ? Nul. *Fort Saganne* ? Le plus mauvais Corneau (qui pourtant est immense). *Joyeuses Pâques* ? Un nanar comme on n'en fait plus. *L'Amour braque* ? Ridicule et prétentieux. *Descente aux enfers* ? Anecdotique. *L'Étudiante* ? Bof. *Chouans !*? Impossible. *La Fille de d'Artagnan* ? Indigeste. *Marquise* ? Oublié. *Pacific Palisades* ? Gênant. *Braveheart* ? Ah oui, ça, non, *Braveheart* c'est très bien, ça fait donc *trois* bons films. *La Fidélité* ? Raté. *Belphégor* ? Un désastre. *Mes nuits sont plus belles que vos jours* ? Je suis parti à la moitié. *Parlez-moi d'amour* ? Je suis resté, cette fois, mais coi. *Je reste !* ? Je n'y suis pas allé, et je crois que je ne suis pas le seul. *Alex et Emma* ? Soporifique. *Anthony Zimmer* ? Une catastrophe – était-ce un film ou un publi-reportage de la SNCF sur le TGV ?

Je n'écris rien de mal. Je regarde *objectivement* la filmographie de quelqu'un. Si ces films étaient signés du même réalisateur, on dirait que ce réalisateur est mauvais, non ? Et, sans doute, il n'aurait pas eu l'occasion de tourner autant. Mais cette liste représente quand même la carrière d'une star. D'une vraie grande indéniable star ! Nathalie Baye a fait *La Nuit américaine*, *La Chambre verte*, *La Balance*, *Catch Me If You Can*, *Détective*, *Notre histoire*, *Beau-père*, *Sauve qui peut (la vie)*, *L'homme qui aimait les femmes*, *Mado*, *La Gueule ouverte*… Isabelle Adjani a fait *La Reine Margot*, *Camille Claudel*, *Barocco* – celui-là je l'enlève, il n'est pas terrible –, *Le Locataire*, *L'Histoire d'Adèle H.*, *La Gifle*. Catherine Deneuve a fait *8 femmes*, *Dancer in the Dark*, *Hôtel des Amériques*, *Les Demoiselles de Rochefort*,

Le Dernier Métro, *Peau d'âne* et *Répulsion*. Où sont les chefs-d'œuvre de Sophie ? Devant elle ?

Aragon, *Entretiens avec Francis Crémieux*, 1964 : « Quand, de France, nous regardons les pays musulmans, nous les regardons encore avec des préjugés chrétiens, persuadés, sans le savoir même, de la supériorité du christianisme (et ceci je le dis même pour ceux d'entre nous qui ne s'en réclament plus) sur l'islamisme, tout prêts, en fait, à considérer Mahomet, comme tous les auteurs de chez nous l'ont si longtemps fait, comme un imposteur, un thaumaturge, alors que nous avons toutes sortes de précautions intérieures en nous lorsqu'il est question du Christ. Même ceux d'entre nous qui en contestent l'historicité. »

Je n'ai pas d'enfants – pas encore ! – mais j'aime jouer avec ceux des autres ; cela « compense ». Et « compenser » n'est pas le mot qui convient à vrai dire, car je n'ai jamais cherché à en avoir. C'est même précisément le contraire. J'ai eu la chance de connaître beaucoup de femmes, des jolies, des intelligentes : chaque fois qu'elles me proposaient de mettre un enfant au monde – je pense notamment à une de mes ex – je savais que c'était terminé, que la relation allait s'achever là. C'est ainsi. Je ne sais pas pourquoi je suis comme ça. Égoïsme ? Je ne crois pas – je pense même l'inverse : il y a un égoïsme au contraire dans le fait de faire des enfants. Un égocentrisme du moins. Non, ce que je n'aime pas, je crois, c'est que quelqu'un *dépende* de moi. Je déteste avoir la *responsabilité* de. Sans doute, je rate une dimension de l'existence ; mais ceux qui en ont ratent la dimension d'une vie d'adulte sans enfants ! L'argument est spécieux, sans doute. Qu'importe. Quand je pense que même Gide s'est lancé dans l'entreprise. Non sans dégâts. Et lui, par strict égoïsme en revanche. Presque « pour voir », par expérience – une sorte d'expérience de chimie amusante. L'égoïsme de Gide est, de tous ses défauts, celui qui revient le plus souvent dans la bouche de ceux qui l'ont côtoyé. Mais il entraînait les autres dans ses projets avec une telle énergie qu'ils lui pardonnaient. Autre défaut, que je ne possède pas (c'est plus une malédiction qu'un défaut) : il ne supportait pas de rester seul une seule seconde ; ce qu'il aimait, ce qu'il adorait, c'était d'être seul au milieu des autres. Sentir la vie et les présences amicales autour de lui, pendant qu'il s'absorbait dans tout autre chose (généralement la lecture). Je puis comprendre ; mais la solitude pure et dure, sans la moindre interaction, possède aussi ses vertus. J'ai mis un peu de temps à m'y faire. Mais, une fois acquis le solfège, j'arrive à présent à en maîtriser miraculeusement l'instrument – je parviens, grâce à la lecture, à l'écriture, et au fait de pouvoir filmer, à ne pratiquement jamais m'ennuyer, où que je sois, et puis rester des semaines, des mois, dans la seule compagnie de moi-même. Je n'en suis pas peu fier, je le confesse. Car, pour cela, j'ai quelque peu forcé ma nature, ou ce que je croyais être ma nature.

« Le socialisme de pouvoir éloigné du pouvoir empruntait les chemins de son rival en utopie, s'inventait à son tour un monde irréel peuplé d'hommes irréels, ajustait des mécanismes dans le vide et, parti d'une explication scientifique de l'histoire, débouchait, après un long voyage, sur la planète lisse de l'idée platonicienne. Et tout cela au nom de la rigueur des faits » (Mitterrand, *Ici et maintenant*, 1980).

Le jour viendra où l'on traitera Homère de raciste, Eschyle de misogyne, Virgile de pédophile. Ce jour est imminent. Aristote sera, tôt ou tard, au train où vont les choses, et Platon avec lui, traité de suprématiste blanc. Rome sera le Berlin de Hitler, Athènes le Rome de Mussolini – ou l'inverse. Le passé est devenu un ennemi, l'historien un collabo. L'histoire est sommée d'avoir eu lieu autrement ; elle est priée d'être polie, respectueuse, elle est priée de ne pas blesser les vivants, de ne pas heurter nos croyances, de ne vexer personne, d'éviter d'humilier quiconque. L'histoire est sommée de plier ; le passé est contraint, sous peine de mort, de se soumettre aux canons du présent. C'est lui ou nous. S'il n'est pas obéissant, s'il n'est pas conciliant, il devra disparaître. L'histoire est devenue une insulte aux mémoires de ceux qui en sont le fruit – jusqu'où, cette aberration ? jusqu'où, cette contradiction logique ?

Structure de parc des sociétés modernes. Fascisme soft. Fascisme de l'*entertainment*. Dictature, non pas, du divertissement, mais de divertissement, par le divertissement. Qui est aussi une dictature de diversion, par la diversion. Le divertissement, c'est ce qui fait diversion.

Un exemple d'écrivain sinistre : Christian Laborde. S'imagine posséder du génie. Triste bavard lyrique, postillonard, fatigant – fatigué. Marre de ces excités du verbe, de ces agités de l'adjectif, de ces intégristes de la « littérature ». Tout ça pour ça. Ces pénibles intégristes de la musique de la langue. Ras le bol des « jongleurs de la prose » et autres foutaises pour vieux machins bavasseurs. Ça sent la franchouille et le salsifis, l'huile rance et le vin tourné. Atroce.

Lors de la Terreur révolutionnaire, le grand débat était celui de son utilité : on en débat d'ailleurs encore. Lors de la terreur d'aujourd'hui, celle de Daech, celle du salafisme et de Coulibaly, le mot « utilité » a perdu son sens. C'est la gratuité qu'il s'agit d'étudier. « Terreur et gratuité », « terreur et inutilité » : tels sont les sujets de thèse pour les thèses de demain.

« La réalité est un leurre aussi. Elle ne peut être pour chacun que sa vue propre, son invention. Je dirais de l'art qu'il est une pratique d'invention de réalités de rechange, autres que la réalité instituée conventionnellement. Cette dernière est une prothèse à l'usage social. L'art est une pratique d'invention de nouvelles prothèses de réalité, à usage personnel » (Jean Dubuffet, *Bâtons rompus*, Éditions de Minuit, 1986).

Jésus n'a jamais quitté (même un millième de seconde) le judaïsme.

Bloy, *Le Désespéré*, 1887 : « Les hommes assez malheureux, aujourd'hui, pour être de grands écrivains, doivent attendre la mort et la désirer diligente et sûre, car leur vie est désormais sans saveur comme sans objet. »

Mais de quelle gratuité relève le terrorisme ? Doit-on, peut-on méditer cette gratuité ? Implacable gratuité. Abyssale inutilité. Entre la Révolution et la Terreur, il y avait, ou il n'y avait pas de relation de cause à effet. Entre l'islam et le terrorisme, il n'y a qu'un non-lien de non-cause à non-effet. On en vient donc à définir la gratuité comme le processus exactement inverse de la causalité. Une causalité qui finit par exister du fait même de son impossibilité d'exister.

Dimanche 11 septembre

Réveil avec *Jackrabbit Slim*, Steve Forbert, 1979 (Epic, EPC 83879, Europe). Steve Forbert : chant, harmonica, guitare ; Ava Aldridge, Cindy Richardson et Marie Tomlinson : chœurs ; Roger Clark : batterie ; Joe Goin : guitare ; Paul Errico : orgue et accordéon ; Bobby Ogdin : piano ; Bill Jones : saxophone ; Dennis Good : trombone ; Ron Keller : trompette.

Caen, suite. Je lis beaucoup sur la Commune de Paris, notamment le livre de Tombs, d'une limpidité totale et d'une parfaite intelligence.

11 Septembre : quinze ans déjà. J'aimerais qu'un jour, même dans très longtemps, on finisse par me dire si Ben Laden a « existé ». Quelques commentateurs expliquent comment les « années Ben Laden » (à en croire certains, il y aurait les années Ben Laden comme il y a eu les Années folles ou les années yé-yé) ont déclenché un fort durcissement des législations en matière de sécurité, entraînant ainsi, insidieusement, un amoindrissement, une restriction des libertés. Le monde, autrement dit, a été mis sous surveillance depuis les attentats contre les Twin Towers, le 11 septembre 2001.

C'est alors que, marchant dans les rues de Caen, je me suis mis à repenser à Ben Laden. Il y a un mystère Ben Laden. Mais ce n'est pas le mystère que l'on croit ; j'entends par là que le mystère ne vient pas de lui. Le mystère vient de « nous », des États-Unis, des sociétés occidentales menacées par lui, haïes par lui. Je mets le « nous » entre guillemets car nous sommes peut-être tous américains, mais moins un : mais moins moi. Je ne suis que français, je vous le confirme ; et je suis désolé de n'être pas américain. Si cela était à refaire, sans doute, je ferais un effort : je viendrais, dès la naissance, faire acte de candidature. Et peut-être qu'un jour, qui sait, quand je serais plus vieux, serais-je américain. La vie est (tellement) pleine de surprises ; elle peut contenir (cette vie) des surprises américaines. On peut se retrouver américain plus vite qu'on ne le pense.

Mais ce que je voulais comprendre aujourd'hui, marchant dans Caen, c'est cette histoire de Ben Laden. A-t-il jamais « existé » au sens où on l'entend ? Il a vécu, certes. Sa vie humaine est attestée. Mais je ne suis pas certain qu'il n'ait, parallèlement à son existence personnelle, été l'objet d'une existence supplémentaire, qu'on serait venu greffer sur son existence première, sur son existence originelle. Notre époque, il faut en convenir, avait besoin de Ben Laden. Avait *besoin*, du moins, d'*un* Ben Laden. Sa présence réelle, dans un monde où la guerre commençait à devenir imaginaire depuis la chute du bloc de l'Est, et où, surtout, l'ennemi était devenu fantomatique, générique, abstrait, sa présence réelle était nécessaire.

« Nous » n'avions plus de bloc à abattre, plus d'État (comme l'État soviétique) à menacer et par qui se sentir menacé. Il fallait donc avoir une idée : une organisation viendrait supplanter les vieux schémas, dont le XXIe siècle ne voulait plus. Il fallait redonner du sens, du bloc à une réalité diffuse, complexe, éparpillée à l'infini, infiniment concassée, à un puzzle de réalité. Il s'agissait de trouver une structure simple pour donner un nouveau costume, taille unique, à tous les événements méchants du monde, à tous les cataclysmes qui viendraient se glisser, très obéissants, dans une des poches de ce costume ; ce costume est le Mal. Il fallait inventer une nouvelle idée dominante du Mal, une *doxa* toute neuve. Choisir un visage dominant qui incarnerait la nouvelle idée dominante de ce qu'est le Mal. Ce n'était plus le fascisme depuis longtemps ; c'était le communisme, ce n'est plus (soudain) le communisme. Il fallait réinventer formellement un Mal intelligible. Nous sommes allés voir du côté du Moyen-Orient et de l'islam asiatique.

Et ce Mal qui avait toujours été là, il nous est apparu soudain presque orphelin dans le monde sans URSS. Il nous fallait quelque chose à réfuter, et ce quelque chose ne fut plus un empire, un État, mais ce quelque chose fut un homme et ses hommes, un homme et les hommes de cet homme. Il « dirigeait » une petite structure terroriste nommée Al-Qaïda, qu'aucun journal n'a jamais orthographiée de la même manière, sans doute pour ajouter à l'étrangeté, à l'exotisme, au suspense. C'était toute une terreur qu'il fallait recodifier, c'était une horreur qu'il fallait « remarkéter ». Je ne fais pas partie, je ne ferai jamais partie de ces révisionnistes, pathétiques, pitoyables, sinistres, qui font mine de s'interroger, dans les décombres qui fument encore, si ce ne sont pas les Américains, disons-le tout net à leur place puisqu'ils n'osent très lâchement que le suggérer, qui auraient fomenté les attentats du 11 Septembre. Non, mille fois non : l'attentat est bien un attentat terroriste, venant du Moyen-Orient, d'agents d'une structure identifiée appelée Al-Qaïda. Mais ce n'est pas cela qui m'intéresse. Ce qui m'intéresse, c'est la manière dont, à partir de ces attentats, nous avons décidé de poser, d'apposer le sigle Al-Qaïda sur tout ce qui dans le monde faisait danger, apparaissait (à tort ou à raison) comme une menace. Al-Qaïda est devenu un instrument unique (j'insiste sur le mot « unique ») pour penser l'horreur du monde et ses déflagrations. Ce mot d'Al-Qaïda, cette notion, ce concept, cette marque, le lundi 10 septembre, nous n'en avions pas entendu parler et, dès le lendemain, elle est apparue comme « évidente » pour tout le monde – essentiellement pour les journalistes, qui la connaissaient soudain non seulement depuis la veille, et même depuis l'avant-veille, mais depuis toujours. Mais depuis l'aube des temps.

Nous vivions dans une tradition de bloc et ce bloc se devait d'être réinventé. Reformé. Refabriqué. Alors, à Al-Qaïda, nous avons inventé (plus exactement : nous avons soupçonné) un programme, un manifeste. Nous nous sommes arrangés pour croire que, de la même manière qu'il y avait eu un *Manifeste du Parti communiste*, écrit par Marx (et Engels), il y avait un *Manifeste du Parti terroriste*, écrit par Ben Laden (et Khalid Shaikh Mohammed). Nous ne pouvions pas nous défaire de cette idée qu'il y avait, derrière tout cela, une idéologie sérieuse, précise, mathématique ; une matrice idéologique articulée et détaillée. Nous étions dans la tradition programmatique : il fallait que ces barbus, fous d'islam mal digéré, devinssent des pointes de la théorie, de la réflexion. Devinssent des Marx et des Engels, des Lénine et des Trotsky dans leur domaine : le terrorisme, l'islamisme.

Que voulait Ben Laden ? Le Bien, selon lui, le Bien de l'humanité, mais d'une humanité qu'il n'a jamais définie, au nom d'une liberté qu'il n'a jamais théorisée et dont on soupçonnait juste, vaguement, qu'il lui fallait, préalablement, être réduite ou convertie à l'islam. Il manquait à Al-Qaïda cette part programmatique, systématique, philosophique, qui empêche précisément d'en faire un bloc. On nous a donc minutieusement « enseigné » Ben Laden. Il fallait que nous comprenions ce que lui-même ne comprenait pas, car Ben Laden était peut-être très intelligent, mais ce n'était pas un intellectuel. Ce n'était pas un doctrinaire. C'était un fanatique, un enragé, qui, tout simplement, voulait éradiquer Israël de la carte. Et aurait voulu faire payer « les riches ». Franchement, ce n'est pas *Le Capital*. On a voulu développer pour nous une sorte de *Ben Laden pour les Nuls* : mais Ben Laden *était* nul. Malgré son charisme et ses airs, il incarnait la nullité par excellence, il incarnait le Néant parfait, la perfection dans le Rien du Rien, dans le Rien au carré.

L'Union soviétique, c'était une idéologie pensée ; atroce mais théorisée. D'autant plus difficile à détruire qu'il y avait, derrière elle, une vision du monde impossible mais cohérente, complexe, élaborée. Mais, du moins, y avait-il quelque chose à combattre ; *l'ennemi avait un visage parce qu'il avait une pensée*. En combattant cette pensée, on combattait un visage ; et en affrontant ce visage, on combattait une pensée. Il y avait une *réalité* du bloc communiste. Mais il n'y a pas de « réalité » d'Al-Qaïda (ou de Daech), car tout et n'importe quoi peut émerger, peut jaillir d'Al-Qaïda (ou de Daech), tout et le contraire de ce tout peut s'appeler Al-Qaïda (ou Daech), peut s'intituler « attentat revendiqué par Al-Qaïda (ou Daech) ». Nous avons cherché à donner du sens à ce qui n'en avait pas.

Il n'y a pas de corrélation entre la figure de Ben Laden et ce que nous avons voulu qu'il incarne : l'auteur d'une vision structurée du monde. Je pense au *corps* de Ben Laden. Son pauvre corps sans concepts. Son propre corps sans autre objectif que de détruire ce qu'il pense être le Mal : des salariés qui gagnent leur vie dans un pays qui se bat pour la paix depuis toujours, et qui, parfois avec un cynisme qui effectivement n'est pas supportable, intervient pour qu'elle perdure.

Il n'y aura jamais de « fin » du terrorisme parce que le terrorisme n'est pas un système. Il n'est conçu au nom d'aucune idéologie structurée. Les terroristes eux-mêmes sont confus dans leur terrorisme : leurs idées les plus nettes sont floues ; ils passeraient un examen théorique sur les raisons de leurs actes, un écrit d'examen, ou un grand oral de concours sur le sujet « Au nom de quoi faites-vous ce que vous faites ? », ils n'auraient pas même cinq sur vingt. Le terrorisme ne s'arrêtera jamais parce qu'une pensée sans pensée ne saurait s'interrompre ; elle ne peut contenir aucun échec, aucune défaillance – ni à l'épreuve des faits, ni à l'épreuve de rien. On ne peut jamais se dire : « Ben Laden se trompe », parce que, pour se tromper, il faut penser. Comme le dit Sartre dans *Question de méthode* (1957) à propos de Marx : « Nous nous disions : "Voilà les conceptions d'un intellectuel allemand qui habitait Londres au milieu du siècle dernier." »

Mais qui peut me dire quelles étaient les « conceptions » de Ben Laden ? Ses conceptions étaient tellement primaires, primitives, et donc faussées par cette primitivité même, qu'elles étaient fausses ; le communisme n'était pas « faux », ni « vrai » : c'était une utopie, or une utopie n'est jamais vraie ni fausse. Ou bien elle est à la fois vraie et fausse. Une utopie est apophantique. Les faits, rétrospectivement, nous montrent qu'elle n'était pas tangible. La grande difficulté du communisme, c'est le passage de la théorie à la pratique ; tandis que le terrorisme, lui, ne peut rencontrer ce genre de difficulté : sa théorie, c'est sa pratique. La pratique lui sert de théorie. Le communisme détruisait pour proposer ; il tuait, il assassinait, il déportait, il s'aveuglait pour « proposer », pour inventer un monde nouveau. Le terrorisme détruit pour ne pas proposer ; le terrorisme détruit pour proposer de détruire encore – le communisme avait un but (le socialisme) ; le terrorisme est son propre but. Quand une idéologie n'a pas de pensée, elle se prive de toute possibilité de but, de fin. De dessein.

Il n'y a pas de « ligne » terroristique. Donc les événements terroristes, les attentats ne sont pas interprétables : ils sont condamnés à l'ambiguïté. On était hier sans cesse condamné à « interpréter » les discours, les déclarations, les vidéos surprises de Ben Laden.

Le terrorisme, privé de principes, est un empirisme. On affrontait jadis des empires ; on combat à présent des empirismes.

C'est pourquoi tout devient terrorisme ; on croire lire, derrière chaque coup d'éclat atroce, une planification attentive, scrupuleuse, patiemment programmée, confectionnée. Un Gosplan de l'horreur. Notre vision « bloquiste » a donné à la réalité du terrorisme, fait de bric et de broc, d'improvisations et de fenêtres de tir, d'occasions en or et d'aubaines, une lisibilité qu'elle ne possède pas ; ne possédera jamais.

Est terroriste celui qui fait violence à tout : à la réalité qui vit et à la réalité qui pense. Il n'y a pas de « principe du terrorisme » car le terrorisme ne sait pas penser ; même les activistes de l'ultra-gauche des années 1960 savaient, au moment précis où ils faisaient mine de prendre les armes, qu'il fallait immédiatement les reposer : parce qu'ils pensaient. Tout attentat est absence de pensée. Tout attentat est contradictoire avec la pensée. Penser, c'est rencontrer l'impossibilité de commettre un attentat, quel qu'il fût. La pensée interdit l'attentat, et l'attentat interdit la pensée. L'attentat est la preuve même qu'il n'y avait pas de pensée derrière cet attentat. Un attentat est le fruit de l'absence de pensée, de l'absence de toute possibilité de pensée.

C'est notre vision du monde, traumatisée par le marxisme, qui nous aveugle et nous trompe ; miroir déformant qui nous donne l'illusion que les attentats sont tous des attentats de Daech, qu'ils sont « conformes » à Daech. Miroir déformant qui nous donne l'illusion, scolaire, que les attentats ne sont jamais totalement des événements isolés, mais qu'ils sont pensés dans leur totalité, qu'ils se produisent d'une certaine manière « ensemble », qu'un lien logique et nécessaire les relie aux autres, qu'ils sont à prendre « en bloc », qu'on ne saurait les penser, les envisager un à un. Non, chaque attentat se doit d'être estampillé Daech et tant pis si ce logo recouvre la réalité d'un voile supplémentaire, d'une opacité de plus, d'une couche de suie dont on eût aimé se passer. Nous ne voulons pas voir l'empirisme ; et même, parfois, nous ne voulons pas voir l'amateurisme. Nous ne voulons pas voir qu'il y a des attentats de Daech qui sont contradictoires avec des attentats de Daech. On refuse de s'apercevoir qu'il y a des attentats de Daech qui ne sont pas de Daech. Il faut unifier pour rendre lisible, puis universaliser pour faire peur.

La totalisation des attentats épars, chaotiques, souvent improvisés, permet aux sociétés d'inventer, c'est vrai, des anticorps, des antidotes, des réflexes de défense et d'enclencher, ainsi, des processus sécuritaires renforcés, exagérés, disproportionnés. Daech « existe » mais nous avons contribué à l'inventer.

Le communisme choisit ses morts ; le terrorisme, non. Le terrorisme, aveuglé par son absence de fins réelles (il ne sait pas, au fond, ce qu'il veut), finit par choisir tout le monde comme cible. La Terreur, sous la Révolution, s'est intitulée « Terreur » parce qu'elle a fini par perdre de vue sa propre finalité ; et la définition de ses ennemis s'est élargie de jour en jour, jusqu'à recouvrir toutes les catégories humaines, tous les protagonistes. L'ennemi du terrorisme, vaguement défini, trop vaguement défini au départ, est sujet, en permanence, à une mutation, à un élargissement de sa définition : il englobe. Sa cible se fait chaque heure, chaque minute, moins précise, et c'est la conséquence « pratique » de l'inconcision, de l'imprécision de son dessein, de son tracé, de sa fonction, de sa « pensée ». La précision donne le goulag ; la brume donne le World Trade Center – c'est-à-dire n'importe qui sur la planète.

D'ailleurs, on voit très bien (il s'agit de relire Soljenitsyne) le moment où le communisme dérive en terrorisme, lui aussi : quand tout le monde devient cible, quand tout le monde, chaque civil, chaque grand-mère dans la rue, chaque écolier et chaque chat devient arrêtable, quand l'état d'arrestation devient aussi vaste que le monde. Et on pourrait s'amuser, si cela était drôle mais cela ne l'est pas, drôle, à lire *L'Archipel du Goulag* dans ce sens. Le début du tome 1. Ces pages extraordinaires où tout le monde est Joseph K. Où ceux qui viennent arrêter ne savent plus vraiment pourquoi ils arrêtent, pourquoi ils obéissent (sinon : par peur, par une peur induite qui est devenue la texture même de la réalité). Et ce passage, incroyable, où c'est Soljenitsyne lui-même qui indique à la police le chemin pour arriver aux bureaux de la Guépéou.

Nous pouvons remplacer le mot « arrestation » par « attentat » dans ce début de *L'Archipel*. Et on comprend que le terrorisme, définitivement, commence quand la pensée s'arrête ; quand l'idéologie n'est plus qu'une conformité à l'habitude, qu'elle est transformée en mécanisme – en automatisme. Est automate ce qui, par définition, est incapable de penser. Chaque arrestation d'un communisme qui ne pense plus, qui est devenu non seulement incapable de penser mais qui (conséquemment, logiquement) punit les susceptibles de pouvoir le faire, chaque arrestation de ce communisme-là devient, donc : un attentat. Page 10, de l'édition originale, chez Fayard (1974) : « L'arrestation ! Est-il besoin de dire que c'est une cassure de toute votre vie ? un coup de tonnerre qui tombe de plein fouet sur vous ?

un ébranlement moral insoutenable, auquel certains ne peuvent se faire, qui basculent dans la folie ? » ; je remplace donc (consciencieusement, laborieusement) « arrestation » par « attentat » : « L'attentat ! Est-il besoin de dire que c'est une cassure de toute votre vie ? un coup de tonnerre qui tombe de plein fouet sur vous ? un ébranlement moral insoutenable, auquel certains ne peuvent se faire, qui basculent dans la folie ? »

Dans le terrorisme, tout le monde est cible. Pourquoi ? Parce que ce n'est pas une guerre : il n'y a donc plus de distinction entre militaires et civils ; il n'y a plus que des victimes et des innocents ; et ces innocents sont coupables d'une seule et unique chose : être là. Chaque individu est devenu un World Trade Center (j'en parle déjà dans *Partouz*). « Le monde, poursuit Soljenitsyne en ventriloque forcé (j'avoue) du 11 Septembre, recèle autant de centres qu'il compte d'êtres vivants. » Pour le terrorisme, le monde recèle autant de cibles qu'il compte d'êtres vivants. Parce qu'il est bien entendu (il ne faut surtout pas s'y tromper) que, lorsque les lieutenants de Daech auront anéanti les États-Unis et Israël, leur définition des impurs et des ennemis mutera, évoluera, s'affinera, allant chercher d'autres impuretés au sein même d'un monde utopiquement panarabe ; le terrorisme modifiera sa définition du Diable jusqu'à le chercher plus près encore, l'identifier parmi les frères. Staline en sait quelque chose : qui assassina jusqu'à ceux-là mêmes (son médecin par exemple, et quelques fidèles inconditionnels) qui ne voulaient que son bien. La définition de l'ennemi ne s'arrête jamais, dans le terrorisme. Elle se propage jusqu'à son meilleur ami, qu'une définition plus précise de ce qu'est l'impérialisme et le capitalisme et l'impureté et l'infidélité, et la mécréance, finira par identifier comme la figure ultime du Mal. La logique du terrorisme, c'est la mort de Robespierre, tué par la créature qu'il a mise au monde. Ben Laden a fini par devenir sa propre cible. Il s'est visé lui-même en visant les Tours d'acier. Il a achevé son parcours comme les tours du WTC.

« Chacun de nous, poursuit Soljenitsyne, est le centre du monde. » C'est une des plus belles définitions du terrorisme. En URSS, on se demande pourquoi « ça tombe sur moi ». Ce fut le cas des salariés de New York. Tout le monde est innocent, donc tout le monde est coupable. Personne n'est plus coupable que personne. Il y a une uniformisation générale de la culpabilité : tout le monde mérite la mort (*tout le monde* est en état d'arrestation). « Les arrestations se suivent et ne se ressemblent pas. » Les attentats se suivent et ne se ressemblent pas. « La gare vaque à ses occupations, et personne ne remarque rien… Citoyens amateurs de voyages, n'oubliez pas que chaque gare possède son annexe du Guépéou ainsi que plusieurs cellules. » Je remplace… « L'aéroport vaque à ses occupations, et personne ne remarque rien… Citoyens amateurs de voyages, n'oubliez pas que chaque aéroport possède son membre de Daech ainsi que plusieurs avions. »

Dans le train du retour, nous croisons Fleur, Laurent (hélas !) et Bérénice, la fille de Fleur ; ils reviennent du festival de Deauville. Ils sont montés à Lisieux. Est-ce Thérèse qui nous les envoie ?

Mitterrand était très impressionné par ce docteur de l'Église – Thérèse, la petite Thérèse – qui n'était pas technocrate. Je le comprends tellement. Je suis pareil, sur ce sujet. Il était très ému, très touché – se sentait très concerné –, par un docteur de l'Église qui n'était pas un théoricien. Et qui était une femme ; il adorait les femmes et il haïssait les techniciens, et il aimait aussi les mystiques, l'écriture mystique – et il aimait tellement la religion. Il était parfaitement normal, il était absolument logique, par conséquent, que François Mitterrand eût adoré (à ce point) ce docteur de l'Église qui était inculte et qui était femme, et qui n'était pas technocrate et qui était une sainte : sainte Thérèse de l'Enfant Jésus.

François Mitterrand a raffolé de découvrir et parcourir le monde : par la proclamation de Pie XI du 14 décembre 1927, Thérèse devenait la patronne des missions. « Je voudrais parcourir la Terre, écrit la petite future sainte qui n'a jamais quitté Lisieux, et qui ne quittera jamais plus le carmel de Lisieux, prêcher ton nom et planter sur le sol infidèle ta croix glorieuse, mais, ô mon Bien-Aimé, une seule mission ne me suffirait pas, je voudrais en même temps annoncer l'Évangile dans les cinq parties du monde et jusque dans les îles les plus reculées… Je voudrais être missionnaire non seulement pendant quelques années, mais je voudrais l'avoir été depuis la création du monde et l'être jusqu'à la consommation des siècles… » Thérèse veut, non pas vivre, et encore moins survivre (aux siècles) après sa mort : Thérèse veut voyager après sa mort. La mort biologique de Thérèse n'intéresse pas Thérèse : ce n'est pas son problème – la mort de Thérèse, ce n'est pas le problème de Thérèse, c'est le problème de la mort. Peu importe que la vie de Thérèse s'interrompe : Thérèse continuera, elle. Elle fera sans. La mort de Thérèse est une anecdote sans importance (autre que vitale, c'est-à-dire banale, c'est-à-dire secondaire) dans le destin, dans le parcours, dans la *carrière* de Thérèse. La plupart des gens profitent de leur mort pour ne plus rien faire : pas Thérèse.

Et même chez les saints il y a des tire-au-flanc : pas Thérèse. Thérèse n'a pas l'éternité paresseuse. Elle sait que l'instant de la vie humaine n'est qu'une forme possible, passagère, d'une éternité compliquée, d'une éternité bossuée, cabossée, accidentée. L'éternité, ce n'est pas une longue plage infinie et vierge : c'est le prolongement du présent ; ce n'est pas la projection dans l'avenir. L'avenir n'existe que dans la vie humaine : il n'habite pas dans le temps. Il habite dans les vies humaines qui habitent dans le temps. Le temps, lui, n'est qu'un présent qui se prolonge : un présent infiniment prolongé ; et, quand un nom se prolonge aussi longtemps que ce présent, l'éternité de ce nom est appelée « postérité ».

La postérité, ce n'est pas quelque chose de reposant. De linéaire ; ni de lisse ; ce n'est pas un plan incliné sans frottement. Ce n'est pas un référentiel galiléen. Un nom, le nom d'un homme, l'histoire de cet homme (de cette femme) doit se défendre à chaque instant (à chaque instant infiniment prolongé, infiniment dilaté) contre les attaques : oubli, inculture, pertes de valeurs. L'homme de l'histoire, l'homme de la littérature, le musicien, le peintre, l'architecte sont installés dans la postérité comme l'astronaute est installé dans une capsule spatiale au milieu d'une pluie de météorites (à la durée infinie) : il passe « sa vie », son « temps » à frôler la mort, la mort de son nom, la mort de son histoire, la mort de son règne, la mort de son œuvre, et jusqu'à la mort de sa mort. Ce qu'on offre aux saints, ce à quoi les saints accèdent, c'est (à) une immunité de l'oubli ; ce qu'on donne aux saints, ce n'est pas une éternité tranquille, c'est une postérité garantie. Ce qu'on octroie aux saints, ce n'est pas une éternité de tout repos, c'est une postérité gratuite. Le commun des mortels se bat pour la postérité ; le commun des immortels se démène dans l'éternité. L'équivalent, pour un saint, de la postérité pour un homme, c'est l'éternité. L'éternité est aussi peu reposante pour un saint que la postérité l'est pour un homme. L'équivalent, pour un saint, de la vie pour un homme, c'est la postérité. La postérité est aussi naturelle pour un saint que la vie l'est pour un homme.

Mais il n'y a pas d'équivalent, pour un homme, de la vie d'un saint. Parce que la vie d'un saint, c'est la vie d'un homme ; et, surtout, parce que la vie d'un saint, c'est la vie de tous les hommes. De tous les hommes *à la fois*. La vie d'un homme, ce n'est que la vie de cet homme ; la vie d'un saint, ce n'est pas la vie de cet homme – ce n'est pas seulement la vie de cet homme : la vie de Thérèse, ce n'est pas seulement la vie de Thérèse : c'est la vie de tous les hommes, et si Thérèse ne meurt pas, c'est parce que tous les hommes ne meurent pas. Si Thérèse a une vie après la vie de Thérèse, c'est parce que les hommes continuent de vivre quand les hommes meurent. Il n'y a pas de postérité pour chaque homme en particulier, mais il y a toujours une postérité pour tous les hommes en général. Il n'y a que rarement de postérité pour un homme ; il y a toujours de la postérité pour l'homme. Un homme, ça ne passe presque jamais à la postérité ; l'homme, ça passe absolument toujours à la postérité. Tous les hommes, ça passe sans arrêt à la postérité ; tous les hommes pris ensemble, cela forme la postérité de l'homme ; ça habite la postérité ; et ça la forme ; et ça l'incarne : la postérité est aussi naturelle pour tous les hommes ensemble que la vie humaine l'est pour un homme en particulier ; alors un saint habite la postérité parce qu'un saint, c'est la vie de tous les hommes.

Le désir (le plus cher, le plus profond) de Thérèse, c'est de faire encore du bien après sa mort – de « passer son ciel à faire du bien sur la Terre jusqu'à la fin des temps » (*Carnet jaune* de mère Agnès de Jésus ; « entretiens » avec Thérèse, 1897). Quelle incroyable inouïe magnifique formule : « *passer son ciel* à faire du bien sur la Terre jusqu'à la fin des temps ». « Passer son ciel ». Je ne m'en remets pas. (Honnêtement,) je ne m'en remettrai sans doute *jamais*. « *Faire* du bien » après sa mort : le terme important, ici, ce n'est pas « bien », c'est « faire ». C'est le verbe « faire » : preuve qu'après la mort, qui n'est que l'interruption biologique, anecdotique, de la vie humaine, tout reste à faire. Après la mort, c'est la vie qui commence. Un boulot de dingue attend Thérèse après sa « mort » – après la mort, ce sont les choses sérieuses qui commencent.

François Mitterrand, voyant la mort approcher, voyant la mort l'attendre (encore un peu) a voyagé ; physiquement ; mentalement.

L'Église a versé le sang des juifs parce qu'elle a refusé de leur verser des droits d'auteur.

Bloy, *La Femme pauvre*, 1897 : « L'espèce humaine est si désignée pour souffrir que la permission donnée à un seul couple d'être heureux, une heure, n'est pas trop payée du cri d'agonie d'un monde. »

Cet entêtement brutal, chez l'humain, à enfanter *malgré tout*.

Nous dînons, Emmanuelle et moi, rue de la Gaîté avec Régis, dans un thaï. Il est ravi d'être à la fois sur la liste du Goncourt et sur celle du Renaudot. Les deux sont (nettement) jouables. Croisons les doigts.

« Les notions établies sont prises pour certitudes et servent au territoire de jalons à partir desquels prendre toutes les mesures. Déplantés ces jalons, plus de mesures possibles, il faut vite instituer de nouveaux repères, notre pensée ne peut s'exercer qu'à partir de jalons et dans le cadre d'une topographie. Et cette topographie, elle a besoin, notre pensée, d'y croire fortement, je veux dire de l'identifier avec l'idée d'une fiable codification de la réalité » (Dubuffet, *Bâtons rompus*, 1986, posthume).

Qui est heureux sur la Terre ? Les animaux, les nuages ? Le vent ? Quelques pluies passagères ?

Lundi 12 septembre

Lever vers 9 heures, pleine forme, avec *Blues Is King*, B.B. King, 1967 (Bluesway, BLS-6001, US). B.B. King : guitare et chant ; Louis Satterfield : basse ; Sonny Freeman : batterie ; Duke Jethro : orgue ; Bobby Forte : saxophone ténor ; Kenneth Sands : trompette.

J'avais magnifiquement bien réglé la clim – 24 °C, sans ventilateur. Sommeil excellent.

Je viens d'ouvrir *Le Parisien*. Je regarde les pages consacrées au football, au « foot » ; c'est la lie, c'est la mort : je hais le foot de toutes mes forces, et des forces, je crois que j'en ai. De la force, je l'ignore ; mais des forces, j'en ai. Mort au foot. Je l'ai toujours haï, et je continuerai de le haïr toute ma vie. Ses fondements, son néant. J'entends bien qu'il sert de fête aux populations masculines qui, pendant ce temps, violent moins, s'abstiennent de défigurer leurs femmes et de répandre leur immonde violence, monstrueuse et illettrée, sur les trottoirs des villes où leur ennui, en boucle, se trimballe dans les jours gris.

Je ne comprends pas ce sport. Le rugby ne vaut pas mieux : mais il nous laisse tranquille. Pour le foot, l'affaire est plus grave. Faites une expérience : mettez n'importe quelle radio, le soir, à partir de 19 heures. Jusqu'à 23 heures, jusqu'à minuit, on ne nous propose que des émissions sur le foot : *On refait le match*, et autres réjouissances sur le même mode. Des commentateurs, souvent grossiers, envisagent une rencontre, commentent un affrontement de la veille, analysent un tir au but comme s'il s'agissait de la chose la plus vitale du monde. Ils injectent dans ce qui n'est rien (un match de foot) le maximum d'intelligence dont ils puissent faire preuve. Et, comme aucun de ces commentateurs n'est capable de beaucoup d'intelligence, ni dans la géométrie ni dans la finesse, nous assistons à la description d'une réalité « tout foot » qui ressemble à de la bouillie, et même à de la bouillie de bouillie.

Il est quasiment impossible d'échapper à la réalité footienne, à la bouillie du « tout foot ». Toutes ces éructations, ces tragédies, ces traquages de fautes, ces descriptions interminables de penalties, ces glissements perpétuels vers la grossièreté et l'invective, les « c'te match », les gros accents méridionaux gras, exagérés, que j'aime tellement chez Pagnol ou dans la réalité (j'adore Marseille) mais qui, là, gueulés, beuglés, sont insupportables. On voudrait nous faire accroire, d'ondes en ondes, que le foot est la réalité et que la réalité est le foot, que la réalité est foot. Je rêve de la totale disparition des émissions de radio consacrées au foot. La collectivité n'a-t-elle rien trouvé d'autre pour être ? Le foot, en réalité, est un échec de nos sociétés : il déplace la barbarie dans un espace plus clos que la cité, il fabrique une fiction, des enjeux qui n'existent pas, mais qui sécrètent des morts, des blessés et des haines.

Ce ne sont plus les haines régionales, régionalistes, qui prévalent : mais les haines de clubs, les haines entre clubs. La réalité (du monde) est morcelée en principautés footiennes, footiques, footeuses. Toute cette dialectique du néant, cet effondrement de la raison. Tous ces termes « techniques », ces expressions qui me plongent dans un indescriptible cafard : « Luis Fernandez » (je n'ai rien contre lui personnellement : je ne sais pas qui c'est), « transferts », « milieux de terrain », « anciens dirigeants du PSG », « Monaco », « camp des Loges », « Cristiano Ronaldo » (il y en a combien des Ronaldo ? des Ronaldinho ? C'est une marque ou quoi ?) et, surtout, le mot « Ligue », ligue 1, ligue 2, ligue 3, qui est un mot qui, à lui seul, pourrait me pousser au suicide. Au suicide ! Le mot « Sochaux » aussi. Sochaux n'est plus une ville, le mot « Sochaux » s'est vidé de la ville qu'il y avait dedans : c'est un mot de foot. La ville de Guingamp, c'est encore autre chose : je n'en avais jamais entendu parler ; chaque fois que j'entends le mot « Guingamp », c'est dans une émission de foot, lors d'un débat footeux sur le foot.

Pourquoi Guingamp ? Guingamp, située pour moi sur Mars, a l'air d'occuper, comme La Haye avec les Droits de l'homme ou Strasbourg pour l'énarchie, une place très spéciale dans la galaxie du foot. Il doit là-bas y avoir des élevages de joueurs surdoués : des batteries de dribbleurs déments. Un ADN particulier a été repéré à Guingamp, qui fait des êtres vivants qui s'y promènent, y naissent, y logent, des joueurs de foot comme nulle part nous pourrions en trouver, pas même dans les favelas de Rio, sur la planète. Je suis tellement triste : tellement triste que le football existe, dont les règles me rendent malheureux, dont les retransmissions (heureusement, je n'ai pas la télé) me remplissent de larmes, dont les colonnes (les milliers de millions de colonnes) dans les journaux alimentent un désarroi profond qui, croyez-moi, n'est pas dans ma nature. Je n'aime ni la mentalité du foot ni le corps des footballeurs, leurs shorts, la configuration d'un terrain, ce vert, ces sortes de pelouse et ces cages pour « gardiens ». Je suis malheureux parce que je me sens totalement impuissant face à la puissance de feu du foot dans la société.

Je suis obligé d'accepter le foot, je suis obligé d'accepter que le foot vienne gangrener mon réel, ma réalité : non seulement mon quotidien, mais mon éternité. Le foot est en train de devenir la valeur absolue. Le lieu sérieux de tous les enjeux. Le foot devient la réalité tout entière, il s'empare des choses et vient me prendre à la gorge ; il serre très fort, il va m'étrangler. La religion catholique est peut-être en train de mourir, du moins de s'étioler, mais la sécularisation s'est tournée vers une autre manière de transcendance : l'épiphanie footballistique. L'acte de prier a été remplacé par le non-acte de regarder un match, et chaque match est une messe, et viennent les commentaires de cette messe, les analyses à l'infini comme autant de catéchismes.

Je suis entre les mains du foot. Je suis entre les mains des pieds de beaufs. Je suis ligoté à la réalité du foot, je suis enchaîné. Je suis perdu pour le foot, extrêmement condamné à subir ses simagrées. C'est étonnant : j'accepte la mort, par exemple, dans sa réalité ; mais je n'accepte pas le foot. On va me répondre que cela n'est pas grave – ce ne serait qu'un sport. Mais cela fait bien longtemps, maintenant, que ce sport a cessé d'être un sport. Le foot est devenu un mode d'existence au monde. On se positionne par rapport à lui. Il m'oppresse, en attendant qu'il m'opprime – je ne doute pas que ça viendra.

L'adolescence est le seul temps où l'on ait appris quelque chose.

Mitterrand : la mort l'intéresse – le passionne. La curiosité de son intelligence n'a pas de bornes ; la mort : un territoire nouveau, un espace neuf, une philosophie à découvrir – une expérience à éprouver.

Une aventure, en somme. Moins politique que les autres, sans doute. Un peu plus métaphysique, peut-être.

Les écrivains, sans doute, voient mieux les choses que les journalistes. J'avais dit, j'avais écrit (oh, ce n'est pas du tout pour faire le malin que je rappelle tout ça, j'eusse mille fois préféré avoir tort – et, surtout, le fait que j'aie tort ou raison n'a, en ce domaine, quand on compte les morts, qu'une grotesque importance) qu'un jour il y aurait un État islamiste terroriste – il s'est créé. J'avais dit, j'avais écrit qu'un attentat aurait lieu un jour sur une plage, parmi les vacanciers. Il a eu lieu. J'avais dit, écrit, qu'on assisterait à un terrorisme domestique : deux policiers ont été égorgés. J'ai dit, écrit, ici même (il y a quelques jours encore), dans ce journal, qu'un fils, au nom du djihad, exécuterait ses parents. C'est chose faite. Au Havre, un jeune de vingt-cinq ans a étranglé sa mère – elle l'aurait empêché d'aller en Syrie. Il a reconnu les faits et a reconnu, surtout, au nom de quoi il les a commis.

Lecture des papiers de Louis Rossel – que j'utilise pour *Celle du Nord*, qui sera le titre de mon roman sur la Corée. Je pense que ça sonne plutôt bien. Je m'amuse beaucoup à écrire ce livre.

Déjeuné, rue Jean-Mermoz, avec Michael Sztanke, rencontré en 2012 à Pyongyang, qui m'apprend qu'il a eu des jumeaux il y a trois mois.

Jésus n'a jamais été un hors-la-Loi. Il a toujours été un dans-la-Loi – mais avec une perfection révolutionnaire (avec une intelligence inédite). Problème de celui qui suit la Loi avec un maximum d'intelligence ; avec un maximum de : personnalité. Problème : la Loi est-elle applicable (la réponse est oui, bien sûr) aux grandes intelligences et aux fortes personnalités ? Un dans-la-Loi de génie ne risque-t-il pas d'apparaître, aux yeux des autres, comme un hors-la-Loi ?

We Want Miles : un des plus grands albums de tous les temps. Et cette pochette… Le jaune de cette pochette. Je suis un fan du jaune. Du rose aussi. Jamais compris pourquoi ces deux couleurs ont si mauvaise réputation.

L'émission d'*ONPC* de samedi, en « *prime time* », n'a pas plu à grand-monde. Trop sage, trop gentille, trop fayote, trop Drucker.

Il est toujours risqué de modifier l'ADN d'une émission, qui plus est d'une émission qui marche aussi bien.

Mardi 13 septembre

Réveil avec *Blues*, Brownie McGhee, 1955 (Folkways Records, FP 30-2, US). Brownie McGhee : guitare et chant.

Bonne nouvelle : *Terreur* paraîtra finalement en janvier. Il a été composé d'une étrange manière. J'ai noté pendant des semaines, des mois, sur des bouts de papier, des journaux, des livres (je n'ai pas de carnet), des tickets de carte bancaire, des réflexions sur le terrorisme et les attentats, comme ça, par fulgurances, obsédé que j'étais par cette question. La seule chose qui m'importait était de noter uniquement des choses que je n'avais jamais ni lues ni entendues ailleurs. C'est une expérience de pensée personnelle : comment, loin des gloses photocopiées les unes sur les autres, se frayer un chemin de pensée qui ne doit rien à personne. Non, évidemment, pour le seul plaisir de l'esthète, mais parce que je crois que, d'une certaine manière, une pensée solitaire est toujours plus riche, plus intéressante, dût-elle être contredite et même (et surtout) se contredire elle-même, qu'une pensée qui synthétise toutes les pensées des autres. Penser, c'est errer, c'est se retrouver seul sur un chemin de traverse, avec le risque de se perdre. J'ai ensuite recopié mes notes, les ai étoffées, puis ai beaucoup retravaillé sur les premières épreuves, les secondes épreuves, les troisièmes épreuves. Je n'étais parfois plus d'accord à cent pour cent avec moi. Alors j'ai injecté des nuances dans les versions successives, en tentant toutefois de laisser en évidence quelques contradictions. C'est un essai sans dogmatisme, bâti sur la solitude, l'humilité, l'errance. Ce n'est pas une écriture autorisée, de spécialiste : mais un cheminement solitaire dans l'époque.

Cinéma

On porte ses défauts comme on porte son corps :
Cela revient à dire qu'on ne les ressent pas ;
Si la terre se réchauffe on ira vers les ports.
Les monopoles donnent de mauvais résultats.

Roland Topor est mort et la vie continue ;
La Bourse et les marchés occupent un tas de gens :
La guerre économique est une notion pointue.
Jean Baudrillard est bête et tu ne t'en doutes pas.

Les sadomasochistes ont des boîtes à Paris
Où ils enfoncent des clous dans le vagin des filles ;
Je trouve Patrick Besson de plus en plus aigri.
Julie avait hier une odeur de vanille.

Je vais au cinéma presque tous les mardis ;
C'est un jour que j'aime bien depuis que j'ai six ans.
Aujourd'hui je regarde comment tombe la pluie.
Véronique est partie avec un (vieil) amant.

Départ pour Nevers – sur le chemin, je passe au travail d'Emmanuelle ; elle descend. Nous nous embrassons.

Le christianisme, c'est du judaïsme avec des images. Le christianisme, c'est du judaïsme à ne pas mettre entre toutes les mains. Le christianisme, c'est du judaïsme pornographique.

Je parcours un petit livre assez mal traduit sur Bacon. Qu'importe : les reproductions y sont de qualité. C'est l'essentiel. La glose sur la peinture m'épuise. Bacon se passe de commentaires. Sauf des miens, bien sûr ! (C'est ce que tous ses exégètes se disent.) Avec lui, Bacon, la peur a son géomètre, sa paluche frénétique amuse-cubiste. Francis Bacon trace des effrois d'apocalypse sur toutes les gueules que son art tord, abîme, déchiquette. Il arrache des cris à ses toiles. Écorcheur de réel monomaniaque, il crucifie ses modèles à son pinceau. Ses portraits sont des chaos gravés dans la douleur. Ses maîtres hurleurs, ses maîtres de transe sont Picasso, Moore, Eisenstein et Buñuel. L'image a pénétré la peinture pour accoucher du malaise baconien. Tout chez lui vacille, tremble. Sa gouache joue sur tous les tons du séisme. Bacon est peintre en bâtiment à Pompéi. Van Gogh, Dieu, Mick Jagger furent ses amis. « Je veux que mon image soit très ordonnée, mais que ce soit à la faveur d'un hasard », aimait-il à répéter. Qui n'aurait pas aimé être un ciron dans son atelier du Colony Room, regardant ce bourreau de travail à l'œuvre, en train d'accumuler les chefs-d'œuvre. « Un long sommeil m'attend », disait-il en 1985 (il est mort en 1992). Son œuvre réveille les morts.

J'espère taper dans le mille avec mon livre sur la Corée du Nord (qui devrait sortir en mars, cela dépendra de la « place » prise par *Terreur*). Le pays fait beaucoup parler de lui ces temps-ci, et sans doute, même, plus que jamais. Une de *Libération* hier, une du *Monde* aujourd'hui. Je suis frappé de la manière, toujours naïve et mal informée, dont les journalistes (en dehors de Philippe Pons, le maître) en parlent. C'est un pays complexe ; il s'agit de l'évoquer en le restituant, si possible, dans sa complexité. C'est beaucoup demander ; et, surtout, il y a cette peur bleue, si lassante, de passer, dès qu'on essaie de nuancer les choses, pour un « ami du régime ». Pyongyang (on fait mine de s'en étonner) entend se doter d'un missile nucléaire capable d'atteindre le territoire américain. Oui. Et ? C'est la raison d'être de ce régime : la surenchère, la provocation, l'épouvantail impérialiste (américain, japonais). Les Coréens du Nord ont racheté à l'ex-URSS son savoir-faire et sa technologie balistique au moment de l'écroulement du bloc communiste. La République populaire démocratique de Corée a donc mené à bien des tirs de missiles, nommés « Musudan ». Le Japon est, dès lors, à portée de catastrophe, de même que la base de Guam, une île de l'océan Pacifique (appartenant aux îles Mariannes) rattachée aux États-Unis. (Cela n'a rien à voir, mais l'île de Guam compte entre cinquante et cent fois plus de cas de maladies neurodégénératives que le reste du monde, ce qui reste un mystère – on parle d'ailleurs de « syndrome de Guam », sorte de Parkinson « plus plus ».)

Il faut bien comprendre que Pyongyang ne vit que pour et par ce genre de menaces. Cela lui donne une contenance, un sens, un avenir, une raison d'être. C'est le fonds de commerce de Choson que de provoquer, que de menacer – le prétexte étant de se défendre. Ce pays n'est pas en guerre, c'est un État-guerre. La guerre fait partie intégrante de son ADN. Dissocier la guerre – l'armée, l'armement, la menace, la riposte, l'accélération des progrès nucléaires – de la nation n'a strictement aucun sens : les deux sont liées, aussi liées, par exemple, que la Déclaration des droits de l'homme et du citoyen est liée à la France, ou que la monarchie constitutionnelle est liée à la France. Sans guerre, sans terminologie guerrière, sans préoccupations guerrières, militaires, plus de Corée de Nord ; plus aucune chance, surtout, pour les dirigeants, de légitimer leur pouvoir, leurs prérogatives, leur assise, leur pression, sur la population – une population (je puis en témoigner, m'étant rendu par deux fois là-bas) se vivant comme perpétuellement menacée, physiquement, par les Américains, les Japonais et le gouvernement sud-coréen.

Kim Jong Il était l'homme de la dotation de l'arme. Son fils, Kim Jong Un, est l'homme (entend être l'homme) de la destination de l'arme. La menace est moins floue ; elle n'en est pourtant pas plus dangereuse. Ce n'est pas un pays qui attaquera. Les dirigeants nord-coréens savent mieux que personne qu'en cas de passage à l'acte de leur part, leur pays serait rayé de la carte quelques minutes plus tard. Or, leur obsession est de maintenir en l'état leur joug cynique et mortifère sur le peuple – aux fins, tout simplement, de continuer à se vautrer dans les honneurs, les privilèges, le luxe et le lucre.

Par ailleurs, il n'est guère étonnant que la Corée du Nord s'émeuve fort peu des sanctions internationales : l'autisme, là-bas, prévaut. Surtout, il y a cette conviction, essentiellement fondée, que jamais la Chine n'acceptera la fin de la RPDC. On n'imagine pas les Chinois accueillir l'influence américaine à leur frontière ; raison pour laquelle la perspective (encore très utopique) de la réunification ne les enchante que modérément. Pékin prétend avoir sermonné Kim, et l'avoir puni par des sanctions économiques, mais il semble évident que ce n'est là qu'enfumage.

Trêve en Syrie. S'achemine-t-on vers la fin du conflit ? Les Russes et les Américains tiendront-ils leur accord ? Personne n'y croit.

La cosmologie, aujourd'hui, consiste à étudier le fonctionnement de l'intelligence humaine et sa propension à bâtir des théories ; la cosmologie nous renseigne plus sur la structure du cerveau que sur la structure de l'univers.

Écoute (playlist) de Marcel Dadi, Diana Ross, Stevie Wonder, Hendrix, King Curtis, Magma, The Doors, Mike Heron, Chicken Shack, Graham Nash, Taj Mahal, Curtis Mayfield, Steve Reich, Al Kooper, Joni Mitchell, Sinatra, The Carpenters, Fairport Convention, Leonard Cohen, Tom Jones, John Denver, Peter Noone, White Plains, Long John Baldry, Leon Russell, Ginger Baker, The Band, Fleetwood Mac, Gram Parsons, Bukka White, Ann Peebles et Millie Jackson.

Mitterrand n'agit pas comme s'il cherchait à se détacher du monde, mais plutôt comme s'il tentait d'en être le chef. Il veut représenter les masses déshéritées, c'est son rêve, mais il est d'abord, mais il est (très) longtemps rejeté. Une lassitude pond. L'amertume se profile.

Parfois. Par à-coups. Dans les années 1975-1977, il relativise. Il n'est pas, dit-il, « obsédé par le pouvoir ». Il y a comme un début, très perceptible, de résignation. Il en a assez de répéter son message, bourg après bourg, décennie après décennie, à une société qui refuse de le prendre au sérieux. À des gens qui ne l'écoutent pas ; qui ne l'écoutent jamais.

Dans le train, je lis Robert Tombs.

Mercredi 14 septembre

Réveil avec *For Earth Below*, Robin Trower, 1975 (Chrysalis, CHR 1073, UK). Une des plus belles pochettes de disque de l'histoire du blues ; et un immense album. Robin Trower, qui est toujours vivant, est évidemment à la guitare ; James Dewar est à la basse ; Bill Lordan est à la batterie. C'est un disque qui décape. Le deuxième morceau, « It's Only Money », avec son intro planante, est un strict chef-d'œuvre. La voix éraillée de Trower : magnifique.

Travail assidu sur mon roman nord-coréen (*Celle du Nord*), sur *Terreur* et sur ce journal. J'ai perdu, en faisant une fausse manipulation, la journée du mardi 30 août. Vérifier sur la clef USB ou sur mes mails si, à tout hasard…

Djihadisme junior. Trois ados de quinze ans interpellés en moins d'une semaine, qui entendaient passer à l'acte, à l'arme blanche et au nom du djihad, dans les jours à venir. Des « gentils garçons », comme d'habitude. « Mon fils n'est pas un terroriste » : antienne ressassée. Un peu comme un morbide tube de l'été.

Une heure de vélo sur le canal. Orage.

Jésus n'a rien « commencé ». Il a « achevé ». Jésus n'est pas un homme de commencement, mais d'achèvement, de parachèvement, d'aboutissement.

Lecture attentive des écrits de Louis Rossel. Puissant, incroyable, émouvant. Quelle force de caractère. Cela laisse pantois. Surtout, le cas de Rossel permet d'incroyablement bien comprendre ces mois de 1870-1871 qui sont complexes à saisir, tant la situation, de toutes parts, est enchevêtrée.

D'une part, il y a les Prussiens. Les Prussiens assiègent Paris. La question est de savoir si Paris est, ou non, la France. Juste une parenthèse, avant que je ne me lance. Je me méfie énormément des analogies en histoire – je me souviens d'un très, très mauvais livre d'Alain Minc dans lequel il ne cessait d'établir des correspondances, au forceps, entre le passé et le monde contemporain. Il n'empêche que, cela, de temps en temps, peut aider. Ne serait-ce que pour s'expliquer les choses à soi-même. Je vais donc, tranquillement, m'y essayer. Et on pourra, si on en a le loisir et l'envie, venir m'opposer tous les arguments pour contrarier mes analyses – je ne demande que ça ; c'est une manière parfaite pour faire vivre et revivre l'histoire, que de la mettre perpétuellement sur le grill des interprétations personnelles.

D'une part, donc, il y a les Prussiens. Les Prussiens assiègent Paris, mais déjà je vais trop vite. Il faut remonter un peu plus loin : Napoléon III déclenche la guerre de 1870 – et Bismarck n'attendait que ça. L'empereur est, en quelque sorte, tombé dans un piège. Qu'importe. L'essentiel n'est pas là. L'essentiel, c'est la spécificité étrange de cette guerre : commencée (parce que déclenchée) par un régime, et achevée par un autre. Commencée par l'empire et continuée, puis terminée, par la république. Commencée par un régime fort, puissant, installé, stable, appelé à perdurer, qui sait, longtemps encore, et continuée par un régime fragile, frétillant, neuf, bégayant, instable, appelé à tomber à tout moment (menacé qu'il est sur sa droite, par les réactionnaires – légitimistes, orléanistes, bonapartistes –, et sur sa gauche, par les révolutionnaires – la gauche insurrectionnelle blanquiste, la gauche proudhonienne, notamment). Deux solutions, lorsqu'on « reprend » une guerre qu'on n'a pas déclenchée soi-même (mais qui, du moins, a le mérite de nous débarrasser d'un régime honni – même si, dans les faits, c'est plus compliqué ; Gambetta, par exemple, était partisan d'une prolongation de l'empire, attendant qu'il s'essoufflât ou s'effondrât sous son propre poids, notamment par les réformes libérales opérées à partir des années 1860, et qui semblaient antinomiques avec son essence même ; le ver de la réforme s'étant dès lors insinué dans le fruit de la dictature). Cette guerre, la république toute neuve, la république naissante doit la continuer ; elle en hérite. C'est à la fois sa chance, et sa malédiction. Mais qu'entend-on par « république » ? C'est là, précisément, que les choses se compliquent.

Il y a la république de ceux qui la préparent et la veulent et la pensent depuis longtemps : c'est la République de Gambetta. C'est la république républicaine.

Il y a la république de ceux pour qui la république n'est pas un rêve préparé, mais un cauchemar avéré. Pour qui la république n'est pas une utopie soigneusement préméditée, mais l'avatar d'une tumeur récurrente, d'un sparadrap maudit dont, jamais, depuis 1792, on n'arrive à se débarrasser définitivement. C'est la république des monarchistes. C'est une république qui n'est qu'un mot, qui n'est que la signification d'une vacance, d'un vide, d'un récipient qu'il s'agit de remplir au plus vite, et si possible, évidemment, par un trône, par une couronne. C'est une république transitoire. Le mot « république » ne signifie qu'une zone de flou, qu'une manière de brouillard, entre le Second Empire et la monarchie à venir – celle du comte de Chambord ou celle des Orléans. C'est une république qu'on n'avait pas vue venir, qu'on n'avait jamais voulu voir advenir – une république appelée à terminer le travail de guerre, si elle le souhaite, et qu'on enterrera avec les morts. Les républicains de cette république-là sont tout sauf républicains. Leur rêve est l'a-république. Sauf qu'ils représentent la république légale.

Il y a une IIIe République (et le jeu de mots tombe bien). C'est la République de ceux qui vont s'en emparer. C'est la République, dite « réactionnaire », de ceux qui vont voler la République de Gambetta à Gambetta lui-même. C'est la République de ceux – on pourrait presque dire : de celui – qui vont, non pas tant la servir, que s'en servir. C'est, à vrai dire, autant la République d'un réactionnaire que celle d'un réactif : c'est la République de Thiers.

Il y a une IVe République : celle de Paris. C'est une République elle-même divisible en sous-Républiques. Il y a la République de ceux pour qui la France n'est rien sans Paris, et pour qui une République établie à Bordeaux, à Tours, à Versailles ou ailleurs n'est pas la République de la France. C'est la République parisienne, c'est la République de Paris.

Ire République : celle, logique, amenée, préparée, étudiée, prévue, espérée, formalisée, théorisée par Gambetta (et ses amis). IIe République : celle, imposée par les faits, celle, récusée, dédaignée, méprisée, des monarchistes. IIIe République : celle, bâtarde, dévoyée, détournée (à des fins personnelles), bref, en un mot : providentielle, de Thiers.

Mais il y a une VIe République, et c'est là, précisément, que je voulais en venir. C'est une République incarnée, au sens propre, par un seul homme. La Ire République, celle que j'appelle « République de Gambetta » (qu'on avait fait, écrit Rossel dans une lettre à son père, « avec les débris de 1848 »), ne s'arrête pas à la personne de Gambetta ; tous les Jules sont avec lui : Jules Favre, Jules Simon, Jules Ferry, Jules Grévy, Jules Trochu… Celle de Thiers ne s'arrête pas à Thiers : il « embauche », pour les assimiler, *in fine*, la plupart des gambettistes. La République proudhonienne n'est pas circonscrite, elle non plus, à la seule personne, à la seule figure de Proudhon, et ce, pour la bonne raison que Proudhon est mort cinq ans plus tôt, en 1865. Tandis que la République dont je vais parler à présent, la sixième en lice, la sixième en compétition, si j'ose dire, est véritablement délimitée à un seul homme, et surtout à un homme seul. Cet homme, c'est Louis Rossel. Exactement comme on peut aujourd'hui considérer que la « continuité » de la France s'incarna, à Londres, dans la personne même du général de Gaulle, on peut – on doit ? – considérer qu'elle s'opéra dans celle, en 1870-1871, du « colonel » Rossel. 1940 : la « continuité » de la France, c'est de Gaulle ; quand la « continuation », c'est Pétain. Pétain a pactisé avec les Allemands ; Rossel considère que Thiers fait exactement la même chose. Autrement dit, Thiers est à Bismarck ce que Pétain est à Hitler. La France de la capitulation, la France de la honte, la France de l'humiliation. De Gaulle déteste Churchill, mais il n'a pas le choix : Londres sera la rampe de lancement de la Résistance, et le lieu d'accueil de la seule part intacte, à ses yeux (il y en avait d'autres), de la France. En Angleterre, de Gaulle emmène la France avec lui. Rossel n'est pas un républicain monarchiste, ni un républicain réactionnaire, ni un républicain parisien, ni un républicain proudhonien (même s'il s'intéresse de près à la condition ouvrière) ; il n'est pas, non plus, un républicain blanquiste. Il serait plutôt, dans un premier temps, un simple républicain légaliste, qui fait confiance au fondateur de la République, c'est-à-dire à Gambetta. Louis Rossel, à vrai dire, est un républicain qui refuse la défaite. Comme de Gaulle s'appuie sur Londres, il comprend très vite que le seul endroit, en France, où l'on refuse la victoire prussienne et la déchéance de la France est Paris. Il se trouve que là où l'on n'abdique pas, là où l'on ne baisse pas les armes, là, autrement dit, où l'on est capable, *a priori*, de résister (et le siège de Paris l'a prouvé, de septembre 1870 à janvier 1871), c'est Paris. En 1871, de Gaulle se serait rendu, non à Londres, mais à Paris. C'est la capitale, non seulement de la France, mais de l'espoir. Rossel, ce de Gaulle qui ne fut pas écouté, ce de Gaulle qui fut empêché, ce de Gaulle qui échoua, est persuadé d'une chose : la France a fait semblant de se battre depuis Sedan ; et a facilité, très largement, la victoire prussienne. Il hésite parfois entre la thèse de l'amateurisme de l'armée et celle de sa duplicité. Il a « la conviction absolue que nos généraux étaient tout à fait ignorants, et qu'*il fallait* tout faire pour arracher de leurs mains l'armée de France » (lettre à son père datée de février 1871, soit un mois avant le début de la Commune). Écoutons-le plus avant (c'est passionnant) : « Je vis que Paris ne serait pas défendu avec intelligence ; je vis, à mesure que j'avançais en France, des choses de moins en moins encourageantes. [...] À partir du Mans, les gares étaient pleines de soldats et d'officiers. Et quels soldats ! et quels officiers ! C'était à se frotter les yeux pour voir si l'on rêvait. [...] Ce spectacle était plus attristant à mesure qu'on approchait de Tours ; on pouvait se convaincre pleinement de l'incapacité du gouvernement. »

Dans un premier temps, Rossel espère en Gambetta. Ce dernier, qui affirme vouloir continuer la guerre et l'a d'ailleurs prouvé avec ses armées de la Loire, le reçoit « toutes affaires cessantes ». Rossel a vingt-six ans. Polytechnicien. Officier (capitaine du génie). Gambetta adresse Rossel à Freycinet, délégué au ministère de la Guerre, qui ne l'écoute pas et lui confie, aux fins de s'en débarrasser, une mission bidon. « Voilà ce qu'on faisait, sous la République de [18]70, des gens qu'on ne voulait pas employer : on leur donnait une mission. » Rossel fulmine : « Je partis pour le Nord le 18 novembre [1870], et j'y passai quinze jours. [...] Je vis des préfets assez variés et des généraux assez uniformes. Les préfets, tous avocats ; les généraux, tous empaillés. » (Rossel *est* un écrivain.) « Après quelques jours passés à Lille, j'allai à Mézières, qu'on disait bloqué par les Prussiens, sans rencontrer un seul Prussien. [...] C'est à mon retour que je vis combien ces missions étaient une étrange facétie. » Puis : « L'armée française était en retraite, et opérait, qui pis est, une retraite excentrique. Il y avait une double réaction contre les stratégistes ignorants qui avaient dirigé nos opérations : d'une part le parti de Gambetta [ma « première République »], qui aurait voulu donner à ce ministre une part plus directe dans la conduite de la guerre, et lui voir employer des généraux et des officiers de son choix, au lieu de généraux cacochymes et d'officiers réactionnaires ; de l'autre côté, le parti réactionnaire, qui voulait renverser Gambetta, en lui attribuant la responsabilité des défaites [ma « deuxième République », alliée à ma « troisième », celle de Thiers qui récupère toute la mise sur le dos des fondateurs de la République et des ennemis de la République]. »

Arrive, donc, le portrait de Gambetta, extraordinaire, et si loin de l'image d'Épinal. Gambetta en grand homme décevant. En faux de

Gaulle ! Une sorte de François Hollande avant la lettre, qui parle de guerre sans jamais pouvoir, ni peut-être vraiment vouloir, la faire. Un faible, qui parle beaucoup plus qu'il n'agit. Attachant, mais finalement inepte. Nullement à la hauteur de la situation – il n'avait pas prévu la guerre, dans ses plans. Il était avocat ; homme de verbe. Pas homme d'action. « Et Gambetta, que faisait-il dans tout cela ? Je ne sais : c'était un drapeau plutôt qu'un chef. » Formule superbe, et qui continue ainsi : « drapeau dont le gouvernement se servait pour avoir l'air républicain et viril, et dont les hommes d'action auraient voulu se servir pour être virils et républicains. C'était une sorte de Louis XIII qui n'avait pas de Richelieu ; il faisait et défaisait des préfets pendant qu'on jouait la fortune de la France sur des cartes biseautées ». Rossel fait le forcing et, au culot, comme je l'annonçais plus haut, finit par rencontrer Gambetta, alors ministre de l'Intérieur du gouvernement provisoire de la IIIe République toute neuve. « Mais où je suis embarrassé, c'est quand il me faut parler de Gambetta. Comment dire du mal du tribun énergique qui a proclamé le premier la déchéance de l'empire, et qui a été, pendant six mois d'une crise désespérée, l'âme et la vie de notre gouvernement imbécile ? Comment dire du bien, d'autre part, du ministre indécis et ignorant qui ne savait ni la situation ni l'emplacement de ses armées, et dont l'activité stérile et inintelligente ne savait ni empêcher les désastres ni remédier à leurs effets ? » (Cela rappelle étrangement quelqu'un, non ?) « Je suis donc étrangement partagé, poursuit Rossel (écrivant toujours à son cher père), quand je pense à Gambetta. Je sympathise avec sa puissance, son aversion pour le sang, sa conception rapide des choses, son dévouement à la Révolution ; mais je déteste ses demi-mesures, ses faiblesses de chaque instant, ses concessions aux hommes de l'empire et aux choses de l'empire. »

On ne s'étonnera nullement que, le 19 mars, apprenant que Thiers veut écraser Paris, et Gambetta ayant démissionné (ou ayant été démissionné), Rossel voie Paris comme la seule possibilité restant en France de résister encore, et de se battre – et, pourquoi pas, de gagner cette guerre qui se termine en eau de boudin. Pour Rossel, Paris est avant tout une réserve, un réservoir de forces et de combattants, dont le courage n'est plus à démontrer. Il pèche hélas par naïveté sur un point : la Commune, c'est le bordel. La Garde nationale est ingérable, faite d'ivrognes, de lâches, d'amateurs, il est vrai, mais aussi de « voisins », plus préoccupés par les bisbilles de voisinage que par Thiers et les Prussiens ; quant aux dirigeants de la Commune, ils sont trop nombreux, trop éclatés, trop dispersés – la Commune n'est pas dirigée, n'est pas incarnée. Rossel va essayer d'incarner cet ordre, en homme providentiel ; malentendu total entre les priorités de tous ceux qui sont enfermés dans Paris. Les troupes de Rossel, trop rouges ou pas assez, se désorganisent et se défont à mesure que Rossel les organise et les fait. Il se démotive, un peu comme un de Gaulle sans combattants fiables. Et rend sa chemise. Thiers le condamnera à mort ; Rossel a vingt-sept ans. C'est la France de Pétain qui condamne la France de De Gaulle. Oui, Rossel est un de Gaulle qui a échoué ; mais, loin d'être le brouillon de De Gaulle, il en est le prédécesseur ; il est le préfacier des actes de la Résistance de 1940. Louis Rossel, oublié, quasiment inconnu, est sans doute l'un des hommes les plus importants de l'histoire de la République, puisque la République de Thiers, qui fut celle qui perdura, fut également celle des traîtres et des capitulateurs. Rossel n'a pas pu « récupérer » la Commune parce que la Commune, pour lui, n'était que la promesse (intenable) d'une force armée. Il fut seul, du début jusqu'à la fin. Et la République, celle que nous aimons, celle que nous voulons, s'incarna alors dans sa seule figure – et ce n'est pas dans la République de Thiers, mais dans celle de Rossel, que, par le truchement inespéré du général de Gaulle, nous vivons aujourd'hui.

Écoute (playlist) de Gladys Knight & The Pips, Michael Mantler, Sam Cooke, Stones, Jethro Tull, Lee Konitz, Milton Nascimento, Jerome Van Jones, Rick Wakeman, The Don Harrison Band, Stephen Stills, Phoebe Snow, Michel Haumont, Steely Dan, Roy Buchanan, Todd Rundgren, Gram Parsons, Link Wray, Kursaal Flyers, Toto, Cortijo, The Who, Donovan, The Mamas and the Papas, Terry Riley, Aerosmith, Captain Beefheart, Art Tatum, Barry Harris, Oscar Peterson, Bola Sete et les Stooges.

Jeudi 15 septembre

Réveil avec *Offramp*, Pat Metheny Group, 1982 (ECM Records, ECM 1216, Germany). Pat Metheny : guitare et synthétiseur ; Steve Rodby : basse acoustique et basse électrique ; Danny Gottlieb : batterie ; Nana Vasconcelos : percussions, chœurs ; Lyle Mays : piano, synthétiseur, autoharpe et orgue.

Difficulté de tenir un journal. Il faut la santé, garder le rythme. J'admire ceux qui, durant des décennies, ont tenu le coup. J'admire

Kafka, Gide, Gombrowicz. Il est possible que j'en fasse un peu trop, que je ne m'économise pas assez, que je donne trop d'importance à ce qui n'en a pas la moindre : ma vie. Et, en même temps, c'est ici que j'essaie mes idées, c'est là mon laboratoire.

Je pourrais éventuellement le dicter, mais je suis plus intelligent, ou plutôt : je suis moins stupide quand j'écris que lorsque je parle. Graphomanie ? Non, je suis trop paresseux de nature pour être graphomane ; mais je ne parviens pas à ne tenir ce journal que mollement. Je culpabilise rapidement dès que je m'aperçois qu'il n'est pas suffisamment rempli. Je me demande pourquoi je m'inflige cet exercice, si ce n'est, non sans vanité, pour que s'affiche dans ma « bibliographie », terme pathétique, un genre que je n'ai, pour le moment, pas officiellement abordé.

Je sais pertinemment que je n'ai toujours pas trouvé la bonne longueur ; ni, sans doute, la bonne tonalité. Aucune importance : seul compte le fait de continuer à le tenir, jusqu'à ce que je n'en puisse plus. Je pense aussi parfois au lecteur éventuel, qui voudra se rincer l'œil et qui, forcément, sera bien déçu : pas assez de sueur, de sexe, de sang. Je ne danse pas suffisamment la samba. Comme je me suis calmé, sexuellement, et qu'ayant rencontré l'amour j'ai soudainement cessé mes activités corporelles et nocturnes, j'avoue que celui ou celle qui voudront traquer le piment de la collectionnite (avec tout ce que cela occasionne d'épisodes épiques, honteux, épuisants, folkloriques) en seront pour leurs frais. *Journal d'un homme fidèle*, voilà comment pourraient s'intituler ces pages. Ou *Journal ennuyeux d'un homme fidèle*, ou *Journal fidèle d'un homme ennuyeux*. Ce titre, je l'accorde, sonne un brin Daninos. Mais n'est-ce point le cas ?

Beaucoup travaillé aujourd'hui. Travailler : n'est-ce pas, *in fine*, ce que je préfère au monde. Pour me fuir ? Faux : pour me rencontrer, au contraire.

Voltaire, à Nicolas-Claude Thiriot (1729) : « Vous savez bien quelle prodigieuse différence il y a entre un esprit recueilli dans la retraite, et un esprit dissipé dans le monde. »

La voix de Steve Forbert (né en 1954 ; premier album sorti en 1978). À l'heure où j'écris ces lignes excessivement misérables, qui se soucie de Steve ? Il n'est pas vieux. Il est peut-être en train de donner un concert, là, en cet instant précis. Tête de lycéen vieilli. De collégien vieilli, plutôt. Un peu façon Duteurtre. Qui, sur Terre, en dehors de ma personne, aura jamais tissé un parallèle entre Steve Forbert et Benoît Duteurtre ?

Steve Forbert – c'est ahurissant – n'a pas même sa place dans le pourtant excellent *Dictionnaire du rock* de mon ami Michka (un de ces êtres qui font aimer la vie). En revanche, évidemment, on trouve Foreigner. Ah, *4* ! Disque que – comme tous les adolescents de ma génération – j'écoutais en boucle l'été 1981. Lou Gramm au chant – de son vrai nom Lou Grammatico ! Quel nom ! Mais quel nom ! On aurait mis cela dans un roman, on aurait été accusé d'en faire un peu trop (comme si le roman, par ailleurs, consistait à en faire un peu moins). Mick Jones à la guitare. Ancien accompagnateur de Johnny. Je ne sais pas ce qu'ils deviennent, ces deux-là. Ni Ian McDonald, qui était au clavier. Ni le second claviériste, Al Greenwood. Ni le bassiste, Ed Gagliardi. Ni le batteur, Dennis Elliott. Franchement, cela donne envie d'aller regarder sur Internet. J'y vais, je regarde.

Lou Gramm, mon Dieu, quel choc, est devenu hideux. Boursouflé, allure de vieil ivrogne. Presque aussi gras qu'Axl Rose. Il est vraiment sorti de 1982. Il n'habite plus en 1982. 1982 est véritablement située ailleurs. Dans un autre cosmos, loin, très loin… Je regrette d'être allé regarder. Parfois, je me demande comment eussent réagi les gens (pas forcément les « vedettes ») si on leur avait montré une photo d'eux quarante ans après. Quarante ans après : c'est bien là mon problème – et il est de taille : je fais comme si je vivais en 1982. Il se peut que cela soit mortifère, je n'en sais rien – probablement. Mais c'est dans cette galaxie, en tous les cas, je n'ai pas honte de le dire, que je m'ébroue. Pas évolué d'un iota depuis ; à ceci près que je ne suis plus puceau (quel atroce mot). Pour le reste, je me le confesse à moi-même : rien n'a changé. Ni mes journées, ni mes occupations, ni mes préoccupations.

Lou Gramm est né en 1950. 32 ans en 1982, 42 ans en 1992, 52 ans en 2002, 62 ans en 2012. 66 ans en 2016. J'étais en train d'aller regarder ce qu'étaient devenus les autres membres du groupe mais, lisant la fiche de Gramm, je découvre qu'il a eu une tumeur au cerveau en 1997 – guéri. Mick Jones, né en 44, lui. Il avait 38 ans en 1982. Soit 48 ans en 1992, 58 ans en 2002, 68 ans en 2012. 72 ans en 2016. Quand j'écoute Foreigner – ce qui m'arrive encore de temps en temps –, il m'est impossible de greffer à ce que j'écoute les expressions « 66 ans » ou « 72 ans ». Un jour – ce n'est pas même imaginable – l'album *4* aura cent ans. Un jour, l'été 1981 aura cent ans. Comment je le sais ? C'est très simple : un jour, l'été 1881 a eu cent ans. Et c'était en 1981. Ian McDonald est né en 1946. Ce qui lui fait 70 ans. Al Greenwood est né en 1951, ce qui lui fait 65 ans. Pour le moment je suis heureux : pas un seul mort. Ed Gagliardi, hélas, vient rompre cette liste des toujours vivants. Il était de 1952 et il a disparu en 2014. Il avait eu 20 ans en 1972. Il avait eu 30 ans en 1982. Il avait eu 40 ans en 1992. Il avait eu 50 ans en 2002. Il avait eu 60 ans en 2012. Et il est mort. Mort à 62 ans. Dennis Elliott est vivant. Il est né en 1950. Il a 66 ans. Foreigner : un groupe de vieillards, dont un mort.

Laissons la vie de Jésus aux juifs et la mort du Christ aux chrétiens.

Je préfère – de loin – la pluie au soleil.

Séduire une fille, c'est défaire l'emballage social qui a été inventé autour ; casser la coquille sociale.

J'adore lire mais, lisant, je culpabilise toujours de ce que mon corps, pendant ce temps (Montaigne s'en plaignait déjà), soit livré à la passivité, au repos, au manque d'exercice. Je ne suis bien, lisant, que si j'ai fait du sport (si j'ai nagé).

Quelques phrases de Mitterrand que j'aime bien : « L'État est nécessaire, mais chaque fois qu'on peut s'en passer, moi, je préfère » (TF1, 28 avril 1985) ; « Tout se ramène à ceci : gagner ou perdre. On ne reste jamais stationnaire. Car ne pas bouger, c'est commencer à perdre » (Mitterrand, lettre à l'une de ses sœurs, 5 mars 1938, citée par Pierre Péan) ; « Je crois aux vertus de l'improvisation. À condition que l'on sache que l'improvisation est un long exercice » (préface à *Si demain la gauche*, de Gaston Defferre, 1977).

Péguy aussi a eu son Carmel, au 8, rue de la Sorbonne.

Terreur ne sera pas, à proprement parler, un « recueil d'aphorismes ». Ce ne sont pas toujours des aphorismes, puisqu'il y a des passages plus longs, plus développés. C'est que le résultat souhaité, finalement, est toujours l'aphorisme. Ce livre montre l'impossibilité de pouvoir systématiquement faire jaillir la réalité d'un aphorisme, alors que c'est évidemment un fantasme que de pouvoir y parvenir. Parfois, l'aphorisme est là, clair, net, concis, précis. Parfois, je tourne autour, comme un chercheur d'or ou de pétrole, sans jamais le trouver. Alors, par dichotomie, je me rapproche de lui, sans jamais l'atteindre.

L'aphorisme est le plus souvent asymptotique. On s'en approche sans cesse, mais sans cesse il s'échappe. J'ai voulu dire tel ou tel événement en plaçant la pensée partout, sous des angles inédits, à la manière de caméras. L'intelligence de chacun est une caméra : en multipliant les points de vue, en diffractant les angles, on parvient à voir l'attentat sous des coutures qui ne sont jamais envisagées dans les journaux, ni par les sociologues, ou même les philosophes. *Terreur* est un livre que seul un écrivain peut écrire. La tâche de l'écrivain est de penser son époque d'une manière qui échappe à toutes les autres formes de pensée, par exemple celle, éminemment respectable, des philosophes.

Entrer dans une librairie donne la nausée : toute cette offre, cette *hécatombe de propositions*. Je pourrais dire, aussi : cette orgie d'univers. Ce serait trop gentil : qui possède, parmi les écrivains vivants, un réel univers ? J'en connais une poignée. Et encore, je compte large. Les gens publient. Ils ne savent pas réellement pourquoi. « Une question de vie ou de mort. » Tu parles. Occupation mondaine. Très français. Nous avons de la chance : ici, en France, l'écrivain peut se croire universel quand bien même il n'est pas lu en dehors de Paris. Petit jeu, assez vain, qui consiste à épater le voisin d'en face, avec la promotion, la tournée des popotes, les journalistes dont on attend qu'ils nous disent que « c'est notre meilleur roman », etc. Quelle ronde. Toujours recommençante. Toujours recommencée. C'est relativement sans fin. À chaque rentrée, une nouvelle gloire, déjà vacillante à Noël, oubliée à Pâques. Comment se défaire de cette manie ? Le mieux est de rentrer dans le jeu, poliment, et d'écrire, pour soi, sans jamais penser qu'à soi, surtout pas au lecteur – au grand jamais – et encore moins – cela va de soi – aux critiques. C'est à peu près la seule possibilité qui s'offre à l'écrivain (j'en suis un, sans doute) de marquer non pas son temps – illusoire vanité – mais sa propre existence ; ce qui n'est déjà pas si mal.

Je suis masochiste en amour : par exemple, une fille me plaît – une inconnue –, et je vais tout faire, absolument tout, pour détruire, pour annihiler, pour réduire en cendres toute possibilité de sortir avec, *surtout si je sens ou sais que je lui plais*. Peut-être est-ce aussi, « inconsciemment » (mot qui ne veut pas dire grand-chose), que je veux me fabriquer des obstacles par pur plaisir de les franchir. Un peu comme on augmente le niveau de difficulté aux échecs.

Aucune inspiration aujourd'hui, cela tombe bien : je ne crois pas à l'inspiration. On est toujours inspiré ou bien, quand on ne l'est pas, c'est simplement qu'on n'est pas en train de travailler. Si la fatigue n'est pas en train de prendre le dessus, il n'y a strictement aucune raison qu'on ne soit pas « inspiré ». Aujourd'hui, disons que je suis fatigué – c'est le corps qui a envie de dormir. Je ne dormirai pas pour autant.

Dans un roman, inventer un personnage qui passe sa vie à aller de nuit dans les endroits qui ne sont ouverts que le jour : monuments, églises, musées, piscines, etc.

Le mot « œuvre » n'est pas un gros mot. Il faut bien l'assumer, après tout. J'ai trop, dans ma vie, péché par modestie. Il faut que cela s'arrête. J'ai trouvé ma place, bel et bien. Je n'ai pas à m'en excuser. Eh bien oui, je fais une « œuvre », et elle n'appartient qu'à moi. Quelques égarés se trouvent bien dedans, à l'intérieur : un clan, que je ne connais pas, de quelques milliers de lecteurs, au maximum. Ce n'est pas si mal. Je n'en demande pas plus. Je ne demande qu'à pouvoir *continuer* – à écrire et à publier. C'est ce que je préfère sur cette Terre. Mais ne pas trop se reposer, surtout ; les années défilent comme jamais elles n'ont défilé. Un jour, on regarde sa montre – on a soixante-dix ans. Et c'est presque fini. Travailler, lire, écrire, accepter les nouveautés, l'inédit, le neuf et l'inconnu : les traces d'azur dans sa biographie. De l'excès, de la vitesse, amasser mille étonnements – sans quoi, on ressasse, et l'écriture s'assèche, radote, devient débile et terne.

Vendredi 16 septembre

Réveil avec *Lou Reed*, Lou Reed, 1972 (RCA Victor, LSP-4701, US). Les Hurdle et Brian Odgers : guitare basse ; Steve Howe : guitare électrique ; Paul Keogh : guitare électrique et guitare acoustique ; Caleb Quaye : guitare électrique, guitare acoustique et piano ; Hélène François : chant harmonique ; Clem Cattini : percussions ; Rick Wakeman : piano ; Lou Reed : chant et guitare.

Lou Reed n'est pas sorti de la cuisse de Jupiter, mais d'un set de Parker, d'un chorus d'Ornette Coleman. À part l'héroïne et le goût de la mort, il n'a jamais rien mis au-dessus de Monk ou de Coltrane. Rien. Sauf les œuvres complètes de Kafka, de Rimbaud, de Ginsberg, d'Artaud et de Lautréamont. Il a appris à jouer de la guitare pour faire de la littérature. C'est le premier écrivain du monde à n'avoir pas pensé au stylo, à la machine à écrire, pour signer ses poèmes. Chaque disque de Lou Reed est un livre. Joyce était musicien : sa prose chantait, s'échappait en mille sonorités tantôt fracassées comme des solos de batterie, tantôt ciselées dans une paix profonde tout en sonates. Lou Reed a fait le chemin inverse : c'est la musique, chez lui, qui délivre le pouvoir des mots. Et c'est son texte, accompagné de larsens, griffé çà et là par les obligations du rock n'roll qui n'est plus qu'un simple support, un média, qui reste imprimé dans les mémoires.

Les écrivains sont morts, il faut les ressusciter par le tempo lourd, hard, des guitares électriques et des grosses caisses. Une voix rauque, triste à mourir, fera le reste. Lou Reed a essayé, toute sa vie, de faire passer la littérature en contrebande sur les scènes pop du monde. En France, le modèle de l'écrivain c'est Jean d'Ormesson : ça sent les incunables, Balzac relié pleine peau, la plume d'oie trempée dans l'encrier, et les feuillets remplis d'une écriture laborieuse et menue. On crée dans le respect de la grammaire et la crainte des intempéries. C'est le rhumatisme et les vers latins qui gouvernent. Aux États-Unis, c'est différent. Lou Reed, c'est un écrivain. On a fait de lui le père du punk : il est d'abord le fils de Burroughs. L'artiste total, le créateur nouveau, c'est ça, c'est un caractériel shooté qui dort sous les voitures et chante son amour pour cette vieille tante emperruquée fluo de Warhol. Reed, c'est presque un calembour. Ça veut presque dire « lire » en anglais. Lou Reed est le lien indispensable entre Archie Shepp et André Breton, entre Edgar Varèse et Michel Leiris. Ses références ne sont pas Pink Floyd et les Beatles mais Truman Capote et Michel-Ange. Il ne lit pas de BD, mais se roule dans Picasso en relisant les poètes russes.

Nul n'est plus star du rock que Reed – à côté de lui, Bowie, malgré ses poses torturées, est un pur beauf. Dans *Transformer* (1972), il ridiculise la notion de pop-star en se faisant le clone de Ziggy le grotesque, puis rompt, sur un coup de tête, avec les paillettes, toujours suicidaire et déjà ailleurs, pour accoucher de *Berlin*, sorti l'année suivante. Ce long poème en prose restera, dans le panthéon des rockers, comme le manifeste de la nouvelle littérature urbaine.

L'univers de Lou Reed est désormais reconnaissable : c'est la ville, ses junkies, ses seringues douteuses, les whiskies vomis et les travestis mal rasés ; c'est les dollars partis en fumée, les amphétamines et les hépatites ; c'est le mélange des sons et celui des corps. Le jazz et le punk se marient, et le blues, et le rock, comme les hommes font l'amour entre eux dans les pissotières, reviennent aux femmes, puis finissent dans la solitude, qui est à Lou Reed ce que la Rédemption est à Claudel. Comme Rimbaud en Abyssinie, comme Gombrowicz dans la pampa, comme Faulkner dans son verre de bourbon ou Hemingway au large des côtes cubaines, Lou Reed quitte tout – non pas une terre, une patrie, mais l'image que la presse, le public ont dessinée de lui. Il n'aura alors de cesse que de se quitter toujours, passant de Lou Reed en Lou Reed, d'avatar en avatar, de look en look, comme on se déplace de branche en branche. Poète underground avec le Velvet, il décide soudain de devenir l'équivalent new-yorkais de Mick Jagger. À deux doigts d'y parvenir avec le succès planétaire de « Walk On The Wild Side », il se voue au silence pour dévorer Hegel et Kierkegaard. Il apprend par cœur des pages de Dylan Thomas quand le showbiz le cherche partout, le réclame en costume rose et vert fluo, attend de lui des caprices, des frimes en Rolls, des frasques sexuelles et des scandales amoureux. En vain. Les fans se lassent, l'oublient. C'est là qu'il revient, les cheveux jaunes et courts, casse la baraque en bâclant *Sally Can't Dance* (1974). Ses tournées sont triomphales : le mythe se profile, d'autant que Lou se fait des shoots sur scène. Il est en passe d'être le plus grand, ridiculisant Morrison et autres Brian Jones. Il est temps de changer de Lou Reed, se dit Lou Reed. Il donne donc à sa maison de disques, lui, l'homme des succès des très efficaces *Rock'n Roll Animal* (1974) et *Lou Reed Live* (1975), ce qui peut être considéré comme son *Finnegans Wake*, *Metal Machine Music*, disque exclusivement « musical » électronique (bruitiste, en réalité), à côté duquel le son d'un marteau-piqueur paraît sonner comme du Didier Barbelivien. Nouveau suicide, mais qui, comme chacune de ses propres mises à mort, lui rallie un public neuf : les punks, qui le consacreront définitivement, trois ans plus tard, avec *Street Hassle* (1978), et surtout *Live : Take No Prisoners* (1978) (sans doute – malgré le son très crade – un de ses plus beaux albums après *The Blue Mask*, 1982, et *New York*, 1989, *Set The Twilight Reeling*, 1996, opus merveilleux, et *Perfect Night : Live in London*, 1998, qui atteint lui aussi de faramineuses altitudes).

C'est que Lou Reed n'arrive jamais à se débarrasser de son génie. À son grand désespoir, quoi qu'il fasse, et malgré tous ses efforts pour se griller définitivement auprès de la planète entière, il plaît toujours à quelqu'un. « Je ne suis pas sûr de ne pas être mort », aimait-il à dire. À notre grand dam, il l'est. Bel et bien. Trois ans déjà. Ses derniers instants, face à la lumière de l'aube, furent poignants.

Parfois mauvais, jamais ringard, Lou Reed aura réussi son pari : devenir un grand écrivain en ayant une vie de grand écrivain.

Je me souviens de lui, à l'Odéon, au mois de juillet 1997 : il avait en quelque sorte réalisé le symétrique littéraire de *Metal Machine Music* en récitant seul, face à un public fasciné, ses poèmes à tête d'hallucinations. C'était dans un silence de mort, car c'était dans la mort que Lou Reed était le plus vivant ; sa voix d'outre-tombe y était à sa place. « Se fondre dans le soleil / Je volerai en des millions d'éclats et je me fondrai dans le soleil. »

« Tu ne songes donc pas, cruelle fille, combien ton silence est désespérant : ne pas répondre à nos amis, c'est être mort pour eux » (Stendhal, à Pauline Périer-Lagrange, jeudi 23 juin 1808).

Jésus, fils de Dieu ? Jésus, c'est le fils de l'Invention. Invention d'un fils ? Ou bien fils d'une invention ? Invention d'un fils (Jésus vu par les juifs) ; fils d'une invention (Jésus vu par les athées). Jésus : fils d'une invention géniale. Tout dépend, évidemment, du sens qu'on donne au mot « invention » : sens péjoratif ou non. Invention au sens de farfelu ; ou au sens de révolutionnaire – de ce qui change le monde. Pour moi, Jésus est l'invention du fils d'une invention ! Invention géniale du fils d'une invention inouïe. Invention géniale du fils d'une invention qui nous a inventés ! Invention inouïe du fils d'une invention géniale. Donner un fils unique à un Père universel ; donner un fils universel à un Père unique. Tout le christianisme tient finalement en ces quelques mots. Déjudaïser le fils est une opération visant à déjudaïser le Père – mais déjudaïser le Père (nœud de la question), ce n'est pas l'universaliser un peu plus. Au contraire : c'est le judaïser qui l'universalise.

Soir, championnat du monde d'escalade avec Emmanuelle. Ces gens sont des araignées.

Terreur n'est pas un « exercice de style » que j'aurais plaqué sur ce sujet. Mais c'est ce sujet, au contraire, qui m'a contraint à cette forme d'essai, de livre. Ce n'est pas un essai qui conclut, qui ponctue, mais un essai qui cherche, « essaye », justement. Un essai essaye. Je fouille, je tourne autour, je tente. L'idée est de montrer que, tous, nous sommes des spécialistes du terrorisme, puisque, tous, nous sommes éventuellement amenés à en être les victimes. En tant qu'individu pouvant être visé, comme vous, comme n'importe qui, par les attentats, je m'octroie le droit, sans la moindre vergogne ni le moindre complexe, d'écrire ce que je pense, et qui n'engage que moi, sur ces événements. L'écueil est de déplaire aux spécialistes, mais, dans cet essai, j'explique que les spécialistes du terrorisme n'existent pas et, d'une certaine façon, ne peuvent exister. Le seul qui, à mes yeux, soit un tant soit peu crédible (je dis bien : le seul) est le journaliste David Thomson, qui a vraiment fait, depuis quelques années, un travail de terrain d'une grande intelligence et d'une grande probité. Les autres, tous les autres, ne font pas plus autorité sur la question que n'importe quel être humain susceptible de périr sous les balles en buvant un café en terrasse.

« Être d'accord avec soi-même, je ne connais pas meilleur bulletin de santé ! » (Mitterrand, *Ici et maintenant*, 1980).

Quand la République française se met-elle (en dehors des fêtes « civiles ») en congé ? Le 25 décembre, jour de Noël, le lundi de Pâques, le jeudi de l'Ascension, le lundi de Pentecôte, à l'Assomption et enfin à la Toussaint. Noël est une fête chrétienne (pas musulmane, pas juive, pas laïque : chrétienne) célébrant la naissance du Christ. Pâques est une fête chrétienne commémorant la résurrection du Christ. L'Ascension est une fête chrétienne qui célèbre la montée du Christ dans les cieux. La Pentecôte est une fête chrétienne en souvenir de la naissance de l'Église (annoncée par le Christ pendant la Cène). (Cette fête s'inspire d'ailleurs directement de la fête juive de Chavouot (ש עות), commémorant le don de la Torah au peuple juif.) L'Assomption est une fête chrétienne qui marque la montée de Marie, mère du Christ, au ciel. La Toussaint est une fête chrétienne qui, comme son nom l'indique, rend hommage à tous les saints de l'Église de Jésus. Dans la France de 2016, ce sont ces fêtes-là que nous célébrons. Que nous respectons.

Arriver à soixante-dix ans : la malédiction est là, pas ailleurs. Je n'ai pas hâte. J'ignore d'ailleurs pourquoi je viens d'écrire cette imbécillité.

La science est fascinante : elle découvre et, découvrant, loin de s'approcher de la vérité de ce qu'elle cherchait, elle s'en éloigne en découvrant autre chose, et ainsi de suite. Non seulement elle ne solde jamais rien, mais elle ne fait qu'ouvrir les portes de mystères plus grands encore, d'insondabilités supérieures à ce qu'elle avait jusque-là déchiffré (ou cru déchiffrer). C'est comme si une page lue, puis tournée, ne donnait jamais sur le même livre, mais sur un livre inédit, écrit dans une langue inconnue.

« Il y a de l'ambiance » : drôle d'expression.

J'aime les gens, je n'ai rien contre les voitures ; je déteste en revanche les gens en voiture.

Étrange expression que « il fait beau ». C'est que nous avons décidé que c'était le soleil qui donnait le ton, le *la*, que c'était lui en quelque sorte le héros. Or, dans certaines contrées, ou pour certaines psychologies, « il fait beau » caractériserait beaucoup plus volontiers un temps pluvieux.

Cocteau, qui aura connu Charles Péguy *et* Yul Brynner.

Il est très étrange de constater que les « mélanges d'amis » ne fonctionnent jamais. Une raison à cela : nous montrons aux amis une part de nous-mêmes, mais qui change en fonction des amis. Ce qui fait que, puisqu'ils n'apprécient chez nous que la part que nous leur montrons, ils n'ont pas à mécaniquement s'entendre avec des gens qui aiment chez nous une autre facette, inconnue d'eux.

À la radio, une « fan » de Galliano, qui fustige au micro ce que la société a fait à un homme « qui n'a rien fait de mal à la base ». Je suis retourné voir la fameuse vidéo sur laquelle l'homme de la mode s'est lâché sur le IIIe Reich. Et c'est assez fascinant. John Galliano, quand il déteste les juifs et adore Hitler, n'est pas censuré sur la vidéo : on entend parfaitement ce qu'il dégoise. Ce qui est censuré, et cela personne ne l'a dit, personne ne l'a écrit, ce sont les « *fucking* ». On peut parfaitement entendre, sur le film, que Galliano souhaite que les juifs soient gazés, mais on ne peut l'entendre dire qu'il souhaite que des « putains de juifs » soient gazés.

L'époque, à juste titre, condamne les propos antisémites, mais comme justement ils tombent sous le coup de la loi, on peut (et d'une certaine manière : on doit) les entendre. Tandis que « *fucking* », lui, en tant qu'il est un « gros mot », en tant qu'il n'est pas appréhendable comme matière judiciaire, juridique, reste le seul terme qui, dans ce navrant monologue (car ce n'est pas un dialogue), soit subversif. En « bipant » les « *fucking* », on fait du mot « *fucking* » quelque chose qui, implicitement, est supérieur en mocheté, en violence, et même sans doute en gravité que les « j'aime Hitler » et « les juifs devraient tous être gazés ». L'époque est devenue folle, la société, délirante : on trie, dans un discours clairement antisémite, on isole, dans un discours salement indigne et définitivement haineux, ce qui, strictement formellement, est censé nous choquer : comme si le fond du propos, finalement, était plus soutenable que sa forme.

Imaginons que, dans un film pornographique, où par définition tout est montré, on enlève les soupirs, ou juste les cris – voire les insultes. Qu'on laisse voir les scènes, mais nettoyées, par exemple, du mot « salope » et de l'expression « suce ». On ne laisse apparaître, dans le film sur Galliano, que la partie condamnable de la vidéo, du film. Si le mot « *fucking* » était interdit, on aurait supprimé les « biiiip » qui le recouvrent pour dévoiler le lieu de l'interdit, pour souligner l'existence réelle de la transgression, pour prouver le tort du contrevenant. Les « biiiip », et c'est là le plus grave, détournent l'attention vers (et ce n'est pas qu'un jeu de mots) un autre centre de gravité. Ce qui est grave, c'est toujours ce qui est désigné comme étant censuré (souvenez-vous du carré blanc) : en recouvrant le mot « *fucking* », on lui donne une importance plus grande qu'au reste, c'est lui qui devient l'ennemi, le fléau, et non plus le propos immonde contre le peuple juif. Nous sommes là en face d'un cas de détournement d'injure qui est un détournement de la réalité elle-même. Le message est clair : il y a plus grave que d'aimer Hitler et que de souhaiter le gazage des juifs : c'est d'être impoli.

Mais ce n'est pas tout. Il y a autre chose qui me gêne, qui me met mal à l'aise. Ce sont les gens qui ont filmé, et qui semblent être les insultés eux-mêmes. Ils savaient ce que Galliano allait dire, allait continuer de dire. À leur place, je n'aurais pas filmé. J'aurais coupé l'iPhone. Car, faisant ce petit film, ils savent ce qu'ils sont en train de faire : ils accumulent des preuves, et pour accumuler ces preuves, que font-ils ? Eh bien ils continuent sciemment la conversation en provoquant Galliano : ils le provoquent gentiment, mais ils le provoquent. Ils accompagnent, peut-on dire, sa démarche ; ils savent, pertinemment, ce qui va découler de cet affrontement. Je trouve cela indigne, facile et regrettable : ils eussent pu, à la rigueur, réaliser ce film puis montrer ce film dans le seul but de porter plainte, ce qui est leur droit et sûrement leur devoir, mais le poster sur le Net est une erreur. Une erreur morale et une erreur stratégique. Moi, je n'aurais pas filmé. Il y a dans l'acte de filmer une complaisance à tendre un piège (qui n'avait, il est vrai, guère besoin d'être beaucoup tendu tant le protagoniste principal était facilement disert) qui me dégoûte un peu. Je trouve Galliano immonde et les insultés un peu indignes. Voilà. Si je résume cet épisode, à partir des deux points que je viens de souligner, je dirais que nous ne valons pas mieux que Galliano.

Poussin, génie absolu, dit du Caravage, autre génie absolu : « Caravage est l'assassin de la peinture. » Balzac, lui, au moins, a salué Stendhal. Étrange, car il existe bel et bien des liens entre Poussin et le Caravage. Le monde antique, notamment.

Au tout début du XVIIe siècle, Rome est en train de s'imposer doucement comme la ville la plus importante de l'Europe. Elle entend s'imposer, étendre son influence – notamment par l'architecture, en faisant bâtir de somptueux palais. Urbanisme fascinant, colossal, équivalent des gratte-ciel du XXe siècle. Rome est, *grosso modo* (même si les comparaisons sont souvent insupportables intellectuellement), l'équivalent de Washington pour le XIXe siècle ou de Moscou du temps de la guerre froide, quand l'URSS tentait de forcer le respect des autres nations.

Le monde qu'il s'agit d'impressionner, alentour de 1600, ce n'est pas le monde capitaliste : c'est le monde chrétien. Et la puissance de Rome, à cette époque, n'est autre que la puissance du Vatican. Vatican dont l'obsession première, alors, est de s'agréger les foules, de capter l'attention des masses, de ramasser les âmes des peuples. Une tâche de reconquête ardue : tout s'est effiloché, on ne croit plus comme « avant ». Déjà… C'est par l'art que Rome va se frayer ce chemin vers les âmes et vers les cœurs. Par un art inédit, neuf, nouveau – révolutionnaire. Par du *jamais vu*. Il s'agit de créer de l'étonnement.

Église Saint-Louis-des-Français, à Rome : en 1591, le Caravage se voit commander trois tableaux par le cardinal del Monte. La mission du Caravage – qui connaît la gloire à vingt ans – est simple : décorer une chapelle vouée à saint Matthieu. Le génie s'exécute : *La Vocation de saint Matthieu*, *Le Martyre de saint Matthieu* et… *Saint Matthieu et l'Ange*. Qui fait scandale. Scandale total. Saint Matthieu, vieux bonhomme ridé, semble un analphabète que l'ange gouverne et qui tient la plume, comme l'institutrice à la retraite le faisait jadis aux cancres pendant les cours de rattrapage. Del Monte est furax. Il ne veut pas entendre parler du tableau. Tableau qui a, par parenthèse, été détruit – à Berlin – pendant la Seconde Guerre mondiale. Le Caravage, contrit, accepte de *modérer* son génie (de se couper une aile) et refait un *Saint Matthieu et l'Ange* moins « insultant ». On imagine Joyce en train de refaire *Ulysse* pour de similaires motifs.

Un peu plus tard, le Caravage peindra *Le Crucifiement de saint Pierre* et *La Conversion de saint Paul sur le chemin de Damas* – pour l'église Santa Maria del Popolo.

Samedi 17 septembre

Réveil avec *Earthbound*, King Crimson, 1972 (Island Records, HELP 6, UK). Robert Fripp : guitare électrique ; Hunter Macdonald : synthétiseur ; Mel Collins : saxophone alto, saxophone ténor, saxophone baryton et mellotron ; Boz : guitare basse et chant ; Ian Wallace : batterie.

Sport. Emmanuelle part en Normandie pour les trente ans d'une amie.

Je vais, dans l'après-midi, interviewer Louis XX pour *Paris Match*. Irréel. « On ne sait jamais, disait Sagan, ce que le passé nous réserve. » C'est une phrase dont sa majesté Louis XX, looké comme un trader et à qui j'accepte bien volontiers de donner du « Monseigneur », ne peut que faire son miel. Descendant des Bourbons, branche espagnole, le duc d'Anjou, avec sa belle gueule d'acteur hollywoodien et son bronzage vénézuélien, est notre roi. Sa royauté loge dans son sang et son royaume, dans ses rêves. Ironiquement, il me donne rendez-vous (pardon : il me reçoit) avenue Hoche, et Hoche est le plus grand général de la Révolution, qui en outre mata la chouannerie. Et, qui plus est, dans un cabinet d'avocat, comme pour se défendre de vouloir redonner à la France, « pays déliquescent », l'autorité naturelle qui lui manque aujourd'hui : celle d'une transcendance à la fois politique et divine. Monseigneur ne s'excuse pas d'être ce qu'il est, veut être, veut re-être : non point le successeur de 1848, mais le continuateur de 1830 ; non pas, bien que banquier, porter le chapeau haut de forme de Louis-Philippe, roi des Français, mais la couronne de Charles X, roi de France. Pas de trône sans autel. Je lui demande si la monarchie de Juillet est la monarchie de l'imposture ; non seulement il acquiesce, mais ne comprend même pas qu'une telle question puisse se poser. Il m'affirme toutefois que ses relations avec la famille d'Orléans (« ce sont quand même mes cousins ») sont au beau fixe. Comme Napoléon III, il se veut proche des pauvres, et affiche un souci permanent de la question sociale. Mais il rechigne, très fermement, et très étonnamment, à faire campagne : c'est aux Français de venir le chercher. Démarcher n'est pas digne de sa stature et, même si cela peut paraître vain que de vouloir régner sans le faire savoir, c'est là une posture qui, dans le monde parasitaire des médias incessants et des démagogies perpétuelles, apparaît révolutionnaire. On pourrait se gausser, regarder de haut cette incarnation étrangement « yuppie » de la France éternelle. De grâce, ne nous moquons pas trop : la monarchie était également très inimaginable en 1814 et en 1830. Il suffirait, glissé-je à Monseigneur, qui acquiesce, que Jacques Julliard, Marcel Gauchet, Pierre Nora et Alain Finkielkraut organisent un colloque et publient huit tribunes sur le thème « une nouvelle Restauration est-elle souhaitable ? » pour que le pays du régicide se pose (calmement ?) la question. N'a-t-on pas la sensation d'avoir tout essayé ? Et les Français ne sont-ils pas chagrins, en réalité, d'avoir, depuis la disparition du septennat, perdu toute possibilité de ces pseudo-restaurations qu'étaient les cohabitations ? En cohabitation, le président de la République trône, il lévite, il incarne. Mitterrand 1986 et 1993, Chirac 1997 : des rois, populaires. « Non pas un roi qui se sert de la France, mais un roi qui sert la France », me dit Louis XX avec son inénarrable accent espagnol, qui paradoxalement le rend plus européen que quiconque. Il déteste le laïcisme, cette religion de l'outrance. Et pense que c'est par la religion catholique, à partir d'elle, et non contre elle, qu'il faut penser l'islam ; idée plus moderne qu'il y paraît : le catholique doit, par devoir autant que par définition, faire place, toute sa place, à l'autre, à l'étranger, au migrant. Ce n'est pas en dissimulant ses racines christiques que l'on peut sortir de la crise, mais en les affirmant. Si la France ne se respecte plus, c'est, pour Sa Majesté Louis XX, héritier du trône, parce qu'elle ne respecte plus ses représentants. S'il y a crise, c'est d'abord et avant tout crise de légitimité. Le roi est vivant, vive le roi !

« Il était sain qu'un coup de vent fît tomber de notre arbre les feuilles mortes de l'économisme » (Mitterrand, *Ici et maintenant*, 1980).

Il faudrait revoir, une à une, toutes les filles qui n'ont pas voulu de nous et, calmement, prenant un verre au soleil, leur demander *pourquoi*.

Cocteau qui parle, en janvier 1960, d'une « nouvelle vague d'antisémitisme ». En réalité, toujours la même vague, la même vieille vague immémoriale, qui se métamorphose en avançant.

Michaux, *La nuit remue*, « Bonheur bête », 1935 : « Quand donc pourrai-je parler de mon bonheur ? Il n'y a dans mon bonheur aucune paille, aucune trace, aucun sable. Il ne se compare pas à mon malheur (autrefois, paraît-il dans le Passé, quand ?). Il n'a pas de limite, il n'a pas de…, pas de. » Extraordinaire.

Je vais mettre des années et des mois de ma vie dans un chapeau, et je vais tirer au hasard. Exemple : août 1979, octobre 1981, janvier 1985, juin 1987, décembre 1993, avril 2004, juillet 2012… Et le but sera de décrire de mémoire ce que cela m'évoque. Cela nourrira l'appétit sans fin de ce journal si vorace.

Le judaïsme est un universalisme, mais cet universalisme n'est pas un démocratisme. Cet universalisme n'est pas un généralisme. L'universalisme démocratique (en réalité) n'est pas un universalisme : c'est un généralisme. L'universalisme juif est un universalisme (très) particulier. C'est un universalisme élitiste. C'est un universalisme réservé. C'est un universalisme privé ! Ce n'est pas un universalisme propagandiste, exportabiliste, publicitariste, expansiviste, expansionniste, globaliste. Surtout, ce n'est pas un universalisme généraliste. C'est un universalisme particulariste. Sur mesure. C'est un universalisme particulier. Et c'est pourquoi c'est un universalisme universel. Les juifs sont les inventeurs de l'universalité de Dieu. Ils connaissent l'universalité *personnellement*.

Deleuze, dans *Pourparlers, 1972-1990* : « Je me convertis joyeusement à la paranoïa. Vive la paranoïa. »

Je reprends la lecture de *L'Énéide* (cette fois dans la traduction de Paul Veyne) que je ne suis pas encore parvenu à terminer – chaque fois, quelque chose m'en empêche. Je dois mettre fin à cette malédiction. C'est *le* livre sur les migrants. Dès le premier vers, il est question de guerre : « Je vais chanter la guerre. » Et même, dans le même vers, le mot « guerre » et le mot « exilé » : « Je vais chanter la guerre et celui qui, exilé prédestiné… » En Italie, comme le précise le commentaire, Énée n'arrive pas « au port » (à bon port) mais « sur le rivage » : ce qui signifie que personne ne l'attend, que personne ne veut de lui, qu'il n'est pas attendu, qu'il n'est pas souhaité. Énée qui « eut tant à souffrir de la guerre ». Énée qui, pour avoir la paix, pour être tranquille et libre, part fonder une ville et « installer ses Pénates dans le Latium » : installer ses Pénates, c'est trouver la paix, la paix extérieure et la paix intérieure. Énée est celui qui connaît des cycles de malheur et affronte mille épreuves – sans jamais l'avoir mérité. C'est un homme pieux, respectueux de son hérédité, et qui porte son père sur ses épaules (au sens propre comme au sens figuré).

Junon, symbole de la jeunesse et de vitalité, fille de Saturne, épouse de Jupiter, est la reine des dieux, et la déesse de la maternité, de la fécondité, et du mariage (elle protège les femmes ; dans cette région du monde, les femmes auraient bien, aujourd'hui, besoin des services de Junon), a une ville fétiche : c'est Carthage, fondée au IXe siècle avant Jésus-Christ par des colons venus de Tyr et de Sidon, et située dans ce que nous appelons aujourd'hui la Tunisie, mais qu'il s'agit d'étendre à la Libye.

Junon est aussi la déesse des commencements : elle aime ce qui naît, ce qui germe, ce qui débute, ce qui croît ; elle aime ce qui recommence, ce qui renaît, ce qui reprend son souffle vers un souffle plus neuf. Les Carthaginois raffolaient d'elle. Junon est la déesse du départ, du nouveau départ, de tout ce qui démarre, redémarre. Junon est la déesse des migrants. On la vénère à Samos, mais elle préfère Carthage. Elle est amoureuse de Carthage et Carthage le lui rend bien. Elle a un rêve : faire de Carthage la capitale du monde. Les Parques ont annoncé qu'une lignée de Troyens (vengeurs, car Junon avait mené la guerre contre Troie) viendrait détruire sa Carthage adorée. Cette information contrarie Junon. Mais d'autres motivations animent Junon : c'est une boule de ressentiments, à vrai dire. Notamment, elle ne supporte pas que son mari, Jupiter, homosexuel notoire, ait un giton : le bellâtre et coquet Ganymède. Les femmes grecques ne pouvaient jamais dormir sur leurs deux oreilles : toujours un éphèbe, dans les parages, pour concurrencer leurs charmes. *Idem* chez les dieux ; or, la jalousie de Junon ne connaît pas de limites. Ces histoires de cœur, de tromperie, de giton, la rendent mauvaise. Sans oublier le pire : l'humiliation de Pâris à l'égard de sa beauté.

Pâris est le fils du roi des Troyens, Priam. Les devins, sur le berceau de Pâris, prédisent que la ville, à cause de lui, sera mise à feu et à sang. Priam décide alors d'abandonner son fils, afin qu'il ne lui porte pas la poisse. Il le donne à un domestique. Mais la mère de Pâris, Hécube, récupère son enfant et le confie à des bergers, sur le mont Ida. Pâris grandit et épouse la nymphe Œnone.

Arrivent les noces de la néréide Thétis et de Pelée, auxquelles le jeune Pâris a été convié. Ces noces ont lieu sur l'Olympe. Une néréide est une nymphe marine. D'ailleurs, Pelée est lui-même le fils d'une nymphe (la nymphe Endéis). Ce sont les parents du futur Achille. Éris, déesse de la discorde, est vexée : elle n'a pas été invitée à ces noces – ce qui n'est pas spécialement intelligent ; ne pas convier à son mariage la déesse de la discorde relève soit de l'acte manqué soit du masochisme. Elle décide par conséquent de se venger. Elle jette une pomme en or parmi les convives. Cette pomme porte une inscription : « pour la plus belle ». C'est l'effusion. Chacune veut être l'élue. Les déesses présentes à la cérémonie estiment toutes (Junon, Athéna, Aphrodite) être la plus belle. Zeus charge Hermès d'escorter les déesses jusqu'au mont Ida, où vit précisément le jeune Pâris.

Être à la place de ce dernier relève du cauchemar. Chacune est persuadée qu'elle sera choisie. C'est un peu l'équivalent antique du *Bachelor*. Pâris choisit Aphrodite. Mais il faut dire qu'Aphrodite, déesse de l'amour, a des arguments que n'ont pas ses concurrentes : elle achète le jury, promettant à Pâris qu'il possédera, si elle est choisie, la plus belle femme de tous les temps – ce sera Hélène.

Bref, on comprend que Junon ait une durable dent contre Pâris – et, par conséquent, contre les Troyens. D'ailleurs, dès qu'elle peut causer des ennuis à un Troyen, elle s'y emploie ; notamment, elle empêche tout accès au Latium, à l'Italie. Les Troyens (Troie est située dans l'actuelle Turquie) sont donc (ce qui nous rappelle vaguement quelque chose) « ballottés sur toute l'étendue des flots ». On ne sait pas combien exactement sont morts en mer, ni si des enfants sont morts photographiés sur les côtes. « Depuis bien des années, ils erraient au hasard de mer en mer. » Qui est Junon ? L'Occident ? L'Europe ? Toujours est-il qu'elle n'a de cesse que de vouloir, de toutes ses forces, « détourner les Troyens (les migrants) de l'Italie ».

Dîner avec Ida, Raphaël, Zam et son amie Caroline. Je ne dis rien, évidemment, mais le Zam n'a point l'air amoureux. Dieu sait ce qu'il mijote encore. C'est violent pour la fille, qui se fait de jolis films. Zam montre volontiers ses dessins, jamais ses desseins. Drôle de zozo, qui tourne autour des femmes pour des raisons qu'on ne comprend jamais *totalement*.

Georges Bataille, *Histoire de l'œil*, 1928. Œil grand ouvert. « Avenance ». *Das Ereignis*, *das Eraügnis*. *Das Auge*. L'œil. *Eräugen* : *ereignen*. Faire voir en amenant à ouvrir les yeux. *Eräugen* : ce qui éclate une fois qu'on a ouvert les yeux ; « *nis* ». *Das Ereignis* : cela qui nous fait voir en nous amenant à ouvrir les yeux.

Dimanche 18 septembre

Réveil avec *Sonny's Crib*, Sonny Clark, 1958 (Blue Note, BLP 1576, US). Sonny Clark, pianiste de génie, est mort à trente et un ans (crise cardiaque). Piano, donc : Sonny Clark ; saxophone ténor : John Coltrane ; trombone : Curtis Fuller ; trompette : Donald Byrd ; basse : Paul Chambers ; batterie : Art Taylor.

Spectacle, assez désolant, de Dany Boon. Dany Boon est un homme « éminemment sympathique », comme on dit. Je n'ai strictement rien à lui reprocher. Il ne m'a jamais rien fait. J'aime, au surplus, son rapprochement avec le judaïsme. Je sais aussi ce que fut son enfance ; nous nous comprenons parfaitement. Les coups, les hématomes, tout le festival des humiliations. Ceci est dûment répertorié. Il n'empêche que cette débauche d'énergie fatigue. Les sketches sont trop faciles, et sur des sujets vieillots : les ados, par exemple. Je suis peut-être las, outre le cas de « Dany », qui paie pour les autres, de ce trop-plein de rigolade, de cette orgie de fous rires exigés, de ces perpétuelles pitreries pour les massives masses. Ces grimaces, ces gesticulations, ces mimiques, je n'en puis plus. Ce n'est pas la faute de Boon, je le répète : c'est la faute de l'époque de Boon. Il fait ce qu'il peut, et sa réussite est formidable, et son parcours est somme toute exemplaire. Mais quand même : ai-je envie de passer près de deux heures devant des saillies qui ne m'amusent pas beaucoup ? Il n'est en tout cas pas le pire des pitres, loin s'en faut ; il serait possiblement le meilleur, mais mon radar est saturé, je ne peux plus, j'ai besoin de respirer, j'ai besoin de m'éloigner des rires, de prendre le large, de rester éloigné de ces ironies redondantes, de ces sempiternelles poilades. J'en ai marre de me poiler. J'ai besoin, physiologiquement, de profondeur – sinon de « sérieux ». Le sérieux m'exaspère tout autant. Il pèse autant que la gaudriole.

Retour en cab. Magnifique lumière. Puis, pluie battante. Restaurant coréen. D'une traite, cinq mille signes pour mon roman nord-coréen, cinq mille signes pour mon essai sur le terrorisme, trois mille cinq cents signes pour *Match* (portrait de Louis XX) et ces quelques mots dans ce journal. J'arrête. Je serai bavard une autre fois. Mal au dos.

Mitterrand et le « rocardisme » : « L'autre socialisme, mélange paradoxal de Fourier mâtiné de Proudhon et corrigé par les Pères de l'Église… » (*Ici et maintenant*, 1980).

Aragon, *Entretiens avec Francis Crémieux*, 1964 : « J'aurais pu, effectivement, suivre les cours de quelque faculté spécialisée, mais ce n'est pas ainsi que j'ai l'esprit fait. En réalité, toute la vie, à l'étude universitaire, j'ai de beaucoup préféré ce que vous me permettrez d'appeler *ma* méthode de connaissance : écrire pour connaître, et par là communiquer à autrui ce que j'ai appris. » Je m'en veux, à mort, de n'être pas l'auteur de tels mots. Cela rappelle également Rossellini : « Roberto » ne faisait de films, indiquait-il, que pour comprendre, puis restituer. Rencontre des génies.

Je me trompe : le judaïsme, c'est ce qui vise à l'universel, mais pas à l'universalisme, justement ! L'universalisme, par son « isme », cesse d'être universel : il n'exprime que la banalité, la production (industrielle) d'universel : d'universels qui se fabriqueraient un peu partout, se faisant concurrence. Le judaïsme, c'est l'universel débarrassé du souci de l'universalisme. Nettoyé du problème (strictement philosophique, et par conséquent hors sujet) de l'universalisme. Les « isme » sont trop philosophiques, trop doctrinaires, trop universitaires pour le judaïsme (dont le « isme » est sauvé *in extremis* par le tréma !). L'universel sans universalisme, c'est ça qu'on appelle le judaïsme.

Une vie idéale consisterait à pouvoir lire un chef-d'œuvre par jour que Dieu fait. Dans *Polyeucte* (je le lis dans ma minuscule édition de 1831), que vénérait tant Péguy, ce passage qui, appliqué aux islamistes radicaux, étincelle de tous ses feux :

> Le trépas n'est pour eux ni honteux ni funeste ;
> Ils cherchent de la gloire à mépriser nos dieux ;
> Aveugles pour la terre, ils aspirent aux cieux ;
> Et, croyant que la mort leur en ouvre la porte,
> Tourmentés, déchirés, assassinés, n'importe,
> Les supplices leur sont ce qu'à nous les plaisirs,
> Et les mènent au but où tendent leurs désirs.
> La mort la plus infâme, ils l'appellent martyre.

Hypothèse : Péguy aimait *Polyeucte* car le sujet en est la raison amoureuse contre la passion amoureuse – toujours son histoire, dramatique, avec Blanche.

Le temps est toujours un angle intéressant. Mais ce n'est pas un angle : c'est la seule question qui vaille, au fond. Le temps est le héros de toutes les histoires. À quelques secondes près, Ilan Halimi, par exemple, serait toujours vivant : la police a raté Fofana à cinq ou six secondes… Mais surtout, nous vivons, nous, dans un temps de la commémoration, qui est un temps qui se retourne : nos morts, nos « héros », sont derrière nous, dans le passé, dans le deuil, dans la mort. Tandis que le temps des terroristes ne se retourne jamais : leurs morts, leurs « héros », sont devant eux, dans le futur. Le fait de planifier les attentats les fait vivre dans un avenir en suspens, un avenir inscrit, certain, qui n'attend plus pour avoir lieu qu'advienne la date de l'attentat. Pour nous, un attentat est toujours dans le passé ; pour eux, un attentat est toujours dans le futur. La seule temporalité qui n'existe pas, dans l'attentat, est celle du présent : pendant la tuerie, pour les victimes, il est toujours déjà trop tard. Les morts tombent, basculant dans le passé, tandis que les terroristes appliquent le futur prévu, le futur planifié, au pied de la lettre. Ils évoluent dans un futur entériné, imaginé, configuré depuis des mois. Ce futur antérieur, ce n'est pas le présent.

Écoute de Merle Travis. Merle Travis aura passé sa vie à boire, fumer, se droguer. Il battait régulièrement sa femme, et même si fort que, parfois, la police venait. Mais Merle ne se rendait jamais. On lançait donc l'assaut sur sa maison. On tirait de partout. Merle ripostait. Ancien marine, il ne supportait pas qu'on lui tire dessus sans que lui ne puisse tirer sur les autres. Ni qu'on l'empêche de tabasser tranquillement son épouse quand bon lui semblait. Enfant, il avait joué du banjo. Je n'ai jamais aimé le banjo. Merle a été héros de western, mais de westerns oubliés. Il ne conduisait que bourré. Il ne jouait de la guitare que comme un dieu. Il a écrit une chanson très méchante et violente contre les fumeurs : « Smoke ! Smoke ! Smoke ! (That Cigarette) » (1947). Le pendant du « Cocaine Decisions » de Zappa (1983). Il se trouve que je hais la cigarette et la drogue (à l'exception de la natation, et du sexe).

Dans le journal de Dantec (*Le Théâtre des opérations*), à la date du dimanche 13 juin 1999 : « Quarante ans aujourd'hui. *Happy birthday*, vieux con. » Quelques pages plus loin : « Lorsque le succès commercial n'est pas voulu, mais qu'il survient quand même, il importe d'en détruire les conditions initiales, et de refondre l'œuvre. » Et cette saillie, géniale, qui montre l'aberration qu'est le crétinisme antispéciste et la folie écologistique (lorsqu'elle est intégriste) : « Il faut sauver la Terre, entend-on. Mais personne n'ose dire que pour cela il faudra tuer l'homme. » *Good point*, vieux con. Il y a aussi du beaucoup moins bon dans ces pages. Exemple : « Donner de sa personne implique de perdre beaucoup de soi-même. » Ou, pire : « Le philosophe de notre temps : un pompier pyromane affrontant les flammes de l'incendie qu'il ne cesse de rallumer. »

Je me replonge dans *L'Énéide* (« avec délice », eût écrit Gide). Je ne peux m'empêcher de faire, c'est une sorte de vice, des rapprochements avec la situation actuelle. Notamment, encore, avec l'épisode de la visite de Junon au roi Éole. Junon se rend en Éolie pour demander main forte au roi des vents. Comment ne pas penser que cette Éolie ne soit pas le lieu de tous les populismes, les forces qui refoulent l'étranger, l'exilé, le migrant ? Éole, celui qui repousse : celui qui refuse l'accès en soufflant – en soufflant les haines recuites, les clichés, le refus de l'autre, la peur de l'extérieur, le fantasme de l'envahisseur. Toutes ces forces contraires à la marche du monde et à son évolution. Vents violents, vents nationalistes, vents racistes, vents extrêmes, extrémistes. « La déesse se rend en Éolie, cité des orages, région remplie d'ouragans enragés. » Enragés, le mot est lâché. Chaque nation, en Europe, possède son Éolie, et les Éolies de chaque nation fabriquent un flux de vents jumeaux qui s'assemblent pour éjecter les nouveaux arrivants, les nouveaux arrivés, les nouveaux postulants, les nouveaux Troyens, les nouveaux Énées. Éole, en France, c'est Marine Le Pen. En Allemagne, Éole s'appelle Pegida ; en Espagne, Alternativa Española ; en Grèce, Aube dorée ; en Hongrie, le Parti de la justice et de la vie ou le Jobbik ; en Italie, Forza Nuova ; au Portugal, le Parti national rénovateur, etc. « Là, dans une vaste caverne, le roi Éole fait peser son pouvoir sur les vents rebelles et les tempêtes sonores ; chaînes, cachots réfrènent leur fureur ; eux, révoltés, grondent autour des clôtures et font résonner puissamment la montagne. Éole siège sur sa haute citadelle ; le sceptre en main, il calme leurs humeurs, modère leurs colères. » Les encartés… Les adhérents… Les cadres… Les responsables… Les électeurs… La populace… Les haineux… « S'il ne le faisait pas, eux, bien sûr, emporteraient d'un seul coup les mers, les terres, le ciel profond, et les balayeraient dans les airs. Mais, dans sa prévoyance, le Père tout-puissant les a relégués en des cavernes sombres, a entassé sur eux des masses énormes, de hautes montagnes, et leur a donné un roi qui, aux termes de son traité, saurait sur ordre leur serrer ou leur lâcher la bride. »

Junon (l'Europe ? les peuples d'Europe ?) lui demande de lâcher les chiens : « Inculque de la violence aux vents, submerge et engloutis leur flotte, disloque-la, et eux, disperse-les sur les eaux. »

Le Kid, quelques scènes (je suis dans une phase noir et blanc muet) – sur mon iPad. Grâce à Chaplin qui est né en même temps que Hitler, on sait que le Führer aurait pu mourir, comme Chaplin, en 1977. Grâce à Chaplin, on sait que le burlesque est la chose qui, en art, permet de décrypter le monde de la manière la plus pertinente et la plus précise qui soit. Grâce à Chaplin, les générations futures auront un accès simple et direct à l'histoire du XXe siècle. Grâce à Chaplin, on sait que l'humour n'est pas une défaite, mais une victoire, et ce, même en France, pays où la légèreté est assimilée à la futilité et où la gravité est immédiatement synonyme de profondeur. Je vois la vie de Chaplin comme une allégorie précieuse de ce que doit être le travail de l'écrivain : quelqu'un qui, en peu de mots, et avec un sens inouï de l'observation, utilise l'humour comme instrument pour raconter la société dans laquelle il évolue. Proust, Kafka, Céline : humour, humour, humour. Le narrateur de la *Recherche*, celui du *Voyage* – Bardamu –, Joseph K. sont des personnages qui, écrasés par leur époque, tentant de se débrouiller, de survivre, sont des sosies de Charlot. L'angle choisi est celui de l'humilité : par le prisme d'un anti-héros infime, on décrit mieux ce qui, dans le monde, nous écrase, nous détruit, nous menace. Charlot a inventé l'angoisse au cinéma comme Proust, Céline, Kafka ont inventé la peur en littérature au XXe siècle. Chaplin est le plus grand des inquiéteurs. L'art n'est pas là pour rassurer. *Tout au contraire*.

Lundi 19 septembre

Réveil avec *Thermo*, Art Blakey, 1973 (Milestone, MSP-47008, US). Art Blakey : batterie ; Reggie Workman : basse ; Cedar Walton : piano ; Wayne Shorter : saxophone ténor ; Curtis Fuller : trombone ; Freddie Hubbard : trompette.

Kiné. Leroy Merlin avec Emmanuelle. Puis comité de lecture Grasset.

L'Énéide, suite. Éole répond à Junon : « Tu me fais prendre part aux banquets des dieux et avoir le pouvoir sur les orages et les tempêtes. » Junon : le peuple ? La démocratie dans ce qu'elle a de plus ignoble ? Et les extrémismes de toute l'Europe se déchaînent en même temps : « Les vents se forment en colonne, foncent par la première porte qui s'ouvre » ; « par la première porte qui s'ouvre », c'est-à-dire, pour nous, aujourd'hui : à la première occasion, au moindre prétexte. « Les vents se forment en colonne, foncent par la première porte qui s'ouvre, et leur trombe balaie la terre. Ils se lèvent sur la mer ; le vent d'Est [Orban et sa clique] et le vent du Sud réunis, avec le vent d'Ouest aux rafales incessantes, la soulèvent du fond de ses abîmes et roulent vers les rivages des vagues énormes. Viennent alors les cris des hommes et le sifflement des cordages. Tout à coup des nuages dérobent le ciel et la lumière aux yeux des Troyens, une nuit noire s'étend sur les eaux, les cieux ont tonné, les airs scintillent, criblés d'éclairs. Tout leur prépare une mort prochaine. »

Impossibilité qu'il y a à épuiser les chefs-d'œuvre de la littérature. Je pense que je pourrais passer toute mon existence à lire *La Métamorphose* et y découvrir chaque fois des choses nouvelles. J'ai consacré il y a quatre ans un séminaire au sujet, mais je vois à quel point il est proprement inépuisable ; je pourrais en consacrer un nouveau sans jamais me répéter. Par exemple, je me suis plu à imaginer que *La Métamorphose* se prêtait parfaitement, sous une forme à peine imagée, à peine fantasmée, à peine fictionnelle, à peine imaginaire, à traiter (*en plus de tout le reste*) de la *sécularisation*.

L'Énéide, suite. L'analogie des tempêtes avec les bas instincts de l'extrémisme est confirmée, d'une certaine manière, par Virgile lui-même. Neptune (toujours dans le premier chant) exige des vents et des bourrasques qu'ils se calment, arguant qu'Éole n'est qu'un sous-fifre et que c'est de lui, et de lui seul, qu'ils peuvent recevoir des ordres. « On voit souvent, écrit Virgile, dans un concours de peuple, l'émeute éclater : le bas peuple est déchaîné, déjà volent pierres et brandons, la rage fait arme de tout ; mais alors, si apparaît un homme auquel sa piété et ses mérites donnent beaucoup de poids, le silence se fait, on s'arrête, on est tout oreille ; il parle et sa parole gouverne les esprits, adoucit les cœurs. De même est retombé tout le fracas de la mer, maintenant que, sur son char, le vénérable Neptune a les yeux sur l'étendue des flots, dirige ses chevaux sous un ciel dégagé et lâche les rênes à leur vol docile. » Merveilleux et puissant passage – mais nous n'avons, nous, pas le moindre Neptune pour apaiser les haines.

On remarque toutefois que Neptune n'aide pas Énée et les siens (sept navires en tout) à accoster sur les rives italiennes : non, il leur sauve la vie de telle sorte qu'ils puissent « gagner le rivage le plus proche » et se diriger « vers les côtes de Libye ». Sinon, évidemment, il n'y aurait plus d'épopée, et plus le moindre suspense. Les hommes (les migrants) sont confrontés à l'inconnu : ils frissonnent non seulement de froid, mais de peur (« une forêt obscure dont l'ombre fait frissonner »). Leur corps est « souillé de sel ». Ils sont « lassés de tout ».

Une nuance (de taille, d'une telle taille que cela cesse en réalité d'être une nuance) intéressante. Selon Ivan Krastev, cité par Christophe de Voogd, « l'interprétation dominante sur un "retour de l'extrême droite" ne rend pas compte de ce qui se passe sous nos yeux : "non pas la montée de mouvements antidémocratiques et autoritaires", tels qu'on les a connus dans l'entre-deux-guerres, mais des "mutations dangereuses qui sont à l'œuvre au sein même des démocraties libérales" ». J'aimerais bien retrouver l'article original de Krastev.

Attentat djihadiste aux États-Unis.

Lorsque je me rends en Corée, je ressens très fortement deux choses. La première, c'est que le conflit israélo-palestinien n'est rien pour eux ; la seconde, c'est que la Première et la Seconde Guerres mondiales leur sont absolument étrangères. La guerre, pour eux, c'est la guerre de Corée. L'Occupation, pour eux, c'est évidemment celle des Japonais. On meurt d'ethnocentrisme.

Cioran, *Cahiers*, 1997 : « Entre la mystique et le "nihilisme", la différence est purement verbale, je veux dire que toute expérience du néant est d'ordre mystique. »

Emmanuel Levinas, *Difficile liberté*, 1963 : « Une certaine notion d'universalité s'exprime dans le particularisme juif. » Une « certaine » seulement ? Je dirais (avec Benny Lévy, à la suite de Benny Lévy – nous allons y revenir) : l'universel s'exprime tout entier dans le particularisme juif. « La question est d'ordre universel, la réponse est juive » (Rosenzweig, *L'Étoile de la Rédemption*, 1921). Quand la science n'était pas encore technologique, elle était talmudique. Le Messie est indéfiniment moderne. Benny Lévy dans *Être juif*, 2003 : « L'important est de définir adéquatement la modernité. » Pour Benny Lévy, les jours messianiques se situent « à la fin des fins ». Ces jours messianiques ne sont-ils pas tout simplement situés dans le temps du Temps ? Autrement dit : dans une dimension qui n'est pas strictement (qui n'est pas forcément) chronologique ? Le temps messianique, le temps du messianisme n'est pas un temps chronologique. Le temps habituel, le temps classique, le temps usuel est chronologique, sans doute. Mais le temps du Temps ? Qu'est-il ? Que serait une chronologie de chronologie ? Une chronologie élevée au carré ? L'Histoire est chronologique : mais l'histoire de l'Histoire, elle, est ce qu'on veut. Politique, économique, artistique, intellectuelle, militaire, météorologique, médicale, architecturale… L'Histoire dépend du temps ; l'histoire de l'Histoire dépend de la pensée, des modes, des intelligences, des cultures, des angles d'attaque, des approches. Des traditions. Elle n'est pas seulement livrée au temps. Même si le temps, çà et là, la rectifie. Le Temps nous est inaccessible (il est du domaine du divin) : mais le temps du Temps nous appartient ; il est strictement humain. Le temps messianique est un temps obligatoirement humain. C'est un temps pensé. Intellectualisé. Conceptualisé. Benny Lévy note à propos de Rosenzweig : « Il fallait aller au-delà d'une pensée de l'histoire. » Avec le messianisme, c'est la même chose : il s'agit d'aller au-delà d'une pensée du temps (en tant que temps chronologique).

Documentaire sur Jospin – soporifique, et c'est précisément pour cela que je le regarde (sur mon téléphone). Victime d'une posture orgueilleuse et suicidaire, Lionel Jospin a tenté, malgré ses « adieux » à la vie politique de 2002, de revenir dans la course à l'Élysée en 2007. Il se comporte avec la France comme moi avec les femmes.

Oui, on se ressemble, lui et moi. Nous sommes les deux hommes les moins fiables et les plus orgueilleux qui soient. Les moins fiables, parce que, lorsqu'on drague (moi, les femmes, et lui, la France), on est capable de leur dire le contraire de ce qu'on pense juste pour coucher avec. Les plus orgueilleux, parce que, lorsque les femmes (pour moi) ou la France (pour lui) ne veulent pas coucher le premier soir ou le deuxième (pour moi) ou en 1995 et 2002 (pour lui), on les envoie balader : on efface leur numéro de portable après leur avoir balancé, sur un ton hautain et méprisant, mauvais joueur, capricieux, vaniteux, supérieur (mais aussi blessé, aigri, méchant et fier) qu'elles ne méritent pas un homme comme nous et qu'il vaut mieux qu'elles nous oublient et qu'elles continuent à s'amouracher de baltringues, de lourds, de beaufs, de tocards, de lepénistes, de chiraquiens, de Français moyens. Je suis le Lionel Jospin de la drague ; et Lionel Jospin est le Yann Moix de la politique.

Ah ça, quand tout roule, que la séduction fonctionne, que les femmes et la France veulent de nous, que notre charme opère, qu'elles sont hyper *open*, Lionel et moi, nous sommes les champions de : la bonne humeur, l'humour, la décontraction, la gentillesse, la largesse d'esprit. Bref : du *fair-play*. Nous cessons alors d'être des caractériels, des narcissiques à l'ego blessé. Et on vous aime !

Le 21 avril 2002, après son râteau électoral cuisant, Lionel a réuni tous ses potes et leur a dit ceci : « Priscilla veut pas de moi ? Avec ses gros seins et ses allures de top model qui se la joue ?… Oula, pas grave, les gars : elle n'est pas à la hauteur, je vous la laisse… Adieu ! J'arrête les femmes : elles ne me méritent pas ! Je vais me consacrer à la gravure sur bois, à la phénoménologie et aux timbres… » Lionel s'attendait à ce que ses « amis » lui disent : « Tu es fou, tu es dingue, Priscilla, y a que toi qui peux l'avoir, nous on est des zéros… Elle est trop belle pour nous ! » C'est le contraire qui (évidemment) s'est passé : tous les types, crevant de faim et voyant cette bombe sexuelle de Priscilla enfin démaquée, se sont précipités dessus…

Lionel n'a donc plus le numéro de portable de Priscilla. Et maintenant, il rappelle des gens susceptibles de bien vouloir le lui redonner : car il pensait bien que Priscilla (alias la France) allait finir par craquer, par se languir de lui, par le rappeler et lui dire : « Pardon, mon Lionel d'amour ! Tu me manques ! Reviens ! J'ai bien réfléchi, c'est toi que j'aime… C'est toi l'homme de ma vie… Jacques est un pauvre type… Jean-Marie un salaud… C'est toi qu'il me faut… » Mais non : Priscilla-France n'a jamais rappelé son Lionelounet d'amour. Elle l'a oublié. Elle ne veut plus coucher avec lui. Elle le trouve encore moins sexy qu'avant.

Mardi 20 septembre

Réveil avec *Swings in Paris*, Sonny Thompson, 1973 (Black and Blue, 33.051, France). Sonny Thompson : piano ; Roland Lobligeois : basse ; Michael Silva : batterie.

Michel Foucault, extraordinaire : « Si nous devons nous situer par rapport à la question de l'identité, ce doit être en tant que nous sommes des êtres uniques. Mais les rapports que nous devons entretenir avec nous-mêmes ne sont pas des rapports d'identité ; ils doivent être plutôt des rapports de différenciation, de création, d'innovation. C'est très fastidieux d'être toujours le même. Nous ne devons pas exclure l'identité si c'est par le biais de cette identité que les gens trouvent leur plaisir, mais nous ne devons pas considérer cette identité comme une règle éthique universelle » (*Dits et écrits*, « Sexe, pouvoir et politique de l'identité », 1994).

Ne pas « exclure » l'identité, certes, mais pourquoi ne pas en faire une tare plutôt qu'une qualité – sauf à la redéfinir, effectivement, de fond en comble ; comme ouverture et oubli de soi, comme caprice et mobilité ?

« Il n'y a pas de hasard. » Il n'y a que cela, au contraire. Et il y a tellement de hasard qu'on en vient précisément, par les lois de la statistique, à asséner qu'il n'y en a pas.

Terreur. Décrire doucement la violence ? Je dirais plutôt : tranquillement. Sereinement. La furie ne convient pas pour dire la furie. Quant à la provocation, elle attendra…

La chose la plus intelligente jamais écrite sur la pornographie l'a été par Karl Kraus. Et c'est la phrase qui suit : « Eût-on seulement interdit aux enfants de se moucher, les adultes rougiraient bien en le faisant » (*La Nuit venue*, 1918).

Une conversation, saisie au café :

— Je crois que je vais arrêter le bus. Je risque de choper une maladie. C'est rempli de microbes, de virus… Et puis les gens suent. Ils sont sales, mal lavés. Ils sont enrhumés et vous toussent au visage… Je vais attraper la grippe, ou pire : une maladie rare, quelque chose de très grave. Une bactérie qui vient des Indes.

— Ou un staphylocoque doré.

— C'est un vrai bouillon de culture. Et puis ces chaussures, qui marchent dans les égouts, et se piétinent les unes les autres, mélangent leurs microbes, et tous ces gens qui rentrent avec des microbes nouveaux, je ne peux plus ! Je ne peux plus respirer. Je vais mourir.

— C'est malsain et dangereux, cette promiscuité.

— Les gens sont dégoûtants avec leurs rubéoles et leurs germes et leurs champignons et leurs poux, les puces, les bacilles qui vont de bouche en bouche, qui flottent dans l'air…

— L'atmosphère n'est pas saine du tout ! C'est vrai…

— Et pas un seul médecin dans le bus au cas où ! Ils devraient mettre des médecins obligatoires dans les bus. Pas des policiers, non : des médecins. Des infirmières ! Je vais attraper une scarlatine, une jaunisse, une mononucléose, une gastro-entérite, une angine, bref :

je vais attraper la mort. Ce matin, là, y avait un type à chapeau, là, avec un gros cou, qui ne cessait pas de tousser…

— Et sans mettre la main devant sa bouche, je suis sûr.

— Ah ben évidemment !… Qu'il aille tousser ailleurs, merde à la fin ! En tout cas, à cause de lui, j'ai pris rendez-vous chez le médecin…

Michel Onfray, homme de l'affect, est mon ami – je n'oublie pas qu'il a toujours dit de moi que j'étais le meilleur écrivain de ma génération ; ce, depuis le début. « Si j'étais romancier, je serais Yann Moix », a-t-il signalé quelque part. Michel est un ogre : il travaille, ne se plaint jamais, prend des coups, en donne. Il y a entre nous, tacitement, car je ne le vois jamais, la dureté spéciale de la province et la violence catastrophique de l'enfance. Nous sommes tous les deux les fruits de nos hématomes. Nous sommes d'anciens écrasés. Il supporte aussi mal que moi l'humiliation. Et peut-être, mais je ne veux pas parler pour lui, partageons-nous ce triste travers de voir trop souvent de l'humiliation là où il n'y en avait point. Michel travaille comme dix, et il a raison ; la mort étant toujours déjà là, ce serait du gâchis que de ne pas donner la parole à sa propre intelligence. Or, les gens intelligents savent bien que, pour savoir ce qu'ils pensent, le mieux est encore de l'écrire ; tant que Michel n'écrit pas, il ignore ce qu'il pense – je n'ai pas les preuves de ce que j'avance ; je le ressens ainsi. C'est son côté Péguy. On reproche à Michel d'être Michel – du coup, il se michélise de plus en plus, ne serait-ce que pour contrarier ses ennemis, dont le nombre, exactement comme celui de ses amis, ne fait que croître chaque jour.

Michel a ceci d'étrange, qu'il a le libertarisme clos, l'épicurisme sérieux, l'anarchisme scolaire. Seul son caractère, fort et sûr, permet ces saisissants alliages. Son seul dogmatisme est un dogmatisme à venir, mais qu'il n'inventera qu'à sa seule mesure et son unique usage. Michel ne « se laisse pas faire » ; dans une époque qui ne pense que par manichéisme sans jamais avoir entendu parler du manichéisme, un philosophe excessif est toujours précieux ; il agace comme Sartre agaçait. On l'insulte comme on insultait l'auteur de *L'Être et le Néant*. Rien de toute cette colère et de toute cette énergie, mises au services des idées plus que du concept, n'est forcément mauvais pour la postérité.

Levinas, cité par Benny Lévy : « Perpétuation de cette éternité, d'ores et déjà vécue : dans le temps cyclique de l'année liturgique et le mouvement cyclique de l'heure même. » Le christianisme est obsédé par le temps de l'Histoire ; le judaïsme, par l'histoire du Temps. Dans le christianisme, l'homme doit croire en Dieu ; dans le judaïsme, Dieu doit croire en l'homme.

Il y a quelque chose de terriblement injuste dans la nature : la femme ne sait pas ce qu'est l'orgasme masculin et l'homme ignore en quoi consiste l'orgasme féminin. On devrait pouvoir choisir. Ou osciller entre les deux. Je persiste et je signe : c'est mal fichu.

Une femme n'aime être soumise que par celui – ou celle – qui lui est soumis. Cette soumission consiste précisément à choisir à qui elle se soumettra. Cette soumission consiste en outre à contraindre le soumis – ou la soumise – à la soumettre à son tour.

Une expression que je ne supporte pas : dire de quelqu'un qu'il *est* un talent. Absurde et ridicule. Le talent, c'est ce qu'on possède, ce qu'on a fini par posséder. Je possède un chien, mais je ne suis pas un chien. Le talent se possède comme on possède un teckel – ou un bouledogue.

Clément Rosset, *Loin de moi. Étude sur l'identité*, 1999 : « On n'aime donc jamais personne, mais seulement des qualités. »

Philharmonie. Nous croisons, Emmanuelle et moi, Dominique Fernandez. Je l'ai toujours imaginé dans le rôle d'un des quatre notables de *Salò* – il aurait joué le cinquième. On lui donnerait le Diable sans confession.

Je ne sais pas ce qui, chez moi, est raffiné à ce point – je ne serai pas modeste sur ce dossier – que je puis détecter, tel un radar surpuissant, les gens vénéneux (ce qui ne m'empêche nullement de les côtoyer, mais c'est là une tout autre histoire), les personnages toxiques, les sales types, les êtres duplices, les pervers, les méchants, les faux-monnayeurs. Ils sont fortiches en déguisement, en « cèlement ». Mais il y a toujours un petit quelque chose qui suinte, qui suppure. Cela peut être une haleine de rat qui sèche dans les orties sous le soleil d'août, un parfum corporel excrémentiel, un sourire très désagréable, une dentition redoutable : mais le délétère se voit, le simili se lit, la faux-culerie se dévoile. Je suis fasciné par cette catégorie d'humains qui ne savent pas se contenter des épreuves naturelles et qui s'en rajoutent en exécutant de basses traîtrises, des manigances pathétiques, de petits coups foireux. Ils préparent leurs plans, salivant au résultat maudit de leur besogne laborieuse : une manière de se fuir, de se suicider au petit feu de sa propre haine. Ils ne savent pas, les malheureux, que cela se voit.

Karl Kraus favorable au revenu universel ? « La démocratie répartit les hommes en travailleurs et en oisifs. Pour ceux qui n'ont pas le temps de travailler, elle n'est pas aménagée » (*Dits et contredits*, 1909).

Rien ne m'est plus insupportable que les écrivains qui consacrent, de chic, un livre sur un sujet qu'ils connaissent de la veille. Mais il y a peut-être pire : ceux qui – j'excepte Sollers qui est incapable de cliché –, comme une envie d'uriner vous saisit, décident soudain de consacrer un ouvrage à d'éternels génies : Molière, Beethoven, Mozart, La Fontaine, j'en passe. Comme si nous avions attendu leur point de vue, généralement digne des bistrots, sur des sujets aussi vastes. La France est généreuse : elle permet que tout s'imprime. Lorsqu'on y réfléchit, il y a quelque chose là-dedans de monstrueux. Chacun dort auprès de son petit manuscrit, chié de frais, et va aller le porter chez son éditeur, contre un chèque, puis attendra, impatient, que des journaux que plus personne ne lit disent des choses gentilles sur lui. On aura ainsi la grosse tête, doublée de la sensation de faire partie de la « grande famille des écrivains ». Je rêverais que l'imposture, en « littérature », se voie aussi facilement qu'en musique. Ce serait l'hécatombe : imaginez que chaque écrivain se fasse violoniste ou pianiste et vienne jouer, seul, face à une salle remplie, l'équivalent de ce qu'il commet par écrit. On aurait de drôles de surprises.

Un roman est une pensée ; Flaubert pense que le roman qui pense est un échec. Il a tort. Tous les grands romans sont l'expression d'une pensée. Mais dès qu'on sent la thèse, qu'on ressent la démonstration, on quitte l'art. Les deux écueils à éviter : *Salammbô*, qui ne pense pas du tout, et *L'Âge de raison*, qui pense trop. Entre les deux : tous les romans que j'aime, de *La Montagne magique* aux *Frères Karamazov* en passant par *Le Château*. Un grand roman est une pensée qui ne se voit pas.

Mercredi 21 septembre

Réveil avec *Reflections*, Jerry Garcia, 1976 (Round Records, RX-107, US). Jerry Garcia : première guitare, guitare acoustique, orgue, synthétiseur, percussions, carillon et chant ; Bob Weir : seconde guitare et chœurs ; Phil Lesh : basse ; Bill Kreutzmann : batterie ; Keith Godchaux : piano électrique Fender Rhodes, piano acoustique et piano bastringue ; Donna Jean Godchaux : chœurs ; Mickey Hart : batterie et percussions ; John Kahn : orgue.

Bataille à Caillois (jeudi 20 juillet 1939) : « Ma pire réserve porte sur la frénésie avec laquelle vous tenez à vous dire “intellectuel”. »

Je travaille d'arrache-pied.

Le terrorisme ne fait pas peur parce qu'il fait beaucoup de morts – statistiquement, il en fait trop, bien sûr, mais il en fait peu. Ce qui effraie, c'est le déclenchement, l'avènement d'une manière nouvelle de mourir. Nous « acceptons » de mourir en avion, en voiture, en bateau, à pied, à vélo, d'un cancer, d'une agression, et même dans une guerre. Mais pas abattus comme des chiens, sans aucune raison, par des gens qui crient en arabe, nous reprochant des choses que nous ne comprenons pas.

« De toutes parts l'être humain pourchasse les choses dans une agitation sans repos qui leur est étrangère, dans la mesure où il ne prend les choses que comme moyen d'assouvir ses besoins ou comme postes budgétaires dans sa comptabilité, autrement dit juste comme une occasion d'intensifier les manigances de son affairement et de lui faire ainsi suivre son cours » (Martin Heidegger, *La Dévastation et l'Attente. Entretien sur le chemin de campagne*, 1945).

Je suis entré dans Péguy par la ville : Orléans. On entre dans une œuvre par une influence, j'y ai pénétré par géographie. Partager les rues, les pas dans ces rues, les mêmes pierres et les maisons similaires, et pratiquement le même soleil au-dessus de la tête : voilà qui forme, sinon une ressemblance, du moins une fraternité. J'ai connu le même Orléans que Péguy à cent ans pile de différence. J'ai traversé les mêmes dates à cent années près. Nous nous sommes donc croisés, d'une certaine façon. À Orléans, Péguy n'est nulle part, et pourtant il est partout. Nulle part, car la cité est d'abord celle de Jeanne, et que Péguy n'y semble que subsidiaire, secondaire, marginal, toléré. Je sais que le Centre qui porte son nom se trouve au milieu de la vieille ville, et que la statue de Charles, avec son éclat d'obus au front, est toujours sise aux abords du faubourg Bourgogne, parmi les nappes stagnantes des fumées d'échappement. Le buste est installé dans l'emplacement atroce d'un carrefour moderne, urbain et moche, sans âme, sans style, d'où la Loire est laide, l'horizon cafardeux. Mauvais hommage, mauvaise situation. Orléans se fout de Péguy, et c'est la plus grande injustice qui soit : jamais Péguy ne fut totalement parisien ; même quand il n'habitait plus Orléans, Orléans habitait en lui.

Hugo, *Les Misérables*, 1862 : « La réduction de l'univers à un seul être, la dilatation d'un seul être jusqu'à Dieu, voilà l'amour. » Phrase magnifique. Et, collée à cette phrase magnifique, celle-ci, ridicule : « L'amour, c'est la salutation des anges aux astres. »

Le monothéisme, ce n'est pas le contraire du polythéisme. Le contraire de plusieurs dieux, c'est un seul Dieu. Or, le monothéisme n'est pas l'expression d'un seul Dieu, mais d'un Dieu unique. *Unicus*, et non pas *unus*. Unité : « caractère de ce qui est un seul. » En termes de dieux, Dieu est seul. Dieu est le seul Dieu. *Unus*. L'ensemble « dieux » ne comporte qu'un (seul) élément : Dieu. Car {dieux} = 1. {Dieux} = {Dieu}. Unité : il n'y a *qu'un* Dieu. Unicité : il n'y a *que* Dieu. Unité : Dieu est un être : ce qui implique que l'être est un Dieu. Unicité : Dieu est l'être. Ce qui implique que l'être est Dieu.

Mirabeau, chantre de la monarchie constitutionnelle, s'affilie à Louis XVI en échange de beaucoup d'argent. Il rédige des rapports secrets, des notes clandestines. Il se rapproche de la reine.

Dans la série « Diderot m'aide à mettre les mots qu'il faut sur le terrorisme », je continue à relever quelques phrases de ses œuvres. « Rappelez-vous l'histoire de nos troubles civils, et vous verrez la moitié de la nation se baigner, par piété, dans le sang de l'autre moitié et violer, pour soutenir la cause de Dieu, les premiers sentiments de l'humanité ; comme s'il fallait cesser d'être homme pour se montrer *religieux* » (préface à l'*Essai de M. S*** sur le mérite et la vertu*, 1745).

Dîner avec François Reynaert, très en verve. J'aime beaucoup François : droit, franc, amical et cultivé ; passionné d'histoire, la curiosité n'est pas la moindre de ses qualités. Nous avons longtemps partagé (lui s'est calmé) une gravissime propension à l'hypocondrie. Depuis 1995, nous dînons à peu près une fois par mois. On appelle cela une amitié sans tache. C'est à lui que je dois de nager tous les jours. Pendant le montage de *Podium*, l'été 2003, il m'a vu débouler avec un énorme sac de médicaments. Il me l'a littéralement confisqué et m'a dit : « Tu arrêtes avec ces foutaises et, à partir de demain, tu vas nager. » Ce que j'ai fait. François connaît tout de moi, moi tout de lui. Angoisses, amours, etc. Une véritable rencontre. Une très belle histoire d'amitié. Il a souvent eu à me défendre, au *Nouvel Obs*, et l'a toujours fait – ce qui n'a pas dû être facile tous les jours. Certains de ses amis sont des « ennemis » à moi (en réalité des écrivains ratés, en général un tout petit peu plus âgés que moi, et qui, on se demande bien pourquoi, m'envient).

À propos de *L'Obs*, je me souviens, en 1997 : Jean Daniel, le saint patron de cette feuille de gauche. Il m'avait fait venir chez lui, par l'entremise de Jean-Paul Enthoven – qui savait que j'avais besoin d'argent –, pour trier ses articles en vue d'un recueil. Orgueil ou vanité ? Il faudrait établir, de manière concise et intelligente, la différence entre les deux : j'ai, en tous les cas, toujours détesté jouer les « petites mains ». Jean Daniel n'est pas un homme qui se prend pour rien. Il n'est pas rien, cela dit. Il est Jean Daniel. Mais comment dire ? Comment rendre ce que je pense de Jean Daniel sans être gratuitement malveillant ? C'est que, n'est-ce pas, même si être Jean Daniel est déjà beaucoup, ce n'est pas aussi considérable que ce que s'imagine Jean Daniel. Seul Jean Daniel pense qu'être Jean Daniel est quelque chose de considérable. À la vérité, c'est un second couteau. De belle facture, assurément. Avec une belle lame, bien effilée, et un fort joli manche. C'est un couteau qui coupe très bien. On peut couper des tranches de pain avec, et du lard. On peut graver des choses avec dans le bois des chênes. Mais ce n'est pas plus que cela. Jean Daniel ne cesse de ramener son « ami » Camus à la rescousse, comme un enfant ne sort dans le grand bassin qu'avec sa bouée, mais il ferait bien de s'en abstenir : c'est à cela qu'il trahit le fait qu'il ne sait pas nager.

Jean Daniel m'invita à déjeuner. Le pauvre n'avait pas vu que, primo, de la morve coulait de son nez – ce qui était affreux à voir, et à vivre – et, secundo – ce n'était décidément pas son jour de chance, et le mien encore moins –, que de la sauce rouille coulait de son manteau. J'avais deux coulées en face de moi. Et une troisième :

celle de la pommade, onctueuse, qu'il se passait à lui-même. Avec sa voix si reconnaissable, cette voix de caillou au soleil, rauque et même rouillée, cette voix de vieux stentor séché, il s'accapara toutes les importances du siècle, revêtant avec la vantardise d'un tartarin de l'élite parisianiste des panoplies trop larges pour son allure. Lorsqu'on a du talent, le ridicule aide à s'agréger le génie. On eût dit un poulet jouant à l'aigle. Et comment j'ai rencontré Kennedy, qui, s'avisant de mes sciences, notant sur quelque calepin mes informations précieuses, décida finalement de ne déclencher point la Troisième Guerre mondiale. Et comment mon ami Castro, que j'avais dans la poche, considéra mes analyses sur la fin du monde. J'en passe, et de bien pires. Puis, après avoir rassemblé ses articles (de bonnes copies d'élève correct de Sciences Po), j'attendis mon chèque qui ne vint pas. Mes lettres n'y firent rien, pas plus que mes appels, particulièrement désespérés, à sa secrétaire. Je me décidai donc pour un recommandé. Jeannot, alors, piqué, eut cette fois le réflexe – qu'il n'avait jamais eu jusque-là – de saisir son combiné pour me lâcher, sur le ton du vieux chat fatigué : « Pas de recommandé entre nous. »

J'oublie un léger détail : lors du déjeuner sus-décrit, Daniel m'avait lancé : « Je suppose que vous faites tout ça pour entrer à *L'Obs* ? » Ma réponse le sidéra : « Non. »

Dans *Terreur*, je n'ai pas cherché une seule seconde à faire de l'humour sur les attentats. Même si je note qu'en ce moment, nombre d'humoristes commencent à les faire entrer dans leurs sketches. Ce que, personnellement, je ne peux qu'approuver. L'humour dit le réel bien mieux que nombre de théories appelées à très vite devenir désuètes.

Ionisation de Varèse (1929-1931). Sans Varèse, pas de Zappa. Cette version par Boulez est une des plus belles. Boulez et Zappa ont travaillé ensemble dans le cadre de l'Ircam en 1983. Cela a notamment débouché sur l'album *The Perfect Stranger* (1984). Pour l'anniversaire de ses seize ans, Frank Zappa avait demandé comme cadeau à sa mère un appel longue distance Los Angeles-New York pour parler à Varèse, son Dieu vivant. Il tomba sur sa femme, le Maître étant hélas absent ce jour-là.

Lecture, avant de m'écrouler de fatigue, d'un « beau livre » sur le Caravage – on ne lit généralement jamais les livres d'art ; on les entasse. Le Caravage aurait pu réinventer la lumière : il est venu sur Terre pour une autre mission qui fut d'inventer le noir. On a scolairement appelé sa manière (lui qui n'eut de manières que les siennes, forcément mauvaises) le « clair-obscur » : alors que c'est d'ombre lumineuse qu'il en va. Ses saints qui baignent dans la lumière, qu'il s'agisse de Jean-Baptiste ou de saint Jérôme, habitent dans le seul endroit possible quand on croit en la réalité et qu'on la peint : les ténèbres. Il n'y a pas de paradis possible, de jour, sans la nuit derrière, qui est son annexe et son corollaire. Le souffle qui rend si vivante la couleur mystique du Caravage, et je pense à ses Christs jaune orangé arrachés au crépuscule, c'est le souffle de l'Esprit saint. J'entends, et c'est son grand secret qui rejoint la mystique bloyenne, que ce souffle dissimule l'haleine éminemment actuelle de Satan. Le Caravage ne peint qu'à travers les fissures de la lumière : des bribes d'instants humains, souvent défaits d'espérance, retrouvent un sursaut de vie *in extremis*, mais c'est une rémission qui n'ouvre que sur les enfers. Le Caravage est un peintre de la glaciation, des figures, où plutôt du processus qui fait entrer les corps et les visages dans la glace, dans le givre vitrifiant de la damnation. L'enfer est ce qui empêche le mouvement : les chefs-d'œuvre du Caravage sont toujours des arrêts sur image, des suspensions de mouvement, des violences stoppées. Dans ses toiles, il ne se passe plus rien après. Tout s'arrête là. À jamais. C'est l'entrée dans les ombres qui est représentée dans cette œuvre momie qui sait inscrire les cris, les coups, les décapitations, les tortures et les atterrissages d'anges dans une sorte de marbre liquide. Michel-Ange est un volcan ; le Caravage est une lave : on sent l'écoulement devenu pierre. On devine la vitesse dans l'immobilité. Les accélérations sont en suspension éternelle, qui flottent comme des statues. On s'envole dans une fixité spéciale : les personnages sont punaisés dans leur envol. Ils s'arrachent à la perfection des noirs, aimantés par la lumière du jour, mais c'est une lumière qui sait qu'elle va mourir.

On est toujours déjà mort quand on habite une toile du Caravage. C'est un génie du trop tard, de l'instant qui suit, de l'irréversible. Il nous rappelle que l'art n'est pas beau, mais l'unique manière d'exprimer l'effroi quand on est suffisamment humain pour croire au ciel. Le ciel du Caravage n'est pas fait d'azur, mais du jaillissement rouge carmin du sang d'Holopherne. L'au-delà, chez lui, est sans cesse ici-bas ; et c'est ce qui déroute chez ce visionnaire : cet au-delà de la nature qui n'est pas artificiel, c'est au-delà de l'artifice qui jamais ne représente la nature. Raphaël froisse la lumière, Della Francesca la fragmente, le Caravage la tolère. La lumière est chez lui ce qui vient se suicider. S'éteindre. Fra Angelico invente ce bleu où ses œuvres planent, le Caravage invente ce rouge qui sont des giclées. Le rouge est la couleur qui sauve l'humanité, puisque le bleu n'est pas de ce monde, un monde baigné dans le noir le plus noir, où la lumière agonise sous nos yeux. Si le Caravage est finalement si près de Dieu, c'est parce qu'il est descendu le voir là où il se trouvait : non pas dans les jardins fleuris, mais sous les éboulis de glace.

Jeudi 22 septembre

Réveil avec *Run For The Roses*, Jerry Garcia, 1982 (Arista, AL 9603, US). Jerry Garcia : guitare et chant ; John Kahn : basse, basse sans frettes, synthétiseur, piano, clavinet ainsi que guitare ; Ron Tutt : batterie et percussions ; Melvin Seals : orgue ; Merl Saunders : orgue également ; Jimmy Warren : piano et clavinet, de même que Michael Omartian ; Michael Neuman : trompette ; Liz Stires : chœurs ; pareil pour Julie Stafford. Je me demande bien, d'ailleurs, ce que sont devenues Liz Stires et Julie Stafford.

Kiné. Toujours le même cirque, la même horrible litanie. Le même sempiternel discours aberrant, nauséabond, sur les étrangers trop en nombre « chez nous », le tout dans des rots de volaille faisandée mal digérée. Et une salle surchauffée. Un enfer.

Éloignons-nous des gloses pénibles. Revisitons les textes à l'instinct, comme nous les *(res)sentons*.

Dantec, *Le Théâtre des opérations. Journal métaphysique et polémique, 1999* (Gallimard, 2000) : « Dans certaines conversations, pour un peu, on reprocherait à Max Brod de ne pas avoir brûlé les manuscrits que Kafka ne voulait pas publier. »

Dantec, toujours : « Se souvenir de l'origine étymologique du mot "style", qui est le même que "stylet" soit "poinçon", c'est-à-dire poignard. »

Encore une, du même : « Jusqu'à ce jour, il n'est pas une civilisation qui n'ait été ruinée par ses propres accomplissements. »

Revu *Borat*. La première fois, c'était avec Laurence, à Berlin (elle aurait préféré Venise), à la Potsdamer Platz – en 2006, hiver 2006, si j'ai bonne mémoire. Je l'ai revu, mais avec le même dégoût, la même consternation. *Borat* est le film drôle le moins drôle que j'aie vu de ma vie. Un film antiaméricaniste produit par Hollywood est forcément louche. Est forcément douteux. Truqué. *Borat* est un film contre l'Amérique adoubé par l'Amérique. C'est un pamphlet sponsorisé. On se moque des Américains, mais de manière américaine. On se paye la tête des Amerloques, mais avec des dollars. Jamais je n'ai vu un film aussi hypocrite : dénonçant le contraire de ce qu'il est censé dénoncer. Se moquer des puissants avec puissance, faire de la subversion avec des subventions. Je n'écrirai pas le nom du comique qui interprète Borat dans les pages de ce journal, j'ai déjà oublié son nom. Il se paye la tête du Kazakhstan, mais si j'étais du Kazakhstan, je m'offrirais volontiers sa tête. Un petit contrat sur la tête, et on n'en parlerait plus ! Il veut du trash, il va en avoir…

Dans ce film américain antiaméricaniste pas drôle, il n'y a pas que du caca et des scènes sinistres tellement elles ne font pas rire. Il y a ce qu'il y a de pire sur la Terre : il y a de la collaboration. Il y a du collaborationnisme. « Borat » vient de « collaBORATeur ». Ce mec est un salaud. Pendant la guerre, il aurait fait un film contre le IIIe Reich avec un scénario entériné par Himmler. Le second degré, ça va bien cinq minutes. *Borat* est un film raciste, bête, con, et surtout démagogique : le système a engendré, de manière officielle, la critique du système. Le tocard qui a accepté de prêter son talent à cette mascarade est une ordure.

Le jour où je croise l'acteur qui incarne *Borat*, je lui cracherai au visage. Je n'aime la bêtise que lorsqu'elle est intelligente. Les scènes du film où les États-Unis sont soi-disant ridiculisés sont elles-mêmes ridicules. Les scènes où la sottise yankee devrait être fustigée sont sottes. Et quand la méchanceté gratuite doit être dénoncée, c'est avec méchanceté et gratuité. Les Anglais nous ont donné les Monty Python et c'était génial. Puis Mister Bean et c'était moins génial. Puis le type qui incarne Borat et c'est insupportable. Les donneurs de leçons, je ne les aime pas quand ils couchent avec les Allemands. *Borat* est un film dont le scénario aurait pu être écrit par Brasillach, Le Pen ou Dieudonné. L'humour a été inventé pour rendre intelligent, pas plus bête qu'on ne l'était. Je m'interroge sur le fait que tout le monde sans exception ait crié au chef-d'œuvre au moment de la sortie. C'est douteux. Les gens ne sont pas courageux, ils aiment ce que les autres gens aiment. Personnellement, j'ai peur de la masse qui vénère. J'ai le droit, non ? Et je méprise les comiques *boratiens*, qui sont tous des clowns à Kommandantur et les serviteurs dégueulasses du pouvoir.

Nous en avons en France. Je ne balancerai pas leur nom. Ce nom qu'ils veulent se faire à n'importe quel prix. Au prix même de la dignité. À vomir.

« Dire la vérité, toute la vérité, rien que la vérité, dire bêtement la vérité bête, ennuyeusement la vérité ennuyeuse, tristement la vérité triste » (Péguy, *Lettre du Provincial*, 1899).

Bataille, « André Masson » : « Le premier venu parmi de méprisables méprisants, *un critique*, etc. »

Bataille ne se situe jamais dans l'excès *stylistique*. Je veux dire dans l'exagération. Bataille n'est ni Céline ni Rabelais. Bien au contraire, son excès, bien que total, est presque mutique. Il se dépense, mais sans bruit ; il est au silence ce que Céline et Rabelais sont au vacarme.

Nick Drake, en boucle. D'habitude, dans la pop, dans le rock, on meurt à vingt-sept ans (Jimi Hendrix, Janis Joplin, Brian Jones). Nick Drake a toujours été précoce. Il est donc mort à vingt-six ans. Vingt-six ans, c'est l'âge que j'avais en 1994. Qu'avais-je fait en 1994 ? Qu'avais-je fait de ma vie ? Rien. Ce chat est né en Birmanie, et est mort à Birmingham, ce qui est presque l'anagramme de Birmanie. Il était féru de Tim Buckley, mort à vingt-huit ans, père de Jeff Buckley, mort à trente ans. Syd Barrett, le fondateur de Pink Floyd, l'aimait beaucoup. Nick Drake était presque plus perfectionniste encore que Brian Wilson. Presque. Wilson a poussé le perfectionnisme jusqu'à être encore vivant aujourd'hui, ce qui lui permet de perfectionner ses projets de 1966-1967. Nick Drake est aussi triste et mélancolique que Philippe Sollers est gai et enjoué. Sur scène, il avait une timidité proche de celle de Miles Davis. On ne répétera jamais assez que c'est par (pure) timidité que Miles jouait dos au public. Drake lui regardait ses chaussures. Parfois, Drake n'en peut plus et craque, il quitte la scène devant les spectateurs qui le sifflent. Ça rappelle étrangement les tours de chant cauchemardesques de Vian. Mais Drake a plus de cheveux que Vian, même s'il a le goût ferrugineux de la mort dans la mâchoire. Et une pâleur. Vianesque. Il rencontre John Cale. Les critiques adorent Drake. Le public, moins. La dépression nerveuse arrive. Elle se porte très bien. Elle pousse son ami Drake aux bords de la folie. Elle vit dans le noir complet avec lui et exige de Nick qu'il retourne vivre chez ses parents. Nick lui obéit. C'est une dépression très autoritaire. Drake veut s'engager dans l'armée car la mort est devenue sa meilleure amie de tous les temps. Sa dépression lui fait des crises de jalousie. Je te préviens, Nick, c'est la mort ou moi ! Françoise Hardy le reçoit gentiment à Paris. Ils parlent, mais peu. Ça va mieux, mais pas trop. Il se suicide aux médicaments. On refuse la thèse du suicide. Comme d'habitude. Comme si le suicide faisait partie de la mort, et non de la vie. Le suicide, qui est un élan vers la mort, fait partie de la vie. C'est depuis la vie qu'on se suicide. C'est avec de la vie qu'on se suicide, à partir de la vie. C'est dans la vie elle-même qu'on prend son élan.

Apollinaire, 18 juillet 1915 : « J'ai toujours cherché une femme qui fût mon égale mais très à moi, plus à moi encore que ne pourrait l'être toute femme qui me serait très inférieure », *Lettres à Madeleine*.

Picasso a apporté au monde les œuvres de Picasso. Beethoven a apporté au monde les symphonies de Beethoven. Les juifs ont apporté au monde le Dieu des juifs. Le peuple juif a apporté au monde le Dieu unique. Le Dieu unique est l'œuvre du peuple juif. Pour ce qui est du christianisme, on est déjà dans le plagiat. On pourrait dire : de la parodie. Car c'est un plagiat qui se moque – c'est un plagiat qui longtemps s'est moqué. S'est moqué de l'original, de l'originel, du « patron ». Le patron, en couture, c'est évidemment le modèle : le christianisme a été cousu sur le judaïsme. Il l'a recouvert. Il l'a mis en couleurs, il l'a *dessiné*. Il l'a recouvert d'un dessin et, par conséquent, défiguré. Idolâtrie… Le patron, cela (pro)vient du latin *patronus*, qui est dérivé de *pater*. *Pater* : le « père ». Le judaïsme est le saint patron du christianisme.

Valéry, *Mélange*, 1941 : « Le monde des bruits n'est pas comme celui des couleurs l'est généralement, dominé et créé par un fait sonore de très haute puissance, qui serait le *soleil de ce monde des bruits*. »

Émission. Invité Gérard Collomb. Il soutient Macron avec une langue faite tout de bois. Quand je lui demande à qui l'on peut comparer son poulain, il répond : Pierre Mauroy ! Au fou. Y a-t-il sur Terre deux êtres plus dissemblables qu'Emmanuel Macron et Pierre Mauroy ? Le ludion narcissique contre l'orang-outang d'appareil. Pour ma part, je compare Macron à feu Jean-Jacques Servan-Schreiber. Collomb est mortifère. Il sent le vieux crocodile à marigot gluant, fait de calme et de duplicité, affichant, avec une façon de parler anxiogène, une sérénité roublarde. Il exhibe son vieux cuir tanné avec l'air de celui à qui il ne faut pas la faire.

Il rêve que sa carrière nationale commence alors que son existence s'achève. Il a décidé, au lieu que de prendre sa retraite, de continuer à louvoyer. Cela doit être horrible d'avoir à ruser pendant l'ultime partie de la vie, quand il reste si peu d'instants disponibles pour tenter de savoir qui l'on est. Ç'aura été une vie de politicard de seconde zone, avec petites émotions à la clef, petits calculs, lentes manœuvres, frémissements mesquins. Tout suinte chez lui le cynisme et une morgue moche, astucieuse, malicieuse. Il n'est étrangement pas dénué d'un certain charme, mais un charme, comment dire, à l'envers – en négatif. Rien à attendre de cette mollesse sournoise, de ce flegme vénéneux. C'est un champignon dans la forêt humide de la politique. Tout chez lui respire l'automne, ou plus exactement la fin de l'automne. Pépère oublie l'hiver, se tortille comme une demoiselle au printemps ou une pépée en août. Le spectacle n'est pas seulement consternant (on en aura vu d'autres), je le trouve sinistre.

Je subis l'émission, mort de fatigue. Rien ne vient, rien ne sort. Sueur. Dur.

Et toujours ces petits chanteurs, en fin d'émission, remplis de néant, photocopiés, abrutis de ressemblance. Du vomi. Il n'en restera plus rien dans quelques mois. Passons.

Terrorisme. La mort est devenue en quelque sorte le fond d'écran de la vie, alors qu'auparavant, cela semblait être logiquement le contraire. La vie est désormais ce qui est soustrait jour après jour à la mort.

« Rien » : n'est pas la même chose, à vrai dire, que « fantôme ». Parce que dans « fantôme », il y a l'idée de quelque chose qui a été et qui n'est plus. De quelque chose (de quelqu'un) qui a été parmi nous, qui nous a par conséquent concerné et qui n'est plus qu'un spectre, certes, mais le spectre de quelque chose, de quelqu'un, qui *fut*, qui eut une *réalité*. Là, Kafka va encore plus loin : les traces du judaïsme paternel ne sont même pas des fantômes – tout au plus des fantômes de fantômes, des fantômes (au carré) de fantômes de fantômes (au cube).

Vendredi 23 septembre

Réveil avec le chef-d'œuvre *Too Wet To Plow*, Johnny Shines, 1977 (Blue Labor, BL 110, US). Johnny Shines : chant et guitare ;

Louisiana Red : guitare, harmonica et chant ; Sugar Blue : harmonica basse et harmonica ; Ron Rault : basse.

Médecin.

Cioran, *Histoire et Utopie*, 1960 : « Tous les hommes sont plus ou moins envieux ; les hommes politiques le sont absolument. On n'en devient un que dans la mesure où l'on ne supporte personne à côté ou au-dessus de soi. »

Déjeuner avec Philippe Labro. D'après lui, Chirac est mort. Coma artificiel. Chirac n'aura rien été, qu'une volonté de pouvoir, une flèche tendue vers l'Élysée. Chirac n'aura rien laissé. C'était un homme fait pour l'accomplissement élyséen, fait d'avenir, mais une fois qu'il a obtenu cet avenir (il a passé sa vie tout entière à y accéder), le présent s'est ratatiné sur lui. Il n'a rien fait de son objectif, parce qu'un objectif est toujours devant soi. Chirac n'a jamais été construit, n'a jamais été conçu pour le présent, sa réalisation était devant lui, sempiternellement. L'élection présidentielle représentait l'avènement messianique de sa vie. Sans l'Élysée, il n'eût point eu de véritable biographie. Mais on sait bien que le génie du Messie est précisément de n'arriver pas. Quand Chirac s'est installé, s'est assis sur le trône de la République, c'est comme s'il s'était allongé, c'est comme s'il avait pu enfin cesser ses gesticulations, et commencer à mourir tranquillement, loin des tumultes et des mains à serrer. Son premier mandat le prouve : il n'a jamais voulu le pouvoir, mais seulement le conquérir ; en effet, aussitôt au sommet, aussitôt aux manettes, il a donné le pouvoir aux autres. À Juppé, d'abord, puis à ses ennemis, ensuite, en dissolvant l'Assemblée nationale. Puis, dans sa salle d'attente dorée du palais de la rue du Faubourg-Saint-Honoré, il a gentiment attendu les élections prochaines, il s'est remis à vivre, il s'est mis à revivre, comme une momie sortie de son sarcophage. Et, soudain ranimé, sorti de sa léthargie, il a comme par miracle eu de nouvelles choses à dire, des élans à promettre, des virages à prescrire, des décisions à annoncer, des plans à commettre.

« Chez Jacinthe, il y a un fauteuil pour mourir » (Julio Cortázar, *Cronopes et fameux*, 1962).

Verre avec Michka Assayas (ça faisait une éternité). Nous croisons Marie Modiano, que je ne connais pas. J'adore Michka. Sa gentillesse, sa douceur, sa forme de candeur. C'est un pur. J'envie sa connaissance encyclopédique de la musique. J'aime, en général, les gens qui en savent plus que moi dans un domaine où, pourtant, il me semble posséder des connaissances déjà importantes, sinon considérables. Michka fait figure d'éternel adolescent. L'expression est usée, mais pas chez lui, pas pour lui. Il sait de quoi il parle. Cela n'a pas de prix. Il fait partie, comme Marc Lambron, de ces normaliens pour qui le rock est tout. Je dis « rock », mais c'est au sens large. Clapton pour Lambron, les Clash pour Michka. Mais qu'importe. Par eux, grâce à eux, le rock est parvenu à se creuser un sillon dans l'art : comme le jazz avant lui. Toujours ce virage, cet important tournant, où une musique méprisée, conchiée, devient objet d'étude, d'intelligence, de concepts et d'analyses, de finesses et de raffinements, de monographies et de dictionnaires. Ça ne peut que me plaire. Je suis, personnellement, capable d'engouffrer d'une traite et en anglais, un ouvrage de 800 pages sur Keith Moon ou Captain Beefheart.

Michka doit avoir sa part noire, mais je ne la trouve pas ; je le préfère à son frère, trop campé sur la hauteur d'un génie dont il est totalement dépourvu. Michka est plus simple, moins hautain, plus humain. Il ne se situe pas dans la posture. Il est « camarade ». On partirait volontiers en randonnée avec lui. Son frère Olivier, lui (mais je ne tiens pas plus que cela à les opposer, à les frotter comme deux silex pour voir quelles étincelles jailliront), est accaparé par l'esprit de sérieux, soucieux de « laisser une œuvre ». Mais son œuvre, trop calquée sur ses admirations – et malgré d'indéniables morceaux de bravoure –, m'ennuie beaucoup plus que la plupart des ondées, des pluies et des crachins que j'aurai connus depuis que je fréquente la planète Terre. Passons. C'est, ici, Michka qui m'intéresse, sa mèche, sa volubilité, sa sympathie, sa bienveillance. Je ne dis pas qu'il ne se tasse pas quelque peu, qu'il ne vieillit pas du tout – c'est après tout notre lot à tous, à commencer par moi. Mais l'âge, qui devrait ne pas lui seoir, lui convient parfaitement – ce qui n'est pas le cas d'autres adolescents officiels et perpétuels que je connais.

Roth, *Le Grand Roman américain*, 1973 : « C'est seulement le livre de quelqu'un qui pense qu'il serait bien agréable d'être à nouveau un enfant. »

J'écoute Throbbing Gristle. Avril 1983. J'ai quinze ans depuis quelques jours. Je suis en 3^{e}A au collège Dunois d'Orléans. M. arrive un jour avec un disque étrange, sorti en 1979, qu'il a subtilisé à son grand frère. Mais M. n'a jamais eu de grand frère. Il était mythomane. On me dit qu'il l'est toujours. Je crois qu'il est aujourd'hui devenu homosexuel. Ce qu'il n'était pas à l'époque. Son petit ami est un nain. Une « personne de petite taille ». M. arrive, je me souviens du temps qu'il faisait : ciel bleu, trop bleu pour la saison. Il serre son cartable assez fort contre lui. Il a l'air content (de lui). Il m'emmène dans un coin et sort le vinyle ; le vinyle s'intitule *20 Jazz Funk Greats*. J'adore immédiatement ce titre. Le nom du groupe est Throbbing Gristle. *Throbbing Gristle bring you 20 Jazz Funk Greats*, titre exact de l'album, avec le logo « Stereo » en haut à droite, comme sur les albums des sixties. Comme sur les albums des Beatles. Des Stones.

Pochette bucolique, très Kinks, très Byrds. Le groupe au milieu des pâquerettes… Une voiture (bleue) garée au loin. On devine la mer. Une brume, des brumes. La chanteuse en minijupe, socquettes et talons hauts. Mais ce n'est pas la chanteuse. C'est la guitariste. C'est Cosey Fanni Tutti. Le vrai nom de Cosey Fanni Tutti n'est pas Cosey Fanni Tutti. Le vrai nom de Cosey (Fanni Tutti) est Christine Newby. Ses cheveux recouvrent son regard. Sa ceinture est très bien sanglée ; taille de guêpe. Nous comprenons assez vite que son pseudonyme provient de Mozart. Christine Newby ne sait pas jouer de guitare. Personne ne sait jouer d'aucun instrument dans ce groupe, c'est la nouveauté, c'est la trouvaille (révolutionnaire). « Musique industrielle. » Aucune importance, les dénominations… Les punks viendront. Ils seront encore pires. Pas certain. Personne ne sait jouer donc : le chanteur et leader, qui joue aussi du violon mais ne sait pas jouer de violon, ne sait pas chanter, et ne sait pas mener un groupe. Il ne sait rien faire. Il crie alors. Fort. Il s'appelle Neil Megson. Il se fait appeler (tout) autrement. Il se fait appeler Genesis P-Orridge. Le groupe ne joue pas de musique, il émet des sons. Il se forme en 1975. Il vend 800 exemplaires. C'est un groupe scato : vidéos d'étrons pendant les concerts. Et d'horreurs nazies. Ils se roulent dans la pisse ; parfois dans le vomi. Au milieu des larsens et de *cut-up* enregistrés de William Burroughs. Pour dénoncer des choses – on ne sait pas quoi. Ce n'est pas un groupe gai.

Sieste – je fais semblant de détester cela, mais rien n'est meilleur que de céder, après une certaine résistance, à ces siestes qui nous réclament, nous veulent, nous exigent. Ce que je n'aime pas, c'est le *nap* gidien, la montre que l'on règle pour sa sieste régulière, répertoriée, chronique, journalière, prévue. Ça, c'est le début de la fin, ça sent le vieux machin, ça respire drôlement l'humeur de la mort. Je parle de sieste imprévue, impromptue, imprévisible.

Kropotkine, *La Science moderne et l'anarchie*, 1913 : « La recherche scientifique n'est fructueuse qu'à condition d'avoir un but déterminé : d'être entreprise avec l'intention de trouver une réponse à une question nette, bien posée. Et chaque investigation est d'autant plus fructueuse que l'on voit mieux les relations qui existent entre la question que l'on se pose et les lignes fondamentales de notre conception générale de l'univers. Mieux elle rentre dans cette conception générale – plus facile est la solution.

« Eh bien, la question que se pose l'Anarchie pourrait être exprimée comme suit : "*Quelles formes sociétaires garantissent le mieux, dans telle société donnée, et par extension, dans l'humanité en général, la plus grande somme de bonheur et, par conséquent, la plus grande somme de vitalité ?*" – "Quelles formes de société permettent mieux à cette somme de bonheur de grandir et de se développer en quantité et en qualité – c'est-à-dire, permettent au bonheur de devenir plus complet et plus général." Ce qui, soit dit en passant, nous donne aussi la formule du progrès. Le désir d'aider l'évolution dans cette direction détermine le caractère de l'activité sociale, scientifique, artistique, etc., de l'anarchiste. » Effrayant.

Pour la première fois dans l'humanité, l'antisémitisme ne s'embarrasse même plus d'une idéologie malade pour asseoir et justifier sa haine. On assiste, avec Merah et Coulibaly, à un antisémitisme approximatif, grossier, inculte. L'antisémitisme ne résulte plus d'une maladie de l'intelligence, mais d'une forme de santé de la bêtise. L'antisémitisme religieux, social, racial et géopolitique étaient des antisémitismes où c'était l'intelligence qui était malade. L'antisémitisme de Coulibaly, lui, ne sait même pas ce qu'est un juif. Dans l'Hypercacher, il dit à un de ses otages : « Tu sais, je n'ai rien contre vous. » Il faut prendre ce mot de « rien » au pied de la lettre : il n'a pas les capacités, les possibilités intellectuelles, culturelles, d'avoir quoi que ce soit contre les juifs. Il ne sait pas même, probablement, où se trouve Israël sur la carte… Il tue les juifs parce qu'il a entendu dire qu'un juif, cela se tue. Coulibaly tire, un point c'est tout. Il y a quelque chose de terriblement passif là-dedans : il tire logiquement, mécaniquement, il n'a même plus besoin de passer par la case du prétexte. Est juif, pour Coulibaly, non pas seulement quelqu'un qu'il faut abattre (car cela poserait la question de la justification), mais quelqu'un qu'on vient d'abattre. Lui ? Il est juif, parce que je viens de le tuer. L'antisémitisme de Coulibaly est un antisémitisme par l'acte, un acte déconnecté de tout corpus, de tout complexe, de tout contexte, de tout prétexte. Effrayant.

Je n'ai jamais cru une fraction de seconde que le judaïsme mène au christianisme, mais je ne crois pas non plus qu'on puisse aller au christianisme sans être passé par le judaïsme. Je suis dans la situation impossible d'un chrétien qui veut rester juif.

J'aide Emmanuelle à ranger sa bibliothèque. Ce sont les moments que je préfère, ça, dans « le couple ». Instants simples.

Samedi 24 septembre

Réveil avec *Live*, Clifton Chenier, 1972 (Arhoolie Records, 1059, US). Clifton Chenier : accordéon et chant ; Joe Morris : basse ; Robert St. Judy : batterie ; Felix James Benoit (quel nom !) : guitare ; Cleveland Chenier : washboard.

Je suis beaucoup plus athée que catholique, mais beaucoup plus juif qu'athée.

Bataille : « L'un des mérites du *Journal* est de directement donner, non comme d'autres écrits des à-côtés, mais l'œuvre qui importe : c'est l'auteur lui-même » (« Gide-Baranger-Gillet », 1946). Bataille est un des plus amples penseurs du XXe siècle. Certes, il ne fût pas grand-chose sans Nietzsche, le grand prédécesseur. Il est d'une génération secouée par la philosophie de l'Allemand démoniaque. Mais Nietzsche, étant dépourvu de tout système, hostile à tout ce qui ressemblait à une grille de lecture définitive, a déclenché, chez les meilleurs, des pensées neuves, mouvantes, et fertiles. Nietzsche n'a pas fabriqué de professeurs, mais des francs-tireurs de la philosophie.

Je ne supporte pas les gens qui « s'enferment pour écrire ». Moi, pour écrire, je me sors (les tripes, etc.). Je m'ouvre (les veines, etc.). J'essaye des ouïes. Je m'extirpe. Je rayonne ; je me diffracte – ou comme un gaz parfait, je me répands, je m'insinue. J'habite les choses.

Emmanuelle au salon du whisky. Je travaille à *La Règle du jeu*. Retard considérable ; pas avancé sur *Terreur* depuis plusieurs jours.

Le temps passé à ne pas vivre ce qu'on raconte, ou à raconter ce qu'on a vécu au lieu de vivre autre chose qu'on n'écrira jamais.

J'ai acheté des fleurs dont le nom doit bien exister quelque part – dans un livre, une mémoire, dans un type, placé dans le cerveau d'un être humain. Les noms des choses, des objets, des concepts qu'on ne connaît pas se promènent dans des têtes de gens, dans la rue là sous nos yeux. Tout ce qu'on ne comprend pas, les théories, les mots, les langues, toutes les connaissances qu'on n'a pas, les curiosités, les difficultés qu'on aimerait et voudrait éclaircir, elles sont là : à portée de gens. Elles se baladent, muettes.

La théorie de la Relativité, elle était dans une pharmacie tout à l'heure ; les thèses de Freud chez le dentiste ; et toute la botanique dans un embouteillage ; la numismatique ? à la piscine municipale. Des détails sur Charlemagne, Hitler, Watriquet de Couvin ? dans le métro, il suffisait de demander. Mais on ne le savait pas. Et puis ça ne se demande pas, ces choses-là. On passerait pour un fou. Ce que je suis de toute façon, selon toute vraisemblance.

Tous les livres lus que les terroristes tuent, quand ils tirent dans le tas. Et que de théorèmes assimilés. Démontrés ! Que de films décortiqués, de poèmes appris. Que de mots lus. Un autodafé d'explications, d'éclaircissements, de nuances, de ratures… Tous les livres non encore lus que les terroristes tuent, quand ils tirent.

Je passe boulevard Richard-Lenoir. La « pharmacie Goldman » est toujours là. Je suis venu spécialement pour vérifier ce détail. Pierre Goldman est mon étoile jaune. Je le porte au cœur, cousu comme une bouche qui ne dénonce pas. Il m'a rendu juif. Juif jusqu'au courage devant la justice faillible, et juif jusqu'à la phobie des fascismes posthumes. Il fut un guerrier de l'Idéal, il n'est plus qu'une poussière atténuée. Avec les malentendus s'accumulent sur sa pauvre tombe les années qui s'en foutent. Che Guevara, ailleurs, puis un peu partout, devint un mythe : Goldman n'incarne aujourd'hui qu'une vague erreur judiciaire jaunie par le temps, comme l'instantané d'une révolution qui n'eut jamais lieu. Suis-je donc le seul à arpenter Pigalle, le soir, au côté de son souvenir ? Combien sommes-nous, dans nos chambres, le soir, à lire et relire, depuis l'adolescence, les *Souvenirs obscurs d'un juif polonais né en France* ? Je revois, à l'été 1990, le visage incrédule de l'égérie de son ami Yves Janin, lorsqu'elle m'entendit lui répondre que le type au monde que j'aurais le plus aimé rencontrer s'appelait Pierre Goldman.

Je n'en fis jamais une icône, ce qu'il n'eût pas supporté, mais l'incarnation, sauvage et griffue, de l'insoumission. Non une insoumission de principe, théorique, intellectualisée, mais une insoumission physique, un brin bombeuse de torse, avec quelque chose du guérillero caressant son bazooka dans la nuit. Ce qui est fascinant, chez Goldman, au contraire, c'est cette contradiction entre l'appel du groupe et la volonté d'être seul. Être juif, pour lui, c'est être héritier d'une solitude qui charrie ses souffrances et la mémoire de la Shoah. Suivre Goldman n'a pas de sens, sa vie reste à jamais inimitable, car Goldman n'a pas vécu. L'obsession de Pierre Goldman, c'est de transformer sa vie en destin. Autrement dit : faire de sa mort un chef-d'œuvre.

Son existence tend tout entière vers une fin magnifique qui, d'un coup d'éclair, justifierait les années d'errance et de n'importe quoi. Chaque acte de Goldman, qu'il s'agisse d'un coup d'éclat antifasciste en Sorbonne en compagnie des « katangais » ou des marches parmi les ronces vénézuéliennes à citer Lénine, porte en lui ce telos obsessionnel : la mort rendra intelligible ce magma d'erreurs et de chemins qu'est la vie. Alors, sans cesse, il cherchera, parfois jusqu'au ridicule, une apothéose dont la fulgurance, loin de l'ériger en statue mythique des jeunesses en armes, le laverait de la souillure insupportable d'avoir été. Or, vivre dans l'excès de soi-même, mépriser les règles de la société, refuser toute autre morale que ses propres pulsions, c'est augmenter ses chances d'atteindre un trépas singulier. Un adieu proportionnel à ses outrances. Ainsi, Pierre Goldman n'a pas vécu.

Il a, bien plutôt, incarné l'être. Cet être-pour-la-mort heideggerien cherchant coûte que coûte à s'extraire de lui-même pour devenir liberté pure. Il n'est pas un intellectuel, mais un corps. Un corps en vitesse qui cherche sa légende à travers son temps, et la provoque comme on accouche d'une idée. Goldman est un écrivain qui s'écrit lui-même, avec lui-même. Sa plume, ce sont ses poings, et sa page blanche, ses journées vides. L'angoisse est là, sourde et pleine de morgue : il faut remplir le temps. En ces années de poudre, au début des années 1960, les combats de manquent pas : Goldman occupe son corps dans la fréquentation de l'Union des étudiants communistes, soutient l'indépendance de l'Algérie et, aux sorties d'Assas, va casser du facho à coups de barre à mine. Sa culture proprement philosophique est maigre et, au fond, la politique ne l'intéresse pas. Ce qu'il cherche ? Ce qu'il veut ? Tous l'ignorent, à commencer par lui-même. Il cite Kant à tout-va, mais Kant, c'est lui. Il devient tout ce qu'il touche, s'incarne dans les concepts et, lui que le temps obsède, finit par devenir son temps. C'est pourquoi ce crime dont on l'accuse, en 1969, l'assassinat de deux pharmaciennes, boulevard Richard-Lenoir, à Paris, ne sera que le prétexte pour qu'une époque, celle de la démocratie libérale giscardienne, en juge une autre, sur le fumier de laquelle elle a éclos, celle de l'anarchie lénino-marxisante.

La société, via Goldman, s'opère elle-même d'un furoncle, celui des années d'extrême gauche et de la contestation. Pour faire peau neuve, il faut laver sa propre mémoire. Quand il s'agit de Vichy, la France choisit l'amnésie et met quarante ans pour faire son procès. Quand il s'agit de Mai 68, elle expédie le dossier en quelques semaines et choisit sur mesure ses boucs émissaires. Goldman apparaît comme le plus lumineux, le plus naturel, le plus évident d'entre eux. Ses excursions paramilitaires au Venezuela, ses amis louches, ses nuits à taper sur des peaux dans des ambiances cubaines, sa vie de paumé, et, surtout, son mépris du droit positif, en font le hors-la-loi hors pair. À travers lui, le pouvoir en place soignera le traumatisme des années de poudre, quand il vacilla. Le juif Goldman, au fin fond de lui-même, n'aspirait de toutes ses forces qu'à cela, à cette culpabilité qui coule de source, à cette condamnation absurde, dont l'arbitraire et la violence le relient au destin de son peuple maudit. Ce crime d'un autre, il mérite d'en payer le prix parce que l'existence d'un être comme lui ne peut avoir de sens. La Shoah a tué le sens. La seule chose à faire, c'est payer. Pour tout. Pour tous. Justice, injustice, ça ne veut rien dire quand toutes les valeurs, toutes les justices sont restées à Auschwitz. Légal, illégal, ça ne veut rien dire quand on sait que la loi, un jour, fut marquée d'une croix gammée. Coupable ? Mais quel est ce mot ?

« Je suis innocent parce que je suis innocent », fut la défense de Goldman lors de son procès. Il fut Goldman parce qu'il fut Goldman. La seule manière de le comprendre eût été d'être lui. Pour plagier Lacan, qu'il détesta, on dira de Pierre Goldman, dont la vie brève est un lapsus : jamais il ne se fera Maître. Ni aujourd'hui, ni demain.

« Qui n'a déjà rêvé d'être un meurtrier et ne continuer sa vie habituelle que pour la forme ? » (Peter Handke, *L'Heure de la sensation vraie*, 1975).

J'écris ces lignes en écoutant The Jazz Groove, une station de radio de San Francisco. Noter ce détail n'a strictement aucun intérêt, mais c'est ce « aucun intérêt »-là qu'il me faut ici fouiller, approfondir, explorer – peut-être est-ce là, justement, ce qui a *le plus* d'intérêt. Ne pas lutter contre la platitude, extrême, de ce journal. Ne pas la surjouer non plus. L'accepter, l'accueillir, lui faire la place, toute la place qu'elle mérite. Ne jamais « chercher à ». Essayer de trouver ce qui se cache derrière le rien, aux alentours de l'ennui, de ce qui n'a pas de relief ; car je suis persuadé que l'ennui est le relief même. L'ennui, que nous tentons de fuir sans cesse, et qui sans interruption nous happe et nous force à revenir en son sein, est un cosmos à lui seul, une vie dans notre vie, notre véritable et seule possibilité de *double vie*. Inventorier, un jour, tout ce que les hommes ont inventé pour échapper à son magistère, toute la science qu'ils ont développée pour ne pas voir, face à eux, la gueule molle et ressassée de l'ennui.

Je ne relis jamais ce que j'écris : déjà que je l'écris, je ne vais pas en plus le lire. À la rigueur, je préférerais encore presque réécrire ce que je lis. Montaigne, Sade, Kafka…

La France aime les « grands hommes ». Cela provient de sa tradition monarchique. On a peut-être coupé la tête du roi, mais on n'a jamais coupé celle de la monarchie. Avoir tranché la première donne peut-être même toute sa puissance, sa présence à la seconde : cette tête de Capet se promène en fantôme, en miasme, en obsession dans l'air ambiant. On est allé chercher Napoléon pour coller sa tête sur le corps décapité de Louis XVI ; nous avons fait pareil avec ses deux frères, Louis XVIII et Charles X. Puis avec Louis-Philippe. Et on a recommencé avec Badinguet, avec Pétain, avec de Gaulle. Depuis, plus rien. Nous n'avons plus rien à nous mettre sous la dent ; plus aucune couronne digne de ce nom à mettre sur la tête de la France.

Autre raison à notre quête du « grand personnage », de l'« homme providentiel », de la « figure historique » : nous sommes, n'en déplaise à ceux à qui cela déplaît, issus d'une culture catholique – cette culture catholique pèse de tout son poids. Napoléon, cet egocatéchumène, a bien compris la leçon. À cette tradition religieuse s'ajoute une tradition politique : nous adorons (et à juste titre) la République – d'où certaines synthèses folkloriques, à l'exemple de l'Empire républicain de Bonaparte. Enfin, nous cultivons le culte de la nation (le fameux « universalisme » à la française doublé de la certitude, ancrée dans les gènes, de quelque « grandeur nationale ») et supportons sur nos épaules séculaires le poids de la guerre. La France a été occupée en 1815 (par les armées britanniques, autrichiennes et russes) ; elle l'a été en 1870 (par les Prussiens) ; elle l'a été en 1940 (par les Allemands du Reich). On ajoutera que Napoléon était un militaire, que Napoléon III était un guerrier, que Pétain et de Gaulle étaient de hauts gradés de l'armée française.

Aragon, *Blanche ou l'Oubli* (écrit en 1965) : « Le chic réside à ne connaître que sa langue maternelle. Moi, pour ne rien vous cacher, je trouve que ça frise l'inceste. »

Envie, faramineuse, de retourner en Corée du Nord. Une des plus extraordinaires destinations – avec la Syrie, avec le Brésil – que j'aurai connues.

Dimanche 25 septembre

Au réveil, écoute de Terje Rypdal – un album de 1978, intitulé *Waves* (ECM Records, comme tout ce qui vient du froid, ECM 1110, Germany). Terje Rypdal : guitare et synthétiseur ; Palle Mikkelborg : trompette, bugle et piano ; Jon Christensen : batterie et percussions ; Sveinung Hovensjø : basse électrique. Rypdal est un immense guitariste norvégien que les Français ne connaissent pratiquement pas. Une sorte de Miles Davis de la guitare (période *In a Silent Way*) avec des planances floydiennes. Il faudrait quand même que je parvienne, ne serait-ce qu'une fois dans ma vie, à le voir en concert. Puis écoute (« playlist ») – en travaillant – de Howlin' Wolf, de George Harrison, de Joe Farrell, de Jimmy Raney, d'Eddie Kendricks, de Bill Graham, de Cat Stevens, de Larry Martin, de David Bowie, de Voyage, de Peter Frampton, d'Eddie Davis, de Bad Company, de Vangelis, de Chic Streetman, de David McNeil, d'Uriah Heep, de 10cc, de Martial Solal, de Jimmie Lunceford, de Brian Eno, de Cecil Taylor, de Bob Seger, de Harry Beckett, de Burning Spear, de Mahler, de Liszt, de Ran Blake, d'Esther Phillips, de Hound Dog Taylor, de Paul Motian, de Robert Charlebois, de Wild Magnolias, de Robert Plant, de Neil Young, de Steve Marriott, de Charles Tolliver, de Steve Winwood, de Yes, d'Eubie Blake, d'Elton John, de Lester Young, de Canned Heat, de Robin Trower, d'Aretha Franklin, de Dewey Redman, de Lou Reed, de Muddy Waters, de Peter Gabriel, de John McLaughlin, de Lynyrd Skynyrd, de Genesis, de Sam Rivers, de Milt Buckner, de Mike Howlett, de Peter Tosh, de Klaus Schulze et de Barry Melton.

Je prépare l'émission de jeudi prochain ; dîner avec Emmanuelle. Tenir ce journal, écrire mon roman et mon essai, préparer l'émission, lire les livres pour l'émission, lire pour moi, aller voir les spectacles pour l'émission, aller voir des spectacles pour moi ; il s'agit de continuer le sport. Mais luxe, que tout cela. Qui pourrait se plaindre de mener cette vie ?

À la maternelle, je faisais manger du sable aux filles. Je volais les jouets de mes camarades, distribuais des coups. Parfois je me faisais prendre, on me punissait derrière un rideau d'armoire, privé de récré. J'entendais les cris heureux de récré des autres : comme des gaietés de plage lointaine, qui ne me concernaient pas du tout du tout. C'est abstrait l'amusement des autres quand on n'y est pas. Ça fait comme un décor vexant. C'est le bruit de sa propre absence qu'on entend.

Et puis, j'avais l'impression que je manquais insupportablement, non pas la récré, mais *à* la récré. Qu'une récréation sans moi, ça n'avait pas de sens – ça devait être triste, mort. Comment les autres parvenaient-ils à s'amuser *quand même* ? Mystère. Sans moi le seul héros ? Sans moi vraiment le plus fort, drôle, le plus tout. Moi, le plus indispensable en cas de récré. Le plus important de toute maternelle qui se respecte. Terreur + clown, génie parfait, amant enfantin de toutes les filles aux yeux bleus, marron, noirs. C'était une récréation à gueule de soustraction. Une récréation terrestre sans moi. Une récréation sans âme. Sans relief. En noir et blanc.

Bruno A., en 1986, maths sup : « À force de vivre sans arrêt, j'ai peur de mourir. »

Ça ne m'intéresse pas de devenir catholique si je n'ai pas été juif d'abord ; mais si je suis juif d'abord, c'est pour rester juif après. Je n'accepterai d'être catholique que le jour où j'aurai totalement cessé de l'être.

Salariat, salarié, sale aryé, Sala riait, sale air, salaire, ç'a l'air… Tous les métiers du monde ne se valent pas. Il y a les gens mensualisés, les gens mensuels, du côté du Bien, avec Dieu, et les autres, les clochards, les feignasses, les traîne-savates aux Beaux-Arts, les dessinateurs de BD, les écrivains… à qui aucun versement n'est versé régulièrement, cycliquement, mécaniquement, immuablement. Le chat est salarié ; le chien est pigiste.

Je ne suis pas salarié dans une *entreprise*. Je ne suis pas un de ces êtres humains qu'on aperçoit (même furtivement) à la machine à café. Je suis guère très machine.

Une banale prédestination m'a fait naître d'une femme. Les mères, donner la vie, c'est leur truc. Et une fois qu'elles te l'ont donnée, il faut que tu la poursuives par tous les moyens. C'est facile à donner, la vie. C'est déjà plus compliqué à vivre. Ton existence est triste à mourir ? Elle doit avoir lieu quand même. C'est ton problème.

3 heures viennent de sonner. Il fait bon, et le soleil étincelle dans un ciel presque uniformément pur.

J'ai été lâché dans la nature du monde avec ma mère dans le sang ; elle m'a toujours eu dans le nez. Je descends de mes ancêtres, de mes aïeux, de toute une préhistoire. À Lascaux, il y a déjà des Yann Moix dessinés, qui donnent des coups de pompes à des buffles. Des gros taureaux disparus sous la neige. Ma mère (1982) : « C'est fascinant qu'un con comme toi appartienne à l'histoire de l'humanité quand on y pense… »

J'ai le trac de savoir que je remonte à l'Égypte, aux Grecs, à des Antiquités (romaines, etc.). Que mon sang n'a fait qu'un tour à Qalat Siman, qu'il s'est répandu sous Alfred le Grand. Que j'ai croisé Rabelais, comme sang. Je suis un sang des mammouths à nos jours. Ma mésopotamère, fossile et moderne à la fois, ultimement morte et actuellement vivante, revient d'Ispahan, des Indes, de l'époque Fujiwara déguisée en princesse, en sorcière, en mégère, en fée ou en putain, c'est ma mère liquide et rouge brique quand je saigne du nez.

Commune de Paris : il y a ceux qui veulent utiliser la Commune pour être patriotes ; il y a ceux qui veulent utiliser le patriotisme pour établir la Commune. Dans le premier cas, il n'y a en fait que Rossel.

Ce qui distingue Edith Stein c'est peut-être la sortie d'un jansénisme fermé et une ouverture différente sur la souffrance : « Sur le chemin de la Croix, le Sauveur n'est pas seul… La recherche de la souffrance pour le plaisir d'une douleur perverse est à l'opposé de l'exigence d'une souffrance d'expiation. Elle n'a rien d'une aspiration spirituelle et n'est qu'un désir sensuel nullement meilleur que n'importe quel autre appétit de la chair et même pire dans la mesure où il est contre nature. L'exigence de la souffrance pénitentielle ne peut naître que chez ceux dont l'œil spirituel s'est ouvert aux connections surnaturelles entre les événements du monde ; et cela n'est possible que chez ceux en qui vit l'Esprit du Christ, ceux qui sont membres de son Corps, tiennent du Chef la force, le sens et la direction de leur vie… » Ce que trace ici Edith n'est plus de l'ordre d'une loi ou d'un commandement, il s'agit d'un chemin hyperbolique, c'est-à-dire une invitation libre au dépassement de soi-même pour une cause qui dépasse le moi et s'inscrit dans l'ordre de l'Amour.

On rejoint par là le chemin esquissé par le Christ dans le discours sur la Montagne… Matthieu V : « 8 – Heureux les cœurs purs, car ils verront Dieu. 9 – Heureux les artisans de paix, car ils seront appelés fils de Dieu. 10 – Heureux les persécutés pour la justice, car le Royaume des Cieux est à eux. 11 – Heureux êtes-vous quand on vous insultera, qu'on vous persécutera, et qu'on dira faussement contre vous toute sorte d'infamie à cause de moi. 12 – Soyez dans la joie et l'allégresse, car votre récompense sera grande dans les cieux. » Il ne s'agit plus d'un commandement mais d'un appel, d'une hyperbole. Comme le dit Matthieu au chap. XIX, seuls ceux qui peuvent le comprendre y sont appelés…

Edith a visiblement choisi cette voie. Dans l'exaltation de la Croix (Méditation du dimanche 14 septembre 1941, soit quelques semaines avant sa mort), elle écrira : « Les âmes virginales n'ont aucun dégoût des pécheurs : la force de leur pureté surnaturelle ne craint aucune souillure. L'Amour du Christ les pousse à descendre dans la nuit la plus noire, et aucune joie maternelle sur Terre n'est comparable à la félicité de l'âme qui peut faire jaillir dans la nuit du péché la lumière de la grâce. La Croix est le chemin qui y conduit. C'est au pied de la Croix que la vierge des vierges est devenue la Mère de la grâce… » Si Jésus dit que « Tous ne comprennent pas ce langage, mais ceux-là à qui c'est donné » (Matthieu XIX, 11) en précisant qu'« il y a des eunuques qui se sont eux-mêmes rendus tels à cause du Royaume des Cieux. Qui peut comprendre, qu'il comprenne ! », Edith semble avoir, pour sa part, compris l'appel non comme un commandement, mais comme un chemin – celui de l'Amour et de la Sainteté. On pense également à quel point l'amour-agape prend chair dans ce chemin et représente à plein ce que Paul décrit dans 1 Corinthiens XIII : « L'amour ne cherche pas son intérêt… »

La nuit, il y a un monde fou dans ma chambre. Quand je me lève je me cogne à une « ex », à ma prof de maths de 4e, à Miles Davis, à un moustachu qui est descendu comme moi à la station Franklin-Roosevelt. C'est l'heure de pointe. Tiens ? Isabella Rossellini… Carré VIP – près de l'étagère. Vendredi dernier, sur les 3 heures du matin, j'ai failli me faire agresser par une bande de cailleras entre la lampe de chevet et la bibliothèque. Je vais aux putes – c'est près de ma fenêtre. Ma chambre fait boîte aussi et restaurant. De mon lit, je regarde un gros qui bouffe comme un porc. Il drague une « petite ».

Le jour et moi, on finit par se lever, lui d'abord. Chacun fait ce qu'il a à faire : le jour fait sa journée ; je continue ma nuit. Quand je suis « opérationnel », le jour est presque déjà terminé, il n'en reste que des miettes. Je prends ce qui reste, je sors dans le noir. Les gens sont fatigués au moment où je suis le plus en forme. Ils pensent à des lits. Je ferais bien un tennis.

Les filles que j'ai aimées, je me souviens même du prénom de leur grand-père, de leur premier chat, de leur coude, du surnom de leur menton, du nom du cousin du grain de beauté de leur hanche gauche – Tancrède.

La panthéonisation n'est pas qu'un détournement de mort – c'est un détournement de vie ; on ne fait pas entrer le mort en question, mais ce qu'on en a fait ; on fait entrer une interprétation (la plus politiquement correcte possible) du mort ; on fait entrer le mort dans une éternité qui n'est pas la sienne ; qui ne coïncide pas avec sa temporalité humaine. Avec son existence. Le Panthéon est le temple de la ventriloquie posthume.

Deux Carnot et deux Rousseau au Panthéon. Deux Schœlcher (père et fils) ; deux Curie (mais parce qu'ils étaient mariés). Aucun comique en revanche, aucun humoriste à part Voltaire. Temporalité folle : Monge « succède » à Jean Monnet ! Il faudrait développer cela – j'aurais pu, j'aurais dû, dans *Panthéon*. On empile, on mélange les temporalités : conception inédite du temps.

Lundi 26 septembre

Réveil avec *The Ol' Blues Singer*, Lowell Fulson, 1975 (Granite Records, GS-1006, US). Lowell Fulson : guitare et chant ; Ben Benay et Steve Cropper : guitare ; Bonnie Douglas : violon ; Samuel

Boghossian : alto ; Earl Brown et Eddie Chamblee : saxophone ; James Getzoff et Lou Class : chaînes ; Lloyd Glenn : piano ; Bobbye Hall : percussions ; Ralph Hamilton : basse ; Michael Henderson : saxophone ; Al Jackson, Jr : batterie ; Jackie Kelso : corne et saxophone ; Lew McCreary : corne ; Julia Tillman Waters, Maxine Willard Waters et Carolyn Willis : chœurs.

Déjeuner japonais avec Agnès. Puis rendez-vous au siège de France Télévisions, où je suis reçu par Vincent Meslet – je lui parle de l'incident de la boîte vocale (épisode de Saint-Malo où une fausse manipulation avait enregistré nos ébats sexuels avec Emmanuelle sur sa boîte vocale) ; il balaye l'incident d'un geste. Il me demande de ne pas trop jouer, dans l'émission, la carte du « vous autres, les politiques, vous ne savez pas de quoi vous parlez ». Le rendez-vous se passe bien.

Je prends un verre avec Jacques Attali. Nous parlons du terrorisme. Je lui dis que, contrairement aux terroristes de janvier 2015 (les Kouachi et Coulibaly), ceux du 13 novembre 2015 (Bataclan) et du 14 juillet 2016 (Nice) ne possèdent pas de fiche Wikipédia. Alors, Attali me lance une phrase que Mitterrand lui avait dite : « C'est comme les hommes sur la Lune. La première mission impressionne tout le monde ; après, l'intérêt se tasse. »

Je rejoins Emmanuelle chez elle, où j'écris ces lignes tandis qu'elle badigeonne son rebord de fenêtre « fraîchement poncé par ses soins ». La fin de phrase entre guillemets est d'elle.

Avec la mort, il est toujours trop tard.

Ma judéité est nulle ; mais ma judaïté est infinie.

Flashback, juillet 1977. Il est temps d'être sincère, et les lois le sont, et les hommes, au moment de la mort. Je suis entré dans la chambre au moment même où le cadavre était heureux ; on venait de lui fermer tous les yeux, de lui dessiner un sourire absolu. C'était donc ça l'éternité : mon grand-père, fraîchement revenu de sa noyade, allongé sur le lit dans lequel, pour sa dernière nuit de tous les temps, il avait dormi comme un bébé. Les gens meurent sans cesse, c'est normal qu'ils finissent pas mourir dans ta famille, c'est la statistique de la mort, qui gagne du terrain sur ton existence. Je suis allé pleurer, exagérant toutes les douleurs possibles, entre les bras d'un oncle musclé défait. Dans la petite chambre avec des fleurs aux murs, on venait, on s'exclamait, mais en silence, on revenait prendre sa dose de douleur et de drame. Les deuils sont semblables aux jours qui passent, ils sont douloureux sur le coup, puis s'émoussent, terminent quelque part dans un passé qui ne semble même plus être le nôtre. Les passés, passé une certaine date, sont comme des passés de tout le monde. Cette noyade d'il y a quarante ans, où habite-t-elle, maintenant ? Chez qui ? À qui appartient-elle ? Que peut bien faire, à l'heure où je vous parle, la noyade de mon grand-père en ce moment ? Peut-être (c'est une hypothèse parmi d'autres, encore plus folles) qu'elle se promène sur les Champs-Élysées. Qu'elle essaye un costume, qu'elle vole une montre.

Il faudrait que je cesse d'être né. Ça simplifierait les choses. Voici déjà un certain temps que je suis sur Terre. À force j'ai bien peur que les choses se lassent. Les étés me font crédit – pour l'instant. Et les hivers, etc. J'ai croisé beaucoup d'êtres humains. Plus que d'animaux, quand j'y pense : j'ai zéro chien et zéro chat ; je ne fréquente pas les zoos.

Le zoo est là, c'est nous les singes. Nous sommes des macaques mais qui s'enterrent. La différence entre toi et le ouistiti : les obsèques. Les bêtes pleurent moins que les hommes ; c'est pudique, une jungle. Et puis, nous, les humains, faisons des chichis dans la mort qui vient.

Ne regrettons rien. C'était chouette – la vie. J'ai aperçu dans le noir des filles en robe rouge qui, frôlant mes épines, m'accéléraient tout entier. Elles faisaient la moue puis, tout à coup, me souriaient sans accent dans la langue des sensations. Ce sont des moments où l'existence augmente.

Tant qu'il y aura une fille jolie qui sortira d'un œuf, quelque part, pour me montrer ses seins et me bouffer tout cru, j'aurai la joie de vivre tatouée sur le regard. Ce n'est pas tout : tu n'adores pas les ambiances d'autoroute l'été, la tête au vent du sud et puis tu accélères ? L'odeur de l'essence ? Les plaisirs de la mer avec vagues (vertes, bleues) et cris de mouettes ? Quelques bouées… La mer, le soir, quand tu nages dans le noir, c'est de la nuit à l'eau.

Pas la peine de partir en Amazonie, la faune est davantage en bas de chez toi. Les requins dans ces villes… Les colonies de lézards, de gens lézardés. Les vies lézardées des gens. Les rats : la vie *ratée* des gens.

Mardi 27 septembre

Réveil avec *Hard Again*, Muddy Waters, 1977 (Blue Sky, PZ 34449, US). Muddy Waters : guitare et chant ; Johnny Winter (qui a produit l'album) : guitare ; Bob Margolin : guitare ; Charles Calmese : basse ; James Cotton : harmonica ; Willie Smith : batterie ; Pinetop Perkins : piano.

Il y a chez beaucoup de la judéité sans judaïsme ; il y a chez moi du judaïsme sans judéité.

Règle du jeu. Travaillé.

J'ai une vie rêvée – je peux écouter Swamp Dogg à 15 heures allongé sur un canapé en lisant Mallarmé. Tout ça parce que j'ai eu le courage, à l'automne 1993, d'aller taper au culot à la porte de Bernard-Henri Lévy.

En 1987, je commençai de lire, avec toute la puissance d'obsession dont j'avais toujours été capable, les ouvrages de Bernard-Henri Lévy. Immédiatement, cette prose aussi fraîche qu'une vague claquée sur la nuque me transporta. Je me mis rapidement à rêver que j'étais moi-même ce jeune homme de vingt ans mon aîné ; « Bernard » – c'est ainsi que l'avait appelé Françoise Verny, de sa voix de rogomme, dans une émission de France Culture intitulée *Le Bon Plaisir* et que je savais par cœur – devint surtout, sans qu'il n'en sût fichtrement rien, mon modèle et mon frère.

Cet homme, qui savait la philosophie comme un cacique, et qui eût pu en user les concepts dans la première Sorbonne venue, avait décidé, plutôt que d'appartenir à l'Université, d'appartenir à son destin. Il avait, je le saisis aussitôt, préférer exister que vivre ; son seul campus était la liberté. De fait, un ton neuf avait jailli de cette outrance philosophique : se frotter au texte, il y avait eu un temps pour ça ; désormais, il s'agirait d'affronter le monde. Et quitte à ressasser quelque chose, autant que ce fût l'avenir. Bernard-Henri Lévy, de toutes mes idoles, était, avec Gide dont je ne savais ce qu'il en pensait, celui qui se situait au plus loin de la mort.

Il n'avait pour le passé que ce que sa mémoire pouvait, savait en obtenir : le respect de ses disparus, les nuées de son histoire personnelle et le souvenir des assassinés. Il avait compris, combattant les dictatures et disant les charniers d'hier et de maintenant, que la mémoire est d'abord ce perpétuel oubli qu'il faut satisfaire en s'allégeant – jamais « Bernard » n'eut peur de s'aventurer dans l'avenir, qui est la seule mémoire de ceux qui pensent vraiment. Quant au futur, il n'est qu'un alignement de dates prévues, une matière morte, morte par avance.

J'avais commencé par ses débuts ; les premières lignes de *La Barbarie à visage humain* me firent battre les tempes. Un philosophe, aussi jeune, avait donc le droit de convertir ses concepts en poème, d'adopter, pour défaire le monde, une langue convulsive, lyrique. C'était bien joué : face aux idéologies stagnantes, au marxisme figé comme la pierre des tombes, la prose nerveuse, sensuelle, presque gionesque de Bernard-Henri Lévy faisait figure de printemps en face du grand hiver éternel des morts. Les doctrines, ces statues glacées, se voyaient fracassées par les coups de bec d'un garnement à la langue exorbitante, magnifique, incapable d'indifférence et de contrefaçon. À la mort, la vie s'opposait.

Ce jeune homme, nerveux, parlait en outre à la première personne ; le « on », le « nous » paraissaient eux aussi ses ennemis intimes ; car le « on » est l'autre prénom du dogme, la larve des régimes totalitaires ; le « on » est un absolu érigé au nom d'un peuple écrasé par les dictatures. « On » incarne le simulacre de la démocratie ; c'est une fiction dangereuse. Quant au « nous », il était alors, encore, l'apanage des précieux – ces philosophes de hautes chaires qui, plaçant leur pensée au centre du système, s'imaginaient que toutes les planètes n'auraient plus, dès lors, qu'à tourner autour.

Mon walkman sur les oreilles, j'arpentais les rues de Heidelberg (été 1987) en écoutant en boucle *Le Bon Plaisir* ; « Bernard » était sur tous les fronts ; la réalité lui servait de métaphysique. Sa pensée, rapide et précise, s'accordait à cette voix faite de reliefs et d'intonations parfois outrées, signe que la colère, toujours prête à sourdre, est la sœur de l'indignation. Ce jeune philosophe regardait en face les impossibles de son temps : terrorisme, extrémisme, antisémitisme, racisme. L'énergie de ses emportements me plaisait ; surtout, il ne semblait rater aucun détail des malédictions à venir ; il sentait les miasmes avant les autres ; il savait, dans le réel, déceler les atomes de charogne, les relents de vermine, les odeurs de caoutchouc brûlé. Je me souviens de ses harangues contre Abou Nidal, « cette ordure » ; il triait les ordures pour nous.

On lui reprochait ses vêtements ; ils me fascinaient au contraire. On pouvait donc penser sans être sale, sans avoir les ongles à la Struwwelpeter, sans être ni rabougri, ni engoncé, ni sclérosé. Les livres de

Bernard-Henri Lévy sentaient l'iode. Son style miroitait ; je me préparai doucement à devenir cet homme, ou à peu près. Il n'émanait de cet être aucune tristesse ; ou bien, peut-être, une forme de tristesse non pas liquide, comme chez ses contemporains, mais solide – non celle d'un enfant perdu mais d'un homme qui s'était définitivement trouvé. Il n'aurait plus qu'à dérouler son œuvre à travers les années.

Non pas une œuvre théorique : la théorie m'était toujours apparue comme une déviance du cerveau humain ; elle ratait les événements, les emmagasinant dans une chambre froide pour les insérer, le plus souvent au forceps, dans une construction logique dont la cohérence, précisément, donnait la chair de poule. Les théoriciens, en philosophie, étaient les cancéreux de la fiction ; incapables de mettre en branle le moindre début de cathédrale, de traversée en solitaire, c'est-à-dire de roman ; ils échafaudaient des mythologies sévères et absolues ; ils appliquaient toute leur intelligence, réelle, leur subtilité, incontestable, à fabriquer de la pierre avec les rayons du soleil.

Surtout, que ce fût Althusser, à la légende si ressassée, Foucault, plus tard Badiou, ils contraignaient les pensées moins fortes à bifurquer vers les leurs, ainsi que le font les trous noirs dans l'univers, dont la masse infinie provoque la déviation des faisceaux lumineux. Ces exploits, cette virilité conceptuelle, aussi vaine sous la Voie lactée qu'un combat de coquelets, semblaient ne point impressionner Bernard-Henri Lévy. « Bernard » était plus diplômé que la plupart ; mieux nanti que beaucoup. Les grands principes de la métaphysique, les questions les plus essentielles, les débats les plus élevés, les notions les plus exigeantes, il les maîtrisait – on n'entre pas à l'École normale supérieure par le seul simulacre de l'intelligence.

Mais Bernard-Henri Lévy avait saisi, lui, ce que les grands théoriciens, ses aînés, trahissaient par leur virtuosité : une faculté d'indifférence à la réalité. Ces textes, ces analyses, toujours fantastiques, éblouissantes de profondeur – parfois épuisantes de verbiage –, possédaient une intellectualité monstrueuse. Y étaient projetées (sans égard au monde alentour, à ses guerres, à ses chardons et ses braises, à ses crimes impensables et impensés, à ses catastrophes inédites) les manies et les obsessions, les folies et les névroses de chacun ; tous ces grands noms pensaient, mais en milieu adiabatique, comme on le dit en thermodynamique des systèmes hermétiques. Car leur hermétisme, au sens propre, venait bien d'une fermeture à l'air du dehors et à la lumière des vrais petits matins. Ce vocabulaire qui agissait comme des volets clos, cette syntaxe de barbelés, cette succession de termes griffus, ces indécentes tournures, byzantinisme de l'abstraction : autant de coulées de béton autour de la clarté des collines, de la rumeur de la mer et des hommes qui tombent.

Pour Bernard-Henri Lévy, cette infirmité à penser autre chose que la pensée elle-même n'était rien d'autre qu'un scandale. Lui n'apportait pas que du souffle ; il proposait d'abord, plus humblement, d'ouvrir les persiennes et de respirer – fût-ce les remugles du grand cloaque. Nul n'était moins idolâtre que lui ; on le moquait pour son narcissisme, ce qui me parut risible : dans un monde épuisé à se détester, cette intransigeance à ne point céder à l'autodénigrement – à la défaite du corps, à la démission de la dignité – l'honorait.

Dans *L'Idéologie française*, que je dévorai en trois jours, l'emportant partout, en classe, en bus, au réfectoire, au lit, la langue de Bernard-Henri se fit plus dense, plus âpre, plus noire ; elle cherchait à comprendre la teigne. Se mêlait, en perforages incessants, aux cloaques de la France engloutie, cherchant dans la littérature et la pensée nationale les explications de l'impossible. Les suppliciés des temps maudits, les juifs partis en wagon vers la mort ne sortaient pas de nulle part, et surtout pas des antres méphitiques de l'Allemagne hitlérienne ; leur agonie dansait, déjà, allégrement, sous la plume de ces hommes enracinés dans la boue des chemins de village, tordus et grimaçant comme des chênes – et c'était Barrès derrière la brume, et Maurras épuisé à forger des haines derrière le clocher. Bernard-Henri Lévy avait convoqué Péguy dans cette ribambelle de l'infâme ; j'en fus blessé et le reste. Cette corruption d'un de mes dieux me fit souffrir. Si elle ne diminua pas l'admiration que j'avais pour mon philosophe, elle augmenta mon envie de le rencontrer quelque jour, et de lui reprocher cette monstrueuse bévue.

L'Idéologie française, avec cette couverture brumeuse et crémeuse, m'apparut longtemps comme le livre à imiter. Chaque formule réveillait un mort ; chaque phrase redonnait vie à un cadavre. L'intelligence, sans compromission, s'accompagnait d'une musique allègre, bien que funèbre : les mots tremblaient, sans jamais plier. Ils n'en revenaient pas de ce qu'ils découvraient, des morbides pulsations qu'ils enregistraient, des tristes rencontres qu'ils faisaient ; les mots, toujours eux, fouillaient les profondeurs jusqu'à la roche – ça puait. Ils avançaient, sans se pincer le nez, parmi les souillures et les tréfonds, faisant jaillir des nappes immondes, crevant de purulents abcès. Je les regardais se faufiler dans les méandres de l'abjection, comme des têtes chercheuses, remuant la glaise des morts, triturant les affres. Nous étions là au cœur même, me dis-je, de l'anéantissement ; sur le lieu même, parmi les déjections, des ébranlements du siècle. Barrès et Maurras, fils d'un déroulement mathématique, d'une idiotie titanesque, le style classique, en linteau, au seuil des camps – cette langue cristalline, à l'élégance suprême, avait constitué le berceau de l'indicible.

Un jour, j'irais voir cet homme ; il m'aiderait à devenir lui – ou, au contraire, à m'en éloigner pour me rejoindre. Mais qui étais-je, sinon personne ou plutôt rien ? Il m'enseignerait, à sa façon, le contraire du suicide. Il m'expliquerait, devant un café, comment ne pas mourir. Et pourquoi. Il congédierait en moi, pour toute la vie, l'odeur de renfermé ; il me proposerait une autre enfance que celle que j'achevais doucement de vivre. Je n'étais pas encore prêt – je ne faisais pas encore partie de l'humanité ; surtout, je n'avais rien à dire ni à lui dire. Je voulais être écrivain, mais sans raison. Écrivain comme lui, publié chez lui, par lui, chez Grasset, mais je n'étais pas allé jusqu'au bout de ma perdition. Il me restait à vivre une part d'erreur et des pentes raides à dévaler. Je n'avais pas péri jusqu'au bout. Tant qu'on ne meurt pas, il est difficile de renaître.

Je ne cherchais pas un nouveau père ; la paternité est une tumeur. Je n'avais jamais eu que du mépris pour le lien biologique, la pire des dépendances ; contraire à la culture, à l'intelligence, à la civilisation, elle autorise un être à en avilir un autre au prétexte qu'il sort de ses entrailles. Le visage de mon père, qui collait à mes os, m'empêchait de me trouver beau ; c'est son effigie que j'apercevais, la mort au ventre, en me regardant dans la glace. C'était le visage même de l'insignifiance. Il m'avait imposé, en guise de visage, un avatar de sa trogne. Comment être heureux avec le faciès d'un autre greffé sur les épaules ? J'apercevais son regard dans mes yeux, ses cheveux sur ma tête, son sourire sur mes lèvres ; pour le tuer, il eût suffi que je me suicide. Mais il ne m'avait pas transmis que sa laideur ; il m'avait aussi contaminé de sa lâcheté.

Mercredi 28 septembre

Réveil avec *Live At Leeds*, The Who, 1970 (Polydor, MP 2110, Japan). Roger Daltrey : chant et harmonica ; Pete Townshend : guitare et chant ; John Entwistle : basse ; Keith Moon : batterie. Acheté à Münster, en juillet 1982. Tellement écouté que j'ai la sensation d'avoir été présent au concert.

En amour, les choses doivent être simples et *smooth*. D'une parfaite fluidité. Si on a peur de l'autre, si on est fatigué, si on est en proie à de mauvaises palpitations, si on a la sensation de devoir faire le plus petit effort, de tricher avec sa nature, de craindre les réactions de l'« être aimé », alors il faut être un peu courageux et rompre immédiatement. On se fait trop avoir par les attributs de l'autre, que ce soit son physique ou son intelligence. Le seul critère : la fluidité pure. S'enfuir s'il n'y a pas cela. Et vite, et loin. L'existence ne dure pas très longtemps. Ou plutôt : les journées sont longues mais les années sont courtes. De plus en plus. Au collège, au lycée, une année paraissait un siècle. Désormais, c'est le contraire.

Écoute de Mikal Cronin, de Lee Fields, de Miles et de George Harrison. Il faudrait créer des albums fictifs des Beatles en compilant les albums solos des quatre. Il est étonnant qu'à quinze ans, je ne me sois pas amusé à le faire.

Travail à *La Règle du jeu*.

Je suis heureux d'avoir échappé aux drogues dures – et même aux douces. Pourtant, je me drogue (tout le monde se drogue), mais à *quoi* ?

Robin Le Mesurier est un excellent guitariste. Je tenais à l'écrire. C'est fait.

La qualité que je ne possède pas : la prudence. Mais est-ce vraiment une qualité ? Ce n'est qu'une qualité sociale ; or, socialement, je ne suis affublé que de défauts. Par exemple, je ne suis pas malin. Je n'ai aucune difficulté à me suicider socialement. Par masochisme ? Pas sûr. Par défi avant tout – le plaisir de me refaire de zéro. Un goût du risque que je ne rencontre chez presque personne autour de moi (Régis, par exemple, sommet de la prudence, chochotte monumentale, trouillard suprême).

Je ne me considère que comme mon propre brouillon. Je ne suis pas. J'ai à être. Je prépare plus ou moins ce que je serai. Je ne suis jamais qu'une préparation pour plus tard. Je suis l'être le moins *accompli* que je connaisse. Les imbéciles pensent que je suis un adolescent attardé : je suis un enfant toujours plus précoce.

Je n'ai jamais lu un seul roman de Jean Freustié et je ne compte pas en lire de sitôt. Je n'aime pas les gens qui l'aiment. Cela me fait pareil, au cinéma, avec Jacques Audiard : j'ai remarqué que je détestais les gens qui aimaient ses films. Je pourrais multiplier les exemples. Inversement, je m'entends très bien, de manière générale, avec ceux qui adorent les Stones – un peu moins avec ceux qui aiment les Beatles. Je m'entends bien avec les gens qui aiment McCartney ; un peu moins avec ceux qui vénèrent Lennon. Etc.

Je m'en veux parfois de la quantité (importante) des occasions sexuelles que j'ai refusées, soit par paresse, soit par désintérêt, soit parce que je préférais faire autre chose (travailler). De ce point de vue, je suis l'anti-Gide parfait. Jamais Gide n'aurait privilégié quoi que ce soit à un orgasme. Moi si. J'aurai même passé ma vie à ça. Je n'ai pas eu ce démon-là. Même si j'aurai eu la « chance » de coucher avec un grand (mais tout est relatif) nombre de femmes.

Lecture des Évangiles.

Mort de Shimon Peres, à l'âge de quatre-vingt-treize ans.

Philippe Muray n'est pas allé jusqu'au bout du seul concept qu'il ait approfondi : celui de fête. Disons, plutôt, qu'il a parfaitement bien observé l'homme-fête sans l'avoir vraiment pensé totalement. La fête, c'est justement le moyen de la violence, à mon avis, et non pas sa diversion. C'est par la fête qu'on tue, que les djihadistes assassinent : tous sont des *homo festivus*. Filles, joints, bières, virées, parcs d'attractions, ball-trap avec des innocents, football avec les têtes décapitées. C'est par la fête que Daech les attire, ou tente de les attirer. La fête n'est pas une démission par rapport à la réalité ou une contre-réalité. Elle est la seule réalité possible. C'est par la fête qu'a lieu la guerre, qu'ont toujours eu lieu toutes les guerres. Les sacrifices sont indispensables à la fête. La vie et la mort sont liées, sont mélangées dans la fête. Le nazisme et ses grandes fêtes… La fête n'est pas l'apanage du bobo innocent qui démissionne de la vie par régression infantile, elle est l'instrument de mort par excellence, elle est l'instrument préféré du réel, elle est ce par quoi les pulsions s'insinuent, s'expriment. Ceux qui nous tirent dessus parce que nous faisons la fête partent en Syrie faire la fête parce qu'ils nous ont tiré dessus. Ou bien, après avoir fait la fête en Syrie, ils viennent nous faire notre fête. Tout est fête, à commencer par la mort. La fête est le cache-sexe qui permet de commettre toutes les horreurs. C'est ce que Muray n'a pas vu ; et même, il a vu le contraire. La fête, pour

Muray, décrit l'emprise de la gentillesse et de la bisounourserie. Or, la fête est toujours le déguisement de Thanatos. Toujours.

Nous allons, avec Emmanuelle, à l'exposition d'une vente de photos qui aura lieu demain : photos de Guitry, de Coltrane, de Pasolini – et une d'Anna Karina qui grimace.

J'ai rencontré des chrétiens qui, s'ils étaient juifs, seraient quand même antisémites.

Je ne sais pas ce que l'avenir me réserve, évidemment ; mais je « sens » que je vais finir seul, horriblement seul, ainsi qu'une manière de ragondin. Les ragondins vivent d'ailleurs peut-être en famille, je n'en sais rien. Je sais, ce que je viens d'écrire est terrible. Mais pressentiment. Pressentiment qu'il ne pourra jamais en être autrement, jamais. Quand je suis en couple, quand je suis avec une femme, je suicide généralement l'histoire assez vite. Ensuite, il faut repartir à l'attaque, trouver un nouvel amour, et ce n'est pas simple. Le mieux est de laisser faire le hasard, cela va sans dire. Mais le hasard n'est jamais pressé. Les rencontres sont rares, on ne va pas se mentir. L'autre solution, pénible, misérable, absolument déprimante, est de s'inscrire derechef sur les sites de rencontre. C'est terrible : quand je m'y remets, je revois les mêmes têtes qu'il y a quatre ou cinq ans, qui sont toujours là, qui n'ont pas « trouvé », qui ont échoué. Comme moi.

Tout, alors, est à recommencer. De zéro. Atroce. Il faut remettre son titre en jeu. Mais avec des années en plus. Ce qui rajoute chaque fois un reliquat de difficulté. Je me demande quand ça changera, ce manège. Sisyphe de l'amour. Ce n'est pas une vie. En même temps, quand je rencontre de nouveau quelqu'un, je me dis que je suis heureux de toutes les rencontres précédentes, que cela a constitué une vie sentimentale très riche, très diversifiée, très mouvementée. Jusqu'au jour où ça va craquer, où je ne plairai plus du tout.

J'aimerais posséder *tout* Suarès en édition originale. Suarès est un génie. Que plus personne ne lit. Il y a les génies qu'on lira toujours et les génies qu'on ne lira jamais plus. Dans cette deuxième catégorie, on constate une belle galerie de caractériels, de puérils, d'intransigeants, de suicidaires, d'indomptables. En vrac : Péguy, Bloy, Suarès. Tous les trois contemporains. Bloy essaya d'entrer en contact avec Péguy. En vain : malgré l'admiration inouïe, consignée dans une lettre expédiée dans l'allégresse à l'adresse des *Cahiers*, que l'auteur de

La Femme pauvre avait pour un des chefs-d'œuvre de Péguy intitulé *De Jean Coste* (1902), Péguy, pour des raisons que je n'expliquerai pas aujourd'hui, décida de ne pas répondre.

Dans le *Jean Coste*, il y a tout ce dégagement, époustouflant, où est établie, de manière définitive, la différence (fondamentale, essentielle, ontologique) entre la pauvreté et la misère. Pour Péguy, la pauvreté est bien plus proche de l'aisance, de la richesse, du confort, que de la misère, qui appartient à une autre catégorie, à un autre espace métaphysique. On comprend que Bloy fut interpellé. Péguy était pauvre, Bloy était misérable. Péguy, qui aurait adoré Zappa et réciproquement, serait tombé amoureux du morceau de l'album *One Size Fits All* (1975) intitulé « Can't Afford No Shoes ». Suarès n'était pas complètement, irrémédiablement pauvre. Il l'a été, souvent, puis connut grâce à de généreux mécènes quelques éclaircies qui lui permirent de graver dans l'éternité sa prose lyrique et brutale, dont l'infinie subtilité, souvent, rappelle l'effroyable intelligence de Valéry. C'est un Valéry moins froid, disons-le, plus éruptif. Avec autant de justesse mais plus d'injustice. Valéry ? Un autre pauvre, décidément. Enfermé, bien qu'ami d'enfance de Gide le milliardaire, dans un studio lamentable, à remplir ses carnets géniaux. Gide n'aura manqué que de génie : tout le reste, il le posséda. L'argent, le temps, la santé, l'insouciance, le souci, la quiétude, l'inquiétude, les voyages, le talent. Gide est un écrivain de génie sans génie.

Suarès, lui aussi, comme Bloy et Péguy (ses relations avec Péguy furent très agitées, très mouvementées, très tendues, très excessives, très péguyennes et très suarésiennes), s'interroge sur ce qu'il n'a pas : l'argent. Qu'est-ce que l'argent pour Bloy ? Le diable. Bloy développe une mystique de la misère : le miséreux est misérable, le misérable est l'élu du Christ. Le Christ était quasiment nu sur la Croix, aussi, le dénuement est-il une eucharistie. Pénétrer dans l'Église, qui est l'ultime toit de ceux qui n'en ont plus, entrer dedans le corps du Christ, est le privilège de ceux qui n'ont de privilège que d'en être totalement dénués. Pour Péguy ? L'argent est le mal. Il est ce qui pourrit, gangrène les sociétés humaines, il rêve d'une cité socialiste, un monde où l'argent serait tellement justement distribué qu'il deviendrait en quelque sorte invisible, inutile, absurde : gratuit. C'est présent, c'est là dès le début, dans ses tout premiers écrits, qui sont économiques (il écrit sur Vico !) et dans sa première plaquette publiée, sous pseudonyme (et dont l'original, que je possède et garde non loin de mon lit, m'a coûté un œil), qui traite de la « cité socialiste ».

Jeudi 29 septembre

Réveil avec *Who's Next*, The Who, 1971 (Polydor, 2484026, France). Pete Townshend : guitare, orgue, synthétiseur, piano et chant ; Roger Daltrey : chant ; John Entwistle : basse, cuivres, piano et chant ; Keith Moon : batterie et percussions.

Nager me sert de prière ; j'avais expliqué cela à un jeune prêtre, il y a dix ans, qui l'avait très mal pris. Nous ne nous sommes plus jamais reparlé.

Gide dit : « La phrase est une excroissance de l'idée » (*Réflexions sur quelques points de littérature et de morale*, 1897). Je pense strictement le contraire – l'idée est une excroissance de la phrase.

Nous recevons Ségolène Royal à *ONPC*. Ce qui frappe d'abord et avant tout, chez elle, c'est son absence à peu près totale d'humour. Elle prend tout au sérieux et, lorsqu'elle « plaisante », c'est sur un mode qui rappelle peu ou prou le cours moyen deuxième année. Je ne dirais pas qu'elle est une imposture : elle est parfaitement à sa place, au contraire. Elle est plus scolaire que solaire. Très premier degré. Sa langue de bois ne semble pas connaître de limite ; ce en quoi elle n'est pas la seule. Elle est anguleuse, elle est rêche, je doute qu'elle soit gentille. Une tueuse, à vrai dire. Avec, très étrangement, quelque chose qui relève de l'amateurisme. Surtout, une faramineuse vacuité. Une vie intérieure qui semble d'une extrême pauvreté. Elle ne s'intéresse qu'à la politique, et plus exactement qu'au pouvoir. Elle exprime beaucoup de mépris pour ses adversaires ; elle est intolérante. Ou plutôt non : elle est sectaire. Ce qui n'est pas strictement la même chose. L'intolérance est un trait de personnalité ; le sectarisme est une marque de folie. Oui, il y a quelque chose de fou chez Ségolène Royal, de pathologique. Elle vit dans le registre de ses chimères, un royaume de songes violents, où elle ferait payer – par sa réussite – tout ce que les autres (les hommes ? les femmes, peut-être, surtout) lui ont fait subir. Elle n'est pas dans la revanche ; elle est dans la vengeance. La revanche (je l'ai souvent dit) consiste à se rembourser soi-même ; la vengeance consiste à faire payer les autres. Ce ne sont pas les mêmes zones cérébrales qui sont activées dans l'un ou l'autre des cas.

Et puis, ce mystère total, absolu, impénétrable : comment peut-on choisir François Hollande comme conjoint ? Cela m'échappe. Y a-t-il, en dehors d'être fille de militaire (comme Mme Trierweiler), quelque chose qui unit toutes les amoureuses du Président ? Je me souviens de cette extraordinaire saillie de Montebourg, sur Canal +, il y a quelques années, pendant la campagne de 2007. Michel Denisot lui avait demandé quel était le plus gros défaut de Ségolène Royal. « Son compagnon », avait décoché Montebourg. Personne n'avait rigolé. Denisot était blême. Livide. Les journalistes passent leur vie à se plaindre de la langue de bois des hommes politiques, mais quand ceux-ci parlent (via l'humour, bon ou mauvais, ce n'est pas le problème) le langage de la vérité, ils paniquent. Ils ont peur (pour leur carrière ?). Montebourg m'avait confirmé ce soir-là une chose que je redoutais : en France, on ne peut plus rien dire. On ne peut pas dire un mot au-dessus de l'autre. Il faut que les mots restent dans un catalogue prédéfini, dans un registre répertorié, dans un lexique formaté. Tout outrepassement syntaxique à la morale ambiante, au discours convenu, fait de vous un fanatique, un anarchiste, un fasciste, un antisémite, un homophobe, ou, pire, un individu. On ne peut pas rire des choses qui fâchent, et c'est normal : on se fâche au moindre prétexte. On se fâche au microscope. Qu'on manifeste son dégoût pour un insupportable calembour de Le Pen, qu'on signifie son indignation pour la « liberté de ton » d'un Gollnisch qui met en doute l'existence des camps, ce n'est pas seulement normal, c'est un devoir. Mais qu'à la moindre pichenette verbale, à la moindre ironie dissimulée, à la moindre vanne potache ou à la moindre insinuation irrévérencieuse, on soit passible de la cour martiale de la pensée obligatoire et des mœurs officielles donne franchement envie de dire : merde.

Hier, on disait « Osons ». C'est bien beau, mais ça ne veut rien dire dans un pays où les adjectifs sont vérifiés, analysés, passés au scanner, au tamis, à la radiographie, où les phrases passent des mammographies, où l'on pratique des biopsies sur les points, les virgules et les parenthèses pour être bien sûr que ne s'y planque pas un relent de moisi, de douteux, d'inadmissible, de dangereux ou de libre. La liberté de pensée n'a jamais été aussi grande, ni la liberté de parole aussi mince. On a le droit de penser autrement, mais avec les mêmes mots que ceux qui pensent ce qu'il est de bon ton de devoir penser.

J'insiste : autant que la soi-disant « bourde » d'Arnaud Montebourg, ce fut la trouille de Michel Denisot qui donna à réfléchir. Et qui était grave. Si les hommes politiques n'ont plus le courage de dire les choses, c'est peut-être parce que les journalistes n'ont pas celui de les entendre ! Denisot n'avait pas eu peur de dire une bêtise, il avait eu peur d'en entendre une ! C'est inouï. Corée du Nord : où celui qui entend des horreurs sur le Grand Leader, fût-ce à son corps défendant, est coupable de les avoir entendues. Et c'est pourquoi le héros du « dérapage » (mon Dieu ! quel dérapage !) de Montebourg ne fut pas Montebourg, mais Denisot. Je n'ai rien contre Michel Denisot, c'est un « grand professionnel » (formule tellement française) et il n'est pas à mettre *personnellement* en cause. Mais sa réaction en avait dit long sur ce que la France des médias était en train de devenir : un réceptacle passif où les mots, quand ils n'ont pas l'usinage requis, ne passent plus. C'est pourquoi les écrivains, les cinéastes, les metteurs en scène, les musiciens, les peintres et les architectes sont importants : parce que ce qu'ils veulent dire, ils parviennent encore à l'exprimer. Les autres doivent se taire. Ou parler couramment la langue des lâches. Être courageux, ce n'est plus ouvrir sa gueule. C'est choisir les mots qui n'étaient pas dans la liste. Quant à faire de l'humour, c'est entrer dans la Résistance.

Qu'est-ce que l'argent pour Suarès ? Ce qui suit a été écrit il y a un peu plus de *cent ans*, en 1909. Dans un recueil (le recueil est la formule favorite du Condottière) intitulé *Sur la vie*. Il y a tout ; toute notre époque, la crise, les crises, sa pathologie financière, les marchés absurdes et qui déraillent, les flux, la sauvagerie du capitalisme – et de sa régulation obligée, de sa réglementation… urgente. C'est un choc. On aurait moins de chocs si on lisait davantage de génies oubliés que de provisoires penseurs – mais comment deviner qu'ils sont totalement provisoires ? Question d'instinct. De goût.

Je publierai un jour, sans doute, m'engageant pour les mille ans qui viennent, la liste des provisoires certains et celle des éternels pressentis ; les millénaires me jugeront sur pièces quand je serai cendre. Si tant est que la littérature existe encore dans mille ans. Elle existera ; et sera peut-être encore la seule, sous une forme que je ne puis deviner, à surnager parmi les poissons morts, la charogne flottante posée sur le flot fou, particulièrement moche, des centaines de milliards de milliards d'images à venir. Mais Suarès. Suarès en 1909 qui nous parle, depuis sa masure de pauvre, du monde de 2016. Les lignes qui suivent, vertigineuses et fascinantes sont celles d'un amoureux d'Eschyle et de Shakespeare, du Caravage, de Sienne et de Stendhal, de Dante et de Cervantès – comme par hasard. Attention. Voici la fusée. Tirée par André Suarès depuis un pays lointain, étrange : 1909.

C'est parti : « L'argent est la matière reine. Absolue, cette reine ; et son règne, absolu. L'argent est du passé. Presque partout, c'est le tout-fait qui écrase le se-faisant. Quand la matière a la force de régir l'esprit, elle le dérègle. La science aide l'argent, parce qu'elle est présentement sans règles. Faute de science, il n'y a pas de politique de l'argent. Le monde est malade gravement de cette anarchie. Les hommes d'argent semblent ne rien comprendre à la nature du moyen qu'ils manient. Ils se servent stupidement de cette foudre pour allumer leur pipe, ou des incendies qui ne défrichent rien. Il est stupide d'être trop brutal et trop égoïste. La dynamique de l'argent est étrangère aux financiers. Ils n'ont aucune philosophie : ils n'ont donc aucune conscience. Comparer à César un de ces gueux d'esprit, il y a de quoi rire. Si, du moins, les Brutus pullulaient aux États-Unis. Ce serait peu que la finance fût sans entrailles, si elle avait une politique ; mais elle n'en a cure : elle vit au jour le jour, d'emprunt en emprunt, de bourse en bourse : elle est infiniment au-dessous des moyens dont elle dispose et des forces qu'elle détient. Plus on considère le monde moderne et le pouvoir de la finance, plus on mesure la médiocrité des financiers et la pauvreté de leur intelligence. Il faut être digne d'un grand pouvoir, quand on le possède ; ou il dévore ceux qui l'usurpent. Une puissance dominante exige un esprit dominant. Un idéal est nécessaire, ici, comme dans tout le reste : l'idéal est une pensée qui ne se borne pas à l'heure et à l'intérêt présents. Si l'argent reste l'esclave avide et impudent qu'il est dans l'affranchi qu'il pourrait être, ou le monde le suppliciera pour le mettre à la raison ; ou le genre humain tombera dans la plus vile servitude avec ce mauvais maître. C'est la finance qui a perdu Rome, et la loi qu'elle a fait peser sur le monde d'un empire usurier. »

Je coupe quelques passages, et je continue. Il faut attacher sa ceinture, ça repart de plus belle : « Tyrannie de l'argent : on achète tout, sans jamais payer de soi. Il y a un élément diabolique dans cette force secrète, dont l'influence s'étend à toute la Terre. Non visible en sa cause, et partout présent dans les effets, l'argent répond assez justement à l'idée du démon, et de sa puissance maléfique. *L'argent n'est pas responsable, et il mène presque tout* : de là qu'il corrompt tout. » Suarès, en cet instant, reprend son souffle, il respire, il va à la ligne ; allons à la ligne avec lui.

« Le pouvoir de l'argent se fait surtout haïr, parce qu'il est sans nom et sans figure : il n'est pas réel, et il fait violence à toute la réalité. Si l'esprit ne le possède pas, sa malice est meurtrière. Ce sale chiffon de papier est le symbole d'une puissance d'autant plus redoutable qu'elle est plus impersonnelle. Tout, ici, repose sur une fiction. Le mot "crédit" l'indique assez : il faut croire à cette force pour qu'elle s'exerce. Les esclaves sont les complices de ce tyran. Les hommes soupçonnent qu'ils sont victimes d'un énorme mensonge ; et ils méditent de se délivrer par le fer et le feu. Mais la violence n'a rien à faire contre la foi et le crédit. L'esprit seul libère. Rien ne sert de brûler les banques et de pendre les banquiers : il n'est que de leur imposer des lois. L'argent ne sera plus à craindre, une fois soumis à l'État. Il servira ; remis à son rang, il rendra même de merveilleux services. Car l'argent est fait pour servir. » Je conseille la lecture, l'étude, la relecture de ces quelques lignes suarésiennes de 1909 à ceux qui voudraient savoir ce qui se passe réellement en 2016. Et leur dire que c'est aussi cela la littérature : des réserves d'intelligence, des geysers de pensée pour aujourd'hui, demain, après-demain et, surtout, encore après. Les années passent et nous passent dessus ; seule se dresse, avec toute sa fougue et son feu (voyez les étincelles), quand tout le monde est mort à commencer par les économistes, les sociologues et les journalistes : la li-tté-ra-ture.

Un habitant d'Alep (encerclée, bombardée par le régime avec l'aide de Poutine) : « Tout ce qu'on fait, c'est attendre la mort. » Nous restons impuissants ; la Russie mène toujours et encore la (macabre) danse. Poutine opère avec l'aide appuyée de l'Iran et du Hezbollah. La seule chose qui intéresse les Russes, c'est la suprématie militaire dans la région ; les États-Unis, eux, continuent de rester en dehors du conflit – ils misent davantage sur la lutte anti-Daech en territoire irakien, avec la reconquête de Mossoul en ligne de mire. Obama aura, quant à la Syrie, honte de se regarder en face dans un miroir ; il restera l'un des pires présidents qu'aient connus les USA. Les élections américaines approchent, et ce n'est déjà plus son affaire (même si ça ne l'a, de toute évidence, jamais été). Poutine a gagné. Point à la ligne.

Gide : « Jamais un homme, je ne serai qu'un enfant vieilli » (*Journal*, 15 mai 1906).

L'équivalent d'un écrivain juif, c'est un peintre catholique.

Je ne supporte pas d'être contraint ; je hais les obligations. Qu'elles soient professionnelles ou au sein du « couple ». Dès que je suis censé exécuter un ordre, répondre à une demande, même gentille, même légitime, tout mon corps démissionne, je me rebelle aussitôt. Je ne puis en faire qu'à ma tête, quand bien même cela me nuirait.

J'aime l'idée de n'aimer que quelques-uns de mes livres. Très sain.

Je n'aime rien tant, en écrivant, que m'étonner. Tant pis si le résultat déçoit le lecteur. Le lecteur ? Jamais, de ma vie, je n'y ai songé un seul instant. J'écris de moi à moi, pour et par et dans et vers moi.

Vendredi 30 septembre

Réveil avec *Who Are You*, The Who, 1978. Dernier album avant la mort de Moon (septembre). J'étais en CM1. Rue du Faubourg-Saint-Jean, au numéro 28. Le directeur s'appelait M. Peneyt. De son prénom Guy. Je ne suis pas certain à cent pour cent de l'orthographe. L'année 1978 est celle où j'aurai passé le plus de temps au rayon BD d'Auchan, à Saint-Jean-de-la-Ruelle, dévorant les Gotlib (« Rubrique-à-brac ») et la série Martin Milan, qui me fascinait – je devais rencontrer Christian Godard trente ans plus tard. Nous devions écrire un Martin Milan ensemble (il m'avait même proposé de le dessiner !) ; hélas, cela ne s'est jamais fait. Mais je garde pour Godard une admiration sans bornes. Sans bornes.

Gide : « Je me souviens des jours de ma jeunesse où le bonheur habitait mon cœur comme un dieu » (*Journal*, printemps 1905).

Je suis navré de l'image qu'on a parfois de moi, de ce qu'on appelle « ma réputation ». Ce qui fait du mal, dans une réputation, c'est qu'elle repose toujours sur des éléments qui sont vrais. Mais Gide se plaignait strictement de la même chose. J'avoue que cela me rassure. Gide a toujours été là, auprès de moi. Étrange que l'époque ne le conçoive plus que comme un vieux monsieur illisible et sage, précieux et anodin, une sorte de grabataire bouffé aux mites. Nul n'est plus sulfureux que lui, plus libre, plus courageux, plus fou. Je ne suis pas en train de défendre ses sales manies, très loin s'en faut ; mais face à la critique, aux crachats, aux insultes, aux coups, il n'a pas failli. Il n'a pas manqué à lui-même. Naïf comme il l'était, il n'est pas tout à fait impossible qu'il ait été inconscient avant que d'être téméraire, mais l'inconscience n'est peut-être après tout qu'un des avatars du courage. Et je ne parle pas que de son seul courage intellectuel ;

je parle de son courage physique – ces voyages si dangereux, si lointains, si africains, à plus de soixante ans, dans les conditions de l'époque, quand nul n'était certain d'en revenir. Parmi la malaria et les moustiques, les coups de chaud et les infections, lui lisait tranquillement Shakespeare, Goethe, Pascal, La Fontaine, Boileau. Magistral ! Est-ce pour cela que durant tous mes voyages, depuis 1983, j'emporte *systématiquement* mes deux Pléiades du *Journal* de Gide ?

Vu un chef-d'œuvre, *Mal de pierres*, de Nicole Garcia, avec Marion Cotillard. Cette dernière est un mystère. Ses allures de prolétaire arlettyenne, sa gouaille un peu molle, son regard semi-blasé, sa silhouette qui ne fait pas rêver ont fini par en faire une égérie pour marques de luxe, une fée du cinéma. Je l'ai déjà croisée dans la vraie vie. Elle n'est pas même le brouillon du brouillon du brouillon de ce qu'elle est à l'écran ; celui-ci hisse impudiquement sa banalité, sa fadeur, sa normalité à des niveaux que n'atteindra aucune créature, aucune vamp, aucune muse, aucun mannequin milliardaire. Jamais on n'aura assisté à telle transcendance par la lumière.

Marion prend forme, Cotillard prend feu dès lors qu'elle est éclairée. Ses moues deviennent puissantes ; ses propos, intelligents. La voici prodigieuse dans un film, quand dans son existence elle n'accouche que de verdâtres clichés écolos, soutient les théories complotistes, enchaîne gloussements et minauderies. La regarder, c'est comme regarder la neige tomber sur les Alpes en hiver. C'est l'effet France ; ou plutôt, c'est l'effet France profonde. Bardot est passée par là. À la franchouillardise du prénom Brigitte répond, en écho, le patronyme Cotillard.

Ce qui me plaît chez elle : cette manière de ne rien dire quand elle parle, ce lâcher-prise, ce génie dans l'absence de génie qui fait que, tant qu'il y aura des Oscars pour la France, ils seront toujours pour elle. Elle est la seule Française à les représenter toutes.

Serait-elle « meilleure », plus pointue, plus considérable chez nous qu'elle le serait moins là-bas. Serait-elle une diva à la sauce Adjani à Paris qu'elle ne serait, à Los Angeles, qu'une starlette supplémentaire. Tel est le paradoxe de cette faramineuse gloire : Marion est la plus grande chez eux parce qu'elle est toujours restée petite chez nous. Sa véritable réussite a été de ne pas chercher la réussite.

Los Angeles n'oserait pas sortir de son chapeau une actrice qui n'a pas tout fait exprès pour le devenir. Les Américains sont las des géantes vaporeuses, des parfaites carnations, des créatures éthérées ; ce qu'ils cherchent, c'est une actrice dont ils ont l'impression qu'elle ne joue pas. Ils aiment Marion Cotillard parce qu'ils sont persuadés qu'elle est exactement « comme ça » dans la vie. Hollywood a injecté Marion Cotillard dans son système aux fins de le dérégler, l'affoler, le perturber : cette simplicité, cette normalité, cette humanité, cette chair sont, à vrai dire, si peu cinématographiques mais si infiniment cinégéniques qu'elles fascinent.

En France, Marion Cotillard impressionne (par sa réussite, son ascension, sa gloire). Mais si les Yankees la vénèrent, c'est précisément parce que, chez eux, elle n'en impose à personne. Marion incarne une décontraction, une différence, une aberration – c'est la bonne copine française, la Parisienne sympathique avec qui l'on rêvait de coucher mais qui, finalement, a choisi quelqu'un d'autre. On désire Marion Cotillard parce qu'elle ne veut pas de nous. Elle ne s'offre pas, ne se donne pas. Et pourtant, elle semble à portée de main. Marion Cotillard a inventé l'inaccessibilité par proximité. Si proche de nous qu'on ne peut jamais la saisir. Ni l'atteindre. Bien joué.

Suarès est un génie-que-plus-personne-ne-lit, donc. Ce n'est pas très grave, il n'eût pas supporté qu'on ne connût de lui que son nom, ni même qu'une partie seulement de ses œuvres. Suarès était l'homme du tout ou rien. Si, de sa vie, il ne fit jamais le moindre compromis, c'est que, malgré sa culture sans limites, il n'avait jamais entendu parler de ce mot. Comme il n'a pas écrit le moindre petit roman à l'intrigue bien ficelée et au style « intéressant », notre époque n'a pas cru bon de s'embarrasser de sa postérité, reléguée sans doute à plus tard. En littérature, les purgatoires ne sont que des salles d'attente. Au vrai, l'exemple de Suarès éclaire encore les mœurs d'aujourd'hui : réfléchir sur son cas, c'est s'intéresser à l'aigreur, à la jalousie, à la médiocrité de quelques écrivains et critiques littéraires « d'influence ».

Né à Marseille, Suarès monte étudier à Paris où il passe haut la main le concours de Normale sup, puis se suicide à l'agrégation d'histoire en adoptant un style mallarméen. Commence alors un incessant dialogue avec son propre génie, qu'il n'aura de cesse de répandre, jusqu'à quatre-vingts ans, sur tous les champs de l'esprit : universel, « Félix » se passionne pour la littérature, l'histoire, la politique, la musique, l'économie, l'architecture.

Les cent livres qu'il nous a laissés, et que les éditeurs (en dehors de « Bouquins ») continuent de bouder, sont ceux d'un poète limpide, d'un philosophe aguerri, d'un pamphlétaire subtil, d'un dramaturge étonnant, d'un épistolier inlassable. Il voit plus loin que les autres, pense mieux, subjugue aujourd'hui par ses prophéties. Ajoutons qu'il est sans conteste celui qui, plus encore que ses contemporains Gide, Claudel ou Malraux, allie la plus solide culture au plus pur des styles. Seul Proust, dans un tout autre univers, peut se dresser sans rougir en face de Suarès.

Je relisais, l'été dernier, *Vues sur l'Europe*, en « Cahiers Rouges ». Livre incroyable. Mis hélas au pilon par Grasset en 1936, et qui constitue, quelques années avant le cauchemar, un des textes les plus visionnaires de la littérature française. Florilège : « Il ne peut pas y avoir d'Europe, parce que pour l'Allemagne une telle idée n'a pas de sens : l'Europe pour les Allemands doit être allemande ou n'être pas » ; « Le mythe de la race est la plus basse des idolâtries matérialistes » ; « Dans *Mein Kampf*, il y a tous les crimes de Hitler commis cette année, et tous ceux qu'il pourra commettre encore » ; « Hitler répète cent fois le même propos. Ce rabâchage est un signe de la manie : dix fois moins long, *Mein Kampf* ne serait ni plus ni moins vrai, ni plus ni moins complet. Drue et pleine la haine est une folie. Le fou pousse toujours les mêmes cris ; mais à Berlin, il n'a pas la camisole de force ; il n'est pas muré dans une cellule blindée de matelas. Sa cellule est tout un peuple ; il a l'écho de 60 millions d'hommes ; loin d'être enchaîné, c'est lui qui est le maître absolu de leur liberté. Sa haine est une religion et son livre en est l'ignoble Évangile ».

Mais Suarès n'est pas entendu, on préfère étouffer sa voix claire et dérangeante. Sa vie, son œuvre pactisent avec l'ombre. Certes, son tempérament, son intransigeance ne servent guère sa publicité. Celui qui signe ses chroniques « Caërdal » fuit les cénacles et les salons, ne s'éprend pas de catholicisme, ne se prostitue pas dans les rédactions parisiennes, et, enfin, ne fait de politique que par son style – le seul parti auquel il adhérera jamais est celui de la solitude. Son ambition est unique : être lui-même, jusqu'au bout. Un ami lui écrira : « Aucun homme n'a jamais vécu une si prodigieuse intégrité de pensée dans le développement sévère de la vie de son esprit et de son cœur. » Suarès refusera de s'abaisser à postuler à l'Académie, à fomenter des intrigues pour recevoir le Nobel ; il poursuit aveuglément son œuvre, ne plie pas.

Il est pauvre, mais des mécènes, époustouflés par son génie, se relaient pour lui assurer de quoi se consacrer à sa fureur, à son désespoir, à son destin. Et, au voyage, ce qu'il préfère en ce monde, avec la musique, c'est – comme moi – un fou d'Italie : il lui consacrera son chef-d'œuvre, *Voyage du Condottière*, immense poème en prose de trois tomes dont le premier paraît en 1910 et les deux derniers en

1932. Ce livre, un véritable sommet, s'inscrit parmi les plus beaux textes jamais écrits en langue française. C'est là que le bât blesse : ceux qui s'enorgueillissent de donner sa chance à Suarès sont ceux, aussi, qui tentent de le contrôler, de limiter son influence, son aura. Comme il est difficile de faire sans lui, on fait avec, mais c'est pour mieux le flinguer. Gide, qui joue les fair-play au début, le jalouse vite : son *Dostoïevsky* – soyons honnête – est ridicule comparé à celui de Suarès. Il éliminera vite l'encombrant *Condottière* (ce n'est pas, cela va sans dire, l'instant que je préfère dans la biographie gidienne). Et la *NRF* de Jacques Rivière, encouragée par le médiocre Jules Romains, continuera longtemps à son égard un dégueulasse travail de sape. La presse, elle, boude son art, lui préférant des œuvrettes pâlichonnes : « Je ne vis, écrit Suarès, je ne respire que pour durer : pour l'œuvre la plus belle. Et tous, ils ne jugent que sur le plaisir et le succès. » Puis : « Tout est contre moi… Je n'en peux plus… »

Je n'ai pas supporté qu'une journaliste de RFO, peu après les attentats de 2015, me dise que les dessinateurs de *Charlie* l'aient bien cherché au prétexte qu'elle, la journaliste, était café au lait de peau. C'est une des choses les plus stupides que j'aie entendues au lendemain des attentats, et aussi, *in fine*, une des plus violentes. Cette explication de la situation par la grille de lecture de la couleur de la peau est précisément ce qui fait de la France, depuis une petite vingtaine d'années (et en tout cas depuis le 11 Septembre) un pays irrespirable. Je ne connais, pour voyager beaucoup, aucun autre pays sur la planète où, toute la journée, tout le monde se situe autant en tant que Noir, juif, Arabe, Blanc, métisse, homosexuel ou autre. C'est insupportable, à force. Impression de vivre dans un marigot. Chacun cherche, non point son chat, mais qui est raciste, antisémite, catholique, arabe, musulman, islamophobe, homophobe, sioniste, antisioniste, juif, français, etc. C'est le western. Une sorte de western identitaire permanent… La vérité est qu'il faut considérer chacun comme une somme de complexités inédites et d'identités multiples, paradoxales, changeantes, capricieuses, et riches. Je ne suis d'aucun camp. La notion de camp correspond à une vision spécieuse du monde. Il s'agit d'être toujours hors de soi, et non le prisonnier d'une seule identité, qu'elle soit ethnique, nationale, culturelle, physique, intellectuelle, esthétique, géographique ou historique.

Emmanuelle est allée chercher mes photos de Guitry. Guitry barbu, vieux, en chaise roulante, dirigeant *Assassins et voleurs*, son ultime monument. Je ne me lasserai jamais de ce type. Guitry est une galaxie. Avec ses étoiles, son firmament spécial, ses naines blanches, ses géantes rouges. Guitry pouvait tout, et c'est pourquoi on aura tout tenté pour le tuer. Insupportablement géant, avec ses aphorismes d'une simplicité d'enfant, ses mises en scène en abyme et la fulgurance de son trait, il n'a pas de descendance, en dehors évidemment d'un fils absolument unique : Woody Allen. Guitry fut tellement source, jaillissant de partout, et sous toutes les formes, qu'il inspira François Truffaut, Orson Welles et tous ceux qui ne sont pas le nombril du monde, mais ont fait un monde de leur nombril. Guitry, qui n'a jamais confondu l'intelligence avec la culture, ne pensait pas : il écrivait, il dessinait, il filmait, il dirigeait. Il fut le Molière du XXe siècle. Il faut répéter, jusqu'au vertige, qu'au lieu d'être collabo, Guitry fut bien plus terriblement une victime, persécuté par les jaloux, la multitude des besogneux et tâcherons qui aujourd'hui encore, sous des noms provisoires, assurent la permanence de la médiocrité mondaine, journalistique et critique.

Guitry est l'inventeur de l'absence totale de complexes ; il n'était pas un « touche-à-tout » (insupportable expression) mais *guitryfiait* tout ce qu'il touchait. On reconnaît une phrase de Sacha, non pas à son humour, mais à sa profondeur : rien n'est plus élégant que la légèreté pour faire accroire aux idiots qu'on n'est qu'un comique. Cet homme n'avait besoin pour exister d'aucune méthode, d'aucun principe et d'aucune philosophie : le travail fut son seul dieu, avec la liberté qui en est le corollaire jouissif. Il était à l'aise dans le huis clos, les espaces limités, les géographies fermées ; son infini découlait de l'exploration passionnée d'un territoire minuscule. C'est un explorateur dans un vivarium. Avec quelques décors, deux tables, une chaise, il fabriquait de la dynamite. *Si Versailles m'était conté* était une production gigantesque, mais n'est pas plus vertigineuse que *Bonne chance* ou *Le Mot de Cambronne*. On détestait tout chez Guitry : son œuvre, son style, son génie (c'est l'usage), son succès (c'est la coutume), sa chance, mais surtout son *corps*. Ce qui ne passait pas, ce qui n'était pas acceptable, c'était autant de finesse, de gymnastique, de virtuosité, de raffinement, de souplesse, dans un corps aussi gras. Un corps bourgeois, un corps enrobé dans un peignoir de soie. On voudrait que les révolutions soient ourdies par des maigres en colère, des rachitiques stressés : les doigts boudinés bagués, les mollets striés par des fixe-chaussettes, Sacha parvient, avec un flegme de gros matou et une préciosité d'apparat que les abrutis confondent avec l'emphase, à inventer une règle par jour, un dogme à la minute, aussitôt détruit, anéanti, remis en question par lui. Il invente les lois pour mieux les violer. Dès qu'il découvre un procédé, soit il s'en sépare, soit il s'en moque. Il distribue les idées comme on lance des confettis : il aurait fallu dix Guitrys de plus pour écumer toutes les pistes par lui défrichées, pour explorer au mieux toutes les terres vierges par lui découvertes. Coupe-coupe et robe de chambre. Foulard Cardin et sabre au clair. Les vrais aventuriers n'ont jamais des gueules d'aventuriers. Il y a plus de subversion dans n'importe quel plan de *Mon père avait raison* ou dans *Faisons un rêve* que dans l'intégrale d'Abel Ferrara ou de Gaspar Noé. Par quel décret poussiéreux la violence habiterait-elle évidemment dans les égouts ? Quand on voit Guitry réajuster un nœud de cravate, chercher un bouton de manchette, on est sûr qu'une guerre se prépare. Nucléaire.

La télé ne montre que des images, c'est donc là que les hommes politiques viennent redorer la leur, lorsqu'elle est abîmée. Le JT est ainsi devenu, au cours des années, le service des urgences des accidentés de la popularité.

Lorsque les ministres tombent du haut des sondages, c'est à *ONPC* qu'ils se précipitent. Devant des millions de téléspectateurs, ils la jouent confidentiels, « on est entre nous ». Le petit écran devient le confessionnal où ils expient leurs fautes, avouent leurs erreurs. Le JT sert alors d'amplificateur de sincérité. Ce qui est étrange, lorsqu'on songe qu'ils viennent montrer le contraire de ce qu'ils sont vraiment – ou, plus exactement, de ce qu'ils pensent que nous croyons qu'ils sont. Chacun vient montrer le négatif de son image (comme on parle de négatif en photographie). On ne gouverne pas seulement à vue, mais à « vu à la télé ». C'est l'ère de la télécratie. La République aussi a son *prime time* ; la démocratie, son Audimat. Électeurs, zappeurs, même combat. *ONPC*, c'est l'État à domicile. Les « Grossiers de l'écran ». Dire la vérité, pour eux, c'est changer de mensonge. Ce n'est pas seulement la langue qui est de bois, mais le nez, comme chez Pinocchio. Dommage que le téléspectateur soit le pantin.

Il faudrait changer les jours, que la vie continue moins. Qu'elle arrête d'avancer comme elle fait. Ça va mal finir. Tout progresse toujours trop. Ce qui pousse pousse trop vite. Les enfants grandissent en exagérant. J'avais du courrier hier matin : des menaces de mort. Tu existes un tout petit peu moins quand tu apprends que quelqu'un veut te tuer. J'ai rien fait pourtant. J'aurais embêté qui ? J'étais débraillé, j'ai remis mieux ma veste, c'est bête la peur. Mon assassin habite où ? Le nord de la Chine ? L'Alaska ? Portsmouth ? Quels chemins sinueux pour que la lettre arrive aussi précisément chez moi ? La haine connaît toujours l'adresse. L'amour est flou, imprévu toujours, plissé, ruban : la haine est concise, fatale exactement, s'insinue, resquille, elle parvient chez toi. « Je t'aime », c'est un gros caillou posé ; « tu vas mourir bientôt », c'est des particules qui savent.

Je ne trouve pas qui c'est. Zéro idée du type qui a posté ça. Aucune femme parmi celles avec qui je suis sorti ? Je vois pas, non. Il y a une brune, peut-être… Cette rousse ? À moins que… Non, je vois pas. La peur a quand même passé sa matinée avec moi. Pas pu s'en empêcher. Elle a fait claquer mes dents, m'a forcé à marcher plus vite dans cette rue, là. Elle a profité des coins sombres pour faire la maligne. À un moment elle a empoigné ma gorge : les gens la voyaient qui serrait très fort. Elle m'entraînait où elle voulait – j'ai obéi. J'ai marché là où elle m'a dit, je savais pas où on allait.

La foule sur le trottoir est une foule où quelqu'un m'en voulait. Il me voyait, pire, me regardait. Rigolait ! J'étais déjà mort pour lui. J'étais ma toute dernière journée déguisée en promenade. Là, près des Champs, je faisais des choses ultimes et dérisoires. Tout était mes derniers instants.

En 1997, on avait déjà voulu me supprimer physiquement. C'étaient les fans d'Elvis, en colère noire parce que j'avais insulté leur idole dans *Marianne*. Le jour même de la parution, mon fax avait crépité : ça venait des États-Unis et ça ne plaisantait pas (« *YOU'RE DEAD* »). Mon téléphone avait extrêmement sonné par rapport à d'habitude. Chaque fois c'était raccrochage au nez, sauf une fois : « J'y passerai vingt ans, trente ans s'il le faut, mais je te trouverai. Je vais te crever salope. »

Encore un fax (« TU AS INSULTÉ DIEU. À TOUT DE SUITE ! »). Je me sentais pas très bien. Je suis sorti pour m'aérer. Je suis allé voir un film ; je ne me souviens pas du film. Je suis rentré assez tard – inquiet. Et là… Là… C'était la folie devant mon immeuble. Une assemblée de bikers, vêtus de noir, de têtes de mort et de blousons « Elvis ». Le trottoir était devenu, progressivement, une convention de motards susceptibles spécialement venus à 400 à l'heure pour me manger les yeux, me casser les muscles et faire caca dans ma boîte crânienne. Certains bouffaient des grecs-frites. D'autres scrutaient l'alentour, la mâchoire pas sympa. Bananes parallèles. Ray-Ban butées. J'en voyais aussi qui faisaient des tours de ma cour, en boucle, pétaradant sous mes fenêtres : hallali loulous. Première fatwa de l'histoire du rock.

À *Marianne*, ils étaient déjà passés, emboutissant tout, éborgnant l'entrée, pétant beaucoup de vitres. Les journalistes avaient descendu le rideau métallique : c'était pas anti-gorille comme rideau. Une secrétaire s'est mangé deux énormes cocards : un de Lille et un de Marseille. Ils avaient dix paires de poings (gantés) par personne au moins, et cassaient la gueule à tout : au béton, aux moineaux, aux arbustes, aux grands-mères qui passaient, aux pigeons, aux voitures. Pots d'échappement : vrombissements, tumultes et poussière noire, fumées cancérigènes et colères, pétarades, crissements, accélérations + klaxons et vitesse, freinages et coups de pompes, roue arrière / guerre nucléaire, napalm et carburateur, champignon-pédales, les casques zé les roues géantes, des chevaliers et une apocalypse.

Parce que j'avais dit dans un articulet d'hebdo pas très lu des choses pas gentilles sur un chanteur de rock n'roll mort. Ça allait faire la mort d'Elvis + la mienne tout ça à cause d'Elvis. Qu'Elvis soit mort à cause d'Elvis, ok, mais moi… Ils menaçaient tout ce qui bouge, dans un délire de Memphis bafoué, d'altitudes souillées, de tombeau profané. Ils venaient m'apporter des fractures. Ils ne connaissaient pas ma tête, une chance. Mais j'avais un livre qui sortait en librairie le surlendemain – on me verrait à la télé, dans les journaux, les magazines. Je traverse ma cour : un petit gros Elvis, à tête de lapin, vient me voir. Il est sur une moto énorme sous lui : on dirait un opossum à cheval sur une baleine. « Et wock n'wall, and wock n'wall. » *A priori* il veut me maltraiter.

— T'es qui ta ?

— Un voisin.

— De qui t'es voisin de ?

— De l'ordure que vous cherchez !

Les motos remuent dans ma direction, vrombillent, s'approchent comme des animaux qui ont faim. Elles m'enveloppent à présent toutes. Les gars qui me dévisagent n'ont pas fait mille bornes pour parler de Charles Péguy. J'en vois des turbobalafrés. Des cylindrozamputés. Des éborgnés-Davidson. Des zombies du kilomètre qui n'ont rien d'autre à perdre dans la vie que leur moto. Ils vont me marmelader la gueule, m'écrabouiller le foie sous du pneu, faire gicler mon estomac comme du pus. Ils passeront/repasseront sur mon corps comme Pasolini. Ce viscère c'est moi : aplati par les Suzuki. Les Honda… « C'est pas moi Moix. »

Je ne voulais pas terminer mon séjour terrestre en martyr Bol d'or. En aplati de bécane beauf. Je me suis donc dénoncé, trouilleux, mal réparti dans mon courage, excessivement peu Jean Moulin : « Il habite là. Il va pas tarder à rentrer ! » Comment ne pas avoir honte de soi quand on se dénonce soi-même. Kommandantur et moteur ; j'ai vomi. Comme un personnage étriqué à la Sempé, j'ai suivi la suite depuis ma fenêtre, par un interstice minuscule. Ça devenait très populaire en bas de chez moi ; tout juste si on n'avait pas installé des stands, saucisses et bière, frites et badges, tee-shirt de « l'événement » (ma fatwa waôk n'rwoul).

Départ Nevers, *fissa*.

Aujourd'hui, entre le lever et le coucher, j'aurai écouté : The Who, Red Callender, Archie Shepp, Jasper van't Hof, Helen Humes, Joachim Kühn, Duke Ellington, Bobbi Humphrey, Buddy Tate et Wild Bill Davis, Johnny Hodges, Sun Ra, Illinois Jacquet, Chick Corea, Erroll Garner, Yusef Lateef, Dave Alexander, Miles Davis, Buddy Collette, Dollar Brand, Don Cherry, Allen Houser, John Coltrane, Lucky Thompson, Horace Silver, Charlie Parker, John Lee Hooker, Oscar Peterson et J.D. Short.

Gide : « Certains jours mon esprit, comme mon corps, prend en souffrance chaque pli » (*Journal*, 17 octobre 1910).

OCTOBRE

Samedi 1er octobre

Réveil avec *Tommy*, The Who, 1969 (Polydor, 658.149/150, France). John Entwistle : basse et cuivres ; Keith Moon : chant, batterie et percussions ; Roger Daltrey : chant et harmonica ; Pete Townshend : chant, guitare et banjo.

Quantité de travail phénoménale – du coup (c'est classique dans ces cas-là) je procrastine.

Il y a des livres qui continuent après la fin : pas seulement (ce que tout écrivain espère) dans la tête, dans le cerveau des lecteurs, des lectrices, mais dans le cerveau de l'auteur lui-même – et le livre qu'il vient d'écrire continue de vivre en lui, soit sous forme de questionnement, de doute, soit sous la forme d'un inachèvement dans la pensée. Quand je publie un livre, soit je ne pense plus ce qu'il contient, soit je le pense encore, mais en mieux, en plus profond, en plus clair. Mais il fallait bien que ce livre soit publié pour que ma pensée soit inscrite, soit, littéralement, *sous mes yeux*.

Bien sûr que la notion de foi me taraude, moi qui suis « agnostique ». Et il faut revenir sur ce mot, car, à force d'être employé par tous les athées qui se croient plus malins que les autres (athées), il ne signifie plus rien. Être agnostique ça veut dire penser qu'il n'y a pas de lien possible entre la pensée humaine et la conception d'une transcendance absolue.

Quand on lit la presse avec une semaine de retard, les « nouvelles » paraissent provenir d'un autre monde. Et beaucoup plus datées qu'une page de Balzac ou qu'un poème de Mallarmé.

Montherlant, *La Marée du soir (carnets 1968-1971)* : « Les amis de la vérité n'ont pas d'amis. »

Je ne me convertirai pas au judaïsme, je ne crois pas aux conversions ; il s'agit de se trouver à partir de ce que l'on a toujours déjà été ; toute conversion est une fuite, un leurre. On n'échappe pas à la manière dont on a pénétré le monde. S'en exclure soi-même ne règle pas la question : on ne fera pas l'économie, jamais, d'une pensée de *soi*.

Aucune théorie, dans le monde, ne sert à rien, qui ne nous sert pas personnellement. Individuellement, égoïstement. Tout est abstraction, vanité, futilité, et si souvent cuistrerie, bazar à concepts, affirmations oiseuses, qui n'est pas strictement utile, non pas à vivre, mais à penser notre vie, mieux : notre être. Hors de ça, futilité partout. Je dois comprendre pourquoi je suis là, pourquoi je suis « catholique » et ce que cela signifie pour moi – j'ai par conséquent voulu tout reprendre de zéro, par le judaïsme, que je trouve *pour l'instant* plus « adapté » à tout mon être que le christianisme ; j'essaie de démêler tout ça. Je ne connais pas l'issue de cette réflexion sur moi, de cet approfondissement en moi. Ce livre est écrit en direct, sans la moindre rature, car on ne se présente devant Dieu qu'avec ses hésitations, ses tares, ses défauts, ses crispations – mais devant lui, rien ne sert de raturer : il lit sous les ratures. Et je dis « Dieu » mais, pour moi, il ne signifie rien encore, sauf chez les juifs, justement, où je *pressens* ce qu'il est. Où je pressens *où* il est – à côté, et non « au-dessus ». Mon problème, c'est l'au-delà. Le par-delà, c'est bon. L'au-delà, non. Je préfère le judaïsme au christianisme. Le christianisme n'aime pas les riches ; le judaïsme n'aime pas la pauvreté.

On me dit : « Ce n'est pas une question de "préférence". » Ah oui ? C'est une question de quoi alors ? Qu'offre-t-on en matière de monothéisme ? On connaît la troisième option (en dehors du christianisme et du judaïsme) : je dirais que je la respecte et, mieux, que je l'aime – que j'ai eu maintes occasions de l'aimer (pour sa *tolérance* précisément). Mais elle m'est culturellement étrangère, lointaine, elle ne me *parle* pas. Le « Dieu des juifs » me parle : je le lis dans le Texte. Il n'*y a* que des hommes mais il n'*est* que Dieu. *Il y a* de l'homme (*es gibt*), mais Dieu est. Les hommes, c'est ce qu'il y a. Dieu, c'est ce qui est.

Je suis désolé, mais il y a des choses qui ne passent pas. C'est comme la gorge, mais avec le cerveau. Des choses qui me restent en travers du cerveau. La phrase suivante, par exemple : « [L'Église] n'est pas un autre Israël, elle est *l'accomplissement même en Israël* du dessein de Dieu » (Jean-Marie Lustiger, *La Promesse*, 2002). Ce qu'il faudrait, c'est trouver un moyen de faire cesser cette filiation entre le judaïsme et le christianisme – car il n'y en a aucune. Il faudrait construire un christianisme sans judaïsme : manière définitive de cesser de considérer le judaïsme comme un moyen dont le christianisme serait la fin, comme une étape dont le christianisme serait l'arrivée. Pour les juifs, cela va de soi. Pour un juif (j'entends : non sécularisé), après le judaïsme, il y a le judaïsme. Pour un chrétien, après le judaïsme, il y a le christianisme. La phrase de Lustiger est terrible, quand on la lit de près, car, si Israël est toujours le même que celui qui a toujours été, si Israël est toujours celui qui fut dès le départ l'Israël du peuple juif (allant jusqu'à se confondre avec lui), alors cet énoncé fait des juifs un peuple, sinon de retardés, du moins de retardataires. Est juif, finalement, celui qui est en retard sur le christianisme !

La phrase de Monseigneur Lustiger fait du peuple juif un peuple d'étape, un peuple de croquis. Une esquisse de peuple. L'Israël juif est bien le même que l'Israël chrétien, mais sous la forme d'un brouillon. Dieu a fait ses desseins au brouillon.

Car une fois ces desseins accomplis à travers le christianisme, cher Monseigneur, que deviennent donc les juifs ? Ils restent où ? Dans l'inaccomplissement ? Ils se promènent dans l'inachèvement ? C'est quoi l'inachèvement ? Et c'est où, l'inachèvement ? Comment fait-on pour y aller ? Les chrétiens seraient-ils des juifs achevés ? Ou bien une fois leur tâche (intermédiaire) de juifs achevée, les juifs devraient-ils laisser aux chrétiens le soin de terminer les desseins de Dieu ?

Il faudrait un christianisme qui ne repose en *rien* sur la Torah. La lecture chrétienne de la Bible juive est tellement erronée que c'est déjà le cas. C'est en lisant mal que le chrétien a inventé le christianisme. Le problème est que cette mauvaise lecture fut intentionnelle. Paul a extrêmement bien mal lu.

Pourquoi Monseigneur Lustiger se *permet-il* de dire une pareille phrase ? Pour une question de Messie. Le culot génial du christianisme, ce n'est pas seulement d'avoir mis au point un Dieu qui serait un homme, mais un Messie qui serait un homme. Car je ne vois nulle part dans le judaïsme l'obligation de croire au Messie en tant que *personne humaine*. Pour un chrétien, les paroles du Messie sont des paraboles. Pour les juifs, c'est le Messie lui-même qui est une parabole.

Sur le trottoir, dans ma rue, détrempé, presque moisi, un livre : *Jacques Martin se raconte*. Il ne doit plus se raconter à grand monde, Martin. Totalement tombé dans l'oubli. Lui qui était regardé par des millions de personnes tous les dimanches. Il ne reste rien des émissions de télé, rien non plus de ceux qui les animent. Et c'est heureux comme ça. Il ne faut pas non plus exagérer. D'ailleurs, ils le savent. Ils savent que leur notoriété est inversement proportionnelle à leur postérité. Raison pour laquelle ils s'accrochent en général comme des tiques à leurs émissions. S'ils partent, c'est le grand saut – c'est la mort direct. Martin est mort en 2007 et tout le monde s'en fiche. Il vaut quand même mieux être Sartre. Il était là, dans ma rue, fini, dans le ruisseau. Tout ça pour ça. Tu parles d'un destin.

Martin aura habité la télévision populaire des provinces pluvieuses. On ne regardait plus, bien sûr, mais on s'étonnait, comme pour les statues, les monuments, que ça résiste autant au temps. Les institutions, la télévision sait les inventer, et Martin fut, à sa manière, président d'une République parallèle à celle de l'Élysée. Sarkozy, qui lui avait piqué sa femme, est souvent dépeint en Napoléon, mais l'Empire était le théâtre de Martin. Il avait commencé sa carrière à la radio, dans ces années yé-yé où les fainéants intelligents avaient des lits de camp à RTL ou Europe 1. Mais Martin, qui s'était fait connaître en escaladant les murs de la station de la rue Bayard, avait continué à monter. Très vite, la télévision lui confia des conneries à faire, avec une bande de guignols cultivés. C'était le temps du *Petit Rapporteur*, avec ses collègues Pierre Desproges, Daniel Prévost, Stéphane Collaro, Piem… Des comiques, bien sûr, des déconneurs ahuris, mais aussi des écorchés vifs, des provocateurs intelligents, des génies dans leur genre mineur. Martin, on peut s'en moquer (que ce soit au sens de s'en foutre ou au sens de se moquer de lui), mais il faut lui rendre cette justice : il n'étalait pas cette culture qui était énorme, ces passions qui furent nombreuses, et préférait, à la tristesse intellectuelle des poseurs et des prétentieux, la vie comme elle va et la cuisine lyonnaise. C'est Lyon qui explique le mieux Jacques Martin : la bouffe et l'amour des lettres. Car Lyon, il y a très très longtemps, fut la capitale européenne de la culture et des humanités ; Martin aurait pu étaler son savoir, il a préféré dévorer la vie. Bien sûr, il n'aura pas laissé d'œuvre, et son unique film n'est pas regardable. Mais il faisait partie de ces gens dont le génie est dans les mots, dans ce qui s'envole, dans la parole, bref, dans l'éphémère.

Conscient de sa science et de sa finesse, de l'assurance de ses goûts et de son amour des écrivains, Pivot l'avait invité plusieurs fois sur le plateau d'*Apostrophes*. Les invités, très snobs, très gens de lettres, le regardaient d'abord de travers, notamment Jean-Christophe Averty, je m'en souviens, qui lui avait cherché des noises à propos d'Alfred Jarry. Puis doucement, l'air de ne pas y toucher, sans se déprendre de son sourire dominical un peu forcé, parce que très timide, Martin, le clown, le cancre, le bouffon, avait commencé à déclamer, de mémoire, des passages d'*Ubu Roi*. Tout le monde fut stupéfait, sauf les Français, qui savent, eux, que la véritable intelligence est de ne pas se prendre au sérieux. Jacques Martin aimait tout faire, savait tout voir, pouvait tout entendre. Il chantait mieux que personne et jouait du piano mieux que les autres. Il adorait l'opéra et parlait souvent de Bach avec un autre disparu, Jean Yanne, qui fut son alter ego noir. Jacques Martin a été Jacques Martin, mais il n'a pas épuisé ce qu'il aurait pu, dû, être. Il aurait pu être acteur, cuisinier, chanteur, écrivain, il a préféré n'être rien de tout ça pour pouvoir être tout à la fois. Il a su (c'est très difficile) être populaire sans être populiste. Il a été la France à sa manière. Curieux de tout, lassé de rien, sauf peut-être des critiques et des quolibets, des rancunes et des jalousies, qui sont le lot de ceux qui sont eux-mêmes, et heureux de l'être. Heureux ? Eh bien peut-être pas, justement ; comme Desproges, on sentait une mélancolie chez Martin, un désespoir caché : ce sont ses cicatrices qui riaient. Aujourd'hui, il n'est plus. Mais les Français se souviennent qu'ils l'ont aimé. Parce qu'il leur ressemblait, au fond, avec son sale caractère et sa gentillesse, sa mauvaise foi et son humanité, sa frime et sa pudeur. On va s'apercevoir très vite qu'on l'aimait vraiment. Qu'il avait inventé une forme d'humour, comme il avait inventé des recettes et des mélodies. La mort, elle, ne rigole pas.

Dimanche 2 octobre

Réveil avec *Quadrophenia*, The Who, 1973 (Track Record 2657 013, UK). Pete Townshend : guitare, claviers, banjo, violoncelle et chant ; Roger Daltrey : chant ; John Entwistle : basse, cuivres et chant ; Keith Moon : batterie, percussions et chant.

Emmanuelle vient me chercher au train (surprise) avec des dessins de chats ! Elle a l'air un peu gênée (par les regards) mais c'est si attentionné, si gentil – je suis un homme comblé. Et puis, il faut être honnête, elle dessine très bien les chats. Elle les dessine mieux que Malraux. Elle les dessine mieux que moi.

Le « judaïsme » (qui finalement est un mot qui convient mal, car il semble pouvoir vivre sa vie de « isme » indépendamment des juifs, comme si on l'avait extrait du monde juif pour en faire une matière enseignable « à part », comme la sociologie ou la géologie), le judaïsme (il faudrait dire « le judaïsme des juifs » ou, mieux, « le judaïsme juif » – car enfin, ce n'est pas de la *world music* !) est une science – une science spéciale, une science non scientifique, pour laquelle la vérité est plus importante que l'exactitude. Alors que la science scientifique nous enseigne que l'exactitude est supérieure à la vérité. Car la vérité d'une hypothèse est toujours relative. La vérité d'une théorie, au sein de laquelle on cherche névrotiquement l'exactitude, est toujours temporaire. La science consiste à rechercher le plus d'exactitude dans le cadre d'une vérité provisoire, et par conséquent erronée. Le judaïsme consiste à rechercher le plus de vérité tout court. La vérité ne dépend pas *de*. Elle ne dépend que d'elle-même. C'est le *savoir* qui est venu foutre la merde. Mais, attention, le judaïsme n'est pas pourtant « irrationnel ». Il n'est pas pour autant, pour parler comme Sartre, « contingent ». Car tous les juifs s'accordent entre eux à partir de lui : il y a une apodictique du judaïsme. Le droit, par exemple, est relatif. La politique est relative. La justice, n'en parlons pas. Le judaïsme, lui, est rationnel et nécessaire. Il exprime une *justice* rationnelle et non relative.

Montherlant, *La Marée du soir (carnets 1968-1971)* : « La parole a été donnée à l'homme pour dissimuler sa pensée, ainsi que son absence de pensée. »

Un attentat ne provoque aucune élection ; je crains, en revanche, que les élections ne provoquent des attentats.

Marre de cette cour de récréation géante qu'est devenue la France. Je n'appelle pas à la modération, mais au discernement. Le blasphème est un droit inaliénable, il n'est pas une obligation systématique. Nul n'exige de *Charlie* de la retenue. Nous lui demandons de la tenue. Le droit d'expression n'exclut pas le devoir d'être digne. Les morts étant égaux aux morts, les cadavres de ceux qui n'ont jamais dessiné, aussi obscènes que les cadavres de ceux qui ne dessineront plus, *Charlie* pourrait, quand le sang vient de couler au nom d'un Allah qui n'a rien à voir avec Allah, marquer un temps d'arrêt.

Cette pause de quelques semaines dans l'outrance blasphématoire – expression tautologique – en matière de caricatures sonnerait, non comme une lâche capitulation, mais comme une minute de silence. Nul n'est sommé de devenir chaque semaine le héros collatéral des « unes » d'une bande de potaches. Ce qui, chez les successeurs du pauvre Charb, apparaît comme un acte de résistance courageux, revêt aussi chez d'autres – disons-le franchement, si tant est que la liberté d'expression puisse, et on en doute parfois, s'exercer aussi envers *Charlie* – l'apparence d'une provocation têtue. Est-ce être « collabo » que de poser la question, non de l'abdication principielle, mais de la modération circonstancielle ?

Car à la question de la décence se mêle celle de la pertinence. L'affaire est compliquée, le problème presque insoluble. Dans cette histoire, les gens de *Charlie* ont *toutes les raisons d'avoir raison*. Raison dans leur combat, raison dans leurs principes, raison dans leur courage. Ils incarnent, à leurs propres yeux (et pourquoi pas ?), le bastion inébranlable des valeurs sacrés de la République. De même que le mètre étalon se doit d'être protégé dans sa belle et parfaite immuabilité, *Charlie* assurerait une permanence républicaine en mettant nos valeurs à l'abri. Il est vrai que les publications du journal satirique, comme il en va en chimie du papier pH qu'on plonge dans une solution pour en connaître l'acidité, présentent l'avantage de mettre en évidence une réalité qui, sans cela, pourrait rester insidieuse et invisible. Charlie fait *voir* la menace, en précipité.

Mais le bât blesse en ce que la laïcité n'est pas le mètre étalon. Lorsqu'il nous arrive d'entendre un membre de *Charlie* s'exprimer, nous sommes stupéfaits par sa conception, toute platonicienne, d'une laïcité immarcescible, d'essence éternelle, inadaptable à l'époque, insensible à l'évolution de la société. La loi de 1905, rappelons-le, date de 1905. Elle n'est pas, contrairement à l'idée qu'en ont ceux qui s'octroient, entre deux dessins de testicules velus, le monopole de sa sauvegarde, une abstraction muette, inoxydable et inflexible. Aucune loi n'est granitique.

Le discernement, auquel *Charlie* peut continuer à préférer l'aveuglement si cela l'amuse (le problème étant que cela ne nous amuse plus), est une capacité dont l'être humain est muni pour décider de s'adapter à une situation nouvelle. Si je me trouve sur une autoroute sur laquelle la vitesse n'est pas limitée, cela signifie que je puis rouler au maximum des capacités de mon véhicule. Mais, s'il pleut, et que mon audace risque de faire des victimes, le bien nommé discernement m'indique que réduire mon allure serait judicieux. Ma métaphore est bancale : la pluie n'est pas l'islamisme ; jamais elle n'exige que nous lui cédions. Elle nous tuera si nous accélérons, en tuera d'autres que nous, et ce ne sera une victoire pour personne.

Céder aux injonctions des islamistes serait, je le concède, un signal calamiteux envoyé à ceux qui, couteau de boucher en main, entendent nous soumettre à leurs aberrants diktats. D'autant plus (et *Charlie* le sait, qui le répète à l'envi) que l'islamisme n'a rien à voir avec l'islam. Ce qui est une évidence.

Nous y sommes. Puisque les terroristes islamistes n'ont rien à voir avec l'islam, pourquoi dès lors *continuer* à se moquer du Prophète ? Puisque, tous, nous *savons* que les islamistes se servent des caricatures comme *prétextes* à nous égorger, pourquoi s'entêter à les publier ? Les caricatures de Mahomet ne causent *aucune peine* aux islamistes radicalisés, qui n'ont bien souvent un bagage religieux que rudimentaire, hâtif, rafistolé, bancal, approximatif – quand ils en ont un.

Blasphémer, c'est insulter une religion ; mais insulter une religion n'existe pas : ce faisant, on insulte ceux qui s'en réclament. Les seuls qui puissent être blessés par les représentations pornographiques du Prophète, les seuls qui puissent s'en sentir offensés sont, ainsi, les seuls qui pratiquent un islam digne de ce nom.

Chez les musulmans, représenter le Prophète, même de manière bienveillante, « avantageuse », « gentille », « sympathique » constitue déjà en soi le pire des péchés ; il s'agit d'une religion du Livre. Toute iconographie en est bannie. La Parole coranique tend à s'éloigner, en sa source, de toute tentation idolâtre. L'équivalent d'un dessin avenant du Prophète serait, pour un chrétien, la profanation d'une tombe. L'équivalent d'un dessin dégradant du Prophète serait, pour un chrétien, la profanation du mort qui repose sous cette tombe.

Pourquoi, donc, s'évertuer à pratiquer à l'encontre des Français de confession musulmane une profanation au carré en représentant Mahomet, d'une part (le Christ, lui, est *d'abord* Représentation) ; et, d'autre part, en le représentant dans des configurations abjectes ? C'est confondre ici la liberté de blasphémer et le prétexte donné aux imposteurs de l'islam de commettre de nouveaux attentats. Les unes de *Charlie Hebdo* ne s'adressent finalement *à personne d'autre* qu'aux terroristes, censés être fous de rage en les découvrant ; à ceux qui, rêvant au projet *politique* qu'est le califat, les manipulent ; et à l'équipe de *Charlie* elle-même, censée être subversive en les concevant. Espérons au moins qu'elles en font rire quelques-uns en dehors de leur cercle.

Les caricatures de Mahomet choquent-elles les athées ? Non. Blessent-elles les chrétiens ? Pas le moins du monde. Outragent-elles les juifs ? Jamais de la vie. Les caricatures de Mahomet humilient-elles les islamistes, les blessent-elles dans leur croyance, dans leur foi, dans leur chair ? Nullement, puisque leur islam, le plus souvent improvisé, toujours de seconde main, est un islam idéologique et politique qui leur a été inculqué aux seules fins de commettre un attentat ; attentat visant à permettre la « réalisation » d'un califat mondial qui a autant à voir avec Dieu qu'un scooter avec une carpe. Nullement, puisque leur islam est un islam-prétexte, que nombre de terroristes méconnaissent le Coran, qui se droguaient ou dealaient six mois avant leur passage à l'acte. Des activistes les ont manipulés, utilisant les sourates, revisitées par leur discours idéologique, comme une arme létale.

Conclusion : *les seuls*, dans la société française, que les attaques de *Charlie* contre Mahomet peuvent bouleverser, peiner, humilier, sont les « vrais » musulmans.

Les caricatures en une de *Charlie*, lorsqu'on regarde les choses sous cet angle, apparaissent alors comme ce qu'elles sont, n'ont jamais cessé d'être : un *dialogue* avec les terroristes. Nous en avons la preuve, d'ailleurs, avec le tout dernier dessin de Charb, publié quelques jours avant le drame : « Toujours pas d'attentats en France », pouvait-on lire au-dessus d'une illustration de djihadiste *lui répondant* : « Attendez ! On a jusqu'à la fin janvier pour présenter ses vœux. » Charb, on le voit, s'adresse ici *directement* aux terroristes, allant jusqu'à imaginer une *réponse* à la *question qu'il leur pose*. Il s'agit bien d'un dialogue. Nous ne sommes plus là dans le blasphème, mais dans la provocation.

Or, si le blasphème est de l'ordre du débat national, la provocation, elle, est de l'ordre de la responsabilité individuelle.

Je m'empresse de préciser que Charb avait parfaitement le droit, juridique et moral, de s'autoriser cette provocation. Il l'a, pour sa part, assumé en le payant de sa vie. J'ignore en revanche si Wolinski avait goûté ce dessin (« de trop » ?), lui dont on sait que la position différait de celle de son rédacteur en chef. Responsable pour lui-même, Charb l'était pour son équipe ; mais jamais ce dernier n'a forcé quiconque à venir à la rédaction ; l'équipe de *Charlie*, unie, a entériné comme un seul homme la ligne éditoriale de son chef. Wolinski avait peur ; Charb n'avait pas peur. Wolinski était courageux ; Charb était inconscient.

« Je suis Charlie », disaient les tee-shirts. Nous l'avons été. Nous voulons bien continuer de l'être. Mais jusqu'à un certain point. Aucun Français n'a vocation à faire symboliquement partie de l'équipe du journal. Pleurer la mort des dessinateurs, défendre nos valeurs, ne signifie en rien que n'importe quel Français cautionne cet amalgame, non pas, cette fois, entre l'islam et l'islamisme, mais entre la République et *Charlie*. Pas plus que chaque Français n'est obligé de cautionner l'amalgame entre la liberté d'expression et le blasphème.

Blasphémer contre le pape et le Christ a fini par lasser les catholiques : ils subissent les caricatures depuis le Moyen Âge et le spirituel a fini par se fondre dans le temporel – il s'y est même si bien fondu que ce phénomène porte un nom : « sécularisation ». Blasphémer contre les juifs serait blasphémer contre la Shoah, c'est interdit par la loi. Le seul blasphème vexatoire, qui subsiste dans notre société qui n'est plus celle de 1905 mais de 2016, reste l'injure faite à l'islam, c'est-à-dire à ceux qui le pratiquent. Se moquer d'une religion n'a aucun sens : la fustigeant, on s'adresse bel et bien à ses fidèles.

Lorsqu'en 1886 Jules Ferry a dû répondre aux instituteurs qui ne savaient que faire face aux familles refusant d'envoyer leurs enfants à l'école laïque et obligatoire, parce que les manuels scolaires comportaient des documents mis à l'index par l'Église catholique, il a répondu qu'ils ne devaient jamais enseigner ce qui était susceptible d'offenser un père de famille (le représentant moral de l'éducation à l'époque) de *bonne foi*. Il ne s'agissait en rien d'un renoncement de sa part mais, bien au contraire, d'une manière de maintenir le cap de l'éducation laïque sans heurter la sensibilité des fidèles. Fidèles attachés à d'autres valeurs éducatives, transmises par les parents et qui n'étaient pas incompatibles avec l'enseignement prodigué, mais qu'il fallait apprendre à concilier avec les valeurs républicaines.

D'ailleurs, dans le programme d'instruction morale et civique de l'Éducation nationale (disponible en ligne), on ne trouve pas seulement la liberté d'expression parmi les « valeurs républicaines » à défendre, mais aussi le respect des croyances d'autrui. Chacun – comme je l'ai fait – ira vérifier : l'enseignant n'est jamais incité à ruer dans les brancards.

Il y a eu une erreur pédagogique gravissime dans le montage de cours avec les « caricatures » de *Charlie Hebdo*. Celles-ci, par définition, heurtant la sensibilité des élèves (qui ne pouvaient que fermer les yeux ou sortir), empêchaient l'enseignant de s'adresser à *la raison* de l'ensemble des élèves de la classe. La démarche était ainsi vouée à l'échec, ne pouvant que blesser les musulmans sans les convaincre, puisqu'ainsi présentées, du bien-fondé des valeurs républicaines. Le blasphème n'est pas un délit, parfait. Mais ne fait-il pas sens qu'au sein de la communauté de croyants qui partagent les mêmes valeurs ? Alors à quoi bon s'acharner ?

Le fait de cesser ces pratiques pédagogiques, parfaitement vaines et déplacées, ne mettra certes pas un terme à la haine des populations des quartiers à l'égard des « Français » (tout le monde, à vrai dire, est français dans cette histoire) qui se cultive allégrement dans les banlieues. Mais cela éviterait du moins d'offenser des musulmans modérés en montrant à leurs enfants des représentations pornographiques du Prophète. Au surplus, et ce n'est pas le moindre des arguments, cela n'inciterait pas quelques déséquilibrés *border line*, excités par des imams autoproclamés, à donner quelques coups de couteau meurtriers.

L'attitude de *Charlie*, je le dis au nom de la liberté d'expression, me pose un problème. Cela n'engage que moi. Je pose la question. La situation actuelle ne peut-elle vraiment pas *évoluer* ? Serions-nous condamnés, au nom d'une laïcité gravée dans une définition marmoréenne et antédiluvienne, à ne pas considérer que le blasphème, cette vieille tradition « don camillesque » de bouffeurs de curés, a tout simplement fait son temps ? Tout évolue, en France, sauf *Charlie*, qui pense que les Français musulmans d'aujourd'hui sont l'équivalent des curetons de la France de Loubet et des scouts à nuque rase des années Mendès. C'est sidérant de bigotisme inversé.

On nous dira : « Les musulmans n'ont qu'à détourner le regard. Ils ne sont pas obligés de regarder ni de lire *Charlie*. » Sauf que ces caricatures, je le martèle, ne sont pas en mesure de désobliger *qui que ce soit d'autre* que les Français de confession musulmane. D'où ma question : à quoi bon continuer ? À quoi bon continuer quand, *en plus* (et seulement *en plus*, car cette raison, je le martèle aussi, *n'est pas la raison première*), on sait que de telles couvertures attisent la haine contre la France et sont susceptibles, non peut-être de déclencher – qui peut le savoir ? –, mais de *servir de prétexte* à de nouveaux attentats ?

Les Français musulmans apparaissent ainsi comme doublement visés. Ils sont pris dans un terrible étau. D'un côté, alors qu'on les serine toute la journée avec nos valeurs – au premier rang desquelles la laïcité, en oubliant systématiquement l'égalité et surtout la fraternité –, ils voient leur religion régulièrement insultée par le même journal au seul prétexte que ledit journal en « a le droit ». De l'autre côté, ils sont menacés physiquement par les islamistes qui oublient fort étrangement de les épargner lors des attentats. Il est étonnant que cela ne soit pas plus souvent clamé : dans le collimateur des islamistes, il y a d'abord les musulmans d'Europe. Pourquoi ? Précisément parce qu'au projet politique d'Al-Qaïda, des Frères musulmans et de Daech, *ils préfèrent la religion*. Et s'ils ont fini par choisir la France, ou d'autres pays européens, c'est justement pour échapper au piège de l'islam politique.

Je ne suis pas naïf. Je sais qu'il n'y a pas ici le bloc étanche, adiabatique, des Français musulmans et là, parfaitement imperméable lui aussi, le bloc des méchants islamistes. Il existe, dangereuse, une « zone grise ». Celle dans laquelle se situent, non des Français musulmans, mais des musulmans français, ce qui n'est pas exactement la même chose. Et aussi, ce qui n'est encore pas la même chose, des musulmans vivant en France. Ce sont eux qui forment la zone de porosité entre nos compatriotes musulmans pacifiques et les terroristes qui sont des fous de tout, sauf, précisément, de Dieu. C'est dans cette zone grise que sont installés ceux qui ne sont pas tant choqués par les caricatures qu'ils ne *décident* de l'être.

Les gens de *Charlie* sont libres de publier ce qu'ils veulent. Mais nous souhaiterions que, plutôt que de s'en prendre à l'islam comme jadis le brave Peppone à Don Camillo – islam qui ne tue ni n'a jamais tué personne en France, contrairement à ceux qui s'en réclament pour intimider les Français musulmans –, ils procèdent à une légère trêve afin de se poser *la question qui tue* : ne mélangeons-nous pas tout ? Ne sommes-nous pas en train de faire monter en sauce la laïcité, que nous croyons être les seuls à symboliser si ardemment, au nom d'un combat daté ? Devons-nous continuer à confondre insolence avec inconscience, subversion avec irresponsabilité ? Beaucoup seraient prêts à mourir pour la France, qui refusent de tomber pour une paire de couilles dessinée par Riss. Dans le respect de ceux qui sont morts en connaissance de cause et de ceux, plus nombreux encore, qui n'ont rien demandé, je dis : la République n'est pas une cour de récréation. Stop.

Lundi 3 octobre

Réveil avec *Jimmy Reed At Carnegie Hall / The Best Of Jimmy Reed*, Jimmy Reed, 1961 (Vee Jay Records, 2-LP 1035, US). Jimmy Reed : guitare, harmonica, chant ; Mary Reed : chœurs ; Willie Dixon : basse ;

Earl Phillips : batterie ; Lefty Bates, Eddie Taylor, Phil Upchurch et Lonnie Brooks : guitare.

Les gens confondent république athée et république laïque.

Harassé par les rendez-vous et par le travail. Je trouve le temps, quoi qu'il arrive, de faire du sport.

Montherlant, *La Marée du soir (carnets 1968-1971)* : « Il n'y a que deux partis dans tout pays : ceux qui osent dire *non*, et ceux qui ne l'osent pas. Quand ceux qui ne l'osent pas dépassent en nombre considérable ceux qui l'osent, le pays est fichu. »

L'athée n'est pas seulement celui qui ne sait pas, mais celui qui ne sait pas qu'il ne sait pas. Or, lui, précisément, ne se définit pas comme celui qui sait, mais comme celui qui sait qu'il sait. Ce qui manque à l'athée, ce n'est pas la foi, c'est le doute. L'athée est celui qui ne doute de rien, surtout pas de son doute. Il ne doute pas qu'il ne doute pas. Plus exactement, c'est celui qui, parce qu'il ne sait pas (et ne cherche surtout pas à savoir puisque pour lui il sait déjà), oppose le doute et la foi. Si encore l'athée mettait son doute en doute. Mais l'athée ne doute pas. Et c'est cette incapacité à douter, précisément, qui l'empêche d'avoir la foi. Si l'athée moyen avait la capacité de douter, il pourrait approfondir son doute. Approfondir un doute, cela peut mener à deux choses, strictement opposées : nier tout lien possible entre la pensée humaine et la conception d'une transcendance absolue, ou bien rencontrer la foi. Mais en aucun cas l'approfondissement d'un doute (je parle d'un véritable approfondissement, d'une réflexion intensément menée, pour soi-même, sur ce sujet qui est le seul peut-être qui vaille) ne peut se réduire à l'opposition manichéenne du « croire » et du « ne pas croire ».

Pour l'athée, il y a ceux qui « croient » et ceux qui « ne croient pas » (dont il fait partie). Une fois cela posé, on n'a pas dit grand-chose. Nous ne sommes pas allés très loin. Pour lui, croire, c'est avoir la foi. Et ne pas croire, c'est ne pas avoir la foi. Et puis, presque heureux, car ne pas se poser de question rend presque aussi heureux que de se les poser sans les approfondir, l'athée rentre chez lui. Il est bien. Contrairement à ce que l'athée croit, il n'y a pourtant pas stricte équivalence entre « croire » et avoir la foi.

La foi couvre un domaine beaucoup plus large, infiniment plus étendu que le « croire ». Elle englobe, pour commencer, le « ne pas croire ». La foi englobe l'athéisme. La foi recouvre l'athée. L'athée ne veut pas entendre parler de la foi tandis que la foi, elle, veut bien entendre parler de l'athée. L'athéisme ne fait en lui aucune place à la foi, tandis que la foi, elle, fait une place (non négligeable) à l'athéisme. Non seulement avoir la foi n'est pas « croire », mais c'est avoir la possibilité de ne pas croire, de ne croire pas. La lutte, le combat entre le « croire » et le « ne pas croire » est inclus dans l'expression « avoir la foi ». Il en est une des (infinies) facettes. L'athéisme, contrairement à ce qu'il s'imagine, est un cas particulier de la foi. Il est peut-être (il est sûrement) le point mort de la foi, mais il en fait partie. C'est un cas singulier, c'est un cas trivial de foi, mais il y appartient. Il est prévu dedans.

Lorsque les deux ennemis (intimes, célèbres, ressassés, rebattus) que sont le « croire » (à ma gauche) et le « ne pas croire » (à ma droite) s'affrontent, nous sommes dans le cadre de la foi. Il ne s'agit pas du cas de figure le plus passionnant. Ni du plus complexe. L'athéisme, c'est le degré zéro de la foi. Ce n'est pas parce que l'athéisme est impuissant à penser la foi que la foi doit être impuissante à penser l'athéisme. Quand on dit que l'athée est celui qui ne sait pas qu'il ne sait pas, c'est cela aussi, c'est cela d'abord qu'on veut exprimer : que l'athée ne sait pas qu'il est inscrit dans ce quelque chose qu'il récuse pourtant de toutes ses forces et qui s'appelle la foi. C'est à l'insu de l'athée que l'athéisme fait partie de la foi. Être athée, ce n'est pas ne pas avoir la foi, c'est ne pas savoir que nous sommes un élément de la foi. L'élément neutre, certes. Mais un élément.

Ce que l'athée ignore (mais il ignore tellement de choses : sa profession n'est pas une profession de foi, mais une profession d'ignorance), c'est que l'homme qui a la foi, la femme qui a la foi, peut indifféremment se trouver dans le camp du « croire » ou du « ne pas croire ». C'est l'oscillation, le mouvement pendulaire, le mouvement de balancier qui va de l'un vers l'autre qui constitue la foi. « Bien souvent, écrit Thérèse d'Avila, [mon âme] retournait en arrière. » Être installé sur le « croire » de manière *momentanée*, c'est cela qu'on appellera le doute. Le doute permet le mouvement, il donne l'impulsion d'où naîtra le mouvement. Ce mouvement oscillatoire, c'est cela qu'on nommera la foi. La foi, comme va-et-vient. Être installé sur le « ne pas croire » de manière *momentanée*, c'est cela qu'on appelle le doute. Installation sur le croire fugace, fugitive, éphémère, volatile. Le doute comme fondement même, comme possibilité de la foi. Comme condition de la foi. Comme essence de la foi. C'est comme cela qu'il faut entendre ces lignes de la sainte d'Avila : « Cette oraison d'union [avec le Seigneur], il est vrai, durait très peu ; je ne sais même si elle durait le temps d'un *Ave Maria.* »

L'athée est celui qui, installé sur le « ne pas croire » comme tous ceux qui ont la foi, s'installe *pour toujours*, s'installe *à jamais*. C'est celui qui ne compte pas bouger de là. Lorsque les hommes, les femmes de foi, suivant leur mouvement naturel de balançoire (qui n'est pas un mouvement de girouette : nous restons toujours dans le même *axe*), viennent (provisoirement, momentanément) se poser sur le « ne pas croire », ils voient l'athée. Ils le regardent là, au repos, en repos de foi. En position de foi en perpétuel repos. Ils le voient, confortablement engoncé dans le canapé de la foi zéro. Dans la position zéro de la foi. Mais une position zéro particulière puisqu'aucun doute n'opère, ne vient opérer. L'impulsion est nulle. Dans la foi, qui est mouvement, le doute varie. Le doute du « ne pas croire » fait face au doute du « croire ». Ce sont deux doutes symétriques.

Ce que l'athée ne sait pas, c'est qu'il fait partie du processus. Il représente, mécaniquement, le degré zéro de la foi. Il est la foi à l'état amorphe. Il est la trivialité de la foi. Lui qui se croit (lui qui se pense) au-dessus de la foi, il est son degré moindre, il est son stade le plus petit. Lui qui se croit à côté, il est dedans, au cœur de la foi. Il coïncide avec la foi quand celle-ci se pose sur un des pôles du « croire » et du « ne pas croire ». La foi dépasse l'athéisme. Il n'y a pas d'athéisme possible sans la foi. L'athéisme, c'est une foi qui ne connaît pas le doute. C'est-à-dire l'impulsion. La chose la plus proche de l'athéisme, celle qui lui ressemble le plus, c'est le mysticisme.

Athéisme et mysticisme sont cousins. Ce sont des jumeaux antithétiques. Des contraires parfaitement symétriques. Ils se situent sur les deux pôles opposés de la foi. Ils habitent aux deux extrêmes de la foi. L'athéisme est le point zéro, le minimum, le périgée de la foi. Le mysticisme est le point ultime, maximum, l'apogée de la foi. Ils sont de même nature. Il m'apparaît aussi impensable d'être athée que d'être mystique. Car, dans les deux cas, le doute n'opère plus. Il n'y a plus d'impulsion, et, par conséquent, plus de mouvement. Plus de balancier, plus d'oscillations. Plus le moindre mouvement de va-et-vient. Le mysticisme est lui aussi une position au repos, une position de point mort de la foi. Il est sans doute le sommet que la foi puisse atteindre, mais dès lors que la foi se repose, fût-ce à son maximum, elle n'est plus la foi. Parce qu'elle ne se balance plus, parce qu'elle cesse d'être un mouvement. Aussi, les athées, comme les mystiques, n'ont pas la foi.

Le monde de l'athée est le monde de l'intelligence ; l'intelligence n'a rien à faire dans le monde du mystique. Le monde de l'athée est le monde de l'intelligence – c'est pourquoi il est le monde de la bêtise.

Les athées n'ont pas encore la foi. Ils l'ont, mais à l'état zéro. Ils sont dans le mouvement, mais sous la forme nulle, zéro, de ce mouvement : au repos. Représentant un stade (même nul) du mouvement, on peut donc raisonnablement penser qu'il existe pour eux une possibilité (dont il faudra examiner les causes) de passer de l'état de repos au mouvement. De passer du « ne pas croire » prolongé, éternisé, au « ne pas croire » compris comme étape avant de repartir dans le sens contraire, vers le « croire ». Est véritablement, irrémédiablement athée celui qui jamais ne bouge de ce minimum du mouvement. Est véritablement, irrémédiablement mystique celui qui jamais ne bouge de ce maximum du mouvement. Chez le pur athée comme chez le pur mystique, la foi est gelée. L'un est greffé au « ne pas croire » et l'autre attaché, lié au « croire ».

Chez l'athée comme chez le mystique, il y a glaciation de la foi. Il y a arrêt de la foi. Les athées, disais-je, n'ont pas encore la foi, mais les mystiques ne l'ont plus. L'athée n'a pas encore gagné la foi ; tandis que le mystique, lui, l'a perdue. Comme l'athée, mais en figure inversée, le mystique se définit comme celui *qui sait qu'il sait*. Nous avons défini l'athée comme celui qui ne sait pas qu'il ne sait pas. Nous définirons le mystique comme celui qui ne sait plus qu'il ne sait plus.

Celui qui *sait* que Dieu existe ne possède pas plus la foi que celui qui *sait* qu'il n'existe pas. Le mystique, en ce sens, n'est pas plus chrétien que l'athée. Et l'athée n'est pas moins chrétien que le mystique. Les deux occupent des positions triviales, qui ne sont pas viables. L'athéisme comme le mysticisme correspondent à un manque de savoir. Le mystique a *oublié* l'existence de la possibilité du « ne pas croire » ; l'athée, lui, a *oublié* l'existence de la possibilité du croire. Si l'athée est juif, il a oublié le Sinaï, l'hébreu, les rites, la cachrout, l'étude, la prière. Si l'athée est chrétien, il a oublié le baptême, le catéchisme, les Évangiles, la prière. Dans l'athéisme, il y a indéniablement l'oubli.

Dans le mysticisme, l'oubli est là aussi. Le mystique oublie toute possibilité d'athéisme, bien sûr, mais toute possibilité d'athéisme momentané, furtif, tout passage, même fulgurant, par le « ne pas croire ». Dans l'athéisme, il y a l'oubli de Dieu. Dans le mysticisme, il y a l'oubli de non-Dieu. Cette impossibilité de mouvement tue la foi. Chez l'athée, rien n'a commencé ; chez le mystique, tout est fini. Comme on craint (à raison) qu'aucun doute ne fasse jamais se mouvoir l'athée vers la croyance en Dieu, on doit craindre qu'aucun doute ne fasse (plus) jamais se mouvoir le mystique vers la non-croyance en Dieu.

Avoir la foi, ce n'est pas croire en Dieu. C'est tantôt croire en Lui, et tantôt ne pas y croire. C'est tantôt s'en approcher et tantôt s'en éloigner. Le véritable homme de foi est celui qui Le rencontre fugacement, en un éclair (le balancier est à son apogée, mais doit déjà, à peine arrivé, repartir en sens inverse), puis le nie tout aussi fugacement (le balancier est à son périgée, mais va, heureusement, repartir immédiatement dans la direction opposée – celle de Dieu). L'athée ne bouge pas parce qu'il refuse de rencontrer Dieu. Le mystique ne bouge plus parce qu'il refuse de se séparer de Lui. La foi bloquée de l'athée l'empêche de sortir de lui-même et d'avoir accès à Dieu ; la foi bloquée du mystique l'empêche de sortir de Dieu et d'avoir accès à lui-même. L'athée n'est fait que de lui-même. Le mystique n'est fait que de Dieu. Chez l'athée, il n'y a *aucune* place pour Dieu ; chez le mystique, il n'y a de place *que* pour Dieu. L'athée ne connaît pas le doute ; le mystique ne le connaît plus. L'athée est persuadé que le doute n'est pas nécessaire ; le mystique est convaincu qu'il ne l'est plus.

Le doute ne fait pas avancer l'athée ; il n'agit pas encore sur lui. Le doute ne fait pas reculer le mystique ; il n'agit plus jamais sur lui.

Mardi 4 octobre

Réveil avec *Sleep Dirt*, Frank Zappa, 1979 (Discreet, DSK 2292, US). Frank Zappa : guitare, synthétiseur, percussions et chant ; Terry Bozzio et Chester Thompson : batterie ; George Duke : claviers et chant ; Bruce Fowler : cuivres ; Patrick O'Hearn et David Parlato : basse ; Ruth Underwood : percussions ; James « Bird Legs » Youman : basse et guitare.

Travail, puis extraordinaire ballet à l'Opéra Garnier en compagnie d'Emmanuelle.

Le vendredi 21 juillet 1972, à la plage, une petite fille s'est noyée sous mes yeux : Anne elle s'appelait ; Anne. Elle jouait, et puis tout à coup, sans que personne ne comprenne réellement pourquoi, tout à coup elle a moins joué – elle est devenue beaucoup plus morte que l'instant d'avant. L'homme est une synthèse de temporel et d'éternel – souvenons-nous toujours de l'éternité provisoire de Marat, ou *a contrario* des fractions de seconde où, éjaculant comme un salaud sur le corps biologique de ta compagne aux cheveux jaunes, citoyen, tu as eu l'impression contente, nette et sérieuse de posséder la durée de vie (ultracéleste) d'Osiris, de Thor ou de saint Jean de la Croix : Anne habite à jamais le même présent, le même jour identique et infiniment identifié ; c'est là qu'elle est éternelle, enfermée dans ce qui n'est pour elle, depuis des décennies, qu'un instant dilaté qui n'en finira pas dans les siècles et les siècles.

Je m'appelle Yann Moix alias « celui qui se souvient d'elle *ce jour-là* ». Ses parents (ses proches, sa famille, ses frères et sœurs, etc.) l'avaient vu dans d'autres circonstances, l'avaient vu *avant* ; revenant de l'école, mangeant un goûter. En train de courir (dans une rue…). En train de jouer avec des poupées, et peut-être même de jouer à les enterrer, comme la petite Thérèse de Lisieux. Moi, je ne la connais, je ne l'ai jamais connue que *se noyant*.

J'essaye, une fois encore, et une fois encore ça me tombe des mains, de lire un roman de Salman Rushdie. Il s'agit bien entendu de respecter l'homme Rushdie. Ce qu'il a enduré et endure encore force le respect. Mais cela a-t-il quelque chose à voir avec la littérature ? Voici la première phrase de son *Luka et le Feu de la vie* (titre sidérant de niaiserie et de nullité) : « Il était une fois, dans la ville de Kahani au pays d'Alifbay, un garçon prénommé Luka qui avait deux compagnons, un ours appelé Chien et un chien appelé Ours. » Je suis désolé, ce n'est pas de la paresse, mais ce mix entre Flaubert, *Les Mille et Une Nuits* et Bernard Werber ne donne guère envie d'aller plus loin. L'entourloupe ne prend plus : servir une soupe mâtinée de quelques orties arrachées aux *Mille et Une Nuits*, même agrémentée de quelques références joyciennes très mal digérées, ne suffit pas à faire autre chose qu'une potée. On voudrait devenir Borges, et on finit dans une pension à renifler son potage en face de Bernard Werber, les yeux dans les yeux, entre semblables, entre collègues. L'axe Rushdie-Werber est simple : écrire pour les adultes, qu'on voudrait d'anciens enfants parfaitement demeurés, des histoires très fictives qui font énormément rêver.

Werber, lui, parvient à faire des livres de mille pages avec trois mots de vocabulaire. Tandis que Rushdie pourrait écrire un roman de trois pages avec mille mots de vocabulaire. C'est tout ce qui les sépare, avec la fatwa. Rien, là-dedans, n'est vrai. Je ne parle pas de sincérité, la sincérité n'ayant rien à voir avec la littérature (seuls les écrivains ratés écrivent pour être « sincères »). La littérature est là pour dire le vrai, ce que tout le monde éprouve sans avoir pu, ou su, le formuler. Faire de l'expérience la plus intime une évidence universelle. L'écrivain n'éprouve pas à la place des autres, mais comme les autres au contraire, comme tout le monde : seulement, lui sait formuler l'expérience, il la restitue par des mots, et là réside sa valeur. Là réside sa nécessité : aucun film, aucune peinture, aucune sculpture ne sait dire aussi précisément le deuil, le bonheur, la joie, le chagrin, l'extase que les écrivains, parce que les écrivains écrivent avec cette matière inouïe : la pensée humaine.

Rushdie, Werber s'imaginent que les livres ne sont qu'un lâcher de mots, au sens de lâcher de ballons. Tout est imaginaire, chez eux, mais rien n'est jamais vrai ; tout est ailleurs, mais jamais ici. Rien ne concerne rien, personne ne parle à personne. Suite de paragraphes qui « racontent une histoire ». On dirait du papier peint. C'est surchargé, c'est naïf, c'est gentil, c'est méchant, c'est rempli de mer, parfois de ciel, avec des éclaircies et, oh, mon Dieu, un orage. Je ne comprends pas cet entêtement à se dire écrivain, à enfiler des mots, alors que Rushdie ferait peut-être un excellent garagiste, Werber un magnifique charcutier. La vraie noblesse est de faire ce pour quoi on est fait, et de le faire le mieux du monde. Rushdie n'est ni un grand écrivain, ni un romancier moyen, ni un auteur mineur, c'est un imposteur, un cuistre, un usurpateur. Nous sommes affligés par ce qu'il a pu endurer. Mais nous sommes très affligés également par ce que nous fait endurer sa prose. Il se réclame paraît-il de Lewis Carroll : imagine-t-on chaque pomme pourrie tombant dans l'herbe fraîche se réclamer de Newton ? Un jour, Rushdie voudra le Nobel de littérature ; donnons-lui celui de la Paix, espérant qu'il nous la fiche.

Sur mon iPad, je regarde un documentaire sur l'abbé Pierre. Je « l'aime bien ». J'en parle encore au présent, c'est dire. Il faut bien avouer qu'à force de ne jamais mourir, on commençait à se demander s'il n'était pas éternel. D'une certaine manière, il l'est. Non pas immortel : l'immortalité, la France la réserve à ces messieurs du quai Conti. L'abbé Pierre, lui, ne faisait pas partie de l'Académie française, mais d'une autre académie, moins prestigieuse, mais aussi moins ridicule : celle des courants d'air et des hivers froids, des petits matins sans lueur et des misères cachées. Il n'a pas fait carrière, il a fait profession, et ce fut une profession de foi. Il n'a jamais changé parce que la pauvreté n'a jamais changé non plus. Il a gardé les mêmes vêtements toute sa vie et, aussi, les mêmes principes. Il n'a jamais rien demandé, sauf la parole. On la lui a donnée. Ou prêtée plutôt : il a toujours fallu qu'il la rende. Par grand froid, il ouvrait sa gueule et, surtout, sa porte. Aux déshérités, aux paumés, aux malheureux. On peut être fier d'avoir vécu, en France, sous le règne têtu, fiévreux, de cet être sans calcul ni compromis, sans ambition ni cynisme qui, pour servir Dieu, a d'abord servi les hommes. Il pouvait agacer, mais dans cet agacement se cachaient notre égoïsme, notre aveuglement, notre refus de considérer d'homme à homme le spectacle du dénuement, de la faim, de la crasse et de la solitude dans le pays des Lumières devenu un royaume des ombres. Le royaume de l'abbé Pierre n'était fait que de ciel gris, de pavés minables, de huttes provisoires et de solutions éphémères. Mais Emmaüs reste et restera le symbole d'une résistance, celle d'un individu face aux pouvoirs politiques, d'un homme dressé contre l'inéluctable et qui aurait préféré mourir de honte que de laisser un homme mourir de froid. Il faut saluer sa mémoire, parce qu'on a failli s'habituer au combat de cet abbé qui, mais on n'y pensait jamais vraiment, était une lutte de chaque minute. Il aurait pu prendre sa « retraite », la mettre en veilleuse, passer la main, mais non : mettant sa maladie entre parenthèses, et sa vieillesse au vestiaire, il a continué à ne pas être d'accord, il a persisté dans la révolte, il s'est obstiné dans la colère. Il y a des êtres qui ne se résignent pas. Ce fut le cas de l'abbé Pierre qui, loin d'être un saint, capable d'emportements, de dérapages douteux, d'amitiés louches et de raisonnements spécieux, a toujours été un homme de giboulées, de rafales, d'orages, de zéphyrs, de tempêtes, de grêles et de bruines. Il fut notre ministre de l'Extérieur. Notre ministre du Dehors. Je le salue ici parce qu'il n'y a plus beaucoup, dans le monde, de ces vies gratuites et cohérentes, longues et acharnées, tournées vers autre chose que le bien-être et la consommation, le loisir et la spéculation. Bien sûr, il fut à sa manière un « people », un homme de spectacle et il avait son look, son marketing, son personnage et ses ficelles ; mais ce fut avec le visage de celui qui n'a rien à perdre parce qu'il possède moins encore. L'abbé Pierre a été un grand résistant. Résistant au gel, aux années, au pouvoir et aux critiques. Seule la mort l'aura fait plier. Encore elle.

« Devant le Père, [le chrétien] veut se défaire de tout ce qui lui est propre » (Rosenzweig). Le mystique est défait de tout ce qui est lui ; l'athée est défait de tout ce qui n'est pas lui. Il est fait de lui-même. Il se fait seul. « Je me suis fait tout seul. » Le mystique habite à l'intérieur de Dieu comme l'athée habite à l'intérieur de lui-même. L'athée est intérieur à lui-même et extérieur à Dieu. Le mystique est extérieur à lui-même et intérieur à Dieu. « De temps en temps il me vient des désirs de communier si ardents, écrit sainte Thérèse d'Avila dans sa *Vie écrite par elle-même* rédigée en 1562 puis complétée de 1563 à 1565, que je ne saurais en donner une idée. Cela m'arriva un matin où la pluie tombait avec tant d'abondance qu'il me semblait impossible de mettre le pied hors de la maison. Lorsque j'étais déjà sortie, *je me trouvai tellement hors de moi par suite de ce désir*, que j'aurais, ce me semble, bravé des lances dressées contre ma poitrine, et serais passée outre ; comment n'aurais-je pas bravé la pluie ? » L'athée est celui qui ne se sert que lui-même. Le fidèle est celui qui veut servir Dieu. Le mystique est celui qui veut que Dieu se serve de lui. « Ô mon Dieu, soyez béni ! par quelles voies merveilleuses Votre Majesté me préparait à l'état où elle voulait se servir de moi ! » s'écrie la sainte d'Avila.

On ressent cela très bien chez le mystique chrétien (il existe bien évidemment un mysticisme juif – et je vais y revenir). Edith Stein exprime, dans une formule géniale (mais Edith Stein *était* géniale), toute la difficulté du mysticisme : « Demeurer dans le Christ : on ne le peut sans le suivre » (*Chemins vers le silence intérieur*). On retrouve bien ici le thème de la fixité, de la résidence : le mystique habite dans le Christ. Mais Edith se garde bien d'écrire (cette nuance est fondamentale) : « demeurer dans Dieu ». Elle ne dit pas, elle n'écrit pas : Dieu. Elle dit, elle écrit : le Christ. Ce n'est pas la même chose de dire que l'on habite dedans Dieu et que l'on habite dedans le Christ. Le mouvement pendulaire qui va de la non-croyance en Dieu vers la croyance en Dieu n'est pas confondu avec un mouvement pendulaire (hypothétique) qui balancerait, qui oscillerait incessamment, comme la foi précédemment définie, d'une croyance en Jésus-Christ vers une non-croyance en Jésus-Christ. Quand on « a la foi », c'est le Père qui est visé ; pas le Fils. Et pour une raison simple : rencontrer le Père, c'est rencontrer le Fils ; tandis que la réciproque n'est pas vraie : rencontrer le Fils, ce n'est pas rencontrer le Père. Le Christ n'est pas Dieu. La foi concerne Dieu ; elle ne s'adresse qu'à Dieu. Au Père. Edith Stein ne demeure pas dans le Père : « demeurer dans le Christ ». La question qui se pose est alors de savoir si, comme dans le mysticisme tel que nous l'avons défini, Edith est en dehors du mouvement, au repos, dans le repos du maximum, de l'apogée. Autrement dit, si elle est collée, si sa foi est gelée. Fixe. Insensible au doute, aux stimuli du doute. La réponse est non. Car Edith n'est pas une mystique de Dieu. C'est une mystique du Christ. C'est une carmélite. Les carmélites ne peuvent (en cas de mysticisme) être des mystiques comme les autres, ce sont les épouses du Christ. Elles cheminent avec le Christ, elles ne sont donc pas dans l'immobilité, dans la foi pétrifiée des mystiques de Dieu. Il s'agit d'être en Jésus, dans Jésus, dans le Christ. Or, le Christ est lui-même mobilité. Il est l'homme qui marche. Il est l'homme qu'on ne cloue pas, il est l'homme qui s'arrache à. Il est l'homme qui a la foi. Et même, il est l'homme qui est la foi. Il est lui-même ce pendule qui oscille entre « je suis le Fils de Dieu » et « pourquoi m'as-tu abandonné ? ».

Mercredi 5 octobre

Réveil avec *Bottleneck Guitar 1928-1937*, Tampa Red, 1973 (Yazoo, L-1039, US). Tampa Red : guitare et chant.

Je retrouve la copie d'une lettre envoyée (en 2006) à Benoît Poelvoorde :

Cher vieux Ben,

Autant afficher immédiatement le sujet de cette lettre : les dates de tournage de *Cinéman*. Tu me connais : je suis un tout petit peu obsessionnel et vaguement coriace. Je suis légèrement entêté. Je suis passablement acharné.

D'abord, par pure honnêteté intellectuelle, et aussi par panache, je ne ferai ici aucune allusion à *Podium* : le fait d'avoir fait un succès ensemble n'autorise à mon sens aucun automatisme, aucun passe-droit, aucune priorité, aucun privilège sur tes autres projets. Mes films ne sont pas la capitale de ta carrière ; ils en sont une ville comme une autre, une étape semblable aux autres.

C'est pourquoi, ensuite, par pure honnêteté morale, et toujours par panache, je ne ferai aucune allusion, non plus, au projet que tu as l'intention de tourner à la date que je souhaite : premièrement, parce que j'en ignore absolument tout ; deuxièmement, parce que son réalisateur, que je connais peu, m'est extrêmement sympathique.

Ces remarques préliminaires ne m'empêchent néanmoins aucunement, comme si j'étais seul au monde, comme si j'étais le plus grand génie de tous les temps, comme si j'étais le seul sur la planète à avoir des projets, de te présenter une série d'arguments dont la logique m'émeut moi-même.

Chaque film a sa date naturelle.

J'entends par là, mon vieux Ben, qu'il s'agit que le film sorte, par souci de cohérence, à la date qui correspond le mieux à sa nature, à son destin, à sa carrière, à son style.

Il faut sortir les beaux films à de belles dates, les films intelligents à des dates intelligentes, les films pénibles aux dates pénibles, les films bêtes aux dates bêtes, les films catastrophes aux dates catastrophiques. Il faut sortir les films pornographiques aux dates les plus pornographiques possibles ; les films de guerre aux dates de guerres. Les films pointus aux dates pointues ; les films fous aux dates folles.

Les films bâclés, il faut les sortir à des dates qui sont bâclées. Et même les films géniaux, malgré leur génie, il vaut mieux les sortir quand même (c'est plus prudent) à des dates elles-mêmes géniales ; à des dates qui elles-mêmes ont du génie.

Les films commerciaux, il faut les sortir à des dates elles-mêmes commerciales. Les films populaires, il faut les sortir à des dates elles-mêmes populaires. Février est la date populaire parmi toutes ; février est le mois populaire par excellence. Sortir un Godard en février n'a pas plus de sens que de mettre une cravate dans le désert de Wadi Rum. De même que sortir *Les Bronzés* à la Toussaint, au moment de fêter les morts, n'est pas quelque chose de très naturel. Il y a des dates pour les films suicidaires : ce sont les dates suicidaires.

Il y a des dates pour les films (de) kamikazes : ce sont les dates kamikazes. On les connaît, ces dates : elles sont répertoriées. Je n'ai pas vocation à me tirer une balle, ni dans la tempe ni même dans le pied.

Cinéman est un film tellement fait pour février, février est tellement son décor naturel, son écosystème, qu'il pourrait s'intituler *Février-man* (*L'Homme-février*). Regarde Rio de Janeiro, par exemple (qui signifie « Rivière de Janvier »), tu imagines si le mois de janvier n'avait pas été disponible : « Rio de Setembro », « Rio de Maio » : ça sonne si mal… Personne n'aurait été en vacances là-bas. Rio, son mois, c'était janvier. *Cinéman*, c'est février. Février 2008… Ce qui nous oblige à faire débuter le tournage en janvier 2007 (pendant trois mois).

La date de sortie de février est populaire mais elle est aussi enfantine : les films pour enfants doivent sortir aux dates pour enfants. Je veux, moi, que les grands-parents, fous de films muets et de classiques du cinéma, emmènent leurs petits-fils et leurs petites-filles voir *Cinéman*… C'est un film qui traverse les générations. C'est pendant les vacances de février que papi et mami emmènent Toto au cinoche.

Chaque film a son énergie propre.

Derrière cette formule très, très pompeuse se cache une réalité, mon vieux Ben : j'ai commencé la préparation en janvier 2006, et tenir en « prépa » jusqu'en mars 2007, c'est comme te demander de ne faire que des films sur fond vert jusqu'à la fin de tes jours. Tu me vois dans un bureau à branloter du Deloux-concept jusqu'à Pâques ? Moi, non : je ne m'y vois pas bien.

Surtout que tu sais très bien que lorsque je prépare, je prépare : je suis à l'établi de l'aube au crépuscule, pas à la fête à Neu-Neu (sauf si on a besoin d'y tourner une scène, et alors là, j'y serai, mais en repérage).

Tu vas me dire : y en a qui attendent depuis longtemps. Je vais te répondre : c'est parce qu'ils ont une qualité que je ne possède pas et qui s'appelle la patience. Mais, en revanche, je suis nanti d'une certaine ténacité, c'est pourquoi nous allons passer, si tu le veux bien, au troisième argument.

Je suis un sale superstitieux.

Je ne vais pas te faire un dessin (enfin, je pourrais, mais pas là) : je rêve des mêmes dates que la fois précédente comme un joueur de blackjack met toujours le même caleçon avant d'aller au casino.

Je te rassure immédiatement : je changerai de sous-vêtements quotidiennement pendant le tournage ; en revanche, j'ai beaucoup plus de mal à changer de dates. Je suis à l'abri dans ces dates-là. Blotti. Bunkérisé. Rassuré. Régénéré. Blindé. Habitué. Je suis à l'aise dedans ; c'est comme un territoire. Ces dates sont balisées ; elles sont répertoriées ; elles sont familières. Elles sont familiales.

Au cinéma, les habitudes sont profitables.

C'est pour cela, aussi, que je vais prendre les mêmes techniciens, d'ailleurs. Recréer, reconstituer, recomposer la même famille. Pour travailler dans les meilleures conditions… De confort… De confiance… Afin de me concentrer sur le film lui-même, et sur rien d'autre.

D'accord, c'est désormais admis, je suis fou : mais ma folie n'est possible que si le côté « coin du feu » n'est pas loin ; que si la structure tout autour est solide, je veux dire : si les visages sont familiers ; cela permet d'économiser du bavardage, de l'énergie. Tout le monde communique plus vite, comprend plus vite. Cela n'exclut évidemment pas de personnel nouveau, ni de gens que je ne connais pas encore, bien sûr (je ne suis pas buté à ce point) – mais je ne te cache pas que l'ancienne équipe, pour l'essentiel (il y a quelques petites exceptions), m'a donné une grande satisfaction.

Je rêve de la même équipe ou presque aux mêmes dates, pour une même sortie, dans la même configuration. C'est humain – c'est logique.

Un petit peu de paranoïa (justifiée)…

Enfin, pour terminer ma petite lettre, je voudrais te dire que j'ai peur d'une chose. Et qui n'est pas une mince chose. Ce n'est pas parce que je la place en dernier que c'est une chose moindre. Non : c'est une chose qui n'est pas moindre du tout.

On vit dans un pays (je parle de la France, pas de la Belgique) où les idées sont rares. Dès que tu en tiens une, des centaines de types, le soir, dans des labos louches, essayent de voir comment ils vont bien pouvoir te la piquer… Ils la triturent, l'observent sous tous les angles, et regardent comment ils pourront la détourner, la plagier, la récupérer, la transsexualiser, la caricaturer, l'exploiter, la retourner, la contourner, la dupliquer, la photocopier, la microfilmer, la kidnapper, la violer, la faire chanter, la torturer, la travestir, la masquer, la démarquer…

Tu veux des preuves ? Suis mon regard et regarde déjà les petits que notre précédent film ensemble a engendrés : après Cloclo, voici Aznavour, Johnny, Piaf, et même les « intellos » (je devrais rajouter une bonne dizaine de guillemets) nous plagient.

Je sais que cette idée-là, on va essayer, de toutes parts, de nous la picorer, de nous la jalouser, de nous l'envier, de nous l'enlever des mains – et ce n'est pas le dernier des arguments pour te dire, et me dire à moi-même : ne tardons pas, ami, ne tardons pas !

Voilà, mon vieux Ben, mes quelques arguments. Je te les ai transmis en toute amitié, en toute sincérité, aussi.

Ton contre-argument (une promesse faite à un réalisateur depuis plus d'un an) est absolument respectable, est absolument honorable, et ce n'est pas pour chercher à nuire à quiconque que je t'écris : mais pour défendre ma position, qui mérite elle aussi, je pense, qu'on s'y intéresse, même le temps d'une lettre.

Que les choses, donc, soient bien claires : jamais je ne t'en voudrai de camper sur ta décision, mais je veux seulement te faire réagir sur un point : est-elle la meilleure pour tout le monde ?

Cinéman a été écrit pour toi à la virgule près, une fois de plus. Scénario, jeu des acteurs, mise en scène, techniciens, tournage, montage, mixage : tout concourt au succès d'un film ; le choix d'une date me paraît être aussi important que chacun de ces éléments.

Merci, mon vieux Ben, de m'avoir lu, et, surtout, je voudrais te dire que j'attends avec grande joie le moment où nous allons repartir, tous ensemble, à l'aventure.

Ton ami, Yann

Gide : « Chaque jour, et tout le long du jour, je me pose la question – ou plutôt : cette question se pose à moi : Est-ce que j'aurais peine à mourir ? » Puis, à la ligne : « Je ne crois pas que la mort soit particulièrement difficile à ceux-là qui précisément auront aimé la vie. Au contraire » (*Journal*, 1922).

« La Relativité générale est venue inverser les termes de l'entreprise cosmologique. D'une synthèse patiente des acquis de l'astronomie et de l'astrophysique, elle a permis de passer directement à la construction d'une structure géométrique globale définissant d'emblée l'arène spatio-temporelle (ses propriétés métriques et leur évolution dans le temps) où prennent place objets, structures, événements, processus dont une part infime est observée ou observable. La problématique cosmologique a ainsi basculé, et s'en est bien trouvée puisqu'on a pu comprendre le décalage de fréquence de la lumière émise par les galaxies dès qu'il fut observé, qu'on a pu prédire le rayonnement thermique de fond (observé en 1965), qu'on a pu expliquer de façon satisfaisante l'abondance relative d'hélium. Il reste que tous les développements de la recherche cosmologique ultérieurs aux années [19]30 furent et sont marqués par l'impérialisme du modèle théorique : il s'agit de compléter la connaissance de ce qu'il y a et se passe dans cet Univers désormais géométriquement et dynamiquement décrypté. Là, force est de constater que le modèle standard a réussi à repousser au rang de curiosités les autres tentatives théoriques. [...] Les données d'observation s'accumulent, le modèle standard les intègre » (Gérard Le Denmat, « Faut-il remplacer le géant Atlas par le géant Einstein ? », *La Pensée*, 1986).

Jeudi 6 octobre

Réveil avec *Fillmore East – June 1971*, The Mothers, 1971 (Bizarre Records, MS 2042, US). Frank Zappa : guitare et dialogue ; Jim Pons : basse, chœurs et dialogue ; Aynsley Dunbar : batterie ; Bob Harris : claviers et chœurs ; Howard Kaylan : chant et dialogue ; Mark Volman : chant et dialogue ; Don Preston : synthétiseur ; Ian Underwood : instruments à vent, claviers et chant.

Le park quantique et le park relativiste sont deux parks disjoints ; deux parks incompatibles ; avec des lois différentes ; avec des lois, même qui s'excluent, qui se contredisent. Le park quantique, c'est l'univers des particules. C'est le park de l'infiniment petit. Un park identifié, un park créé, un park dessiné, conçu par l'esprit humain dans les années 1910-1930. C'est le park des atomes et de leur interaction avec la lumière. C'est une nouvelle grille de lecture du monde, un monde nouveau, avec des règles nouvelles ; une forme de pensée en même temps qu'une territorialité. C'est une géographie, mais une géographie qui, comme tout park, est à la fois physique et mentale, territoriale et conceptuelle. La géographie, et les limites, les frontières, les dimensions de cette géographie (nouvelle) sont livrées avec le matériau qui la pense ; géographie et interprétation de cette géographie sont inséparables. C'est un domaine réel, mais de la pensée. C'est un domaine de la pensée, mais qui a une réalité.

Le park relativiste est un park qui s'étend, lui, à l'univers tout entier : il concerne l'infiniment grand. C'est le plus grand park qui soit.

La révolution nouvelle s'obtient par immolation. On ne met pas le feu aux poudres. Un homme met le feu à cet homme : lui-même. C'est le signe du départ, le feu, vert, donné aux éboulements, aux mouvements. Les pays arabes, dans ce temps neuf, ont choisi un signe religieux pour déclencher la révolution et chasser les tyrans : non un signe d'abord islamique, mais chrétien. Quand la messe se renouvelle, elle asperge de nouveau Jésus d'essence ; c'est dans son sacrifice par le feu que nous élevons sa figure, que sa figure descend ici, et, surtout, maintenant. Jésus sur la croix : premier sens d'immoler. S'immoler par le feu n'est pas une tautologie. Et pourtant, dans l'immolation le feu n'est jamais lieu. Il s'agit de ce feu intérieur, qui brûle l'homme dans son intégrité, le porte à incandescence. Et la couleur de la révolution n'est pas tellement le rouge, mais l'incandescence. La couleur de la révolution n'est pas le rouge, mais le fer rouge. C'est par un acte divin, un feu mis au buisson (il n'y a qu'un seul buisson biblique), que la liberté voudrait s'enflammer à partir de ce combustible volontaire : l'homme, le corps de l'homme. Par ce feu est souligné, alors qu'on ne nous parle que de politique, l'omniprésence non de Dieu, ni de quelque Fils que ce soit, mais du sacré : la liberté n'est pas politique, elle est sacrée. Celui qui s'immole fait vœu d'ubiquité : il est sur terre en même temps que dans l'air, il se dissipe et se répand. L'homme qui s'immole se propage ; il se propose au vent. Il fabrique de l'omniprésence – le voici qui s'envole parmi les hommes, bien au-dessus de leurs têtes. Ce vent de liberté, il y est inscrit, ses cendres y habitent, qui sont soufflées, trimballées par ce vent. Le carbone évaporé, montant dans les altitudes, permet de visualiser, d'incarner ce vent révolutionnaire. Je suis double, je suis ubiquité : solide, filandreux, à moitié carne et à moitié poussière. L'immolé fabrique une chose unique : l'impossibilité à être circonscrit. On ne peut le toucher ; car il brûle. Il s'agira de redéfinir l'Intouchable. La révolution, qu'il incarne en se consumant, est cette chose qu'on ne peut toucher sans se brûler les doigts.

L'immolé formule sa souffrance : ce qui le brûlait dedans le brûle maintenant dehors. C'est cela, le feu sacré. L'homme n'est plus seulement matériel : en prenant feu sa texture change d'élément premier. L'immolé opte pour une structure neuve. Non plus la terre, ni l'eau (puisqu'il est déjà fait terre, il est déjà rempli d'eau), mais feu. La seule substance qui n'était pas faite pour lui. La liberté se fait chair, comme Jésus descendu, mais cette chair se calcine – on s'offre en sacrifice à la révolution. L'immolation est le point d'incandescence d'une autre matière encore : la détermination. Celui qui met feu à son corps se prépare à une mort lente, mais une mort à laquelle il participe. Il est non seulement acteur de sa mort, mais spectateur ; il est victime, il est bourreau, il s'abîme et se soulage. Il se donne la mort, et en même temps il donne sa mort aux autres. On n'arrête pas le feu, on n'arrête pas la révolution. Tout est toujours trop tard quand les flammes ont commencé. Le feu crée de l'irréversibilité – le peuple sera souverain dès lors que, de son corps, il aura entière possession ; dès lors que son corps, auquel il octroie maintenant la liberté de brûler, aura la liberté d'aller, de circuler, de se déplacer, de se mouvoir. Celui qui se tue par le feu modifie la structure du régime auquel il appartient, plus rien ne peut l'atteindre, sinon lui-même. Le ventre du pouvoir est en son centre, exclusivement.

Le feu, aussi, est là pour s'étendre, pour gagner du terrain. Pour « embraser » le monde arabe. Il mangera la géographie qu'il aura à manger, calcinera toutes les terres qui ne seront purifiées que par cette idée ancienne que les peuples veulent rester en paix avec leur propre sang.

Celui qui se consume, sans doute, devient immédiatement un mystique – en ceci qu'il échappe à toute *récupération*. Celui qui brûle (Péguy s'était souvenu de Jeanne) crée, qu'il le veuille ou non (à son corps défendant, incandescent mais défendant), une intimité avec Dieu. Non en ce qu'il se fait croyant, qu'il se convertirait aussitôt (d'autant qu'il est déjà musulman), mais parce que son sacrifice particulier appartient à la mystique – il abolit la transcendance de la religion révélée (sur laquelle est fondé l'État) pour la vivre dans une appropriation, une domestication singulière. L'immolé casse la transcendance, son acte sacrificiel, fût-il politique, cesse immédiatement d'être politique pour en appeler à des valeurs supérieures à la politique, ce n'est pas pour la démocratie qu'on fait la révolution, mais pour la liberté.

Écoute des Raspberries. J'ai découvert les Raspberries dans le vieil Orléans, fin 1979 (j'avais onze ans), parce que le programmateur de la patinoire les passait souvent. Parfois même pendant les courses de vitesse. Comme patins à glace, j'avais personnellement des Bauer. Ils coupaient comme des lames de rasoir. Je n'avais pas encore de poils. Nulle part presque. Je préférais les Who, évidemment. Mais les Raspberries étaient des Who de remplacement, de sécurité. Un peu comme les Jam, plus tard (que j'ai dévorés à partir de la classe de 4e, en 1982, au collège Dunois, en lisant Gide comme un détraqué). Le leader des Raspberries s'appelait Eric Carmen. Il vit toujours, quelque part, sur Terre. Il est peut-être heureux. Il a étudié le piano et le violon et aurait pu devenir un nouveau Boulez. Mais il préférait les Beach Boys. Les Raspberries se sont fondés en 1970 et se sont arrêtés en 1975. Depuis, ils se reforment pour rire – et ce n'est pas très drôle. Il faut laisser 1975 où il est encore le mieux : en 1975.

Il est peu d'écrivains, parmi mes amis écrivains, dont on puisse dire qu'ils laisseront quelque chose de grand derrière eux. Olivier Charneux, moins médiatisé que d'autres, fait partie de ceux-là. Il est l'auteur d'une œuvre majeure. Nul mieux que lui ne sait évoquer les années d'éveil sexuel ; il traite de l'homosexualité comme nul ne l'avait jusque-là fait, hormis Dustan peut-être (que j'aimais beaucoup et qui avait accepté un petit rôle dans *Podium* – la mort l'en aura hélas empêché), depuis Genet. Mais chez Charneux, la phrase est économe ; on vise juste. La province, l'ennui, la solitude, la fragilité, l'amour, la maladie et, surtout, l'époque : tels sont les ingrédients dont Olivier fait ses larmes. Il se dégage de ses courts romans une force qui donne le vertige. Par leur concision, par la vitesse à laquelle on tourne les pages, on pense parfois à Simenon.

Nous recevons dans l'émission le sinistre Éric Woerth. Woerth représente le pire de ce que la politique puisse offrir : le cynisme, la froideur, la vraie fausse commisération, l'apitoiement sur lui-même, le renvoi de tous les ascenseurs, la satisfaction du pouvoir quel qu'il soit, l'appât du gain, bref, toute la panoplie. Il incarne, de manière formidable et parfaite, le politicard jamais totalement innocent ni complètement coupable. Ce qui le sauve, c'est d'aimer la montagne et l'escalade. On notera que je n'ai pas employé le mot « alpinisme ». Car, si M. Woerth était alpiniste, précisément il ne serait pas un de ces seconds couteaux de la politique, un de ces ombreux valets des corridors du « gaullisme ». De Gaulle aurait fichu des gifles à de tels ânes bâtés. Je ne vais pas m'acharner sur Woerth. À quoi bon ? Il n'est pas pire que les autres. C'est bien plus affreux : il est comme les autres. Il est les autres.

Il est ce que nous n'aimons plus en politique, tant dans sa façon de se déplacer, de faire semblant d'écouter, de pérorer, de langue-de-boiser. Woerth ou le spectacle non pas du rien (ce serait déjà beaucoup), mais du moyen. Du moyen au sens strict. Du moyen à la fois compris comme le contraire de la fin et comme la médiocrité. Bien sûr que je n'ai rien contre lui ; mais faire son portait est impossible. L'imiter est impossible. Le croquer, le dessiner, le caricaturer est impossible.

Et le filmer est impossible. Le décrire est impossible. Parce que ça ne prend pas. Le stylo tombe, et le pinceau fait de même. La caméra ne trouve pas la lumière. Mon Dieu que cet homme n'inspire rien, n'inspire personne, ne dégage rien.

Je l'attaque direct : « Vous avez dit que le port du voile était une provocation. Très bien. Ça provoque *qui* ? » Avec une hypocrisie consommée, il botte en touche : « Je parlais du voile intégral. » Ce qui est bien évidemment un mensonge. Et le menteur d'ajouter : « Le voile qu'on voit dans la rue, j'ai pas de problème avec ça. » Eh bien, si l'autre, on ne le voit pas dans la rue, où est le problème ? Il finira, à court d'arguments, par s'attaquer à mes livres, me jugeant mauvais écrivain. CQFD.

Vendredi 7 octobre

Réveil avec *Upon The Wings Of Music*, Jean-Luc Ponty, 1975 (Atlantic, ATL 50149, France). Violon électrique et violon acoustique : Jean-Luc Ponty ; basse et basse électrique : Ralphe Armstrong ; batterie et percussions : Ndugu ; guitare électrique : Dan Sawyer ; piano, synthétiseur, orgue et clavinet : Patrice Rushen.

Lecture, pour « me mettre en train » (expression qui ne veut pas dire grand-chose), de quelques pages des *Minutes de sable mémorial* dans l'édition originale (j'ai beaucoup de chance de posséder ce trésor). Je ne tiens pas à jouer les précoces ni les petits génies (il n'y a que cela autour de moi), mais il est vrai que j'ai commencé à lire Jarry en 1977-1978, grâce à l'édition de poche *Tout Ubu*, dont je me souviens qu'elle était toute verte, évidemment, très attrayante, incroyablement alléchante (avec la reproduction des *Almanachs du Père Ubu* à l'intérieur, dont les illustrations, signées Pierre Billard, me fascinaient) et dont l'édition était établie par Maurice Saillet. Les *Minutes*, je les ai abordées, sans rien y comprendre, mais fasciné par leur mystère et leurs sonorités, en 1982, de manière sérieuse et systématique, plus exactement en juillet, juillet 1982, écoutant Orléans FM, *Toto IV* et l'album *4* de Foreigner. J'avais écrit, détruite par ma vieille salope de mère – qu'elle crève ! –, une pièce inspirée de l'art jarryque (qui s'inspirait lui-même de Hugo), *Le Dévot exhérédé*. Je ne me suis jamais remis de la destruction de cette pièce en trois actes entièrement composée en alexandrins. C'est peut-être ce dont, depuis que je respire sur la surface de cette Terre, j'étais le plus fier. Mais cette connasse n'a pas pu s'empêcher de la détruire, de la déchirer, de la réduire en cendres. Haine. Il n'est pas tout à fait impossible (qui sait) que je sois devenu écrivain « pour de vrai » en cherchant à réparer cet autodafé.

Bref, je me suis un peu éloigné, même si ces pages ne sont faites que pour s'éloigner, du sujet que je voulais aborder, et qui était Jarry, Alfred, né en 1873, comme Péguy, et mort en 1907. Depuis la fin des années 1970 et le début des années 1980, donc, je n'ai cessé de frénétiquement, de maladivement, de profondément, de passionnément lire Jarry. Ce qui fait qu'en termes de dieux, ma Trinité est en gros la suivante : Jarry, Guitry, Péguy. Une Trinité des « y ». Une *Trinity*.

Je me moque bien de savoir si Jarry est sorti, comme l'a écrit un exégète, de la cuisse de Lautréamont (ce qui est fort possible, toutefois). Tout le monde a été, est ou sera influencé par le comte. Comme Péguy, mais pour d'autres raisons, on classe souvent Jarry parmi les illisibles : je le classe moi parmi les « illus » – c'est-à-dire, non pas ceux qu'on ne peut lire, mais ceux qui restent à peu près vierges de toute véritable lecture. Chez Jarry, le mot n'est pas là pour décrire ni pour raconter, il est là pour inventer – des situations, des logiques, des sentiments que l'humanité n'avait pas connus jusque-là.

Son univers est fait de têtes de mort, de choses mauves (avec des reflets verts), de pinces à vélo, de petits matins affamés, de thèmes latins et d'éther. De sarbacanes, de vieux pistolets. De cannes à pêche. Et de Christs divers (les grands écrivains n'aiment le Christ qu'au pluriel). Jarry dormait sur la terre battue, emmitouflé dans de vieux vêtements cradingues, au milieu des rats, seul hôte de son « Tripode » des bords de Seine. Guitry raconte qu'un système de poulies permettait de hisser le vélo en l'air afin que les rats n'en dévorent pas les pneumatiques. Guitry a écrit sur Jarry. Mais pas sur Péguy. Dommage.

Depuis quarante-huit ans que je suis sur Terre, je n'aurai jamais rencontré un seul homme fidèle. Les femmes pensent que les hommes fidèles existent, mais c'est faux. La fidélité morale, sentimentale, peut se trouver. Pas celle des corps.

J'écris pour dire ce que, dans la vie de tous les jours, je ne puis pas formuler sans passer pour un fou. Les « histoires » ne sont qu'un prétexte pour dire l'impensable, l'insupportable, l'impossible.

Je rêverais de vivre dans une société où, comme dans *La vie est un long fleuve tranquille*, on inverserait les enfants à la naissance.

Rupture amoureuse : plus aucun être humain pour nous boucher l'avenir. L'être humain est pourri, mais l'existence consiste à y trouver des pépites. Le pessimisme me sert à avoir sans cesse de bonnes surprises.

Faire de la politique : obtenir la notoriété en se passant du talent.

Lorsqu'on sait que le bonheur n'existe pas, on n'est jamais malheureux.

Avec quarante ans d'avance, le chant troisième, strophe 2, des *Chants de Maldoror*, publiés en 1869, résout une énigme posée par Péguy dans *Victor-Marie, comte Hugo* en 1910. Comme il existe un « grand secret » de Léon Bloy, il existe un grand secret de Charles Péguy – partagé par Daniel Halévy, lors de promenades crottées sur le plateau de Saclay. « Cette confidence sombre, écrit Péguy, que nous avions. Ce propos de l'immense, de l'universelle conspiration des grandes personnes. Si parfaitement secrète, si parfaitement gardée. » Quelle est donc cette énigme si jalousement gardée, si silencieusement évoquée ? Écoutons Lautréamont : « Si les hommes étaient heureux sur cette terre, c'est alors qu'il faudrait s'étonner. » Voilà la solution de l'énigme.

On ne comprendra jamais Lautréamont sans comprendre qu'il partage ce secret de Péguy : le bonheur n'existe pas. Et pourtant, nous disent les *Poésies*, il est à portée de main, mieux, il est dans le main. Non seulement il tient dedans, mais il est dedans. Il faut accepter, pour lever le soi-disant mystère des *Poésies* (qui me fascinent adulte comme les *Chants* me fascinaient adolescent), qu'il est un manuel de morale. Mais d'une morale tout entière bâtie sur la puissance du mot. Tout commence avec lui, qui ne s'arrête jamais : « publication permanente », avertit l'avis final, au verso de l'édition originale : « Cette publication permanente n'a pas de prix. » La permanence s'oppose aux « trois points terminateurs [qui] me font hausser les épaules de pitié ».

Bien évidemment, chez Céline, les trois points ne terminent rien, ce sont des points continuateurs, des points accélérateurs, des points d'élan, des points de lancement. Les fusées sont les mots par conséquent. L'attraction à laquelle il s'agit dorénavant de s'arracher c'est, sans le moindre calembour, la gravité : « Je remplace la mélancolie par le courage, le doute par la certitude, le désespoir par l'espoir, la méchanceté par le bien, les plaintes par le devoir, le scepticisme par la foi, les sophismes par la froideur du calme et l'orgueil par la modestie. » Un programme moral, mais un programme d'action, pour arracher la vie à sa pulsion première, qui est de mort. L'obsession absolue de Ducasse, c'est la peur de la fin. C'est ainsi qu'il est recommandé (que je vous recommande) de lire, relire, les *Poésies* : comme une conjuration du mourir. « On ne peut juger de la beauté de la mort que par celle de la vie » – renversement prodigieux, copernicien : ce n'est pas parce que la mort est inéluctable que la vie est belle, mais c'est parce que la vie est inéluctable que la mort est belle. Savoir vivre, c'est savoir mourir ; vivre sans peur (avec le courage qui vient d'être souligné), c'est mourir sans peur. Les *Poésies* préparent à la mort, sans le moindre effroi ni le moindre préjugé, ceux qui auront su vivre. « Il n'est pas donné à quiconque d'aborder les extrêmes, soit dans un sens, soit dans un autre. »

Qu'est-ce que savoir vivre pour Ducasse ? Avant tout, c'est congédier la souffrance, la manifestation de la souffrance, la complaisance envers la souffrance : « Souffrir est une faiblesse, lorsqu'on peut s'en empêcher et faire quelque chose de mieux. » Aussi les *Poèmes* proposent-ils toujours une issue ; ils ne se contentent pas de dire ce qui n'est pas, ils disent ce qui est. Traduit en cuistre, on dirait que Ducasse est davantage cataphatique qu'apophatique (il est toujours agréable, néanmoins, d'apprendre des mots nouveaux, nouveaux pour nous). Ducasse enfonce ce clou : « La vraie douleur est incompatible avec l'espoir. » Espérer, c'est finalement la seule chose qui vaille, et les deux petits volumes vendus un franc, *Poésies I* et *Poésies II*, ne sont là que pour ça. On peut, les ayant dans la tête ou dans la poche, faire avec eux, par eux, la guerre au nihilisme. Le bonheur est un mystère, il est tout près ; au lieu de le décrire, découvrons-le, sous forme vivante et non de papillon épinglé, de chenille morte.

« Il faut faire voir tout en beau », quelle subversion. L'impression est donnée qu'il faut salir les choses pour les voir. Ducasse n'a jamais dit que le bonheur n'existait pas, mais que les hommes ne sont pas heureux – ce qui, cela va de soi, n'est pas du tout la même chose. Et c'est pourquoi il est criminel de réinjecter du malheur dans les veines des malheureux : « L'homme ne doit pas créer le malheur dans ses livres. » Ducasse va plus loin encore : « Si vous êtes malheureux, il ne faut pas le dire au lecteur. Gardez cela pour vous. » Pour être heureux, paraître heureux. Ce ne sont pas seulement des pans entiers de romantisme qui tombent, c'est notre époque tout entière, mesdames, messieurs, qui s'écroule. C'est la manière, pour le « poète », de se soustraire à la mort biologique – et même à la biologie de la mort : « Il faut savoir arracher des beautés littéraires jusque dans le sein de la mort ; mais ces beautés n'appartiendront pas à la mort. La mort n'est ici que la cause occasionnelle. Ce n'est pas le moyen, c'est le but, qui n'est pas elle. »

La foi qu'appelle Ducasse de ses vœux (pas forcément pieux) passe par là : faire passer la douleur, la transmettre, littérairement par exemple (et quel exemple puisque la littérature se place devant la vie pour la libérer, la permettre), tel est le crime, puisque cela revient à *mourir de son vivant*. Pour Ducasse, il faut vivre de son vivant et mourir de son mourant. Ne pas mélanger ces deux extrêmes, la vie et la mort. Car notez bien que, pour lui, les extrêmes ne sont pas des extrêmes chronologiques, genre la naissance à ma gauche et la mort à ma droite, mais des extrêmes métaphysiques – d'où la présence, sacrée, de ce fameux « *Elohim* » qui parcourt les pages : un Dieu qui les réunit tous, les païens et les autres, Maldoror en faisant partie sans nul doute – pas strictement le Dieu de Moïse, pas un Dieu multiplié par tous les autres. Écoutez cela, on n'en revient pas, nous sommes là au sommet du courage, de la subversion, de l'inouï, pardon, pas de l'inouï mais de l'inaudible : « Ne reniez pas l'immortalité de l'âme, la sagesse de Dieu, la grandeur de la vie, l'ordre qui se manifeste dans l'univers, la beauté corporelle, l'amour de la famille, le mariage, les institutions sociales. Laissez de côté les écrivassiers funestes. » Ceux qui pensent (beaucoup l'ont pensé, quelques-uns l'ont écrit) que c'est là de l'ironie ne sont pas simplement des salauds ou des imbéciles, ils sont perdus. Et perdus à jamais. « Et puis nous avons en commun cette conscience de la brièveté de notre miracle personnel, de notre incroyable fragilité. Les autres parlent comme des bûches. Ils ne "savent" pas. Nous, Élie, nous, "savons" que ce qu'ils racontent n'a pas de sens – aucun sens – Ils meurent sans le savoir. » Ducasse ? Pas tout à fait. Ces mots furent écrits à Élie Faure le lundi 24 juillet 1933 au 98 de la rue Lepic. Par Louis-Ferdinand Céline.

Samedi 8 octobre

Réveil avec *Nouveau Calls*, Wishbone Ash, 1987 (I.R.S. Records, MIRF 1028, UK). Martin Turner : basse et claviers ; Steve Upton : batterie et percussions ; Andy Powell : guitare, guitare acoustique et mandoline ; Ted Turner : guitare et banjo ; William Orbit : percussions.

Lecture « émerveillée », comme dirait Gide, de Rivarol. À l'époque de la guillotine, Rivarol n'affûtait, lui, que des phrases : sa langue est effilée comme une lame. Même Voltaire et Mirabeau paraissent presque lourds à côté de lui ! Mais Rivarol est surtout le premier *sniper* de la littérature – celui qui fait mouche à tout coup. Ses aphorismes sont des balles traçantes. Rivarol est l'inventeur de la formule qui tue. Ce qui est fabuleux, quand on lit « R.V.R.L. », c'est qu'on s'aperçoit que tout peut être imité, sauf l'intelligence ; que tout est plagiable, sauf l'esprit. On a toujours la sensation très forte, très étrange, presque effrayante, qu'aucune des réflexions du « comte de Barruel » n'avait jamais été pensée par personne depuis le début de l'humanité. On appelle ça être philosophe, je crois. Rivarol est publié chez le même éditeur et dans la même collection que Philippe Bouvard, mais c'est à Nietzsche qu'il me fait penser. La profondeur est fille de la concision, et il l'est tellement, concis, qu'on peut le comparer à une naine blanche, cette étoile minuscule dont la densité de matière est infinie. La meilleure pensée de Guitry, que je place pourtant au sommet des sommets des sommets des sommets, est cent fois moins fine que la remarque la moins inspirée du « chevalier de Kermol ». Je retire ce que je viens d'écrire parce que je ne le pense pas complètement, mais du moins, je me comprends.

Jésus n'est pas exactement Dieu sous la forme d'un homme, il est plus exactement la foi sous la forme d'un homme. Ceux qui ont voulu clouer Jésus sur la Croix ont voulu figer la foi, interrompre tout *mouvement*. Rendre impossible la moindre oscillation. Mais ils n'ont pas vu qu'entre ciel et terre, dans son repos même, Jésus oscillait encore, qu'il était tout oscillation, qu'il oscillait comme jamais – à tel point, même, qu'il vivrait. Car le mouvement, même cloué, reste un mouvement : il accumule de l'énergie pour plus tard, il fait ses réserves, il ne se confond pas avec le repos. Même *au* repos, le mouvement n'est pas *le* repos.

Dans *Escalier C* (Jean-Charles Tacchella, 1985) : « Les parents devraient toujours obliger leurs enfants à devenir des artistes. Il y en aurait moins. » Sur le tournage de *Podium*, je me suis aperçu d'une chose étrange : les meilleures répliques ne sont jamais celles qu'on aurait cru. Ce qui a été écrit dans un bureau doit passer l'examen de la scansion du comédien, de son intonation, pour faire vivre et vibrer la réplique. Les véritables mots d'auteur sont davantage faits pour être dits que pour être lus. C'est pourquoi, généralement, les répliques qu'on retient, les phrases cultes, sont la (miraculeuse) résultante d'une tonalité, d'un rythme, d'une situation et, éventuellement (mais ça ne vient qu'en dernier), de la phrase elle-même, sauf évidemment dans le cas d'Audiard.

Dans *La Huitième Femme de Barbe-Bleue* (Lubitsch, 1938) : « J'espère qu'un jour quelqu'un te dira ce que je pense vraiment de toi ! »

Nietzsche, *Par-delà le bien et le mal*, 1886 : « L'indifférence pratique du savant [de l'homme moderne] à l'égard des choses religieuses, au milieu de laquelle il naquit, où il fut élevé, se sublime généralement chez lui en méfiance et en propreté intellectuelle, lesquelles craignent le contact avec les hommes et les choses de la religion. »
« Il y a là une prétention à se croire supérieur, dans la certitude imperturbable d'avoir raison. Par instinct [!], il traite l'homme religieux comme un être inférieur, comme un moins-que-rien, qu'il surpasse lui-même à tout point de vue – lui qui n'est pourtant qu'un petit nain prétentieux et démagogique, lui qui n'est qu'un pauvre tâcheron du royaume des idées progressistes. »

Dimanche 9 octobre

Réveil avec *Uncle Meat*, Frank Zappa & The Mothers of Invention, 1969 (Reprise Records, 2MS 2024, US), un des Zappa que j'écoute le moins souvent. Frank Zappa : guitare, chant et percussions ; Jerry Hansen : effets ; Roy Estrada : basse électrique et chant soprano ; Ray Collins : chant et chant soprano ; Billy Mundi, Art Tripp et Jimmy Carl Black : batterie ; Ian Underwood : orgue électrique, piano, clavecin, célesta, flûte, clarinette, saxophone alto et saxophone baryton ; Don Preston : piano électrique ; Ruth Komanoff (future Mme Underwood) : vibraphone et marimba ; Bunk Gardner : piccolo, clarinette, flûte, clarinette basse, saxophone alto, saxophone soprano, saxophone ténor et basson ; Nelcy Walker : chant soprano ; Jim « Motorhead » Sherwood : saxophone ténor.

Je feuillette *Anissa Corto* comme s'il n'était pas de moi. Étrange sensation. Pas si agréable que je l'eusse cru. Une sensation, constante, de « peut mieux faire ». *Anissa*, c'était un peu Proust à Marne-la-Vallée. Je ne suis pas Proust, mais disons que j'ai essayé de remplacer les salons de Madame Verdurin par Disneyland Paris, mélanger la mélancolie littéraire au grotesque. Je suis incapable de dire si j'ai réussi.

Comme tout le monde, j'ai des bébés névroses que j'arrose tous les matins ; moi, c'est pour en faire des livres.

Avant d'écrire *Anissa*, j'avais ce que communément on appelle une « petite amie » (Houria, rencontrée le lundi 11 mars 1996 au Rostand). Elle était très belle, d'accord. Mais peut-être, qui sait, était-elle plus banale que je ne me l'étais figurée. Elle a fait comme la plupart des femmes avec qui je suis sorti : elle a pris ses cliques et ses claques pour un homme « rassurant ». Je possède bien des qualités, inutile de le nier. Je possède des qualités qu'on ne me connaît généralement pas : humour, gentillesse, générosité notamment. Mais, parmi mes défauts, qui sont également nombreux (caractérialité, impatience), je suis hélas affublé de celui qui, pour les femmes, est le plus rédhibitoire : je ne suis pas rassurant. Je ne les rassure pas. Elles s'en vont souvent avec un type dont elles reconnaissent aisément qu'il est moins ceci ou moins cela que moi, mais chaque fois, c'est la même rengaine : « Il me rassure. » Avec moi, elles ont sans arrêt le sentiment d'être installées sur un siège éjectable. Je sais. Je ne suis jamais parvenu à corriger cette tare. C'est ainsi. Je dégage ça. Et même quand je veux rassurer, j'inquiète. *Surtout* quand je veux rassurer.

Voilà essentiellement pourquoi mes « histoires » ne fonctionnent jamais très longtemps. Pourtant je suis fiable. Il y a une injustice là-dedans. Je balance, dans les colères, des mots que je ne pense à peu près jamais. Je crie des « dégage » (pas besoin de les crier, d'ailleurs – je ne crie plus –, il suffit de les prononcer) dont je ne crains qu'une chose, c'est qu'ils soient précisément pris au pied de la lettre. Je « dégage » de l'intranquillité, et pourtant j'ai *énormément* progressé. Je dis les choses, je ne suis pas calculateur. Je suis un des rares êtres humains de ma connaissance vraiment capable de se remettre en question, de se remettre en cause, de prendre sur lui et de *changer*. Avec les années, les autres se précisent ; moi, je change.

Nietzsche, *Considérations inactuelles*, 1873 (à mettre en parallèle avec le terrorisme islamiste) : « Nous savons qu'il peut y avoir des exaltés dépourvus de toute inspiration, aussi incapables de nous stimuler que de nous élever, des exaltés qui se proposent néanmoins de nous servir de guides, d'exercer une influence historique durable et de dominer l'avenir : combien plus ne devrons-nous pas soumettre leur exaltation au contrôle de la raison ! Lichtenberg a même dit : “Il existe des exaltés dépourvus de talent, ce sont les plus dangereux.” »

Qui n'a pas fait l'expérience de se tromper et de souffrir pour quelqu'un dont il savait qu'il ne serait *jamais* aimé ?

On parle de « chagrin d'amour » mais, bien souvent, l'amour n'a rien à voir là-dedans. On s'accroche désespérément, on endure le martyre, mais c'est d'un malentendu qu'on souffre, pas d'une histoire d'amour.

Ce qu'on appelle « passion » n'est que le spectacle qu'on se donne à soi-même, tandis que l'amour, lui, n'est composé que de choses imperceptibles. Être amoureux, ce n'est pas accrocher une bannière « Je t'aime Karima » au sommet de la tour Eiffel – c'est être capable d'écouter en silence la femme qu'on aime.

Longtemps, j'ai fait des choses proprement incroyables pour des filles. Lorsque je racontais mes histoires à mes amies, elles me disaient : « Comme tes amoureuses ont de la chance ! » Mais si je m'étais conduit avec elles comme avec lesdites amoureuses, elles seraient parties en courant.

Les femmes fantasment sur la passion, qu'elles croient préférer à l'amour. Mais, au quotidien, la passion s'avère d'un égoïsme fou ; elle ne concerne que celui qui est passionné. Les femmes qu'on prétend « aimer » sont purement et simplement niées.

« Demeurer dans le Christ : on ne le peut sans le suivre » (Edith Stein). Habiter dans le mouvement, cela ne peut se faire, cela n'est possible que si l'on *suit* le mouvement. Habiter dans la foi, cela n'est possible que si l'on suit la foi et ses oscillations. C'est en habitant dans le Christ qu'on pourra, enfin, pour quelques millisecondes, atteindre Dieu. Edith Stein, mystique du Christ, n'habitera pas dans Dieu, ne finira pas le mouvement, n'ira pas « clore », geler sa foi en affirmant qu'elle est enfin avec Dieu, en Dieu, *à l'intérieur* de Dieu : au contraire, elle restera inlassablement en mouvement pour le rencontrer *périodiquement*.

10 août 1792 (prise des Tuileries) : la victoire des citoyens passifs. Formation d'une Commune « insurrectionnelle », reconnue par la Législative.

Je regarde Dominique Jamet, sur la liberté de la presse (*Apostrophes*, 1986) : « Il est exact que jusqu'en août-septembre 1792, la presse est libre. La presse est libre en ce sens qu'il n'y a pas de censure sur les journaux et que des journaux de toutes les tendances peuvent exister. Mais, à partir du 10 août 1792, il y a une différence entre deux types de journaux : ceux dont les directeurs, rédacteurs en chef, journalistes sont emprisonnés, massacrés et voués à la guillotine ; et ceux qui ont le droit de continuer à faire leur métier sans qu'il y ait pour conséquence aucune sanction. Donc, c'est une liberté de la presse qui comporte pour les uns le risque de la mort et pour les autres aucun risque. Donc, c'est une liberté de la presse peut-être un petit peu faussée. »

Chute de la monarchie constitutionnelle. La monarchie constitutionnelle aura duré du 3 septembre 1791 au 21 septembre 1792 (1 an, 0 mois, 18 jours). Le roi avait prêté serment devant la nation. Problème : conflits répétés entre le roi et l'Assemblée constituante, car le roi a un droit de veto, et il bloque les réformes – cela rappelle la cohabitation…

Jamet : « Qu'est-ce qui vous permet de dire que la "population", dans son ensemble, dans sa majorité, a "adhéré" à la Révolution ? … Je repose ma question : quelles élections libres et démocratiques vous permettent de dire qu'un mouvement se dégage pendant la période révolutionnaire en faveur des idées révolutionnaires ? Est-ce que la Révolution est l'œuvre d'une *minorité* – pourquoi pas, d'ailleurs – ou est-ce qu'elle correspond aux vœux de la *majorité* ? »

Frédéric Bluche : « Je rejoins Dominique Jamet. Réduire cela à des formules "le peuple", "la population" ou "la majorité" me fait toujours sourire. Il manque les moyens d'investigation. On peut dire "une partie de", "une portion de". »

L'ennemi (prussien, autrichien…) s'approche de Paris. C'est la fuite à Varennes qui a déclenché sa venue… Pour défendre Louis XVI et réinstaurer la monarchie absolue.

Massacres de septembre (du dimanche 2 au jeudi 6 septembre 1792) : exécutions sommaires qui eurent lieu dans les prisons – « on » pense que les prisonniers n'attendent que la victoire de l'ennemi (Prusse, Autriche…) pour se révolter. Prêtres réfractaires dans les prisons : ils avaient refusé de prêter serment à la nouvelle Constitution civile du clergé.

À Paris, on massacre aux Carmes. On entreprend de purger les prisons, une à une, de leurs occupants. Simulacres de tribunaux populaires. On exécute immédiatement les sentences de mort (à l'aide d'instruments variés : la masse, la pique – qui est l'arme du sans-culotte –, le sabre, le crochet de boucher, etc. ; légère prédilection pour l'assommade).

En cinq jours : 1 300 victimes environ à Paris.

« On » (les sans-culottes, pas la Garde nationale) menace jusqu'aux Girondins.

« Première Terreur » : prêtres pourchassés, redevances seigneuriales abolies sans indemnités, tribunal révolutionnaire…

Les victimes sont en majorité, non pas des prêtres, mais des droit-commun. Ce qui est surprenant.

Qui sont les tueurs ? Question difficile. Les poursuites ont été effectuées extrêmement tard. Seulement trois condamnations… « Les hommes qui ont fait le 2 septembre, dit Fabre d'Églantine, sont ceux qui ont fait le 10 août. »

Massacre spontané ou organisé ? Pas d'organisation administrative, en tout cas… L'idée d'une élimination des prisonniers semble se développer dans la seconde quinzaine d'août.

Pour Jean Tulard : complicité des autorités. Complicité passive… Passivité volontaire… Certains tueurs demandent à être rémunérés !

Dominique Jamet : « C'est une abomination, un point c'est tout. Un gouvernement qui fait preuve, sur un certain nombre de points, d'une énergie, d'une rigueur, d'une vigueur comparables au gouvernement de la Révolution et qui est impuissant à empêcher le massacre de quelques centaines de voyous, de fanatiques, de sectaires, de personnes appointées, d'assassins, qui est impuissant à empêcher le massacre, pendant trois jours, de 1 300 personnes dans les prisons de Paris, est un gouvernement qui triche. C'est un gouvernement complice. »

Des gens du « peuple » ont commis les massacres…

Cette période se calme avec Valmy (20 septembre). Valmy ? ! Pas une grande victoire… « Vraie » bataille ?… Mais, les Français ont *résisté*. C'est cela qui compte. Les Prussiens battent en retraite (sans s'être réellement battus). Dumouriez les « raccompagne » à la frontière. La Révolution est sauvée. Danton a-t-il secrètement négocié ce retrait avec Brunswick ?

Valmy est la victoire de Danton – il dirige un Conseil exécutif provisoire (qui remplace le roi, emprisonné).

Débuts de la Convention. Élue par tous les Français âgés de vingt et un ans. Première assemblée sortie du suffrage universel.

La distinction Montagnards / Girondins commence à se dessiner. Montagnards et Girondins sont des minorités – ce sont elles qui feront la Convention, et non la Plaine ou le Marais (ex : Cambacérès) – hommes prudents (« Ils vivront », Sieyès !!).

Dossiers urgents : abolir la monarchie / proclamer la république. Mais les camps s'opposent.

Lundi 10 octobre

Réveil avec Gene Krupa et Buddy Rich, *The Original Drum Battle ! Gene Krupa And Buddy Rich At JATP*, 1960 (Verve Records, MG V-8369, US). Gene Krupa et Buddy Rich : batterie ; Roy Eldridge et Charlie Shavers : trompette ; Benny Carter : saxophone alto ; Flip Phillips et Lester Young : saxophone ténor ; Willie Smith, Hank Jones et Oscar Peterson : piano ; Barney Kessel : guitare ; Ray Brown : double basse ; Ella Fitzgerald : chant.

Quand on n'a pas la chance d'avoir des parents biologiques aimants, il faut se chercher des parents spirituels. Mal entouré, un être doit vite comprendre que ses racines ne sont pas derrière, mais devant. Et c'est à lui de les trouver.

Naître, c'est trouver sa place dans le monde, poser sa parole, proposer sa vision personnelle, qui n'a rien à voir avec le génie ou l'intellect. Naître biologiquement est à la portée du premier chiot venu. On passe toute sa vie à naître à soi-même. Il y a des gens qui ne naissent jamais.

Il est parfaitement normal que les mauvaises critiques ne me fassent pas de mal dans la mesure où les très bonnes critiques ne me rendent pas heureux. Les choses qui me rendent heureux, heureusement pour moi, ne dépendent jamais des critiques.

À propos de « bonheur », on me demande souvent si le Goncourt m'aurait rendu plus heureux que le Renaudot, comme s'il y avait des échelles dans les prix. Le Renaudot est un prix qui n'a rien à voir avec le Goncourt. Ce n'est pas comme à Cannes, au festival, où il existe une sorte de hiérarchie dans les trophées. Les prix littéraires ne récompensent pas la même chose selon qu'ils s'appellent Goncourt, Femina, Médicis, Interallié ou Renaudot. Le Goncourt a vocation à primer un roman populaire amené à être lu par de nombreux lecteurs. Avec un livre de 1 150 pages comme *Naissance*, je ne pouvais espérer remporter ce prix. *Naissance* était davantage « fait » pour le Renaudot – voire pour le Médicis – qui, souvent, a célébré des livres singuliers. *Les Choses*, *Voyage au bout de la nuit* ou *La Modification*… Mais je ne prétends aucunement que je devais avoir le Renaudot. Je dis que, si je devais en avoir un, c'était plutôt celui-là. Ce qui a été fabuleux, avec cette distinction, c'est que les critiques se sont calmés à mon égard. Les choses ont changé à cet instant précis. Il n'est plus question, depuis, de remettre en cause le fait que je suis un écrivain « qui compte ».

Dans la rue, je me persuade avoir croisé Juliette Gréco. Je n'en suis pas certain. Du coup, en hommage, j'en écoute. J'ai toujours adoré Gréco. Grâce à Vian sans doute, qui en disait beaucoup de bien. Il l'adorait. Ils s'adoraient. C'est Vian qui (je crois) lui avait présenté Miles. Gréco a eu zéro an au moment où furent exécutés Sacco et Vanzetti. Dix ans quand le *Hindenburg* s'est embrasé dans le ciel. Vingt ans du temps du plan Marshall. Trente ans quand le général de Gaulle est sorti de son silence pour fonder la Ve République. Quarante ans à la sortie de *Sgt. Pepper*. Cinquante ans quand la Légion a sauté sur Kolwezi. Soixante ans quand Mitterrand a entamé son second septennat. Soixante-dix ans quand Chirac a dissous l'Assemblé nationale. Quatre-vingts ans quand Sarkozy est tombé amoureux de Carla. Et quatre-vingt-dix ans l'année prochaine, si tout va bien – mais tout ira bien, je le sais, je le sens, je le veux, je l'exige. Gréco a décidé que les années étaient moins importantes que les heures, et les heures que les minutes. Le temps, pour elle, c'est la durée d'une chanson. Si elle ne vieillit jamais, c'est parce que ses chansons non plus. Juliette a toujours déjà été Gréco, toujours déjà été ce qu'elle est maintenant : intemporelle, éternelle, presque irréelle.

Elle est entourée de fantômes spéciaux : Miles, donc, Vian, je l'ai dit, mais aussi Sartre, Ferré, tant d'autres que je n'ai pas le temps de citer. Ils gravitaient autour d'elle (car c'était elle le soleil – un soleil noir, évidemment). L'équivalent, aujourd'hui, ce serait quoi ? Diam's fédérant autour d'elle Christian Morin, Alain Finkielkraut, Bernard Werber et Christophe Maé ? Sandrine Kiberlain entourée des Fréro Delavega, Raphaël Glucksmann, Aymeric Caron et Florent Pagny ? Marianne James reine d'un cénacle constitué de Jamel Debbouze, Didier van Cauwelaert et Grand Corps Malade ?

Gréco représente un monde dans lequel la philosophie, la littérature, la peinture, la chanson et la musique se torchaient la gueule ensemble, dans des caves, jusqu'au petit matin. Aujourd'hui, ce n'est plus vraiment possible. Les musiciens ne s'intéressent pas à la philosophie, les philosophes ne s'intéressent pas à la chanson, les chanteurs (en dehors peut-être de mon ami Nekfeu) ne s'intéressent pas à la littérature, et les écrivains ne s'intéressent pas à la musique. Donc, tout le monde reste chez soi.

Gréco a été une femme de son temps, donc de tous les temps ; une femme-France, donc de tous les pays ; une femme prisonnière (à Fresnes, s'il vous plaît), donc éprise de liberté. Il n'y en a plus beaucoup des comme elle. Chez les hommes, Salvador était le dernier. Lui aussi très ami de Vian et de Miles, d'ailleurs. On connaît moins ses accointances sartriennes. Salvador, je l'adorais. Il avait mauvaise réputation mais je m'en fichais, m'en fiche encore. C'était un géant. On nous rebat les oreilles, pour le salir, pour le rapetisser, avec ses histoires de frère qu'il aurait soi-disant laissé tomber. L'histoire des génies n'est faite, on le sait bien, que de frères sans talent et parfaitement jaloux, qui n'ont de cesse, pour vouloir exister, que de s'accaparer la lumière de celui qui a fait des choses, qui a su créer quand, eux, épuisés par leur envie, leur impuissance et leur haine, sont misérablement restés sur le bord de la route. On ne va pas pleurnicher sur ces méchants parasites. Leur vie n'est que vaine rumination de vengeance, menaces et chantages, tentatives de torpillage de la carrière de celui qu'ils haïssent parce qu'en réalité ils crèvent d'amour et d'admiration pour lui. Sinistre séjour sur Terre : passé dans l'ombre et la volonté de nuire, tout en se faisant vainement, inutilement sosie de l'autre, celui qui aura eu la force, la chance, le talent d'être lui-même.

Non, je ne m'épancherai pas sur le sort, malheureux, du pauvre André Salvador. Il n'avait qu'à oublier Henri puisque Henri avait choisi de l'oublier. Si André avait eu du génie, ce serait André, aujourd'hui, qu'on appellerait « Salvador » et Henri ne serait rien d'autre, dans les siècles, que le frère inconnu d'André. Mais, n'en déplaise à tous ces journalistes qui tentent de chercher des noises à la postérité de Henri en voulant à grands coups d'articles et d'émissions réhabiliter le raté, il n'y aura eu qu'un seul et unique Salvador : celui que nous connaissons, celui qui s'appelle Henri, c'est-à-dire bel et bien celui qui ne s'appelle pas, qui ne s'appelle *surtout pas* André. André « Salvador » n'a pas été suffisamment malin pour s'apercevoir qu'il n'était pas, ne serait jamais Henri : tant pis pour lui ; il n'avait qu'à bifurquer, devenir menuisier, notaire ou se lancer dans les livres pour enfants. Le génie de l'un n'avait pas à colmater les brèches du petit talent sympathique de l'autre. Oui, la vie est injuste. Je suis un fanatique de Henri Salvador. J'emmerde André Salvador. Et j'emmerde les emmerdes d'André Salvador. Bien sûr, « Dédé » avait le droit de vivre, mais de quel droit vient-il se plaindre de n'avoir pas été son frère génial ? Ras le bol des méchants boulets pleurnichards.

Henri, le véritable Salvador, le seul Salvador des deux, m'avait invité à son spectacle, son dernier – pas pu y aller ; je le regrette aujourd'hui.

Tous les amis de Gréco, pour en revenir à elle, sont partis. Sous des tombes, sous des dalles. Brel, Ferré, Barbara, Gainsbourg, Brassens, Reggiani. Il ne nous reste plus beaucoup de temps avec Juliette. Sous Juliette.

Quant à Vian, le problème n'est pas tant Vian que ce qu'on a fait de son œuvre. L'œuvre de Vian, le pauvre, aurait pu être élégante, composée de beaux livres un peu en marge de l'histoire officielle de la littérature. Mais il n'en est rien, hélas, car ses exégètes ont décidé de tout publier, absolument tout, ce qui est de sa main. Même si ce fut écrit sur des nappes de restaurant. Ils tuent l'œuvre par l'œuvre, gangrènent sa poésie, son univers, par la malhonnête publication d'ébauches illisibles, de piges, de notules qui non seulement n'apportent rien, mais ont l'air d'enlever. On enterre Vian sous ses brouillons. On attend la publication, en huit volumes, peut-être quinze, sans doute vingt-deux, des notes de frais, de garage, et des factures de téléphone et de gaz. Tout ça sans lui demander son avis. Tout ça sur son grand dos voûté. Il n'aurait pas supporté de voir paraître en l'état tout ce bordel, Vian. Ça ne ressemble plus à rien. C'est du Vian sans Vian. Et ces préfaces qui n'en finissent jamais, plus longues que les livres de Vian eux-mêmes. La notion d'inédit a bon dos. Liste des arnaques (non limitative hélas) : *Derrière la zizique*, *Petits Spectacles*, *La Belle Époque*, *Cinéma science-fiction*, *Jazz in Paris*, *Écrits pornographiques*, *Conte de fées à l'usage des moyennes personnes*… Mais qu'on lui foute la paix ! De son vivant, on ne voulait pas de ce qu'il avait fait de meilleur ; depuis qu'il est mort, on imprime à tour de bras ce qu'il a fait de pire – ou, plus exactement, ce qu'il n'a pas eu le temps de mieux faire ou a décidé d'enterrer parce que ce n'était ni fait ni à faire. Les morts ont tous la même peau. Sur celle du cadavre de Vian, il ne reste vraiment plus que les os.

Les nuits les plus courtes ne sont jamais les meilleures, surtout quand, blanches comme une page d'écrivain, elles font peser sur nos corps les corps des femmes.

Le seul « mystique » qui puisse habiter à l'intérieur du Père, oui, dans Son intimité, avec Lui, auprès de Lui, le seul qui puisse se trouver dans un état de repos prolongé sans que ce repos soit le repos, c'est le Christ. (Et les saints à sa suite.) Seul le mouvement peut se permettre une pause qui ne signifie pas la fin du mouvement ; et, pourtant, même dans le cas du Christ, la pause est brève. Parce que sa mission est ailleurs : dans le mouvement. Sa mission est d'assurer le mouvement. D'assurer la permanence du mouvement. D'assurer (sur Terre) la permanence de la foi. « Les heures, dit Edith Stein, les plus heureuses de la vie du Seigneur étaient certainement celles de la nuit silencieuse, dans un dialogue solitaire avec le Père. Elles lui permettaient de *reprendre son souffle* après une activité qui le mettait au cœur du tumulte des hommes. »

La Nuit américaine, Truffaut, peut-être pour la milliardième fois. Un Truffaut à part. Jacqueline Bisset est là, bleue à l'extrême, traversée par les années 1970, un peu égarée dans sa beauté. Ce film est un documentaire animalier sur une lionne. Tous les acteurs sont les faire-valoir de Jacqueline Bisset. Jean-Pierre Léaud n'existe pas, ni Dani, ni Nathalie Baye, ni Truffaut. Non, il n'y en a que pour elle. Godard accusa Truffaut de n'avoir fait ce film que pour passer une nuit très française avec la star anglaise. L'Anglaise et l'incontinent. L'amour passe avant l'art, et ça se voit : mal foutu, bancal, naïf, didactique, poussif. C'est pour toutes ces raisons que *La Nuit américaine* est une réussite absolue.

Mardi 11 octobre

Réveil avec *Waka / Jawaka*, Frank Zappa, 1972 (Bizarre Records, MS 2094, US). Frank Zappa : guitare et percussions ; Tony Duran : guitare et chant ; George Duke : piano électrique ; Sal Marquez : trompette, cuivres et chant ; Erroneous : basse et chant ; Aynsley Dunbar : batterie et tambourin ; Chris Peterson : chant ; Joel Peskin : saxophone ténor ; Mike Altschul : saxophone baryton, saxophone ténor, piccolo, flûte et clarinette ; Jeff Simmons : guitare et chant ; Sneaky Pete Kleinow : guitare pedal steel ; Janet Ferguson : chant ; Bill Byers et Ken Shroyer : cuivres. Il paraît que Don Preston joue sur cet album.

Je regrette parfois de n'avoir plus ma chronique sur Europe 1, très tôt le matin. J'ai été viré. Un type, un gros raté dont j'ai oublié le nom mais dont le prénom était Marc, a tout fait, pendant des mois, pour que je prenne la porte. Ses efforts ont fini par porter leurs fruits. Il est clair que je faisais toujours en sorte, dans ce « billet », qu'il y ait un passage « limite ». Après le 11 Septembre, par exemple, j'ai peigné

Al-Qaïda en entreprise comme une autre, avec secrétaire, attachée de presse, photocopieuse, machine à café, etc. Goutte d'eau. Dehors.

Je déteste les romans de Fitzgerald. Je ne parviens à lire que ses *Carnets*. Certains écrivains ne sont de grands artistes que lorsqu'ils prennent des notes. Une fois remaniées, mises en scène, formatées par et pour la fiction, ces notes perdent en densité, en vitesse, en acuité. Le style se meurt, et lui succède une prose trop tournée vers le récit qu'elle se doit de mener à bien. La partie « Descriptions de filles » est à elle seule un chef-d'œuvre (on oublie trop souvent que de nombreux chefs-d'œuvre ne sont que des brouillons) : « Au-delà d'un certain degré de beauté, une jolie fille est aussi jolie qu'une autre » ; « Passant dans le rayon du parfum d'une fille » ; « Sa voix semblait hésiter après les consonnes, et puis sortaient des voyelles résonnantes et claires – des a et des o et des i joyeux persistant dans l'air ». On trouve aussi, au chapitre « Idées », des bizarreries inoubliables : « Tirer sur la Lune (idée de pièce) » ; « Rouler sur les toits pour un pari » ; « Histoire – Ce qui advient des vieilles putains » ; « Les grands Abrutis du monde (leurs âges) », ainsi que des préoccupations très modernes : « La célébrité » ; « Nouvelle – homme s'avouant à lui-même qu'il n'est plus amoureux ». Il y aurait plus de grandeur, parfois, à décrire une œuvre plutôt que de l'écrire (voir Borges). On ne serait alors plus écrivain, mais « décrivain ». Fitzgerald est un grand *décrivain*.

Je veux tout, tout de suite. Alors il m'arrive de verser dans la provocation. Mais à ce jeu, on commet des erreurs de tir. Comme c'est étudié pour faire de l'effet, je suis parfois en décalage avec ce que je pense *vraiment*. Les gens se disent : c'est un fou qui se fait de la publicité. Or, si je sais bien une chose, c'est que les choses vraiment scandaleuses ne sont jamais conçues pour faire scandale.

Je regarde un – vieux – documentaire sur Iggy Pop. Iggy est mauve et maigre. C'est un squelette électrique, toujours en transe. Je l'ai vu sur scène ; ça ne s'oublie pas. Il carbure aujourd'hui à la Badoit, contrairement à Alice Cooper, qui a choisi Évian, ou à Eric Clapton, à qui Contrex, plus riche en sels minéraux, convient mieux. Les Stooges (que j'écoutais en boucle en 1991 et 1992 à Sup de Co, dans ma chambrette et au « foyer ») ont inventé les punks, le hard, les skins, et puis le rap et la techno, tiens, allez. Les Stooges ont inventé Bach, et Mozart et les Beatles. La relativité, c'était eux aussi. En 1953, ils ont découvert la structure hélicoïdale de l'ADN. Leur chanteur est toujours nu et on voit ses côtes. Que ce soit sur les pochettes ou sur scène. L'Iguane Iggy Pop. Le nègre de David Bowie, exactement comme Yves Brunier était dans Casimir. Dinosaure, iguane, même combat. Mais Iggy ressemble aussi à une seringue. Il pique. Carrière en dents de scie : euphémisme. Il chante et déchante avec le même excès – le similaire génie. Un des plus grands disques de tous les temps est *Fun House* (1970). Je vais l'écouter tout de suite (pour la millième fois, au bas mot).

Tous les grands mystiques sont tôt ou tard confrontés à la « la nuit de la foi ». Edith y a été elle-même « soumise ». Dans *La Science de la Croix* (livre d'autant plus émouvant qu'elle y travaillait lorsque les nazis sont venus l'arrêter pour la gazer), Edith se demande si la croix et la nuit sont des symboles (elle parle en réalité, dans tout son essai, de saint Jean de la Croix ; mais j'ai toujours choisi de penser qu'elle ne parle que pour elle-même, que d'elle-même). Pour elle (pour saint Jean, d'après elle), la croix est un « signe représentatif ». Alors que, d'emblée, elle nous explique que la nuit, elle, est « quelque chose de *naturel* ». Edith prépare le terrain : la nuit de la foi, comme la nuit tout court, est quelque chose de naturel. « De même que la lumière, poursuit Edith, fait apparaître les choses avec leurs caractères visibles, ainsi la *nuit* les *engloutit* tout en menaçant de nous engloutir avec elles. » Et, certes, si « la nuit mystique ne doit pas être comprise à la façon de la nuit cosmique », les « effets que [la nuit mystique] produit à l'intérieur de cette âme sont en tous points comparables à ceux de la nuit cosmique ».

L'oscillation de Jésus, qui est l'homme fait foi, qui est l'homme-foi, ce n'est pas une oscillation du « ne pas croire » vers le « croire », puis du « croire » vers le « ne pas croire ». Jésus n'habite pas cette oscillation-là. Cette oscillation, ce mouvement, est le propre de l'homme : Jésus, d'abord, est confondu avec cette oscillation qu'on appelle la foi ; il ne la subit pas ; il l'est. Il l'incarne. Et il n'alterne pas entre une position qui croit et une position, symétrique, qui ne croit pas. Entre une station d'athéisme et une station, opposée, de mysticisme. Il serait absurde, *du point de vue de Jésus*, de croire ou de ne pas croire en son Père ! « Tout m'a été livré par mon père, et personne ne sait qui est le Fils, sinon le Père, ni qui est le Père, sinon le Fils » (Luc, X, 22). Jésus croit par essence à son Père, comme le Père croit à son Fils. Jésus est l'oscillation supérieure, il passe de l'assurance à l'inquiétude ; du confort à la peur de l'abandon. Le « ne pas croire » de l'homme, c'est le « pourquoi m'as tu abandonné ? » de Jésus ; le « croire » de l'homme, c'est l'amour paternel ressenti par Jésus dans toute sa plénitude. Jésus oscille entre un Jésus inquiet et un Jésus apaisé. Entre l'inquiétude et la paix. Entre la peur de l'abandon et l'abandon de la peur. Jésus croit *à* son Père comme son Père croit *à* lui, mais il a peur que son Père ne croit plus *en* lui.

Nuit de la foi. Imaginons que le mouvement pendulaire ait lieu de jour (nous sommes dedans le Christ qui oscille et nous *voyons* ce qui se passe) puis, de nuit, nous n'y voyons plus rien. Imaginons des montagnes russes de jour ; et puis des montagnes russes, non pas seulement de nuit, mais dans la nuit noire, sans les lumières de la fête, imaginons les montagnes russes dans le noir complet, total. Nous aurons des frayeurs multipliées : l'œil, la vue ne sont plus là pour assurer des repères ; pour nous assurer que nous sommes bien sur un manège, dans un mouvement *répertorié* et que nous n'allons pas mourir. La vue nous permet de rester sur les *rails*. La lumière nous renseigne sur notre réalité – sur notre survie. Non seulement elle nous rassure, mais elle nous assure. Elle nous *assure que*. Le vide est une sensation quand nous tombons, mais une sensation qu'on voit. Qu'on *peut* voir. La même sensation dans la nuit n'est que pure sensation : le vide est pur vide, tout n'est plus qu'un vide sans garantie de non-vide. On est soudain seul dans ce vide, cet absolu vide, ce vide absolu : on est soumis tout entier à lui, on *s'abandonne* à lui. « [La nuit mystique] transpose l'âme dans la solitude, l'abandon et le vide, gênant l'activité de ses forces et l'effrayant par toutes ces peurs qu'elle abrite en elle » (*La Science de la Croix*).

Les peurs sont décuplées : peur du noir, peur de s'écraser, peur que le sol soit déjà là (Simone Weil : « Tous les mouvements naturels de l'âme sont régis par des lois analogues à celles de la pesanteur matérielle »), on ne voit rien, ni ciel ni sol, sous nos pieds tout en bas, il n'y a pas de lune, pas le moindre rai de lumière : tout fait peur, chaque secousse égale la mort, chaque descente l'accident, tout effraie. La foi est par elle-même déjà vertigineuse, mouvement qu'elle est, mouvement de balancier qu'elle est – et chacun l'éprouve à l'altitude qu'il veut – qu'il peut, plutôt. Mais avoir le vertige dans le noir, c'est encore une autre affaire. C'est fabriquer, à partir de la sensation, du pur effroi. Voilà ce qu'est la nuit de la foi. Pour ceux qui pensaient que c'était quelque chose de plat, de linéaire, de mort, de statique, d'immobile, de gelé, il faudra qu'ils réenvisagent le problème. C'est précisément le contraire. Rien n'est plus grand huit que la nuit de la foi. Rien n'est plus physique, happant, virevoltant, chavirant, secouant, valdinguant, spiralant, aspirant, que l'expérience de la nuit de la foi. C'est un château fantôme pour le noir, et un grand huit pour les boucles aériennes. C'est le *space mountain* !

T. est sans doute le dernier marxiste vivant à Paris. Il a passé tout son été parfaitement confiné dans son appartement minuscule du XIIe, à relire intégralement *Le Capital* : « Les gens ne savent pas… Mais s'il savaient ! C'est comme la plongée sous-marine. Tous ces poissons… Toutes ces beautés… Tous ces trésors… C'est merveilleux. Tu l'as lu, j'espère ? » Je réponds que non. Pas une ligne. La mère de Maria, Claudia, pense aussi que c'est un pur chef-d'œuvre, et je sais qu'elle l'a lu de la première ligne à la dernière. Elle me l'a même offert en Pléiade. Je ne dis pas que je n'ai pas « essayé ». J'ai très vite craqué. J'ai lu *Critique de la critique critique* parce que le titre m'amusait et je sais que je lirai un jour ses écrits sur la Commune. Pour le reste : rien. *Nothing*.

J'aime bien en revanche lire *sur* Marx. Et plus précisément sur sa vie. J'aime bien toutes les tentatives, récentes, qu'ont eues ses biographes de cesser de faire de Marx un marxiste. C'est amusant. Intellectuellement. C'est excitant. J'adore, oui, qu'on arrache Marx à la théorie. Que sa vie *biologique* reprenne ses droits. Car, comme Freud, comme Einstein, comme Keynes, Marx a possédé un corps humain, avec du sang dedans, de l'eau, du sperme, du gaz et de la sueur. Il est arrivé des choses à cette chair. Marx a eu des aventures, une famille, connu des violences et distribué des coups. Il fut l'être le moins théorique du monde ! Comme tous les balzaco-fassbinderiens et les fassbindero-balzaciens, ses trois moteurs (en dehors de la bière, du bordeaux et du porto) furent le sexe, le travail et l'indépendance d'esprit. La somme des trois se nomme le scandale.

Le coup de génie de Marx est d'avoir été tout ça en ne cessant jamais d'être un bourgeois. Quant au communisme, il joue de ce concept comme Breton joua du surréalisme : avec mégalomanie, mais aussi avec un sens du burlesque qu'aucun de ses zélateurs (les marxistes sont sérieux, ennuyeux, sentencieux) n'a jamais perçu. Beaucoup de crétins et d'intellectuels (parfois confondus) ont inventé un Marx que Marx n'aurait pas reconnu dans la rue s'il l'avait croisé. Pauvre homme, au fond, son nom est devenu le label des idéologies malades. Marx, qui se fût mieux entendu avec Groucho qu'avec Marcuse, n'aurait, de sa vie vivante, jamais serré la main d'un marxiste. Peut-être, même, lui aurait-il flanqué son poing dans la gueule.

J'écoute du Jay-Jay Johanson en lisant Camus. J'aime bien, chez le Suédois, cette tentative permanente de réaliser une variété techno, une version trip-hopisée du groupe mythique Love (que j'écoutais, sur le périph, à fond la caisse, avec Sami Naceri, mon ami Sami, en 1997 ; et, monté sur le toit de sa voiture, place de la Concorde, j'avais hurlé : « Tu es un génie et je suis une merde ! » ; on ne rentrait pas dans les boîtes, alors, parce qu'il était arabe et anonyme, ou l'inverse). C'est une forme originale d'intimisme trash, quelque chose qui sent l'amour, la pluie et l'acier. C'est suédois et presque gay. Il ne s'agit pas d'*easy listening*, évidemment. Parce que l'*easy listening*, ça n'existe pas. Rien n'est facile à écouter. Ni les grandes œuvres, qui requièrent un peu d'attention, ni les daubes, qui demandent trop d'abnégation. Je rapprocherais la musique de Johanson, par son caractère parodique de la guimauve des radios FM, du génial *Cruising with Ruben and the Jets* (1968) des Mothers of Invention. Johanson : du névé crispé dans la glace.

Travaillé dans un café. Quand j'étais petit, à Orléans, dans les années 1970, on voyait beaucoup de vieux dans les bistrots. Ensemble, qui prenaient des verres. On en voit moins. Je ne m'explique pas bien pourquoi. Ils sont peut-être dans des Ehpad. Et puis j'habite à Paris. Ils n'ont peut-être pas les moyens d'y vivre encore. Je ne sais pas. Ou bien, encore, c'est une question de quartier. Je ne sais pas. Mystère. Les vieux : une galaxie… Un cosmos…

Mercredi 12 octobre

Réveil avec *Frank Zappa Meets the Mothers of Prevention*, 1985 (Barking Pumpkin Records, ST-74 203, US) acheté à Eugene, Oregon, en juillet 1986. Frank Zappa : guitare et synclavier ; Steve Vai : guitare ; Johnny « Guitar » Watson, Ray White et Ike Willis : guitare et chant ; Robert « Bobby » Martin : claviers et chant ; Tommy Mars : claviers ; Scott Thunes : basse ; Chad Wackerman : batterie ; Ed Mann : percussions.

Je hais les clowns radiophoniques, télévisuels, obligatoires. Ils tuent toute poésie. La saillie salariée se penche avec effort sur sa tâche quotidienne ; le rigolo sue pour ramener son pain, ce qui est tragique. Ça ne peut faire rire personne : ce que je sais de l'humour, c'est qu'il n'est jamais préparé. L'humour ne se prépare pas. Il est fait de fulgurances, il vient trancher ou trahir, il s'impose par accident, il attend non pas son heure, ni même sa minute, mais sa seconde. Sa fraction de seconde. Les humoristes (particulièrement français) ne savent pas ce qu'ils disent parce que leur manque cette part d'eux-mêmes qui s'appelle la culture. Ils se moquent non pas sans savoir, mais parce qu'ils ne savent pas. Ils se moquent de ce qu'ils ignorent. Et c'est parce qu'ils sont crassement, et crânement, ignorants qu'ils se moquent. Aplatissant tout, ils tournent en dérision la plupart des choses de ce monde, à commencer par celles qui les dépassent, et comme tout les dépasse, ils se concentrent, avec une mesquinerie microscopique, sur les phrasettes inimportantes des politiques et des élus. Ils caricaturent ce qui est déjà caricaturé. Car le réel, qu'ils n'appréhendent pas, les laisse informes. Ils déforment des événements, des propos déjà déformés. Ils nous empêchent également de rêver parce que, contrairement aux artistes, ils produisent de la vulgarité. L'artiste est là pour nous éloigner de la vulgarité, là où le « comique » nous enfonce la tête dedans – regardez comme il appuie fort. Voici l'ère du perpétuel ricanement. Ça ne s'arrête jamais. Sempiternellissime rigolade.

Nous ne voulons plus rire parce que ce n'est pas drôle. L'humour en fiches, sur des cahiers, prémédité, retravaillé, ce n'est plus de l'humour. Mais nous n'y pouvons rien. Laissons tomber, la bataille est perdue. Il s'agit de répéter les mêmes jeux de mots, à l'infini. Et l'infini n'a pas envie de se tenir les côtes, mais cela n'a aucune importance ; nous pataugeons dans la finitude, trou noir, jamais d'amour, que des égoïsmes épars, en accélération, épris de leurs gestes, de leurs gueules, de leurs œuvrettes. Ce n'est plus la peine de se plaindre de rien : non, faisons les morts. Les morts savent rire d'autre chose, ils sont plus grands dans la dérision, parce qu'ils savent ce que la vie n'est plus.

Je ne sais pas ce que je fais, ce soir, mais je voudrais écrire sans humour, sans la moindre trace d'ironie, parce que l'ironie ne me mène jamais où je veux, qui tue sans raison, qui suicide beaucoup. Je voudrais tout dire au premier degré, parce que je ne comprends pas les autres degrés, deuxième, troisième, centième et millième. Je suis beaucoup trop orléanais pour monter dans les nuances, gravir les subtilités. Je suis déjà bien embêté d'être moi-même, établi dans mon niveau, empêtré dans mon degré qui est à peine premier, qui est demi, qui est moitié de degré. Je ne suis pas même mon propre fils, ni mon propre père : je déteste l'oubli, mais je voudrais bien qu'on m'affublât (mais qui ?) d'un surplus de mémoire. Pour pénétrer dans les choses, au mieux. Fouiller dedans, m'y trahir si possible, rejoindre des mystiques, très loin de mon corps premier, de mon corps absolu, du partout pareil de mon corps qui ne me permet presque jamais d'être ailleurs qu'en moi. Et c'est en moi, dans mon propre intérieur, que je vais mourir : ce jour existe sur les calendriers. Il faut vivre un peu, sinon la vie n'est plus qu'une existence, et l'existence je n'aime pas ça, c'est statique et bête, ce n'est que (strictement) biologique.

M'enfermer toute la vie, face aux murs blancs, avec des rames de papier, un ordinateur, et fuguer sur place. Se répandre dans les romans. Finir infiniment ce que je commence, papier à musique, écouter Stravinsky, aller au bout des phrases, achever les nuits. Lire, écrire, ce n'est pas la même chose : seuls les ratés le prétendent ; et je connais des ratés. Ils ne savent pas ce qu'ils perdent. Ne pas rater sa vie est une chose passionnante !

« Sa famille est un puits, il est au fond » (Sartre, *L'Idiot de la famille*, 1971).

La nuit de la foi n'est pas un murmure qui ressemble, intérieurement, à une plainte qui meurt, mais c'est un cri intérieur, un sourd cri de panique, de terreur, de vertige, d'altitude ; c'est un hurlement ; c'est un égosillement. Quand enfin, livrés au supplice du manège infernal, nous apercevons un rayon de lune, qui vient nous éclairer sur notre situation, qui vient rebaptiser les reliefs, redonner vie aux formes, et dresser des repères, quand nous appréhendons de nouveau nos marques, grâce à cette lueur qui nous dévoile dimensions et altitudes, positions et coordonnées, risques et chances, c'est comme une délivrance. L'espoir renaît. C'est le plus beau jour de notre vie. Thérèse d'Avila : « Plus la frayeur est grande, plus aussi, quand on la surmonte, la récompense est abondante et procure ensuite de joie. » Et non seulement nous ne voyons plus les choses telles qu'elles étaient avant que la nuit ne tombe, mais nous les voyons augmentées de la joie de les revoir : ce n'est donc pas l'ancien monde que l'on redécouvre, mais un nouveau monde que l'on découvre. C'est ce que nous dit Edith dans ce très beau passage de *La Science de la Croix* : « Cependant ici aussi se lève une *clarté nocturne* qui, dans le fond intime de l'âme, découvre un monde nouveau. Cette même clarté illumine si bien par l'intérieur le monde extérieur que celui-ci nous est rendu ensuite complètement transformé. »

Chaque mot, ici, est important. Tout est là. Le monde désocculté, le monde d'après la nuit n'est pas le monde d'avant. Celui qui a connu la nuit a accès à un monde qui n'est plus simplement le monde du jour. Le monde a changé. Il a changé parce que notre vision du monde a changé. Il ne nous apparaît plus le même : nous avons failli le perdre, et le monde recouvré est un monde découvert. La sensation de perte est dévoilement. La nuit qui se retire est dévoilement. La nuit lève le voile ; et voici l'aube – l'aube, ce n'est pas ici le recommencement du jour, mais c'est son renouvellement. Et mieux encore, c'est son renouveau.

L'aube ne vient pas *strictement après* la nuit (ce n'est pas une simple question *chronologique*), elle se trouve dedans, elle est comprise dedans, elle vit au milieu d'elle. « La plus sombre forêt de sapins : au milieu il y a un endroit où tout devient d'argent, tronc, feuillage et mousses ; un seul papillon blanc y vole » (phrase griffonnée à la hâte par Paul Claudel, dans son *Journal*, au mois d'août 1910).

Le monde est nouveau parce qu'il est nouvellement vu. Nous avons changé, et par conséquent le monde a changé. « Ce moment solennel où dans la vie comme sur la cime des arbres l'or commence à apparaître » (Claudel, septembre 1910). Quant à Pascal : « La première chose que Dieu inspire à l'âme qu'il daigne toucher véritablement, est une connaissance et une vue tout extraordinaire par laquelle l'âme considère les choses et elle-même d'une façon toute nouvelle » (*Sur la conversion du pécheur*).

La perception du monde est neuve parce que nous avons trouvé notre place en lui, dans lui. Un monde nouveau, c'est aussi un monde dans lequel, au sein duquel, à l'intérieur duquel on trouve enfin sa place. Le monde n'est plus un antagonisme, un ennemi, une masse dressée. Ce n'est plus le monde d'un côté, et nous de l'autre : le monde dans sa nouveauté, le monde inédit, c'est nous et le monde associés. Ne faisant qu'un, le monde sans moi n'a alors pas plus de sens que moi sans le monde.

J'adore assassiner les gens au moment où j'écris. Je faisais ça dans *Elle* et dans *VSD*. À *Voici*. Au *Figaro littéraire*. C'est jouissif. Mais, après le coup d'éclat, état de culpabilité terrible. Quand on n'a plus rien à dire, la méchanceté n'est que facilité. Ça m'a dégoûté, un peu. J'ai subi le même traitement – je sais de quoi je parle.

Avant d'arriver à Paris, je n'étais pas parisien. Paris n'était même pas une ville pour moi, à peine un lieu, une consonance. Orléans en moins orléanaise et plus dangereuse, plus lointaine, rangée dans la géographie spéciale et floue, extrêmement inaccessible des galaxies, des fonds sous-marins, des orients. J'étais mieux au bord des Loires, tapant dans tel ballon. Je crèverai dans des rues que je connais.

Il y a des âges où on n'a pas besoin de capitale : les orties, les mouches sont les mêmes vaguement partout. Les filles ont l'identique même sein, le cul jumeau, et les goûters faits du chocolat chocolaté pareil. C'est un peu plus tard qu'on étouffe, quand on ne peut plus marcher au hasard sans aller toujours au même endroit. Tu rencontres infiniment des gueules rabâchées. Ce n'est pas tant un besoin d'espace qu'un besoin de hasard plus pur.

Quant à la puberté, la province est parfaite pour elle. Elle rassemble les stocks : les femmes sont plus compressées, plus ramassées dans la ville. La femme est plus groupe. C'est par grappes qu'elles sont calculées. Ça t'économise un temps ! Comme ça, tu peux aller jouer au foot, faire tes devoirs… Tu as toujours une rédaction à rendre, à Orléans.

À Paris, moins : tu y es adulte.

Dans mon esprit, on naissaimourait à Orléans. Je voyais bien qu'on imprimait des livres à Paris, c'était à Orléans qu'on les lisait. Les dentistes étaient (tous) orléanais, comme les charcutiers, les fleurs, les mouches. Les docteurs aussi. La vie se déroulait là-bas, si bien que Paris n'existait pratiquement pas. Paris était vacante. Libre, vierge. Tout se déroulait dans la rue Jeanne-d'Arc, rue de Vauquois, faubourg Bannier…

C'est abruti de terroir que je suis venu à Paris, capitale des autres. Tout le monde descend. J'ai vu des choses venues d'ailleurs qui étaient en réalité nées ici. Des punks en djellaba, des bouddhistes nerveux, des jeunes de soixante-quatre ans, des dépressifs contents. Les écrivains habitaient dans ces rues, j'étais simple lecteur. Je fus impressionné. C'était un territoire différent, plus large, qui semblait plus intelligent, exotique avec des sortes de crocodiles, j'avais (donc) vaguement peur. Ça parlait de choses avec du stress dedans. Je ne connaissais pas les rues, mais les noms de rue étaient des noms que je connaissais (Rousseau, Montaigne, Victor Hugo, Voltaire) ; à Orléans, c'était le contraire : je connaissais chaque rue, mais jamais les noms des types (Louis Ploutier, Gilbert Tribon, Gaston Lavalette).

Paris avait le trac pour moi, elle avait peur que je me fasse assassiner quelque chose (poumon, cœur, bras, morceau de cuisse). Je pouvais terminer mort, ou clochard, ici on ne disait pas clochard mais SDF. À Orléans, on n'avait pas encore le mot… Je voulais réussir ma vie à Paris, réussir ma vie, réussir Paris.

Paul Valéry, *Rhumbs* (que j'ai toujours sous la main ; vital) : « Tout ce qui vient des dieux met des enfers dans l'homme. » C'est peu de dire que cette fulgurance géniale est de saison. Valéry : un des hommes les plus intelligents que l'humanité ait accueilli en son sein.

« Acte de décès du roman. » On ne parle que de ça depuis… 1920 ! La littérature, il est vrai, a le goût du suicide. Goût surmonté, chaque fois, par la venue, quasiment messianique, d'un ou de plusieurs chefs-d'œuvre ; quand le pire est là, qu'il fabrique les environs moisis, modifie les voisinages et abîme toute géographie, surgit l'impossible, advient l'impensable, sourd l'inouï : l'œuvre capitale, qui, puisque tout est foutu, vient tout se permettre. Le chef-d'œuvre ne vient pas nous rendre visite, éclore, à la fin des temps, mais à la fin du sien, de temps, il vient clore une époque. Il vient conclure une ère. Le chef-d'œuvre porte, à vrai dire, fort mal son nom. Il n'est pas le « chef » d'une œuvre, ni de toutes les œuvres ; il est tératologique. Il ne vient pas s'inscrire au sommet, au premier rang, d'une série d'ouvrages. Il ne brille dans aucun firmament. Il est d'ailleurs, il vient d'ailleurs. Il ne s'inscrit dans aucune lignée. Quand la littérature est morte, alors, il se présente à elle, non comme l'aboutissement « logique » des efforts de celle-ci, non comme le fruit d'un processus déployé, mais comme un astre neuf, débile, que rien ne laissait prévoir. Il n'est pas à ranger dans une catégorie. Hors celle, bien sûr, qu'il vient d'inventer. Le chef-d'œuvre, œuvre erratique de l'exceptionnel, commence quelque chose, ouvre une brèche qu'il est le seul, véritablement, à satisfaire, mais des imitations viendront lui emboîter le pas. Le chef-d'œuvre propose les mimétismes à venir, c'est un déclencheur de sosies. Il est né, lui, sur l'humus des impasses. Le roman était bloqué ; il est là pour le débloquer, par destruction, par autodafé. Il n'imite personne. Il s'imite tout seul. Il est son seul moyen, il est sa propre fin. Tout va recommencer par lui, sur un malentendu. Il ferme les volets d'une époque, ouvre en la fracassant la porte d'une autre. Le chef-d'œuvre n'est pas un remède, il est une solution, définitive. Il ne soigne pas, il tue un peu plus encore. Il se substitue à tous ses sclérosés prédécesseurs. Il détruit, ne propose que de l'improposable. Il ne nous donne rien (de ce que nous attendions), il prend tout. C'est lui qui fait la (nouvelle) loi. C'est en ceci qu'il s'impose ; en ceci qu'il commande. C'est en ceci qu'il est le « chef » de quelque chose.

Il est extrêmement naïf de penser que la littérature puisse mourir : un seul livre, chaque fois que semble se dessiner son cadavre, vient *in extremis* lui redonner du souffle pour cent ans. Le chef-d'œuvre n'est pas si accidentel qu'il le paraît, il a le génie des dates ; il sait quand advenir. Il ne paraît pas au hasard. Il est le catalogue des choses à voir, des choses visibles mais que nous n'avions pas vues, enfermés que nous étions dans un genre, emprisonnés que nous étions dans un style : il fallait qu'un genre inédit, qu'un style très neuf nous propose des yeux adaptés à la réalité présente, au monde contemporain. Le chef-d'œuvre est l'œuvre qui, la première, s'aperçoit que le monde a changé, et vient dire ce changement. Pour le dire, le chanter, l'abominer, elle a besoin d'un langage qui n'a jamais servi. Elle nécessite une vision qui n'avait jamais eu lieu. Quand on dit que le roman est mort, on ne dit rien d'autre que ceci : le chef-d'œuvre qui viendra nouvellement dire la nouveauté de notre monde nouveau n'a pas encore paru.

Jeudi 13 octobre

Réveil avec *Orchestral Favorites*, Frank Zappa, 1979 (Discreet, DSK 2294, US). Un des albums sortis dans le dos de Zappa, sans le moindre crédit sur la pochette. Un sale coup de Warner. Tout ça aurait dû se retrouver dans le coffret *Läther*. J'ai acheté *Orchestral Favorites* à Vienne en juillet 1984. Frank Zappa : guitare, chef d'orchestre ; Michael Zearott : chef d'orchestre ; André Lewis : orgue ; Tommy Morgan : harmonica ; Mike Altschul : flûte et clarinette ; Terry Bozzio : batterie ; Bobby Dubow : violon ; David Duke : cor d'harmonie ; Earle Dumler : hautbois ; Bruce Fowler : trombone ; Pamela Goldsmith : alto ; Dana Hughes : trombone basse ; Jerry Kessler : violoncelle ; Mike Lang : claviers ; Joanne McNab : basson ; Malcolm McNab : trompette ; Dave Parlato : contrebasse ; Ray Reed et David Shostac : flûte ; Emil Richards : percussions ; John Wittenberg : violon.

J'ai adoré mon service militaire. Il faudra tôt ou tard que j'écrive dessus. Classes à Angers, dans le génie, puis à Draguignan, dans l'artillerie. Aspirant, sous-lieutenant. J'étais lieutenant de réserve quand je me suis retiré de la réserve. Je formais les pioupious qui arrivaient. Vu une France que beaucoup d'intellectuels ignorent. Appris ce que c'était que l'autorité : savoir ce que l'on veut, écouter les gens, ne jamais crier, toujours demander à ceux qui savent quand on ne sait pas. Ne pas trop se montrer. Être juste. La moindre injustice déconsidère. Le contraire d'inspirer le respect ? Inspirer la crainte.

Paul Valéry, *Rhumbs*, 1926 : « La politique est l'art d'empêcher les gens de se mêler de ce qui les regarde. »

Pour un roman. – J'arrive à L.A. : je pense à elle ; c'est la première fois qu'elle est pensée ici ; qu'elle a une « réalité » ici, une existence.

Merci mais les éléments se déchaînent ; je le sais depuis longtemps : on n'écrit plus de livres. Plus aucune femelle dont les cheveux sont jaunes, et les dents tellement si blanches, plus personne n'est là, vivant, pour vouloir de l'art. Avec des pinceaux, des tableaux, des huiles : des catalogues et huit beautés hyperfatales. Nous errons sur toutes les autoroutes, autolassés d'être infiniment mêmement nous, insupportablement toujours nous. Toi, qui es dans ta propre peau depuis des années, je sais que tu en as marre, que tu voudrais être un porc, un étourneau, quelques taureaux à la fois, et manger des herbes dans une petite tranquille étriquée prairie bête.

Au lieu de courir jusqu'aux vagues, plonger, rire, t'accouder devant ces bières et boire, reboire et saouler ton os, et sucer tes jours finissants, jusqu'à la moelle de leurs heures, eh bien, tu te fais des soucis, tu te construis trop de ridules, tu meurs. Revenir partir et le trou déjà là, avec ta figure hantée dedans, en perspective de vermisseaux raffinés, aveugles, affamés, relativement fous. Ne lis plus les journaux, petit monsieur, ta vie basculerait dans un nombre fatal de néants, tu aurais des troutroubles extrêmement gastriques, des étonnements, des nausées dangereuses. Reste à faire la toupie en tes bureaux beaux, avec surchef chauve, secrétaire pipeuse, comme dans tous les clichés.

Retourne dans ton métroscule, le matin parmi les brumes, à regarder les crânes humains de travers, de station en station. Je ne prends plus le métro : ses fions hagards qui s'y collent recollent accolent, décollent pas, meurent remeurent en remous gras de chocs de corps, ces têtes dépassant des têtes. Et chacun, engoncé dans la cage de son petit univers bête, chacun persuadé d'être le héros des choses, le héros du monde entier, car le monde entier devient le petit étriqué monde de lui, d'elle, de toutou femme et femmelette et fillette et poils de chats sur moquette. Monsieur Métro entre chez lui vers les 7 heures, sonne à une porte derrière laquelle se tient, pas belle du tout ô, sa femme remplie de ventre et remplie partout de trop de poils, des poils pas cool de pas belle du tout femme.

Ne jamais relire les passés jours ; reprendre sa vie à zéro incessamment tout le temps, et sans trop penser à la mort. De toute façon elle est là, tu seras bientôt plus un homme du tout, ni le reste d'un homme. Alors je te demande une chose : retourne vivre en attendant, sur des balcons, à boire des verres, en terrasse de quelque chose, sous le soleil moyen. Au loin, tu verras le vert des choses, des bouts de campagne, un horizon de la nature, des morceaux de ciel parfaitement découpés, et la pelouse tondue. Quand ils ont peur de mourir, les êtres humain tondent le vert des gazons longs, ils raccourcissent les herbes, découpent, rasent, ils aiment ça.

Il y a eu l'invention des religions, l'art de la guerre, et puis ce plaisir innocent, calmant, de se munir de ciseaux et de découper ce qui dépasse, ce qui surpasse. Nous nettoyons. Il faut faire place à la fraîcheur, les jeunes pousses, ce qui ne demande partout qu'à bourgeonner, qu'à déclarer ses flammes, ces hystéries de chlorophylle en partouze, ce qui remue en jungles, et les branchages, les tons, les profondeurs de nuances, quand on s'enfonce : forêt.

Dans l'émission de ce soir, nous avons reçu deux journalistes du *Monde* qui ont signé un gros livre d'entretien avec François Hollande. Je ne sais pas quoi penser de Hollande. Fleur me dit qu'en petit comité, c'est un cador, mais que devant plus de dix personnes, il se métamorphose, ce n'est plus le même. C'est un peu embêtant quand on est président de la République française. La vérité est qu'il n'était pas fait pour cette fonction. Pas suffisamment d'envergure ; on ne gouverne pas en faisant des calembours à l'heure du thé. Sa vision du monde, parfaitement municipale, ne convient pas à une « grande » nation qu'il contribue à lilliputier par sa faconde municipale. Il est mal fagoté, s'arrange mal avec son corps, passe de maigre à gras sans autre principe que son appétence pour les desserts et, tout occupé par sa graisse, avoue par sa gestuelle, qui passe son temps à le trahir, qu'il est empêché. Empêché d'être président. Hollande est resté, malgré la conclusion des suffrages, au seuil de l'Élysée. Jamais il n'aura, le pauvre, franchi le portail du Palais convoité – c'est qu'il en a peur. La tragédie hollandaise est que sa hantise de s'asseoir sur le siège de De Gaulle et de Mitterrand se voit sur ses traits et se lit dans les bévues qu'il entasse comme l'enfant collectionne les coquillages sur la plage. Sa balourdise, comique, n'égale pratiquement que ses hésitations dans la parole. Son verbe est lent, laborieux, scandé d'une manière insupportable – cette façon, inventée par lui, de saccader sa phrase, de la hacher en petites lamelles de carottes, restera comme un des sommets de l'inaudible, une des prouesses du hoquet politique. Car cette manière de dire, qui s'empresse sans arrêt de gagner du temps, convient à merveille à la « langue de bois », c'est un parler qui avance et recule, pose sa feuille et corrige à la main, en direct. C'est un brouillon de langage, qui ne cache pas ses ratures – hélas.

« De tant de choses profanes j'ai tiré la conséquence chrétienne » (Claudel, avril 1911, encore et toujours dans son *Journal*, véritable mine, terrain *miné*).

La foi consiste à exiger du monde qu'il me fasse une place (*ma* place) et à exiger de moi que je fasse (en moi) une place au monde. La nuit de la foi est la condition de cette possibilité, car le monde qui, après cette marée noire, se dévoile, nous paraît lavé de tout ce qui n'est pas nous, comme nous nous percevons, enfin, lavés en nous de tout ce qui n'est pas lui. C'est pourquoi la foi exige une grande humilité et, en même temps, un immense orgueil. L'orgueil n'est pas la vanité ; ni la prétention. L'humilité n'est rien sans le sentiment de supériorité qui l'accompagne ; et inversement, la supériorité affichée sans l'humilité conduit au grotesque. Pas de pur sentiment d'humilité sans sentiment tout aussi pur, et concomitant, de supériorité. Toutes les croisades reposent là-dessus. Ce qu'il faudrait en réalité nommer l'orgueil, voisin de la dignité, de la volonté de dignité, c'est le mélange de la supériorité et de l'humilité. L'orgueil consiste à ne vouloir être reconnu qu'à sa juste valeur (et pas au-dessus : humilité), cette juste valeur étant quand même très haute (supériorité) ! La foi aime cette définition de l'orgueil.

Avoir la foi, c'est avoir la (haute) prétention d'exiger du monde qu'il me fasse une place ; mais c'est avoir la (grande) humilité qu'il me donne *ma* place. (Rien que ma place.) Ni une place au-dessous de ma valeur, ni une place au-dessus de ma valeur. Avoir la foi, c'est avoir l'humilité de faire en soi une place au monde (et donc à autrui et au « réel ») et suffisamment de sentiment de supériorité, de force, d'arrogance, pour extirper au monde une place pour moi. Toute la pensée de Levinas repose sur cette peur panique d'occuper, dans le monde, la place de l'autre. La foi, c'est simultanément supprimer cette peur et faire une place à l'autre. La foi, c'est prendre sa place et faire une place à l'autre. Celui qui craint de prendre, d'occuper la place de l'autre, d'empêcher, par sa présence, l'autre d'être à cette place n'a pas la foi. Avoir la foi, c'est précisément accepter cette place qui aurait pu être celle de l'autre mais que je revendique : la mienne.

Levinas : « Ma place dans l'être, le *Da-* de mon Dasein, n'est-il pas déjà usurpation, déjà violence à l'égard d'autrui ? Préoccupation qui n'a rien d'éthérée, rien d'abstrait : la presse nous parle du tiers-monde, et nous sommes très bien ici, notre repas quotidien est assuré. Aux frais de qui ? – on peut se le demander. Pascal disait : le moi est haïssable. Dans l'affirmation souveraine du je se répète la persévérance des êtres dans leur être, mais aussi la conscience de l'horreur que l'égoïsme inspire à ce moi-même. Pascal disait aussi que ma place au soleil est l'image et le commencement de l'usurpation de toute la terre. On ne peut dire certes que Pascal ait ignoré le péché originel mais je me demande si l'humain comme tel ne suffit pas à ce suprême scrupule, si le scrupule est toujours déjà remords » (*Altérité et transcendance*, 1995).

Vendredi 14 octobre

Réveil avec *Studio Tan*, Frank Zappa, 1978 (Discreet, DSK 2291, US). Frank Zappa : guitare, chant et percussions ; George Duke : synthétiseur ; John Berkman : piano ; Pamela Goldsmith : viole ; Murray Adler et Sheldon Sanov : violon ; Jerry Kessler : violoncelle ; Edward Meares : basse ; Bruce Fowler, Don Waldrop, Jock Ellis et Dana Hughes : trombone ; Earle Dumler : hautbois ; Joann Caldwell : basson ; Mike Altschul : flûte ; Graham Young, Jay Daversa et Malcolm McNab : trompette ; Ray Reed : flûte ; Victor Morosco : saxophone ; John Rotella : bois ; Alan Estes et Emil Richards : percussions ; Tom Fowler et Max Bennett : basse ; Chester Thompson et Paul Humphrey : batterie ; Davey Moire : chant ; Eddie Jobson : synthétiseur, basse ; Don Brewer : bongos ; James « Bird Legs » Youman : basse ; Ruth Underwood : percussions, synthétiseur.

Malédiction totale : je venais d'obtenir – chacun son Graal – le numéro de portable de ce dieu. Ce dieu, c'est Pierre Étaix. Le 13 septembre dernier, j'avais envoyé un SMS à Nicole Calfan, qui joue dans *Le Grand Amour* (1969) : « Présentez-le-moi ! J'en rêve ! » Réponse immédiate : « Je vais le réaliser, votre rêve ! » Et Nicole m'envoya le numéro de la dernière légende vivante du cinéma burlesque, héritier de Tati, bien sûr, au côté duquel il débuta, mais successeur de Charlie Chaplin, de Harold Lloyd, de Buster Keaton, de Max Linder – j'ai toujours trouvé que, physiquement, la ressemblance entre Max Linder et Pierre Étaix était troublante. Et voilà. Je possède, comme un talisman, le numéro de portable de ce dieu, dont j'ai vu tous les films à l'âge de huit ans au Martroi, à Orléans, en 1976. Et je n'ose pas l'appeler, c'est moi qui, pour le coup, reste muet. Que dire d'intelligent, à part « bonjour monsieur, vous êtes un génie » à l'auteur de *Yoyo* (1965) ou du *Soupirant* (1962), son premier chef-d'œuvre, qui montre un homme (Étaix) se prenant râteau sur râteau pendant une heure et demie sans la moindre interruption. Étaix avait recréé le slapstick hollywoodien des années 1910-1920 dans la France gaullienne. Que ce fût à Paris, en banlieue, ou à Tours, il réinventa les débuts du cinéma à l'ère où, selon Godard, celui-ci était en train de mourir. Étaix fut, bien avant Tarantino, un re-créateur total, reprenant l'alphabet du cinéma, et ses principales citations, pour en reformuler, pour en actualiser la grammaire. C'est que, dans les années 1960, le cinéma n'était plus seulement parlant, il était devenu bavard ; il fallait donc, se dit Pierre Étaix, le faire taire un peu pour lui redonner *corps*. C'est le côté « clown » d'Étaix, auquel on a, hélas, voulu trop souvent le réduire, quand il fut d'abord un cinéaste aussi puissant qu'Orson Welles, ou que Guitry – il eut d'ailleurs autant de difficultés à faire exister ses films que le premier, et autant de malentendus avec la critique que le second. Dans *Pays de Cocagne* (1971), un documentaire excessif, monumental, expérimental et fascinant, Étaix se fait reporter de son temps et nous montre la France sous toutes ses coutures, lui qui aima tant les faire craquer, c'était une France pompidolienne, une France industrielle qui détruisait ce qu'Étaix avait su filmer comme personne, sinon Renoir : la campagne. Toutes les scènes de nature, chez lui, sont phénoménales : une promenade, une partie de pêche, un pique-nique, une mésange sur un arbre, voici le matériau avec lequel il parvenait à nous faire mourir de rire. « Et voilà ! m'écrit Nicole. Il est au courant… Et sera ravi que vous veniez le rencontrer… Et prendre un verre. À vous de jouer. Et ne soyez pas timide. Vous allez adorer sa modestie et son intégrité. Sa pureté de créateur. » Je n'ai pas simplement été timide, j'ai été stupide. Galabru m'avait expliqué que, de la même manière, il avait « raté » Guitry. Pas mieux, cher Michel. Pas mieux. 27 septembre : « Pierre Étaix s'étonne de votre silence. » Et moi, dorénavant, du sien.

Notes pour un roman. – La force est dans la capitalisation.

Les êtres qu'on réveille libèrent *une violence* qui nous échappe. (Ça pique, ça mord.)

J'adore un auteur (ce qui fait ma force pour combattre le chagrin de la femme qui me quitte) et, après, j'apprends que son « nouveau copain » aussi l'adore – ce qui m'anéantit.

Je sais qu'elle aura dans l'avenir (proche ou non) des phases très difficiles. Quand j'appelle, je suis étonné (voire déçu) qu'elle ne soit pas *déjà* en train de les traverser.

J'ai voulu l'embrasser, mais ce n'est plus sa bouche, c'est la bouche d'une autre.

Si on prévient, si on dit : « Je ne veux plus te voir », la capitalisation ne fonctionne plus.

Je suis le seul au monde à être sur ce banc, dans cette rue, à Santa Monica. Et lui, seul homme au monde à être avec elle.

Avoir la foi, c'est en finir avec ce que vient d'écrire Levinas, précisément. C'est ne plus se voir comme usurpateur, mais s'accepter comme bénéficiaire de cette place, encore que le mot « bénéficiaire » soit à la fois bien et mal choisi ; avoir sa place est un réel privilège, mais d'où découlent des obligations, des devoirs. Parmi lesquels, d'ailleurs, faire place à l'autre. Au monde et à l'autre, au monde *donc* à l'autre.

Et à l'autre *donc* au monde.

La foi est une manière de combattre le monde contemporain, celui de l'actualité, du maintenant, du tout de suite, avec sa Bourse et ses conflits, toute sa géopolitique, ses dividendes et ses crises, la panoplie de ses horreurs, les guerres éparses, les violences d'argent, la multitude des crimes pour rien, la drogue et ses réseaux, toute cette coke incroyable, les mannequins maigres, les « people », la starification des anonymes, la mort des livres, le sentiment de malheur et tous les chômages, un suicide, une crise, un procès de pédophile, et le porno ambiant qui ne se trouve pas que dans le sexe, mais partout quand tout est montré, quand tout est exhibé à tous.

Je trie, range, classe mes revues du Collège de 'Pataphysique. Je suis membre du Collège. Grand fécial consort… L'an 2000 ne restera pas, dans l'Histoire du Monde, comme celle de la tempête, de la marée noire et autres ouragans, mais comme l'année de réouverture au public du Collège de 'Pataphysique (avec une apostrophe devant le « P »). De quoi s'agit-il ? D'une secte ? Oui. D'un canular ? Oui. D'un mouvement littéraire ? Oui. D'une instance extrêmement sérieuse ? Oui. D'un lieu de réflexion ? Oui. Le Collège est à la fois futile et vital, important et inutile. Il est ce terrain, un peu virtuel, un peu réel (mais le réel n'est pour les pataphysiciens qu'un cas particulier de leur univers), où les amoureux d'Alfred Jarry, le créateur (avec les frères Morin, au lycée de Laval) d'Ubu, se voient, se congratulent, échangent des propos abscons pour les non-initiés, mais tellement passionnants pour les habitués de la gidouille et de la chandelle verte du Père Ubu.

Ce Collège, fondé en 1948, est très prestigieux. Raymond Queneau en fit partie, de même Boris Vian, Marcel Duchamp, Man Ray, Prévert, Arrabal, Carelman, Michel Leiris, René Clair ou encore Jean-Christophe Averty. La 'Pataphysique, dont les bases furent jetées par Jarry dans *Gestes et opinions du Docteur Faustroll* (1899), « est la science… ». Elle est la Fin des fins. C'est cette science que le Collège s'est donné pour dessein d'administrer. Au sein de celui-ci, une hiérarchie très scrupuleuse est observée. On y compte deux grandes familles : les Optimates et les Membres (composé d'Auditeurs et de Correspondants). Les Optimates, actifs, œuvrent pour les seconds, contemplatifs. Le premier des Optimates est Sa Magnificence le Vice-Curateur (le Curateur Inamovible étant le Docteur Faustroll lui-même). Son magistère n'est interrompu que par la mort. Il est secondé par les Provéditeurs, qui administrent « les biens imaginaires et réels du Collège » ; les Satrapes, dépourvus de fonction et qui n'ont comme justification que « la signification gratuite de la 'Pataphysique » (Ionesco, Vian, Miró, Dubuffet firent partie de ce Corps) ; les Régents, responsables de l'enseignement ; et les Dataires, chargés de dater les pièces administratives selon le Calendrier Pataphysique.

Car le temps du pataphysicien n'est pas mesuré comme le nôtre, évidemment. Sa référence n'est pas la naissance du Christ, mais celle d'Alfred Jarry, le 8 septembre 1873. L'année pataphysique, qui prend fin le 7 septembre, est découpée en 13 mois, de 28 + 1 jours chacun, dont les noms sont issus de l'œuvre de Jarry. Ce ne sont plus janvier, février, mars, etc. mais décervelage, gueules, pédale, clinamen, merdre, haha, etc. Pour les gens du Collège, Mitterrand n'a pas été élu le 10 mai 1981 mais le 21 palotin 108. Le Collège, bien sûr, publie ses analyses, ses textes, ses études propres, et ce depuis 1950, sous le titre générique de *Viridis Candela* (« Chandelle Verte »). Ce furent d'abord, hormis les publications à usage interne, les *Cahiers du Collège de 'Pataphysique* (28 numéros parus entre 1950 et 1957), puis les *Dossiers du Collège de 'Pataphysique* (28 numéros de 1957 à 1965) et enfin, de 1965 à l'occultation au public décidée en 1975, les 28 numéros des *Subsidia Pataphysica*.

Au sommaire de ces revues merveilleuses qui se prétendent déconnectées du microcosme parisien et font le bonheur des bibliophiles par leur qualité et l'originalité de leurs formats, de leurs présentations (vertes, roses, rouges, jaunes) sans cesse renouvelés : textes

« canoniques » de Jarry, études théoriques sur son œuvre, publication des pièces de Ionesco, inédits de Raymond Roussel, inédits de Vian, de Queneau, hommages à Alphonse Allais et à Rimbaud, pages lumineuses sur le langage, des textes magnifiques et novateurs sur Rabelais (dossier « Rabelais fut-il un simple emmerdeur comme les autres ? »). À partir des années 1960, l'ère de l'OuLiPo (Ouvroir de Littérature Potentielle) bat son plein : il s'agit de faire de la littérature autrement, d'aller voir si une certaine formalisation de l'art est possible, bref, de creuser les rapports cachés de la science et de l'écriture. Ce sont les années Perec. On s'amuse à injecter des contraintes dans le processus de création littéraire.

Certains dossiers sont inouïs ; parmi lesquels celui présentant une étude signée du Régent Antoine Tavera intitulée *Arnaut Daniel et la Spirale* où il est expliqué que « les rimes de la sextine, forme poétique cultivée notamment par le troubadour Arnaut Daniel, obéissent à des permutations dont le graphe est une spirale ». On nous dira : à quoi sert tout ce cirque ? À rien, bien sûr, comme les vies humaines ne servent à rien d'autre qu'à être vécues, et comme la pluie, en soi, ne sert à rien quand elle tombe sur les toits. Le Collège de 'Pataphysique n'est sans doute pas dénué de pathétique : de vieux messieurs que la réalité effraie retrouvent des élans de potache en mettant sur pied une instance super-élitiste au sein de laquelle l'absurde est un mode de vie. Et qui s'intéresse, au fond, à leurs maniaqueries plus ou moins misogynes, plus ou moins dérisoires, plus ou moins vaines ? C'est une manière de voir les choses. Il en est une autre. Celle d'accepter l'idée que l'existence vulgaire (au sens de banale) de chacun d'entre nous n'est qu'un cas particulier, un avatar possible parmi d'autres, d'une existence tout aussi gratuite mais plus gratifiante, tout aussi absurde mais du moins reliée à une passion, qu'elle soit scientifique, littéraire ou métaphysique. Et si la 'Pataphysique, échappatoire au quotidien, dans son intelligence du monde comme passage obligé vers un infini plus riche d'événements, plus rempli d'aventures, vers une « éthernité » moins besogneuse, était nimbé d'un peu de désespoir ? La vie de Jarry fut sinistre, et son œuvre n'est pas exempte de cris. Ubu est une douleur, l'expression d'une plaie. Il est torture, mais il est aussi torturé. La 'Pataphysique ne s'explique pas. Elle dure après son géniteur, parce que le monde est toujours là, avec son lot de sottise butées, d'incompréhension de la joie, et de souffrances acceptées. Une manière d'être plus libre, ou mieux libre, s'appelle la 'Pataphysique. Une science… du bonheur ? Sans doute pas. Mais une science de l'extase.

Samedi 15 octobre

Réveil avec *Them or Us*, Frank Zappa, 1984 (EMI, 2402343, France). Frank Zappa : guitare, synthétiseur et chant ; Tommy Mars : synthétiseur et chant ; Patrick O'Hearn : vents et basse ; Scott Thunes : chant, Minimoog, synthétiseur et basse ; Johnny « Guitar » Watson (une de mes idoles) : chant et guitare ; Ray White : guitare, chant et chœurs ; Moon Unit Zappa : percussions ; Chad Wackerman : batterie et chant ; Ike Willis : chant et chœurs ; Arthur Barrow : basse ; Napoleon Murphy Brock : saxophone, chant et chœurs ; Roy Estrada : chant, chœurs et basse ; Bob Harris : synthétiseur, chant et chœurs ; Thana Harris : chant ; Steve Vai et Dweezil Zappa : guitare ; George Duke : synthétiseur, chant et piano ; Bobby Martin : synthétiseur, saxophone, chant, chœurs et harmonica.

Un album d'une très grande tristesse. Il y règne une ambiance de fin du monde. Peut-être parce que Zappa est, chez moi, vécu comme une musique estivale et que *Them* est sorti en plein mois de novembre de ma 1re S. Album acheté à Auchan Saint-Jean-de-la-Ruelle.

Je regarde un de mes Corneau favoris, *Le Choix des armes*. Vu cinquante fois au bas mot depuis 1981. Pour Deneuve. Que je révère à l'infini. À 20 ans, Catherine Deneuve incarnait mieux que personne la Française de 20 ans. À 30 ans, toutes les femmes de 30 ans voulaient être elle. À 40 ans, elle était la synthèse parfaite, absolue, idéale, de ce qu'il est convenu d'appeler « la femme de 40 ans ». Depuis, Catherine Deneuve n'a plus ni 20, ni 30, ni 40 ans, mais elle a cessé d'avoir un âge. Elle est Catherine Deneuve tout court. Délivrée des années, flottant sur les décennies, ignorant sans doute que la mort existe. Ce que j'adore chez elle, c'est cette permanence qui ne s'étonne de rien. Cette facilité dans la pérennité. Cette évidence tranquille face à la postérité, comme si la postérité était quelque chose d'accessoire. Catherine Deneuve fait rêver comme on fait le ménage, ou les courses : avec simplicité, sobriété, banalité. Elle a l'universalité presque futile. C'est là son génie. Il y a du génie dans la grâce comme il y en a dans l'intelligence. Mais ce qui fascine surtout, c'est sa constance de pierre : jamais on ne l'a vue s'énerver, crier, renâcler, la ramener, piquer une crise, quitter un plateau, se mettre en avant, se vanter, pérorer, réclamer, pleurnicher. Elle est constamment la star qu'elle n'a jamais cessé d'être sans qu'elle ait jamais eu l'air de vraiment le vouloir. Elle a toujours été incapable d'être autre chose qu'une légende vivante. Plus grande actrice de tous les temps, c'est chez elle une seconde nature.

Travailler avec les plus grands ne l'a jamais empêchée de travailler avec les plus petits (Gaël Morel, pathétique moucheron). Rien ne peut atteindre sa beauté, influencer son talent, corroder son statut ou défaire son altitude. Quelle altitude d'ailleurs ? Catherine Deneuve est inaccessible, mais reste à notre hauteur. C'est très difficile à réaliser. Elle est une des seules de ce niveau à y parvenir. Sa modestie paraît couler de source. Son côté chat jaune…

Comment est-elle dans la « vraie vie » ? Est-elle impossible ? Irascible ? Caractérielle ? Capricieuse ? Est-elle décevante ? La question n'a pas de sens : la vraie vie, pour elle, c'est dans ses films qu'elle se déroule. Elle a dû passer plus de temps à jouer qu'à vivre, et c'est pourquoi il n'y a aucune différence entre lui rendre visite et aller la voir au cinéma. Là où elle est inégalable, c'est qu'elle ne cesse jamais d'être Catherine Deneuve dans ses personnages. Au lieu que de se dissoudre dans une figure exotique, dans une entité étrangère, elle incarne des possibilités de Catherine Deneuve. Des avatars de Catherine Deneuve. Elle choisit dans un catalogue de Catherines Deneuves possibles la Catherine Deneuve qui siéra le mieux au rôle. Catherine enfile la peau de la Catherine Deneuve élue comme on enfile une robe. C'est comme si elle n'avait fait qu'un seul et même film en cent épisodes. Ça pourrait paraître insultant de dire cela d'une comédienne, mais c'est le contraire qui l'est : se faire oublier derrière les traits d'une fictive est le propre du talent. Le propre du génie, lui, est de marquer de sa griffe le moindre de ses gestes, de ses paroles et de ses soupirs.

La foi, c'est avoir la présomption d'avoir sa place dans le monde ; et l'humilité de ne demander que sa place, jamais celle d'un autre, pas une place au-dessous de ma place. Mais une place, la mienne, rien que la mienne, mais que je dois accepter d'occuper. Que je dois assumer de posséder (provisoirement car je suis mortel).

Avoir la foi, c'est trouver sa place dans le monde. Tant qu'on n'a pas trouvé sa place dans le monde, le monde nous est ennemi. Le monde est notre ennemi. La foi, c'est ce qui nous permet de ne plus le trouver hostile. Mais il faut bien s'entendre, ici, sur ce que nous appelons le monde. Car le monde auquel la foi nous donne accès n'est plus le monde tel qu'il nous était apparu jusque-là. Et jusque-là signifie : jusqu'avant la nuit de la foi. Le monde « moderne » avec sa frénésie brouillonne et aléatoire, son électricité, sa finance et son brouhaha, n'est apparu (partiellement) lisible, nettoyé, net, qu'après la nuit de la foi, qui nous a révélé, qui nous a dévoilé une partie du monde qui se cachait sous le chaos du monde moderne. Le monde, dès lors que par la nuit de la foi, et par conséquent par la foi, une partie du voile a été levée, ne se confond plus avec le monde moderne (actuel, événementiel, accidentel, urgentiel, immédiat). L'aube, qui a suivi cette salvatrice nuit de la foi, nous révèle un monde qui n'est plus circonscrit au seul monde sécularisé et strictement chronologique du temps qui court et du vacarme.

Il y avait sous le monde moderne un monde moins moderne que le monde moderne cachait, occultait. Et qui s'est dévoilé. Et je le répète : si nous voyons (partiellement) une partie d'un monde enfin *vrai* (car dans l'idée de dévoilement, il y a l'idée de vérité, *alètheia*), c'est parce que la nuit de la foi, c'est parce que la foi, nous a permis de voir le monde autrement. La foi nous a permis de nous « dépouiller de la réalité imaginaire du monde ».

Nous comprenons que le monde « réel », ce n'est pas le monde « moderne » ; que nous passons nos vies à confondre le monde de l'actualité et des faits, de l'imminence et du présent, celui du bruit et de la fureur, des transactions et du tout de suite, celui de la Bourse et des guerres probables, des décisions politiques et des annonces publicitaires, avec le monde réel. Avec le véritable monde. Le véritable monde est dissimulé sous les cours de la Bourse et les programmes de télévision. Il est terré sous des tonnes d'attentats. Et de fortunes faites, défaites. La foi nous permet de comprendre cela, et d'avoir accès à une partie du monde réel, du monde vrai, du monde dévoilé. La foi nous a donné une autre vision du monde. « Car, dans le monde des réalités spirituelles, écrit Huxley dans *Dieu et moi*, la connaissance est toujours une fonction de l'être » – et après la nuit de la foi, nous ne sommes plus les mêmes. Nous ne sommes plus des hommes strictement modernes (des hommes strictement du siècle, strictement de la chronologie), mais des hommes de l'aube : des hommes qui voient nouvellement ; des hommes qui voient comme pour la première fois. Des hommes qui retrouvent (partiellement) le monde dans sa réalité. Dans sa vérité. Et Huxley de rajouter (confirmant que, si le monde a changé, c'est parce que, puisque nous avons changé, notre appréhension en a été modifiée) : « La nature de ce dont nous avons l'expérience est déterminée par ce que nous sommes nous-mêmes. »

« Le réel ne doit pas seulement être déterminé dans son objectivité historique, mais aussi à partir du secret, qui interrompt la continuité du temps historique à partir des intentions intérieures » (Emmanuel Levinas, *Totalité et Infini*, 1961).

Le monde moderne n'est donc plus que la partie émergée de l'iceberg. Le monde moderne n'est que le cache-sexe du monde tout court. Du monde vrai. Il est le monde sous son aspect le plus trivial, le plus *recouvert*. Recouvert de quoi ? D'immondices et de sang. D'hommes politiques et d'argent. « Le monde temporel [c'est-à-dire le monde moderne] devient un aspect de l'éternité [c'est-à-dire du monde vrai]. » Claudel, dans son *Journal* de mars 1906, est exactement sur la même ligne : « La réalité, non pas seulement la réalité accessible à nos sens, mais la réalité totale des choses "visibles et invisibles". Une poésie vraiment universelle, *catholique*. » Quand le même Claudel, quatre ans plus tard, en août 1910, note : « Avoir toujours fortement le sens de la réalité et du concret », il faut bien comprendre de quoi il s'agit. Il faut bien saisir ce que ça signifie. Il parle de la réalité découverte, désoccultée, dévoilée du monde. Est concret ce qui n'est pas imaginaire – ce qui a *cessé* d'être imaginaire.

« La réalité du monde est faite par nous de notre attachement. C'est la réalité du moi transportée par nous dans les choses. Ce n'est nullement la réalité extérieure. Celle-ci n'est perceptible que par le détachement total. Ne restât-il qu'un fil, il y a encore attachement », note Simone Weil dans *La Pesanteur et la Grâce*, 1947.

« La réalité du monde est faite par nous de notre attachement. » Que faut-il comprendre ici ? Par « monde », dans cette phrase, il faut entendre « monde moderne ». Le monde qui occulte le monde vrai. Ce que nous dit Simone Weil, c'est que si le monde moderne nous apparaît réel, c'est une illusion. Le monde réel, ce n'est pas lui, ce n'est pas ce monde-là. Le monde moderne, actuel, nous semble « réel » parce que c'est à ce monde-là que nous sommes attachés, aliénés. Ceci fait écho avec la « royauté *imaginaire* du monde ». Croire que le monde, c'est notre monde est une erreur. Sous le monde, le monde. Sous la trivialité, la vérité. La réalité est consubstantielle à la vérité : le monde réel, c'est le monde vrai. Le monde réel n'est pas le monde « quotidien ». Le monde réel n'est pas le monde usuel. Le monde réel n'est pas le monde courant. Il n'est pas le monde en usage. Le monde des « usagers ». Le monde réel n'est pas ce monde à portée de main, ce monde sous le coude, toujours prêt à nous satisfaire, et que nous essorons de toutes ses possibilités de jouissance immédiate. Non, la vérité du monde est ailleurs. Elle n'est pas dans le monde chronologique – elle n'est pas (située) dans le monde « temporel ».

« C'est la réalité du moi transportée par nous dans les choses. » Ce que nous nommons « réel » dans le monde moderne provient du rôle que nous jouons dans ce monde : tout tourne, dans le monde moderne, sur l'importance du moi. C'est pourquoi le monde moderne est un monde athée. Un monde fait sur mesure pour les athées – ce qui est logique, puisque ce sont les athées qui ont façonné, qui ont fabriqué, qui ont produit ce monde. Le monde moderne est le fruit de l'athéisme ; l'athée est dans le monde moderne comme un poisson dans l'eau. Ce qui nous fait accroire que le monde moderne est le monde *réel*, le *véritable* monde, *le* monde, c'est que nous y *participons*. C'est que nous y avons une certaine importance.

« C'est la réalité du moi transportée par nous dans les choses. Ce n'est nullement la réalité extérieure. » Nous confondons la réalité extérieure et ce que nous y mettons. Ce que nous y injectons. Et ce que nous y mettons, ce que nous y injectons, ce que nous y fourrons, c'est nous. Ce que j'y mets, ce que j'y injecte, ce que j'y fourre, c'est moi. Mais j'y mets tellement de moi et tellement pas du reste que ce que je crois être le monde réel perd de sa réalité, c'est un monde qui me ressemble. Que j'invente. Que je calque sur moi. Dans ce que j'appelle « le monde réel », et qui devrait se nommer le monde personnel, ou « ego réel », il y a très peu d'extérieur et beaucoup d'intérieur. Il y a beaucoup de moi et très peu d'autre chose que moi. Le monde réel, ainsi, est une déclinaison de moi-même, une continuation de moi-même dans les choses : « réalité du moi *transportée* pour nous dans les choses ». « *Réalité* du moi » : moi, cela ne fait en revanche aucun doute, je suis réel, je suis bel et bien réel. Mais le monde selon moi, cela ne constitue en rien un monde, cela ne peut être à l'origine d'une quelconque réalité du monde. C'est instantanément, c'est mécaniquement que nous transportons notre moi dans le monde, que nous l'étalons sur le monde. C'est immédiatement, c'est presque inconsciemment que nous faisons du monde une succursale du moi.

Dimanche 16 octobre

Réveil avec *Hard Candy*, Ned Doheny, 1976 (Columbia, PC 34259, US). Ned Doheny : chant, guitare acoustique, guitare, chœurs ; Chuck Findley et Greg Adams : cuivres ; Larry Muhoberac : cordes.

Qui se souvient de Lucio Battisti ? Un chanteur des années 1970. Son ultime disque s'intitulait *Hegel*. Ça n'avait pas bien marché. Lucio avait les cheveux frisés et des foulards autour du cou. Personne ne le connaissait en France. Son truc, à lui, c'était la variété, les chansons populaires. Les années 1970 meurent tous les jours en ce moment.

Elles s'en vont, elles partent, elles s'effilochent. Elles appartiennent désormais au vrai passé, celui fait de vieux souvenirs, de vieux morts. Beaucoup de gens que nous croisons dans la rue ne les ont jamais connues. Nous entrons dans l'ère du cimetière des pattes d'éléphant.

Dire qu'à une époque, mon parfum favori était Hugo Boss. Dire qu'à une époque je m'aspergeais de l'écœurant Pi de Givenchy.

John Lee Hooker possède le génie le moins spectaculaire de tous les génies.

Paradis, de Sollers, que je relis d'une seule traite – pas rouvert depuis 1995. C'est comme Manhattan la première fois : une grande claque dans la gueule. *Paradis* est toujours en plein dans l'actualité. Je ne sais pas comment il s'y prend. C'est le journal intime du monde contemporain. Tout y est : la guerre économique et les remous sociaux, la fracture et l'accélération du temps, la question de la technique. C'est le premier roman techno en ce sens que son rythme inlassable assimile tout ce qui a précédé, du clavecin à la pop en passant par la salsa ou le bal musette. Le temps ressemble à l'espace, fondu en lui, sans direction privilégiée, réversible, sans flèche directionnelle : Rembrandt y est l'élève de Picasso, Newton celui d'Einstein. C'est une machine à compresser à la César : Proust et Céline sont accolés l'un à l'autre.

La langue française non seulement dans son état pur, mais aussi dans son état brut. Sollers est un écrivain classique parce qu'il a redéfini, repensé, réinventé le classicisme de notre époque. Son génie est d'avoir compris que chaque siècle attend qu'un langage puisse le rendre intelligible. Les mutations de la société, les complexités du monde apparaissent immédiatement dans la forme même de *Paradis*. On a beaucoup parlé de Joyce à son sujet ; je parlerais surtout d'Aragon. Sollers épouse sans cesse les aspérités du temps présent. Son style mute, vit, se transforme, hésite, s'invente, se trompe et s'autocorrige, s'autodétruit, se recompose en direct. Chaque ligne pense l'instant, le digère et le recrache en une synthèse inédite.

Paradis est le grand ouvrage classique de l'après-guerre, il s'adapte à toutes les vitesses, se greffe sur toutes les allures ; il est au langage ce que le VTT est au sol bossué des alentours de Verdun. Sollers sait que, dans la vraie littérature, la forme doit toucher le fond. Il a donc recours à un art conforme à la réalité, mais jamais conformiste. *Paradis* charrie des siècles de tradition, d'érudition, de culture mais aussi de sensations, de plaisirs, de tortures et d'aventures. Des chuintements et des hurlements. C'est le seul roman « récent » (1981 quand même) qui puisse se targuer d'englober, en un seul souffle, l'ensemble des connaissances actuelles, des données que nous possédons sur le monde.

Le monde moderne est le monde de l'athée parce que l'athée est persuadé que le monde est calqué sur une inaliénable réalité : la sienne. Le monde, pour l'athée, est donc un cas particulier du « je ». Considérant que chaque athée pense être le « je » principal du monde, on entrevoit les luttes fratricides, les guerres interminables, les mises à mort sempiternelles que se livrent, chaque jour, tous ces « je ». Car à chacun de ces « je » se rattache le monde qui va avec. Si bien que le monde que nous appelons « réel » est un chaos de milliards de mondes imaginaires surgis de ces « je ».

On dit que l'athée est privé de dieu, mais ce n'est pas complètement vrai. C'est plus subtil que ça. L'athée est celui qui est à lui-même son propre dieu.

Le mystique est celui qui ne croit qu'en Dieu. L'athée est celui qui ne croit qu'en lui.

Si, en tant qu'athée, je me choisis moi-même pour dieu, il est parfaitement logique que je me considère comme créateur du monde. L'athée passe sa vie à *agir* sur le monde. Se faisant, il se persuade de le créer. Et d'une certaine manière, il le crée. Mais il n'y a aucune raison pour que le monde créé par ce dieu qu'est l'athée coïncide avec le monde créé par le Dieu des mystiques. Il n'y a aucune raison pour que le monde moderne coïncide avec le monde.

Le gnosticisme ne dit pas autre chose (même si évidemment le Dieu des gnostiques n'est en rien ce sous-Dieu, ce moins-que-Dieu, ce moins-que-rien-de-Dieu qu'est pour eux le Dieu des juifs). Dans *L'Évangile de la vérité* (NH I, 3), on lit : « Parce que ceux qui appartiennent au Tout cherchèrent à connaître celui dont ils sont issus et que le Tout était à l'intérieur de l'Inappréhendable inconcevable, lui qui est au-delà de toute conception, c'est alors que la méconnaissance du Père se fit perturbation et angoisse. Puis la perturbation se figea à la manière d'un brouillard au point que nul ne put voir. De ce fait, l'Erreur tira sa puissance. Elle se mit à œuvrer sur sa propre matière dans le vide, ignorante de la Vérité. *Elle consista en une fiction*, élaborant artificiellement, grâce à la puissance, une alternative à la Vérité. » Puis : « Ils agissent comme dans un rêve nocturne. Ainsi agit celui qui ne se connaît pas : comme s'il était endormi. Celui qui connaît, en revanche, ressemble à celui qui est éveillé. Béni celui qui a ouvert les yeux de l'aveugle. »

On peut objecter que les mystiques eux-mêmes ne sont pas dans la vérité, mais dans un imaginaire symétrique. Sauf que le mystique se retranche là où l'athée s'ajoute. Le mystique est celui qui veut intervenir *le moins possible* dans le déroulement du monde. L'athée est celui qui veut intervenir *le plus possible* dans le déroulement du monde. Le mystique veut s'oublier lui-même, l'athée veut qu'on se souvienne de lui. C'est pourquoi la commémoration a quelque chose de profondément moderne.

Le monde mystique est non seulement réel, mais il correspond au maximum de réalité. Si le monde de l'athée est imaginaire, c'est parce que l'athée fait du monde une projection de soi-même : il y a donc un monde par athée. Un monde par dieu ; mais il y a autant de dieux qu'il y a d'athées ! Tandis qu'il n'y a qu'un dieu par mystique : Dieu.

Quand un mystique dit « Dieu », il dit la même chose que lorsqu'un autre mystique dit « Dieu ». Quand un athée dit « dieu », il dit « je » : il ne dit donc pas la même chose qu'un autre athée qui dit « dieu », c'est-à-dire qu'un autre athée qui dit « je ».

Je me trompe peut-être, mais j'ai la sensation qu'il y a de moins en moins de crimes passionnels. Tout fout le camp.

J'aimerais voir le Zambèze au moins une fois.

Je n'aurai jamais mis les pieds au Festival d'Avignon. Un jour, j'avouerai ceci, qui est scandaleux : je n'aime pas le théâtre. J'adore le lire ; je n'aime pas le voir. C'est grave. C'est très grave. Qu'y puis-je ? (Ce n'est pas grave. Pas grave *du tout*.)

Un chef-d'œuvre que je n'aime pas : *Le Silence de la mer*, de Vercors.

J'écoute Oasis. Pas écouté depuis un siècle, à vrai dire. Ça devait être le plus grand groupe depuis les Beatles, quand leur premier album est sorti. C'est souvent, d'ailleurs, qu'on nous fait le coup du plus grand groupe depuis les Beatles. Je trouve que Ned Doheny tient beaucoup mieux la route qu'Oasis. Et pourtant Ned n'a jamais prétendu quoi que ce soit. En tout cas pas de faire oublier McCartney. En 1972, on nous avait fait le coup avec Deep Purple. Que Deep Purple allait remplacer les Beatles. Rien du tout. En 1977, pareil.

Avec les Eagles. En 1983 avec U2. En 1987 aussi, avec les Guns N'Roses. Et en 1994 avec Blur et Oasis. Oui, ça devait se jouer entre les deux. Je m'en souviens très bien. Comme si c'était hier. Et c'était hier. À la réécoute, Oasis, ce n'est pas très bon. Surtout, ils sont aux antipodes de la création beatleienne. Là où Lennon et McCartney suicident et fracassent la mélodie, l'interrompent et la font accoucher d'une autre, inédite et tout droit sortie d'un monde neuf, les frères Gallagher composent le même morceau à l'infini : version lente, version tweed, version haillons, version bleue, version rouge. Ça s'écoute, certes. Ne soyons pas injuste, ça s'écoute. Mais l'esprit de Lennon, karma au vent, peut continuer de survoler tout ça tranquillement. Même remarque pour l'âme de Harrison.

Appel de Régis. Je préfère ne pas décrocher. Il me saoule. Si je décroche, ça va être reparti pour un tour. Que Céline et Proust sont de pauvres nains comparés à lui, que la « Pléiade » n'a pas d'autre choix que de publier *Microfictions* et que, selon toute logique, on ne voit pas très bien comment le Nobel pourrait à terme lui échapper. Ras le bol.

Je ne supporte pas ces adaptations de Proust en bande dessinée. On ne parlera pas d'escroquerie, mais de stupidité. Pourtant j'adore la bande dessinée. Stéphane Heuet, qui s'est imposé cette tâche, montre à quel point le génie littéraire ne se met pas en images. Druillet, pourtant génial, avait aussi raté son coup avec *Salammbô*. Chez Heuet, on est plus proche de Bécassine que d'Albertine. C'est catastrophique : on coupe au beau milieu d'une phrase, un peu comme si, pour simplifier, on enlevait de la Relativité, chez Einstein, la vitesse de la lumière dans les équations. En tronquant les phrases de Proust, en les tronçonnant, en les raccourcissant (sacrilège !), en utilisant les trois points, Stéphane Heuet a réussi l'exploit de transformer Proust en Céline. À quand une sitcom d'après René Char ?

Lundi 17 octobre

Réveil avec *King Albert*, Albert King, 1977 (Tomato, 6002 H, US). Albert King : guitare et chant ; Anthony Willis : basse ; Dwayne Lomax : batterie ; Aaron Willis et Ray Tini Jr. : guitare ; Fred Wesley & The Horny Horns : cuivres ; Rudy Robinson : claviers ; Barbara Huby et Larry Fratangelo : percussions ; Brandye : chœurs.

Ce ne sont jamais les auteurs qui meurent. Ce sont les lecteurs.

Lecture de *Si je t'oublie, Jérusalem*. La façon qu'a Faulkner d'être génial est proustienne. Je ne parle pas là de sa phrase, qui n'est pas, comme chez Proust, une longue toile d'araignée tissée autour du sens, mais est tantôt un torrent de boue apocalyptique, tantôt un tas de cailloux qui sèche au soleil. Proustien, Faulkner l'est parce qu'il a fait tenir l'univers tout entier dans une région du monde délimitée. Désormais, les Yankees occupent Combray. Il y a du Jourdain dans le Mississippi de Faulkner, du big bang dans ses champs de maïs. Ses alcooliques sont des apôtres, ses Noirs sont des saints et Jérusalem est l'autre nom de son Amérique. Je ressors de cette « prose » (peut-on encore parler de « prose » ?) assommé, drogué, bourré, survolté, électrisé, tétanisé, galvanisé, plus vivant que jamais et infiniment mort, découpé en morceaux. Faulkner écrit comme on tue. Ce qui m'a toujours étonné chez lui (je l'ai lu pour la première fois en 1996 – *Le Bruit et la Fureur*), c'est ce mélange de tradition classique et de modernité formelle. Son vieux Sud passéiste et gorgé de préjugés a donné, brisant tous les carcans, un avenir à la littérature. D'ailleurs, la seule chose que je reproche à Faulkner, ce sont ses « successeurs ». Ceux qui, avec un pistolet à eau, veulent imiter ses coups de feu. Lire Faulkner en se torchant au quinze ans d'âge. Faulkner : génie surgissant d'une bouteille de whisky à la mer.

Il est possible que deux personnes aient le même dieu. Il est impossible que deux personnes aient le même « je ». Quand deux personnes ont le même dieu, on appelle ça des chrétiens, des juifs ou des musulmans. Un musulman a le même dieu qu'un autre musulman. Un chrétien a le même dieu qu'un autre chrétien. Un juif a le même dieu qu'un autre juif. Un athée n'a jamais le même dieu qu'un autre athée.

Je me trompe. Il n'est pas impossible, en réalité, que deux personnes aient le même « je ». Les mystiques, eux, y parviennent, puisque le propre du mysticisme (de la sainteté) est de détruire le « je » en soi. Il y a, dit Simone Weil, « deux manières de se tuer : suicide ou détachement ». Le mystique est dans le détachement maximum. Le suicide, c'est tuer le « soi » en « je ». Le détachement, c'est tuer le « je » en « soi ».

Mon ami K., de la porte de Clignancourt, me demande de lui rédiger une lettre pour récupérer sa chérie – je m'exécute et la recopie ci-dessous.

I.,

Je voudrais te dire, par cette lettre, que je vis un cauchemar. Parce que je paye aujourd'hui un comportement d'hier, un comportement immature de quelqu'un qui a souffert, de quelqu'un qui ne sait pas toujours et n'a pas toujours su construire sa vie, aimer les gens, aimer la femme de sa vie. Je t'aime maladroitement, mais je t'aime.

J'ai commis des fautes indignes, des erreurs énormes, et pourtant je sais que je suis prêt à commencer une autre vie. Je sais ce que je veux maintenant : faire ma vie avec toi, m'occuper de toi, te rassurer quand tu vas mal, de donner de l'attention, de l'écoute, t'apporter de la sécurité. Je n'ai pas toujours été capable de le faire, je l'avoue.

Mais les gens peuvent changer, mon amour. Je m'engage ici à te donner ma vie, et tout mon amour. La première chose que je voudrais te dire, c'est que dès lundi je vais aller voir un psy. J'ai déjà pris rendez-vous (c'est vérifiable). Il est temps que je me calme, que je redevienne celui que je sais que je peux être : un homme gentil et capable d'aimer.

La vie passe vite, il ne faut pas la gâcher. Cet enfant que tu portes n'est pas n'importe quel enfant, ce n'est pas n'importe qui : ce n'est pas le tien, ce n'est pas le mien, c'est le nôtre. C'est un enfant de l'amour que nous avons fait et que nous ressentons, je le sais, au plus profond de nous, l'un pour l'autre. Je serais l'homme le plus heureux du monde en étant père, même si avec Y. je me sentais déjà un peu père. Je veux que tu sois ma femme et la mère de notre enfant.

Tu ne peux pas priver un enfant d'une mère comme toi. Cet enfant aurait une vie merveilleuse avec une mère comme toi pour l'élever – et un père comme moi qui serait là pour le protéger des dangers du monde, qui l'aiderait à ne pas tomber dans les mêmes pièges que lui, à ne pas commettre les mêmes erreurs.

Être père, cela change un homme, tout le monde le dit, tout le monde le sait. Être père, c'est de la maturité en plus. C'est quelque chose de sérieux. Je veux élever cet enfant avec toi, car c'est le fruit de notre passion amoureuse. Passion qui, comme toutes les passions, est faite (mais nous sommes jeunes) de fougue et de colère, de calme et de tempêtes, de violence et de repos, d'amour et parfois (mais seulement en apparence) de haine.

Je sais que tu as rencontré quelqu'un et cela, je le comprends, et je le respecte. Mais il ne faut pas s'embarquer dans une vie sans réfléchir une dernière fois, et je te demande, toi qui portes une vie dans ton ventre, une vie qui est sacrée comme toutes les vies, je te demande de réfléchir une toute dernière fois.

Je veux aller de l'avant, être dans l'avenir et oublier les horribles moments du passé. Je veux qu'une toute nouvelle vie commence. Je veux te demander pardon et que tu sois prête à revivre avec moi normalement. Je crois en notre famille, à tous les quatre. Y. adorerait sans doute, lui aussi, avoir un petit frère ou une petite sœur.

Si c'est une petite fille, je serais heureux qu'elle te ressemble. Si c'est un petit garçon, tu seras la seule femme à la maison, un peu comme une reine !

Ton nouveau petit copain, je ne le méprise pas, je ne le connais pas assez pour cela. Mais je vais t'expliquer pourquoi j'ai déconné, de mon côté, avec la fille que tu as eue au téléphone. Cette fille n'est rien pour moi, et je ne la contactais que lorsque j'avais peur que tu ne m'aimes plus, que j'avais des doutes, que je perdais confiance, que je souffrais en moi-même. Je ne l'ai jamais aimée, c'était n'importe quoi. Je me suis noyé (d'ailleurs très peu souvent) en elle, comme certains se noient dans l'alcool, ou bien dans la drogue. C'était un pansement, un sparadrap, mais tout pourri. Elle n'est rien pour moi, rien : seulement l'expression de mon malheur, de ma détresse, et je peux te dire qu'à chaque seconde auprès d'elle, je n'ai pensé qu'à toi.

Aujourd'hui, I., j'ai un travail. Un travail qui ne me plaît pas, qui est dur, mais que j'assume avec sérieux. Je suis donc capable de m'y mettre, capable de changer. Ce changement, il a été possible grâce à toi. Grâce à l'amour et à la confiance que tu m'as donnés, comme par exemple quand tu venais me rendre visite au placard. Chose que je n'oublierai jamais de ma vie. Tu es une femme généreuse et belle, remplie d'amour et d'intelligence : ce n'est pas tous les jours facile d'être à ta hauteur, à ton niveau, car tu sais, mon amour, tu mets la barre très haut. Parfois, je souffre dans ma chair parce que je me dis que je suis un pauvre type qui ne te mérite pas, et c'est pourquoi j'ai souvent une peur panique que tu me quittes. Alors, je l'avoue, je fais des conneries.

Conneries que je ne supporte plus de faire, car j'ai à présent 35 ans, et qu'il faut que les choses changent. Un enfant, un psy, du calme, un pardon que je te demande, un travail stable et régulier, et voilà tout mon bonheur, voilà tout ce que je demande à la vie.

Ne te laisse pas influencer, je t'en supplie, par ton entourage : l'entourage est souvent génial quand on va mal, mais il n'est pas dans notre peau. Il n'est pas nous. Il ne sait pas tout. Il sait le pire, mais jamais le meilleur. Seuls toi et moi savons ce qu'est notre pire et, aussi, notre meilleur. Car ce meilleur existe, il s'appelle le bonheur. Le bonheur d'être parents, le bonheur d'être ensemble. Pour toute la vie.

Tu sais, j'ai fait un vrai tri dans mes amis, je suis vraiment allé vivre loin de mon quartier et de ses mauvaises influences, ce qui n'est pas évident pour moi. Mais j'ai réussi à le faire parce que, malgré les apparences, j'ai de la volonté. Et du cœur. Je ne suis pas venu avec une lettre pour te vanter mes mérites, mais pour te redemander pardon de toutes mes forces.

Oui, je peux être lourd. Mais jamais je ne suis méchant au fond. Je peux être méchant ponctuellement, injuste provisoirement, mais ce ne sont que des accès de colère qui ne durent jamais.

C'est d'ailleurs pour chasser ces colères définitivement que j'ai décidé d'aller consulter un psy deux fois par semaine. Je ne veux plus jamais crier, plus jamais m'emporter, plus jamais faire peur à personne. Ma vie d'avant vient de se terminer définitivement, par cette crise qui, crois-moi ma chérie, était la dernière. Cette fille a cherché à te faire du mal par jalousie, parce qu'elle a toujours senti que je t'aimais. Ce qu'elle ne t'a jamais dit, quand vous vous êtes parlé, c'est toutes les choses magnifiques que je lui ai dites sur toi, et qu'elle ne supportait plus d'entendre.

Tous mes amis savent à quel point je t'aime.

Toi aussi, tu le sais.

Et notre futur enfant le saura bientôt.

Je l'espère.

Je le veux.

Je t'aime.

K.

La télévision, quand elle le veut, peut devenir quelque chose d'extraordinaire. Je viens de revoir, d'une traite, la quasi-intégralité du procès Barbie. C'est un des plus grands événements télévisuels de tous les temps. Peut-être même le plus grand. C'est la barbarie que nous jugeons, presque en direct, car c'était il y a trente ans, c'est-à-dire il y a deux secondes aux yeux de l'histoire. Une barbarie à visage humain, puisque pendant les trois premières séances Barbie est là, face à ses victimes, à ses suppliciés, aux familles de ses morts, face à l'humanité tout entière, qu'il a assassinée, torturée, humiliée. Comment faire entrer tant d'horreur dans le visage fatigué de ce petit vieux au regard évasif, et dont le corps, par ses expressions, ses attitudes, son perpétuel sourire en coin, semble toujours hors sujet par rapport aux crimes qu'on lui impute ? Comment faire tenir autant d'Histoire dans un si banal, si pathétique « personnage » ? Sur les épaules voûtées de Barbie pèsent les fantômes des enfants déportés et des Résistants défigurés. C'en est trop pour un si petit homme : il souhaitera ne plus assister aux séances qui, à la manière d'un boomerang, lui renvoient en pleine gueule un passé de ténèbres, un passé jauni par les années volées sous le soleil bolivien, des années empilées les unes sur les autres, et qui auraient dû recouvrir, à jamais, la nuit et le brouillard du temps des atrocités. Regarder ce procès est un devoir. Non un devoir de citoyen, mais un devoir d'homme. Un hommage qu'il faut rendre à nos semblables exterminés, en même temps qu'une façon de participer, en la saisissant mieux, à l'Histoire dans laquelle nous sommes installés, tous les jours que Dieu défait.

Mardi 18 octobre

Réveil avec *Fleetwood Mac*, Fleetwood Mac, 1975 (Reprise Records, MS 2225, US). Stevie Nicks : chant ; Lindsey Buckingham : guitares acoustique et électrique, dobro, banjo et chant ; John McVie : basse ; Christine McVie : claviers, synthétiseurs et chant ; Mick Fleetwood : batterie et percussions ; Waddy Wachtel : guitare rythmique.

Appel de Régis : « Antoine sait que j'ai du génie. Et il a peur de mon génie. Ce n'est pourtant pas de ma faute si j'en ai. Je m'en fiche d'en avoir, de toute façon. Surtout que si ça se trouve, ça n'en est pas. Qu'est-ce que ça peut me faire ? Moi, je ne fais exprès de rien. J'écris, c'est tout. Par contre, je ne comprends pas comment je fais pour que ça vienne si vite, si bien. Je n'en reviens pas moi-même de la facilité avec laquelle je produis. On dirait que ce n'est pas de moi. Je ne sais pas si c'est du génie, je m'en fiche du nom. Mais c'est quelque chose qui fait peur aux autres. Et qui me fait presque peur à moi-même. Pivot, sinon, est paraît-il terrorisé à l'idée de me croiser dans Paris ! »

Hier, Louvre *uniquement* pour *Les Curieuses*. Je me suis refusé à poser mon regard sur le moindre autre tableau. Après tout, on va au cinéma pour voir *un* film. *Les Curieuses* de Fragonard est un tableau minuscule d'une importance gigantesque. Il affirme, avec ses deux femmes nues, intrépides, *coquines*, qui vous regardent, que la réalité est irréductible à la réalité ; qu'il existe un monde tout aussi réel, légitime, connexe au nôtre : celui de l'art. Non pas de l'art comme matière de connaissance, marchandise ou objet culturel, mais l'art en tant que les curieuses *vivent* réellement, que la Joconde est bel et bien en train de sourire, que des couples embarquent *vraiment* pour Cythère. Je pense sérieusement qu'il y a une vie à l'intérieur des œuvres, que les personnages y respirent, s'y aiment, y souffrent, y prient. Swann n'a jamais été pour moi une figure de roman, un être d'imagination pure : il ne se promène pas en ce moment sur *nos* Champs-Élysées mais sur les Champs-Élysées de la *Recherche*, aussi valides que les nôtres, aussi vrais, aussi réels. La réalité, c'est ce qui se produit devant nous. Devant *Le Tricheur* de De La Tour, j'assiste à une partie de cartes qui n'a rien à voir avec de la « fiction ». Je ne comprends d'ailleurs pas ce que le mot « fiction » signifie. C'est un mot étranger à l'art. Celui qui me dit que Bloom, dans *Ulysse*, est un être fictif, c'est le même qui me dira que Bonaparte, esquissé par David, est « très ressemblant ». Or, l'œuvre d'art, *a fortiori* le chef-d'œuvre (*Les Curieuses* en est un !), ne peut jamais être une fiction, car se poserait alors la question fatidique : « Fiction *par rapport à quoi* ? » « Par rapport à la réalité ! » : on tourne en rond. Comme il y a sûrement d'autres formes de vie dans l'univers, il y a d'autres formes de vie dans les œuvres.

Les Curieuses est un tableau révolutionnaire car il joue avec ce thème. Avec *Les Curieuses*, au titre génial, notre réalité réelle et la réalité picturale s'inversent : nous étions censés, nous les visiteurs du Louvre, être les curieux. Mais non, les curieuses, ce sont elles, qui nous observent *depuis* leur planète, depuis leur monde. Fragonard, une fois pour toutes, nous *prouve* que les personnages d'un tableau, non seulement existent, mais *vivent*. Ils *sont*. La curiosité, comme la surprise, exige un maximum de vie, de mouvement, elle réclame une part de direct. La curiosité, c'est en temps réel, ça n'existe pas au passé. *Les Curieuses*, nous dit Fragonard, sont forcément curieuses *au présent*, en *ce moment*. Elles sont curieuses de notre curiosité. Elles nous regardent, nous narguent, nous invitent. À l'amour ? Oui, mais plus encore : une invitation à *faire connaissance* exactement à la façon des extra-terrestres de *Rencontres du troisième type*. Il s'agit de communiquer de planète à planète, de monde à monde. Sont-ce elles, les curieuses, qui sont venues se poser sur notre Terre, dans leur vaisseau de quelques centimètres cubes et, à la fois amusées, excitées, et un tout petit peu méfiantes (elles se cachent un peu), nous demandent qui nous sommes ? Ou bien sont-elles ici chez elles et nous sommes, nous, les voyageurs, les étrangers, les *visiteurs* ? C'est là qu'intervient le Louvre, un lieu qui n'appartient pas à notre réalité, un pan d'ailleurs, une autre galaxie : au Louvre, ce sont les curieuses (je ne mets plus d'italiques) qui sont chez elles, et nous qui sommes leurs invités, leurs obligés, ce sont nous les martiens, venus de loin, qui posons notre vaisseau pour aller à leur découverte. C'est nous qui sommes en italiques : *Les Curieux*.

En reproduction, *Les Curieuses* sont *Les Curieuses*. Mais au Louvre, *Les Curieuses* deviennent les curieuses. Le Louvre n'est pas un « musée », mais le milieu naturel des œuvres, leur écosystème. Les saisons de Poussin y sont vraiment des saisons. Le temps s'écoule sur des calendriers spéciaux. Le Louvre n'est pas le lieu des peintres, mais des œuvres, ce sont elles qui vivent, bougent, explosent, se produisent sous nos yeux, en direct, infiniment *instantanées*. Les curieuses, qui me regardent comme si j'étais une bête curieuse, sont *toujours instantanément en train* de me taquiner.

« La Sainteté ! il faut la conquérir à la pointe de l'épée, il faut *souffrir*… il faut *agoniser* !… » (sainte Thérèse de Lisieux, lettre à sa sœur Céline datée du 26 avril 1889). Ici, il faut marquer un arrêt. Il faut défendre un peu le christianisme, ne pas en livrer une caricature. Il n'est pas vrai que le mystique, que le futur saint, la future sainte, a passé sa vie à préférer la mort à la vie terrestre. L'agonie dont parle ici Thérèse n'est pas une agonie biologique. Ce serait trop simple, une caricature. Une parodie. La puissance théologique de Thérèse n'est pas une chimère. Elle est réelle. L'agonie qu'évoque ici Thérèse, c'est la disparition de soi dans le monde, et, par monde, il faut entendre le monde que les athées pensent être le monde réel, mais qui est le monde occulté : moderne. C'est-à-dire imaginaire. Fictif. C'est à ce monde-là qu'il faut se soustraire, c'est de ce monde (moderne, sécularisé) qu'il faut s'arracher, c'est à ce monde précis qu'il faut mourir. Quand Thérèse parle du « Ciel » (le plus souvent avec une majuscule), elle ne désigne pas la masse bleue, ou nuageuse, au-dessus de nos têtes, ni même un lieu de l'au-delà où iraient voyager les âmes des corps biologiques décédés. Non. C'est plus subtil. C'est plus profond. Thérèse entend par « Ciel » cette disposition qui, en soi, parce qu'on est au plus près de Dieu, nous permet de voir le monde sans voile, le monde réel dans sa totalité. Nous sommes morts au monde moderne, mais vivants au monde révélé ; dévoilé. Notre corps humain, physiologique, biologique, n'a pas bougé. Nos bouleversements ont été intérieurs. L'agonie thérésienne est une renaissance de notre vision : nous voyons le monde tel qu'il est vraiment, mais, pour cela, il a fallu faire mourir en nous le monde moderne. Il a fallu nous battre contre lui (« à la pointe de l'épée », dit Thérèse !), car nous ne pouvons y trouver notre place. Pour ce monde dans lequel aucune place n'est la nôtre, où aucune place n'est faite pour nous, nous sommes de toute façon toujours déjà morts. Non seulement ce n'est pas une vie, mais ce n'est pas vraiment de la vie. Nous errons : zombies. Il s'agit donc d'avoir le courage de *quitter ce monde*. De se retrancher de *ce* monde. Se retrancher du monde, cela s'appelle un suicide. Mais se retrancher de *ce* monde, c'est une nouvelle naissance. L'équivalent d'un suicide pour le monde moderne (partiel, imaginaire, recouvert), c'est, dans le monde réel (total, dévoilé, vrai), un simple détachement. Mais en aucun cas il n'est question de mourir, si j'ose dire, physiquement.

Ce que souligne jusqu'à l'obsession Thérèse, c'est la distance qui sépare le monde moderne (son vacarme, sa beaufitude, sa mocheté) du monde dévoilé (ce qu'elle nomme, peut-être au prix d'infinies confusions, le Ciel). Ainsi, dans un poème daté du 7 septembre 1895 :

Bien loin du beau Ciel ma Patrie
Je ne suis pas seule ici-bas ;
Car en l'exil de cette vie
Un bel ange guide mes pas.

Nous sommes dans le monde moderne « en exil », le fidèle ne s'y sent pas chez lui. Le mystique, lui, y est à la torture. Théorème : toute personne qui ne se sent pas chez lui dans le monde moderne a la foi !

Le monde du mystique est réel parce que le mystique entend laisser le monde le plus vierge possible de sa présence ; l'athée entend, pour sa part, saturer le monde de sa présence. Si bien que le monde n'est plus à ses yeux que le réceptacle de ses aventures, de ses activités, et de la manifestation de son ego. Le monde n'est plus une fin en soi, mais un moyen. Pour l'athée, le monde est un moyen de se faire connaître !

Les honneurs, les médailles, les trophées, la célébrité, la starification, le pouvoir, les fonctions, les grades, les statuts, les statues : l'homme du monde moderne, l'athée, perçoit le monde comme la simple caisse enregistreuse de ses prouesses et de son prestige. « Aussi, je pris en horreur souveraine le désir d'être grande dame » (Thérèse d'Avila). Rien n'est plus noble aux yeux de l'athée que d'infléchir le cours du monde, d'en modifier la figure, d'en contrarier l'histoire. Le mystique, lui, veut réduire sa présence au monde à son minimum ; le perturber est son cauchemar. Le déranger, sa terreur.

C'est d'ailleurs ce qui m'effraie chez les mystiques : cette peur panique de souiller le monde de leur être. Je comprends totalement leur logique : pour voir le monde dans sa totale vérité, pour l'appréhender tel qu'il est dans sa vérité, en soi, absolument, intégralement dévoilé, il faut qu'il soit le moins possible livré aux atermoiements humains. Dans la nullité de Dieu, dans son éloignement maximal, chez l'athée, l'étendue du monde est confondue avec l'étendue de son voile. Le monde et le monde voilé ne font qu'un. Il n'y a que de l'humain et pas la moindre trace de divin. Tandis que dans l'infinité de Dieu, dans sa proximité maximale, ce sont le monde et le monde dévoilé qui ne font qu'un. Il n'y a que du divin et pas la moindre trace d'humain. Car le mystique entend suicider en lui tout ce qui reste d'humain. À l'aberration du monde athée où chacun fait naître en lui un dieu correspond une aberration du monde mystique où chacun fait mourir en lui un homme.

Ne pas perturber la réalité du monde.

Tous les autres savent ce que je vaux… Sauf elle.

Il y a des gens qui ne sont pas nés et dont la vie est plus intéressante que certains vivants que je connais.

Mercredi 19 octobre

Réveil avec *Live At The Regal*, B.B. King, 1965 (ABC-Paramount, ABC 509, US). B.B. King : guitare et chant ; Leo Lauchie : basse et basse électrique ; Mayall York : basse ; Duke Jethro et Millard Lee : piano ; Sonny Freeman : batterie ; Bobby Forte et Johnny Board : saxophone ténor ; Lawrence Burdine et Barney Hubert : saxophone ; Henry Boozier et Ken Sands : trompette ; Pluma Davis : trombone. Enregistré le samedi 21 novembre 1964.

Emmanuelle : « Tu es froid. Je n'ai pas l'impression d'être aimée. » Je sais que les femmes ne me trouvent pas assez amoureux. Je fais semblant d'être fatigué. Je n'aime pas les acteurs. Je suis invité par une actrice très célèbre à manger des choses, à « faire la fête ». Je n'aime rien faire, et en particulier pas la fête. Je préférais Orléans, quand j'avais treize ans, je passais des milliers d'heures à dessiner. L'actrice très célèbre est amoureuse de moi. Je l'ai remarqué. On me l'a confirmé. Elle a deux enfants, qui sont abrutis. Les amants ont voltigé dans son lit, ont secoué leurs corps dans son corps. Elle a eu des moments de grâce, à l'écran. Elle n'est pas complètement vieille. On pourrait lui refaire une ou deux joues, un nez, lui redresser le menton, et ce serait encore une femme prompte à donner la trique à l'adolescent idiot que j'étais, peureux, versant des larmes.

Quand je suis descendu de chez moi pour prendre un taxi, trois hommes sont arrivés armés de barres métalliques devant moi. Ils avaient des gueules épouvantables. Je n'ai pas compris ce qu'ils ont dit. Ils m'ont donné des gifles, des coups de poing. Une fois que j'étais à terre, des coups de pied (ne *rien* dire à *personne*). J'ai toujours eu des ennemis, sortis de nulle part. Je vais les retrouver en enfer, mais là il y aura mes amis. Ils me défendront. Il faudrait que je déménage en Égypte, peut-être en Inde. Afin d'avoir la paix. Ils m'ont dépouillé. Je n'ai plus ma carte de crédit. La prochaine fois je m'achèterai un buisson, une plante grasse, et je me tapirai derrière, pour mieux me protéger. J'ai décidé une chose, implacable : je ne serai plus jamais bon, plus jamais gentil, sociable, attentif. Je ne suivrai plus jamais la vérité. La raison, l'équité, la justice ne seront plus dans mon cerveau, en attente d'une action. Désormais je serai sans peur, je vais mépriser. Je n'ai jamais aimé les honneurs. L'argent ne me fait pas peur. La semaine prochaine, j'irai baiser des anciennes amantes. Ce n'est pas aussi facile qu'il y paraît d'être moi. Je suis cinglé. Mais il y a encore autre chose. Je suis le captif d'un monde sans issue. Les méthodes de la notoriété me donnent envie de mourir.

Je hais Paris, ses immeubles. Je ne désire plus les femmes sexuellement comme je les désirais il y a deux ans. Je suis froid. Je n'aime pas totalement être deux. Ce qui devient sentimental m'afflige. Je ne suis pas un adulte. Et je ne puis me comporter, jusqu'à la fin du soleil, comme un vulgaire enfant. Je ne supporte plus les premiers pas, cette sorte d'hésitation, les preuves à donner, les moments d'humour, les faux sujets. Ce qui doit faire rire. Les mimiques, les vêtements choisis, la gêne et les jeux de jambe. Je veux rompre immédiatement, avant d'avoir serré sa main de chair dans ma main de marbre. L'amour existe, mais il est décourageant. Il faudrait que les milliards de femmes, sur la planète, aient vingt-cinq ans et qu'elles sonnent chez moi, le sein ouvert, et prêtes à se glisser sous mes jambes, gesticulant, léchant, souriantes et maquillées.

Je ne veux plus passer cette vie à me méfier, les *méchants* ne se méfient jamais. Quel temps gagné. Ils sont ainsi vainqueurs, ils terrassent les heures. Je ne suis pas frustré : personne ne sait à quel point, à Paris, dans les capitales, la chair est facile à ramener, à presser contre soi, à satisfaire et à pardonner. Je ne suis plus certain d'aimer la sensation sexuelle, épuisée en pensée avant même que je n'offre le premier verre. C'est toujours moi qui paye. Il faudrait faire des tours en mer, et revenir pour mener sa vie par intermittences, tantôt hésitant à être un homme, tantôt restant accroché, apitoyé sur son sort, à une enfance enveloppée de bandages. J'aurai traversé le monde en étant totalement futile. Je suis, comme vous, mélangé d'odeurs et de relents, de puanteurs humaines. Je préfère les parfums sauvages, mais nous sommes installés, tous, dans un processus de vieillissement qui putréfie nos haleines. Je suis de moins en moins excessif. Je le regrette. L'excès m'allait comme un gant. Je faisais le malin dans ma nuit. Je brillais, avec des gestes sûrs.

Je m'esquinte. Mon corps, que j'ai connu idéal, fleuri, conformément à mon âge, a commencé son processus de ramollissement. J'ai quarante ans, lentement, jusqu'à la mort. Je ne suis pas encore repoussant, mais l'imaginaire des femmes, se plaquant sur moi par erreur, ne tardera plus à opérer son demi-tour systématique, signant son abandon. Définitif. Je suis bavard, mais moins prétentieux que dans le passé. Dans le passé j'étais insupportable. Ma langue est encore rose, avec des reflets blancs. Je n'ai jamais été corrompu, que par les baisers pourris du temps sur mon organisme. Je suis un catalogue de complications.

Je ne voudrais pas qu'on écrive ma biographie à ma place. J'aime énormément me promener dans les cimetières, voir les dates sur les tombes. Et les visages des morts, pour voir la tête que ça a, un mort. Le visage qu'il faut avoir pour être mort. Les regards des médaillons. Les dessins de l'ombre sur la photographie choisie pour être le témoignage ultime d'une existence. L'exactitude du soleil quand il se reflète sur la pierre tombale. Ici le soleil semble plus géométrique qu'ailleurs. Mes amis, moi avec, nous serons recrutés par la mort. En bande immobile sous ce soleil mathématique, en nous la possession de l'univers, et des incitations à durer ainsi, sans bouger, sans lire, au pays de rien, livrés à des dieux inconnus.

J'aurai passé ma vie à des répétitions. À vivre à mon insu. À faire des rencontres répétitives. Je suis insupportable à moi-même. Je suis un débile mental. J'ai voulu un temps travailler dans la publicité, pendant les grandes grèves, pour manger à ma faim. On m'a ouvert la porte des bureaux, je n'ai pas su rester. J'aurais voulu me supprimer plutôt que de mourir là-bas. Je suis encore rempli d'espoir : il y a des merveilles qui me font mener d'autres vies. Je ne mépriserai jamais la Méditerranée.

Je ne vais pas à l'Église, et je fus baptisé. Je suis perdu pour Dieu. La plus belle chose du monde est peut-être le jazz, avec le Talmud évidemment. Amours assez banales, en somme. Je passe ma vie entre quatre murs blancs, à écrire des phrases. J'aurais préféré faire des mathématiques, mon cerveau s'éparpille trop. Je fais un métier d'usurpateur. Dans mon bureau flotte une odeur de chèvrefeuille. J'ai la langue pâteuse parce que je viens de fumer un cigare. J'ai la gorge brûlée. J'ai peur de décéder immédiatement d'un cancer, dès que je fume. Je sens le cidre.

L'athée aime l'héroïsme et les personnages historiques. La plus haute réussite de l'athée, c'est de devenir personnage historique.

Le héros du temps chronologique. Se fondre avec la chronologie. Devenir l'histoire. Incarner le temporel. C'est ce que le mystique évidemment récuse : il attend une gloire dans l'éternel. Et sa gloire est précisément le contraire des honneurs et des distinctions : le mystique tire sa gloire de son absence de distinction. Est mystique celui qui ne veut pas se *distinguer*. Thérèse de Lisieux (*Manuscrit « A »*) : « Il est vrai qu'en lisant certains récits chevaleresques, je ne sentais pas toujours au premier moment le *vrai* de la *vie* ; mais bientôt le bon Dieu me faisait sentir que la vraie gloire est celle qui durera éternellement et que pour y parvenir il n'était pas nécessaire de faire des œuvres éclatantes mais de se cacher et de pratiquer la vertu en sorte que la main gauche ignore ce que fait la main droite… » Puis : « Je pensai que j'étais née pour la *gloire*, et cherchant le moyen d'y parvenir [Thérèse se situe là dans le monde moderne, elle parle en athée], le bon Dieu m'inspira les sentiments que je viens d'écrire. Il me fit comprendre aussi que ma *gloire* à moi ne paraîtrait pas aux yeux mortels, qu'elle consisterait à devenir une grande *Sainte* !!!… »

Le mystique ne croit qu'en Lui : Dieu. L'athée ne croit qu'en lui : lui.

Le monde moderne est le monde dans lequel nul ne peut trouver sa place. Car « trouver sa place » n'est possible que si et seulement si on a la foi. Or, l'homme du monde moderne, privé de foi, se voit privé de la possibilité de trouver sa place. L'homme moderne croit avoir trouvé sa place dans le monde parce qu'il y a fait son trou.

« Trouver sa place dans le monde moderne » : cette expression n'a aucun sens. Par définition, mieux, par essence, le monde moderne est le monde dans lequel un homme ne peut trouver sa place. Le fidèle (celui qui a la foi) finit par trouver sa place ; l'athée, lui, finit par *percer*. Pour l'athée, « trouver sa place » et « réussir » sont synonymes. Pour le fidèle, « trouver sa place » et « réussir » ne sont pas de même nature.

Ce qui manque à l'athée, c'est la passivité. Trouver sa place de manière trop *active* dénature la place trouvée : ce que fait l'athée à la force du poignet, le fidèle le fait en joignant les mains. L'athée se définit par un trop-plein d'activité et une carence en passivité.

Le fidèle finit par *échouer* sur la place qui est la sienne – un peu à la manière d'une embarcation livrée aux vents contraires. L'athée finit par *réussir* à obtenir sa place : contrairement au fidèle, il sait à l'avance ce qu'il convoite. Le fidèle est celui qui ne sait qu'après ; l'athée est celui qui sait avant. Et même, qui ne sait qu'avant. Le fidèle échoue. L'athée réussit. Réussite sociale, économique, financière, professionnelle. Or, la réussite ne nous garantit en rien que nous sommes à *notre* place. À la *bonne* place. La réussite n'est pas un critère efficient – car, alors, nous ne savons rien du monde *dévoilé*, du monde *vrai*.

Je regarde *Stromboli*, un de mes films fétiches. Ingrid Bergman se révèle à nous dans sa pureté de noir et de blanc, la forme qu'Hollywood lui a donnée en la créant. Son visage est celui d'une martyre chrétienne historique. Pourquoi avoir fixé sur ce visage céleste la sévérité d'une porte refermée ? Toute la journée on lui apporte le monde, mais elle se sent seule. Hier, elle a eu un peu de fièvre. Un sentiment de profondeur la domine, elle commence à écrire. « Cher Monsieur Rossellini, j'ai vu vos films *Rome, ville ouverte* et *Païsa* et les ai beaucoup aimés. »

Jeudi 20 octobre

Réveil avec *Zebop !*, Santana, 1981 (Columbia, FC 37158, US). Carlos Santana : guitares, percussions et chœurs ; Alex Ligertwood : chant et chœurs ; Richard Baker : piano, orgue et synthétiseurs ; David Margen : basse ; Graham Lear : batterie ; Orestes Vilató : timbales, percussions et chœurs ; Raul Rékow : congas, percussions et chœurs ; Armando Peraza : bongos et percussions ; Alan Pasqua : claviers et chœurs ; Chris Solberg : guitare rythmique et chœurs.

Lecture, toute la nuit, de René Char. Il faut (évidemment) que je creuse le rapport entre Char et le judaïsme. Il y a des fulgurances talmudiques chez Char.

Je relis également *Les Nouvelles Nourritures* (1935), de Gide. J'y trouve, là encore, quelques pépites impensables. J'avais toujours négligé ces *Nourritures*-là. À tort. Je reviens *sans cesse* à Gide. On y revient toujours quand on a commencé par lui. Passage extraordinaire sur la paresse du désir, lorsqu'il est répertorié, qu'il annonce un plaisir par soi déjà homologué. C'est une des raisons qui font que, à partir d'un certain âge, l'idée de draguer, de séduire, se tarit, car on sait par cœur le déroulement des choses : on anticipe à la perfection la suite des événements. On parvient, par analogie avec les expériences passées, à se projeter dans l'avenir immédiat de la situation. Fatigue aussi, de se représenter mentalement telle ou telle femme chez soi, en situation nette dans ma chambre (oui, je l'imagine parfaitement, je la situe mentalement avec la plus extrême précision, devinant jusqu'à ses mimiques, ses attitudes et ses paroles – au mot près !), tout cela a un poids. Le poids (blasé) de l'habitude et de la répétition. Il y manque l'exotisme total de la surprise, la magie de la nouveauté bien neuve et, surtout, le risque, l'accident. La prévisibilité tue le désir dans son œuf. Les choses sont bien faites : en appréhendant en un éclair la situation à venir, en fixant sans se tromper l'implacabilité du scénario dans sa tête, le gain de temps est énorme. Finalement, c'est comme si on était passé à l'acte. Le passé nous sert alors de futur, cette aventure à connaître, nous la connaissons déjà par cœur. Et, alors, je peux utiliser mon présent à faire des choses plus surprenantes pour moi, par exemple : travailler ?

Écoute (en boucle boucle boucle) de *The Illinois Concert* d'Eric Dolphy. J'ai toujours été un fanatique absolu de Dolphy (que j'ai découvert grâce à Zappa, qui le vénérait, cf. le chef-d'œuvérique « Eric Dolphy Memorial Barbecue »). À la fin des années 1980 était sorti un album inédit, *Unrealized Tapes*, qui avait littéralement (qui avait musicalement) changé ma vie. *The Illinois Concert* est mille fois supérieur encore. Eric Dolphy : flûte, clarinette, saxophone alto ; Herbie Hancock (que j'ai vu il y a quelques années, avec Laurence, à la Villette) : piano ; Eddie Khan : basse ; J.C. Moses : batterie. C'est un concert enregistré à l'University of Illinois le 10 mars 1963. Sur les sept morceaux, cinq sont de Dolphy, et ce sont évidemment les meilleurs (même si la reprise du « God Bless The Child » de Billie Holiday vole ici très, très haut) : « Something Sweet, Something Tender » (1 minute et 28 secondes), « South Street Exit » (7 minutes et 30 secondes), « Iron Man » (10 minutes et 57 secondes), « Red Planet » (12 minutes et 26 secondes) et « G.W. » (7 minutes et 40 secondes). Blue Note 99826.

Dolphy : mort de jeunesse, comme d'autres meurent de vieillesse. Dolphy se méfiant des institutions, des chorus scolaires, Dolphy préférant s'abîmer dans ses solos, sans être jamais sûr de raccommoder, de reconstruire ce qu'il vient d'assassiner. Dolphy brouillon mais impeccable dans son brouillonnage, dans son brouillage, dans son embrouillamini (dans ses embrouilles), il gribouille, mais dans la mathématique. Il est une sorte de savant, l'inventeur de la ligne claire emmêlée. Tout est net dans son brouhaha. Chaque zigzag, chaque impossible labyrinthe apparaît dans la lumière, on ne voit jamais la sortie, mais on se sent libre. Nous voulons être enfermé dans Dolphy, nous voulons être enfermé dans cette liberté-là. Ne plus jamais sortir de cette musique, s'en servir (jusqu'à la fin) comme un antidote à l'actualité, à tous les remous du monde, à l'imbécile accumulation. Être prisonnier dans Dolphy, de Dolphy, pour oublier la nuit de l'information, les brutes grossières, l'existence de Conforama, de Matignon, les carrefours des « quartiers chics », les éparpillés bobos, et tous les salariés à table, qui déjeunent. Et perdre de vue, pour toujours : les sourires écaillés des universitaires, les assortiments d'économistes, les bulletins météo sur les radios bêtes. Toute la criée de l'info, les phénomènes financiers, les flux. Rester à vie, rester à mort dans le jazz dolphyque pour ne plus progresser dans la réalité réelle, celle qui insiste et s'insinue, passant sous les seuils.

Le quotidien parisien, avec les ragots : les « pensées », les « analyses », qui est raciste et qui ne l'est pas, qui est un grand écrivain et qui ne le sera jamais, qui est épais et qui est diffus, qui est célèbre et qui est aigri. Restons chez Dolphy, près de sa note, et ne craignons plus, ne craignons plus jamais de rester cloîtré ici, loin des jeunesses et des vieillesses, de l'argent qui épuise, des égouts éditoriaux, des génies intermittents, des magazines disqualifiés.

Accomplir la révolution (mais la vraie), c'est rentrer chez soi, dans l'intercession des morts, qui sont les grands vivants, ô Eric. Car les vivants les plus vivants d'aujourd'hui, les plus intelligents, sont tellement reniés, qu'ils sont considérés comme morts. Ils n'ont pas la visibilité nécessaire – ils ne sont pas écoutés. Il s'agit, une fois pour toutes, de tourner le dos à ceux qui nous gouvernent, de les mépriser, de les assassiner de mépris. De les salir, et puis, de les étrangler. De les couvrir de mots excessifs, de ne leur concéder, depuis le jazz en boucle qui nous sert de laboratoire, comme de grotte idéale, que quelques injures, des élans de crachats.

J'abandonne (momentanément) ce journal pour me rendre (quelle tournure désuète !) chez le dentiste. J'emporte pour le métro mon Pléiade Char (paru en 1983). Je n'ai personnellement aucun « mal » à lire dans la « Pléiade », je le redis, dont je traite par ailleurs les volumes sans méticulosité particulière, les annotant, les soulignant, les emportant, bref, les *utilisant*.

Je ne suis pas un poète, je n'aime pas la prose, je ne suis pas inspiré. Je n'ai aucune morale. Je déteste les pamphlets. Je ne suis pas un doctrinaire, le « social » m'ennuie à mourir, je ne serai jamais le chroniqueur de rien. Je ne suis pas un exalté. Je ne connais rien à la métaphysique. J'ai des lacunes énormes en histoire. Je ne fais pas carrière. Je ne trouve rien dans la vie qui soit réellement mystérieux. Je ne suis pas sourd.

Je suis né au printemps. Je mourrai peut-être en hiver. J'ai vu le jour dans une pièce aux murs beiges. Je n'ai jamais passé un seul été à la campagne. J'ai un amour-propre sans limites. Je ne me préfère pas aux autres. Plus j'essaye de vivre en société, moins je suis sociable. J'ai découvert le vagin des femmes à quelques jours de mes vingt ans et je m'en suis complètement remis.

Je suis doué. J'ai conscience de valoir quelque chose. Je suis plus doué que toi. J'ai baisé plus de filles que toi. J'en suis fier. Je compris assez vite les choses, sauf quand il y a des formules mathématiques à l'intérieur. C'est normal, j'ai étudié les maths. Une fois qu'on a étudié un truc, c'est foutu : impossible de le comprendre jusqu'à la fin de nos jours. C'est ça que les gens ne comprennent pas.

Je suis plus cultivé que toi. Ce n'est pas très difficile. Avoue-le. J'écris ce que je veux, et quand je veux. Et je suis publié. Tandis que toi, toi tu rames. Tu n'es pas publié, et si tu l'es, il y a une petite musique désagréable en toi, un petit bruit de fond qui t'avertit de ceci : tu as moins de talent que moi.

C'est très agaçant, un type comme moi : je sais tout faire. Et je le fais très bien. Je dessine super bien, j'écris d'une manière qui ne devrait pas être permise, et je fais des films cultes. J'ajoute que je nage tous les jours, le crawl, que je te prends quand tu veux aux échecs et que (attends, on sonne…).

La seule place que peut trouver l'athée, c'est la place de l'autre. Car c'est bel et bien la place de l'autre qu'il convoite. Se situer dans le monde moderne, c'est confondre ma place avec la place de l'autre. Le monde moderne est un monde au sein duquel je suis incapable de reconnaître quelle est ma place. Parce que la vérité est occultée, je suis comme aveugle et je ne vise, toute ma vie, que des places imaginaires que je crois me revenir de droit. Leurre absolu. Le monde moderne fonctionne comme un mirage. D'où ces individus malheureux quand leur revient une place qui n'est *jamais* la leur. Car, au vrai, il n'y a strictement aucune corrélation entre le mérite personnel et sa propre place dans le monde.

La seule place que peut trouver le mystique, c'est la place de Dieu. Il ne veut pas être à la place de Dieu, mais à la même place (géographique) que lui. Le mystique veut se *fondre* en Dieu. Thérèse d'Avila : « Ce qu'il faut entendre par union [divine], on ne l'ignore pas ; c'est l'état de deux choses qui étaient divisées et n'en font plus qu'une. » C'est pourquoi le mystique déserte le monde, dans lequel sa place n'est *pas*.

Vendredi 21 octobre

Réveil avec *Abraxas*, Santana, 1970 (Columbia, KC 30130, US). Carlos Santana : guitare et chœurs ; Gregg Rolie : claviers et chant ; David Brown : basse ; José « Chepito » Areas : percussions, congas et timbales ; Mike Carabello : percussions et congas ; Michael Shrieve : batterie ; Alberto Gianquinto : piano ; Rico Reyes : percussions et chœurs ; Steven Saphore : tablas.

Passé une grande partie de la nuit à regarder, sur le site de l'Ina, des documentaires sur Gide. Notamment celui de Roger Stéphane (1965). Intervention pitoyable du « professeur » Jean Delay, qui avait consacré une somme de plus d'un millier de pages à la « jeunesse d'André Gide » et qui, évidemment, ne dit rien de pertinent, d'intelligent, de personnel sur Gide. Le témoignage de Drouin (Marcel), beau-frère de Gide, est nettement plus passionnant. Et celui de Marc Allégret, totalement bouleversant : « Marc », vieilli en vieux chien, lui qui incarna la beauté masculine des années 1920, et fit vaciller « oncle André », parle de la « morale » de Gide. « Une morale… gidienne », précise-t-il.

Je regarde *Shoah*. Lanzmann est fantastique dans son approche des choses, l'ironie perpétuelle dans les questions, sa manière de dialoguer, de mettre de côté son envie de vomir pour continuer quand même à enquêter, sa manière de n'être ni jamais antipathique ni jamais aimable et, surtout, ceci : il n'est pas différent quand il interroge le paysan dont le champ jouxtait les charniers de Treblinka ou d'Auschwitz et les bourreaux nazis. Ce, pour deux raisons : les misérables paysans comme les gradés nazis sont tous des témoins de l'histoire, ils sont objectivement, en tant que témoins, et dans leur témoignage, à égalité aux yeux de l'historien. Mais il existe, on le sent en observant Lanzmann, une autre raison : il en veut (quasiment) autant aux pauvres paysans qu'aux tortionnaires. Il fait redescendre un tout petit peu la culpabilité des nazis interrogés : ces tortionnaires étaient des brutes et des imbéciles, qui obéissaient (brutalement et imbécilement) à des instances supérieures. Et, parallèlement, Lanzmann fait remonter un tout petit peu, oui, fait remonter d'un cran, la responsabilité, la culpabilité des petits paysans qui, dans la plupart des cas, n'ont « rien fait » pour, sinon empêcher tout cela, du moins pour alerter. Ses questions aux pauvres bougres polonais (qui détestaient souvent les juifs, leurs femmes mises à part), aussi, apparaissent-elles parfois plus cruelles que ses questions aux Allemands.

Paris pour moi, comme c'était le cas pour Guitry, c'est la rive droite. Et puis je mens, non, pas tout à fait la rive droite, c'est plus restreint que ça : ce que j'adore à Paris, c'est le VIIIe arrondissement – puissé-je ne jamais en sortir ! Et ce que je préfère, finalement, dans le VIIIe arrondissement, c'est mon quartier, c'est le Rond-Point des Champs-Élysées, c'est l'avenue Matignon. Aucun bobo. Rien. Pas le moindre type à veste de treillis et Adidas. Mais je sens encore que je ne suis pas totalement sincère. Ce que je préfère, dans mon quartier, c'est ma rue. Mais je ne suis pas suffisamment précis, exact, en disant cela. Non, ce que j'aime surtout, dans ma rue, c'est mon appartement. Conclusion : ce que je préfère à Paris, c'est chez moi. C'est mon appartement.

Il ne s'agit aucunement d'une pirouette, et encore moins de provocation. J'aime savoir que Paris est là, tout autour : il y aurait une autre ville à la place, ou même de la campagne, de la montagne, de la mer, que je ne me sentirais pas bien. Je veux savoir que Paris m'encercle, que je suis fondu dans son décor. C'est un Paris mental que j'habite : j'aime savoir que les autres y font tout ce que je pourrais y faire, mais que je ne fais pas. Paris, c'est la possibilité de faire tout ce que je n'ai plus besoin de faire parce que d'autres s'y attèlent à ma place. Pendant que je suis enfermé chez moi, Paris est vécu pour moi par autrui. C'est comme une procuration donnée à tous les anonymes qui amortissent Paris, en bénéficient, l'explorent. Délivré de cette obligation d'avoir à vivre Paris, je me contente de le penser ; et de vivre autre chose, je ne dirais pas de plus intérieur, c'est prétentieux, mais de moins extérieur.

L'athée ne peut trouver sa place dans le monde parce que le monde se confond avec lui. On ne peut trouver sa place dans un monde voilé, où toutes les places sont voilées, dissimulées, cachées, occultées. Mais, symétriquement, le mystique ne peut trouver sa place parce qu'il se confond avec Dieu. Le monde moderne est un monde sans place. Comme Dieu est un monde sans place, le monde *totalement* réel est un monde sans autre place que pour Dieu.

« Trouver sa place dans le monde » équivaut à « avoir la foi ». L'athée et le mystique ne peuvent trouver leur place dans le monde. Ils n'ont donc pas la foi. C'est ainsi que nous les avions définis. Par quelque bout qu'on prenne le problème, on retrouve toujours ceci, que le monde sans Dieu est un monde qui souffre d'un manque de réalité et qu'un monde rempli de Dieu souffre d'un excès de réalité. Vivre, c'est balancer entre l'imaginaire et la réalité. C'est là que réside la foi.

Entre remplir le monde de soi et le vider de soi, il y a vivre.

Équivalence entre les énoncés : « je vis » et « je suis à ma place ».

Le monde moderne est le monde dans lequel l'homme oublie tout sauf lui-même. C'est le monde de l'athéisme. Le monde réel est le monde dans lequel l'homme n'oublie rien sauf lui-même. C'est le monde du mysticisme. L'athée ne s'oublie jamais. Le mystique s'oublie toujours.

L'athée manque toujours de place à son goût ; le mystique en occupe toujours trop à ses yeux. L'athée aime se répandre. Le mystique, se rétracter. Thérèse de Lisieux : « Le grain de sable malgré sa petitesse veut se faire de belles Éternités, il veut aussi en faire pour les âmes des pécheurs, mais hélas ! il n'est pas encore assez petit ni assez léger » (Lettre à sœur Agnès de Jésus du mercredi 4 juillet 1888).

Entre les deux, il y a le fidèle, celui qui a la foi – il oscille entre trop de place et pas assez, et par dichotomie, il finit par trouver une place qui n'est ni trop grande ni trop petite : la sienne. Il faut tantôt se répandre, et tantôt se rétracter : ajustements nécessaires pour trouver sa place. Nous oscillons toute notre vie entre ces deux invivables extrêmes : l'athéisme et le mysticisme. Nous oscillons toute notre vie entre la place de l'autre et la place de Dieu.

Implacable logique du mystique : comme il veut voir le monde dans son entière réalité, dans toute son immuable vérité, sans parasitage d'aucune sorte, sans tache, il faut qu'il s'en soustraie. Et qu'il en soustraie jusqu'à sa propre trace. Contempler le champ de neige, mais vierge de l'empreinte de mes pas.

« Je vois bien, ô mon Dieu, le peu que je puis. Mais gardez-moi près de vous, sur ce sommet d'où l'on découvre la vérité », écrit Thérèse d'Avila. Puis : « Si vous vous éloignez tant soit peu [ô mon Dieu], je retournerai à mon premier état et je serai sur le chemin de l'enfer. Hélas ! Quel tourment pour une âme arrivée à cet état, quand elle se voit obligée de retourner au commerce du monde et d'être témoin d'une comédie aussi mal jouée que celle de la vie présente ! »

Edith Stein : « Aucun esprit humain n'est entré dans une nuit aussi noire que l'homme-Dieu à Gethsémani et sur le Golgotha. Dans l'insondable mystère de l'abandon divin de l'homme-Dieu mourant, aucun esprit humain en recherche ne peut pénétrer. Mais Jésus peut donner à ses amis de goûter quelque chose de cette amertume la plus extrême. »

La nuit de la foi, ce n'est pas la même chose que le doute. C'est ce qui entrave le mouvement ; alors que le doute, lui, déclenche le mouvement ; il est déclencheur de mouvement.

Je ne suis pas contre l'idée d'être totalement enfermé pour écrire ; le seul problème serait le sport. Pas certain que voyager me manque tant que ça, finalement. Je voyage beaucoup, j'ai trop souvent voyagé par mauvaise conscience : mauvaise conscience de ne pas avoir suffisamment voyagé. C'est pourquoi je voyage beaucoup et ai beaucoup voyagé. Mais le voyage est toujours une violence – surtout parce que je hais le tourisme. Je ne supporte pas d'aller voir ce qu'il faut aller voir. Les lieux obligatoires, consacrés. Voyager, pour moi, c'est me créer des habitudes loin de chez moi – c'est rester longtemps dans un même endroit, pour connaître les gens, des gens, enfin, on me comprend : les gens voyagent pour voir des choses, moi pas. Je voyage pour vivre des choses. Ce n'est pas équivalent. Et même, cela n'a rien à voir. Je voyage, d'une certaine manière, pour ne plus voyager une fois sur place. Les endroits répertoriés, de toute façon, sont toujours décevants : Chinois partout, Américains beuglards, Français à la con. Merci bien. Je sais que ces lieux existent ; ils sont mieux préservés dans mon imagination. Je peux les fréquenter dans les livres, ou sur le Net. Ils seront moins remplis de monde, de bêtise, de mots déplaisants, de remarques ineptes, d'odeurs impossibles – toutes ces sueurs, non, vraiment, non. Voyager, donc, c'est, pour moi, m'installer dans un quartier situé à des centaines ou à des milliers de kilomètres de mon quartier parisien.

Au demeurant plus aucun voyage n'est possible ; tous les pays se mettent à l'unisson, se remplacent les uns les autres, se ressemblent infiniment. C'est pourquoi je mise sur les gens et non sur les lieux. Ou même sur ma simple solitude : être seul ailleurs. Seules les dictatures dépaysent. On fait tellement ce qu'on veut partout, que le véritable dépaysement consiste, *in fine*, à ne pas pouvoir décider de ce qu'on va faire, essaimer notre bon vouloir partout, au nom de notre bon plaisir, sous le simple prétexte, pornographique, *qu'on peut se l'offrir*.

Rien, ou du moins pas grand-chose, ne me porte plus au cœur, en ce bas monde, que le tourisme et le touriste. Le touriste veut tout faire, tout voir, amortir le séjour, en fonction de *sa* vision des choses.

Aucune raison qu'il s'adapte, qu'il se modifie, même trois jours. Tout doit dépendre de lui (de son fric), se plier à ses désirs. La réalité, le pays « visité » ne deviennent que des prolongements de ses attentes. Il rémunère en devises ses attentes pleines d'envies et de caprices qu'il trouverait obscènes « chez lui » (je mets des guillemets parce qu'il est partout chez lui sur la planète), dans son propre pays.

Samedi 22 octobre

Écoute de *Oneness – Silver Dreams Golden Reality*, « Devadip » Carlos Santana, 1976. Carlos Santana : guitare électrique et chant ; Greg Walker et Deborah Santana : chant ; Chris Solberg : guitare et orgue Hammond ; Saunders King : guitare et chant ; Tom Coster : claviers et chant ; Narada Michael Walden : piano et orgue Hammond ; Bob Levy : cordes et synthétiseur ; Chris Rhyne : claviers ; David Margen : guitare basse ; Graham Lear : batterie ; Pete Escovedo : timbales ; Armando Peraza : percussions et chant ; Clare Fischer : piano.

« Devadip » est le nom sanskrit qu'a donné à Santana un dénommé Sri Chinmoy, son « gourou » de l'époque.

Je m'amuse à re-regarder *Orange mécanique*. Passé le premier quart d'heure, le film n'est presque plus regardable. Pas le meilleur de Kubrick, loin s'en faut. On a fait des gorges chaudes de « *Clockwork* » mais, franchement, passé le seuil du terrorisme intellectuel et du snobisme, passé le seuil de la tétanie face au maître (en face de son génie, tout le monde a la sensation d'être un lapin paralysé par les phares d'une voiture), on a le droit de révéler les choses telles qu'on les perçoit : « *Orange* » relève pratiquement du téléfilm.

Note : on ne parle jamais du *corps* de Kubrick. On ne parle jamais que de son esprit, de son cerveau, de son âme, de son intelligence et de son intellect. C'est un tort, vraiment. Rien n'est plus important, chez Kubrick, que le corps de Kubrick. Même chose pour Hitchcock. Il faudrait faire des catégories, au cinéma, mais aussi en littérature, comme on en fait en boxe : par poids. Le cinéma des épais, des gros ; le cinéma des fluets, des maigres. Par exemple, Renoir : gros. Rohmer : maigrichon. Il y a aussi ceux qui ont grossi de film en film : Fassbinder. Chabrol ? Je le place dans la cour des gros, même s'il ne fut pas obèse. Et je range Godard chez les maigres. Scorsese chez les cure-dents, Leone chez les tonneaux. C'est une très bonne clef pour comprendre un univers, pour appréhender une œuvre. Et si c'était la seule ? En tous les cas, les génies ont *aussi* un corps. Que cela plaise ou non, ils ont, ils possèdent un corps. Kubrick était un grand cinéaste, il était aussi un *gros* cinéaste. Si j'en avais le temps – ce qui, fort heureusement, n'est pas le cas –, je me fendrais, tiens, d'un travail important, style thèse de mille pages, sur « le génie et les kilos ». Je pense également à Oliver Hardy, José Lezama Lima, Orson Welles, Marlon Brando : pas obèses, non, mais gros. Le corps, le grand oublié de l'art. Très étrange : on n'a jamais créé qu'à cause du corps, qu'à partir du corps, qu'en fonction du corps, qu'avec lui, que contre lui.

Dans toute son œuvre, Kubrick ne parle que de ratés : l'ordinateur HAL, qui part en vrille, le marginal Alex d'*Orange mécanique*, le petit arriviste Barry, qui devient un Lyndon, le marine paumé de *Full Metal Jacket*, ou encore le médecin beauf qu'incarne Tom Cruise dans le meilleur film du gros Stanley, *Eyes Wide Shut*. Mais, attention, tous ces ratés sont des maigres. Aucun gros chez Kubrick. Aucun cérébral non plus. Que des rachitiques qui ont un petit pois dans la tête. Que des excités. Kubrick, lui, avait l'air calme (son défaut numéro un, m'expliquait Marisa Berenson quand elle me racontait en détail, pendant des heures, le tournage de *Barry Lyndon*, était la parano : un coup de téléphone anonyme en pleine nuit et il était capable de déménager). Gros et calme. Il n'y a qu'à regarder les photos. Les cernes creusés. La barbe envahissante. Avec les années, Kubrick a laissé son corps le dévorer comme la végétation dévore une ferme abandonnée. L'art et le corps sont en compétition. L'un l'emporte toujours sur l'autre. Voir Proust. Cette compétition a un nom. On l'appelle communément la mort.

À propos de Chabrol, je me suis aperçu un jour que tous ses films auraient pu être tournés par Fassbinder. Destins de province, de cadres minables, intrigues bien ficelées sur fond de décor social très dessiné (haute bourgeoisie déclinante ; employés qui pensent très fort à la mort ou au meurtre), villages, fascination pour l'automne et l'histoire. On a le Fassbinder qu'on peut. Chabrol fut le Fassbinder du petit salé aux lentilles, mais, après tout, comme Rainer Werner, il avait ce côté ogre qui tournait encore plus qu'il ne mangeait. Je l'avoue : je ne suis jamais allé voir un seul film de Chabrol avec entrain (pour Lelouch, ç'a toujours été le contraire, même si je savais que j'allais voir un *mauvais* Lelouch) ; mais j'avoue aussi que jamais je n'en suis sorti déçu. Godard n'a voulu faire que des chefs-d'œuvre et, n'étant pas certain de pouvoir faire des chefs-d'œuvre du cinéma, il a fait des chefs-d'œuvre de Godard. Truffaut n'a pas réalisé de chef-d'œuvre en particulier (son chef-d'œuvre, c'est la somme de tous ses films). Les chefs-d'œuvre de Chabrol, eux, sont faciles à repérer : ils datent de 1969 – ce sont ses Jean Yanne, *Le Boucher* et *Que la bête meure*. La chabrolisation de Yanne est un moment important de l'histoire du cinéma. Le film de Chabrol que j'aimerais voir, c'est son Sylvia Kristel-Charles Vanel (!), *Alice ou la Dernière Fugue* (1977) – cela fait un peu l'effet, comme ça, sur le papier, d'un Cicciolina-Raimu. Et ça m'intéresse beaucoup. Chercher le DVD. Ça doit quand même bien se trouver.

Nous ne sommes pas vivants. Je ne sais pas pourquoi. Il faut avancer plus loin dans la vie, sans se poser la moindre question. Il ne faut pas interroger les morts. Ils sont pires que nous. Posés, installés dans l'innocence. Je ne sais plus où regarder. Il faudrait prendre le monde en notes. C'est un chiffre, le monde, qui tourne. Dans un néant presque noir, et très bleu. Et puis les planètes défilent, elles s'ignorent. Nous ne voulons pas vivre ailleurs, sur une terre parallèle, et qu'on ne nomme pas. Les oiseaux ne volent qu'ici, sous un ciel donné, précis. Nous ne savons rien au-delà, à part quelques étoiles, une, deux galaxies crâneuses, qui font des tourbillons, impressionnent la physique, et donnent des théories. Ne manger que des plantes, laisser les animaux se dévorer entre eux. Et plonger avec des filles dans l'eau fraîche, afin que le monde ait un sens, que la vie aime la vie. Nous ne voudrions plus revivre à zéro, repartir en maternelle, nous composer des personnages, parmi les ours, ou bien dans la forêt, quand enfants nous étions héros. Héros de quoi ? De romans pas écrits, pas faits, ni faits ni à faire, bariolés, déchirés, sur des cahiers de brouillons, raturés. Je ne veux plus vivre cette vie, d'autrefois, quand je n'étais pas l'homme que je suis, mais une manière de futur un peu nain, très prétentieux, méchant. J'aurais pu tuer. Je m'en suis pris à des bestioles. Elles étaient venues sur la Terre pour vivre, respirer : elles avaient des pores, des vésicules, elles furent conçues pour durer. J'ai mis, du pied, du poing, autrement peut-être, une fin, un terme, à tout ça – une conclusion. Fin de tel animal. Biographie parfaitement close, néante.

Je relis *L'Immoraliste*. Il faut méfier de Gide. De son gidisme… On a coutume de dire (sans trop se tromper) que les deux plus grands génies littéraires du XXe siècle furent Proust et Céline (classés ici chronologiquement pour ne pas ouvrir le débat « quel est le plus grand des deux »). Il y en a eu au moins deux autres, pour commencer. J'ai nommé Péguy, Charles et Guitry, Sacha. Ils sont *a priori* moins identifiables comme génies. Péguy parce que réputé illisible, et de toute façon illu. (Alors qu'il suffit d'aller regarder Péguy de près, de très près comme je l'ai fait pendant plusieurs années pour comprendre, et s'apercevoir, que la « dette » de Céline à l'égard de Péguy est énorme.) Guitry, lui, c'est pour une autre raison que son génie ne se « voit » pas : c'est que son écriture est limpide au possible, enfantine, oui, d'une simplicité d'enfant. Elle coule de source, elle est cristalline. On dirait que c'est un La Fontaine du XXe siècle qui écrit. C'est un La Fontaine effectivement, une sorte de Molière. Il y a le génie imitable, bien sûr, celui qu'on plagie en un tour de main, on imite facilement les tournures de Proust, on pastiche avec aisance le rythme, la scansion célinienne, mais, en revanche, Guitry est impastichable, il est trop « normal », trop classique, trop « neutre ». Guitry, ce ne sont que des tournures nées de l'intelligence à l'état pur, un raffinement qui donne le vertige, une science de la netteté, une magie de l'économie. Rien n'est moins bavard, rien n'est plus ramassé que la littérature de Guitry. Guitry qui, comme Péguy, et cela a sans aucun doute nui à la reconnaissance universelle, univoque, de leur génie, ne s'est jamais « pris » pour un écrivain : il était à ses yeux un artiste au sens large, trop large pour que ces minuscules petits messieurs de la critique, puis de la post-critique, l'acceptent au panthéon des « grands écrivains ». Guitry faisait trop de théâtre pour être reconnu « grand écrivain ». Et sans doute trop de cinéma. Il dessinait trop, et trop bien. Il avait fait de la publicité à ses débuts, des dessins publicitaires. Pour des marques de chocolat. Ce n'est sans doute pas assez « littéraire ». Et puis (surtout) Guitry n'a pas le physique : trop gros, trop gras, trop cocotte, trop bourgeois, trop service en argent pour tartiner ses biscottes, et trop peignoir, évidemment, pour être reconnu l'égal de Zola, de Proust, de Balzac, de Molière (donc), de Pascal. On s'imagine que c'est déplacé de parler des « pensées » de Guitry, que celles-ci sont en réalité des aphorismes ridicules, souvent misogynes (très pratique, la misogynie pour enterrer Guitry) ; mais Guitry « pensait ». Il a dit sur la mort des choses plus intelligentes que Cioran, par exemple (ce qui n'est pas très difficile, je l'avoue). Il y a dans la mélancolie guitryque quelque chose de désespéré, de profond, de profondément humain. Guitry touche, et sa simplicité foudroie.

Mais c'est de Gide que je voulais parler. Gide est pourtant l'un des génies littéraires du XXe siècle : je sais qu'une telle phrase est « inacceptable ». Que lorsqu'on a lu, et bien lu, à côté de Céline et Proust, Gide, c'est notre première et définitive impression, ne fait pas, ne fait plus le poids. Le problème de Gide, et qui a desservi en premier chef son génie, c'est que cette infériorité, il était le premier à la reconnaître, à la clamer, à l'accepter. C'est une chose à ne pas faire. Mais Gide est génial (malgré tout), car si Proust a le génie imitable, plagiable, parodiable, et si Proust est lui aussi imitable, plagiable, parodiable, Gide ne l'est pas. Son style n'en est pas pour autant inreconnaissable, évidemment. Mais impossible à imiter. C'est comme de l'eau qu'on voudrait retenir dans son poing. Impossible. Insaisissable Gide – et insaisissable style de Gide. C'est là, très précisément, que réside le génie de Gide.

Lecture, dans l'ordre, de Char (génie définitif et total), puis suite de *Shoah*.

L'athée se définit par ce sentiment qui l'habite d'être indispensable dans le monde ; d'être indispensable au monde. Le mystique, lui, n'a qu'une obsession : être dispensable au monde. Être inutile au monde. « Soyez béni, ô mon Dieu, de ce que vous m'avez créée si inhabile et si inutile ! » (Thérèse d'Avila). Thérèse d'Avila fustigeait déjà le monde moderne ! Quant à la « petite » Thérèse, celle de Lisieux, elle n'en pense pas moins : « Le bon Dieu m'a fait la grâce de ne connaître le monde que juste assez pour le mépriser et m'en éloigner. »

Le monde de l'athée est mondain. Thérèse de Lisieux : « Je regarde comme une grande grâce de n'être pas restée à Alençon ; les amis que nous y avions étaient trop mondains. »

Logique que le carmel soit le lieu du dévoilement du monde. On y est au plus proche de Dieu. Dans un carmel, on voit mieux le monde… On désocculte le monde moderne.

Avoir la foi, c'est dire : le monde est fait par Dieu pour les hommes. Être athée, c'est prétendre que : le monde est fait par les hommes pour les hommes.

Le monde moderne est le monde vécu par tous comme le monde selon soi.

Dimanche 23 octobre

Réveil avec *Inner Secrets*, Carlos Santana, 1978 (Columbia, FC 35600, US). Carlos Santana et Chris Solberg : guitare et chœurs ; Greg Walker : chant ; Chris Rhyne : claviers ; David Margen : basse ; Graham Lear : batterie ; Armando Peraza et Raul Rekow : percussions et chœurs ; Pete Escovedo : percussions ; Dennis Lambert : clavinet et chœurs ; Mike Boddicker : synthétiseur.

Les plus belles premières lignes de toute l'histoire de la littérature : « Nous voici encore seuls. Tout cela est si lent, si lourd, si triste… Bientôt je serai vieux. Et ce sera enfin fini. Il est venu tant de monde dans ma chambre. Ils ont dit des choses. Ils ne m'ont pas dit grand-chose. »

Le citron méprise les autres fruits.

Les amants percent un trou dans la réalité. Le monde, l'instant dans lequel ils s'étreignent échappe. Il n'est pas défini. Ne le cherchez ni sur une carte ni sur une montre. Les voilà à l'abri du monde, de tous les mondes possibles. Ne restent que deux corps nus, ensemble, qui redéfinissent tout, reprennent les lois. Ils n'en sont qu'au Sinaï.

Rien encore qui viendrait les lasser. Les interrogations sont prêtes, ils sont une entité éphémère mais neuve, une puissante nouveauté. Ils ont inventé cette planète : ils y vivent seuls, sans bruit que celui de leurs veines, des échos de leurs pénétrations, le chuintement d'un drap, l'inimportance d'une caresse très importante, très fatale. Ils sont égarés dans la chambre, la chambre en rupture d'étage, située bien au-delà de l'immeuble et du ciel. Ils sont deux substances accolées, organiques : la femme était angoissée, puis, sans transition, parce que déchirée, elle a senti la paix venir en elle, et s'est roulée dans cette paix. Elle fut réunie à l'homme, déchiré à son tour, les bras en croix, suant. Ils ont eu de la chance, ils se sont rencontrés. Elle ne l'avait pas remarqué, il ne pensait déjà qu'à elle. Elle se sentait aspirée par le vide, comptait les jours, trop nombreux. Elle aurait aimé mourir très jeune, silencieuse, oubliée. Elle aurait voulu qu'on ne fête que son corps endormi livré à la terre maîtresse, et pas son âge changeant, le passage du temps sur son corps cruel. Elle travaillait dans une compagnie d'assurances anglaise, vendait des conventions obsèques à des gens dont les noms appartenaient à sa *base de données*. C'était un métier puéril. L'homme qu'elle accablait de salive, suçait, racontait des instants joyeux de son existence, n'avait jamais douté de lui. Il avait eu souvent la fièvre, enfant. Il était persuadé que sa folie était exceptionnelle, que sa vie était un roman – comme tout le monde, sans exception.

« S'agit-il de sauver des hommes et d'assurer leur avenir ou de les immoler sur l'autel de son propre narcissisme pseudo-révolutionnaire, de les encourager à tomber pour les beautés d'un éditorial parisien ? Il ne suffit pas, pour faire la révolution, d'un mélange de christianisme refroidi et de stalinisme réchauffé » (Jean-François Revel, *Combat*, lundi 10 mars 1969).

FLEURS

On se promènera dans les vents venant d'est
Et tu finiras seule, quand tombera la pluie ;
Je ne pourrai jamais revivre avec la peste ;
Ni entouré de fleurs ni entouré de fruits.

Je ne voudrai jamais manger avec les doigts ;
Ni regarder les veaux qui passent devant mon train.
L'aube et l'aube et l'aube sont des répétitions ;
J'arrête ici les rimes et l'éjaculation.

Je suis arrivé à Paris en 1991, pour un stage à Norwich Union. Norwich Union était une société d'assurances anglaise. Je vendais des « conventions obsèques » à des êtres humains assez proches de la mort. Cela se passait par téléphone. J'appelais un vieux et, lui signifiant qu'il allait bientôt crever seul chez lui, comme un chien dans la pisse duquel on retrouverait le cadavre après plusieurs jours, peut-être plusieurs semaines, mois, j'avais pour mission de le faire casquer en lui proposant *in extremis* un contrat. S'il signait ce contrat, il serait enterré dignement et, surtout, des gens s'apercevraient de sa mort dans les meilleurs délais.

C'était une époque où je n'avais pas d'argent. Je lisais sur des bancs, et à Beaubourg, et encore sur des bancs. Mes écrivains préférés étaient Witold Gombrowicz. Côté filles, je me masturbais. Les femmes traversaient des rues ; elles étaient jolies… Je savais que, parmi mes contemporains immédiats, certains leur faisaient l'amour, leur fourraient des doigts dans la chatte et dans le cul. Pour l'instant, ces choses mystérieuses restaient pour moi mystérieuses : j'approfondissais la notion (beaucoup plus philosophique qu'on le croit) d'onanisme.

Je n'avais pas encore complètement réalisé (mais c'étaient les années 1990, c'était il y a longtemps, c'était dans le passé) que, folle amoureuse ou simplement désireuse de se faire mettre *illico*, une femme en général (et toutes les femmes en particulier) a tendance à considérer d'un assez bon œil la perspective de *baiser*.

Je me nourrissais essentiellement de sandwichs grecs recouverts d'harissa, parfois de sauce blanche. Je ne dois qu'à un dieu spécial de ne pas avoir de cancer. Le grec-frites, au premier abord, paraît être un pas en avant considérable : rapidement confectionné, et délivré à toute heure du jour et de la nuit, il cale immédiatement l'estomac et ce, pour plusieurs heures. Hélas, des effets secondaires paraissent (je parle d'expérience) indissociables de sa consommation.

Paris quand tu arrives, c'est pire qu'un grec. Avec sa tour Eiffel en frite géante. Je n'ai jamais vraiment digéré Paris, même après (toutes) ces années. En 1991, je mettais chaque matin ma petite cravate nullissime, avec des fleurs rococos dessus, je me coiffais et me rasais, j'enfilais un petit costume étriqué vert bouteille trop court aux jambes et, chaussé de fausse Church's qui me massacraient les pieds (une douleur à hurler par pas), je prenais le métro. Je puais une sorte de parfum.

À Beaubourg, j'étais le plus propre des clochards. Pas le moins paumé. Je ne connaissais personne – mais vraiment personne. Mes seules perspectives étaient : terminer mes études à Sup de Co Reims (école pathétique, pour naufragés seulement – à fuir quand on aime la vie) et me débarrasser du service militaire. J'avais un an de ma vie à sacrifier. Il était peut-être possible d'y échapper en simulant la folie, ou en faisant jouer un piston : je n'avais aucun piston. Restait la folie…

Je souhaitais vivement devenir écrivain. Ce n'était pas un rêve de ma génération. J'avais l'ambition rétro. J'avais vaguement tout faux. Faut-il le regretter ? Je ne le saurai jamais. Voici donc un conseil que je donne à mes plus jeunes lecteurs : Nathanaël, jette tous les livres, à commencer par le tien, si tu veux te faire sucer tous les jours que Dieu fait.

J'étais complètement imbécile, borné (j'étais buté). Par conséquent, je m'entêtais dans « écrivain », je pensais que les filles aimaient ça (faux). Tu es mieux dans un pré, par exemple, à réciter des récitations, ou dans le noir, à jouer avec tes doigts de pied, que dans ta pauvre chambre, ton bureau illusoire, à faire ne pas rimer des phrases dans ce qui est ta prose et qui n'apporte rien, du tout, à la galaxie, à ton quartier, à tes amis (sauf des sourires prévus).

J'ai fait Paris comme on fait Polytechnique ou l'ENA. C'est pas un concours très facile. Il y a du travail ; il faut (aimer) se battre… Les coups sont nombreux : de bambou, de foudre, et de blues, aussi.

Il faut du métier pour trouver du travail. Dans les années 1970, le travail, on te le donnait, des types (avec des moustaches rousses, assez sales, mais sympathiques) venaient sonner à ta porte, pas trop tôt (tu dormais) pour te proposer un emploi, un boulot, un job, une carrière, un destin.

Les temps ont changé. Quand j'ai pénétré dans Paris, le travail était parti, lui. Il ne m'avait pas attendu. C'est normal. Il n'allait pas poireauter dans les rues de la capitale des années 1970 aux années 1990 pour moi, pour mes beaux yeux qui sont verts (les femmes qui savent regarder mes yeux vous diraient de quel merveilleux vert ils sont faits).

Il fallait donc que je commence à chercher, m'inquiéter. Pour l'inquiétude, pas de problème. Je savais faire. C'est une discipline dans laquelle j'ai toujours excellé : c'est moi le plus inquiet. Le reste des gens, à côté, ne font que s'en faire. Le jour où je serai mort, je serai encore la proie des vers et de quelques inquiétudes. Le cercueil ? Je stresserai à travers.

Pour le moment, je suis dans mon vivant. J'écris depuis ma vie. Je suis un organisme biologique humain en existence, en étance, en êtrance. Heidegger te trouverait un mot allemand bien à lui pour exprimer ce que je suis : je suis une chose philosophique, périssable et mourisable, heideggerienne et projetée dans ce monde, qui dit « Bonjour ».

Quand j'ai écrit *Mort et vie d'Edith Stein*, je me demandais pourquoi les phénoménologues étaient attirés par le christianisme. Pourquoi ils se convertissaient. Edith Stein, phénoménologue, juive, se convertit au catholicisme. Et entre au carmel. Husserl, son professeur, l'inventeur de la phénoménologie (en tous les cas considéré comme tel : on peut toujours infiniment chipoter, dire que c'est Descartes, etc.), juif, se convertit au protestantisme. Il se marie avec une juive elle-même convertie au protestantisme. Je sais, toute son œuvre est ultérieure à sa conversion – il n'empêche. C'est le même cerveau qui passe du judaïsme au christianisme d'une part, et qui, d'autre part, développe la phénoménologie. Il y a donc là quelque chose à creuser. La foi chrétienne, dans son extrémité, vise à faire place neuve au monde réel, qui se cache sous le monde moderne. Il s'agit d'avoir « accès » à ce monde totalement nettoyé, épuré, où les choses apparaissent enfin telles qu'elles sont, lavées de ce qui en nous les travestissent : la foi est ce mouvement de dévoilement. Mais est-ce le monde qui a changé ou est-ce notre perception du monde ? La réponse est subtile.

Elle est étonnante. La voici : si notre vision du monde a changé, alors le monde a changé. Notre nouvelle vision du monde a un effet sur le monde lui-même. Que le fidèle, que le chrétien puisse voir le monde autrement ne signifie pas seulement que le chrétien a changé, mais cela constitue une preuve que le monde lui-même a changé. Le monde a changé parce qu'en son sein, il y a un individu supplémentaire qui le voit autrement que sous son aspect le plus commun, le plus partagé, le plus trivial. Le monde a changé parce qu'un seul individu en perçoit plus de vérité, de réalité. Et cette nouvelle perception va contribuer à le faire changer encore, à le modifier d'autant. Le processus est enclenché. Le monde a changé parce que quelqu'un a changé dans le monde. Le monde a changé puisque quelqu'un a quitté la foule de ceux qui n'en faisaient qu'un moyen, qu'un avatar de la propriété (matérielle), du désir et de l'immédiateté. Le monde a changé parce qu'une subjectivité peut le regarder enfin objectivement ! La manière dont l'objectivité la plus totale naît de la subjectivité la plus radicale : c'est ça qu'on nomme la phénoménologie. Quand la foi, qui est strictement subjective, permet de dévoiler le monde et d'accéder à sa réalité, qui est absolument objective, nous sommes au cœur même du processus phénoménologique.

Lundi 24 octobre

Réveil avec *Phobia*, The Kinks, 1993 (Columbia, CK 48724, US). Ray Davies : chant, claviers, guitare rythmique et chœurs ; Dave Davies : guitare, chant et chœurs ; Jim Rodford : basse et chœurs ; Bob Henrit : batterie. Ray Davies est né en 1944, Dave Davies en 1947, Jim Rodford en 1941, Bob Henrit en 1944. Ils sont tous toujours vivants.

« Les mondes éloquents ont été perdus » (Char, “La main de Lacenaire”, « L'Action de la justice est éteinte », *Le Marteau sans maître*, 1934).

Parfois, quand je lis, j'ai l'impression de faire mes courses.

La grande idée, c'est que la réalité (et par conséquent la vérité) ne peut s'obtenir que par un recroquevillement total sur soi : le mystique entre en soi. Il médite. Il prend le moins de place possible dans le monde et le plus possible en lui. Husserl annonce la couleur dès l'introduction de ses *Méditations cartésiennes*. Construisant sa philosophie à partir de celle de Descartes, il écrit ceci : « En premier lieu, quiconque veut vraiment devenir philosophe devra "une fois dans sa vie" se replier sur soi-même, et, au-dedans de soi, tenter de renverser toutes les sciences admises jusqu'ici et tenter de les reconstruire. » C'est quand même très intéressant – et assez troublant. Il suffit en effet de remplacer le mot « philosophe » par le mot « mystique » dans la phrase pour que nous retombions pile sur nos pattes. Le repli sur soi, contrairement à une idée reçue, n'est pas une manière de se « couper du monde », c'est tout le contraire : c'est une manière (la seule ?) de le voir enfin tel qu'il est ; de le découvrir ; de le dé-couvrir ; de le faire surgir ; d'y avoir accès. Le reconstruire : en avoir une vision, une conception, une appréhension, une expérience qui n'est plus celle que nous en avions jusqu'ici. Oublier ce qui était « admis » jusque-là. Et pénétrer dans ce monde nouveau qui n'est autre que le monde réel.

Quand je dis que la phénoménologie est la manière dont l'objectivité la plus totale naît de la subjectivité la plus radicale, on peut en dire autant de la mystique chrétienne. Les deux, avant de nous dévoiler l'universel, exigent que nous en passions par une aventure, une expérience strictement, profondément individuelle. Husserl parle d'« affaire personnelle » : « La philosophie – la sagesse – est en quelque sorte une affaire personnelle du philosophe. » Là encore, je dis la même chose du, de la mystique. Je dis la même chose de mes trois Thérèses (Lisieux, d'Avila, de la Croix – alias Edith Stein).

L'athée fait de sa personne une affaire mondiale ; le mystique fait du monde une affaire personnelle.

« Elle doit se constituer, poursuit Husserl, en tant que *sienne*, être *sa* sagesse, *son* savoir qui, bien qu'il tende vers l'universel, soit acquis par lui et qu'il doive pouvoir justifier dès l'origine et à chacune de ses étapes, en s'appuyant sur ses intuitions absolues. » C'est d'une totale limpidité. Mais il y a quelques lignes plus loin une formule qui ne m'a pas échappé. Une formule qui rend pertinent (mais je n'avais pas besoin de cette formule) le rapport entre la position du phénoménologue (disons : du philosophe) et du mystique (disons : du chrétien). Écoutez ça (c'est assez extraordinaire et vous ne serez pas déçu) : « Du moment que j'ai pris la décision de tendre vers cette fin, décision qui seule peut m'amener à la vie, au développement philosophique, j'ai donc par là même fait le vœu de pauvreté en matière de connaissance. » Le vœu de pauvreté ! La messe est dite ! Ce n'est pas saint François d'Assise qui parle. Ce n'est pas saint Augustin.

C'est Husserl ! Le professeur de Heidegger. Le maître à penser de Sartre. Le mentor de Levinas.

Pour voir le monde dans sa réalité, dans sa vraie vérité, le dénudé monde, sans son voile de modernité cynique, économique, et cravaté dans ses ambitions toujours plus gratuites, plus effrénées, plus bêtes (je voulais dire : plus bestiales), il s'agit de faire vœu de pauvreté. Ce n'est pas un vœu qui touche strictement à l'argent. Et même, l'argent ne concerne en rien ce vœu. Le vœu de pauvreté, il faut l'entendre comme un vœu de dénuement, comme un vœu d'élimination du voile. Comme un vœu de détachement du monde moderne. Ne pas vouloir posséder d'argent, de biens matériels n'est évidemment qu'une conséquence annexe d'un vœu plus large, plus vaste, plus général. Faire vœu de pauvreté, c'est faire le vœu d'encombrer son être le moins possible de non-être. Le vœu de pauvreté, c'est faire le vœu d'être le moins volumineux possible dans le monde, d'esquinter le moins possible le monde de sa propre présence ; de l'entacher au minimum de notre propre existence ; de ne pas être un poids supplémentaire dans sa pesanteur déjà considérablement pesante. Le vœu de pauvreté, cela consiste à trouver sa place dans le monde ; pour coïncider avec sa place, il faut n'être que soi, n'avoir que soi comme volume, délesté de toute fioriture, de toute panoplie, de toute perruque et de toute imposture. Faire vœu de dénuement, c'est faire son poids et seulement son poids, encombré par rien : être soi au maximum, encombré au minimum. Être un soi minimal, et par conséquent maximal. Être réduit à sa propre existence, n'avoir que son existence comme bien. Et encore ! Le mystique, cette existence lui semble encore de trop ! Il veut l'offrir au Seigneur. Être réduit à sa propre subjectivité, et par conséquent à l'objectivité universelle.

Le mystique entend se confondre de plus en plus (de *mieux en mieux*) avec Dieu à tel point que dans *La Science de la Croix*, Edith Stein précise que le carme Jean de Yepes, appelé jusque-là Jean de saint Matthias, s'est intitulé saint Jean *de la Croix* (vœu de pauvreté mais qui vaut titre de noblesse), non pour s'unir à Dieu mais *pour que Dieu veuille s'unir à lui*.

La science de la Croix n'est pas une science. Car toute science est fiction. Toute science est faite, est constituée de théories qui ne sont que des vérités momentanées, des réalités provisoires. Sur un très long laps de temps, toute science (toute théorie scientifique) est fictive. La science de la Croix, elle (qui est la science non du scientifique, non de l'homme moderne), est, nous dit Edith, une « vérité vivante, réelle et active ». C'est là le combat qui continue, entre la vie du mystique, tout intérieure, profonde, incarnée, et celle du citadin béat pressé d'être de son temps, celui des consoles de jeux et des colères dans les files d'attente, l'important, le seul, l'athée, le profane. Sa réalité est fictive (au sens où elle n'est réelle qu'un temps), il vit et pense dans le mensonge, là où ce qu'il pense être la folie mystique, la fiction illuminée du carmélite (par exemple) est au contraire une *vérité*, et pas n'importe quelle vérité : *vivante*, *réelle* et *active*.

L'homme de la course contre la montre, l'athée parfait, idiot et surcontent, toujours repu et contenté, contenté par son contentement, et content d'être si jouissivement contenté, n'est pas, nous dit Edith Stein, un homme *vivant*. Il est en vie, mais il n'est pas vivant.

Une preuve que le monde réel n'est pas celui qu'on croit ? Interview de Jérôme Kerviel, le « trader fou » qui a fait « perdre » 4,9 milliards d'euros à la Société générale. Cet entretien a paru il y a quelques années dans *Le Parisien* (2009). Voici donc la « réalité » : « Dans une salle des marchés, il y a une sorte d'*omerta* : entre collègues, on ne parle pas du détail de nos stratégies, mais on essaie de savoir où en sont les autres, avec un langage à nous. *T'es boule ou t'es beau ?* : cela veut dire *Tu perds ou tu gagnes ? Y a un doigt dans le marché* : cela signifie que, brusquement, une valeur se met à partir à la hausse ou à la baisse et que c'est peut-être parce qu'un trader a laissé son doigt appuyé sur une touche de son clavier. »

« Au sein d'un *desk* (bureau) se tient le *front office*, où sont prises les positions. Là, les choses se savent. *Je me trouvais face à sept écrans d'ordinateurs, entouré de mes collègues. Nous étions six à partager un tout petit espace*. Les ordres étaient passés oralement, par téléphone. Tout le monde était au courant de mes activités. »

« D'août à décembre 2007, *tous les jours je gagne. Cela crée une sorte d'accoutumance. Je perds peu à peu la notion des sommes qui sont en jeu*. Une bonne journée, pour un trader normal, c'est 30 000 euros, à 40 000 euros de gain. Pour moi, une journée à 1 million d'euros, c'était nul. »

« *Je repousse tous les jours les limites. Je prends des risques de dingue. Et je fais des gains astronomiques qui me procurent, parfois, un plaisir jouissif*. Fin 2007, j'ai engrangé 1,4 milliard d'euros. Ce résultat, c'est de la trésorerie pour la banque. Tout le monde vient taper dedans pour se refinancer. Je couvre les pertes de plusieurs de mes collègues. Quand je les entends dire aujourd'hui qu'ils ne savaient rien, j'ai vraiment l'impression d'être au bal des hypocrites. »

Et maintenant, incroyable : « *La meilleure journée de trading, dans l'histoire de la Société générale, c'est le 11 septembre 2001*. C'est en tout cas ce que m'a raconté l'un de mes managers. Ce jour-là, il paraît que les gains ont été colossaux. J'ai fait une expérience similaire lors des attentats de Londres en juillet 2005. Quelques jours avant, j'avais pris des positions à la baisse sur l'assureur Allianz. Le jour des attentats, on est d'abord informé qu'une vaste coupure de courant frappe la capitale britannique. Très vite, les titres d'assurance commencent à plonger. On se dit : "Ça ne peut pas être une simple panne électrique." Puis l'information sur les attentats nous parvient. À ce moment-là, tout le monde se met à perdre de l'argent. Sauf moi. *Grâce aux positions que j'avais prises, je gagne 500 000 euros en quelques instants. C'est le jackpot. Je jubile.* »

« Et puis, à un moment donné, je me suis arrêté un instant. D'un coup, j'ai compris que j'étais en train de m'amuser alors que des gens venaient d'être touchés par des bombes. J'ai couru aux toilettes et j'ai vomi. Cet accès de faiblesse n'a pas duré longtemps. Je suis retourné dans la salle des marchés et je me suis remis au travail. C'est ce soir-là, quand je lui ai raconté ce qui m'était arrivé, que mon manager m'a parlé du 11 Septembre. »

Mardi 25 octobre

Réveil avec *Word of Mouth*, The Kinks, 1984 (Arista, AL 8-8264, US). Ray Davies : guitare, claviers, harmonica et chant ; Dave Davies : guitare, chant, chœurs ; Jim Rodford : basse et chœurs ; Bob Henrit : batterie et percussions ; Mick Avory : batterie et percussions ; Ian Gibbons : claviers et chœurs.

Regardé un documentaire sur Artaud, *Antonin Artaud, le visage*, diffusé à la télévision le 21 avril 1974. Ce site de l'Ina est vraiment extraordinaire. Puis un « Portrait d'écrivain » de Gaëtan Picon, consacré à Paul Valéry, et diffusé le 18 octobre 1971. Jamais été un immense fan de ce type-là. En 1988 ou 1989, j'avais acheté dans une librairie d'Orléans un de ses pensums poussifs sur la littérature, que j'avais abandonné au bout de trente pages tellement c'était usant, suintant, scolaire. Émission assez nulle, pédante, présentée par des cuistres à cigarettes (toutes les émissions des années 1970 sont littéralement enfumées). Je voulais voir un peu comment on traitait Valéry.

L'émission est pitoyable : deux vieux messieurs idiots et réactionnaires, policés et d'un abyssal ennui glosent infiniment, par lieux communs successifs, et mouches successivement enculées, sur ce

Valéry qu'ils ont bien connu : la couleur de ses yeux, si bleus, bien profonds, marins comme son cimetière, ses cheveux bien lisses et blonds, sa moustachette, ses petites manies, ses jambes courtes, oui, ses jambettes, ses cols de chemise. Ils l'ont si bien connu. Qu'ils n'ont d'ailleurs même pas eu la curiosité d'aller jeter un œil sur ce qui (à moi du moins, mais je ne suis pas normal) pourrait paraître plus intéressant que les caleçons de soie qu'il portait, à savoir, son œuvre.

Le plus absurde, le plus inouï, le plus étonnant, c'est qu'Alain Robbe-Grillet est là, invité lui aussi, mais il est le seul qu'on ne présente pas (encore), auquel on ne fait pas allusion, auquel, pendant 90 % du temps de l'émission (qui met du temps à toucher à sa fin), on ne *donne pas la parole* ! Courtois et souriant, présenté *in extremis* (mais méprisé par tous, et cela est visible, et cela est palpable ô combien), « Robbe » a le temps, tout juste, tout juste le temps, c'était moins une, de glisser deux trois réflexions géniales, et hop, on entend Gide lire « L'Insinuant », de son ami Valéry, en « voix off », et c'est terminé.

Regardé des épisodes de Malraux (toujours sur l'Ina), notamment une émission époustouflante sur Florence, réalisée en 1976, quelques semaines avant sa mort, et inspirée de ses écrits sur l'art (sublimement regroupés maintenant en Pléiade, le rêve). Malraux est littéralement incapable de dire *un seul* lieu commun. Florence est filmée, sans lui, qui nous reçoit, en alternance avec des images de la ville, chez lui, installé dans un fauteuil, à Verrières. Chez Louise… Pas besoin de se déplacer, l'Italie est un pays, peut-être le seul au monde, où l'on n'a pas besoin d'aller pour être.

Opérer son Retour, c'est opérer, que l'on soit juif ou chrétien, un retour à soi. Seul le retour à soi est retour universel. Seul le retour à soi change de perception du monde, et, par conséquent, seul le retour à soi change le monde. C'est en changeant de monde qu'on change le monde. Seul le retour à soi nous fait changer ! Être soi, voilà le grand changement ! Le grand bouleversement, la grande innovation, la grande nouveauté, c'est d'être ce que nous n'avons jamais été : soi. Quoi de neuf ? Moi ! Changer le monde, c'est changer notre perception du monde : une fois à ma place, une fois dedans elle, cette vraie place mienne, réelle, et non fictive (ce n'est pas une place d'imposteur depuis laquelle je m'invente une autorité, une fonction, une célébrité, une gloriole, une légitimité de petit chef, de directeur du marketing), je peux envisager le vrai monde. J'ai changé et donc le monde a changé, on comprend que, faire la révolution, ce n'est pas changer le monde, mais changer pour changer le monde. Il faut que les hommes changent, c'est l'étape primordiale de la révolution. Et alors le monde pourra changer. La révolution, ce ne sont pas des hommes qui changent le monde. Ce sont des hommes qui changent.

La difficulté à résoudre, pour moi, est la suivante : comment accepter rétrospectivement mon baptême ? Je pourrais m'en foutre, continuer comme si de rien n'était. Mais tout est. Et je dois essayer de capter le moment où, étant juif, je vais retomber sur mes pieds sur l'eau de chrétien. Je suis juif d'une manière qui n'appartient qu'à moi et que les juifs ne peuvent sans doute pas accepter. Il est fort à parier que je serai chrétien dans les mêmes conditions. Chrétien tout seul.

La conversion, hors de question ? Oui, évidemment, parce qu'il ne s'agit pas, il ne s'agit jamais de devenir ce que nous n'avons jamais historiquement, biographiquement, biologiquement été, mais de devenir ce que nous avons spirituellement, mystiquement, éternellement été. Si je nais juif, je ne puis me soustraire à mon être-juif. Je peux me convertir, mais cela ne changera rien. Irrémissibilité. Je dois tôt ou tard opérer le Retour à ce que j'ai été au *départ*. Dans mon être. Au plus profond de mon être. C'est une bénédiction que de naître juif ; et c'est une malédiction. La transmission du judaïsme par le sang contient tout entier le destin du peuple juif : par elle, les juifs assurent une permanence irréductible du divin dans le monde (une garantie irrémissible d'éthique, de justice) – il y a chez chaque juif, à tout moment, du fait même que son sang soit juif, une possibilité de Retour à la foi des Pères, au Sinaï, qui est une sécurité pour l'humanité : tant qu'un individu du peuple élu sera sur la Terre, alors tous les juifs ensemble seront potentiellement là, parmi nous, à assurer, à garantir, à *incarner* la présence de Dieu. C'est donc (le sang est donc) une bénédiction : pour les juifs, bien sûr, mais aussi, mais surtout, pour l'humanité tout entière. Ce n'est pas « l'humanité sera sauvée par quelques-uns » (Gide), mais « l'humanité sera sauvée par quelques juifs ». Mais c'est une malédiction, ce sang. Car le sang permet à cet horrible mot de « traçabilité » d'entrer dans la macabre danse. D'un sang peuple, on a fait un sang race. D'un sang éthique, on a fait un sang biologique. D'un sang mystique, on a fait un sang tragique. Sans le sang, pas de permanence de Dieu ; et sans le sang, pas de persécution possible. Être juif, c'est payer le Bien apporté à l'humanité (en cadeau, en présent) par de perpétuelles persécutions. Le Mal est là.

Commencé une biographie de Char. Ce n'est pas une vie qui fait rêver. Ou, plutôt, c'est une vie qui n'aura fait rêver que Char. René Char a eu une vie qui n'aurait pu faire rêver que quelqu'un comme René Char. Voici un écrivain dont l'œuvre est supérieure à la vie. C'est le cas de Proust. Ce n'est pas le cas de Céline : chez lui, c'est cinquante-cinquante. Vie incroyable, œuvre incroyable.

Shoah, suite. Puis *Curb Your Enthusiasm* – pour décompresser.

Je ne supporte pas qu'on me reconnaisse dans la rue ; mais je supportais encore moins l'époque où l'on ne m'y reconnaissait pas.

La France : pays que de moins en moins de gens servent et où de plus en plus de gens se servent.

Une des professions que je méprise le plus : critique gastronomique. Être payé pour bouffer et critiquer les plats de ceux qui les concoctent. Activité obscène – surtout dans un monde où des enfants meurent de faim. Je ne comprends pas comment cette profession n'est pas interdite. Je ne suis guère étonné que d'anciens collabos l'aient choisie – comme au *Monde*, par exemple, Robert Julien Courtine.

Mercredi 26 octobre

Réveil avec *Blues From Laurel Canyon*, John Mayall, 1968 (Decca, LK 4972, UK). John Mayall : guitare, harmonica, claviers et chant ; Mick Taylor : guitare, guitare pedal steel ; Colin Allen : batterie et tabla ; Steve Thompson : basse ; Peter Green : guitare.

J'évoque peu, ici, mon couple avec Emmanuelle : tout va bien, merci. Au revoir.

Un auteur classique est un auteur que nous n'avons pas besoin de connaître puisque les autres le connaissent à notre place.

Péguy : le plus grand des grands, chez les écrivains. C'est simple : je le classe, avec confort, avec culot peut-être, mais avec une assurance très tranquille, extrêmement sereine, aux côtés de Louis-Ferdinand Céline, de Proust aussi. Il y a un Charles Péguy par personne (je veux dire : par lecteur) mais ce que je dis là est un lieu parfaitement commun ; c'est valable pour tous les écrivains, et même pour tous les artistes (peintres, sculpteurs, architectes, cinéastes, metteurs en scène de théâtre, musiciens, j'en passe).

Péguy est excessif, excessif jusqu'à la colère. Verve. Humour infini. Je n'ai pas peur de le dire (et encore moins de l'écrire) : Charles est sans doute un des auteurs les plus drôles de toute l'histoire de la littérature (française, pas française). Les gens ne me croient jamais quand je dis ça. Surtout, mais c'est encore un lieu insupportablement commun (que j'assume comme le précédent, cela va sans dire), Péguy est un écrivain vivant. Il nous parle, évidemment. Mais il nous parle en ce moment. C'est un homme qui nous parle en direct, et non seulement en direct, mais en temps réel. C'est très rare quelqu'un qui écrit en parlant, qui parle en écrivant, qui *nous* parle à ce point.

Il nous parle parce qu'il n'a personne d'autre à qui parler. Ce n'est pas très gai, ni très drôle, mais il faut bien admettre que Péguy n'a d'autre interlocuteur que son lecteur. Et encore ! Pas le lecteur de son époque, de son temps, qui, lui, a fait une croix sur Péguy dans le meilleur des cas. Car le meilleur des cas, concernant Péguy, c'est souvent le cas où le lecteur a essayé de le lire. Généralement, la lecture est abandonnée au bout de quelques pages, parfois de quelques lignes. Je dois dire que c'est totalement incompréhensible. Parce qu'un homme qui vous parle directement, en direct, ce n'est pas si courant. Et lorsque cela arrive, vous sentez bien que quelque part il y a de la triche, je veux dire : de l'art. Que l'auteur essaye quand même, voulant faire une œuvre, de ratisser son style, de peaufiner, coiffer ses phrases, de soigner ses tournures : donc il triture, il coupe, il « monte » (pour parler comme au cinéma). On sent qu'il y a dessous tout cela un édifice, une architecture. Que ça résulte d'un plan. Péguy, lui, ne fait pas de plan, surtout pas, il déteste. Mais ce qui est encore plus impressionnant, c'est qu'il nous parle grandeur nature (c'est cela que j'appelle en temps réel) : avec la vraie durée de sa pensée, sans la couper, sans la machiner, l'usiner. À choisir, il préfère dilater que rétrécir, car Charles est un interlocuteur qui adore convaincre.

Il adore convaincre et faire rire. C'est un obsessionnel, un têtu (mais jamais obtus). C'est un malin, mais qui ne supporte pas qu'on le fasse (le malin). Enfin, et c'est aussi ce qui me séduit chez lui, chez ce génie, il est toujours emporté par sa plume : il ne sait jamais ce qui va sortir de ce qu'il écrit ; il ne sait jamais ce qu'il pense tant qu'il ne l'a pas couché sur une feuille de papier. Péguy (Charles) est un improvisateur. Il adore les solos – et ses solos sont parfaits. Il ne se censure pas, il continue jusqu'au bout sa pensée, sa phrase, sa logique, le plus souvent jusqu'à la dernière, toute dernière extrémité, on croirait jusqu'au délire, mais voici qu'apparaît, derrière et après cette extrémité, au-delà de la limite ultime, quelque chose qui s'appelle l'horizon. Et Péguy, tirant une réflexion jusqu'à son paroxysme le plus démentiel, le plus vertigineux, découvre (presque à son insu, non : à son insu tout court) un horizon nouveau.

Ce qui fait que vous voyez sa pensée vivre. Elle est comme un animal, un dragon. Un serpent qui crache du feu, c'est bien comme cela que ça s'intitule : un dragon ?

Voir objectivement le monde (le saisir dans sa vérité, *enfin*) passe par une « affaire personnelle », un voyage intime, un processus inaliénablement individuel. C'est ce que Husserl (parlant toujours de Descartes) appelle « passer radicalement de l'objectivisme naïf au subjectivisme transcendantal » (*Méditations cartésiennes*, 1931). Naïveté de penser, en effet, que l'universalité passe nécessairement par les critères notoirement admis comme « objectifs » dans le monde moderne (ceux de la science, par exemple, en font partie) : seul un passage (inouï ; *révolutionnaire*) par *soi* (un soi situé à *sa* place) pourra ouvrir les portes de l'universel ; c'est par le *soi* que nous parvenons au dévoilement de la vérité, et non par un *nous* résultant d'un consensus « objectif » qui n'a de valeur que réglementaire, c'est-à-dire arbitraire (tout règlement, toute réglementation est arbitraire). Un *nous* qui, finalement, n'est que sociétal, n'est que culturel. La voie royale vers la désoccultation du monde, c'est le subjectivisme. Comme je déteste les mots en « isme », je dirais que c'est la *subjectivité*. C'est être soi et personne d'autre. C'est avoir trouvé sa place et la place de personne d'autre.

Je cherchais un mot adéquat, il y a quelques secondes, pour parler de l'« objectivité » d'un *nous* culturel, j'ai utilisé « consensus ». Mais il y avait mieux et Husserl, lui, l'a trouvé, et c'est le mot *convention*. L'objectivité du monde moderne, dont tout nous donne l'illusion qu'elle débouche sur l'universel, est le résultat d'une convention. Comme les sciences sont affaire de conventions. Ou les signes sociaux. La marche d'une nation, d'un État. Husserl n'applique pas le mot « convention » à la situation que je viens de décrire (ce qui m'aurait arrangé, même si aucune citation n'a jamais fonctionné et ne fonctionnera jamais comme une preuve).

Si la question de la foi fut si brûlante, si préoccupante, vitale, chez les rescapés des camps de la mort, c'est parce que, justement, s'est posée la question du : « Pourquoi moi ? » On pourrait penser que le rescapé, constatant qu'il est encore en vie, puisse vivre un renforcement de sa foi : Dieu l'a sauvé. Dieu ne l'a pas abandonné. Sa foi s'en trouverait vivifiée. C'est tout le contraire qui se produit. Car le rescapé, à sa sortie, n'a aux lèvres que cette question : « Pourquoi moi ? » Et, se demandant : « Pourquoi moi ? », il reconnaît implicitement le statut arbitraire de « sa » place. La foi est remise en question. Parce que le rescapé s'aperçoit que, peut-être, il occupe la place d'un autre. Une place pour moi, ma place : cela ne signifie plus rien. La supériorité et l'humilité ne sont plus valides. On a dit que celui qui craignait de prendre la place d'un autre, d'empêcher, par sa présence, l'autre d'être à sa place, celui-là n'avait pas la foi. Mais, ici, la situation est plus extrême : le rescapé ne peut être que persuadé de prendre la place d'un autre. Or la notion même de place est devenue absurde. Qu'est-ce que « ma » place quand cette place est interchangeable avec n'importe quelle autre place ? Quand c'est le hasard seul, la chance, qui me fait résider dedans – quand le mérite en est absent : quand je l'occupe, non au détriment des autres, mais sans *raison*. Quand je ne l'occupe que parce que les autres sont morts. Quand ma place est seule parmi toutes les autres places vacantes, vides. Que signifie « ma place » quand toutes les autres places n'existent plus : que je suis tout seul sur ma place toute seule, et que les autres, n'importe quel autre, aurait pu occuper mêmement cette place – ma place appartient à tout le monde ; elle est la place de toutes les victimes. J'occupe la place des morts. Car toute place est une place de mort. La foi n'a plus lieu d'être parce que j'occupe non seulement la place d'*un* autre, mais de *tous* les autres. De tous ceux qui ne sont pas revenus. Auschwitz, ce n'est pas la mort de Dieu. C'est la mort de la foi. De toute possibilité de foi. C'est la mort de « ma » place et de toutes les places. Non seulement ma place est celle de tous les morts, j'occupe la place de tous les disparus, mais je dois vivre à cette place.

« Ma place au soleil », je ne la reconnais plus, je n'en veux plus, car là où toutes les places sont vacantes, ma place ne vaut plus rien. « Ma place au soleil » : mais il n'y a plus de soleil. Non seulement je ne me serais jamais « battu » pour avoir cette place, mais je me serais battu pour ne jamais avoir à l'occuper. « Pourquoi moi ? », cela veut dire que « ma » place appartient à tout le monde ; que le « ma » de « ma place » est remplacé par un « ta », par un « votre ». Ma place dans le monde, c'est-à-dire parmi les autres, n'a plus de raison d'être si les autres ne sont plus là – si le monde est vidé des autres. Si le monde est privé des autres ; et si tous les autres sont privés de monde, et de leur place dedans. Ici : survivre, c'est ne plus avoir la foi.

Le juif est celui qui n'a pas sa place dans le monde. L'être-juif est celui dont le monde ne veut pas. Dans l'économie du monde, le juif est celui dont l'être n'a pas de place.

« Avoir à répondre de son droit d'être, non pas par référence à l'abstraction de quelque loi anonyme, de quelque entité juridique, mais dans la crainte pour autrui. Mon être-au-monde ou ma "place au soleil", mon chez-moi, n'ont-ils pas été usurpation des lieux qui sont à l'autre homme déjà par moi opprimé ou affamé, expulsé dans un tiers monde : un repousser, un exclure, un exiler, un dépouiller, un tuer » (Levinas, *Éthique comme philosophie première*, 1982).

Le monde redécouvert par la peur de l'avoir perdu est un monde inédit. Ce n'est pas le monde que tout le monde voit.

Si je ne suis plus d'accord avec ce que j'ai déjà écrit, ne pas raturer, mais continuer, dire que je me suis trompé plus haut, ou me contredire parfaitement. Cela n'a aucune importance. On se contredit sans cesse dans la vie. Je suis capable de me contredire par écrit. C'est le cheminement qui compte, les errances et les erreurs évidemment. Je n'improvise pas ce que je pense, mais ne pense qu'en improvisant. Je ne voudrais pas tricher. Je laisse à ce journal sa fraîcheur spontanée. J'avance au coupe-coupe en même temps que le lecteur ; je veux dire : c'est le lecteur qui avance avec et en même temps que moi. Dans la jungle. Avec les (pauvres) moyens du bord (avec les pauvres moyens de mon pauvre bord). De toute façon, je ne suis pas certain de publier ces pages.

Inconscience, culot : je continue. Je lis chez moi, Talmud, Torah, Midrash. Seul ; sans accompagnateur et sans guide. À mes risques et à mes périls. Je n'ai peur de rien, en particulier pas du ridicule. Sont ridicules ceux qui ne s'aventurent nulle part. Il faut que je lise beaucoup pour connaître davantage ce dont je parle, mais pas trop non plus afin de rester ce que je suis : pas grand-chose mais infiniment moi. « Moi » n'est pas très important ; mais il est très important pour moi de l'être, puisque je ne puis être que cela (au mieux !).

Jeudi 27 octobre

Réveil avec *Tattoo*, Rory Gallagher, 1973 (Polydor, 2383-230, UK). Rory Gallagher : voix, guitare et harmonica ; Gerry McAvoy : basse ; Rod De'Ath : batterie ; Lou Martin : claviers.

Toute la journée, nous pensons à ce que nous avons été, à ce que nous serons. Nous ne pensons pas à ce que nous sommes, parce que nous avons raté notre coup. Il n'y a que dans le passé et dans l'avenir que nous ne ratons rien. C'était avant que nous étions beaux, jeunes, drôles. Séduisants. Et c'est évidemment demain, beaucoup plus tard, que nous serons riches. Et que nous serons heureux. Vraiment heureux. En attendant, il s'agit de vivre en traversant des rues sales, de renifler sa morve quand il fait froid, de se détourner des jolies filles (essentiellement dans le métro) parce que nous avons, au fond, avoue-le, la trouille de ne pas les séduire. C'est une définition de la vieillesse, de l'âge qui vient, du trop tard : que de ne plus s'empresser de monter dans le même wagon qu'une bombe sexuelle. On sait qu'elle ne sera pas pour nous. On ne veut pas se faire souffrir. On n'est pas suffisamment vieux pour la poursuivre, la coller, dans le but de se rincer l'œil. Celui qui ne vit que pour mater, scruter, observer n'a plus rien à perdre, rien à attendre d'autre que des amours virtuelles, fictionnelles, fantasmées et reliées plus tard à la réalité par un canal spécial, celui de la mémoire, qui se vitrifie illusoirement, passagèrement, et avec une tristesse spéciale, presque rigolote, sous la forme de l'acte masturbatoire, acte dont on peut décéder comme l'aura prouvé feu David Carradine. Toute la journée, nous avons peur de la vie qui se présente à nous.

Je ne suis pas très nombreux. Je suis même assez seul. Le défaut des gens, c'est le nombre. J'essaye donc de me rassembler ; souvent je me soustrais. Parfois même, je me divise. Je me sens plus léger quand je ne suis qu'un. Je connais la suite, une jeunesse à terminer, une vieillesse à entamer, une mort à mourir, etc. On ne m'aura pas deux fois.

Ce matin, j'ai reçu des menaces de mort. La pluie ne s'arrête absolument pas. Au dernier étage, où je suis, il y a des « infiltrations ». C'est une lettre anonyme imitant une écriture d'enfant. Le type a posté ça hier à 14 heures, de Saint-Lazare. Lazare, c'est du qui ressuscite, Lazare. « On se rassure comme on peut ! » m'a lancé un « ami » dont je me méfierai.

Ce que l'athée préfère au monde, c'est le « progrès ». Le progrès est quelque chose qui nécessite une comparaison : celle du présent avec le passé. Mais le progrès est tellement pressé de progresser que, ce passé, cela peut-être il y a cinq minutes. Le progrès n'aime rien tant que fabriquer du passé le plus rapidement possible ; il rêve d'un présent pur, qui n'a rien à voir, rien à devoir à ce qui est ancien, à ce qui précède : le passé, c'est l'obsolète. Arracher au présent tout ce qui le relie au passé, à la tradition. Le présent doit être dé-passé. La mission têtue du progrès, c'est de dé-passer le présent. Le passé n'est pour le progrès qu'un référentiel dans lequel on pourra mesurer le travail effectué par le présent pour ressembler le moins possible au passé. Le passé n'est pour le progrès qu'un champ d'investigation scientifique. Il est un corps mort, allongé sur une table, dont on va faire l'autopsie. Il va falloir le disséquer.

Le passé n'est plus un monde à part, mais vivant, bien vivant. Il devient, pour les « progressistes », un cadavre qui n'intéresse le présent qu'en ceci qu'il s'agira, définitivement, de ne plus *jamais* ressembler à *ça*. Rosenzweig : « Le passé fut ainsi livré à la connaissance. »

Dans tous les livres sur Péguy, les spécialistes (appelés simplement *péguystes*, ce que Charles aurait simultanément détesté et adoré : il aurait trouvé grotesque de faire école, mais en même temps aurait reproché à chaque péguyste de l'être insuffisamment, ou plutôt : incorrectement) nous rappellent, avec raison, qu'il n'a jamais été un réactionnaire de droite, un catholique intégriste, un précurseur du fascisme. Cela m'ennuie d'avoir encore à le préciser, mais je vais le faire, et ces pages le montreront plus loin : Charles Péguy était de gauche (ce qui d'ailleurs n'est strictement pas mieux que d'être de droite, loin s'en faut), extérieur à l'Église (et à toute forme d'église) et qu'enfin il fut le seul écrivain non-juif de son époque à avoir combattu avec autant de virulence, et d'obstination, l'antisémitisme énorme de sa Belle Époque pas belle à voir.

J'ai lu tout Péguy au soleil, en terrasse d'un café, ou sur des plages. Ce n'est pas un hasard : Péguy détend, il est estival, solaire, joyeux. Il rayonne. Rien chez lui n'est triste, ni cafardeux, ni glauque : même quand il est désespéré, un rire se détache, qui lamine la volonté imminente d'en finir. Péguy s'est suicidé, j'y reviendrai. Mais c'était pour que son œuvre se fasse enfin – sans lui. L'écriture était terminée ;

c'était à la lecture de prendre le relais. La part écrite n'est rien sans la part lue. Nous sommes là pour ça. Moi, en tout cas.

Ce qui est insupportable, à *ONPC*, c'est le public. Dès que je dis quelque chose de personnel, d'inattendu, d'« inacceptable », il siffle, hue. Le public est devenu le fléau des émissions de télé. Et puis, cette façon de chercher la caméra pour se voir et faire « coucou » et rigoler. Insupportable. Les gens passent leur temps à se regarder en train de passer à la télé. L'émission étant enregistrée, ils se regarderont en train de se regarder samedi soir.

On distingue plusieurs catégories. D'abord, il y a les Narcisses maladifs : ceux qui se cherchent sans cesse, à s'en tordre le cou, quitte à empiéter sur le *Lebensraum* du voisin ; dès qu'ils s'aperçoivent dans le moniteur ou sur l'écran géant placé sur le plateau, c'est la joie, l'orgasme, comme si le but d'une vie entière avait été de faire passer en contrebande, devant toute la France, un pan de leur existence anonyme. Ensuite, parmi ces artisans de l'éphémère, on trouve les « déconneurs » : ils sont là pour se faire remarquer quoi qu'il arrive et optent pour les grimaces ou les signes obscènes. Ceux-là sont des pirates de l'écran : ils *détournent* l'attention. Il y a aussi les benêts (ou grands pudiques) qui, dès qu'ils se savent caressés par la caméra, dissimulent mal un sourire niais, baissent les yeux, puis revérifient, puis sourient encore. Et puis aussi les opportunistes : filles superbes aux décolletés impossibles qui sont là (très professionnelles) pour essayer de se faire repérer par un producteur ; elles se placent généralement au premier rang. Ou bien on les y place cyniquement : la production veut les belles plantes en vitrine, cela attire le chaland. Les disgracieuses ? On les planque, reléguées au dernier rang, près des courants d'air. Mais les pires sont peut-être ceux qui préviennent leur voisin (souvent un copain, une copine) qu'ils sont en train de passer à l'écran, ou qu'ils viennent d'y passer, ou qu'ils vont bientôt repasser. C'est que ça papote sec, au fond de la classe.

Drôle d'époque où des inconnus viennent se faire filmer pour accéder à une célébrité d'un type nouveau : la célébrité anonyme. Mais ce n'est, au fond, que la manifestation la plus grossière du processus télévisuel qui façonne en quelques heures des stars, pour les oublier aussi vite. La télé, c'est le fast-food de la notoriété. N'importe qui peut être vu par des millions de gens. Tout le monde peut, dès demain, être reconnu dans la rue. Le seul problème ? Après-demain.

Le point de vue, ce n'est pas simplement « l'angle » choisi pour décrire une situation, un événement, un personnage. L'angle est journalistique ; le point de vue est littéraire. Là où l'angle se doit d'être une manière à la fois de circonscrire un sujet, de lui définir en même temps une forme et des limites, le point de vue, lui, en appelle à la subjectivité absolue et à une liberté totale, fussent-elles inadmissibles, immorales, inacceptables. Il n'y a pas de morale du point de vue, tandis qu'il existe une éthique de l'angle.

Prenons, par exemple, les attentats du 11 septembre 2001. Un journaliste, pour faire comprendre l'ampleur de la catastrophe à ses lecteurs, décidera de faire le portrait de la mère d'une des victimes – et s'il veut donner à son article une tournure plus complexe, démontrant par là qu'une situation n'est jamais réductible à des schémas manichéens, il choisira une victime musulmane, démontrant par là l'absurdité d'un monde où l'islam et les chrétiens s'affronteraient au nom du Bien contre le Mal, comme du temps révolu des croisades. Tandis qu'un écrivain, même et surtout occidental, pour rendre compte à son tour (en dehors de toute forme de provocation triviale s'entend) de la complexité de cet événement, pourra décider de donner vie, de donner corps (à la première personne du singulier ou à la troisième, qu'importe) à un des terroristes en décidant, changeant la perspective journalistique que nous lisons chaque jour à la une des quotidiens, que Mohammed Atta est un héros. L'écrivain, loin de toute morale, de toute doxa, aura ici comme rôle de pénétrer, jusqu'à l'empathie, jusqu'à la folie parfois, s'identifiant à son personnage, la psychologie d'un « méchant ». De l'intérieur, il nous apportera des éléments sur l'humain, universalisant son propos, qui seront également précieux pour appréhender la réalité. Qu'importe que « moralement », cela ne se fasse pas : littérairement, c'est une pratique fructueuse.

La réalité « existe », mais, tant qu'elle n'est pas interprétée, elle reste quelque chose d'informe, d'indigestible, d'incomestible, d'inintelligible. Tout ce qui essaie de la circonscrire, de l'enrober, de la pénétrer (les reportages, les analyses politiques, les études scientifiques, etc.) n'en donne qu'une compréhension partielle, parfois erronée – la littérature joue son rôle en complétant ces visions objectives (ou qui voudraient l'être), en privilégiant la vérité sur l'exactitude. C'est même, paradoxalement, en s'écartant de l'exactitude pointilleuse, vérifiée, scientifique, historique, des faits, que la littérature, par l'imagination, parvient à se rapprocher au mieux de la vérité – pour prendre un exemple célèbre, l'Ubu d'Alfred Jarry est une figure vraie, dont nombre de satrapes, dans les dictatures du siècle passé, sont les avatars.

Vendredi 28 octobre

Réveil avec *Soap Opera*, The Kinks, 1975 (RCA Victor, SF 8411, UK). Ray Davies : chant et guitare ; Dave Davies : guitare et chœurs ; John Dalton : basse ; John Gosling : claviers ; Mick Avory : batterie ; June Ritchie : voix.

De grandes maisons, de grands murs, bêtement dressés devant l'enfance, et puis des routes, quelques moches usines, à perte de ma vue, et pendant des années. Sans mouvement, seulement des stylos pour écrire, dessiner des violons, des cigares, des arbres. Tous les propos échangés dans ma ville : si on en faisait la collection démente, oui, l'intégrale de toutes les conversations prononcées dans une ville, dans un immeuble, dans un appartement, et même une chambre, ma chambre. La première fois que tu pénétrerais chez toi, dans ta chambre, un type viendrait et il te donnerait, il te filerait, et il te transmettrait, il t'offrirait, il te remettrait, toutes les paroles, mais tapées, imprimées, mais reliées ! Des centaines de pages, des milliers, des centaines de milliers de pages.

Et puis, je voudrais, je veux rencontrer personnellement, un à un, bien studieusement, bien psychologiquement, tous ceux toutes celles qui ont vécu dans ma chambre, qu'ils me la racontent, ou bien qu'ils me donnent les cassettes de ma chambre. Les vidéos de l'intégrale de ma chambre : toute l'histoire, la biographie de ma chambre ! Avec les têtes du passé, des têtes de morts, et des vivants qui vivent ailleurs, dans d'autres pays, pas loin, très loin, dans le désert, dans la glace, quelque part en Argentine, en Hollande, à Beyrouth. Dans le centre-ville de Copenhague, là où il y a une patinoire l'hiver.

Je verrais tout ce qui s'est passé-déroulé dedans, parmi le plancher. Les destins qui y ont vacillé, les sympathies nouées, les drames, toutes les amours eues dedans, le ton arboré près du lit, les sérénités, les colères. Histoire des injustices de dedans ma chambre : huit volumes (neuf avec l'index). J'ai transmis cette histoire de ma chambre à mon successeur, en MP 4. Il me regarde encore, il en a pour des années à regarder en temps réel mes années à moi. Il voit ce qui suit (je n'ai pas les images sur moi, je vais mettre des mots à la place).

Le livre I de ma *Vie* n'est qu'une succession brouillonne de cris athées, sans la moindre conviction religieuse de ma part, avec face à moi (bestiole de replis et de plis, mauve et dégoulinant de morve), deux « parents » non juifs, et même carrément non-juifs, platement créateurs de l'heureux événement et de mes actions humaines futures. Mon père ne portait pas la kipa. Sinon, il est possible que je m'en souviendrais. Je ne sais même pas si ma mère pleurait.

Il n'y a pas de judaïsme sans ultimatum. L'être-juif, c'est l'être révélé dans l'ultimatum. Dans l'ultimatum (au moment où le juif est dévoilé dans son identité ultime de juif), tout juif redevient tout à fait juif, absolument juif. Exclusivement juif. Juif dans son absolue pureté sinaïtique. Juif dans sa clarté mosaïque. Mais dans l'identité ultime, autre chose, encore, advient. Autre chose est en jeu : l'identité ultime, révélée dans, révélée par la rafle hitlérienne rassemble instantanément, à l'instant même de son dévoilement, de son *jaillissement*, tous les juifs que la Terre a jamais portés. Tous les juifs de l'histoire de l'humanité. Tous les juifs de Moïse au petit élève « français ». Dans le petit élève innocent juif que les nazis désignent, c'est le peuple juif tout entier, avec ses maîtres, ses rabbis, ses prophètes et ses martyrs, ses hommes et ses femmes et leurs enfants, qui sont simultanément désignés. L'ultimatum réveille la simultanéité de l'être-juif par-delà les chronologies.

À l'instant même où, dans la classe, les nazis désignent l'élève juif qu'ils vont emmener, l'élève juif est relié à tous les juifs jusqu'au Sinaï. Il est égal à tous, serre sa main dans la main de tous et tous sont désignés avec lui. Et tous sont désignés en même temps que lui. Et tous sont désignés en lui. Ce qui surgit dans l'ultimatum (dans la rafle), c'est « la simultanéité pour des générations successives, séparées par la temporalité » (Alain Finkielkraut et Benny Lévy, *Le Livre et les livres*, 2006). Dans l'ultimatum, le juif français est juif.

Il y a une forme de négation qui, parce qu'elle est *soft*, sans effet (sans recherche, sans volonté) de scandale, fait concurrence à la négation des salauds : c'est l'occultation républicaine. C'est l'occultation politicienne. C'est l'occultation laïque. Or, dans ce cas précis, la laïcité n'est pas l'amie de la mémoire. La laïcité n'est pas l'amie des victimes qui n'étaient pas des victimes laïques, mais des victimes juives. Le lendemain de la rafle, en classe, il n'y avait, comme la veille, et comme l'avant-veille, et l'avant-avant-veille, que des élèves français. Mais il n'y avait plus un seul élève juif. Être juif, c'est ne pouvoir jamais être autrement que juif. Être autre que juif. Être juif, ce n'est jamais réductible à être français. Être juif, c'est être lié, attaché, accolé, collé, agrafé, greffé, associé au judaïsme. C'est être confondu (pour le meilleur, et donc pour le pire) au judaïsme. C'est être fondu dans le judaïsme. C'est être indissociable (à jamais) du judaïsme.

Pour le meilleur, et donc pour le pire ? Il faut en réalité corriger immédiatement cette formule. Parce qu'elle est fausse. Parce qu'elle est erronée. Être juif, c'est être juif pour le pire, et donc le meilleur : obsession de Benny Lévy pour une des phrases les plus importantes de Levinas (et sans doute du judaïsme) : « Le virement inattendu de la malédiction en exultation » (« Être juif », 1947).

L'exaltation, c'est pour les nazis. L'exultation, c'est pour les juifs. Les nazis sont parvenus à créer la malédiction par l'exaltation. Les juifs sont parvenus à dépasser la malédiction par l'exultation.

Qu'entend-on par cette étrange expression : « Le virement inattendu de la malédiction en exultation ? » Exultation : manifestation de joie, de transport. Vocable littéraire et religieux. Cette exultation dont parle Levinas, c'est le retour à la vitalité de la foi des Pères, à la vitalité sinaïtique originelle : « Au lendemain des exterminations hitlériennes qui ont pu se produire dans une Europe évangélisée depuis plus de quinze siècles, le judaïsme se tourna vers ses sources » (*Difficile liberté*, 1963).

Comment s'arrange-t-on avec le passé quand on ne (le) pense pas ? Quand on est *incapable* de le penser ? On commémore. La commémoration est le contraire de la pensée. La mémoire, c'est le passé rendu intelligible. La mémoire, c'est du passé qui a été pensé. La commémoration, c'est du passé qu'on a eu la flemme, la paresse de penser. Ou bien qu'on n'a pas eu le courage de penser. La commémoration est le contraire de la mémoire.

La mémoire, c'est du passé qu'on fait vivre. La commémoration, c'est du passé qu'on fait mourir. C'est du passé qu'on enterre. Car le passé non pensé est un poids aveugle, bête, de passé mort. C'est un passé qui a perdu son sens, qui ne s'adresse plus au présent. La mémoire, c'est du passé pour l'avenir. Ce sont des provisions de passé pour affronter l'avenir. La commémoration, c'est du passé pour le passé. Ce sont des funérailles de passé. C'est du passé en conserve. C'est du musée de passé.

La mémoire, c'est le lieu où le passé vit. La commémoration, c'est le lieu où le passé meurt.

Un passé commémoré, c'est un passé qui n'a pas été *pensé*. Et un passé qui n'a pas été pensé ne peut pas passer : il ne peut s'immiscer dans le présent. Il reste en dehors du présent comme dans une catégorie qui lui est étrangère, hostile, qui lui est incompatible. La commémoration est une opération qui consiste à empêcher le passé d'avoir accès au présent. Qui l'empêche d'avoir la moindre influence, le moindre pouvoir, la moindre emprise sur le présent. La commémoration existe pour laisser le passé là où il est : dans les limbes. Dans le révolu. Dans ce qui n'est plus et ne peut plus être. On commémore pour que le passé reste bloqué dans le temps passé. Pour qu'il soit fixe, bloqué dans une date. La date de la commémoration est la date (anniversaire) dont la tâche est de bloquer le passé, de l'enfermer (à jamais) en elle, dans cette date-là. La commémoration, c'est une date qui dit au passé, à l'événement passé : « On ne passe plus. » La commémoration, ce n'est pas la mémoire, c'est la barrière à la mémoire. C'est une douane. C'est un blocus. Un arraisonnement du passé. Un emprisonnement du passé qui, incapable dès lors de s'exfiltrer du jadis pour s'infiltrer dans le présent et lui donner son sens, son intelligence, et lui conférer son intelligibilité, est retenu à demeure, avec les miradors autour que sont les discours d'hommage et les fanfares commémoratrices, les cotillons d'anniversaires et les statues. C'est le passé en réalité qu'on statufie dans les statues, les monuments.

On commémore par peur de la contamination du présent par le passé. « Nous caressons l'espoir que le recueillement sur les tombes de nos héros et dans les cimetières militaires entraînera la venue de nombreux voyageurs. Il s'agit de mettre de nouveau en valeur notre maison. Et sur ce point justement nous en appelons à la collaboration de la presse puisqu'il nous incombe de mettre à profit les attractions que recèle chaque époque, et que les tombes de ceux qui sont morts au champ d'honneur semblent faites tout exprès pour autoriser l'espoir d'une reprise du tourisme », précise le responsable d'une agence touristique dans *Les Derniers Jours de l'humanité* de Kraus, 1918.

Sans exercice de mémoire, le passé n'est jamais intelligible. Dans nos temps modernes, postmodernes, dans la société toute neuve, l'interaction avec l'Autre n'a pas lieu dans le dialogue, mais dans l'action. Tout se *présentifie*. L'action est le contraire de l'échange. Elle certifie soit que l'échange est impossible, soit qu'il a déjà eu lieu. Elle s'y substitue ou l'entérine. L'action est fondamentalement paresseuse. Sa paresse consiste à (perpétuellement) éviter le moment de la pensée. L'action se multiplie, se répand, s'accélère, s'engendre et se ramifie, s'emballe pour échapper, coûte que coûte, à ce stade d'arrêt qu'est le stade, qu'est le point de la réflexion, de la pensée. L'action fuit la pensée.

Samedi 29 octobre

Réveil avec *Schoolboys In Disgrace*, The Kinks, 1975 (RCA, LPL1-5102, US). Ray Davies : chant, guitare et piano ; Dave Davies : guitare et chant ; John Dalton : basse ; Mick Avory : batterie ; John Gosling : claviers ; Alan Holmes : saxophone ; Nick Newell : saxophone ténor ; John Beecham : trombone ; Pamela Travis, Debi Doss et Shirlie Roden : chœurs.

Revu à midi *Le Droit du plus fort*, un de mes Fassbinder préférés. Par paresse, facilité ou incurie, les biographes de Fassbinder, pour la plupart de ces intellectuels mal léchés qu'il détestait tant, aiment à le comparer à un Balzac « du cinéma ». En première analyse, les arguments fusent, qu'on imagine aisément en faveur de cette thèse : description de différents milieux sociaux, vue d'ensemble d'une société à une époque donnée, mais aussi productivité vertigineuse, énergie surnaturelle face à l'œuvre gigantesque. Un tel parallèle n'en reste pas moins idiot. On ne compare pas un cinéaste à un écrivain, sauf chez Pasolini, qui fut les deux, et génial dans les deux. Soyons clair : il n'y a strictement rien de littéraire chez Fassbinder, rien ne lui est plus étranger que la littérature. Je sais : on dit le « le Balzac *du cinéma* ». C'est une comparaison, j'ai bien compris. Oui, mais même. Oui, mais justement. C'est précisément là que je voudrais en venir : ce n'est pas possible, cela ne veut rien dire un Balzac *du cinéma*. Fassbinder, je le redis, n'est pas Chabrol… Fassbinder, c'est du cinéma. Du cinéma pur, du pur cinéma. Du cinéma à l'état brut. La langue charrie trop d'idées pour lui, elle est une interface trop cérébrale pour qui attend qu'on passe directement au corps, c'est-à-dire à l'action. L'action, rien qu'elle, nette : « Je trouve que plus les histoires sont simples, plus elles sont vraies » (*L'Anarchie de l'imagination*, 2005). Aucune place chez lui pour la rhétorique. Ni pour l'idéologie : « On peut procéder aussi d'une manière strictement idéologique, mais je trouve que ça n'est pas tellement pertinent pour le grand public » ; « Je ne suis pas capable de faire une vaste fresque idéologique. Ce qui m'intéresse, ce sont des petites possibilités ». S'il faut le comparer, c'est à Chaplin : misère (sexuelle), crises (financières et d'identité), liberté, solitude, critique de la société de consommation et des dictatures, le tout dans un univers récurrent, habité par des personnages récurrents (Charlot, Franz Walsch) qui imposent une totalité cinématographique. Comme Chaplin, surtout, Fassbinder exècre l'ironie, le second degré, le point de vue extérieur du démiurge. L'ironie est réservée aux artistes qui n'en sont pas. Seuls Nabokov et Joyce peuvent se le permettre, parce qu'ils sont Nabokov et Joyce. D'ailleurs, il y a un lien ténu entre Nabokov et Fassbinder : *Despair*. Balayée, l'ironie de *Despair*, par les gros doigts de Rainer Werner.

Nabokov est un de mes dieux totaux et absolus, mais on ne m'enlèvera pas de l'idée (c'est sa recette, son style, sa manière) qu'il ne manque jamais une occasion de rappeler à son lecteur qu'il est plus intelligent que lui. Ça passe comme une lettre à la poste parce que Nabokov est vraiment plus intelligent que son lecteur – le lecteur lui pardonne, il passe là-dessus, tant pis, c'est le prix à payer pour entrer dans cette œuvre. Or, on ne le dit jamais assez, mais il y a toujours un prix à payer pour entrer dans une œuvre. C'est d'ailleurs à ça qu'on reconnaît que c'en est une. Je n'ai jamais, pour ma part, supporté cette sorte d'argument de vente qui consiste à vanter, pour tel ou tel auteur « réputé ardu », sa facilité d'accès « si jamais on commence par tel ou tel de ses romans ». Et puis quoi encore ? Moi, ce que j'aime, quand je pénètre un cosmos littéraire, c'est avoir le trac, ne pas être certain de pouvoir vraiment suivre, avoir peur d'être lâché en chemin, avoir la crainte de rester au seuil. Alors s'il faut faire des forages dans le béton, parce que l'œuvre se trouve derrière un énorme parpaing de ce même béton, eh bien, ces forages, je les opère. Cet effort, je le fournis. Même surhumain, je le fournis ; il est bien rare, au demeurant, qu'une belle récompense ne se cache pas derrière. Si c'est pour lire Bernard Werber, autant être analphabète. Je prends ce type en exemple (chaque fois que je le croise j'éprouve l'angoisse, cette angoisse très particulière, de me trouver en face de la nullité en personne), mais ils sont plusieurs dans ce cas, à croire qu'écrire c'est écrire, à croire que la littérature c'est raconter, narrer.

Ce pauvre Werber, quand même. À son âge. Raconter des histoires de mouches, de guêpes, de mages, de tics et de poux. Il m'a toujours fait penser à ces posters de chatons qu'on affiche dans les toilettes. Pour lui, écrire un livre, c'est réaliser, avec des mots (les mots les plus « simples » possible), des posters de chaton. La réalité est moins heureuse : on n'emploie les mots simples que lorsqu'on pense que tous les autres mots (ceux qu'on ne connaît pas, qu'on ne veut pas connaître, qu'on ne connaîtra jamais) sont compliqués. Bernard Werber aime trop les fourmis et pas assez les dictionnaires. C'est un homme de vivarium et qui ne prend l'air que pour promener ses chats. Je n'aime pas les hommes à chats. Ils sont neuneus. « Je suis un chat, je suis un chat », se répète Werber : non, mon vieux, tu es Bernard Werber et ce ne doit pas être facile tous les jours. Jongler avec quarante-cinq mots de vocabulaire, il est vrai, n'aide pas à voir le monde avec les lunettes de la complexité. Quand, à soixante ans, on croit aux farfadets, aux forêts enchantés et au féerique monde des fées, il est un peu délicat de trouver dans le monde une autre place que celle du poster dont j'ai parlé tout à l'heure, avec la gueule enfarinée du chaton que des humains pervers ont forcé à poser pendant des plombes sous les projecteurs en le gavant de croquettes au poisson. Werber, plus qu'un homme à chatons, est un type à croquettes ; il donne à ses lecteurs (que je méprise dans leur intégralité) des croquettes. Ces livres sont des boîtes de croquettes. Ce n'est pas très bon, mais les gens aiment bien ; c'est croquant et dedans il y a des morceaux de bœuf et des oligo-éléments. C'est cela qu'il faut bien comprendre : la différence entre Bernard Werber et un écrivain, c'est la différence entre le rayon croquettes de Carrefour Market et Pierre Gagnaire. Je ne suis pas de ceux qui accusent, en revanche, ce type de vouloir faire de l'argent – il n'est même pas là-dedans, non, il est dans ses nunucheries à chatons mignons, dans ses croquettes ; quelle horreur, quel cauchemar d'être venu sur Terre pour chier ça, et, chiant ça, se dire « je suis écrivain ». Heureusement, il ne sait pas que nous savons, il ne sait pas que nous savons qu'il sait que nous savons qu'il ne sait pas ce que nous savons qu'il sait ne pas savoir qu'il ne sait pas que nous savons ! L'abruti. Total.

Ce qui m'embête le plus, dans tout cela, c'est que, parlant de Fassbinder, j'ai mêlé à tout ça Werber Nanard. Il nous saoulait, à table à Gérardmer, tout sourire (cet insupportable sourire niais), à nous raconter qu'une expérience avait montré, je ne sais pas, moi, que les tiques avaient des capacités cognitives proportionnellement un milliard de fois plus puissantes que les humains. Même chez les asticots, même chez les bloches, ils n'en voudraient pas, du Nanard – ils n'en voudront pas, j'en mets ma main au feu, quand viendra le grand moment de la glaise, le lieu définitif, parfaitement total ou noir, où cette espèce d'artichaut aura cessé de composer ses bluettes sur le cosmos et ses doigts de pied. Le pire étant que, de source particulièrement sûre, je sais que le bonhomme est loin d'être si gentil que ça. Il a sa partie sombre, mon Nanard, n'allez pas croire.

Je cesse avec lui, et je reviens à l'art. Je disais que Fassbinder a, d'une certaine façon, dénabokovisé Nabokov. Il a également adapté *Querelle de Brest*. De Genet. C'était *Querelle*, en 1982. Il s'y affranchit de l'esthétisme un peu boursouflé, un peu sentencieux de Genet (à la vérité très boursouflé, très sentencieux), dont il se moque au passage en reconstituant la ville de Brest en carton-pâte (matière dont est faite la prose de Jean Genet). C'est donc ça, Fassbinder : une fantastique machine à désintellectualiser, à désironiser. C'est pourquoi, sans doute, il n'aimait pas le théâtre, trop littéraire, trop abstrait, lui, le fondateur de l'Antiteater. Fassbinder a dit avoir été influencé par certains films de Godard mais, ce qu'il aime, c'est ce qu'eût été Godard sans Godard. Alors, là encore, il le dégodardise, gardant le meilleur de la Nouvelle Vague, lui rend sa visibilité première, non altérée par le maniérisme, le snobisme, la brume conceptuelle. Grâce à l'action, toujours l'action, celle qui empêche le moindre des quarante films de Fassbinder de comporter une seule seconde d'ennui. À l'audace de la lumière, il juxtapose, tout simplement, un scénario en béton. Il fallait y penser. C'est en quoi son scénario est révolutionnaire. C'est par l'imagination pure que Fassbinder, génie de la narration, dépasse tous les autres. Il n'y a rien chez lui qui soit « à clef » ou « emblématique de ». Aucun bavardage, aucun « journalisme ». Il est même parvenu à rendre vivant l'illisible *Berlin Alexanderplatz* (faux chef-d'œuvre par excellence) d'Alfred Döblin, ce Joyce du pauvre – parce qu'il lui a rendu, en l'adaptant, l'émotion dont il était dénué : « Le spectateur a le droit d'éprouver des émotions. Mais il doit les éprouver ouvertement. » Fassbinder (Chaplin, toujours) eût été un génie du muet – le cinéma par lequel s'expriment directement, visuellement les émotions. Son secret ? Nulle barrière ne doit s'ériger entre la vie vécue et la vie filmée, l'une étant sans cesse le corollaire de l'autre, l'enrichissant, la menaçant, la déstabilisant, la détruisant : « Il faut que les films cessent d'être des films pour commencer à devenir vivants. » Le mot « réalisme » n'a donc pour lui aucun sens : si la vraie vie était « réaliste », ça se saurait – « Le reproche des intellectuels était que tout ça ne collait pas ».

« Rapide et concret », comme il aimait à se définir lui-même (ce qui caractérise aussi très bien son cinéma), plus que nul autre, il a fait de son histoire personnelle une histoire de l'Allemagne. C'est par la description des minorités homosexuelles, de la drogue, de la prostitution ou de la jalousie amoureuse qu'il aborde le IIIe Reich ; c'est par le truchement des femmes qu'il nous décrit l'Allemagne de son siècle. Neuf de ses films portent des noms de femmes : Lola, Martha, Lili Marleen, Veronika Voss, Petra von Kant, Maria Braun, Effi Briest, Nora Helmer ou Mutter Küster ne sont pas des « idealtyp », des idées au service d'une thèse, ni des fantoches de films historiques, mais des moments d'intimité fassbinderiens disséminés dans les épisodes eux-mêmes épars de la mauvaise conscience germanique : « Les femmes sont les figures les plus passionnantes de la société, les conflits ont plus d'évidence chez elles. » Gloire à Fassbinder d'avoir permis ce cinéma qui ne pense pas, mais donne tant et tant à penser. « Quoi que je fasse, les gens protestent. » Ils en sont toujours là.

Dimanche 30 octobre

Réveil avec *Sleepwalker*, The Kinks, 1977 (Arista, AL 4106, US). Ray Davies : chant, chœurs, guitare et claviers ; Dave Davies : chant, chœurs et guitare ; John Dalton et Andy Pyle : basse ; John Gosling : claviers et chœurs ; Mick Avory : batterie et percussions.

La religion dans laquelle le moderne se sent la plus à l'aise, c'est celle dont le Dieu permet le plus possible de présent (c'est-à-dire de gloire, de plaisir et de réussite). Ce Dieu, en aucun cas, n'est le Dieu d'Abraham et de Moïse. Ce Dieu, c'est le Dieu de Jésus. Le Dieu de Moïse, le Dieu du peuple élu, le Dieu d'Israël n'est pas un Dieu qui sacrifie au présent. Ce n'est pas un Dieu de l'action. Ce n'est pas un Dieu de l'oubli. Ce n'est pas un Dieu de la mémoire courte. C'est un Dieu, c'est le Dieu de la mémoire longue, de la mémoire immémoriale. Le Dieu d'Abraham, c'est celui qui exige des hommes qu'ils fassent appel à l'origine, qu'ils se *retournent* (sans cesse, à tout moment) vers l'origine – et c'est ce retournement qui donne de la latence à l'action, qui la retient, qui la *contraint à la réflexion*. Les juifs ne sont pas dans l'immédiat pur, parce que l'immédiateté de leur action est stoppée, ralentie, retenue, dans leur avancée tête en avant, par le devoir (et par conséquent la faculté : « tu dois donc tu peux ») de se retourner.

En l'occurrence, ce n'est pas un « tu dois donc tu peux », c'est un « tu peux donc tu dois ». Si je suis juif et que je ne veux pas me retourner, c'est que je me suis trompé, que je n'ai jamais été juif. Car « le dernier marchand de chiffons [juif] qui se croit "affranchi", dit Levinas, l'intellectuel [juif] qui se croit athée, respire encore le mystère de la création et de son élection » (« Être juif », 1947). Tu peux donc tu dois, toujours : « L'impératif de la création qui se prolonge en impératif du commandement et de la loi instaure une passivité totale. Faire la volonté de Dieu est, dans ce sens, la condition de la facticité » (*ibid.*). « Tu dois donc tu peux » qui se confond avec « tu peux donc tu dois » : définition possible de la passivité.

Tandis qu'ils voudraient, modernes et tout neufs dans la société moderne et toute neuve, foncer peut-être comme les autres, les juifs ne le font pas : ils se retournent. Ils exécutent un mouvement contraire à la course qui les retient dans l'accélération. Ce n'est plus le présent qu'ils dévorent à l'aveugle, aveuglés et enivrés par la quantité de mouvement qui les entraîne dans l'action immédiate, les enchaîne à cette immédiateté de l'action (à cette immédiateté qu'*est* l'action). Vers quoi se retournent-ils ? Vers leur histoire, ils se retournent vers le mont Sinaï. Ce lieu, nous dit Benny Lévy, où « chacun des six cent mille Hébreux avait une vision singulière, unique, du Dieu » (*Le Livre et les livres*, 2006). Ce mouvement de retournement effectué en plein sprint, c'est cela, au risque de chuter, que l'on nomme précisément la mémoire d'un peuple. Et quand on fait du petit élève juif déporté un petit Français déporté, c'est qu'on a couru sans *jamais se retourner*.

Le passé, pour un juif, n'est jamais ce qui contamine : c'est ce qui éclaire. Le Dieu de Jésus, lui, n'exige pas du chrétien un quelconque retournement vers l'origine. « Le christianisme aussi, dit Levinas, est une existence à partir du présent » (« Être juif », 1947). L'origine des juifs est située au Sinaï : le sprinteur juif, voué au retournement, se retourne, pendant la course, vers le Père, vers le judaïsme des pères. Il regarde, depuis le présent, Moïse qui reçoit les Tables de la Loi des mains de Dieu. Il « voit » jusqu'à la foi des Pères. Il remonte jusqu'au Sinaï. Il remonte jusqu'à l'Exode. Il oublie tout, soudainement, de la modernité dans laquelle il s'engluait, se perdait, et quitte instantanément l'ignorance dans laquelle il s'était, préférant agir que réfléchir (comme y exhorte la société toute neuve), paresseusement installé et redécouvre que son être-juif est là, intact, qui lui demande ce retournement (même passager) et lui octroie cette acuité sans pareille de visiter Moïse. Il n'était donc pas complètement dans l'oubli : son être-juif, irrémissible, l'avait, contre ses penchants modernes et ses aspirations toutes neuves, préservé de la faculté d'oubli des époques de progrès, d'accélération et de raccourcis. Sa rapidité, sa vélocité dans l'action ont été détournées pour un instant (de respiration, de pensée, de *passé*) vers le Sinaï originel, vers le lieu absolu du Père qui est le lieu du Père absolu. C'est le passé qui est venu tordre le présent, le remettre au pas, lui rappeler qu'il n'est pas seul, qu'il n'est pas venu là tout seul, qu'il ne s'est pas *fait tout seul*.

« Dirige tes talons en arrière et non en avant, écrit Lautréamont dès le Chant premier, comme les yeux d'un fils qui se détourne respectueusement de la contemplation auguste de la face maternelle. » Phrase chrétienne, phrase juive ?

Les chrétiens n'ont pas ce rapport au passé. Rien ne les oblige à se retourner vers le passé du Père. Que voient-ils en effet quand ils se retournent ? Que voient-ils si tant est qu'ils se retournent ? Ils ne voient pas le Père : ils voient le Fils. Or le Fils est au Père ce que le passé est au présent. Le Fils est au Père ce que l'action est à la réflexion. Le Fils est au Père ce que *tout seul* est à *tous*. Le Fils est au Père ce que la commémoration est à la mémoire. Le Fils est à « l'élève français victime de la Shoah » ce que le Père est à l'élève *juif* victime de la Shoah. Le Fils n'est pas une actualisation du Père : le Fils est modernisation du Père. Le Fils n'est pas la continuation du Père : le Fils est la sécularisation du Père.

« La “facticité” juive, n'est-elle pas autre que la “facticité” d'un monde qui se comprend à partir du présent ? » (Emmanuel Levinas, « Être juif », 1947).

Je deviens juif en portant toute la mémoire du passé de tous les juifs : je m'ancre dans une filiation qui me ramène *directement* à l'origine. Je me fais juif avec tous les autres juifs. Par tous les autres juifs. Grâce à tous les autres juifs (du passé). Je porte l'héritage de tous les juifs d'Abraham, de Moïse, jusqu'à moi-même. Je suis l'héritier de tous les juifs. Chrétien, je ne suis l'héritier de personne : foudroyé comme Claudel derrière un pilier à Notre-Dame, rencontrant instantanément la grâce, je suis l'incarnation de l'immédiat. La foi comme une foudre. Je me suis fait chrétien *tout seul*. Je n'ai pas eu besoin, pour devenir chrétien par la grâce d'une fraction de seconde, pendant laquelle le Seigneur m'a révélé la voie, de me sentir redevable d'aucun autre chrétien. L'être-juif est fait de tous les juifs précédents. L'être-chrétien est fait de soi, et rien que de soi, et ne doit rien à *personne*. Il ne doit qu'à l'instant présent – et ne s'encombre d'aucune mémoire. La fête juive se souvient. La fête chrétienne commémore.

Le Dieu des juifs n'est pas situé dans le présent, il est situé dans le passé, à un moment précis du passé, et il s'agit, par chaque acte de la foi juive, par chaque prière, par chaque décision juste, par chaque geste d'équité, par chaque page lue de la Torah, par chaque passage étudié du Talmud, de le convoquer dans le présent, de le conjuguer au présent, de l'actualiser. De l'entretenir : il faut imaginer un feu allumé il y a des millénaires et qu'il s'agit d'entretenir, de ne jamais laisser mourir. Si plus personne ne veille sur ce feu, alors ce feu s'éteindra – pour toujours. Un juif qui étudie, un juif qui prie, un juif qui dit sa prière, un juif qui mange casher, un juif qui ne fait pas à son prochain ce qu'il ne voudrait pas qu'on lui fasse, c'est un juif qui surveille ce feu (sacré), qui entretient cette flamme (originelle), ce *foyer* divin.

Le Dieu des juifs est situé à un endroit précis du passé, le Dieu des chrétiens n'est situé à aucun endroit précis dans le présent. Dans le présent, le Dieu des juifs n'est nulle part tandis que le Dieu des chrétiens est partout. Et partout à la fois. Le Dieu des juifs est unique et il reste à sa place. Le Dieu des chrétiens, sous l'aspect du Fils, se multiplie comme les pains, il est partout. Partout en même temps. Dans l'action. Dans l'immédiat du présent. Le contemporain « capital », c'est Jésus ! Il est en tout cas le contemporain absolu.

Sécularisant le Père par le Fils (par un Fils), la religion catholique *porte en elle* la perte de la foi – et donc sa propre perte, sa propre dilution dans le tout-politique et le tout-économique. Le catholicisme, à pas de loup, est en train de redevenir une religion d'État – si tant est qu'il ait jamais fini de l'être.

Il y a, dans l'essence même du christianisme, une connivence quasi biologique, une affinité quasi élective avec le et la politique. On l'a vu avec Hobbes – son Léviathan, homme d'État sous sa forme suprême, est le jumeau d'un Dieu : celui des chrétiens.

Le Dieu des chrétiens est pratique : il donne des ailes aux puissants et de l'espoir aux misérables. Il donne plus de légitimité au culot des chefs et plus de patience à l'effort des petits. Le Dieu des chrétiens ferme les yeux sur l'arrogance des décideurs et fait des clins d'œil à la ténacité des ouvriers. Le Dieu de Jésus est adoré par les présidents, les tyrans, les rois, les Premiers ministres, les satrapes, les premiers secrétaires, les Führer, les Duce : ils paradent dans les cathédrales, ornent les tombes, posent un genou à terre, chantent dans une église, font un signe de croix, s'inclinent devant le pape, qui les reçoit. Ils aiment la foule, comme leur pape aime la foule. Bains.

Ils se prennent pour Dieu lui-même : Giscard d'Estaing, planchant sur le dossier Ranucci, décidant finalement de ne pas le gracier. De ne pas être charitable. François Mitterrand, entrant magistral au Panthéon, un lieu laïque, républicain, « neutre », mais le lieu de tous les dieux – de tous les dieux de la République, mais de tous les dieux.

Il y a une phrase de Levinas, dans son article « Être juif » de 1947 qui prend tout son sens dans la décision (absurde) de Nicolas Sarkozy, en son temps, de « confier à chaque élève de CM2 la mémoire d'un élève français victime de la Shoah ». Voici cette phrase : « Exister comme créature, c'est ne pas être écrasé sous la responsabilité d'adulte. C'est se référer dans sa facticité même à quelqu'un qui porte l'existence pour vous, qui porte le péché, qui peut pardonner. »

Quand l'élève juif de CM2 approche de la Shoah, il ne la porte pas seul sur ses épaules, il n'est pas seul devant l'événement. Il n'est pas seul face à cette réalité. Il n'est pas « écrasé », nous dit Levinas, par le poids tout entier de l'histoire. Être juif, c'est être inscrit dans une filiation : avoir un père, c'est être délesté des poids adultes.

On comprend mieux que la proposition de faire porter la « mémoire » d'un enfant mort en camps à un petit élève de 2008 est une proposition totalement en contradiction avec le judaïsme – totalement en contradiction avec ce qui est de règle chez les juifs. Aucun juif, *a priori*, ne devrait entériner une telle proposition. Ce serait faire peser sur des épaules d'enfants des responsabilités adultes, des responsabilités d'adultes.

« Une mauvaise réponse à une bonne question », lisait-on à la une du *Monde* daté du samedi 16 février 2008. Eh bien non. C'est une mauvaise réponse à une mauvaise question. « Si le judaïsme n'avait qu'à résoudre la "question juive", il aurait beaucoup à faire, écrit Levinas, mais il serait peu de chose. » Il n'y a pas de question juive, nous enseigne Benny Lévy : mais « seulement » une réponse juive. Ne jamais oublier cette phrase de Levinas : « Le Juif est inéluctablement rivé à son judaïsme » (« L'inspiration religieuse de l'Alliance », *Paix et droit*, n° 8, 1935).

Lundi 31 octobre

Réveil avec *Misfits*, The Kinks, 1978 (Arista, AB-4167, US). Les Kinks des années 1970 parodient avec brio les Kinks des années 1960. Je crois qu'il n'y a pas d'équivalent, dans l'histoire du rock, d'un groupe qui se pastiche *sciemment*, se moquant des tics et manies de sa période antérieure (et florissante). Ray Davies : chant, guitare, piano et synthétiseur ; Dave Davies : guitare et chant ; John Gosling : piano, orgue, et synthétiseur ; Andy Pyle, Zaine Griff, Ron Lawrence et John Dalton : basse ; Mick Avory, Clem Cattini et Nick Trevisik : batterie ; John Beecham : trombone ; Nick Newall : clarinette ; Mike Cotton : trompette.

Je ne suis pas seulement parano, je suis aussi persécuté. Pour de vrai. Ça aide à vouloir comprendre ceux qui, comme moi, sont haïs sans avoir rien fait que vivre. Quand le seul fait de vivre empêche autrui d'être heureux, tu deviens juif. Ma première naissance, la non juive, était le fruit de l'amour. Ma seconde, la juive, est le fruit de la haine. Je me sens moins seul dans l'inconfort. Je me sens moins isolé dans la peur. Et moins orphelin dans la méfiance. J'appelle « antisémite », désormais, toute personne qui voudra me tuer.

Je ne sors pas vraiment de chez moi, sauf pour aller loin. Je ne descends pas les escaliers ; parfois, je fais des escales. Elles sont rares, je ne raffole pas des îles. Je ne suis pas certain de comprendre les voyages, ceux qui voyagent, les voyageurs, les touristes, ceux qui prennent des billets pour des destinations. Je ne pense pas (non plus) comprendre ceux qui prennent, reprennent infiniment l'avion, qui risquent des crashes, et des phlébites, et le cri des nourrissons dans l'appareil, et les odeurs des gens, et les manies des gens dans lesquelles, dans l'avion, je tu il nous sommes enfermés.

Je n'aime pas forcément les voyages de mon corps : ceux de mon esprit, ceux de ma tête, ceux de mon (pauvre petit léger bête étriqué) cerveau me plaisent plus. Je préfère Rossellini que l'Italie, un film que prendre l'avion. Me faire vomir dessus pendant le vol, poser des écouteurs sur mes oreilles, qui ne marchent jamais, qui crépitent, avec de la musique que je n'aime pas, que personne n'aime. Il y aurait (il y a) une thèse d'à peu près mille pages à écrire, à produire, à éditer, du moins à brocher, à diffuser (dans des cercles snobs, dans des cercles restreints, dans des cercles circulairement confidentiels) sur la musique des avions. La musique des avions n'est pas aérienne.

Tout le monde l'écoute, est contraint de l'écouter. Mais personne n'en avait auparavant ni jamais eu l'envie, ni jamais eu l'idée. On nous soumet, dans l'avion, à écouter, de la musique qui ne s'écoute pas. De la musique dont, une fois le vol terminé, achevé, consommé, on ne se souvient plus, de ce jazz impossible et sirupeux, daté, lointain, très fade et flou, que nos oreilles ont capté. Ni des chants folkloriques de pays qui n'existent pas vraiment. Ni ces extraits de Mozart qui ne sont pas, qui ne seront jamais, qui ne sont pas près d'être du Mozart.

Il ne faut pas, il ne faut (absolument) jamais voyager. Ça ne sert à rien, du tout. Reste plutôt chez toi, devant des ordinateurs, à courir le monde sur Google, comme un petit enfant trouillard qui a peur des ondes de choc, des péripéties réelles, des vraies aventures qui font des bleus, des gens épars et compliqués, nombreux, méchantissimes et prêts à (te) tuer, qui grouillent et grouillent dans les rues tordues du monde, et dans les ruelles droites, et sur les avenues calmes qui sont terribles si la nuit vient.

Ce n'est pas bien de sentir l'air de dehors et du dehors. L'extérieur est quelque chose de surfait, dont on peut (quand on est de bonne volonté) abandonner carrément l'hypothèse. Cours acheter quelques livres, peu de romans, mais des livres, et une infinité de disques infinis, puis des craies, un tableau noir, des manuels de mathématiques (afin que tu puisses, jusqu'au petit matin, démontrer des choses) et voilà, tu es paré pour la vie. Il n'est pas utile de gagner de l'argent : fais travailler les autres, par exemple les filles, ou tes parents, ou demande à des amis de te prêter un appartement, des slips, quelques verres à dent, un ou deux couverts et un bloc pour noter tes idées. Le reste coulera de source. Le reste, c'est ton œuvre, si jamais tu désires œuvrer.

Je ne voyage qu'au Brésil et en Corée (du Sud et du Nord). Je n'aspire finalement qu'à une chose : devenir un juif parlant couramment portugais. Ça me rapprochera de mes racines : les marranes ! (Même si moi, c'est l'Espagne, plutôt. La prochaine fois que je vais à New York, je visite la synagogue hispano-portugaise.) Ça tombe bien ! On ne peut pas être marrane sans aimer le Brésil. Qui a dit que Zorro était mexicain ? Zorro est marrane. Zorro est brésilien ! Dans le monde ibérique, les marranes faisaient partie de ce qu'on appelait les « nouveaux chrétiens ». Ils étaient les descendants des juifs convertis de force et qui néanmoins ont continué à entretenir clandestinement des croyances et des coutumes plus ou moins judaïsantes. Ces conversions forcées ont commencé en Espagne à la fin du XIVe siècle. Elles se sont amplifiées jusqu'à l'expulsion des juifs en 1492 tandis qu'au Portugal une ordonnance de 1497 imposa brutalement le baptême aux juifs. Des réseaux de marranes ont subsisté jusqu'au XVIIIe siècle. Mais la mémoire marrane se prolonge encore aujourd'hui.

Les animaux sont incapables de mauvais goût.

Personne au monde ne regarde la météo pour connaître le temps qu'il fait, qu'il va faire. La raison est ailleurs. C'est qu'il se passe avec la météo un phénomène étrange, proche de celui de la dépendance des drogués. « Le temps qu'il va faire » possède sa chaîne de télé, comme le sexe, le rock, le sport, les bagnoles ou les séries américaines. C'est donc qu'il existe chez l'être humain un *besoin de météo*. Qu'est-ce à dire ? Besoin d'être rassuré, non sur les intempéries, mais sur soi-même : les informations sur demain (tranchant avec celles du JT qui portent sur celles d'aujourd'hui) nous donnent l'impression que, demain, nous serons toujours là, en vie, sur la Terre. Et puis dans la météo, c'est nous qui sommes les acteurs, c'est nous qui recevons la pluie sur la tête, c'est encore nous qui prenons des coups de soleil, c'est toujours nous qui avons trop chaud, trop froid. La météo, c'est le Nasdaq du pauvre, l'indice Nikkei du quidam : on anticipe ce qu'on peut, comme on peut. On ne revend pas des actions Vivendi, certes, mais on prévoit une petite laine. La seule obligation qui prévaut, non cotée en Bourse, est de ne pas s'enrhumer. D'un côté des marchés frileux, de l'autre des frileux au marché.

Sur la chaîne météo, dès qu'un rayon de soleil apparaît, on vous fait signe. Trois flocons de neige près de Chambéry et c'est l'édition spéciale. Le 21 décembre, il y aura une soirée thématique « L'hiver est là ». Les chaînes généralistes tentent d'habiller la vacuité du propos en déshabillant les hôtesses qui, dressées devant leur carte, donnent la température de la France. Souvent, les anticyclones – par exemple sur Canal + – ne servent que de prétexte à des gags : il faut de l'imagination pour conférer du sens à ce qui n'en a pas. La météo, c'est « Ionesco et Beckett font du ski », « Ionesco et Beckett à la plage », etc. On nous parle des Açores, de dépressions, de masses d'air, de la Saint-Édouard et de Météo France : c'est de la télé automatique comme on parle de pilotage automatique. Ou, si l'on veut être plus clément, comme il y eut jadis l'écriture automatique. À cheval entre la science et la poésie. Breton aurait peut-être aimé. Au fait : quel temps fera-t-il, demain, en Bretagne ?

Qui a dit, qui a écrit en premier, le premier, qu'il n'y a pas de question juive ? Avant Benny Lévy. Et avant Levinas : cinquante ans avant Levinas. J'ai sous les yeux le magnifique (belle couverture blanche, pagination impeccable, pages rigides, presque cartonnées) 5e Cahier de la 3e Série des *Cahiers de la Quinzaine* (plus grande revue de tous les temps). « Paraissant vingt fois par an, Paris, 8, rue de la Sorbonne, au rez-de-chaussée. » (« Nous avons donné le bon à tirer après corrections pour deux mille six cents exemplaires de ce 5e cahier le jeudi 19 décembre 1901. ») C'est un cahier rédigé par Georges Delahache. Il est (sobrement) intitulé : *Juifs*. Le gérant des *Cahiers* rédige (pages 1 et 2) une courte et fulgurante introduction. « L'auteur, écrit-il, est un Juif. Il a même un beau nom juif. Mais il a dû garder ici un pseudonyme habituel. » Puis, plus loin, ce trait de génie que reprendra Levinas, et, surtout, après Levinas (et jusqu'à l'obsession, Benny Lévy) : « Au cœur de l'affaire [Dreyfus], sous la poussée des haines antisémitiques, nous répondions victorieusement, par défi ou sincèrement, qu'il n'y a pas de question juive. » Ces lignes sont de Charles Péguy (*Cahiers de la Quinzaine*, 5e Cahier de la 3e Série, 1901, page 1).

« Il n'y a pas de question juive » (Charles Péguy, 1901).

« Il n'y a pas de question juive » (Emmanuel Levinas, 1947).

« Il n'y a pas de question juive » (Benny Lévy, 2002).

NOVEMBRE

Mardi 1er novembre

Réveil avec *Low Budget*, The Kinks, 1979 (Arista, AB 4240, US). Ray Davies : guitare, claviers et chant ; Dave Davies : guitare et chœurs ; Jim Rodford : basse et chœurs ; Mick Avory : batterie ; Nick Newall : saxophone ; Gordon Edwards : piano.

« Catch Me Now I'm Falling », plagiat (plus que pastiche) de « Jumpin' Jack Flash » (le riff). Étonnant que les Stones n'aient pas attaqué en justice. Dans cet album, des sonorités punks.

Tout va bien avec Emmanuelle. Sans doute, cela ne fait-il pas le bonheur de ces pages ; mais cela fait le bien, et c'est l'essentiel.

J'ai toujours vu le judaïsme comme quelque chose de totalement révolutionnaire. Les gens pensent généralement que la révolution, ce fut le christianisme. La révolution, c'est le judaïsme. Révolution, étymologiquement (latin), cela signifie le retour, le déroulement, le cycle (*revolutio, -onis*). Une révolution, c'est quelque chose qui exprime le retour.

Une révolution, cela regarde en arrière. Cela revient. Cela s'en retourne – une révolution, cela se déroule et, pour se dérouler, il faut avoir un point de départ, un point d'ancrage à l'origine, c'est-à-dire dans le passé, à une date du passé.

Une révolution, ça retombe toujours sur quelque chose de connu. Avec de la valeur ajoutée, de la valeur apportée par le temps, car le temps n'est pas quelque chose de seulement quantitatif, le temps est quelque chose de qualitatif. Le temps est riche en événements neufs, en raisonnements nouveaux. Le temps a une forte teneur en nouveauté. Une révolution, ce n'est jamais une invention. Contrairement à ce que l'on pense toujours. Une révolution, au contraire, c'est un changement monumental au cours d'un retour à l'archiconnu. C'est de l'inouï qui revient prendre sa place au sein de l'hyper-répertorié. La Révolution française n'a pas inventé la démocratie. Elle est retombée sur des pieds antiques.

Si une révolution inventait, elle serait une invention. Une révolution, au mieux, réinvente. Toute révolution est un remake. Une révolution, c'est quelque chose qui est en marche, certes, mais c'est surtout, mais c'est d'abord quelque chose qui roule. Qui tourne. On peut décoller en tournant. On peut, en tournant, et c'est le cas des derviches, atteindre à l'apogée de soi, d'une époque, d'un temps, d'un régime, d'un système, d'une civilisation, d'une histoire. C'est donc en tournant que les révolutions se font. L'avancée linéaire n'a jamais été une avancée. La révolution « progresse », parce que la révolution tourne, elle est hélicoïdale. Elle emporte avec elle, toupie, tourbillon, tout ce qui s'est *déroulé* avant elle. Elle se déroule sur tous les déroulés précédents. C'est une volte, une volute. Une voûte. Pas une flèche. Pas une ligne.

Je relis le livre qui a déclenché chez moi la passion pour la physique : *Les Trois Premières Minutes de l'univers* (ma grande lecture de 1984 avec les cours de Feynman). Nous vivons une époque désolante : celle d'un dialogue de sourds entre la science et la littérature. Les scientifiques pensent que les écrivains manquent de vision, sont absents de leur époque, retardent. Les écrivains se sentent, pour leur part, dépassés par la technicité, la spécialisation des scientifiques. C'est la raison pour laquelle j'aime Houellebecq. C'est la raison pour laquelle j'aimais Dantec. Selon lui, la littérature du XXIe siècle devait parvenir à abolir le clivage art-science et entendait « décrire les "sentiments" par leur dynamique neurologique spécifique ». « Ce qui pourrait nous intéresser, dans une gorgée de bière, consisterait à retracer la circulation des molécules d'alcool dans le métabolisme cérébral, jusqu'à l'excitation d'endorphines spécifiques. » Le sujet, au vrai, n'est pas nouveau. Huxley aimait à rendre compte, en même temps, de l'aspect scientifique ou esthétique d'une symphonie ou d'un concert. Et puis il y a eu aussi Musil, bien sûr, obsédé par cette question. Quant à Mallarmé, à Baudelaire, ils plaidèrent, eux aussi, pour un rapprochement de deux visions du monde qu'ils considéraient comme complémentaires. On peut, en effet, décrire un coucher de soleil en alexandrins, ou selon les lois de l'optique, c'est-à-dire façon Racine ou bien Descartes. Laquelle, après tout, nous renseigne le mieux sur ce qu'est un coucher de soleil ? Y en a-t-il seulement une qui vaille mieux que l'autre ? Huxley pensait que la science était une branche de la littérature. « C'est la tâche de chacun d'entre nous que d'essayer de construire à nouveau un langage universel, seul capable d'unifier l'art et la science », écrivait, en 1951, l'algébriste polonais Jacob Bronowski (1908-1974) dans *The Common Sense of Science* (Heinemann).

D'une manière générale, science et littérature se distinguent en ceci que la première communique, synthétise, trie ce qu'il y a de plus général dans l'expérience (humaine, naturelle) quand la seconde s'intéresse à l'expérience privée, et les interactions des singularités humaines avec cette fameuse « réalité objective » (contestée par nombre de psychologues et de phénoménologues) que la science prend comme objet. L'obsession, pourtant, est la même dans les deux cas : donner sinon un sens, du moins une forme à la réalité. « Que le langage purifié de la science, note Huxley, ou même le langage purifié encore plus riche de la littérature, puisse jamais suffire à la détermination du monde et de notre expérience, c'est, par la nature même des choses, impossible. Acceptant ce fait de bon cœur, avançons ensemble, hommes de lettres et hommes de science, de plus en plus loin dans les régions toujours plus étendues de l'inconnu » (*Literature and Science*, cité par Paul Braffort dans *Science et Littérature*, Diderot Éditeur, 1998). L'opposition entre les « deux cultures », pour reprendre une expression du physicien Charles P. Snow (1905-1980), est pourtant toujours là, et les passerelles, rares ou artificielles.

Il n'en a pas toujours été ainsi : Ramon Lulle (v. 1233-1315), auteur de *Ars Magna*, conçoit un système du monde où poésie, connaissances mathématiques, logique et philosophie sont mélangées ; c'est également le cas du clerc Jean Froissart (v. 1337-v. 1410) qui, dans *L'Orloge amoureus*, compare le mécanisme amoureux à celui d'une horloge. Mais l'exemple le plus probant reste, sans doute, celui de Pic de la Mirandole (1463-1494), spécialiste de la Kabbale, du Zohar, de l'hébreu, de l'arabe, et dont la culture était universelle et, dit-on, sans faille. On trouve également dans l'œuvre de Rabelais, médecin de son état, des références permanentes à la science médicale, à la religion, à la politique, le tout uni, unifié – pourrait-on dire – dans un style poétique, outrancier et fabuleux, où tout est imbriqué dans tout. Kepler (1571-1630) a laissé une œuvre littéraire énorme, rédigée en latin (dont *Le Songe ou Astronomie lunaire*, 1634). L'astronomie et la littérature ont, il est vrai, souvent fait bon ménage, comme nous le verrons avec Swift, Jules Verne, Wells et, avant eux, l'étrange Cyrano de Bergerac (1619-1655), poète et physicien – j'ai lu il y a quelques années *Les États et Empires de la Lune*, le premier roman de science-fiction (sans doute) de tous les temps.

À l'époque de Voltaire, il était encore de bon ton d'avoir une culture aussi solide en lettres qu'en sciences, et Voltaire sera d'ailleurs ébloui par l'œuvre de son contemporain Newton. Il sera l'adversaire, comme on sait, de celle de Leibniz, qu'il ridiculise dans ses contes. Un peu plus tard, on se souvient que Rousseau publie, en 1750, en réponse à une « Question » posée par l'académie de Dijon, un *Discours sur les sciences et les arts*. C'est l'époque où les philosophes, scientifiques et poètes ont tous leur propre vision globale du monde, souvent accompagnée d'une réflexion théorique sur le langage, dont l'étude ne cessera de prendre de l'importance dans l'avenir. Locke et Blake en sont les parfaits exemples. Ce dernier, bien que « simple poète », n'osant pas proposer une « Théorie du Tout » qui brave celle de Newton.

Mais il faudra attendre la puissance et le génie de Goethe pour qu'une vraie, une grande tentative d'unifier littérature et science soit réellement crédible. Celui-ci ébauche une manière de poétique universelle au sens où la science est universelle. Son œuvre se divise en une multitude d'entreprises scientifiques compartimentées en spécialisations, qui chacune appelle un traitement littéraire adapté. Il existe des textes de Goethe (je suis en train d'écouter Walter Trout, *Life in the Jungle*, 1989, mais ce n'est qu'une parenthèse), pourtant considéré comme l'un des plus grands écrivains de tous les temps, dans lesquels il explique le plus sérieusement du monde qu'il n'a aucune prétention de poète et que c'est par ses études scientifiques sur les couleurs qu'il espère passer à la postérité ! Se souvenir que, passionné de chimie, il intitula l'un de ses romans les plus célèbres *Les Affinités électives*.

Quant à Hugo, son homologue français si je puis dire, c'était (on ne le dit jamais, on l'oublie sans cesse) un surdoué en mathématiques, thème récurrent dans *Les Contemplations* – il faudrait que je relise *Les Contemplations*, pas lues depuis 1985, ce qui somme toute commence à dater quelque peu. Hugo, dans son *William Shakespeare* (1864), consacre même un chapitre entier à « L'art et la science », dans lequel il tente de rapprocher les deux cultures : « Le binôme, cette merveille ajustable à tout, n'est pas moins inclus dans la poésie que dans l'algèbre. » Puis il apporte un bémol : « Pourtant, entre l'art et la science, signalons une différence radicale. La science est perfectible ; l'art, non. » On dirait du Karl Popper ! Ce serait donc la notion de progrès qui différencierait la littérature (et l'art, en général) de la science. La science progresse, l'art ne progresse pas. Ce qui n'empêche pas que, à partir de Hugo, la science, et notamment avec les progrès, justement, de la technique, va se répandre en plus dans la littérature du XIXe siècle. On la retrouve chez Flaubert, avec *Bouvard et Pécuchet*, ces frères Bogdanoff avant la lettre, en particulier dans ce passage où nos deux illuminés s'interrogent sur le théorème de Fermat. Mieux : la science va devenir un véritable modèle, certains écrivains se réclamant de sa rigueur, parfois de sa démarche, de sa méthode.

C'est le cas de Zola. Et plus généralement du courant « naturaliste ». Il s'agit de fonder la création romanesque sur des expériences vécues et vérifiables. Dans *Le Roman expérimental*, Zola s'explique : « Je vais tâcher de prouver que, si la méthode expérimentale conduit à la connaissance de la vie physique, elle doit conduire aussi à la connaissance de la vie passionnelle et intellectuelle. » Puis : « La méthode expérimentale, aussi bien dans les lettres que dans les sciences, est en train de déterminer les phénomènes naturels, individuels et sociaux. » A-t-il réussi son pari ? On peut en douter – ce qui n'est pas le cas de l'« Homère des insectes » (selon la géniale expression de Hugo), Jean-Henri Fabre (1823-1915), que Proust adorait, et qui dédia sa vie entière à la description maniaque, et sublime littérairement, des petites bêtes. Était-il un savant ? Un écrivain ? Les deux à la fois et, surtout, les deux en même temps. D'autres scientifiques viendront produire des chefs-d'œuvre, notamment parmi les médecins : Céline, Breton, Aragon, tous fascinés par l'actualité scientifique de leur époque. Puis il y eut Queneau, puis l'Oulipo, et l'entrée de la logique dans la littérature, jusqu'à Calvino. On peut inclure aussi, si l'on veut, Umberto Eco, mais je ne parviens pas à le lire, je ne suis jamais parvenu à le lire – je trouve ça confus, mal écrit, tarabiscoté, désincarné (un peu comme Salman Rushdie). Et enfin, donc, Houellebecq et Dantec, dont l'immense mérite est de s'être penchés sur les problèmes scientifiques aux enjeux technologiques imminents (le clonage, notamment, mais pas seulement). Ils nous rappellent que les deux cultures ne doivent jamais ni s'ignorer ni, surtout, se mépriser. Qu'elles ont besoin l'une de l'autre. Et que doit cesser l'incompréhension mutuelle que la force des génies que je viens de passer en revue pour me mettre à moi-même les idées au clair (ce n'est jamais totalement inutile) n'est (hélas) pas parvenue à éradiquer.

Mercredi 2 novembre

Réveil avec *Fun House*, The Stooges, 1970 (Elektra, EKS-74071, US). Iggy Pop : chant ; Dave Alexander : basse ; Ron Asheton : guitare ; Scott Asheton : batterie ; Steven Mackay : saxophone.

Je n'ai jamais eu peur des « critiques littéraires ». Je vais seul, et je vais de l'avant. Je sais où je vais (momentanément). Je suis mon impulsion, le reste m'indiffère. Je suis librissime. Je n'en veux pas le moins du monde aux journalistes, aux critiques : j'adore leur liberté d'écrire ce qu'ils veulent sur ce que j'écris en toute liberté ! Et puis, surtout, ils ne m'empêchent *pas* de travailler. Les insultes n'ont jamais empêché le moindre créateur de créer ; le moindre peintre de peindre ; le moindre écrivain d'écrire. Il m'est *impossible*, par conséquent, d'avoir une seule once de mépris, ou de haine, envers un journaliste, envers un critique : aucun d'eux n'empiète sur ma liberté, aucun d'eux ne menace mon art. Rien ne me fait plus de bien, par exemple, qu'une critique assassine : non seulement elle me permet de constater, avec une joie vraiment très immense, que je ne suis pas le seul à écrire ce que je pense, mais, en plus, comme je suis nanti d'une faculté inouïe de m'en ficher, je peux rapidement retourner contempler la nébuleuse d'Orion ou embrasser une femme plus belle, plus intelligente, plus passionnante, plus élégante et plus gracieuse qu'une femme de critique.

Non, ce qui me gâche la vie, ce sont les critiques dithyrambiques, celles qui disent que je suis un génie, que je suis un grand écrivain, que je suis le meilleur écrivain de ma génération, parce qu'alors la critique en question m'assigne une place, m'attribue un rang que j'ai l'impression de devoir tenir, honorer. Ratifier. Confirmer. Valider.

De Gaulle a voulu être un grand écrivain. Pompidou, je ne sais pas. Giscard a voulu être un grand écrivain. Mitterrand également. Pas les suivants. C'est cela qui devrait, peut-être, nous éclairer. Cela et *rien d'autre*.

Mitterrand, *Ici et maintenant* (1980), à propos d'Israël et de la Palestine : « Deux peuples pour la même terre et un Dieu de chaque côté, la diplomatie a de quoi s'essouffler. »

Une révolution, c'est quelque chose qui est enroulé sur soi, et qui avance dans ce déroulement de soi, comme un typhon, en hélice. Les bouleversements politiques que l'on rattache depuis le XVIIe siècle à l'idée de révolution ne sont en rien contraires à ce mouvement rotatoire, circulaire, qui n'avance qu'en progressant, c'est-à-dire en tournant. Car celui qui ne se retourne pas, celui qui ne tourne pas, c'est celui qui ne sait faire qu'avancer. Regarder en avant, c'est s'abêtir en supprimant le passé, c'est soustraire la Mémoire à sa mémoire, c'est privilégier la direction au détriment du sens. Avancer en existant, avancer avec une teneur riche en existence, c'est avancer avec les armes de la mémoire, avec les outils de la mémoire, qui seule indique le sens, qui seule donne du sens. Celui qui ne se retourne pas, qui ne sait pas pivoter un peu, tourner un peu sur lui-même, celui-là est un idiot. On ne bouleverse pas en avançant droit. On ne bouleverse qu'en avançant rotatoirement, rotativement. On n'est pas contraint de tourner pour avancer. Mais on ne fait d'avancées qu'en tournant.

L'acception moderne de « révolution » est, donc, « bouleversement politique ». Or, qu'est-ce qu'un bouleversement ? « Bouleverser » vient de « bouler », qui vient lui-même de « boule ». Une boule, cela écrase, bien sûr, cela aplatit, mais une boule, avant tout, cela roule. « Bouler » : « rouler en bas ». Non seulement « bouler » exprime le fait de rouler, mais « en bas » : vers le passé. « Bouleverser » : « renverser physiquement, mettre sens dessus dessous ». Le neuf à la place du vieux, et réciproquement… Ce qui bouleverse, c'est donc ce qui roule. Pas de bouleversement sans roulement. La rotation fait la révolution. La révolution, ce n'est pas d'abord se retourner contre, mais se retourner vers. La révolution est essentiellement un retour, avant de pouvoir (éventuellement) être un retournement. Et même lorsque la révolution est un virage, c'est la preuve qu'elle tourne, qu'elle forme une boucle, qu'elle n'est pas une ligne droite. La révolution, ce n'est pas une cassure, une brisure. Ce n'est pas une rupture. C'est ce qui ramène. Comme la marée nous ramène des choses. *Revolutum* : « révolu ». Le héros de la révolution, le principal de la révolution, c'est le révolu. Le lieu même de toute révolution, c'est le révolu. Toute révolution est une victoire, un triomphe du révolu. C'est du révolu qui s'est mis à tourner, tourner, tourner infiniment sur lui-même, créant un tourbillon ascensionnel qui fait penser à la phrase de Gide : suivre sa pente en montant. Dans *Les Nouvelles Nourritures* (1935), Gide utilise une formule assez proche qui m'est ici très utile : « Sur cette pente, qui m'apparaît une montée, ma raison a rejoint mon cœur. »

Gide a souvent, quand il aborde la question de Dieu, des fulgurances proches de l'esprit du judaïsme. En tout cas, des fulgurances qui, ici où là, dans leur formulation heureuse, aident à exprimer efficacement les notions, les idées, les états, les concepts, les subtilités, les nuances. Je dis « frémissements antisémites », mais ce n'est pas exactement l'expression qui convient, Gide avait plutôt, comment dire, une sorte d'antisémitisme indolent, oui, une indolence dans l'antisémitisme : il ne le clamait pas, ne l'affichait pas, mais n'en avait absolument pas honte *non plus*, je dirais qu'il portait son antisémitisme en bandoulière, ni plus *ni moins*. Je n'aime pas du tout la manière, par exemple, dont il présente Bernard Lazare, dans *Si le grain ne meurt* (1924) : « Bernard Lazare, de son vrai nom Lazare Bernard, était un juif de Nîmes, non point petit, mais d'aspect court et ineffablement déplaisant. »

Une révolution, c'est du révolu qui s'élève en tournant, en tournoyant. C'est une tornade. Il y a quelque chose de cyclone dans la révolution. Le cyclone est doublement cyclique : cycles qu'il forme en tournant sur lui-même, cycles d'apparitions car il reviendra.

La révolution, c'est faire tourner, c'est faire rouler le révolu. C'est projeter le révolu en autant de tourbillons. C'est en faisant tourbillonner le révolu qu'on avance : qu'on progresse. Avancer sans tourner, c'est de l'avançage. Avancer en tournant, c'est de l'avancée.

Une révolution, c'est du révolu qui tourne.

Faire la révolution, c'est faire tourner, c'est faire tourbillonner le révolu.

Faire la révolution implique donc *d'abord* un retour au révolu. Benny Lévy dit ça à sa manière (dans *Pouvoir et liberté*, écrit entre 1975 et 1980) : « Il y a toujours déjà de la révolution à faire : il y a toujours déjà de la révolution possible. » *Toujours déjà !*

La révolution culturelle de Mao, c'est un retour au révolu, un retour aux campagnes. Un retour à l'illettrisme. Un retour aux fosses à purin partout, aux cochons, aux truies en lieu et place des universités et des écoles. « Éradiquer les valeurs traditionnelles », c'est un retour, un retour aux temps où l'on éradiquait les valeurs traditionnelles ! Une révolution voulue par Mao pour « éradiquer » les « vieilleries » et mettre fin à toutes les traditions. Une révolution qui pratique les autodafés, comme sous Hitler, dans le révolu nazi. Mais, surtout, une révolution qui incendie et détruit les temples, comme sous Nabuchodonosor II ! La révolution, malgré sa volonté de se retourner contre le passé, retourne vers le passé – *vers un passé souvent plus ancien que le passé contre lequel elle se dresse.*

La révolution est un retour au passé du passé.

La révolution est un retour à l'antérieur de l'antérieur.

Mais ce passé du passé, cet antérieur de l'antérieur, il ne s'agit pas d'aller le rechercher, le retrouver, pour l'appliquer tel quel : il faut lui donner une forme nouvelle. Renouveler. Il faut le mettre en mouvement. L'*actualiser*. Pas le moderniser (surtout pas !) : l'*actualiser*. (Le moderniser, ce serait le *tuer*.)

Malraux, parlant des juifs : « Un peuple dont on a détruit jusqu'aux ruines, mais qui porte sur son visage le plus ancien passé du monde » (« Préface à *Israël*, album de Nicolas Lazar et d'Izis », 1955).

« Bouleversements politiques »... Comme si une révolution se devait d'être « politique ». Comme si une révolution, cela consistait forcément à bouleverser du politique pour retourner dans du politique (bouleversé). La véritable révolution, au contraire, la vraie, serait pourtant bel et bien celle-ci : *sortir* du politique.

Ça, ce serait vraiment « projeter des tourbillons » (*volte*) ! Le judaïsme contient en lui la possibilité de nous faire sortir du politique. En cela, il est, d'emblée, révolutionnaire. Il est révolution car il est bouleversement, changement radical. Mais il est révolution, aussi, et d'abord, parce qu'il inclut, en lui, la pensée du Retour. Le judaïsme, dès lors qu'il est un judaïsme du retour, retour au Sinaï, à la pensée sinaïtique, aux Pères, à la foi des Pères, à la sagesse des prophètes, est révolutionnaire. La foi des Pères peut nous arracher à la médiocrité, au cynisme, à la bassesse violemment vomitive du politique en général et (bien sûr) de la politique en particulier. Fulgurance claudélienne (janvier 1911) : « Les élections sont l'abdication rabâchée tous les quatre ans par un peuple gâteux. »

« Dieu est patient, écrit Levinas dans *Difficile liberté*, 1963, c'est-à-dire laisse du temps, attend le retour de l'homme, sa séparation ou sa régénération. Le judaïsme croit à cette régénération de l'homme. »

Jeudi 3 novembre

Réveil avec *Give the People What They Want*, The Kinks, 1981 (Arista, AL 9567, US) – encore plus punk que le précédent au moment où le punk se meurt. Ray Davies : guitare, claviers et chant ; Dave Davies : guitare et chant ; Jim Rodford : basse ; Mick Avory : batterie ; Ian Gibbons : claviers ; Chrissie Hynde (tiens !) : chant.

Les albums 33 t sortis en 1981 que j'ai écoutés à leur sortie : *The Fox*, *Ghost in the Machine*, *Faith*, *Les Chariots de feu*, *Beaurivage*, *Abacab*, *Nuit d'amour*, *Higelin à Mogador*, *Kim Wilde*, *Bulles*, *Pour le plaisir*, *Christiane F.*, *Precious Time*, *Face Dances*, *Marche ou crève*, *Les Chants magnétiques*, *Le Long de la jetée*, *Pizza*, *Duran Duran*, *Face Value*, *Klaus Nomi*, *Stray Cats*, *Carte postale*, *Computer World* – il est évident que j'en oublie.

C'est en faisant tourbillonner infiniment le révolu, le « passé », l'immémorial qu'on finira par sortir du politique. Force centripète. Le changement sera radical, mais pas *soudain*. Avant même d'avoir amorcé son retour au Sinaï, Benny Lévy, athée alors et plus sartrien que levinassien, pose les bonnes questions – il ne se doute alors pas *du tout* que c'est dans le judaïsme qu'il va trouver la réponse. Nous sommes le 16 décembre 1975. Benny note dans un petit carnet les discussions (souvent violentes) qu'il a avec Sartre. Confrontations philosophiques entre le maître et le disciple. « Comment penser, écrit donc Benny, une fraternité qui ne soit pas terreur ? Une conduite révolutionnaire “fraternelle” mais non “terroriste” ? unitaire, mais non monolithique ? Comment briser avec la logique binaire propre à la conduite révolutionnaire jusqu'à aujourd'hui ? » La réponse se trouve(ra) précisément dans le judaïsme. Le judaïsme est une fraternité : lien du sang. Qui n'est pas terreur : les Tables de la Loi sont contraires à toute forme de violence. C'est une conduite révolutionnaire : le Dieu des juifs est un Dieu de justice, un Dieu sous la forme de la justice, et donc détermine une conduite éthique ; il est révolutionnaire en regard du polythéisme et de l'hénothéisme, remplis de dieux de la guerre et de dieux guerriers. Unitaire : le Dieu Un. Mais non monolithique : il n'y a pas de dogme dans le judaïsme, car l'interprétation du Livre, c'est-à-dire de la Parole de Dieu, est infinie. C'est le sens qu'on donne à la Parole de Dieu qui définit Dieu. Dieu n'est jamais défini *une fois pour toutes*. On ne connaît jamais Dieu complètement, on l'approche par des centaines de milliers de questions, par interprétations successives. Comment briser, se demande Benny, avec la « logique binaire » ? Rien n'est moins binaire que le judaïsme, que la pensée juive (et je ne parle pas seulement de la Kabbale).

On croit que la vraie révolution, le vrai « changement », c'est le christianisme (sous prétexte qu'il vient « après »). Ce n'est pas le christianisme qui est révolutionnaire par rapport au judaïsme, mais le judaïsme qui, bien qu'il lui soit antérieur, est révolutionnaire par rapport au christianisme ! La révolution ne vient pas forcément de ce qui est *postérieur à*. Le résultat de la révolution est postérieur à, les effets de la révolution sont postérieurs à, les conséquences de la révolution sont postérieures à. Mais pas son mécanisme ; pas son contenu ; pas sa force.

Faire tourbillonner le révolu : définition de la pensée du Retour.

Il y a en réalité quelque chose de régressif dans le christianisme. Le christianisme ne fait pas tourner le révolu : il rend révolu tout ce qui tourne. Le christianisme est linéaire, c'est une ligne droite, il avance devant lui. Il ne connaît pas de manœuvres giratoires, de mouvements rotatoires, de rotations, il ne roule pas. Il marche droit devant. Comme du présent sans mémoire. Le christianisme ne se retourne pas vers un quelconque Sinaï, il ne s'arrête pas. Il ne fait pas de halte, il ne regarde pas derrière lui. Le christianisme, c'est quelque chose qui ne se (re)tourne jamais. Qui ne tourne jamais. Il ne sait pas, il ne sait plus, il ne veut pas, il ne veut plus savoir ce que c'est que le passé, il est incapable de savoir ce que c'est, le passé. Il est flèche, mais pas rayon. Il est vecteur, mais pas rayon sur une roue qui tournerait. Il ne rayonne pas, il avance. « Le temps vivant, dit Rosenzweig, ne connaît pas de points ; dès que l'instant commence à le traverser, rapide comme une flèche, le point est déjà évanoui. Mais dans le passé, il y a cette juxtaposition des heures ; là il existe des époques, des points d'arrêt dans le temps, et on peut ensuite les reconnaître au fait que du temps les précède, et que du temps les suit ; ils sont entre un temps et un temps » (*L'Étoile de la Rédemption*, 1921). Puis : « Désormais le passé n'est plus que le temps d'avant la naissance du Christ. Tout le temps ultérieur, depuis le passage du Christ sur terre jusqu'à son retour, est maintenant cet unique et immense présent, cette époque, cette suspension, cet arrêt des temps, cet entre-deux sur lequel le temps a perdu son pouvoir. Le temps est maintenant pure temporalité. » Et enfin : « À partir de la naissance du Christ, il n'y a plus que du présent. »

Le présent, c'est la ligne droite. Il y a un poème de Guillevic extraordinaire pour nous, à ce point précis. Il s'intitule « Droite ». Le voici :

> Au moins pour toi,
> Pas de problème.
>
> Tu crois t'engendrer de toi-même
> À chaque endroit qui est de toi.
>
> Au risque d'oublier
> Que tu as du passé,
> Probablement au même endroit.

Ne sachant même pas
Que tu fais deux parties
De ce que tu traverses,

Tu vas sans rien apprendre
Et sans jamais donner.

(*Euclidiennes*, 1985)

Une éternité bête faite tout entière de présent sans passé, de présent sans mémoire : un présent vide, évidé, vidé de son sens et tout entier préoccupé à s'éterniser dans son écoulement passif, évasif, de présent. Un présent aveugle. Un présent vidé de son contenu, car le contenu du présent, ce n'est plus que l'événement : un événement coupé du passé de tous les événements, un événement isolé de l'histoire de tous les événements, un événement privé de toutes les époques marquées, dans le passé, par des événements. L'événement d'aujourd'hui, c'est le temps qui passe. Le christianisme a fait de l'événement le décor du temps, la décoration du temps. Son fond d'écran. Son écosystème. Le temps ne fabrique plus, ne produit plus d'événement. Car l'événement, sans référentiel, est devenu finalement illisible. Le seul événement, c'est le temps. Et c'est l'aveuglement du temps, infinie imbécile têtue succession de moments présents qui finissent par former une uniforme coulée satisfaite de durer, et de durer encore, sempiternelle, chrétienne, jusqu'au retour de Jésus. Entre le départ de Jésus, qui achève le passé, et son retour, qui fixe le moment précis du commencement de l'avenir, il n'y a que cette longue et informe salle d'attente, qu'on appelle le présent. C'est un lieu autant qu'une durée, où le présent stagne.

Il y a quelque chose de régressif dans le christianisme : c'est d'avoir remplacé le temps par la temporalité. Un tourbillon par un écoulement. De l'activité par de la passivité. De l'action par de l'attente. Le temps ne tourne plus, il ne rayonne plus, il n'irradie plus : le temps attend. Le christianisme a remplacé ce qui tourne, ce qui tournoie, par ce qui coule, ce qui s'écoule en attendant. Le judaïsme est révolutionnaire : il est « retour », mais pas « en arrière ». Il avance en se retournant (pensée du Retour si chère à Benny). Le judaïsme, c'est le retour en avant ! Le christianisme, c'est l'avancée en arrière – Benny Lévy, appelle ça le « pas-en-arrière-de-penser ». Car avancer dans un temps qui ne distingue plus le passé du présent, ce n'est pas *progresser* dans le temps, c'est flotter dessus, c'est stagner dedans. Et c'est régresser.

Avancer dans un présent qui n'est jamais de l'avenir, c'est régresser. Se retourner, depuis le présent, vers le passé, c'est progresser. Telle est l'immense différence qui sépare, et pour toujours, le judaïsme du christianisme.

Tu couleras toujours dans l'heureuse vallée ;
Où tu coulais hier, tu couleras demain.

(Charles Péguy, « Adieu, Meuse endormeuse... »,
Jeanne d'Arc à Domrémy, 1897)

Et Gide, aux antipodes ici du judaïsme, qui définit à sa façon (et sans le savoir) le temps chrétien : « Quelle absurde conception du monde et de la vie parvient à causer les trois quarts de notre misère, et par attachement au passé se refuse à comprendre que la joie de demain n'est possible que si celle d'aujourd'hui cède la place, que chaque vague ne doit la beauté de sa courbe qu'au retrait de celle qui la précède, que chaque fleur se doit de faner pour son fruit, que celui-ci, s'il ne tombe et meurt, ne saurait assurer des floraisons nouvelles, de sorte que le printemps même prend appui sur le seuil de l'hiver » (*Les Nouvelles Nourritures*, 1935). Le présent chrétien, c'est ce qui fait place nette. C'est ce qui fait table rase (du passé). C'est ce pour quoi le passé n'est qu'un point d'appui, un tremplin. Un moyen. Le présent chrétien, c'est ce qui se débarrasse du passé en tant que contenu, c'est ce qui se débarrasse de la mémoire.

Benny Lévy : « Principe de la solution, écrit-il [toujours le 16 décembre 1975] : ouvrir l'espace de la durée révolutionnaire. En finir avec le schème de la révolution comme instant / extase / grand soir. » La révolution, mon cher Benny, ce serait plutôt, effectivement, un retour au petit matin. La révolution du judaïsme, pardon, la révolution *par* le judaïsme (afin de sortir, de s'arracher du politique) c'est cela : un retour au petit matin. Au petit matin du monde. Au petit matin du Sinaï, au petit matin mosaïque. Au petit matin de la Loi. Au petit matin de l'Alliance. Au petit matin de la Révélation.

La Révélation est en marche !

Écoute de *Quadrophenia*, d'une traite. Acheté à Nevers en 1981 (Toussaint).

Nous recevons Dominique de Villepin à *ONPC*. J'en veux à Laurent, qui m'a empêché de finir l'ancien hôte de Matignon à coups de tatane.

J'ai abordé la bavure de Bouaké. Le problème de Laurent, c'est que, lorsqu'il est dépassé par une situation ou qu'un sujet ne l'intéresse pas, il exige qu'on passe à autre chose. Résultat : des heures de travail pour rien, alors que j'avais de merveilleux biscuits pour mettre à mal le cynique vieux beau blond (CVBB). La production déteste qu'on torture les invités politiques, et même les invités tout court ; panique à l'idée qu'on ait du mal à en inviter d'autres. Cercle vicieux. Du coup, l'émission perd de son intérêt – déjà qu'elle n'est pas en direct. Quel gâchis. Toute cette perpétuelle et désastreuse prudence. Sans oublier qu'il y a toujours, en coulisses, à fliquer, un envoyé de France Télévisions, un cafard, un rapporteur, qui vient regarder de près ce qu'il faudra gicler au montage pour ne point faire de vagues. Tout cela est lamentable et d'une très exquise médiocrité. Toujours se protéger, prendre les devants – *société préservative*.

Le style littéraire de Villepin, atrocement imbibé de complexes d'infériorité, essaie de montrer ses muscles syntaxiques à chaque page. Il va ainsi, avec sa plume boursouflée, de morceau de bravoure en morceau de bravoure. Villepin écrit avec des majuscules partout. Il embrasse le monde entier, tout l'univers et toute l'histoire de l'humanité ou rien du tout. Le local ne l'intéresse pas – preuve absolue qu'il n'a strictement rien compris à ce qu'est la littérature. Même là, il trompe. C'est un homme qui exhibe son torse. Que ce soit sur les plages ou sur les pages. Il n'est pas intéressant. À force de vouloir se répandre aux dimensions du cosmos, il ne fait que se gonfler à l'hélium du ridicule. Encore une vie pour rien. (« Tant d'arrivisme pour si peu d'arrivage », Dalí toujours.) Aucun génie, bien sûr. Et je m'empresse d'ajouter : très peu de talent.

J'ai toujours détesté les types qui rêvent d'épopée, de sabre, de déserts et de combats, d'invasions et de blessures en restant confinés dans leur bureau important. Car Villepin fait l'important, joue à l'importance. Il fait carrière dans l'importance. Infatué, à mort. Gonflé à ses propres hormones. Oui, l'importance est un métier comme un autre – comme la boulange, comme la mécanique. Il s'aime romantique et bouffi de destin, mais ce n'est qu'un fonctionnaire, plus ou moins haut, comme nous en croisons des milliers dans une existence. Il aurait voulu être autre chose, comme la plupart des ratés : sa punition est de n'être *que* lui. C'est ce qu'il tente, jour après jour, de faire payer aux autres. Aux plus grands que lui, aux plus petits que lui.

Vendredi 4 novembre

Réveil avec *Champagne pour tout le monde*, Jacques Higelin, 1979 (Pathé 2C 068 14844, France). Jacques Higelin : voix, piano, clavinets, mandoloncelle, boîte à sel, sanza, accordéon, banjo, guitare, synthé ; Bernard Paganotti : basse ; Mickey Finn : guitares ; Freddie Wall : guitares ; Robbi Finkel : piano ; Bruce Yaw : basse ; Michael Suchorsky : batterie ; Laurent Thibault : synthé, goutte d'eau ; Ken Higelin : Petit Prince ; Dominique Bouvier : batterie et percussions ; Richard Raux : cuivres ; les frères Guillard, Alain et Yvon : cuivres ; Serge Derrien : mandoline, voix bel canto ; Élisabeth Wiener : voix ; Geneviève McLaughlin : alto ; Anny Flamer : violon ; oiseaux du château d'Hérouville : gazouillis de fond.

« J'aime mieux danser moi-même que de voir danser les autres » (Silvia à Trivelin, Marivaux, *La Double Inconstance*, acte premier, scène 1).

« La volonté est un monde à part. Pour être sûr d'elle, de sa continuité, de sa veille constante et fermée, il faut aller la chercher loin en soi, dans l'enfance et ses expériences les plus troubles, dans l'humiliation et le noir » (Sollers, *Studio*, 1997).

« Un bon écrivain doit éprouver en travaillant le plaisir de Narcisse. Il lui faut pouvoir contempler son œuvre si objectivement qu'il se surprenne à ressentir un mouvement d'envie et que seule sa mémoire lui dise qu'après tout, il en est l'auteur. Bref, il doit garder cette objectivité suprême que le monde appelle vanité » (Karl Kraus, *Les Derniers Jours de l'humanité*, 1918).

« Mon père aimait beaucoup plus les saints actifs que les saints contemplatifs » (Marcel Péguy, Ina, 1973).

Sans doute y a-t-il en France autant de Frances que d'imbéciles. Il y a celle, un peu brune et un peu blonde, des amis des troupeaux frontistes. Il y a la France racaille qui rape, nique sa mère avec des grosses baskets et des casquettes retournées dans le sens du ridicule. Pleines de simagrées, parfaitement symétriques les unes des autres, avec le racisme calculé d'un côté et l'antiracisme marketisé de l'autre, ces deux Frances-là, pauvres et quelconques, représentent les deux faces d'une connerie siamoise. Mais la connerie ne s'arrête jamais aux caricatures, elle est plus intelligente que ça. Elle évolue, elle mute, elle s'affine. Nous avons besoin, pour l'identifier, puis la définir, de critères sans cesse plus complexes, d'instruments toujours plus précis. L'exemple est patent avec les deux catégories dont l'étude eût jadis été expédiée en un geste de la main ou en un rire gras, mais qui aujourd'hui ne se laissent plus circonscrire en des formules définitives comme « ce sont des cons » : je veux parler des beaufs et des bourgeois. Au vrai, la grande mutation qui s'est opérée, durant ces cinquante dernières années, est le rapprochement de ces deux groupes hier antagonistes, qui, aujourd'hui, s'interpénètrent jusqu'à se confondre.

Les différentes crises économiques ont ébranlé l'assise hautaine des bourgeois, et, pendant ce temps, la société de consommation a fait du beauf un possesseur, voire un propriétaire. Le gain les a rapprochés. La mesquinerie les a réunis. J'appelle ça des « bourges-beaufs ». Une expression qui rappelle avant tout que la notion de « notable » n'impressionne plus grand monde chez le poissonnier ou « dans le meilleur restaurant de le région ». Personne ne sait plus ce qu'est un notaire, un médecin, un maire. Les notables, dont la spécificité était d'opposer l'inertie à la vitesse, le cul de plomb aux semelles de vent, sont en voie de disparition : ils se réunissent dans des ambiances sinistres et pathétiques de cellules de résistance. Ils conspuent le présent et craignent l'avenir. Dans les villes de province, la France de la mondialisation vit derrière ses volets. Cela n'a pas changé. En revanche, c'est ce qui se passe derrière les volets qui a changé. Hier, le bourgeois de Reims ou de Tours allait se coucher tôt après avoir regardé *Les Dossiers de l'écran* ou lu quelques pages de *La Gloire de l'Empire* de Jean d'Ormesson, tandis que le beauf, un peu bourré, regardait Saint-Étienne/Sochaux, la main à la chopine, dans un rade à juke-box et baby-foot. Le « bourge-beauf », qui a plus de moyens financiers que n'en avaient ses ancêtres les beaufs et un coefficient de raffinement dans ses choix culturels moins élevé que ses aïeuls les bourgeois, reste derrière ses volets pour regarder un blockbuster.

On reconnaît le bourge-beauf de Rouen, d'Orléans, de Bordeaux, de Lyon, de Nice ou d'ailleurs à ceci : il voit des beaufs partout. Héritier à la fois des deux familles, le bourge-beauf est un bâtard ingrat qui les renie toutes les deux ; tel est son paradoxe. Ce qui reste en lui de bourgeois ne supporte pas la vulgarité de Bigard mais adore Yann Barthès – le public de Barthès est essentiellement composé de bourges-beaufs. Ce qui reste en lui (je parle du bourge-beauf) de beauf ne supporte pas Arte, mais ne raterait Busnel pour rien au monde.

Le bourge-beauf est une créature vulgaire *et* bien élevée, sensible *et* grossière. Il se taperait bien Anne-Sophie Lapix et sait, *grosso modo*, où se situe Alep.

Le bourge-beauf a plusieurs lieux de prédilection au sein de la cité : les salles de gym et les pizzerias. Un de ses phrases les plus redondantes est : « Non, j'ai déjà mangé chinois la semaine dernière. » Car le bourge-beauf, qui n'est qu'un monstre d'habitudes, vit, autre immense paradoxe, dans la pathologie du neuf, du nouveau, de l'inédit. Il dit souvent : « J'adorerais essayer » ou « J'adorerais y aller ». Il faut reconnaître qu'il essaye un peu plus que le beauf et qu'il y va un peu plus souvent que le bourgeois. Ce qui ne signifie pas grand-chose. L'aspect bourgeois du bourge-beauf a rogné sur son côté beauf, les deux se livrant sans cesse une concurrence perpétuelle dont le point d'équilibre est justement l'individu qui m'intéresse. Conclusion : le bourge-beauf va au théâtre municipal voir des pièces de Florian Zeller ; pour rien au monde il ne se déplacerait à Paris pour voir une pièce de Baffie. De même, le bourge-beauf ne fait jamais ses courses à Auchan le samedi après-midi, il les fait à Carrefour Market le vendredi soir. L'hiver, le bourge-beauf fait du ski. Terminée, la fin des années 1970, où l'on voyait des bourgeois effrayés par le nombre de moustachus mal dégrossis et de blondasses au verbe haut qui faisaient des schuss en position chasse-neige sur les pistes enneigées qui jusque-là leur appartenaient.

La situation a changé : il n'y a plus sur les pistes que des enfants de bourges-beaufs qui font du surf. Car le bourge-beauf a eu la peau des skis classiques. Comme il a eu la peau de la musique classique ou de la littérature classique. Voilà ce qu'est un bourge-beauf : quelqu'un qui ne connaît pas ses classiques – et par classique j'entends aussi bien Mozart que Johnny. Le bourge-beauf écoute Cabrel et lit Virginie Despentes. Il écoute Noir Désir et lit David Foenkinos. Il descend dans le Luberon. Il se promet qu'il essaiera le saut en élastique. Ses enfants le filmeront avec leur téléphone. Les historiens auront des témoignages : le bourge-beauf adore être filmé. Il n'y a d'ailleurs que cela à la télévision.

Benny dans *Pouvoir et liberté* (écrit entre 1975 et 1980) : « Désormais il faut penser la révolution comme processus permanent et donc la penser *hic et nunc*. » Plus loin : « Dans cette nouvelle perspective, le sens le plus fondamental de la révolution c'est une révolution de l'appréhension de l'aliénation (en un sens l'aliénation est donc éternelle et en un autre toujours contestée). Donc, c'est une révolution de l'appréhension de l'aliénation (en un sens l'aliénation est donc éternelle et en un autre toujours contestée). Donc, c'est une révolution dans l'appréhension de l'Autre. Donc c'est une révolution de la morale. » Or (et Benny ne pouvait pas le savoir encore, englué qu'il était dans son athéisme de prolétarien de gauche, engoncé qu'il était dans son costume d'ouvrier Mao), le judaïsme, c'est cela, précisément : une révolution de la morale. Une révolution de la morale et une révolution de l'appréhension de l'Autre. Tout Levinas (entre des centaines, entre des milliers d'autres, plus grands que lui, moins grands que lui) est là pour le montrer. Révolution de la morale : « Inspiration éthique et future – signifiance de la prophétie » (*Altérité et transcendance*, 1995). Révolution de l'appréhension de l'Autre : « La crainte d'occuper dans le *Da* de mon *Dasein* la place de quelqu'un » (*ibid.*).

« La révolution sociale sera morale, ou ne sera pas » (Charles Péguy, 1901).

Péguy est redevenu chrétien comme on redevient juif.

C'est Edmond-Maurice Lévy qui raconte. Le « chapelain hébraïque » (*dixit* Péguy) de Péguy. Et Péguy se confiant à Lévy : « Vous savez, j'ai toujours sur moi un livre des *tehilim* (psaumes), suivant l'usage des juifs portugais. Je suis un juif aux psaumes » ; « Il y avait beaucoup de juifs autour de lui. Ils ont joué dans son existence un rôle hors de pair. On a pu dire que, sans ses amis juifs, Péguy ne serait pas devenu Péguy » ; « C'est vrai, je lui expliquai la Bible. C'est ainsi que je commentais selon mon interprétation personnelle, la *sidra* de la semaine (section du Pentateuque lue le samedi), et les Prophètes » ; « Il a aimé ces juifs et ce judaïsme sans lesquels le christianisme n'existerait pas » ; « Il y a, chez Péguy, une résonance juive, absolument unique dans la littérature française » ; « Il semble qu'il n'y ait pas eu, pour lui, une rupture complète entre la Synagogue et sa fille chrétienne, et le long malentendu de dix-huit siècles lui paraissait incompréhensible. Selon Péguy, le christianisme n'est qu'un rameau enté sur le vieil arbre hébraïque, et doit maintenir sa fidélité au tronc antique et vénérable » (« Mes souvenirs de Charles Péguy », 1972).

Jésus sur la Croix. Les bras en croix, les bras écartés : le bras droit indiquant la direction du passé, le bras gauche indiquant la direction de l'avenir. Et lui, crucifié, immobile, cloué au milieu du présent. Le présent a un milieu, c'est le Christ sur la Croix. La Croix est plantée au milieu même du présent.

Samedi 5 novembre

Réveil avec *The Buddy Holly Story*, Buddy Holly, 1959 (Coral, CRL 57279, US). Buddy Holly : chant, guitare ; Al Chernet, Tommy Allsup, Al Caiola et George Barnes : guitare ; Sanford Bloch, George Alwood, Larry Welborn et Joe B. Mauldin : basse ; Ernest Hayes : piano ; Sam « The Man » Taylor ; saxophone ténor ; Panama Francis, Philip Krous et Jerry Allison : batterie ; The Helen Way Singers, Gary Tollet, Romano Tollet, June Clark, The Roses et The Picks : chœurs ; Niki Sullivan : guitare et chœurs ; Vi Petty : célesta et piano ; Donald Arnone : guitare rythmique.

Rue de Ponthieu, un type très agressif, chauve, bien habillé, la quarantaine (quarante-cinq ans ?) me lance une insulte très sonore. « Tu vas te faire casser la gueule, toi, connard ! Connard ! » Je lui demande pourquoi il ne le fait pas lui-même. Il traverse la rue, venant se planter devant moi : « Oui, je vais le faire. Connard ! » Je lui arrache son portable, que je jette derrière lui, à cinq ou six mètres. Il tente de me gifler, j'esquive et, là, une voiture inespérée écrase le téléphone de l'abruti. Jouissif. Tout préoccupé par son Samsung, il hurle sur le chauffeur (un Uber, semble-t-il) et sa colère change de proie, comme si je n'existais plus – mieux, comme si je n'avais jamais existé.

Chose étrange que la vie : une jeune femme, plutôt jolie, me félicite « pour ce que je fais » cent mètres plus loin.

Je pense un jour quitter, sinon la France, du moins Paris. Paris n'est pas une ville violente, mais c'est une ville agressive. Mille micro-agressions par jour, ce n'est pas une vie. Je me demande si je ne préférerais pas un coup de boule par an et zéro agressivité le reste du temps. Parce que ça perfore, à force. Et puis cette façon qu'ont les gens de marcher, dans les rues de Paris : leur pas pressé, leur allure exagérément accélérée. Pour quoi faire ? Des choses plus importantes que ceux qui habitent Bourges ou Chartres, Nevers ou Caen ? Nenni. À Paris, on marche vite sans raison. Du coup, ça met la pression. On a toujours la sensation qu'il faut marcher plus vite encore, et on s'y met comme tout le monde, épousant le même rythme, la même imbécile cadence. Débile. On est pris dans la spirale, sans savoir pourquoi ni comment. D'où cette question, mathématique :

quelle est l'allure moyenne d'un piéton parisien ? Il faudrait faire des statistiques. Et puis cette autre interrogation : qui a commencé ? Quel a été le coupable originel ? Celui qui a donné le *la* ? Qui a instauré cette pulsation ? Qui s'est dépêché le premier ?

J'aime regarder des films français des années 1960, 1970, 1980 car on y voit un Paris qui n'existe plus du tout. Des lieux qui n'ont pas bougé, bien sûr, mais dont on ne reconnaît que les monuments. Le reste est englouti à jamais. Ces gens, ces attitudes, ces vêtements, ces allures, ces façons de faire et d'être, ces boutiques, ces publicités, ce *design*. À l'instinct, je dirais que la laideur s'est insinuée dans les décors alentour de 1984. On a basculé à cet instant. Disons 1985. Allez, 1986. Avec la laideur télévisuelle, les clips, tout ça. Les paysages urbains ont épousé les paysages télé. Et non l'inverse. Tout est devenu laid, sournoisement fourbi pour le gain. Terrible mocheté de l'immédiat. Avec la disparition de quelque chose de fondamental : le goût. Aujourd'hui, beaucoup de diamants disparaissent, jetés à la poubelle : le goût, la nuance, la curiosité, le voyage, le risque.

Les maires défont les villes (je viens d'écrire : « les maires défont les filles », mais je corrige aussitôt) façon Ceauşescu et rebâtissent dessus d'énormes crottes modernes sans âme, bunkerisant tout, uniformisant tout. Pour savoir si un maire est capable de faire de sa ville un joyau, il faudrait d'abord visiter son appartement. Observer ses meubles, vérifier ses éclairages. Un intérieur ne trompe pas. Un foyer ne ment pas. Si le type n'est pas capable de se concocter un cocon à demeure, on est à peu près certain qu'il enlaidira sa ville. Exemple du meilleur : l'Orléans de Serge Grouard. Grouard a été un maire de génie. Il a transformé la ville comme jamais. On est passé d'une ZUP aux jardins suspendus de Babylone.

La nuance, *idem*. Elle est morte. Cramée. Il s'agit d'être pour ou contre. On est sommé de trancher. Manichéisme à tout crin. Du jamais vu. Le gris est décédé. C'est noir ou c'est blanc. Aucune autre option. Quel que soit le sujet. Vous pouvez écrire toutes les tribunes finaudes que vous voulez dans les journaux (que plus *personne* ne lit, on ne va pas se raconter d'histoires), ça ne changera strictement rien. Et puis ce sont toujours les mêmes vieux machins qui nuancent, avec le même vieil arsenal de vieux normalien usé : les Julliard et consorts. Marre. Julliard devrait cultiver son jardin et cesser de nous pondre ces lénifiantes analyses soporifiquement « bien vues ». C'est le type même de l'intellectuel qui ne prend pas, dont la lumière n'a jamais voulu, qui n'a fait carrière que dans le talent de seconde classe, dans la fulgurance flapie. Tout ce qu'il a écrit et dit dans sa vie a été écrit avant lui (ou après, on s'en fiche) et dit avant lui (ou après, on s'en fiche) en mieux. Je n'ai rien de personnel contre ce bavard naphtaliné. Je dis seulement que, plus il écrit, moins on le lit ; que plus il se montre, moins on le voit. Minc est dans ce cas-là. Plus il disserte, plus il s'efface. Plus il démontre, moins on comprend. Plus il montre, moins on voit. Plus il apparaît, plus il se dissout. Très étrange chimie.

Chez les écrivains, Patrick Besson (j'ouvre une parenthèse) fait partie de cette catégorie. Plus il publie, moins il s'ancre. Plus il produit, plus il se gomme. Plus il entasse, plus on l'oublie. Malgré tous les efforts qu'il se donne pour paraître antipathique, il écrit à l'encre sympathique. Peut-être qu'il devrait couper un peu le robinet. Jacques Attali est dans le même cas. Multiplier les volumes n'est pas la meilleure stratégie pour assurer à son œuvre la visibilité qu'on croit qu'elle mérite. Je cite ces noms sans violence personnelle, vraiment, comme parangons, juste. Car la quantité n'est possible, en matière livresque, que si la grande et ultime qualité est là. Ce qui, j'en suis infiniment désolé pour eux, n'est hélas pas le cas des susnommés. Je ne leur jette pas la pierre. Nul n'est censé incarner un avatar tout neuf de Balzac, de Faulkner, de Deleuze, de Bourdieu (noms pris au hasard parmi des gens qui ont beaucoup écrit et bien – qu'on les chérisse ou qu'on les haïsse au demeurant).

Chez Besson, le meilleur est toujours le plus court. Qui lit ses gros pavés ? Personne. Ni lui, ni les critiques, ni les lecteurs, ni sa femme, ni ses enfants, ni ses éditeurs. Les correcteurs les lisent. Et eux seuls. En effet, j'ai remarqué qu'il n'y a presque jamais de coquilles dans les ouvrages de Besson. Son meilleur livre, de très loin, est pour moi *28, boulevard Aristide-Briand*. C'était paru chez Bartillat en 2001 (je l'avais lu à Reykjavik, d'une traite, où je passais quelques jours avec Maria). Moins de cent pages, parfait. C'est tout ce qu'on demande à un livre de Besson. J'avais jadis écrit, dans *Marianne*, que c'était un « grand livre », ce qui n'était pas le cas : Besson n'est pas capable d'écrire un grand livre parce qu'il n'est pas suffisamment humain pour cela. Mais enfin, c'était un bon livre. Besson est connu pour les positions qu'il prend et les lapins qu'il pose. On le connaîtra encore, peut-être, qui sait, après sa mort, pour cet opuscule de souvenirs morveux.

Je pourrais écrire dix pages d'une traite, tout également, sur les obsèques de la curiosité. Les gens ne sont plus curieux de ce qui rend les autres curieux. On ne s'intéresse plus qu'à ce qui intéresse les gens. C'est devenu l'argument de vente suprême, ça : « Voici ce que la majorité des internautes a aimé » ou « voici les programmes les plus appréciés par les abonnés », etc. Insupportable panurgisme. Le meilleur moyen de cesser d'être un individu. De se couper de soi. De n'avoir plus accès à sa propre personne. Un crime contre sa propre humanité. Celui qui n'a pas de lien avec sa propre curiosité est un homme mort. Or, le drame de mes contemporains, c'est qu'ils ne savent même pas, n'ont pas même idée de ce qui pourrait bien les intéresser. Ils ne cherchent pas, jamais. Ne sont pas aux aguets. Passivité dans le besoin pourtant vital d'étonnement. Coupés de toute possibilité de satisfaire l'instinct de surprise, de renouvellement. Mort de cette vigueur-là, de cette joie-là.

Une révolution, c'est du révolu qui se re*cycle*. C'est du révolu qui, se recyclant, *progresse*. Une révolution est une rupture avec un passé récent, avec un passé encore présent, mais c'est un retour vers un passé beaucoup plus lointain.

Une révolution, c'est un cycle. Le judaïsme, à l'intérieur de lui, est déjà très cyclique, cyclique comme les saisons sont cycliques. Edmond Fleg (grand ami de Péguy, qui le publia dans ses fabuleux, dans ses vertigineux *Cahiers de la Quinzaine*) : « Certains rites – mais quel mot cérémonieux pour ces gestes familiers –, certains rites revenaient chaque année, normaux comme le retour des saisons qu'ils accompagnaient ; c'était une palme qu'on balançait, avec un cédrat parfumé, ou bien, alignés sur une planche en rangée décroissante, des lumignons qu'on allumait, du plus petit au plus grand » (*Pourquoi je suis juif*, 1928).

Un cycle, c'est quelque chose qui se déroule et qui revient. Un cycle, cela ne veut pas dire que l'on revient où l'on était, car le temps ne se remonte pas, mais cela veut dire que la qualité de l'endroit où l'on arrive est semblable, est de la même texture, de la même grenure que l'endroit dont on est parti, que l'endroit qui a servi de point de départ au déroulé. Dans un cycle, on est pareil en abscisse mais on est beaucoup plus loin dans le temps en ordonnée. Dans un cycle, on ne redevient pas : on est de nouveau. On ne retourne pas à la même situation, mais on se retrouve dans la même situation. On ne retourne pas dans le passé, mais on retourne au passé. Nous ne sommes pas renvoyés dans le passé, dedans le passé, à l'intérieur du passé, mais nous sommes renvoyés à une situation passée, à quelque chose qui s'est déjà passé. Le passé n'est pas un lieu, mais une référence. La fin d'un cycle ressemble à son début, mais les deux débuts ne coïncident pas, ils sont sur des lits superposés. Ils habitent sur un ressort. Il y a un début vieux et un début neuf. Ce ne sont pas deux débuts confondus dans le temps, ce sont deux débuts confondus dans la logique.

Ce sont deux débuts ressemblants. Mais ce ne sont pas deux débuts analogues. Ce sont deux sosies de débuts. Mais ce ne sont pas des jumeaux de débuts. Ils ne sont pas nés en même temps. Il y a un début premier et un début second, et le début second, c'est précisément la fin du cycle. La révolution, c'est ce qui revient au même, mais pas ce qui revient le même. C'est ce qui revient de même, mais pas ce qui revient même. Parce qu'il y a eu une valeur qui s'est ajoutée au premier même avant que le cycle ne vienne s'écraser, ne vienne s'échouer, ne vienne mourir sur le second même : le temps. Le temps, c'est ce qui fait la différence entre un même plus jeune et un même plus vieux. Une révolution, c'est quelque chose qui revient sous une forme neuve. C'est un point de départ rajeuni en point de départ plus neuf, plus jeune. Et, surtout, le fait que le point de départ jeune ressemble (à s'y méprendre) au point de départ vieux ne signifie pas que le chemin pour aller de l'un à l'autre est, lui, la copie conforme d'un chemin plus ancien, d'un chemin précédemment emprunté. Cela n'est valable, en effet, que pour la révolution des planètes.

Tandis que dans la révolution des hommes, les points de départ se superposent au points de départ rajeunis qui sont des points d'arrivée du cycle précédent, mais les chemins ne sont pas déjà tracés. Ils ne sont pas calculés à l'avance, parce que non calculables à l'avance. Il y a l'idée d'un retour au même point (même point selon la logique, qu'elle soit mathématique, économique, climatique, etc.), mais pas par un chemin connu. Pas par un chemin qui aurait été préalablement envisagé, évalué, deviné. La révolution, c'est ce qui revient au même de manière différente. C'est une manière inouïe de revenir à.

« Donc c'est une révolution de la morale. » Je reviens à Benny Lévy, au Benny Lévy des années 1975-1980, de *Pouvoir et liberté*. « La morale n'est plus impossible, elle est à faire *hic et nunc*. » La possibilité d'une morale *hic et nunc* existe : judaïsme. « Purifier la pensée révolutionnaire des schèmes totalitaroïdes, dont la matrice est l'idée d'un degré zéro (d'un état de nature). »

Goscinny est mort il y a exactement trente-neuf ans. Je m'en souviens comme si c'était hier. Je me souviens parfaitement que son dernier, que son ultime dessin représentait un clown. Ça m'avait marqué. D'abord qu'il y ait des gens de plus de cinquante ans qui dessinent des clowns ; ensuite, que des gens qui dessinent des clowns meurent – meurent peu après. Goscinny avait inventé l'enfance ; et puis il est *décédé*. Le mot *décédé* est tellement pire que le mot *mort*. Il faudrait que je travaille à savoir pourquoi. Il y a sûrement une raison. Cette raison réside peut-être dans la sonorité. Goscinny est le seul, dans son univers, à qui la mort est advenue. Astérix, Obélix, Lucky Luke, Oumpah-Pah, Iznogoud et le Petit Nicolas sont toujours là. Ils lui survivent, non tout à fait comme une œuvre, mot que Goscinny eût récusé (de même que ce plus-que-parfait du subjonctif), mais comme des enfants. Aucune enfance, aucune adolescence ne peut s'imaginer sans Goscinny. Il est l'écrivain préféré de ceux qui ne savent pas encore ce qu'est un écrivain. C'est grâce à lui, Goscinny, que j'ai compris, alentour de 1974, que le plus important, dans une bande dessinée, ce n'était pas le dessin. Je suis sûr que ma vocation d'écrivain, je la lui dois à égalité avec Gide. Peut-être aussi à Pivot : je rêvais, à l'âge où mes congénères n'aspiraient qu'à aller faire de la trottinette dans les décors de *L'Île aux enfants*, d'être invité sur le plateau d'*Apostrophes*.

C'est Goscinny qui m'a fait comprendre, si tôt, que si on ne raconte pas d'histoires à un être humain, cet être humain peut mourir (d'ennui, de tristesse, de solitude, de dépression). Que s'inventer des mondes est la condition *sine qua non* pour rester dans le monde. Ce dont on parle moins, c'est de cette étrange mélancolie qui traverse chacun de ses albums. La conscience, sans doute, que l'éternité de l'enfance n'est pas éternelle. Que Lucky Luke ne tire peut-être pas si vite que ça. Que la potion magique a un effet limité. Que le Petit Nicolas n'est plus si petit que ça (il se branle, dans sa chambre, il est toxico, il est peut-être séropo). Amen, bravo, et merci – ô Goscinny.

Dimanche 6 novembre

Réveil avec *Men's Land*, Michel Portal, 1987 (Label Bleu, LBL 6513, France). Jean-François Jenny-Clark : basse ; Michel Portal : clarinette basse ; Jack DeJohnette : batterie ; Mino Cinelu : percussions.

L'autre attend toujours de moi que je coïncide avec ce qu'il croit que je suis. Je dois me débattre pour m'arracher à la réputation qu'il vient de me faire en ne faisant que m'apercevoir, sans du tout me connaître – une réputation qui ne me précède pas, mais qu'il vient de déclencher à sa guise, sur le caprice de sa seule intuition. Je viens de déclencher auprès d'autrui ma propre caricature, à mon corps défendant. Me voilà prisonnier de l'image que je lui donne, et qui ne peut être que fausse. Je dois quitter cette gangue, mais voilà, j'ignore ce que je suis censé être à ses yeux. Je me débats donc dans une toile d'araignée visqueuse, informe. Mes gesticulations sont vaines ; et, me débattant, sans doute j'aggrave mon cas, devenant à mon insu, mais « par ma faute » cette fois, ce qu'il s'attendait à ce que je fusse.

Ce que je suis réellement surprend l'autre. La plupart du temps, je déçois son attente – même si je la déçois positivement.

Je ne suis jamais entier face à quelqu'un, mais amputé, atrophié, c'est-à-dire violemment, intempestivement ramené à ce que j'aurais dû être. Je ne suis pas en conformité avec ma légende, avec mon image, avec le canevas qu'on a construit sur moi, à partir de moi. Je ne coïncide pas avec celui que j'aurais dû être. Je désobéis à mon assignation.

Je nage à contre-courant face à mon interlocuteur, qui n'est finalement qu'un juge. Un terrible bras de fer avec qui je suis et celui qu'il a décidé que je serai – qu'il avait décidé que je serais – a commencé. Quoi que je fasse, son opinion n'évoluera pas, apportant sans arrêt de l'eau à son inexorable moulin. L'autre ne se laisse pas influencer par ma réalité. Ma présence ne suffit pas complètement à prouver que je suis différent de la création qu'il a bâtie à partir de moi, et qui en rien ne me concerne. Même si sa construction prend l'eau, que son édifice se fissure, autrui cherchera – parviendra – de force, à l'aide aussi de ce qu'on nomme le déni, à me faire entrer dans la niche qu'il m'a arrogée jusqu'à la fin des siècles. J'avais commencé dans son esprit à être quelqu'un, ou plutôt quelque chose, que je me dois, sous peine de le contrarier, de continuer d'être. Je n'ai pas le droit de faire faux bond à ma représentation erronée, erratique, arbitraire, absurde et figée.

Mon interlocuteur et moi-même sommes en profond désaccord sur ce que je suis. Je ne suis pas fidèle au dessin de moi préalablement esquissé par lui ; ainsi, je suis un traître à ses yeux. En étant qui je suis, je trahis ce que je ne suis pas. C'est un crime de lèse-autrui.

Il s'attendait à un moi-même que je ne connaissais pas moi-même. Nous n'avons pas la conception de ce que je suis. Mon ennemi, pendant toute la conversation, n'est pas autrui, mais ce moi-même divergent, ce moi-même dissemblant, ce moi-même dissident, ce faux jumeau qui ne partage que mes traits physiques, cet avatar qui m'assigne à sa résidence. Tout ce qui déborde ce que j'étais censé être, tout ce qui s'en détache, s'en désolidarise, s'en éloigne est pris comme une provocation – j'en deviens plus douteux encore. Et plutôt que d'être reconnu comme ce que je suis vraiment, l'autre voit se décocter de mon être un nouvel avatar : celui qui n'assume pas ce qu'il est.

Je me *discrédite* parce que je suis ce que je suis.

Étant moi-même, moi-même à cent pour cent (si tant est qu'on puisse être soi-même à cent pour cent face à quelqu'un), je me retrouve en situation d'imposture. D'illégalité.

J'en arrive à exagérer mes véritables défauts, qui n'ont rien à voir avec ceux que mon interlocuteur me prête – sur des « on-dit » –, pour donner du réalisme à mes imperfections et attester de ce que je suis bel et bien humain, mais différent de l'image qu'il a de moi.

Je serais même prêt à m'inventer un personnage que je ne suis pas (mais que du moins j'aurais choisi, mais que du moins je me serais cousu sur mesure) afin de n'être pas conforme au patron auquel mon interlocuteur – qui se comporte en véritable bourreau, en strict inquisiteur – cherche à me circonscrire.

Je veux bien être moins intelligent que je ne le suis, dès lors que je m'échappe du moule dans lequel il n'a de cesse de me fondre. « Je ne suis pas celui que vous croyez ! » Et lui : « Cause toujours. »

Lundi 7 novembre

Réveil avec *Pianoflage/Knice And Knifty*, Roy Bargy, 1922 (Victor, 18969, US). Roy Bargy : piano.

Je suis fait comme un rat. Autrui ne m'octroie pas la latitude nécessaire à me distinguer du canevas qu'il a greffé sur ma personne. Je ne suis d'ailleurs pas une personne – je suis une projection.

Atroce inversion : le monstre n'est pas le moi de son croquis, mais le moi de la réalité. Étant ce que suis vraiment, sans la moindre tricherie, sans fausse monnaie, je m'égare, je suis un salaud, je pipe les dés, je ne suis pas fiable – *on ne peut pas me faire confiance*.

Mon attitude et mes attitudes ne sont pas *réglementaires*. Elles ne sont pas, non plus, très *fair-play*. J'aurais quand même pu faire un effort, se dit l'autre, me comporter selon les lois de la physique censées me gouverner. Je me mets en apesanteur, ce n'est pas du jeu. Je deviens un truqueur. J'ai insulté mon diagramme, j'ai déserté mon ébauche. Je suis un salaud.

Il faut regarder de près les rapports entre l'état de nature et le Sinaï. Le degré zéro, appelé état de nature, qui est le degré zéro de la politique et de la modernité, n'a strictement rien à voir, rien à faire avec le Sinaï. Dans l'état de nature, l'homme, s'il ne contracte pas avec lui-même, pour établir une instance supérieure qui sera le souverain, représentant tous les hommes, garant des lois établies par lui eu égard aux pouvoirs que les hommes, à travers lui, se sont arrogés sur leurs voisins, sur leurs semblables, l'homme, donc, s'il ne contracte pas avec lui-même, restera dans cet « état » (strictement fictif par ailleurs) qui fera de lui un animal. L'état de nature implique une vision téléologique de la société : à partir de la société, on remonte fictivement à des sources imaginaires (l'état de nature) pour justifier, par des thèses *a priori*, la « nécessité » de l'entité étatique. On justifie une situation dans le présent par une situation située dans le passé mais qui n'a jamais existé, qui n'a strictement jamais eu lieu. On ne se représente jamais suffisamment ce que cette démarche a d'inouï lorsqu'on y songe. Imaginer un pacte, un contrat, entre des êtres rustres, dégoulinants de sueur et meurtris de plaie, qui se seraient (par ailleurs) réunis dans une belle clairière par un après-midi ensoleillé de juin afin de se choisir un chef éclairé et tout-puissant, censé exprimer, par une magie démocratique, leur toute-puissance à eux : eh bien, cela, c'est mettre déjà des perruques sur des chevelures préhistoriques. C'est faire, déjà, ou presque, entrer les Lumières dans l'ombre – même si la théorie du contrat précède largement les Lumières. Il n'empêche, une situation de l'histoire, une réalité historique logiquement entérinée par un concept pur situé dans les limbes d'un commencement flou, incertain, immémorial et inaccessible, voilà qui m'a toujours étonné, surpris, gêné.

Les théoriciens du contrat social, disons-le, ont copié leurs thèses, leur démarche, sur le Sinaï. Mais sur qui ont copié les juifs à leur tour ? C'est bien tout cela, tout ce mécanisme, qui est fascinant.

Degré zéro du lien entre le politique et le religieux : la Grèce classique.

La révolution, c'est ce qui retourne, c'est ce qui se retourne vers, c'est ce qui retourne à. Pour lui donner une impulsion nouvelle, neuve, toute neuve, rafraîchie. Lorsque Jacob se bat contre l'ange, Jacob lui dit à l'issue de la lutte (Genèse XXXII, 26) : « Laisse-moi partir, l'aurore s'est levée. » Le Midrash Rabba (78, 1) y voit un signe de renouvellement, le rapprochant de Lamentations (III, 23) : « Le matin les renouvelle, et grande est sa fidélité. »

Le matin, c'est ce qui renouvelle. Or le matin, le petit matin (l'aurore), c'est ce qui se renouvelle chaque jour (contrairement au « grand soir », qui est unique). Pour le Midrash, l'aurore est là pour signifier à l'ange qu'il est temps de *retourner* faire son office. Pour renouveler, il faut retourner à. Il faut s'en retourner. Grande est ta fidélité pour quoi ? Réponse midrashique : pour ressusciter les morts. Or les morts, c'est le révolu. Le total révolu. L'absolu révolu. L'ange doit s'en retourner à son devoir de renouvellement car il a une tâche à accomplir : faire jaillir de l'absolu révolu, opérer une incroyable révolution qui est la résurrection des morts. Le Midrash Rabba rapporte une autre explication, plus « politique » : ce serait l'apogée des empires qu'il s'agirait en réalité de renouveler. La révolution, dès lors, ne s'entend pas (comme je ne cesse de le souligner) comme une rupture d'avec l'empire immédiatement précédemment, mais comme un renouvellement de l'apogée (révolu) d'empires déjà existants.

Il n'y a pas de révolution sans cercle, sans cycle, sans roue. Les Grecs eux-mêmes comprennent bien, avec Ulysse, que changer le monde, c'est d'abord s'en retourner chez soi, en soi. Dans l'Ithaque de l'introspection. S'en retourner chez moi, en moi. En ressortir, enfin, pour que l'Univers, dès lors, ne soit plus *jamais* le même. Il s'agit de rayonner : comme le cercle possède ses rayons et les projette en tourbillonnant. Faire la révolution, c'est faire tourbillonner le cercle jusqu'à ce que ses rayons s'en extraient, s'en arrachent et se propulsent dans l'Univers (tout entier). Cela, nous l'appellerons : rayonner. Ce processus, c'est le rayonnement.

Une véritable (une vraie) révolution est dite universelle quand tous les rayons arrachés au cercle tourbillonnant fusent (à la vitesse de la lumière) dans tout l'univers : toute révolution véritable est, par conséquent, *universelle*. Le judaïsme, en tant que révolution véritable, est d'abord « quelque chose » qui est universel.

Tôt ou tard, écrire un *Orléans*, de chic – d'une traite. En quinze jours, trois semaines. Balancer tout mais cette fois *sans humour*. Je fus trop gentil dans *Panthéon*, trop elliptique. Et dans *Naissance* trop burlesque. Mais dans le *Orléans* tel que je le vois, le prévois, les deux saloperies qui m'ont mis au monde et « élevé » paieront le prix fort. Trop facile. Ils ne l'emporteront pas au paradis. Deux saloperies comme on en fait peu. Heureux de ne plus voir ces crevures. Ils ont passé leur vie entière à dire du mal des gens, de leurs amis. Amis qui ne sont jamais restés, évidemment. Des vipères, des cancers, d'horribles tumeurs humaines. Il faut bien prendre garde à ne pas mourir d'un cancer de ses parents. Ni d'un cancer des autres, d'une manière plus générale. Le cancer n'est que le dévoilement, au sens photographique du terme (le développement, si l'on veut), du mode de vie qui a été le nôtre. On meurt de la vie qu'on a eue. Pas toujours ? Souvent. Ce n'est pas à Orléans en tant que ville que j'en veux. Orléans est une ville normale, qui n'a jamais vraiment nui à quiconque. Je suis né à Nevers, mais c'est à Orléans que j'ai passé le plus de temps. J'y suis arrivé vers trois ans, en 1971. La merde humaine mâle qui m'a engendré était kinésithérapeute (très mauvais, par parenthèses) à Sainte-Maxime. Il a dû quitter la ville tellement il était nul. Grillé. Un raté total. Il a donc dû chercher à en partir pour se faire oublier. Minable. Un fuyard. Un lâche. Comme on en fait très peu, je peux le jurer. Je peux en mettre ma main au feu, dans ce même feu où ont fini mes dessins, mes bandes dessinées, mes poèmes, mes manuscrits. Bref, une merde humaine absolue et totale. J'ai fait ma maternelle rue du Faubourg-Saint-Jean. Puis, de l'autre côté de la cour, le CP jusqu'au CE2. Au numéro 106. Puis au 28 de la même rue du même Faubourg, pour les CM1 et CM2. En maternelle, Mme Charpentier puis Champion puis Charpentier – « on » m'a obligé à redoubler ma maternelle pour « immaturité » (alors que j'avais un an d'avance). CP, Mme Charpentier me semble-t-il aussi, qui avait pris le CP cette année-là, mais je n'en suis pas complètement sûr. En CE1, Mme Ducloux. Puis en CE2, Charpentier. Il est possible que je m'emmêle les pédales entre Mme Charpentier et Mme Champion.

En CM1, aller en récré ne m'intéresse pas. Je préfère rester écrire. Ensuite, je lis, ou bien Mme Ducloux lit ce que j'ai fait, et tout le monde rit. Pas par moquerie, pas du tout. Je commence alors à écrire des romans de vingt, trente, quarante, cinquante pages. Cela me prend des samedis entiers, des dimanches entiers, des mercredis entiers. Une véritable drogue. Une véritable manière d'exister surtout. Je me souviens qu'il était souvent question de Tarzan, de natation et de voyages sur la Lune et dans l'espace, toujours avec Armstrong, Aldrin et Collins, à qui je faisais vivre mille aventures comme s'ils étaient des personnages de fiction. J'aimais leur faire rencontrer Frison-Roche, Cousteau, Alain Bombard, Rébuffat, Herzog. Tous ces textes, souvent illustrés et brochés par mes soins, ont sans exception été brûlés, déchirés, jetés par mes parents. Chaque découverte de leur existence a été suivie, sans la moindre exception, d'une séance de coups de rallonge électrique, de tête plongée dans les toilettes, de coups de pied dans les côtes ou d'une heure de balcon en pyjama en cas de température glaciale. Mes parents étaient mes nazis. Je ne dis pas « des nazis ».

Ce serait insultant pour les victimes du nazisme historique et dûment répertorié. Je dis « mes nazis ». Et cela, j'en ai pleinement le droit. Cela, personne ne me forcera à le corriger, à le reformuler, à le raturer, à le gommer, à le censurer. Je dis bien : personne.

En CM1, pas d'instituteur ni d'institutrice de toute l'année. Nomadisme et vadrouille. Je lis Gide. Je le découvre cette année-là, en 1977. Je commence à pénétrer dans sa galaxie. En CM2, M. Rouilly, qui m'intitule « poète de la classe ». « Il y a un poète dans cette classe », dit-il, un jour, en rendant les rédactions. Je me demande vraiment qui c'est. C'est moi. Parce que j'avais écrit : « Une feuille morte, bercée par le vent… » Sans snobisme aucun, je me souviens que j'avais été déçu que ce fût pour si peu de chose.

Anniversaire de la mort de Steve McQueen. Brad Pitt, Daniel Craig ne seront jamais Steve McQueen. Parce que Steve McQueen, ce n'est pas Steve McQueen tout seul, ce n'est pas Steve McQueen isolé : Steve McQueen, c'est Steve McQueen + Ali MacGraw. Ce signe « + » que l'on rencontre dans les cœurs tracés sur l'écorce des arbres et qui allie pour l'éternité (souvent provisoire) deux noms encore adolescents. Mais c'est le signe « + », aussi, du marketing : avec Steve McQueen, nous vous livrons en plus Ali MacGraw. Ce qui marche aussi dans l'autre sens puisque le signe « + » est également le symbole mathématique de l'addition, et notre amie l'addition est commutative : avec Ali MacGraw, nous livrons Steve McQueen en sus, on emporte un Steve McQueen gratuit. C'est toujours ça de pris, n'est-ce pas ? Ils s'étaient rencontrés très normalement, tout à fait logiquement, pour ce qui reste à mes yeux le plus grand film de McQueen, *The Getaway* (*Guet-apens*) de Sam Peckinpah (1925-1984), dont on ne relève que trop rarement le pur génie, alors que Tarantino, par exemple, lui doit tout. McQueen avait exigé que sa femme fût interprétée par l'héroïne de *Love Story*. McQueen était à cette époque au sommet de sa carrière. Il avait derrière lui plusieurs films déjà mythiques : *La Grande Évasion*, *Le Kid de Cincinnati* (avec une Ann-Margret à tomber à la renverse), *La Canonnière du Yang-Tse*, *L'Affaire Thomas Crown* (très grand film contenant le plus long baiser de l'histoire du cinéma – trois jours de tournage) et *Bullitt* (film surestimé qui a beaucoup, beaucoup vieilli). McQueen (1930-1980), c'était « l'homme qui cognait les femmes », un homme en colère, aux pulsions destructrices, aux crises de nerfs dantesques, irascible, imprévisible, caractériel, névrosé. Il mettait cela sur le dos de son père, qui l'avait abandonné à une mère trop jeune, qui deviendra alcoolique et le confia elle-même à un oncle. C'est la période fermière de Steve, qui est encore adolescent. Il se souvient de ces années et de l'« insécurité absolue » qui le taraudait. Ses emportements, ses violences le conduisirent dans un centre spécialisé pour enfants en difficulté. Puis ce fut l'armée, la marine, qu'il quitta assez vite pour problèmes disciplinaires. Il s'installe à New York, côtoie des écrivains, des peintres, des comédiens, puis réussit une audition à l'Actors Studio. En pleine guerre froide, on commence à voir McQueen dans des rôles télévisuels et cinématographiques confidentiels : les cheveux jaunes et le regard bleu acier, avec des petites rides sur le front qui sont comme sa signature. Souvent, ce front ruisselle. McQueen apporte une sueur nouvelle au cinéma. On le voit en 1958 dans un nanar monumental intitulé *Danger planétaire* (*The Blob*), un bijou de cinémathèque. Puis Steve incarne Josh Randall dans la série télé culte *Au nom de la loi*. Sa carabine a le canon scié. Peckinpah va tourner un des épisodes (à l'époque, les réalisateurs majeurs n'hésitaient pas à prêter leur nom et leur art à des choses aussi mineures : comme ils avaient raison ; enfant, nous regardions du Peckinpah sans le savoir. Et nous aimions ça). Ce sera leur première rencontre.

Ali MacGraw est toujours vivante à l'heure où j'écris ces lignes. Il est inimaginable qu'elle ait soixante-dix-sept ans. Je ne veux pas aller voir de photos récentes sur Google Images. Je veux rester dans *Guet-apens*, habiter dedans avec elle, résider dans cette beauté fixe de 1972. Sa mère était styliste. Ali rêvait de devenir danseuse étoile, elle sera étoile tout court. La violence, elle connaissait déjà avant de rencontrer Steve. Son père, aussi alcoolique que la mère de Steve, y avait très fréquemment recours (Ali elle-même sombrera plus tard dans la bouteille, mettant en exergue de sa vie cette phrase géniale de Sagan : « On ne sait jamais ce que le passé nous réserve »). McQueen et MacGraw n'ont pas seulement en commun le « Mc/Mac » de leurs patronymes, mais également un vrai rapport aux hématomes. Steve habitué à les distribuer, Ali à les recevoir. L'amour fou, du moins l'amour évident, celui qui coule de source, c'est toujours deux névroses qui s'emboîtent, à la manière des Lego. Ali ne sort pas de la ferme ni de l'US Navy, mais de Wellesley. C'est une étudiante brillante. Elle épouse un têtard à lunettes, premier de la classe, et fait des petits boulots, avant de devenir modèle pour un photographe au nom très polonais et très compliqué. Nous sommes dans les années 1960, mais Ali possède déjà une beauté des années 1970. La beauté des années 1970 forme une galaxie à part. Les maniaques et les esthètes le savent bien, et les cinéphiles surtout. Mais les cinéphiles sont-ils autre chose que des esthètes maniaques ? Très vite, Ali divorce, laissant son têtard devenu crapaud pesant dans la mare saumâtre des jours sérieux. Ali essaye d'être mannequin : la Ville lumière est encore plus lumineuse quand elle arrive à Paris pour enfiler des jupes et déchirer des cœurs. Chanel l'adore, mais la beauté d'Ali MacGraw (sourcil broussailleux, dent de travers, narines dilatées, et alors ?) ne correspond pas assez aux canons d'une mode déjà fascisante qui cherche des corps aseptisés, des visages uniformes et des allures photocopiées. Ali est trop exotique pour être rangée dans le tiroir des beautés désincarnées, froides et hautaines, sans chair, sans âme, sans rien d'autre que leur fameux book pathétique à la main et leur mépris rigolard de grandes gigues mégacreuses. Elle n'insistera pas. Et elle fera bien. Elle rentre aux États-Unis et tourne avec Kirk Douglas sur un coup de chance après avoir galéré pendant des mois.

Quand McQueen et MacGraw se rencontrent, c'est le choc. Deux particules élémentaires lancées l'une contre l'autre dans un cyclotron. Deux paumés, surtout, deux insatisfaits, deux dépressifs, deux dingues absolus. McQueen passe ses journées à tromper sa femme, à frimer et à pleurer. MacGraw, en petite grue intéressée, a épousé Robert Evans, un producteur bellâtre (ou l'inverse) de la Paramount qui lui assure la célébrité mondiale en l'imposant sur *Love Story* (film insupportable que je n'ai jamais pu regarder en entier). Nous sommes en 1971, une des meilleures années de tous les temps pour le cinéma. Ali veut le corps de McQueen, Steve veut l'âme de MacGraw. Et réciproquement. C'est à ce spectacle, surtout, que va nous inviter *Guet-apens*. Le mystère de *Guet-apens* est de se révéler, aussi, un documentaire sur l'évidence d'une passion, la cohérence d'un amour, l'absolu d'une relation. Pendant le tournage, c'est la folie : sexe, émotion, vertiges, ébauches de gouffre, prémices de perdition. Les deux monstres s'entredigèrent. *Guet-apens* est un des plus beaux films du monde parce qu'il montre un amour qui, dans la vie, aurait pu être celui-là, aurait dû être celui-là, mais ne pourra jamais l'être, car le cinéma n'est jamais la vie, et c'est pour cela qu'il existe, qu'il répare, qu'il aide, qu'il guérit. Ce film d'action, paradoxalement, est un bien plus grand film d'amour que *Love Story*, qui comporte l'amour dans son titre et le dresse, grossièrement, comme un étendard. Dans les grands films d'amour, l'amour n'est jamais le sujet officiel, ni même principal, mais pourtant on ne voit que lui, il occupe tout l'espace sans jamais s'annoncer. Un grand film est une manière renouvelée de montrer l'amour comme jamais il n'avait été envisagé auparavant : cela peut être par une fusillade, une attaque de banque ou une course-poursuite. Le guet-apens en question, c'est bien lui, c'est l'amour.

Ce couple est pourtant impossible, parce que les deux membres qui le forment souffrent des mêmes démons. Steve n'a pas confiance en lui, donc il se méfie d'Ali. Ali pense qu'elle n'est rien, donc elle se méfie de Steve. Ils sont perdus, méfiants, jaloux. Ils se fliquent. S'accusent. Se détraquent. Elle se fait frapper à mort, elle pleure, et Steve lui demande de partir. Elle boit. S'en va. Steve lui demande de revenir. Elle revient. Steve, qui a peur qu'elle le trompe, préfère partir. Elle lui demande de revenir. Il la trompe. Il revient. Mais elle veut s'en aller. Il la frappe. Elle reprend une gorgée de tequila. Ils font la paix. Mais chacun se persuade que l'autre triche, manigance, cache son jeu. C'est le règne de l'intranquillité. Et du gâchis. Pendant cinq ans, Ali MacGraw et Steve McQueen vont ainsi s'évertuer à s'empêcher de vivre l'amour sous sa forme heureuse, lui préférant son avatar tragique et empoisonné, celui des larmes, des crises, des ruptures et des lacérations. C'est une manière d'aimer répertoriée. C'est une façon d'être ensemble répandue parmi les humains. Mais, chaque fois, ces histoires s'achèvent dans l'amertume et l'inaccompli : la femme de sa vie, on doit l'abandonner pour ne plus souffrir et ne plus la faire souffrir. L'homme de sa vie, il faut à présent le laisser à ses blessures, qu'il ira partager avec une autre, infliger à la suivante, et ainsi de suite. L'homme ou la femme de sa vie, ce n'est jamais celui ou celle avec qui on a passé sa vie entière, mais l'être qui fut pour nous l'occasion du maximum d'extrémités. Du plus grand nombre de hauts et du plus grand nombre de bas. Montagnes russes. Il y a une jouissance à faire mal à la femme dont nous voudrons ensuite panser les plaies. Il y a un plaisir à faire paniquer l'homme qu'on s'évertuera ensuite à rassurer. Coups de couteau perpétuels dans le cœur, assassinat permanent de bonheur. Ils étaient beaux, jeunes, glorieux : les années, la mort et l'oubli ont tout emporté. Ce qu'il faut se dire, quand on souffre et qu'on fait souffrir, c'est que nous ne vivons qu'une fois, et qu'une heure maudite, une journée infernale, une semaine cauchemardesque ne sont pas soustraites de la comptabilité du temps, elles comptent pour la même quantité, la même durée que leur équivalent heureux. Le chagrin ne ralentit pas la mort ; et même, il en est l'antichambre. De ce couple magnifique, les années se sont chargées : le beau blond tabasseur dort sous une pierre, mort à cinquante ans, et la belle brune divine vit quelque part loin du monde et de toute jeunesse possible. C'est une grand-mère battue par la vie.

Reste le film *Guet-apens*, deux heures d'éclaircie pure situées ni tout à fait dans la réalité ni tout à fait dans la fiction, où le couple, qui est aussi un duo (de grands acteurs), respire. Nous aimons les voir s'aimer. Tout est blessé dans ce film, sauf l'amour. Tout est détruit, égratigné, flingué, sauf l'amour. Alors, il faut bien admettre qu'au lieu d'être morts ou vieux, partis ou dissimulés dans le néant, Steve McQueen et Ali MacGraw continuent à être, à bouger, à s'aimer à la folie, jusqu'au bout, sur la pellicule. Regardez ce film, ses ralentis, sa lumière, sa fraîcheur, sa musique et sa poésie. Il est baigné de lumière. Il est vivant. Il est libre. Surtout, ce qui est la marque des chefs-d'œuvre, il est imprévisible. Sa grammaire est aussi improbable et accidentelle que l'existence. Les cascades peuvent bien se multiplier, de même que les tirs, les acrobaties, les sauts périlleux et les canardages incessants, une grand paix émane de ce Peckinpah, comme un miracle. Il y a un certain silence, oui, au milieu de cet ahurissant tumulte. C'est un film sur le sacré, le sacré d'une union, sa permanence et sa force. Sur ce qui dure malgré les changements de décors, d'ambiances, malgré les secousses et les déflagrations. Finalement, malgré *Papillon* et *La Tour infernale*, la vraie carrière de Steve McQueen s'arrête là, qu'il le veuille ou non. Plus rien après Ali, c'est la morale de cette histoire, elle nous rassure, nous qui ne sommes pas complètement de granit, ni d'acier. Nous aurions aimé les voir s'aimer davantage. On se passerait leurs films non pas en boucle (la boucle est l'apanage du névrosé), mais de temps en temps. Non pour se faire du mal, figurez-vous. Mais pour se faire du bien.

Mardi 8 novembre

Réveil avec *Vibrations*, Bernard Lubat, 1975 (Tele Music, TM 3027, France). Bernard Lubat : batterie, percussions, vibraphone.

Je me sens un peu perdu, parfois, sur ce continent infini qu'est la littérature américaine. Je me cantonne sans doute trop aux mêmes, en boucle : Melville, Roth, Kerouac, James Purdy, Don DeLillo ou Toni Morrison. Ce que je sais, c'est que lire des Américains fait du bien. Nous sommes trop repliés sur la prose franco-française, si étouffante quand elle s'y met. Vive les extases neuves.

J'essaie une fois de plus de lire *Un barrage contre le Pacifique*. Impossible. J'ai horreur de Duras. Mon dégoût. Pour la personne et pour l'œuvre. Pas une ligne à sauver dans cette fausse œuvre. Imposture fascinante. Atroce boule puante géante. Statue de pus. Bronze et fiel. Méchante vieille duègne aigrie collabo. Si proche pendant la guerre de Pucheu, un des pires vichystes qui fut jamais, et dont Antelme était le porte-coton. Duras et la Propagandastaffel. Marguerite Donnadieu, auteur chez Gallimard d'un terrible ouvrage colonialiste, *L'Empire français*. Quelle vieille saloperie, franchement. Devenue chantre, dans les sixties, de la gauche verbeuse à clope. Cols roulés et concepts. MJC et charabia. Marguerite Duras n'aura rien fait de sa vie, qu'intoxiquer les gogos avec sa prose hautaine et de guingois, structuraliste et neuneu. Ses films, dont pas un seul ne se laisse voir, sont plus efficacement encore le reflet de cet esprit malade si content d'avoir emboucané son petit monde, alentour du clocher de Saint-Germain-des-Prés, qui, un jour, enfin, annonça que la bourrique avait cassé sa pipe et éteint son dernier méchant mégot. Pauvre vieille déglinguée prétentieuse. Pire encore que Duras : les durassiens. Pire encore que les durassiens : les durassiennes. Je change de sujet par peur de dégobiller.

Levinas donne l'exemple de Ben Pazi qui, dans le Talmud, trouve le verset qui contien(drai)t toute la Torah : « Tu sacrifieras un agneau le matin et l'autre au crépuscule. » C'est qu'il y a là un *retour* au matin. Le judaïsme, comme révolution, est macroscopique, mais il est composé de révolutions microscopiques. Le judaïsme est une figure fractale. Ce qui l'assemble est de même nature que lui, quelle que soit l'échelle qu'on choisisse pour le considérer : il y a identité, similarité entre le Tout et chacune de ses (plus petites, infinitésimales) parties. Le rituel, par exemple, qui consiste à re-faire chaque jour (ou du moins *périodiquement*) telle ou telle chose, exprime le caractère *révolutionnaire* du quotidien : revenir au matin de chaque chose, redonner à chaque journée sa dimension de retour à. Retour à la veille, mais pas seulement – retour, aussi, surtout, à la veille de la veille, et à la veille de la veille de la veille. Pour retrouver journellement la fraîcheur du commencement, la sagesse des Pères et, qui sait, la pureté fondamentale de la Création. Chaque nouveauté de jour n'est faite que de retours infinitésimaux, anodins, minuscules à ces jours immémoriaux situés dans la Genèse, situés avant même la Genèse, puisque ces rites, ces prières, ces façons de cuisiner, de célébrer, de lire, de dire ne sont tournés que vers Lui : Dieu. Chaque jour l'aube se doit d'être, non pas imitée de l'Aube originelle et divine, mais renouvelée à partir de l'Aube première, dont la trace doit se lire encore, dont la lueur doit (chaque jour) être entretenue comme s'entretient une flamme prête (chaque jour un peu plus) à vaciller, à tousser, à s'éteindre.

Chaque jour, la roue tourne un peu plus, qui n'oublie pas, renouvelant tout sans cesse dans la coulée du temps qui va, de charrier pour Mémoire le passé des Pères, celui de Moïse, et celui de Jacob, et celui d'Isaac. Ces figures, il faut les faire entrer dans la danse des jours, dans ce tourbillon fabuleux qui réveille le révolu, et pour faire d'eux, les Prophètes, nos contemporains dans la cuisine, dans la salle à manger ou sur un banc, là, écrasés peut-être de soleil. Ainsi, par l'avancée circulaire, par le mouvement hélicoïdal qui les transporte, eux les Pères, jusqu'à nous en mouvement ascendant, comme s'ils venaient chez nous en hélicoptère, il s'agit encore et toujours de se retourner. Non vers La Mecque, car ce retournement n'est pas un retournement dans l'espace, mais vers cette Mecque du Temps, qu'on sait se nommer Israël. Se tourner vers le Sinaï, ce n'est pas tourner les talons en direction d'une montagne, mais c'est regarder le passé face à face, tel que Moïse, dans l'Exode, se trouva (et se trouve dès lors chaque matin) face à face avec Dieu.

Dieu est là, il est « patient », dit Levinas (*Difficile liberté*, 1963). Il attend le moment de la révolution totale – intégrale. Quand le retour (quand le retournement) sera total. Non en tant que régression, mais comme porteur de toute la Mémoire de tous les temps (de toute l'histoire, de toute la Mémoire juive et de toute l'histoire juive), en tant que progression ultime. En tant que régénération. « Dieu est patient, c'est-à-dire laisse du temps, attend le retour de l'homme, sa séparation ou sa régénération. »

En 1979, direction le collège Dunois. J'y reste jusqu'en juin 1983. Ensuite, je vais au lycée Pothier. D'autres y sont passés avant moi. Péguy, bien sûr – mon maître (un de mes maîtres), Vuillemin. Alain Corneau, me semble-t-il (paresse de vérifier). Le réalisateur de *La Vie rêvée des anges*. Jacques Lacarrière, que j'aime tant (dont Neo m'a dit, un jour, qu'il puait de manière atroce). Deleuze a enseigné à Pothier. Depuis, « personne ». Depuis moi, je veux dire. Il faut sans doute attendre encore un peu. Peut-être un écrivaillon, un cinéastaillon. Mais dont j'ignore l'existence. Ou un nageur, un judoka, un médaillé olympique, un petit rat de l'opéra, un plasticien. Je m'en fiche comme d'une guigne. Le dernier en date, je vais considérer que c'est moi.

À Pothier, j'ai fait ma seconde, ma première, ma terminale, maths sup, maths spé. Puis je suis parti à Tours. Pendant ma scolarité, les élèves venaient de tous les horizons. On se fichait bien de leurs origines. C'est un temps, très béni, où les origines des gens n'intéressaient strictement personne. On considérait que, chez un individu, l'origine était un point de départ, mais pas, comme par les temps qui courent (et courent mal, et courent en boitant), un point d'arrivée, un point de retour (ou plus exactement, ou plus tristement de non-retour). L'origine était une boule de plus sur le sapin, elle n'était pas le sapin lui-même. On s'y intéressait cinq minutes et on passait très vite à autre chose. Elle n'était pas un refuge ; elle n'était pas un argument. Elle n'était pas le dernier refuge ; elle n'était pas l'ultime argument. Le brassage culturel, religieux, ethnique était important, même si moins qu'aujourd'hui. Et jamais je n'ai entendu de propos racistes, de blagues douteuses.

J'aime de plus en plus les aphorismes, ces romans paresseux, ces sagas du concis. Ylipe, par exemple. Mais plus personne ne connaît Ylipe. Pourtant, Ylipe a écrit ceci : « Le surgelé est l'aboutissement de vingt siècles de christianisme. » Pourquoi n'a-t-on jamais ce genre de questions au bac ? « Si Dieu existait, on n'aurait pas besoin d'y croire » n'est pas mal non plus. L'aphorisme n'est pas vraiment une pensée, mais il donne à réfléchir. C'est un pastiche de pensée philosophique, mais dont le paradoxe est d'offrir malgré tout une certaine profondeur ; la dérision est source de toutes les sagesses, l'humour est la plus pénétrante des métaphysiques. Nietzsche est le plus grand parce qu'il est celui qui rit le plus fort.

Il y a chez Ylipe, certes, un côté brèves de comptoir (« Un plongeoir permet de pisser plus haut ») qui, loin de nuire à la logique ylipienne (« À deux doigts de la mort, c'est encore à deux doigts de la vie »), montre que l'humain est autant sur terre pour prendre des cuites que pour lire Pascal. Un écrivain sans humour, on appelle ça un homme de lettres : Péguy est mille fois supérieur à Malraux. « Sodomiser un mort suppose des complicités. »

Ferry, Minc… Il est étrange que des gens, passé leur seizième année, continuent à rédiger des dissertations. Plus étrange encore qu'ils veuillent à tout prix les publier. Individus qui ne sortent jamais de leur scolarité. Sans elle, ils sont perdus. C'était là qu'ils étaient les meilleurs. Il leur faut des notes et des appréciations, et briller coûte que coûte. Cela, quand on y réfléchit bien, est d'une infinie tristesse. Vu de l'extérieur, c'est un peu pathétique. Le *contraire* d'une œuvre.

Individus qui écrivent, non tant pour penser, mais pour qu'on pense quelque chose d'eux.

Il y a un homme, un professeur de philosophie, un philosophe, un penseur que je respecte et que j'aime. Il s'appelle André Comte-Sponville. Simplicité du style, sans jamais de simplisme. Clarté des idées, et donc de l'expression. Homme profond, qui se moque bien de « briller ». Je le lis chaque fois. Et je suis heureux, presque fier au fond, d'être l'humble contemporain de cet homme. Il rend son lecteur intelligent, il rend son lecteur cultivé, il rend son lecteur heureux. Ne pas sous-estimer son importance parmi nous – ses livres lui survivront tranquillement. Je le préfère sans moustache, au demeurant. Comme si, depuis qu'il l'a rasée, ses idées étaient plus claires encore. Laissons les poils à Nietzsche, qui a opéré dessus une sorte de définitive OPA.

À force de tourner certains auteurs en ridicule, les critiques, aveuglés par leurs propres rengaines (qui deviennent des réflexes), sont incapables de reconnaître le moment où l'une de leurs victimes publie un ouvrage marquant. C'est ce qui est arrivé à André Comte-Sponville avec *L'Être-temps* (1999), qui est pourtant un excellent livre de philosophie. Pas un manuel, comme on a voulu le faire accroire, pas une compilation des meilleures thèses, mais, au-delà, un courage de penser par soi-même un concept aussi rebattu que le temps. Le résultat est là, évident : Comte-Sponville sait redonner à cette question ancestrale une nouveauté, une fraîcheur et une intelligence qui devraient être un exemple en ces temps où, entre les modestes professionnels et les péteurs de plombs, il n'y a plus de place pour ceux qui font leur travail. André Comte-Sponville est philosophe : pourquoi s'excuserait-il de faire de la philosophie ? Rappelant les thèses de Platon, de saint Augustin, de Kant, de Bergson et de Husserl pour les réfuter ou les compléter (à la lumière de l'apport de Marcel Conche), il donne ici sa vision du temps comme présent perpétuel, indissociable de l'être, pour aboutir à une définition du matérialisme personnelle, claire et pertinente. Nous saluons cet amour du travail bien fait en même temps qu'un livre qui, au fil des années, imposera sa présence de toute façon.

Mon interlocuteur est noir. Je suis blanc, comme on sait. Qui sait si, dans les tréfonds de moi-même, je ne suis pas en train, à mon corps parfaitement défendant, de tout faire pour lui montrer que je ne fais aucune différence entre la couleur de sa peau et la mienne ? Qui me dit que je ne surjoue pas cette indifférence ? Ai-je la preuve que je me comporte avec lui comme je me comporterais avec un Blanc ? Est-ce que je ne tiens pas, même évasivement, à lui signifier que pour moi, bien entendu, les races n'existent pas ? Suis-je totalement, absolument libéré de sa couleur ? Ou bien, pour dire les choses sans ambages, est-ce que j'en *tiens compte* ? Est-ce que j'en tiens compte ne serait-ce que pour l'évacuer comme problème ? Suis-je strictement le même, à la virgule près le même que lorsque je me trouve en face d'un Blanc ? À la vérité, je n'en suis pas certain, puisque je sens m'envahir, par instants, cette injonction, absurde mais bien réelle, stupide mais bel et bien présente, d'avoir à rassurer mon interlocuteur sur ce point.

J'intègre dans mon comportement qu'il m'incombe de lui signifier que cette différence n'en est pas une – pas *pour moi*. Que, par conséquent, il (ou elle) peut être tranquille : je ne suis pas de ces gens qui font la « distinction ». Je dois, avec un naturel qui ne peut être tout à fait naturel, faire passer, presque en contrebande, le message suivant : je te considère indépendamment de ta couleur. Mais cela est-il possible ? Si je ne reconnais pas cette couleur, je rate l'autre si l'autre est noir. Je lui arrache une part de son identité. Il y a une différence entre lui (elle) et moi – c'est que la société me laisse en paix, et pas lui (pas elle).

Je dois alors faire montre d'une subtilité particulière : je reconnais ta couleur mais « elle ne me dérange pas ». Sinistre constat, phrase inacceptable, formulation au-delà du malheureux. Pourquoi serais-je dérangé, d'une part ; et, d'autre part, si je ne suis pas dérangé, pourquoi dès lors préciser que ça ne me dérange pas ? Le serpent se mord horriblement la queue.

Et pourquoi, au surplus, serais-je situé, moi, dans la couleur de référence ? Pourquoi définir le Noir à partir du Blanc, et non l'inverse ? La réponse est plus simple : en France, il y a plus de Blancs que de Noirs ; en France, on sait se débrouiller pour faire comprendre aux Noirs qu'ils ne sont pas blancs et que la couleur, ce n'est pas moi, que la couleur – qui n'est pas de mon côté –, ce n'est pas la couleur blanche ; que la couleur, c'est eux, que la couleur – qui est de leur côté –, c'est la couleur noire.

Autre problème. Lorsque j'écris « en France *on* sait se débrouiller pour faire comprendre aux Noirs qu'ils ne sont pas blancs », qui est ce « on » ? Est-ce qu'il existe ? Est-ce de lui que, face à mon interlocuteur noir ou face à mon interlocutrice noire, je veux que l'on constate, que l'on remarque, que l'on voie que je me désolidarise ?

En Afrique, qui incarne la couleur ? Le Noir ou le Blanc ? La question est moins simple qu'il y paraît – l'occupation des pays africains par des Blancs, appelée « colonisation », a laissé ses traces. J'essaierai de revenir plus loin, sans me mentir, sans angélisme, sans manichéisme, sur la colonisation.

Mercredi 9 novembre

Réveil avec *Amir*, Henri Texier, 1976 (Eurodisc, 87 085, France). Henri Texier : contrebasse, viole, flûte, percussions et piano.

Je n'ai pas la télévision, et ne l'aurai jamais, parce que je préfère me souvenir de tout ce que j'y ai vu. Je la regarde donc en fermant les yeux, et sans le son. Je me souviens d'*Amicalement vôtre*, dont le doublage faisait presque à lui seul le succès de la série. Je me souviens de *Bolek et Lolek*, dans « FR3 Jeunesse », un dessin animé polonais des années de plomb, mal dessiné, mal animé et pas drôle. Je me souviens de *La Caméra invisible*, préhistorique aujourd'hui (le *Loft* est passé par là). Je me souviens qu'il y avait trois fois le même « feuilleton » (on ne parlait alors point de série) avec trois animaux différents : *Skippy* (le kangourou d'un petit garçon dont le géniteur était garde forestier), *Mon ami Ben* (l'ours d'un petit garçon dont le géniteur était garde forestier) et *Flipper* (le dauphin d'un petit garçon dont le géniteur était garde forestier). Je me souviens des *Envahisseurs* parce que le nom de « David Vincent » est une trouvaille de génie, qui sonne aussi bien que « Claude François ». Je me souviens de *L'Eurovision*, avec des notes comme en classe. Je me souviens de *L'Homme du Picardie*, et des envies de se flinguer qui allaient avec. Je me souviens de Steve Austin, alias *L'Homme qui valait trois milliards* : on voulait être lui pour pouvoir coucher avec les *Drôles de dames* (surtout avec Farrah Fawcett). Je ne me souviens pas de *Jacquou le Croquant* (pas né). Je me souviens en revanche parfaitement des *Jeux de 20 heures*, avec Jean Valton, Micheline Dax, Christine Fabréga, Patrick Topaloff, Francis Lax et la surexcitante Juliette Mills (mais Marion Game, Anne Lefébure et Christine Delaroche n'étaient pas mal non plus). Je me souviens de *Kung Fu*, avec David Carradine, mélange étrange de sérénité orientale et d'américanisme seventies. Je me souviens de *Mannix* et de Noirs à cols roulés dans *Mission : Impossible* (mais nul ne disait, ne prononçait « *Mission : Impossible* » ; nous disions, nous prononcions « *Mission impossible* »). Je me souviens de *Monsieur Cinéma*, où tout était fiché, classé, administré et, il faut bien le dire, un peu étriqué. Je me souviens de *Une minute pour les femmes*, que j'adorais (je ne dis pas cela pour passer pour un féministe prodige à mes propres yeux) avec Éliane Victor et ses grands pulls. Elle était sympathique, Éliane Victor. Et souriante. Je me souviens de *La Séquence du spectateur*, où la voix de Catherine Langeais parvenait à nous faire croire qu'un film avec Maurice Ronet ou Marc Porel était la chose la plus importante depuis la mort de Jésus-Christ. Et je me souviens, à ce propos, du *Jour du Seigneur*, parce qu'il n'y avait rien d'autre à cette heure-là, ce jour-là (dimanche matin) sur les (deux) autres chaînes. Je me souviens de Brok et Chnok dans *Les Visiteurs du mercredi* où œuvrait également Nicolas Hulot : ils intervenaient depuis l'espace, juste après François Donati « en direct de la Bourse de Paris » – François Donati n'est plus, la Bourse de Paris non plus. Pour moi, le martien, ce n'était d'ailleurs nullement Brok et Chnok, mais lui, François Donati. Je me souviens de *L'Autobus à impériale* avec Cap'tain, Youpla, Belle, Prof, Glouton et Tigrette. Je me souviens que James West avait un je-ne-sais-quoi d'homosexuel dans *Les Mystères de l'Ouest* et qu'il était pacsé avec Artemus Gordon. Je me souviens de *Cosmos 1999*, où des types en pyjamas blancs, déguisés en chirurgiens-dentistes, appuyaient sur de gros boutons qui clignotaient. Je me souviens des *Mini-chroniques*, alentour de 1975 (c'était peut-être en 1976), dont le scénario était signé René Goscinny. Je me souviens de *Merci Bernard*, de Jean-Michel Ribes, Roland Topor (père de *Téléchat*) et Gébé, une émission cultissime, le dimanche soir, en 1983, avec Claude Piéplu, Tonie Marshall, Ronny Coutteure, Eva Darlan et l'immense Philippe Khorsand. Je me souviens de tant de choses. Et il n'en reste rien.

Ne jamais penser que je suis le héros des choses – jamais. Ne pas considérer que l'autre existe moins que moi. Aller le plus loin possible (sans s'aliéner) dans la considération de l'autre : partir du principe, fou, qu'il existe peut-être davantage que moi-même ; que son importance sur Terre pourrait être supérieure à la mienne. Et, partant de ce postulat, *regarder ce qui se passe*.

Essayer d'être à la hauteur de l'autre ; de tous les autres. Essayer d'être à la hauteur, précisément parce qu'il n'est pas moi, de quiconque n'est pas moi.

Et si j'étais le seul, en ce bas monde, à être totalement fou ?

Et si je n'étais pas aussi *humain* que le sont tous les hommes ?

Serais-je frappé d'épouvante si, tel matin, me découvrant dans la glace, j'étais transformé en un autre ? Il faudrait ne pas.

X. a des implants. Il ne nous apparaît pas comme un non-chauve, mais comme un ancien chauve, comme un chauve qui n'en est plus un, comme un chauve qui s'en est sorti. Il n'est plus chauve, mais il le reste. C'est un chauve à l'envers.

Celui qui est « différent » n'a-t-il d'autre choix que d'assumer sa différence jusqu'à l'extrême ou de la surmonter en devenant le meilleur dans un domaine que cette différence ne lui permet théoriquement pas d'embrasser ?

Celui qui est « différent » souffre le martyre de cette différence : cela s'appelle la dictature des majorités. Que faire ? N'est-ce pas aussi une bénédiction que de dissembler à presque tous ? N'est-ce pas là le signe d'une élection ? Cela ne contribue-t-il pas, sinon à se façonner un destin, du moins à trouver sa voie ?

Celui qui est « différent » est empêché de briller. Certes ; mais lui reste le plus important : la profondeur. Il y a accès. D'abord contraint, puis de son plein gré. La tare pousse non tant à la sagesse qu'à la profondeur. Voir l'humain en relief – ce n'est pas permis à la masse des ravis, à la congrégation des foules satisfaites et pleinement majoritaires.

Se livre un combat à mort pour la « normalité ».

Le trac perpétuel de « l'inférieur ». Sa question, lancinante : « À quel sauce vais-je être mangé ? »

Est « inférieur », tacitement, celui qui n'est pas « comme les autres ». Traduction de « comme les autres » : la masse immense qu'on appelle le plus souvent « majorité ».

La majorité jouit de ce qu'elle se sait majoritaire. La majorité n'oublie jamais qui elle est. Elle sait qu'elle est la majorité. Elle a la jouissance tautologique.

Lorsque je suis « différent », je ne cesse de scruter les effets de cette différence sur le visage d'autrui ; c'est épuisant. Je cherche des informations sur les traits de l'autre. Ce n'est pas une vie. Quel effet est-ce que je produis, quelle sensation est-ce que je déclenche chez le « normal » ? Le normal qui, sans doute, feint de me trouver normal, ou surjoue le fait qu'il n'est pas dérangé par ma « différence ».

Si je suis déficient, je me dois, face à une personne dite « normale », de ne pas m'illustrer dans la catégorie de ma déficience ; lui, le peut. Exemple : je suis déficient intellectuellement – je n'ai, dès lors, *pas le droit*, au restaurant, de faire une erreur en vérifiant l'addition. Mon interlocuteur, lui, y est autorisé. Si je suis handicapé, j'ai moins le droit de chuter au sol que n'importe qui d'autre ; pourtant, c'est la même loi de la gravitation qui, le « normal » et moi, nous a fait choir. On considère qu'il est plus logique, d'une part, que le handicapé que je suis tombe ; et, d'autre part, on part du principe qu'une chute est plus délicate, plus dangereuse, plus problématique, plus *grave* pour le « normal » que pour moi. C'est là une forme (cette approche est une forme) de ségrégation. Je n'ai pas, du fait que je sois invalide, à me sentir plus humilié par les lois de la gravitation qu'un valide.

Ne pas avoir de bras, ne pas avoir de vue, ne pas avoir de travail, ne pas avoir toute sa tête, ne pas avoir la peau blanche : peut-on, en France, penser tout cela dans une humiliation, sinon commune, du moins *combinée* ?

Slalomer entre le rire méchant des enfants.

Dans les années 1970, Orléans était une ville de droite bourgeoise. Elle l'est restée après être passée par quelques avatars. J'ai longtemps habité parc Saint-Laurent, sur les bords de Loire. Heureusement, notre appartement donnait côté « jardins » et non côté Loire, fleuve que je déteste et qui me plonge dans un indicible cafard. Fleuve d'une grande tristesse. Apanage de tous les fleuves. Eux-mêmes se détestent. Ils cultivent tellement la haine de soi qu'ils n'ont de cesse que d'aller se suicider dans la mer – l'équivalent pour eux du paradis. C'est vrai, je n'avais jamais remarqué cela : les fleuves sont l'enfer, les lacs le purgatoire, la mer le paradis.

Si le maniaque cherche un retour « spatial » chez les juifs, il ne sera évidemment pas déçu : retour à la Terre, évidemment, mais cela paraît bien secondaire dans le mouvement de révolution qu'implique (qu'engendre) le judaïsme : la révolution juive, ce n'est pas l'immobilité (d'une terre, d'une région), ce n'est pas l'immobilier (les immeubles, les maisons, les fermes, les grands ensembles capitalistes faits de béton armé), mais c'est le nomadisme. Ce sont les maisons qui nous accompagnent (Dieu est la Première d'entre elles). Levinas évoque, à ce titre, le rituel de la fête des cabanes. Pas de judaïsme sans avancée, sans marche. On va de l'avant dans le temps et dans l'espace, mais c'est toujours en conservant l'aptitude à se retourner, et aussi à s'en retourner.

La révolution est un mouvement en spirale. Levinas : « La spirale cherche, en vain, à envelopper son propre mouvement. Représente-t-elle graphiquement la pensée juive moderne chez qui l'essence du judaïsme apparaît comme une inlassable tentative de définir cette essence même ? » (*Difficile liberté*, 1963). Et là, il ajoute (c'est fondamental) : « Tout n'est certes pas absurde dans cette ligne qui toujours recommence et ne peut ni aller droit devant elle ni rejoindre son point de départ. » C'est la meilleure définition qu'on puisse trouver, à vrai dire, sur le judaïsme comme processus révolutionnaire. Définition qui répond, aussi, à la fameuse obsession du Benny de 1975, impuissant à définir précisément, exactement l'essence véritable de la révolution (parce qu'il est encore dans un athéisme qui lui deviendra bientôt choquant, insupportable). Cette morale à faire *hic et nunc*, cette ligne, ici, qui toujours recommence. Cette ligne qui n'est pas une ligne droite, qui se distingue, autrement dit, de la ligne droite des chrétiens. De cette ligne droite (chrétienne) qui unit le passé d'avant le Christ et le futur d'après le Christ ou, plutôt, le passé d'avant le présent et le futur d'après le présent. Cette ligne droite qui n'est qu'un présent aveugle et avançant, pointé passivement vers son déroulement insensible et insensé, sourd aux mémoires du Temps révolu, imperméable à toute référence, rétif à tout retournement, cette ligne qui se fait toute seule et ne roule pas, ne se déroule pas (comme un tapis se déroule), mais se répand, se reproduit identique et continu, se propage et s'engendre, étant à elle-même son propre moteur, sa propre modalité, sa propre et satisfaite satisfaction. Cette ligne droite qui serait une lave têtue oublieuse du centre de sa Terre, de son volcan et de son éruption première, confondant l'Origine et un moment de l'histoire, prenant le déroulement pour la destinée, la coulée pour le but, l'avenir pour sa continuation. Non, tout n'est pas absurde, en effet, dans cette ligne (juive) qui ne va pas « droit devant elle », mais qui avance néanmoins : on peut avancer sans aller *tout droit*.

Lorsque les chrétiens lisent la Bible, ils avancent, ils poursuivent la lecture, tout droit. Ils suivent la ligne, et vont à la ligne, et c'est toujours la même ligne. Qui continue. Ce n'est pas, comme chez les juifs, une ligne qui *recommence*, mais c'est une ligne *continue*. La lecture juive de la Bible est une lecture qui recommence. La lecture chrétienne de la Bible est une lecture qui continue. Quand le chrétien lit la Bible, sa Bible, il peut faire une pause, mais il n'est jamais arrêté que par lui-même ; lorsque le juif lit la Bible, sa Bible, il ne fait que des pauses, il ne peut faire autrement que de faire (infiniment) des pauses parce que « d'un seul verset se lèvent des sens multiples » (traité Sanhédrin, 34 a). Lorsque le juif lit la Bible, il est arrêté par la Bible elle-même, parce que le commentaire qu'il va faire, qu'il (se) doit (de) faire, fait partie de la lecture de la Bible – c'est la seule manière de lire la Bible. Lorsque le juif lit la Bible, il interroge les soixante-dix sens possibles de ce qu'il lit, parce que ce qu'il lit, ce qu'il voit, c'est la parole de Dieu ; parce que, lorsqu'il lit la Bible, le juif écoute Dieu. Il ne pourrait se permettre de mal le comprendre ou, du moins, de ne pas faire l'effort le plus grand pour ne pas le comprendre au mieux. Alors sans cesse il interroge le texte, il le plie, le retourne, le triture, car c'est Dieu qui lui parle – le juif qui lit la Bible a pour devoir de chasser les interférences. Et que nous dit ailleurs Levinas ? « Parler et écouter ne font qu'un, ils ne se succèdent pas. »

Écouter Dieu, c'est donc lui parler. Lire la Bible, pour le juif, c'est donc parler à Dieu. Il ne s'agit donc pas d'un monologue mais bien d'un dialogue. La lecture de la Bible, pour un juif, ne peut être continue, elle ne peut être exempte d'interruptions. Car elle est vivante comme sont vivants tous les dialogues. Ce n'est pas Dieu qui parle sans discontinuer, mais c'est un dialogue entre Dieu et l'homme. La Bible juive est bien la Parole de Dieu, mais Dieu ne monologue pas : Dieu, fidèle à l'esprit premier de l'Alliance, établit un dialogue avec les hommes (avec les juifs). C'est pour cela, d'ailleurs, que j'appelle « juif » celui qui lit la Bible en hébreu. Est juif, à mes yeux, non celui qui forcément est circoncis – mais celui qui est *capable* de dialoguer avec Dieu.

Jeudi 10 novembre

Réveil avec *Varech*, Henri Texier, 1977 (Eurodisc, 913.087, France). Henri Texier : contrebasse, viole, flûte, percussions, oud et piano.

Le dialogue avec Dieu est juif parce que, sous la forme d'une interrogation recommencée, renouvelée de la Bible, le lecteur juif tente de comprendre ce que Dieu est *toujours déjà* en train de lui dire. C'est pourquoi la Bible, au fond, ne serait pas grand-chose sans le Talmud. La Bible sans le Talmud, cela existe, ça s'appelle l'Ancien Testament. La Bible *avec* le Talmud, voilà qui établit la possibilité du *dialogue* avec Dieu. Le Talmud, c'est l'ensemble de toutes les fois où les juifs s'interrompent dans leur lecture et, par conséquent, interrompent Dieu, pour mieux l'entendre, c'est-à-dire pour mieux lui répondre. Le Dieu des juifs (celui d'Abraham, d'Isaac, de Jacob, de Moïse) est un lieu rempli d'humilité car il accepte le dialogue et va même plus loin dans l'humilité : il accepte d'être interrompu dans le dialogue. Il accepte qu'on le coupe. (À la condition, bien sûr, que ces perpétuelles interruptions aient lieu dans le souci de la compréhension, dans le souci, *in fine*, de comprendre et, donc, d'établir incessamment un monde plus éthique, plus moral, plus joyeux.)

La Bible sans le Talmud (l'Ancien Testament), c'est une Bible qui ne discute pas avec les hommes, c'est la parole, non pas morte (ce serait insultant pour les chrétiens), mais pas non plus bien vivante d'un Dieu qui monologue. C'est la parole d'un Dieu qu'on ne saurait interrompre. Le chrétien qui lit n'est, par suite, jamais contraint de reprendre sa lecture, de la recommencer. Le chrétien ne reprend pas, il continue : il y a une passivité. Il est auditeur. Il est réceptacle. Il ne se permettrait pas de lever le doigt (vers le ciel !) pour dire à Dieu qu'il n'a pas compris ceci, qu'il lui semble qu'il n'est pas (en première analyse) totalement sûr d'avoir saisi cela. Le juif parle. Le chrétien se tait. Le juif ne lit pas en silence, il lit à haute voix. Dans aucune conversation, dans aucun dialogue l'idée viendrait de se taire. Lire la Bible, pour les juifs, c'est faire beaucoup de bruit. Pour les chrétiens, lire la Bible, c'est faire le silence. Lire la Bible, pour les juifs, c'est se rassembler et discuter, c'est argumenter, c'est crier, c'est se crier dessus, c'est s'invectiver, c'est se provoquer, c'est se quereller, c'est se lancer des défis (d'interprétations). Pour les chrétiens, c'est s'isoler, même avec les autres, même en compagnie des autres, mais c'est s'isoler. Même en communion avec les autres, mais c'est se soustraire. Dix rabbins qui lisent la Bible font le vacarme du monde entier ; dix curés qui lisent la Bible sont plus silencieux qu'un cimetière.

La spirale est la figure la plus propice à décrire la lecture juive de la Bible d'Abraham. On revient, cela fait comme une boucle, on (se) retourne, on ne va pas droit devant soi : on avance, mais autrement, en tournant. Avancer en tournant, c'est-à-dire avancer en se retournant (en sachant se retourner), c'est progresser – évidemment pas au sens où l'entendent les « progressistes ». C'est vers le messianisme qu'il faut progresser. Vers l'universel. Parce que le passé est pris en compte, les retours incessants vers le passé, vers la ligne au-dessus, vers le chapitre précédent, vers le Livre précédent, et encore précédent, et précédent encore, c'est cela qui tord la ligne droite pour en faire une spirale.

« Qui ne peut aller droit devant elle ni rejoindre son point de départ. » Une spirale, si elle est verticale, peut conserver la même abscisse mais son ordonnée change. Et donc la position finale n'est jamais la même que la position de départ, sauf si on « aplatit » cette spirale. On revient alors au point de départ. La spirale, c'est un éloignement du point de départ en conservant l'abscisse du point de départ. On ne repasse pas par ce point, mais, en altitude, on repasse (régulièrement, c'est-à-dire *périodiquement*) par l'abscisse de ce point. Il n'y a pas de spirale sans mouvement circulaire, pas de spirale, donc, sans révolution ; pas de révolution sans période. C'est la périodicité du rite, qui fait le caractère révolutionnaire du judaïsme au quotidien – et nous n'avons pas, encore, explicité *en quoi* le judaïsme était réellement, vraiment révolutionnaire, c'est-à-dire de quelle manière il permettait de *sortir du politique*.

Messages anonymes : on me menace *encore*. Je n'y fais plus attention, mais alors plus *du tout*. Je le note ici mécaniquement, mais juste pour la forme.

Il y a des milliers de manières de décrire le monde, c'est pour cette raison qu'il existe des milliers d'artistes. Parmi ces artistes, il y a Jerome Charyn, dont je suis en train de relire *Ping-pong* (Robert Laffont, 2003). Charyn a trouvé un angle original, le ping-pong, donc, pour visiter la société et fouiller les fondements de l'être humain. Je connais bien les textes de Raymond Roussel sur les échecs, ainsi que ceux de mon ami satrape Arrabal (c'est lui qui m'a fait décorer de l'ordre de la Grande Gidouille) ; je connais les mots croisés de Georges Perec (j'achetais *Ça m'intéresse* en 1982) ; je connais la fascination du grand Ernest pour la boxe. Charyn, lui, c'est le ping-pong. C'est un pongiste. Je refuse d'écrire qu'il écrit comme on joue au ping-pong. Je laisse cette phrase à d'autres – aux critiques littéraires professionnels.

Un grand écrivain est quelqu'un qui est capable de s'approprier complètement un territoire, aussi minuscule soit-il. Charyn est le maître de la table de ping-pong comme Proust l'était du boulevard Saint-Germain (j'aurais pu trouver mieux, tant pis, *c'est fait*). Charyn est également exhaustif, comme Perec, tiens, comme Proust, justement ! Précision et exhaustivité : on rajoute à ça l'humour et « le plus d'humanité possible », comme dirait l'oncle André, et on obtient un livre presque parfait. Je dis « presque » parce que les livres parfaits n'ont jamais fait les grandes œuvres.

Appel d'Annie Chancel, *alias* « Anny ». J'aime Anny. J'adore Sheila. Elle fait la distinction. Anny est à Peter Parker ce que Sheila est à Spider-Man. Dès l'âge de trois ans, j'étais jaloux de Ringo. Je ne voulais pas qu'il la touche, qu'il l'embrasse. Son mariage m'a anéanti : j'écoutais « Les Rois mages » en boucle, pour me consoler. Aux alentours de 1978, on parlait beaucoup du groupe disco S.B. Devotion sans se douter que le « S » signifait « Sheila » (à la pointe du laser). Sheila ? La Romain Gary du disco. Superphénix. On ne le dit jamais assez : parmi les grands moments du disco il y eut les opus d'une petite fille de Français moyens et d'un Français moyen (Patrick Hernandez). À l'époque, Sheila dansait avec une sorte de bâton d'acier dans les mains. Qu'est devenu ce bâton ? Il y aurait un fabuleux test à faire pour savoir si on est un bon écrivain : écrire une chanson pour Sheila. Les incapables, les recalés n'auraient plus le droit de publier quoi que ce soit. Les autres seraient reçus en grande pompe par Sollers chez Gallimard, par Jean-Paul Enthoven chez Grasset. Il faudra que je pense à lui écrire une chanson. Qui parlerait d'amour et du temps qui passe, des cœurs qui suppurent et des amants consumés. Je n'aurai pas connu le Golf Drouot. C'est aujourd'hui un fast-food. La sono y était-elle bonne ? Avait-on quelque chance, s'y rendant au hasard, de rencontrer Long Chris ? Qui connaît encore Long Chris ? Sheila est là, toujours là. Étoile du berger. De la bergère. Ça sonne mieux.

Sur la table où je travaille, posé contre une enceinte, un polaroid de 2000, avec Paulette Dubost (elle porte un chapeau de paille et une veste de soie rose à fleurs) : « Avec mon amour. Paulette ». Je lui avais demandé : « Il était comment, Hitler ? » Réponse : « Oulala ! Il mangeait à une vitesse ! » D'où il ressort qu'entre Hitler et moi, il n'y a qu'une personne : Paulette.

Serais-je fait comme un rat dans mon « infériorité » ? Si je tente de la dissimuler, je suis ridicule ; si je ne sors plus de chez moi, je suis mort ; si je nie ma différence, elle se voit davantage ; si je la surjoue, j'agace. Serais-je condamné à vaquer d'association en association ? De chercher, comme une âme en peine, la stricte et seule compagnie de mes semblables ? Suis-je voué, jusqu'à mon dernier souffle, à incarner une cause qui est mienne à mon corps défendant ?

Handicapé, si j'appuie sur mon handicap, si autrement dit je le fais valoir (dans telle ou telle situation où il pourrait me faciliter la vie), je sais, je sens que derrière les sourires obligés se dissimule un agacement. On m'en veut – sans jamais oser se l'avouer à soi-même – de bénéficier d'un passe-droit.

Handicapé, ou « différent », je ne facilite pas la vie des gens. L'autre doit prendre en compte quelque chose qui le dégoûte, l'éloigne, l'effraie. Cet autre est soulagé de n'être point moi. Cet autre est soulagé quand vient l'instant de prendre congé. Je suis trop difficile à être – car on m'envisage par procuration effrayée (ou effarante).

Tous les pathétiques efforts de l'autre pour chasser – comme on chasse une mouche avec la main – les mouvements de sa compassion (il ne sait qu'en faire, il ne sait comment composer avec elle). Tu n'es pas préparé, toi valide, toi « normal », toi parfaitement blanc dans un environnement blanc, à passer du temps, en tête à tête, avec cette différence qui exige de toi une constante improvisation de tout ton être. Avec mon handicap, j'en fais toujours trop ou pas assez ; tu fais la même chose envers lui. Tous deux, nous faisons un match. Nous sommes à bord du même appareil – et, Dieu, quelles turbulences dans ce ciel-là !

Si, moi, le handicapé, je me sens gêné, n'est-ce pas parce que je gêne véritablement ? Le spectacle que j'offre n'est pas celui qu'on souhaiterait se voir offrir. (Je dis « moi, le handicapé », parce que, littérairement, j'escompte que cela donne plus de force à cet essai ; mais ai-je le droit de procéder ainsi ? Est-ce intellectuellement acceptable ? Rien, évidemment, n'est moins sûr.)

Moi, le « normal », me souviens être allé avec une ancienne Miss France dans un restaurant « chic » ; j'étais venu pour la séduire, et réciproquement. Un handicapé, à la table voisine, bavait dans son assiette et s'exprimait par onomatopées ; c'était un vieux monsieur – cacochyme. Je me souviens parfaitement (oui, parfaitement) que je lui en ai voulu à mort du spectacle qu'il nous infligeait. C'était tellement désagréable à voir que l'ancien mannequin a dû lui faire dos (nous avons échangé nos places). « Ce salaud va tout gâcher. Pourquoi est-ce que ça tombe sur moi ? » (il n'y avait personne dans le restaurant), me suis-je répété. C'était *gênant*. « Il va tout faire rater », me suis-je dit. Lui ne s'apercevait de rien, il était installé dans sa toute-puissance (faite de sa toute-impuissance). Pourquoi mentir ? J'ai eu la sensation d'une prise d'otage. D'un détournement, non d'avion, mais de situation – un pirate, non pas de l'air, mais d'atmosphère. Mais le handicapé (qu'on faisait manger à la cuiller et qui bavait, bavait, bavait) me transmit son impuissance : que faire ? S'en aller ? Impossible car gênant – cela ne « se fait pas » ; nous sommes quand même entre humains. Compassion oblige. Rester ? Impossible car gênant. Je n'étais pas échec et mat. J'étais pat.

J'en veux au handicapé : il attend de moi, face à son handicap, une réaction exagérément normale.

Face à un Noir, suis-je voué à surjouer l'absence de racisme qui est en moi ? Mais attention : si je surjoue, est-ce à son intention ou à la mienne propre ? Ne suis-je pas en train de vouloir me rassurer sur ce que je pose que je suis mais ne suis pas à cent pour cent certain d'être ?

Vendredi 11 novembre

Réveil avec *À Cordes et à Cris*, Henri Texier, 1979 (Disques JMS, JMS 06, France). Henri Texier : contrebasse, flûte, percussions, basse et oud.

Je préfère encore mourir que de tweeter. Les tweets sont un dépotoir, un cloaque. Depuis qu'Internet existe, on voit enfin ce qui se cachait à l'intérieur de l'âme humaine (même s'il ne fallait pas avoir de génie pour s'en aviser) et ce n'est pas très beau à voir.

On parle souvent de l'amour du prochain : ce n'est pas l'amour qui pose problème, c'est le prochain.

Nietzsche avait bien vu la chose : seul l'amour du lointain est envisageable.

Le véritable écrivain est un enfant qui dérange sa chambre.

Benny 1975 : réaliser une révolution de la morale qui n'est plus « impossible ». « Elle est à faire *hic et nunc*. » Emmanuel Levinas rend hommage en 1968, trois ans après sa mort, à Martin Buber. Martin Buber dont l'épitaphe n'est pas un passé, n'est pas un présent, mais un futur, un futur emprunté aux Psaumes : « Mais désormais, je resterai toujours avec toi. » Il faudra y revenir. Emmanuel Levinas, donc, qui répond à cet impératif de *hic et nunc* de la révolution morale que Benny Lévy appelle de ses vœux. Une fois n'est pas coutume, Levinas délaisse les talmudistes et leurs subtilités élitistes pour se pencher sur le hassidisme. Je ne pense pas qu'on puisse, je ne pense pas qu'on doive snober le hassidisme. « La vocation de l'homme entier, écrit Levinas – la vocation du pieux, du juste ou du gracié –, consisterait à agir dans le monde comme si Dieu y était présent partout et jusque dans l'immédiat et dans le sensible ; il consisterait à servir Dieu, non pas aux heures d'élévation d'un culte, mais dans toutes les entreprises de la vie quotidienne. La personne humaine, le "je", *hic et nunc*, empêtrée dans ses problèmes et ses soucis serait un moyen de sanctification » (« Pensée de Martin Buber et le judaïsme contemporain », dans l'ouvrage collectif *Martin Buber. L'homme et le philosophe*, 1968). La révolution, cela commence par le rite et, dans le rite, la révolution, c'est le rite. Faire tourbillonner le révolu, j'insiste, et Levinas continue : « Il faut, d'après cette conception du hassidisme, ressentir dans cette présence concrète au monde une élévation du monde, faire jaillir les étincelles de là-haut qui sont assoupies ici-bas, les recueillir et les ramener à l'Ardeur originelle dont elles étaient descendues. » Où l'on comprend que le révolu d'ici n'est, là-bas, c'est-à-dire « là-haut », pas révolu du tout, qu'il est un accès possible au révolu, qu'il existe un moyen de « remonter le temps », d'abattre les chronologies, de supprimer les dates ; de même que, dans le rabbinisme « élitiste », de même que, dans l'étude, une compression du temps est possible en étudiant les « vieux grimoires » (pour reprendre une expression de Levinas). « Là-haut », ce n'est (évidemment) pas au ciel, dans je ne sais quel ciel divin.

Il y a un « là-haut » rabbinique et un « là-haut » hassidique. « Là-haut », c'est le lieu de la pureté première des premiers textes, qui sont là, attendant d'être lus, entendus, compris, désossés, commentés, triturés, rabâchés, malmenés, interrogés. Ils sont là, vivants, ils sont « là-haut » dans leur exigence totale, dans leur lisibilité totale mais de moins en moins approchée, dans leur vacance absurde et leur totalité illue, dans leur lumière originelle qui décourage les modernes. Le « là-haut » rabbinique renvoie à la Parole ruisselante et neuve de Dieu, sa parole encore vierge d'abandons, de malentendus, de découragements, de méfiances et de détachements, sa parole première qui demande, comme à l'aube du premier jour, et comme à l'aube du jour premier, à être encore élucidée, étudiée, envisagée, respectée, contestée voire, mais vivante. Ce révolu-là n'est révolu que par le tamis des siècles, révolu dans la chronologie historique, mais ce terme même de « révolu » pose problème, dès lors qu'on s'abstrait de l'histoire, qu'on s'en absente enfin, pour n'envisager qu'une continuité logique, purement juive, où n'est révolu non pas ce qui forcément, ce qui obligatoirement, ce qui chronologiquement, ce qui historiquement est ancien, passé, dépassé, mais où n'est révolu que ce dont l'homme s'éloigne. Le révolu, ce n'est donc plus ce qui mesure le temps qui a passé, l'éloignement par l'histoire, le désintérêt de l'homme à cause d'événements (historiques) qui lui sont extérieurs, mais c'est un révolu qui mesure le désintérêt, l'éloignement de l'homme à la source originelle, au Texte, à la Parole première et divine, au Sinaï, pour des raisons qui lui sont propres, internes, intérieures, et qui ne doivent rien aux pressions extérieures de l'histoire. Faire tourbillonner le révolu, faire la révolution, ce n'est pas seulement faire revivre ce qui est situé dans le passé (ce qui reste évidemment possible, puisque ce qui est situé dans le passé n'est pas obligatoirement mort : c'est le passé seul qui est mort), mais c'est faire revivre ce qui est éteint (ou en train de s'éteindre) et pourtant totalement présent. La tradition orale biblique juive, qui évite de (se) poser la question des « vieux grimoires », atteste que se détourner du révolu, ce n'est pas exactement la même chose qu'ignorer le passé. Car la parole orale, située totalement dans le présent, dès lors qu'elle commence à éloigner d'elle les hommes (les juifs plus exactement), qu'elle commence à les ennuyer, à les faire fuir, se transforme en du révolu présent. En du révolu en attente, en énergie potentielle de révolu. En du révolu disponible. En du révolu fin prêt. En du révolu qui ne demande qu'à. (Mais le révolu, semble-t-il, est patient.) La Torah est sans cesse quelque chose de présent ; et le « passé » dont on parle, le Sinaï auquel elle renvoie, n'est pas simplement, n'est pas seulement, n'est pas strictement historique, il est logique. Il n'est pas, sous prétexte que non explicitement historique, fictionnel. Il n'est pas « virtuel », mais il est juif, habitant cette « chronologie anhistorique », cette chronologie sans chronos, sans temps historique, que contient aussi (que contient peut-être d'abord) la pensée juive.

Il y a un « là-haut » rabbinique et il y a un « là-haut » hassidique. Le « là-haut » hassidique, ce n'est pas la proximité avec la Parole neuve de la Loi orale ou des « vieux grimoires » qui ne « vieillissent pas ». Mais ce n'est pas non plus le « là-haut » étoilé des chrétiens, au-delà des nuages. Ce n'est pas un « là-haut » fait d'au-delà. Il est question, dans la manière bubérienne de faire la révolution au quotidien (ce qui est presque, dans le judaïsme, une manière de tautologie), de révolutionner son existence : « L'exaltation jusqu'au divin du sensible *hic et nunc.* » « D'après Buber, reprend Levinas, le hassidisme "aurait allumé chez ses adhérents le pouvoir de se réjouir du monde tel qu'il est et de la vie telle qu'elle est, d'une joie constante, sans faille et inspirée *hic et nunc*". » On entrevoit là la puissance de feu propre au hassidisme : la révolution consisterait non plus à changer le monde, mais à changer son rapport au monde. Sachant que changer son rapport au monde finira, cela est induit, par changer le monde. Le « là-haut » du hassidisme est donc lui aussi un immédiat présent, il n'est pas un révolu enfoui, ni un révolu enfui. Comme le « là-haut » rabbinique, le « là-haut » hassidique provient finalement d'un effort sur soi, d'un retour à soi, d'un retour sur soi : non plus foncer sur la ligne droite vorace d'immédiat, mais rendre l'immédiat plus riche, profond, opérer un retour à soi et à l'exigence d'une existence (d'abord individuelle) morale. On notera que, dans chaque cas, du côté du rabbinisme comme du côté du hassidisme, chez Rabbi Akiba comme chez Buber, ce retour est source de joie et de plaisir : l'effort ne doit (jamais, dans le judaïsme) se transformer en souffrance mais c'est le plaisir intellectuel, la jouissance intellectuelle de lire les Textes originels, originaux « d'homme à homme », comme dit Péguy, et, surtout, comme s'ils venaient d'être donnés ce *matin* (et, tel un périodique, car je répète qu'il n'est de révolution sans période), comme ils seront – dans leur même belle immuable nouveauté – redonnés si on le veut bien, *demain matin* à la même heure. Nous ne sommes pas là dans l'extase chrétienne. Qu'est, nous dira-t-on, le « révolu » que Buber entend faire pivoter à toute allure, faire tourbillonner jusqu'à en extraire des étincelles ? Le révolu, là encore, ce n'est pas le passé. Le révolu bubérien n'habite pas dans le passé, n'est pas une catégorie du passé. Le révolu, pour Martin Buber, c'est le présent.

Samedi 12 novembre

Réveil avec *Oh How We Danced*, Jim Capaldi, 1972 (Island Records, 6396 015, France). Jim Capaldi : chant ; David Hood, Trevor Burton et Rick Grech : basse ; Roger Hawkins, Mike Kellie et Jim Gordon : batterie ; Barry Beckett : piano, orgue ; Jimmy Johnson et Paul Kossoff : guitare électrique ; Dave Mason : harmonica et guitare électrique ; Steve Winwood : orgue, chœurs et guitare ; Chris Wood : flûte et saxophone électrique ; Rebop Kwaku Baah : percussions et congas ; Bob Griffin : piano ; Sunny Leslie : chœurs.

Ce n'est pas un retour au passé qu'il s'agit d'opérer, mais un retour au présent. Il ne s'agit plus, dans la course en ligne droite proposée par la modernité (et surévaluée par le christianisme, qui l'a inventée), de marquer un temps d'arrêt permettant de tourner le visage en direction du Sinaï, de regarder en direction de la foi des Pères (qui n'est pas un passé – au sens – chronologique, mais un passé – au sens – juif).

Emmanuel Levinas : « Quand, à travers l'Écriture et la parole, l'enseignement monothéiste se donne aux hommes, il prend l'humanité dans sa situation sauvagement réelle. Ce qu'il semble refléter d'une époque dépassée constitue précisément sa force, témoigne de son ajustement à la condition humaine. »

Pour le rabbinisme, le révolu est dans le passé. Pour le hassidisme, le révolu est le présent.

La révolution rabbinique consiste à se retourner vers le Livre. À retourner au Livre. À faire face au Livre. La révolution hassidique consiste à se retourner vers le présent. À retourner au présent. À faire face au présent. À prendre le présent en pleine face, activement, et non pas à faire dos au présent, passivement, poussé par lui. À faire face au présent en se mettant en vents contraires, et non pas en laissant le présent, toutes voiles dehors, nous pousser, nous emmener dans sa poussée, son avancée, sa lignée, sa folie. « L'instant présent, non pas l'instant ponctuel qui ne désigne jamais que le terme mis par la pensée au "temps écoulé" et l'apparence d'un arrêt dans cet écoulement, mais l'instant véritablement présent et plein n'existe que s'il y a présence, rencontre, relation » (Martin Buber, *Je et Tu*, 1923). Et plus loin : « Les essences sont vécues dans le présent, les objets dans le passé. »

Le révolu, ça ne se confond donc pas avec le passé. Le révolu, c'est ce qui roule en arrière, qui amorce un départ roulé en arrière, qu'on ne voit déjà plus, qui déjà a roulé dans les coulisses, n'est plus au premier plan, mais en retrait, légèrement, puis complètement. C'est ce qui, tandis que nous avancions droitement en avant, linéairement, roulait en arrière. Le révolu, c'est ce qui se désolidarise du présent, de la ligne droite, de tout ce qui avance et de tout ce qui est chrétien. Le révolu, c'est ce qui commence à rétrograder, à freiner, puis à rouler en marche arrière tandis que nous fonçons (que, même, nous accélérons) tout droit devant nous, toujours tout droit, dans la frénésie présente de l'étendue droite (et stérile) qu'est le présent.

Le révolu, ce n'est pas ce qui est passé, mais c'est ce qui (du point de vue de la chronologie du moins – et pour peu qu'on choisisse cet angle, cette vision, cette logique, cette *histoire*) roule vers le passé, en direction du passé. Est révolu, non ce qui est passé mais ce qui *refuse* le présent. Ce qui ne daigne pas s'inscrire dans la course présente du présent, ce qui est incompatible avec sa vitesse, avec sa célérité. Est « révolu » tout ce qui (inadapté à la flèche ivre du temps) fait demi-tour, résiste. Est « révolu », non pas ce qui a peur du présent, non pas ce qui craint le présent (préférant morbidement le « passé » en tant que tel), mais, justement, ce qui n'a pas besoin du présent pour exister, pour être, ce qui, pour ainsi dire, offre un autre présent possible, un choix alternatif de présent, qui ne serait pas forcément, qui ne serait pas obligatoirement ce présent sans mémoire de l'immédiat. Est « révolu » ce qui pense que le présent n'est pas le contraire du passé.

Est révolu, par conséquent, tout ce qui se bat pour attraper un morceau de « passé », et j'appelle « passé » le passé temporel du temps présent, aussi bien que l'étape logique qui précède la dernière idée en date. Est révolu tout ce qui tente de retenir le présent dans sa course en lui réclamant d'emporter avec lui ce qu'il y avait avant lui, à l'étape précédente, et précédente encore. Ce mouvement vers l'arrière, qu'on l'appelle passé, ou qu'on l'appelle l'étape antérieure. La révolution, elle s'opère en faisant tourner, tourbillonner le révolu ; mais le révolu lui-même roule déjà vers l'arrière. Faire la révolution, c'est faire tourbillonner ce qui roule vers l'arrière. C'est faire vivre, étinceler, actualiser quelque chose qui, de toute façon, n'est pas d'accord avec la ligne de conduite, avec la feuille de route, avec la vitesse de pilotage du présent – avec ce présent, plutôt, qui semble n'être, modernité et post-modernité, et post-post-modernité oblige, qu'en pilotage automatique. Le « révolu », c'est ce qui refuse (de toutes ses forces) l'automatisme du présent.

C'est pourquoi le révolu est le lieu de la Mémoire. Et de la pensée. La pensée, c'est ce qui se dresse devant l'automatisme. La Mémoire, c'est ce qui se dresse contre les réflexes. L'opinion est au présent ce que la pensée est au révolu ; et la commémoration est au présent ce que la Mémoire est au révolu.

Il n'est pourtant pas question d'éloigner trop Buber du Texte, du Livre : avec Franz Rosenzweig (qui est mort avant d'achever cet énormissime travail), Buber a traduit la Bible. Il a voulu faire vibrer autrement la Parole. Il a fait (nous dit Levinas) des « trouvailles ». Et Levinas précise, ce qui va dans le sens d'un renouvellement tourbillonnant rabbinique du révolu : « Il s'agit [pour Buber] de découvrir, *sous la couche* des termes conventionnels que sont devenus les mots hébraïques désignant par exemple la Torah, le prophète, l'ange, le sacrifice, le tétragramme lui-même, une signification *moins usée*. »

Dimanche 13 novembre

Réveil avec *Roger Guérin, Benny Golson With Bobby Timmons*, Roger Guérin-Benny Golson, 1959 (Columbia, FP 1117, France). Pierre Michelot : basse ; Christian Garros : batterie ; Bobby Timmons et Martial Solal : piano ; Benny Golson : saxophone ténor ; Roger Guérin : trompette ; Michel Hausser : vibraphone.

Le judaïsme (rabbinique, hassidique – « On sait que le retour se trouve au centre de la conception juive de la voie de l'homme », note Buber dans *Le Chemin de l'homme d'après la doctrine hassidique*,

1948 –, qu'importe) est donc révolutionnaire, d'abord (et avant tout) en ce qu'il propose de projeter des tourbillons : étincelles. Ces étincelles, ces cyclones (miniatures) sont obtenus en frottant le silex imbécile et pressé du présent contre le silex plus posé, mais en retrait, roulant vers l'arrière, du « passé » (on entend désormais par « passé » l'étape qui précède la réalisation dernière, la réalisation la plus *actuelle* d'un projet – le passé est chronologique ou logique). Le judaïsme est révolutionnaire en ceci qu'il est d'abord (et avant toute chose) un refus d'allégeance mécanique, automatique, aveugle, à la ligne droite christique du présent. Le judaïsme n'avancera pas, ne fera pas un (seul) pas dans le présent des choses sans charrier avec lui, quoi que cela lui coûte (de malheurs, de ralentissements, d'inertie), la foi des Pères. Le judaïsme est révolutionnaire parce qu'il n'avance qu'en se retournant sans cesse, le visage face à l'écoulement du présent, vents de face, vers cette part de révolu qu'il ne laissera jamais tomber. Ce réveil perpétuel du révolu, qui déjà se cache, se dissimule sous des strates, des « couches » nous dit Levinas, de réalité, de présent, de n'importe quoi, est le propre du judaïsme.

Et tout cela mènerait à quoi ? À un tourbillon plus grand, plus étourdissant, qui est la sortie du politique. Et par sortie il faudra bien préciser ce que nous entendons. Ce ne sera pas une « sortie » par démission, par anarchisme. Ce ne sera une sortie avec claquement de porte, non, pas une sortie vexée. Pas une sortie par la petite, et encore moins par la grande porte. Phrase de Levinas que j'adore : « Lire, c'est se tenir au-dessus du réalisme – ou de la politique –, de notre souci de nous-même, sans en venir cependant aux bonnes intentions de nos belles âmes ni à l'idéalité normative de ce qui "doit être". Dans ce sens, la Bible serait pour moi le livre par excellence » (*Éthique et infini*, 1982). Intuition de Benny, du Benny « politique » justement, des années Mao : « Achever la révolution ne peut être qu'une opération métaphysique. Suppose donc qu'on tranche sur l'Être Suprême. » Benny sent bien, sans savoir exactement pourquoi, ni comment (c'est une de ses fulgurances nombreuses), que tout se joue *là*. « Être Suprême » : vocable encore trop robespierriste pour se connecter directement sur le Sinaï, mais oui, il va découvrir bientôt (nous ne sommes après tout que le 29 avril 1976 et « Benny Lévy » n'est pas encore « né ») que c'est dans la Bible hébraïque, qui est la maison de Dieu, que réside la clé de « l'énigme » (qui n'est pas une énigme dès lors qu'on se tourne vers la part de révolu fin prête à nous renseigner là-dessus). Et que c'est dans cette maison que la révolution se prépare, est *toujours déjà* prête. Et Levinas, comme au ping-pong :

« De la lecture [des textes éternels] peut se nourrir une fidélité au judaïsme : la certitude que l'Ancien Testament apporte les termes définitifs de la civilisation, que ses formes peuvent évoluer sans qu'il faille renouveler les modes de les penser, que toutes les catégories sont d'ores et déjà, que l'Ancien Testament [ici, étrangement, Levinas ne parle pas comme un juif – mais utilise un vocabulaire chrétien] achève l'histoire et est par conséquent moderne, que ses vérités n'appellent plus de nouvelles révélations » (*Difficile liberté*, 1963).

Nouvelle fulgurance de Benny : « Ce monde, en un sens, est déjà donné » (*Pouvoir et liberté*, écrit entre 1975 et 1980). Oui, cher Benny Lévy (que je n'ai pas connu, que je n'ai fait que croiser, une fois, lors d'une émission de télé, et comme je regrette de n'avoir pas été en mesure, alors, de pouvoir le *harceler* de questionnements – pas de questions, de questionnements ; un peu comme un misérable qui passe devant une mine d'or et ne sait pas que c'est une mine d'or, parce qu'il sait évidemment ce que c'est qu'une mine, mais ne saura que presque dix ans après ce que c'est que l'or), oui, cher Benny Lévy (qui n'aurait pas aimé ma conception du judaïsme dans laquelle est juif celui, dans laquelle est juive, celle qui étudie le Texte en hébreu parce qu'il y manque le sang. Or, Benny, dans son orthodoxie lumineuse, infiniment riche de tourbillons, et qui faisait tourner le révolu comme autant de toupies fabuleuses, presque magiques, Benny ne plaisantait *pas spécialement* avec le sang qui porte la pérennité, à travers l'histoire, du Nom juif), oui, cher Benny Lévy, ce monde est déjà donné, c'est le monde créé par le Dieu d'Abraham.

18 mai 1976. Benny Lévy note : « Il nous faut une théorie du *retournement*. »

Lundi 14 novembre

Réveil avec un des plus beaux albums de jazz de tous les temps, *Trance*, Steve Kuhn, 1975 (ECM Records, ECM 1052 ST, Germany). Steve Kuhn : piano, piano électrique, chant ; Steve Swallow : basse électrique ; Jack DeJohnette : batterie ; Sue Evans : timbales, tambourin, maracas, congas, percussions.

La révolution est retournement. Retour vers le révolu, et retournement de la « situation présente ». Redonner au présent sa dignité, l'inscrire *dans*. Dans quelque chose qui est plus grand que lui, une filiation. Donner au présent (extrêmement orphelin ; fier de l'être) une famille, une généalogie. C'est commencer, alors, la révolution. Pour le rabbinisme, le révolu est dans le présent : il s'agit de savoir le trouver, et d'y retourner. La source est toujours là, fertile, mais elle est déserte, elle est *désertée*. Une source révolue, ce serait une source qui ne coule plus, qui ne donne plus, qui ne jaillit plus, une source aride. Levinas : « Rois, patriarches, et prophètes, guerriers, paysans, bâtisseurs, ces ancêtres ou ces contemporains vivent des vies innombrables, dans une vie qui ne s'est pas encore divisée ou qui a déjà tout réuni, jaillissant comme une source divine, comme la Source. Source qui se met à sourdre en nous, comme si la verge de Moïse avait touché notre être de pierre » (*Difficile liberté*, 1963). « Ces ancêtres ou ces contemporains » : preuve que nous ne sommes pas, que nous ne sommes plus, là, dans une chronologie historique, que cela importe peu, que nous sommes dans une dimension qui n'est plus exactement celle des datations et des calendriers, de l'écoulement scolaire de l'histoire, des anniversaires de ses événements ; ici, tous sont contemporains à tous, et les ancêtres, nous leur tenons la main (*hic et nunc* !). Nous sommes placés dans une simultanéité qui n'est pas celle de l'imbécile impatient pressé présent, mais dans un lieu où le temps est pensé *autrement*. Tout juif est un ancêtre et tout juif est un contemporain. Les ancêtres juifs des juifs sont les contemporains juifs des juifs. Toujours : retour, retournement. La « filiation juive » ne va pas dans le seul sens des ancêtres vers les contemporains mais des contemporains vers les ancêtres. Non seulement les fils sont fils de leurs pères mais, dans le mouvement du retour, s'opère un retournement : les fils sont pères de leurs pères. Les pères sont fils de leurs fils. Les pères (les révolus) sont ranimés par ces fils (les révolutionnaires) qui, se retournant vers eux, les actualisent, les font tourner comme des toupies pour produire des étincelles, se frottent à eux et les font naître de nouveau (eux qui n'étaient pas morts, mais dissimulés, enfouis), non pas les ressuscitent mais les ravivent.

La joie d'être juif consiste en ce vertige qui est de donner à son tour vie à son père.

Là où le christianisme produit du Fils, le judaïsme produit du Père.

Le christianisme, c'est le Père qui se donne un Fils. Le judaïsme, c'est le Fils qui se donne un Père. On dit qu'être juif, c'est avoir des parents juifs, mais c'est en réalité avoir des enfants juifs.

Dans le « passé », ce sont les parents qui mettent les enfants au monde. Et dans le « présent », ce sont les enfants qui mettent les parents au monde. Perpétuelle mise au monde des parents : c'est le judaïsme.

Une fois né, le devoir du juif est de faire naître à son tour ses parents. La naissance, dans le judaïsme, est quelque chose de réciproque. À la naissance biologique correspond un devoir de naissance morale (intellectuelle). Le « passé » accouche du « présent », le « présent » accouche du « passé ».

Mais le passé, cela ne veut rien dire pour un juif. La chronologie historique, historienne, cela est très secondaire, pas exactement pertinent pour un juif. Le passé, le présent, le futur, cela est insuffisant pour penser le judaïsme et, surtout, cela empêche au judaïsme (très souvent) d'être compris. La chronologie est trop proche de l'histoire et l'histoire trop proche de la politique pour que le judaïsme n'ait pas à se méfier de la chronologie. Dans le judaïsme, les personnages bibliques sont toujours doublés, sont toujours en double : le roi David, par exemple, est à la fois historique et à la fois non historique, à la fois « réel » et « légendaire ». Mais, pour le judaïsme, le « réel » et le « vrai » sont deux catégories bien distinctes. Pour un juif, le roi David historique est anecdotique par rapport au roi David biblique, livresque. Le David livresque gouverne le David historique, le second n'étant que l'avatar pâle du premier, son sous-fifre, son stagiaire, son plagiat ! Sa copie. L'original, ce n'est donc pas le premier « en date », mais c'est le biblique, le livresque. Dans la chronologie chronologique, on dirait : il y a eu le roi David, il a fait partie de l'histoire du monde, il est né, il s'est inscrit dans des dates, lors d'événements, il a traversé des dates, des calendriers, il a vécu et puis il est mort, et cette figure de l'histoire, cette figure de chair, d'os, de colères, de vie, a donné naissance ensuite, a inspiré ensuite, le personnage « de fiction », livresque, métaphorique, biblique, fait de mots et non de sang, que l'on retrouve dans les pages de la Bible. Dans le judaïsme, ce n'est pas comme cela qu'il faut envisager la chose, car tout se passe, au contraire, comme si la personne (historique) de David était postérieure au personnage (biblique). La descendance n'est pas chronologique, elle est logique – elle a sa logique. Pour un juif, Swann n'est pas « inspiré » de Charles Haas. Mais c'est Charles Haas qui découle de Swann ! Pour lui, le « réel » ne serait (si nous nous amusons à comparer la Bible à la *Recherche*) qu'un cas particulier de *Du côté de chez Swann* ou de *Sodome et Gomorrhe*. Car ce qui est « vrai » ce n'est pas le réel, ce qui est « vrai », c'est l'œuvre (de Dieu, de Proust). Ce qui est vrai, c'est le personnage ; ce qui est « réel », c'est la personne – mais peu à peu, la réalité même de la personne « historique » s'efface au profit de la seule « réalité » qui compte (de la seule qui soit viable, qui fasse *sens*) : celle du Livre.

La chronologie devient quoi là-dedans ? Rien, plus rien, elle ne nous intéresse plus ; elle ne nous concerne plus. Elle ne nous parle plus. Il n'y a plus simplement *compétition* entre la vie dans la réalité et la vie dans le roman, mais la vie dans la réalité devient anecdotique, *seconde*, par rapport à la vie dans le roman, dans le livre, dans le Livre. La « chronologie » devient tellement vide de sens qu'elle en est d'ailleurs inversée : le premier devient le second, et le second, le premier. *Qui donne vraiment vie à qui ?* C'est une question (très importante) que pose le judaïsme.

Mardi 15 novembre

Réveil avec *Horn Of Plenty*, Dizzy Gillespie, 1954 (Blue Note, LP 5017, US). Saxophone alto : Hubert Fol ; basse : Joe Benjamin et Pierre Michelot ; congas : Humberto Canto ; batterie : Bill Clark et Pierre Lemarchand ; piano : Arnold Ross et Raymond Fol ; saxophone ténor : Don Byas ; trombone : Bill Tamper ; trompette et chant : Dizzy Gillespie.

Lecture chez moi. George Saunders, diplômé de géophysique à l'École des mines du Colorado, a jadis recherché du pétrole à Sumatra. Il a joué de la guitare dans des bars texans, a travaillé aussi dans un abattoir. Puis il a animé des ateliers d'écriture à l'université de Syracuse. Voilà, en gros, ce que nous dit la quatrième de couverture de *Grandeur et décadence d'un parc d'attractions*, paru dans la « Noire », chez Gallimard. C'est un recueil de nouvelles. Habituellement, je n'aime ni les nouvelles ni la « Noire ». Là, c'est différent, c'est fabuleux. C'est sorti il y a plus de quinze ans. Si ce livre m'importe, personnellement, c'est qu'il est l'un des tout premiers, je crois, à décrypter le monde actuel par le prisme du parc à thèmes – sujet (voir *Anissa Corto*) qui m'est très cher. Le monde est un parc à thèmes, la planète, un Disneyland géant. Pour des raisons géographiques (il est limité, comme un parc), mais aussi économiques (les réflexes d'achat, etc.), sociologiques (nous faisons tous la même chose au même moment) et existentielles (les autres sont des méchants). Ce livre est un manifeste ouvrant des perspectives plus larges, plus fouillées au champ littéraire du XXIe siècle. Le style est simple, l'univers qu'il décrit infiniment complexe – c'est comme ça que j'aime que la littérature me parle.

Dans la réalité réelle, le village du narrateur qui, chez Proust, s'appelle Combray, s'appelle Illiers. Aujourd'hui, dans la réalité réelle (la fiction ayant diffusé jusqu'au réel), le village s'appelle Illiers-Combray. C'est presque juif… Encore un effort ! Combray-Illiers, ce serait beaucoup plus juif encore. Quant à Combray tout court, c'est carrément les temps messianiques !

La politique, sans chronologie, c'est impossible : la politique, ce n'est, précisément, que de sempiternelles (insupportables, pitoyables) questions de dates. De calendriers. D'échéances… Si le révolu n'est pas (forcément, obligatoirement) « situé » dans le passé, c'est parce que, pour un juif, le passé, cela n'a pas l'importance chronologique qu'on lui donne (par exemple) dans le christianisme. Le révolu est ce qui fait machine arrière, s'efface, doucement s'efface, roulant vers toujours plus d'oubli : de danger d'oubli. Alors évidemment si (par hasard, par coïncidence, par confort, par supposition, par commodité, par arbitraire, par hypothèse, par postulat, par supposition) le présent (l'instant présent) est (momentanément) notre référentiel, alors, oui, le « passé », relativement à ce présent fixe, immobile, s'éloigne, il « roule » en arrière. Et là, dans cette hypothèse de travail-là, effectivement, on a (c'est un cas particulier) : passé = révolu.

On ne s'étonnera jamais de trouver dans le Talmud des anachronismes, des bizarreries de dates, des fantaisies chronologiques, des aberrations « historiques », c'est que les rabbins (qui « discutent » ensemble, là, sur le pas de la porte, alors qu'ils sont séparés dans le temps parfois de plusieurs siècles !) se moquent de l'histoire. Ils s'en moquent dans les deux sens de moquer : elle ne les intéresse pas, d'une part, et, d'autre part, ils en rigolent. Ils la tournent en ridicule ; en dérision. Le déroulement n'est jamais une question de dates : tout déroulement obéit à une logique interne, plus propice à la réflexion, plus prompte aussi à véhiculer l'éthique, la morale dont le judaïsme contient l'absolue recette, et dont il a l'incroyable secret qu'il ne demande qu'à partager. Qu'à *offrir*.

Aucun des rabbins du Talmud ne serait étonné d'apprendre que Picasso a influencé Goya ! Ni que Saint-Simon a trouvé son inspiration chez Proust !

« Un grand commentateur – le *Keli Yakar* – remarquait sur le passé : "Qu'importe ce qui a été" (*Maï de hava hava*). Grand principe anti-historiciste des Maîtres », dit Benny (« Philon et le langage de la philosophie. Dieu et la création du mal », *Cahiers d'études lévinassiennes* n° 7, 2008).

Une source révolue, ce serait une source qui ne coule plus, qui ne donne plus, qui ne jaillit plus, une source aride. Jetons un œil sur le Talmud, traité Moed Katan. La Michna nous enseigne ceci : « Il est permis d'arroser un champ irrigué [artificiellement par l'eau d'une canalisation] pendant les jours intermédiaires de demi-fête et pendant l'année sabbatique, que l'eau provienne d'une source qui vient de jaillir ou qu'elle provienne d'une source dont ce n'est pas la première "sortie". Mais on ne doit pas l'arroser avec de l'eau de pluie ni avec de l'eau que l'on ferait remonter d'un puits » (le Talmud, traité Moed Katan, 2 a). « Champ irrigué » : Rachi, dans son commentaire, précise (tout d'abord) qu'il s'agit d'un champ situé sur la « pente d'une colline » et qu'il faut « arroser régulièrement ». Et il continue : « Faute d'arrosage, *la perte* qui en résulterait pour la culture serait importante. Et c'est pourquoi les maîtres en ont autorisé l'arrosage même pendant les jours de demi-fête.

Mercredi 16 novembre

Réveil avec *Phantom In The Room*, Alan Davie, 1971 (ADMW Records, ADMW 004, UK). Percussions : Daniel Humair ; piano et clarinette : Alan Davie.

C'est une des grandeurs du judaïsme (c'est là son génie !) d'autoriser à réfléchir à l'infini sur chaque phrase (sur le sens de chaque phrase), sur chaque mot, sur chaque paragraphe des textes, et, surtout, je dirais que le Talmud a été inventé pour ça. Pour ne pas « abîmer » la sacralité du Texte biblique, où seuls les spécialistes peuvent intervenir (les grands maîtres, les rabbins, les prophètes), on a permis, à travers l'écriture talmudique, une discussion indirecte de et sur la Bible par des chemins détournés. « S'il faut être extrêmement timide lorsqu'on interprète les textes bibliques parce que des textes bibliques le Talmud a déjà dit quelque chose, l'audace est permise pour les textes talmudiques, lesquels, d'emblée, s'adressent à votre intelligence, sollicitent l'interprétation, disent toujours *Darchenou* [« interprète-nous »] » (Levinas, *Difficile liberté*, 1963). On a donc (j'ai donc) le droit d'interpréter l'interprétation ! (Commenter la *Recherche*, ce n'est pas évident, mais tu peux commenter Painter !)

Un champ irrigué, nous dit Rachi, c'est un champ situé sur la *pente d'une colline*. Ce n'était pas évident d'avoir à préciser cela. Un champ irrigué n'est pas, *a priori*, situé à un endroit plutôt qu'à un autre. Si ce n'est que la pente, c'est ce qui permet de *rouler*. Il y a une dynamique de la pente, une intelligence : la pente est plus juive que la ligne droite. La pente est juive, la plaine est chrétienne. La pente, c'est ce que le juif doit arpenter chaque jour afin d'attendre le sommet. Le juif ne descend pas cette colline, il la monte. Il suit sa pente naturelle, mais cette pente est ascendante. Et le juif n'est pas léger quand il gravit cette colline : il a son lot de révolu à emmener avec lui. (Maïmonide : « Les docteurs emploient souvent cette expression : "On doit faire monter les choses sacrées, mais non pas les faire descendre" », *Le Guide des égarés*, v. 1190.) Ce révolu qui, lâché, ne demandera qu'à faire son travail de révolu : rouler en arrière ; suivre la pente dans le sens de la descente. Le champ juif, le champ du judaïsme, c'est un champ situé sur la pente d'une colline.

Rachi nous dit : ce champ, il faut *l'arroser régulièrement*. Le judaïsme, qui est vivant, s'assèche dès lors que les juifs ne se sentent plus concernés par lui, dès lors qu'ils commencent à préférer, par exemple, aux difficultés de la pente, la douceur de la plaine car, dans la plaine, le présent est facile, on avance bien. Le christianisme, cette plaine où rien n'est pentu, puisque tout est *donné*, la grâce est donnée et, en outre, on ne trimballe rien avec soi, les mains sont vides. Pas de poids supplémentaire de révolu (de « passé »). On avance planement et légèrement. La route et plane, et les bras ne sont encombrés par rien. Champ de blé. Beauce. Pas le plus petit soupçon d'alpinisme là-dedans. « Faute d'arrosage, la perte qui en résulterait pour la culture serait importante. » Si le judaïsme n'est pas constamment irrigué, il meurt. Malgré son âge, sa force, son incroyable vitalité, son entêtement, sa puissance pentamillénaire, il meurt. Il mourra. Le judaïsme doit être entretenu : il peut, laissé à l'abandon, dépérir. Chaque juif « moderne », chaque juif sécularisé, c'est un peu d'eau (de source) en moins qui irrigue le champ du judaïsme et la perte qui en résulte pour la culture (juive) est effectivement importante – et surtout irréversible. « Dans les Lumières, dit Benny avec une insondable tristesse, avec plus de tristesse encore que de rage, dans les Lumières nous avions perdu la mère ; dans la Nuit, le père » (*Être juif*, 1947).

Emmanuel Levinas : « "Judaïsme" signifie une *culture* – résultat ou fondement de la religion, mais ayant un devenir propre » (*Difficile liberté*, 1963).

Le juif sécularisé, c'est un peu d'irrigation en moins pour le champ ; et la descendance du juif sécularisé se sécularise elle-même. Au bout du compte, il y a grand danger d'assèchement. D'aridité. Il existe nombre de manières, pour un juif, de préférer la plaine à la pente.

Car, sans devenir pour autant chrétien, le juif, de plus en plus, prend en compte l'existence (tentante, *majoritaire*) de cette plaine. « Cet "héritage judéo-chrétien commun" que prennent pour drapeau les Juifs réformés ou tout bonnement assimilés, notamment aux États-Unis – des Juifs dont le seul but est d'obtenir que le monde chrétien reconnaisse son caractère de secte judaïsante –, cet héritage commun, donc, n'a jamais existé » (Yeshayahou Leibowitz, « Sur le prétendu "héritage judéo-chrétien commun" », *Cités* n° 34, 2008). « Et c'est bien pourquoi la foi juive se concrétise au sein de la réalité historique dans l'ensemble des préceptes pratiques (*mitzvoth maasiot*), la *Halakha*, c'est-à-dire l'organisation de la vie humaine selon un programme de service quotidien de Dieu et que, au rebours, le principe du programme de vie du christianisme, depuis ses origines jusqu'aux jours d'aujourd'hui, n'est rien d'autre que l'annulation de ces mêmes préceptes pratiques de la Torah. Et telle serait la "nuance légère" qu'il y aurait entre le judaïsme et le christianisme ! Seuls des Juifs ayant renoncé à porter le joug de la Torah et des préceptes pourront faire l'économie d'une telle "nuance" : c'est-à-dire des Juifs ayant préalablement fait du judaïsme une réalité vaine et vide de tout contenu juif spécifique. »

« Et cependant, ils possédaient assez de vitalité pour modifier sans cesse les normes établies. De nouvelles coutumes prenaient naissance : les anciennes coutumes s'enrichissaient de nuances nouvelles. Les usages et les rites se transmettaient sans altération d'une génération à l'autre, mais des significations nouvelles s'y attachaient. Il y avait là une source perpétuellement jaillissante qui rafraîchissait sans cesse les nouvelles prairies » (Abraham Heschel, *Les Bâtisseurs du temps*, 1957 pour l'édition française).

Il y a le juif qui se retourne et le juif qui se détourne. Tout juif qui ne se retourne pas se détourne.

Faute de retour sinaïtique, faute de retour à la foi des Pères, faute d'ascension de colline, faute d'étude régulière des Textes, le judaïsme enregistre des pertes très importantes. « C'est pourquoi, précise Rachi, les maîtres ont autorisé l'arrosage même pendant les jours de demi-fête et pendant l'année sabbatique » (traité Moed Katan, 2 a). Pour que les rabbins aient autorisé un tel travail, une telle tâche un jour de fête, même si c'est de « demi-fête », et pendant l'année sabbatique, c'est que la situation est grave. Oui, même ces jours de demi-fête, il est permis (lire : il est fortement conseillé) d'étudier la Torah.

Jeudi 17 novembre

Réveil avec *Bird Through The Wall*, Alan Davie, 1971 (ADMW Records, ADMW 003, UK). Saxophone alto et flûte : Ray Warleigh ; double basse : Chris Laurence ; percussions : Alan Jackson ; piano, clarinette, saxophone alto, xylophone et glockenspiel : Alan Davie ; trombone et vibraphone : Eddie Harvey.

Je suis un être obsessionnel. S'il y a une rétrospective Douglas Sirk à la Cinémathèque, je vais voir tout Sirk. Pareil pour Rossellini. Je fonctionne par intégrales, par œuvres complètes. Je ne comprendrai jamais ceux qui, ayant adoré un film de Pasolini ou un roman de Kafka, n'ont pas cherché à connaître l'intégrale de Pasolini ou de Kafka. Mystère total. Il faut revoir tout Lelouch. Immense surprise : c'est une œuvre magistrale. Je ne me rendais pas compte à quel point il y avait là-dedans des trouvailles, des scènes à couper le souffle, des dialogues d'anthologie, des plans d'une audace inouïe. Je peux même affirmer que Tarantino a beaucoup pillé Lelouch : regardez bien *L'Amour avec des si* ou *Une fille et des fusils* (chef-d'œuvre). Le nom de Lelouch avait fini par recouvrir les films de Lelouch.

Vendredi 18 novembre

Réveil avec *Instants Chavirés*, Levallet, Marais, Pifarély, 1981 (Open, OP 17, France). Didier Levallet : contrebasse ; Gérard Marais : guitare ; Dominique Pifarély : violon.

Journée consacrée à la lecture de Camus – un peu de tout, dans le désordre, par extraits. Quelle extraordinaire profondeur. Le fils d'Albert Camus ne veut pas qu'Albert Camus entre au Panthéon. Il a peur de la « récupération » politique de la chose. Chez les Camus, on a voulu, à l'époque, fuir le Panthéon sarkozyen comme la peste. Quelle naïveté. On panthéonise toujours pour des mauvaises raisons : la panthéonisation est toujours un détournement de génie pour les besoins (temporels) de la République, pardon, du président de cette République. De Gaulle, en intronisant Jean Moulin, a voulu marteler que la Résistance se confondait avec le gaullisme. Mitterrand, dont le Panthéon fut en réalité l'église favorite, fit entrer, via Jean Monnet ou René Cassin, quelques-unes de ses marottes, et aussi un message politique personnel. On sait également que Chirac, gaulliste, fit entrer Malraux, voilà pour les raisons personnelles, et, pour des raisons politiques cette fois, fit entrer Dumas. Car Dumas, métis, était à l'image de la France de Chirac. On est toujours panthéonisé pour de mauvaises raisons, oui. On est toujours panthéonisé par calcul. Marat, par exemple, est entré, puis sorti quelques mois plus tard – pour haute trahison ! Entre-temps, sa dépouille ne correspondait plus au génie de la Nation, car la Nation avait changé de génie, ou bien le génie changé de Nation. L'éternité de Marat était rendue à la temporalité de tout le monde. Le fils d'Albert Camus ne devrait pas s'inquiéter, et accepter.

Je sais que la famille de Péguy a eu les mêmes craintes, sous Chirac : elle n'a pas voulu d'une panthéonisation gaulliste de Péguy. Mais, à vrai dire, peu importe qui panthéonise, en République : c'est le panthéonisé qui reste. L'éternité ne se souvient pas des raisons politiques, qui s'effacent peu à peu comme des dessins sur le sable. Camus a largement les épaules pour occulter, de son seul génie, par sa seule carrure, les effets d'une sarkozysation présumée. Jamais Sarkozy ne parviendra à marquer de son empreinte – et ce n'est pas son intention – la statue, la stature d'Albert Camus. Car Albert Camus était Camus bien avant Sarkozy et, dans les siècles, il le restera bien après.

Si c'est pour refuser un honneur, c'est autre chose, mais la raison ici est ailleurs : on n'a pas voulu que Sarkozy mette ses doigts sales sur la réputation et la dépouille de Camus (qui n'a besoin d'aucun Panthéon pour continuer de respirer dans la littérature et l'éternité). Si Nicolas Sarkozy faisait entrer Barrès, ou Montherlant, ou Morand (les trois ne sont pas près d'en être), ce serait le tollé, on l'accuserait de profiter d'être un président de droite pour faire entrer des écrivains de droite. Alors que, tout simplement, en choisissant Camus, pour lui fêter son anniversaire dans l'éternité (cinquante ans de sa mort), il se posait précisément en président de tous les Français, au-delà des partis et des camps. Camus n'est pas de gauche, ni de droite : il est mort.

Camus n'est pas sarkozyste, il est camusien. Et Sarkozy, ici, voulait saluer nationalement un esprit universel. L'importance de Camus, pour le XXe siècle français, est bel et bien à la hauteur d'un Voltaire pour le XVIIIe siècle, d'un Zola pour le XIXe. Il n'a pas besoin du Panthéon, certes, mais il y est parfaitement à sa place.

De plus, il est suffisamment consensuel pour cela. La panthéonisation revient à entériner un consensus. On panthéonise celui qui ne gêne pas. Qui ne gêne plus depuis longtemps. Ou qui n'a jamais vraiment gêné. Camus est parfait dans le rôle : *grosso modo*, tout le monde l'aime, et les haines à son égard sont oubliées depuis tellement longtemps que, comme chez Zola, on a l'impression (illusion d'optique très panthéonique) qu'il a toujours été aimé. Le Panthéon n'a finalement qu'un inconvénient : s'il entérine la grandeur, il adoucit l'impétrant, il en atténue les reliefs, en aplatit les travers, les névroses, en neutralise la dangerosité. Il fait sortir tous les venins. Le panthéonisé est vidé de sa substance radioactive pour devenir une icône un peu lisse, sympathique. On est gentil quand on est au Panthéon, et même, on l'a toujours été.

On ne verra jamais le marquis de Sade sous la crypte, ni Céline. On n'y verra pas Rimbaud ni Lautréamont, et c'est très bien qu'on n'y voie pas Péguy. On ne verra pas Jean Genet. Et si Proust y entre, ce ne sera pas pour de bonnes raisons. On verra peut-être Sartre, car il ne dérange plus beaucoup, mais enfin, il a beaucoup dérangé. Et puis, on aurait bien trop peur que son cadavre refuse !

Albert Camus n'est pas entré, et c'est un peu dommage, parce que le Panthéon est une Académie des morts, c'est l'Académie française des morts. Et Camus était suffisamment académique et suffisamment mort pour y reposer. Mais son éternité s'en moque, elle dansera à côté. Ce n'est pas méchant de dire que Camus était académique, et c'est d'ailleurs peut-être faux : c'est le temps qui l'a rendu sage, inoffensif. Si poison il y eut, si soufre il y eut, ils se sont émoussés. Camus est en sommeil, son œuvre, grande, belle, noble, ne dynamite rien. Camus n'est pas un auteur dangereux. On peut espérer que son fils revienne gentiment sur sa décision, et que le Panthéon compte une sage gloire de plus, sans turbulence temporelle ni indiscipline éternelle. Camus, de toute façon, contrairement à des génies plus nocifs pour la société, reposera en paix. N'importe où.

Samedi 19 novembre

Réveil avec *Le Marteau sans maître*, Pierre Boulez, René Char, 1956 (Vega, C 35 A 67, France). Pierre Boulez : chef d'orchestre ; Jacques Tiberge : flûte ; Serge Collot : alto ; Anton Stingl : guitare ; A. Cavaillé : percussions ; Jacques Delécluse : vibraphone ; Marie-Thérèse Cahn : chant.

J'aime beaucoup la statue du pont de l'Alma. Pas celle du Zouave, non, l'autre, celle de la princesse. Diana, bien sûr. Il n'y a pas beaucoup de people qui sont des monuments. Mais, en tout cas, voici un monument qui est people. C'est même le premier du genre. Des cars entiers déversent ici, depuis le 31 août 1997, des badauds qui « veulent voir » la statue. Une commémoration de l'absurde puisque la statue n'a rien à voir avec Lady Di : elle fut offerte à la Ville de Paris par l'*International Herald Tribune* en 1987, dix ans avant la mort de Diana, pour célébrer l'amitié franco-américaine. Mais comme c'était le seul monument dans les parages immédiats de l'accident de voiture qui coûta la vie à la plus people des people depuis Marilyn, les touristes ont élu celui-là… Tu imagines, si ç'avait été une statue de Gambetta ou de Jules Ferry ? Diana a eu chaud. N'empêche, je vais inventer un mot, là, oui, pour décrire cette sacralisation du rien : le vautourisme. Les vautouristes sont des touristes qui viennent se recueillir, non pas sur la tombe du people défunt, mais sur les lieux du drame, ce sont les badauds de la mort. Les paparazzis de l'au-delà. Ils ne se disent pas « Elle repose ici » mais « Elle est morte là ». C'est ça, la « peoplisation » de la mort : visiter la piscine où s'est noyé Brian Jones, la salle de bains où s'est électrocuté Cloclo, celle où s'est fait poignarder Marat, se rendre porte de Clignancourt pour photographier l'emplacement de la fusillade qui eut raison de Mesrine, visiter le canal où Bérégovoy s'est fait sauter le caisson, etc. Alors les vautouristes sont là, béats devant ce monument qui ne signifie rien, à rendre hommage à une femme qui n'a ni été une femme politique, ni une artiste, ni une grande mystique, mais seulement une people royale. Il faut oser le dire : elle a été célèbre, point. Elle a vécu, point. Elle n'a fait que ça, vivre. On vient donc du monde entier pour voir une non-tombe sous laquelle ne repose pas une femme qui, après n'avoir fait que vivre, ne fait à présent qu'être morte. On vient pleurer du vide qui n'est même pas là ! Du néant qui, en plus, est absent ! On vient juste célébrer la célébrité. Et ce, à l'endroit célèbre de son accident célèbre. Où Diana est-elle réellement enterrée ? Tout le monde s'en fout car un monument people, ça a besoin d'être dans un endroit chic, or les cimetières ne sont pas chics. Dans les carrés VIP, en boîte de nuit, tu ne verras jamais de véritable star : la star est ailleurs. C'est pareil pour les tombes VIP : la star n'est pas dedans. Le « monument » de Lady Di est le carré VIP absolu. C'est un des monuments les plus visités de la capitale – ce détail nous indique que nous avons changé de millénaire, de société, de monde. On ne commémore plus ceux qui ont fait l'histoire, mais ceux qui ont fait la une. On vient juste prendre les photos d'un monument totalement étranger à une jeune femme qui est morte parce qu'on voulait la prendre en photo. Lady Di sera photographiée à cet endroit de l'Alma pour l'éternité, jour et nuit. Le voyeurisme est devenu aveugle. Le tourisme, fou. Les vautouristes prennent la pose devant le non-monument, heureux de remporter avec lui un souvenir magnifique. Ils se sentent éternels. Ils ont tort. On n'est jamais immortel très longtemps. La mort gagne toujours : la vraie people, c'est elle.

Dimanche 20 novembre

Réveil avec *Big Plans For Everybody*, Let's Active, 1986 (I.R.S. Records, IRS-5703, US). Faye Hunter : basse ; Mitch Easter : autres instruments.

Travaillé toute la (sainte) journée.

Lundi 21 novembre

Réveil avec *Shades*, Keith Jarrett, 1976 (ABC Records, AS-9322, US). Charlie Haden : basse ; Paul Motian : batterie, percussions ; Guilherme Franco : percussions ; Dewey Redman : saxophone ténor, tambourin et maracas ; Keith Jarrett : piano et batterie.

Lecture, entre 5 heures et 6 heures du matin, dans mon lit, des *Deux Étendards*, pas ouverts depuis 1991-92. Dans mon souvenir, c'était beaucoup plus mauvais, plus ennuyeux. Je suis heureux de tomber sur un passage où Rebatet, notant quelques écrivains sur dix, met la note de dix sur dix à Proust et à Gide. Quelques lignes hilarantes sur *Le Grand Meaulnes*. Évidemment, quand il range (par contre) Barrès et Péguy l'un à côté de l'autre, je ne peux être d'accord – d'autant qu'il leur met, à chacun (les comparant sans avoir lu Péguy, manifestement, tant ce qu'il en dit est convenu, clichéteux), la note de zéro sur dix. Cela dit, ça ne me dérange pas tellement qu'on mette zéro à Péguy – comme ça, je peux continuer à le lire tout seul, dans les avions, dans les trains, en terrasse, au lit, dans le métro, dans les salles de montage, de mixage, partout. Ça me dérange tellement plus qu'il soit assimilé à Barrès, qui est, qu'on le veuille ou non, un très mauvais écrivain – je n'en retiens que le passage, ce qui certes n'est déjà pas si mal, de la visite au tombeau de Napoléon dans *Les Déracinés* (commencés à Beaubourg en 1993, dans une « belle » édition, puis lus jusqu'au bout après achat en Folio).

Mardi 22 novembre

Réveil avec *Out Of The Storm*, Jack Bruce, 1974 (RSO, 2394-143, UK). Jim Gordon et Jim Keltner : batterie ; Steve Hunter : guitares ; Jack Bruce : chant, basse, clavinet, orgue, harmonium et harmonica.

Lecture de *The Grand Design. New Answers to the Ultimate Questions of Life*, de Stephen Hawking. Un livre ridicule qui tend à prouver que finalement, tout bien réfléchi, Dieu n'existe pas. Pour Stephen Hawking, qui avait écrit le contraire il y a vingt ans, Dieu ne fait pas le poids contre les lois de la physique. Ce qui, en réalité, pose un problème dans ce genre d'affaires, ce ne sont pas les lois de la physique, mais la physique elle-même, c'est-à-dire ce que, sous le nom précisément de « physique », l'être humain abrite de théories scientifiques issues de son cerveau, de sa capacité à raisonner. On a toujours voulu, dans les siècles, et que cela émane des théologiens ou des physiciens, des chimistes, parfois des biologistes, rapprocher la science de la religion et la religion de la science. Il s'agissait de trouver une cohérence entre la mise en équations du monde et la présence possible de Dieu. Mais c'est, sans doute, aller déjà beaucoup trop loin. Car, ce qui fascine, lorsqu'on s'intéresse à la physique, c'est de voir à quel point, au final, elle exerce son génie sur n'importe quoi, ou plutôt sur ses sempiternelles erreurs. Il n'est pas question de lui dénier son utilité, ses avancées, ses applications, ni ses faramineuses réussites. Mais ses succès reposent sur une vision d'un monde qui, par définition, restera dans sa concrétude à jamais mille milliards de fois plus complexe que nos théories, plus infini que notre capacité à saisir le réel. Le réel, on pourrait précisément le définir, si on le voulait, comme ce qui échappe incessamment à l'esprit. À l'esprit humain et à ses bornes, à ses limites, à ses subtilités pourtant vertigineuses. La physique parvient à faire des trouvailles, à permettre des inventions, et parfois à proposer des modèles qui bizarrement se trouvent satisfaisants. Cependant, même si la théorie de la relativité générale, pour donner un exemple célèbre, semble avoir entériné, pour longtemps (mais « longtemps » ne signifie rien d'autre que « jusqu'à la prochaine fois »), l'idée que toute masse modifie l'espace-temps alentour en le courbant, et même si nous avons pu expérimentalement constater la validité de cette explication, à aucun moment il n'est possible d'affirmer que cela correspond, que cela se confond, que cela est la réalité.

La physique fonctionne dans deux sens. Le premier sens va de la théorie vers l'expérimentation, l'autre en sens inverse, de l'expérimentation vers la théorie. Reste une troisième modalité, qui est celle de l'accident. Un accident peut être lui-même théorique (c'est en général une conséquence inattendue d'une théorie amorcée pour d'autres raisons ; par exemple, l'équivalence masse-énergie de la formule $E = mc^2$ n'était pas « prévue » au départ), mais le plus souvent les accidents sont expérimentaux (découverte du rayonnement de corps noir ou du rayonnement fossile à 2,7 K, etc.).

Dans le premier sens, théorie vers expérimentation, c'est le cerveau humain, habitué à un formalisme mathématique répertorié, ancestral, pratique, puissant, séduisant qui mouline et fabrique, loin du réel, à partir d'autres théories, de théories précédentes qu'il s'agit soit de détruire soit d'améliorer (on détruit souvent en voulant améliorer, en physique), qui mouline et fabrique, donc, des constructions mentales, intellectuelles, « abstraites » pour expliquer telle ou telle caractéristique de l'univers. C'est-à-dire, pour tenter de lever le voile sur une particularité structurelle de la réalité. Lorsqu'on s'arrête quelques secondes pour réfléchir à cela, on est pris par une sorte de vertige : cela paraît fou d'entreprendre pareil projet. Fou pour plusieurs raisons à vrai dire. D'abord, cela part du principe, déjà immédiatement contestable, que le langage mathématique est digne de représenter la complexité faramineuse à laquelle l'esprit humain entend la soumettre. Cela part du principe que le formalisme découvert et proposé dans l'Antiquité, et sur lequel nul n'est jamais revenu, est satisfaisant pour traduire le fouillis universel. Cela apparaît contestable en tous points, puisque tout formalisme, aussi puissant soit-il, aussi fulgurant apparaît-il, et aussi efficace semble-t-il, contient en lui-même ses propres limitations. Tout formalisme choisi contient à la fois la liberté qu'il permet et la prison qu'il implique. Un formalisme produit les réflexes logiques, cognitifs, déductifs propres à ce formalisme. Un formalisme influence forcément notre manière de penser, puisque cette pensée est assujettie aussi (pas seulement mais aussi), qu'elle le veuille ou non, à ce jeu formel, dans une langue qu'elle s'est choisie, et qui lui permet de jouer, intellectuellement, avec des symboles, des concepts qu'elle a inventés de toutes pièces de manière arbitraire. Je ne dis pas « de la manière la plus arbitraire » : les mathématiques auxquelles l'humanité a fini par aboutir sont sans doute les plus proches de la nature même de notre intelligence, de son mode, de sa pente. Mais il est bien évident que nos mathématiques n'étaient pas les seules possibles, ni dans leur formalisme ni dans leurs réflexes bien établis d'hypothético-déductivité. Cela aurait pu se passer autrement. D'une manière plus folle, moins folle, plus sage, moins sage, mais autrement, mais différemment. Certes, la ligne droite était une invention pratique et, qui plus est, correspondait à l'horizon sur la mer, quand le soleil, de son côté, nous apportait sur un plateau l'idée du cercle, et même du disque. Nous n'allions pas faire sans. Et une des difficultés des mathématiques reste évidemment ce mélange perpétuel, sorte de péché originel, entre le formalisme pur et l'expérience humaine. Il y a, à la base de toute mathématique, un noyau dur indémontrable, humain trop humain, que Gödel a d'ailleurs prouvé une fois pour toutes, et qui fait de cette science, de cette matière, quelque chose que son essence même refuse de toutes ses forces : une bâtarde.

Les mathématiques ne supportent pas qu'on leur rappelle cette évidence qu'elles ont couché jadis, et qu'elles continueront à coucher avec la réalité. Avec les « choses ». Et, surtout, avec les humains. Les mathématiques sont la seule activité humaine qui ne supporte pas d'être une activité humaine. C'est une activité exercée par des humains, mais les humains qui exercent cette activité passent leur carrière, passent leur vie à tenter de rendre absolument in-humaine, ou plutôt a-humaine cette activité. Ce qui mine les mathématiciens, ce sont deux choses. La première, c'est que les mathématiques puissent devoir quelque chose à la nature, aux océans, au soleil, qu'elles aient autrement dit un fondement sensible. Mais ce n'est pas tout. La deuxième chose qui les mine, c'est qu'elles puissent n'être fondées que par l'esprit humain, qu'elles habitent dedans, qu'elles ne sont pas là de toute éternité, indépendantes de notre présence dans l'univers. C'est assez présomptueux de penser qu'une logique puisse être extérieure, immuablement, de l'organe qui a inventé la logique. La logique est humaine, les implications logiques sont, avec le rire, le propre de l'homme. Et une pomme qui tombe est un événement humain dès lors qu'il est décrit avec cet appareil si pauvre et si génial, si minable et si élaboré, si désemparé et si puissant, si rustique et si perfectionné, qu'est l'entendement humain.

Quand on entend les scientifiques dire que l'univers « obéit à une logique » (et c'est normal que les scientifiques pensent cela, puisque la science n'est possible que par appui sur cette pensée), ils ont raison ; c'est pourquoi ils « découvrent » des lois dans la nature qui se soumettent assez volontiers à des modèles mathématiques. Mais voilà, tout ce qui n'est pas régulé par la moindre logique échappe à la science, et, cela, elle ne peut en rendre compte, mais, surtout, elle ne peut le voir, elle ne peut l'appréhender ; tous les phénomènes régis par d'autres logiques que la logique mathématique, biologique, chimique, scientifique sont comme invisibles à l'esprit humain.

Car, dans le deuxième sens, de l'expérimentation vers la théorie, de l'observation plutôt vers la théorie, on ne fait rien d'autre, toujours, que poser une attention hyperhumaine sur la vie des choses et l'insondable réalité qui nous entoure.

Il ne faut pas s'étonner que les théories cosmologiques soient de plus en plus complexes. De plus en plus compliquées. De plus en plus élaborées. Simplement, elles ne sont pas plus vraies ni plus en adéquation avec la réalité que leurs sœurs d'il y a deux siècles. Ce qui est moins rudimentaire, c'est l'appareil théorique. C'est la subtilité scientifique qui a explosé parce que des esprits, parce que des cerveaux de mieux en mieux rompus à la manipulation intellectuelle de concepts de plus en plus abstraits savent chaque jour davantage rivaliser d'intelligence, d'ingéniosité, de théoricité, de mathématicité. Mais cette subtilité sans cesse plus poussée, cette technicité et cette imaginitivité de plus en plus virtuoses nous renseignent au vrai bien davantage sur la structure de l'esprit humain que sur la structure du monde.

L'univers se moque des théories, il ne les refuse ni ne les accepte, il y est indifférent parce qu'il sait qu'elles se trompent. Elles possèdent une vérité interne, parfois partiellement vérifiable lors d'expériences tout aussi humaines que les théories qui les sous-tendent et les appellent. Dès que nous quittons les expériences et les théories à l'échelle humaine, force est de reconnaître que la communauté scientifique est totalement divisée. Tout est possible et son contraire. Aujourd'hui, par exemple, la théorie des cordes fait florès, et ses adversaires tout autant. Un physicien vient même, récemment, de publier des travaux visant à « prouver » que la gravitation n'est qu'une illusion (une variable mathématique ?).

Lorsque les physiciens nous expliquent, par exemple, que les concepts inventés par eux pour décrire notre monde sont incapables de dépasser le mur de Planck, à savoir « 10 puissance moins 43 » secondes après le big bang, nous voyons à quel point nous nous situons déjà dans une manière de folie. Car, un jour, un esprit humain viendra « démontrer » que le big bang était une évidente fausse piste (et il le « prouvera ») et, par conséquent, la phrase que vous venez de lire n'aura aucun sens ; en effet, qui nous dit que les « secondes » ont un sens, et que les puissances mathématiques ont un sens et, surtout, que le commencement et la fin ont des sens. Le vocabulaire que nous utilisons, de même que les termes et les signes mathématiques élaborés pour décrire l'univers, conditionnent à tel point notre pensée qu'il est fortement possible que la mise en équation du monde soit tout bonnement impossible pour de simples problèmes de langage.

Si le mot « origine » n'existait pas, on ne rechercherait pas une origine à l'univers. Et si le mot « origine » existe, c'est parce que les humains, à leur échelle humaine, en ont eu besoin. Qui nous dit que nous pouvons « penser » en dehors de l'échelle humaine ? Qui nous permet de croire que l'infiniment petit et l'infiniment grand sont accessibles, là où les mots humains n'ont plus prise, à une pensée contaminée à jamais par un vocabulaire et un formalisme empruntés aux habitudes de l'échelle humaine ? Il faudrait s'extraire de toute humanitude pour penser ces échelles dont les concepts échappent sûrement à ceux dans lesquels nous sommes enfermés. Les théories les plus audacieuses sont toujours prisonnières de l'audace humaine. Dans cette prison, où l'humilité semble vouloir l'emporter, peut résider notre grandeur. La noblesse de la science, et de la physique, réside précisément dans sa volonté de vouloir longtemps encore se tromper. Et d'adorer cela.

Mercredi 23 novembre

Réveil avec *Super Strings System*, Didier Levallet, 1990 (Evidence, EVC07, France). Jean-Jacques Avenel : basse acoustique et kora ; Didier Levallet : contrebasse ; Jean-Charles Capon et Laurent Hoevenaers : violoncelle ; Jacques Mahieux : batterie ; Lionel Benhamou : guitare ; François Couturier : claviers ; Jean-Claude Asselin : mandoline ; Youval Micenmacher : percussions ; Claire Fargier-Lagrange, Debora Seffer, Dominique Pifarély, Elisabeth Boudjema et Pierre Aubert : violon.

On ne profane que le sacré, et le sacré n'est sacré que si on en a la connaissance. Un mur qui, pour tel ou tel, serait un amas de caillasses empilées, est pour les juifs le lieu le plus sacré du monde : noyau atomique, incandescent, du judaïsme en sa vitalité première, saisi à sa source. Un mur ? Mais c'est un jaillissement. Rien, pour un juif, *a fortiori* pour un rabbin, n'est moins statique, n'est plus remuant, explosif, explosant, que cet endroit précis, tellement précis, de la planète. Les chrétiens nomment ce mur (car c'est bien de lui qu'il s'agit !) « mur des Lamentations ».

Il y a eu le temps où l'on profanait la Mémoire – parce que les exactions et détériorations avaient lieu pour cracher sur le génocide, pour abîmer le souvenir des victimes ; il y a le temps où on ne crache plus sur rien, que sur des mottes de terre, des morceaux de mur, des baraquements posés qui ne font pas sens. Auschwitz est redevenu un lieu comme les autres ; un lieu qui ressemble, sur la Terre, à tous les autres lieux.

Il y a des êtres humains, dans la région d'Auschwitz, qui n'ont jamais entendu parler d'Auschwitz. Il y a des hommes, dans la région d'Oświęcim, qui n'ont jamais entendu parler d'Auschwitz-Birkenau. Loin, le temps où les enfants ne devaient pas connaître la vérité sur les camps. Loin, le temps où on évitait de parler d'Auschwitz. Loin, même, le temps où cela ennuyait qu'on parlât d'Auschwitz : est arrivé le temps, c'est officiel, où l'on ne sait même plus de quoi on parle. Il y a eu dépassement d'une frontière, un dépassement de fronton, un dépassement de linteau : passer sous « Arbeit macht frei » ne signifie plus rien. Sauf pour les touristes qui viennent y faire leurs selfies.

Jeudi 24 novembre

Réveil avec *Captain Beyond*, Captain Beyond, 1972 (Capricorn Records, 47.503, France). Lee Dorman : basse, chœurs, chant et piano ; Bobby Caldwell : batterie, percussions, chœurs, piano, vibraphone et cloches ; El Rhino : guitare, guitare « slide », guitare acoustique ; Rod Evans : chant.

Exercice difficile, qui n'intéresse personne, presque personne, que de tenir un journal. L'écrivain Yves Charnet m'envoie le sien tous les jours, par mail. Je ne le lis qu'une fois sur dix, le plus souvent à toute vitesse. Ses jours vides, sans doute semblables aux miens.

Nevers – froid, j'ai couru 11,6 kilomètres en une heure et quatre minutes. C'était ce matin. Puis travaillé à ma pièce, à la médiathèque. Ici, j'ai le temps. Le temps de ne rien faire, c'est-à-dire de faire l'essentiel.

Ce côté petit comptable de soi, de ses jours. Autant tout filmer. Paresse ! Ami, ne tiens jamais ton journal.

Presque jamais le temps de me mettre à tout Zola d'une traite.

Annuler la conférence du CRIF, dimanche ; il faut que j'y pense. Je n'aurai ni le temps ni l'envie de concocter un jus de crâne semi-intellectuatif. Je viens d'inventer ce mot : « intellectuatif ». Il sonne bien ; je l'aime bien. Et je vous emmerde – mais qui est donc ce « vous » qui n'existe pas et, ici, ne peut jamais *complètement* exister ?

Une dernière chose (pour aujourd'hui) : vive Victor Hugo.

DÉCEMBRE

Dimanche 4 décembre

Réveil avec *Gospel Train*, Max Collie, 1977 (Black Lion Records, BLP 12147, UK). « Gentleman » Jim McIntosh : banjo ; Trefor « Fingers » Williams : basse ; Jack Gilbert : clarinette et saxophone alto ; Ron McKay : batterie et chant ; Max Collie : trombone et chant.

Les gens méchants se permettent de l'être en raison de leur excellente santé. Leur nocivité est par conséquent bornée – même si je reste persuadé (voir mes saloperies de géniteurs) que la méchanceté est le meilleur des conservateurs.

Dans quelle civilisation vivons-nous où, esclave de son chien devenu son maître, l'homme ramasse avec les mains les crottes de toutou ?

Mort de Marcel Gotlib. En hommage immédiat : lecture *in extenso* du tome 2 de *Rubrique-à-brac* (acheté en 1979, à Auchan Saint-Jean-de-la-Ruelle). Gotlib appartient aux années 1970 comme Zappa, Crumb, Sylvia Kristel ou Bruce Lee. Baffie m'a offert le 31 mars 2008, pour mes quarante ans, un merveilleux cadeau : un appel de Gotlib. Je m'en souviens parfaitement. J'étais à l'aéroport de Madrid, en partance pour Almería, pour tourner les scènes de western de *Cinéman*. Beau et précieux moment. Délicat cadeau. Du moins, ce cadeau, l'avais-je réclamé ; mais Baffie s'en sera souvenu. En 1975, Gotlib était très en avance. Ce que j'aime à présent dans ses œuvres, c'est qu'elles sont datées. Ses bandes ne sont pas si dessinées que ça : le texte avait autant d'importance que le graphisme, et c'est ce que j'adorais. Ce n'était pas de la littérature illustrée ; ce n'étaient pas des illustrations littéraires. C'était du Gotlib ; c'était du *Marcel* Gotlib. Le génie consiste à créer un univers à partir de ses propres limites. Exemple : Gotlib ne savait pas dessiner les voitures, alors il n'y avait pas de voitures dans la *R.A.B.* Ça l'emmerdait de peaufiner des décors (Franquin aussi, pour Gaston, mais Jidéhem se coltinait le boulot), du coup, ses personnages évoluaient dans des cases blanches, ou noircies de sa prose (magnifique calligraphie, quasiment hébraïque, oui – ces lettres carrées, splendides).

Le génie, c'est aussi d'être en avance sur son temps : Marcel Gotlib pratiqua l'autofiction bien avant Christine Angot. Ses planches en noir et blanc sont plus belles que celles en couleurs, de même que Chaplin est meilleur muet que parlant. J'ignore si les ados vénèrent Gotlib en 2016 – en fait, je fais mine de l'ignorer : ils ne savent tout simplement pas qui c'est. Mais j'affirme que, depuis 1979, il n'aura cessé d'être un de mes dieux (je sais, j'en ai beaucoup, je suis très, très polythéiste – la coccinelle, sa mascotte, n'est pas une « bête à bon Dieu » pour rien). Avec Reiser, Bretécher et Giraud (je n'oublie pas Druillet), Gotlib a sauvé des générations de l'ennui des années Pompidou-Giscard-Barre. Ce n'est pas rien. Vive lui.

Lundi 5 décembre

Réveil avec *Secret Treaties*, Blue Öyster Cult, 1974 (CBS, S 80103, Europe). Joe Bouchard : basse et chant ; Albert Bouchard : batterie et chant ; Allen Lanier : claviers, guitare rythmique et synthétiseur ; Donald « Buck Dharma » Roeser : guitare et chant ; Eric Bloom : chant, claviers et guitare.

Aller-retour Suisse. Il y a une tristesse des avions. Une grande solitude des moteurs. Et ce ciel accéléré, avec les bourdonnements, les cliquetis. Les lumières qui clignotent. Et la compagnie des groupes, des masses touristiques. Je saigne d'un peu partout. Je ne suis pas content de cette vie aérienne, maritime, terrestre. Qu'importe. On croit qu'il est simple d'écrire des romans, que la mélancolie coule de source, que Dieu existe sans cesse pour les poètes. Je ne joue plus. Partir, sans courage, sans souffle, sans rêve. Me blottir contre moi-même, espérer que je cesse. Je suis un imbécile. Il suffisait d'avoir le courage d'interrompre mes veines : je suis resté dans l'incapacité de mettre un terme à cette histoire piégée, ma biographie mollassonne, vasouillarde. Regardez-moi, je suis dans cet avion, installé sur l'atmosphère. Le temps est pluvieux. La température est basse. J'ai toujours peur qu'un oiseau vienne se loger dans le réacteur. Rien n'est plus inhumain que l'avion.

Mardi 6 décembre

Réveil avec *Et puis on s'aperçoit*, Serge Lama, 1970 (Philips, 6397.002, France). J'ignore quels musiciens jouent dessus – il faudra que je demande à Serge. On n'écoute jamais assez Serge Lama. Le fils Chauvier, aidé par personne, est devenu Lama sans renier Serge : c'est ce centaure qui chante aujourd'hui, les jambes emmêlées dans le fil de son micro sans fil. Lama possède ce génie-là, on voit toujours et encore, grâce à lui, le fil du micro. Il n'insulte jamais la tradition, il la révèle. Il insulte encore moins la relève, il l'accompagne. Lama, Serge est le seul chanteur révolutionnaire encore debout. Il fait tourner les airs révolus, tourbillonner les refrains passés, jusqu'à ce qu'ils naissent une nouvelle fois, jusqu'à ce qu'ils jaillissent, plus inédits que jamais. Tout ce que chante Lama est toujours neuf, surtout ses anciennes chansons. C'est cela la révolution : opérer un retour, mais vers demain. Lama se retourne vers l'avenir. Il sait que le passé est la capitale du futur. Un lieu de perpétuelle fraîcheur, où sans cesse on renaît sans se renier. Les autres sont des stars, lui est un astre. Il tourne autour de quelques maîtres qui lui servent de soleils portatifs : Brel, Piaf, Bécaud. Mais Lama ne fait pas qu'écrire des chansons, il chante son écriture. Ce n'est pas exactement la même chose. Une musique se déploie en lui, par lui, avec lui, qui n'est pas celle des arpèges, des gammes et des portées, mais celle de la littérature, qu'il connaît et qui l'a reconnu. Le fils Chauvier chante pour les autres fils, il ne chante ni pour les pères ni pour les mères, surtout quand il chante ses parents. Il chante pour l'enfant d'un autre et l'enfant au piano, pour les p'tites femmes et la fiancée, pour la fille dans l'église et la danseuse. Il est ennemi de ce qui est lourd, adulte, pesant, statue. C'est l'homme de ce qui s'envole, le fils des ballons rouges et des ballerines ; un homme de plume, mais parce que pour lui rien n'est plus léger qu'une plume. Un homme d'amitié, et même un homme-ami, l'ami fait homme, parce que l'amitié est un roc, mais qui se fissure comme sait se lézarder l'amour. Ce que Lama aime dans les choses, ce qu'il nous dit d'elles, c'est leur talon d'Achille, leur faiblesse. Il ne chante pas tant ce qui est innocent que ce qui est inoffensif. Il est là, toujours déjà là, du côté de ce qui s'efface et s'excuse, s'étiole et s'effrite, s'abîme et s'éloigne. L'indicible est ce qu'on ne peut dire : alors Lama le chante. S'il est malade d'une chose, c'est de l'oubli. Celui des infimes instants abolis, qui ne reviennent que dans sa bouche, empruntant sa voix. Sa voix de centaure. Lama ne s'habitue pas aux choses qui finissent. C'est comme ça que tout a commencé. Ce commencement continue.

Mercredi 7 décembre

Réveil avec *4 Voyages*, Confluence, 1976 (RCA Victor, FPL1 0132, France). Didier Levallet : contrebasse ; Merzak Mouthana : batterie et percussions ; Christian Escoudé : guitare ; Jean Querlier : hautbois, cor anglais, saxophone alto et saxophone soprano ; Armand Lemal : percussions ; Jean-Charles Capon : violoncelle.

Les salariés arpentent les couloirs du métropolitain. Ils n'ont pas la moindre idéalité du temps historique. Parfois, l'un d'entre eux (Jean-François, Philippe…) se fait une entorse. La foudre. Le salarié, toujours un peu pressé, d'aller un peu sans cesse au même endroit (et quand c'est un endroit différent, c'est en réalité le même endroit mais ailleurs), connaît un paradis : l'habitude. L'habitude est son Ciel. Tant que rien ne bouge, il se compare aux angelots des églises, aériens mais figés ; tellement rassurants dans l'immobilité peignée. Les salariés font trois repas ; ils travaillent huit heures par jour. Les repas salariés seront digérés une fois pour toutes, demain, après-demain, sous une prison tombale où plus rien de leur être ne persévérera. Les yeux sans trou, écarquillés par des insectes divers, confus, extrêmement nombreux, ils ne verront pas les Ticket-Restaurant continuer sans eux, à la surface. On les enterre parfois avec leur portefeuille, des Ticket-Restaurant valables y demeurent, pour toujours. La mort les accepte, et les lombrics en profitent.

Le salarié veut être essentiellement – et il est – le héros de l'anonymat. Le héros dans l'anonymat. Parmi les moins-que-rien, il est une star. Parmi tous les autres, parmi n'importe qui, il est celui qui, bien que semblable à tous, se distingue. Il est le plus connu des inconnus absolus. Il est la plus immense star des sans-visage, des sans-grade, de la multitude et de l'indiscernable foule. Le salarié ne peut jamais être contre le pouvoir établi : avec ses petites socquettes, sa sacoche (qu'il porte avec plus de modernité aujourd'hui en bandoulière), il incarne, presque à lui seul, à tous les lui seul réunis, le pouvoir établi. « En place », le salarié n'a nul besoin de se faire comprendre, il lui suffit de se faire voir. La plupart du temps, les salariés ont des frères, voire des sœurs. Ils sont très rarement fils uniques, ils aiment se rassembler en famille, essentiellement le dimanche, où des verres d'alcool, des tartes aux pruneaux, aux pommes, les attendent. Chez les salariés, tout concorde. Ils sont homogènes. Ils se fondent dans la réalité, dans le réel, comme si le réel ne comportait aucune difficulté. La vie ne leur est pas difficile, parce qu'ils n'en voient pas, au fond, la difficulté. Le salarié transforme les épreuves de l'existence en une fatalité *easy*. Il est toujours plus fort que tout – malgré la faiblesse de ses raisonnements, malgré sa totale absence de pensée, son détachement vertigineux face à l'art sous toutes ses formes (peinture, architecture, littérature, cinéma, etc.), il persiste à faire le malin. La plupart du temps, c'est aussi pour impressionner ses enfants. La réalité des choses est toujours absorbée par lui comme une formalité, car il a prévu depuis longtemps les catastrophes, et lorsqu'elles le surprennent malgré tout, il les accueille avec la rigidité du beau joueur qui, devant la vie, doit faire des concessions importantes. Il concède en quelque sorte à la réalité réelle de la vie une puissance supplémentaire à la sienne, marquée du signe de ce qu'il nomme « destin ». Le salarié n'est que pure résignation : hautain face aux maladies, à la mort, stoïque comme une tête à claques, il a toujours ce rictus, ce salaire de rictus à la gueule, qui le rend imperturbable devant le Néant, devant Dieu, devant la Fin de l'Histoire ou l'Apocalypse.

Le salarié, qui est toujours moyen, car il n'existera jamais de salarié supérieur (même si le salarié a un supérieur – mais son supérieur est hiérarchique, pas ontologique), n'attend pas le messie parce que le messie, il est bien entendu que c'est lui. Il est son propre messie parce qu'il est à lui-même sa propre fin. Il se suffit à soi-même. Donnez-lui juste un salaire, ce salaire qui suffit à le définir, à lui donner vie, c'est le bonheur ou à peu près. Car le salarié aime croire que le bonheur s'affine, se mérite, se précise. S'aiguise. Les salariés situent généralement le bonheur « plus tard », dans un futur proche, mais pas très. Dans un flou du futur inconnaissable, à jamais inaccessible, indéfiniment inconnu, mais vers lequel, collectionnant des actifs financiers, immobiliers, ils se persuadent qu'ils progressent. Car les salariés sont (entre tous) reconnaissables à ceci : ils croient au progrès, d'une part ; et à la progression, d'autre part. Entre eux et la possibilité de leur mort, ils dressent une matière pâteuse, opaque, qui leur sert de mur, d'écran protecteur : c'est l'amusement, c'est le jeu. C'est l'*entertainment*. Ce ne sont pas à proprement parler ce qu'on nomme les loisirs, non, il s'agit plutôt d'autre chose. Car le loisir fait office de contrebalancement au travail, il a une fonction, sinon de récompense, du moins de soupape. Le loisir, entre cache-sexe et ruse de la Raison, a été inventé par la société de consommation pour que le salarié reprenne des forces et ne s'aperçoive de rien. Que, reposé, il puisse retourner dans son fier bureau, exécuter un travail, une tâche, que quelqu'un d'autre que lui pourrait faire, peut-être en un tout petit peu mieux, peut-être en un tout petit peu moins bien. Mais les loisirs n'intéressent pas les salariés, ils préfèrent le divertissement. Il faudrait les mettre dans le trou final, tellement abyssal, parfaitement imbécile, du cimetière, attachés, ligotés à leur poste de télévision. On laisserait la télé allumée. Le gardien du cimetière aurait pour tâche de zapper régulièrement, pour changer les programmes du mort. Il ne faut pas se méprendre : vivre une fois est déjà un miracle. Les salariés ne s'en doutent jamais, mais, tandis qu'ils font des plans à moyens termes sur des comètes moyennement rapides, moyennement lointaines, moyennement comètes, le quelque chose de mortel en eux se transforme, au gré des minutes fades, en quelque chose de déjà mort.

Jeudi 8 décembre

Réveil avec *Crazy Eyes*, Poco, 1973 (Epic, KE 32354, US). Bill Graham : violon ; Chris Hillman : mandoline ; Joe Lala : percussions ; Paul Harris : piano.

On a mangé des choses. On a salué des gens dans la foule. J'ai été quelquefois gentil. Des femmes ont voulu m'aimer. Cela n'a pas été facile. Elles sont reparties au pays des femmes. Je suis resté seul, avec une tristesse. Je suis mort souvent. À la dernière minute, j'ai revécu. C'est un roman qu'il faudrait écrire. Mais les mots ne sont pas là pour les histoires, il y a trop de vies à raconter, avec leurs malheurs. Je n'aime pas franchement les phrases. C'est comme les dromadaires qui sont des animaux trop compliqués. La simplicité j'aime, des choses très lisses, des bêtes très douces. Un règne animal presque en peluche, soyeux, avec zéro dent. Aucune mâchoire méchante pour t'arracher un bras, deux bras, la plupart de tes jambes. Je t'entends crier dans le noir : tu es perdue dans une jungle. Et les humains, qui habitent cette jungle, voudront ta mort assez vite.

Les humains détestent les autres humains, spécialement quand ils habitent un même immeuble, sous un même toit, un quartier trop proche. Ils se préfèrent lointains. L'anonymat préserve un peu de la haine. Je marche seul et anonyme, et j'ai peur sans cesse que des bras me frappent, que des poings me cognent, que des ronces et des échardes cherchent à me griffer. Elles sont là, je m'en méfie. Les orties, toute cette racaille, je ne supporte pas, ça pique. Ce qui arrache, ce qui troue. Ce qui surprend dans des obscurités. Je ne voudrais pas me retrouver seul dans le moindre désert. Et je fuis les venelles aussi. Ma trouille, bourgeoise, est universelle. Elle est banale et moche. Je suis le froussard standard. J'ai une façon très académique de palpiter. Regarde, lecteur : ma sueur a commencé son ruissellement, son ruisseau, ses belles coulées de lave de larve, je ne sais plus comment on fait pour se faire minuscule, oublié, invisible, absent. Je ne demande qu'une chose, une chose unique, à la société, c'est que personne ne vienne sonner chez moi, à ma porte, un matin, pour me défoncer la gueule, pour me cogner, me violer, me découper un maximum de viscères, me lancer au visage des expressions désobligeantes et le plus souvent toutes faites.

Je suis trop sensible pour rester vivant. J'ai trop peur d'extrêmement tout. Dans les bus, dans tous les métros du monde, dans les foules évasives, sordides, de toutes les capitales de l'univers, dans les ascenseurs et spécialement dans l'avion. L'avion ne devrait pas exister. Il fait peur à mes veines, à mon sang, ce n'est pas supportable, je préfère mourir que de monter dedans et je monte dedans pourtant, c'est parti, l'avion a gagné, mais la prochaine fois je l'aurai, je ne monterai pas dedans, je le défierai, je l'insulterai, je le détournerai, je le frapperai au visage, je lui démonterai la carcasse.

Vendredi 9 décembre

Réveil avec *In For The Kill !*, Budgie, 1974 (MCA Records, MCA 429, US). Burke Shelley : basse et chant ; Pete Boot : batterie ; Tony Bourge : guitare.

« Ce qui donne à Baudelaire cette place, ce rôle, cette valeur éminente comme repère, en quelque sorte géographique, cette fatalité, dirais-je, ce caractère inévitable dans toute enquête concernant la poésie et son évolution depuis les premiers romantiques, dans toute réflexion actuelle sur les problèmes de la littérature et du langage, c'est que chez lui la poésie prend conscience d'elle-même d'une façon toute nouvelle, c'est qu'il a su tirer plus clairement et plus profondément que tout autre avant lui, de son expérience individuelle, un certain nombre de conséquences et de conclusions sur la nature même de cette entreprise qu'est la poésie » (Michel Butor, *Essai sur les modernes*, Gallimard, 1964).

Samedi 10 décembre

Réveil avec *Hymns Spheres*, Keith Jarrett, 1976 (ECM Records, ECM-2-1086, US). Keith Jarrett : orgue.

Il y a, dans l'action d'écrire, une dissolution de l'action qui fait plaisir. J'agis, mais sans autre effort que celui de la pensée, qui n'est pas strictement non plus de la pensée : quelque chose entre le corps et l'esprit, à mi-chemin peut-être, mais qui n'est ni l'un ni l'autre. Ce n'est pas mon corps qui écrit, ni l'esprit qui court ; cet état, ni physique ni intellectuel, ni physiologique ni mental, est celui d'où je peux dire « c'est mon être qui… ». C'est mon être qui écrit. Je ne suis pas dédoublement, je ne suis au contraire que coïncidence pure – et pourtant, si j'écris, si le roman vient, que le monument de brique se dilue pour couler, alors je parviens à m'étonner moi-même. Je m'étonne de ce que je pense, je m'étonne de ce que je suis en train d'être. Je dédouble ma coïncidence, je multiplie mon unité. Je fais varier mon autisme. Il y a des gradations, des montées de moi, des descentes de « je ». Ces montagnes, russes, elles me dessinent plus que je ne les trace.

J'ignorais, par définition, que je pensais cela ; j'ignorais que telle chose pût être écrite, et en particulier qu'elle le pût par moi. Je ne me doutais pas que cette idée pût éclore, et encore moins sous ma plume. Tout ce qui sort de moi, sur le papier, en notes, en écriture définitive, est doublement inédit : inédit parce que nul ne l'avait encore lu, inédit parce que nul ne l'avait encore écrit. Je suis le premier lecteur de ma « littérature ». J'aime, relisant, ne pas pouvoir m'identifier, lire la prose d'un autre dans mes mots. Je n'écris que de l'indevinable. C'est une surprise, c'est un exotisme. C'est frais, ça ne peut pas mourir. Je ne reconnais que ma calligraphie, je ne reconnais que la texture d'un cahier, mon nom propre, mon propre nom au bas de la page.

La littérature est increvable parce qu'incessamment neuve, toujours déjà en train de se faire ; elle est forgée dans l'inédit. Elle étonne tout le monde. Je désire, d'abord, contrarier ce que j'ai écrit auparavant, m'inscrire dans une contradiction, barrer mon propre passage, me renier de partout. Ne pas assurer cette continuité entre moi et moi, me dresser en face, empêcher qu'une loi ne vienne régner. Il y a l'ivresse du jouet cassé. Ne nous installons pas ; il s'agit de déménager immédiatement. De se chasser de l'univers établi. Hors ses clôtures, pour définir une contrainte neuve, une liberté recouvrée. Quand meurt l'étonnement de soi, que les rebonds sont cloués, il s'agit de partir, sur une autre page, dans une autre église, une synagogue, une mosquée, et de prier ailleurs, et de s'agenouiller autrement.

Telle est ma méthode, sans inspiration : se mettre à jour, ne se plier qu'à la pure loi de l'imprévisible. Le seul danger est la manie ; la photocopie. La confortable redondance. On peut penser le contraire, je le sais. Soigner sa façon, pousser à incandescence ses habitudes, faire dans l'immobilier littéraire, écrire infiniment, jusqu'au bout de l'existence, le strict même roman, c'est pivoter dans la mort, courir dans le ciment. Je n'obéis qu'à ma désobéissance. Chaque roman vient détruire le prochain, nier le précédent ; je suis de cette école, qui se cherche et s'essaye, jamais ne se trouve, au risque du tourbillon, de l'incertitude, de l'impossibilité, de la fuite, de l'échec qui sait.

Je ne parviens pas à m'installer. Nomade, édité. Dans les revues de passage, les récits, les pamphlets, les romans : une toupie, stylistique. Influençable. Avançant, forgeant, traçant, imperméable aux certitudes. Je suis écrivain, je ne suis rien d'autre que ce que je serai tout à l'heure, au chapitre suivant. Je suis, je serai. Ehyeh asher ehyeh.

Dimanche 11 décembre

Réveil avec *Piano Solos*, Earl Hines, 1954 ("X", LVA-3023, US). Earl Hines : piano.

Je ne suis pas très nombreux comme type. Je suis même assez seul. Le défaut des gens, c'est le nombre. J'essaye donc de me rassembler ; souvent je me soustrais. Parfois même je me divise. Je me sens plus léger quand je ne suis qu'un. Je connais la suite, une jeunesse à terminer, une vieillesse à entamer, une mort à mourir, etc. On ne m'aura pas deux fois.

Lundi 12 décembre

Réveil avec *Solo*, Earl Hines, 1956 (Fantasy, 3238, US). Earl Hines : piano.

Bernard-Henri Lévy, finalement, a choisi. Il sera, il deviendra ce qu'on lui a souvent reproché d'être : juif. Il ne se subit pas, il ne se trahit pas ; mais il se rejoint. Il se confond avec lui-même, il se fond en lui comme le texte fond dans la bouche, au moment où se transmet la Torah. *L'Esprit du judaïsme* n'est pas le dernier livre de BHL, il sera désormais son premier. Non le livre qui conclut les précédents, mais celui qui, loin des chronologies, les annonce, les contient, les veut. Nous ne savons pas qui sont les êtres que nous connaissons le mieux. Ils possèdent un mystère que leur apparence, souvent, épouse et c'est cette coïncidence, précisément, qui permet les malentendus. Trop officiellement juif, Bernard-Henri Lévy l'était moins que ce qu'on pensait. Mieux (ou pire), il ne l'était pas, il ne l'était pas encore. Voilà qu'à présent, défait des tortures du « paraître-juif », il est enfin un juif comme un autre, c'est-à-dire un juif comme lui-même.

L'Esprit du judaïsme n'est pas un essai, mais une transformation. BHL s'est métamorphosé en ce qu'il a toujours déjà été : juif. Juif dans un rapport au monde, cela ne suffisait pas ; juif dans un rapport au texte, cela ne pouvait totalement le définir, le combler. Alors, BHL est parti à la recherche de sa judéité sur mesure, et en chemin il a compris, lisant et relisant le livre de Jonas, qu'il lui fallait les deux : le monde et le texte, l'aventure et les grimoires, la sueur et les mots. Être juif, pour BHL, c'est non seulement endosser les responsabilités pour tous, mais c'est assumer les devoirs de l'humanité. C'est faire la guerre lorsque la lâcheté des nations hésite, c'est faire la paix lorsque la violence des pays s'emballe. C'est être au cœur de cette machine à broyer qu'on appelle l'événement, et d'où, à ses yeux, les juifs, sans doute terrorisés par l'Histoire, ont trop tendance à démissionner. Replacer le juif à l'intérieur du processus, l'inscrire dans la politique, dans les mouvements et les chaos du temps, non plus comme victime de quoi que ce soit, de qui que ce soit, mais comme acteur.

La passivité n'est pas juive, ici. La passivité est justement ce contre quoi se bat celui qui, pour le meilleur et pour le pire, ne craint pas d'être juif jusqu'au bout – fût-ce au bout du monde, de ce monde qui hait encore et toujours ce peuple inconnu parfois de lui-même. Dans ce livre, son meilleur peut-être, son plus beau sans doute, Lévy se déshabille en même temps qu'il se vêt. D'abord, il nous clame ceci, que l'antisémitisme ne veut pas mourir, et que tant qu'il y aura des juifs, il sera là, et sans doute serait-il là quand bien même Hitler fût parvenu à les détruire absolument. L'antisémitisme qu'on a trop tendance à comparer au racisme. Quel est le rêve du raciste ? Qu'aucun Noir, qu'aucun Arabe ne croise son chemin. Or, c'est là le cauchemar de l'antisémite, précisément, que de n'avoir plus le moindre juif dans son sillage. Ce que le raciste abhorre, c'est la différence ; ce que l'antisémite déteste, c'est la ressemblance. C'est soi, dans le juif, que l'antisémite vomit. Le racisme est pure haine de l'autre quand l'antisémitisme est pure haine de soi. Aussi l'antisémitisme est-il une maladie sans solution : on trouvera toujours un soi à détester en l'autre.

Lévy évoque aussi, dans ces pages, ce trou noir dans les siècles que fut la Shoah. Il nous dit, à raison, que les nazis furent les premiers révisionnistes. L'idée hitlérienne et le projet hitlérien furent non pas seulement, non pas simplement d'éradiquer toute présence juive de la Terre, mais d'en supprimer jusqu'au souvenir, jusqu'à son fantôme même. Ce que le nazisme a visé, c'est la suppression au carré. Il ne suffisait pas que les juifs ne fussent plus, mais qu'ils n'eussent jamais été. Lévy comptabilise ainsi les spécificités propres à la Shoah en tant que génocide. Il en répertorie trois : totalité, absoluité, négationnisme. Nous pouvons en ajouter trois autres, nous semble-t-il. D'abord, la spécificité de la Shoah comme rencontre de la rationalité (Europe des Lumières, mathématisation du réel) et de l'irrationalité (celle, précisément, des haines ancestrales et immémoriales conjurations) ; ensuite, autre spécificité : elle continue, elle irradie encore, elle s'insinue, sous de délétères avatars, dans les affaires contemporaines – elle a muté en conflit israélo-palestinien ; la Shoah, autrement dit, a trouvé d'autres façons de se continuer, de se parachever, de se perpétuer. Enfin, dernière (?) spécificité : la docilité. Il n'est que de lire *Célébrations dans la tourmente* (1993) pour entrevoir que la Shoah fut également possible à cause de ce que certains appellent la « docilité » des victimes, mais qui est aussi une expression du messianisme juif. Face à l'horreur, nombreux sont les déportés, et parmi eux nombre de rabbins bien sûr, qui virent l'avènement de la fin des temps, précipitée par ce cauchemar, car le cauchemar sait, dans les Textes, annoncer le Messie.

Réflexions, aussi, sur Jonas. Jonas, chantre de la désobéissance, Jonas qui tient tête à la parole divine, cette parole qui l'exhorte à renforcer les ennemis d'Israël. Jonas, parabole de l'irrémissibilité de l'être-juif : est juif celui qui n'échappe pas à sa judéité. Mais Lévy suggère une autre lecture, ici, est juif celui qui s'écoute lui-même avant que d'écouter la parole divine. Est juif celui pour qui la seule parole divine qui vaille est cette étrange musique que l'on compose d'abord par soi-même, à la seule destination de soi-même, et qui elle seule peut fabriquer les décisions qui durent. Cette voix en soi, là est la voix juive, qui ouvre (avec jeu de mots consenti) la voie. Libérer en soi la possibilité de l'acte – c'est la formule du Jonas de BHL. L'injonction vient à la fois de la permanence du corpus et de l'imminence du caractère. Est juif celui qui obéit à sa loi interne, quand cette loi entre en résonance avec tel midrash, tel verset, tel chapitre de la Torah, ou tel rouleau. Chacun doit être un homme-texte, ou plus exactement un texte-homme. Trouver dans le texte une application pour le monde, mais aussi, qu'on s'essaye aux mouvements de ce monde, retourner dans le texte pour y lire sa propre action, sa propre aventure.

Les nazis, en brûlant des hommes, ont brûlé des textes en ces hommes, ont anéanti des aventures humaines prêtes à partir de ces textes et à revenir dans ces textes. C'est une parole qui fut mise en cendres, et cette parole n'a de poids que parce qu'elle s'exerce sur les choses. Bernard-Henri Lévy, avant que de nous décrire ce que doit être un juif, a tenté de lire sa biographie dans les chapitres où les lettres carrées, celles de l'étude, sont remplies de propositions de vie, d'options d'actions, de réserves pour intervenir et, qui sait, changer le visage du monde, dès lors que le monde n'est plus qu'une gueule qui aboie, mord, déchiquète et broie. L'antidote de Daech repose peut-être, par exemple, dans le rouleau d'Esther ou les prophéties de Jérémie. Ézéchiel, dans sa vallée des ossements, se promène, je crois, en 2016, cette saison de tous les enfers. Oui, le devoir du juif d'aujourd'hui, sans le moindre doute, est-il inscrit, à l'abri, dans les paragraphes de l'étude et du recueillement : mais quelle plus belle prière que d'interrompre la prière pour partir ? Et qui sait si interrompre cette prière n'en est pas, mieux encore que la continuation, la continuité ?

Mardi 13 décembre

Réveil avec *Afro*, Dizzy Gillespie and his Orchestra, 1954 (Norgran Records, MG N-1003, US). Robert Rodriguez et Lou Hackney : basse ; Jose Mangual : bongos ; Candido Camero, Rafael Miranda et

Mongo Santamaria : congas ; Charlie Persip : batterie ; Gilberto Valdés : flûte ; Alejandro Hernandez, Ray Concepcion et Wade Legge : piano ; Lucky Thompson, Danny Bank, George Dorsey, Hank Mobley et Hilton Jefferson : saxophone ; Ubaldo Nieto : timbales ; George Matthews, J.J. Johnson et Leon Comegys : trombone ; Dizzy Gillespie, Ernie Royal, Quincy Jones et Jimmy Nottingham : trompette.

Nouvelle lecture de *Nord*. On envisage incessamment Céline sous l'aune du cauchemar. Mais Céline n'a pas tant cauchemardé la réalité qu'il n'a rêvé l'enfer. C'est Dieu qu'il accuse, puisque Dieu n'existe pas. Ne restent que des hommes, éparpillés dans les décors, et qui ne se suicident pas suffisamment. Des hommes qui souffrent, et Céline en Christ grimace à la place universelle de l'humanité tout entière. C'est un Christ à l'envers : qui conchie, ne respecte personne, fait de son prochain un ennemi mortel. À quoi bon chercher de l'amour chez lui ? Il aime par haine. Il ne supporte pas que son semblable lui ressemble, il tente, avec une force inouïe, de s'arracher à cette pesanteur – « ils sont lourds ». Céline est une fusée, mais quand elle doit vaincre l'attraction. Ce n'est pas dans le ciel que cela se passe, c'est dans la torture de l'ici-bas. Les romans de Céline sont lents au démarrage, c'est qu'ils doivent décoller d'abord, façon Cap Kennedy. C'est une histoire de Nasa, de gravité. Cet instant du décollage est le plus passionnant à lire : on ne se soutire pas sans mal, sans application furieuse, sans invective, sans folie, sans guerre, aux lois humaines de l'attraction que sont la bêtise, la mesquinerie, la radinerie, la bassesse, l'égoïsme. Il faut du nerf pour peindre ce à quoi on désire se détacher, se soustraire. Céline prend l'invisible parti pris des animaux, des prisonniers, parce qu'ils habitent un ailleurs, ils sont désinstitutionnalisés, dissimulés dans un mystère qui leur appartient. Le drame de Céline, c'est que l'homme ressemble à l'homme, et ce, à l'infini. Rien ne diffère d'un humain à l'autre : les tares sont planifiées, les horreurs bien prévisibles, le pire toujours en éveil. Se retrancher de l'universelle universalité, voici le fantasme célinien. Céline n'ouvre la bouche que pour dire des choses dures, c'est un prophète sans doute, mais qui se désolidarise, conscient de sa beauté comme barrage à la laideur des choses.

Oui, Céline se veut exceptionnel, unique, différent – il entend, dès les premières heures de son style, à se condamner tout seul à n'appartenir jamais à la masse, aux troupeaux, au peuple, à quelque groupe que ce soit. Il fuit, il est celui qu'on ne saisira jamais, il se voudra bien malheureux dans l'époque du loisir, bien retranché dans l'ère des vacances, bien bloqué chez lui, à Meudon, tandis qu'explosent toutes les vitesses. Céline est empirique, il essaie son temps dans son style, pas à pas, goutte à goutte, nerf à nerf. Et, s'il est méchant, c'est pour s'exonérer d'appartenir à la communauté des littératures gentilles. Céline ne souffre pas comme un chien, c'est un chien. Il a trouvé l'aboiement parfait, les crocs adéquats, et les fidélités fixes. Il ne bougera plus de sa niche, plus fatigué que maudit, sans autre humeur que la sienne, avec le sentiment de posséder le monde, n'enviant plus rien à personne, étant parvenu enfin à se soustraire même de sa race, cette race humaine plus envieuse que lui, plus cruelle que lui, plus aigrie que lui, mais qui s'en défend, passe son séjour terrestre à s'en défendre. Comme toutes les bêtes, Céline ne souffre que d'une chose : d'instinct. C'est-à-dire d'acuité. Une bête, un chien, ne sont jamais médiocres – et quand ils sont méchants, c'est parce que les hommes qui les entourent sont méchants. Céline se plaint, il gémit. Recalé des honneurs, avec une certaine joie, avec un masochisme croissant. Il est entré, de son vivant, avec son fameux rictus, dans la grande consolation de la postérité ; il le savait, et jouissait d'avance d'avoir passé brillamment les examens de l'immortalité. Je les emmerderai, marmonnait-il, avec tout le futur dont mon œuvre sera capable. Un futur qui leur bottera le train. Et les trains sont bottés, dans ce 2016 qui le lit encore, quand on ne lit plus ceux qui l'invectivèrent, l'éclaboussèrent, l'éviscérèrent. Les tripes sont là, sur toutes les tables, inébranlables, pleines de victoire. On lit Céline dans le firmament même des tragédies grecques, et plus qu'un Rabelais il est une sorte de Sophocle dans l'abstrait assouvissement des éternités. Sa colère appartient aux siècles, ses douleurs sont là pour très longtemps, toutes prêtes, toutes fraîches, incommensurables, inassouvissables, insatiables, ne désirant rien d'autre que leur prodigieux recommencement. Toujours déjà futures, à notre perpétuelle disposition, comme des créatures supérieures, glissant de décennies en décennies vers toujours plus de profondeur.

L'œuvre de Céline réclame toujours plus d'espace dans le temps. Elle se déploie dans l'infini, qui est sa seule mesure ; dans sa stricte époque elle était trop à l'étroit, elle souffrait de ne se mouvoir à ses aises. Toute époque est trop étriquée pour accueillir une œuvre de génie – qui a besoin des millénaires pour allonger ses jambes, délivrer sa puissance et léguer sa vraie vérité. On pourra encore, dans cinq cents ans, connaître les universelles intentions de Céline, se laisser étonner par son expérience intégrale de l'homme. Céline n'a pas laissé un seul os de l'homme à l'homme ; il l'a bouffé jusqu'à la moelle, jusqu'à cette solution mythique de s'en désolidariser, de le délaisser, de l'abandonner pour mieux pouvoir le dire, le raconter, le chanter. Car Céline aura passé sa vie à chanter des diagnostics. C'est son côté médecin : peindre le désenchantement, mais avec chirurgie, mais avec précision – on ne dira jamais assez l'indécrottable manie de Céline, sa frénésie de précision, son absolue détermination à abolir le bavardage. Le monde existerait moins sans Céline pour le dire, qui trouva sa propre parole pour restituer, intacts, les embrasements, les révolutions, les guerres mais aussi les fleuves, les villes et le corps des danseuses. Le génie de Céline repose dans une provocation impuissante, absolument impuissante à réparer le monde. Ainsi, elle chante ce chaos qu'elle accompagne.

Mercredi 14 décembre

Réveil avec *Mango Crazy*, Roger Chapman, 1983 (RCA, ZL 28532, Germany). Roger Chapman : chant ; J. Lawrence Cook, Duncan Mackay et Ronnie Leahy : claviers ; Geoff Whitehorn : guitares ; Steve Simpson : violon, mandoline, guitare et chant ; Boz Burrell : guitare basse ; Alan Coulter : batterie ; Nick Pentelow : saxophone.

Internet est un véritable paradis pour les ratés. Une aubaine, inouïe, faramineuse, absolument inespérée pour tous ceux qui, impuissants à tenter une œuvre, à rassembler leur courage, leur force, pour affronter les éditeurs, puis les lecteurs, et enfin les critiques, voire l'absence des trois, ont enfin la possibilité de cracher.

Je suis allé, un peu naïvement, me promener sur les messages « Twitter » correspondant à « Yann Moix » parus ces jours-ci. Vous pouvez savoir, connaître, « en temps réel », ce que les gens pensent de vous. Ce que des gens que vous ne connaissez pas et qui croient vous connaître, pensent de vous. J'en livre quelques exemples, tout de suite : « Je crois que Yann Moix est définitivement l'être humain qui me rebute le plus » ; « Cet après-midi, Yann Moix sur la ligne 12, le regard aussi noir que sa parka North Face. Ressasse-t-il encore et encore l'échec de *Cinéman* ? » ; ou encore : « Je viens de croiser Yann Moix. Pas eu les *cojones* de lui cracher au visage comme je le fais sur Twitter. » Tout cela est parfait : c'est calfeutré derrière de l'anonymat et, surtout, ça admet sa lâcheté – on se défoule derrière un double masque : celui de l'écran, puis celui du pseudo. Nous n'avons pas les « *cojones* » de faire, alors on finit par dire. Par « publier » : mais publier sur un mur public, une toile, comme sur le mur des chiottes au lycée, à faire des graffitis. Internet permet enfin de savoir ce que l'être humain cachait à l'intérieur de lui, nous qui innocemment le frôlions dans les parisiennes rues de Paris : sa semence vinaigrée, sa montée de spasmes jaloux, son frisson de haine envieux, ses petites transes de fiel.

Pourquoi te fais-je ainsi blêmir, anonyme piéton ? Pourquoi tant de poison en tes veines, passant, passant qui blogue à la maison ? Parce que je suis écrivain – et pas seulement pour de faux en autopubliant mes maculations onanistiques sur le Net ? Parce que je suis connu – et pas seulement par mes soixante-treize amis de Facebook ? Parce que j'ai la chance d'avoir fait un film culte vu par des millions de gens – et pas seulement une vidéo de mes vacances à La Baule ? Parce que je gagne (très bien) ma vie en exerçant mes passions (la littérature et le cinéma) – et pas en bravant la foule métropolitaine pour subir la caractérialité mortifère d'un supérieur hiérarchique dans un bureau dont on ne peut ouvrir les fenêtres ? Parce que je travaille quand je veux et que je voyage sans cesse – et pas seulement durant les vacances scolaires ? Parce que j'ai la particularité d'avoir toujours choisi mes fiancées parmi les plus solaires et les plus convoitées – et que j'ai su échapper aux duègnes ? Mystère. Mystère parce que des centaines de cinéastes, de peintres, d'écrivains, de musiciens ont cette vie-là.

Je suis haï, simplement parce que je suis moi. C'est assez flatteur. Le « regard noir » ? J'ai les yeux verts et traverse en ce moment une phase insolente de félicité. « Aussi noir que [ma] parka North Face » ? Ma parka North Face est bleue. « Ressasse-t-il l'échec de *Cinéman* ? » Sept ans après la sortie du film ? On voit ici, plein pot, comment les gens, anonymes, se projettent en vous, projettent sur vous leurs névroses : l'échec, l'échec, l'échec. La peur d'avoir peur, la peur d'échouer. *Je suis haï parce que je suis haï* – exactement comme Pierre Goldman, un de mes maîtres, s'était exclamé : « Je suis innocent parce que je suis innocent. » Le fait de me haïr est devenu un flux naturel, un réflexe type, une évidence qui se déclenche aussitôt qu'est proféré mon patronyme-insulte. On ne se pose plus la question, la haine est le point de départ à partir duquel on me pense – mais si l'on me croise dans la réalité des rues réelles, on ne bronche pas, on ne dit rien, on ne crache pas sur mon visage, on fait patienter le crachat jusqu'à chez soi, sur son clavier, en tapant dans l'ombre ses mots minuscules et dégueulasses, tel un petit collabo. Et sans jamais justifier cette haine : on me hait parce qu'on me hait.

Pourquoi le hais-tu ? Parce que je le hais. Pourquoi le hais-tu ? Parce qu'il est haïssable. Pourquoi le hais-tu ? Parce que tout le monde le hait. Pourquoi le hais-tu ? Je n'en ai pas la moindre idée.

Répondre à des masques ? à des anonymes ? à des morts ? à des spectres ? Pas véritablement : juste préciser qu'Internet fait la joie de l'extrême droite, qui n'attendait que ce support, depuis toujours, puisque finalement la hiérarchie est abolie sur la Toile (le dernier peut se faire croire, aisément, qu'il est le premier ; le plus petit, le plus important ; on est toujours célèbre dans la géographie de son blog). Il y a une certaine suppression de relief – contraire, totalement, parfaitement contraire à la démocratie, qui est invention de relief, qui est construction de relief ; et non aplanissement général, et non égalisation universelle ; et non nivellement des priorités, des autorités. Répondre à des bacilles ? à des virus ? à des parasites ? Pas véritablement : ne pas, comme eux, cracher. Mais faire sentir, sans trop abuser de modestie, que je ne puis plaindre le sort de ces destins atrophiés, poinçonnés, gâtés, je ne suis pas responsable de ces biographies en queue d'aronde, de ces vies bâclées, de ces ambitions à têtes de giclure, de ces amas d'artistes étêtés. Pendant que ta haine continue à se promener sur moi, cher blogueur, sache que je suis dans un avion en compagnie d'une fille de rêve, quelque part à lire Gombrowicz sous un ciel qui se reflète dans le tapis versicolore de la mer, ou en train d'écrire un roman qui sera publié chez un éditeur qui te méprisera autant que tu te méprises toi-même.

Au lieu de tweeter, au lieu de bloguer, au lieu de baver, de crachoter, de vomir, essaye de prendre une feuille de papier, d'écrire ne serait-ce que deux pages, d'un essai, d'un roman, d'un scénario de film, d'un poème, et ensuite, ensuite seulement, je prendrai au sérieux ta haine haineuse, ta haine souterraine et sourde, ta haine malade et ta haine maladive, ta haine faite de millions de glaires qui sont l'écume de ton visage défait, déçu. Je suis haï ; tu es vaincu.

Jeudi 15 décembre

Réveil avec *Earl Hines*, Earl Hines, 1958 (Philips, B 10734 R, Netherlands). Earl Hines : piano.

L'Apocalypse, comme toute littérature eschatologique, est valable pour tout de suite (« Car le moment, oui, est proche »). Jean produit un texte imminent : cette imminence s'allonge sur des siècles, se dilate sur des millénaires. Pour maintes raisons, la tapisserie de l'Apocalypse d'Angers est tautologique avec le mode de révélation johannique. Le Messie, dont le messager de Patmos annonce la venue, prépare le ministère, est lui-même l'entrecroisement d'un fil vertical et d'un fil horizontal. L'horizontalité, ce sont ses bras en Croix, cloués en abscisse (à sa droite le passé, à sa gauche le futur) ; la verticalité, elle, est tracée par son corps, des pieds suppliciés jusqu'au cheveu, dans la direction du Ciel. Tapisserie, encore, parce qu'au Moyen Âge, une tapisserie parle, évoque, chante la prière – Péguy nous l'a rappelé. Une tapisserie, c'est tantôt des motifs écrits, tantôt des motifs dessinés : tel est le génie des chrétiens d'avoir su mélanger, unir, imbriquer la parole et l'iconographie, le Verbe et le dessin du Verbe. Mais tapisserie, encore, puisque l'imminence dont nous parlions semble perpétuellement freinée, remise, décalée, reportée : à la reproduction plastique des figures, des personnages, des acteurs (qui se livrent dans leur immédiateté) est entremêlée la lenteur de la confection tapissière. Imminence et lenteur, fulgurance et retard, simultanéité et report, nous sommes au croisement exact, au point (de Croix) du messianisme. Le Christ est celui qui est toujours déjà en train d'arriver, mais dont la concrétisation de la venue pose davantage de problèmes que l'attente. Pas de Révélation (premier mot de l'Apocalypse) sans patience (prolongée), pas de temps messianique réalisé sans éternel ajournement. Je propose d'appeler « tapisserie » cette façon qu'ont d'être tissés ensemble le présent pur (en tant qu'il entend maintenant les pas de Jésus) et l'asymptote qui s'étend sans fin vers demain (en tant que demain matin est un meilleur moment qu'aujourd'hui pour recommencer le monde).

Mais tapisserie, surtout, parce que l'Apocalypse de Jean mêle (ce qu'on souligne généralement peu) deux fils de lin, de laine, de tissu, de nature différentes, mais qui finissent par former un tout quasiment uniforme à l'œil nu : un messianisme de catastrophe et un messianisme de plénitude, un messianisme de vacarme (tonnerres, trompettes) et un messianisme de silence (« Il se fit dans le ciel un silence d'environ une demi-heure »), un messianisme de cataclysme et un messianisme de tranquillité. Les tremblements de terre sont là, le feu, les éclairs, mais dans le remous même, en plein cœur de la foudre et du chaos, on entend des battements d'ailes, la mer a la transparence du cristal, on voit passer un cheval blanc, des messagers montent vers le soleil : tout se joue dans la simultanéité ; comme en une tapisserie où le Mal et le Bien sont cousus, attachés l'un à l'autre, ligotés l'un à l'autre. La guerre et la paix vont ensemble et les Temps messianiques ne succèdent que par illusion d'optique au cauchemar présent, au vrai ; la rédemption future est contenue dans l'horreur de l'instant. Gueules infernales et sourires lumineux coexistent avec perfection sur la tapisserie d'Angers – cette tapisserie a bu les Évangiles, elle est imprégnée du sang du Christ. Marcher dessus serait lui marcher sur le corps.

Vendredi 16 décembre

Réveil avec *Paris One Night Stand*, Earl Hines, 1958 (Philips, BBL 7222, UK). Guy Pedersen : contrebasse ; Gus Wallez : batterie ; Earl Hines : piano.

Lecture fiévreuse de Claudel (*Le Soulier de satin*). Paul Claudel est un génie. Mais qu'est-ce qu'un génie ? Quelqu'un qui invente ? Pas seulement. Quelqu'un qui découvre ? C'est insuffisant. Un génie est quelqu'un qui reprend toute l'histoire de l'univers à zéro. Non pas parce qu'il se prend pour le nombril du monde, mais parce qu'il est convaincu que le nombril est le seul monde possible. Aussi, pour pouvoir créer, écrire, sculpter, peindre ou filmer, le génie est-il obligé de transcrire la réalité dans une langue qui jusque-là n'existait pas : la sienne. Tout doit passer par le tamis de sa subjectivité. Il ne lui suffit pas d'être lui-même, mais que le monde et lui-même se confondent, ne fassent qu'un. Le génie est celui dont le culot consiste à faire concurrence à la réalité : Guernica est-il une tragédie vécue ou un massacre peint ? Le sacre de Napoléon est-il une création de Napoléon ou de David ? Quand Paul Claudel « traduit » les Psaumes, les Psaumes n'ont plus l'âge de la Bible, ils ont l'âge de Paul Claudel. Ils deviennent une part inaliénable, biologique de Claudel et finissent par être de lui, par être lui. Aucun monument, aucun texte n'est ancien, car les génies sont là qui viennent les ranimer, les renouveler. Non pas seulement les faire renaître, mais les refaire naître. Il faut être honnête, cette actualisation personnalisée, cette résurrection sur mesure, l'homme de génie, parfois, la détourne à son profit, la fait bifurquer de son intention première pour lui faire dire, à la manière d'un ventriloque, des choses qu'elle ne disait pas. Peu importe, la vérité se ressemble souvent plus dans les approximations, les entorses, les à-peu-près et l'exubérance que dans le scrupule, la précision, le recoupement et le contrôle. La vérité n'est pas l'exactitude. Vous voulez des exemples ? Vous allez voir, ça décoiffe ! Prenons le psaume 3,

6 tel qu'inscrit dans la Bible : « Je me couche et m'endors, puis je me réveille, car l'Éternel me soutient. » Et voici le même psaume un traitement de choc claudélien plus tard : « … Non, je dormais ! Votre main sur moi tout à coup comme une secousse électrique ! » Voici le psaume 52, 4 dans son jus biblique : « Ta langue prépare des ruines, comme un rasoir effilé, ô artisan de perfidie ! » et le voici claudélisé : « L'as-tu assez sucée, ta langue ? l'as-tu assez faufilée, ton aiguille avec son aiguillée ? » Psaume 52, 7 : « Aussi Dieu t'abattra-t-il pour toujours ; il t'empoignera et t'arrachera de ta tente ; il te déracinera de la terre des vivants. » Version Claudel, cela donne (accrochez votre ceinture) : « Et puis cassé, c'est cassé ! Ça ne tenait pas à du vrai. On a déterré le pied. Déraciné le monsieur de la terre des vivants ! Épuisé, épuisé à fond, le pauvre petit pot de fleurs au monsieur ! » On pourrait imaginer que les grands écrivains s'amusent à « traduire » (sous-entendu : dans la langue qu'ils se sont inventée pour comprendre le monde) les chefs-d'œuvre de la littérature universelle. C'est d'ailleurs ce qu'a fait Joyce, avec les aventures d'Ulysse. Et ce fut, aussi, la démarche de Picasso qui a transcrit en Picasso les *Ménines* ou la *Joconde*. Serge Gainsbourg et Albert Ayler n'avaient rien fait d'autre en « gainsbourisant » et en « aylerisant » *La Marseillaise*. Il faudrait qu'un géant d'aujourd'hui s'amuse à « traduire » les Psaumes de Claudel, on aurait alors une traduction de traduction – exactement comme *Ulysse* pourrait être le point de départ d'une nouvelle révolution littéraire. Ma thèse, qui n'engage que moi, est que *Les Particules élémentaires* de Michel Houellebecq (1998) est une traduction, en patois houellebecquien, de *Femmes* de Philippe Sollers (1983). On a toujours le loisir de préférer l'original, ou plutôt l'originel, à la nouvelle version. Mais, ce que nous montre ici Claudel, c'est que le sacré n'est pas dans la sacralisation : la littérature, même lorsqu'il s'agit des Saintes Écritures, a toujours besoin, toujours envie qu'on la bouscule, qu'on la provoque, qu'on la gifle même. Rien n'est sacré que ce qui est vivant. Ceux qui tuent la littérature ne sont pas ceux qui s'en emparent, la détournent, s'en servent, la triturent, la malaxent, la tordent, la violent. Au contraire, les assassins de la littérature sont ceux qui la craignent. La respectent. La vouvoient. Font des courbettes quand elle passe. Lui dressent le tapis rouge. Claudel écrit à coups de massue – et c'est ainsi qu'il monte au ciel, et ses phrases avec lui. Les pieds crottés. Génial.

Samedi 17 décembre

Réveil avec *Spontaneous Explorations*, Earl Hines, 1964 (Contact, CS-2, US). Earl Hines : piano.

Les Français de 1792 avaient rêvé de faire du roi un citoyen. Sa Majesté déclina la proposition. Louis XVI n'assuma point l'identité phrygienne et déshabillée de Capet. Il prit la fuite, en mourut. La Nuit de Varennes fut sa nuit tout court. Il n'avait fait que jouer à rejoindre le peuple, quand son apesanteur n'avait en réalité jamais quitté son altitude. C'est par rouerie que, pour un court instant, le sang bleu s'était coiffé du bonnet rouge. Qu'importe, la Ire République tenta bel et bien de fabriquer un simple citoyen à partir d'un monarque. Par une ironique aberration, toute d'inverse symétrie, la Ve République fabrique ses monarques à partir de simples citoyens. On ne fait plus du peuple avec du roi, mais du roi avec du peuple. Il ne s'agit plus de tomber la perruque, mais de l'enfiler. Par nécessité physiologique, la France réclame son despote éclairé. Mais elle n'aime ses monarques, de De Gaulle à Hollande, que parce qu'ils font exister un peuple qui, sans eux, ne serait ontologiquement pas défini. Sans son despote-étalon, l'esprit de liberté ne soufflerait pas. Et le « peuple » ne serait qu'une notion-nonosse à ronger pour les sociologues en appétit. Cette présence du roi chez le Président fait se déployer ce qu'on appelle « le peuple » en même temps qu'elle en trace les contours. Le peuple ne se perd plus dans l'indéfini du peuple. La constance têtue, la présence supérieure, l'immarcescible figure du Président tout-puissant instaure une forme, une visibilité, à cette foule, à cette masse, qui cesse d'être un avatar de la multitude pour devenir « le peuple français ».

Par le monarchisme tacite, pleinement accepté, totalement réclamé, de ce Président pourtant élu, le peuple obtient une identité. Mieux, un visage. Et, par suite, se voit gratifié d'une existence doublée d'une volonté. Le face-à-face peut commencer. Le peuple peut enfin exhiber sa force, la déployer, planer au-dessus du Château en perpétuelle épée de Damoclès. « Le jeu, se dit le peuple, va désormais consister à faire plier cette force présidentielle que j'ai inventée afin qu'elle m'invente à son tour. Je vais gouverner le gouvernement. Je vais présider le Président. » Or, la démocratie ne consiste pas à exécuter la politique que le peuple immédiatement exige, mais à exécuter la politique que ce même peuple avait hier demandée. S'agit-il vraiment du même peuple ? Quand un Président décroche l'Élysée, le peuple s'appelle « les Français » ; quand un Président panique, le peuple s'appelle « la rue ». Hors période électorale, les « Français » sont rebaptisés « sondés » ; le peuple devient alors une sorte de poulpe virtuel, informe, invisible : c'est le peuple à qui il faut plaire – c'est le peuple qui répond aux questions. Quant à l'autre, le visible, le réel, l'anguleux, le peuple pétri de réalité, le peuple rempli de jambes et de bras, de mains aussi, c'est le peuple à qui il s'agit d'échapper – c'est le peuple qui exige des réponses. C'est le peuple de Capet. Si l'Élysée s'est persuadé que la rue était la plus forte, c'est parce qu'en France, le monarque est toujours déjà décapité. On le fabrique à cette seule fin. C'est entre ces deux peuples, l'invisible et le visible, le volatil et le buté, le vaporeux et l'armé jusqu'aux dents, que le pouvoir est coincé, immobilisé, paralysé, effrayé, tétanisé. Un historien a évoqué le « courage passif » de Louis XVI lors de l'épisode phrygien. Pour ses émules élyséens, nous parlerons volontiers de lâcheté active. Si vous ne me faites rien, se dit Hollande, je vous promets de ne rien faire.

Dimanche 18 décembre

Réveil avec *The Real Earl Hines – Recorded Live! In concert*, Earl Hines, 1965 (Focus, FM 335, US). Ahmed Abdul-Malik : basse ; Oliver Jackson : batterie ; Earl Hines : piano ; Budd Johnson : saxophone ténor.

Ce que le kamikaze humanitaire guette, ce n'est pas les dégâts qu'il va faire, mais les dégâts qu'on va lui faire. Et ce sont ces dégâts inversés qui sont censés faire des dégâts.

Le kamikaze humanitaire est un kamikaze d'un genre mutant, tout à fait neuf, parfaitement inédit, c'est un kamikaze oxymore. C'est l'idée que les dégâts seront extrêmement collatéraux, diffus, les explications très confuses, les analyses rendues très compliquées puisque le mot humanitaire, lâché comme une bombe, brandie comme l'arme à laquelle on ne peut rien rétorquer : on ne fait pas la guerre à la paix. Le mot humanitaire est un mot qui a tout dit. Son drapeau est intouchable, son pavillon est insouillable. C'est l'idée que, déguisé en pacifiste, le terroriste aura de son côté, tout blotti contre la coque de son navire naïf rempli de gentillesse gentille et d'idéaux grands, d'ambitions fraternelles, la communauté internationale. Car c'est le monde entier qui, tout à coup, forme une communauté. Le mot humanitaire, forcément inoffensif, ne saurait être offensé, attaqué, c'est une paix qui avance sur les flots, on ne bombarde pas une paix, on ne crible pas de flèches, de balles, une colombe qui passe, même si cette colombe est pilotée par Mohammed Atta, je veux dire ses avatars paisibles, ses avatars innocents, ses avatars gentils, ses avatars qui avancent avec des sentiments plein les poches et la rage entre les dents, et la haine dans les yeux au moment même du sourire. Il y avait les kamikazes volants, voici les kamikazes flottants. Les kamikazes de la vitesse du son ? Démodés.

Voici les kamikazes, déguisés en bonnes fées, de la langueur des flots, voici les kamikazes de la vitesse de croisière. Les kamikazes comme des poissons sur les flots, dont l'aide qu'ils apportent est un costume, une panoplie, un déguisement. Ils attendent qu'Israël riposte, autrement se donne tort. Kamikazes qui voudraient non seulement nous faire accroire qu'ils sont pacifistes, mais qu'ils sont passifs. Kamikazes déclencheurs de bavures officielles, au fil de l'eau. Non plus descendant des nuages, s'abattant comme autant de foudres, mais des kamikazes bien lents, bien tranquilles, bien plaisanciers. Des kamikazes bercés par la vague, et qui savent ce qu'ils viennent récolter : des coups, et par conséquent de la publicité. Des kamikazes au long cours qui viennent, innocemment, fabriquer de la culpabilité israélienne. Des kamikazes en liège qui viennent déclencher la pluie de la riposte pour clamer que l'orage est scandaleux, que les tonnerres devraient être interdits, que la météo internationale n'a plus le droit de se laisser dicter le temps qu'il fera par le ciel. Les kamikazes du ciel sont tous morts, voici les kamikazes de l'eau.

Des kamikazes doublement victimes : victimes de leur folie, comme les kamikazes d'hier, et victimes officiels sur le terrain mondial. Carnaval : les coupables déguisés en victimes sont considérés comme victimes, c'est la victoire du masque, c'est l'inversion, c'est le rouleau d'Esther qui une nouvelle fois se déroule, c'est le bourreau qui devient victime parce qu'il est arrivé en Arlequin de victime, en Arlequin de la paix, et c'est celui qui ôte le masque, qui sait reconnaître le cyclope derrière la sirène, c'est celui-là qui, dans notre histoire toute neuve, conviendra une fois encore dans le rôle, sur mesure décidément, du méchant. De l'inique, de l'aveugle, du déclencheur de guerre. Voici les kamikazes, déguisés en lenteur, des temps nouveaux. Voici les kamikazes, déguisés en contraires de kamikazes. Voici des ami-kazes. Voici les kamikazes sans haine et sans reproche, voici les guerriers qui, dans la lenteur et la torpeur, dans la paresse et l'allégresse, dans la sérénité et la gaieté, viennent lancer des attaques à têtes de défense, des défis à têtes d'innocence, des menaces à têtes de fraternité. Nous n'allons pas aller ce soir au bal masqué : sans loup sur les yeux, sans haine dans le regard, la tête froide et non maquillée, nous allons dire une chose inadmissible dans la cour de récréation des médias qui tour à tour s'imitent et se copient, se plagient, font chorus ; nous allons dire que nous n'allons pas tomber dans le panneau, que tout cela est une mascarade, et ces mots nous les assumons, puisque sans courage, sans vérité, sans convictions, la vie ne serait qu'une mer d'huile. Or nous aimons la mer, vraiment. Mais pas l'huile.

Lundi 19 décembre

Réveil avec *Solo Piano*, Philip Glass, 1989 (CBS, MK 45576, Europe). Philip Glass : piano.

Dans la vie des humains, le destin peut intervenir à chaque instant ; sans prévenir. Le destin est irruption. Les deux otages français, simplement partis en reportage, ne seront plus jamais des hommes comme les autres. Ils étaient partis pour rapporter des images, reviennent avec du destin. Ils reviennent avec une biographie, la leur. Nous ne saurons jamais par quels vertiges de solitude, d'abandon ils seront passés : ce n'est pas tant leur secret que leur mystère. Car il y a, sans doute à l'insu même de l'otage, une mystique de l'otage. Livrés aux talibans, ils sont aussi livrés à eux-mêmes.

Ils doivent opérer des forages en eux, se connaître. Ils n'ont pas le choix de déchiffrer autre chose que leurs obsessions, leurs névroses, leur pensée ; ils ne savaient pas qu'ils possédaient une pensée, ils reviennent avec du courage. Leur modestie ne savait pas ce qu'ils étaient capables d'endurer. Qui sont-ils maintenant, j'entends : à leurs propres yeux ?

Quel alphabet ont-ils édicté dans l'ombre de leur cachot ? Savaient-ils qui ils sont ? Nous pourrions passer des centaines de milliers d'heures à les interroger, mais le mystère de l'otage réside ici, qu'il n'a pas grand-chose à dire de cette épreuve ; il ne sait quel sens lui donner ; il ne sait comment remplir ces jours vides, à jamais perdus, en leur donnant le moindre visage. Comment parler des jours amorphes ?

Ces hommes ont vécu leur vie, plus un supplément d'humanité ; un exponentiel peut-être d'humanité. Quand cesseront-ils d'être enfermés ? Dans quinze jours, dans vingt ans ? Nous ne pouvons écrire sur eux qu'avec des points d'interrogation.

Sont-ils vraiment rentrés ? Vraiment libres ? Définitivement des hommes ? Sont-ils conscients d'avoir vécu cette absence d'existence qui en est, en même temps, l'acmé ? Sont-ils plutôt vivants, plutôt morts ? Détruits ? Bâtis, au contraire, comme jamais ? Plus faibles ? Plus forts ? Énigmes. Ce que nous leur devons, unanimement, c'est le respect – un respect illimité.

Mardi 20 décembre

Réveil avec *Solo Piano*, Art Tatum, 1972 (Capitol Records, M-11028, US). Art Tatum : piano.

Lecture de Malraux (*L'Espoir*). Malraux, c'est une hésitation ; ou, pire, ce hoquet des tics, ce déhanchement des doigts sur la tempe, très mécanique. Sa pensée est étrange, par soubresauts, toujours excessive même dans la précision, elle préconise des rapprochements qui ne se font généralement pas. Des parallèles sont dressées, jamais très euclidiennes, entre les Étrusques et Picasso. C'est vindicatif et soudain. Quand il est pire que lui-même, c'est du Quignard sous shit. En forme, il est capable de certaine explosion. Je me promène volontiers dans Florence sous son aile bégayante ; sur Arezzo il est utile. Très expert sur le vert des figures virginales de Piero della Francesca – en réalité, c'est sa littérature littéraire qui nous chagrine. Elle est verbale, révérencieuse, ne décolle pas ; elle est verbeuse, s'envole admettons, mais dans des ciels de carton-pâte. On est toujours au Louvre avec Malraux. C'est le problème de sa réalité : sa fange cocotte. Ses romans sont fabriqués, mais rafistolés surtout : un vent de panique par-ci, un extrait de théorie par-là. Des considérations phénoménales sur le destin humain, des juxtapositions de moments boueux, quelques explosifs bien placés en bas de page comme dans ces histoires « à suivre » qui paraissaient dans le beau *Journal de Spirou* (« amis, partout, toujours »). Plus loin dans l'âge, des descriptions de marronniers (ou de chênes), des connivences avec les siècles, des regards impeccables sur le futur des nations. Il aura été, de toutes ses forces, dans la fiction et la peau de De Gaulle et de Rimbaud ; des épaulettes furent par lui greffées sur l'homme aux semelles de vent. La greffe ne prend pas, ce n'est de la faute de personne : Céline était là, Proust avant lui, qui ont tout gâté. Ont souligné les faiblesses des concurrents, ont permis la désignation immédiate des imposteurs. Sartre surnage un peu, dans le bocal où il s'agite – et nous admettons que Céline s'est fourvoyé, une fois de plus : l'agité du bocal n'était pas « Jean-Baptiste » Sartre mais Dédé Malraux. C'est lui l'agitation et c'est lui le bocal.

Je ne parviens pas à me placer dans ses livres ; il n'y a pas de place (tout l'espace est occupé par Malraux d'une part et le monde de l'autre). Les romans de Malraux nous excluent tout de suite, nous n'y sommes pas les bienvenus. Ce n'est pas de la littérature hermétique, mais fermée. La porte n'est pas ouverte, on est prié de rester poliment sur le palier. Livres faits pour impressionner, pour épater, pour rester. Pour s'inscrire dans une éternité à laquelle, pourtant, Malraux ne croit pas (il le clame incessamment). Des personnages humains (la condition est humaine dans son titre goncourtisé) mais en réalité des marionnettes. Même ses tragédies restent engluées dans le farfelu du départ, des années surréalistes, là où Malraux fut sans doute le plus à sa place, comme il le fut derrière le bureau froid du ministère où il se fit croire qu'il était ministre et important. Or, Malraux ne fut jamais important, c'est un Poulidor du génie. Il invente juste après les autres, découvre en second ; si bien que cette pierre tombe, sans fin, dans un néant qui donne le vertige, mais reste un néant. Malraux voulait laisser son nom sur le linteau de la gloire : il y est parvenu. Mais n'est parvenu qu'à cela, c'est un homme-nom.

L'œuvre (romanesque) n'existe pas, n'a pas eu lieu finalement. Elle est déserte et désertée – cantonnée, comme toutes les œuvres mortes, aux programmes des collèges, des lycées, peut-être de l'agrégation. Malraux est un nom, un mot. Derrière se cache quelque chose. Qui sans doute n'existe pas. Un mystère ? Mais que lui seul aurait eu la patience d'éclairer – il n'est plus là pour gouverner sa démence. Nous pleurons ailleurs, sur d'autres linceuls. Genet, par exemple, meurt nettement moins ces jours-ci, c'est qu'il était vivant dès le départ. Tandis que le grand secret de Malraux est d'avoir toujours masqué sa vraie nature mortifère : sa lumière intérieure était de ténèbres, et les ténèbres finissent par lasser quand elles n'ont pas la concision et la magie de Dante, dc Dostoïevski (son idole) ou de Proust. Malraux a fait ce qu'il a pu ; ce qu'il a pu ne ressemble qu'à lui, ce qui définit parfois le génie. Mais son obsession de la grandeur l'aura rapetissé : on ne décrète pas l'éternité.

Mercredi 21 décembre

Réveil avec *Piano Solo – Boogie Woogie Et Blues*, Memphis Slim, 1961 (Odéon, XOC 181, France). Memphis Slim : piano.

Les Oscars adorent récompenser les prouesses, les performances et, soyons francs, la plupart du temps, les grands cabotinages. Un handicapé, un autiste, un miraculé, un grand brûlé, voilà généralement le registre qui attire irrémédiablement les lauriers. Il faut, autrement dit, que l'acteur disparaisse littéralement, non sous le rôle, mais sous la tare. Pour Marion Cotillard, qui fut primée avec Piaf en 2008, c'était sous le maquillage. Des mégatonnes de blush d'une discrétion de train fantôme avaient catapulté sa gloire au firmament d'Hollywood. Il y a un mystère Marion Cotillard. Inutile de botter en touche : dès qu'elle apparaît à l'image se produit une manière d'épiphanie. C'est parce qu'elle est une petite actrice française qu'elle est une immense star américaine (c'est-à-dire planétaire). Cas de figure rarissime, où les conditions de la postérité sont offertes par l'affirmation répétée de la banalité, de la normalité. Accéder à tout, à force de n'être rien.

Marion plaît à l'univers parce qu'en France tout le monde s'en fout, sa visibilité ailleurs partout fut obtenue par son invisibilité ici. Bref, si Marion est parvenue à être si américaine, c'est que nul aujourd'hui n'est plus française qu'elle. C'est la Bardot du XXIe siècle. Marion n'a pas besoin d'être belle, intelligente, ni géniale : il lui suffit d'être française, française comme elle l'est, française comme elle a fait croire au monde entier que toute la France l'est. Sa seule réussite a été de ne pas chercher la réussite ; nous la voulons moyenne, nous la voulons à portée de main. Il est plus fascinant d'être inaccessible par la proximité que par l'altitude ; il est plus excitant de ressembler à presque tout le monde quand on a le destin de presque personne.

Dans un monde où chacun, l'ego en poupe, veut faire figure d'exception, Marion Cotillard, qui n'a rien d'exceptionnel, réalise tous les rêves qu'elle n'avait jamais eus. La trouver prodigieuse dans un film quand, dans son existence, elle n'accouche que d'affligeants clichés et de piteux gloussements, semble aussi naturel que de regarder la neige tomber, l'hiver, sur un paysage de montagne. Pour la plante, le monde entier est plante, disait Nietzsche. Pour le monde entier, grâce à Hollywood, Marion Cotillard est la France, et la France est Marion Cotillard.

Jeudi 22 décembre

Réveil avec *Piano Solos 1929-1941*, Fats Waller, 1977 (RCA, AXK2-5518, US). Fats Waller : piano.

Hier, c'était la fête au village. On a bien ri. J'ai retrouvé tous mes amis : Christian Bobin, Charles Juliet, Éric Holder, Pierre Michon. Pierre Bergounioux et Louis-René des Forêts, souffrants, n'ont pas pu venir, hélas. Quant à Jérôme Garcin, qui devait nous rejoindre pour faire un entretien croisé avec nous tous, on l'attend encore. Éric avait apporté du saucisson. Nous l'avons mangé avec un coup de rouge, sur un petit perron tout près de l'école communale. Les majorettes ont défilé. Après la tombola, nous avons suivi la course-en-sac et nous avons fait un tour d'autos-tamponneuses. Charles a failli se déboîter l'épaule. Ensuite, avant qu'il ne commence à tomber de cette petite pluie fine que l'on ne rencontre qu'ici, Christian a tiré un ours en peluche à la carabine. Pierre a mangé de la barbe à papa. « Il faut donner du temps au temps », chantaient, en fond sonore, Félix Gray et Didier Barbelivien.

— Tu veux que je te refasse des moustaches avec ma barbe à papa ? a demandé Pierre à Christian.

— Tu rigoles du genou ? lui a rétorqué Christian avec sa fameuse repartie du Creusot.

— Mais pourquoi, au fait, tu t'es rasé les moustaches ? a demandé Éric. On voit ceux qui lisent mes livres !

Plus tard, on est allé applaudir Marcel Amont sur son stand Ricard. Je crois que c'est la première fois qu'il vient à la Foire aux asperges de Tigy. Il y a deux ans, il avait fait la Foire aux arbres de Sandillon.

— On a de la chance, les gars, j'ai dit aux copains, l'année dernière c'était Jean-Luc Lahaye.

— Ma femme adore Jean-Luc Lahaye, a répondu Charles, sur un ton très sec.

— Il te reste un peu de ciflard ? a demandé Pierre à Éric.

— Non, on a tout bouffé.

— Et si on allait s'en jeter un petit ? a proposé Pierre.

— Bonne idée, a répondu Éric.

— Oui, ça c'est une bonne idée, les gars, a renchéri Charles.

Nous sommes entrés au Diabolo, le bar de la place du Bourg. Gérard, le gérant, est un vieux copain.

— Qu'est-ce que je sers aux artistes ?

— Tu vas nous mettre ton petit calva, celui de l'autre fois.

— C'est du meilleur. Ça c'est pas un truc de pédé.

Nous avons bu le calva. Ensuite, Christian a demandé pourquoi l'urine sentait si mauvais quand on mange des asperges.

— C'est surtout que c'est de la pisse qui asperge ! a lancé Charles au bout de son troisième verre.

— C'est à cause de l'azote, a répondu Éric. On voit ceux qui lisent mes livres !

— Vous reprenez un truc ?

— Pastis.

— C'est quand même cool d'avoir Garcin avec nous.

— T'es sûr que y a plus de saucebaque ?

— Putain, j'ai une de ces envies de pisser.

— On pourrait pas en demander un peu au patron ?

— De quoi ?

— Du ciflard.

— Ici, c'est plutôt les rillettes qu'il faut essayer.

— Avec un peu de pinard.

— Moi aussi, tiens, j'ai envie.

— De pinard ?

— Non, de pisser.

— Sinon, ça avance ton bouquin ?

— Oui, j'ai déjà écrit six pages… Ça fait quatre ans que je suis dessus… Mais je crois que j'approche exactement de ce que je voulais.

— Comment ça s'appelle ?

— *La Ribaude*. C'est la suite de *Monsieur Leroux*.

— Moi je fais une vie de Descartes. J'ai le premier chapitre. C'est un chapitre sur la neige.

— La neige-neige ?

— La neige sur les champs.

— Aaah, putain ça fait du bien de pisser un coup.

— Mais de la neige qui tombe en automne, pas de la neige d'hiver.

— Comme dans ton livre *Humus et autres fugues* ?

— Pas mauvaises les rillettes.

— Sinon, en ce moment, là, je travaille sur Balzac.

— Et moi sur Proust.

— Ton verre est vide.

Le temps passe vite en compagnie des copains. Chacun est rentré chez soi, sauf Juliet qui est allé retrouver la maison des Écrivains d'Ouzouer-le-Marché. Il pleuvait toujours ; cette même petite pluie fine.

Vendredi 23 décembre

Réveil avec *Piano Solo Album*, Don Pullen, 1975 (Sackville Recording, 3008, Canada). Don Pullen : piano.

Écrire sur son frère mourant, Jacqueline Pascal, sœur de Blaise, l'a fait, et Isabelle Rimbaud l'a fait. Les génies meurent comme ils ont vécu : dans la *passion*. Isabelle raconte les jours atroces et déchirants, ultimes, d'un martyr qui guette l'arrivée d'une prothèse pour se persuader que l'avenir existe. « Sa jambe tant désirée, si impatiemment attendue, il n'est plus en état de l'essayer ! » Et savoir si Rimbaud qu'on voit ici pleurant, criant, implorant, hurlant, est devenu ou non catholique *in extremis* en acceptant les sacrements n'a aucun sens. Le devine-t-elle, Isabelle, quand Arthur agonise vraiment sous ses yeux ? Aura-t-il été autre chose, non pas qu'un chrétien, mais que le Christ *lui-même*, celui qui donna des couleurs aux voyelles et surtout sa chair au Verbe, sacrifice qu'il paye dans cette misérable chambre d'hôpital par l'abandon de tous (hormis sa sœur qui est une partie de cette chair) sur la Croix de son lit de douleurs ? Le Christ est toujours trop imaginé, représenté, sous d'autres formes que celles qui sont vraiment Lui et dont Rimbaud fut, et dont Rimbaud est. La « religion » n'a rien à faire ici (ceux qui croient que le Christ est une stricte affaire de religion, c'est ceux-là que j'appelle des athées), le Christ n'a même rien à voir avec le « christianisme ». Au vrai, il y a Christ quand il y a incarnation de la Parole dans la chair. Rimbaud réalisa ce miracle, à qui l'on doit les *Poésies* qui sont les Évangiles de Dieu, et *Une saison en enfer* qui sont les Évangiles de Satan – chaque fois qu'il y a Christ, il y a Rimbaud et inversement. Tout Christ passé ou à venir n'est pas forcément mi-homme mi-dieu ; Rimbaud est mi-frère mi-sœur : « Sans les avoir lues, je connaissais ses œuvres. Je les avais pensées. » Consanguinité mystique : Proust, qui fut tout également le Christ, était un être mi-fils mi-mère ; de même qu'Albert Cohen. Pascal ? Mi-frère mi-sœur. Kafka ? Par la haine qui est l'autre nom de l'amour, il fut la forme mi-fils mi-père du Christ. Ce qui se joue dans la mort du corps de Rimbaud n'est en rien, comme l'a cru mesquinement Claudel, une question ecclésiastique. C'est de christologie pure qu'il s'agit : « Ce qu'il dit sont des rêves », note encore la moitié féminine, la moitié sœur de Rimbaud, la part de Rimbaud qui fut sœur. « Dites-moi à quelle heure je dois être transporté à bord » sont ses derniers mots : il est prêt pour le grand voyage du temps, qu'il nomme encore Abyssinie, un nom parfait pour dire « éternité ». Rimbaud embarque, rongé par le cancer, dans l'enfance définitive. Avant de s'en aller, à bout de larmes, laissant la marque absurde de son génie sur les plis de ses draps qui forment un Rimbaud inversé, il regarde par la fenêtre : « J'irai sous la terre, me dit-il, et toi tu marcheras ; dans le soleil. » Pas une seule fois il n'aura prononcé le mot « poésie » : la littérature, à ce stade, n'est plus située dans la littérature. Elle s'incarne ailleurs, dans un ailleurs dont le génie de Rimbaud et le corps du génie de Rimbaud n'auront jamais réussi à s'échapper, que jamais ils ne pourront contourner. Nous sommes ici au seuil du mystère. Ce qu'on nomme Dieu habite ces parages. « Il y a dans le cas d'Arthur quelque chose que les médecins ne comprennent pas. » Et nous, qu'avons-nous compris ? Rien, encore. Patience.

Samedi 24 décembre

Réveil avec *Piano Solo*, Sammy Price, 1973 (Musidisc, 30 CV 1067, France). Sammy Price : piano.

J'adore mon corps. Il est nanti de cheveux, il a des yeux et il ne m'échappe pas. Les passants le reconnaissent. C'est un bloc fait de muscles qui possède son magnétisme propre. Il attire parfois les femmes. Certaines l'ont totalement ignoré. Il contient des cellules compliquées et des vaisseaux spéciaux. La vie étonnante de mon corps est inséparable de ma vie qui écrit ces lignes. Sa chair est perpétuellement enfermée sous des tissus : vêtements, draps. Mon corps ne dort jamais nu, il déteste ça. C'est quelqu'un de mouvant, d'extrêmement égoïste, très peu bavard, qui fait son œuvre en silence, et mène sa vie quelque part, très loin de moi mais sous ma propre peau. L'histoire de la peinture le dépasse complètement. Je sais par ses intimes (des corps de filles) qu'il n'a pas fait d'études en dehors de mon cerveau. J'admets qu'il n'est pas, avec son nombril récuré et ses odeurs récurrentes, le plus original des corps proposés par la nature aux humains. Ce n'est pas un corps très varié. Il n'est pas exotique. Les graisses se cramponnent à lui, puissantes. Je tente de les exterminer, mais mon corps dépasse toujours un peu. Il déborde, je suis inquiet. Les livres médicaux, les visites médicales abordent généralement la question de mon corps avec un esprit de sérieux que je juge la plupart du temps excessif. Ce que je lis sur lui, les détails biographiques, me fait peur : je crains la maladie comme la peste.

Mon corps, qui n'est pas un étranger mais dont je ne saurai trop me méfier, aime les symptômes spectaculaires et les sensations sablonneuses, les analyses fébriles. Jusqu'à maintenant, il s'est maintenu en vie. Il a joué de la mort comme on joue de le trompette. Il respire parfaitement ; autrefois il marchait à quatre pattes. Dedans lui coexistent, à l'infini, des activités insaisissables, enzymatiques et lunatiques. Dans les périodes de détente physique, l'amour et le sperme s'allient en lui pour donner à mon être une impression de fraîcheur. Je baigne dans mon corps et pour le remercier je vais le baigner dans les piscines municipales et dans les océans les plus proches. Je voudrais parler son langage pénible, l'arracher au dialecte du sang : par sursauts nous nous traduisons quelques réflexes, des peurs utiles. Ce que je voudrais, j'espère qu'il le sait, c'est que lui et moi luttions ensemble, que se perpétue cette drôle de solidarité. Je ne cherche pas à rompre le cercle de mon corps veineux, impulsif, normal et normalisé, très laiteux avec ses afflux, son contenu d'eaux, ses dégénérescences et sa biographie de chair. Il m'échappe et m'appartient, je suis son maître, mais il est sadique avec moi. Il me torture. J'espère qu'il m'aime.

Dimanche 25 décembre

Réveil avec *Classic Piano Solos*, Jelly Roll Morton, 1957 (Riverside Records, RLP 12-111, US). Jelly Roll Morton : piano.

Il n'y a qu'aujourd'hui de toute la semaine que j'aie un peu bien travaillé. J'ai dégorgé mon trop-plein de moi. Il faut du génie pour s'imiter soi-même. Je voudrais être tellement à moi. Je suis un emportement. Je me suis égaré. Souvent, trop. J'ai voulu faire semblant de revenir, mais je suis resté dans cette maison, à écrire des livres. Je pense que personne ne lit plus. Nous voulons reprendre la vie de zéro, mais les saisons ont eu lieu, elles ne reviennent quasiment pas. Nous sommes seuls en face de l'âge ; il est gravé sur mon visage. Je suis l'âge que j'ai : voici quelques pages, une dernière fois, écrites dans un paysage informe, assez gris. Une cheminée est là, la neige tombe. Il fait froid ? Je voudrais essayer de reprendre ce courage que j'ai laissé dans ma jeunesse, posé, dans un coin du passé. Sur un drôle de carrelage, avec un chien aujourd'hui mort, allongé dessus. Je suis mon propre piège, je vis seul, démangé par les jours. Tout me brûle. Il faut partir, se mouvoir dans les choses, se régaler, trouver une fissure dans la réalité, la réalité est acide comme un citron.

Je dois affronter de nouveau les femmes, l'amour, les gens. M'intéresser au travail, renouer avec l'argent. Nous avons tous déjà quarante ans : les oiseaux, les étés, le monde a quarante ans. Toutes les années ont quarante ans, et les films, et les vies autour de moi. Je ne prends plus le métro, je n'offre plus le moindre bijou aux filles, parce que je n'aime plus le moindre être humain. Suis-je défait ? Je joue du piano, je sens que je crève. Trop de temps s'est accumulé, il va finir par avoir ma peau. Je sors faire un tour. Personne dans la rue, il y a des néons. Des escaliers mécaniques, des espaces noirs. Je ne veux plus être triste, ne pas ressentir de frissons. Exister le moins possible, jusqu'au moment du trou. On viendra à quelques-uns, avec des amis, mon corps sera là, à mon enterrement. Je regarderai de mes yeux sans regard le teint blanc de mes connaissances. Ils seront tristes ; j'ai confiance en la tristesse des êtres. Ils sont plus à l'aise dans la crise de larmes que dans l'explosion d'un rire. Je le jure.

Mon problème, c'est l'ennui : je ne parviens plus à le trouver, *j'adorais* m'ennuyer. Mais je suis allé trop loin dans la lassitude, dans la grande fatigue. Exister n'est plus une douleur, juste un élastique. Je voudrais collectionner des fleurs, que je mettrais dans des vases multicolores, et les regarder dans mon appartement, à Paris. Fuir ce qui est culturel, ce qui est intellectuel. Je ne veux plus écouter la radio, mais chercher un peu d'or, une fuite plus poétique. Manhattan me manque. Et l'Alaska. Je n'écoute plus les adultes : ils ne savent pas parler du temps, ni de ce qui pousse dans les jardins. Je suis amoureux des matins, c'est nouveau. Je suis devenu quelqu'un de l'aube. Il y a un vent spécial, et des parfums. J'ai fait gémir une femme il y a trois jours. Des juins assez beaux devraient me parvenir, il suffirait de prolonger encore mon existence. De m'entêter dans le fait de vivre. Je cherche une perle. Je ne supporte pas la mélancolie. Je compose des chansons, toutes les nuits. Je m'amuse. Ma voix n'est pas extraordinaire. Mais il s'agit de traverser les heures. Ai-je fait du mal de mon vivant ? Haïr les déchirures : voilà la bonne formule. Je viens d'appeler Sid. Elle est amoureuse d'un musicien. Son ancien amant s'est suicidé, il y avait trop de fumée sous son crâne, c'était un vieillard de trente-huit ans, désespéré. Je suis abonné aux femmes qui pleurent, qui ne respirent plus, ne recommencent plus.

Sid est une exception, elle sait vivre, et continue de collectionner les vies d'hommes. Elle se situe du côté des nouveautés. Elle est à la mer, devant les vagues. Elle prend des décisions. Développe une sorte de passion subite pour l'avenir. Je n'ose pas lui avouer que je suis usé. Que je ne veux plus rien essayer, avec personne. Que j'ai envie de dormir, et certainement de mourir. Elle ne me croirait pas. Pour elle, je suis terriblement vivant. Elle ne m'a connu qu'ainsi : vivant, de mon vivant, « plein de vie ». Je ne voudrais pas lui mentir, mais je sens que son bonheur neuf ne pourrait tenir compte de mes respirations, de mes aspirations. Sa vie est incapable aujourd'hui de tenir compte de la mienne.

Je vais réessayer la gaieté. Je décide d'aller bien : il fait noir. Une danse, dans cette boîte de nuit, les corps produisent de la sueur. Ils exécutent des mouvements que jamais je n'ai exécutés. Je vais peut-être, qui sait, me tourner vers le ciel. Regarder, étudier ses dons. Prévoir ses mystères. Attendre les suppléments qu'il promet. Je vais, en attendant, me remettre à rire, comme avant. Sid est jeune, pas encore trente ans, et ses cheveux sont jaune paille. Elle met des tee-shirts qui ne lui vont pas. Il y a des choses écrites en anglais dessus. Je n'essaye pas de les lire. Ça ne m'intéresse pas. Je lis beaucoup moins qu'avant. Je lisais tout. Je passais ma vie dans l'étrangeté des livres, les pages me regardaient, elles couraient sur moi, les mots me choisissaient un futur, ils connaissaient ma nature, me conduisaient dans des voitures spéciales.

Et les génies de la littérature restaient collés sur mon front, j'étais une sorte de prince aux idées bizarres, je vivais au rythme de Balzac, de Proust, de Sade, de Céline, de Kafka. Mes maîtres étaient mes seules maîtresses. J'affichais ma joie, je vouais des cultes. Jamais je n'oublierai les chapitres. Fragilité de la mémoire ; je m'assignais des tâches impossibles : les apprendre par cœur, milliers de poèmes, de citations, de poèmes. Avaler leurs rythmes. Penser comme eux ; ils furent mes guitares. J'aurais pu passer des centaines de milliers d'heures à parler d'eux, mes idoles, ô mes dieux (vivants), mes stars parfaites. Mes amis ne comprenaient pas, ils préféraient les vacances à Rimbaud, les projets à Kafka, les enfants à Artaud. Dans la grisaille des bistrots parisiens, haïs, je leur faisais remarquer, avec une habileté souvent géniale, que Rimbaud ce sont les vacances, et que tout projet est issu de l'œuvre dc Franz Kafka, et, surtout, que faire des enfants et lire Antonin Artaud était strictement la même chose. Tout ce chaos merveilleux ! J'ai pleuré en donnant mon cœur, ma vie à Breton, à Gombrowicz, à Lautréamont. Ils étaient inventés pour moi ; aucune nuit n'était faite pour mon sommeil. J'étais égoïste, enfermé, renfermé : dans un lit, sous des draps, il ne manquait personne. Le monde habitait là, dans les livres, parmi des millions de mots parfaitement usinés pour moi, me dressant une capitale chaude, parfaite, peuplée de gens méchants, de figures héroïques, de papillons, d'amour et d'étoiles, aussi. Les images de démons, et les sourires de comtesses : les aéroports, les histoires de fous, les légendes. Dublin, à 3 heures du matin, le cœur battant, en compagnie de James Joyce. Sa musique irlandaise, envoyée du passé, tellement neuve, qui me donnait des forces ; je ne comprenais pas tout. Je comprenais tout, pourtant. À mille à l'heure, emporté, secoué, trempé : littérature.

Ma mémoire faite de ceux qui ont engendré ma vie, mon monde, mes Chines, mes voyages, tous mes hasards : j'ai demandé aux livres de me comprendre. De bien vouloir me rendre tendre, de me donner des vraies amies, de me fournir une langue, et puis des yeux. J'ai su aimer grâce aux volumes, et j'ai embrassé comme sous les couvertures molles d'un Pléiade havane, en lisant Hemingway, que je n'aime plus comme je l'ai aimé. La littérature, c'est mon arme blanche. Sid a compris que, lorsque je la voyais, j'avais envie de lui faire l'amour comme dans les Mémoires de Casanova. Mademoiselle, je vous offre mon corps, et ce sperme que l'encre a noirci, bleui. Je n'ai jamais appris à dormir, je n'ai appris qu'à lire. Aujourd'hui, parce que j'ai dépassé la quarantaine, je suis triste et ma vie, loin du rêve, est foutue. La tendresse s'est durcie, il est injuste de n'avoir plus douze ans. Je suis en enfer, rien n'a plus le goût que le goût avait. J'aime encore quelques femmes, mais elles sont logées dans des années antérieures, vidées de réalité, exemptées du présent.

J'existe toujours, trimballant une carcasse, mais je ne prends plus de risques, je n'éprouve plus. Sid vient de me laisser un texto : elle m'embrasse, elle a envie de me voir. Je sais que je pourrais lui faire l'amour, mais je n'aime pas l'expression « faire l'amour ». Comme tous les grands écrivains que j'ai lus – ils disaient « baiser », ils disaient « fourrer », ils disaient « gamahucher ». Je lui donne rendez-vous pour mardi, elle mettrait une robe légère, on irait à un concert de bobos. J'aime quand la figure de Sid se balance dans l'air, avec ses joues orangées. J'ai hâte de la quitter pour penser tranquillement à elle. Je serais capable de me cacher jusqu'à la fin de mes jours, être transparent, véhiculé par des vents, me balader sur les boulevards sous la forme essentielle d'un sourire, d'une ombre, d'un peu de fièvre. Être boulevard moi-même, pour rester gravé sur le temps, me faire tatouer sur la gueule l'itinéraire des passants. Les boulevards donnent sur la mort quand on les suit très longtemps. J'aime la lumière de la ville, quand les employés dorment, que les salariés ne trouvent pas le sommeil. Je viens de donner dix euros à un SDF. Je ne retrouve pas mon enfance dans le monde d'aujourd'hui, dans le monde d'en ce moment.

Lundi 26 décembre

Réveil avec *Trumpet Solo*, Masafumi Ezaki, 2001 (Hibari Music, hmcdr-03, Japan). Masafumi Ezaki : trompette.

Oslo, seul. Partout, des Roms. Comme à Paris. Des femmes voilées. Hier, deux cents euros de taxi pour aller de l'aéroport à mon hôtel, dans lequel j'ai l'impression d'être seul.

Dans la rue, tout fort : « Hé ! Regarde ! C'est le mec de la télé ! »

Jean-Paul Enthoven a raison : dans un journal, il ne faut sans doute rien noter de ce qu'on vit ; mais noter ce que l'on pense. Surtout quand on ne vit rien. Mais que faire quand on ne pense rien ? L'idéal est de ne pas en tenir. Vivre gratuitement, sans qu'il en reste une seule miette pour la « postérité ». La postérité (l'obsession de) gâche l'antérité. (J'ignore si le mot « antérité » existe, et je m'en moque.)

Toutes nos analyses, finalement, sont plus intelligentes que les actes, que les attentats, et que les terroristes eux-mêmes. On force notre intelligence à « penser » des actes commis par des pauvres types qui partent faire le djihad soit pour avoir plus d'amis sur Facebook, soit pour connaître quelques minutes de célébrité, soit, comme le montre David Thomson dans *Les Revenants*, pour « pécho de la meuf » une fois arrivés en Syrie ou en Irak… Ça fait penser, vous savez, au pays des enfants, dans Pinocchio, et une fois que les enfants arrivent sur place, le paradis vire au cauchemar… Une sorte de « racaille-land » composé de toutes les ethnies, de toutes les cultures, où un peu d'islam est injecté pour déguiser de l'hyperdélinquance (criminelle) en djihad religieux. Or, on sait que le caractère religieux de ce djihad est unc blague. Si cela a à voir avec l'islam, c'est que l'islam est pris en otage de cette histoire, c'est une tenue de pacotille intellectuelle. Alors, oui, les islamologues, les sociologues, les politologues, les historiologues, les philologues, et tous les « ogues » déploient des trésors de finesse pour analyser des choses qui peuvent se résumer finalement ainsi : des pauvres cons partent se déshumilier loin d'ici en tuant des gens avant de revenir en pleurant dans les jupes de leur maman, pour les uns, en mourant pour les autres, en revenant déçus mais non repentis pour d'autres encore…

J'écoute du jazz (Rick Braun) en travaillant. Rick Braun, ce n'est pas très bon. Radio Swiss Jazz. Ils viennent de passer Giulio Granati Trio, que je ne connaissais pas – bien meilleur. Je tape ces lignes dans ma chambre d'hôtel – mon rêve absolu serait de vivre à l'hôtel. Louis Armstrong et Ella Fitzgerald, « Who Walks In When I Walk Out ».

Mercredi 28 décembre

Réveil avec *Plays Solo Piano*, Ran Blake, 1965 (ESP Disk, ESP-1011, US). Ran Blake : piano.

Marche dans Oslo (près de trois heures de marche, au hasard, mais à Oslo le hasard, on en fait assez vite le tour ; la ville est une grande station de sports d'hiver, ni plus ni moins) ; visite du musée d'art, toiles de Munch, évidemment ; de Picasso (quatre). Deux Gauguin. Quelques beaux petits Delacroix. Un Renoir que je n'aime pas – mais je n'ai jamais aimé vraiment Renoir père (je préfère le fils). Un Monet à côté d'un Manet.

Partout, ces enseignes, les mêmes qu'à Londres, Tokyo, Manaus, qui rétrécissent le monde en croyant le déployer : Hard Rock Café, Starbucks, H&M, des McDo en veux-tu en voilà. L'ailleurs s'est dissous pour toujours. L'ailleurs n'appartient plus à la géographie – c'est bel et bien en soi qu'il s'agit d'aller le chercher. Voyager, mais voyager dans une toile, une sonate, un sonnet, un opéra, un morceau d'Eric Dolphy (que je suis en train d'écouter, tapant ces lignes dans ma chambre aux lumières tamisées), un ballet, un roman, une biographie, des aphorismes.

Les aphorismes… C'est sans doute ce qu'il y a de plus beau, en littérature (avec les grands romans puissants, qui en sont d'une certaine façon le symétrique opposé).

Freddie King est mort il y a quarante ans pile. Je ne sais pas, exactement, qui cela remue. Il faut, en boucle, écouter ou réécouter son chef-d'œuvre de 1974, *Burglar*. Je m'en veux un peu, c'est avec *Burglar* que j'aurais dû me réveiller ce matin. Tant pis, trop tard. *Burglar* est la meilleure introduction que je connaisse au blues. Si quelqu'un n'aime pas le blues, on lui installe *Burglar* « sur la platine », ainsi peut naître, instantanément, une vocation. Comme de la peste, je me méfie, je m'éloigne des individus qui n'aiment pas le jazz. Mais ceux qui n'aiment pas le blues me font plus horreur encore. Qu'on ne me demande pas pourquoi. Je l'ignore. C'est ainsi. Un homme, une femme qui ne goûterait pas *Burglar* de la première à la dernière note serait sans doute venu arpenter la planète Terre pour rien. Je pèse mes mots – comme d'habitude.

Mais Freddie King gît quelque part dans un trou, plein de décès, en carcasse fouillée par mille vermines, et tout le monde s'en fiche. À commencer par lui. Heureusement, il reste de par le monde quelques croque-morts, d'infatigables nostalgiques, des maniaques irrécupérables et concis qui ne voudront jamais oublier la texture de ses solos, la gueule de son sourire, l'effraction de son style. Et je n'oublie pas les vrilles de cette voix – une voix, comment dire, salée. Grasseyante, avec quelques lardons posés dessus. Une voix de gras breakfast. Et en même temps nuiteuse, épaisse d'été passé sur la plage sans dormir, non loin d'une cahute sale et d'une Bentley cabossée.

Oui, c'est un bluesman *vrillé*. De la gomme et de l'acier. De la pluie sur des morceaux de tôle, bouillonnée par un relent de très grosse canicule. Tout cela produisant du son, le son des morts désormais, des fabriques de fantômes gondolés, parfaitement flous, qui viennent crier leurs noms les soirs de leurs anniversaires. Je ne peux rien y faire, ce n'est pas de ma faute si je me souviens. Je me soucie du son des cadavres. De la teneur de leurs notes. Ce goût, très reconnaissable, qu'a dans la bouche, bien installée au recreux de mon palais, cette année 1974 qui a vu tant de monuments s'échafauder, presque à la queue leu leu. Freddie King.

Une des raisons qui me retiennent – qui me dégoûtent – de tenir ce journal est le journal des autres ; je ne parle pas des autres qui sont des génies ; je parle des autres qui ne sont point des génies. Yves Charnet, par ailleurs gentil (ce n'est pas désobligeant sous ma plume), et sans doute très dépressif, m'envoie chaque jour, pour « tenir », son journal intime par mail. Parfois je le lis, parfois (le plus souvent désormais) je ne le lis pas. Ce qui m'effraie, c'est de voir à quel point, *grosso modo*, lui et moi, malgré tout ce qui nous différencie, et même nous éloigne, avons la même vie.

Je peux me mentir si je veux, mais cela n'avancerait à rien – inutile d'être dépressif, comme Charnet –, pour constater que ma vie, comme la plupart des vies, en tous les cas des vies occidentales, est extérieurement sans relief. Certes, je suis allé en Corée du Nord, tout seul, absolument tout seul (surtout le second voyage), ce qui demande une certaine force intérieure ; mais cela reste du domaine du voyage, quand bien même cela n'est pas du domaine du tourisme.

Le mode de vie occidental repose sur le moindre risque : le confort, oui. Mais c'est surtout l'absence absolue de risque qui est recherchée chez nous. Nous interdisons au risque, à toute forme de risque, à tout soupçon de risque, de s'approcher de nous. Nous refusons de nous promener aux abords de la mort – ce qui est humain, mais du coup nous cloue au sol, nous immobilise, nous empêche d'agrandir le monde en nous.

Grâce à l'art, certains privilégiés parviennent à tricher : ils agrandissent l'univers en le dessinant à leur goût, en le modelant à leur façon. Mais, hors du génie, le monde ne ressent pas cette déformation, il reste aveugle, sourd et muet à tous les talents peureux qui entendent, qui veulent le faire, le défaire, le refaire. Par conséquent, l'activité artistique, dans l'immense majorité des cas, n'est qu'un passe-temps, une manière de tromper la mort qui fait figure de luxe (l'immaturité faisant avant toute autre chose, peut-être, partie du luxe), puisque quelques pays parviennent encore à s'intéresser aux « créateurs ».

La pornographie consiste à chercher des causes sociales au terrorisme. Ces causes « expliquent » une petite partie des départs. Mais ce n'est pas sérieux : les jeunes qui décapitent sont des criminels de guerre. On ne peut pas aller traquer des nazis au fin fond de la Bolivie (ce qu'on a raison de faire) et continuer à qualifier de « victimes » des décapiteurs sous prétexte qu'ils sont nés à Trappes.

À 16 heures, magnifique coucher de soleil qui n'en finissait pas. Tous les oranges du monde réunis ici dans le ciel et la mer. Oui, ici, car c'est ici, ce soir, que le soleil se couche. Il est difficile d'admettre (en tout cas pour mon intelligence, ma sensibilité) qu'il puisse se coucher ailleurs aujourd'hui. D'abord, ce serait un scandale ; ensuite, cela ne me paraît techniquement pas possible. (La vérité, je la connais bien – le soleil passe sa vie à se coucher.)

Démangeaisons, depuis plusieurs semaines. Mal de dos. Eric Dolphy, « It's Magic ». Ce thème a été plagié, selon moi, dans *Anne, jour après jour*, en 1976, avec Sophie Barjac – que je ne ratais presque jamais. J'ai rencontré Sophie Barjac récemment, au concert de Michel Polnareff, et il restait sur son visage aujourd'hui plus rond quelques stigmates (quelques atomes) de 1976. Dolphy est vraiment extraordinaire quand il sort sa flûte. Il serait bienvenu que, quelque jour, je lui consacre un petit livre.

À propos de livres, la nouvelle année se profile, *Terreur* va sortir dans quelques jours, certes, mais il faut que je fasse le point sur ce qui m'attend – je n'aime guère le terme « projet » ; des projets, tout le monde en a. La pièce, *Le Chien*, qui n'avance pas. Le roman nord-coréen, il sortira en octobre, d'après ce qui est prévu. Et les séminaires… Trouver des idées ; les idées finiront bien par me trouver.

Relisant quelques pages ci-dessus, je m'aperçois que je radote (sur Charnet). Mais j'ai décidé de ne jamais rien biffer ni rajouter après coup (comme Gide dans *Ainsi soit-il*) dans ce journal.

Un journal permet d'éponger un peu de graphomanie. Ce n'est déjà pas si mal.

Lecture du *Journal* de Kertész. Kertész, qui était un génie, livre un journal passionnant mais finalement anecdotique – et, quand il n'est pas anecdotique, il est parfois fielleux (surtout sur la fin). Ses phrases sur l'islam, dans son dernier tome de journal, n'ont « étrangement » été reprises par personne. Kertész se lamente souvent. Je me prépare ce soir, après le dîner et la balade dans le froid pur, une soirée lecture : la biographie de Kertész (qui est un de mes dieux) par une certaine Clara Royer. Chez Actes Sud, l'éditeur de l'auteur d'*Être sans destin*. Je ne connais pas cette Clara Royer, mais déjà je m'en méfie. Pour au moins deux raisons.

La première, c'est la présentation que son « éditeur » fait d'elle en quatrième de couverture (je suis bien placé pour savoir que, le plus souvent, ce sont les auteurs eux-mêmes qui rédigent cette petite note biographique) : « Romancière [inconnue au bataillon, les amis], scénariste [ah bon ? je ne le nie pas, mais de ?], et traductrice [ça, je veux bien], Clara Royer est maître de conférences à l'université Paris-Sorbonne [ah ! les titres !] et dirige actuellement le Centre français de recherche en sciences sociales (CEFRES) [jamais entendu parler de cette chose], à Prague [ah, d'accord, c'est parce que c'est à Prague, au temps pour moi…]. Elle s'est fait connaître [on comprend donc quel était son but : se faire connaître] en 2011 pour son roman *Csillag* [de qui se moque-t-on ?] (éditions Pierre-Guillaume de Roux) [une page de publicité ! une !] et en 2015 [madame – ou mademoiselle – Royer se sera donc fait connaître deux fois] pour avoir coécrit [tout est bon à prendre] le scénario du *Fils de Saul* de László Nemes [grand film, je l'avoue, bien que je ne l'aie pas vu]. »

La seconde raison est l'avant-propos. Allons-y : « Nous nous rencontrons le 15 juillet 2013. J'ai mis une robe bleue dans laquelle j'ai trop chaud. » Franchement, cela n'augure rien de bon.

Dire l'impossibilité de dire le temps – aucun écrivain contemporain (je parle essentiellement de ceux de ma génération) n'a écrit de grand roman sur le temps. C'est une question qui n'intéresse pas ; éculée, doit-on se dire ; ou trop compliquée. Dire notre *incompétence* face au temps.

Quelle extrême violence, tacitement acceptée, que ces (doux) instants qui ne reviennent jamais, et nous poussent tranquillement, presque riant avec nous, vers la porte de sortie – le temps ne cesse de faire de la place à d'autres, à des corps imminents, qui viennent d'apparaître à la surface du monde ; le temps qui passe nous assène cette sentence (mais il l'assène avec une sorte de mollesse bienveillante et lente) : « Pousse-toi encore un tout petit peu. »

Le véritable courage serait d'écrire en aphorismes mes prochains livres. *Ça*, c'est difficile.

Mort de Michel Déon, à quatre-vingt-dix-sept ans. Jamais lu une traître ligne de lui. Rien contre lui, rien pour – je le croisais de temps en temps rue Jacob ou devant chez Gallimard.

Terreur est un beau volume, dans la prestigieuse collection bleue de Grasset. Le premier Grasset bleu que j'avais lu était, de Jacques Laurent, ami de Déon, *Le Français en cage* – c'était mon ami Michel Clément qui me l'avait prêté ; ça devait être en 1988 ou 1989. La typo est parfaite (je suis pointilleux sur le sujet), et le livre sent bon – je veux dire : physiquement. Quand on le hume. Toujours adoré renifler les livres.

Rock&Folk, dont j'ai acheté la dernière livraison à l'aéroport (avec Téléphone rebaptisé « Les Insus » en couverture) est vraiment devenu un canard pour les hospices – le rock n'est pratiquement plus fait que par des vieillards et quelques cadavres encore un petit peu fumants. Rien n'est plus triste que l'adolescence des grabataires. Ne plus jamais en acheter un seul numéro – cela pue la mort, et ne fera jamais revenir ce qui s'est enfui : les années 1960, 1970, 1980. Madeleines moisies.

Autant les disques de rock vieillissent parfois (pas toujours) bien, autant la critique de rock appartient irrémédiablement au XXe siècle. On crève de vouloir prolonger le XXe siècle indéfiniment. Il est mort – et enterré. « Comme tout iconoclaste, j'ai brisé mes idoles pour sacrifier à leurs débris », écrit Cioran, résumant en une phrase l'existence de Manœuvre et de ses comparses. Tout le monde rêverait de se réveiller un matin en juillet 1978, ou en mai 1982 – mettons-nous dans le crâne, une fois pour toutes, que cela n'est *pas* possible.

Cracher au visage de la France est devenu le sport favori des Français. Pourquoi demander à des déracinés et des étrangers mal intégrés d'aimer quelque chose que nous n'aimons pas ? Avant de sommer quelqu'un de nous aimer, encore faut-il que nous soyons capables de le faire nous-mêmes. À chaque voyage à l'étranger, je constate que nous sommes le seul pays au monde à se haïr. En réalité, c'est plus compliqué : les Français ne haïssent pas la France, les Français haïssent les Français. Ils ne se supportent pas. Chacun a son idée de ce que la France doit être. Il y a une France par Français, et tout le monde entend l'imposer à tout le monde. La centralisation excessive entreprise par les Jacobins a créé une France à la fois pyramidale et concentrique. Les Français ont donc le sentiment soit d'être écrasés, c'est-à-dire au pied de la pyramide, soit d'être exclus, c'est-à-dire hors du cercle de ceux qui comptent et décident. L'humiliation est donc à la fois ressentie comme verticale et horizontale.

Personne, dans la rue, ne me connaîtra jamais. En me promenant, je prends conscience à quel point nous n'existons pas pour les autres ; au mieux, ils nous ignorent, au pire nous les agaçons. Nous les gênons dans leurs déambulations plus que nous ne les accompagnons, en frères de temporalité, en contemporains embarqués dans la même époque, parcourant les mêmes désastres aux mêmes dates, sur cette Terre où chacun se cogne à chacun sans vraiment s'excuser.

Il est très curieux que le mode d'existence qui ait prévalu dans la plupart des pays (et pas simplement occidentaux), finalement, soit l'indifférence – ce détour permanent pour éviter son prochain, cette façon (qui est également mienne) de ne surtout pas entrer en contact avec celui, celle que je ne connais pas. Cela crée une sorte de guerre froide mi-courtoise mi-agacée qui rend parfois l'existence pesante – mais combien, sans doute, pèserait-elle davantage si nous nous sollicitions les uns les autres sans interruption et à la moindre occasion.

Après des heures de Miles (période 1964-1965, sa meilleure), écoute des trios de Beethoven. En trio, Schubert lui est (à mon avis) supérieur.

Passé quelques heures à lire le journal de Marc Lambron, année 1997. De très beaux passages, notamment sur la maladie et la mort de son père, sur la disparition de son frère (décédé des causes du sida) ; il y est souvent question de problèmes de boutique et de prix littéraires – rater le Goncourt n'est pas un si grand drame ; mais, là, l'envie vient de défendre Lambron, dont j'avais parié, voici vingt ans, qu'il entrerait à l'Académie. L'envie vient de le défendre parce que, tout simplement, *1941* est un grand livre et Lambron un grand écrivain. Qui, aujourd'hui, sait écrire encore cette belle langue classique et souple, riche et vivante, sculptée dans une culture solide et une belle envie de croquer dans la vie *malgré tout* ? *1941* n'est pas un roman comme les autres : c'est un objet puissant, qui a obligé la France à regarder la France droit dans les yeux – ce que manifestement elle est encore incapable de faire. Lambron est, à sa manière, une victime de Vichy. Un livre dangereux, subversif, qui a réveillé les haleines méphitiques de ce temps-là – un temps qui dure et perdure, s'est insinué dans les allées du présent. Et on n'a pas pardonné à Marc de nous mettre sous les yeux, sans colère, mais avec une langue impeccable de maîtrise, virtuose souvent, les lambeaux de la dignité nationale. *1941*, et Lambron l'a sans doute entrepris sans s'en douter, doit être considéré comme un livre courageux.

Lambron est un homme cultivé, joyeux, facétieux, intelligent, mesuré, nuancé, et on peut avec lui, sans ambages, aborder tous les sujets de l'univers : il maîtrise ce qu'il connaît et se passionne immédiatement pour ce qu'il ne connaît pas. Si l'intelligence se mesure à la curiosité, alors la sienne est phénoménale. Il est un peu le grand frère que j'aurais aimé d'avoir – disons qu'il a vécu pour moi les années que j'aurais payé pour connaître, à savoir la décennie 1968-1978. Je l'ai connue, d'accord, mais de zéro à dix ans, ce qui ne compte pas parce que personne ne m'aurait autorisé, à six ans, à aller voir les Kinks, The Damned ou Buddy Miles en concert (sans compter que je ne les connaissais pas). Alors oui, Lambron, souvent, dans sa conversation, ses articles, ses critiques, son *Journal* ou ses romans, me les fait vivre par procuration – je lui en sais hautement gré.

Lambron est précieux. L'époque ne produit pas ce genre d'hommes à la pelle – ce Pic de la Mirandole pop, expert de Paul Morand et de

Mick Jagger, qui peut aussi bien parler de Lady Gaga que de Roger Caillois m'est finalement assez cher : c'est une espèce à protéger. Souvent, les normaliens savent mais ne connaissent pas, ou l'inverse. Chez Marc, tout est digéré, incarné, vécu : sa « culture », c'est lui. Il est à la fois un radar (il sait repérer) et un laser (il sait évaluer). Bref, heureux de le connaître ; sa présence sur Terre a quelque chose de rassurant – impression que quelqu'un monte la garde, assure une manière de permanence. Il est le Sollers de ma génération. Lorsque, parfois, on me signale que son style est trop « français », je ris doucement car c'est précisément ce que chez lui j'adore ; il faut conserver Lambron comme on conserve le mètre étalon : un inestimable référent. C'est en Lambron, dans Lambron qu'on peut apercevoir la langue française, le style classique en liberté, dans son écosystème – il est interdit de nourrir les animaux.

Ne pas trop parler boutique, ici. Prendre le large, à défaut de hauteur. Je ne devrais pas continuer ce journal, je le sais – je l'ai commencé, je l'ai entamé en déclarant d'entrée de jeu que je détestais l'exercice. Le lecteur, s'il existe, s'en souvient peut-être. C'était dans une autre vie. C'était sur la première page de ce journal. En juin. Le 15, précisément. Que de morts, depuis… Une hécatombe. Hier, ou avant-hier (la nuit tombe si tôt ici que les dates en moi se mélangent) : George Michael, Claude Gensac. 2016 aura vu partir Bowie, Prince… Leonard Cohen… Qui d'autre ? Michel Delpech. Michel Galabru. Rocard. Siné. Fidel Castro… Carrie Fisher hier… Shimon Peres… Pierre Boulez ! Jim Harrison, Dario Fo… Gotlib ! Tchernia ! Michèle Morgan… Cimino ! Umberto Eco. Michel Tournier… (800 morts célèbres en 2016 contre 550 en 2015, selon un site Internet).

Aujourd'hui, j'aurai marché 24 791 pas (en tournant un peu dans Oslo comme un poisson rouge dans son bocal), ce qui correspond à 17 km et 732 calories. Hier, 24 549 (dont une heure de footing). Avant-hier, 20 978.

Jeudi 29 décembre

Réveil avec *Piano Solo*, Joachim Kühn, 1972 (BASF, 21 21330-7, Germany). Joachim Kühn : piano.

Crise numéro 1 397 avec Emmanuelle, qui est à Hong Kong.

J'écoute Don Elliott. Né en 1926, mort en 1984. Je ne suis pas bien.

Je fais le serment, afin de ne pas devenir cinglé, de cesser de relater ici des choses sentimentales et trop personnelles ; j'aurai évidemment moins de lecteurs (en cas de publication de ces lignes), mais tant pis – tant mieux ? (Jean Baudrillard ne se serait jamais laissé aller, en tout cas par écrit, à cette psychochiasse.)

Je pars en salle de sport ; courir, courir. Pour aller où ? Vers le mieux.

Vendredi 30 décembre

Réveil avec *Solo Piano*, Hank Jones, 1956 (Savoy Records, MG-12084, US). Hank Jones : piano.

Le ciment du djihadisme en Occident, c'est l'humiliation raciale, sociale et coloniale. Il suffit d'une allumette pour mettre le feu aux poudres. Cette étincelle, c'est le Coran. La lutte contre Daech n'est qu'une nouvelle forme de lutte des classes plutôt qu'une nouvelle forme de guerre. Grâce à Daech, on peut haïr les nantis officiellement, sans représailles. Daech offre un territoire où toute la haine recuite, toutes les humiliations ont pignon sur rue. L'État islamique, c'est un peu « Racaille-land ». Tout ce qui est inadmissible ici, non seulement est permis là-bas, mais encouragé, alimenté, exacerbé, et ce, au nom d'Allah. Quand les incivilités urbaines rencontrent Dieu, le cocktail n'est pas molotov, comme en 1968, il est meurtrier, comme l'ont montré les attentats passés, présents et, malheureusement, à venir. Le Coran ne contient plus, pour les djihadistes, de versets réellement sacrés, mais des « versets prétextes ». Les tueurs du 13 Novembre s'y connaissaient davantage en cannabis qu'en philologie. On en arrive à décortiquer le Coran, nous, Européens, à nous y pencher, à le sonder, sous prétexte que quelques abrutis qui l'ont ouvert *in extremis* ont joué dehors à la carabine. Il y a une disproportion vertigineuse entre notre sérieux, qui nous honore, et leur légèreté, qui nous détruit.

Parmi les morts de l'année, n'oublions pas Dantec. 2016 fut une fosse commune de gens hors du commun. La mort de Dantec… C'est peut-être celle, au fond, dont je me remets le moins ; celle, plutôt, à laquelle je *crois le moins*.

Tout est arrangé avec Emmanuelle. Nombreux messages amoureux. « Que de l'amour, et de la communication et de la compréhension. » Elle ajoute : « Plus jamais de Stilnox ! » Évidemment.

Samedi 31 décembre

Réveil avec *Piano Solo*, Andy Lumpp, 1982 (NABEL, Nbl 8208, Germany). Andy Lumpp : piano.

J'écris ces lignes dans ma chambre d'hôtel (toujours seul à Oslo). Il est 14 h 31. Lu ce matin le livre de Lambron sur son frère Philippe, mort du sida en 1995 – un 17 juillet. Pour Lambron aussi, le 17 juillet est une date noire.

J'aime les pays où la nuit tombe à 15 heures, on ne culpabilise jamais de s'enfermer, pour lire, travailler, ne rien faire, écouter de la musique. J'écoute Bill Evans, en trio. (C'est Bill Evans qui joue en trio ; moi, je l'écoute en solo.)

Volonté d'écrire plus simplement, dans mes prochains livres ; finalement, la plupart de mes romans sont, peu ou prou, des romans expérimentaux. *Jubilations vers le ciel* : patchwork de tous les styles, ou presque. Narration cassée, heurtée, fracassée. Les *Cimetières* : *idem*, avec des pointes d'hystérie ; trop de vulgarité. Trop de célérité – c'était la nécessité de l'époque. Une frénésie. Une perpétuelle tentation de suicider le réalisme pour l'emporter vers le burlesque. Peut-être, sinon à tort, du moins exagérément. Beigbeder a raison, finalement, quand il écrit quelque part que je n'aime aucun de mes livres. Ce qui est à la fois une constatation atroce (humble mais atroce) et remplie d'espoir : l'espoir de devoir (de pouvoir) tout recommencer, mais en mieux. L'espoir d'une vie littéraire toute neuve qui viendrait remplacer (pour l'effacer) la précédente. *Anissa Corto* n'est pas trop mal : mais dans un style d'emprunt. Je sais bien que je radote ; j'ai écrit des choses similaires, plus haut (je ne vais pas m'amuser à aller le vérifier). Admettons que *Jubilations* soit réussi ; je veux bien l'admettre. Encore que… Ce qui me gêne, à vrai dire, dans mes pages publiées, lorsque je jette un œil rapide et craintif dans mes « œuvres » passées, ce sont les « gros mots ». Terrible, débile aveu… Impression d'avoir cédé à la facilité, ou à la mode, ou à une forme immature de jeunesse (est-ce une tautologie ? pas sûr). Bien, disons que *Jubilations* est un peu expérimental, sainement fou, troussé avec l'insolence et la frénésie d'une verve qui n'en pouvait plus, à vingt-cinq ans, de ne pas être entendue, lue, écoutée. Mais les *Cimetières*. Je sais bien que quelques-uns (dont Albert Dupontel) le trouvent « culte » ; ne nous gonflons pas telle la grenouille : chaque livre, de chaque écrivain, rencontrera toujours un lecteur, anonyme ou prestigieux, pour l'élire livre de chevet. Chacun, sur les sites de vente en ligne, je veux dire chaque écrivain, peut se faire rougir de plaisir lui-même en allant lire des dithyrambes : il se trouve toujours quelqu'un pour adorer au-delà du raisonnable l'ouvrage que l'on vient de commettre.

Anissa Corto ? Je ne l'aime plus. Je ne garde pour l'instant, comme valable, comme valide, que *Jubilations*. Avec des réserves. *Podium* ? Oui, réussi, parce que simple, efficace, cohérent. Épuré de manies, de longueurs ; original, et fou malgré son écriture classique. Je me souviens que Don DeLillo m'avait beaucoup influencé dans l'écriture. Cela fait deux, donc. Je ne retiendrai pas *Panthéon*, totalement raté à mon sens, ni *Edith Stein*, où les fameux deux points ne fonctionnent pas, et où trop de facilités surnagent, notamment quelques malheureuses « grossièretés », là encore. Je suis un peu moins sévère pour *Partouz*, qui va jusqu'au bout d'un processus de lâcher-prise, et qui est courageux. Le roman contient quelques intuitions justes (qui se sont avérées telles avec le temps, en tous les cas) sur le terrorisme. Quant à la forme, elle épouse une sorte de débauche pornographique que l'on peut retrouver parfois chez Roth. Cela fait donc trois romans de moi que je trouve, pour l'instant, « réussis » parce que cohérents : *Jubilations*, *Podium* et *Partouz* – qui est le tome 2, par ailleurs, de *Jubilations*. Un regret toutefois sur *Partouz* : j'eusse dû l'orthographier avec un « e », au lieu que de chercher, une fois de plus, à faire le malin. Faire le malin aura été un des grands drames de ma vie.

Il est encore temps pour corriger le tir ; il est encore temps pour écrire, et publier, des romans de moi qui me plairont.

Naissance, mon Renaudot, ne me plaît qu'à moitié. J'aurais dû garder le cap des cent premières pages, plutôt que de casser le récit sans arrêt – Céline jamais n'eût cassé son récit. M'agace également, dans ce gros roman, une autre tentative expérimentale : l'inversion des adjectifs (le « calme ciel » au lieu du « ciel calme »). C'est suicidaire et inutile. C'est immature et vain. Disons que, sur le coup, j'entends « essayer » quelque chose. Peut-on me le reprocher ? Oui, la preuve, puisque c'est ce que je fais. Un jour, prenant un verre avec Mathieu Terence, je fus surpris que lui l'ait vu : « On peut te reprocher beaucoup de choses, et ne pas aimer tes livres, mais au moins tu essaies des choses. Tu prends des risques. Tu regardes ce qu'on peut faire. » Une façon de casser le jouet ; mais je vais désormais emprunter une autre voie. Plus fondamentale ? Plus classique en tout cas ; essentiellement moins surjouée. J'ai passé l'âge, loin s'en faut. Plus d'épure ; j'en éprouve non seulement l'envie, mais cela correspond à une ambition, celle de m'élever dans la littérature comme un ballon s'élève dans les airs. Non par vanité, mais bel et bien par ambition : pour creuser davantage que mon sillon dans la gloriole, que mon sillon dans la vérité. Je crois que c'est excitant ; je crois que c'est très difficile – difficile psychologiquement, j'entends. *Une simple lettre d'amour* : oui, réussi. Cinglant, serré, vrai. *Terreur* : *idem*. Je suis sur la bonne voie – mais il y a encore du travail, beaucoup de travail.

Je suis sévère avec *Panthéon* – plus, en tout cas, que la critique de l'époque (car voici ce que je retrouve dans mes archives numériques) : « *Panthéon* écrase tout », Gérard Guégan, *Sud-Ouest* ; « *Panthéon*, parmi les livres de la rentrée, on dirait un steak saignant isolé entre des yaourts laiteux », Gilles Martin-Chauffier, *Paris Match* ; « Ce roman qui bouleverse toutes les lois du genre est un phénoménal dérangement d'idées reçues. S'il y avait un panthéon des livres de cet automne, celui-ci y aurait d'office sa place. Le seul problème est qu'il pourrait bien dynamiter l'édifice », Jacques De Decker, *Le Soir* ; « Yann Moix est une sorte de Frank Zappa de la littérature française », Anthony Palou, *Madame Figaro* ; « Moix est un génie », Patrick Besson, *Vol de nuit*, TF1 ; « Moix n'a pas écrit un roman mais un Moix », Patrick Besson, *Marianne* ; « Après l'avoir lu, vous n'aurez qu'une envie : jeter vos boîtes de Prozac », Sébastien Le Fol, *Le Figaro Magazine* ; « De la sincérité à l'état pur », Charles Danna, *France-Soir* ; « Un écrivain, un vrai », Philippe Tesson, *Ça balance à Paris*, Paris Première ; « Ne tirez plus sur Yann Moix », Bernard-Henri Lévy, *Le Point* ; « Yann Moix est un écrivain de talent qui est aussi un auteur à taloches », Luc Le Vaillant, *Libération* (sans commentaire) ; « Un roman génial », Élisabeth Quin, *Ça balance à Paris*, Paris Première ; « Une boule puante géniale », toujours Élisabeth Quin, toujours dans *Ça balance à Paris*, toujours sur Paris Première ; « Jubilatoire », Martin Monestier, *Ça balance à Paris*, Paris Première ; « L'enfant terrible des lettres françaises », Laurent Ruquier,

On n'est pas couché, France 2 ; mon cœur, ô combien, se réchauffe. J'avais oublié tout cela.

Parenthèse à propos de *Partouz* : j'ai essuyé, lors de sa sortie, et très stupidement, les pires insultes : « macho », « misogyne »… Et, comme d'habitude (mais ça, c'est un compliment), « provocateur ». *Partouz* est un livre sur la parité totale entre hommes et femmes. Les femmes ne sont pas que sentimentales et romantiques, elles peuvent aussi être des obsédées sexuelles. Ou, simultanément, objets sexuels et romantiques. J'ai à l'époque reçu beaucoup de lettres de filles qui avaient compris, elles, que j'avais écrit un livre sur la frustration sexuelle.

Ce qui est certain, c'est qu'obtenir un prix littéraire pour un roman pareil était impensable. Aucune chance. Ça ne m'a pas dérangé – du tout. De toute façon, même sans provocation dedans, quand on regarde de près les prix littéraires, on s'aperçoit que les romans qui traitent de l'actualité ou de la société dans laquelle on vit ne sont (presque) jamais récompensés. Souvent, ce sont quasiment des livres historiques. Le rôle d'un écrivain, c'est de fantasmer sur l'actualité, d'en imaginer une version que le journaliste ne pourrait pas donner. Lorsque j'explique dans *Partouz* le 11 Septembre par le sexe, je pousse cette théorie à son paroxysme. Je définis la réalité par ma subjectivité propre. J'ai le droit d'en faire un roman, alors que si un journaliste en faisait un article, il serait viré.

On croit qu'en citant un personnage réel, en parlant de la banlieue ou du foot, le récit sera démodé quinze ans après. À l'inverse, écouter Mozart derrière des rideaux pourpres fait littéraire. Pourtant, Proust ou Faulkner, par exemple, font exactement l'inverse. Dans *Partouz*, j'ai prélevé une parcelle de réalité. Mon champ d'investigation était les désillusions amoureuses de Mohammed Atta.

Les critiques furent quand même très, très violentes – en dehors de Jacques-Pierre Amette, dans *Le Point*, qui l'a placé très haut, surplombant la rentrée littéraire sage, fadasse et scolaire de 2004. Il y eut trois raisons à cette descente en flèche. D'abord, on voulut me faire payer les 3,5 millions d'entrées de *Podium*, sorti six mois plus tôt. Les critiques furent incapables d'endiguer le raz-de-marée. Or, ce succès m'offrit une espèce d'immunité. Sans lui, on m'eût abattu en plein vol à la première occasion. La deuxième raison repose sur le chapitre consacré à Houellebecq. Ces pages dressèrent face à moi une coalition. Michel était devenu, déjà – à son corps défendant, je précise –, notre écrivain sulfureux national officiel, donc l'attaquer (ce n'est pas ce que j'ai fait de plus intelligent, loin s'en faut) était interdit. Mais on avait l'impression, alors, que Houellebecq avait opéré une OPA sur tous les sujets d'actualité. Dès qu'on parlait de l'époque, on était accusé de faire du Houellebecq. J'exagérai évidemment dans le livre l'agacement que cela m'inspirait.

15 heures : l'heure où la lumière, ici, se déploie en spectacle orange. Je sors ne pas rater cela. Au revoir.

Retour chambre ; parmi les morts de 2016, j'oubliais, hier, Pierre Étaix et Kertész. Inouï.

J'écoute *Mustang !* (1966) de Donald Byrd. Un peu trop *sixties* – cela sonne un peu comme une musique de *Mannix*. J'essaie *Street Lady* (1973) : fabuleuse pochette ; disque un peu funky (Harvey Mason aux *drums*). Mais, toujours, cette sensation d'écouter un *best of* de musiques de séries américaines. Byrd est mort il y a presque quatre ans, en 2013, à l'âge de quatre-vingts ans. Pas certain de vouloir écouter du funk ce soir – on verra si je tiens longtemps.

Mal à la jambe gauche.

Musicalement, je suis passé au Kenny Drew Trio, *New Faces, New Sounds* (1953). Je m'y retrouve davantage, pour l'heure, en termes de *mood* – bien que le piano soit un poil trop véloce. Kenny Drew est né en août (1928) et mort en août (1993). *Morning* (1975) est – à mon sens – infiniment supérieur. Quelle décennie que les seventies : même les fifties y excellent.

Journal de Lambron, suite. N'en déplaise à ceux qui fustigent (la plupart du temps par jalousie pure) son abusive manie du *name droping* et de la référence khâgneuse, c'est vraiment, je le redis, un écrivain de grande carrure – il manquerait au paysage littéraire s'il n'existait pas. Je n'exclus pas d'écrire quelques lignes sur ce livre ; on verra. Se méfier, toujours, de ceux qui brillent plus que nous : tous ne sont pas des cuistres ; en voici un exemple manifeste. Ce qui empêche Lambron n'est pas strictement littéraire, mais psychologique ; littérairement, il peut beaucoup – il peut infiniment. Son drame, peut-être, est d'être corseté, alors qu'il sait que la seule manière de laisser quelque trace est d'envoyer tout bouler et de prendre tous les risques. Hors de question, bien sûr, de lui reprocher son habit vert (d'autant que cela m'amuserait peut-être, quelque jour, d'aller vieillir sous la même enseigne) : mais du moins y a-t-il, chez lui, qui freine le talent dont il est pourri, un excès de prudence. La folie, empêchée, donne des livres étranges – à bord de précipices, en à-pics, mais sans ce qui fait le danger des précipices avérés. Le vide qui est la capitale de toutes les chutes. Lambron manque parfois de déséquilibre là où d'autres manquent d'équilibre. Ce qui n'enlève rien à son œuvre.

J'interromps ce journal : Emmanuelle est déjà en 2017 – depuis Hong Kong, elle me souhaite une bonne année en FaceTime. 2017 : année sans crise ? Je le souhaite de tout cœur.

Après ma troisième promenade (toujours la même, une sorte de boucle) de l'après-midi, retour en chambre, écoute de Bill Evans, visionnage des *Demoiselles de Rochefort*. Il faudrait, quand on est fou d'art comme je le suis, pouvoir tout, absolument tout, faire en même temps : lire, écrire, voir, peindre, filmer, regarder des films. J'eusse aimé rencontrer Demy ; je l'ai dit à son fils (Mathieu), un jour, aux environs de 2004 ; il n'a pas eu l'air d'apprécier outre mesure que je lui parle de son père. Je peux comprendre. Être le fils (ou la fille) d'un génie, voilà une calamité. Il n'en reste pas moins que les *Demoiselles* est un film parfait ; j'aimerais lui consacrer un livre. Je pourrais, par exemple, le commencer ce soir, soir de réveillon, tandis que je suis au calme d'une chambre d'hôtel norvégienne. Non pas un livre pénible, didactique, façon maniaque du cinéma, vieux chat de gouttière miaulant ses manies cinéphiliques, exactissime notaire de la pellicule celluloïd, non, une sorte de petit manuel de joie, comme l'avait joliment fait, il y a longtemps (1991, je crois), Éric Neuhoff dans une lettre ouverte à Truffaut.

Un petit essai, personnel et sans prétention, « bien vu », où je me promènerais dans le film, pas à pas ; en ces années de terreur et de grisaille, la couleur et le soleil de l'année 1966 ne pourront que raviver les joies. Je sais bien que l'année 1966 ne coïncide pas exactement avec l'allégresse, l'insouciance et les à-plats du film, mais enfin, 2016 appartient à un autre monde, celui des brutalités financières et des pouls économiques, des anémies sociétales et des ras-le-bol à répétition ; le pays est à cran, exsangue, impossible à diriger ; à vau-l'eau.

Je parlerais des figurants, des figurantes. Un petit livre léger, oui, mais pointu, pas trop paresseux. Une description des décors. Une sorte de journal de bord d'un spectateur. Impression d'habiter dans ce film. Je crois que nous sommes nombreux – il existe une sorte de société secrète, qui se reconnaît, et dont j'ai longtemps fait partie je le confesse, dont la particularité est de regarder le film tous les dimanches soir. Sans doute pour conjurer le cafard de cette anfractuosité temporelle ; au vrai, rien n'est plus dissemblable aux *Demoiselles*, solaire et brillant de tous les feux de l'été, qu'un dimanche soir aphasique au pavé détrempé. « Quand tu dis “mon âme”, c'est à mon corps que tu penses » : extraordinaire. Disséquer les dialogues ; ausculter les costumes. Je suis bien capable, tel que je me connais, de devenir un spécialiste mondial des *Demoiselles de Rochefort*. Il s'agirait d'aller sur les lieux, etc. Cela rejoindrait alors le travail des archéologues de *Peau d'âne*, qui ont investi, quarante-cinq après, les lieux du tournage.

Ce journal, grâce à la solitude (et sans doute un peu à l'ennui), vient de reprendre du poil de la bête ; je ne suis pas dupe, cela reste accidentel. Les jours viendront m'empêcher d'écrire bientôt. Péguy souffrait le martyre d'être empêché d'écrire à sa guise ; il volait ses heures d'écriture à ses obligations professionnelles et à ses malheurs personnels.

Mots magnifiques d'Emmanuelle sur mon compte Facebook.

Ce qui est fabuleux, sur Terre, c'est qu'on peut dans la même journée regarder une vidéo de caméra cachée de François Damiens et compulser *Interprétations phénoménologiques en vue d'Aristote* de Heidegger, 1927 (qui vient de sortir ; Heidegger est quasiment devenu trimestriel).

« L'Histoire (*Geschichte*) de la philosophie a toujours été appréhendée au sein d'une conscience culturelle déterminée et explorée à partir de celle-ci. La mode dominante, de nos jours, c'est une Histoire de l'esprit typologisante. Elle s'entend comme une investigation rigoureuse des faits, au sein de laquelle ceux-ci sont établis et présumés d'une façon bien déterminée. Pour cette investigation “exacte”, tout le reste n'est que bavardage, à commencer par ce qui tenterait de l'amener à se comprendre elle-même dans ce qui la conditionne et lui donne sa place. »

Scène de violence et de bagarre invraisemblable, dehors, juste sous ma fenêtre (j'écris ces lignes à 23 h 35) : Oslo, ville calme, quasiment morte, qui soudain devient le lieu d'une bagarre de saloon à l'échelle d'une ville. (Méfiez-vous d'une ville qui dort…) Tout le monde, comme dans les Lucky Luke, finit plus ou moins par cogner sur tout le monde. Flics, énervements, alcool. Au milieu du chaos, un policier prend le temps, avec un calme surnaturel, de renseigner, plan de la ville à l'appui, une jeune femme qui semble géographiquement perdue. J'hésite à aller faire un tour, ne serait-ce que pour alimenter ce journal (je pense qu'il s'en lèche les babines à l'avance), mais la paresse (et non la trouille !) m'étreint ; je vais rester en chambre écouter Bill Evans en concert à Tokyo en 1974.

Une des beautés de l'existence consiste, les années passant, à se débarrasser de toute pulsion de notoriété, de célébrité ; encore que je fasse une distinction entre les deux. La notoriété est limitée dans le temps ou dans l'espace. Elle est locale, ou temporaire. La célébrité traverse les frontières. La gloire traverse les époques. Il s'agit non pas de se ramasser sur soi-même, de se cacher, de maudire son prochain dans le silence, de s'abstenir d'exister, de faire en quelque sorte de la rétention de vie, mais de s'épanouir, affranchi de toute envie publicitaire, à l'abri des notations, des dénominations, des décorations ; apprendre à se délester de ce que les autres ont inventé de nous, sur nous. Abandonner, comme le mollusque sa coquille, le vêtement inventé pour plaire, ou pour déplaire – ce qui est la même chose puisqu'on ne déplaît que pour accélérer, sous la forme plus rapide de la haine, l'amour hébété qu'on entend recevoir des foules. S'interdire le paraître, et même d'une certaine façon l'être, pour ne devenir qu'un faire pur ; un homme, autrement dit, qui *travaille*. Un artisan qui se tait sur sa tâche, absorbé par l'œuvre, grande ou petite, courbé sur l'établi, jour après jour, dans une manière, non pas de modestie, certainement pas, mais d'orgueil suprême : celui qui mène au travail accompli, au but souhaité, au port que l'on s'était rêvé. La notoriété, par les parasitages qu'elle crée, fait diversion quant à l'entêtement de celui qui fait ; elle empêche la discipline, elle amuse trop l'effort.

Feux d'artifice. Maria en FaceTime.

Emmanuelle n'est plus la seule : je suis moi aussi en 2017.

Je n'ai pas fait mes 20 000 pas aujourd'hui, mais j'ai écrit 20 000 signes.

Peur, ce soir (c'est la première fois lors d'un passage à l'année nouvelle), de la mort (disons-le tout net : de mourir cette année ; et il faut un certain courage, une certaine folie pour regarder cette phrase *en face*). Est-ce parce que je réveillonne seul *et* « loin » ?

2017

JANVIER

Dimanche 1er janvier

Réveil avec *An Offer You Can't Refuse*, Walter Horton & Paul Butterfield, 1972 (Red Lightnin', RL 008, UK). Une face pour chacun. Pour la face A : Walter Horton : harmonica et chant ; Robert Nighthawk : guitare rythmique. Pour la face B : Paul Butterfield : harmonica et chant ; Jerome Arnold : basse ; Sam Lay : batterie ; Otis « Smokey » Smothers : guitare.

Cette nuit, visionné (ce qui n'est sans doute rien d'autre qu'un signe manifeste de ma folie) le débat Mitterrand-Chirac de 1988 : Chirac est, ce dont je ne me souvenais pas, excellent, et souvent meilleur que Mitterrand ; mais Mitterrand, extraordinaire de rouerie, joue la carte du « je ne peux pas vous prendre au sérieux » et, ricanant, souriant, renvoie sans cesse Chirac à ses chères études.

Nietzsche, *Le Gai Savoir*, 1882 : « L'intellect de la plupart des gens est une lourde, sombre et grinçante machine difficile à mettre en mouvement : quand ils veulent travailler avec et bien penser, ils appellent ça "prendre la chose au sérieux" ; ah ! qu'il faut que ce bien-penser soit pour eux chose difficile ! Dès qu'il en est question, la gracieuse bête humaine perd, semble-t-il, toute bonne humeur : elle dit qu'elle devient "sérieuse" ! Là où l'on rit, où l'on s'amuse, la pensée ne vaut pas bien cher ? Tel est le préjugé de ce grave animal à l'endroit de tout "gai savoir". Soit ! Montrons-lui que c'est un préjugé. » Un grand Monsieur Jourdain du nietzschéisme : Guitry.

Attentat à Istanbul, dans une boîte de nuit, dans un quartier que je connais et aime, près du pont, sous le pont reliant l'Europe à l'Asie. On dénombre, à l'heure où j'écris ces lignes, 39 morts et 69 blessés. L'auteur de cette boucherie n'a toujours pas été arrêté ; on en devine aisément le profil, les djihadistes étant les avatars les uns des autres et de substituables excrétions humaines.

À Paris, chez les enfants gâtés, la racaille, que nul ne peut plus supporter mais que tout le monde feint d'ignorer soit par peur de passer pour un réactionnaire (voire un fasciste), soit, tout simplement, par peur de se faire tabasser, a brûlé vingt-cinq véhicules dans les Yvelines. Tout cela, sans aucun doute, restera impuni.

Marche dans un Oslo écrasé de givre et de soleil bleu.

Musiques écoutées dans la journée : Oscar Peterson & Count Basie, Lee Morgan, Beck (un peu ennuyeux).

La première réaction de lecteur à *Terreur* est signée Jacques Attali : « Tous mes vœux, cher Yann, pour vous et les vôtres. J'ai reçu et dévoré votre livre. Votre amitié m'est infiniment précieuse. Et si je la mesure à l'aune de nos connivences intellectuelles, elle grandit tous les jours. Je vous embrasse. Jacques. » Comme dirait Lambron : tout cela vaut mieux qu'un coup de trique.

Comme je l'écris aussitôt à Emmanuelle, Jacques Attali déclarant qu'il a des connivences intellectuelles avec quelqu'un, c'est comme si Tarzan (le serpent) disait : « Je crois que je suis *in love*. »

Reçu les vœux, également, de Michel Polnareff – tiens, penser à lui faire parvenir un exemplaire de *Terreur*.

Mon prurit refait sérieusement des siennes.

Beck m'ennuie ; je rebascule sur Oscar Peterson. Cette fois sans Basie. *If You Could See Me Now* (1983). Puis *Domino* de Roland Kirk (1962) – un de mes disques préférés.

Précision de Rachi quant à l'eau « dont ce n'est pas la première "sortie" » : « qui coulait déjà depuis longtemps ». Il y a une sorte, sinon d'égalité, d'équivalence de traitement entre l'eau provenant d'une « source qui vient de jaillir » et l'eau d'une source qui « coule déjà depuis longtemps ».

Le judaïsme des Fils doit être considéré dans son équivalence, dans son rapport, dans sa contemporanéité avec la foi des Pères. L'un *et* l'autre « marchent », fonctionnent, irriguent. Le champ les acceptent, les boit tous deux comme une seule et même eau. La foi des Fils ne va pas, c'est une trivialité, sans la foi des Pères, mais, surtout, la foi des Pères n'est rien sans la foi des Fils. C'est la foi des Fils qui donne naissance, infiniment, sempiternellement, à la foi des Pères. C'est pour ne jamais mourir que les Pères donnent des Fils au monde : le lien du sang.

« Mais on ne doit pas l'arroser avec de l'eau de pluie. » L'eau de pluie, c'est extérieur. C'est de l'ordre des éléments extérieurs. De ce qui n'est pas prévisible, ni maîtrisable. C'est un apport extérieur, c'est une donnée étrangère (comme l'histoire, comme la politique). La source, c'est intérieur, cela reste dans la famille, c'est au sein de. C'est propre à. Ça ne regarde que. Ça ne provient pas d'ailleurs. Avec la pluie, on « sort » du judaïsme. La source était juive, la pluie est à tout le monde, concerne tout le monde. Elle est (la pluie) tout et n'importe quoi. Elle est générique. Elle est aveugle et mécanique. Elle ne fait pas sens, elle ne parle pas l'hébreu. Elle n'est qu'eau. La pluie fait sortir de la filiation, contrairement à la source. Car la source, c'est les origines. De plus, la source, c'est vivant : sourdre. Jaillir. Ça sort de la terre, ça jaillit des origines.

« L'image de la source est encore maintenue. Elle jaillit généreuse et infiniment renouvelée », dit Levinas. La source parle d'une eau vive. L'eau de pluie, ce n'est pas vif, ça tombe, mécanique. Ça vient mourir du haut vers le bas, ça ne travaille pas. L'eau de la source travaille, elle jaillit, du bas vers le haut. Elle est vivante, elle ne vient pas, telle la pluie, s'écraser, passive, imbécile, muette sur le sol. Elle part de dessous le sol pour venir se répandre sur lui. Elle a travaillé pour venir jusqu'à lui, elle a *voulu* venir jusqu'à lui. Elle a fait des efforts, elle a travaillé pour venir jusqu'à lui, il a fallu qu'elle monte vers lui : le champ n'est pas pour l'eau de source un récipient, un réceptacle qui se trouve par hasard là où elle le rencontre. Au contraire, le champ, pour la source, est un but. Elle a la volonté d'aller à lui, et le courage, et la force. Elle l'a choisi – elle l'a élu. Elle a élu ce champ, elle a choisi d'aller irriguer ce champ précis : il y a une mission dans la source. L'eau de source porte, en elle, la trace, la marque de cette mission, de cette volonté, de cette élection. L'eau de pluie se moque de là où elle tombe, elle tombe. Chargée de rien, d'aucun sens, elle n'est faite que de hasard, de présent, elle est gratuite. Elle est imbécile. Elle est muette. Elle ne parle pas. Elle ne rencontre le sol que par absurdité, elle est dans sa contingence, et ne parle à personne. La pluie ne dit rien, alors son eau ne sert à rien. Car c'est une eau qui ne vient pas des profondeurs, ce n'est pas une eau intelligente, et ce n'est pas une eau intelligible. Elle n'a pas choisi ce sol, elle s'écrase sur lui et ne sait pas qui est ce sol. Elle ne sait pas (elle ne veut pas savoir) de quoi est fait ce sol. Et tandis que la source se fraie, malgré tous les dangers, tous les efforts, toutes les embûches, un passage têtu, volontaire, volontariste, vivant, animé (d'une intention) vers ce champ-là (qui est un champ *désiré*, obstinément), la pluie, elle, ne voit pas, ne sait pas sur quoi elle tombe, ni la chance qu'elle a de tomber sur tel champ. Elle ne sait pas qu'elle irrigue. La pluie se prend pour sa propre fin ; quant à la source, elle se prend pour un moyen. Pour un commencement de. La pluie se suicide, elle se voit comme une fin. La source, même la plus vieille, même la plus ancienne, se voit comme un commencement, comme un début. La source est débutante. La pluie, même la plus jeune, est déjà dans la fin, dans le suicide. La pluie est *toujours déjà* dans la mort. La source est *toujours déjà* dans la vie. C'est pourquoi l'eau de pluie pue la mort, est un morceau de mort sous forme d'eau, tandis que l'eau de source respire la vie, est un extrait de vie sous forme d'eau.

Lundi 2 janvier

Réveil avec *Magic Sam Live*, Magic Sam, 1981 (Delmark Records, DL-645/646, US). Magic Sam : guitare et chant ; Bruce Barlow et Mac Thompson : basse ; Bob Richey, Robert Wright et Sam Lay : batterie ; Tyrone Carter : piano électrique ; Eddie Shaw : saxophone ténor et chant ; Mac Thompson : chant.

J'écris ces lignes à l'aéroport d'Oslo ; je me suis promis de tenir (bonnes résolutions). Je ne peux tout de même pas passer ce journal à parler de sa tenue ou de sa non-tenue. Écueil dans lequel il ne tombera pas : vouloir, à tout prix, en faire quelque chose de « littéraire ». Je parle de ce journal comme si je venais de le commencer, alors que ce n'est pas lui, mais l'année, qui commence.

Je n'aurai strictement rien visité de la Norvège, faisant sempiternellement le même « *loop* », et quasiment à heure fixe, entre deux siestes abruties et deux lectures concentrées. Les vacances telles que je les conçois doivent, nécessairement, contenir ce métal rare, ce pétrole brut, ce diamant qu'est l'ennui. L'ennui, au sens quasi métaphysique du terme, est devenu une denrée trop rare. Nous tentons trop, au cours d'une saison parisienne, de nous arracher facticement à son emprise, qui pourtant contient mille promesses, mille ressources, mille richesses. Souscrire à l'ennui, pour s'échapper du bruit, rester seul avec sa solitude, au milieu de son corps et des pensées ; faire une halte, opérer un arrêt sur image afin que la vie, soudain, se révèle sans fard, sans pis-aller ni cache-sexe, dans sa nudité première. Envie (ou plutôt besoin), aussi, de se fondre dans l'oubli, de n'être plus (malgré les téléphones portables qui nous suivent, nous trahissent, nous espionnent et, pratiquement, parviennent désormais en quelque sorte à nous précéder partout où nous allons) mécaniquement joignable, immédiatement repérable, convocable en temps réel. C'est une fuite, en soi, pour soi, vers soi.

Je me demande pourquoi certains individus parlent si fort, quand d'autres (dont je fais partie) sont enclins à davantage de discrétion ; j'ai en horreur les voix qui portent, les tons qui s'élèvent, les fréquences qui s'imposent. Surtout, il n'existe aucune corrélation entre l'intérêt de ce qui se profère et le timbre qui résonne (mais raisonne rarement). On est frappé, aussi, par ce théorème universel : toute conversation qui n'est pas nôtre nous semble frappée du sceau de l'idiotie et, quand elle est peut-être objectivement profonde, de la cuistrerie. Un peu comme si, de manière inconsciente, nous ne pouvions faire autrement que de considérer qu'autrui (c'est une illusion bien sûr, c'est un mirage heureusement) était moins, non seulement intéressant, non seulement intelligent, mais moins légitime que soi.

Cette rentrée est une rentrée littéraire, d'abord, et il est urgent de devenir, selon mes vœux à moi-même, un être plus calme, plus posé, moins fébrile, moins agressif et plus compréhensif – écrivant ces lignes, j'ai l'impression, fort désagréable, de me mentir. Je ne suis pas dupe du naturel, qui non seulement galope, mais se cabre, hennit, est pris de toutes les secousses dont un cheval est capable. Il n'en reste pas moins que, malgré ce programme adoucissant, où mes penchants se font accroire qu'ils sont en tournée d'adieux, autrui me paraît souvent brutal, inepte et lourd ; règne, chez le contemporain repu, une barbarie spéciale, une façon d'établir sa propre priorité sur le monde qui insulte le monde. Sans être éminemment communiste, la consommation comme mode d'être, le divertissement en guise de tragédie, font de l'Occidental moyen une manière de monstre qui ne s'économise plus, mais se répand : en rires (le plus souvent gras), en mots (des expressions toutes faites, recopiées, imitées), en voyages. Le voyage est devenu un dû, une façon de gifler mollement son quotidien, non en le quittant, mais en allant, pour quelques jours, le plaquer ailleurs, le transfuser, le greffer un peu plus loin. Quant à la distance à parcourir pour aller du chez soi de chez soi au chez soi de chez les autres, elle est abolie par une longue sieste, un sommeil aphasique devant quelques vidéos (films d'action, comédies indigestes). La durée ne dure plus ; on anesthésie le voyageur, ainsi qu'avant une extraction on endort la dent ; d'ailleurs, la plupart de ceux qui partent (ils sont de plus en plus nombreux) se bourrent désormais de somnifères pour n'avoir pas à subir ce qui leur semble intolérable dans une société où attendre est devenu une injure à la dignité des personnes : le voyage. Le vol doit impérativement être ramené à son minimum supportable, et tel ingénieur de telle compagnie qui parviendrait à réaliser la télé-portation, ce rêve d'Icare postmoderne, recevrait le Nobel des Nobels. Pourquoi est-ce que personne ne lit, en avion ? Je suis toujours le seul à avoir sa veilleuse allumée, pendant dix ou douze heures, au milieu des ronflements et des têtes de méduses, des zombies matant des daubes. Je me souviens d'une femme, devant moi, retour de Cuba, 1997, qui s'était plainte de ma loupiote, gênant soi-disant son sommeil (alors que des masques de nuit avaient été gracieusement distribués) ; il se trouve qu'alors je lisais la *Recherche*. Cette drogue me tenait en éveil comme jamais ne l'eût fait le plus coruscant des thrillers (je n'ai jamais réussi à lire plus de trois pages d'un polar). Ma réponse, cinglante, cloua définitivement la duègne : « Madame, on pourrait détourner l'avion que je continuerais à lire Proust. » Ce n'était pas moi qui avais fait le poids, mais Proust. La râleuse avait semblé, en effet, recevoir comme un uppercut ce nom qui, dans son esprit, bien qu'elle ne l'eût peut-être pas lu (qui sait ?), faisait autorité, une autorité supérieure à celle du commandant de bord, de la tour de contrôle et du ciel tout entier. Mystérieuse puissance de la littérature.

Je suis très heureux de constater que Philippe Arjakovsky, dans son introduction aux *Interprétations phénoménologiques en vue d'Aristote* (Gallimard, 2016), cite Péguy. Pour avoir dressé un parallèle entre Péguy et Heidegger (et ce rapprochement, de toute évidence, s'impose pour qui sait lire d'un peu près), je me suis fait copieusement insulter par les chapelles « autorisées » (l'association des amis de l'écrivain, dont je fais par ailleurs partie). Les péguystes ignorent Heidegger (ramenant tout à son antisémitisme) ; les heideggeriens, moins étriqués, commencent à y venir – disons qu'il était temps. Une de mes plus grandes fiertés, je le confesse volontiers, aura été d'avoir souligné le tout premier, avant les philosophes, ce voisinage troublant. Je considère pour ma part que Heidegger et Péguy sont les deux plus grands penseurs du XXe siècle.

Heidegger n'est pas toujours facile à lire – être germaniste, c'est mon cas, est d'un grand secours pour séjourner dans cette étrange contrée faite d'éclaircies et de vents contraires. Mais, pour le lire, une méthode qui fut toujours mienne, et presque à chaque fois couronnée de succès : ne pas stopper sa lecture quand une pensée, un mot, une invention de mot, une phrase nous résiste ; continuer. Souvent, chez Heidegger, la clé de l'énigme est livrée trente ou quarante pages plus loin, au détour d'une périphrase ou faisant l'objet de cent paragraphes d'un coup. Heidegger ne laisse jamais longtemps un concept ou une difficulté en suspens ; il creuse, recreuse, fait mine de l'enterrer, mais c'est pour mieux le ou la faire ressurgir ailleurs, en pleine lumière. Certes, les traductions françaises sont peu amènes avec la patience du lecteur ; mais ce n'est pas tout le temps la faute des traducteurs. On peut en effet s'agacer de mots-valises qui, ingénieux voire géniaux en allemand, évoquent davantage dans la langue de Corneille des colis suspects oubliés dans le hall d'une gare ou dans une rame de métro. Mais les traducteurs, les pauvres, font ce qu'ils peuvent, contorsionnant notre langue pour la faire entrer dans l'intelligence d'une autre, ainsi qu'un nageur sommé de nager le crawl à la patinoire, ou un patineur contraint d'exécuter ses figures dans une piscine. Traduire Heidegger n'est pas seulement impossible, c'est insensé. Pis, c'est *impensable*. Impensable au sens où, quittant sa langue d'origine comme on quitte sa mère, la parole de Heidegger se flétrit, mute, irradiée par une culture (la nôtre) et une terminologie qui la bombardent de neutrons et la saturent de becquerels. Ailleurs que chez elle, dans cet écosystème teutonique et boisé, la parole heideggerienne dépérit ; s'abîme. Les traducteurs, semblables à des secouristes doublés de chirurgiens, tentent, sans la réussir à tout coup, l'opération. Quand la greffe prend, nous apercevons Heidegger – du moins en possédons-nous une image, une radiographie ; quand elle ne prend pas, c'est un sabir digne des Pieds Nickelés qui nous est proposé, ou Knock au Collège de France.

« Les vérités sont malades, les mensonges le sont aussi. Les Contre-Vérités partagent inexplicablement le sort des Vérités qu'elles démarquent, comme si elles leur avaient emprunté quelque chose de leur divine substance » (Bernanos, *Les Enfants humiliés*,1939-1940).

Michael Sztanke veut repartir pour Pyongyang. J'y suis plutôt favorable, mais lui est grillé là-bas à cause d'une bande dessinée anti-régime qui lui a été vivement reprochée par les représentants « officiels » de la délégation de la RPDC en France.

Marrant : pour bien prononcer « Donald », il faut inverser le *o* et le *a* : *Danold*.

Dans les *Interprétations*, extraordinaire : « À chaque objet correspondent une manière déterminée d'accéder jusqu'à lui, une manière déterminée de se tenir auprès de lui, et aussi une manière déterminée de le *perdre*. » Plus loin : « perdre est bien une modalité particulière d'*avoir* ». Et ceci, qui me ramène à mon séminaire sur Ponge (2012-2013) : « La manière chaque fois d'avoir l'objet consiste à *aborder* cet objet *dans l'adresse de la parole*. » Toute la philosophie de Heidegger repose sur la notion de parole, qui n'a rien à voir avec le langage ; le langage est à la parole ce que le navire est à la mer. Tandis que la parole est la fusion du corps qui nage dans la mer ; qui comprend cette mer en l'éprouvant – non seulement en nageant mais en *la* nageant.

Il faudrait citer des pages entières de ce cours du jeune Heidegger (trente-trois ans), qui, devant un parterre d'élèves qui ne savent pas encore la place que tiendra leur maître dans l'histoire de la pensée (alors que lui, le maître, le sait sans nul doute déjà), esquisse et déploie son génie naissant – oui, même Heidegger a fait ses débuts ; mais jamais il n'a cessé, comme en ces années de jeune professeur, de penser par à-coups, par hésitations, par errances, par erreurs, par ratures et par forages. C'est une pensée forte parce qu'hésitante ; non pas hésitante au sens où elle n'aurait pas confiance en sa puissance de feu, non pas hésitante au sens où elle serait une pensée qui s'excuse, qui se place humblement dans les pas des pensées qui la précédèrent : c'est une pensée hésitante parce qu'impossible à produire d'une seule traite, d'un seul jet, par déclarations assénées, par théorèmes définitifs ; c'est une pensée hésitante au sens où elle vibre, où elle ne sait sur quelle fréquence immédiatement se poser, tant les possibilités qu'elle s'ouvre à elle-même, à chaque phrase, parfois à chaque mot, lui paraissent nombreuses. C'est une pensée qui hésite au sens où, lors d'une excursion, d'une promenade de montagne (pour filer une métaphore très heideggerienne), nous hésitons entre plusieurs chemins quand plus rien n'est indiqué – soit que les indicateurs ont été effacés par les averses, soit qu'ils n'ont point été défrichés encore, établis – inventés. C'est une pensée qui vibre, vivante parce qu'elle se développe devant l'auditeur, c'est-à-dire le lecteur, en temps réel, au rythme de ses propres tentatives, ne craignant jamais l'humiliation d'un cul-de-sac, le ridicule d'une impasse, l'embarras d'une contradiction. Peu de pensées osent, ainsi, se dévoiler sans filet, capables d'exhiber leurs faiblesses, capables aussi de revenir en public sur leurs propres pas. En cela, on reconnaît, là encore, un courage proche de la téméraire manière d'avancer de Péguy. Une pensée qui observe, à mesure, les ronds qu'elle provoque quand elle lance dans l'étang les pierres qu'elle refuse de poser pour bâtir un édifice – c'est-à-dire une « œuvre ». La notion d'œuvre fige tout ; l'œuvre est non seulement le lieu, mais la manifestation du dogme. L'œuvre est tombeau ; rien ne s'y meut. « *Keine Werke, sondern Wege* », « Pas d'œuvres, mais des chemins ». Péguy, Heidegger : deux marcheurs, deux inlassables randonneurs, le premier dans l'horizontalité des plateaux de la Beauce, l'autre dans la verticalité des coteaux de la Forêt-Noire.

« Cette tâche qui consiste à aborder ainsi l'objet dans l'adresse de la parole, et, dans l'entretien de la parole, à parvenir à être en rapport à lui sur un mode déterminé d'avoir, c'est la tâche de la définition : l'acquis préalable. » Une très heureuse expression, encore, page 51 : « les violences formalistes ».

Tout est déjà en germe dans les obsessions (par ailleurs évidemment d'une extrême actualité) : « Le style des sciences en impose – "ça fonctionne à plein régime : c'est l'affairement" ("*der Betrieb*") : elles ne cessent de découvrir du nouveau et pour une part des choses difficiles ; à partir d'elles, une nouvelle profusion de connaissances ne cesse d'affluer ; à force d'avancer, elles interviennent dans l'évolution de l'humanité ; lorsqu'il découvre ce genre de choses, l'être humain se révèle bien comme cette créature étonnante, et ainsi de suite. » Puis : « La question qui n'est pas du tout posée est celle de savoir si les sciences (les sciences prises simplement dans l'absolu selon une impression d'ensemble, mais également la science dans son état actuel) ont le droit de fournir l'idée qui doit présider à la recherche concrète – sans parler du fait qu'on occulte complètement la question de savoir si ce qui vaut pour les sciences vaut après tout pour la philosophie et si ce n'est pas le rapport inverse qui est vrai, même si, en philosophie, l'affairement et les succès ne sautent pas aux yeux. » Ces mots, époustouflants, datent de 1921-1922.

Je n'ai pas encore réfléchi à l'antisémitisme de Heidegger, qui pose, ne nous voilons pas la face, un réel problème – qu'un penseur de cette dimension ait pu écrire contre les juifs les passages que l'on a récemment découverts (et que je me dois d'aller explorer de près) doit forcer le questionnement : sa pensée tout entière en est-elle gangrenée ? C'est l'hypothèse moyenne. Hypothèse basse : lesdits propos, sans être pour autant accidentels, se situent hors philosophie, hors corpus et hors pensée – un peu comme un Platon ayant des propos de bistrots. Hypothèse haute (à laquelle je refuse de souscrire) : la pensée de Heidegger n'est que la mise en parole, en équation philosophique, d'une vision du monde tournée tout entière vers la présence juive dans le monde. Réinvente-t-on l'Être pour donner cours à telle obsession ? Cela paraît grotesque. Pense-t-on la science, la technique, l'œuvre d'art, l'outil, la métaphysique et la parole aux fins d'asseoir la haine des juifs sur un corpus sans rival dont la profondeur la légitimerait une fois pour toutes dans les siècles et les siècles (passés et à venir) ? Cela ne fait pas sens. Il n'en reste pas moins qu'au lieu de mépriser la question, et de l'éluder, il faut l'envisager de face, sans ciller.

Mon vol a une heure de retard.

« Source », suite. D'où provient cette source ? Du Sinaï. Le Sinaï *est* la source. « Ces ancêtres ou ces contemporains vivent des vies innombrables dans une vie qui ne s'est pas encore divisée ou qui a déjà tout réuni, jaillissant comme une source divine, comme la Source » (Levinas, *Difficile liberté*, 1963). « Mais on ne doit pas l'arroser avec de l'eau de pluie ni avec de l'eau que l'on ferait remonter d'un puits. » Rachi précise : « Accumulée dans un réservoir ou dans une citerne où il faudrait prendre la peine de le recueillir » (traité Moed Katan, 2 a).

Concentrons-nous d'abord sur la première partie de la phrase : « Accumulée dans un réservoir ou dans une citerne. » Sinaï : la Loi est donnée. C'est un don. La source jaillit ou non, mais elle est source. Elle jaillit, puis elle *coule*. S'écoule. Filiation. Descendance (« champ situé sur la pente d'une colline »). Tandis que l'eau d'un réservoir, d'une citerne, est *stagnante*. Morte, sans vie. Il faut distinguer deux cas. Premier cas : l'eau du réservoir est de l'eau de pluie, alors, c'est de l'eau morte transformée en eau morte. Deuxième cas (non envisagé par Rachi) : l'eau du réservoir est de l'eau de source, alors, c'est de l'eau vivante transformée en eau morte. Dans les deux cas, ce n'est plus une source vive. Ce n'est plus de la mémoire vive. C'est du stock mort. Du stockage. C'est du passé accumulé, c'est du passé d'eau stocké. C'est du révolu d'eau en réserve. C'est comme empilé. C'est du passé mort. C'est du passé stocké. C'est de l'eau qui a « vécu » mais qui ne bouge plus, qui ne vit plus. C'est du passé chrétien. Ce passé sans mémoire, sans vie, ce passé qui ne bouge plus, qu'on stocke, qu'on fait mourir. Ce passé (chrétien) qui se meurt. Qui n'est là que pour être mort et faire place (nette, bien nette) au présent (tellement) vivant, toujours plus vivant. L'eau « accumulée dans un réservoir ou dans une citerne », ce n'est plus de l'eau, c'est du passé d'eau. C'est du passé d'eau vivante. C'est du cimetière d'eau. C'est de l'eau au repos (éternel). C'est ici que l'eau repose. C'est de la commémoration d'eau anciennement vivante mais qui n'est plus. C'est de la commémoration d'eau, mais ce n'est pas de la mémoire d'eau. La mémoire d'eau, ce sont les sources anciennes qui « coulaient déjà depuis longtemps » mais *continuent* de couler. L'eau stockée, c'est du contraire de vie d'eau. Du contraire de source. Ce n'est pas de l'eau anciennement neuve qui continue de couler, mais c'est de l'eau anciennement neuve nouvellement morte. C'est de l'eau qui pèse. C'est du poids d'eau. C'est du poids mort d'eau. De la masse d'eau. C'est le poids de l'Histoire, c'est le poids de la commémoration. La mémoire, c'est ce qui, actualisé, allège la réalité et lui permet de continuer (une fois le passé assimilé) ; la commémoration, c'est ce qui, jamais actualisé (parce que restant pour nous comme un poids mort, comme un cadavre sur les bras), alourdit la réalité. L'eau stockée, cela forme une séparation entre le passé de l'eau et le présent de l'eau. L'eau stockée, c'est du passé d'eau mis dans un réservoir – c'est du passé mis en conserve – et qu'on utilisera sous forme morte en lui « redonnant vie » facticement.

La source, c'est du présent d'eau, ça vit. L'eau stockée, même si cette eau provient d'une source, provient originellement d'une source, c'est une eau qui ne sert à rien pour l'irrigation d'un champ car c'est une eau qui n'est plus tendue vers sa mission première, c'est une eau qui a oublié pourquoi elle avait jailli, surgi. Elle a été empêchée dans sa mission d'atteindre le champ, c'est de l'eau en captivité dont la captivité a effacé la mémoire. Elle ne sait plus pourquoi elle est eau. En prison, dans la geôle de son réservoir, elle n'a plus la mémoire de sa fonction, de son élection, de son destin. C'est devenu une eau de pluie. Une eau sans aucune volonté. Une eau dont l'élan a été brisé.

Une eau qui a perdu sa jeunesse, mais aussi sa vieillesse sinaïtique. Une eau qui a perdu son mouvement, son obstination, son entêtement, son parcours. Une eau qui a oublié son histoire. Voici, dans la citerne, cette eau désormais massive, coupée de sa vivacité première, voici cette eau amorphe, stagnante comme un présent chrétien, cette eau autrefois légère et forte, et qui désormais pèse, lourde, cette eau qui s'exprime en tonnes.

L'eau de la citerne est dans sa tombe d'eau, elle ne remonte plus, ne zigzague plus – elle n'est plus jamais juive, cherchant à travailler pour la floraison de la culture judaïque, qui a tellement besoin d'eau vivante, vibrante, sur le champ incliné, sur le champ en pente de son génie. On n'a jamais le droit d'empêcher le passé de s'écouler quand on est juif. Le passé (plus généralement, le révolu) se doit d'avoir le même statut que le présent : écoulement. « Mais on ne doit pas l'arroser avec de l'eau de pluie ni avec de l'eau que l'on ferait remonter d'un puits. » De l'eau qu'on ferait remonter d'un puits, c'est de l'eau en réserve, encore, et, surtout, c'est de l'eau handicapée. C'est de l'eau sous tutelle. Ce n'est pas de cette eau capable, par elle seule, de venir jaillir là où il faut, dans ce champ voulu, désiré, trié (sur le volet), mais c'est de l'eau qui demande qu'on fasse le travail de jaillissement à sa place.

L'eau du puits, qui doit se faire remonter, qui doit se faire jaillir péniblement, lourdement, sans jaillissement, sans (la moindre) frénésie, sans aucune vie, cette eau n'est qu'une fausse eau, qui ne sert à rien pour la culture (juive). C'est une eau croupie qu'on ferait (péniblement) passer pour une eau vive, accélérée, en appétit, pleine d'envie – une eau gourmande de culture, une eau volontaire. L'eau du puits, c'est de l'eau assistée et qui, qui plus est, se morfondait dans son trou, sans jamais plus espoir de pouvoir jaillir un jour par ses propres moyens. Le puits, ici, n'est pas *le* « puits qu'avaient creusé les serviteurs du Dieu d'Abraham » qui sert de métaphore au Maharal de Prague dans l'un de ses chefs-d'œuvre intitulé justement *Le Puits de l'exil* :

Source surgie de l'Éden
Pour irriguer toute la terre,
Et dont vivent tous ceux qui ont en eux
Un souffle de vie
Puits qu'ont creusé les princes
Avec le bâton de leur intelligence

mais dont l'eau n'est pour l'instant pas propice à l'irrigation du « champ incliné » qu'est le judaïsme car

> Contre ce puits se sont multipliés
> Ceux qui, dans leur fureur envieuse,
> S'ingéniaient à le combler
> Et à corrompre sa source pure.
> De leurs pieds, ils l'ont foulé
> Et ses eaux pures, ils les ont souillées ;
> Sa source, ils l'ont détruite et appauvrie.

Mardi 3 janvier

Réveil avec *Mickey Baker Plays Mickey Baker*, Mickey Baker, 1962 (Versailles, STEX 40005, France). Mickey Baker : guitare ; Michel Gaudry : basse acoustique ; Michel de Villers : saxophone alto et saxophone baryton ; Léo Petit : guitare basse ; Armand Molinetti : batterie ; Pierre Cullaz : guitare électrique ; Sylvelle Collart : ondes Martenot ; Georges Arvanitas : piano, orgue ; Claude Gousset, Nat Peck et Vinko Globokar : trombone ; Roger Guérin : trompette.

Matin, examens sanguins très complets. Soir, dîner avec François Reynaert.

Appauvrissement toujours possible du judaïsme, qui frise bien souvent la mort : destruction de la source. Assécher la source, c'est faire périr le judaïsme. Seuls les juifs (par conséquent) sont à même de pouvoir faire périr le judaïsme. Aucun Auschwitz, jamais, ne fera périr, ne détruira le judaïsme. Et même (« virement inattendu de la malédiction en exultation »), Auschwitz n'a fait que renforcer le judaïsme. C'est n'avoir rien compris au judaïsme que de croire, que de penser que la destruction du judaïsme passe par la destruction physique des juifs : tant qu'il restera un rabbin vivant sur la terre, et une femme pour lui donner des enfants, alors le judaïsme sera aussi fort, aussi vivant, aussi vibrant qu'aux temps de Moïse. La destruction du judaïsme, c'est lorsque les juifs *eux-mêmes*, c'est lorsque les juifs *seulement* ne remontent plus vers la source, ne s'en *retournent* plus à la source originelle. Les juifs seuls ont le pouvoir de faire mourir Dieu. Le Maharal, *Le Puits de l'exil* :

Mais à présent Dieu nous a permis
D'enlever la dalle qui obstruait son orifice
Et d'en enlever ce qu'on y avait jeté.
Et ses eaux jailliront, bien haut.
Elles recouvriront les collines altières
Et seront un torrent impétueux.

Impétueux : c'est ce qui manquait à l'eau de pluie, et c'est ce qui manquait à l'eau du puits. Mais, surtout, on voit que le Maharal, lui aussi, évoque non pas un champ dans sa platitude, dans sa planitude, mais un champ incliné : il parle de « collines ». Comme Rachi (« un champ situé sur la pente d'une colline »). La colline : pas de judaïsme sans pente. Pas de judaïsme sans Sinaï, même s'il s'agit d'un petit Sinaï, d'un Sinaï de paysan, d'agriculteur, d'un Sinaï non loin de la maison : la pente… Colline : celle dont la pente permet de rouler, celle que les juifs arpentent, traînant avec force, vigueur, cette part de révolu qui, si nul ne l'emmène de l'avant, ira rouler en arrière, dévalant la colline jusqu'en bas. Cette colline qui, seule, avec sa pente, permet la révolution.

Emmener le révolu avec soi, tandis qu'on avance (avec beaucoup de difficulté) sur la pente ascendante de son Sinaï personnel : une simple colline et irriguer cette colline avec de l'eau vivante, avec de l'eau vivante et pure, c'est cela être juif. Sortir le révolu de son second plan, de son rang second où la réalité, le « présent », l'histoire, le quotidien, l'atroce politique veulent (sans cesse, à tout prix) le reléguer. Sortir le révolu de sa clandestinité. Le révolu qui est ce révolu sinaïtique, ce révolu mosaïque, ce révolu éthique : ce révolu est l'éthique même. Ce révolu est la morale. Et je redonne la parole au Benny des seventies, qui rêve à la, qui rêve à une (véritable) révolution : 28 décembre 1976 : « Faire une théorie du salut, une théorie du mal : sortir la moralité de la clandestinité » (*Pouvoir et liberté*). Faire tourner le révolu sur la pente ascendante. Faire la révolution. Être juif. Toutes ses expressions ? Des expressions synonymes. Il y a équivalence entre les énoncés : 1) « Je fais tourner le révolu en montant la colline que j'irrigue avec de l'eau de source » ; 2) « Je sors chaque jour la morale de sa clandestinité » ; 3) « Je fais *hic et nunc* la révolution » ; 4) « Je suis juif ».

Quelques jours plus tôt, le 9 décembre (1976), Benny évoque (toujours avec Sartre) le *Saint Genet*. Et il note ceci : « Le problème moral naît de ce que la morale est pour nous tout en même temps inévitable et impossible. » Parce que, cher Benny, tu n'es pas encore juif. Tu es né juif, tu es circoncis, ton sang est juif, mais tu ne sais rien, encore, du judaïsme. Tu pressens tout. Mais tu ne sais rien. Il y a là d'ailleurs une sorte de, comment dire, miracle. Car le juif que tu n'es que biologiquement se pose toutes les questions intellectuelles que le juif de la Loi (que tu vas bientôt devenir, et à quel niveau !) sera en mesure de pouvoir résoudre. Ton être-juif, sur lequel tu devais, tôt ou tard, accoster, a épousé la forme de ton interrogation philosophique, intellectuelle, morale et même, révolutionnaire. Comme si chaque juif, finalement, finissait par rencontrer, par épouser son être-juif réel, profond, sinaïtique selon un cheminement propre, sur mesure, commencé déjà avant toute pensée du Retour, avant tout retournement, avant toute volonté de retour(nement). Comme si dans le juif non encore totalement, moralement juif, se déployait un chemin, encore non-juif mais formé d'embryons de questions non-juives dont les réponses sont juives, menant au juif totalement juif. Chacun a sa manière de devenir juif. Et les juifs eux-mêmes tâtonnent infiniment pour trouver comment devenir juif : sans doute finissent-ils toujours, *in extremis* parfois, à devenir ce qu'ils étaient, depuis la naissance, appelés à être. Il y aurait, dès le départ, une sorte de ruse de la Raison juive qui guiderait, jusqu'à ce que celui-ci enfin le remarque, et l'accepte, et soit heureux de l'accepter, qui guiderait, disais-je, le juif de la sécularisation vers le juif de la tradition, le juif de la modernité vers le juif de la foi.

Toujours le 9 décembre 1976 : « L'action doit se donner ses normes éthiques dans ce climat d'indépassable impossibilité. » On pourrait réfléchir des heures (des pages) sur cette expression de « indépassable impossibilité ». Mais ce qui m'intéresse ici, c'est l'autre expression, la première : « normes éthiques ». Les « normes éthiques » de l'action. Benny est dans le noir. Il pressent. Il devient fou, il ne trouve pas la solution. Il a compris le problème. Il a circonscrit génialement la question. La question est universelle. Et il ne sait pas que la réponse existe. À côté de lui. *En* lui. Que la réponse, d'une certaine manière, *c'est* lui. Le *juif lui*. Il ne sait pas encore que la réponse à sa problématique universelle est juive. Pas forcément une réponse simple. Loin de là. Mais une réponse à portée de main. Une réponse qui existe. Qui a toujours existé. Dans la Foi de *ses* Pères. À lui Benny. Il a compris que la révolution doit être morale. Il a compris que la révolution doit se faire tous les jours. Il a compris que la révolution doit se passer d'un chef et du culte de ce chef (« Dire donc : c'est possible, il n'y a pas de Maître (ce que dit toute Apocalypse, toute révolution) », Note du 20 juillet 1975). Il a compris que la révolution ne signifie pas la terreur – mais son contraire. Il a compris que la révolution exige une définition de Dieu. Il a compris qu'une révolution n'est pas circulaire, mais hélicoïdale. Qu'elle n'est pas un cercle, mais une spirale. Il a compris que la révolution est *toujours déjà* là. Qu'il ne s'agit pas de nouveauté et d'inédit, mais de faire tourbillonner le révolu. Il a compris qu'une révolution implique un retournement (même s'il est encore incapable de dire lequel). Et je vais citer, c'est le coup de grâce, une autre prémonition faramineuse de Benny – qui est le Monsieur *Jourdain* du judaïsme.

26 janvier 1977 : « La révolution est culturelle. [Oui, le judaïsme est culturel.] Donc s'adresse à l'individu. [Oui, le judaïsme s'adresse à l'individu.] Donc l'individu, on doit savoir si on s'appuie sur sa conversion [Oui, le judaïsme, celui du retour vers la Foi des Pères, est toujours une conversion – l'étude ne se « donne » pas ; aucune « science infuse »], ou bien si on le rééduque. » Benny, prisonnier du mao qu'il fut, qu'il est encore, emploie encore une dialectique qui, tout à l'heure, lui paraîtra bien étrange ; et la Révolution chinoise, qui hante encore et sa réflexion et son vocabulaire, ne lui paraîtra, tout à l'heure encore, qu'une pathétique mise en scène de l'horreur de l'histoire, de la barbarie du Siècle. Et de tous les siècles. Mais ce n'est pas fini, Benny conclut avec une prescience, une assurance, un culot et (surtout) une intuition hors-norme (pour qui, je le répète, ne sait encore rien de l'hébreu) : « Nous savons : c'est de conversion qu'il doit s'agir. » Et enfin (comme si ce n'était déjà pas *énorme*) : « Il s'agit donc non de la banale "prise de conscience", mais de la prise de vécu. »

Mercredi 4 janvier

Réveil avec *Trouble*, Silas Hogan, 1971 (Blue Horizon, 2431 008, UK). Silas Hogan : guitare et chant ; Isaiah Chairman, Leslie Johnson et Rufus Thibodeaux : guitare basse ; Burnell Hayney : batterie ; Sylvester Buckley et Whispering Smith : harmonica.

Préparation de l'émission de demain. Nous recevrons Vincent Peillon, ancien ministre de l'Éducation nationale. Il est candidat à l'élection présidentielle, comme tout le monde. Lorsqu'on tient son journal et qu'on est écrivain, on peut être à peu près sûr que l'injection du nom d'un homme politique, plus que n'importe quel autre nom (plus que n'importe quel terme, ou marque, ou titre), viendra frapper ce journal d'une manière d'obsolescence ; viendra le dater terriblement, le marquant du sceau du passé. Il est bon qu'une prose dise son époque ; il n'est pas bon qu'une époque enferme une prose. Méfions-nous donc de ne pas rendre ces pages trop caduques, parce que trop politiques. On ne se souviendra peut-être jamais de moi (c'est probable) ; mes livres disparaîtront (sans doute) quand je ne serai plus physiquement là pour les défendre ; mais ce qui est certain, c'est que de Vincent Peillon, lui, à moins qu'il n'entre à l'Élysée – et encore ! –, il ne restera strictement rien. Qui se souvient du chef du gouvernement quand a paru *À l'ombre des jeunes filles en fleurs* ?

« Ce n'est aucunement mon désir que de me mettre d'accord avec moi-même » (Aragon, *Entretiens avec Francis Crémieux*, 1964).

Ce qui m'aurait donné le plus de joie et qu'hélas je n'ai pu connaître : être orphelin. Je donnerais tout ce que je possède pour n'avoir jamais rencontré les deux ordures qui m'ont mis au monde.

Je déteste les gens qui ont la même idée que moi au même moment.

Nul n'est obligé de me croire, bien sûr, mais je n'écris que pour moi. Et quand bien même aucun lecteur n'existerait sur terre, je serais moi-même ce lecteur, laissant passer cinq ans ou dix ans pour me retrouver surpris par ma lecture de ma propre prose. Lamentable ? Je ne sais. Mais véridique !

Hier, Élodie, de chez Grasset, m'annonce que Jérôme Garcin, qui dirige les pages culture de *L'Obs*, a adoré *Terreur*. Il promet un « grand entretien », selon la formule consacrée. Également (toujours hier) acheté plusieurs exemplaires de *Transfuge*, dont je fais la couverture – même si c'est sous la forme d'un portrait dessiné qui me ressemble peu. Pas grave : le contenu est bienveillant, et l'entretien, de plusieurs pages, dense et (je crois) riche. Pour l'instant, les choses démarrent plutôt bien, même si France Inter a annulé ma venue vendredi prochain. Cela ne m'étonne guère de l'animateur concerné, qui ne s'est jamais bien comporté à mon égard, demandant jadis, par exemple, du temps que j'étais critique au *Figaro* (je m'occupais du feuilleton dans le supplément littéraire), ma peau directement à la rédactrice en chef (par laquelle, depuis, j'ai été remplacé). Petite cuisine parisienne. Je ne devrais pas noter ces choses, inexistantes et sans intérêt ; mais les journaux tiennent aussi par les petits bouts.

« La révolution au fond est révolution morale » (Benny Lévy, 16 mai 1977).

Rendez-vous médical avec Ida (démangeaisons, suite). Taxi moto, en trombe, jusqu'à Ivry.

Plenel, Finkielkraut, « admirateurs » de Péguy. Mais si Péguy était encore vivant, si Péguy était leur contemporain, ils seraient jaloux de lui – évidemment.

Je me souviens d'une amie, Béatrice, très « BCBG », propre sur elle, le chignon parfait, les dents écarlates. Revue il n'y a pas longtemps, chicots brunâtres, coiffure de démente ou de clocharde, les yeux hagards et la voix rauque. Elle semble avoir soixante-dix ans. Elle en a quarante-cinq à peine. Elle est, comme on dit, « tombée dans la drogue ». À Paris, de toute façon, c'est ainsi qu'on compte les morts. Pas forcément les morts physiques, les morts sociaux, les morts artistiques. L'alcool arrive en deuxième position. En numéro un c'est la drogue – indifféremment héroïne ou cocaïne, le cannabis venant somme toute très loin derrière. J'en ai vu, des débutants et des débutantes, des jeunes types prometteurs, des belles provinciales gonflées d'avenir finir sinon dans les égouts, du moins au dépotoir des notoriétés passagères, des gloires futures et des lendemains-qui-ont-déchanté. Je n'éprouve qu'empathie pour ces hommes, ces femmes, rétablis de leur chimère par la méchanceté du destin, qui ont croisé davantage de leurres qu'ils n'ont rencontré d'occasions de se mettre au travail. À moins qu'ils n'aient gâché ces occasions, auquel cas ils n'ont finalement rien à regretter : ils ont rejoint ce qu'ils étaient faits pour être, et leurs frétillantes promesses n'étaient qu'un égarement dans leur parcours.

Parmi eux, de jeunes écrivains à l'outrance romantique, au verbe tonitruant, à la provocation troussée ; parmi elles, de jolies frimousses faites pour le cinéma, des bimbos poussées vers la littérature à des fins commerciales. Une triste série de malentendus achevée dans une débauche de solitude, de tristesse et d'amertume. Ce ne sont pas *Illusions perdues*, mais *Désillusions retrouvées*.

Je crois que je pourrais passer une vie entière à regarder *Columbo*. Quel dommage que, pour de sombres questions pécuniaires, il n'y ait eu aucun épisode de tourné entre 1978 et 1989. Irrémédiable gâchis.

Du niveau de la mort de Fassbinder à trente-sept ans ou de celle de James Dean à vingt-quatre.

Le pauvre de Gaulle est vraiment accommodé à toutes les sauces par la classe politique – sensation qu'elle a besoin de cet absolu (un monument historique doublé d'une grande figure historique) non pour que nous la croyions crédible mais pour qu'elle-même se croie crédible. Sous couvert de « De Gaulle a dit que », les politiques se salissent en réalité, se souillent, font sous eux, se soumettant aux instincts les pires, aux idéologies les plus moches. Pathétique.

Jeudi 5 janvier

Réveil avec *Soul Meeting*, King Curtis, 1960 (Prestige, 7222, US). King Curtis : saxophone ténor ; Sam Jones : basse ; Little Brother : cornet ; Belton Evans : batterie ; Wynton Kelly : piano.

Émission d'Ardisson pour mon livre, *Terreur*. Corti prétend que mes parents sont là, et qu'ils sont venus le saluer. Si c'est vrai, c'est l'horreur. Rappel : je souhaite (de tout mon cœur) la mort physique, la mort biologique de ces deux imposteurs (je parle bien de mes parents ; ceux qui se sont éventuellement fait passer pour eux sont moins des imposteurs, en tant que parents, quand bien même je ne les connais pas, que les « vrais »).

Ardisson est un homme effrayant. À tel point qu'il en devient presque attachant. Seuls les grands masochistes recherchent sa proximité ; ils ne sont guère nombreux. L'amitié lui est insupportable. Elle ne peut être que guidée par un passager caprice, un calcul provisoire. C'est un joueur d'échecs. Ardisson n'est ni gentil ni méchant : il évolue dans une jungle où il évacue tout ce qui ne peut pas lui servir, jette tout ce qui ne lui servira plus jamais, drague ce qui peut lui servir. J'ignore d'où provient ce manque d'empathie. J'imagine que les choses à l'eau de rose doivent le faire pleurer, comme le petit garçon qu'il fut, dans les draps de soie de sa suite. N'est vraiment heureux qu'en salle de montage, où, tout-puissant, il peut contrôler le cours des choses à sa guise, sans s'encombrer du réel, puisque le réel est en boîte. Il n'aime que les choses en boîte, c'est-à-dire mortes. Les boîtes de nuit, aussi, où rien ne ressemble à la vie, où les gens sont en conserve. Il s'habille en noir car c'est un croque-mort. Inutile d'aller chercher midi à quatorze heures. Il aime la mort, les morts, grand bien lui fasse. Il a dû, et depuis longtemps, se payer une concession dans la section VIP d'un cimetière qui a pignon sur rue.

Ce n'est pas, en ce qui concerne Benny, de « Mao à Moïse », c'est Maoïse ! Les bonnes questions, Benny les a toujours posées, il se les est toujours posées : mais ce sont les réponses (juives !) qui lui étaient (alors) inaccessibles. Mais ce qu'il faut à présent, c'est voir en quoi consiste cette révolution, exactement, c'est-à-dire comment sortir du politique. Selon quelles modalités ? Sortir du politique, dans le judaïsme, c'est d'abord refuser d'y entrer. Si on parle de « sortie », c'est que la politique a fait tous ses efforts pour faire entrer les juifs en elle ; mais le juif du Sinaï, lui, refuse d'y entrer. Toute pensée du Retour, en revanche, chez le juif séculaire, implique que le juif qui revient vers Moïse, qui revient, s'en retourne vers la Foi des Pères, et le Texte admet avoir été sécularisé ; égaré ; « modernisé ». Moderne ! Postmoderne… Le juif moderne fait la révolution en s'arrachant au politique. Le judaïsme est là pour ça. Lui qui n'a jamais voulu faire partie de l'histoire, de l'histoire avec sa chronologie temporelle, car les juifs préfèrent les chronologies logiques. Les juifs préfèrent le temps logique au temps chronologique, scolaire, au temps des durées, au temps qui « s'écoule ». Il n'y a pas de politique sans histoire. L'histoire, c'est l'écosystème de la politique, c'est là que la politique s'ébroue. Grandit. Batifole. Croît. S'amuse, pose ses jalons. C'est son décor ; son fond d'écran : son milieu naturel.

Les juifs sont dans la Mémoire. La Mémoire est de la même famille que le temps logique, temps logique où ce qu'on appelle « passé » dans le temps chronologique s'appelle « révolu ». Le révolu, c'est le passé du temps logique. Les juifs ont pour eux la Mémoire, le temps logique, le révolu, le refus de l'histoire, et par conséquent, le refus de la politique. Les « autres » ont pour eux la commémoration, le temps chronologique, le passé, l'histoire et, par conséquent, la politique. Quand la commémoration est intelligente, on l'appelle l'histoire. On appelle ça « faire de l'histoire ». Quand la commémoration est imbécile, on l'appelle « la politique ». Quand la commémoration est inculte (ou idéologique), on appelle ça « faire de la politique ». La commémoration intelligente (l'histoire), cela consiste à séparer le passé du présent pour préserver le passé. La commémoration imbécile (la politique), cela consiste à séparer le présent du passé pour préserver le présent. L'historien ne veut pas que le passé soit entaché par le présent (et c'est pour cela qu'il détache le passé du présent, qu'il les sépare, qu'il les isole). Le politicien ne veut pas que le présent soit entaché par le passé (et c'est pour cela qu'il détache le présent du passé, qu'il les sépare, qu'il les isole). Le juif n'est pas historien, il est encore moins politicien.

Il y a une catégorie musicale qui, on ne peut d'ailleurs que s'en féliciter, a totalement disparu : l'acid jazz. Us3, Guru, Gang Starr, UMC'S… Tout cela a disparu dans la poussière. RIP. Le grunge aussi, terminé. Rock hystérique insupportable. Guitares criardes, jeu de basse potache. Jamais supporté Nirvana. Atroce bande de protobobos. Adios, aussi, et je m'en porte à ravir, la trance, le trip-hop, le raggamuffin, la jungle et le new jack, l'acid house, le cheesecore, le gabber, la dream et le garage. Mais d'autres bruits, et non des moindres, s'y sont substitués. Ce n'est pas le vide que la nature semble avoir en horreur, mais le silence.

Écoute de Barbara – c'est chez moi très exceptionnel. Les chansons de Barbara, qui n'a composé que sur le tard, sont un mélange étonnant de grandiloquence et de simplicité. Une alchimie très personnelle où s'entrelacent, de manière inédite et parfaitement cohérente, la légèreté d'un registre Belle Époque à la Mayol et l'intimisme Rive gauche de Brassens (son mentor). Ses premières compositions, comme « Dis, quand reviendras-tu ? » au début des années 1960, s'inscrivent dans un registre classique qui laissera bientôt la place à des morceaux bouleversants tels que « Nantes » ou « Göttingen », où Barbara livre les affres de son intimité et de ses fantasmes. Il faudra désormais aller chercher du côté d'un Julien Gracq pour trouver, en littérature, l'équivalent de son univers musical.

Intemporelles, imperméables aux modes et aux courants, ses chansons, à l'étoffe immédiatement reconnaissable, décrivent des mondes étranges où se promènent des créatures, silhouettes et fantômes : « La longue dame brune », « L'aigle noir », son chef-d'œuvre de 1970, « L'ombre et la lumière » (en duo avec… Johnny Hallyday !) ou « Gauguin » (hommage à Jacques Brel). Vers la fin de sa vie, Barbara avait travaillé sur l'album *Stockholm* de Jean-Louis Aubert. Une sorte d'Ehpad musical.

À Barbara, j'ai toujours préféré, et de très loin, ma chère Catherine Ribeiro, ma chère Anne Sylvestre et la géniale Francesca Solleville. Trois femmes qui chantent honnêtement (je ne dis pas que ce n'était pas le cas de Barbara ; mais Barbara ne me touche pas, ne m'a jamais touché). Francesca Solleville, je l'écoute depuis 1989. Découverte grâce à une émission de radio de 1965 ou 66, rediffusée sur France

Culture, consacrée à Truffaut. Truffaut avait apporté dans ses bagages « Le condamné à mort » de Genet chanté par Francesca Solleville (et mis en musique par Hélène Martin, dont la propre version est généralement plus connue). Cela m'avait littéralement transpercé. Je suis un inconditionnel de Francesca Solleville. On a souvent parlé de sa « sincérité ». Je me moque bien de la sincérité des gens, sachant que je n'ai jamais su ce que cela signifie. Ou plutôt si : ça ne signifie rien, du tout. La seule chose qui signifie quelque chose, c'est la vérité. Le reste ne m'intéresse pas. Le reste, à vrai dire, ne me concerne pas.

À la sincérité, sans même aller jusqu'à la vérité, je préfère la franchise. Je loue la franchise de Francesca Solleville. Pas un double sens, pas un sous-entendu, pas une rouerie dans sa voix – elle chante fort, clair, naturel, d'une manière à la fois juvénile et très « professionnelle ». Truffaut l'a dit. Je répète ce qu'a dit Truffaut. Grand prix du disque de l'Académie Charles-Cros, comme Zappa, elle envoûte depuis 1958, ce qui fait une paye. Tout à l'heure, tiens, je réécouterai « Le tourbillon », « La chanson du retour » et « Ainsi Prague ». Quel génie. Quelle femme. Quelle femme de génie.

Vendredi 6 janvier

Réveil avec *Honey In The Rock*, Charlie Daniels, 1973 (Kama Sutra, KSBS 2071, US). Charlie Daniels : chant, guitare, banjo et mandoline ; Joel DiGregorio : piano, orgue et chœurs ; Earl Grigsby : basse et chœurs ; Buddy Davis : batterie et bongos ; Fred Edwards : batterie et congas.

Marché des heures. Je croise parfois des individus habillés tout en rouge, ou tout en bleu, ou tout en blanc. Effrayant. À la piscine des Halles, pendant des années : un Japonais, maillot de bain rouge, bonnet rouge, lunettes rouges, serviette rouge. Et, à la sortie, le même en chaussures rouges, chemise rouge, pull rouge. Je me souviens aussi qu'il passait un temps irraisonnable sous les séchoirs à cheveux. Dans la rue, l'autre jour, un homme à vélo, vêtu intégralement de vêtements moulants blancs (ce n'était pas un cycliste professionnel). Ceci est-il une maladie ? Si oui, cette maladie porte-t-elle un nom ? Et lequel ?

Je ne comprends pas les gens qui vivent « en couple ». Oui à la présence, non à la compagnie. Crainte de la solitude ? Mais enfin, on n'est jamais seul avec soi-même. Mes contemporains ne savent pas tenter l'aventure de la solitude. Tant pis pour eux.

« L'âme adore nager » (Henri Michaux, « La paresse », *La nuit remue*, 1935).

« Rêver de se rendre d'un monde à l'autre au lieu de chercher le pourquoi de ces mondes… » (Cocteau, *Le Passé défini*, mars 1960.

S'il est bien un homme tellement craint de son vivant et dont, aujourd'hui, il ne reste plus rien, vraiment rien (et peut-être un peu moins que cela encore), c'est bien Renaud Matignon. Nous connaissons encore Renaud, nous connaissons toujours Matignon, mais Renaud Matignon, non. Fini. Poussière. On est peu de chose. Ce n'était pourtant pas un mauvais. Ce n'est pas lui, le problème. C'est la critique. C'est le critique. Ça ne reste pas, ça ne peut pas rester. Il faisait de bonnes choses, il avait de bonnes saillies, il avait le goût sûr. Je le préférais à Bernard Frank. De loin en fait. Ce genre de préférence ne me rajeunit pas, mon Dieu. J'en veux beaucoup à Bernard Frank. Il m'a fait quelque chose qui ne se fait pas. C'était en 1996, à la sortie de mon premier roman. Il a écrit quelque chose du genre : « *Jubilations vers le ciel*, de Yann Moix… Son éditeur m'en dit beaucoup de bien… Rendez-vous la semaine prochaine dans cette chronique pour que je vous en parle. » Il n'en a jamais parlé. Ça ne se fait pas. Pas à un débutant. Pas grave, oublié aussi, Frank, terminé. Je n'aimais pas son flegme. Je n'adore généralement pas les alcoolos. Ils me saoulent. (Je viens de faire du Beigbeder.)

J'ignore ce que buvait Matignon. Mais j'aimais bien. Il parlait de tout. De Gracq, de Flaubert, de Calet, de Perec, de Modiano, de Claudel, de Prévert, de Raymond Devos, de Nathalie Sarraute. Il ne tombait pas dans les pièges, jamais. Il savait comme personne débusquer le snobisme, la bêtise, l'imposture, le pathétique (je me souviens de ses chroniques assassines sur les écrivains minimalistes). Mort en 1998. Il y a deux siècles autrement dit.

François Meyronnis, *L'Axe du Néant*, 2003 : « Il y a dans la métaphysique occidentale, depuis Platon, une manière d'obscurcir le temps, de l'avilir, de le fixer comme un drapeau de désolation à la hampe du signe moins. »

Incroyable paradoxe. On a voulu faire entrer les juifs de force dans l'Histoire pour les en faire définitivement sortir. La manière de faire entrer les juifs dans l'Histoire a été l'histoire des manières de les en faire sortir. C'est une histoire de fous. Comme si l'Histoire, vexée qu'on ne veuille pas participer à sa réalité, avait finalement été chercher les juifs pour les faire entrer en elle de force. L'Histoire s'est dit : ce n'est pas aux juifs de ne pas vouloir de moi, mais c'est à moi de ne pas vouloir des juifs. Ce n'est pas aux juifs, ce petit peuple, de me nier, mais c'est à moi de nier ce petit peuple, les juifs. Et puisqu'ils refusent ma toute-puissance, et toutes mes gloires, je vais les faire entrer en moi (sans leur demander leur avis, c'est-à-dire de force, par la violence) mais d'une manière inouïe, d'une manière inédite, c'est-à-dire en les en faisant sortir pour toujours. Leur entrée en moi se fera sous la forme d'une sortie. La plus grande sortie de tous les temps ; et pas une sortie choisie par eux (qui ne sont jamais entrés de toute façon), mais une sortie choisie par moi. Je vais les accueillir en mon sein sous la forme d'un accueil spécial, je vais les inviter sous la forme d'une invitation, pourrait-on dire, à l'envers, je vais les faire exister sous la forme de leur destruction. C'est leur mort qui viendra prouver leur existence. C'est leur disparition qui viendra témoigner de leur présence.

L'historiographie, depuis une vingtaine d'année, fait tous les efforts qu'elle peut pour cesser de faire de Marx un marxiste. Elle fait tout ce qui est en son pouvoir pour arracher Marx à la théorie. Elle rêve que la vie de Marx reprenne ses droits. On pourrait presque s'en étonner, sinon s'en émouvoir. Comme Freud, comme Einstein, comme Keynes : oui, Marx fut doté d'un corps ; et non seulement d'un corps, mais d'un corps humain. Un corps humain avec du sang dedans, de l'eau dedans, du sperme dedans et de la sueur dedans. Marx a connu des aventures. Il a eu une famille et, partant, une vie de famille. Il a connu des violences. Il a donné des coups. Il fut sans doute, de très loin, l'un des hommes les moins théoriques du monde. Comme Balzac, mais aussi comme Rainer Werner Fassbinder, les trois moteurs de Marx – en dehors bien sûr de la bière, du bordeaux et du porto – furent le sexe, le travail et l'indépendance d'esprit. La somme des trois a accouché de scandales. Le coup de génie marxien, et non pas marxiste, est d'avoir été tout cela à la fois en ne cessant pas une seule minute d'être un bourgeois. Quant au « communisme » (quel drôle de mot, quand on s'arrête dessus une minute entière pour le faire tinter à ses propres oreilles), Marx joue de ce concept comme Breton joua du « surréalisme » : avec un sens certain de la mégalomanie, mais également avec un sens consommé du burlesque qu'aucun « marxiste » n'aura (loin s'en faut) jamais perçu. Il est fascinant de voir ce que crétins et intellectuels (parfois confondus) l'ont fait devenir. C'est un peu le même sort, après tout, que celui qu'a connu Jésus-Christ. Marx est devenu, au cours du XXe siècle, un prête-nom pour idéologies malades. Jamais Marx n'aurait serré la main d'un marxiste.

Michaux, « Le sportif au lit », *La nuit remue*, 1935 : « Il est vraiment étrange que, moi qui me moque du patinage comme de je ne sais quoi, à peine je ferme les yeux, je vois une immense patinoire. »

Pendant l'Occupation, les Français baisaient comme des bêtes. Cela les occupait.

Sartre, *Cahiers pour une morale*, 1983, posthume : « L'homme doit être orgueilleux parce qu'il fait exister de l'être. »

Revu *Léon*, de Besson. Léon, c'est avant tout un joli prénom, un peu suranné, c'est vrai, mais qui, comme Edgar ou Gédéon, nous rappelle qu'un jour, sur Terre, il y eut les années 1930 et que, dans les années 1930, il y avait Jean Renoir qui faisait des films. Cinquante ans plus tard, c'était Luc Besson. Il faut dire que les temps avaient changé. On ne montrait plus la France populaire à la France populaire, on imitait l'Amérique. On ne déjeunait plus sur l'herbe, on prenait du crack dans des tours de verre. J'aime Besson – je dirai un jour, ici, comment il tourne. C'est assez fascinant. Il m'a invité sur un tournage. Sympathique, affable – *camarade*.

Sartre, dans le « Flaubert », évoquant la mère de Gustave : « Ses fils, qu'ils fussent sur terre ou dessous, lui demeuraient toujours étrangers. »

Les Français transforment un paradis (la France) en enfer.

Sollers, *Les Voyageurs du temps*, 2009 : « Il y a un temps menteur organisé, il y a un temps vrai. Le temps vrai est gratuit, comme un bloc d'or au fond d'un bourbier. »

Samedi 7 janvier

Réveil avec *Johnny Winter*, Johnny Winter, 1969 (Columbia, 9826, US). Johnny Winter : guitare, guitare slide, harmonica, chant ; Tommy Shannon : basse électrique ; « Uncle » John Turner : percussions.

Petit déjeuner crêpes, préparées par Emmanuelle qui reçoit deux amies, Marion et Lucie. Je les quitte assez rapidement pour aller travailler.

Échanges de SMS avec Marie Darrieussecq.

MARIE : Cher Yann, merci pour ton livre. Un livre avec des noms, des gens identifiés. Ça me plaît et ça m'émeut. J'ai été très frappée aussi par un de tes articles récents dans la *RDJ* – « *L'Énéide* c'est LE livre des migrants » : oui ! Ton odyssée à toi me fascine – comment fais-tu ? Je ne pourrais pas tenir deux jours dans une telle arène. Ça s'appelle savoir ce qu'on veut, et ce qu'on fait. Et ça a sûrement un lien direct avec l'analyse. Bonne année tant qu'on y est ! Je t'embrasse. Marie.

MOI : Chère Marie, ton message me fait très plaisir. Très. Oui, c'est une arène. Mais tu sais, rien ne me rend plus heureux que de lire et d'écrire. Quant à l'analyse, elle m'a permis de redevenir l'intellectuel que je voulais être quand, rêvant de faire l'ENS en lettres, mes parents (menaçant de me foutre à la porte) m'ont forcé à étudier les maths. J'espère te voir bientôt… Tu écris ? Yann.

MARIE : Oui, j'écris. Mon fils (bientôt seize ans, il est merveilleux) hésite entre les maths – parce que ça ouvre divers métiers – et les lettres ; je vais lui dire ce que tu me dis. Je suis toujours dans le XIVe. Fais-moi signe quand tu veux. Marie.

MOI : Tu sais, dès qu'on démissionne de sa pente naturelle, de sa réelle sensibilité, les études peuvent devenir un cauchemar. Quand on adore Barthes, il ne faut pas se forcer à faire des équations. On ne réussit qu'en étant bien. Et passionné par ce qu'on fait. Or, on n'est jamais fait pour les sciences et les lettres à égalité. Ton fils ne doit pas se sacrifier sur l'autel des maths !

MARIE : Je suis d'accord !

MOI : « Suivre sa pente, surtout dans le sens de la montée » – disait Gide.

MARIE : Mais la pression est dingue. Il est à Henri-IV. Même pour médecine il faut des maths (absurde).

MOI : Je sais… Moi, les maths m'ont fait beaucoup de mal. À cause d'elles, j'ai cru (en maths sup et spé, et en ratant l'X) que je n'étais pas intelligent.

Marie : Il sera probablement très heureux en philo. En L. Des heures et des heures de philo par semaine : le rêve. Et des romans.

Moi : J'étais pris à Henri-IV en khâgne : mes parents m'ont dit : « Dehors ! » Alors que la philo était ma passion totale dans la vie. Puisse ton fils ne pas faire la même erreur que moi – mais lui a la chance d'avoir une mère qui sait tout cela mieux que personne.

Puis : Je suis devenu écrivain pour corriger ce tir.

Marie : Oui tes parents avaient l'air gratinés – tu te souviens que même un chauffeur de taxi m'en avait parlé à Orléans !

Moi : Oui. Des pauvres cons. Ton livre sera un roman ? Je lis en ce moment Suétone : étonnant ! C'est plein de beautés et de cancans !

Puis : Allez ! Je te laisse travailler ! Bonne journée ! Tu me donnes des dates pour qu'on se voie ?

Marie : Suétone est génial et il parle de Trump ! Un roman oui – sur les migrants, avec un retour des personnages de mes romans précédents.

Le *Journal* de Raymond Queneau : strictement *aucun* intérêt. Le plus difficile dans un journal intime est d'injecter du relief. Si tu es paresseux, c'est mort. Il est vrai aussi que raconter tous les jours ce que l'on a *fait* est usant. Certes, cela peut passionner le voyeur, mais à narrer, franchement, c'est usant. Alors on « triche » évidemment, on préfère laisser de la place (trop ?) à des sujets autres, des « réflexions », des « pensées ». La paresse du diariste est telle qu'il préférera écrire trente pages sur un sujet qui ne le concerne pas totalement que dix lignes sur quelque chose qu'il aura réellement vécu. Rien n'est plus pénible que de « re-vivre » une séquence. En particulier par l'écriture. Alors, pourquoi ces pages ? La contradiction : tu connais, camarade ?

Il faut écrire ce qu'on a envie d'écrire, sans jamais être obsédé par la postérité. La postérité est un cancer. C'est très morbide. C'est surtout une manière de se rassurer : ce que je n'obtiens pas aujourd'hui, je l'aurai demain. Jauffret crève de ce que Houellebecq soit posthume de son vivant. Il n'en dort pas la nuit. Ce doit être terrible. Pas un dîner avec lui sans qu'il remette un couplet sur Michel. Il trouve tout illisible et mauvais chez lui. Alors, juste cette pauvre question : pourquoi le lit-il ? Sinon par masochisme.

Que les juifs soient « méfiants » envers l'histoire, là n'est même pas le problème : elle ne les intéresse pas. Si elle les concerne, c'est parce que l'histoire a voulu les détruire, tous, et à jamais. C'est pourquoi les juifs « historisés », sécularisés, modernes, modernisés, c'est-à-dire ceux qui ont un pied dans l'histoire, et sont contaminés par cette saloperie, la politique, doivent opérer un retour(nement) et faire tourbillonner le, leur révolu : le révolu de leur peuple, le révolu en eux de leur peuple. « On leur avait appris à se préoccuper du plus lointain dans le plus immédiat. » C'est cela, faire la révolution ; la révolution ne peut être faite que par ces juifs-là, qui ne veulent plus ne plus être totalement juifs. Mosaïquement juifs. Pour un rabbin, faire la révolution n'a aucun sens : un rabbin ne retourne pas là où il est déjà. Le rabbin est celui qui empêche toute production de révolu. Pour le rabbin, le révolu n'a pas le temps d'exister. N'a pas le temps d'être. Le rabbin perpétuellement bloque ce mouvement vers l'arrière des choses, ce roulement vers l'antériorité (logique). Pour le rabbin, le révolu et le maintenant sont une seule et même chose. Le rabbin vit dans la contemporanéité de tout. Il existe un degré supérieur à la contemporanéité de tout, c'est le degré accessible aux prophètes – le prophète, lui, est dans la simultanéité de tout. Et il existe un degré supérieur au degré prophétique, c'est le degré messianique. Le messie, lui, est dans l'identité, dans l'identicité de tout. Et il existe un degré supérieur au messie, et c'est le degré divin. Dieu, lui, est dans l'unité de tout.

Un type, dans la rue, me menace : « On t'aura. » Je ne sais pas ce qu'il entend par là, ni surtout pourquoi. J'ai des ennemis contradictoires. Surtout, ce que j'adore, dans cette histoire, c'est le « on ». « On » qui ? Fascinant.

Je relis un petit livre que j'avais autrefois beaucoup aimé. Il est signé Martin Page, un écrivain qui était prometteur, très prometteur, et qui a un peu disparu des radars. Page était né, est né, en 1975. Une année que j'aime beaucoup, pour être honnête. Qu'on ne me demande pas pourquoi. Ce serait un peu long. Un jour, un livre : *1975*, que j'écrirai. J'ai sept ans de plus que Martin Page. C'est ainsi. Martin Page mesure, mesurait (je ne sais plus quel temps employer) un mètre et quatre-vingts centimètres. Il fait, faisait sept centimètres de plus que moi. Ou six, parce que parfois je triche un peu, je dis que je mesure un mètre et soixante-quatorze centimètres. Je ne sais pas pourquoi. Ça « sonne » mieux, je trouve. Ça fait un tout petit peu moins « dans la moyenne ». Je sais, c'est juvénile, vain. C'est stupide. Ce qui nous rapprochait et nous rapproche, avec Page Martin, c'était, c'est, la littérature. La vraie, celle qui ne pense pas que l'humour soit une défaite, ni l'ironie une perdition. (En écrivant ces lignes, j'écoute Zarah Leander, ce qui ne m'arrive pas tous les jours.) *La Libellule de ses huit ans* est un roman d'amour rempli d'humour. C'est, en quelque sorte, un « roman d'hamour ». *Belle du Seigneur* ? Du Proust revu et corrigé pour un numéro « spécial grands sentiments » de *Placid et Muzo Poche* ; *L'Écume des jours* ? Le livre préféré des adolescentes bubonneuses et de ceux qui n'ont lu que ce livre-là (remarque qui vaut également pour *Belle du Seigneur*). Des facilités ? Il y en a. En rafales, c'est vrai. En rafales. Mais aussi des instants de grâce comme rarement lus. Des pages d'anthologie sur notre époque (télé, célébrité, branchitude). C'est un roman d'esclavage : comment devient-on soumis à tout ce qui vient parasiter les sentiments ? Pourquoi obéit-on à la dictature de tout ce qui n'est pas fragile, essentiel, à tout, en bref, ce qui n'est pas l'amour fou ? La réponse, évanescente, a la forme d'une libellule.

Le ciel est gris. Demain il ne sera plus. Et tôt ou tard, comme l'a dit William Cliff, le plus grand poète vivant, les crânes seront vermoulus.

Il faut lire, lire, passer sa vie à lire. Tant pis pour celui qui ne lit pas. J'ai remarqué que la plupart des gens qui ne lisent pas écrivent. On ne se méfie pas assez de cet état de fait – d'une grande perversion. Si les écrivains lisaient plus, ils vivraient davantage de choses, et écriraient mieux.

Je voudrais dormir aussi longtemps que mes rêves le permettront.

Un cauchemar dont on se souvient est un cauchemar au carré.

La fonction dérivée atténue les sensations, la fonction intégrale les accentue.

La fonction dérivée émousse les sensations, la fonction intégrale les accentue, mais aussi les multiplie.

La fonction intégrale multiplie les sensations (les occasions, les occurrences de sensations et par conséquent les sensations elles-mêmes) ; la fonction dérivée les émousse parce qu'elle les divise (il y a moins d'occasions, moins d'occurrences d'obtenir des sensations).

Je considère les entiers naturels comme des bornes kilométriques, ou des pierres sur le chemin. Une fonction est une opération du Saint-Esprit (un coup de baguette magique ?) qui modifie le chemin sur lequel j'avance. Chaque borne kilométrique, chaque caillou subira une modification, ce qui à terme modifiera forcément mon chemin. Selon la fonction en question, ma route (ma randonnée) sera plus ou moins extravagante, ennuyeuse, dangereuse, merveilleuse – dépaysante.

Un entier naturel est une pierre posée devant moi à partir de mon point de départ ; un entier relatif est une pierre posée devant ou derrière moi à partir de mon point de départ (ou, plus exactement, de l'endroit où j'habite ; et si je vais vers le nord plutôt que vers le sud, je marche en négatif, les bornes indiquent des kilomètres négatifs).

L'ambiguë cruauté des nombres : expriment une position et une quantité. Mauvais.

Plus compliqué : le nombre décimal. C'est une pierre, un caillou, avec, derrière lui, quelques petits morceaux de pierre, de caillou, qui le collent, qui lui sont accolés. Ils ne proviennent pas de lui. Les cailloux, plus petits, les plus petites pierres qui sont collés à lui expriment ce qui se passe derrière la décimale. Ils sont de toute grosseur. Par exemple, si je dis « 4,628 » j'ai une pierre, la pierre numéro 4, semblable aux précédentes sur mon chemin, j'ai la borne kilométrique indiquant le kilomètre quatre, et, collés à cette borne, trois autres cailloux, différents les uns des autres. Le premier caillou, avec marqué « 6 » dessus, le deuxième caillou (dix fois plus petit que le premier), avec marqué « 2 » dessus et le troisième caillou (dix fois plus petit que le deuxième et cent fois plus petit que le premier), avec marqué « 8 » dessus. Le premier caillou après la borne n° 4 est le premier de son espèce. Le deuxième caillou après la borne n° 4 est le deuxième de son espèce. Avant lui, il y avait eu un prédécesseur et un seul – le caillou que l'on peut repérer comme suit : « 4,618 ». Même raisonnement avec le troisième caillou : « 4,627 ». Je ne perçois les nombres décimaux que lorsque, allant par mon chemin, je me déplace avec une grosse loupe ou un microscope.

Mercredi (on enregistre exceptionnellement mercredi au lieu de jeudi), nous recevrons Manuel Valls. J'aimerais bien l'interroger sur la notion de « fraternité ». Liberté, d'accord. Égalité, admettons. Laïcité, je comprends ce que cela veut dire. Mais « fraternité », finalement, cela n'est qu'un mot. C'est le seul qui ne veuille rien dire. « Liberté », cela se rapporte à la philosophie ; « égalité », à l'économie. Mais « fraternité », cela est d'un autre ordre – on ne sait trop lequel. Peut-être, étrangement, de l'ordre de la religion ; fraternité renvoie à saint François d'Assise. « Salut et fraternité » : c'est ainsi qu'on se saluait pendant la Révolution, dans le sillage de la fête de la Fédération (14 juillet 1790). La Fayette prononce alors le mot « fraternité » dans son discours. La Constitution de 1791 l'évoque, mais rien dans la Déclaration des droits de l'homme ni dans la Constitution de 1793. Rien dans la Charte de 1830. Il faut attendre la Constitution de 1848 pour que le concept devienne inséparable de la République – article IV. Il n'en reste pas moins que « fraternité » ne veut rien dire – du moins en termes politiques. On ne peut mettre en application, ni faire respecter un sentiment. On ne peut par conséquent pas sanctionner le moindre « manquement » à la fraternité.

Luc Ferry balance tellement de clichés qu'il aurait dû être photographe.

Dîner avec Simone Harari, son mari, grand professeur de médecine, Emmanuelle, Judith Cohen-Solal et Guillaume Rappeneau afin de pouvoir financer *Korea*, qui tombe en rade. « Rappi » parle de tout, d'absolument tous les sujets de la Terre, sauf du film et *a fortiori* du financement : il « n'ose » pas ! Et quand Simone lui fait un peu de rentre-dedans, il bafouille, s'excuse, change immédiatement de sujet : « Et vous, Simone, sinon, les vacances ? Les projets ? La santé ? » Un coup d'épée dans l'eau, et un coup de pied au cul qui se perd.

Dimanche 8 janvier

Réveil avec *Live At Basin Street East*, Ray Bryant, 1964 (Sue Records Inc., SUE 1019, US). Ray Bryant : piano ; Jimmy Rowser : basse ; Ben Riley : batterie.

Les nombres rationnels : une coulée, un fleuve. Qui passe le long des quais tandis que je marche. Et, une fois parvenu à l'estuaire, le nombre se reconstitue, repart de sa source, car il est périodique (périodicité propre aux nombres rationnels – ce qui se démontre).

Les nombres réels : les bornes, mais aussi le fleuve – surtout pris dans la glace, à un instant t, histoire de réunir tout le monde pour la photo.

Les nombres premiers : je n'ai pas le droit de faire de pause (pour dormir, pour me désaltérer) avant d'avoir atteint les 7 km, ou les 9 km, ou les 11 km (etc.) que je m'étais promis d'atteindre – je suis *coincé.*

Une fonction : le tracé d'un chemin nouveau, la proposition d'un itinéraire neuf, semé des mêmes bornes transposées où elles le doivent mais qui (on s'en aperçoit à vol d'oiseau) sont disposées telles que la droite formée par la borne numéro et son avatar soit parallèle à la droite formée par la droite numéro et son avatar, et ainsi de suite.

Si je veux pouvoir marcher tranquillement, sans mur ni trou, ni trappe, ni piège, il faut que la baguette magique transpose chacun de mes pas sur le chemin neuf (sur le sentier inédit), alors je fais appel à ce qu'on nomme une application. Chaque pas s'applique sur chaque pas. C'est bien, c'est parfait. Il n'y aura aucune mauvaise surprise lors de mon excursion toute neuve (et tellement dépaysante).

Je reviens à cette phrase de Levinas : « Ces ancêtres ou ces contemporains qui vivent des vies innombrables dans une vie qui ne s'est pas encore divisée ou qui a déjà tout réuni, jaillissant comme une source divine, comme la Source. » Il y a tout dans cette phrase. Quelle concision ! Quelle densité… On n'a peut-être jamais aussi bien « résumé » le judaïsme (qui est irrésumable par essence – est juif, avant toute chose, ce qui ne se résume pas). « Ces ancêtres ou ces contemporains »… Comme nous l'avions vu pour la source qui vient de jaillir et la source qui coule déjà depuis un certain temps, Levinas pointe, lui aussi, l'équivalence entre les anciens et les nouveaux : c'est la même chose. « Qui vivent des vies innombrables » : formule fascinante. D'abord, il s'agit de rappeler que le mot « vie » en hébreu n'existe qu'au pluriel (חיים ; HYYM, *hayim*). Le juif est celui qui vit au pluriel. Le juif est celui qui est en vies. « En vies », cela veut dire qu'il est toujours vivant. « Toujours vivant », cela veut dire que la forme essentielle, existentielle, ontologique du juif est la vie. Est juif celui, tout d'abord, qui est vivant. Qui est sans cesse vivant. Qui est perpétuellement vivant. Perpétuellement en vie. Un juif est forcément en vie. C'est sous la forme même de la vie qu'on est juif. On reconnaît le juif au fait qu'il vit. Un « juif mort », d'une certaine manière, c'est une contradiction logique. C'est comme de la neige noire. Un juif mort, cela n'existe pas.

Et YHWH parla à Moïse, disant : « Tu feras un bassin de bronze et son socle de bronze pour laver, et tu le mettras entre la tente de la convocation et l'autel, et dedans tu mettras de l'eau, Aaron et ses fils laveront avec cette eau leurs mains et leurs pieds, quand ils entreront dans la tente de la convocation ils se laveront avec de l'eau et ainsi ils ne mourront pas, ou quand ils approcheront de l'autel pour officier et faire fumer une offrande par le feu de YHWH. »

Et ils laveront leurs mains et leurs pieds, ainsi ils ne mourront pas : ce sera une loi perpétuelle pour lui et sa postérité, pour leurs générations.

Un juif, c'est les juifs. Un juif possède la vie de tous les juifs, de tous les juifs avant lui et de tous les juifs après lui. Chaque juif est une « grande nation » ! « Toujours vivant » : cela veut dire, aussi, que le juif est un rescapé. Détruire les juifs, ce fut une aberration, c'est détruire la vie. Et la vie a gagné. Tous les juifs morts à Auschwitz sont vivants dans tous les juifs d'avant Auschwitz et dans tous les juifs d'après Auschwitz. C'est pour cela que les juifs ont la Mémoire. Et qu'ils se moquent de la commémoration.

La Mémoire, cela sert, non pas à faire le deuil des juifs que la commémoration fait mourir, mais à faire vivre les juifs morts. La Mémoire, c'est le lieu où les juifs, même morts, sont toujours vivants. Sont toujours déjà vivants. La commémoration, c'est le non-lieu où les hommes, même vivants, sont déjà morts. Sont déjà toujours morts. Une société responsable, une société adulte est une société (voir Israël) qui, face au terrorisme, commémore (au nom même de ceux qui sont tombés, et afin qu'ils ne soient pas totalement tombés pour rien) les morts qui ne sont pas encore morts. Même quand un juif est persuadé que sa mémoire est un poison (qui l'empêcherait de vivre), un frein (qui l'empêcherait d'avancer), il finit toujours par se réconcilier avec elle. *In fine*, c'est toujours elle qui gagne et le sauve. « Il fut impossible de vivre après la Shoah autrement qu'en réduisant la mémoire au silence. La mémoire devint notre ennemi. C'est à chaque instant qu'on travailla à l'émousser, à la détourner, à l'engourdir comme on le fait avec la douleur. Le combat dura des années. Les gens apprirent à vivre sans souvenirs, à la façon dont on apprend à vivre lorsqu'on est amputé. » Ces mots sont d'Aharon Appelfeld, qui raconte ensuite, qui raconte plus loin comment « la mémoire [a] fait irruption » et s'est élancée « de la prison où on la tenait ». « Toujours vivant », cela exprime qu'après toutes les péripéties et les atrocités de l'histoire, le juif est malgré tout encore vivant ; mais cela exprime (surtout) la pérennité, l'immuabilité, la fixité, la constance, l'éternité de la vie dans l'être-juif. « Toujours vivant », cela veut dire, enfin, qu'un juif, s'il est « mort », ne peut l'être que momentanément. Il y aura la Résurrection des morts – dans les temps messianiques. Un juif mort ne peut donc l'être que partiellement, et momentanément. « En vies », cela veut dire, encore, que le juif n'est pas réductible à sa vie. À sa seule vie. Un juif, c'est celui qui vit la vie de tous les juifs, il vit en même temps que sa vie toutes les vies juives. Sa vie, c'est toutes les vies juives vécues en même temps. « Dans une vie qui ne s'est pas encore divisée » : pas divisée entre les anciens juifs et les jeunes (et les nouveaux) juifs. Pas divisée entre ce que d'autres appellent le « passé » et le « présent ». Pas divisée entre le révolu et le maintenant, le tout de suite. Pas divisée entre ce qui appartient à l'histoire (le passé) et ce qui appartient à la politique (le présent). Pas divisée entre ce qui appartient au passé (l'histoire) et ce qui appartient au présent (la politique). Pas de hiatus, dans une vie juive (je devrais écrire « une vies juive » – et d'ailleurs, à partir de maintenant, je vais le faire), pas de hiatus, donc, dans une vies juive, entre le « passé » et le « présent ». Entre le révolu et l'irrévolu. Mais il faut insister sur le « pas encore » de la phrase : « Dans une vie, écrit Levinas, qui ne s'est pas encore divisée », c'est-à-dire dans une vies juive qui ne s'est pas encore sécularisée. Dans une vies juive qui ne s'est pas encore politisée. Dans une vies juive qui ne s'est pas encore modernisée. Dans une vies juive qui ne s'est pas encore (sous la forme de l'assimilation, par exemple) diluée dans l'immédiat pressé de l'aujourd'hui modernissime (« Comme si la meilleure façon de recevoir la lumière consistait à brûler dans le feu qui éclaire »). Levinas veut dire, en réalité : dans une vies juive qui est restée juive. Dans une vies qui n'est pas encore devenue une vie. Quand la vies juive perd son pluriel, c'est qu'elle est entrée dans l'histoire. L'histoire, c'est le lieu où l'on n'a qu'une vie. Le temps chronologique, c'est le temps dans lequel on n'a qu'une vie, qu'une seule et unique vie. Dans le temps logique juif, une vie est une vies. On vit au pluriel. La vie n'est pas limitée par son encadrement chronologique, duratoire : la vie chronologique, pour les juifs, n'est qu'un cas particulier de la vies. Une vie possible (non négligeable, non méprisable, non secondaire, mais une vie néanmoins parmi d'autres) mais pas une vie exclusive. Pas une vie exclusive de toutes les autres vies – ce que Levinas nomme les « vies innombrables ». Dans l'histoire, la vie est nombrable. Dans le judaïsme, la vies est innombrable.

« Ces ancêtres ou ces contemporains qui vivent des vies innombrables dans une vie qui ne s'est pas encore divisée ou qui a déjà tout réuni, jaillissant comme une source divine, comme la Source. » « Qui ne s'est pas encore divisée » paraît ici équivalent, aux yeux de Levinas, à « qui a déjà tout réuni ». C'est équivalent (pas tout à fait), c'est une différence de niveau, cette différence qui existe (par exemple) entre l'élève et le maître. L'élève, lui, ne s'est pas encore divisé : on peut penser que le maître, par sa force intellectuelle, morale, par son savoir et son immersion dans la Torah, est celui qui (théoriquement) ne peut plus jamais se diviser. Tandis que l'élève ou, plus généralement, le juif qui n'est pas un rabbin, le juif qui est friable, le juif qui hésite, le juif encore jeune, le juif non totalement encore affermi, affirmé, confirmé, solide peut encore se laisser moderniser, séculariser, laïciser… Alors, momentanément, il y a équivalence entre celui qui n'a pas encore été contaminé par le Siècle, et celui qui n'est (en théorie) jamais menacé de l'être. Car le rabbin, ou le grand juif, celui qui sait étudier, dans la langue de Dieu, et recevoir sa voie de la voix de Dieu, celui qui sait, écoutant Dieu, parler avec lui et se faire voir de lui (pas se faire bien voir, se faire voir, se faire voir bien), celui-là est celui qui a « déjà tout réuni » : réuni le révolu et l'irrévolu, le passé et le présent, l'ancestral et l'immédiat, le Sinaï et le tout à l'heure.

Brunch, puis je vais chercher Emmanuelle à l'opéra ; elle a une « surprise » pour moi. Nous nous dirigeons, sans que je sache ce qui m'attend, à la Cité des sciences, porte de Pantin. Déconfiture : la surprise est trois minutes de « chute libre », d'apesanteur plutôt, dans un ventilateur géant, en costume ridicule ; j'eusse volontiers accepté, mais le ventilo est situé dans une colonne, un tube, construit au beau milieu d'une galerie commerciale où des dizaines de badauds s'esclaffent, se moquent, pointent du doigt les gesticulations des bizuths qui, dans leur soufflerie high-tech, ont l'air de pantins dégingandés. Ce sera sans moi, merci. On repart. Emmanuelle (à juste titre ; elle voulait me faire plaisir) est vexée. J'ai acheté des feuilles et des feutres, des cahiers, pour lui faire des dessins. Et des rOtring – mais comme la technologie des rOtring, depuis les derniers en date que j'avais achetés, a passablement évolué, je m'énerve dessus en rentrant et je balance tout à la poubelle – ce sont près de 80 euros qui partent ainsi en fumée ; aucune notice, ni dans la boîte ni sur Internet, ni aucun ami architecte (exemple Zam) n'a été capable de nous aider ; Emmanuelle elle-même, pourtant très geek et très adroite de ses mains, renonce. Ce ne fut pas notre meilleur dimanche.

Lundi 9 janvier

Réveil avec *Other Side Of The Road*, Fillmore Slim, 2000 (Fedora, FCD 5016, US). Guitare et chant : Fillmore Slim ; basse : Jeff Henry ; batterie : Chris Millar ; guitar : Frank Goldwasser *aka* Paris Slim ; piano : J.J. Malone ; saxophone ténor : Ron Catalano ; trombone : Les Nunes.

Entretien, rue des Saints-Pères, avec Nathalie Chifflet, pour *Terreur*. J'arrive très (très) en retard. Puis j'enchaîne sur le comité de lecture, chez Grasset, puis sur l'émission d'Anne-Sophie Lapix, *C à vous*. Cette blondinette, qui n'est ni plus antipathique ni plus stupide que n'importe quelle n*info*mane, plutôt que de parler d'un sujet prépondérant, sérieux, grave (le terrorisme), préfère m'entraîner sur le terrain de la petite pique : fâchée que j'aie plaisanté sur son émission dans *ONPC*, elle entend que je m'explique là-dessus. Je lui dis ce que je pense d'elle, et de son show lamentable où tout le monde passe le cirage à tous les invités ; pensant enfin que nous pouvons parler de terrorisme, elle insiste ; aucun des chroniqueurs qui l'entourent ne bronche (tous sont sans doute tétanisés à l'idée de se faire virer) ; ensuite, au lieu que de parler du fond, elle tente de me piéger : pourquoi écrire un livre de plus sur le terrorisme si, dans l'ouvrage, je condamne moi-même l'excès de publications, d'analyses, sur le sujet… Bref, tout vole si bas que je me jure qu'on ne m'y reprendra pas ; je n'assisterai plus jamais à cette émission ; la blondinette ne lit probablement pas les livres, on lui prépare (assez mal, d'ailleurs) des fiches – notre époque crève de ses chroniqueurs et de leurs fiches.

Fruit des sociétés démocratiques, qui l'ont inventé, produit et permis, l'individu en est désormais devenu le cancer. Tocqueville l'avait vu.

Les nombres irrationnels, que me disent-ils ? Je ne peux pas les inscrire sur mon chemin terrestre. Je vais sans doute les placer au ciel, dans les cieux. Ils ne possèdent pas, contrairement aux rationnels, de périodicité. Ils ne sont pas des nombres de Loire, d'écoulement de fleuve, avec, une fois leur période écoulée, ce retour à la source, au mont Gerbier-de-Jonc. Je les place dans le ciel, dans les cieux, au ciel – « là-haut ». Pas de périodicité, pas de coulée. Ils viennent de loin – du lointain, comme la lumière des étoiles.

Les nombres irrationnels sont (dans mon esprit, pour moi seul !) à la lumière ce que les nombres rationnels sont à l'eau. À l'eau à condition qu'elle s'écoule.

Les nombres irrationnels sont à la lumière (qui provient de l'espace, la lumière des astres, celle des étoiles) ce que les nombres rationnels sont à l'eau du fleuve.

Instinctivement (mieux, encore, qu'intuitivement), je *sais* alors que les nombres irrationnels sont beaucoup, beaucoup plus nombreux – si j'ose dire – que les nombres rationnels. Le nombre de molécules d'eau du fleuve : quantité ridicule par rapport au nombre, non pas des étoiles, mais des photons que nous envoie une étoile. Je me trompe, je rectifie : non pas le nombre de photons, mais le nombre de kilomètres parcourus par un photon dans l'espace, oui, à travers le cosmos, pour qu'une étoile nous atteigne de sa lumière. Voilà comment je me représente un nombre irrationnel. On trouvera toujours une étoile plus lointaine que la précédente. Et ainsi de suite !

Il faut continuer le combat, si j'ose dire. Le combat de la représentation. Le combat des « idées claires ». Je me dois de m'interroger, face à ma feuille, là, tout seul, sur ce qu'on appelle les nombres algébriques, d'une part, et les nombres transcendants, d'autre part (je ne pense pas publier ces notes, donc liberté totale, absolue ; cela dit je ne suis pas certain de publier ce journal intime ; pas complètement certain).

Les nombres algébriques – non rationnels – sont définis comme des racines de polynômes à coefficients rationnels.

C'est parce que je peux longer le fleuve, borne à borne, que je peux considérer qu'un nombre rationnel peut s'exprimer sous la forme de fraction de nombres entiers. Je me comprends.

Je ne bénéficie plus de mon référent « promenade » pour exprimer les nombres irrationnels. Infractionnable individu. On ne fractionne pas la lumière de toute façon. Un verre d'eau, oui. Un verre de lumière, non.

Nombres algébriques : fruits d'une équation. Nombres transcendants : fruits de *quoi* ?

Nombres réels : ils comprennent les fleuves et la lumière.

Nombres algébriques : accouchés par des conglomérats galactiques. Nombres transcendants : nombres divins. Creuser cette idée : Dieu, pour les nombres transcendants. Provisoirement se le figurer ainsi.

Mon amie Katia, à propos de Luc Ferry : « Un vieux beau pas beau. »

Entendu dans le bar en bas de chez moi : « Tu préfères te taper un boudin très sexuel ou lire un livre intéressant mais avec plein de pages ? »

Mardi 10 janvier

Réveil avec *Genesis*, Genesis, 1983 (Vertigo, 814 287-1, France). Phil Collins : chant, percussions, batterie ; Mike Rutherford : guitare, basse, chœurs ; Tony Banks : claviers, chœurs.

À 8 heures, LCI, puis RMC, *Les Grandes Gueules* ; je fais amende honorable concernant Michel Onfray. Je n'ai finalement pas envie, Dieu sait pourquoi, qu'il me déteste ; il m'a toujours soutenu, il a toujours été loyal et sympathique avec moi.

Interview « Vinci Autoroute » à *La Règle du jeu*, puis Europe 1, où Frédéric Taddeï, comme à son habitude, pose les bonnes questions, même s'il n'a jamais été totalement bienveillant à mon endroit.

Quand le judaïsme s'agrège à l'histoire, cela s'appelle le sionisme.

L'État d'Israël repose sur une ambiguïté : est-il le seul moyen pour les juifs d'entrer enfin dans l'histoire ? Ou bien est-ce le seul moyen pour les juifs de continuer enfin à en rester en dehors ? J'opte évidemment pour la deuxième solution. Tous les juifs ne seront pas d'accord avec moi et, sur ce point, les juifs ne sont pas d'accord entre eux.

Benny Lévy, 13 février 1979 : « La politique trahit l'altérité. »

« Commencer, c'est (re)commencer » (Benny Lévy, 12 mars 1979). Faire la révolution, c'est donc opérer ce mouvement de retour. Pour attraper le révolu, qui a commencé de rouler discrètement, en arrière, et le faire avancer avec nous. Telle est la condition pour se maintenir hors de l'histoire et, par conséquent, d'échapper à l'horreur politique. « Le pas-en-arrière-de-penser », comme dit Benny. Il faut citer toute la phrase (elle date du 20 octobre 1971) : « “Le pas-en-arrière-de-penser” est en même temps RÉVOLUTION. Révolution – restauration. » N'est-ce pas toute notre thèse qui est résumée dans cette seule phrase ? Réponse : si. Alors que Benny n'est pas encore ce juif indivisé, ce juif uni, il donne, dès cette fin des années 1970, la plus incroyable définition que l'on pourrait donner du judaïsme (une autre, encore, que celle, géniale, de Levinas) – la preuve, s'il en est, que l'on peut toujours donner des définitions géniales, et à l'infini, du judaïsme. C'est l'ensemble des définitions géniales du judaïsme qui font la définition du judaïsme. J'aimerais faire tenir le suspense un peu plus longtemps. Retenir (encore, le temps de quelques lignes) la définition de Benny. Je voudrais, non pas que tu te languisses, ô hypothétique lecteur, de ces pages qui ne seront sans doute jamais publiées, mais que tu cherches, toi aussi, une définition (à partir de tout ce que nous venons de voir, de tout ce que nous venons de dire, de tout ce que je viens d'écrire) du judaïsme. C'est comme un jeu : donne-moi ta définition du judaïsme. Note-la dans un coin, sur un bout de papier. Fais-la mûrir… Puis reviens dessus. Demande-toi si tu en es satisfait, si tu n'as rien oublié. Essaie de la faire la plus courte possible, la plus incisive possible. La plus (infiniment) ramassée, condensée, efficace possible. Qu'elle explose… Que cela fasse comme une déflagration. Et quand tu estimes en être satisfait, content, fier, compare-la à celle qui suit. Compare ta définition à celle de Benny. Et alors, si tout va bien, tu auras honte de ta définition. Tu comprendras alors (ô lecteur) ce que c'est que penser. Tu comprendras ce que c'est que la pensée. La pensée, c'est la phrase qui va suivre. Le génie humain, c'est la phrase que je m'apprête, d'ici quelques lignes, quelques minutes, quelques secondes maintenant, à recopier. J'aurais pu ne jamais la livrer, cette phrase. J'eusse pu la garder pour moi, dans le coffre-fort. J'aurais pu ne pas te la faire partager, mais je ne suis pas égoïste. Je suis altruiste. Je suis juif ! Mais sache que cette définition (cette expression), elle se mérite, elle se respecte. Elle s'admire. Elle s'écoute, comme on écoute une sonate, une symphonie. La voici. Elle a été notée par Benny, lors de ses séances de travail avec Sartre, le 21 octobre 1979. Je ne sais si Benny se rend compte de ce qu'il est réellement en train de définir. Qu'il sache (il le pressent en tous les cas) qu'il parle ou non du judaïsme importe peu puisque sa définition est parfaite. La voici : « nouveauté immémoriale ».

Les nombres transcendants (les « voir »). Cantor, en 1874, démontre que les nombres algébriques réels sont dénombrables – aucune difficulté à le concevoir, à le « voir ». Mais Cantor parvient aussi à élaborer une méthode permettant de construire des nombres transcendants. Quatre ans plus tard, il établit qu'il existe autant de nombres transcendants que de nombres réels. Cet « autant » donne le vertige ; c'est lui qu'il me faut (avec mes images, mes mots, ma pauvre intelligence) saisir du mieux que je pourrai.

D'abord, s'expliquer vraiment, à soi, pour soi, les nombres complexes. Mais vraiment. Ne pas les accepter les yeux fermés, comme à l'époque (comme au lycée). Les appréhender en profondeur – si j'en suis capable (rien n'est moins sûr). Pour l'instant, ce que j'en lis ne me permet pas d'y voir très clair. « Extension » de R. D'accord – je verrai ce que je peux faire avec ça.

Je suis un homme stupide ; il est bien évident que, concernant ces nombres, le mieux est de les prendre au pied de la lettre, si j'ose dire : ils ne s'intitulent pas « nombres imaginaires » pour rien. Alors je partirai sur « imaginaire ». Ce sont des nombres qui ne sont corrélés à rien dans la nature (je parle ici de la nature déjà imaginaire, en quelque sorte, construite, envisagée pour me *figurer* les différentes familles de nombres). Ne pas se mettre immédiatement la rate au court-bouillon avec les complexes. En revenir aux transcendants. Nombres transcendants : la matière noire de l'univers.

Théorème de Liouville : à l'aide des nombres rationnels, on approche mieux les nombres transcendants que les nombres algébriques. Ça correspond bien à mes motifs mentaux : les molécules de l'eau d'un fleuve qui s'écoule, ou d'une cascade, me semblent très « nombreuses », collées les unes aux autres, comme je me les imagine quand elles constituent la matière noire de l'univers. Tandis que les nombres algébriques, que je me figure comme la lumière qui vient des étoiles, qui nous parvient des étoiles (plus ou moins éloignées, d'où des nombres plus ou moins grands et venant de tous côtés, venant de partout), comme susceptible d'être distinguée d'une étoile à l'autre (les étoiles ne sont pas collées les unes aux autres ; je parviens à les discerner). Je ne suis donc pas choqué que les rationnels aident mieux à « dire » (à approcher, à exprimer grossièrement) les transcendants que les algébriques.

Mercredi 11 janvier

Réveil avec *Songs For A Tailor*, Jack Bruce, 1969 (Atco Records, SD 33-306, US). Jack Bruce : chant, chœurs, basse, orgue, piano, guitare acoustique, violoncelle ; Harry Beckett et Henry Lowther : trompette ; George Harrison : guitare ; Dick Heckstall-Smith et Art Themen : saxophone ténor et soprano ; Jon Hiseman et John Marshall : batterie ; John Mumford : trombone ; Felix Pappalardi : percussions ; Chris Spedding : guitare électrique.

« Toujours ici, sans grand espoir maintenant. Mais l'atmosphère est agaçante. Une pension de famille c'est déjà emmerdant. Mais une pension de famille protestante, ça vous fait gagner le paradis sans le savoir. Tout est pleur, et sauf un ou deux visages, tout est laid » (Albert Camus à Francis Ponge, le dimanche 11 juillet 1943).

À 11 heures, émission de Zemmour et Naulleau. Éric (Naulleau) est d'une grande élégance : il aime le livre, et dit que c'est sans doute mon meilleur. Éric (Zemmour) m'explique que je n'ai rien compris : que le terrorisme et l'islam sont consubstantiels. Il est pénible, ce Zemmour, avec sa grille de lecture, toujours la même, obsessionnelle, posée sur tout. Comment résumer son propos ? Les Arabes dehors. Même pas les musulmans : les Arabes. C'est tout. Rien d'autre. Désert intellectuel total. Assez navrant car ce n'est pas un imbécile. Mais c'est un systématique. Péguy les détestait ; je ne les aime pas non plus.

En début d'après-midi, émission d'Olivier Barrot, toujours aussi fin, sympathique. Un drôle de petit personnage, zébulonnant, indépendant, toujours là dans les parages quand les parages sont culturels, littéraires. Il appartient à la famille de ceux qui proviennent des années 1980. Il en a l'allure, la scansion, la drôle d'élégance – mais, s'il appartient aux années 1980, c'est en tant que personnage qui existait encore dans ces années-là sans y ressembler ; il était déjà désuet à l'époque, mais à la manière dont la désuétude s'exprimait, s'incarnait alors. Barrot est un homme sans méchanceté, toujours courtois, juvénile (ce qui signifie qu'il vieillit) et souriant. Quels mystères recèle, cache, dissimule ce lutin-là ? Peut-être aucun. Toujours est-il qu'il est là, occupant des postes presque invisibles et qui, du coup, ne sont presque jamais exposés au danger. Il vit dans des anfractuosités de la scène médiatique où, ne dérangeant personne, personne ne vient le déranger non plus. Ni le déloger par conséquent. Son génie est d'être toujours en place tout en se faisant oublier (des patrons, des responsables qui virent et licencient à tout bout de champ). C'est un art que cette discrétion sociale. Ne jamais dépasser est un moyen comme un autre de durer. Barrot l'a compris. Est-il intelligent ? Sans doute. Mais, d'abord, ce fin stratège est un petit malin. J'en serais bien incapable, trop prompt à me griller.

« On dit que $\in C$ est algébrique sur Q s'il existe P $\in Q[X]$ tel que $P(\alpha) = 0$, $P \neq 0$. » Traduction dans mon (seul) cerveau : si je vois une coulée de lumière venant du cosmos, semblable à la coulée d'eau (d'une rivière ou d'un fleuve) sur la Terre, alors, c'est qu'une étoile existe quelque part – elle « émet ». J'appelle « polynôme » tout l'agencement de matière et de gaz qui, s'agrégeant, se combinant, donne naissance à telle étoile α (que cette étoile existe dans la réalité ou dans mon imagination seulement, qu'importe). On dit que l'étoile α (qui est une étoile réelle ou imaginaire née de cette agrégation et visible à l'œil nu – traduction de « algébrique » – et que je ne peux voir que parce que α est elle-même source lumineuse), on dit que cette étoile α, donc, née de cette combinaison que j'ai dite, est visible si les photons qu'elle émet appartiennent à une coulée de lumière descendant du cosmos vers moi (comme l'eau du fleuve le fait sur la terre). L'étoile α est dite « algébrique » si je peux intercepter dans la coulée les photons qu'elle émet.

« Un élément de C qui n'est pas algébrique sur Q est dit transcendant » : je ne le vois pas, il n'émet rien, semble ne rien émettre, aucun photon, nuit noire – alors, je dis qu'il fait partie de la matière noire, invisible. Je ne dis pas qu'il n'existe pas, cet élément. Je dis qu'il existe mais que je suis incapable de le voir, que je suis incapable de l'appréhender.

Les conjugués de α, nombre algébrique, sont les racines de son polynôme minimal : ces conjugués sont à mes yeux (seuls) les planètes qui gravitent autour de l'étoile α.

La manière dont je me suis expliqué, hier, le théorème de Liouville n'est plus valable.

Les amas et les accidents (que sont les polynômes) donnent naissance à plusieurs étoiles (qui sont les solutions de ces polynômes) ; nous apercevons la lumière de ces étoiles nées du même agrégat, du même amas, du même hasard : c'est là l'aspect nombre rationnel de ces étoiles algébriques.

Si je ne nais pas d'un amas, dit l'étoile α, c'est que je suis transcendante. Je nais autrement. Je n'ai, par conséquent, aucune chance d'avoir été accouchée par quelque polynôme rationnel quel qu'il soit. Je suis transcendante, dit l'étoile, je suis née ailleurs et, en plus, on ne me voit pas dans l'univers.

Attention : α est irrationnel, mais provenant d'un amas polynomial de matière qui, lui, peut être rationnel. C'est le plus difficile à saisir avec mon modèle. C'est que l'amas peut redonner cycliquement les mêmes étoiles. Mais les étoiles en elles-mêmes, même recommencées, ne possèdent pas en elles de photons recommencés. Les amas qui leur donnent naissance coulent, et se recommencent, mais les étoiles qu'ils mettent au monde émettent des photons qui, eux, ne sont jamais les mêmes (les amas sont rationnels, les étoiles sont irrationnelles).

Parfaitement normal que les nombres algébriques de degré 1 soient rationnels : on reste sur terre (le fleuve est sur la terre, niveau 1). Avant Liouville on pensait que tous les nombres irrationnels étaient algébriques. Non seulement c'était faux, mais le plus grand nombre de nombres, si j'ose dire, restait à découvrir ; et ces nombres en très grand nombre sont, précisément, les nombres transcendants.

Il est très difficile d'approcher un algébrique irrationnel à l'aide des nombres rationnels. *Pourquoi ?* Affaire de densité.

« Un bon souvenir ne vaut pas un bon texte » (Péguy, *Toujours de la grippe*, 1900).

Le Talmud est un retour. Un retour au Texte ou, plutôt, sur le Texte. Perpétuel. Infini. Incessant. Le Talmud est une opération de tourbillonnement de révolu. Il empêche le révolu de se révolure. Le Talmud se retourne sans arrêt vers la Source. Et ce qui est strictement fascinant, c'est bien que ce mouvement de retournement fasse partie du Texte. Soit le Texte. Génie d'une « religion » (?) qui intègre à ses Textes sacrés, à ses Textes « officiels », aux Textes mêmes de son orthodoxie, le retour à la Torah, la (re)lecture de la Torah. Et cette (re)lecture incessante, finalement (c'est par exemple la thèse de Levinas), importe plus que la Torah elle-même : suprématie du « retour à » sur le « à ». Suprématie, sans doute, du Talmud sur la Torah. Incroyable.

Soir. Message amical et émouvant de Michel Onfray sur ma messagerie vocale ; Michel est un affectif. Nous sommes deux. Un peu de fraternité, du moins de camaraderie, n'a jamais fait de mal à personne.

Le soir, *ONPC*. Immuable rendez-vous (exceptionnellement enregistré un mercredi). Manuel Valls est l'invité politique – homme honnête, qui parle droit dans les yeux. Franc du collier. Je l'aime bien.

Je ne suis toujours pas à l'aise (je trouve) dans cette émission : tendu, la gorge un peu nouée, souvent en sueur (ou ayant la sensation de l'être), sourcil froncé, la voix qui déraille. C'est aussi, peut-être, ce qui explique que ça passe : les gens voient que je ne triche pas. Que restera-t-il de cette émission dans un an, deux ans, dix ans ? Rien – du tout. Et chacun des protagonistes, peut-être, aura bifurqué vers autre chose, vers une autre carrière, une autre vie.

Jeudi 12 janvier

Réveil avec *James Gang Rides Again*, James Gang, 1970 (ABC Records ABC S-711, US). Basse : Dale Peters ; batterie, percussions : Jim Fox ; guitare, claviers, chant : Joe Walsh.

« Rien n'est plus désespérant que de parler à d'autres d'états de l'âme aussi compliqués et rares, quand ces auditeurs n'ont pas fait la moitié du chemin à la rencontre de celui qui leur parle, en se souvenant d'états semblables qu'ils peuvent avoir vécus, même s'ils ont été bien plus faibles, et en méditant sur leur propre intimité » (Nietzsche, *Fragments posthumes*).

Faulkner, à l'été 1931 : « Jusqu'à présent, je ne me suis guère soucié de chronologie. » Importance de cette remarque – pas le temps de développer. Comprenne qui pourra (voudra). Je passe.

Dans une lettre à sa mère (1925) : « Chère maman, je suis au milieu d'un autre roman, qui sera superbe. » (Il a vingt-huit ans.)

Certains vivent en gras, d'autres en italiques. D'autres encore entre parenthèses.

Robben Ford est un génie.

Déjeuner avec Alain Rabbani.

Je souhaite tout reprendre calmement en ce qui concerne les nombres. C'est un *work in progress* que de comprendre.

La révolution est une opération qui doit supprimer la suprématie de la politique. Supprimer le toupolitique. La révolution doit rappeler le révolu, et lui faire jouer un rôle qu'il n'a plus dans la société moderne, où la politique, c'est-à-dire l'immédiat, l'emporte. Le révolu est l'ami de la réflexion pure. Pour les rabbins, penser, c'est quasiment agir. L'immédiat est l'ami de l'action pure. Pour l'homme politique, agir, c'est quasiment penser. Le Maharal l'affirme (j'allais dire l'affirmait, mais cet imparfait n'aurait aucun sens, puisque – comme les plus grands génies du judaïsme – le Maharal est toujours déjà en train de nous dire), le Maharal (1522-1609) l'affirme : « L'homme est fait d'un corps et d'une âme ; et dans les générations antérieures, la force spirituelle l'emportait sur le corps. »

Le révolu doit lutter contre le corps. Le problème, c'est le corps. Le corps, c'est ce qui est dans l'immédiat. Or, le corps, c'est l'invention principale du christianisme. Le Christ n'est pas seulement un perpétuel présent stagnant, c'est un perpétuel immédiat. C'est un tout-de-suite qui n'en finit pas. Le Maharal persiste et signe : « À présent [notez bien « à présent »], le niveau des hommes est celui du corps, car le corps l'emporte sur l'esprit, et il n'existe d'esprit que ce qu'il faut pour correspondre à l'image humaine. Car l'homme, en tant qu'il est homme, ne peut être sans esprit ; sinon il ressemblerait à une bête. » « Dans les générations présentes la reconnaissance de nos lacunes, plutôt que celle de nos perfections, est le plus haut niveau que nous puissions atteindre. »

La roue se dit en hébreu *galgal*, GLGL. Quand elle avance, elle tourne et passe sur le G (guimel), puis sur le L (lamed), puis repasse (toujours en avançant) sur le G (guimel) puis de nouveau sur le L (lamed). Ainsi le mot « roue », en hébreu, exprime-t-il, dans sa forme même, le mouvement circulaire de la roue. Ce sont les « mêmes » lettres (le même G, le même L), mais « plus loin ». Cycliquement, le guimel et le lamed « reviennent » ; ils ont leur période. Le guimel et le lamed opèrent dans la forme même du mot « roue » une révolution.

Galgal, c'est la roue, mais c'est aussi la sphère. Il est une sphère que nous connaissons bien : c'est la Terre, qui elle aussi opère sa révolution autour du Soleil.

Le révolu, c'est l'ensemble des choses que les anciens tiennent pour sacrées. Ce sont toutes les choses réunies. C'est un tas de choses. Ce sont toutes les choses amassées par les anciens, c'est tout ce qui a été amassé (en termes de mémoire, en termes de sagesse, en termes de savoir) par les anciens. Le révolu, c'est un tas, tout un tas de connaissances. C'est un amas de tout le savoir antérieur. Le révolu, c'est l'agrégat de tout le savoir immémorial, ancestral de tous les savoirs juifs, de tous les savoirs de tous les grands juifs qui ont fait le judaïsme. Et le révolu est quelque chose, nous l'avons vu, qui ne demande qu'à dévaler la pente, à rouler en arrière. Le révolu, c'est un amas qui roule. Or, la langue biblique ne s'y trompe pas : il se trouve qu'en hébreu, le mot « amas », GL, *gal*, est formé de la racine « roue », « sphère », « ce qui roule ». En hébreu, un amas est la somme roulante de ce qui a été amassé. Un amas, en hébreu, est sphérique. Un amas, en hébreu, a toujours de quoi rouler, dévaler (par exemple un champ incliné), il a été fait pour ça, prévu pour ça : rouler. L'amas contient le fait de rouler. Un amas qui roule en arrière, c'est cela qu'on appelle « le révolu ». On peut imaginer, par exemple, l'amas comme la résultante d'un effet boule de neige. Vous vous situez, toujours par exemple, en haut du mont Sinaï. Là, vous recueillez un peu de neige éternelle et vous formez une boule. Cette boule de neige originelle, c'est la Loi donnée par Dieu à Moïse. Elle dévale la pente et, dévalant la pente, elle amasse la neige qu'il y a sur son parcours, sur son chemin : cette neige, ce sont les textes, les commentaires, le Talmud, le Midrash, ce sont la Guemara et la Michna. Ce sont les traditions et les rites, et c'est tout ce qui forme ce qu'on nomme la Foi des Pères. Ce n'est pas encore du révolu, c'est la première fois que la boule de neige roule sur la pente, qu'elle amasse, qu'elle se fait amas, qu'elle épaissit, grossit, se densifie. La boule de neige initiale, originelle, celle du sommet (celle qui était au plus près de Dieu sur le Sinaï) est à présent au bas de la montagne, du mont Sinaï. Être juif, c'est le devoir de remonter cette pente, de retourner au sommet du Sinaï en traînant avec soi, derrière soi, en emportant avec soi l'énorme amas de neige, le révolu de neige. Le révolu. Faire la révolution, c'est retourner là-haut avec le révolu, ce révolu qui menace, emporté par sa propre inertie, de faire demi-tour, arrière, et de dévaler jusqu'en bas. Le révolu, il faut le faire tourner et le dompter, le faire tournoyer derrière soi, et c'est ainsi que, de fardeau, il deviendra une sorte de moteur. L'étude exige, réclame toutes les peines du monde, mais, dès qu'on y prend plaisir (et le plaisir est très important pour le judaïsme), alors tout devient plus simple et ce qui est lourd devient léger. L'ascèse est effroyablement éprouvante, mais, à force de travail, on finit par aimer ce travail et la contrainte se dissout dans le bonheur de rendre la justice et d'agir en toute morale : c'est Dieu que l'on va rencontrer.

Dîner Fasquelle.

Vendredi 13 janvier

Réveil avec *Colin James*, Colin James, 1988 (Virgin 209 291, Europe). Colin James : guitare, chant, et chœurs ; Dennis Marcenko : basse ; Darrell Mayes : batterie et percussions ; Rick Hopkins : orgue Hammond, piano et claviers ; Johnny Ferreira : saxophone.

Céline (lettre d'octobre 1932) : « Amour… pas amour… cela n'a guère d'importance. Ce qui compte c'est de vivre en souffrant le moins possible. Chacun s'arrange comme il peut pour y parvenir. »
Autre lettre, juin 1933 : « Je suis si déprimé, si fatigué, qu'il m'est sans aucune mauvaise volonté absolument atroce de rencontrer le bon Dieu lui-même » ; « Vous me prenez pour une femme ? avec des opinions ?… Je n'ai pas d'opinions. Il n'y a pas d'opinions. L'eau n'a pas d'opinions » ; « Je n'aime pas le soleil, je n'aime pas l'Espagne.

Je n'ai pas ce qu'il faut. J'ai la peau trop mince, les yeux trop mal défendus, mais je suis content que vous jouissiez de tout cela ».

Je n'aime pas les femmes qui marchent les bras croisés, l'air extrêmement hautain, presque méprisant, et qui semble signifier « ça ne m'intéresse pas ». Question : et si ça ne m'intéressait pas non plus ? Impression qu'elles partent du principe qu'elles plaisent. Étrange postulat.

Combien de livres aura lus ce mort ? Combien de livres se sera-t-il fait accroire qu'il a lu ? Combien de livres, dans sa bibliothèque, jamais ouverts ? Combien de classiques dont il ignorait tout du contenu ? Combien d'heures passées à lire ? Et combien devant la télévision ? Faire des statistiques des vies. Des bilans. Et les inscrire sur les tombes, à la place des épitaphes.

J'ai pris la neige, j'aurais pu choisir « pierre qui roule n'amasse pas mousse ». *Gal*, en hébreu, ce n'est pas seulement l'amas, c'est aussi le monceau, ou les monceaux, les pierres, les ruines. Les ruines, c'est intéressant, c'est une manière, là encore, d'exprimer le révolu. Un monticule de pierres, c'est une possibilité de représentation de révolu. La pierre est dure, intacte, mais comme morte tant qu'elle ne roule pas. Il s'agit de la mouvoir. Faire rouler un tas de pierre, que le révolu tourne. Révolution. Il y a de nombreux passages dans la Bible où l'amas de pierres, le monticule de pierres, le monceau de pierres, exprime le révolu, exprime le Divin.

Ce « poids », cette masse de révolu, qui est l'amas, c'est ce qu'on ne doit pas laisser s'échapper en arrière, c'est ce qu'on doit retenir pour avancer (c'est ce qu'on ne doit pas oublier de retenir si on veut vraiment avancer – on avance moins vite, on est ralenti, on peine, mais on avance *vraiment*). Ce poids aide en réalité à s'élever alors même qu'il rend l'ascension plus difficile. C'est qu'on ne peut, en réalité, s'élever que dans l'effort, dans l'étude. Effort de mémoire, effort de justice, d'équité, de sagesse. De justice. « Ils ne commettaient pas l'erreur de croire qu'on puisse atteindre le bien en s'y laissant tout simplement porter, qu'il suffise de vivre pour parvenir au but de la vie » (Abraham Heschel, *Les Bâtisseurs du temps*, 1957 pour l'édition française). Remonter la pente : vers le Sinaï. Avec une boule de neige, à traîner, à emporter, qui est devenue gigantesque, énorme. Qui est devenue une sphère énorme. (Le mot amas, *gal*, est par ailleurs utilisé 15 fois dans la Bible. Il se trouve que 15 est la valeur numérique de

Dieu Yah = yod + hé = 15 : du point de vue de la gématrie – qui n'est pas mon point de vue préféré –, cet amas apparaît bien comme une aide pour s'élever vers Dieu.)

Allons plus loin encore. Où habite le révolu ? Je veux dire : à quelle époque ? Dans quel temps logique, dans quel lieu de la logique temporelle juive réside-t-il ? Habite-t-il dans le jardin merveilleux, avec Adam ? Adam vit-il parmi le suprême total absolu révolu ? Est-il le contemporain de Moïse, le révolu est-il né avec le Sinaï ou bien le Sinaï est-il la seule expression de son visage, le moment de son apparition, on ne dira pas de sa « révélation » (c'est Dieu qui se révèle), mais de son dévoilement ? Dieu se révèle ; le révolu se dévoile. *Alètheia*.

La vérité comme dévoilement, but ultime de la révolution, de ce qui roule, de ce qui a roulé. La vérité comme dévoilement obtenu en faisant rouler le révolu. Rouler, GL, on l'a vu. Racine étrangement proche de GLH, « dévoiler », *gilâh*. Qui signifie aussi « révéler ». La révolution mène à la révélation.

Ce qui importe, pour « faire » la révolution, c'est donc la capacité de dévoilement – c'est celui qui sera capable de dévoiler les choses, d'atteindre la vérité en levant le voile qui est posé sur les choses, qui sera à même de pouvoir « changer le monde » (il faudra bien entendu étudier ce que signifie « changer le monde » : s'il s'agit de changer le monde en tant que tel, ou bien les individus qui sont dedans, qui sont dans le monde ; s'il s'agit de le changer graduellement, ou, au contraire, si ce changement s'obtient radicalement, par rupture). Celui par qui peut advenir la révolution, c'est celui qui sait dévoiler le sens caché des choses. Le Maharal de Prague, dont je vais parler plus longuement dans un instant, nous dit qui est cet homme. Ce n'est pas le Prophète (contre toute attente), mais c'est le Sage. Écoutons Rabbi Yehudah Loew, alias le Maharal de Prague : « Car il y a une différence, entre la Sagesse et la Prophétie. En effet, c'est au moyen de la raison et parce qu'elles peuvent être atteintes par elle que le Sage peut *saisir les choses les plus cachées et les plus voilées*. » Mais le Prophète est appelé « voyant » (*ro'êh*, ou *'hozêh*), car le nom de « voyant » est approprié, en tant que c'est de l'extérieur qu'il perçoit les choses. C'est pourquoi tout Prophète a besoin d'être uni aux choses qui sont l'objet de sa vision prophétique, à cause de laquelle il leur est uni et les connaît. C'est pourquoi nos Maîtres disaient : « Les Sages sont supérieurs aux Prophètes » (Maharal de Prague, *Les Hauts Faits de l'Éternel*, traduit par Édouard Gourévitch, Cerf, 1994). Plus loin : « C'est ce qui fait que le Sage a plus de poids : il *appréhende et connaît les choses cachées* ; il les tire, par lui-même, de son esprit. »

Le monde n'est pas plus dangereux qu'il y a cent ans. C'est qu'il y a cent ans, le monde ne nous menaçait pas. C'est tout. Comme il ne nous menacera plus non plus dans cent ans. Le monde le plus dangereux qui soit est celui dans lequel nous vivons, tout simplement parce que nous y vivons.

« Le petit réveil sur la table de nuit proclame avec emphase le départ des secondes, l'arrivée des secondes » (Henri Michaux, « L'éther », *La nuit remue*, 1935).

Grand Journal sur Canal +.

Samedi 14 janvier

Réveil avec *Far Be It From Me*, Tex Perkins, 1996 (Polydor, 533 062-2, Europe). Tex Perkins : chant, guitare et violon ; Dave Graney : chœurs ; Charlie Owen : guitare, harmonica, koto, piano basse et banjo ; Ken Gormly : basse ; Mick Harvey : basse ; Warren Ellis : basse, orgue, guitare slide, violon et percussions ; Jim Elliot : batterie ; Jim White : batterie ; Tony Cohen : guimbarde ; Kristyna Higgins : guitare slide ; Penny Ikinger : slide guitare ; Joel Silbersher : chant.

Tout le monde cite sans cesse, à toute occasion, Hannah Arendt. Pénible. Et philosophe nulle.

Imagine-t-on les années 1940 avec les SMS et les réseaux sociaux ?

Il y a ceux qui pensent sans cesse à la mort et ceux qui n'y pensent jamais. Il n'y a pas d'entre-deux. C'est du moins ce que j'ai remarqué – remarqué depuis longtemps, remarqué depuis toujours.

Le pire crime qui soit, et qui est insidieux, ne semblant scandaliser personne sauf, peut-être, au moment du grand départ : le temps qu'on nous vole. Le temps, oui, qu'on nous aura volé.

Je ne méprise pas la critique, je l'oublie.

On ne parle presque plus jamais du Christ.

Je n'ai d'avenir que du côté de la littérature, mais je suis le seul que cela intéresse. Je n'ai donc d'avenir que pour moi seul, et suis seul à le savoir. Amen.

Meilleur exemple qui soit de la pornographie : un repas de famille.

Combien de critiques m'ont descendu, qui à présent sont morts, vieux, malades, gros, diabétiques, j'en passe ? Pendant qu'ils haïssaient, je nageais.

Tous ces gens qui ne pensent qu'à rire dans la nuit.

Je ne peux pas m'empêcher de lire.

Dimanche 15 janvier

Réveil avec *Togetherness*, Don Cherry, 1966 (Durium, ms A 77127, Italy). Don Cherry : cornet ; Jean-François Jenny-Clark : contrebasse ; Aldo Romano : batterie ; Lee Gato Barbieri : saxophone ténor ; Carlhans Berger : vibraphone.

On ne peut pas penser la sortie du politique sans penser le messianisme, car la sortie du politique, cet exode, c'est précisément une entrée, une entrée dans les temps messianiques. Où l'on s'apercevra, par parenthèses, que nous avons bien fait de ne pas définir le temps juif comme une temporalité chrétienne moderne et chronologique, ce serait alors impossible de comprendre le mot « temps » dans l'expression « temps messianiques ». L'époque messianique est une époque qui n'est pas située dans le futur chronologique (scolaire). Exactement comme nous avons préféré ne pas confondre le révolu avec le passé, nous ne tomberons pas dans le piège, dans la facilité, dans la paresse (dans le panneau), de confondre époque messianique et futur. Le révolu est au passé ce que les temps messianiques sont au futur.

Le Golem est au passé ce que le Messie est au futur. Golem, en hébreu, s'écrit GLM – toujours cette structure en G-L, guimel-lamed. Il y a un rapport, là encore, entre le Golem et ce qui roule. Rien de plus logique, rien de plus normal, et nous pouvions nous y attendre : le

Golem, avant toute chose, est un amas, une matière brute, normalement sans forme ni contours. Un amas dont la racine est en guimel-lamed, nous savons ce que c'est : c'est un amas qui roule. Nous savons d'ailleurs que, pour faire un Golem, il s'agit d'effectuer une marche *circulaire* en récitant 221 formes d'alphabets secrets. J'ai écrit plus haut que la révolution, c'est ce qui se retourne vers le révolu, et, surtout, vers un révolu (en langage chrétien « un passé ») plus ancien (plus antérieur) que le révolu (en langage chrétien « le passé ») qui l'a exactement précédé. Or, d'après le Talmud, le Golem est *l'état qui précède la création d'Adam*. Le Golem est donc le révolu le plus révolu que nous ayons rencontré, le Révolu des révolus. Or, il y a du divin dans le Golem (et nous serons obligés, sans doute, tôt ou tard, de considérer Dieu Lui-même comme le Révolu suprême) car le Maharal de Prague, son créateur, l'a conçu en inscrivant EMETH sur son front : ce qui, en hébreu, signifie « vérité » et est l'un des noms de Dieu. Vérité qui, dans le Golem, par le Golem, sur le Golem, se dévoile ; cette vérité comme dévoilement, cette vérité comme dévoilement du révolu, je l'ai nommée avant-hier, c'est l'*alètheia*. Le Golem est non seulement le Révolu des révolus, mais il est le lieu de dévoilement du révolu. Il est le moment, le lieu de la vérité, c'est le Messie du « passé ». (Le Messie, lui, est dévoilement du « futur » : il exprime la vérité – comme dévoilement – du « futur ». Il est l'*alètheia* du futur : la vérité « future » qui se dévoile. Le Golem est la vérité « passée » qui se dévoile.)

Dans *Difficile liberté*, 1963, Levinas, dans une réflexion (magistrale) sur le messianisme, cite ce passage talmudique : « Rabbi Lévy a dit : "Ce qu'aucun œil n'a jamais vu, c'est l'Éden." Et si l'on objecte : Et Adam ? Où vécut donc Adam ? Nous dirons qu'Adam a vécu dans un jardin. Et si l'on prétend que Éden et jardin désignent la même réalité, on citera le verset de la Genèse : "Et un fleuve sortait d'Éden pour irriguer le jardin." » Levinas en tire immédiatement les conséquences : « Il y a donc une différence entre l'Éden et le jardin où habitait Adam. L'argument est spécieux, mais la version de Rabbi Lévy nous apprend que le monde futur n'équivaut pas simplement [on retrouve là notre spirale] à un retour au paradis perdu. »

Revient-on à l'Éden du début ? La question est fondamentale. Vertigineuse et fondamentale. Non, le messianisme, pour Rabbi Lévy, fait *revenir* l'homme dans un état antérieur à l'Éden, dans un état antérieur à Adam. C'est ainsi que nous avions défini la révolution : par un retour à l'antérieur de l'antérieur. (En langage « moderne », moderniste : par un retour au passé du passé.)

La révolution se situe dans les temps messianiques, elle est *encore* à faire. Elle est « devant » nous. Elle est « à venir ». Elle va consister, donc, à retourner vers le passé du passé, l'antérieur de l'antérieur, à faire tournoyer (pour l'actualiser) le révolu du révolu. Ce qu'il y avait avant Adam, c'est-à-dire : le Golem.

Lundi 16 janvier

Réveil avec *Milt Buckner*, Milt Buckner, 1953 (Savoy Records, MG15023, US). Milt Buckner : piano.

La promo de *Terreur* continue. Radio Nova. Puis projection du film de Lucas Belvaux, que j'aime beaucoup, sur le FN au Club de l'Étoile – je croise Éric Neuhoff.

La révolution, c'est quand le révolu et le révolutionnaire se rencontrent.

La révolution, c'est quand le Golem, qui est le plus grand des révolus, rencontre le Messie, qui est le plus grand des révolutionnaires.

C'est le Messie qui fait tourner le Golem.

Le Golem normalement ne peut pas rouler, il n'a pas de forme : pour rouler il faut une forme, et c'est parce qu'il ne peut pas rouler qu'il est, justement, le révolu absolu. Il ne peut pas rouler en arrière : 1) parce que, en arrière, il n'y a plus « rien », ou, plutôt, plus « rien » pour les hommes (car en réalité, c'est la dernière étape avant le Tout, justement, avant Dieu, or Dieu est ce qui est Tout, Dieu est Tout, Dieu est le « est » – je suis, je suis) ; 2) parce qu'il ne peut pas rouler. Le Messie doit faire rouler quelque chose qui ne peut pas rouler parce que ça n'a pas de forme. Personne n'a jamais pu faire tourner l'informe Golem. Transformer le Golem en sphère, en GLGL… Le Messie est celui qui parvient à faire rouler le révolu des révolus. Il doit mettre le Golem en mouvement – et comment met-on un Golem en mouvement ?

Le Messie n'est pas un « homme ». Le Golem non plus. Vouloir les représenter, l'un comme l'autre, ressort de la même naïveté.

Le révolu, ça ne se confond pas avec le passé ; le messianisme, ça ne se confond pas avec le futur.

Le retour dans le « passé », c'est obligatoirement, c'est forcément un retour dans quelque chose de connu. C'est pour cela que l'histoire existe, qu'elle a été inventée : pour que nous connaissions le passé.

Pour que le passé soit quelque chose de connu. Certes, le passé du passé est moins connu que le passé, mais le développement des techniques, de l'archéologie, les progrès de la science, la multiplicité des découvertes font du passé du passé quelque chose de partiellement connu. De mieux en mieux connu. De moins en moins inconnu. C'est pourquoi, là encore, le judaïsme et l'histoire se distinguent, car l'antérieur de l'antérieur, le révolu du révolu, lui, n'est connu d'aucun juif, ni d'aucun homme : même Adam ne peut l'avoir connu. Le passé du passé reste malgré tout à portée de main, de connaissance, de savoir, à portée de progrès, à portée de science, là où l'antérieur de l'antérieur, lui, l'Éden d'avant le jardin, ou, si l'on veut, l'éden de l'éden, l'Éden de l'éden, reste à ce jour inconnaissable. Et pourtant, il est toujours déjà là. La révolution historique est un retour à un passé antérieur au passé proche (et crée ainsi l'illusion d'une rupture, d'un changement radical). Mais la révolution judaïque, elle, doit opérer un retour à un antérieur non connu : le révolu absolu n'est pas connu. Le révolu absolu attend, il patiente, il espère qu'on viendra le dénicher. Le mouvoir. Le faire tourbillonner. Que se créent de l'écume, ou des étincelles, mais du mouvement. Il ne demande qu'à décoller. Hélicoptère.

J'ai dit que les rabbins se moquent de l'histoire. Mais l'histoire se moque-t-elle des rabbins ? J'ai dit que les juifs voulaient, veulent toujours, sempiternellement sortir de l'histoire, mais cela n'est plus valable depuis 1945. Cela n'est plus valable dès lors que l'histoire, elle, a fait entrer les juifs en elle en voulant les détruire. Nier l'histoire, la refuser, s'en décloisonner, s'en arracher, n'est plus possible, moralement, n'est plus tenable, depuis Hitler. Les juifs ont, depuis la Shoah, un devoir d'histoire qu'ils n'avaient pas auparavant. Poids supplémentaire sur leurs épaules. La révolution consistera donc, non plus à réussir une simple sortie de l'histoire (ce qui serait une injure à l'histoire du peuple juif, à ses millions de victimes), mais à une sortie du seul politique. Depuis Hitler, le judaïsme n'a plus le droit de sortir de l'histoire. C'est là qu'Hitler a gagné, surajoutant une malédiction à toutes les autres malédictions. C'est là que son poison continue, et pour longtemps, de diffuser dans les veines du peuple juif. Car la révolution que doit, depuis Hitler, et à cause de lui, réussir désormais le peuple juif, c'est la sortie du seul politique sans toutefois sortir de l'histoire. Car sortir de l'histoire, encore une fois, ce serait l'oublier, la minimiser. Hitler est celui qui a fait en sorte que les rabbins ne puissent plus se moquer de l'histoire. Depuis Hitler, depuis le nazisme, il s'agit, pour les juifs de distinguer l'histoire du politique.

De ne plus confondre, assimiler, l'histoire et la politique, l'histoire et le politique. Peut-on sortir de l'histoire sans sortir du politique ? Non. Mais là, la question est symétriquement opposée : peut-on sortir du politique sans sortir de l'histoire ? C'est la terrible équation que doivent résoudre les juifs d'aujourd'hui. C'est sur cette réponse, désormais, qu'il faut réfléchir. C'est cette réponse qu'il faut penser. C'est là que se situe l'enjeu. C'est cette révolution que le judaïsme doit aujourd'hui mettre en marche. Faire tourner, faire tourbillonner le révolu pour s'arracher au politique, à sa gangue, à sa glu, mais sans sortir de l'histoire.

Car non seulement, depuis Hitler, les juifs ne peuvent plus sortir de l'histoire (ils sont enfermés dedans, ils sont prisonniers dedans, à jamais), mais, en sus, depuis Hitler, l'histoire, c'est l'histoire du peuple juif. Depuis Hitler, l'histoire tout court et l'histoire des juifs se confondent : c'est strictement la même chose. Ce sont les autres, tous les autres, qui vivent, désormais, aux abords de l'histoire. Révolution copernicienne juive. Ce sont tous les autres peuples, depuis la Shoah, et toutes les autres nations, qui sont sortis de l'histoire. Certains y trouvent un vrai contentement, un bonheur réel, d'autres vivent cela comme une torture, une aberration, une injustice, mais peu importe, l'histoire est désormais (depuis 1945) le lieu du seul peuple juif. Hitler n'a pas seulement modifié la donne, il l'a renversée. Vous ne vouliez pas de l'histoire, eh bien vous ne serez désormais que cela ; elle aura sur vous toute l'emprise qu'elle sait avoir. L'histoire du monde, ce sera désormais par vous qu'elle passera, à cause de vous qu'elle grimacera ; et les grands enjeux du monde (de la planète), ce sera par vous qu'ils passeront ; et toutes les grandes guerres (historiques), à cause de vous qu'elles se déclencheront, dit Hitler. Pense encore, pense toujours Hitler, qui, d'une certaine manière, est toujours vivant. Israël n'est pas seulement une grande idée, c'est un État. Et un État qui, depuis la fin de la guerre, depuis la fin de Hitler, est au centre de l'histoire, est l'histoire. Cette terre qui se voulait un satellite des autres peuples, déconnectée de l'histoire et de ses enjeux, de sa temporalité, de son absence de logique et de sa frénésie d'accidents, de sa multitude effroyable d'accidents, de dates, cette terre d'Israël, cette Terre promise, voilà qu'elle est, par une ironie du sort déguisée en volonté d'un homme ou par la volonté d'un homme déguisée en ironie du sort, la capitale de l'histoire.

Mardi 17 janvier

Réveil avec *Moontan*, Golden Earring, 1973 (Polydor, 2310 288, Germany). George Kooymans : guitare et chant ; Barry Hay : chant et flûte ; Rinus Gerritsen : guitare basse et claviers ; Cesar Zuiderwijk : batterie ; Patricia Paay : chant ; Eelco Gelling : guitare slide ; Bertus Borgers : saxophone.

Émission de Daphné Bürki sur Canal +. Ariel Wizman toujours aussi intelligent, profond, bienveillant, amical.

Réunion à l'hôtel Ibis d'Issy-les-Moulineaux (Maria me retrouve, toujours fiable, et Dieu sait si elle a autre chose à faire !) : l'expert, dans mon affaire de dégât des eaux qui dure depuis plus de deux ans, va donner ses conclusions ; le voisin du dessus, mon bourreau, se liquéfie. J'espère que cela n'occasionnera pas une nouvelle inondation ! Il forme avec sa femme, une duègne atroce, un couple de Thénardier qui fait froid dans le dos.

Levinas : « Le paradis perdu lui-même était irrigué par ce que “ne vit aucun œil” et qu'on trouvera vers la fin. »

Qu'entend Levinas par là ? C'est simple : il évoque un retour sur quelque chose d'encore inconnu. Retourner à un stade qu'on ne connaît pas ! Qu'on n'a jamais connu, vécu, ni même appréhendé. Nous avançons vers quelque chose d'antérieur à l'Éden, nous avançons vers l'antériorité suprême. Vers l'aube absolue. Le mot est lâché, l'aube. Vers le commencement absolu. Nous retrouvons ici, bien sûr, notre cycle. Matin, c'est-à-dire la Genèse, l'Éden numéro un ; puis midi ; puis après-midi ; puis soir ; puis crépuscule ; puis nuit ; puis aube ; puis matin. L'aube, ce n'est pas tant ce qui se trouvait avant le matin, que ce qui survient après la nuit. L'aube s'obtient. On ne commence pas par le commencement, puisqu'on commence par la Genèse ! Rien n'a commencé par le commencement, en réalité, puisque « nous » avons commencé au matin, par le matin, avec le matin, quand le vrai commencement est le matin du matin, c'est-à-dire l'aube. Ce commencement est un aboutissement. Cette origine est un but. Cet Éden est une direction. On a pu dire que le temps grec est cyclique, que le temps chrétien est linéaire ; on voit encore, ici, que le temps juif est hélicoïdal, en spirale, qu'il avance en roulant, qu'il est la combinaison du temps grec et du temps chrétien. À force d'avancer, on parvient ainsi au commencement. À la vraie première étape. À l'unique immémoriale première étape. On comprend mieux pourquoi la Bible commence, en hébreu, par la deuxième lettre de l'alphabet, beth. C'est que ce n'est pas le départ premier, ce n'est pas le départ du départ, il y a quelque chose avant. Avant, il y a le véritable Éden, inconnu de l'homme, il y a l'aleph. Aleph qui, comme on le sait, est la première lettre de l'alphabet hébreu. Pour l'instant, la lettre aleph est première, elle est aussi muette. Mais l'aleph doit devenir l'ultime lettre, et une fois ultime, peut-être bien qu'aleph ne sera plus muette : quand l'homme, être de paroles, être de bouche, être de mots, rejoindra le premier Éden, l'Éden premier, aleph ne sera plus muette, aleph aura un son. Aleph fera entendre sa voix, une voix humaine. Quand la révolution sera close, achevée, la lettre aleph trouvera sa sonorité, elle est encore inédite.

Cette révolution, dont je parle depuis des pages (et des pages) qu'est-elle exactement ? Quel est son visage ? Cette révolution abolit la politique. Le retour vers le passé, je viens de le montrer, est obligatoirement un retour à quelque chose de connu ; mais un retour vers le révolu, ce n'est pas, au bout du compte, un retour vers le connu, c'est un retour vers le connu jusqu'à un certain point (qui est le point de la nuit), jusqu'au basculement dans un monde inconnu : l'aube. L'aube ne peut advenir, ne peut se montrer, se révéler que, si j'ose dire, nous sommes allés au bout de la nuit. Paradoxe inouï que le *Voyage au bout de la nuit* soit un très beau titre prophétique pour le judaïsme (à une époque il est vrai où Céline n'était pas encore antisémite). Cette révolution doit aboutir à une ère où la politique n'est plus le seul maître. Si « l'existence juive est simultanément historique et métaphysique » (André Neher, *Faust et le Maharal de Prague*, 1987), le judaïsme aura opéré (non pas sa, mais) la révolution quand la politique se sera effacée devant la métaphysique. Encore que je n'aime pas le mot métaphysique : il sonne encore trop (à mon goût) philosophie occidentale. Il a quelque chose d'encore trop kantien, hégélien. C'est vraiment fausser la spécificité et le génie propres au judaïsme que de l'assimiler à une « simple », du moins à une « seule » métaphyisque : je dirais que le judaïsme est aussi métaphysique (est aussi une métaphysique). Mais que ce n'est pas de la métaphysique, en aucun cas le judaïsme ne saurait être une « branche » de la philosophie (alors que la philosophie, elle, pourrait sans problème être considérée comme une branche du judaïsme !). Cette révolution, elle doit déboucher sur l'aube. Elle doit (par conséquent) advenir après la nuit. Il faut donc que cette nuit ait eu lieu ; il faut que cette nuit ait lieu. Les juifs ont vu défiler tellement de nuits, de l'Inquisition (et de bien avant : Égypte, Babylone) à Auschwitz, qu'ils ont forcément cru que l'aube était (enfin) là. Il va falloir essayer de comprendre pourquoi, après Auschwitz, il n'y a pas eu d'aube. D'abord, il est vital de comprendre ce qu'est cette aube, exactement. Cette aube, c'est l'époque de l'Éden premier, du Jardin des jardins, c'est le lieu du Révolu suprême. Un lieu où le Révolu va tourner seul, tout seul, car c'est le Paradis. Le Paradis est le lieu où le révolu tourbillonne de manière autonome. L'aube, cette aube devant nous, cette aube à venir, c'est ce qui est advenu avant que l'homme n'advienne, c'est le lieu de la vraie jeunesse de l'homme – quand l'homme n'avait pas de forme, qu'il n'était pas « formé ». L'aube, c'est la jeunesse de la jeunesse de l'homme. La Genèse, c'est la jeunesse de l'homme. C'est la jeunesse d'Adam. L'aube, c'est la jeunesse de la jeunesse de l'homme – c'est la jeunesse de la jeunesse d'Adam. Lorsqu'on se promène à Prague, nous croisons une statue fascinante : regarde, c'est la statue d'un des plus grands génies de tous les temps, le Maharal. Le Maharal de Prague. Le Haut Rabbi Loeb ! La statue du Maharal nous montre quelqu'un d'autre en plus du Maharal : une jeune fille nue. Il faut se rendre à l'Hôtel de Ville de Prague et voir ça, ce spectacle : une fille nue, très jolie, comme implorant le Maharal, comme soumise, et s'accrochant au tissu de la robe du Haut Rabbi. Magnifique ! Il faut juste se demander ce que cette jeune fille représente. On dit (on lit çà et là) qu'il s'agi(rai)t de la petite fille du Maharal. Le Maharal, dans le Prague du XVIe siècle, est entouré de disciples, de secrétaires, d'assistants, d'élèves, de confidents, d'hommes de confiance. Ils sont tous érudits, tous brillants, mais sans génie. Le seul génie qu'ils connaissent, qu'ils reconnaissent, c'est celui du Maharal. Parmi ses meilleurs disciples, il faut citer David Gans. Ce que nous savons de la vie (très longue puisqu'il disparaît à quatre-vingt-dix-sept ans, n'ayant commencé à publier que vers soixante-dix ans) du Maharal, c'est à Gans qu'on le doit – quelques lignes (précieuses) dans un ouvrage intitulé *Le Germe de David* (*Tsêmah-David*). Gans est mathématicien, géographe et astronome. Il est l'un des premiers à faire connaître Copernic. Il est aussi l'un des (tout) premiers à dresser une carte du monde correcte tenant compte de la découverte (récente) de l'Amérique. Il s'installe à Prague en 1564. Le Maharal est né en 1512 à Poznań (Posen en allemand), aujourd'hui (après avoir été prussienne, puis allemande) la cinquième plus grande ville de Pologne. Poznań, où j'ai passé trois jours sur les traces du Maharal, où j'ai passé des heures merveilleuses pour rédiger ces lignes, est très ancienne, très.

L'histoire habite là. Sans compter les émeutes de 1956… C'était là. (Manifestations ouvrières ultra-violentes.) Une foire exposition. J'ai visité l'Université Adam-Mickiewicz. L'Hôtel de Ville (contemporain du Maharal). L'île dite de « la Cathédrale »… Cathédrale gothique Saint-Pierre. La Chapelle d'or… Notre-Dame… La « maison de la Pesée ». Le palais Gorka… Le monastère des Jésuites… Traces aussi de Chopin. De Napoléon ! La serre des Palmes… Le lac de Kiekrz… Le lac Malta…

En fin de journée, projection du film de Thierry Frémaux (que j'aime beaucoup : fin, fiable, subtil, cultivé) sur les films des frères Lumière ; extraordinaire.

Mercredi 18 janvier

Réveil avec *Whizz Kid*, David Werner, 1974 (RCA Victor, APL1-0350, US). chœurs : Linda November, Maeretha Stewart et Tasha Thomas ; saxophone baryton : Joe Farrell ; basse : Gary Link ; batterie : Tom Glaister ; guitare, guitare acoustique, claviers et chant : David Werner ; guitare et piano : Mark Doyle.

Déjeuner avec Gilles Martin-Chauffier (je ne partirais pas à la guerre avec lui) et Caroline Mangez (je partirais à la guerre avec elle), de *Match*. Je les remercie pour la magnifique « ouverture » qu'ils m'ont consacrée pour la parution de *Terreur* – qui se vend très, très bien. Dire que Grasset n'en voulait pas ! Dire que je me suis fait traiter de Cynthia Fleury !

À trente-deux ans, le Maharal se marie. Il aura un fils et six filles. Il devient rabbin à quarante et un ans. Il s'établit en Moravie. Jusqu'à l'âge de soixante ans, il vit à Nikolsburg. Il devient, à cette époque, « président » de l'Assemblée rabbinique de Břeclav. Les juifs sont installés à Břeclav depuis 1414. Ils y sont chez eux.

Le Maharal arrive à Prague à soixante-trois ans. Il n'est alors le Maharal de rien. Il y dirige une yeshiva et préside le tribunal rabbinique : étude, équité. Et là, le Maharal devient écrivain. Il devient un génie de l'écriture. Il se consacre intégralement au commentaire talmudique. Il faut savoir que, commenter le Talmud, c'est être immédiatement écrivain, c'est être absolument écrivain, c'est se situer au fondement même de la littérature, au cœur du cœur (du cœur) de la littérature. Tout écrivain qui se respecte devrait terminer sa vie (je parle des écrivains athées, non-juifs, ou juifs sécularisés) dans l'étude du Talmud, à essayer d'en esquisser des commentaires. Les commentateurs du Talmud, eux, sont les écrivains des écrivains. Tout écrivain est un cas particulier de commentateur talmudique. La catégorie « talmudiste » est plus large que la catégorie « écrivain », qui n'en est qu'un des cas particuliers, qu'un des (lointains) avatars, qu'une des sous-sous-branches. La spécialité du Maharal, c'est l'étude des Aggadot du Talmud.

Les Aggadot du Talmud sont des textes d'écrivains. Des textes de rabbins, donc, d'écrivains. Ce sont des textes littéraires. Ce sont des textes qui sont agréables, parfois amusants à lire. Ce ne sont pas des textes de lois, des textes qui sont abstraits. Ce ne sont pas des textes scolaires, rigides, ce ne sont pas des textes qui rendent compte de débats législatifs, de décisions techniques. Les Aggadot, ce sont des fourre-tout littéraires. Des textes de poésie, de théâtre, de tragédie, d'histoire, de théologie, de témoignages, de comédie, de pensées, de romans, de pamphlets, de traditions, de philosophie. Contes, légendes, aussi… Aventures merveilleuses… Anecdotes impensables ! Épopées inouïes… Des textes parfois lyriques, parfois retenus, parfois légers, parfois graves, parfois délirants, parfois extrêmement sérieux, parfois ironiques, parfois folkloriques, parfois romantiques, parfois secs, parfois fous, parfois étranges, parfois difficiles, parfois faciles, parfois trompeurs, parfois moqueurs. Ce sont des textes qui ne sont jamais ennuyeux. Ils sont parfois hermétiques. Ils sont parfois confus – ils semblent l'être. Les Aggadot ne se trouvent généralement pas dans des recueils d'Aggadot, mais dans le Talmud, d'une part, et dans le Midrash, d'autre part. Dans le Talmud, les Aggadot (pluriel du mot *aggadah*, « récit » ») sont là pour distraire un peu le lecteur, mais pas seulement. Le distraire un peu parce que les parties strictement juridiques du Talmud, pour fondamentales qu'elles soient, pour vitales qu'elles soient, pour indispensables qu'elles soient, ne sont pas toujours très drôles. Il y aurait, de toute évidence, un effet d'usure, suivi d'un rejet dû à une trop grande lassitude si le Talmud n'était pas aussi, n'était pas surtout (mais c'est là que l'écrivain qui est en moi se réveille brusquement – et mes ennemis ne manqueront pas de [me] faire remarquer qu'il était grand temps) émaillé de textes littéraires, de Aggadot. Le Talmud, il faut s'imaginer la chose suivante : que le Code civil, par exemple, se trouverait mélangé à *Alice au pays des merveilles*, par exemple. Ou à l'*Odyssée*. Ou à *La Comédie humaine*. Il y aurait des passages juridiques entremêlés de passages romanesques : les aventures de Rubempré jouxtant (savamment, élégamment, fluidement) des considérations sur le droit marital ou les droits de succession. Nous ne sommes pas là dans Stendhal dont le fantasme était de parvenir à écrire comme le Code civil, c'est tout le contraire ! C'est du romanesque accolé à du juridique et non pas du juridique qui imite le romanesque, ou du romanesque qui mime le juridique. Là, les deux voisinent. Mais c'est un merveilleux voisinage. C'est une coexistence superbement orchestrée, presque magique, et qui semble (c'est là le tour de force magistral) couler de source. Car quoi de plus difficile, quoi de plus impossible, théoriquement, que de fondre dans un même ouvrage, et généralement sur une même page, deux genres aussi distincts, on pourrait dire antagonistes, que le juridique et le littéraire, que le pénal et le lyrique ?

Jeudi 19 janvier

Réveil avec *Cabretta*, Mink DeVille, 1977 (Capitol Records, ST-11 631, US). Chœurs : The Immortals, Max Bowman, Mike Johnson et Val Heron ; basse : Ruben Siguenza ; batterie : T.R. Allen Jr. ; guitare : Louie X. Erlanger ; Piano : Bobby Leonards ; saxophone : Steve Douglas ; chant, guitare et harmonica : Willy DeVille.

La spécialité (littéraire) du Maharal, c'est donc les Aggadot – celles qui se trouvent dans le Talmud. Il commente les commentaires de Rachi.

Ne pas oublier une chose très importante : c'est que le Messie est censé pouvoir arriver à tout moment ; demain matin ; tout à l'heure.

Je pose un lapin à Philippe Lacoche ; panne de réveil. Puis coiffeur. Le soir, émission.

Je me souviens de ces images des camps, tournées par George Stevens, John Ford, Samuel Fuller. Des cinéastes de claquettes et de westerns, rappelés ici soudain à la réalité réelle. Ce n'est plus Fred Astaire qui danse, ni John Wayne qui chevauche sa monture sous un soleil orange en plissant tous ses yeux. Ce sont les amoncellements de cadavres décharnés de Dachau, de Falkenau. Films de fiction intégrant les camps : *Shutter Island* de Scorsese, *La Rafle*, *Le Convoi de la honte*, *Liberté*. Le débat (la « querelle ») Lanzmann/Haenel. Toute agitation autour des camps pose (incessammment, épuisamment) la question de la réalité, de la fiction, du document, de la création, de l'imaginaire.

La première chose, la toute première, c'est de déclarer que les camps de la mort, juste après leur réalité, c'est-à-dire leur découverte, sont retournés quelques années dans la fiction. Primo Levi raconte très bien que, lorsqu'il allait témoigner dans les écoles, personne ne s'intéressait à ces histoires de camps : il fallait soit oublier, doit dénier, soit rester incrédule. Oubli, déni, incrédulité sont trois catégories (parfois connexes) de l'imaginaire. Les camps ont donc déjà passé quelques années dans la fiction : de la fin de la guerre au milieu des années 1970, ils ont cessé d'appartenir à la réalité. On pouvait les adapter au cinéma, au théâtre (*Si c'est un homme le fut* en 1964), cela ne posait aucun problème, c'était de l'imaginaire dans de l'imaginaire, de la fiction dans de la fiction, puisque la Shoah avait été soustraite au monde, au monde physique et intellectuel, moral, concret. On n'en parlait pas ; on ne voulait plus en parler ; on refusait d'aborder frontalement le sujet, parce que les bourreaux se plaisaient à fixer cette période dans un refus de voir les choses en face, bien en face, tout en face, que les victimes ne pouvaient trouver les mots, la voix, pour prononcer, énoncer et décrire leur cauchemar, que les autres, tous les autres, les non-témoins, les non-« concernés », les nouvelles générations ne parvenaient pas à se sentir concernés par cette abstraction, par cette Mémoire qui n'entrait pas dans leur vécu, leur chair, leurs souvenirs.

La seule réalité des camps habitait donc à l'intérieur des anciens déportés eux-mêmes et de leurs tortionnaires, tous enclos dans un silence paralysés, une expression hésitante, un discours heurté, chaotique. Longtemps, les camps de la mort ont été situés sur une autre planète que la nôtre, dans un espace-temps distinct, et quand les soldats russes, quand les soldats américains sont arrivés à Dachau, ont découvert Auschwitz ou Treblinka, il a fallu que la réalité qui leur était soumise parvienne, alors qu'ils étaient des témoins directs, jusqu'à leur entendement. Cette réalité qu'ils avaient sous les yeux, qu'ils avaient à portée de main, cette réalité qu'ils tenaient dans leurs mains mit quelques secondes, parfois quelques minutes, parfois quelques heures à pénétrer leur conscience, leur entendement. Ils ont vu bien avant de croire. Non seulement ils ne pouvaient en croire leurs yeux, mais il a fallu un laps de temps pour que *voir* (non pas seulement croire, mais voir) ce que leurs yeux voyaient, *croyaient voir*.

Ces soldats, jeunes, moins jeunes, assez jeunes, étaient livrés à une matière inédite. Ils étaient au milieu d'une réalité qui n'avait jamais, jusque-là, habité ni dans la réalité ni dans la fiction. La réalité de Dachau n'avait jamais été une réalité jusqu'à ce jour. La réalité de Falkenau n'avait jamais été une réalité, depuis que la réalité existait. Mais la réalité de Dachau n'avait jamais, tout comme celle de Falkenau, ou celle de Bergen-Belsen, été une fiction non plus. Auschwitz, avant sa découverte par les Alliés, n'avait jamais été situé ni dans le réel ni dans l'imaginaire. Personne n'avait pu en éprouver l'expérience, ni dans son vécu ni dans ses cauchemars, dans sa fiction personnelle ; et même dans les romans les plus fulgurants, les plus lucides, dans les nouvelles les plus noires et les plus pessimistes au sujet de l'homme et de son corollaire obligé qui est le Mal, personne n'avait approché cette vision qui, là, avec la tranquillité qu'arbore toujours la réalité même en ses violences les plus extrêmes, se déroulait sous les yeux des « libérateurs » des camps.

L'esprit humain a besoin d'un temps de latence pour faire basculer dans la réalité les réalités inimaginables. Il les digère d'abord en les faisant patienter dans une catégorie de la fiction, une salle d'attente où la réalité, avant d'être reçue en tant que telle, et traitée, doit passer une sorte d'examen. Les soldats américains ont d'abord vu une fiction. C'est une fiction qui n'a pas duré. Ce n'était pas une fiction appelée à durer. C'était une fiction de digestion. C'était, autrement dit, une fiction d'assimilation. Une fiction d'acceptation. On pourrait dire aussi, et cela serait plus juste encore : une fiction d'adaptation.

Avant d'avoir pu être « réels », les charniers de Dachau, les chambres à gaz et les crématoires de Birkenau ont dû patienter dans un sas, en attente de « réalitéïsation ». Le monde physique, soudain, cessait d'être acceptable. Le cerveau humain découvrant ce spectacle inédit, vertigineux, indescriptible se devait, momentanément, de démissionner. L'humain ne pouvait, pour quelques instants, que démissionner de l'humain. Voir les charniers, même en étant devant ces charniers, n'était pas immédiatement possible. Ils étaient voilés par quelque chose : une réalité qui semblait ne plus être la réalité, une réalité qui semblait être sortie de la réalité comme une voiture sort de la route et s'encastre dans un arbre. C'était une réalité qui, pour la première fois à ce niveau, cessait de se ressembler. Une réalité qui n'était plus elle-même. C'était de la réalité qui n'en était plus. C'était de la réalité, même, qui n'était pas digne d'être réelle. Les soldats « découvrent » l'horreur, ce qui veut dire qu'ils sont les premiers à se rendre sur place ; mais ce qui signifie, également, qu'ils doivent dé-couvrir cette horreur, lui ôter ce voile, cette couverture de non-réalité, d'irréalité qu'elle arbore, afin de la faire entrer dans la réalité possible, dans la réalité indéniable. Dans la réalité irréversible et qui n'est pas rêvée, cauchemardée.

Ce qui était devenu le quotidien des déportés, des gardiens, des nazis, des kapos, des chiens et des officiers du Reich, il a fallu que les soldats se l'approprient, se le conçoivent. Se le représentent. Le déduisent. La première vision des camps ne pouvait pas être réaliste. Car la réalité montrait bien là à quel point elle est infinie, qu'elle sait jouer des partitions extraordinaires, même et surtout peut-être dans le pire. La réalité montrait, définitivement, sa puissance colossale, enterrant jusqu'à la pauvre fiction, sabrant toutes les imaginations humaines jusqu'à la fin des temps.

Mais une contradiction nous parvient aussitôt : ce réel avait été imaginé. Ce réel avait été pensé. Par des hommes. Les camps de la mort avaient été pensés. Imaginés. Et même si, dans leur élaboration finale, dans leur précision et leur efficacité dernières, ils furent le résultat, aussi, de tâtonnements et d'expériences, de ratés, de faux départs, même s'ils furent le fruit d'un certain pragmatisme, ce pragmatisme n'était que la suite, la conséquence d'une imagination première.

Ici, je vois poindre un paradoxe qui n'est pas simple à décrire : les camps sont un imaginaire qui s'est réalisé, puis une réalité qu'il a fallu imaginer pour la rendre réelle. Toute la difficulté, non seulement des découvreurs, des libérateurs, mais aussi des victimes, des juifs déportés, et aussi des déportés qui n'étaient pas juifs, c'était de *fabriquer du réel à partir de ce réel-là*. La restitution du réel est simple quand le réel est scolaire, banal, attendu, enfantin : il suffit d'employer, et c'est du journalisme, des mots scolaires et banals, et attendus, et enfantins pour le décrire. C'est du réel qui se plie volontiers, qui se prête avec amabilité, avec diligence, à sa retranscription. On en rend compte sans difficulté. C'est, là, du réel qui joue le jeu. C'est du réel qui collabore. Il y a une certaine équanimité, une certaine forme d'égalité entre la tête du réel et la tête du texte qui va le décrire, le cerner, le respecter. C'est un réel qui permet l'exactitude. Le réel correspond parfaitement à ce qui en est dit ; notre compte-rendu, c'est-à-dire le portrait que l'on a fait du réel, est *ressemblant*. Ce n'est pas une caricature, et ce n'est pas non plus un symbole, c'est un portrait. Notre article est *réaliste*. Notre description colle au réel, et le réel à notre description. Si nous étions mathématiciens, mais nous ne le sommes pas, nous dirions qu'il existe une *bijection* entre notre compte-rendu et la réalité. On peut partir de l'événement pour parvenir à l'écrit et cela se fait sans déperdition aucune (ou presque) ; et l'on peut, tout aussi bien, partir de l'écrit pour arriver à l'événement. Ce que nous avons écrit n'est pas l'événement lui-même, la réalité en tant que telle, mais son sosie. Son avatar. Et réciproquement. Si je dis qu'un chien s'est fait écraser, si j'écris « ce chien vient de se faire écraser », il y a une façon de conformité de l'écrit au réel et du réel à l'écrit qui font que les deux semblent s'emboîter. Il y a une forme de proportionnalité qui est respectée entre la chose réelle et la chose relatée. Ils se situent au même niveau ; ils se regardent face à face. L'un est le miroir, très peu déformant, de l'autre. J'ai restitué le réel sans la moindre trahison ; je l'ai si bien fait (mais il est vrai que ce n'était pas très compliqué) que, ce que je vous donne à lire, c'est ce réel lui-même mais sous une autre forme. Sous une forme de substitution. Si le réel dont j'ai rendu compte pouvait se métamorphoser en écrit, changer de nature, de texture, d'essence, il deviendrait aussitôt mon texte.

La restitution du réel, en revanche, est plus compliquée, est plus complexe, est plus périlleuse, demande plus d'efforts lorsque l'événement est encore moins spectaculaire qu'un chien qui se fait écraser. Par exemple, si un homme entre dans une boulangerie et demande un croissant à la boulangère, le compte-rendu de l'événement ne peut se suffire en soi. Il y a dans le cas banal, scolaire, du chien qui s'est fait écraser un contenu certes trivial, mais qui délimite l'ultime frontière entre ce qui est « intéressant » et ce qui ne l'est pas. Un chien écrasé ne passionne personne, mais je peux encore considérer que cet événement constitue, à l'extrême limite, un contenu d'information. En rendre compte n'est pas *totalement* absurde. Cette information n'est pas captivante, mais il est des personnes à qui elle peut être utile, ou du moins pour qui elle peut faire *sens*. À qui peut-elle être utile ? Au propriétaire du chien. Par exemple. Ou aux enfants du propriétaire du chien. Ou à la mairie de Paris qui s'inquiète que, dans ce quartier, à ce carrefour, les chiens ne cessent de se faire écraser. Ou encore à la Société protectrice des animaux qui souhaiterait, pourquoi pas, porter plainte contre le chauffard ; contre l'assassin. Cette information peut tout simplement faire sens pour les amateurs de petits faits, de faits très quotidiens et très microscopiques. Enfin, si jamais il est parmi les chiens une seule âme qui sache lire, elle sera peinée et concernée, infiniment, en lisant les quatre lignes sur le décès terrible et accidentel d'un de ses congénères.

Dans le cas de figure que je viens de proposer, un homme comme les autres qui dans une boulangerie comme les autres demande un croissant comme les autres, l'exercice évidemment (disais-je) se complique. Car ce n'est plus une information. De la forme relatée, écrite, de cet « épisode », personne n'en veut ; aucun journal n'en voudra. Aucun rédacteur en chef d'aucune rubrique ne sera interessé. Pourtant, cet événement sans le moindre intérêt pour aucun lecteur au monde (il n'intéresse ni le client lui-même ni la boulangère) a malgré tout la possibilité, comme tout événement au monde, d'être décrit. Par un journaliste ? Je viens de dire que non. Mais par un écrivain, oui, évidemment. Seul un écrivain peut s'emparer de ce microscopique-là. Dans ce cas de figure, la retranscription simple n'est pas possible. La retranscription plate n'aurait pas de signification : cette situation boulangère, d'un total manque d'intérêt, ne peut être que transformée en œuvre d'art (la peinture également, évidemment, qui aime représenter des pommes dans une assiette). Il faut donc une description par *exagération* ou par *stylisation*. Par exagération, c'est le récit qui est amplifié, on fait prendre aux choses une tournure soudain exceptionnelle : description apocalyptique du physique de l'homme, de la tête de la boulangère ou de l'allure du croissant, à moins que cette boulangerie soit la dernière au monde à vendre des croissants et que ce croissant soit le dernier, oui, l'ultime croissant de toute l'histoire de l'humanité, et alors par la fiction tout revêt un sens, il y a mise en perspective. Le réel a perdu en exactitude, mais il reste « vrai » dans le sens où l'écrivain qui s'en est emparé a injecté en lui la part de vérité qu'il voulait y placer – si cet « événement » était anodin pour lui, il n'aurait pas choisi celui-là ; à moins que ce ne soit l'aspect particulièrement anodin de la situation qui, justement, ait aiguisé son intérêt. L'autre issue possible pour décrire cette histoire qui n'en est pas une, ce non-événement boulanger, c'est l'option stylistique : une épreuve pour la virtuosité, mais pas seulement. Bien sûr que c'est sur une pomme qu'on voit le mieux qui est Manet, sur un nénuphar qui est Monet, ou sur un couteau posé sur une table de cuisine qui est Chardin (la banalité d'un événement sert de support à la présentation d'un style, d'une école, d'un mouvement). Mais, par style, nous ne pensons pas à la virtuosité : transcender l'événement sans contenu de l'achat d'un croissant par un quidam par un délire baroque serait un vain exercice, une prouesse adolescente. Ce que j'entends ici par « style », c'est au sens où Proust eût décrit cet épisode. (J'allais écrire – un peu pour faire le malin, un malin scolaire mais un malin quand même, un petit malin qui tente un effet dans une dissertation : « au sens où *un* Proust eût décrit cet épisode », mais je viens de m'apercevoir à quel point cette figure de style, de rhétorique, est débile ; c'est une des plus débiles qui soient, car il n'y a, il n'y a jamais eu et il n'y aura jamais qu'un seul et unique Proust : Marcel, Marcel Proust.)

Proust, capable de faire tenir l'histoire de l'humanité dans un peu de fromage blanc où quelques fraises sont écrasées, Proust, capable, mais Joyce aussi, de faire entrer dans un homme demandant un croissant plus de sensations, de vertiges, d'humanité, de complexité, de douleurs, de regrets, de bonheur que n'importe quelle saga historique illisible.

Il y a « exagération », là aussi, mais, évidemment, cette retranscription n'apparaît exagérée que pour celui qui ne sait pas voir la réalité, la sentir sous tous ses aspects, avec tous ses visages simultanés, car Joyce et Proust (ils ne sont pas les seuls, voici Faulkner, voici Kafka qui entrent dans la boulangerie et demandent un croissant, et ne s'en remettront jamais – c'est un épisode décisif, important, soudain rendu vital) font entrer l'événement dans leur sensibilité, leur intelligence et leur culture, l'événement boulanger du croissant est aspiré par leur génie qui lui donne de l'importance et du sens, lui restitue toute sa vérité. Sa légitimité. Sa primauté. Ces hommes-là, de génie, sont des mouches : ils ont mille paires d'yeux, kaléidoscopiques. Ils savent, pour voir et détecter, comprendre et se souvenir, utiliser tous les prismes, du coup, ils ont accès à toutes les facettes. Eux n'exagèrent pas ; c'est leur sensibilité géniale qui amplifie. C'est leur « subjectivité » (insupportable mot) qui fait tourbillonner la boulangerie et l'envoie dans une galaxie spéciale, et tout, du croissant et du client, de la boulangerie et de la boulangère, devient universel, s'universalise. Je parlais tout à l'heure de bijection entre la réalité plate et le compte-rendu plat de cette plate réalité. Ici, nous sommes en face d'une *injection* : il y a plus d'éléments dans l'ensemble d'arrivée (la description littéraire par un génie) qu'il n'y en a (en apparence !) dans l'ensemble de départ (la réalité).

Dans le cas des camps, il en va tout autrement. Nous avons devant nous une réalité non pas banale, non pas micoscopique, mais énorme, mais monstrueuse. Nous avons, qui se dresse devant nous, une réalité trop grande, une réalité qui déborde, qui déborde de tout et de partout. C'est une réalité qui fuit. Une réalité qui est une manière de tsunami. C'est une réalité gigantesque qui nous dépasse, dépasse la fiction, et se dépasse elle-même comme réalité. C'est une réalité qui se surpasse elle-même. Nous sommes totalement dépassés par elle, sonnés. Comment opérer cette fois ? Comment décrire ? Comment témoigner ? Comment dire ? Comment communiquer ? Comment « informer » ? Comment raconter ? La bijection (qui est la solution « journalistique ») est impossible : aucune prose, au monde, n'égalera en horreur, en terreur, en souffrance, l'horreur réelle, vécue. L'horreur dans le texte et l'horreur dans la chair ne peuvent communiquer. Les fils sont coupés. Pas de liaison. Pas de solution possible pour dire, pour dire « au prorata ». La Shoah n'a pas son sosie dans le récit ; n'a pas son avatar imprimé, relaté. Décrit. Narré. Aucune prose n'est à la hauteur. L'injection (qui est la solution « artistique ») n'est pas envisageable non plus : l'ensemble de départ, la réalité, est un milliard de fois plus riche, plus complexe, plus touffu, que ce que tout auteur, fût-il génial, parviendra à en faire. Nous sommes dans une situation de *surjection*. Il faut enlever pour rendre compte. Il faut soustraire. Seul un appauvrissement de la réalité permet un récit de l'horreur. Tel est le paradoxe diabolique de la Shoah. Il faut vider cette réalité trop pleine pour la transmettre. Pour rester « réaliste », la réalité doit l'être moins qu'elle ne l'est en vérité. Qu'elle ne l'est en réalité.

Retrancher de la réalité à la réalité n'est pas ici qu'une technique : le déporté n'a pas le choix. Le soldat qui libère le camp non plus. Et c'est pourquoi la seconde chose : parce qu'il ne sait pas quoi dire, et que l'image témoignera en lieu et place des mots. Elles sont rares, les occasions, dans l'histoire de l'humanité, où l'image est plus « intelligente » que la parole (est plus « intelligible » que le mot). Retrancher de la réalité à la réalité, qu'est-ce donc pour celui qui narre ? C'est comme si cette horreur continuait (puisque cette horreur est vouée, dans son partage communiqué entre tous les hommes, à être atténuée, à être amputée d'une grande part de sa réalité, et donc à être amputée d'une grande partie d'elle-même), c'est, disais-je, le début de l'imaginaire. Raconter les camps est toujours un début d'imaginaire.

Il est très significatif que Primo Levi, ce rescapé de l'impensable, ait publié, et sous *un autre nom* – un nom qui, lui, n'a jamais été déporté –, des livres de science-fiction. *Histoires naturelles*, en 1966. Et *Vice de forme*, en 1971. Sous le nom non déporté de Damiano Malabaila. Une des histoires inspira le film *Total Recall*. Comment dire ? La boucle est-elle bouclée ?

Les paradoxes simples à décrire appartiennent généralement aux mathématiques. Dans la réalité, dans le monde réel qui pique et qui se joue devant nous, et dans lequel nous jouons nous-mêmes, les paradoxes sont plus subtils, parce qu'ils ont toujours des apparences de paradoxes. Ce que nous appelons paradoxe en mathématiques résulte soit d'une contradiction logique, soit d'une erreur de raisonnement, soit d'un jeu de sens, d'un jeu de mots entre deux définitions, entre deux théories, entre deux référentiels, mais dans la réalité il en va tout autrement. Dans la réalité, ce que nous appelons un paradoxe n'en est pas un, n'en est jamais un : c'est notre paresse et nos limites, notre esprit de manichéisme et d'oppositions, notre esprit de catégories et de contrastes qui ne sait pas voir la complexité d'une situation réelle. Le réel n'est pas paradoxal, il est compliqué. C'est en n'en choisissant que deux faces, deux aspects, deux visages que notre esprit, notre entendement finit par opposer que nous créons nous-même le paradoxe. Un événement réel, ou bien ne contient aucun paradoxe, ou bien il les contient tous. Un événement réel les contient tous, les paradoxes. Est réel un évément qui contient tous les paradoxes du monde, qui convoque tous les paradoxes possibles, le plus possible de paradoxes.

Vendredi 20 janvier

Réveil avec *Dream Police*, Cheap Trick, 1979 (Epic, EPC 83522, Europe). Tom Petersson : basse et chant ; Bun E. Carlos : batterie ; Rick Nielsen : guitare, mandoloncelle et chant ; Jai Winding : piano et orgue ; Robin Zander : chant et guitare rythmique.

Déjeuner avec Philippe Labro, au musée de l'Homme.

Le Talmud, traité Berakhot, se pose la question de savoir à partir de quand il faut, le soir, réciter le *Chema'*. Autrement dit : à quelle heure exactement ? À quel moment précis (du soir) ? Le *Chema'* : « Écoute Israël, l'Éternel est notre Dieu, l'Éternel est un »… Il y a un livre d'Edmond Fleg (que j'ai sous les yeux) et qui s'intitule *Écoute, Israël*. Il s'agit du premier cahier de la quinzième série des *Cahiers de la Quinzaine*, de Péguy. C'est une couverture blanche très belle, très sobre, ornée de lettres rouge ocre. Au verso, Péguy (selon son habitude) a noté ce qui suit :

> Nous mettons le présent cahier dans le commerce ; premier cahier de la quinzième série ; un cahier blanc de 156 pages ; in-18 grand jésus ; nous le vendons trois francs cinquante.

et page 156 :

> Nous avons donné le bon à tirer après corrections pour deux mille trois cents exemplaires de ce premier cahier et pour vingt-cinq exemplaires sur whatman le mardi 21 octobre 1913.

signé :

> Le gérant : CHARLES PÉGUY.

puis :

> Ce cahier a été composé et tiré par des ouvriers syndiqués.

enfin :

JULIEN CRÉMIEU, imprimeur, 13 et 15 rue Pierre-Dupont, Suresnes. – 8458.

Mystérieux chiffre : 8458… Ce petit volume est aujourd'hui totalement introuvable. J'ai la chance de posséder les 229 exemplaires originaux des *Cahiers de la Quinzaine*. Ils dorment près de moi, dans ma chambre, dans une « quinzainothèque » spécialement conçue pour eux. Et je ne suis pas bibliophile le moins du monde ! Mais pour Péguy c'est différent : la typographie fait partie de l'œuvre. Edmond Fleg, après six pages totalement immaculées, laisse une dédicace qui résume tout (qui résume tout ce que j'écris depuis le début) : « À LA MÉMOIRE DE MON PÈRE ». Quand on est juif, on n'écrit pas le mot « mémoire » sans écho. Et on n'écrit pas le mot « père » comme simple hommage rendu. « Mémoire » et « Père » sont peut-être les deux mots les plus importants pour un juif. Et peut-être, à partir de ces deux seuls mots, pourrait-on, comme dans une axiomatique, déduire tout le reste, redémontrer toute la morale, redécouvrir, nécessairement, toute la figure du judaïsme. Je ne dis pas la théologie. Le mot « théologie » m'embarrasse quand je dois parler de judaïsme. J'ignore si je le trouve tautologique ou hors sujet, et je crois bien, aussi surprenant cela puisse-t-il sembler, que c'est les deux : je le ressens tautologique et hors sujet ! J'aurai peut-être l'occasion de préciser cela plus loin. Pour le moment j'aimerais revenir au *Chema'*. Le Talmud, traité Berakhot, commence donc par une michna qui s'intéresse à l'heure, le soir, à laquelle on doit réciter le *Chema'*. La tradition entend que le *Chema'* soit récité deux fois par jour : le matin et le soir ou, plus exactement (et la nuance, comme on va le voir, est de taille – tout, même, est dans cette nuance), le soir et le matin.

Cesser d'être un contour. Se dessiner, se graver dans les choses, rien n'est plus nietzschéen que le refus d'une con-forme qui viendrait s'assimiler aux brouillards de toutes les autres, déjà passées, effacées.

Nietzsche s'est appliqué ses propres sentences parce qu'il a su penser les accidents. C'est un penseur de l'accident. De l'inscription du chaos dans l'ordinaire des hommes : ce qui les rend extraordinaires, justement.

La volonté de puissance n'est pas nietzschéenne, quand l'est, en revanche, la manière dont lui l'a isolée de la matière confuse du monde – pour l'étudier en son laboratoire hirsute. Nietzsche atomise les choses : entre ses mains, il n'y a plus que quelques gravats, qu'il examine et sur lesquels, par un esprit d'induction génial, il reconstruit le monde que sa pensée a d'abord mis en pièces.

Nietzsche est dans le mécontentement du monde, ce qui signifie que le monde nous trahit, mais aussi que lui, Nietzsche, ne parvient pas à s'en rassasier. Il ne parvient pas à se contenter du monde : sa pensée, sans aucun souci de cohérence obtus, se voudrait, se rêverait étrangère à elle-même si elle pouvait (elle le peut) modifier des parcelles de l'univers, ne serait-ce que de quelques millimètres. Changer un atome, déjà : aucun scientifique n'y parviendrait. Nietzsche, peut-être, comme les musiciens qu'il admire, comme Wagner qu'il eût dû être, qu'il est de toute façon.

Il n'y a pas de nihilisme chez Nietzsche au sens où le néant et le rien l'emporteraient sur le reste, mais une proposition momentanée de nihilisme pour effrayer la basse-cour du réel, et qu'ainsi, transie de peur, la vérité comme *alètheia* se dévoile, entourée de bergers allemands qui aboient. Ce n'est pas une pensée douce, c'est une philosophie qui s'exclame en pensant (sans doute, se pense-t-elle aussi en s'exclamant). Ne cherchons pas chez Nietzsche une linéarité théorique : voici, plutôt, l'œuvre la plus vivante du monde, parce qu'elle ne sortait pas d'un seul cerveau, mais d'un cœur, et surtout des tripes d'un corps qu'on voit ici en lambeaux, derrière l'apparente fluidité de sa force.

Samedi 21 janvier

Réveil avec *Life Between The Exit Signs*, Keith Jarrett, 1968 (ATCO Records, SD 2006, Canada). Charlie Haden : basse ; Paul Motian : batterie ; Keith Jarrett : piano.

Déjeuner très agréable avec Marie Darrieussecq ; nous parlons d'insomnies (les siennes, surtout). De nos vies, d'amour, de sexe, de traductions. J'estime Marie. Je lui conseille de lire les *Carnets* de Cioran, un de mes (nombreux, multiples) livres de chevet – j'ai toujours eu une *montagne* de livres en cours au pied de mon lit.

Il y a dans le sexe quelque chose de très surfait. Et, si je m'écoutais, je dirais volontiers que le sexe ne me convient pas réellement. Je ne suis pas *convaincu* par lui.

Le Talmud renseigne sur l'obligation de réciter, chaque soir, le *Chema'*. Les Cohanim sont les descendants d'Aaron. Ils ont pour vocation de servir au Temple. La Torah les en remercie en pourvoyant à leur subsistance : une partie des récoltes agricoles doit leur être réservée. Cette part (sainte), c'est la terouma. Seul un Cohen (quel que soit son sexe) est habilité à la consommer. Mais, pour cela, il doit préalablement s'être purifié. L'obligation de réciter le *Chema'*, donc, entre en vigueur à l'heure où les Cohanim rentrent chez eux, après le coucher du soleil. C'est-à-dire juste avant l'aube. Les Cohanim s'en retournent chez eux manger la terouma. Les Cohanim sont allés se purifier, et ils rentrent. Ils s'en retournent. Ceux-ci, en effet, ne peuvent en aucun cas consommer la terouma dans un état d'impureté. Ce qui m'intéresse ici, c'est de poser la question de l'aube. C'est-à-dire du soir en ce qu'il précède l'aube. L'aube, c'est ce qui suit immédiatement la fin d'un cycle, c'est ce dont l'imminent début coïncide avec un cycle qui vient à l'instant de s'achever. L'aube, c'est le début d'un autre cycle. Révolution. La roue a tourné. L'aube, c'est le retour au point de départ. C'est un nouveau jour, mais un retour. Re-Nouveau. Mais un point de départ qui seul fut connu de Dieu. Aucun homme ne l'a connu. Aucun œil ne l'a vu. Adam est apparu dans la phase 2. Dans l'Éden 2. L'aube est la phase 1. L'aube est l'Éden 1. L'aube est l'Éden de l'Éden. Il faudrait dire : l'Éden de l'éden.

L'aube, c'est le matin du matin.

L'aube, c'est le première Genèse. La Genèse non adamique.

Le cycle est terminé, parce que la révolution (totale) est achevée. A eu lieu – pour la première fois, la boucle est intégralement bouclée. Tout le processus s'est déroulé. L'aube, c'est l'entrée dans l'état d'initiale pureté, d'initiale infinie moralité, d'initiale absolue éthique, d'initiale infinie liberté. C'est l'entrée (autrement dit) dans les temps messianiques.

Concert au Théâtre des Champs-Élysées en compagnie d'Emmanuelle : Fazıl Say. Magique.

Dimanche 22 janvier

Réveil avec *Out There*, Eric Dolphy, 1961 (New Jazz, 8252, US). Eric Dolphy : saxophone alto, flûte, clarinette, clarinette basse ; George Duvivier : basse ; Ron Carter : violoncelle ; Roy Haynes : batterie.

Projection, pour une poignée d'amis, de *Korea* au cinéma Saint-Germain, grâce à Maria. Je n'avais jamais montré mon film ; je pensais qu'il finirait, définitivement, sur mon disque dur, mais je dois avouer que cette projection, improvisée ou quasiment, me redonne un véritable coup de fouet. Ida est dingue de la première heure, et Joël Séria, à mes yeux un immense cinéaste, tombe amoureux du film, ainsi que Jeanne, sa femme. Zam adore également. Je repars au combat ; je suis sur *Korea* depuis 2012.

On n'entre pas comme ça dans les temps messianiques. Il faut qu'une préalable nuit, qu'une nuit préalable, se soit achevée. On sait que plusieurs sortes de nuits, suivant les thèses, sont possibles. Tel rabbin pense que, pour qu'advienne (pour que ré-advienne) la pure aube originelle, il faut que la situation terrestre, humaine, historique, morale, politique, soit bloquée. Que toute possibilité de sortie de crise soit illusoire. Que toute issue, que toute solution pour échapper au chaos, à la barbarie, soit sans espoir. Ainsi, l'aube est ce qui suit, et nettoie, le cataclysme, l'apocalypse, l'horreur. L'aube est purification intégrale du cauchemar dont elle relève. Et auquel elle succède immédiatement. L'aube apure les comptes, fait table rase, et souffle à neuf sur l'humanité, dont les élus se réveillent. Tel autre rabbin, au contraire, entend que l'aube est le lendemain d'un merveilleux soir, où chacun a réussi, par l'effort, l'étude, le travail sur soi et le travail sur les textes, à créer un monde moral : l'aube est alors le lendemain d'une nuit enchantée. L'aube est le résultat fluide, naturel, simplement et calmement transitoire, passivement transitoire, évident, coulant de source, automatique d'un soir où la civilisation est enfin devenue civilisée, où la civilisation s'est enfin (ré)unie dans la paix et l'exigence morale, le dialogue et la justice.

La première thèse, si elle ne s'impose pas nécessairement, est celle que je préfère – tant je n'entrevois pas la possibilité que les hommes jamais s'obligent définitivement à biffer de leur nature, de leurs pulsions, les crimes et la volonté de puissance, la frénésie de régner et l'instinct de fabriquer le pire.

Lundi 23 janvier

Réveil avec *Live at Café Montmartre 1966*, Don Cherry, 2007 (ESP Disk, ESP 4032, US). Don Cherry : trompette ; Gato Barbieri : saxophone ténor ; Karl Berger : vibraphone ; Bo Stief : basse ; Aldo Romano : batterie.

Comité Grasset.

Soirée *Terreur* au Saint-Germain. La salle est remplie. Mes invités (j'eusse pu avoir la salle pour moi tout seul, balancer mes certitudes, infliger mes monopoints de vue au public, mais j'ai préféré débattre, j'ai préféré partager) : Cécile Guilbert, Marc Weitzmann, Régis Jauffret, Arnaud Viviant, Marcela Iacub, Arthur Dreyfus. C'est Alexis Lacroix qui mène les débats. Beigbeder nous plante. Houellebecq m'avait prévenu, via François Samuelson, qu'il ne viendrait pas. Une sorte de fronde a tenté de me faire annuler la venue de Viviant ; ce que je n'ai pas accepté ; on ne désinvite pas quelqu'un. Marcela Iacub, désagréable dès la première minute (mais je reste impassible et souriant), sans doute parce qu'elle comprend qu'elle n'aura point la vedette, qu'elle ne sera pas la plus intelligente, ou du moins qu'une grande diversité d'intelligences seront en dialogue (c'est-à-dire, selon sa grille de lecture, en compétition), précise immédiatement que son invitation à la tribune résulte d'un malentendu ; quelques minutes plus tard, tandis qu'Arthur Dreyfus défend sa vision du terrorisme, elle lui coupe la parole, drôlement outrée, sourde à toute explication qui ne vient pas corroborer ses thèses, inapte à recevoir la moindre conception étrangère à sa réflexion personnelle ; elle s'insurge, invalide toute discussion, suicide l'échange, prend ses affaires et s'en va. Je m'en fiche royalement. Le débat reprend ; Weitzmann est particulièrement brillant, ainsi qu'Arthur Dreyfus ; Cécile, un peu trop théorique, peut-être ; Régis est en verve, très en forme. Seul contre tous, situé de profil par rapport à la salle, c'est-à-dire perpendiculaire à notre table, Arnaud Viviant, qui s'est par ailleurs aperçu que son nom ne figurait pas (ce n'est pas de mon fait) sur l'écran qui nous sert de décor, essuie les tirs de Weitzmann, et la soirée tourne, non pas au pugilat, mais au règlement de compte larvé. Je passe une excellente soirée.

Lors d'une conférence époustouflante intitulée « La singularité du messianisme juif à l'époque de l'empire du rien », Benny Lévy tranche (à sa manière) sur cette question. Sur la question de savoir si les temps messianiques « s'obtiennent » par une situation morale enfin établie ou par la constatation du chaos généralisé effectif. Benny appuie pour (grande) partie sa démonstration (sa réflexion) sur le Maharal, qui restera une de ses grandes influences. « Parce que, dit le Maharal, il faut en arriver au *efsed*, à la dé-consistance (pour signifier le travail de destruction), à l'in-consistance (pour être plus fidèle à la langue française) de cette réalité-là pour qu'advienne la possibilité d'une réalité toute neuve, qui sera la réalité messianique. » La génération qui est susceptible de connaître la réalité messianique est, martèle Benny, « une génération qui voit la vérité elle-même se néantir, c'est-à-dire, explique le Maharal qui commente ce passage, que ce n'est pas seulement que la domination du mensonge, de l'illusion, de l'apparence s'étende – non, c'est plus ! C'est la vérité elle-même qui se barre, qui fiche le camp ».

L'époque pré-messianique (du moins pour Benny, du moins aussi pour le Maharal) semble être plutôt bloquée que rêvée, plutôt cauchemardesque qu'idéale.

Il faut que la veille de l'aube, les Cohanim soient purs. Lavés de leurs impuretés. Donc, *a priori*, la situation n'est pas aussi dramatique que le décrivait, à l'aide du Maharal, Benny. L'impureté ne règne pas sur le monde, puisque les Cohanim ont fait leur devoir et que c'est non souillés qu'ils mangeront la terouma. Le monde, dès lors, est sauf. Puisqu'il est sain. Puisque les Cohanim sont sains. Cela pose un problème. Nous sommes dans une contradiction. Mais le Talmud nous sauve : « Au dernier jour de la période d'impureté, le Cohen devait s'immerger dans un bain rituel, puis attendre l'apparition des étoiles, marquant le début du jour suivant, avant de manger la terouma. »

Mardi 24 janvier

Réveil avec *Western Suite*, Jimmy Giuffre, 1960 (Atlantic, SD-1330, US). Jimmy Giuffre : clarinette, saxophone ténor et saxophone baryton ; Bob Brookmeyer : trombone ; Jim Hall (un de mes dieux totaux) : guitare.

Radio Classique, avec Olivier Bellamy. J'aime beaucoup son émission, où l'invité a la parole, pour un dialogue intelligent, avec un homme raffiné (bien que semblant quelque peu – ou quelque beaucoup ! – en souffrance), pendant près d'une heure.

Talmud : « Le Maître nous a fait entendre une chose annexe : les Cohanim, quand mangent-ils la terouma ? Depuis l'heure de la sortie des étoiles. » Autrement dit, depuis le début de la nuit. « Et voici qu'il nous fait entendre que l'expiation ne constitue pas un empêchement, comme on a enseigné : "Le soleil viendra et il sera pur." » La tombée de la nuit, à elle seule, *suffit* pour autoriser à manger la terouma ?? *Pas tout à fait cela*, c'est plutôt : le fait qu'il n'ait pas obtenu expiation ne l'empêche pas de manger la terouma, donc dans mon raisonnement, il faut remplacer pureté par expiation…

Le soir ultime, nous pouvons choisir de dire qu'il correspond au dernier jour de la période d'impureté. Dans le Talmud, traité Berakhot, Rabban Gamliel dit : « Jusqu'à ce que se lève la colonne de l'aurore. » « La colonne de l'aurore n'est pas levée vous êtes tenus de réciter. » « Tous les commandements limités "au milieu de la nuit" restent en vigueur jusqu'à l'aube. » Pour Rabban Gamliel, le *Chema'* peut se réciter jusqu'à l'aube. Rabban Gamliel va, donc, jusqu'au *bout* de la nuit. Ce qui n'est pas le cas de Rabbi Eli'ezer qui, lui, pousse la possibilité de réciter le *Chema'* seulement jusqu'à la fin de la première garde. Ce qui n'est pas, non plus, le cas des Sages, pour qui la possibilité de réciter le *Chema'* ne doit pas dépasser le *milieu* de la nuit.

Genèse I, 5 : « Et ce fut soir, et ce fut matin, jour un. » Il est dit « matin » et non pas « aube ». Ce qui nous intéresse ici, c'est ce qui a séparé le soir du matin ; le bout de la nuit du début du matin ; la nuit de la nuit, du matin du matin. Ce qui, autrement dit, s'est déroulé entre l'aleph et le beth (je parle du beth de *Berechit*, évidemment).

Guemara : « Qu'y a-t-il de changé pour enseigner celui du soir en premier ? » Cela paraît clair : le cycle est le suivant : soir / nuit / aube / matin / midi / après-midi / soir / nuit / aube / matin… avec cette petite précision : soir / nuit / aube (alias *Genèse 1*, ce qu'aucun œil n'a vu) / matin (alias *Genèse 2*, genèse adamique, genèse telle que décrite dans le premier chapitre de la Torah) / midi / après-midi / soir / nuit / aube (alias *Genèse 1*) / matin (alias *Genèse 2*)…

« Il aurait dû enseigner celui du matin en premier ! »

« Il a appris de la création du monde. »

Pour les cinq autres épisodes de la création, la nuit est également mentionnée *avant* le jour. Le Talmud entend nous forcer ici un peu la main ; il voudrait (mais en fait il ne voudrait rien du tout, le Talmud adore que l'on s'arrache à toute explication qui serait définitive, même si la Halakha finit quand même – car il faut bien trancher – par prendre une décision) qu'on se contente de l'explication selon laquelle le jour commencerait en réalité la veille au soir. Certes, cette vision des choses revient sans cesse dans le judaïsme, notamment pour ce qui concerne Shabbat. Qu'à cela ne tienne ! Acceptons-la. Contentons-nous-en. Ne faisons pas trop le malin. Le risque de faire le malin est ici très grand, et je ne crois pas, hélas, y avoir échappé (malgré de nombreux efforts, très honnêtes, impeccablement humbles) depuis le début de ce texte. La journée commence donc la veille. Très bien. Elle commence la veille, nous dit-on (voir le Talmud), 18 minutes après le coucher du soleil. Ce qui nous intéresse donc, c'est la zone située entre le coucher du soleil et 18 minutes après ce coucher. Appelons-la la zone de l'*aube*. (Cela fait une nuit très courte et une aube sans doute très longue avant la venue du matin, mais, premièrement, ce n'est pas très grave et ne gêne en rien la réflexion et, deuxièmement, mieux vaut, humilité oblige, s'en tenir à la logique talmudique qui considère que la journée commence la veille.)

Mouvement *cyclique* : « Le tana a commencé par le soir, puis il a enseigné celui du matin. Puisqu'il se trouvait au matin, il a explicité les règles du matin, puis il a explicité les règles du soir » (2a, p. 10, TL).

Mercredi 25 janvier

Réveil avec *Piano Dazibao*, François Tusques, 1970 (Futura Records, GER 14, France). François Tusques : piano.

Consultation médicale, Ida, à Ivry.

Préparation, à *La Règle du jeu*, de l'émission de demain.

Proudhon : « On confond trop souvent le gouvernement de la multitude, de la masse (ochlocratie), avec la Démocratie. Erreur grave… L'ochlocratie, ou gouvernement de la multitude, est celui qui agit par masses, par des suggestions soudaines et collectives… Quand on sait de quoi les multitudes sont capables, on se retourne avec désespoir vers l'aristocratie ou la monarchie… En France, sous des apparences contraires, c'est l'ochlocratie qui, depuis 89, sous le nom d'opinion, courant d'opinion, fait tout le mal… Cette souveraineté de la masse, excluant toute réflexion, toute réserve, tout discernement, toute discussion, est la plus affreuse des tyrannies » (*Ochlocratie*, feuille inédite, citée par P. Haubtmann, *Proudhon : sa vie et sa pensée (1849-1865)*, Paris, Desclée de Brouwer, 1988, t. I (1849-1855), p. 229).

Leo Strauss, « Progrès ou retour ? », *La Renaissance du rationalisme politique classique*, 1952 : « Nul ne peut être à la fois philosophe et théologien. » Péguy, « Casse-cou », 1901 : « L'athéisme est une métaphysique et une théologie. Un athéisme suppose un Dieu que l'on nie ou des dieux que l'on nie et la définition de ce que l'on nie. Au moins en ce sens un athéisme est ou suppose une théologie métaphysique. »

Citation entière : « Pareillement l'athéisme est une métaphysique et une théologie. Or autant nous entendons ce que nous disons quand nous affirmons que nous ne croyons pas au Dieu des chrétiens, en particulier au Dieu des catholiques, ou que nous ne croyons pas aux dieux des païens, autant nous serions embarrassés de nous prononcer sur l'athéisme absolument, c'est-à-dire indifféremment parlant. Un athéisme suppose un Dieu que l'on nie ou des dieux que l'on nie et la définition de ce que l'on nie. Au moins en ce sens un athéisme est ou suppose une théologie métaphysique. »

Si le problème majeur (voir séminaire de Benny sur « Dieu et la philosophie ») est de penser Dieu et la philosophie, Péguy, lui, peut apporter une réponse. Si Péguy peut être à la fois philosophe et théologien, c'est qu'il n'est ni philosophe ni théologien !

Leo Strauss : « Le progrès est devenu un problème – il pourrait sembler que le progrès nous ait conduit au bord d'un abîme et qu'il soit par conséquent nécessaire de considérer une alternative. Par exemple, s'arrêter là où nous nous trouvons ou, si c'est possible, opérer un retour. Retour est la traduction du mot teshuvah. »

Révolution : « Mais la fin parfaite est la restauration du commencement parfait, la cité fidèle, qui se trouve ainsi au commencement et à la fin »). Pour Strauss, « le début est le jardin d'Éden » ; « Ses fils seront comme aux temps anciens » (Jérémie XXX, 20).

Pour Péguy, l'athéisme est une théologie : « Comme si le matérialisme n'était pas une métaphysique, et l'athéisme une théologie. »

« Quand un bourgeois français inculte et grossier proclame qu'il est matérialiste, cela veut dire en gros qu'il a envie d'outrager la morale usuelle. Et quand il dit : “Je suis athée”, cela veut dire en gros qu'il a envie d'embêter les curés. Je ne vois pas quel avantage nous aurions, ni quel intérêt, à imiter les vieux-bourgeois dans ce qu'ils ont de grossier et d'inculte, à imiter les vieux-radicaux dans leurs infirmités mentales, ou morales. On m'a d'ailleurs assuré que le citoyen Vaillant n'entendait pas son matérialisme et son athéisme au sens grossièrement vieux-bourgeois, mais en un sens philosophique. Ou plutôt en un sens pseudo-philosophique. C'est-à-dire non pas au sens où les entendrait un véritable philosophe, mais au sens où les retiendrait un bon cuistre de philosophie dont la mémoire inévitable serait barbouillée de courtes éruditions livresques inintelligentes. »

« Pour le philosophe le matérialisme est un système de la métaphysique parmi les systèmes assez nombreux de la métaphysique. Permettez-moi de le caractériser d'un mot en disant qu'il tend à réduire tout à la matière, comme le spiritualisme tend à réduire tout à l'esprit. Beaucoup de gens aimeraient que tout fût réduit à la matière. Ils ne savent pas ce que ça veut dire, mais ça leur ferait plaisir tout de même. On ne sait pas pourquoi, mais ils aimeraient ça. »

« Le grand bateau de la philosophie allemande est aujourd'hui abandonné. » On est en 1901 !…

Un Péguy très « talmudique » : « Il vous plaît que le mouvement de la pensée humaine soit un mouvement linéaire pour qu'il soit un mouvement unitaire, la ligne étant une. Il vous plaît de situer les grands philosophes et les grands savants à la queue leu leu comme les petits enfants des écoles. Il vous plaît de vous représenter et de nous représenter les grands cœurs et les grands esprits comme attachés à réaliser un progrès continu de la pensée humaine où chacun serait le continuateur du précédent et le prédécesseur exact d'un nouveau continuateur. Cette imagination scolaire ne me paraît pas conforme à la réalité. »

« Les grands philosophes n'ont pas pensé à continuer et à compléter leurs prédécesseurs, mais bien plutôt à les rafraîchir et les renouveler. Ils n'ont pas pensé à se faire continuer et compléter par leurs successeurs, mais ou bien ils croyaient sincèrement tenir la vérité, au moins essentielle, ou bien ils pensaient, ils comptaient que les successeurs les traiteraient comme ils avaient eux-mêmes traité les prédécesseurs, ils comptaient qu'on les renouvellerait et qu'on les rafraîchirait. »

« L'humanité n'est pas un capitaliste avare qui entasse et superpose, monceau à monceau, strates sur strates, les trésors accumulés d'un savoir mort. »

« Mais, plus profondément que dans l'art, et plus profondément que dans la philosophie, on n'est pas un homme si dans la vie on n'a pas une fois tout remis en cause. Malheureux celui qui n'a pas au moins une fois, pour un amour ou une amitié, pour une charité, pour une solidarité, remis tout en cause, éprouvé les mêmes fondements, analysé lui-même les actes les plus simples. Malheureux et peu révolutionnaire. »

« La science n'est pas révolutionnaire. Quand Zola répète que la science est révolutionnaire, il entend par là qu'elle fournit aux révolutionnaires les moyens les plus puissants de la révolution, et il entend que l'application des résultats scientifiques souvent conduit à des pratiques ou à des effets révolutionnaires. Mais la science pure n'est pas révolutionnaire. Elle n'est rien du tout, que scientifique, sincère et patiente. Elle ne peut nous donner que des renseignements, des indications, puisqu'elle n'est qu'une enquête poursuivie par l'humanité sur certains objets proposés de la réalité. Dès que l'on passe à l'action, dès que l'on quitte la connaissance pure, on fait de l'art, de la philosophie ou de l'action. C'est-à-dire que l'on remet en cause, et que l'on est révolutionnaire. »

« … la fraîcheur, la nouveauté, le renouvellement, le rafraîchissement – et ce fécond irrespect de la continuité, de l'unité de la pensée humaine que nous nommerons proprement le sentiment révolutionnaire. »

Sur les (véritables) savants (Levinas : aujourd'hui, c'est le savant qui se rapproche le plus des Pères), Péguy est surpris par leur « souplesse et cette mobilité » ; « Ces hommes sont toujours prêts à douter de tout ce qu'ils ont fait, pourvu qu'on leur démontre que cela est douteux. Ils accueilleront toujours l'hypothèse nouvelle, pourvu qu'elle soit plus probable, eux-mêmes ils propageront l'idée nouvelle, pourvu qu'elle soit ou leur semble juste, quand même leurs trente ans de laboratoire en seraient inutilisés, quand même l'unité de leur vie en serait rompue. C'est en cela qu'ils sont profondément révolutionnaires » (« Sur la science », 1901).

« Ils préfèrent la vérité à l'unité. »

« Mais quand on leur parle de l'unité, ils se demandent ce que cela peut vouloir dire. Ils font profession de chercher et parfois ils trouvent la vérité. Ils ne cherchent pas l'unité pour elle-même. »

« Il ose ne pas respecter un mathématicien dont le nom s'impose à la plus jeune enfance. »

Originalité du Talmud : ce n'est ni un collectif ni une œuvre personnelle. C'est un collectif de personnalités !

Révolution (révolu, retour) : « Dans la cité harmonieuse, dont nous préparons la naissance et la vie, les fonctions intellectuelles et les fonctions manuelles se partageront harmonieusement les mêmes hommes. Et la relation de l'intellect au manuel, au lieu de s'établir péniblement d'un individu à l'autre, s'établira librement au cœur du même homme. Le problème sera transposé. Car nous n'avons jamais dit que nous supprimerions les problèmes humains. Nous voulons seulement, et nous espérons les transporter du terrain bourgeois, où ils ne peuvent recevoir que des solutions ingrates, sur le terrain humain, libre enfin des servitudes économiques. Nous laissons les miracles aux praticiens des anciennes et des nouvelles Églises. Nous ne promettons pas un Paradis. Nous préparons une humanité libérée » (Péguy, « De la raison », 1901).

Révolution : « On peut d'abord avancer par évolution en continuant dans le même sens. Mais il vient presque toujours un moment où le travailleur a l'impression que le sens est épuisé : aucune application, aucune insistance ne peut plus tirer du réel ce que le réel n'a plus dans le sens commencé. Des vies entières consommées dans un travail ingrat ne rendraient plus ce qu'elles coûteraient. Alors intervient la révolution. Vu d'ailleurs, attaqué d'ailleurs, le réel recommence brusquement à couler à pleins bords. Et pourtant le réel est le même qu'il était. Mais il n'est plus vu du même regard, il n'est plus vu le même, il n'est plus connu le même. C'est ainsi que nous sommes révolutionnaires. Nous voulons que la même humanité se donne la liberté nouvelle. »

Révolution (encore) : « Nous ne méprisons pas les humanités passées, nous n'avons ni cet orgueil, ni cette vanité, ni cette insolence, ni cette imbécillité, ni cette faiblesse. Nous ne méprisons pas ce qu'a d'humain l'humanité présente. Au contraire nous voulons conserver ce qu'avaient d'humain les anciennes humanités. Nous voulons sauver ce qu'a d'humain l'humanité présente. Nous évitons surtout de faire à l'humanité présente la plus grave injure, qui est de vouloir la dresser. Nous n'avons pas la présomption d'imaginer, d'inventer, de fabriquer une humanité nouvelle. Nous n'avons ni plan ni devis. Nous voulons libérer l'humanité des servitudes économiques. Libérée, libre, l'humanité vivra librement. Libre de nous et de tous ceux qui l'auront libérée. Ce serait commettre la prévarication maxima, le détournement le plus grave que d'utiliser la libération pour asservir les libérés sous la mentalité des libérateurs. Ce serait tendre à l'humanité comme un guet-apens universel que de lui présenter la libération pour l'attirer dans une philosophie, quand même cette philosophie serait étiquetée philosophie de la raison. »

« Attirer l'humanité vers sa libération pour la précipiter dans un système, c'est commettre au nom de la raison la malversation que l'Église a commise au nom de la foi. C'est vendre à l'humanité ce que nous devons lui donner. C'est vendre un objet que nous ne devons pas laisser tomber dans le commerce économique. Par une libération c'est introduire à un asservissement. »

« Laissons l'humanité tranquille. Une révolution qui entend nous débarrasser des intérêts doit être absolument désintéressée. »

Péguy / messianisme… « La cité harmonieuse a pour citoyens tous les vivants qui sont des âmes, tous les vivants animés, parce qu'il n'est pas harmonieux, parce qu'il ne convient pas qu'il y ait des âmes qui soient des étrangères, parce qu'il ne convient pas qu'il y ait des vivants animés qui soient des étrangers » (*Marcel. Premier dialogue de la cité harmonieuse*, 1898).

« Aucun vivant animé n'est banni de la cité harmonieuse » ; « La cité harmonieuse, pour assurer sa vie corporelle, travaille » ; « La vie intérieure des citoyens est la vie de leurs sentiments et la vie de leurs volitions » ; « Les vouloirs des citoyens dans la cité harmonieuse ne vont qu'à des fins harmonieuses » ; « Mais la seule matière proposée au courage collectif dans la cité harmonieuse est la vie intérieure et le travail désintéressé » ; « Nous ne devons attribuer à l'histoire aucune valeur nouvelle, aucune dignité artificielle, aucune étrangère noblesse. L'histoire est l'image des événements » ; « La vérité ne vieillit pas avec les générations qui passent ; mais elle ne rajeunit pas non plus avec et pour les minutes récentes ; elle ne doit avoir aucun âge » ; « Et quand on manque la vérité, mon ami, on manque forcément à la justice : à vérité incomplète, justice incomplète, c'est-à-dire injustice » ; « La vérité est une, la vérité est absolue : la faciliter pour la rendre acceptable aux masses, pour la faire constater et proclamer officiellement par le pouvoir, ce serait la première, et la plus grave, des trahisons envers elle ; mieux vaudrait encore la brutale persécution ».

« Et ils s'asseyaient à leur table sur une chaise, comme tout le monde, excepté celui qui travaillait debout. Et ils travaillaient, comme tout le monde. Et le génie exige la patience à travailler, docteur, et plus je vais, citoyen, moins je crois à l'efficacité des soudaines illuminations qui ne seraient pas accompagnées ou soutenues par un travail sérieux, moins je crois à l'efficacité des conversions extraordinaires soudaines et merveilleuses, à l'efficacité des passions soudaines – et plus je crois à l'efficacité du travail modeste, lent, moléculaire, définitif » (« Encore de la grippe », 1900).

« Plus je vais, répondit gravement le docteur, moins je crois à l'efficacité d'une révolution sociale et extraordinaire soudaine, improvisée merveilleuse, avec ou sans fusils et dictature impersonnelle – et plus je crois à l'efficacité d'un travail social modeste, lent, moléculaire, définitif » ; « Et comme l'humanité n'a pas des réserves indéfinies, c'est une étrange angoisse que de penser à la mort de l'humanité ».

Important (judaïsme) : « Je ne suis pas très partisan des spéculations immenses, des contemplations éternelles. Je n'ai pas le temps. Je travaille par quinzaines. Je m'attache au présent. Il en vaut la peine. »

« On peut et on doit relâcher les courages qui seraient tendus contre la justice et contre la vérité. J'admets que l'on soit détenteur de courages, que ce soit un métier. Mais je n'admets pas que l'on séduise les faibles et que l'on relâche les courages par des enchantements faux pour des enchantements indémontrables. »

« En ces faits, qui m'étaient nouveaux, je reconnaissais profondément les événements anciens qui avaient obscurément frappé mon enfance contemporaine » (« Toujours de la grippe », 1900).

« J'espère que la révolution se fera surtout par l'universelle adhésion libre, l'universelle conversion libre à quelques idées simples moralistes socialistes. C'est pourquoi l'on m'a quelquefois nommé obscurantiste, ou ignorantiste. »

« Je me rappelle fort bien que l'exil antique inspirait alors aux misérables une singulière épouvante et que le retour, le *nostos*, était désiré comme le grand bonheur, comme une renaissance. Il me semble que les chrétiens ont hérité de ces sentiments, mais qu'ils ont divinisé l'épouvante et le désir. »

« Ce Dieu, tueur des dieux, a hérité des dieux qu'il a tués. »

« Le mal de croire est donné à tout le monde, et ma pauvre dame l'avait ainsi que l'avait eu Pascal. »

« Le mal de penser n'est pas encore donné à tout le monde. Il est resté un peu plus professionnel. »

Je dîne avec Emmanuelle.

Jeudi 26 janvier

Réveil avec *Ammmusic*, AMM, 1967 (Elektra, EUK-256, UK). Lawrence Sheaff : violoncelle, accordéon, clarinette et effets électroniques ; Eddie Prévost : batterie, xylophone, cloches, cymbales ; Keith Rowe : guitare électrique et effets électroniques ; Cornelius Cardew : piano, violoncelle et effets électroniques ; Lou Gare : saxophone ténor et violon.

Émission de télévision ; invités Marc Lambron, Lucas Belvaux, Émilie Dequenne.

FÉVRIER

Mercredi 1er février

Réveil avec *Memorial Album*, Clifford Brown, 1956 – le concert date de 1953 (Prestige, PRLP 7055, US). Clifford Brown : trompette ; Lou Donaldson : saxophone alto ; Elmo Hope et John Lewis : piano ; Percy Heath : basse ; « Philly » Joe Jones et Art Blakey : batterie : Gigi Gryce : saxophone alto et flûte ; Charlie Rouse : saxophone ténor.

RTL, avec Éric Jean-Jean, pour son émission *La Première Heure*. Il est honnête, intelligent ; questions intéressantes et fouillées.

Rendez-vous à *La Règle du jeu*.

Toutes les formes de paradis, difficiles, sont tombées vers moi, enfin. Je vais doucement devenir heureux, et je vieillirai, et un jour, ce sera la mort, un sommeil. La plupart des hommes tombent à la renverse, dégénèrent, attrapent des grippes, un virus. Ils se déglinguent, mais le soleil continue. Le soleil, hautain, collectionne des jours, ces journées de vie humaine, nous allons à la piscine, ou pêcher, revenir, nous convertir, chanter des choses. Quand un âge a commencé, que nous nous installons dedans, nous arrivons aux environs du chagrin, et des décès d'amis, des départs, des fins de tourmente, des abus de bonheur, des monticules de terre recouverts d'épines.

Nous n'aimons pas les églises, ces chocs. Ce sont leurs ondes, la pureté qui résonne, ces halls eucharistiques, remplis d'anges, mais de pierres. Quant à la pierre, elle ne s'envole pas. L'instant est arrivé, après ces milliers de nuits à dormir sur la Terre, où nous déménageons.

Nous partons, ailleurs : les enfants sont des adultes, jaunis, flétris, redoutables et aigris. Il y a des ecchymoses, des moments de perdition, et les vacances des hommes, qui font comme des trous.

Je suis dans l'entrée d'autre chose, une existence tellement neuve, où il ne fait pas peur. Je n'ai jamais faim ; et le froid est ralenti par des étoiles qui brillent, toutes ces galaxies chauffent, en amas. Rassemblées, créées, recréées, scientifiques, morales, divines. Comme des fourmis de lumière, elles favorisent les questions. Nous parlons aux filles de galaxies et de voûtes stellaires, de saisons dans le ciel, nous sommes des frimeurs et nous évitons la vérité : leur arracher toutes une culotte, afin de courber nos échines vers ce maximum.

J'espère, mon Dieu, que. Mais je ne crois pas en toi. Tout s'embrouille dans ma tête. Je ne sers plus à rien qu'à me promener dans les rues, elles sont froides les rues, et les rues sont désertes. Je renifle parfois. Je renifle souvent.

Après avoir nagé, je me retrouve face aux étudiants de l'UEJF, à Bastille, pour parler de terrorisme ; les questions fusent. Je les supplie de ne pas définir leur judéité en fonction des attentats, c'est-à-dire du statut de victime. Je pense être plutôt éloquent. Grande émulation intellectuelle.

Nous, hommes abîmés par les époques, par la vermine des temps, par tous les morceaux méchants de réalité, par l'histoire et ses coups d'épée, nous, tordus au cabestan des tentations effroyables et des aventures en accéléré, emportés que nous sommes dans les tourmentes, aspirés de toute part par les années qui fusent, toujours plus modernes, plus postmodernes, plus neuves et plus nouvelles les unes que les autres, nous n'avons, misérables, plus que le sommeil et ses rêves pour nous refaire une sainteté. C'est là, enfin, que nous mourons, pour opérer cette mue qui, nous délivrant de la peau qui colle et suinte, transpire, vomissant ses toxines, rejetant son incroyable pollution lourde, remplie de replis et de muqueuses, de bubons, de notre peau terreuse et poreuse, pour revêtir l'immémoriale tenue d'éternité, celle, lumineuse, d'avant l'impardonnable. On dort, donc on rêve : c'est une mort qui lave. C'est une mort qui nettoie. On se décompose un peu, nous quittons visage et membres, tout s'allège, nous ne sommes plus bloc mais faisceau, plus atomes mais photons. On se dissémine, nous sommes comme une âme. Plus d'obstacle, je me rapproche de toi, Dieu, comme un petit prophète essoufflé, mais heureux. Rien ne sera possible, à nouveau, qu'après l'étape de la mort, autrement dit pendant le sommeil. En attendant le Messie…

Jeudi 2 février

Réveil avec *Restoration Ruin*, Keith Jarrett, 1968 (Vortex Records, 2008, US). Keith Jarrett : guitare, basse, bongos, batterie, harmonica, orgue, percussions, tambourin, saxophone soprano et piano.

Genèse II, 16-17 : « Dieu ordonne à Adam : Mange librement de tous les arbres du jardin, ne mange pas de l'arbre de l'expérience du bon et du mauvais, le jour où tu en mangeras tu te condamneras à mort. » Ne pas croire que c'est une punition de la part de Dieu. Dieu ne fait qu'énoncer la conséquence mécanique, logique, immédiate, de l'acte d'Adam si Adam le commet. Par « mort », il ne faut pas comprendre quelque chose qui détruit l'homme, l'anéantit à jamais, le supprime. Le but ultime de Dieu, c'est de faire que l'homme se rapproche au maximum de Lui. Quand Dieu dit à l'homme qu'il se condamne à mort, il lui indique que, désormais, pour se rapprocher de Lui, pour être dans la confidence avec Lui, il lui faudra obligatoirement passer par la mort, par le stade de la mort. Adam ne sera plus jamais lumière sans passer par la case « mort ». Il faudra, désormais, qu'Adam meure s'il veut revenir au plus proche de Dieu. Ce n'est plus, ce ne sera jamais plus possible en l'état. Adam est descendu trop bas, il n'est plus transparence, luminescence, brillance, fluorescence, phosphorescence, mais il est rougeur, il est graisse, il est ventre et il est veine, et il est sang, il n'est plus faisceaux mais vaisseaux, il est sanguin, il est langue, il est salive et il est poids. Le péché originel complique la tâche de l'homme, qui est de revenir dans les parages immédiats de Dieu, dans la banlieue de Dieu.

Vers 15 heures, à la Maison de la Radio. Émission de Clara Dupont-Monod, sur France Inter ; épisode caractériel, à cause d'une stagiaire. Comme on me fait attendre très longtemps dans un couloir, seul, je décide de m'en aller ; Clara me rattrape *in extremis*. Et, finalement, l'émission se déroule, je crois, au mieux.

Le soir, *ONPC*. Pas le courage d'en relater les détails.

Vendredi 3 février

Réveil avec *Hum !*, Daniel Humair, René Urtreger, Pierre Michelot, 1960 (Vega, V 30 S 837, France). Daniel Humair : batterie ; René Urtreger : piano ; Pierre Michelot : basse.

La mort n'est pas une conclusion, un terme. Elle est une étape. Elle est désormais un passage obligé. Un droit de passage, un droit d'entrée pour s'élever, pour retrouver le niveau d'avant, quand nous vivions au Jardin. Lorsqu'arriveront les temps messianiques, la situation sera rétablie pour tous. Et nous n'aurons plus aucune raison de dormir : nous n'aurons plus besoin de rêver. On pourra alors s'exclamer, comme Charles M. Schulz : « La vie est un rêve, Charlie Brown. » Le rêve sera devenu redondant, superfétatoire. L'époque messianique rétablira la situation édénique, elle rectifiera le chaos, elle mettra de l'ordre. Quarante ans après la venue du Messie viendra le temps de la résurrection des morts. Et c'est en habits de lumière qu'ils reviendront, affluant comme des volutes, débarrassés de leur gangue scrofuleuse et de limon. « Certes, écrit Rosenzweig, déjà dans la vie quotidienne, l'instant où l'on revêt le manteau de prière – chlamyde et toge de la tenue antique – rappelle l'ultime vêtement qu'on portera et la vie éternelle où Dieu enveloppera l'âme dans son manteau. C'est ainsi qu'il tombe déjà du quotidien et du Sabbat hebdomadaire, tout autant que de la Création, un trait de lumière qui éclaire la mort comme couronne et but de la Création. Mais l'habit mortuaire complet qui outre le manteau comprend la robe – chiton et tunique – n'est pas un habit de tous les jours ; la mort est simplement l'ultime stade de la Création, elle est simplement une limite, et la Création ne la voit pas comme telle » (*L'Étoile de la Rédemption*, 1921).

Je suis bel et bien (voir épisode d'hier à France Inter) dans une période de caractérialité.

Correspondance de Van Gogh avec son frère Théo ; à lire et relire. Être Van Gogh, c'est avoir été Van Gogh toute sa vie sans avoir pu se douter une seconde de ce que cela signifierait un jour. Il reste heureusement les lettres, des milliers, pour vivre en direct ce qui émanait, non d'un génie évident, mais de « Vincent », un peintre que l'éternité n'avait pas encore choisi pour la représenter, l'honorer, la défendre. Il aime les gens et ne se plaint vraiment qu'avec un pinceau. Il est pauvre en argent, mais riche en émotions. Il fréquente des êtres qui ne soupçonnent jamais que des natures mortes, quelques pommes posées sur une table, feront plus de bruit dans le monde que des guerres nucléaires, des cataclysmes et mille révolutions armées. Dans les lettres de Van Gogh, il y a des esquisses, non seulement des jours passés, mais des tableaux à venir. Vincent crayonne entre les phrases, et puis les phrases s'en iront, et la couleur apparaîtra, et puis le temps passera, toutes les époques, et il ne restera plus, au bout du compte, que ces tableaux sur lesquels l'humanité tout entière pourra enfin s'appuyer. On l'accuse de mettre enceintes ses modèles, les curés le haïssent, son frère lui manque, il vit dans la misère : on le surnomme « le bonhomme peintre » ; il rivalise en psychologie avec Zola quand, croisant les êtres, il les décrypte au laser. C'est l'homme du zébrage, sous tous les calmes il décèle les fêlures. La phrase qui suit résume absolument son œuvre : « Je viens de terminer un coin de prairie ensoleillée que je crois plus ou moins vigoureux. » L'étincelle n'est jamais dans la vitesse, l'éruption jamais dans le volcan, mais dans l'espace paisible et le temps fixe, dans le silence des prairies qui, vangoghisées, deviennent tout naturellement le lieu du gouffre, du tourment, des damnations. Van Gogh voit tout. Il y a du scientifique en lui, plus que du poète. C'est la surprise de cette correspondance intégrale, avec une autre : celle d'un travailleur non pas acharné, mais maladif. Travailler, c'est l'obsession. « En ce moment, je suis un peu freiné ici dans mon travail. Il gèle ferme de sorte qu'il n'est plus possible de travailler dehors. »

L'entrée dans l'art pur n'a rien à voir avec l'inspiration, mais avec la force physique, l'obstination. Le génie, c'est de la biologie qui s'entête : « La peinture use son homme. » Quelques années après : « Je me défends avec calme contre la maladie et je crois que de ces jours-ci je pourrai reprendre le travail. » Van Gogh est humain ; jamais il ne perd le sens de l'autre, de la compassion et de l'empathie. Mais seule son œuvre parviendra à le tuer. « Je suis tombé malade à l'époque où je faisais les fleurs d'amandier. Si j'avais pu continuer à travailler, tu peux de là juger que j'en aurais fait d'autres des arbres en fleur. » Son art est proustien : il adore, de tête, secouant le souvenir, accoucher de couleurs plus vives, de paysages plus réels que les vrais, d'émotions plus riches et vivantes que celles que l'on éprouve en direct : « Je referai la vieille tour de Nunen et la chaumière. J'en ferais à présent de souvenir quelque chose de mieux. » Il refait par l'esprit ce que le corps n'est plus là pour enregistrer : le monde qui est *dessiné*, forcément de travers et par conséquent plus fidèle aux choses, paradoxalement plus juste parce que déformé par une perception devenue trace.

Samedi 4 février

Réveil avec *The Mourning Of A Star*, Keith Jarrett, 1971 (Atlantic, SD 1596, US). Charlie Haden : basse et steel drums ; Paul Motian : batterie et steel drums ; Keith Jarrett : piano, saxophone soprano et steel drums.

Les formes géométriques furent très prisées des architectes de la Renaissance. Carrés, cercles et plans. Et cubes et cylindres. Nous sommes devenus des édifices. Nous sommes des formes géométriques sculptées par la mode, l'empressement, une accessibilité *infinie*, l'illusion, le sexe.

Le sexe et l'illusion sont l'expression d'une seule et même réalité : le danger. Le matérialisme a vécu ; voici venu le temps d'un sexualisme. Le sexe de l'homme reste inséparable de sa pensée ; sa pensée est envahie par la mort (sauf chez les *cons*). Tout est sexe. Tout est illusion. Tout est danger.

L'*illusion* : on appelle « illusion » la possibilité inconsciente et permanente (qui nous anime) de ne jamais mourir. Cette possibilité (je suis immortel) est à son comble *dès* le début de la pénétration. La jouissance est une preuve passagère de l'éternité. Sexe/illusion/danger : trois mots qui n'en font qu'un – nous éloignent en apparence de la mort, mais ne sont faits que de mort.

Le sexe a inventé le sida.

Sur le Christ, article fondamental de Rosenzweig, qui s'intitule « Théologie athée », 1914. Que dit Rosenzweig ? Qu'il y a une période de la théologie appelée « vie de Jésus ». Obsession de cette période : l'historicité de Jésus. Autrement dit, Jésus a-t-il *vraiment*, *historiquement*, *scientifiquement* existé ? Volonté de traiter Jésus comme personnage, comme figure *historique*. C'est-à-dire comme « grand homme ». Ce processus remonte au XVIIIe siècle. Cette « théologie de la vie de Jésus » provient en réalité des Lumières, de l'*Aufklärung*. Du moins en provient-elle en partie.

C'est de Lessing, de Kant, de Herder que vient la tendance à faire de Jésus un maître à penser (comme Marx ou Mao) et le christianisme comme la *doctrine* de ce maître à penser. On aurait un modèle du genre : Marx/marxisme ; Lénine/léninisme ; Mao/maoïsme ; Ford/fordisme ; Confucius/confucianisme ; Jésus/christianisme. Mais, exactement comme le marxisme, par exemple, était, au-delà de la mort physique de Marx, une doctrine capable d'expliquer, d'analyser l'époque, à savoir le présent, il fallait montrer, prouver que le christianisme pouvait lui aussi être la doctrine d'un homme survivant à cet homme, mais totalement (non pas seulement actualisable, mais) *actuelle*.

Possibilité, autrement dit, d'avoir un christianisme par-delà le *dogme christologique* (c'est-à-dire messianique). Jésus cesserait d'être « le Christ » au sens messianique du terme, au sens « oint » du terme, au sens résurrectionnel du terme, pour n'être après tout qu'un « grand homme » dans l'histoire des hommes. On aurait donc : Jésus = > christianisme (« Jésuïsme », faudrait-il dire) et non pas : Jésus = > Christ = > christianisme. On éviterait l'étape messianique. C'est-à-dire (Rosenzweig) : une religion de Jésus, *venant de Jésus*, *issue (directement) de Jésus* (même si l'on peut entrer dans des distinguos et des discussions, par exemple : Marx était-il marxiste ? C'est une autre affaire). Une religion dont Jésus est la source, une religion inspirée par lui, causée par lui, et non pas une religion *sur* Jésus, *portant sur* Jésus ; non pas une religion dont Jésus est l'objet. L'objet du marxisme, ce n'est pas Marx ; ce n'est pas de savoir si Marx est prophète ou non ; de même que la psychanalyse n'a pas pour objet l'étude de Freud.

« Religion de Jésus » (Lessing).

À ce stade, évidemment, tout cela n'est que *théorique* : on ne sait pas encore si le projet d'*historiser* Jésus est faisable, viable, réalisable.

La question de fond qu'il faudrait se poser, en réalité, est celle-ci : est-il vraiment *pertinent*, *intéressant*, de rendre Jésus historique ?

Cette historisation de Jésus – qui, il faut bien le souligner, le « démessianise » *de facto* – est une manière pour l'*Aufklärung* de se réconcilier avec le *christianisme* : si Jésus est un homme, un homme comme Kant est un homme, ou Goethe, ou Voltaire, ou Marx, ou Einstein, ou Proust, alors tout va bien, il ne reste plus qu'à se concentrer sur sa *doctrine*, sur son *enseignement*, doctrine et enseignement soudain relativisés – ils sont sans doute puissants, révolutionnaires, géniaux, précurseurs, puisqu'actuels… mais avant tout ils sont humains.

Question : qu'enseignait donc cette doctrine de Jésus ? Réponse de Rosenzweig : l'*Aufklärung* ! Pour les Lumières, l'Église, dit Rosenzweig, avait « recouvert le christianisme de Jésus avec le Christ du christianisme » ; il faut donc écarter tout ce qui est ecclésiastique. « Au lieu de croire à l'homme-Dieu, il s'agissait de se laisser enseigner par le Maître. » Phrase de Rosenzweig qu'il s'agit pourtant d'élucider ici : « Le christianisme véritable, c'est-à-dire le christianisme de Jésus précisément, n'enseignait rien d'autre que l'*Aufklärung*. » Cette phrase, si je la comprends bien, invite donc à comparer la doctrine de Jésus, autrement dit *les Évangiles avec les thèses des Lumières*. (« Rejetant délibérément la tradition religieuse, les Lumières fondent la connaissance sur l'expérience et la raison et non plus sur l'autorité de la foi. Par cette libération de la pensée, *elles espèrent préparer l'avènement d'un monde meilleur, plus tolérant et plus prospère* », Grand Larousse, édition 1962.) Et c'est bien là l'espoir effectivement formulé dans les Évangiles. Génie des Lumières qui reconnaît le contenu de la doctrine de Jésus. Ce qui est plus fort que de s'y opposer : par ce tour de passe-passe, la philosophie des Lumières *déchristologise Jésus*. En un sens, elle se débarrasse de Dieu. Nous sommes donc bien dans un *christianisme athée*, une théologie athée ; un christianisme *de* Jésus et non pas un christianisme *du* Christ. Un christianisme avec Jésus mais un christianisme sans Christ. Un christianisme où la figure même de Jésus, plantée dans l'histoire, nous débarrasse de Jésus-Christ, du très embarrassant Jésus-Christ. À présent, par les Lumières, tout danger est écarté : le christianisme *peut* (et même *doit*) rester en vigueur, d'autant plus légitimement d'ailleurs que c'est la *première fois* qu'il est débarrassé (depuis dix-huit siècles) de tout accoutrement messianique, de toute la christologie homme-Dieu. Pour la première fois, le christianisme nous apparaît dans sa pureté originelle, *unplugged*, sans arrangements, nu et fidèle à sa parole originelle : la doctrine « retournait à la lumière dans sa pure figure d'origine » (Rosenzweig).

« Au lieu de croire à l'homme-Dieu, il s'agissait de se laisser enseigner par le Maître. » Or, cela s'avère *impossible*, nous dit Rosenzweig. Car le romantisme va, selon lui, battre cette conception en brèche. Pour le romantisme, la doctrine (même vraie) importe moins que l'individualité (vivante, agissante). En gros, il vaut mieux, pour dominer le monde, être Napoléon qu'une doctrine issue de Napoléon. Bonaparte est supérieur au bonapartisme (si toutefois – ce qui est contestable – le bonapartisme est une doctrine). Lénine est supérieur au léninisme. Et le stalinisme, au fond, n'est rien sans Staline – pour appliquer le stalinisme, rien ne vaut mieux que Staline lui-même. Sans Mao, le maoïsme durera sans doute un temps, mais n'est-il pas condamné avec la mort physique de son auteur ? C'est Hitler qui domina le monde, et non l'hitlérisme. La conception de Jésus comme maître, comme auteur d'une doctrine, impliquait deux choses. D'abord, la domination (du moins, l'importance immense) de Jésus à son époque, en son temps, du temps de son « règne ». Ensuite, l'affadissement, la désuétude progressive de sa « doctrine », le christianisme, condamnée à terme comme toutes les doctrines, comme toutes – dirions-nous aujourd'hui – les « idéologies ». Les hommes meurent, les doctrines aussi. Les hommes agissent, les doctrines, non. Surtout qu'il faudra toujours compter, historiquement, sur la venue d'un nouveau grand homme, un successeur dont la volonté sera évidemment, après avoir épousé, chaussé la doctrine de son prédécesseur (sauf dans le cas d'un putsch où la doctrine précédente se voit alors immédiatement condamnée), de développer à son tour son individualité, sa spécificité (et à son tour, de manière théorique ou pratique – pratique, le plus souvent), sa doctrine pour régner sur les affaires du monde. Revenons à Jésus : petit un, Jésus n'a pas « régné » de son vivant et n'a pas « imposé » quoi que ce soit – hormis à une bande d'adeptes qui l'ont abandonné à la première occasion. Petit deux, force est de constater que le christianisme n'est pas une « doctrine » puisque celle-ci, contrairement à toutes les autres (qui, elles, ne sont vraiment rien d'autre que des doctrines) perdure depuis 1850 ans – époque du romantisme.

Conclusion, Jésus n'est pas un « simple » maître à penser. Il est « autre chose ». Rosenzweig : « D'après la nouvelle représentation [*i.e.* romantique] ne pouvait avoir été un "Maître" celui dont la venue signifiait "plénitude des temps". » Il s'agit donc de trouver autre chose ; une autre explication ; une autre représentation. *On a donc essayé autre chose : la personnalité.* Le but était toujours, il ne faut pas perdre cela de vue, de « démessianiser » le Christ ; de le déchristologiser : dans cette perspective, essayons un autre modèle. Pas celui de l'Église, donc, mais pas non plus celui des Lumières, pas un Jésus qui est le Messie, qui est le Christ ; mais pas non plus un Maître à penser ancré dans l'histoire et qui a délivré une doctrine qui aurait perduré – puisque les doctrines ne perdurent pas. « Schleiermacher – dit Rosenzweig – trouve le mot opportun : "l'émergence d'une révélation dans une personne individuelle au sein de la nature humaine avait été préparée" et il fallait y voir "le plus haut développement de la force spirituelle". » On sent qu'on commence à s'égarer, à s'enfoncer encore plus, à patauger. Personnellement, à ce stade, je préférerais considérer qu'une doctrine puisse durer – car, si cette doctrine a duré, c'est qu'elle n'est pas une doctrine comme les autres : sans la foi, cette doctrine n'a aucun sens. La doctrine n'a de sens que si Jésus *est* le Christ. Autant se dire que Jésus n'a pas existé.

Pour l'Église, ce n'est pas une « doctrine », c'est le message du Messie. Il a donc bien fallu qu'existe cet homme-Dieu. Il faut donc, petit a, que Dieu existe et, petit b, que Jésus ait existé (que cet homme, Jésus, ait existé pour que soit possible un homme-Dieu). Pour les Lumières, c'est une doctrine. Cela implique alors que, petit a, Dieu n'existe pas *forcément*, pas *nécessairement*. Petit b, que cet homme ait existé. Il reste deux possibilités *au moins*. Première possibilité : Dieu existe *et* Jésus n'existe pas (ni comme homme ni comme messie). Seconde possibilité : Dieu n'existe pas *et* Jésus n'existe pas (ni comme homme ni comme messie). Pour l'Église, Dieu existe *et* Jésus existe comme homme et comme messie. Pour les Lumières, Dieu n'existe pas *et* Jésus existe comme homme mais pas comme messie. Pour les athées, Dieu n'existe pas *et* Jésus existe éventuellement comme homme mais pas comme messie. Pour les juifs, « Dieu » existe (mais ce n'est pas le Dieu de Jésus) *et* Jésus existe éventuellement comme homme mais évidemment pas comme messie. Pour l'islam, « Dieu » existe (mais ce n'est pas non plus le Dieu de Jésus) *et* Jésus existe comme prophète mais pas comme messie. Pour les diverses autres religions, Dieu existe *et* Jésus n'existe ni comme homme ni comme messie. Pour les agnostiques, Dieu existe peut-être *et* Jésus existe peut-être comme homme et/ou comme messie ou peut-être pas comme homme et/ou comme messie. Pour les gnostiques, « Dieu » (qui n'est pas un Dieu créateur, comme dans le judaïsme, c'est une source abstraite et impersonnelle de la vie ou « cause première ») existe *et* Jésus existe comme messie (« éon ») mais *pas forcément* comme homme.

La « personnalité » : concept bien plus fumeux que la question d'un Jésus historique, historisé. Jésus, dans cette vision, dans cette conception, n'est plus un maître à penser, un doctrinaire, mais une « *personnalité* » (donc). Nous voilà bien avancés. L'essence humaine de Jésus reposerait sur sa « personnalité » ! Et c'est de cette essence que le christianisme serait issu. La personnalité de Jésus renvoie à l'essence humaine de Jésus (essence du mythe), qui renvoie au christianisme (non considéré comme une doctrine) : essence « constante », immuable. Nous sommes loin ici d'un Jésus personnage historique, voué par définition à la mort. « Personnalité », la définition : « Il demeurait dans une vie d'homme un *être* qui se soustrayait à la puissance mortifère de l'histoire. » Fumeux. « Personnalité », autre définition : force souveraine de l'histoire. Mais pour des décennies ce fut quand même l'École de « la vie de Jésus » qui triompha. Cheval de bataille de la théologie libérale. Que la personnalité dépende de l'histoire et, l'histoire, de la personnalité, d'accord. Mais il y a une contradiction entre « histoire » et « vérité éternelle du christianisme ». Le christianisme l'emporte-t-il sur l'histoire (sur la personnalité) ? Par personnalité, il faut peut-être entendre construction, naissance d'un *mythe*. Homme : cet homme suscite, devient, donne naissance à un véritable mythe. Il déborde de son simple caractère historique (comme le roi David, par exemple, ou même Abraham, ou Robin des Bois). Ce mythe a la capacité, la possibilité de traverser l'histoire, il est même la seule manière qu'a un homme, que possède un homme pour traverser l'histoire, la seule et unique façon pour un homme de traverser l'histoire en restant *humain* (opposé ici à divin). Le mythe n'est pas ici la *fiction*, mais la figure exagérée, transcendée, embellie par la transmission des exploits. Le personnage devenu mythe n'appartient ni à la vérité ni au mensonge. Ni à la réalité ni à la fiction. La seule chose que l'on puisse dire, c'est qu'il n'est pas divin. Il est totalement humain, bien qu'il ne soit pas totalement réel.

On comprend mieux, ainsi, ce que veut dire Rosenzweig quand il écrit : « Ce n'était donc point le “Maître” [à penser] mais la “personnalité” [*i.e.* le *mythe*, le personnage mythique – et non mythologique] qui représentait l'essence humaine de Jésus, essence dont le christianisme était issu aujourd'hui comme il y a 1900 ans. » Le schéma, autrement dit, n'est plus le Jésus figure historique engendre la doctrine de Jésus appelée « christianisme », mais le Jésus réel engendre le Jésus mythique (Jésus devient mythe, par sa « personnalité » si l'on veut – car il y a quelque chose dans son « être » qui dépasse sa propre personne) et ce Jésus comme mythe engendre à son tour le christianisme : le christianisme découle de ce mythe. Il est le message de ce mythe, délivré par cet être mythique. « Quelque chose dans son être qui dépasse sa propre personne » (je reviens là-dessus quelques minutes) : c'est ainsi qu'on pourrait effectivement définir le mythe (et là encore, on comprend mieux ce qu'exprimait Rosenzweig) : *le mythe, c'est* (je plagie Rosenzweig) *quand il demeure dans une vie d'homme un être qui se soustrait à la puissance mortifère de l'histoire*. Le mythe, c'est quand l'être d'un homme n'est pas strictement confiné dans sa vie, n'est pas circonscrit à sa seule vie, à sa simple existence. C'est quand l'être de cet homme déborde de cet homme lui-même, c'est comme si l'être de cet homme (de cette femme) était, restait, demeurait valable, utile, nécessaire au-delà même de cet homme, des frontières de cet homme, de ses limites humaines, et posthumement à cet homme.

On comprend de mieux en mieux que cette option romantique du mythe (Faust, très bon exemple : romantisme, Goethe, Faust, mythe, la boucle est bouclée) s'est développée pour que Jésus puisse traverser les siècles. Ce qui expliquerait pourquoi le christianisme est encore là, aujourd'hui, préservé, non « coupé », *intact*. Mais voir dans le mythe « la force souveraine de l'histoire » est une contradiction dans les termes. Mythe : « Nul temps ni puissance ne réduit en pièces une forme avérée qui se développe en vivant. » « La vie de Goethe, écrit Rosenzweig, était la secrète présupposition de la vie de Jésus. » !!!

Mais le mythe n'a pas fonctionné non plus : l'être d'un homme ne déborde jamais cet homme. Ce qui déborde n'est plus cet homme, n'a plus rien à voir avec l'être réel de cet homme ; il n'est plus de même nature que cet homme. C'est un leurre. L'homme ayant ainsi inspiré le mythe s'efface peu à peu derrière le mythe. Aucun homme, en réalité, ne déborde de lui-même, ne s'arrache à lui-même pour continuer à être sous une autre forme, en particulier pour continuer à être sous la forme d'un autre homme, ou d'autres hommes. Un homme est toujours prisonnier de son individualité. Il est un ; il n'est pas déclinable en d'autres que lui. Il n'est pas dérivable. On ne peut réaliser des dérivés d'un homme. Individualité inaliénable. Rosenzweig : « La personnalité demeure enfermée dans les murs de sa propre individualité. » Si on entend bâtir la figure mythique de Jésus, alors on s'éloigne de Jésus. C'est pourquoi un homme, ancré dans son unicité, ne peut valoir comme autre homme, comme homme autre, comme équivalent à tous les autres hommes. Le mythe est certes universel, car il est bâti sur l'impossibilité pour un seul homme d'avoir valeur universelle. Plus un homme vaut universellement, plus il est fictionnel, plus il est chimérique, plus sa dimension est mensongère. Finalement, comme il faut bien choisir entre un homme et un dieu, il faut finir par trancher entre un homme et un mythe, car on retomberait, par consécration du mythe total avec oubli de l'homme en Jésus, chez Jésus, dans ce qu'on voulait dénoncer dans l'Église.

À quoi bon vouloir soustraire Jésus au divin si c'est pour le faire entrer dans cette autre fiction qu'est le mythe ? Il n'y a pas d'autre issue que de se rapprocher du Jésus historique, du Jésus homme. De la « personnalité » de Jésus ; de « l'être » de Jésus. Dont on s'aperçoit qu'il est irréductible à cet homme précis, particulier. Là encore, nous débouchons sur une impasse. D'un côté, Jésus vaut universellement mais sa figure, son statut sont *chimériques*, de l'autre, il est un homme, un homme humain, mais qui ne vaut que par lui-même, refuse (comme tout homme) de se laisser décliner, déborder. Car, pour prouver la pérennité du christianisme à partir de cette possibilité de faire déborder l'être de Jésus sur d'autres que lui, il aurait fallu (Rosenzweig) « trouver des traits de Jésus dans l'image de l'homme ».

Très vite, on s'est rendu compte « scientifiquement » qu'entre nous, *hic et nunc*, et l'homme Jésus, les points communs étaient rares. Car Jésus, comme tous les hommes, comme tous les autres hommes, non seulement est indissociable de lui-même, mais il est indissociable de son époque et de sa géographie. De son *milieu*. De son milieu spatial *et* temporel. Rosenzweig : « Par-delà ses caractéristiques personnelles, ces traits s'avéraient si fortement enracinés dans le *sol spirituel de son temps et de son peuple* qu'il apparut de plus en plus difficile de surmonter, pour se l'assimiler, l'"étrangeté" de l'image fondamentale acquise sur le terrain scientifique. » On ne découle pas si facilement de Jésus, hélas. Formule d'ailleurs très forte de Rosenzweig : « dans le *sol spirituel* » ; un sol est spirituel. Nous ne sommes tout simplement pas faits du même sol que Jésus. Il faut accepter que, comme tous ses contemporains et compatriotes, Jésus est différent de nous. Nous ne pouvons pas faire remonter Jésus jusqu'à nous ; ni nous faire descendre gentiment, sans accrocs, sans obstacles, jusqu'à lui.

Une troisième solution fut envisagée après les solutions historiques et romantiques : la solution philosophique. Il s'agit alors, non plus de mettre au centre la « vie de Jésus » mais l'« idée de Christ ». Tentative, là encore, de *démessianiser* Jésus : le Christ est une *idée*. Nouvelle tentative athée, nouvelle option pour l'athéisme.

À l'opposé de ce que j'ai dit d'un Christ homme unique et inaliénable, qu'on ne peut décliner en un autre homme, Calvin est pour l'union mystique. « J'élève donc en degré souverain la conjonction que nous avons avec notre chef, la demeure qu'il fait en nos cœurs par la foi, l'union sacrée [*unio mystica*] par laquelle nous jouissons de lui, afin qu'étant ainsi nôtre, il nous départisse les biens auxquels il abonde en perfection » (*Institution de la religion chrétienne*, 1559).

Dimanche 5 février

Réveil avec *Hi Voltage*, Hank Mobley, 1967 (Blue Note, BST 84273, US). Jackie McLean : saxophone alto ; Bob Cranshaw : basse ; Billy Higgins : batterie ; John Hicks : piano ; Hank Mobley : saxophone ténor ; Blue Mitchell : trompette.

Curb Your Enthusiasm est, de très loin, ma série préférée. Larry David, créateur et scénariste de *Seinfeld*, y incarne son propre rôle, avec son vrai nom, ses vrais vêtements, sa vraie peau. Sans doute son personnage y exagère-t-il sa personne, mais, voilà, nous sommes en face du Marcel Proust de l'humour juif. Un humour d'une vertigineuse profondeur, qui sonde à la fois l'époque et l'âme constante des hommes. Il est irascible, il est égoïste, il n'a pas de surmoi, c'est, pire qu'un adolescent attardé, un enfant permanent. Il dit tout ce qu'il pense. Ses raisonnements sont toujours impeccablement logiques, mais aboutissent à des situations intenables. *Curb* devrait faire partie du patrimoine de l'humanité. Larry est plus méchant que ceux qui font le mal, plus drôle que ceux qui font des blagues, plus taré que les fous cliniques, plus immature que les nouveau-nés, plus radical que les extrémistes. Toutes les situations sont rendues aberrantes dès lors qu'il s'installe dedans. Il rend tout impossible, insupportable, asphyxiant. Et pourtant, il est humain, tellement humain. Son meilleur ami est obèse, son chien est raciste. Il ne cesse de gloser, d'interpréter, d'analyser. Il épuise son monde. Il porte tout à incandescence. Il se dérobe, il fuit, car c'est également un lâche. Larry est irrésistible. Il nous exagère. Il est la version infréquentable de nous-même. Aucune série n'égalera jamais *Curb*. Chaque épisode est supérieur au meilleur Woody Allen.

Dans 'Abodah Zarah (3b), cité par le Maharal de Prague (*Le Puits de l'exil*) : « Rab Yehudah dit, au nom de Rab : le jour est de douze heures ; pendant les trois premières, Dieu, installé sur Son Trône, étudie la Torah. Les trois heures suivantes, Il siège et juge l'univers entier ; si le monde est coupable, Il se lève du Trône de la stricte Justice et va s'asseoir sur celui de la Miséricorde. Les trois heures qui viennent ensuite, Dieu pourvoit à la subsistance du monde, du buffle aux longues cornes jusqu'aux lentes des poux. » Jusqu'aux lentes des poux. Vermine. Fermez la parenthèse.

Lundi 6 février

Réveil avec *Black Coffee With Peggy Lee*, Peggy Lee, 1953 (Decca, DL5482, US). Max Wayne : basse ; Ed Shaughnessy : batterie ; Jimmy Rowles : piano ; Cootie Chesterfield : trompette.

Gregor Samsa, comme tous ceux qui dorment, comme tous ceux (autrement dit) qui meurent, a changé de corps. Dans son rêve, pendant son rêve, il a reçu son corps nouveau, qui est, qui fut de lumière, mais voilà qu'à son réveil, le fait d'avoir été un mini-prophète pendant son sommeil, d'avoir slalomé dans les parages de Dieu, a de terribles conséquences : il est vraiment devenu juif, totalement juif. Il ne sera plus jamais le même. Il n'avait qu'à pas approcher de la vérité. Il n'avait qu'a pas (essayer de) rêver…

Mardi 7 février

Réveil avec *Expectations*, Keith Jarrett, 1972 (Columbia, KG 31580, US). Charlie Haden : basse ; Paul Motian : batterie ; Sam Brown : guitare ; Airto Moreira : percussions, cordes et cuivres ; Dewey Redman : saxophone ténor ; Keith Jarrett : saxophone soprano et piano.

L'athéisme, insupportable, des vrais athées consiste à ne croire en rien – ni même, disait Péguy, à l'athéisme. Je me sens juif parce que j'aime la littérature ; je me sens catholique parce que j'aime la peinture. Notre seul Dieu, nous qui n'en avons aucun dans le « ciel » (mais qui comprend au fond, sur Terre, ce qu'on entend par ce mot ?). L'art contient Dieu : révélation par dévoilement, Heidegger et son *alètheia*, ou encore le point gris de Klee, la ligne d'ombre de Conrad. Le lieu du « il y a » (du *Es gibt* levinassien) : hors la littérature, la peinture, la musique, nous flottons dans un espace insensé, au sens strict.

Lecture de Thomas Bernhard, *Le Naufragé*, 1983. J'y trouve ceci : « Quand je me lève, je songe à moi avec dégoût, avec horreur à ce qui m'attend. Quand je me couche, je n'ai d'autre souhait que de mourir, de ne plus me réveiller, mais voilà que de nouveau je me réveille, et le terrible processus se répète. » Nietzsche, empêché de rêver ? « Si seulement je pouvais dormir ! – Mais les plus fortes doses de mes somnifères ne m'apportent pas plus de secours que mes six à huit heures de marche. Si je ne trouve pas le tour de main d'alchimiste pour transmuer en or même cette… merde, je suis perdu » (Lettre à Franz Overbeck, 25 décembre 1882).

Mercredi 8 février

Réveil avec *Blossom Dearie*, Blossom Dearie, 1957 (Verve Records, MG V-2037, US). Ray Brown : basse ; Jo Jones : batterie ; Herb Ellis : guitare ; Blossom Dearie : chant et piano.

Est artiste celui qui s'infiltre, autrement dit, comme un espion, en contrebande, vient s'inscrire dans les interstices de l'argent, du pouvoir, pour les utiliser, les contaminer, les faire exploser de l'intérieur. Terrain miné : un plafond de Piero della Francesca n'est déjà plus un plafond, mais un ciel commençant, irréversible. Bien sûr, Reverdy avait raison : « Écrire n'est pas forcément raconter » – écrire est ne jamais raconter, écrire est le contraire de raconter.

Chaque fois que Luc Ferry intervient, on a l'impression qu'il vient de goûter un yaourt périmé.

« La prophétie n'a lieu qu'au moyen d'une vision ou d'un songe » (Maïmonide, *Le Guide des égarés*, v. 1190).

Jeudi 9 février

Réveil avec *Solo Concerts : Bremen / Lausanne*, Keith Jarrett, 1973 (ECM Records, ECM 3-1035, US). Keith Jarrett : piano.

Dans les *Poésies*, que je lis dès le matin, Ducasse écrit : « Les actions cachées sont les plus estimables. Lorsque j'en vois tant dans l'histoire, elles me plaisent beaucoup. Elles n'ont pas été tout à fait cachées. Elles ont été sues. Ce peu, par où elles ont paru, en augmente le mérite. C'est le plus beau de n'avoir pas pu les cacher. » La littérature, la peinture, la musique dévoilent des choses qu'on ne saurait cacher davantage, qu'on ne peut plus occulter car elles sont là, face à nous, inscrites dans l'économie du monde, pour les quelques-uns qui savent les voir (et le veulent).

Robert Musil (*Aphorismes*) : « Surestimation de la réalité. » Et, si tant est que la nuit fut inventée pour le sommeil, et le sommeil pour le rêve : « Le jour appartient à la bêtise. » Bêtise, bête : la bête, l'animal. Le jour est voué à l'animal en l'homme ; la nuit (au sens élargi de lieu favori du rêve) est préférée au jour par le prophète. On pense trop le jour, et tout le cauchemar vient de ce que l'homme pense trop, que l'homme, dès lors qu'il est trop plein de (sa) pensée, peut (paradoxalement) se rapprocher d'une certaine animalité. Il faut envisager que ce n'est pas dans la pensée que réside la grandeur de l'homme, et même l'humanité de l'homme, mais dans autre chose : ses rêves. On fait trop grand cas, chez les humains, de la pensée. « Toute sûreté est somnambulique » (Musil). (Il rajoute : « Le comportement du somnambule est le modèle de toute sûreté intellectuelle. ») L'intelligence : l'ennemie ? Point de départ de la modernité ? Ne sommes-nous pas désespérément entourés de gens intelligents ? Contrairement à une idée (trop) répandue, je me demande (avec un maximum de bonne foi) si nous ne sommes pas envahis, de toutes parts, submergés, par l'intelligence humaine. Ce que nous appelons la bêtise, n'est-ce pas au fond l'autre nom de cette intelligence ? Je ne connais pas d'être qui ne soit intelligent. Ce que j'appelle la bêtise, ce n'est pas le contraire de l'intelligence, c'est son corollaire : la bêtise n'est pas une chose dont sont malheureusement pourvus les gens bêtes (je n'en connais pratiquement pas) et heureusement dotés les gens intelligents, brillants. La bêtise existe à chaque niveau d'intelligence donnée, elle est proportionnelle, exactement proportionnelle, à votre intelligence. Si le visage est grand, le nez sera grand, et il n'existe pas de nez en creux, de contraire du nez ; la bêtise pousse sur l'intelligence, elle est comme une herbe plantée dessus, qu'on ne saurait arracher. Et plus votre intelligence est grande, plus grande sera votre bêtise. La bêtise, je la définis ainsi comme une excroissance de l'intelligence, comme une défaillance proportionnée, proportionnelle au niveau de l'intelligence, et non comme un attribut extérieur réservé aux idiots. Parfois (souvent), la bêtise corrélée aux grandes intelligences fait (un milliard de fois) plus de dégâts que la bêtise habitant les êtres les plus rustres, les moins subtils, les moins intelligents (les moins brillants, les moins étincelants). À un niveau d'intelligence donnée, il y a le niveau de bêtise qui va avec. Au prorata de. C'est de l'intelligence qu'il faut (toujours) se méfier, au fond, parce que la bêtise, en tant que telle, n'existe pas. La bêtise n'existe pas isolément. À l'état de nature. Elle n'existe que greffée sur l'intelligence. Elle attend que l'intelligence l'actionne, la mette en branle. L'utilise. Elle est patiente, et maligne. Elle sait, par avance, que l'intelligence finira (tôt ou tard) par passer par elle, avoir (consciemment, inconsciemment, volontairement, involontairement, qu'importe) recours à elle. Ce n'est pas tant l'intelligence d'Einstein, désormais, qu'il faudrait étudier (ça, c'est fait et refait, cela a été étudié, et ré-étudié), mais sa bêtise. Sa part (gigantesque, énorme, géniale) de bêtise. Se consacrer longuement au génie de la bêtise d'Einstein. Aucune raison, en toute logique, que la bêtise d'Einstein ne fût pas aussi grande, aussi parfaite, aussi géniale, aussi inouïe, que son intelligence. L'intelligence ne sert pas, hélas, à se protéger de la bêtise, elle ne sert qu'à se prémunir contre la bêtise (c'est-à-dire l'intelligence) d'autrui. Mais aucune intelligence ne saurait se protéger contre la (propre) bêtise qu'elle abrite, qu'elle sécrète, qu'elle engendre. Dont elle est responsable. Qu'y a-t-il donc chez l'humain qui soit vraiment digne de l'humanité, si ce n'est l'intelligence ? Le rêve. Le prophète supérieur (de loin) au penseur. La pensée, mais sous une forme qui n'est pas intellectuelle, qui est sous la forme (semblable à des fusées) de la fulgurance – mystique, poétique. Une innocence, autrement dit, que l'intelligence n'a jamais, et nous retrouvons Musil : « Où cesse l'innocence de la créature ? Au point précis où sont acceptées et commencent à se faire jour, dans l'activité propre à toute espèce animale, des variations personnelles ; donc, somme toute, aux premiers indices de liberté, de responsabilité et d'intelligence ! » Observe, lecteur mon ami, le point d'exclamation de Musil. Quelle découverte il fait. Il n'en revient pas lui-même. Il continue : « Le fait qu'en quelques décennies, des commencements intelligents aboutissent à des fins stupides (comme il arrive chez tous les peuples), a été moins préjudiciable à l'esprit allemand que de voir, grâce à son zèle, des commencements stupides aboutir, immanquablement, à la longue, à des fins presque intelligentes. » Puissance de feu de cette phrase !

Vendredi 10 février

Réveil avec *The Real McCoy*, McCoy Tyner, 1967 (Blue Note, BST 84264, US). Ron Carter : basse ; Elvin Jones : batterie ; McCoy Tyner (vu au Blue Note à New York en 2014 avec Marie-Pierre) : piano ; Joe Henderson (vu à New York au Blue Note en 1995) : saxophone ténor.

L'aventure humaine *avant* la littérature ? Je ne crois pas. L'aventure humaine par la littérature ; grâce à la littérature – tant qu'on ne confond pas la littérature avec les livres, ni avec le littéraire. « Aller me suffit », disait Char, « On ne part pas », lui répond Rimbaud. La littérature est ce qui s'en va sans cesse sans jamais partir : être là, au monde. Un écrivain, ça ne meurt jamais. Il n'y a que la mort qui meurt. La vie est éternelle.

On « pense » trop ; définition presque satisfaisante de la bêtise. Musil : « Point de départ : la vie se règle sur des affects ; et non sur des idées ! »

Samedi 11 février

Réveil avec *All For You (A Dedication To The Nat King Cole Trio)*, Diana Krall, 1996 (Impulse !, IMP 11642, Europe). Paul Keller : basse ; Russell Malone : guitare ; Diana Krall : chant et piano ; Steve Kroon : percussions ; Benny Green : piano.

L'intelligence n'est pas la valeur supérieure, mais la valeur de la modernité. C'est l'homme moderne qui, non seulement est intelligent, mais invente l'intelligence comme valeur supérieure – voire suprême. Mais la pensée n'est pas réductible à la pensée intelligente, à la pensée intellectuelle ; il est une pensée poétique, mystique, prophétique, rêvée : celle de l'imagination. Et c'est pourquoi l'art, comme Dieu, n'a rien à faire dans la sphère intellectuelle, n'a rien à faire avec la pensée des « penseurs ». Car même eux (présomptueux, penseurs, présomptueux penseurs) « ne voient pas la lumière qui brille dans les cieux » (Job, XXXVII, 21). Il y a là quelque chose qui n'est pas scientifique. Qui n'est pas de l'ordre de la pensée (scientifique, politique, économique, philosophique, *théorique*). C'est une science, mais des rêves. Excellent titre de Michel Gondry : *La Science des rêves*. Science spéciale dont les vérités par elle dévoilées ont, comme dans les songes, la particularité, une fois établies, de se dérober, de se dissiper. Science qui *entrevoit*. Et jamais ne prétend *voir*. Une science par personne : un rêve par prophète. Ecclésiaste, VII, 25, cité par Maïmonide : « Ce qui existe est loin (de notre conception) ; c'est très profond, qui peut le trouver ? » *Ce qui existe est loin.*

Envie de mâcher un chewing-gum.

Quand on demandait à Guitry quel livre il conseillait sur Voltaire, il répondait : « Lisez Voltaire ! » À la question « Quoi de neuf ? », il répondait : « Molière. » Les gloses universitaire sont à la vie ce que la commémoration est à la mémoire : de la mort pure et simple. Vous voulez savoir ce que le 11 Septembre signifie vraiment : Voltaire en parle très bien. Le mariage homosexuel ? Ne lisez pas les pages « Idées » des quotidiens : Buffon est là, prêt à décrypter avec vous ce que signifie qu'avoir un sexe. L'athéisme ? Concept compliqué et, pour le comprendre, lisez Nietzsche, mais pas en allemand – c'est dans sa traduction française que Nietzsche explique le mieux ce qu'est Dieu ! Quand le monde détruit la beauté, n'est qu'un industriel mépris de l'art, une gigantesque bavure financière, prend-on le temps de se demander si tout n'était pas déjà annoncé (au sens prophétique du terme) dans Rimbaud ?

L'amour existe, mais pas sur la terre ferme, au Paradis. Le Paradis, cette « parade », n'est pas strictement situé au ciel : il est là, ici et maintenant, sous nos yeux, ouvrez les livres qui ne forment qu'un seul et unique Livre. La littérature, où Dante est le Père et Rimbaud le Fils (appelons « James Joyce » le Saint-Esprit), est le seul Pentateuque possible, la Loi immanente qui permet « Dieu ». Au Paradis poussent génialement les fleurs, comme autant de langues vivantes, lieu de toutes les sources et de toutes les grammaires, un infini d'écrivains : Proust, Baudelaire et Shakespeare y cohabitent dans le jardin des luxuriances mélangées.

Le mot « Claudel » nous empêche de penser Claudel correctement. Cette pensée faramineuse ? Mon Dieu ! C'est du Bataille ? « L'embêtant, avec Hugo, c'est qu'il faut se débarrasser de lui pour l'atteindre. » Pénétrer les tissus originels des pensées, un peu comme on verrait une toile de Watteau avec ses couleurs et sa lumière de 1720. Le Diable existe, une de ses modalités est l'oubli. On ne comprendra jamais rien tant qu'on restera aveugle à sa dimension gnostique du monde : dès l'instant où le Père sera connu, il n'y aura désormais plus d'oubli. « Les héritiers des morts sont eux-mêmes morts et c'est des morts qu'ils héritent. Les héritiers du vivant sont eux-mêmes vivants et ils héritent du vivant et des morts. » Telle est l'introduction de l'*Évangile selon Philippe*, un des fameux écrits gnostiques de Nag Hammadi.

Dimanche 12 février

Réveil avec *Taboo, The Exotic Sounds Of Arthur Lyman*, Arthur Lyman, 1958 (HiFi Records, R 806, US). Arthur Lyman : idiophone, percussions, vibraphone et sons vocaux ; John Kramer : basse, ukulélé, guitare, flûte, clarinette, percussions et sons vocaux ; Alan Soares : guitare, idiophone, percussions et piano ; Harold Chang : percussions et xylophone.

Un esprit alerte, dans mon sommeil, m'a embrasé…

Envie de fumer un cigare.

Être soi, jusqu'à l'indignation des autres, jusqu'à l'écœurement des institutions, c'est s'acclimater à la différence essentielle que nous incarnons tous, mais que bien peu atteignent, frappés de dogmatisme, abrutis de panurgisme, anesthésiés par le néant. Je relis *Tout autre* de Meyronnis. *Tout autre* est le récit, « autobiographique », d'une obstination et d'une paresse : obstination à s'enfoncer dans sa propre étrangeté, à s'émerveiller des richesses prodiguées par son propre mystère, à se révéler soi-même à soi-même ; paresse d'imiter les semblables qui n'en sont pas, les figures collègues débarrassées de transcendance et faisant la moue devant le Verbe, les vedettes hilares qui finiront bouffées par les lombrics de l'anonymat.

Non pas tant suivre sa pente, mais descendre en soi, en des profondeurs inaccessibles aux camarades politiques, aux amis qui n'en étaient pas, à tous ceux pour qui la vie se résume à l'existence humaine au sein de la société « réelle ». François Meyronnis, avec un courage qu'il s'agit de souligner à sa place, a fait vœu de pauvreté : non seulement financièrement, façon Péguy, mais ontologiquement, façon Husserl, mais spirituellement, façon Augustin. Il s'est placé en retrait, dans une enclave du monde spécialement dessinée pour lui, par lui, ou sa subjectivité, son entêtement, sa pensée, sa littérature, font contre vents et marées, très loin des loisirs et des parcs à thèmes, concurrence à la sécularisation ambiante. Cette anfractuosité qu'il habite n'est pas la mise entre parenthèses d'une présence, l'insalubre cachette d'un complexé, le bunker névrotique d'un simple inadapté, mais le lieu de lutte de la parole, l'espace-temps préservé d'une conscience qui sécrète son propre tempo, à la manière des mystiques – la Parole, chez Meyronnis qui la reçoit pour la transmettre, se révèle dans la littérature. Ce sont tous les mots de tous les (vrais) écrivains qui forment l'Israël portatif de celui qui, ici et maintenant, mélange dans cette « confession » le passé des souvenirs et le présent de la mémoire.

L'écriture, pour Meyronnis, est un geste – ne méprisons pas ses répercussions sous prétexte qu'elles n'éclatent pas immédiatement au grand jour. Y a-t-il jamais eu plus puissant ici-bas que quelques pages manuscrites ? Nous sommes là aux antipodes des élans publicitaires et des grimaces commerciales ; nous ne sommes pas, non plus, dans quelque pointilleux musée où, en des bains de formol, somnolent les vieilles gloires du patrimoine littéraire. Du laboratoire de Meyronnis, qui frotte les joyaux des grimoires aux diamants des romans modernes, le silex de Moïse au silex de Lautréamont, s'échappe une poésie (c'est-à-dire une parole, c'est-à-dire une pensée) qui vibre, propage sa subversion sur la pierre glacée du monde, et frappe au cœur du système. Appelons système l'ensemble des barrières, des obstacles, des barrages, mis devant les mots ; appelons système tout ce qui se met en branle pour que les mots ne forment plus que des phrases vidées de leur pouvoir de révélation, de leur latente apocalypse, de leur appétit de jaillissement. Appelons système ce qui insulte le parti pris des choses et prend, avec un mauvais goût qui confine au crime, celui qui apporte la lumière pour un graphomane de l'ombre. Ce que nous donne Meyronnis n'est pas une leçon de vie mais sa vie elle-même, infectée justement par zéro leçon. Il se révèle.

Lundi 13 février

Réveil avec *In Hearing Of*, Atomic Rooster, 1971 (Philips, 6369 007, Germany). Vincent Crane : claviers, orgue, piano et synthétiseurs ; Nick Graham : chant et basse ; Carl Palmer : batterie ; John Du Cann : chant et guitare ; Paul Hammond et Ric Parnell : batterie ; Pete French : chant.

Nager, nager, nager. Et nager s'il me reste du temps.

Quand le Messie arrive, nous ne sommes pas encore lumière. Il faut attendre quarante ans. Quarante ans après la venue du Messie sur la Terre commence un processus de transformation, de *métamorphose* des corps. C'est un processus qui dure (qui doit durer) cent quatorze ans. Cent quatorze ans pendant lesquels les êtres humains, chacun à leur tour, comme placés sur une liste d'attente, vont changer de corps, troquant leurs corps de chair et de sang contre une peau qui n'est plus une peau, mais qui est de la lumière, qui est lumière. Comme le dit le Midrach, ils vont passer de « רוע » à « רוא ». De la peau (*or*) avec ayin à la peau (*or*) avec aleph.

Mardi 14 février

Réveil avec *Growers Of Mushroom*, Leaf Hound, 1971 (Decca, SKL-R 5094, UK). Derek Brooks : guitare rythmique ; Stuart Brooks : basse ; Pete French : chant ; Mick Halls : guitare lead ; Keith Young : batterie.

Ce que nous avons fait du monde a fini par nous couper du monde. La réduction phénoménologique, ce vœu de pauvreté existentiel qui permet à la nature de se dévoiler et à l'homme de se retrouver (c'est la même chose), paraît impossible dans une société ultra-scientiste où, happés par l'accélération des choses, nous faisons semblant d'être heureux. Le monde moderne est un monde imaginaire, créé par des ingénieurs et des spécialistes sous les strates duquel les vestiges du monde réel, celui d'avant la rentabilité aveugle et de la rationalité imbécile, remuent de moins en moins.

L'esprit des Lumières a transformé le monde humain en un monde calculatoire, calculable et calculateur au sein duquel l'homme, détaché du divin, a fini par tout faire tourner autour de lui. Au sein du tout économique, de la folie journalistique, des emballements médiatiques, de la frénésie technologique, nous avons cessé d'être humbles, et par conséquent de vivre sans être perpétuellement « occupés ». Nous nous sommes gonflés d'une importance illusoire, risible qui, infatuée d'elle-même, a fini par mépriser l'écologie dans son sens large et noble : non pas un retour béat à Dame nature, mais une harmonie retrouvée avec le rythme universel, avec les saisons du réel. Il y a une brutalité du progrès. L'intelligence humaine n'est pas intelligente, car, quand elle innove, elle ne réfléchit pas. Et la culture ne peut presque plus rien pour la sauver de la barbarie qu'elle engendre – nous sommes devenus hors sujet à la terre qui nous a faits et vus naître. Le monde n'est plus aujourd'hui que le support de nos inventions, le réceptacle de nos prouesses, l'immense laboratoire de nos expériences. Ce n'est pas être réactionnaire que de dénoncer l'aberration progressiste. La science réfléchit mais ne pense pas. Sa nature, folle, est d'avancer. Sous ses coups de boutoir la planète est devenue une sphère passive sur laquelle nous consommons, réclamons, fabriquons et achetons du progrès.

Dans cette course gratuite et sans fin, qui n'est garante d'aucun bonheur mais annonce bien plutôt d'imminentes catastrophes, il n'est pas simple de rêver. Ni de se façonner une vie à sa mesure, une existence inédite qui ne se résumerait pas à ces deux tyrannies connexes que sont le travail et les loisirs. Incapable de s'extraire du tempo qu'on lui impose, des modes qu'on lui inflige, l'homme moderne affronte le temps libre comme une angoisse, un ennemi ; il s'agit donc de le remplir de tâches, de le saturer d'activités. Ainsi existe-t-il une pollution de la temporalité.

L'éternité n'est pas quelque chose de situé dans un inatteignable futur et dont la durée serait illimitée. L'éternité n'est pas une question de durée, mais de densité. Elle n'est pas tant étendue qu'intensité. Edith Stein a écrit là-dessus des pages extraordinaires. L'éternité s'obtient par trouées, par éclats. C'est une sensation neuve pendant une lecture ou encore, dans la bouche au moment d'une rupture amoureuse qui devrait nous anéantir, le goût un peu amer d'un chocolat chaud que nous n'oublierons pas quand nous aurons oublié le prénom de l'amoureuse.

Je me souviens qu'en maths spé, vivant un supplice absolu pendant les quatre heures de mathématiques matinales, le goût d'un peu de café dans mon palais me permettait de tenir, de *m'évader*. Ces micro-évasions intimes arrachées au tohu-bohu général sont la condition de notre survie et l'assurance de notre liberté. Il ne s'agit pas d'être des individus : la masse elle-même est individualiste. Ni de répliquer au tout objectif de la science par le tout subjectif des ego – qui pornographiquement se répandent : ce qui compte, c'est de préserver sa singularité.

Les Lumières ont inventé l'individu (on a vu le résultat), la science a inventé la masse (on ne va pas y revenir), les médias et la mauvaise littérature ont inventé la subjectivité – seule la singularité n'est par définition inventable que par soi-même.

Nager, nager, nager !

Dans la peau avec aleph, l'homme se rassemble. Il est rassemblé. Il coïncide avec lui-même. Il n'a pas besoin de sommeil. Il est suffisamment puissant pour ne pas dormir et il n'a (jamais) besoin de rêver : sa pensée rayonne. Et comme il est lumière, tout entier lumière, son corps aussi rayonne. Dans sa peau d'aleph, dans sa peau avec aleph, dans sa peau aleph, la pensée et le corps de l'homme, son âme et sa chair, sont de même nature. Ils sont tous deux lumière. L'homme est un. Âme et chair ne font qu'un, et l'homme à son tour ne fait qu'un avec elles. Il y a contact entre le monde inférieur de l'homme et le monde supérieur de Dieu. Le monde supérieur de Dieu n'est plus séparé du monde inférieur de l'homme par cette peau lourde de corps, par ce corps lourd de peau : la séparation d'entre le monde (inférieur) de l'homme et le monde (supérieur) de Dieu n'est plus que de l'épaisseur de quelque rai lumineux. Elle existe, cette séparation. Elle est nécessaire. Mais elle est réduite à son infini minimum.

Mercredi 15 février

Réveil avec *Arbour Zena*, Keith Jarrett, 1976 (ECM Records, ECM-1-1070, Japan). Keith Jarrett : piano ; Charlie Haden : basse ; Jan Garbarek : saxophone ténor et saxophone soprano. Est également mis à contribution sur cet album le Radio Symphony Orchestra de Stuttgart.

Un juif qui ne croit plus au Dieu de son père, telle est la seule manière de faire mourir Dieu. Aucun kapo dans aucun camp ne parviendra jamais, de ses coups de crosse, chiens-loups bavant, à suicider le Nom : seuls les fils d'Abraham ont le terrible pouvoir, à force d'oubli, d'ensevelir Dieu. Nous ne parlons pas du Dieu de Jésus, Père d'un Christ dont le bras s'abat sur tout un peuple, et jusqu'à la dernière goutte de sang de son ultime membre.

Le Christ Jésus, issu de la semence de David selon la chair (Romains I, 1-3), sous couvert de fraternité, et avec le visage de la modernité, de la sécularité, répand au sein même du sang de ses frères une terreur perpétuelle. Être juif, c'est *in fine* ne pouvoir se réfugier nulle part, n'avoir plus de lieu où aller. C'est se rendre compte que les derniers lieux possibles de refuge sont définitivement chrétiens, c'est-à-dire tragiques, puisque privés de la mémoire sinaïtique.

On pourra toujours s'escrimer à écrire des théories du Mal, mais le Mal n'est *jamais* théorique. Cercle vicieux : les juifs sont lancés, depuis la Croix, dans un processus de chasse à l'homme permanent. Et les ghettos et les camps nous ont montré qu'être juif, c'est l'être *hic et nunc*, puisque c'est ici et maintenant qu'il est désigné comme tel, sous nos yeux qu'il est destiné aux enfers et voué contre son gré à l'histoire et ses horreurs. Pour le Christ, la révolution est l'abolition du judaïsme, sans doute, et on entrevoit entre ces lignes la griffe, émouvante et sûre, docte et digne, du Jules Isaac de *Jésus et Israël*, quand ce compagnon de mon cher Péguy dénonçait les responsabilités de l'Église dans la malédiction génocidaire.

La Pologne des camps, ce n'est pas le « nulle part » d'*Ubu Roi*, qui est un nulle part géographique, une ironie de géographie, une Pologne de l'imaginaire et de la farce, c'est un nulle part de souricière, de cul-de-sac, un nulle part qui signifie la fin de tous les refuges, de toutes les issues imaginables, envisageables, possibles. La Pologne fut ce pays, devenu capitale mondiale de la honte, qui vit tout espoir de fuite non seulement vain, mais ridicule. Pire, ridiculisé. Ce fut le lieu de l'impossibilité suprême, de l'inévitabilité ontologique. Le pays, non seulement dont, moi, juif, je ne peux m'échapper, mais le pays qui a refermé sur moi ma propre définition, celui qui a fait que, du juif que je suis, je ne saurai jamais m'échapper.

La Pologne de Cracovie et d'Auschwitz comme absolu de la réalité juive : je ne suis pas seulement traité comme un chien, mais je suis fait comme un rat. C'est ainsi que le Christ advient : que boirons-nous quand le Messie viendra ? Mais le rabbin parle d'un autre Messie, celui de Rachel, pas celui de Hitler. La thèse est violente, d'un Auschwitz annexe du Vatican, d'un Birkenau corollaire de l'hostie. Aujourd'hui, il n'est plus question de cela, mais la trahison ne s'efface pas.

Ce n'est pas avec un (pauvre) rêve, bien sûr, qu'on pénètre comme ça, sous les draps, les grands secrets de la Torah. Les plus grands juifs vivants, les plus grands kabbalistes actuellement sur Terre ne font eux même qu'effleurer ce que la Torah recèle de puissance, de sens. De révélations, de secrets, d'espérances et de visions. Les meilleurs lecteurs, au monde, des textes sacrés, les meilleurs connaisseurs du Livre, ceux dont la vie même est confondue avec le Livre, ne font qu'appréhender l'extériorité de l'extériorité du contenu « réel » de la Torah. Le pauvre juif lambda qui rêve, lui, ne fait qu'approcher l'extériorité de l'extériorité de l'extériorité de l'extériorité de l'extériorité de l'extériorité de l'extériorité de l'extériorité de l'extériorité de l'extériorité de l'extériorité… de l'extériorité de la Torah.

Jeudi 16 février

Réveil avec *Here Come The Warm Jets*, Brian Eno, 1973 (Island Records, ILPS 9268, UK). Brian Eno : chant, synthétiseur, guitare et claviers ; Chris Spedding, Phil Manzanera et Robert Fripp : guitare ; Paul Rudolph : guitare et basse ; Lloyd Watson : guitare slide ; Bill MacCormick, Chris Thomas, Busta Jones et John Wetton : basse ; Marty Simon, Paul Thompson et Simon King : percussions ; Nick Judd et Nick Kool & the Koolaids : claviers ; Andy Mackay : claviers et saxophone ; Sweetfeed : chœurs.

La littérature est vraiment l'art supérieur. Je sais que cette phrase est idiote, et que dès que j'écouterai Berlioz, je dirai que c'est la musique qui l'emporte sur tout le reste. Au moindre Rossellini, je prétendrai que le cinéma est l'art des arts. Et devant un Delacroix, je me demanderai comment on peut préférer quoi que ce soit à la peinture. Il n'empêche, dès qu'un homme approche de la mort, c'est vers l'écriture qu'il se tourne. Ce n'est pas sur une portée, sur un écran, ni sur une toile qu'il se recueille seul à seul avec sa vie, mais sur une feuille blanche. Berlioz a fini par écrire ses *Mémoires*, Rossellini *Fragments d'une autobiographie* et Delacroix un *Journal*. La littérature est toujours testamentaire. Tous les romans s'adressent à ceux qui nous survivent. Il est par conséquent très courant que l'âge d'un jeune romancier dépasse soixante-dix ans.

Obsession de laisser sur Terre, avant de s'en aller, cet *objet* qu'est un livre. Observant ces vocations tardives, ces carrières entamées *in extremis*, je me suis demandé si rêver d'être écrivain à quinze ans et le devenir à vingt-cinq, n'est pas quelque chose d'anormal. En fait, non, il n'y a pas d'âge pour avoir peur de la mort puisqu'il n'y a pas d'âge pour mourir. Publier à vingt-cinq ans, c'est tout simplement avoir peur de disparaître à vingt-six !

La déchéance, ce n'est pas de la vie mourante, mais de la mort vivante. Il faut être très chrétien pour apprivoiser la mort et en faire une amie.

Un romancier a tous les droits, y compris celui d'être juif. Mais se sentir juif ne peut pas, ne doit pas se borner au fait de se sentir détesté, à part, seul contre tous. Parmi nombre d'artistes qui se sentent juifs, il y a cette tentation : se fabriquer de la malédiction (« on me hait ») à partir de l'exultation (« j'ai du talent »). On me hait *parce que* j'ai du talent.

Être juif, c'est exactement le contraire, c'est, comme l'écrivait Levinas, réaliser « le virement inattendu de la malédiction en exultation ». Autrement dit, ce n'est pas s'offrir un brevet de mal-aimé ontologique, de paria magnifique en gonflant le rang des maudits, mais au contraire sortir perpétuellement de ce statut de pestiféré par la transmutation de la haine reçue en immarcescible élan de vie. Il y a une différence entre s'inscrire, pour des raisons personnelles, dans une malédiction répertoriée et tenter de vaincre, dans son être même, une malédiction immémoriale.

La littérature n'est pas l'art supérieur ? Rien ne m'empêchera d'écrire ceci : elle est l'art ultime.

Rien n'est plus bouleversant qu'un premier roman qui sait que, peut-être, il sera le dernier.

Quand le Messie sera là, et que la réalité et le rêve, doucement, viendront à se confondre, à n'être plus que la réalité seule (et que tout rêve, et que toute mort, deviendra *parfaitement* inutile), chacun (à son rythme) pourra aborder la Torah avec davantage de proximité, de familiarité, d'aisance : l'extériorité de l'extériorité sera un minimum (et cessera, comme aujourd'hui, d'être un maximum). Les esprits les plus éclairés, les âmes les plus raffinées auront enfin accès, mais doucement (il ne faut pas précipiter les choses), à l'intériorité de l'extériorité du Livre. Puis, les siècles s'écoulant, les génies, du moins ceux qui, les premiers, seront parvenus à cet état de génies du judaïsme, à être des juifs quasiment parfaits, quasiment parfaitement juifs, en viendront à (extrêmement graduellement) se familiariser, pour peu que cela soit vraiment possible, avec l'extériorité de l'intériorité de la Torah. Puis, quand la fin des temps sera le Temps tout entier, que le règne du Mal sera aboli de partout, et que dans chaque recoin du monde, sous chaque pierre, à chaque angle, sous chaque mer, régnera l'éthique, et régneront, avec elle, la justice et le Bien.

Vendredi 17 février

Réveil avec *The Madcap Laughs*, Syd Barrett, 1970 (Harvest, SHVL 765, UK). Syd Barrett : guitare et chant ; David Gilmour : basse et guitare ; Hugh Hopper : basse ; Mike Ratledge : orgue Hammond ; Robert Wyatt, Jerry Shirley et Willie Wilson : batterie ; Vic Saywell : cor.

Le Dieu d'Etty Hillesum, morte à vingt-neuf ans à Auschwitz, n'est pas celui d'Abraham, mais pas tout à fait non plus celui de Jésus. Etty n'a pas voulu choisir entre le Sinaï et la Croix ; ce qu'elle nomme « Dieu », c'est la possibilité de s'extraire du monde de tous les jours, qui est imaginaire. Car, non, le monde réel n'est pas celui qu'on croit. Peu de gens connaissent le véritable monde réel, il est occulté, recouvert de boue, de mensonge, d'argent, de cravates, de médailles. La seule réalité possible est ailleurs, à la fois toute proche et à des années-lumière : elle est en nous. Il s'agit donc de participer le moins possible au monde tel qu'il va, cette imperturbable fiction, de faire tous les efforts pour pénétrer dans le monde dévoilé, celui où la vérité est toute neuve, la réalité, intacte et les choses, elles-mêmes. Ici, les phénoménologues croisent souvent les saints. Husserl présente ses hommages à Thérèse d'Avila. On appelle Dieu ce lieu étonnant d'où, au lieu de voir la trace de nos pas dans la neige, on voit une étendue blanche immaculée, qu'aucune présence n'est venue souiller. Cette capacité d'effacement, de soustraction au monde, n'est en rien une fuite, une lâcheté, une démission, mais l'affirmation, courageuse, profonde, qu'on se trompe de vie en voulant trouver sa place dans une société où toute position est hiérarchique, sociale, économique ou intellectuelle.

On se trompe quand on affirme que trouver sa place, c'est se faire une place. « Ma place au soleil », c'est bon pour l'athée qui monte en grade, élimine l'adversaire, gagne du terrain, devance la concurrence. Trouver sa place, c'est la trouver d'abord en soi : être au centre de soi-même avant d'être le centre du monde. L'athée est celui qui, comme un gaz se répand, entend occuper tout l'espace. D'une prétention parfaitement risible, il perçoit la réalité comme une continuation, une excroissance de lui-même : il est l'homme le plus important de tous les hommes. Le mystique est au contraire infiniment comprimé : il occupe un volume minimal, parce qu'il sait que l'important n'est pas d'être vu, mais de voir. Etty Hillesum fait partie de ces très rares génies qui font comprendre que, si Dieu est unique, c'est parce que chacun de nous est unique. Là réside le vertigineux mystère de la divinité : c'est dans sa diversité que Dieu est un. Le polythéisme, c'était une multitude de dieux qui finissent par se ressembler ; le monothéisme, c'est un seul Dieu qui ne se ressemble jamais. Mais c'est bien plus que cela, c'est affirmer qu'il n'y a que Dieu. Que rien n'est réel qui ne s'appelle Dieu. Il y a Dieu d'un côté, qu'on peut nommer également « réalité réelle » ou « vérité vraie » ou « monde dévoilé » et, de l'autre, le monde « actuel » où nous vivons, bougeons, skions, achetons, courons, qu'on peut désigner par « réalité fictive », « mirage » ou « imagination ». S'il n'y avait qu'un message à retenir d'Etty, ce serait celui-ci : la vie intérieure n'a aucun complexe d'infériorité à avoir face à la vie extérieure, qui trop souvent confond le monde et la mondanité. Elle le dit un milliard de fois mieux que moi. Car ce qui fascine chez Etty, quand on découvre ses cahiers, ce sont les fulgurances, toutes inouïes. Ainsi, la phrase qui suit est sans doute une des plus belles et des plus puissantes de toute la littérature mondiale : « Il y a en moi un puits très profond. Et dans ce puits, il y a Dieu. Parfois, je parviens à l'atteindre. Mais plus souvent, des pierres et des gravats obstruent ce puits, et Dieu est enseveli. Alors il faut le remettre au jour. Il y a des gens, je suppose, qui prient les yeux levés vers le ciel. Ceux-là cherchent Dieu en dehors d'eux. » Sans l'appareil philosophique d'Edith Stein, sans la transe épiphanique de sainte Thérèse de Lisieux (même si, comme elles, elle entend réaliser de « grandes choses »), sans la puissance intellectuelle de Simone Weil, la jeune Etty Hillesum parvient, tiraillée entre des envies de débauche sexuelle et des besoins de retraite dans une cellule, à nous laisser, rédigée sur des coins de table ou sur la pierre des camps, une des œuvres les plus extraordinaires du XXe siècle. Elle est mal dans sa peau. Elle trouve nul tout ce qu'elle écrit. Le soir, elle reprise ses bas. Elle ne rêve que de s'oublier elle-même, de « suivre son propre chemin », ce que personne ne fait jamais. Son ambition première est l'abandon. On pleure en la lisant. On dirait de la lumière qui parle.

Samedi 18 février

Réveil avec *Pearl*, Janis Joplin, 1971 (CBS, 64188, UK). Janis Joplin : chant et guitare ; John Till : guitares ; Brad Campbell : basse ; Richard Bell : piano ; Ken Pearson : claviers ; Phil Badella, John Cooke et Vince Mitchell : chœurs ; Clark Pierson : batterie ; Bobbye Hall :

congas et percussions ; Sandra Crouch : tambourin ; Bobby Womack : guitare acoustique.

Marché seul pendant des heures. Plus de vingt kilomètres.

Dimanche 19 février

Réveil avec *City To City*, Gerry Rafferty, 1978 (United Artists Records, UAS 30104, UK). Gerry Rafferty : chant, guitare acoustique, chœurs et piano ; Gary Taylor : basse et chœurs ; Henry Spinetti : batterie ; Tommy Eyre : claviers ; Graham Preskett : violon et mandoline ; Andy Fairweather-Low : guitare rythmique ; Glen LeFleur : tambourin, percussions et batterie ; Hugh Burns, Brian Cole, Jerry Donahue et Nigel Jenkins : guitare ; Micky Moody : guitare acoustique ; Raphael Ravenscroft : saxophones ; Paul Jones : harmonica ; Hugh Murphy : tambourin ; Willy Ray : accordéon ; Roger Brown, Joanna Carlin, Barbara Dickson, Vivienne McAuliffe, John McBurnie et Rab Noakes : chœurs.

Nevers. Finalement un des rares endroits où je parviens à tenir ce journal. Nouveau dégât des eaux chez moi à Paris – c'est systématique, *quel que soit l'appartement que j'occupe*, en quatre ou cinq ans. Je ne parviens pas à avoir un « chez moi » depuis cinq ans. Une sorte de destinée, pour le dire vite. Il y a pire ; je n'ai pas de cancer. C'est Maria, encore, mon Dieu, qui s'y colle, car restée à Paris… Sans elle…

Je voulais intituler ce journal intime *Guerre* ; ce ne sera pas le cas, puisque je viens de prendre la décision d'écrire un essai sur ce sujet. Montrer que la guerre (c'est une de mes théories) est en train de devenir le fond d'écran de la réalité, le décor naturel du monde, l'écosystème de la planète.

Je commence *Guerre* avec l'intuition suivante qu'il me faudra « vérifier » : la guerre n'est plus une exception, mais l'écosystème naturel du monde. Nous sommes passés de la guerre froide à la paix chaude. C'est encore confus, mais c'est quelque chose de cet ordre que je cherche. Il ne s'agit pas de dénombrer les guerres qui se déroulent en ce moment, mais de saisir, si possible, les transformations qui sont à l'œuvre dans le concept de « guerre ». Qu'est-ce que la guerre ?

La guerre n'est rien sans le corps ; la guerre s'adresse au corps en premier lieu. C'est le corps qui est blessé, tuméfié, transpercé, abîmé, décapité, brûlé, anéanti par la guerre. Mais nous parlons à présent de « cyberguerre ». La guerre se montre sous tous les visages possibles.

L'équipe de Trump se comporte comme un commando. La Maison Blanche est une maison-guerre. Remise en cause des traités de libre-échange par son administration, comme en temps de guerre, on ne circule plus ; et les musulmans ne circulent plus.

Mépris à l'égard de la presse, remplacée par Twitter, canal de *propagande*. Les États-Unis ne *font* plus la guerre, ils la *sont*. Et cette terminologie, guerrière : « Les médias bidons [le *New York Times*, CNN, NBC, ABC, CBS] ne sont pas mes ennemis. Ils sont les ennemis du Peuple américain. » Ces attaques, cet antagonisme ont été planifiés, théorisés selon une *stratégie* précise par Steve Bannon – selon lequel l'apocalypse est pour demain, et la guerre inévitable.

Steve Bannon, directeur de la stratégie et conseiller de Donald Trump, est un adepte de la « théorie générationnelle » (millénariste) de Strauss et Howe selon laquelle l'Amérique fonctionnerait par cycles : chaos, réveil, chaos, réveil. *Le Quatrième Tournant* (1997) est consacré à la dernière phase du cycle (chaque cycle durant entre quatre-vingts et cent ans) : l'apocalypse. Pour Bannon, guerre d'Indépendance, guerre de Sécession, Seconde Guerre mondiale, chaque guerre est chaque fois plus apocalyptique que la précédente. « Il y a eu la Révolution, la guerre de Sécession, la Grande Dépression, et la Seconde Guerre mondiale. Nous abordons à présent le quatrième tournant majeur de l'histoire des États-Unis, et le pays sera complètement transformé une fois que nous l'aurons franchi. » La prochaine guerre est donc devant nous – comme précipice salvateur ; le nettoyage, l'épuration par la guerre. Bannon ne fait pas que l'annoncer, il l'espère. Pire, il la réclame. Guerre prélude à l'apocalypse. Nous sommes pris selon lui dans une « guerre existentielle », et tout participe de ce conflit. Le chaos est nécessaire à l'avènement de l'apocalypse – à la venue du Messie. Il n'a pas nommé le Messie ; qu'importe.

Pour les charlatans Strauss et Howe, un leader inattendu de l'ancienne génération, le « Champion gris », viendra guider la nation vers le nouvel ordre et exigera des sacrifices du peuple. Son magistère devra s'étendre sur toute la durée de la crise. « Quelle que soit son idéologie, il établira son *autorité* et exigera des sacrifices du peuple. Contrairement aux dirigeants actuels, enclins à alléger les pressions sociétales, le nouveau régime les *aggravera sciemment* afin d'accaparer l'attention du pays. » Il s'agit donc de précipiter le chaos ; de le fabriquer, si besoin. De provoquer cette fin des temps.

La guerre est souhaitable, la guerre est souhaitée. Nous parlons bien là de guerre mondiale. Millénarisme : « Nous assistons à la naissance d'un nouvel ordre politique », a dit Steve Bannon en 2011 lors d'une conférence organisée par Project GoPink. « L'Occident judéo-chrétien est en train de s'effondrer, d'imploser sous nos yeux. Les retombées de cet événement vont être gigantesques. » Un témoin de Jéhovah ne parlerait pas autrement, Armageddon oblige.

Bannon, suite : « La guerre approche. En fait, nous y sommes déjà. C'est la guerre. C'est la guerre. Tous les jours, nous mettons en gros titres : “L'Amérique est en guerre.” Nous sommes en guerre. »

« Face à l'islam radical, nous sommes engagés dans une guerre de cent ans » (Steve Bannon).

« Je pense que nous serons en guerre en mer de Chine méridionale d'ici cinq ou dix ans » (Steve Bannon). La guerre voulue, la guerre réclamée.

Pour George W. Bush, l'islam était une religion de paix, et cette religion comportait d'aberrantes pousses, dont l'islamisme. Pour Steve Bannon (pour Donald Trump), l'islam est une religion de guerre. Il s'agit d'être en guerre sans cesse, et de voir la guerre partout. Et non seulement de voir la guerre partout, mais de la montrer partout où elle est, où elle peut être, et où elle n'est pas. Rendre la réalité tout entière contaminée par la guerre ; une matière-guerre.

On voit que la guerre est d'abord située là : dans ces cerveaux, ces cerveaux qui dirigent la première puissance mondiale. C'est l'un des lieux capitaux de la guerre actuelle. La guerre loge dans une maladie, celle d'un appétit millénariste. La guerre comme guérison. *Guerrison*. La guerre, non comme mal, comme maladie, mais comme remède. La guerre, non comme synonyme de mort, mais de naissance – plus exactement de renaissance. « Renaître de ses cendres », dit l'expression – cette expression présuppose les cendres. La guerre comme idéologie – pire, la guerre comme religion. On entend mater la religion de la guerre (l'islam) par la guerre comme religion (millénarisme trumpien).

Bannon, 2010 : « Nous allons devoir passer de sombres journées avant de contempler l'azur d'une aube nouvelle aux États-Unis. Nous connaîtrons d'atroces souffrances. Tous ceux qui s'imaginent que nous pourrons éviter cette épreuve vous trompent. »

Pas de guerre sans complot ; et pas de complot sans théorie du complot.

Les vendeurs d'armes américains ont voté en masse pour Trump.

Guerre intérieure : plus de la moitié des Américains sont contre lui, mais la majorité des Républicains le soutiennent.

Marseille. Je lis dans *Le Monde* (daté du dimanche 19 février 2017) : « Les *guerres* entre bandes rivales, qui ont fait 29 morts en 2016, se poursuivent. » Tirs de kalachnikov sur le chauffeur d'une Twingo. Il s'agit de revenir sur la kalachnikov. C'est un fusil d'assaut, très prisé par les révolutionnaires en mal de guérillas. C'est une arme de guerre ; la guerre fait les armes ; mais c'est, bien davantage, l'arme qui fait la guerre. *A fortiori* l'arme de guerre ! Mikhaïl Kalachnikov était sergent, dans une division blindée. Avec une arme de guerre, on tue de manière guerrière, on assassine de manière guerrière. La guerre déclenche les armes ; mais les armes, essentiellement, déclenchent la guerre. Quand une arme tire, celui qui en fait les frais meurt de la guerre, quelle que soit cette guerre ; il meurt de la guerre provoquée par cette arme (de guerre). Il meurt de la guerre définie par cette arme (de guerre). Il meurt de la guerre produite, induite, inventée (sur mesure) par cette arme (de guerre).

Hier, signature de *Terreur* dans une librairie de Nevers, le Cyprès. J'étais en forme, après avoir nagé cent longueurs du bassin de 25 mètres dans la piscine des bords de Loire, où j'étais seul dans ma ligne d'eau. Tellement en forme (malgré une mauvaise nuit) que j'avais la sensation de voler – de planer, plus exactement.

Je passe trop de temps, depuis ces dernières semaines, à jouer aux échecs. Je ne ferai désormais que deux parties de trente minutes maximum par jour – sinon, mes journées de travail vont être bouffées, dévorées, par cette activité certes excellente pour les neurones, mais pénible par sa chronophagie.

La semaine qui arrive va être terriblement bondée. Radio, rendez-vous, interviews, etc. J'en suis fatigué, épuisé, lessivé à l'avance. Heureusement, il y a mon refuge de *La Règle du jeu*, et la natation, justement – je pratique le sport comme si je n'avais pas le choix ; oui, comme si quelqu'un me plaquait un flingue sur la tempe et me disait : « Va nager, va courir ou je te bute. » Toujours désagréable d'y aller ; toujours extraordinaire à la sortie.

Je relis le *Journal* de Matthieu Galey, intéressant, mais on ne sait trop pourquoi – sans doute parce qu'il dépeint un monde à la fois proche et *englouti* ; quelques portraits *très* bien vus (Vian, Jean d'Ormesson, Hallier, Banier…) et parfois, des pages sans intérêt (ce qui est le propre de tout journal intime, cela dit). Parfois, tout est trop vu par le petit bout de la lorgnette littéraire – le monde alentour, celui de la planète, semble ne pas exister. Mais les séances de backroom et de fist-fucking à New York, façon *Cruising*, entre deux comités de lecture Grasset ne manquent pas de sel ! Existence fassbinderienne… Entre Warhol et Brenner, il y a de la place ; et il y a Galey.

Lundi 20 février

Réveil avec *New Jazz Conceptions*, Bill Evans, 1957 (Riverside Records, RLP 12-223, US). Teddy Kotick : basse ; Paul Motian : batterie ; Bill Evans : piano.

Libye. La ville de Zinten. Article, dans *Le Monde* daté du 19 février, de Frédéric Bobin. Zinten, ville d'où est partie la révolution. À 160 km de Tripoli. Dans l'article, cette phrase qui en dit long, et qui illustre ma thèse d'un monde où la guerre est devenue l'état naturel du monde – naturel au sens où 1) on s'y est habitué ; 2) il est devenu le seul monde réel, supplantant la paix. Monde où la guerre empiète sur la paix, mais pas simplement en termes de conflits (en termes de conflits, ce serait même plutôt le contraire, comme l'a montré Steven Pinker). Mais la guerre n'est pas que la somme des guerres ; allons plus loin : la guerre n'est pas la somme des guerres, elle n'en est pas la collection. La guerre est le tissu du réel, elle est dans les esprits, dans les mentalités, elle s'infiltre dans les consciences ; elle est partout, s'est répandue, propagée en nous – dans nos tissus. Le monde n'est plus « en guerre », le monde est guerre – le monde est guerre tout court. Frédéric Bobin, envoyé spécial en Libye, donne la parole à un certain Mokhtar al-Akhdar : « Aujourd'hui, nous ne savons plus ce que nous sommes. Sommes-nous des civils ou des militaires ? » En France, depuis les attentats, nous sommes à la fois en guerre et en paix – c'est ce que j'avais dit, lors d'une émission de télévision, au Premier ministre, qui l'a repris. « Climat d'entre-deux », écrit le journaliste. « Gris du temps, flou du moment », « horizon brouillé ». C'est bien vu. « Paix ? Guerre ? » Guerre *et* paix.

Grosses Têtes, puis déjeuner avec Philippe Labro. Nous pensons que Marine Le Pen pourrait fort bien être la prochaine locataire de l'Élysée – j'en suis à peu près sûr, de fait.

À *La Règle du jeu*, je réponds à quelques questions de Karl Zéro sur Claude François ; Dani, que je croise dans le hall de l'immeuble en allant au comité Grasset, me succède. Il est impossible, sous l'âge et les excès, de deviner l'incroyable, l'ineffable beauté qu'elle fut.

Après le comité, je me précipite à la piscine des Halles, pour faire cinquante longueurs – dans la ligne crawl, c'est une insupportable guerre. Ceux qui nagent derrière moi sont pressés, sont pressants, sont énervés, sont énervants, ceux qui nagent devant moi n'avancent pas, pataugent, éclaboussent. Chaque fois que j'essaie de doubler, un type arrive en face ; je ferme les yeux en nageant, croisant les doigts pour que, cette fois encore, ça passe. On sent les gens à cran, venus non pas tant nager que se défouler après le boulot. Ce n'est plus du sport, c'est une guerre nautique, harassante, stressante, qui rappelle l'ambiance qu'on peut trouver, par exemple, sur le périphérique ou sur l'autoroute les jours de départ en vacances.

Dîner, dans un restaurant chinois de la rue Saint-Jacques, avec Stéphane Laugier, qui découvre depuis le 31 décembre les affres et les joies de la paternité ; nous évoquons Trump, Marine, et surtout nous devisons très longuement sur les échecs (le jeu) que j'ai repris de manière compulsive. Nous sommes d'accord pour dire que les adversaires plus faibles qui nous mettent la pâtée ne méritent rien d'autre que de mourir dans les souffrances les plus terribles ; et que ceux qui agitent leur dame en début de partie, quand ils ne sont point débutants, nous agacent comme nous agacent les mouches à merde.

Mardi 21 février

Réveil avec *Higher Power*, Bernard Allison, 2004 (Ruf Records, RUF 1101, Germany). Bernard Allison : guitare, guitare acoustique, chant ; Paul Diethelm et Jellybean Johnson : guitare ; Brian Johnson : percussions ; Bruce McCabe : piano ; Ron Sutton : batterie ; Mike Vlahakis : clavinet, Fender Rhodes, claviers, orgue Hammond, cordes, synthétiseur ; Jassen Wilber : basse et guitare basse.

Journée remplie : interview sur l'art, avec une jeune et agréable journaliste du *Vif L'Express*, Marina Laurent. J'ai choisi cinq œuvres picturales à commenter. Toutes, je les ai vues des dizaines et des dizaines de fois au Louvre. Choix : *Le Couronnement de la Vierge* de Fra Angelico (vers 1430) ; *Le Sacre de Napoléon* de David (1807) ; *Bonaparte* de David (que Guitry aimait tant) ; *Le Tricheur à l'as de carreau* de De La Tour (1635) ; le *Pèlerinage à l'île de Cythère* de Watteau (1717). Des œuvres que je connais par cœur, et que j'aime plus que tout. J'essaie d'être intelligent dessus.

Déjeuner chez Pascal Obispo, avec Christophe Bataille. Nous essayons de lui extirper un livre pour Grasset. Il nous fait écouter un étonnant (et excellent) passage d'un album resté inédit avec Adjani, réalisé il y a dix ans. Nous devons lire *sur place*, Christophe sur l'ordinateur d'Obispo et moi sur des feuilles imprimées, la première trentaine de pages de ces « Mémoires ». Hélas, il ne révèle pas tout. En « *off* », la vérité est plus « croustillante ».

Nagé cinquante longueurs de 50 mètres à la piscine de Puteaux, puis je fonce à l'enregistrement d'une émission pour *Les Grosses Têtes* à RTL, avant d'aller travailler pour *ONPC* à *La Règle du jeu*, où je tape ces misérables lignes.

Reçu un magazine bobo luxueux et branché dans lequel on appelle quasiment à ma mort, fustigeant notamment ma « fausse intelligence ». La fausse intelligence est-elle la même chose que la vraie bêtise ? Ce qui m'épatera toujours, par-delà les jalousies, c'est cette manière d'envoyer aux victimes les articles censés les assassiner : il ne suffit pas de taper, encore faut-il que le réceptacle en soit informé. Une manière comme une autre d'exister – ou pas.

La une du *Monde*, daté du 21 février 2017 : « Les ventes d'armement bondissent, sur fond de tensions internationales. » Quelque chose sonne 1914. Progression du commerce militaire, inédit depuis la chute du Mur en 1989. Daech, Ukraine, mer de Chine, Inde.

Et cette manchette : « Les démocraties à l'épreuve de la cyberguerre. » La Russie menace les démocraties occidentales par le numérique, c'est-à-dire l'informatique et la Toile : centrales électriques, réseaux d'eau, réseaux ferroviaires, lignes aériennes, défense nationale – aucune de ces « infrastructures critiques » ne semble plus à l'abri. Comme ne sont plus à l'abri, et c'est inédit, la liberté de la presse, les scrutins électoraux, les partis politiques, etc. La Toile, autrement dit, n'a jamais aussi bien porté son nom ; nous sommes pris dans une nasse ; dans une toile dont l'araignée n'est autre que Poutine.

Guerre (« cyberguerre ») des Russes contre l'Amérique, favorisant la victoire de Trump. Guerre des Russes contre l'Allemagne (Parlement allemand). On parle désormais de « cyberincidents ». Le virtuel et le réel étant désormais indissociablement liés, un cyberincident est un incident, une cyberguerre une guerre. D'ailleurs, à cette guerre par le virtuel (ce qui n'est pas la même chose qu'une guerre virtuelle), nous répondons dans et par la réalité, par et dans le réel : « Nous allons restaurer l'arsenal de la démocratie » (déclaration de Mike Pence, vice-président américain). « Nous devons être aussi dominants dans le monde digital que nous le sommes dans le monde réel » : oui, mais les conséquences digitales ont lieu dans le réel.

Le ministre des Affaires étrangères français a déclaré : « Nous sommes de plus en plus vulnérables face aux tentatives d'atteinte à nos démocraties. »

Que sont-ce que les « *fake news* » ? L'autre nom de la propagande – dont on sait qu'elle est consubstantielle à la guerre. La propagande est le prolongement de la guerre par les mots.

Mercredi 22 février

Réveil avec *Lace And Whiskey*, Alice Cooper, 1977 (Warner Bros Records, BSK 3027, US). Bob Babbitt : basse ; The California Boys' Choir : chœurs ; Allan Schwartzberg : batterie ; Steve Hunter : guitare ; Dick Wagner : guitare et chant ; Jozef Chirowski : claviers ; Bob Ezrin : claviers et chant ; Jimmy Maelen : percussions et chant ; Ernie Watts : saxophone ténor et clarinette ; Alice Cooper : chant.

Lecture de la presse, en terrasse du Fontenoy, rue du Bac, dans les pots d'échappement. Je lis les journaux de près pour *Guerre*. *Guerre* sera la suite naturelle de *Terreur*. Ce genre d'essai sied particulièrement bien à ma forme de pensée.

Déjeuner avec Joël Séria et Gilles Caussade, producteur d'*Amélie Poulain* : très sympathique. Il va venir jeter un œil sur mon film coréen.

Projection presse du dernier film de Claude Lelouch, dont j'ai déjà oublié le titre. Laborieux, mais quelques scènes d'anthologie (façon *Podium*) avec Johnny en sosie de lui-même. Et une scène finale plutôt émouvante avec Christophe Lambert. À part cela, Jean-Marie Bigard est (de loin) le plus sobre de tout le casting.

Mon épaule me fait souffrir (celle qui fut jadis brisée en Corée du Nord) ; je troque par conséquent la natation contre la salle de sport, où je cours. La vie de sportif est plus contraignante que la vie d'un musulman, ou d'un juif !

Puis je file travailler à *La Règle du jeu* pour préparer l'émission. Quelques parties d'échecs tout en travaillant : ne pouvant me concentrer par nature sur une seule et même chose, je me fais laminer toute la soirée. Ce que je ne supporte que très difficilement.

Nous recevons demain Philippe Poutou, à qui je n'ai rien à dire, Thierry Solère, porte-parole de François Fillon, à qui je n'ai rien à dire ; Nicolas Bedos, pour un film que je n'ai pas aimé ; et Grégoire Delacourt, pour un livre qui n'en est pas un. Reste, heureusement, Michel Cymes, médecin, avec qui nous échangerons un peu sur le cerveau.

La guerre n'est pas exactement mondiale : elle est mondialisée.

Un monde-guerre : un monde non pas « en » guerre, mais un monde « à » guerre.

Ce n'est pas le monde qui fait la guerre, c'est la guerre qui fait le monde.

Un monde-guerre, c'est un monde, également, de radicalité, de radicalisation. Nul ne se « déradicalise » jamais. La radicalité, comme je l'ai montré dans *Terreur*, est une intention qui ne bouge pas. Le propre de la radicalité est, précisément, de n'avoir pas de contraire – j'entends : de ne pas admettre, dans sa définition, dans son essence, le processus qui viendrait la raturer, la faire rétrograder, l'annuler, la gommer. On peut se dé-« ce qu'on voudra », mais pas, mais jamais (par essence, par définition) se dé-radicaliser. La radicalité n'admet pas de faire demi-tour ; la définition même de la radicalité, c'est de dire un processus qui ne sait faire qu'avancer ; la radicalité dit l'avancée, jamais le demi-tour, jamais la bifurcation, jamais le chemin de traverse.

Ce qu'on nomme une déradicalisation achevée, c'est en réalité une dissimulation réussie.

« Un rapport sénatorial sur le désendoctrinement des individus embrigadés par les islamistes constate l'échec des politiques publiques menées depuis trois ans » (Paule Gonzalès, dans *Le Figaro* d'hier). Se désendoctriner, pourquoi pas, si la doctrine est faible. Être endoctriné n'est pas la même chose qu'être radicalisé. Je lirai (dès que je le pourrai) ce rapport ; mais on y lit (ce qui ne peut m'étonner) que « passé un certain stade de la radicalisation, le chemin de retour est impossible ». Évidemment. Par (je le répète) définition.

Sans compter, bien sûr, ces aberrants « centres de déradicalisation » que l'ex-djihadiste (avec mille guillemets à « ex ») ne vient fréquenter (comme un camp de loisirs) que lorsque et si il le souhaite. Centres vides. Désaffectés.

Fleurit, dégueulassement, tout un business de la déradicalisation. Évidemment.

À Colmar, le parquet : « Nous avons un temps réfléchi si notre programme devait inclure une dimension sur les valeurs de l'islam. Mais cette radicalisation si soudaine nous a fait penser qu'il n'y avait pas une force religieuse telle qu'elle puisse embraser les individus à ce point et que ces derniers sont avant tout confrontés à leur propre problème. » Bien vu, bien analysé, bien dit.

Figaro : « Le centre de Pontourny en sursis ». C'est en Indre-et-Loire. Assis sur le « volontariat de personnes en voie de déradicalisation ». On croit rêver.

Et les enfants qui ont commis des crimes contre l'humanité à Raqqa, à Mossoul ? Juridiquement ? Que va-t-on faire ?

Ne pas oublier qu'il s'agit, dans toute cette histoire de djihad, de crimes contre l'humanité : le crime contre l'humanité est imprescriptible. Et nous allons les placer dans des « centres » ?

Ce sont des « travailleurs sociaux » qui sont chargés de la déradicalisation – ils « entament des formations ». Nous rêvons. Nous cauchemardons. Nous le paierons.

Jeudi 23 février

Réveil avec *The House Of Blue Light*, Deep Purple, 1986 (Polydor 831 318-4, France). Roger Glover : guitare basse et synthétiseur ; Ian Paice : batterie ; Ritchie Blackmore : guitare ; Jon Lord : claviers ; Ian Gillan : chant, congas et harmonica.

Douleurs à l'épaule, qui m'obligent à cesser quelque temps la natation ; je dois avoir un mouvement défaillant à droite, à moins que ce ne soit corrélé à l'accident d'épaule nord-coréen. Toujours est-il que la situation ne m'agrée point ; j'aime tellement nager. Quelle injustice : tous ces gens qui le peuvent et ne le font pas, restent en terrasse, à boire des bières et fumer.

Aucune motivation à me rendre à l'émission de ce soir, en dehors peut-être de Poutou, paradoxalement, nous parlerons un peu de révolution. On verra bien. Dans le programme du NPA : « Nous voulons réquisitionner les banques, les mettre sous le contrôle des travailleurs, pour empêcher les capitalistes de spéculer, de faire du fric sur notre dos, et pour investir là où nous le voulons. » Plus loin : « Nous voulons le désarmement de la police. »

Michel Tournier entre dans la « Pléiade » ; je n'ai jamais lu la moindre ligne de Tournier, à l'exception de son *Journal extime*, ce qui ne m'a pas laissé un grand souvenir. Depuis que Jean d'O est entré dedans, je considère la « Pléiade » comme une sorte de vaste blague ; de même, je viens de voir dans *Le Figaro littéraire* que le chanteur à minettes Raphaël entrait dans la « blanche » de chez Gallimard ; ce qui, franchement, relève du grotesque le plus consommé. Gallimard fait, depuis quelques années, feu de tout bois. Mais il est possible que ce ne soit qu'une illusion d'optique. Roger Vrigny, tombé dans l'oubli, a jadis publié chez eux : je ne l'ai jamais ouvert, mais ça ne devait pas être bien fameux non plus. Je prends Vrigny au hasard, comme ça, en guise d'exemple, mais il doit bien y en avoir d'autres, par centaines, qui côtoient Valéry et Saint-John Perse et Gide dans la collection. Tout cela a-t-il vraiment de l'importance ? Oui et non. Ou plutôt : non et oui.

Terrible mal de dos. Écoute, comme lors de mon adolescence, des premiers albums de Dire Straits. À quelques morceaux près, ça tient la route. Je referme ce journal pour rédiger quelques lignes de *Guerre*, à la sauvette ; je ne puis écrire en ce moment qu'à la sauvette, à la volée, à l'arrachée. C'est plutôt gidien, somme toute.

Beaucoup de choses à dire, très peu de choses à raconter. Mieux vaut ça que l'inverse.

Excellent article dans *Le Figaro* d'hier (signé Maurin Picard) : « Les fortunes de la Silicon Valley se préparent à "l'apocalypse". » Ce qui corrobore ce que j'écrivais plus haut. Les fortunes veulent préparer des sorties de secours vers la Nouvelle-Zélande. « Appelez cela un plan B. » « Disposer d'une issue de secours, d'un ou plusieurs points de chute au bout du monde, au cas où surviendrait l'apocalypse. » On a peur d'une « bombe sale ». On a peur du terrorisme. Direction, le Pacifique Sud ! On n'est en sécurité nulle part, pas même en Californie ! « Steve Huffman, PDG du site communautaire Reddit, s'est fait opérer de la vue au laser en 2015. "Si la fin du monde approche, dénicher des lentilles ou des lunettes va devenir une vraie galère. Sans elles, je suis cuit." Ses préparatifs ne s'arrêtent pas là : il a plusieurs motos, amasse scrupuleusement armes, vivres et munitions. "Comme ça, souffle-t-il, je pourrai tenir retranché un certain temps chez moi." » Un autre, Tim Chang, investisseur chez Mayfield Fund : « Si une guerre civile éclate, ou si un tremblement de terre gigantesque engloutit un pan de la Californie, nous avons intérêt à être prêts. » On remarque ceci : est crainte une sorte de « guerre écologique » également ; même la planète semble être « en guerre » contre nous, hostile. Autre exemple : réchauffement climatique… « Donc, j'accumule tout ce que je peux dans mes résidences. » Il y stocke « générateurs, panneaux solaires. Et des milliers de munitions, bien sûr. Il faudra bien tout cela pour surmonter l'apocalypse ». Puis : « Je pense que nous n'avons encore rien vu. »

On appelle ces gens des « *doomsday preppers* » : survivalistes. Ils seraient 10 millions aux États-Unis.

Ont également peur de « l'explosion des réseaux sociaux ». *Le Figaro* emploie le mot « exode » : « L'exode des super-riches », écrit Maurin Picard. Celui qui achète une maison en Nouvelle-Zélande avoue tacitement qu'il a son plan B en cas de catastrophe.

Survival Condo Project : bunkers construits dans des silos, près de Concordia, au Kansas.

Peter Thiel, l'un des fondateurs de PayPal, fait fortune là-dedans : « Avant, nous avions en moyenne deux sollicitations sérieuses par mois émanant d'Américains fortunés. Maintenant, c'est deux par semaine. »

L'élection de Trump a accéléré la tendance : logique, Trump s'inscrit dans cette tendance, je l'ai montré plus haut.

Silicon Valley : « Quand vous passez votre temps à vouloir changer le monde, il est inévitable que vous ayez un peu tendance à spéculer à l'infini » (Roy Bahat, investisseur chez Bloomberg Beta,

San Francisco). « Ce qui conduit à l'émergence d'utopies, et aussi de dystopies. »

Vendredi 24 février

Réveil avec *Nobody's Perfect*, Deep Purple, 1988 (Polydor 835 897-2, Europe). Roger Glover : guitare basse et synthétiseur ; Ian Paice : batterie ; Ritchie Blackmore : guitare ; Jon Lord : claviers ; Ian Gillan : chant.

Radioactivité en Europe : on en mesure partout, dans le fond de l'air. Le fond de l'air est radioactif. Hiroshima miniature, Hiroshima *soft*. La guerre entre par les pores de la peau. L'air que nous respirons, l'air que nous traversons et qui nous traverse, nous enveloppe, est guerre.

La guerre, jadis (au XXe siècle) était *rupture*. C'est aujourd'hui une fonction continue ; *smooth*.

Guerre : inouïe (immense) proximité du lointain. Le lointain se rapproche ; le lointain est là. Quant à l'impossible, il passe sans cesse à l'acte ; à l'action. La paix n'est plus un confort, elle devient un luxe. La guerre est devenue un pays elle-même ; la guerre est devenue un pays à elle seule – un pays sans frontière ; elle se répand, elle s'étend, comme une flaque – elle s'immisce partout, sous nos portes, etc.

Quelque chose a muté dans la nature même de la guerre, qu'il s'agit de penser. « Guerre » : ce mot a changé de signification, doucement mais sûrement. Je ne suis qu'au début de cette réflexion. Le mot « guerre » ne se confond plus exactement, ne coïncide plus totalement avec le mot « conflit ». C'est cela qu'il faut chercher, ici, à appréhender. Quelque chose s'est passé. Cette constatation sera évidente dans vingt ans ; elle ne l'est pas encore complètement aujourd'hui.

Nous avons vécu jusque-là, nous autres feus habitants du XXe siècle, dans un monde en paix ; dans ce monde en paix on faisait la guerre ; dans ce monde en paix, il y avait des guerres. Le monde a changé : dans ce monde-guerre nous faisons parfois la guerre ; quand nous sommes en paix, le contexte reste celui de la guerre. Nous sommes en paix mais nous vivons en guerre ; nous sommes en paix mais nous vivons la guerre ; nous sommes en paix mais nous vivons guerre. Le vivre-guerre : concept, éventuellement, à développer. « Être-guerre », si nous voulions aller plus loin.

Très surréaliste prestation, hier, de Philippe Poutou dont le temps de parole, en tant que « petit candidat », est tellement réduit qu'il s'est senti obligé, le pauvre, de parler avec le débit d'une mitraillette. On ne pouvait qu'à grand-peine faire entrer une question à l'intérieur de ce flot ininterrompu de paroles révolutionnaires entrecoupées de sourires car le bougre n'est pas dupe, et reconnaît qu'il n'a bien évidemment pas la moindre chance de parvenir à la fonction suprême – même si l'on peut se demander ce qui subsiste de « suprême » dans cette fonction, en dehors du souvenir que l'on en a gardé à travers quelques figures marquantes, allant de Charles de Gaulle (dont le moindre avorton aujourd'hui se réclame) à François Mitterrand. Depuis Mitterrand, que des absents, que des ratés, que des erreurs de casting – à la très notable exception de Jospin, qui n'a pas démérité. Mais Jospin ne fut « que » Premier ministre. Je me demande pourquoi tout ce monde s'accroche au rêve élyséen, quand Matignon est finalement le poste le plus intéressant, le plus excitant. La vanité, l'ambition, l'ego, sans lesquels il n'y aurait pas, sur terre, la moindre nation.

Thierry Solère : pas antipathique pour un sou, mais vendeur de gourmettes, charlatan en verve vendant ses cocktails gestionnaires, balançant des chiffres invérifiables et bottant en touche sur tout ce qui pourrait transcender de près ou de loin la politique politicienne. VRP de la droite déliquescente. Donne l'impression de presser des jus d'orange toute la journée ; il ne s'économise pas, mais toute cette verve, cette démagogie de *tea break*, ne brasse que des courants d'air pas toujours frais.

Samedi 25 février

Réveil avec *Slaves And Masters*, Deep Purple, 1990 (BMG, PD90535, Europe). Roger Glover : guitare basse et synthétiseur ; Ian Paice : batterie ; Ritchie Blackmore : guitare ; Jon Lord : claviers ; Joe Lynn Turner : chant.

Lyon, depuis hier. Charme de la province où les gens (notamment dans les restaurants) semblent aussi sympathiques qu'à l'étranger ; le problème est véritablement, est vraiment, est réellement Paris : cocotte-minute à ras-bord, fumante, en perpétuelle instance d'explosion ; individus sur les nerfs, agressivité permanente, incivilités incroyables, violence à tous les étages. Tout le monde y hait plus ou moins tout ce qui bouge, à commencer par soi-même. Bruit, pollution dégueulasse, impression qu'on ne peut se reposer nulle part, à commencer par les lieux reposants. La queue partout, et même la queue dans l'eau, au moment de crawler. Paris est, de toutes les capitales que j'ai visitées pour l'instant, la plus invivable qui soit, la plus inhospitalière, sans aucun doute la plus sale ; la plus hostile à toute tentative de trêve, de main tendue, de rapprochement entre les gens, de conciliation, de compréhension, de magnanimité, de calme, de repos du guerrier. Jamais de répit, klaxons, particules fines, bastons, engueulades, énervements divers, multiples colères, rages, menaces. Surveiller sempiternellement ses affaires ; être inlassablement sur ses gardes ; faire attention. Être en alerte. Ne jamais s'endormir. Il faudra un jour s'arracher de cette ville qui n'en est pas une, cette vieille ville dépotoir ankylosée dans son passé chaque jour souillé davantage : l'Asie, sans doute. Japon ? Corée ? Hong Kong ? Ou l'Italie. L'Italie semble être la solution.

Je devais dîner avec Emmanuelle Seigner ; qui me pose un lapin. J'efface son numéro de mon téléphone.

Contrarié par cette épaule (côté opération) ; douleurs à l'omoplate et à l'endroit de la vis, ai-je l'impression. Je vais prendre rendez-vous avec le chirurgien qui m'a opéré : je suis inquiet de ne pouvoir crawler de tout mon soûl.

Je ne sais pas combien de temps la régularité de ce journal va tenir (j'écris ces pages dans le TGV entre Lyon et Paris).

La guerre n'est plus chez les autres, ceux qui la méritent plus ou moins ; elle est chez nous, en Occident ; elle est partout. Les pays se touchent tous. Les migrants ont traversé la Méditerranée et, ce faisant, ils ont traversé l'écran de nos téléviseurs : ils sont là, ils sont là à cause de la guerre, ils sont là avec leur guerre qui est la nôtre. La guerre est désormais quelque chose qui se partage, que tout le *monde* (avec jeu de mots) se partage.

Les politiques ne peuvent plus se contenter de « gérer » : l'État-nation est en train de mourir ; c'est assez normal, l'État-nation est une créature (une conséquence) de l'Europe napoléonienne (voir Rosanvallon) ; les États-nations sont des petits empires.

Montée des idéologies qui excluent, qui humilient, qui « rassurent » de façon inquiétante.

La technologie précède toujours la guerre. On croit que la guerre déclenche la technologie ; c'est sans doute vrai, mais je ne vois pas en quoi la réciproque serait fausse. Toute technologie contient en elle-même l'univers des possibles qu'elle recèle, que par essence elle recèle, l'ignorant elle-même ; attendant passivement, sagement, qu'on fasse jaillir et sourdre d'elle (pour le meilleur et pour le pire) toutes les potentialités qu'elle contient. Toute technologie est un appel sans appel à l'imagination ; toute technologie est vouée à se prolonger jusqu'au bout, sans mesure, sans autre intention que de s'assouvir totalement, dans une exploitation complète de ses capacités. Toute technologie nouvelle ouvre un réel tout neuf, auquel le monde sera tôt ou tard soumis, quelles qu'en soient sa résistance ou sa docilité.

Dimanche 26 février

Réveil avec *Conversations With Myself*, Bill Evans, 1963 (Verve Records, V-8526, US). Bill Evans : piano.

Nous passons, avec Emmanuelle, la journée chez Dominique Jamet et sa compagne, Marie-Madeleine. Ils louent, à une heure de Paris, une maison secondaire bourgeoise des années 1920 – sise plus précisément à Nemours-Saint-Pierre. Feu de cheminée, silence de campagne. Journée en dehors du temps.

Dominique nous montre l'intégrale du journal intime de son père, Claude Jamet, inquiété par les autorités françaises à la Libération, et qui tint ce journal de 1928 à 1993. Soit, de dix-huit ans à quatre-vingt-trois ans. J'eusse donné cher pour y jeter plus qu'un œil, mais cela ne semble pas possible.

Emmanuelle, qui a apporté un excellent vin, demande, quelque peu confuse, à la presque toute fin du déjeuner (qui aura duré cinq heures trente) de goûter sa bouteille !

Retour par le TER, puis, le soir, je joue avec Tarzan, qui tente de se faufiler dans chaque recoin qu'on offre à sa rampante curiosité.

Crise d'hypocondrie : fourmillements ; je me persuade – on ne se refait hélas pas – que je souffre de la sclérose en plaques ; malgré une conversation rassurante avec Maurice Mendelsberg et deux textos d'Ida, j'avoue, à l'heure où je tape ces lignes dans un bistrot de la place Clichy, que je ne suis pas certain à 100 % de me tromper.

Les attentats sont-ils des signes avant-coureurs de guerre (mondiale) ? Hypothèse à vérifier en regardant le passé.

Le Figaro (de vendredi dernier) : « *L'arme* [je souligne] du pétrole au cœur de la guerre libyenne. » On notera, également, cette étonnante chose, que nous ne disons plus « la guerre en Libye », mais « la guerre *libyenne* ». La guerre est adjectivée ; cette expression induit que la guerre étant presque partout (et le conflit presque nulle part), il faut préciser dans quelle géographie elle se situe, elle se déploie. Normalité absolue de la guerre : la guerre libyenne, comme on dirait la côte libyenne, le littoral libyen.

Le monde a peut-être déjà cessé d'être multipolaire ; il est devenu concentrique. Fouiller cette idée.

Nous sentons bien que les gens sont dans la guerre, qu'ils s'y sentent prêts, qu'ils s'y sentent, plus exactement, résignés. Sensation que tout le monde fait semblant, que tout le monde fait « comme si ». Simplement, les raisons restent confuses ; cette guerre qui est déjà là est une guerre que nous ne comprenons pas, dont nous ne comprenons rien. C'était déjà le cas en 1914.

Les combats de cette guerre ont commencé ; il ne faut pas confondre le début et le commencement (voir Heidegger, Parménide). La guerre n'a pas débuté, mais elle a commencé. Le commencement est le terreau du début ; il en est la condition ; il en est le terrain. Il en est l'écosystème. Le commencement est le climat dans lequel le début pourra éclore. Le commencement prend son temps, quand le début, lui, se déclenche – a besoin d'être déclenché par.

Lecture, le soir, du journal de Matthieu Galey, qui reste malgré tout englué dans une géographie intellectuelle, mentale et métaphysique trop limitée, trop étriquée. J'avoue que les aventures (les non-aventures en réalité) de Jacques Brenner, oublié aujourd'hui de tous (mais n'était-ce pas déjà le cas de son vivant), ne parviendront jamais non seulement à me passionner, mais à me concerner.

Lundi 27 février

Réveil avec *Thelonious Monk Plays*, Thelonious Monk, 1954 (Prestige, PRLP 189, US). Thelonious Monk : piano ; Art Blakey : batterie ; Percy Heath : basse.

Piscine des Halles : je demande à Antoine, mon « prof », de vérifier mon crawl côté épaule droite – douleurs omoplate oblige.

Je passe faire des essais pour la projection de *Korea* de demain – je montre le film à Nicolas Mauvernay et à Jérôme Corcos. Ému : c'est la première fois que je vois mes images sur un si grand écran, avec une si bonne qualité. Ça me *rebooste* comme jamais ; ne pas lâcher (jamais). Surtout sur la durée du film ; il aura sa durée naturelle. Seule ombre au tableau : j'ai appris que Claude Lanzmann allait imminemment sortir un film sur la Corée du Nord. Et en même temps, il s'agit d'être philosophe : il y a, dans la vie, un *timing* pour tout. L'essentiel est d'aller jusqu'au bout.

Crif : je présente mon livre, et fais, devant 530 personnes, une « conférence » (le mot est un peu pompeux) sur le terrorisme, relancé par les questions d'Alexis Lacroix. C'est la deuxième fois que je le vois aujourd'hui puisque nous avons, ce midi, déjeuné avec Alain Bauer, spécialiste du sujet : esprit clair, brillant, drôle, lucide, supérieur. Une vraie rencontre. J'apprends une foule de choses – Alexis enregistre l'entretien pour *L'Express*.

Lors du débat au Crif, on me pose (encore) la sempiternelle question sur Céline : faut-il, ou non, le lire. Je dis que oui, évidemment ; mais je n'ai pas pensé à justifier cette affirmation avec ma « grille de lecture » (expression que je déteste, mais j'écris ces mots à la mitraillette) habituelle et favorite : la différence entre la parole et le discours. Quand Céline est romancier, nous sommes dans le registre de la parole ; quand Céline est pamphlétaire, nous sommes dans le registre du discours. Or, seul un discours peut être radical. CQFD.

Les États ne vont pas mourir demain matin, mais les relations « internationales » évoluent : sphères, cercles concentriques, plutôt que flèches de bijection, d'injection, de surjection.

Les flux migratoires ont changé le monde : le monde ne cesse de s'exporter et de s'importer à l'intérieur de lui-même. Les nations détestent se vider, comme elles détestent se remplir.

Guerre contre tous : guerre *à la portée* de tous.

Une interconnectique remplace l'internationale.

Attaques contre les États, tant dans la réalité que dans la virtualité : attaques cybernétiques. Attaques qui ne coûtent aucune vie : drones.

Mardi 28 février

Réveil avec *Piano Solo*, Thelonious Monk, 1954 (Swing, M. 33.342, France). Thelonious Monk : piano.

Déjeuner avec Maria. Journée de travail (sans sport) à *La Règle du jeu*. Lecture du Giesbert, *Belle d'amour*.

Dîner avec Régis. Une erreur, une fois de plus. Masochisme total de ma part. « Je suis un génie, mais pas comme les autres génies. Les autres génies ont toujours su qu'ils en avaient, moi, je ne m'en suis jamais douté. D'ailleurs, je m'en fiche, d'en avoir ! Après tout, je n'en ai peut-être pas. Et même, après réflexion, je vais te dire : je pense que je n'en ai pas. Du génie ? Je n'en ai aucun. C'est des conneries, le génie. Je n'y crois pas. Peut-être pour Mozart, et encore ! Il a dû copier sur des gens, sur la copie du voisin, il a forcément pompé à droite à gauche. Mais bon… Le seul génie que je connaisse, c'est lui. Et Simenon, à la rigueur. Tous les autres, je m'en méfie ! Einstein ? Il a ajouté un tout petit truc à ce qui avait été dit et écrit avant lui, une petite cerise sur un gros gâteau que les autres avaient cuisiné. Il a eu une idée et comme il est venu en tout dernier, il a emporté le morceau, mais tu vois, justement, c'est souvent ça le génie : un type qui profite du travail des autres. C'est pour ça que je crois que je n'en suis pas un. Moi, je ne vole le travail de personne, je ne dois rien à personne. Sauf à ma mère ! Et encore ! »

MARS

Mercredi 1er mars

Réveil avec *Rory Gallagher*, Rory Gallagher, 1971 (Polydor 2383 044, France). Gerry McAvoy : basse ; Wilgar Campbell : batterie et percussions ; Vincent Crane : piano ; Rory Gallagher : chant, guitare, saxophone alto, harmonica et mandoline.

La projection de *Korea* est une réussite ; il est possible (je croise les doigts) que j'aie enfin un vrai producteur. Cinq ans que j'attends cela. Gaffe d'Arthur Dreyfus, invité à la projection, et qui énumère devant les producteurs tous les défauts de ce qu'il vient de voir ; quant à Guillaume Rappeneau, censé être embarqué dans la même galère que moi, il nous tire 3 456 balles dans le pied à la minute.

Étaient présents, en plus de Nicolas Mauvernay et Jérôme Corcos : Maria, Fred Assayag, Jean-Paul Enthoven, Pierre Joo et, donc, Arthur Dreyfus.

Piscine, quelques longueurs ; je tente de changer mon « style » de crawl (si tant est qu'on puisse appeler cela comme ça) afin d'avoir moins mal aux omoplates.

Réflexions sur le « crime contre l'humanité » et l'Algérie. « Demander pardon », repentence, etc. Macron (Emmanuel), susceptible d'être notre prochain Président, a dit, a déclaré que la colonisation est un « crime contre l'humanité ». C'était le 15 février dernier.

On peut considérer que Macron a raison. Ou qu'il a tort. C'est son droit, moral. Personnel. Hamon répond que Macron a tort parce que cela serait « hisser » cette histoire au même niveau que la Shoah, ou le Rwanda, qui sont des génocides.

Mais le problème ne se situe pas exactement là ; le problème est celui des « excuses ». Des « excuses » à présenter à l'Algérie. Hamon, s'il était élu, pourrait « présenter des excuses » à l'Algérie.

D'abord, ce qui devrait nous interroger, c'est le fait que l'Algérie, non seulement réclame ces excuses, mais les exige. Trois termes sont sans cesse utilisés par nos hommes politiques : « repentance », « excuses », « pardon ». « Repentance », « pardon » : termes religieux. Hamon oscille entre « excuses » et « regrets ». Si excuses il y a, l'État algérien ne tardera pas à demander réparation – et toute réparation se chiffre.

Mais il s'agit, avant, d'élucider la nature des crimes. Car la colonisation algérienne signifie plusieurs choses : la conquête, commencée en 1830 (sous Charles X). À l'époque, la victoire recueille de la part des Français un sentiment mitigé. La conquête d'Alger ne renforce pas, en tout cas, la réputation du roi. Louis-Philippe hésite – mais décide finalement de continuer la politique de son homologue Bourbon. Les Français resteront en Algérie. Menés par Abd el-Kader, les Berbères et les Arabes se révoltent. Ils sont matés par Bugeaud. Les villages sont assaillis, pillés, les civils assassinés à la pelle – « enfumades » dans les grottes, de sinistre mémoire, notamment entre 1844 et 1845 ; enfumades du Dahra, le 18 juin 1845, hommes, femmes, enfants ; Pélissier : « La peau d'un seul de mes tambours avait plus de prix que la vie de tous ces misérables. » Et les « emmurades » : on bouche les grottes.

Quelques rébellions pendant le Second Empire (Kabylie) : matées. L'Algérie est « pacifiée », après des années de terreur, en 1871. Des famines ont été *planifiées*.

Napoléon III fait une tentative (sociale) qui lui ressemble : il veut instaurer un royaume arabe où autochtones et colons auraient des droits égaux, c'est un échec. Les colons, bien évidemment, sont contre. La République, à la chute de l'empereur, opte pour une administration civile. La « colonisation » peut tranquillement commencer. Les populations locales n'ont quasiment aucun droit, dans aucun domaine.

Hugo est favorable à la colonisation. « Non pour le canon, mais pour la charrue. » Une des raisons de la colonisation est, selon lui, la résolution de la crise sociale : envoyer les malheureux, expédier les gueux dans les colonies. « Versez votre trop-plein dans cette Afrique, et du même coup résolvez vos questions sociales, changez vos prolétaires en propriétaires. »

Dans *Choses vues*, le général Le Flô raconte ce qui suit à Hugo (15 octobre 1852) : « Dans les razzias, il n'était pas rare de voir les soldats jeter à leurs camarades des enfants qu'ils recevaient sur la pointe de leurs baïonnettes. Ils arrachaient les boucles d'oreilles des femmes, les oreilles avec, et coupaient les doigts pour avoir les anneaux. » N'est-ce pas un crime contre l'humanité ? C'en est un, mais la notion n'était pas définie. La notion date de Nuremberg. Les raisons qu'invoque Hamon à *ONPC* ne sont pas les bonnes ; car il y a bel et bien génocide. S'il n'y a pas crime contre l'humanité, c'est parce que la notion de crime contre l'humanité appartient à une période de l'histoire qui ne concerne pas 1830. C'est à partir de 1945 qu'il faut regarder. S'il n'y a pas crime contre l'humanité, c'est parce qu'en 1840, on commettait des crimes contre les hommes qui n'étaient pas (encore) des crimes contre l'humanité. Qui n'étaient pas encore rangés dans la catégorie des crimes contre l'humanité. Mais ce raisonnement ne peut se tenir une fois que Nuremberg a eu lieu. Hamon ne veut pas « hisser » l'Algérie au niveau de la Shoah, du Rwanda ou du génocide arménien, mais il y a bel et bien eu, au début de la conquête de l'Algérie, un génocide.

Lucien de Montagnac, qui en a entendu parler ? Né en 1803, mort en 1845. « Nous nous sommes établis au centre du pays, brûlant, tuant, saccageant tout » (2 mai 1843).

À la thèse « pas un crime contre l'humanité, mais des excuses », on peut opposer cette thèse : « un crime contre l'humanité, mais pas d'excuses ».

Je sais que le crime contre l'humanité est rétroactif ; il n'empêche.

Me replonge sérieusement dans *L'Étoile de la Rédemption* (Rosenzweig, 1921).

Dîner chez Serge Lama. Lama ne se situe pas du côté de la mort : sa postérité l'intéresse moins que son public, que la sueur vivante de ses fans, qui sont parfois des esthètes et toujours des gens comme vous et moi. Son audace est la simplicité. Il monte sur une scène, prodigue mille joies dessus, puis descend. Il aura connu les angoisses de la solitude, la proximité du dernier instant, la collection des emmerdes, et la présence de l'oubli. Mais non, il est toujours là. Tellement toujours là que ne jamais partir est devenu sa nature profonde, son contrat avec l'existence. Je le crois chanteur, évidemment, mais poète d'abord : une manière de monstre, un écrivain qui se risque à chanter, un chanteur qui aura eu, du début à la fin, le courage d'écrire.

On peut écouter Lama comme on entend Aragon, Rimbaud, Ponge ou Valéry. C'est un classique. Un Brel neuf, un Rimbaud paillard et fêtard, un Michaux du Moulin-Rouge. Toute cette finesse en sueur… Cette gouaille affûtée, ce rire énorme qui dit aussi bien l'impossible que ses chansons disent la fragilité. Jamais tant de force n'a su dire aussi bien la fragilité. L'ennemi de Lama est le temps qui passe, il le retient dans une rime, dans une coda, dans un poing qui se lève, dans un regard qui se baisse. Lama boxe avec l'absence. Celle des disparus, des fantômes. Il cueille les fleurs fanées. Se fait, devant nous, pour nous, des bouquets de brumes évanouies. Rien n'est plus triste que ses chansons gaies. Rien n'est plus gai que ses chansons tristes. C'est là son alchimie. Lama : un cœur qui bat dans la nuit, jusqu'au bout du matin. Un cœur qui tient la permanence de tous les battements. Une pulsation mélancolique, et qui rira bien, et qui rira le dernier. Vive lui.

Jeudi 2 mars

Réveil avec *Live ! In Europe*, Rory Gallagher, 1972 (Polydor 2383 112, France). Gerry McAvoy : basse ; Wilgar Campbell : batterie ; Rory Gallagher : chant, guitare, mandoline et harmonica.

Nouvelle plongée, en apnée, dans Rosenzweig. *L'Étoile de la Rédemption* (1921) commence par une colère. Dans les tranchées, Rosenzweig est furieux contre Hegel. Il réfute la philosophie dite « idéaliste ». Celle des grands systèmes. « Rejeter toute peur du terrestre, enlever à la mort son dard venimeux, son souffle pestilentiel à l'Hadès, voilà ce qu'ose faire la philosophie. » Mieux (car beaucoup plus violent, beaucoup plus définitif) : « Toute connaissance du Tout a pour présupposé… rien. » La volonté de Rosenzweig, couvert de boue, à chaque seconde en train d'être déjà mort, perdu dans l'horreur, c'est d'en finir avec Hegel. Avec l'Esprit du Monde : avec les majuscules qui émasculent la réalité. La seule réalité qui tienne : la réalité humaine. Sartre nous fait remarquer dans *Question de méthode* (1957) qu'il en fut de même pour Kierkegaard : « C'est précisément ce savoir objectif que Kierkegaard conteste : pour lui, le dépassement de la conscience malheureuse reste purement verbal. L'homme existant ne peut être assimilé par un système d'idées ; quoi qu'on puisse dire et penser sur la souffrance, elle échappe au savoir dans la mesure où elle est soufferte en elle-même, pour elle-même et où le savoir reste impuissant à la transformer. » Sartre cite alors Kierkegaard : « Le philosophe construit un palais d'idées et il habite une chaumière. » Mais il y a une différence entre Rosenzweig et Kierkegaard. C'est que Rosenzweig, lui, dit adieu à la philosophie. Il n'entend écrire qu'un seul livre, faire une seule œuvre, pour prouver par sa vie même, en donnant un exemple définitif, et courageux, que la philosophie est pour lui quelque chose de terminé, de dépassé, de fini. D'usé. De périmé. Kierkegaard, ce n'est pas ça : il entend (pour sauver la religion, certes, mais il entend) faire œuvre philosophique, déployer, sinon un système systématique, du moins un système non systématique. Un système qui serait l'ennemi du systématisme. C'est pourquoi Sartre nous dit (et il a raison à mille pour cent) que « Kierkegaard est inséparable de Hegel ». Il poursuit : « Et cette négation farouche de tout système ne peut prendre naissance que dans un champ culturel entièrement commandé par l'hégélianisme. Ce Danois se sent traqué par les concepts, par l'histoire, il défend sa peau. » Ces mots s'appliquent parfaitement à Rosenzweig. Mais Sartre, manifestement, n'a pas lu Rosenzweig. Nous sommes en 1960. L'œuvre de Rosenzweig était déjà connue. Sartre lisait parfaitement l'allemand (il avait découvert Husserl et Heidegger dans cette langue, à Berlin, à l'âge de vingt-sept ans). Mais la « rencontre », hélas, n'a pas eu lieu.

Sartre suite : « Kierkegaard fut le premier peut-être à marquer, contre Hegel et grâce à lui, l'incommensurabilité du réel et du savoir. » Cette formule, « incommensurabilité du réel », en rappelle une autre, qui se trouve à la (toute) première page de *L'Étoile de la Rédemption* : « Sans fin le sein de la terre inépuisable accouche du neuf. » Ce que Sartre dit de Kierkegaard, nous pouvons l'appliquer à Franz Rosenzweig.

Vendredi 3 mars

Réveil avec *Cotton Country Blues*, Fred McDowell, 1967 (International Polydor Production, 423 249, Germany). Annie McDowell : chant ; Fred McDowell : guitare et chant.

« La philosophie devrait avoir le courage de prêter l'oreille à ce cri et de ne pas fermer ses yeux devant la terrible réalité » (Rosenzweig, *L'Étoile de la Rédemption*, 1921). Comme Kierkegaard, Rosenzweig nous dit ceci : l'existence humaine n'est pas réductible à la connaissance intellectuelle. Et Rosenzweig, définitif : « Nous ne voulons plus d'illusion du tout. »

Samedi 4 mars

Réveil avec *Rass!*, Monty Alexander Featuring Ernest Ranglin, 1974 (MPS Records, MC 25352, US). Noel Seale : congas ; Sparrow Martin : batterie ; Jackie Jackson : basse électrique ; Monty Alexander : piano électrique ; « Trini » Clarence Wears : guitare et cuatro ; Ernest Ranglin : guitare ; Denzil « Pops » Laing : percussions.

Qu'est-ce que le monde ? Nous avons toujours (jusqu'à Hegel), nous dit Rosenzweig, « cherché la réponse à la question dans la pensée » (*L'Étoile de la Rédemption*, 1921). Et puis (enfonçant le clou) : « Il semble que la pensée ne puisse aller plus loin que de se présenter visiblement elle-même, c'est-à-dire ma réalité la plus intérieure qui lui soit connue, comme une partie de l'édifice systématique. » Ma réalité intérieure… Sartre : « *L'existence* kierkegaardienne, c'est le *travail* de notre vie intérieure – résistances vaincues et sans cesse renaissantes, efforts sans cesse renouvelés, désespoirs surmontés, échecs provisoires et victoires précaires – en tant que ce travail s'oppose directement à la connaissance intellectuelle » (*Question de méthode*, 1957).

Dimanche 5 mars

Réveil avec *Gypsy People*, Jan & Lorraine, 1969 (ABC Records, ABCS-691, US). Lorraine Lefevre : guitare acoustique et chant ; Jan Hendin : guitare acoustique, guitare électrique, piano, orgue, chant et kazoo ; Brian Odgers : basse ; Clem Cattini : batterie ; Rod Mirfield et Terry Cox : percussions ; Kaesav Sathe : tabla ; Nazir Jairazbhoy : tamburitza ; Taki Hendin : chant.

Puissance de feu de Sartre. La manière que Sartre, parlant de Kierkegaard, a de ramasser l'existence : « résistances vaincues et sans cesse renaissantes », c'est fabuleux. Tout est là. Rien ne manque pour décrire tout entièrement l'existence.

Lundi 6 mars

Réveil avec *Les Quatre Scherzos*, Gabriel Tacchino, Chopin, 1970 (Trianon, 2C027-10807). Gabriel Tacchino : piano.

L'œuvre de Kierkegaard, continue Sartre (et nous, nous faisons comme si de rien n'était, n'est-ce pas, nous faisons comme si tout ce que disait Sartre de Kierkegaard s'appliquait en réalité à Rosenzweig – parce que c'est le cas, *vraiment* le cas), l'œuvre de Kierkegaard « peut se comprendre aussi comme la mort de l'idéalisme absolu : ce ne sont pas les idées qui changent les hommes, il ne suffit pas de connaître une passion par sa cause pour la supprimer, il faut la vivre, y opposer d'autres passions, la combattre avec ténacité, bref *se travailler* » (*Question de méthode*, 1957). Rosenzweig, en écho : « Jusque-là, tout intérêt philosophique avait tourné autour du Tout connaissable ; l'homme lui aussi n'avait eu droit à être objet de la philosophie que dans cette relation au Tout. Et voilà qu'en face de ce monde connaissable, se dressait, indépendamment de lui, une autre réalité : l'homme vivant ; devant le Tout se dressait l'Un qui se moquait de toute totalité et de toute universalité » (*L'Étoile de la Rédemption*, 1921).

Dans *Life*, l'autobiographie de Keith Richards, les pages les plus belles sont évidemment celles où est clamé, aux alentours de l'adolescence, un amour immodéré du blues. On oublie que les Stones ont une genèse : celles de boutonneux anglais qui, au lieu de se tirer immédiatement une balle dans la tempe ou de devenir inspecteurs des finances, peintres de rue, écoutent en boucle, enregistrent, se prêtent, commandent les œuvres sur vinyle de Muddy Waters, John Lee Hooker, Howlin' Wolf et B.B. King. Sans oublier Bo Diddley et ses trouvailles incessantes. C'est là la soupe initiale dans laquelle fut touillé le futur génie stonien. Les histoires de drogue, de nichons, de flics et de flingues, d'autoroute et d'ego sont déroulées ici comme il se doit, et n'offrent qu'un intérêt très relatif et rebattu tandis que la rencontre, sur un quai de gare, à Dartford, de Keith et Mick, Mick portant sous son bras des trésors de chez Chess Records (Chicago), est terriblement historique, terriblement émouvante. Ils parlent de Chuck Berry : un jour, ils joueront à ses côtés. Keith, bizarrement, est le plus adulte de la bande. À la lecture de cette stèle du rock, on s'aperçoit que Jagger est un adolescent prolongé, enkysté dans un ego monumental, toujours à l'affût d'un personnage parfait, hyperjeune, sexuellement transcendant, parfaitement inaccessible. Dorian Gray sous les décibels. Les Rolling Stones reposent en réalité sur un malentendu : jamais Richards, artisan de la six cordes et monomaniaque laborieux (dans le très beau sens du mot labeur), n'aurait dû s'associer avec un cynique faiseur de tubes torturé par l'image et l'éternité. C'est Brian Jones qui rendit possible ce miracle ; et Charlie Watts qui cimenta cette fissure originelle. Les pages consacrées à Mick ne sont pas spécialement clémentes (à partir des années 1980, Jagger serait devenu un expert-comptable caractériel au cynisme vertigineux dont la seule obsession est que sa musique cartonne en discothèque), mais celles sur Brian sont terribles. Jones apparaît nu. Keith le décrit comme un gamin hystérique et fragile, que la notoriété aura laminé, déchiqueté, broyé. Un junkie aux compositions faiblardes, devenu, assez tôt, un poids mort pour le groupe mais, surtout, un bouc émissaire sans humour que les membres des Stones passaient leur temps à accabler de leurs sarcasmes douteux. Sur la mort de Brian, Keith reste flou : on comprend, entre les lignes, que, d'une part, ce n'est pas très étonnant de mourir noyé dans sa piscine quand on s'appelle Brian Jones (héro, coke, médocs, alcool) et que, d'autre part, ce n'est pas plus mal comme ça. Reste quand même l'essentiel, qui n'est pas dans ce livre, car les livres des musiciens ne parviennent jamais à percer le mystère de leur son, de leur alchimie (scénique et rythmique). Les Rolling Stones ne s'écrivent pas, ils se jouent, ils s'écoutent. Leur mystère tient à ceci : ils restent un groupe pour salles minuscules enfumées des banlieues sordides de Londres, grattant du blues sur des instruments volés. « On était prolifiques. On avait le sentiment que ça ne posait aucun problème d'avoir une nouvelle idée tous les jours, ou tous les deux jours. » C'était la seule chose à écrire sur les Stones. Cette phrase les résume presque mieux que ces 640 pages de solo de mémoire pourtant super ficelé.

Mardi 7 mars

Réveil avec *Quatre Sonates célèbres*, Gabriel Tacchino, Mozart, 1962 (La Voix de son maître, FALP 30.243, France). Gabriel Tacchino : piano.

Franz Rosenzweig veut philosopher une dernière fois : une première et une dernière fois, une *toute* première fois et une *toute* dernière fois. Il veut s'en aller avant d'avoir un système à élaborer, avant que de faire une ville (et le pli est vite pris quand on entre dans les méandres de la pensée, dans ses possibilités, ses excroissances, ses excès), il bâtira une maison, la sienne, et s'en tiendra pour quitte avec la pensée, avec sa pensée. Il sent qu'une philosophie doit tout entière tenir dans un ouvrage unique, précis, dense, définitif, qu'en même temps qu'un baptême, un livre de philosophie doit être à lui-même son propre tombeau. Au-delà de 600 pages, disons 700, un livre, une œuvre philosophique devient une erreur, une philosophie de l'erreur. À partir du deuxième tome, la dialectique devient incontournable, et la pensée ne peut plus penser qu'elle-même. L'infiniment complexe se dissout dans la formalisation pure. Rosenzweig sait que, par une œuvre unique, une œuvre toute seule, sans addendum, surgie des profondeurs de son être, une œuvre écrite à partir des humiliations, des déterminations, des sensations, des réflexions, il parviendra à quitter la philosophie pour entrer dans *autre chose*. Une œuvre isolée, sans solennités logiques, une œuvre presque tragique qui débouchera non sur une œuvre jumelle, successive, mais sur de la vie. Sur de l'existence humaine sans imitation. Si Rosenzweig écrit *L'Étoile de la Rédemption*, ce n'est pas pour continuer la philosophie, mais pour commencer une vie nouvelle. Nouvelle dans ce sens que personne au monde n'avait jamais eu, avant lui, cette vie-là. Une vie sans les normes précédentes, sans les divinités de l'habitude. Une existence livrée à sa propre générosité d'existence, libérée de la volonté de refaire le monde dans une théorie, une vie faite de rayons qui irisent et non plus, le front penché vers des prétentions fausses, une vie enfermée dans le théâtre imperméable à l'humain qu'est la dialectique hégélienne. Rosenzweig, avant Levinas, cesse d'être un enfant pour aborder, en adulte face à la mort, dans le bourbier de 1914, une somme intellectuelle, raffinée, sur le Visage. Par l'*Étoile*, Rosenzweig fait son entrée dans *sa* vie. Renoncement à la vie d'avant, oui, mais à toutes les formes de vie qui ne renoncent pas à leur vie antérieure. La force inouïe qui explose, comme une bombe, dans ce grand livre écarté, est de nous avertir que, partout, les choses, les pensées, les habitudes, les écoles, les idées (les plus laides comme les plus belles) nous empêchent de distinguer notre vie des vies, notre vie de la vie.

Mercredi 8 mars

Réveil avec *Récital Liszt*, Gabriel Tacchino, Liszt, 1974 (La Voix de son maître, C 069-12806 France). Gabriel Tacchino : piano.

Franz Rosenzweig n'aura, désormais, plus jamais besoin de savoir ce qu'il « pense » ; débarrassé de la philosophie, de ses mensonges et de ses pathologies, il va, l'air détaché, s'occuper de vivre : une vie dans laquelle Dieu, sous son visage le plus inattendu, jamais inerte, jamais inaccessible, mais tout simplement juif, est entré. Et c'est l'entrée, enfin, de Rosenzweig dans le matin. Dans le matin de la vie.

Je respecte une fois mes ennemis, ensuite, je les méprise pour le restant de mes jours. Il faut toujours respecter les gens au moins cinq minutes, dans le doute, même s'il n'y a pas vraiment de doute. Je suis ici pour monologuer, pas pour dialoguer. Sinon cela n'en finit plus : les autres vous transforment en carotte râpée. Ils vous forcent à entrer dans une discussion. Les discussions, j'adore dans le Talmud. Le reste du temps, je déteste. Je ne discute bien qu'avec moi-même, dans une certaine obscurité, vautré, entouré de mes vieux doutes et de quelques livres neufs. Je me remets moi-même en question. Je n'aime pas ceux qui commentent. Qui rajoutent des rajouts aux rajouts. Qui viennent jouer, entre deux côtelettes purée, les contradicteurs. Je n'aime pas ceux qui écrivent parce que tout le monde écrit en somme. Sauf les écrivains. Au fond, en France, ce sont les écrivains qui écrivent le moins, puisqu'ils savent qu'ils sont publiés, lus ! Les autres, les non-publiés, deviennent hystériques. Ils tueraient vaguement père et mère pour être lus. Je reste calme. Je répondrai une fois (pas deux) aux gentils contradicteurs méchants. Leur agressivité émouvante m'amuse beaucoup. Je lirai (en diagonale) leur chansonnette aigrie, je placerai deux phrases (sans aigreur) pour leur dire bonsoir, et je retournerai là où ils ne savent pas aller : vers la littérature et les idées personnelles. Je sais que ceux qui viennent ici me ceinturer ont un bec, ce sont des perroquets multipliés. Ils répètent, répètent, ce qu'ils entendent dans les journaux, dans les bureaux, dans les bureaux de tabac, dans les bureaux de bistrot, dans les bureaux de salle de sport, dans les bureaux de leur crâne, dans les bureaux de leurs bureaux, dans les bureaux de leur salon, dans les bureaux de leur chambre. Messieurs, mesdames, mesdemoiselles, je suis seul, et je vous invite à vous taire quand je parle.

Jeudi 9 mars

Réveil avec *La Polonaise*, Gabriel Tacchino, Chopin, 1975 (Music For Pleasure, 2M 045 10005, France). Gabriel Tacchino : piano.

Voici le premier des hommes, il n'est pas très âgé, à comprendre l'enjeu. À saisir que ce monde n'est pas la copie idéale d'un monde, que les systèmes ne sont que de beaux dimanches sur le monde, des mythologies intellectuelles, poussées, des produits toxiques. Jamais l'homme, avec son inquiétude et son exaltation, jamais l'homme n'entrera dans Hegel. L'être humain, jamais, ne sera un cas particulier de l'intelligence de Hegel. Qu'a édifié Hegel ? Un conte.

Vendredi 10 mars

Réveil avec *Rhapsody In Blue*, Gabriel Tacchino, Franck Pourcel et son Grand Orchestre, George Gershwin, 1965. Chef d'orchestre : Franck Pourcel ; piano : Gabriel Tacchino.

Ce n'est certainement pas Marx qui va nous permettre de vivre. D'entrer, en vie, dans la révolution. Rien n'est moins révolutionnaire que le marxisme. Parce que le marxisme, c'est encore, c'est toujours de l'hégélianisme. Le marxisme, c'est encore et c'est toujours (et ce n'est que) de la philosophie. Et ce n'est pas la philosophie qui nous permettra de sortir (enfin) de cette infernale insupportable gangue (poisseuse) : le/la politique. C'est le judaïsme. Et pourtant, Rosenzweig, là, s'insurge : son *Étoile* n'est en rien un livre juif. On comprend aisément pourquoi : si le livre était juif, il ne pourrait plus le *devenir*. Si le livre était déjà juif, avait commencé par être juif, il ne serait plus possibilité d'entrer dans le judaïsme. *L'Étoile de la Rédemption* est un mouvement vers. Vers le judaïsme. Plus qu'un système établi, totalisant et totalitaire, on y voit une pensée, mouvante, avançante, vivante, puissante, qui défriche, en direct, sous nos yeux – cette pensée, sans le moindre a priori, s'aventure tellement loin dans elle-même, sondant sa propre originalité à mesure qu'elle rebondit sur son originalité fascinante, qu'elle va jusqu'à faire du judaïsme une possibilité de penser le christianisme. C'est une œuvre qui ne doit rien à personne : elle se livre, gratuite, dans sa beauté *personnelle*, universelle donc.

Samedi 11 mars

Réveil avec *Piano Concertos nº 1 & 2*, Gabriel Tacchino, Saint-Saëns, 1978 (Turnabout, TV 37106S, UK). Chef d'orchestre : Louis de Froment ; orchestre : Orchestre de Radio Luxembourg ; piano : Gabriel Tacchino.

Rosenzweig *trace*. On aurait pu croire que le marxisme était une *praxis* révolutionnaire, eh bien non. Il faut, pour établir la révolution, penser de manière systématiquement opposée à cet hégélien que fut Marx. Marx : « De même qu'on ne juge pas un individu sur l'idée qu'il se fait de lui, de même on ne peut juger une… époque de bouleversement révolutionnaire sur sa conscience de soi » (cité par Sartre, *Question de méthode*, 1957). Le judaïsme pense le contraire.

Pourtant, Marx n'est pas Hegel. Le marxisme, dit Sartre, « affirme, lui aussi que le fait humain est irréductible à la connaissance ». Nuance de taille. Sartre poursuit : « Il affirme qu'il doit se vivre et se produire ; seulement, il ne va pas le confondre avec la subjectivité vide d'une petite bourgeoisie puritaine et mystifiée : il en fait le thème immédiat de la totalisation philosophique. » Pas de Marx sans totalisation. (D'où certains ont vite conclu, par une folie des « ismes », pas de marxisme sans totalitarisme.)

Dimanche 12 mars

Réveil avec *Quatre Rhapsodies hongroises*, Georges (j'opte pour cette orthographe) Cziffra, Liszt, 1957 (Columbia, FCX 617, France). Georges Cziffra : piano.

Phrase géniale de Sartre : « Kierkegaard ne voulait pas figurer comme concept dans le système hégélien » (*Question de méthode*, 1957). Rosenzweig encore moins.

Je suis allé au salon du livre de Bruxelles ; foule de monde à mon stand ; je n'étais guère habitué à tout cela, auparavant – la roue tourne ; et je devrai, tôt ou tard, moi aussi, bien évidemment, laisser la place.

Lundi 13 mars

Réveil avec *A Cziffra Recital*, Georges Cziffra, 1960 (Plaisir Musical, FALPPM 30063, France). Georges Cziffra : piano.

Rosenzweig et Kierkegaard, contre Hegel, et même contre Marx, sont du côté de la réalité. Marx est du côté de la réalité en apparence, mais de cette réalité, il ne peut s'empêcher de faire une totalité. Il semble que Marx ait remplacé l'Idée par la Réalité. Hegel voulait nous faire passer l'Idée pour la Réalité. Marx nous fait passer la Réalité pour l'Idée.

Il ne s'agit pourtant pas, pour Rosenzweig, de se replier, comme en un cocon, dans une petite subjectivité douillette. L'œuvre de Rosenzweig est personnelle, pas égoïste. Elle est personnelle, mais elle conserve une part d'objectivité – elle n'est pas systématique, mais n'est pas circonscrite, non plus, à une subjectivité absolue, naïve, arrogante, coupée des autres, autiste, et repliée sur elle-même, comme dans un œuf. Rosenzweig n'est pas mesquin, il pense seul, mais il ne pense pas qu'à lui. Il pense à partir de lui, mais pas seulement, pas exclusivement vers lui. Il pense par lui, mais pas uniquement pour lui. Rosenzweig ne se concentre pas, calfeutré, sur le moment présent de son égoïsme, mais il n'est pas crispé, craintif, étriqué, sur l'instant. Comme un instant peureux qu'il s'agirait, à la façon d'un privilège, de conserver par peur de penser l'avenir. Au contraire : Rosenzweig est tout avenir, sa pensée est pour demain. Rosenzweig s'ouvre, comme un livre, comme son livre, sur une Pensée du Retour qui est la pensée du demain. Il y a un messianisme rosenzweiguien qui fait de lui, quelques années avant le nazisme, le chantre clairvoyant des apocalypses à venir. Rosenzweig ne pense pas *au* lendemain (ce serait dérisoire, petit-bourgeois), il pense *le* lendemain. Dès qu'il écrit, c'est sur les catastrophes. Non pour les « prédire » (Rosenzweig n'est pas médium, et il n'est en aucun cas prophète), mais pour, beaucoup plus simplement, les dire – les penser. La catastrophe, pour Rosenzweig, est *toujours déjà là*. Puisque le Messie (lui-même) est *toujours déjà là*.

Le Messie est celui qui est *toujours déjà là*.
Le Messie est celui qui a toujours été *toujours déjà là*.
Le Messie est celui qui sera toujours *toujours déjà là*.

Mardi 14 mars

Réveil avec *Paraphrases, Transcriptions and Improvisations*, Georges Cziffra, 1958 (His Master's Voice, ALP 1604, UK). Georges Cziffra : piano.

Rosenzweig n'entend pas, comme dit Sartre, « se fasciner sur un présent ineffable pour ne pas voir son avenir » (*Question de méthode*, 1957).

Rosenzweig n'a qu'une obsession : comprendre, savoir ce que cela signifie, dans le fond, qu'être juif. Personne, depuis Hegel, ne s'était posé vraiment la question parmi les juifs modernes, sécularisés, assimilés. Rosenzweig s'intéresse à la religion. Non d'abord parce qu'il se veut proche de Dieu, d'un dieu, mais parce qu'il a compris que la pensée, enfermée dans la philosophie, ne pensait plus. Ne pensait plus rien ou, plutôt, avait fini par ne plus penser qu'elle-même. Rosenzweig a voulu sortir, de force, de cet étouffement ; c'est l'histoire, Rosenzweig, d'un homme qui a voulu respirer pour la première fois, apprendre à respirer, par lui-même, se faire des bronches sur mesure, des bronches neuves pour inventer un air spécial, capable de s'y engouffrer. Un air que personne n'a jamais encore respiré : oxygène. Oxygène des origines de l'être-juif, en latence peut-être, mais qu'on ne savait plus atteindre – un Retour doit s'amorcer. Et c'est là, justement, c'est là, très précisément, que Rosenzweig est révolutionnaire : cet air neuf, ce nouvel oxygène, c'est l'oxygène de l'aube, du matin du matin, c'est l'oxygène des Pères. Sans y avoir été préparé, Rosenzweig, qui ne demandait juste qu'à ne plus se faire laminer par Hegel, avait voulu penser autrement, car, penser autrement, pour lui, c'était d'abord – le réflexe était devenu naturel pour les juifs de son pays, de son époque (l'Allemagne des années 1910) – se tourner vers le Dieu des chrétiens, une sortie possible de la philosophie.

Encore que Hegel englobe le christianisme. Il l'embrasse, il l'étreint, il le pense. Il n'a presque rien laissé, Hegel. Pas une miette. Il a posé son dévolu idéaliste, idéal, dialectique, sur le spirituel, sur le temporel et l'intemporel, sur l'éternel : il a pensé le Christ. À tel point que Hegel est considéré comme le dernier Père de l'Église. Hegel s'est arrangé, une fois de plus, une fois encore, pour qu'une idée universelle soit un cas particulier de son système à lui. Le monde est hégélien, l'histoire est hégélienne, l'histoire du monde est hégélienne – après moi, dit-il, on ne peut plus penser. La pensée, c'est fait : j'ai tout pensé jusqu'à la fin des temps parce que j'ai pensé la fin des temps. Ma philosophie est valable dans son infinité, pour penser toutes les époques à venir car l'avenir lui-même est une des catégories de la *Phénoménologie de l'esprit*. Tout système à venir, toute originalité à venir, toute métaphysique future est déjà là, prévue, prépensée, comme excroissance de mon œuvre, comme avatar, comme rejeton. Ma philosophie clôt la philosophie. Non parce qu'elle met un point définitif, mais parce qu'elle ne s'arrête jamais. Dans sa finitude même, elle s'ouvre vers tous les mondes, propose tous les avenirs, et l'univers y habite, à jamais. J'ai paralysé, en les inventant d'une manière ou d'une autre, toutes les pensées postérieures à la mienne. Les réalités inédites, elles m'appartiennent, elles sont des vérités logiques déguisées en promenades. Les accidents de l'humanité ? En les déchiffrant, on trouvera derrière leur habit bourdonnant une intelligence avec mes conclusions. Tout le monde à venir est un collaborateur, toute réalité, jusqu'au jugement dernier, devra collaborer avec les lois de mon intelligence, devra se fondre dans les formes mêmes de mon esprit. Sous la gangue exotique de la nouveauté, de la surprise, de l'inouï, on lira à travers les faits, une fois l'émotion passée, que l'histoire des siècles s'accomplit, docile, dans le sens que j'ai dit. Toute chose m'est soumise avant d'être : je parviens à fixer toutes les aberrations, les vitesses, les chaos et le brouillon des événements, des vies, sur un tableau monumental où l'extraordinaire reprend, diplomatiquement, sa place de paramètre. L'accidentel, qui n'est qu'une variable que j'ai su rendre constante, sait qui est le vainqueur : mon système. Les choses, depuis leur méchanceté, savent que le contraire de ma pensée, c'est toujours ma pensée. Que la réfutation de mon système est la plus grande satisfaction de mon système, ainsi corroboré.

Quand je dis (dit Hegel) que j'ai clos la philosophie, que je l'ai fermée, que j'y ai mis un terme, je ne dis pas que j'ai terminé de penser, mais qu'on ne peut plus, après moi, commencer de penser philosophiquement. Vous devez trouver autre chose. J'ai cassé l'instrument. Avions-nous, après Jimi Hendrix, besoin de nouveaux guitaristes ? La guitare a tout livré avec Hendrix, seul Hendrix aurait pu aller plus loin, parce qu'aller le plus loin qu'on puisse aller, c'était déjà les trois premières mesures de Hendrix. En un seul morceau, en un seul solo, Hendrix avait déjà établi la fin de la guitare électrique. Il était le seul à pouvoir continuer à finir l'histoire de la guitare. Il était le seul guitariste au monde à savoir comment se débarrasser pour toujours de la guitare. Après lui, il n'y aurait plus que des amateurs, ou des profs de guitare. Tuer la guitare, c'était jouer comme Hendrix. Après

Hendrix, il fallait inventer un autre instrument. Un instrument ne demande qu'à être tué. Qu'à être épuisé par quelqu'un. Il ne s'appelle pas « instrument » pour rien. Un instrument, cela doit être passager, éphémère, comme une vie. Une guitare, un piano, cela ne demande qu'une chose : d'être essoré par le génie qui va avec. Un instrument attend cette rencontre, il a le trac. Il sait qu'après avoir joui comme jamais, un homme, un seul, va l'épuiser à jamais, le tuer, caresser son être, atteindre son essence, et le rendre caduc jusqu'au jugement dernier. Ceux qui ont joué de la guitare avant Hendrix étaient la salle d'attente d'Hendrix. Les guitares s'impatientaient. Elles s'ennuyaient un peu. Elles se préparaient pour lui. Des musiciens, souvent très bons, tentaient de leur donner du plaisir, de leur donner un *sens*. Elles aimaient bien ces caresses, mais, le plus souvent, elles simulaient. Elles attendaient le coup du siècle ! Le cador des cadors. Leur Dieu. Leur maître. Elles attendaient de pouvoir jouer le rôle d'esclaves : qui allaient les soumettre définitivement ? Pour qui allaient-elles être capables de se suicider ? Pour Jimi. Pour Jimi Hendrix. Une guitare qui vit sa vie de guitare après Hendrix, je veux dire une fois Hendrix mort (et enterré), cette guitare-là n'a plus rien à espérer de grisant de la vie. Comparant la guitare à la philosophie, je compare un instrument à un domaine, mais c'est que pour moi, pour moi Hegel, la philosophie n'est pas un art (il serait fou de comparer la guitare et la littérature, par exemple : seule la musique serait « comparable » – si tant est que cela ait un sens – à la littérature) ; la philosophie n'est pas, non plus, une science. La philosophie n'est pas autre chose qu'un instrument ; instrument qui, précisément, nous aide à comprendre ce qu'est l'art, ou nous aide à appréhender ce qu'est la science. C'est un instrument : j'en ai joué, moi, comme Hendrix a joué de la guitare. Jetez toutes les guitares, elles ne servent plus à rien. Jetez toutes les philosophies, elles seraient redondantes, pas au niveau, elles seraient en trop, de trop, superflues, superfétatoires – dans le meilleur des cas, elles seraient des redites (même et surtout sous forme de déni, de négation, de dénégation, elles seraient des redites, des doublons, des mimes, des sosies). Après Hendrix, la guitare ne peut que s'ennuyer. Après moi, la philosophie ne peut que se tromper. Après moi, il n'y aura plus place que pour des idéologues, c'est-à-dire des « hommes *relatifs* » (Sartre, *Question de méthode*, 1957). Heidegger ? Il a voulu retourner à la guitare sèche, à la mandoline, à l'Être, aux Grecs. Ce n'est pas une avancée philosophique, c'est une épidémie étymologique.

Ma philosophie, dit Hegel, est prolongeable (elle vaut pour tous les temps : avant moi, pendant moi, après moi), toute philosophie après moi sera sa prolongation. Le seul qui m'ennuie (dit Hegel), c'est Rosenzweig. Marx ne m'ennuie pas, c'est mon meilleur élève. C'est un disciple. Il me chicane sur des points précis, mais ça ne va pas plus loin. Marx ne me fait pas peur, c'est ma philosophie avec une barbe. Nietzsche, c'est un poète. Un fou. Non, non, celui qui m'inquiète (qui me met hors de moi, qui se situe hors de mon système), c'est Rosenzweig. Il a commencé par m'étudier. Dans les moindres détails. Il a fait sa thèse sur moi. Il a même étudié le Christ sous mon angle, sous mon égide, avec mes outils. On peut dire que c'est grâce à moi, dans un tout premier temps, qu'il a repoussé le judaïsme, qu'il a renoncé à être le juif qu'il était. J'aurai empêché son retour le plus longtemps possible. Mais il s'est passé quelque chose. La réalité a fini par me faire concurrence dans son esprit. La souffrance a modifié des données dans son cœur, dans son être. Il a dressé contre ma philosophie son anti-philosophie. À mon système, il a opposé un anti-système. Il me résiste bien. Il parvient à me résister encore. J'avoue que je ne l'avais pas vu venir. J'étais dans le Tout, on me dit qu'il est dans le Vrai. C'est prétentieux de sa part, je trouve. C'est arrogant. Le Vrai, c'est le Tout. Point. Il n'y a guère à revenir là-dessus. Je ne supporte pas qu'on morcelle mon Tout. J'ai passé ma vie à bâtir ce Tout.

Cette totalité, parfaitement pensée, définitivement dite, Rosenzweig, en un seul petit livre de 700 pages (de rien du tout), voudrait en faire un puzzle ? Émietter mon Tout ? Casser mon Tout ? Faire de mon Tout un Tout partiel, un Tout fragmenté, démantibulé ? C'est une horreur – et c'est une hérésie. Le post-hégélianisme, ça n'existe pas. Ou plutôt si, mais c'est encore de l'hégélianisme. Rosenzweig, mon ami, tu es trop porté sur la mort humaine, tu vois les choses par le petit bout de la lorgnette. Ton point de vue est trop étriqué. Ton prisme, je le comprends, c'est le feu de la guerre, et la terreur de tomber dans une flaque, sous une pluie de balles, d'obus. Mais c'est un point de vue que je trouve étroit. C'est un prisme qui me semble étriqué. Tu n'as pas, avec ta baïonnette et ton casque lourd, pensé à oublier ton corps : il te rappelle tellement à l'ordre, avec sa peur indétachable, qu'il te fait dérailler. La mort est beaucoup trop subjective pour moi ou, plutôt, ce que je lui reproche, à la mort, c'est qu'elle est trop individuelle. C'est toujours trop quelqu'*un* qui meurt. La mort est trop personnalisée, elle n'est pas spécialement pertinente. La mort ne sert pas mon propos. La peur non plus. La mort est hors sujet. C'est bien beau, de mourir, et de souffrir, mais, franchement, je ne vois pas le rapport. Je ne vois pas l'intérêt ! L'individuel, c'est un réservoir à épanchements : il empêche l'univers d'être Vrai. Je ne peux pas m'occuper de chacun. La philosophie ne se préoccupe pas des emplois du temps. Je ne vais pas m'arrêter de penser parce qu'une grand-mère est en train de claquer ! C'est embêtant, ce cas par cas, c'est comme une mouche qui agace, dans mon bureau d'Iéna.

Après Hegel, on peut dire que la philosophie est morte parce qu'elle a tout recouvert. Une philosophie qui est devenue elle-même Tout, le Tout, se dilue. Elle n'est plus une matière, elle est toute la matière ; elle a fait feu de tout bois. Elle a fait feu du bois de Tout. Il faudrait se demander ce qu'Hegel a laissé à ses successeurs, comme os à ronger. Dans Hegel, l'Absolu existait encore, sous sa forme mystique, sous son allure divine : le christianisme est inclus dedans ; la philosophie de Hegel contient le christianisme. C'est une philosophie dont le but ultime est d'affirmer la toute-puissance de l'État, mais le christianisme conduit à cet État ; et Dieu est un moyen de parvenir, parmi tous les autres, à la philosophie du Droit, la plus haute qui soit, l'ultime, l'aboutissement. Tout ce qui n'est pas philosophie du Droit, c'est-à-dire fondement de l'essence de l'État, n'est qu'une philosophie annexe, secondaire, anecdotique, une philosophie incomplète. On aurait même pu faire mourir la philosophie avec Kant, mais Hegel, génial continuateur de Kant (en même temps que son contradicteur numéro un), a poussé tellement loin la systématisation, et l'importance de son système fut telle, dans l'« histoire des idées », que c'est à lui qu'on laissera le soin de fermer définitivement la porte. Depuis Hegel, la philosophie est morte, il n'y a plus que des philosophes. Et même, il n'y a plus que des professeurs de philosophie. Et même, il n'y a plus que des professeurs de philo. Et même, il n'y a plus que des profs de philo (comme Sartre – oui, je cite Sartre, ce prof !, ce *prof* de philo). Oui, la philosophie, celle qui avait fini, malgré tout, par changer le monde, n'est plus depuis Hegel que de la « philo ».

Kant avait déjà poignardé la philosophie, il en avait fait une simple délimitation méthodologique, un champ pour d'autres voies de la connaissance. Il l'avait réduite à une définition de possibilité d'étude pour que d'autres disciplines que la philosophie, dans le cadre épistémologique par elle défini, déblayé, puissent tranquillement, légitimement s'appliquer. La philosophie kantienne est une philosophie qui s'efface devant toutes les autres disciplines, elle n'est que préliminaire, elle fait le ménage avant l'arrivée des convives (de luxe, de qualité). Hegel continue Kant en faisant mine de ne pas s'en apercevoir : tête baissée, avec tout son génie, il enfonce le clou ; il élève le débat, il élève surtout la Raison. Et il est possible que Hegel n'ait pas eu besoin de son Système philosophique totalisant, totalisateur, pour nous délivrer ses thèses inédites, fulgurantes, sur la famille, la société civile, les ouvriers, la bourgeoisie, ou l'État. Pour Kant, l'absolu, c'est quelque chose qu'on ne peut pas penser : Dieu est ailleurs, il n'habite pas notre « entendement ». Le monde de Dieu ne réside pas dans l'intelligence humaine, seule l'intelligence humaine habite (dans) l'intelligence humaine. Ça fait comme des poupées russes. En nous, il y a l'équivalent de ce que le divin recèle de moral, d'éthique, mais c'est en nous qu'il faut le chercher, le trouver, l'actionner. Pour Kant, nous sommes enfermés en nous : la raison est ce que nous avons de plus puissant et de plus limité, de plus précieux et de plus déprimant. De plus puissant, car elle nous permet de dégager des lois universelles, de plus limité car elle ne nous permet pas de nous arracher à l'extérieur d'elle-même pour penser Dieu (elle agit ainsi comme un trou noir). De plus précieux car nous n'avons qu'elle pour penser notre condition, et devenir meilleurs, et devenir humains (ce qui est le but de toute vie). De plus déprimant, parce que nous ne serons jamais que ce que nous pouvons être : le petit déclic qui viendrait nous faire dévier de ce que la raison permet, autorise, prévoit, le petit déclic, l'impulsion (comme l'intuition, comme tout ce qui plus généralement est irrationnel) viendrait nous rendre hors sujet à nous-mêmes, exotiques à nous-mêmes, et comme étrangers, faisant de nous des êtres prompts à nous étonner nous-mêmes de nous-mêmes, ce petit déclic n'existe pas.

Hegel va s'employer à faire exploser cette prison. Il va donner des ailes à la raison.

Mercredi 15 mars

Réveil avec *Cziffra Plays Miniatures*, Georges Cziffra, 1959 (His Master's Voice, ALP 169, UK). Georges Cziffra : piano.

Anniversaire des tueries de Merah. On semble peu s'en émouvoir, ni s'en souvenir. Quand on assassine un juif parce que c'est un homme, c'est un assassinat. Quand on assassine un homme parce que c'est un juif, c'est un acte antisémite. Quand on assassine un groupe d'hommes parce que ce groupe est composé de juifs, c'est un attentat. J'avais entendu, ici, là, des commentateurs « attendre avant de se prononcer » sur le « caractère » de la tragédie de Toulouse. Il n'y a pas à tergiverser : se demander si, oui ou non, c'est la judéité, ou pas, qui a présidé à ce crime, c'est déjà être au cœur du mal, c'est déjà être pris au piège.

On ne tue jamais des juifs par hasard. Ni par erreur. Ni par distraction. Quand on tue un homme, un enfant, une femme, une enfant qui est juif, qui est juive, on tue le juif, on tue la juive qu'est cet homme, cet enfant, cette femme, cette enfant. Non que la mort d'un juif soit plus « grave » que la mort d'un non-juif, mais la mort d'un juif parce qu'il est juif est plus grave, oui, que la mort d'un homme parce qu'il est un homme. Tous les hommes sont des hommes ; mais tous les hommes ne sont pas des juifs. Quand on assassine un juif, on assassine quelqu'un qui, par conséquent, n'est *pas* comme *tous* les hommes.

Oui, quoi qu'il arrive, l'attentat de Toulouse, cette tuerie barbare, fut un acte visant les juifs. *De facto*. Sauf à nous prouver que ce ne sont pas des juifs, des enfants juifs, qui moururent. Trente ans après la rue Copernic, lugubre anniversaire. La communauté juive, une fois encore, fut touchée ; une fois encore, d'aucuns chercheront à mettre en doute la spécificité de ce deuil, sa légitimité. On jugera, encore, que les juifs en font trop puisque ce sont des enfants qui ont été touchés, des enfants français, avant que d'être des enfants juifs. Non, ce ne sont pas des enfants français juifs qui sont morts. Ce sont des enfants juifs français.

La communauté juive est habituée à cette malédiction : qu'on l'atteigne d'un côté, et que, de l'autre, on lui ôte la spécificité de la tragédie. Que d'un côté on l'assassine, et que, de l'autre, on prétende que ce n'est pas elle qui fut visée, mais la société dans son ensemble, mais la République tout entière, mais l'homme en général, mais l'humanité dans son universalité. Non, cette atrocité a tué des juifs, parce qu'ils sont, étaient juifs.

Déménagement avant-hier et hier. Aide vitale de Maria. Encore un dégât des eaux.

Travail à *La Règle du jeu*. J'en ai marre de l'émission. On me lisse, on m'empêche, on me frustre, on me retient. Belle machinerie, mais mise au service de finalement pas grand-chose. Envie d'arrêter. Pas assez intellectuel. Ça tourne en rond. Certes, cela apporte de la notoriété, beaucoup – ce qui facilite parfois la vie, et en même temps la complique. Heureusement, il y a la piscine.

Plus de démangeaisons – depuis au moins une semaine.

Ces jours derniers, crises terribles (vraiment terribles) avec Emmanuelle. J'ai songé, sans la moindre crainte, à la possibilité d'une rupture. Nous verrons comment les choses évoluent.

Je tape ces lignes dans ce journal parce que je n'ai pas envie de me mettre au travail – je suis un vrai, un véritable, un grand, un immense procrastinateur.

Je pense que mon petit essai sur la guerre est une excellente idée, même si, comme pour ce journal, je ne parviens hélas pas à écrire tous les jours. Entre l'émission, le déménagement et les crises à répétition, j'ai du mal à trouver le temps nécessaire au travail, à la création, à la réflexion – mais je me dis que cela fait partie de la vie ; tout ce qui empêche de travailler affûte finalement le travail, accentue, densifie l'envie de travailler, et soudain, miraculeusement, on finit par accoucher d'un livre sans s'en être réellement aperçu.

Commencé, lundi, nouvelle (petite) rééducation de l'épaule endommagée, puis réparée. Je crawle plus lentement, ou plutôt plus doucement – ce qui ne rend justement pas mon crawl moins rapide ; disons que je glisse mieux. Le crawl, c'est de la glisse ; aux Halles, la plupart des crawleurs éclaboussent comme des animaux.

Je dois m'y mettre, je laisse ces pages. Dommage, j'aurais bien écrit ici toute la journée, sur n'importe quoi. N'importe quoi sur n'importe quoi. Dans l'improvisation ; une écriture crawlée, justement, quelque chose sans importance, des mots creux, peut-être, mais relaxants. Des mots en forme de souffle, un yoga. Des mots alignés, sans raison de l'être. Une conversation sans importance avec moi-même ; un bavardage sans le moindre sens, avec peut-être, çà et là, comme un flash, des minuscules fulgurances. Le bruit des touches, sur le clavier de l'ordinateur, un cliquetis qui apaise, qui berce. On écrit peut-être, aussi, pour ce bruit-là – même si j'écris également parfois à la main, habitude qu'il ne faut jamais, me semble-t-il, abandonner tout à fait. J'adorerais écrire un livre sans le moindre intérêt, mais pas au sens où mes ennemis l'entendent, non, un livre qui, strictement, ne serait fait que de *small talk*, et qui, pourtant, ne serait pas un journal intime. Quelque chose d'une centaine de pages, pas particulièrement poétique, surtout pas poétique, et qui commencerait ainsi : « Les matinées de mars n'ont rien de particulier, elles se ressemblent toutes, et je me promène dans Paris. Les trottoirs sont sales ; je marche sans arrêt, je ne pense à rien. Parfois, je sors les écouteurs de mon téléphone pour écouter un peu de musique sur Deezer. J'ai téléchargé des albums que, jadis, quand j'étais adolescent, je possédais en vinyle. » Etc., etc. Je suis persuadé que d'aucuns écriraient : « C'est, de loin, son meilleur livre » !

Jeudi 16 mars

Réveil avec *Sonate et Dante Sonate*, Georges Cziffra, Liszt, 1965 (Cziffra Productions, MCP 203, France). Georges Cziffra : piano.

Je ne suis pas « philosémite », il y a trop d'antisémitisme dans le philosémitisme. Être « pour » me paraît aussi étrange, aussi douteux qu'être « contre ». Ce vocable n'est pas pertinent – il est idiot. Je ne cherche pas à aimer les juifs particulièrement : parce qu'ils ne le cherchent pas non plus. Je suis solidaire des juifs parce que je suis un être humain. Et non parce que je suis un juif. J'ai l'espérance juive. Mais je ne suis pas juif. J'ai la même manière, la même façon d'espérer qu'un juif, mais je ne suis pas juif.

Quand on est un homme de l'espérance, on se trouve très vite, sans presque s'en apercevoir, à regarder dans la direction, en direction, d'Israël. Je vais vers eux, vers les juifs, tranquillement, lentement – enfin, à ma vitesse. Indépendamment du contexte politique, géopolitique, historique. Qu'il fasse bon, qu'il fasse mauvais. Mais je m'avance. Je recueille des idées : messianisme. Confiance, foi : en des temps meilleurs. Optimisme ? C'est une manière, caricaturale, de situer les choses ; mais optimiste, oui. Plus juif qu'optimiste. Faire une entrée, discrète, mais une entrée, dans l'universel. Les juifs ont aussi besoin de moi, le non-juif, pour qu'existe le judaïsme. Je suis un apport. J'apporte aussi ma contribution, *parce que je suis non-juif*, au judaïsme. Ma façon d'être juif, c'est de ne pas l'être. Le judaïsme a également besoin de juifs qui ne le soient pas.

Vendredi 17 mars

Réveil avec *Études transcendantes – Études 1 à 8*, Georges Cziffra, Liszt, 1971 (La Voix de son maître, 30 278, France). Georges Cziffra : piano.

Il y a une différence fondamentale entre le racisme et l'antisémitisme. Alors qu'un monde sans Noirs et sans Arabes est le rêve du raciste, un monde sans juifs est le cauchemar de l'antisémite. Sans les Arabes, le raciste est heureux. Sans les juifs, l'antisémite est malheureux. Dans un monde sans Arabes, le raciste serait heureux. Dans un monde sans juifs, l'antisémite serait malheureux.

Samedi 18 mars

Réveil avec *Rhapsodies hongroises n° 1 à 7*, Georges Cziffra, Liszt, 1975 (La Voix de son maître, 2 C 061-12851, France). Georges Cziffra : piano.

Je ne comprends pas les gens qui ne comprennent pas comment l'antisémitisme est possible. Rien de plus simple que l'antisémitisme ! Rien de plus facile ! On a tort de mélanger racisme et antisémitisme. On a tort d'assimiler les deux, de les faire se ressembler ; on a tort de les confondre. Et admettons qu'on ait raison de les punir ensemble, mais on a tort de ne pas les penser séparément. Non seulement il n'y a pas de cousinage, de copinage, de voisinage, de proximité entre le racisme et l'antisémitisme, mais ils appartiennent à deux catégories métaphysiques bien distinctes, bien étanches. Bien séparées. Détester un Noir ou un Arabe, c'est voir un Noir puis le détester, ou bien c'est voir, c'est croiser, c'est côtoyer un Arabe et le mépriser. Détester un juif, c'est détester génériquement, et chercher, et s'arranger pour croiser, et trouver, le juif qui va venir coïncider, qui va venir se ranger dans cette haine délimitée mais vide encore, ce contenant abject qui se cherche, aveuglément, un contenu.

Dimanche 19 mars

Réveil avec *Basie Jam*, Count Basie, 1975 (Pablo Records, 2310 718, UK). Ray Brown : basse ; Count Basie : orgue et piano ; Louie Bellson : batterie ; Irving Ashby : guitare ; Eddie « Lockjaw » Davis et Zoot Slims : saxophone ténor ; J.J. Johnson : trombone ; Harry Edison : trompette.

Détester ou haïr un juif, c'est faire entrer le juif dans un besoin de haïr ou de détester. C'est détester d'abord, et le juif ensuite. C'est haïr, et décider que c'est le juif qui est installé dans cette haine, placé dans cette haine vacante, prête. Le juif est accueilli par une haine déjà là, latente, préformatée pour lui. La haine du juif est antérieure au juif. La haine du juif est contemporaine à la haine. La haine du juif existe sans le juif : existe déjà sans le juif. Elle lui préexiste. La haine du juif est haine d'abord, et du juif après. Le juif vient satisfaire, entériner, un besoin de haine qui attendait là. Qui patientait là. L'antisémitisme, c'est quand la haine est remplie par un juif, par les juifs.

Lundi 20 mars

Réveil avec *Tropic Appetites*, Carla Bley, 1974 (Virgin, WAT 11001, Italy). Dave Holland : violoncelle, basse acoustique et basse ; Paul Motian : batterie et percussions ; Unidentified Cat : saxophone ténor et percussions ; Michael Mantler : trompette et trombone ; Toni Marcus : violon et viole ; Julie Tippets : chant ; Howard Johnson : chant, clarinette, clarinette basse, saxophone soprano, saxophone baryton, saxophone basse et tuba ; Carla Bley : chant, piano, piano électrique, clavinet, orgue, marimba, célesta et percussions.

Le racisme se déclare au moment de la rencontre de la race, au moment de la rencontre du Noir, de l'Arabe. C'est le Noir qui déclenche le racisme. C'est la haine qui déclenche l'antisémitisme. La haine du Noir est déclenchée par le Noir. La haine du juif est déclenchée par la haine. Il n'y a rien qu'on puisse reprocher à un noir : le raciste le hait d'abord parce qu'il constate qu'il est noir. La couleur du Noir déclenche immédiatement la haine de cette couleur, la haine de ce que cette couleur implique, de culture, d'histoire, de mode d'être, de tradition. La « couleur » du juif n'existe pas : un Noir ne se devine pas, un juif doit d'abord se déceler. Se débusquer. Montrer patte noire. Dans la haine du Noir, dans le racisme contre un Noir, la haine provient du constat immédiat de ce qui dégoûte, de ce qui heurte, de ce qui choque, de ce qui rebute : cette peau noire. La haine des juifs, elle, doit se construire le juif qu'elle réclame, chercher des informations, chercher la couleur juive du juif probable qui lui fait face. L'antisémite a son enquête à faire.

Dimanche 21 mars

Réveil avec *The Legacy Of The Blues*, vol. 10, Eddie Boyd, 1974 (Sonet, SNTF 670, Sweden). Rolf Alm : basse ; Ed Thigpen : batterie ; Peps Persson : guitare, harmonica et chœurs ; Eddie Boyd : piano et chant ; Christer Ecklund : saxophone ténor.

La haine « du » juif demande du travail, une certaine énergie inquisitoire, une force, une démarche, une investigation quasi permanente. La haine du juif a besoin de haine. La haine du Noir a besoin de Noir. Sans Noir, la haine du Noir n'existe pas. Sans juif, la haine du juif existe. Existe quand même. Si les Noirs n'existaient pas, le racisme contre les Noirs n'existerait pas. Si les Maghrébins n'existaient pas, le racisme contre les Maghrébins n'existerait pas. Si les races n'existaient pas, le racisme n'existerait pas. Ce n'est pas le racisme qui invente la race. C'est la race qui provoque le racisme. Tandis que si les juifs n'existaient pas, l'antisémitisme existerait quand même. Il ne s'appellerait pas antisémitisme. Il s'appellerait la haine. Tout simplement la haine. Il s'appellerait la haine tout court. La haine du juif n'a pas besoin du juif. Le juif n'est là que pour nourrir cette haine, la remplir. L'antisémitisme est une haine qui rencontre enfin son juif. Le racisme est une race qui déclenche une haine.

Lundi 22 mars

Réveil avec *New York, Fall 1974*, Anthony Braxton, 1975 (Arista, AL 4032, US). Dave Holland : basse ; Jerome Cooper : batterie ; Anthony Braxton : saxophone.

Le raciste adorerait (selon sa logique) une Terre sans Noirs. Un monde sans le moindre Noir. L'antisémite vivrait un cauchemar si le juif n'existait pas. Le raciste vivrait un rêve si le Noir, si l'Arabe n'existait pas. Le raciste se sent mal dans un monde rempli de Noirs. L'antisémite se sentirait perdu dans un monde sans (le moindre) juif. L'antisémite, sans juif, n'aurait qu'une haine sans juif. La haine de l'antisémite est disponible, elle attend son juif. Elle attend qu'un juif vienne lui donner corps. Vienne lui donner forme.

Mardi 23 mars

Réveil avec *Black And Blue Stomp*, Milt Buckner, 1973 (Black And Blue, 33.061, France). Roland Lobligeois : contrebasse ; Chris Columbo : batterie ; Clarence Brown : guitare ; Milt Buckner : orgue et piano.

Ce qui fait le racisme, c'est la couleur, ce qui se cache derrière la couleur (de la peau). Ce que le raciste déteste, ce qui le fait vomir, ce qui lui donne la nausée, c'est la différence. La différence entre sa peau et celle de l'autre, de l'Arabe, de l'Africain (ou encore du Chinois). La peau est le symbole le plus apparent (évidemment) de cette différence. La peau (différente) recèle, abrite cette (insupportable) différence. Le Noir se différencie du Blanc. Tandis que le juif ne se différencie pas, ne se distingue pas du non-juif. Ce que le raciste abhorre, c'est la différence avec soi. Ce que l'antisémite abhorre, c'est la ressemblance avec soi. Ce qui dégoûte le raciste, c'est la différence. Ce qui dégoûte l'antisémite, c'est la ressemblance. Les antisémites essaient d'ailleurs de faire passer leur haine pour une haine semblable au racisme, jumelle au racisme, en tentant malgré tout de faire du juif un être d'aspect différent : en lieu et place de la couleur nègre, on cherchera le nez crochu, la taille ou je ne sais quelle forme spéciale du crâne. L'antisémitisme aime se déguiser en racisme, alors qu'il n'a strictement rien à voir avec lui, qu'il n'appartient en rien à la même famille.

Mercredi 24 mars

Réveil avec *Watch Out*, Geoffrey Stoner, 1973 (Ovation Records, OVQD/1431, US). Kitty Haywood, Mary Ann Steward et Vivian Harrell : chœurs ; Louis Ealee Satherfield : basse ; Lewis Goggins : congas ; Ray Tate : dobro ; Morris Jennings : batterie et percussions ; Richie Fudoli : flûte ; Philip Upchurch : guitare ; Corky Siegel :

harmonica ; Arvell Bradfield : orgue ; Harris Lemberg : piano, clavinet et piano électrique.

Le raciste est soulagé de ne pas rencontrer de Noir. D'étranger. De gens de couleur. L'antisémite est peiné de ne pas se soulager, s'affirmer, en croisant, en devisant, en dînant, en saluant, en invitant, en côtoyant, un ou des juifs. L'antisémitisme est avide de juifs. Il est gourmand, il est friand de juifs. Il lui faut consommer des juifs, moudre du grain juif, sinon il serait condamné à tourner à vide, imbécile, gratuit, informe.

Jeudi 25 mars

Réveil avec *Powerhouse*, Chester Thompson, 1971 (Black Jazz Records, BJ/6, US). Chester Thompson : orgue ; Raymond Pounds : batterie ; Rudolph Johnson : saxophone ; Al Hall : trombone.

Le racisme est courant, mais l'antisémitisme est habituel. Le racisme est répandu, mais l'antisémitisme est « connu ». Il y a dans l'antisémitisme un je-ne-sais-quoi d'admis : parce que l'antisémitisme est millénaire, parce qu'il est immémorial, parce qu'il est ancien. On s'en indigne sans s'en étonner vraiment. Il y a une sorte d'acceptation tacite de l'antisémitisme même chez ceux qui ne sauraient l'accepter une fraction de seconde. Non une adhésion personnelle, réelle, mais une adhésion passive, trace d'une sorte d'inéluctabilité ancrée dans les limbes de l'histoire, dans la vieille mémoire irréversible et longue, si lointaine, de l'humanité. Il y a une fatalité passive qui donne, à ceux-là mêmes que l'antisémitisme écœure, révolte, anéantit, une façon de le combattre avec l'énergie des vaincus. Des vaincus d'avance. Comme si ce combat véhiculait, par un phénomène d'hystérésis que les physiciens connaissent bien, la mémoire de ses échecs inlassables et répétés. Le racisme est constaté, mais l'antisémitisme est comme entériné, catalogué, sinon admis du moins répertorié. Derrière le Noir, il faut que le préjugé aille chercher la personne à aimer (qu'il pourra aimer). Derrière le juif, il faut que le préjugé aille chercher la personne à haïr (qu'il pourra haïr). L'antisémitisme est installé. Officialisé. Il est institutionnalisé. Il est mémorisé. Il est « accepté ». C'est une indignation sur de l'accepté – sur du « rentré dans les mœurs ».

Vendredi 26 mars

Réveil avec *Bad News Is Coming*, Luther Allison, 1972 (Gordy, G 964L, US). Andrew Smith : batterie et basse ; Garfield Angove : harmonica ; Paul White : piano ; Ray Goodman : guitare rythmique ; Luther Allison : chant et guitare.

Le raciste, en cinq mille ans, n'a vraisemblablement pas évolué. Pour être raciste, il suffit de mettre son intelligence en pilotage automatique : il y a une passivité du racisme. L'antisémitisme demande plus d'efforts. Il réclame une attention de chaque instant, parce que le monde change sans arrêt. Or, l'antisémitisme, c'est une vision du monde. Là où le racisme, lui, est une absence de vision du monde. L'antisémite conçoit le monde à sa manière : nous savons bien qu'elle est absurde, mais lui la croit logique – c'est une vision qui s'appuie essentiellement sur le complot. La théorie du complot : on ne nous dit pas tout, les juifs sont derrière chaque événement, chaque catastrophe, la moindre tragédie. Indirectement, ils sont responsables, infiniment, perpétuellement responsables de. Non pas comme des simples causes passives, mais comme acteurs : ils préparent, ils manigancent, ils s'organisent. Le raciste ne voit pas plus loin que le bout de son nez. L'antisémite pèche au contraire, lui, par excès de vision, il voit trop loin, toujours exagérément loin. Le raciste est limité. L'antisémite est illimité.

Samedi 27 mars

Réveil avec *Ben At His Best*, Ben Webster, 1972 (RCA Victor, 741.060, France). Herman Schoonderwalt : saxophone alto ; Rob Langereis : basse ; Cees Slinger : piano ; John Engels : batterie ; Rudy Brink : saxophone ténor ; Ray Kaart : trompette ; Ben Webster : saxophone ténor.

Le racisme ne réclame pas la moindre intelligence. L'antisémitisme ne réclame pratiquement que cela. Par « intelligence », je n'entends pas ici la capacité d'appréhender, de restituer, d'approcher la vérité – puisque l'antisémitisme repose (entre autres) sur une interprétation erronée, aberrante, de la vérité. Le raciste est installé, très confortablement, dans son ignorance du monde. L'antisémite déploie des trésors d'inventivité, fait des efforts incalculables pour que sa haine des juifs soit à jour, soit actualisée : les juifs modifiant le monde tous les jours, il faut suivre la marche du monde. C'est pourquoi l'antisémitisme actuel est essentiellement géopolitique. L'antisémite se doit d'évoluer avec son temps. Après la haine d'un peuple, il a défini la haine d'une race, et voici à présent qu'il développe un autre concept, plus adapté aux années d'après génocide : la haine d'un État.

Dimanche 28 mars

Réveil avec *Skillfullness*, Alan Silva, 1969 (ESP Disk, ESP 1091, US). Becky Friend : flûte et chant ; Lawrence Cook : percussions ; Dave Burrell : piano ; Mike Ephron : piano et orgue ; Karl Berger : vibraphone ; Alan Silva : violon, violoncelle et piano.

Il n'y a pas de racisme géopolitique, il n'y a qu'un racisme de race. Le racisme ne voyage pas. Il est immobile. L'antisémitisme est mobile. Il change sans arrêt de visage. L'erreur du raciste est immuable. L'erreur de l'antisémite mute sans cesse. Un raciste est quelqu'un qui ne change jamais d'erreur. Un antisémite est quelqu'un qui change perpétuellement d'erreur.

Lundi 29 mars

Réveil avec *This Way Out*, Joachim Kühn, 1973 (MPS Records, 2921752-3). Peter Warren : basse et violoncelle ; Daniel Humair : batterie et percussions ; Gerd Dudek : saxophone ténor, saxophone soprano et flûte ; Joachim Kühn : piano et saxophone alto.

Le raciste est toujours stupide. L'antisémite peut avoir la stupidité intelligente, brillante. Le raciste renvoie sans cesse à quelque chose de démodé : relents de colonialisme. L'antisémitisme transporte toujours avec lui, étrangement, quelque chose de moderne. L'antisémite est toujours de son temps.

Mardi 30 mars

Réveil avec *À Chateauvallon – No, No But It May Be*, Michel Portal Unit, 1973 (Le Chant Du Monde, LDX 74526, France). Michel Portal : clarinette basse, clarinette contrebasse, saxophone alto, sopranino, saxophone, taragot et clarinette ; Pierre Favre : percussions ; Bernard Vitet : trompette, violon et cor ; Tamia : chant.

Le raciste ne reproche rien aux Arabes ou aux Noirs. Le raciste n'a rien à reprocher aux Arabes ou aux Noirs. L'antisémite reproche tout aux juifs. Le raciste admet explicitement que le Noir lui est inférieur. L'antisémite admet implicitement que le juif lui est supérieur.

Mercredi 31 mars

Réveil avec *Orgue*, Eddy Louiss, 1972 (America Records, 30 AM 6127, France). Guy Perdersen : basse ; Kenny Clarke : batterie ; Jimmy Gourley : guitare ; Eddy Louiss : orgue.

Le raciste veut que le Noir se méfie de lui. L'antisémite veut se méfier des juifs.

L'antisémite se bat sur tous les fronts pour en arriver indirectement à la détestation des juifs. Il attaque le communautarisme, mais c'est pour attaquer les juifs. Il attaque Israël, mais c'est pour attaquer les juifs. Il attaque les États-Unis, mais c'est pour attaquer Israël, et par conséquent attaquer les juifs. Il adore Jésus, mais c'est pour détester les juifs. Il hait les religions, mais c'est encore pour haïr les juifs.

Il y a toujours des gens (Renaud Camus) pour dénombrer les juifs.

Il existe quelque chose qui s'appelle le philosémitisme, et c'est quelque chose qu'on ne retrouve pas dans le racisme. Il n'y a pas (je n'ai jamais entendu parler) de philoracisme. C'est une autre différence. D'ailleurs, le philosémitisme, il faudrait l'étudier de près. C'est quelque chose qui me semble assez louche. Pourquoi devrait-on aimer les juifs plus que les autres, là où les juifs eux-mêmes ne réclament pas cela ? Rien de moins juif que le philosémitisme ! Il ne faut strictement rien avoir compris au judaïsme pour aimer plus spécialement les juifs. Le philosémitisme, je vois ça comme une déviance.

Car, dans cette dénomination même de philosémitisme, il n'y a pas : j'aime les juifs, mais il y a : j'aime surtout les juifs, c'est surtout, c'est d'abord les juifs que j'aime. Ce qui n'est pas normal ; et ce qui n'est pas sain. Le philosémitisme, c'est (à mes yeux) la forme la plus sophistiquée, la plus masquée, la plus perverse de l'antisémitisme. Je comprends parfaitement (puisque c'est mon cas) qu'on mette le judaïsme au-dessus de beaucoup de choses (et, même, au-dessus de tout). Mais, ce qui reste à mes yeux totalement incompréhensible, c'est qu'on mette les juifs au-dessus des autres. Pourquoi faire quelque chose que les juifs eux-mêmes ne font pas. C'est tout le problème du philosémite qui entend être plus juif que les juifs. Ce faisant, il parvient à se placer au-dessus d'eux, et l'on revient à une situation particulière d'antisémitisme.

Voilà, c'est ça : un antisémite est quelqu'un qui pense que les juifs se croient au-dessus des autres ; un philosémite place les juifs au-dessus des autres, tout en se plaçant au-dessus d'eux. L'antisémite se place lui-même en situation d'infériorité par rapport aux juifs. Le philosémite se place lui-même en situation de supériorité par rapport aux juifs.

L'antisémitisme, jamais à court d'inventions multiples, a donc mis au point cet avatar terrible et trompeur : le philosémitisme.

Le judaïsme, c'est comprendre les juifs. C'est apprendre à les comprendre. Et à se comprendre soi-même, à comprendre sa propre place dans un système très élaboré, extrêmement fascinant, au sein duquel les Ben Noah, vulgairement nommés « goyim », ont également leur place – et leur rôle à jouer. Un rôle déterminant. Prépondérant. N'être pas juif, c'est jouer un rôle fondamental (et nécessaire) au sein même du judaïsme. C'est pourquoi je suis très partagé sur la conversion. Je pense que se convertir est une erreur. J'y reviendrai. Longuement. Très longuement.

On pourrait avoir l'impression, lisant cela, que je nie la spécificité juive. La spécificité d'être juif. Qu'en faisant de la haine quelque chose qui préexiste aux juifs, je minimise la part juive dans l'antisémitisme. C'est bien le cas, d'une certaine manière. Mais, à y regarder de très près, ce n'est pas le cas du tout. C'est vrai en première analyse. C'est faux dans une deuxième analyse. En première analyse, je minimise effectivement la portion juive contenue dans l'antisémitisme. Et je fais par là même de l'antisémitisme une aberration totale puisque je dis alors ceci : dans l'antisémitisme, les juifs ne sont pas concernés autant que les Noirs (que les Arabes) sont concernés dans le racisme. Je fais de l'antisémitisme quelque chose qui est un peu hors sujet par rapport aux juifs, un peu transversal. Cela peut être gênant, il faut bien l'admettre, ce serait, en un sens, déposséder les juifs de la haine propre qu'on leur porte, dont ils sont les victimes. En faire le contenu d'un réceptacle préexistant leur enlève, leur ôte toute originalité, toute existence réelle en tant que juifs et les prive de leur être-juif profond, de leur spécificité, de leur spécialité juive. En première analyse, c'est exact, car l'antisémitisme, il est vrai, n'a rien à voir avec la réalité juive, avec la vraie réalité juive, avec la réalité réelle spécifique juive. Elle est ignorante de la vraie véritable spécificité juive, elle est une fiction par rapport à ce que sont vraiment, réellement, effectivement les juifs. L'antisémitisme, s'il est une haine préexistante, est une haine qui se trompe sur les juifs. Mais, et c'est là que commence la deuxième analyse, c'est une haine qui ne se trompe pas en choisissant les juifs. Et c'est là que la spécificité juive intervient. La spécificité juive ne réside pas dans le fait de remplir génériquement une haine comme d'autres peuples auraient pu la remplir : la spécificité juive réside dans le fait que la haine est par essence haine du juif. Cela ne minimise pas un antisémitisme aveugle qui s'appliquerait mécaniquement aux juifs parce qu'il lui faut coûte que coûte un contenu, un os à ronger. Au contraire, la spécificité, la particularité du peuple juif, sa grandeur vertigineuse, insupportable à porter, est que la haine ne préexiste que pour lui, que pour le haïr lui. L'antisémitisme n'est jamais le fruit d'un hasard, d'une rencontre malheureuse entre une envie, un besoin de haïr d'une part, et le peuple juif d'autre part. La spécificité juive entend qu'on franchisse un pas de plus, qu'on aille plus loin : l'antisémitisme est une haine qui se cherche un contenant qui la satisfasse, qui la comble, qui la rassasie. La haine humaine n'est pas générique et aveugle, qui viendrait s'abattre de préférence, ou par facilité sur le peuple juif. Non, la haine humaine n'est en réalité compatible qu'avec l'être-juif. Elle ne s'emboîte qu'avec lui. On parle de « vocation » du peuple juif à être haï, maudit, détruit. C'est qu'en réalité, la haine humaine n'est rien, n'existe pas sans les juifs : elle ne préexiste aux juifs qu'aux fins de les dénicher, de les trouver absolument, elle ne se satisfera jamais d'aucune autre proie. C'est une question de vie ou de mort pour la haine. Les juifs et la haine humaine sont consubstantiels. Ils sont de signes opposés, mais de même nature. Aucune autre nourriture que le peuple juif n'est comestible pour la haine humaine. C'est là la spécifité juive que d'être le contenant de la haine elle-même, de l'essence de la haine. Sans la haine, les juifs évidemment existeraient. Mais sans les juifs, la haine n'existerait pas.

C'est la vision de Sartre, ça, de dire que c'est l'antisémite qui définit le juif. Alors qu'en réalité, c'est le juif qui définit l'antisémite :

est antisémite celui qui hait. Dire « est antisémite celui qui hait les juifs » est une tautologie. Haïr, c'est haïr les juifs. La spécificité juive réside dans cette universalité. En face de la haine universelle se dresse la spécifité juive. La haine universelle n'a qu'une obsession : détruire la spécificité juive, la bouffer. Le contraire de la haine universelle, c'est l'amour universel. Il y a gros à parier que la spécificité juive et l'amour universel se confondent. Qu'ils soient les deux noms d'une seule et même chose. Être juif, c'est être universel – mais dans l'amour. Être antisémite, c'est être universel – mais dans la haine. La spécificité de l'être-juif, c'est justement qu'aucune haine se portant sur lui, se penchant sur lui, ne peut rester spécifique très longtemps. Aussitôt, elle s'universalise. Elle s'étend à l'infini. La spécificité de l'être-juif réside dans le fait que l'antisémitisme est incapable de rester spécifique : aussitôt qu'un juif est haï, c'est le monde qui est haï, et c'est tous les hommes qui sont haïs. C'est en cela que l'antisémitisme est haine « d'abord » et des juifs « ensuite » : c'est que toute haine étant haine des juifs (il n'y aurait pas de haine sur Terre sans les juifs), elle cesse d'être limitée aux juifs pour s'universaliser. Tout ce qui touche aux juifs devient universel. La spécificité juive est une machine à rendre tout ce qui la touche, et tout ce qu'elle touche, universel.

« Sans les juifs, la haine n'existerait pas. » Phrase terrible, qu'il faudrait raturer ? Surtout pas : sans les juifs, l'amour ne serait pas. Le monde, la vie, le réel étant un perpétuel combat de la haine et de l'amour, du Mal et du Bien, le monde, la réalité n'existeraient pas sans les juifs. La mission de tout juif est d'éradiquer le Mal partout pour le remplacer par du Bien. Parce qu'effectivement, il se sent responsable, devant Dieu, du Mal qui existe, se répand sur terre. Ce n'est pas que le peuple juif ait seulement le droit de se sentir responsable du Mal sur la terre, mais il en a le devoir. Être juif, c'est accepter de porter ce fardeau incroyable : se sentir responsable du Mal sur terre. Dire que les juifs ont causé le Mal sur la terre est une phrase antisémite. Dire que sans les juifs, la haine n'existerait pas signifie tout autre chose : c'est dire que la haine n'aurait jamais eu besoin d'exister, qu'elle n'aurait jamais eu l'idée d'exister sans les juifs. Les juifs ne sont pas la cause de la haine, ils n'ont jamais contraint la haine, le Mal à naître, à exister. En revanche, ils ont constaté que le Mal ne se serait jamais développé de la sorte sans eux ; du coup, ils se sont sentis obligés eux-mêmes (ils n'étaient pas obligés !!!!) de développer un antidote pour lutter contre le Mal. Cet antidote a un nom : le judaïsme.

AVRIL

Samedi 1er avril

Réveil avec *The Sound Of The Trio*, Oscar Peterson, 1962 (Verve Records, V6-8480, US). Ray Brown : basse ; Ed Thigpen : batterie ; Oscar Peterson : piano.

Départ pour Brindisi, alias « Brindes ». Cadeau d'Emmanuelle pour mon anniversaire.

L'extrême droite me cherche des poux. Nasse.

Brindes ; une ville dont on fait, somme toute, très rapidement le tour. Achat d'une lampe ; la lumière n'est pas suffisamment tamisée dans la chambre.

Dimanche 2 avril

Réveil avec *Hicks Time : Solo Piano*, John Hicks, 1998 (Passin' Thru Records, 41211, US). John Hicks : piano.

Retour.

Ce que j'adore surtout, ce que j'adore vraiment dans le judaïsme, c'est qu'il n'est pas une mystique. Il n'y a pas de mystère dans le judaïsme. Le mystère, il y en a, on en trouve (plus qu'il n'en faut, plus que nous en avons besoin pour la route) dans le catholicisme.

Dans le christianisme. Le mystère, c'est le silence. Or le judaïsme, c'est la parole. Le mystère, c'est le silence sacré. Or le judaïsme, c'est la parole sacrée. Le mystère, c'est le silence divin. Or le judaïsme, c'est la parole divine. La parole est ce qui s'oppose au silence. Un peu comme l'image s'oppose à pas d'image. Comme l'icône s'oppose à zéro icône. Le mystère, c'est le silence.

Il n'y a pas de mystère possible pour un peuple dont le Dieu n'est pas silencieux. Dont le Dieu, puisqu'il est parole, n'est pas, n'est jamais silence. Car le mystère, ce n'est pas simplement le silence, ce n'est pas le silence installé là de toute éternité, mais c'est le silence que l'on *fait*. C'est le silence qu'on instaure. C'est le silence qu'on demande. C'est le silence qui est de mise, que l'on ordonne. C'est le silence qui, une fois fait, une fois établi, une fois obtenu, doit être gardé. Observé. Conservé. Respecté. Tenu. À bout de bras, s'il le faut, mais tenu. Le mystère a comme racine *muô*, et c'est une racine qui te demande de te taire. C'est une racine qui, au sens propre, te demande de la *fermer*. Le mystère, c'est quelque chose qui est fermé, qui se ferme, qui te demande de la fermer et qui entend se refermer, se renfermer. Ce n'est jamais juif.

La fermer, ce n'est jamais juif ; ce qui est juif, c'est l'ouverture. C'est de l'ouvrir. De l'avoir grande ouverte. C'est la bouche qui est juive. Rien n'est plus juif qu'une bouche. Tous les antisémites du monde entier et des siècles tout entiers ont fait une (misérable, abominable, pathétique, écœurante, vomissante, absurde) obsession sur le nez des juifs, et pendant ce temps, les juifs savaient que ce qui compte avant tout dans le judaïsme, c'est la bouche. La bouche est le lieu des lèvres et le lieu des mots. La bouche est le lieu par excellence de l'autre. La bouche, c'est ce qu'on offre. Ce n'est pas chez les juifs quelque chose qui se ferme, mais c'est quelque chose qui s'ouvre. Qui doit sans cesse rester ouvert. La bouche ouverte, c'est le contraire du mystère. La bouche est ce qu'on désire chez l'autre, et c'est par quoi, d'abord, l'amour de l'autre pénètre en l'autre. La bouche, c'est la capitale de l'autre.

La parole qu'on prononce, on la prononce pour l'autre. En direction de l'autre. La bouche s'ouvre vers l'autre en lui soufflant des mots, en lui envoyant des lettres, des phrases. La bouche est un lieu divin parce que le Dieu d'Abraham et de Moïse est d'abord un Dieu bouche. C'est par la bouche de Dieu, c'est de la bouche de Dieu qu'Abraham et Moïse recueillent ce qui fondra l'âme de tout un peuple pour les siècles des siècles. Par la bouche de Dieu, qui est aussi un Dieu de la bouche. Ce que Dieu dit s'écrit instamment, simultanément : c'est une bouche qui dicte, au sens strict, comme Stendhal dictant (écrivant par la bouche, de la bouche, depuis la bouche) *La Chartreuse de Parme* à son secrétaire. Si Dieu dicte la Loi aux hommes, c'est bien au sens le plus scolaire de « dicter » qu'il faut l'entendre : les juifs sont aussi, sont d'abord, les secrétaires de Dieu. Tout ce qu'ils disent, tout ce qu'ils vivent, ils le tiennent de Sa bouche.

Et c'est la bouche ouverte des rabbis qui récitent la Torah, se transmettent le Talmud par la bouche, oui, le judaïsme se transmet par la bouche. Loi écrite, loi orale, c'est l'oral qui l'emportera toujours, parce que l'écrit se brûle, parce qu'il n'y a pas d'autodafé de la bouche. L'autodafé de la bouche, en réalité, existe aussi. Il existe quand même, il fut inouï et on ne pensait pas qu'il fût possible. C'est Auschwitz. Auschwitz est le lieu où le Livre oral a été brûlé. Ce fut un autodafé de la parole. Pas de la parole écrite. Mais un autodafé de la parole parlée. Un autodafé des livres dits. À Auschwitz, on n'a pas brûlé les discours imprimés, mais les discours vivants. Pas les vieux grimoires, mais les mémoires vives et chantées, les mots prononcés, les dialectes et les chansons, les accents et les exclamations.

Auschwitz est le lieu où toute parole fut brûlée. C'est le lieu où l'on ne parle plus, où les mots sont carbonisés. L'indicible d'Auschwitz vient également de là : c'est le lieu de la mort des mots. Ce n'est plus seulement l'horreur, car l'horreur se sert des mots pour être révélée, dévoilée, expliquée, racontée. Auschwitz, c'est la mort même de l'horreur puisque le mot même de « horreur » a été jeté là-bas dans le brasier, consumé avec tous les autres mots, avec tous les autres mots juifs, mais les mots juifs, ce sont les mots universels, ce sont tous les mots du monde, puisque pour le judaïsme (c'est encore là un de ses traits de génie) le monde est mot.

Le monde a été créé avec des mots, Auschwitz a détruit les mots pour détruire le monde. Car c'est bien le monde qui a été détruit à Auschwitz. Et pas Dieu. Il restait tellement de livre dans ces hommes, tellement de mots dedans, ils étaient eux-mêmes tellement devenus des livres, que ce sont les livres en eux qu'on a aussi brûlés, et que c'est le Livre qu'on a voulu incendier. Auschwitz est l'autodafé de la Torah. C'est l'autodafé de la Loi. La tradition orale a eu ses flammes comme, au cours des siècles, les écrits juifs, et même les écrits des juifs, ont eu les leurs. On a brûlé les livres juifs (le Talmud), puis les livres des juifs (Thomas Mann), puis les paroles juives, puis les paroles des juifs. Pour supprimer les paroles écrites, il a suffi de détruire les livres. Pour supprimer les paroles parlées, il a fallu supprimer les êtres.

Les « détenus » n'avaient pas le droit de parler. Pas un mot. Un mot prononcé par un « détenu » pouvait immédiatement entraîner la mort. Ce n'est pas un hasard : la mort des mots, cela passe évidemment par la mort par le mot. La mort du mot, la mort par le mot, la mort à cause du mot. Auschwitz craint le mot comme jamais aucun système, aucune région, aucun empire, aucun tyran, aucune cité, aucun dieu, aucun démon ne l'avait jamais craint. Le mal absolu a un ennemi irrémédiable : la parole. Le Mal craint le mot. Le Mal craint les mots. Par une ironie terrible du sort, le pluriel de « mal » est précisément « maux ». C'est pourquoi le Mal déteste autant ce pluriel qui le provoque : le pluriel, enfant de la pluralité, déborde de mots neufs, là où le singulier trône seul, dans son unicité fermée, close, silencieuse. Infernale.

L'enfer est le lieu où brûlent les mots. Où aucun mot ne sort plus (jamais) de la moindre bouche. Cela peut être une brûlure par le feu, une brûlure de chaleur. Cela peut être une brûlure par la glace. Une brûlure de froid. Les déportés n'eurent le choix qu'entre l'infiniment brûlant des brasiers, des crématoires et des gaz et l'infiniment glacé, l'infiniment gelé des hivers polonais, nus dans la neige, pieds nus sur la glace. Dans les deux cas, plus aucun mot ne sort de plus aucune bouche.

Seul le cri est possible. Le cri de douleur. Le cri d'horreur. De souffrance. Et d'effroi. Le cri précédant la mort. Le cri des coups et des blessures. C'est le cri qui rapproche l'homme de l'animal. Or le crime le plus grand, pour un juif, c'est de comparer l'homme à l'animal. C'est de ne pas respecter cette coupure, cette césure, ce hiatus, entre le règne humain et le règne animal. Remplacer des mots humains (parole) par des mots animaux (cri), ce n'est pas là la mort de Dieu, mais c'est la mort du monde, c'est la mort et c'est la fin de ce monde que Dieu a voulu créer avec les mots, ces mots inaccessibles aux bêtes.

Fin du monde de Dieu ? Une preuve : les bourreaux eux-mêmes, persuadés pourtant d'être maîtres de la « situation », et maîtres de ce monde, hurlant sur leurs victimes, ne faisaient plus la moindre phrase. Que faisaient-ils ? Ils criaient. Auschwitz est une fin du monde de Dieu parce que c'est le lieu où des humains transformés en bêtes transforment d'autres humains en bêtes. Ou plutôt : où des humains, transformant d'autres humains en bêtes, se transforment à leur tour en bêtes. C'est cri contre cri. Hurlement contre hurlement. Seuls les chiens semblent fidèles à leur nature.

Rosenzweig, *L'Étoile de la Rédemption*, 1921 : « La langue mérite d'être appelée la part la plus vivante du peuple, et même sa vie proprement dite. »

Il ne faut pas en conclure que le juif ne sait pas se taire. Le juif sait se taire, et être juif, c'est peut-être (avant toute chose) savoir se taire. Car la parole, ce n'est pas les mots que l'on dit à tout le monde, ce n'est pas la discussion que l'on a avec les autres. La parole (la parole juive), c'est quelque chose de sacré. On ne répand pas inutilement ce qui est sacré, on ne gâche pas la parole. On ne se livre pas à la débauche des mots. La parole, c'est divin. La parole, c'est ce qui vient, c'est ce que l'on reçoit, c'est ce que les juifs reçoivent de Dieu. Dieu parle, les juifs l'écoutent. Les juifs l'entendent. L'écoutent-ils ? Mais ils l'entendent.

Le monde d'aujourd'hui sort tout droit d'Auschwitz. Je ne supporte plus ceux qui ne supportent plus qu'on leur « rebatte les oreilles avec les camps ». Il ne s'agit pas de parler des camps pour parler des camps. Il ne s'agit, aucunement, de raviver sans cesse l'horreur pour raviver l'horreur. Il s'agit, d'abord, d'un devoir de mémoire et d'une mémoire menacée. Mais ce n'est pas seulement cela. C'est aussi autre chose, quelque chose d'un peu différent, et qu'on ne dit pas assez, qu'on ne souligne presque jamais : c'est que le monde actuel, « moderne », tout ce que nous vivons au présent, découle mécaniquement d'Auschwitz. Le conflit israélo-palestinien découle d'Auschwitz, indéniablement (c'est un exemple, mais cet exemple est le plus grand, le plus gros). L'Europe d'aujourd'hui a gardé la trace d'Auschwitz. Cette évidence que, depuis Auschwitz, on ne « peut plus être antisémite de la même manière ». Ces gens qui vous disent qu'avant la guerre, être antisémite, ce « n'était pas la même chose » – comprenez : c'était encore acceptable. Le mot « juif » ne voulait pas dire « juif » au sens de « juif » aujourd'hui, actuellement, maintenant. Mais ce qu'il ne faut (précisément) pas oublier, c'est que cette gravité relative de la désignation péjorative « juif » est la cause même de la Shoah, de l'extermination des juifs. On rêve : la Shoah interdirait de continuer à pouvoir se moquer des juifs *comme avant* ! Alors que c'est (précisément) parce qu'on pouvait s'en moquer (aussi facilement, aussi dérisoirement, aussi peu méchamment, aussi désinvoltement, aussi quotidiennement) qu'Auschwitz a été possible.

Auschwitz n'est pas une grille de lecture du monde, comme voudraient le faire accroire les oublieux (les modernes). Auschwitz, c'est la matrice du monde actuel. Pas grille, mais matrice. Pas vision du monde, mais réalité du monde.

Les juifs ne « ramènent » pas tout à Auschwitz. C'est le monde qui est infiniment, incessamment ramené vers Auschwitz. Et c'est cela, aussi, qu'il faut entendre par « unicité de la Shoah », « unicité d'Auschwitz » : c'est la première fois qu'un événement est plus fort que tout le reste de l'histoire ; c'est la première fois que l'histoire devient le cas particulier d'un événement ; qu'elle s'y réfère ; en dépend à chaque instant. C'est la première fois que l'histoire est aussi peu libre par rapport à un événement, un fait, une date. C'est la première fois que l'histoire ne parvient pas à échapper à un de ces moments. À un de ses extraits, de ses fragments. C'est la première fois qu'un épisode (un « détail », affirmera Le Pen) est plus important que la saga tout entière, qu'il emmène tout le reste avec lui, qu'il aimante les épisodes passés et à venir. C'est la première fois que, par son poids inconcevable, inouï, un événement est le barycentre de l'histoire de l'humanité.

D'habitude, l'histoire sait quoi faire avec ses dates. Avec ses événements. Elle en tient compte et passe à autre chose. Ils irradient un temps sur elle, puis, quand ils ne s'évaporent pas, finissent par se diluer dans son sang. Elle ne les oublie pas, mais s'en affranchit en marchant, en coulant, parfois en courant. Ils la constituent. Les événements sont comme son ADN. Mais voilà que l'histoire bute sur un événement qui est plus grand qu'elle. Elle ne parvient pas à l'engloutir, ni même à le déglutir, elle ne l'assimile pas, ne le digère pas ; elle ne l'a toujours pas métabolisé. Ni même vomi. Auschwitz est là, dans sa gorge. Il est coincé. Depuis, l'histoire étouffe. Elle continue sa marche, mais gênée dans sa respiration, sa transpiration, sa digestion. On se doute bien que ce n'est pas pour des raisons morales. L'histoire ne s'intéresse jamais à la morale. Est-ce une question d'échelle ? Non plus : elle a connu des millions de victimes dans les guerres, des milliards de cadavres, séismes, crises économiques, bombes atomiques, génocides impressionnants, terreurs, révolutions, planète à feu et à sang. C'est, tout simplement, la première fois que l'histoire fait une tentative de suicide.

Et on voit sa cicatrice.

Et elle n'est pas sûre de ne pas recommencer.

Lundi 3 avril

Réveil avec *Delphi 1 Solo Piano Improvisations*, Chick Corea, 1979 (Polydor, 2391 402, Germany). Chick Corea : piano.

Kiné, puis déjeuner avec Jean-Paul. Nous enchaînons sur le comité de lecture Grasset.

Rosenzweig a grandi *avec* et *dans* le judaïsme. Il avait des liens avec le judaïsme, car les juifs n'ont pas seulement un lien avec (tous) les (autres) juifs, ils ont un lien avec le judaïsme. Et puis ce lien s'est détendu. Rosenzweig s'est fait croire à lui-même qu'il allait croire. Il a cru qu'il croirait. Qu'il deviendrait « croyant ». Mais un juif peut très bien s'éloigner du judaïsme : ce n'est jamais en « croyant » qu'il se rapprochera de Dieu. Les juifs sont tellement proches de Dieu que leur problème n'est pas d'y croire, mais d'en douter. Or, la religion catholique a été inventée pour ça, pour douter. Pour douter de Dieu !

Le judaïsme est une pensée de Dieu. C'est une approche, au sens de proximité. Le catholicisme est une croyance en Dieu. La foi n'exclut pas la pensée, mais la pensée inclut la foi. Franz Rosenzweig a besoin pour penser Dieu d'en douter comme un chrétien, sinon, pas de critique possible. Pas de philosophie possible. Ou alors, il faudrait en créer une neuve, en développer une nouvelle. C'est ce que Rosenzweig va faire ! (Il appellera ça « la pensée nouvelle ».)

Rosenzweig « s'éloigne » du judaïsme pour l'apercevoir. Pour le voir à la lunette, de loin. Avec ses reliefs et ses cratères, toute sa lunarité. Ses crevasses, ses mers de la Tranquillité. Voir si c'est mort, comme astre, ou pas. Si c'est si lunaire que ça. Il s'approche du solaire (le christianisme) et conclut finalement que le judaïsme n'est pas une lune, mais la Terre.

Rosenzweig part du judaïsme, s'en extrait (comme on extrait une balle), il s'en arrache (comme on s'arrache à la gravité) mais c'est pour y « revenir ». Sa pensée n'est pas une pensée du Retour, mais elle exprime le mouvement du retour. C'est une philosophie mobile. Une pensée de boomerang. Une dynamique de chemin inverse. Un revenir plus qu'un retour. Une action plus qu'une intention. Il y a dans le mot « retour » une inertie qu'il n'y a pas dans le mot « revenir ». Il y a dans le mot « retour » quelque chose de politique, qu'il n'y a pas dans le mot « revenir ». Le retour est l'appellation politique du revenir, qui lui est religieux. La question de Dieu n'est pas, n'est (déjà) plus une question « juive », ce qui intéresse le judaïsme, c'est la question de la question de Dieu. « Dieu » est l'objectif du christianisme, c'est la condition du judaïsme. Dieu est le point d'arrivée du christianisme, c'est le point de départ du judaïsme.

Mercredi 5 avril

Réveil avec *Solo Piano – Volume 1*, Sun Ra, 2004 (Improvising Artists Inc., KMCJ-1007, Japan). Sun Ra : piano.

Pendant que les chrétiens, pendant que les catholiques se posent la question de Dieu, les juifs se posent la question de leur rapport avec lui. Son existence n'est pas un problème, un débat, une « question ». Pour les juifs, Dieu n'est pas la question. Ce qui me fascine dans le judaïsme, c'est qu'il fout la paix aux gens avec Dieu. Le judaïsme te laisse croire à ta guise, il s'en fiche totalement. « Croire », ce n'est pas juif. Ce qui est juif, c'est comprendre. Croire, c'est catholique. La religion catholique est épuisante parce que l'invention de la foi pose le problème logique de sa vérification, des « preuves ». On s'épuise, dans les Églises de tous les temps, à toutes les conjectures, finissant par établir que la preuve absolue des preuves est la totale absence de preuves !

Coiffeur.

Vendredi 7 avril

Réveil avec *Piano Solos*, Jimmy Yancey, 1971 (Joker, SM 3101, Italy). Jimmy Yancey : piano.

Déjeuner avec Marc Missonnier, pour évoquer *Podium 2*. Le soir, dîner Ida.

Pour les juifs, Dieu n'est pas la question. Pour les juifs, Dieu est la réponse. Pour les juifs, Dieu n'est pas le problème, c'est la seule chose (d'ailleurs) qui ne soit pas le problème. Qui ne pose pas de problème. Franz Rosenzweig est « un temps » attiré par le christianisme, mais c'est juste pour voir ce que ça fait de se poser la question de Dieu. Pour tenter de comprendre ce que c'est que d'essayer de comprendre ce que c'est que Dieu. Comme un poisson qui serait tenté d'aller voir ce que c'est que d'essayer de comprendre ce que c'est que l'eau. Dieu est le mystère des chrétiens, mais c'est l'élément naturel des juifs. Pour Rosenzweig, la question de Dieu ne veut rien dire : ce qui veut tout dire, c'est la relation qu'a l'homme avec Lui. « Le soleil n'est pas un miracle moindre que l'œil ensoleillé qui l'aperçoit. » « De l'homme – de lui aussi serions-nous censés ne rien savoir ? » « Donc, de l'homme non plus nous ne savons rien. »

Franz Rosenzweig a voulu aller se rendre compte par lui-même, comme un reporter, comme un envoyé (très) spécial. Sur place… Sur le terrain (spirituel). En « terre » chrétienne, Dieu est quelque chose, c'est quelqu'un, il y a possibilité de spectacle, de miracle, d'événement. Il y a possibilité, il y a probabilité d'avènement. Il y a toujours quelque chose à guetter quand on est chrétien. Tandis que, lorsqu'on est juif, on est toujours guetté par quelque chose. Le chrétien est celui qui guette Dieu. Le juif est celui que Dieu guette.

Rosenzweig est allé passer « un certain temps » auprès de ceux qui cherchent celui que les juifs ont trouvé et qui a trouvé les juifs : Dieu. Les chrétiens cherchent Dieu. Les juifs se le sont trouvé. Les chrétiens cherchent Dieu. Dieu a été trouver les juifs. Et si Dieu a été trouver les juifs, c'est parce que ce sont les juifs qui l'ont trouvé ! « Je ne cherche pas, je trouve » (Picasso). Les chrétiens sont ceux qui cherchent encore ; les juifs, ceux qui ont toujours déjà trouvé. Le chrétien, par essence, est celui qui cherche. Le juif, par essence, est celui qui, non pas trouve, mais a trouvé. Être juif, c'est 1) avoir d'abord trouvé Dieu, 2) avoir trouvé Dieu d'abord. C'est la découverte de Dieu qui a donné naissance au judaïsme. C'est la recherche de Dieu qui a donné naissance au christianisme. L'origine du judaïsme est la destination du christianisme.

Samedi 8 avril

Réveil avec *Piano Solos*, Sammy Price, 1971 (Joker, SM 3075, Italy). Sammy Price : piano.

Nice. Je manque de tromper Emmanuelle ; je ne le fais pas.

Si Rosenzweig « revient » au judaïsme, c'est parce qu'il n'en est jamais parti. Il s'en est écarté, mais comme s'écarte un ressort arrimé à un point fixe. Le ressort Rosenzweig, cloué au point d'origine qu'est son judaïsme, s'est tendu le plus loin possible, vers le point (flou) le plus éloigné de cette origine, puis est revenu, en sens inverse, à son point de départ. Rosenzweig a été observer l'origine à une certaine distance. Plutôt que d'être juif en restant dans son judaïsme originel, original, Rosenzweig s'en est écarté, s'en est espacé, se translatant selon abscisse et ordonnée de sa personnalité, de son caractère, de sa liberté. Ces mouvements de ressorts, de tensions, de translations, sont constitutifs de sa foi. C'est cette « émancipation » tendue, ce mouvement d'aller (avec point de rupture possible) et de retour (de revenir) qu'on appelle « se frayer sa propre voie ».

Car le judaïsme de Rosenzweig n'est pas un judaïsme qui n'a pas bougé. Ce n'est pas un judaïsme qui est resté bloqué, mobile, coincé dans le judaïsme de naissance, dans le judaïsme originel automatique transmis, dans le judaïsme du sang, dans le judaïsme primitif et immédiat. Le judaïsme de Rosenzweig n'est pas resté baigné dans le judaïsme amniotique et plasmatique, maternel. Le judaïsme de Rosenzweig s'est étiré jusqu'à une possibilité de christianisme. Le judaïsme de Rosenzweig ne s'est pas contenté du sein du judaïsme, du judaïsme de la tétée, du judaïsme nourricier, du judaïsme biologique, du judaïsme physiologique. Le judaïsme de Rosenzweig est un judaïsme qui est allé voyager. Qui a fait un effort. Qui s'est montré curieux. C'est un judaïsme qui a fait un voyage dangereux. Mais ce n'est pas un judaïsme qui est resté à la maison. Ce n'est pas un judaïsme qui est resté (blotti) dans les mamelles du judaïsme, ni qui est resté (au chaud) dans le nombril du judaïsme.

Être juif, c'est peut-être aussi cela : faire vibrer son judaïsme, le mettre en danger, l'éprouver, le tendre, le détendre, le remuer, le tordre, le frotter à. Il s'agit, quand on veut être vraiment un juif, de ne pas se satisfaire d'être juif. Être juif, c'est être juif à sa façon. Rester le juif originel des nombrils et des glandes mammaires, des biologies automatiques et des évidences transmises, c'est pratiquer un judaïsme de couvée, c'est se satisfaire d'un judaïsme de becquée. C'est être un juif passif. Or, un juif passif ne peut pas être un juif : un juif passif est un homme mort. On ne peut être juif que si on le devient. Surtout si on naît juif ! Rosenzweig va enfin pouvoir devenir le juif qu'il est né pour être.

Dimanche 9 avril

Réveil avec *Piano Solo*, Dick Hyman, 1972 (Project 3 Total Sound, PR 5070SD, US). Dick Hyman : piano.

Là où je suis extrêmement juif, c'est en ce que c'est ce que je ne connais pas qui me passionne. C'est ce que je connais (encore) mal qui me mobilise. C'est la nouveauté qui m'attire. « Toute chose nouvelle est une négation renouvelée du néant » (Rosenzweig). C'est, peut-être, ce que je ne connaîtrai jamais aussi bien que ce que je connais déjà, que je pense connaître déjà, qui capte toute mon attention. Quand on part de Dieu, il ne reste plus qu'à vivre dans la totale curiosité du monde, dans la découverte absolue de chaque chose. Les juifs partent de Dieu, ils ont encore le monde à découvrir, et, en même temps, ils n'ont plus « que » le monde à découvrir. Les chrétiens vont vers Dieu, ils n'ont plus la moindre minute à consacrer à la découverte du monde. La seule chose que les juifs n'ont plus à découvrir, c'est Dieu. La seule chose que les chrétiens n'ont pas à ne plus découvrir, c'est Dieu.

Lundi 10 avril

Réveil avec *Solo Piano*, Phineas Newborn Jr., 1973 (Atlantic, SD 1672, US). Phineas Newborn Jr. : piano.

Rangement appartement.

Mardi 11 avril

Réveil avec *Guitar Wizard*, Tampa Red, 1975 (Bluebird, AXM2-5501, US). Tampa Red : guitare et chant.

Rangement appartement.

Mercredi 12 avril

Réveil avec *Standing Ovation – Solo*, Larry Coryell, 1978 (Mood Records, 22888, Germany). Larry Coryell : guitare et piano.

Les juifs sont ouverts sur le monde parce que Dieu s'est ouvert à eux. Ce n'est pas que les chrétiens soit particulièrement « fermés » sur le monde, mais ils n'ont pas le temps de s'y ouvrir. Les juifs sont venus à Dieu en venant au monde. Ils ont gagné un temps fou ! (En même temps, ils ne peuvent pas passer une existence humaine entière à vérifier si « existe » ou « n'existe » pas le Dieu unique qu'ils se sont définitivement inventé, et qui, c'est strictement la même chose, les a inventés.)

Jeudi 13 avril

Réveil avec *Solo Piano*, Tom Howard, 1987 (Maranatha ! Music, MMR 0167, US). Tom Howard : piano.

Les chrétiens sont venus au monde pour venir (un jour) vers Dieu. Quand Dieu est livré dès le départ, qu'il naît quand nous naissons, que notre naissance même le fait naître, et naître, et naître, et infiniment et indéfiniment naître, le reste de notre vie (quand on est juif) est consacré à l'existence du monde (et pas à l'existence de Dieu). Les juifs savent immédiatement que Dieu existe et que le monde existe.

Vendredi 14 avril

Réveil avec *Solo Piano*, Dave McKenna, 1994 (Chiaroscuro Records, CR(D)119, US). Dave McKenna : piano.

Les chrétiens savent que le monde existe et se demandent ensuite par qui il a été créé. Ils cherchent à savoir pourquoi. Et comment. Ils pensent aux modalités. Ils cherchent des explications (techniques), ils réclament des preuves, ils fouillent, ils sont demandeurs de miracles. « Selon le judaïsme, des miracles et des signes extérieurs ne sont pas des preuves pour ou contre des vérités éternelles de la raison » (Moses Mendelssohn, *Jérusalem ou Pouvoir religieux et judaïsme*,

1783). Les chrétiens savent que le monde existe et se demandent si Dieu aussi. Et comme ils se demandent si c'est bien Dieu qui a créé le monde, la curiosité qu'ils ont sur le monde, la curiosité qu'ils ont pour le monde, est pour eux un cas particulier de la curiosité qu'ils ont sur Dieu, de la curiosité qu'ils ont pour Dieu.

Samedi 15 avril

Réveil avec *Solo Concert*, Ralph Towner, 1985 (ECM Records, 827 268-2, Germany). Ralph Towner : guitare douze cordes et guitare classique.

Un juif peut observer, scruter, découvrir, lire, appréhender le monde en étant « débarrassé », en étant délesté, en étant soulagé de la question de Dieu, de l'existence de Dieu. De la question de l'existence de Dieu. Les grands penseurs chrétiens, les grands philosophes chrétiens, les grands théologiens passent une (grande) partie de leur vie à (tenter de) démontrer Dieu. Ce qui n'a (strictement) aucun sens dans le judaïsme. Quand on lit une des premières dissertations de normalienne de Simone Weil, *Sur la science*, on comprend immédiatement que Simone n'est déjà plus (du tout, malgré son milieu) dans le judaïsme, mais dans le christianisme (mais dans le catholicisme) : à partir de Descartes, et à vingt ans !, elle tente une démonstration personnelle de l'existence de Dieu. Il y a la preuve de Descartes, la preuve de Spinoza, la preuve de tous ceux qui ne sont pas restés dans l'histoire de la pensée.

Je me rends à la Délégation de Corée du Nord en France, à l'occasion de l'anniversaire de la naissance du Grand Leader Kim Il Sung. Avec des fleurs rouges, comme il se doit. Sept. Je retrouve un M. Kang en pleine forme.

— Faisons quelques pas si vous le voulez bien… L'air est frais, l'air est froid, c'est excellent pour les globules. Et pas seulement les rouges, mais les blancs. On ne le dit jamais assez, mais nombre de ceux que nous recevons à Pyongyang viennent y chercher le bon air. J'espère en attendant que, lors de votre précédent et second voyage, vous avez été touché, sinon ému, par la belle humilité de nos citoyens qui, sans se mettre en avant le moins du monde, viennent régulièrement célébrer le culte de leurs Leaders adorés devant nos immenses statues de bronze de Mansudae.

— C'est vrai que c'est un spectacle réjouissant.

— Que cela soit réjouissant, je vous le concède volontiers. En revanche, je récuse la notion de spectacle. Le recueillement est le contraire du show.

— Vous avez raison, M. Kang. Je me suis égaré.

— Nul n'est parfait. Mais je suis heureux que vous ayez pu assister à ces scènes de contemplation rentrée, empreintes d'une immense dignité. Celle de tout un peuple auquel chacun ressemble et qui ressemble à tous. Il ne viendrait à l'idée de personne de tirer la couverture à soi comme chez vous. Notre ciel n'est constellé que de trois astres, qui sont nos trois Grands Leaders, dont deux logent dans l'infini du temps. Vous aurez constaté par exemple qu'aucun Coréen, qu'aucune Coréenne ne vient tenter de se placer au centre du jeu, proposant sa petite gloire alternative en lieu et place de nos sommités historiques. Seuls nos Leaders sont habilités à resplendir. La lumière n'appartient qu'à eux seuls. Oui, mille fois oui – nous avons déjà évoqué ensemble cet aspect des choses –, nous sommes une dictature. Mais, chez nous, il n'y a que les dirigeants qui soient des dictateurs tandis que chez vous, c'est l'inverse : il n'y a que les dirigeants qui n'en soient pas.

— Oui.

— Sous prétexte que vous possédez un petit téléphone ridicule et vain dans votre poche, vous êtes devenus infatués de votre propre minuscule personne. Tout le monde est le roi. Tout le monde n'est plus fait que d'exigences et de caprices, et multiplie ses oukases toute la journée. Ce n'est pas vivable. Vous vivez dans une société d'onanisme généralisé. Rien ne compte plus que le moi, moi, moi ! L'autre a disparu… Dissous ! Abracadabra ! Vos gens se pensent en lévitation parce que d'un clic ils peuvent convoquer une fille facile ou commander une pizza. La vie ne marche pas comme ça, M. Moaks. Désolé. Nous ne partageons pas les mêmes valeurs. Nos concitoyens n'ont nul besoin de connaître tout ce qui se passe dehors en temps réel, avec des détails sur les ongles des pieds du prince Charles et le nombre de films qu'a Leonardo DiCaprio en préparation. Ils n'ont pas non plus à connaître instantanément l'arsenal albanais, ni le PIB du royaume du Liechtenstein en marchant dans la rue. Quand nous marchons, nous marchons. Quand nous effectuons des recherches, nous les effectuons à la main, dans les espaces infinis de nos rayonnages, à la Grande Bibliothèque Kim Il Sung. Nous prenons des notes à l'aide de stylographes et cela nous procure du plaisir. L'accès aux connaissances restera jusqu'à nouvel ordre le fruit d'une démarche. Démarche qui, ne vous en déplaise, s'accompagne d'un effort à fournir. Ah ! C'est sûr ! Nous ne sommes pas très marrants, comme gens. Nous ne sommes pas des plaisantins. Nous devons vous paraître artisanaux. Nous le sommes ! Nous sommes rustres. Nous sommes paysans. Nous sommes laborieux. Nous faisons tout avec nos doigts, nos mains, nos jambes et nos pieds. Nous ne cliquons pas. Nous n'aimons pas cliquer. Nous avons mieux à faire que de cliquer. Vivre, par exemple. Si cela ne vous dérange pas ! J'ajoute que nous nous passons aisément de tous vos outils numériques pour localiser les camarades. Quand nous désirons prendre rendez-vous avec quelqu'un, faites-moi l'amitié de croire que nous le trouvons avec des délais qui pourraient bien surprendre vos ingénieurs et une précision qui laisserait pantois tous vos geeks.

— Je vous fais confiance sur ce point. Et sur la plupart des autres aussi, d'ailleurs.

— Cela ne m'étonne guère de vous. Je vous rappelle que votre dossier plaide très largement en votre faveur. Nous vous considérons comme un très bon élément. Vous pourrez sans nul doute effectuer un troisième voyage bientôt… Mais il s'agira tout de même de continuer à faire vos preuves. Nous avons peu l'habitude de faire une confiance outrancière aux étrangers. C'est ainsi… N'en faites pas une affaire personnelle, surtout. C'est inscrit dans nos gènes. Nous avons appris à nous méfier.

— C'est tout à fait normal.

— Merci de votre compréhension… Vous savez, je ne crois pas que je voudrais refaire une partie de mes études en France, comme dans les seventies. Je m'y sentirais mal à l'aise. Tous ces enfant gâtés partout, ça me donnerait la nausée. Je serais contraint de m'arrêter à chaque coin de rue pour vomir. Vos concitoyens, au prétexte que le monde est à portée de main, s'imaginent qu'il est à leurs pieds. Chaque Français se persuade de vivre en business. La classe éco n'a plus cours. C'est fauteuil-lit pour tous ! Le moindre pékin se vit en VIP. Une petite « appli » de rien du tout, et votre voisin de palier se métamorphose en homme à chauffeur. On vous sert pour une poignée d'euros le petit déjeuner au lit, avec la presse du jour. Pour une poignée d'euros, oui : tout est là. C'est la business class, mais au prix du low-cost. Hélas, quand un pays tout entier est surclassé, cher ami, eh bien plus personne ne l'est. Mettez tout un texte en italiques, et ce n'est pas la casse en romain, qui n'existe plus, c'est l'italique ! Transformez chaque femme en top-model, M. Moaks, et ce n'est pas la laideur, qui disparaît, c'est la beauté. Vous êtes devenus des prolétaires du privilège. Vous êtes devenus des fonctionnaires de l'exception. Vous êtes devenus des sous-locataires de palaces. Vous êtes tous devenus princes et ducs et comtes et vicomtes et barons en même temps. Vous êtes parvenus à inventer la grande consommation du passe-droit, l'hapax à la chaîne, la formalité de la majesté, l'industrie du monopole, la démocratisation des égards, la banalisation des faveurs… Les nantis se ramassent à la pelle. Vous évoluez dans une société saturée d'usagers de la primauté, d'abonnés de l'immunité, de grossistes de la priorité, de trafiquants de pass, de prix cassés sur les avantages, de promotions sur les exclusivités, d'exemptions soldées, de Black Friday de la dérogation, de la « grande quinzaine » de la faveur. Les masses bénéficient de tout et tout le temps. C'est bien joli… Mais tout se paye, mon ami. Et au prix fort ! Vos caprices ne sont que des marqueurs : ils permettent à vos dictatures sans Kim de vous assigner dans un recoin du goût, d'épingler vos manies dans leurs immarcescibles registres. Vos désirs, une fois mis en équation, vos pulsions, une fois réduites à la booléenne grammaire du 0 et du 1, feront des roitelets capricieux que vous êtes des poulets de batterie. Vous serez tantôt rangés par tares, triés par appétits, catégorisés par attraits, agencés par prédispositions, disposés par subjectivités, alignés par travers, échelonnés par humeurs, ordonnés par préférences, sériés par besoins, étiquetés par entichements, classés par inclinations, immatriculés par prétentions, parqués par tics, répartis par appétences, situés par attirances, arrangés par faiblesses, placés par prédilections, empilés par bizarreries, archivés par habitudes, affectés par démangeaisons, entassés par folies, homologués par manières, agglomérés par péchés mignons, immatriculés par marottes, identifiés par idées fixes, repérés par toquades, emmagasinés par fantaisies, référencés par routines, déterminés par coups de tête, assignés par foucades, situés par attitudes, dispatchés par fréquentations, inventoriés par rituels, hiérarchisés par mœurs, priorisés par coutumes, subdivisés par revendications, séparés par aspirations, découpés par velléités, distribués par exigences, évalués par impatiences… Ça fait cher la roitelerie ! Ça fait cher le poussage de col et le « je suis le plus beau, le plus grand, le plus fort »… Ça fait cher, très cher, le « après moi le déluge »… Ça fait cher, très cher, le « je me suis fait tout seul » et le « moi d'abord », le « tais-toi quand je parle » et le « ce que tu dis ne m'intéresse pas »… Ça fait très cher payé le « pousse-toi de là que je m'y mette »… Très cher le « avec cette appli je suis le roi du pétrole ». Car je ne sais pas si vous avez beaucoup de pétrole, M. Moaks, mais vous semblez posséder pléthore de rois !

— Vous aviez raison, cela fait du bien de faire quelque pas dans un froid de si bonne qualité.

— N'est-ce pas ? Cela éclaircit les idées. Et aucun d'entre nous, marchant, n'a eu l'idée de regarder l'écran de son téléphone mobile.

— Il faut admettre que je n'ai pas pu m'en servir dans votre pays.

— C'était pour votre bien. Pour que, précisément, vous vous aperceviez que vous êtes en train de marcher lorsque vous êtes en train de marcher.

— Ce n'est pas idiot.

— Depuis combien de temps – soyez honnête – vous êtes-vous déplacé avec vos jambes sans consulter votre « smartphone », ainsi appelé parce qu'il est moins intelligent que vous mais beaucoup plus malin ?

— Je ne saurais dire…

— L'intelligence artificielle, nous n'avons rien contre M. Moaks, futur camarade si tout se déroule aussi bien que cela a commencé : mais nous considérons qu'il s'agit là d'un oxymore. L'intelligence est la seule chose, dans l'univers, qui soit naturelle. Avouez que cela tombe mal. Vous vous voyez discuter de l'antisémitisme avec une machine ? Que comprendrait la machine de la persécution de la chair, de l'assassinat des corps, de la douleur physique et des lacérations ? Voilà un concept qui ne compte pour rien sans corps à supplicier. C'est parce qu'elle a besoin de chair que l'intelligence est naturelle. La machine ne peut vouloir la mort de personne ni sauver la vie de quiconque. Extérieure au corps, elle ignore la vie et ce qui semble son contraire et que nous appelons hâtivement la mort, souvent confondue d'ailleurs avec le décès. Mais c'est une autre histoire… Ce que la machine ne connaîtra jamais, c'est le mal-être. Comment être intelligent tout en allant bien ? L'intelligence se forge entre les plaies, elle est contournement des souffrances, elle jongle avec les douleurs. Elle fut donnée à l'homme pour qu'il parvienne enfin à éviter les coups, à contrecarrer les hématomes, à se soustraire aux tortures. L'instinct ne lui suffisait pas car le bourreau humain est retors et vicieux. Il fallait de l'intelligence aux damnés pour mettre en échec l'intelligence des barbares. La survie de l'animal est une occupation à temps plein et sa seule raison d'être. Il ne s'en aperçoit pas. Être un animal, c'est faire se confondre la vie et la survie. Être un homme, c'est s'abstraire de la survie pour tenter de vivre un peu. De vivre un peu entre les phases de sursis. C'est là, et seulement là, que l'intelligence entre en jeu – pour offrir au corps la sécurité, la tranquillité, la sérénité dont il a besoin. L'intelligence a été inventée, M. Moaks, pour mettre le corps de l'homme à l'abri. Pour le protéger. Ainsi ont éclos l'inspiration, le travail, l'observation, l'étude, la planification, l'examen, la prise de décision – et, en bout de chaîne, la création. Une machine n'a jamais peur de se faire arrêter par la Gestapo.

— Oui. Non.

— Regardez tous ces gens… Ces selfomanes ! Je déteste la selfomanie.

— La selfomanie ?

— Votre manie des selfies. Cette aberration qui finit par vous faire accroire que la *Pietà* de la basilique Saint-Pierre ou *Le Déjeuner sur l'herbe* sont les décors de vos grimaces.

— Cela arrive souvent que…

— Que l'on nous conspue notre patrie une fois qu'on a quitté son sol hospitalier ? Mais sans arrêt ! Les gens viennent ici se donner des sensations, nous mangeant dans la main comme de petits ouistitis, mais une fois à l'abri, ils manient la plume ou le micro comme une kalachnikov. Sur place, on observe généralement qu'ils ne nous traitent de rien. Certains jouent même à nous adorer, promettant la larme à l'œil de revenir. Ils fayotent, comme avec leur professeur de mathématiques, quand ils avaient quinze ans, au lycée. Et puis, dès que la Corée a le dos tourné, ou plutôt dès qu'ils tournent le dos à la Corée, c'est-à-dire dans l'avion du retour, quand ils n'ont plus le moindre orteil sur la moindre parcelle de notre territoire, leurs vénéneux commentaires commencent. Ils entament cette phase, répertoriée depuis des lustres par nous, dite de « la médisance ». Nous les accueillons, ils se sustentent, bénéficient d'un sommeil réparateur, jouissent d'une tranquillité qu'ils ne retrouveront jamais ailleurs et d'un apport culturel substantiel : pour solde de tout compte, leur remerciement est un dénigrement, leurs congratulations sont des démolitions. Notre gestion de ces mal élevés est à redéfinir. Sans doute devons-nous affiner nos techniques pour les détecter, réviser nos protocoles pour les démasquer, revoir nos astuces pour les confondre. Quant aux critiques, je ne vous ferai pas l'injure, cher ami, cher bientôt camarade, de vous rappeler quelles elles sont. Ces mauvais coucheurs sont dotés d'une imagination si malfaisante qu'ils seraient capables de médire d'un coquelicot, de trouver des défauts au géranium, d'émettre des opinions négatives sur un myosotis. À force, cela fabrique de pénibles stéréotypes dont notre nation, bourrée de défaillances comme toute nation qui se respecte, a le plus grand mal à se démettre. J'admets qu'on nous cloue au pilori – je me surprends parfois moi-même à médire de ma contrée. Mais je le fais *in petto*. Je ne fais pas participer les foules à mes rodomontades. J'opte pour la pudeur et pour la discrétion. Je sais contenir mes chiens. Tandis qu'eux se livrent à de fâcheuses compétitions d'épithètes, à d'infantiles concours d'exagérations, à des batailles insensées de dégradantes formulations. Ces méchants mantras ressassés, ces hypocrites anathèmes mécaniques, ces outrancières simplifications contribuent à donner de la République populaire démocratique de Corée l'image d'un vieux pays communisant, conduit jadis par des barjots stalino-léninistes et administré aujourd'hui par un Playmobil obèse à la psychologie défaillante, nourri au bon lait des Alpes suisses, qui voudrait en découdre à coups d'ogives nucléaires pour montrer au monde entier de quel bois nous nous chauffons. Avouez que le raccourci est des plus cocasses. C'est que la plupart des visiteurs que notre trop grande diligence tolère céans craignent en réalité de calciner leur réputation – si chèrement obtenue dans votre société de compétition –, dans les respectives rédactions de leurs respectifs pays. S'ils ne précisent pas, dans tel ou tel de leurs prévisibles éditoriaux, à quel point notre système les tétanise et ô combien notre régime les horrifie, s'ils n'écrivent pas le pire qu'ils puissent écrire, ils savent qu'ils sont susceptibles, soit de se mettre à dos leurs pairs, soit de recevoir une lettre de licenciement en bonne et due forme. Alors, au nom de « l'information », ils viennent ici la queue basse prélever des stocks d'indignation pour plus tard comme l'écureuil, bajoues gonflées, fait provision de glands. Ils viennent faire le plein. C'est tout juste s'ils ne nous demandent pas de leur astiquer le pare-brise. Ils viennent donner le plus de sens possible à leurs vains combats, à leurs luttes misérables remplies de bons sentiments, au nom de ces fameux droits de l'homme qui ont semé tant de cadavres dans le monde. Que savent ces gens des droits ? Que connaissent-ils à l'homme ? Le principal, pour eux, est de pouvoir répéter à satiété les antiennes qu'ils proféraient bien avant de visiter Pyongyang, mais avec l'autorité que confère à ces propos le fait de l'avoir visité… Ils viennent légitimer leurs a priori par le truchement de leur séjour. Lequel séjour n'est que l'adoubement mesquin de leurs tristes œillères. Leur périple ne sert jamais à leur faire découvrir un aspect inédit du monde, un mode inconnu d'eux de rapport à la vie, une autre partition de la symphonie humaine. Que non ! Ils ne viennent constater que ce qu'ils attendent, entériner ce qu'ils avaient prévu de dénoncer dix ans avant de venir. Ils viennent voir ce qu'ils ont lu. Tout ce qui sort de ce qu'ils savaient leur est invisible ou, pire, indifférent. Rien, pas même la réalité, surtout pas la réalité, ne parvient à raturer leurs confortables préjugés. Ils nous méprisent, nous jugent, nous condamnent après exactement de la même manière qu'avant. Si encore ils nous outrageaient davantage, nous serions comblés. Ce serait la preuve d'un changement. Ce serait le signe d'une évolution. Ce serait la marque d'un frémissement. Ce serait l'indice, bien qu'à notre détriment, d'une variation. Las ! c'est trop exiger de leurs capacités. Même et surtout après nous avoir connus, rencontrés, appréhendés, ces malotrus patentés, odieux de bout en bout et corrompus de fond en comble, continuent de plaquer sur nous autres les théories apprises sur les bancs de leurs écoles de journalisme, comme si le journalisme pouvait s'enseigner ! Le peuple coréen en a plus qu'assez de se contorsionner pour complaire à la caricature qu'on fait de lui depuis près de sept décennies. Le pays que j'habite n'a jamais le droit de remuer, il se doit de complaire à son givre, de ne pas faire l'histoire autrement qu'avec des statues, il doit se confondre avec l'ordre qu'on lui prête, suivant les lignes qu'on lui assigne. Comme si le désordre n'y existait pas, ni une certaine forme d'anarchie. Vous manquez de sagacité. C'est dommage. Votre assignation au politiquement correct vous a rendus tellement monstrueux dans l'angélisme, si idolâtres envers votre représentation du monde, si avares en matière de curiosité, que vous préférez, face à l'inexplicable qui étonne, vous draper dans l'expliqué qui rassure. Nous ne recherchons pas la fumée de vos encensoirs. Ce que nous voudrions commander à votre Père Noël, sous votre beau sapin roi de vos forêts, c'est le démenti de vos bassesses, la révision de vos inepties, l'immédiate cessation de vos imbécillités. Notre tragédie, ce n'est pas tant la persistante menace qui pèse sur nos têtes, que le fait que vos envoyés spéciaux ne changent jamais d'avis sur nous, ni en bien ni en mal. Ils changent d'avis sur l'amour, sur la vie, sur la mort, sur leur maison, sur madame leur femme, sur messieurs leurs enfants, sur l'éducation, sur l'avenir, sur M. Staline, sur M. Abraham, sur M. Mahomet, sur M. Jésus, sur Israël, sur la Palestine, sur l'atome de carbone, ils changent d'avis sur le cosmos et sur l'infini, sur les lois de la relativité, sur la naissance et l'âge de l'univers, sur M. Mao, sur M. Kennedy, mais ils ne changent pas d'avis sur nous. Ils ne pensent d'ailleurs jamais à nous, sauf lorsqu'il y a une catastrophe, un accroc, un accident, un « événement » susceptible à leurs yeux de ternir encore notre « réputation » déjà bien ternie par eux. Quand le drame advient, nous les intéressons. Quand le calme revient, nous cessons d'exister. La vérité, c'est que nous sommes trop compliqués pour leur simplicité. Nous sommes trop profonds pour leur surfacité ! Croyez-vous, M. Moaks, que nous n'en avons pas assez de vos clichés ? Et les Érythréens ?

Les Éthiopiens ? Les Libériens ? Les Gambiens ? Les Malgaches ? Les Centrafricains ? Les Nigériens ? Les Burundais ? Les Congolais ? Les Malawites ? Passez-vous vos journées, chez vous, à pointer du doigt leur misère comme pour la leur reprocher ? Votre profanante conception de la Corée du Nord, votre humiliante approche de notre situation, si vous étiez doués d'honnêteté, devraient recevoir une grande gifle après seulement quelques heures passées en notre compagnie. Nous ne demandons qu'à faciliter les constatations, à affûter les sens, à hacher menu les approximations. Nous serions d'accord pour collaborer avec vous pour que ce ne soit plus le réel qui s'ajuste à votre documentation, mais que ce soit votre documentation qui se conforme au réel. Bien sûr que nous sommes racistes ! Évidemment que nous sommes racistes ! Encore heureux que nous soyons racistes ! Mais ce qualificatif nous place infiniment loin de l'imagerie hitlérienne. Ce serait confondre le sucre de betterave et le sucre de canne. Il n'y a assurément rien de plus étranger à notre conception de la race que celle qu'en avaient les nazis. Nous méprisons leur médiocre désir de devenir les seigneurs du monde. Les nazis étaient des sulpiciens de la race, encombrés de toute une bibeloterie de médailles et de métalliques breloques, d'écussons virils cousus d'aigles victorieux. Ils n'étaient que des casseurs de vitrines à culotte de cuir, beuglant des chants maléfiques et des ritournelles bavaroises pour effaroucher la juiverie. Voilà ce qui se passe lorsqu'une démocratie installe des scouts au pouvoir. Un louveteau qui parle allemand, ce n'est jamais bon signe. Les nazis étaient des bavards. Il faut toujours se méfier des bavards quand ils bavardent en allemand. C'étaient des nabots des montagnes, chapeau de brosse en blaireau sur le chef, qui se lavaient dans l'eau glacée des lacs pour se faire admirer des fermières. C'étaient des faux artistes, des postulateurs de postérité. Nous sommes très mitigés au sujet du Führer. Il ne savait pas monter à cheval. Or, c'est en premier lieu par l'équitation qu'un dirigeant suscite le respect. M. Hitler préférait les chiens aux chevaux. C'est une des choses que nous n'aimons pas dans le nazisme : cet enthousiasme pour la race canine.

— Il est vrai que Hitler n'était pas très chats.

— Méfions-nous de ceux qui n'aiment pas les chats. Surtout quand il apparaît que l'allemand est leur langue maternelle. En tout cas, bien entendu que nous autres, Coréens, sommes racistes. Je voudrais bien voir ça, que nous ne le soyons pas ! Mais que l'on ne nous mette pas en parallèle avec ces braconniers de Forêt-Noire, ces braillards de brasseries, ces putschistes de bas étage ! Une incongruité échappée de vos rédactions, selon laquelle notre Grand Leader aurait allégrement diffusé parmi notre peuple une traduction coréenne de *Mein Kampf*, est parvenue jusqu'à nos oreilles. Arrêtons là, par pitié, les enfantillages. Ou persiflez mieux, si vous tenez vraiment à persifler. Comme les fascistes, nous aimons les défilés et le pas de l'oie. Est-ce que cela fait de nous des nazis pour autant ? Ce mélange de moustaches drues, de mèches de concierge, de bergers allemands et de blondes pépées dodues relève pour nous autres de la niaiserie de montagnards. Ces petites valses enschnapsées, ces inévitables génuflexions des fillettes, ces gamineries wagnériennes en godasses à crampons, cette appétence immodérée pour la blondeur et les abdominaux, cette croix gammée aussi inarrachable de leurs uniformes que le groin l'est de la truie, ces étals de librairies putréfiés par les pensums antijuifs, ces cris d'admiration lancés vers un nabot caractériel, cette métaphysique de l'enculade refoulée, cette supériorité passablement risible quand on observe la bedaine de l'un, le pied bot de l'autre et la monocouille du petit Führer, ces sympathies pour les grillades en terrasse et les neiges éternelles, ce concubinage gothique entre la mystique de patronage et la Lorelei, ce vieux mélange tourbeux de bord de Rhin et bière tiède, de bras de chemise et de nuques nettes, de paniers de fleurs et de brodequins cirés, de Fly-Tox et de jodle, de bourreaux raffinés et de pachydermes saouls, de discours apocalyptiques et de rots considérables, de courage en bande et de lâcheté solitaire, d'obsessions curulaires et d'anathèmes hygiéniques, de menaces de mort et de messes païennes, d'huile de ricin et de mains levées, d'assassinat imminent et de peur glacée, très peu pour nous. M. Hitler avait le racisme vertical : le nôtre est horizontal. Les nazis étaient des racistes verticaux : nous sommes des racistes horizontaux.

— J'avoue ne pas très bien comprendre, cher M. Kang, ce que vous entendez par là.

— C'est pourtant élémentaire, mon ami. Un raciste vertical, c'est quelqu'un qui considère que la race qu'il incarne, que la race dont il provient, que la race qu'il représente est la race supérieure, est une race qui se situe au-dessus de toutes les autres races. Nous, nous ne pensons pas cela. Nous sommes des guitrystes de la race. Vous savez sans doute que M. Guitry est un auteur très prisé par ici.

— Oui.

— Eh bien il est une phrase de M. Guitry – de l'académie Goncourt – qui résume à merveille notre racisme. M. Guitry, de l'académie Goncourt, écrit : « Je veux bien que les femmes nous soient supérieures, du moment qu'elles ne soient pas nos égales »…

— Exact. Cette phrase est en effet l'une de ses plus célèbres.

— Alors voilà, nous autres, Coréens, voulons bien être la dernière des races, la lie des races, la race inférieure, mais à une condition.

— Laquelle ?

— C'est que nous soyons bel et bien une race. Et à une autre condition.

— Laquelle ?

— Que cette race ne se mélange avec aucune autre. Nous refusons le mix, le melting-pot, les enchevêtrements génétiques, les mélanges d'origines. Le métissage. Nous pratiquons une sorte de mikado avec les races. Nous sommes non seulement une pure race, mais nous sommes une race pure. Veillez à ne jamais l'oublier. C'est primordial. Si vous ne saisissez pas ce point, toute compréhension de la Corée vous sera interdite. Vous resterez au seuil. Vous buterez. La supériorité, nous nous en fichons comme d'un très ancien slip. Mais l'homogénéité, nous en raffolons. Appelez cela du conformisme, cela ne nous dérange nullement. Nous cultivons – pourquoi le nier ? – l'art de la conformité. Nous venons tous, non du même père, mais de la même mère. Le Président Kim Il Sung est notre Mère. Les impérialistes japonais sont des fascistes. Nous sommes quant à nous des guitrystes. Notre cher Leader est avant tout un Grand Leader familial. C'est pourquoi nos Grands Leaders sont les fils de nos Grands Leaders. Et c'est pourquoi nos Grands Leaders sont les pères de nos Grands Leaders. Et c'est également la raison pour laquelle les pères des fils de nos Grands Leaders sont les fils des pères de nos Grands Leaders et vice versa. Quand un Grand Leader décède, un Grand Leader le remplace, qui est de sa stricte descendance. Si tel n'était pas strictement le cas, il y aurait déperdition de grandeur. Et déperdition de grand leadership. Quelle influence, M. Moaks, l'origine familiale exerce-t-elle, selon vous, sur le destin d'un homme ? Un patriote ne peut engendrer qu'un autre patriote sans qu'aucun gamète de patriotisme ne se perde en chemin… Les chiens nazis ne donnent pas des chats coréens. Kim Jong Il est né dans la nuit du Grand Miracle, le 16 février 1942 au camp secret du mont Paektu, où bivouaquaient les forces clandestines de l'Armée révolutionnaire populaire coréenne…

— L'ARPC ?

— L'ARPC. On dit que, cette nuit-là, les tigres du pays rugirent avec une constance inusitée et que les habitants furent les proies d'une allégresse hors du commun. D'autres phénomènes eurent lieu alentour, mais ce rugissement des tigres, ce *rugiet tigrum*, semble revêtir une signification conjecturale d'une concision extraordinaire. Les tigres du mont Paektu sont, simultanément, les messagers de la Victoire et du Renouveau. Il est impossible de ne pas être interloqué par cette ébouriffante coïncidence, quand on pense à la mission infiniment singulière de notre Maréchal. Cela n'a rien de commun avec la mise à bas, par Mme Hitler mère, de l'avorton furibard qui s'est vengé sur les juifs de ne posséder aucun talent en dehors de celui de l'éructation. Bien des ennemis du peuple juif en veulent à ce dernier de ne pas en être membre. Mais ce n'est pas un club. M. Hitler a voulu être un surjuif, plus intelligent que ceux qu'il savait – à raison – plus intelligents que lui, plus puissant que ceux qu'il s'imaginait – à tort – être plus puissants que n'importe qui. Mais je vous rassure, cher M. Moaks, nous n'allons pas passer cette belle matinée de printemps à disserter sur ce pygmée cocaïné. Ce que je voulais vous voir admettre, c'est que le racisme n'est pas un. Pas plus que les dictatures ne se ressemblent entre elles. Il y existe peut-être même davantage de diversité au sein du monde dictatorial qu'au sein du monde démocratique. Les démocraties se ressemblent plus entre elles que les régimes autoritaires entre eux. Comme si nous avions, malgré un cahier des charges extrêmement serré, en quelque sorte plus d'imagination que vous. Cela s'appelle la créativité par la contrainte ! C'est le business que vous organisez autour des sociétés totalitaires – ou de ce que vous intitulez pompeusement des « États autocratiques » – qui vous force à l'amalgame et à la confusion. C'est chez vous, pardonnez mon outrecuidance cher ami, que croissent – dramatiquement – les pratiques uniformes, les réflexes conditionnés, les discours convergents, la censure systématique. Et quand je parle de censure, j'entends celle qui sévit sous le pire de ses avatars : celle qu'on s'applique à soi-même, celle de la muselière qui prend les devants, du ciseau qui anticipe. Doucement, alors que votre accès aux œuvres et chefs-d'œuvre commis depuis le commencement de l'humanité vous sont accessibles en ce que vous nommez un « clic », vous êtes – en raison notamment de cette tétanisante disponibilité de toute chose – gangrenés par la monotonie. Vous lisez tous le même livre en même temps, vous commandez tous le même best-seller sur Amazon à la même heure, pour le lire durant le même été sur la même plage : l'uniformité vous gagne, l'ennui vous ronge. Plus aisément les trésors de l'humanité vous sont convocables, plus nombreuses les merveilles du génie humain vous sont offertes, plus la diversité de vos sociétés s'étiole, plus vos pairs se ressemblent, rassemblés que vous êtes – pris par une sorte de vertige, de prodigalité qui vous dépasse – sous la chape d'un même plomb. Ne sachant pas ce qui vous a précédés, ne pouvant décider de ce qui vous intéresse, nc sachant ce que signifie se passionner, vous optez, par pur souci de vous rassurer, pour la conformité sociale, la monotonie culturelle et l'uniformité technologique. De la caverne d'Ali Baba, vous ressortez avec un taille-crayon. Ou une gomme – similaire à celle du voisin. Ne sachant nullement ce que vous voulez, vous voulez ce que veut l'autre, qui lui-même attend de savoir ce que vous voulez pour le vouloir à son tour. Bien fait pour vous autres. Vous n'aviez qu'à pas séparer l'école de la vie, détacher les sentiments du savoir, séparer le corps de l'esprit, enseigner de façon stérile des matières coupées de la nature et des théories interdites de réalité. Cela vous retombe désormais sur le nez. Vous nous critiquez, mais contrairement à ce qu'on observe dans votre civilisation malade, la culture nord-coréenne est en adéquation avec son environnement naturel : nous traitons les êtres comme nous traitons les choses. Tel est le secret d'une existence paisible. Tout, chez nous, est parallèle à tout. Vous autres, Occidentaux, vivez perpendiculaires à vous-mêmes. Vous amenuisez la variété parce que la technologie, promettant de faire de chacun de vous un Grand Leader – alors que vous n'êtes que de gros crétins –, vous a volé vos vies. Et c'est pourquoi votre culture va disparaître bientôt : elle ne vous concerne plus, vous ne la concernez plus. Elle vous avait enseigné l'art de la variation, la science du foisonnement, l'attrait de la nuance, la richesse de la diversité, mais vous avez choisi, au lieu de la curiosité qui mène à l'exploration des génies adoubés par les siècles et des grands hommes entérinés par les lois de l'histoire, l'obscène sacralisation de votre individualité. En permettant la célébration de soi, la technologie l'entérine, l'autorise, l'officialise, pour ainsi dire la « blanchit ». Le passé ne parlant pas de vous, l'avenir ne parlant de personne, seul l'instant présent vous intéresse et vous concerne, puisqu'il est celui-là seul qui vous consacre. Rester le plus longtemps possible dans le présent, voilà à quoi se résume votre unique obsession. Persister dans le fugace, s'installer dans le volatil : c'est la temporalité de l'écume, mais ailleurs on ne veut pas de vous. Dans l'hier, vous n'êtes pas nés, dans le demain, vous êtes morts. Soumis à son importance essentielle, ébahi par sa prépondérance, ivre de son omnipotence, l'individu d'Occident n'a que faire de ce qui ne parle pas de sa personne. Ainsi la technologie, celle-là même qui lui ouvrait trop de malles aux trésors à la fois et donnait le tournis à tant d'ignares autosatisfaits, verra-t-elle, inculture générale et amour de soi aidant, ses fonctionnalités réduites à ce qu'il y a de plus satisfaisant : le sentiment de puissance de tout détenteur d'iPhone. Vous croyez vivre, cher ami, mais en réalité vous pseudovivez.

— Oui.

— Toute la journée, vous vous gaussez de votre science et vous vous moquez de notre idéologie. Mais, davantage que notre idéologie est une science, votre science est une idéologie. Notre idéologie, quoique très fortement arrimée aux principes du Juche, apparaît de beaucoup plus falsifiable que votre science, qui vise de plus en plus à la non-réfutabilité. Il entre davantage d'irrationnel et de liberté dans notre totalitarisme que dans votre scientisme. Pourquoi ? Parce que nous autres n'avons plus rien à vendre à nos concitoyens. Nous avons fourgué notre marchandise une fois pour toutes, en bloc, lors de la création de notre République. Tout est inscrit dans notre Constitution. Notre souhait est de prolonger *ad vitam aeternam* une situation qui date de 1948. Nous n'avons rien à actualiser, à rafraîchir. Nous n'avons qu'à entretenir. À faire perdurer. Nous n'avons pas besoin de remettre en cause la réalité. On se contente de celle que nous avons. Elle a été créée de toutes pièces par notre idéologie comme la vôtre a été créée de toutes pièces par la science. Mais comme vos théories hésitent, votre réalité flanche, et vous êtes contraints d'en changer régulièrement. Comme cela doit être pénible de faire du ski nautique derrière la réalité ! Votre science passe son temps à dire qu'elle est une approximation du réel. Ce doit être épuisant d'être le cobaye et le prisonnier de ces réalités successives, d'être toujours le cul entre deux réalités, d'hésiter entre deux réels, de ne jamais savoir si ce qu'on vit est bien ce qu'on est en train de vivre et non pas ce qu'on est train de croire… Tantôt vous croyez ce que vous vivez, tantôt vous vivez ce que vous croyez. Parfois, vous croyez vivre ce que vous vivez et d'autres fois, vous vivez ce que vous croyez croire. Ce n'est pas vivable… Nous avons fait le choix, en Corée, de nous acclimater durablement à notre fiction plutôt que de déménager tous les six mois d'une fiction vers l'autre. Vous avez la philosophie de Descartes, nous avons celle du Juche. La science n'est qu'un mensonge comme un autre, qu'une tradition comme celles qui nous proviennent du mont Paektu, une mythologie semblable à celle de notre ours changé en femme… Vous êtes vous-mêmes en train, sans vous en douter le moins du monde, de créer une nouvelle religion, comme nous l'avons fait avant vous. Une religion athée. Une église sans ciel. Une dictature en somme. Nous vous aurions volontiers souhaité la bienvenue dans notre club, mais nous ne voulons pas de vous. J'en suis navré. C'est que la religion qu'est en train de créer votre intelligence artificielle se situe aux antipodes de la religion qu'a bâtie notre intelligence naturelle.

Vous êtes en train de mettre en place une religion douce, une idéologie caressante, une dictature *soft*. Cela aussi, comme l'expression « intelligence artificielle », nous paraît relever de l'oxymoron. Une religion, pour nous, doit être âpre, une idéologie doit être contondante, une dictature doit être dure. Nous récusons de toutes nos forces une société qui favorise l'alliage entre l'individu, la science, la technique, d'une part, et l'univers tout entier, d'autre part. Merci bien. Très peu pour nous.

— Je ne suis pas loin de vous rejoindre sur quelques points. Pas tous. Mais quelques.

— Cela prouve que vous êtes un impérialiste capable de se remettre en question. On ne les trouve pas sous les sabots d'un cheval. C'est précieux.

— Merci.

— Les Allemands qui visitent Pyongyang ne ressemblent à rien. On dirait des crapauds en goguette. Ils se croient en vacances. Ils ne sont pas en vacances. Ils sont en voyage. Nous haïssons les touristes. Nous ne tolérons que les voyageurs. Et encore, pas tous ! D'ailleurs, ils ne sont même pas en voyage. Ils sont en visite. Nuance ! En République populaire démocratique de Corée, nous n'aimons pas véritablement les vacanciers. Nous tolérons les voyageurs. Nous apprécions les visiteurs. Mais nous aimons bien aussi aucun des trois… La Montagne étincelante. La Montagne brillante. La Montagne miroitante. Aussi miroitante qu'une broderie de soie. C'est là que dorment nos Grands Dirigeants bien-aimés. D'abord notre Mentor Génial, le camarade Kim Il Sung. Et ensuite notre Invincible Maître, le camarade Kim Jong Il. Il y a leurs dépouilles, immobiles, silencieuses. Leurs momies… Bon, à présent que je vous ai fait la messe, je ne vais pas non plus vous survendre l'affaire, cher ami : entre nous, ce n'est ni plus ni moins qu'un mausolée. Mais il vaut le coup d'œil.

— Je vous crois sur parole.

— La plupart des Coréens sont persuadés que les corps de nos Leaders ne sont pas des corps comme votre corps et mon corps, que ce sont des corps qui vivent autrement, qui longent les idées dans un univers invisible, se promènent parmi nous sous forme d'espérance, ou encore sous la forme de colombes blanches.

— Vous en pensez quoi, vous, à titre personnel ?

— Je ne suis pas supposé penser quoi que ce soit à titre personnel. Nous deviserons de ce sujet un autre jour… Nous irons tranquillement trinquer, un soir. Au calme. Je connais un lieu agréable.

— Parfait. Avec plaisir.

— Ah, au fait ! Vous me ferez penser : il faut absolument que je vous abonne au *Rodong Sinmun*.

— Il y a une édition en français ?

— Du tout ! Mais ça fera très chic ! Vous pourrez crâner. Je crois savoir que la Corée du Nord est un sujet très en vogue chez vous. Cela impressionne vos bobos. Vous passerez à la télévision pour vous vanter d'être un de nos rares abonnés occidentaux… Voulez-vous une cigarette Paektu ? Profitez-en, ce n'est pas si souvent que j'en offre.

— Non, merci, c'est gentil. Je ne fume pas.

— Vraiment ? Comme c'est étrange… Franchement, je ne vois pas trop l'intérêt de ne pas fumer.

— Je tente de préserver ma santé.

— Pour quoi faire ?

— Je ne me suis jamais posé la question. Pour vivre plus longtemps, j'imagine.

— Pour quoi faire ?

— Je ne me suis jamais posé la question non plus. Pour découvrir de nouvelles choses…

— Pour quoi faire, puisque vous allez mourir de toute façon ?

— Eh bien…

— On dira ce qu'on veut, c'est un grand, très grand privilège de discuter avec un ressortissant français. Vos raisonnements sont d'un tel exotisme qu'ils vous dépaysent en quelques phrases… Je ne vous remercierai jamais assez pour le plaisir que me procure votre visite. Oui ! Vous me faites un bien fou. Je sens que vous allez égayer ma journée. Cette façon de considérer que sa propre vie est importante est une perpétuelle source de curiosité pour mon entendement. Cette façon, tellement « hexagonale », que vous avez de vous repaître de votre importance. Cette manière, obscène et si touchante, que vous avez de porter jusqu'à l'incandescence votre « misérable petit tas de secrets ». Pour un peu, on croirait que les astres gravitent autour de votre personne. Ce qui nous ramène à nos conversations antérieures. Cette irrécupérable manie de l'expression qui s'outre, de la conjonction qui se flatte, de l'épithète qui se caresse. Vous pourrirez par le verbe, Messieurs les Français. J'en suis d'autant plus certain depuis que le verbe est à la portée de tous, que le premier butor venu peut penser devant tout le monde comme on s'essuierait l'entrefesson devant un parterre de gogos ébaubis. Ce viscéral besoin que vous avez de vous exprimer… Cela nous méduse, nous autres travailleurs anonymes, ouvriers mêlés aux camarades, camarades perdus dans la masse. Cette volonté de dire, d'être entendu, d'être écouté. Cette manifestation permanente de la bouche qui parle, clame, gueule, s'exprime, prétend, assène, prouve, démontre, assigne, accuse, dénonce, beugle, éructe, revendique et menace… Votre Internet est un hygiaphone. Chaque postillon que vous expulsez attend sa réaction, chaque crachat son assentiment, chaque apostrophe son applaudissement, chaque raisonnement son satisfecit, chaque exclamation son pouce levé, chaque mention son « like », chaque rot sa médaille, chaque quinte de toux son adoubement, chaque dénonciation son approbation, chaque mise au ban son encouragement, chaque excommunication sa caution, chaque calembour son smiley, chaque récit son ovation, chaque vocifération son vivat, chaque calomnie son hourra, chaque acharnement son bis, chaque délation son couronnement… Chaque existence est une existence qui prime sur toutes les autres existences. Cette nymphomanie de soi pour soi-même, cette narcissomanie, cette hyper-inflation du moi, cette boulimie de l'ego n'est pas tombée dans l'oreille d'un sourd : ce Big Brother auquel vous ne vouliez pas croire vous a finalement rattrapés. C'était bien la peine de vous faire peur avec des romans que vous avez préféré adapter au cinéma plutôt que de les étudier sérieusement. Que de frustrations accumulées, j'imagine, pour que dégueule un si furieux torrent de déballages ! L'anonymat vous était un tel supplice, l'ombre une telle Bastille, qu'à peine trouvé le moyen technique de vous trouver des « lecteurs », vous vous êtes comporté en énurétiques. Quelles cascades de vomi… Grisé par la publication, tout, pourvu que cela émanât de votre personne et de la petite subjectivité de votre être, vous a semblé paré d'intérêt, doté de valeur ajoutée, frappé au sceau de l'exceptionnel. Même vos selles photographiées, aussitôt que vous les jugez dignes d'être proposées à l'admiration de vos pairs – mais vous n'avez pas de pairs –, sont visibles sur votre « mur ». Mais le mur, cher ami, vous allez droit dedans. Parce que vous avez passé deux jours à Étretat sous la pluie – photos à l'appui –, vous estimez valoir davantage que le voisin d'en face, qui lui est resté à Paris. Mais lui aussi se sent supérieur à vous, depuis qu'il a soumis à la curiosité générale les photos de son teckel Albert. Tout ce qui est publié vaut aventure. La moindre entorse, la moindre balle au prisonnier, la moindre ouverture de douzaine d'huîtres sans passer par l'écailler vaut médaille de la Résistance. Multipliez ça par des millions de héros… Avouez que la tête doit tout de même un peu vous tourner. Ou bien êtes-vous à ce point aveuglé par votre propre lampe de poche que vous pensez réellement être le seul à croire que les misères qu'elle exhibe méritent tous les Prado du monde ? Votre prix Renaudot, il y a quatre ans, vous a-t-il rendu heureux ?

— Oui. Très.

— J'ai commencé à le lire. J'ai hâte d'en arriver aux chapitres sur la Corée du Nord.

— Prenez votre temps.

— Je lis dans l'ordre, premièrement. Et, deuxièmement, vous n'avez rien à craindre de la lecture de l'ex-sorbonnard que je suis.

— Merci.

— Moi aussi, si j'étais à la fois écrivain et français, je parlerais de moi. Moi aussi, je me plaindrais à longueur de chapitres. Moi aussi, je crois bien que je me vanterais. Moi aussi, je produirais à bouche-que-veux-tu des éclaircissements sur des épisodes de ma vie qui n'intéressent personne. Moi aussi, je mettrais mes qualités en avant, me faisant page après page l'avocat de moi-même. Moi aussi, j'essaierais de séduire les jeunes femmes en tentant de les émouvoir avec mon enfance. Moi aussi, je me rendrais sur des radios périphériques pour parler de moi, communiquer sur mes goûts, introduire les foules à mes penchants. Moi aussi, je me lamenterais abondamment pour qu'on achète mes titres dans la librairie du quartier ou qu'on commande mes opus sur Amazon. Moi aussi, je fustigerais, aux seules fins de me faire remarquer, ceux qui se reproduisent et la prédilection du tout-venant pour sa propre multiplication. Moi aussi, bien qu'infiniment bien nanti par l'existence, je mépriserais le genre humain à chaque automne littéraire. Mais je ne suis que coréen, et si je compose un chef-d'œuvre, ce serait moins pour gémir que pour convaincre. Convaincre, par exemple, des bienfaits de l'eugénisme et des avantages du racisme, militer pour une hérédité homogène, encourager la continence sexuelle. Vos thèses sont bonnes, mais vous les exprimez dans un lyrisme et une absence de radicalité qui ne mènent nulle part.

— Pardon, M. Kang, mais je ne suis pas favorable à l'eugénisme et j'ai le racisme en horreur.

— Ce sont pourtant là les prolongements logiques de vos misanthropiques ratiocinations. C'est ce qu'implique votre pensée quand on en pousse au maximum tous les curseurs.

— Je suis en total désaccord avec ce que vous dites.

— Si l'on n'aime pas son prochain, il s'agit d'en tirer les conséquences pratiques. Il faut savoir ce que l'on veut, cher ami.

— On peut détester tel ou tel sans remettre en question le fait que chaque homme a sa place sur terre et revêt son inaltérable dignité.

— Il y a une moitié d’humanité en trop sur cette planète, vous le savez pertinemment.

— Non, je suis désolé de vous contredire, mais non.

— Ne serions-nous pas plus heureux avec cinquante pour cent de nos congénères à supporter ? Franchement.

— Je ne me pose pas la question dans ces termes.

— Je le sais bien : puisque vous êtes français. Eh bien moi je vais le dire à votre place : nous sommes trop. Démographiquement parlant, l’avenir est déjà complet. Il n’y a plus de place. Et l’homme continue de lâcher sa purée. L’homme, au fond, n’est ni méchant, ni égoïste, ni lourd, ni un loup pour l’homme : son seul vice est d’être nombreux. L’homme est nombreux. La surpopulation est un gros mot pour l’Occident. Vous n’acceptez ce terme que pour parler des prisons – enfin, de ce que vous osez appeler des prisons. Vous n’acceptez pas de regarder ce grouillement en face. Vous êtes aveugles devant l’exponentielle éclosion des multitudes. Vous revoyez l’Apocalypse au rabais. Nous étions sept milliards sur la Terre il y a cinq ans. Nous serons huit milliards d’ici huit ans, et vous continuez à prendre vos déjeuners au Flore et à acheter des volumes de la « Pléiade ». L’homme n’a qu’un seul et unique problème, d’où découlent ses guerres et sa misère et ses crimes et ses viols : l’encombrement. M. Thomas Malthus – dont on ne mentionne jamais le prénom – doit s’en retourner dans sa tombe. Le pauvre homme ! Nous sommes en train de devenir infinis sur une planète qui, elle, ne l’est pas, mon cher ami.

— C’est vrai qu’à Paris, il n’y a plus beaucoup de place.

— Je ne vous parle pas de concentration, M. Moaks. Je vous parle de surpopulation. Je n’ai jamais prétendu que nous étions trop au même endroit. J’ai souligné que nous étions trop tout court.

— Il faudrait que les gens se suicident davantage.

— Ils le font. Mais dans une proportion encore trop raisonnable.

— Tout ça s’autorégulera. Nous prendrons encore quatre ou cinq milliards d’habitants sur les épaules et puis ça se tassera.

— Affirmation gratuite, M. Moaks. Il y a trop de monde sur Terre. C’est tout. Et nous devons faire avec. Et nous ne pourrons pas. C’est agréable d’être célèbre ?

— Je ne le suis que dans mon pays. Autant donc dire que je ne le suis pas.

— J’ai la sensation, après avoir lu quelques pages de votre énorme roman, que vous êtes – je ne vous en blâme pas, c’est votre droit le plus strict – un monstre d’égoïsme. Votre principal problème est cette impossibilité que vous avez de vous oublier. Mais j'imagine qu'écrire rend heureux.

— Oui.

— Il ne reste jamais rien du travail des autres. Tout s'évapore. Tandis que vos journées de travail à vous restent : elles sont imprimées sur la page. Quand on lit une page de M. Zola, on voit une page de littérature, mais M. Zola, lui, devait y voir la nuit blanche d'un mardi d'octobre ou d'un dimanche de mai.

— Oui.

— Vous êtes des narcissiques et des solitaires, en somme. Vous êtes libres d'écrire ce qui vous passe par la tête. Le travail ne vous est que joie. C'est presque injuste, lorsqu'on y réfléchit de près. Il doit entrer dans la notion de travail une part de déplaisir à laquelle vous autres, hommes de plume, n'êtes jamais confrontés. Et puis, même morts, vous continuez de vivre un peu. Vous avez le dernier mot, puisqu'un livre vient toujours de sortir au moment où le lecteur le découvre. Vous vous situez dans une temporalité qui n'est que la vôtre et qui, si le génie est au rendez-vous – je ne vous ferai pas l'insulte, malgré l'amitié que je vous porte, de vous ranger dans cette embarrassante catégorie –, peut sauter tel un cabri de siècle en siècle.

— En littérature, plus on ne représente que soi, plus on représente tous les hommes.

— Il y a un petit précipice à sauter – un grand précipice, plutôt – et, pour ceux qui ont la chance de le franchir, c'est gagné. Vous remportez votre ticket pour l'intemporalité. Les écrivains français étaient beaucoup plus français et, nécessairement, beaucoup plus écrivains du temps où vous ne vous encombriez pas de ce fardeau qu'est l'Union européenne.

— Je suis favorable à l'Europe, M. Kang.

— Je sais. C'est inscrit dans votre dossier. Ce que nous avons du mal à comprendre, depuis Pyongyang, c'est le silence que marque votre pays lorsque des chrétiens sont massacrés par des musulmans de par le monde. Cela ne s'appelle-t-il pas s'asseoir sur sa propre mémoire et tourner éhontément le dos à son – plus ou moins – glorieux passé ? Imaginez un seul instant que cela soit le contraire et que les exterminateurs soient les chrétiens. Ne pensez-vous pas que l'on sonnerait de toutes parts le tocsin ? Et qu'une innombrable frange des chrétiens protesteraient de toutes leurs forces, l'islam leur étant devenu étrangement plus comestible depuis la création de l'État d'Israël ? Mais vous ne vous insurgez jamais contre les musulmans. Vous les épargnez. Vous vous adressez à eux en prenant des pincettes. Peu importe qu'ils égorgent les descendants de ceux à qui vous devez la France moderne : ces fanatiques jouissent d'une infaillible immunité. Vous avez si peur d'eux qu'ils ont fini par obtenir de votre lâcheté l'extravagant privilège de faire la loi chez vous. Pouvez-vous me dire, M. Moaks, quel bénéfice vous escomptez tirer de cette démission considérable ? Je n'entends pas votre réponse.

— Ne voyant pas les choses ainsi, j'aurais du mal à vous répondre, M. Kang.

— Cet extravagant aveuglement est en train de coûter cher à la patrie de M. de Gaulle. Les Russes font moins la fine bouche que vous. Ils ne laisseraient jamais leur Sainte Mère l'Église se faire agonir de verts crachats. Pendant que, la gueule enfarinée, vous pataugez dans vos principes en minaudant, les Russes défendent leur fierté. Vous ne vous comportez pas comme des hommes. Votre triomphe s'arrête à la tolérance, qui n'est que l'autre nom de votre manque de sang-froid. Pourquoi parader avec troupes et chars, au 14 juillet, si c'est pour baisser votre pantalon tous les autres jours que compte votre calendrier ? Calendrier qui, en, récitant le nom de leurs saints martyrs, respecte mieux les chrétiens que vous. Ce calendrier vous oblige et vous vous défroquez. Les Coréens ne sont pas les derniers à s'en étonner. Punir cette populace arabe est pourtant à votre portée ! Vous avez les moyens de l'écraser d'un coup de talon d'un seul. Mais cette fameuse engeance vous tétanise. Systématiquement, vous prenez grand soin de ne pas les fâcher. Nous autres n'aurions nul état d'âme à étouffer dans l'œuf la mégalomanie de ces puants. Nous leur ferions passer le goût de la bouffée de violence, je puis vous l'assurer. Il faut dire que notre éducation nous a dotés d'un infaillible désinfectant : le respect de notre pays. Contrairement aux Français, notre peuple a décidé d'être libre de son destin. Nous avons, pour notre part, choisi de ne pas oublier que nous avons jadis lutté pour cette liberté. Pour ce destin. Si notre République, fastidieusement érigée, paraît aujourd'hui incassable, c'est parce qu'elle a toujours catégoriquement refusé de trembler devant les coups multipliés de ceux qui la nient. Aucun obstacle n'a jamais manqué une occasion de nous faire trébucher, aucun événement planétaire n'a jamais refusé de nous molester à la première occasion : mais, incalculablement fidèles à nos valeurs, refusant jusqu'à la mort de nous laisser souiller par les fanges adverses, nous avons tenu tête aux forces d'agression impérialistes. Nous avons fait prendre le bouillon à quiconque a tenté de nous torpiller. Voilà notre peuple, cher M. Moaks. Pour lui, il n'est plus grand bonheur de mourir quand il s'agit de désigner à nos ennemis l'infranchissable seuil de notre tolérance et la ligne de démarcation de notre patience. Puisse votre vieille France tirer quelque profit de la geste coréenne !

— …

— L'impérialisme, contrairement à une idée reçue, ne consiste pas à achever les choses, mais à les laisser à l'abandon. Regardez les Américains. Ils passent quelque part, jouent aux petits soldats, sèment les larmes, et puis s'en vont. M. Napoléon, un des êtres les plus poignants que cette Terre ait jamais abrité en son sein, a lui aussi commis cette erreur. Même le plus régalien de tous les hommes depuis M. César, autre spécialiste de l'inachèvement s'il en est, ne faisait pas les choses à cent pour cent. Voyez la Prusse, l'Égypte, la Russie… Le blocus contre les Anglais… C'est ce qui fait s'effondrer les empires. Ils possèdent l'ambition de l'ouragan et s'achèvent en courant d'air. Ils laissent toujours des miettes. Leurs holocaustes ne sont jamais complets. Ils laissent derrière eux des résidus, des purulences, des germes. Et ces germes se développent une fois que l'empereur a le dos tourné. Il faut toujours tout détruire ou bien tout laisser intact. Les germes se développent et deviennent de terribles virus qui, mutation après mutation, auront *in fine* la peau des empires. Une besogne se doit d'être accomplie jusqu'au bout, jusqu'au meurtre du dernier aumônier, à la décapitation de l'ultime enfant caché sous les décombres. La guerre est inexcusable quand elle s'arrête en chemin… Voyez la lutte révolutionnaire antijaponaise, par exemple… Le Président Kim Il Sung est allé jusqu'au bout. La Mort elle-même n'en est pas revenue. Le Président Kim Il Sung n'aura pas même épargné les gisants. Aussitôt qu'une plaie béait devant les yeux impassibles de ses troupes, il enfonçait dedans l'inexorable lame de la Résistance. Quand un incendie se déclare, le feu ne se rature pas, les flammes ne rebroussent pas chemin, elles ne font pas machine arrière. Une guerre digne de ce nom se doit de suivre l'enseignement des flammes. Ne jamais laisser une goutte dans le verre de sang qu'on avale cul sec. Un guerrier n'est vainqueur que s'il sème à jamais derrière lui la plus extrême inconsolation.

— Nous avons fait la guerre avant vous, M. Kang, si je puis me permettre.

— Oui, mais mal. Vous n'êtes jamais parvenus à en achever une seule sans l'aide de qui-vous-savez.

— Nous avons fait la Révolution seuls.

— C'est un fait. Et cela vous a apporté les droits de l'homme. Ces mêmes droits de l'homme qui vous protégeaient jadis et vous menacent aujourd'hui.

— Je ne comprends pas.

— Vos droits de l'homme protègent à présent à peu près tout le monde à l'exception des Français. Avouez qu'il fallait le faire. Ce que les Français rechignent à comprendre, cher ami, c'est que l'« universel » existe autant que la licorne, la tarasque ou le dahu. Votre universalité, vous l'avez inventée chez vous pour vous. C'est une universalité locale, provinciale, régionale, municipale. Chaque localité, M. Moaks, jouit de son universalité propre et n'a pas attendu après la vôtre.

— C'est vrai.

— Mais j'aimerais parler à présent des femmes. Savez-vous qu'il y a une personne à l'intérieur de chacune ? Une femme et une personne, contrairement aux enseignements que vous prodiguez dans votre volumineux roman, peuvent aisément cohabiter au sein du même habitacle. Je puis même vous assurer qu'une fois l'amour physique accompli, la jouissance généralement l'accompagne, la présence de la femme peut être riche d'agréments. J'espère que vous ne m'en voudrez pas de réfuter vos thèses, mais je suis partisan d'un certain rapprochement entre les deux sexes. J'ai découvert avec le temps, presque par hasard du reste, que l'homme pouvait tirer quelque avantage à ne pas humilier sa compagne, son épouse ou sa fiancée. Cela vous semblera curieux, je le sais, mais les femmes mériteraient presque d'être considérées à l'égal des hommes. Mon épouse, par exemple, est parfaitement apte à se définir en dehors de moi. Cela fait de nombreuses années maintenant que, ayant appris à reconnaître la valeur ajoutée qu'elle injecte dans notre couple et à admettre ses innocentes fantaisies, j'ai cessé de la voir comme une maîtresse rudimentaire ou une sorte de hochet accroché à quelque branche du vieil arbre humain. Au surplus, elle cuisine d'excellentes nouilles froides. Mon épouse n'est plus quelqu'un contre qui mon corps se frotte nuitamment, en attente d'une satisfaction immédiate, mais quasiment une interlocutrice, désormais. Vous devriez essayer : l'égalité des sexes, même si impossible à obtenir, est un bel idéal à embrasser. N'oubliez jamais que cinquante pour cent des humains sont des femmes. Il serait stupide, par conséquent, de s'en faire des ennemies. Certes, leur fécondité peut paraître répétitive et lassante et, j'ose le dire, quelque peu surannée. Certes, elles abusent de leur pouvoir de reproduction, mais leur faire la guerre est chronophage et vain. S'en faire des alliées reste à mon goût la meilleure stratégie. Je sais, tout également, que leur appétence sexuelle peut nous laisser pantelants. Le désir humain est mal réparti : les écoutant, il faudrait infiniment copuler. Elles sont affamées – surtout les Coréennes, mon ami, surtout les Coréennes ! Même lorsqu'elles possèdent la beauté du diable, advient toujours un matin où, dans leurs désirs, nous ne voyons plus que des besoins, et c'est alors qu'il nous faut mater leurs indomptables instincts. Je ne vous cache pas que c'est épuisant. Et que j'emploierais volontiers certaines de mes journées à jouer du banjo plutôt qu'à jouer les brutes glorieuses et sonores parmi les draps conjugaux. Votre tare est que vous refusez de connaître la gent féminine. Vous préférez, à leur sujet, le confort de vos idées reçues. Il faut admettre que vos religions, mâtinées de toutes vos grotesques béatitudes, ont contribué à les avilir et à faire osciller ces créatures entre prostitution puante et sainteté famélique. Votre judaïsme a insisté sur leur immutable impureté, votre christianisme les a condamnées à un irrévocable mépris, votre islam les a réduites à de vermineux ectoplasmes. La République populaire démocratique de Corée a jugé bon, pour sa part, de leur attribuer à peu près les mêmes droits qu'à une personne normale. Par exemple, nos femmes sont surveillées d'aussi près que les hommes. Si une femme, avec la même inadvertance qu'un homme, plie le journal sur la photo de notre Maréchal Kim Jong Un, elle sera déportée exactement comme un homme, molestée comme un homme ou – le cas échéant – passée par les armes avec une méticulosité, un soin similaires à ceux que nous mettons pour mettre fin à la vie d'un homme. Si, chez vous, la parité reste une chimère, cela fait bien longtemps qu'elle est, ici, une réalité. Nos femmes, en sus, avec le même enthousiasme désintéressé qu'un homme, peuvent servir dans l'armée et nous sommes en train d'étudier, au Comité central, l'éventualité qu'elles puissent y gravir les échelons jusqu'à obtenir un poste de commandement. Mais les réformes vont bon train : savez-vous, par exemple, qu'il y a deux ans, les femmes ont pu pendant quelques mois – à titre d'expérience et dans la perspective de faciliter dans un avenir plus ou moins proche leur émancipation – se déplacer à bicyclette avec la même légitimité que les hommes ? Ce qui étonnant, à en juger par l'histoire du monde, c'est que le plus souvent la femme, qui devrait valoir davantage que l'homme du fait même de la maternité, a inlassablement été installée dessous. Un homme qui n'a pas d'enfants, pas d'attaches, pas de parents, pas d'épouse, un homme seul au milieu du silence des bois, non seulement reste un homme mais exacerbe le concept d'homme, fait honneur à sa communauté, il quitte presque sa condition d'homme méridien pour devenir un homme au carré. Tandis qu'une femme, aussi sublime soit-elle, dès lors qu'elle n'a pas enfanté, qu'elle est seule avec elle-même, paraît trahir sa race. On hésite à l'affubler du nom de femme. Quelle énigme, mon ami. Alors que la femme est plus impliquée dans la fabrication de l'humanité, qu'elle loge au cœur de l'Être, qu'elle pénètre mieux que nous autres le génie de l'espèce, alors que, du fait même que le sort et les origines du monde proviennent de la miraculeuse mécanique dont la nature l'a comblée, c'est elle, et non l'homme, que les siècles ont assimilée à l'animal. Une femme est plus humaine qu'un homme puisqu'elle a donné l'homme à l'humanité. La femme a porté le monde en elle. Et, croyez-moi, M. Moaks, cela pèse lourd sur le monde. Surtout quand il est enfermé dans un ventre. Une femme est un homme et demi. C'est cela que, depuis que nous voyons le soleil se lever, nous ne lui avons jamais pardonné. Une femme peut jouer à être un homme, mais nous savons l'inverse impossible. Les hommes ont besoin de leur maman, pas les femmes, puisqu'elles sont mères en puissance. La mère est tapie au fond de la femme. Les hommes le savent, et passent une partie de leur vie à se venger de ce privilège. Mais ce que l'homme pardonne le moins à la femme, c'est d'avoir été enfanté de la même façon que la bête, selon le strict même protocole, dans une gadoue de viscères et de sang, de boyaux perturbés, de placenta qui gicle et de hurlements fauves. Toute cette glu natale, ce festival de pestilences et de matière blanche, de glaires d'utérus, ces faisceaux de viande violette, cette sueur criée : c'est l'injure originelle dont la femme nous agonit. La femme ne nous met pas tant au monde qu'elle ne nous remet à notre place ! Nous cherchons toute notre vie à le lui faire payer. La femme, déguisée en mère, nous a profanés une fois pour toutes. Elle ne nous a jamais donné le jour : elle nous a donné la nuit. De plus, en nous donnant la vie, elle nous a donné la mort. Cela fait beaucoup, cher ami. Être un homme relève pratiquement de la mission impossible.

— Nous sommes effrayés à l'idée que notre mère puisse être une femme, et rassurés à l'idée que notre femme puisse être une mère.

— L'orgueil de l'homme est incompatible avec la condition animale à laquelle la femme l'a relégué en mettant bas. Longtemps, l'homme a voulu dresser de la femme une vision éthérée, diaphane, épurée, céleste, inaccessible, parfaite, surélevée : c'était pour nettoyer le saccage de l'accouchement, laver la souillure, faire disparaître à grande eau les flaques de sang de cette boucherie. On a cherché à compenser l'éclaboussure par l'assomption, le rognon par le cierge et la purée d'ovaires par le quatrain. C'était peine perdue : aucun ciel, aucune croix, aucune cantilène ne sauront dissimuler cette bestiale frénésie de bidoches en rut. La mystique est impuissante à éthérer la fornication.

La femme crée l'homme, l'homme invente la femme. C'est sa manière de lui faire payer.

— Peut-être bien.

— L'invention de la femme idéale, de la femme parfaite, de la femme pure, de la femme aérienne, immatérielle, insexuelle, vertueuse, platonique, sublime, naïve, tamisée, innocente, angélique et archangélique, phosphorescente, sacrée, télescopique, immaculée, théorique, cristalline, inaltérée, blanche comme une oie, séraphique est un sale prétexte pour les priver de leurs droits et les encager, pour les censurer et les avilir d'autant ! Le tour de passe-passe consiste à les ériger au rang de saintes pour mieux les réduire au stade de simples femelles. Ce qui, à titre strictement personnel, me désespère un peu, c'est leur besoin permanent de…

— … de sexe.

— Pas seulement ! C'est leur besoin permanent, systématique, presque scolaire, d'amour. Elles en font trop avec ça. Moi, l'amour, je peux aisément m'en passer. Surtout avec tous les dossiers que j'ai à traiter au bureau… Les femmes ne le peuvent pas car leurs entrailles et leurs sentiments ne font qu'un. Ce n'est pas notre cas.

— Vous généralisez, M. Kang. Pour ma part, j'ai le sentiment que tout ce qui est valable pour un homme l'est pour une femme – et réciproquement.

— Vous vous égarez, M. Moaks. On a rarement vu une femme frapper son mari pour se sentir supérieure à lui. L'homme entend depuis des millions d'années dominer sa femme par le muscle, la violence et l'hématome. Une femme ne s'abaisserait jamais à cela. Sauf si elle était homme. Mais il y a d'autres différences : je connais beaucoup plus de femmes évoluant au milieu d'hommes – y compris dans le cadre familial – que d'hommes passant leur vie parmi les femmes. En sus, si, dans votre si puérile Bible, l'homme jouit de la pureté, la femme s'en voit infailliblement privée. Pensez-vous qu'un tel déséquilibre soit acceptable, cher ami ? Les Coréens luttent contre la disjonction entre l'homme et la femme : nous souhaitons qu'entre ces deux échantillons de la matière humaine la communication soit enfin établie. Cela fait partie de la toute proche révision de nos conceptions juchéenne de la Révolution. Vous avez eu Vatican II ? Nous aurons Juche II !

— Oui…

— Nous souhaitons que les hommes et les femmes couchent un peu moins ensemble mais, en revanche, qu'ils déjeunent et dînent et marchent et courent et nagent et discutent et travaillent plus souvent de conserve. Comme s'ils étaient faits du même bois ! Je déteste, nous détestons vos méprisables monothéismes, maladies des peuples enfants. Leurs catéchismes précaires prônent tous la scission des sexes et leurs formulaires, rédigés avec des larmes et des histoires à dormir debout, exigent d'être remplis par des hommes à la faculté d'invention réduite dont le soi-disant « mysticisme » consiste à faire de la femme leur esclave. Le confort moral – et cérébral – que sont censés apporter leurs dogmes vous rend aveugles : il ne s'agit ni plus ni moins pour les églises, les synagogues et les mosquées que d'abîmer le sexe féminin, de le bannir de la nature humaine, de conspirer contre sa dignité. On vous a vendu, pendant des lustres, les bienfaits notamment du protestantisme, au prétexte que les réformés seraient plus humains que leurs collègues : ils n'ont fait qu'ajourer des galimatias, des réflexions spécieuses à la clarté des catholiques, qui avait au moins pour elle le mérite de la naïveté. Il ne faut jamais encombrer un corpus religieux d'intellectualisme. Le mieux est encore de conserver intacte son indigence première. Les doctrines simplistes ne méritent pas d'être triturées par la pompe analytique, le commentaire infini, le raisonnement verbeux. Les religions sont déjà insupportables, si on y ajoute la cuistrerie, elles deviennent inadmissibles. La femme que vous devriez réhabiliter, au lieu que de célébrer Ève, c'est Lilith, l'« ex » de votre risible Adam. Ça, c'était une femme ! Et vos féministes, incapables de trouver un exemple de femme indomptable avant Mme de Gouges – pâle figure tardivement déterrée pour les besoins de la cause –, feraient bien de l'impliquer dans leur combat. Lilith ne s'est pas laissé violer par le Premier homme, elle. Elle a su lui tenir tête. Acharné à l'impossible besogne de la besogner, Adam, la queue entre les jambes, mon ami, a dû aller trouver ailleurs – chez Ève, première d'une longue série de femmes, soumises, inventées selon le désir et pour le besoin des hommes – de quoi satisfaire sa frémissante libido. Eussiez-vous réhabilité Lilith au détriment d'Ève que la face de votre monde en eût été modifiée, M. Moaks. Je conçois que les hommes, imbéciles extatiques, puissent être musulmans, juifs, catholiques ou protestants, mais mon cerveau ne parvient pas à comprendre, mon entendement n'arrive pas à admettre que les femmes tombent dans ce panneau. Qu'ont-elles à y gagner ? C'est vraiment se jeter dans la gueule du loup ! N'ont-elles pas compris que ces monothéismes n'avaient pas tant été inventés pour contempler le Ciel et honorer Dieu que pour salir la femme et la tenir en laisse ? Les abjectes rengaines du Coran, de la Bible et du Talmud n'ont de cesse que de fabriquer à la femme une prison qui n'est même pas dorée : des larmes, de la sueur, du sang, une muselière, un martinet. Quel apport à l'Amour ! Les monothéismes sont des créations testiculaires, mon ami ! Le plus grand insulteur, le plus illustre contempteur, le plus célèbre éreinteur, le plus grand dénigreur, le plus notoire détracteur, le plus éminent dépréciateur, le plus mémorable dénonciateur, le plus légendaire réprobateur, le plus glorieux diffamateur, le plus puissant calomniateur, le plus prestigieux incriminateur, le plus éminent négateur, le plus éloquent éreinteur, le plus extraordinaire procureur, le plus brillant accusateur, le plus prépotent débineur de la femme, n'est-ce pas Dieu lui-même ? Vos manuels de prières enseignent à ces malheureuses – à coups de versets répugnants, de sourates incongrues, d'antiennes messéantes, d'hymnes pouacres, de psaumes vilains, de cantiques blèches, de chants difformes et de stances emmanchées – la science de se taire et l'art de subir. On aurait presque envie de les gifler plus violemment que ne le font leur Dieu et leur mari – qui peu ou prou finissent par se confondre dans leur imaginaire – pour les faire réagir ! Nous avons envie d'aller leur hurler dans le tympan que, quoi qu'en dise leur Ciel, la femme n'est pas venue sur Terre pour exercer du matin jusqu'au soir et du soir jusqu'au matin la profession de martyre. Les Écritures ne sont que le catalogue de leurs souffrances, l'encyclopédie de leurs vicissitudes, le Bottin de leurs supplices. Puissent-elles détruire par le feu, ou effacer par ces lessives, dont elles ont paraît-il le secret, ces chartes méchantes, ineptes, qui les terrassent, les ravagent et les répriment au nom d'une idole arbitraire inventée spécialement il y a cinq mille ans – et réactualisée il y a deux mille ans, il y a mille trois cents ans – pour les annexer au caprice de leurs époux. Pourquoi les femmes extérieures à la République populaire démocratique de Corée – les nôtres sont très heureusement à l'abri des avanies que je viens de dire – ne se confectionneraient-elles pas une religion sur mesure ? Pourquoi ne se tourneraient-elles pas vers une foi, inédite, conforme à leurs attentes, à leur douceur, à leur génie ? Dieu est toujours un homme, Jésus sempiternellement mâle, Mahomet aussi, et les prophètes ne sont jamais que de sexe masculin. Si vous souhaitez que vos sociétés évoluent vers une égalité de l'homme et de la femme – ce que seules les femmes veulent, cela va de soi –, il faudra tôt ou tard que vous en passiez par l'érection d'une mystique de la femme faite par la femme et pour la femme. Autrement, celles-ci seront condamnées à tourner en rond dans la chambre conjugale et dans la cuisine matrimoniale.

Dimanche 16 avril

Réveil avec *Solo Piano*, Jaki Byard, 1965 (Prestige, PRST-7686, US). Jaki Byard : piano.

Géniale fulgurance de Rosenzweig : « Celui qui est engendré comme juif atteste sa foi en continuant d'engendrer le peuple éternel. Il ne croit pas en quelque chose, il est lui-même croyance » (*L'Étoile de la Rédemption*, 1921). Il est lui-même croyance ! Monumental !

Lundi 17 avril

Réveil avec *Piano Solos*, Ralph Sutton, 1978 (Eighty Eight Up Right, 88UR-004, Canada). Ralph Sutton : piano.

Les chrétiens sont venus au monde pour venir (un jour) vers Dieu. C'est ce qu'il leur faut atteindre, Dieu. Les chrétiens conçoivent Dieu comme la perfection même, comme ce qui est situé totalement, absolument, définitivement au-dessus de. Dieu est donc ce que le chrétien essaye d'atteindre. Chez les juifs, Dieu n'est pas au-dessus. Il est là. À côté. Tout contre. Il dit à Abraham : « Je traite avec toi. » Puis : « Je serai pour toi un Dieu tutélaire. » Dieu protège Abraham et sa descendance. Mais qu'est-ce qu'un dieu qui propose une alliance à un homme (et à sa descendance) ? Un dieu qui s'allie à un homme, à un peuple, à un homme qui deviendra tout un peuple, c'est Dieu. C'est le Dieu des juifs : un Dieu qui protège, mais veut qu'on le protège aussi ! Sinon il n'y aurait pas besoin d'alliance. Il n'y aurait rien du tout.

Mardi 18 avril

Réveil avec *Solo Piano Reflections*, Ellis Marsalis, 1988 (CBS/Sony, 28DP 5184, Japan). Ellis Marsalis : piano.

Les chrétiens ont eu besoin de Jésus, de l'introduction de Jésus, du truchement de Jésus pour donner de l'humanité à Dieu. Pour injecter de l'humanité dans Dieu. Pour injecter un peu d'humanité dans un peu de Dieu. Les juifs, eux, ont considéré que Dieu les protégeait et qu'eux, en retour, protégeaient Dieu. Un Dieu qui protège est divin, mais un Dieu qui veut, qui espère, qui voudrait (lui aussi) être protégé, est un Dieu qui est humain. Imagine-t-on Osiris ou Zeus attendre d'être « protégés » par les hommes ?

Mercredi 19 avril

Réveil avec *Solo Piano*, Gus Seeman, 1982 (GS Records, 120 625, Austria). Gus Seeman : piano.

Quand on est totalement absolument au-dessus des hommes, quand on se considère comme plus puissant que n'importe quelle force inhumaine ou humaine, que l'on se voit comme l'absolue force universelle, comme le sommet ultime, la seule étincelle possible, on ne va pas conclure un accord, on ne cherche pas à signer un contrat avec les hommes. Dans un contrat, il y a réciprocité. Il y a intérêt pour les deux parties. Il y a pour les cosignataires une perte, mais il y a pour les cosignataires un gain. L'Alliance de Dieu avec les juifs, c'est Dieu qui se met à la table des hommes. Et c'est tout un peuple (honneur redoutable, honneur qui oblige, honneur qui engage) qui est invité à la table de Dieu. Cette table, c'est la table de la Loi !

Jeudi 20 avril

Réveil avec *Piano Solo*, Guillaume de Chassy, 2007 (Bee Jazz, BEE021, France). Guillaume de Chassy : piano.

Tout devient clair quand on comprend ça. « Le peuple élu », ça ne veut pas dire, ça ne veut jamais dire le peuple le plus important, le peuple plus important que les autres, le peuple prépondérant, le peuple hautain, le peuple au-dessus de tous et de tout, bien au contraire, ça veut dire le peuple qui s'est assis à table avec Dieu, qui a signé un contrat avec Dieu, qui est par conséquent responsable devant Dieu. Responsable de quoi ? De l'humanité. Des hommes. Des hommes de l'humanité et de l'humanité des hommes.

Vendredi 21 avril

Réveil avec *Mizila (Piano Solo)*, Ray Lema, 2004 (One Drop, 1DROP 01, Europe). Ray Lema : piano.

Dieu, en proposant cette Alliance, ne propose pas un contrat juif, mais un contrat humain. Un contrat homme. Les juifs ne sont que les représentants des hommes, et de l'humanité, et de l'homme, et de l'humanité de l'homme. Dieu leur dit qu'Il se comportera divinement à la seule condition que les hommes se comportent humainement. Dieu leur propose de les protéger en se comportement divinement et, en échange, leur demande (demande aux hommes via les juifs) de le protéger en se comportant humainement. Si Dieu se conduit divinement, les hommes pourront se perpétuer. Ils auront un avenir. Une postérité. Si les hommes se conduisent humainement, Dieu pourra perdurer. Il aura l'avenir. Une éternité.

Samedi 22 avril

Réveil avec *Piano Solo*, Chris Gall, 2015 (GLM Music GmbH, EC 561-2, Germany). Chris Gall : piano.

Il faut tout de même se demander ce qui, dans l'homme, ce qui en l'homme, est divin. Ce n'est certainement pas l'intelligence : celle de Dieu est infinie, mais celle de l'homme (je crois que je n'ai nul besoin de faire le moindre dessin) est limitée. L'homme pense de manière finie. Il ressasse avec une finité de moyens une infinité de sujets. Il soulève avec une finité d'entendement une infinité de questions. Il répond finiment aux questions qu'infiniment il se pose, et dont la complexité est infinie. Être un homme, la définition d'être un être humain, c'est donner des réponses finies à des questions, à des questionnements infinis. C'est répondre à de l'infini par du fini. C'est pour cette raison que les conclusions des hommes, dans leurs théories, ne sont jamais que momentanées, éphémères, partielles, provisoires. Les théories des hommes proposent un dénouement fini à des questions infinies, c'est la raison pour laquelle elles ne sont valides qu'un temps, que pendant un (plus ou moins long, plus ou moins court) laps de temps. La manière qu'a l'homme de progresser est trompeuse : c'est dans la finitude qu'il progresse. Et s'il y a progrès dans la réponse à la question infinie, c'est une réponse finie encore, et c'est une réponse finie toujours. C'est une réponse, ce sont des réponses, qui infiniment resteront finies, qui resteront infiniment finies, ce sont des réponses asymptotiques bornées par l'intelligence humaine, et dont la borne supérieure, provisoirement supérieure est la dernière théorie valable en date. La dernière supputation valide. Supputation obtenue soit par le ressassement laborieux d'intelligences pointues et spécialisées, soit, et c'est plus rare, par l'intelligence des génies, qui fait gagner des siècles et qui peut, à tort, donner l'impression d'une intelligence quasi infinie, presque divine. Mais « quasi », dans le domaine, dans le monde de l'infini, ça ne veut rien dire. Et « presque », dans le domaine de Dieu, dans le monde de Dieu, ça n'a (strictement) aucun sens. Quand on est infini, le quasi et le totalement se confondent, exactement comme se confondent, en Dieu, le presque et le complètement, l'un peu et le totalement. Ce n'est donc pas la pensée, la faculté de penser, l'entendement, la raison, l'intelligence humaine qui est divin chez l'homme. C'est autre chose.

Dimanche 23 avril

Réveil avec *Solo Piano*, Todd Garfinkle, 1986 (CBS/Sony, 28AP 3231, Japan). Todd Garfinkle : piano.

Qu'est-ce qui peut bien être infini chez nous ? La bêtise ? Mais la question est : qu'est-ce qui est infini et positif chez nous ? Qu'est-ce qui nous rapproche de Dieu, qu'est-ce qui, chez nous, a la même infinité que dans le divin ? François Mitterrand disait : « On ne peut rien contre la volonté d'un homme. » On ne peut rien. Ce qui est infini, chez l'homme, c'est sa faculté, non de pouvoir, mais de vouloir. « Je veux tout », disait la petite Thérèse de Lisieux. Elle n'a jamais dit : « Je peux tout. » Elle a dit : « Je veux tout. » Ce qui était le propre d'une volonté infinie. C'est par le biais, non de l'intelligence, mais de la volonté, que le contrat entre Dieu et les hommes, entre Dieu et les juifs, peut s'établir. Car on dit indifféremment, en ce moment, là, dans ces lignes, les « hommes » et les « juifs ». Mais ce sont des juifs premiers dont nous parlons. Et ce ne sont donc pas n'importe quels hommes. Ce sont les hommes de l'Alliance. C'est donc entre les juifs et Dieu que le contrat a lieu, par le biais de la volonté des juifs, de la volonté humaine infinie des juifs. Et, certes, on n'est pas responsable de ce que l'on peut faire ou ne pas faire, mais on est totalement responsable de ce que l'on veut ou que l'on ne veut pas. On ne peut pas choisir de pouvoir faire (ou ne pas faire) telle ou telle chose : la limitation, en quelque sorte, ne vient pas de nous, elle n'est pas de notre fait. Elle est médicale. Tandis qu'on choisit toujours ce que l'on veut, ou ne veut pas. Le vouloir crée un devoir.

Dieu veut bien être responsable des hommes pour moitié à condition que les hommes soient responsables de Dieu pour moitié. La grande difficulté, dans ce contrat, dans cet accord, dans cette Alliance, c'est que Dieu ne représente que Dieu, c'est que Dieu ne représente que lui-même, tandis que les juifs ne représentent pas que les juifs : les juifs représentent les hommes, tous les hommes.

Pour que Dieu protège les hommes, il doit agir divinement. Agir divinement, pour Dieu, c'est agir humainement. Pour que les hommes protègent Dieu, ils doivent agir humainement. Agir humainement, pour les hommes, c'est agir humainement. Mais agir humainement, pour les juifs, c'est agir divinement. « L'homme est de peu inférieur à la divinité » (Psaume 8, 5), « Tu en as presque fait un dieu ».

Lundi 24 avril

Réveil avec *Solo Trip*, Lutz Rahn, 1978 (Strand, 6.23663 AO, Germany). Lutz Rahn : claviers, synthétiseur, orgue et piano.

Si Dieu n'agit pas divinement, c'est-à-dire humainement, alors il devra s'en expliquer devant les hommes. Si les hommes n'agissent pas humainement, alors les juifs devront s'en expliquer devant Dieu. Et si les juifs n'agissent pas divinement, que se passe-t-il ? Seront-ce les juifs qui devront s'en expliquer devant Dieu ? Ou bien les hommes, l'ensemble des hommes ? La réponse à cette question est l'une des plus compliquées de tous les temps.

Si Dieu n'agit pas divinement, c'est-à-dire humainement, alors les juifs ne pourront plus considérer Dieu. Et si les juifs ne considèrent plus Dieu, Dieu meurt. Si Dieu n'agit pas divinement, c'est-à-dire humainement, alors les juifs abandonneront Dieu. Et si les juifs abandonnent Dieu, Dieu meurt. Si les hommes n'agissent pas humainement, alors Dieu ne pourra plus considérer les hommes. Et si Dieu ne considère plus les hommes, les hommes meurent. Si les hommes n'agissent pas humainement, alors Dieu abandonnera les hommes. Et si Dieu abandonne les hommes, les hommes meurent. Si les juifs n'agissent pas humainement, c'est-à-dire divinement, alors Dieu ne pourra plus considérer les juifs. Et si Dieu ne considère plus les juifs, il ne considère plus les hommes. Si Dieu ne considère plus les juifs, les juifs meurent. Si les juifs meurent, c'est l'humanité qui meurt, ce sont les hommes qui meurent, car il n'y a plus alors aucune trace de divin dans l'homme, et plus aucune trace, jamais d'humain dans Dieu.

Reste à expliquer ce que c'est, pour un juif, d'agir divinement ! Si le Dieu des juifs était le Dieu des chrétiens, agir divinement serait impossible. Parce que le Dieu des chrétiens, dans son immense inaccessibilité d'éther, par-dessus tous les cieux éternels de l'éternité, dedans des firmaments dispersés par-delà l'infini, et même une succession d'infinis, est absolument, définitivement, immémorialement Tout quand l'homme n'est rien. Il n'est pas seulement au-dessus des hommes (qui ne peuvent jamais l'atteindre, dans tous les sens du terme), il est au-dessus de Tout. C'est un grand infini qui plane. Très sourd. Impondérable et absent, toujours dans un quelque part universel et flou. Uniformément paroi du grand Ciel… Diffus, intense et tellement infiniment invincible. L'inverse d'un trou noir. Se comporter divinement pour un chrétien relève de la prétention ou, plutôt, de la folie.

Mercredi 26 avril

Réveil avec *Solo Flight*, Ray Bryant, 1977 (Pablo Records, 2310-798, US). Ray Bryant : piano.

Conférence *Marianne*-Paris Première sur le terrorisme, tôt le matin.

Jésus est plus pratique pour les mégalomanes et les fous : ils ont une figure matérielle à imiter, à calquer, à copier. C'est le grand problème de la définition, de l'essence du Dieu des chrétiens que de ne pas être accessible à l'humain. De rester hors d'atteinte. Un chrétien qui agit divinement est un chrétien qu'il faut enfermer. Un chrétien qui se prend pour Dieu, c'est dangereux. C'est Caligula. C'est Hitler ! Tandis qu'un juif, lui, peut tranquillement se comporter divinement. Car le Dieu d'Abraham, contrairement au « Pater » de Jésus, n'est pas fait de tonnerre et de galaxie, de stratosphères et de ciels successifs. Les chrétiens ont affaire à la « justice de Dieu », les juifs à un Dieu qui est justice. Pas à Dieu dans les étoiles, astrophysique et galactique, mais à un Dieu éthique, à un Dieu qui est justice. Pas à un Dieu justicier, mais à un Dieu justice. Pour un juif, l'expression

« juste ciel » serait une tautologie si elle n'était pas absurde – car, dans le judaïsme, le ciel comme maison de Dieu est absurde. Pour les juifs, la maison de Dieu, c'est le Livre.

Jeudi 27 avril

Réveil avec *Solo*, Judy Bailey, 1978 (Eureka, E-107, Australia). Judy Bailey : piano.

Les juifs peuvent agir divinement, parce que, pour eux, le divin c'est la justice. Dieu c'est la justice. Et pas seulement la justice, mais l'équité. Agir divinement, se comporter divinement, pour un juif, ce n'est pas se répandre dans l'univers comme une inattaquable invincible force, c'est se comporter selon une loi, une loi qui exige de la part des juifs qu'ils soient justes et qu'ils soient équitables. Agir divinement pour un juif, c'est agir justement ; et c'est agir équitablement. Le Dieu des juifs est humain parce qu'il exige et attend des juifs, qui sont des hommes, de simples hommes, des choses qui sont à leur portée. Difficiles, ardues, mais à leur portée. À portée d'homme. À portée d'humanité. À portée d'humanitude. Un Dieu qui exige des hommes quelque chose qui relève des dieux seuls, et de Dieu seul, n'est pas un Dieu humain. C'est un Dieu chrétien. Le Dieu des chrétiens est un Dieu divin. Le Dieu juif est un Dieu humain. L'humanité biologique de Jésus est venue pour concurrencer l'humanité éthique du Dieu d'Abraham. Le Dieu juif n'a pas besoin d'être un Dieu homme, et encore moins un homme Dieu pour être humain. En se faisant texte, en se faisant loi, il donne aux hommes des injonctions à leur hauteur.

Enregistrement de l'émission.

Vendredi 28 avril

Réveil avec *Solo Piano*, Jorge Dalto, 2005 (Melopea Discos, CDMSE 5015, Argentina). Jorge Dalto : piano.

Dentiste. Puis rangement de l'appartement.

Le Dieu des juifs ne demande jamais aux hommes d'essayer de l'atteindre. Il leur demande de s'atteindre eux-mêmes. Le Dieu des juifs n'attend pas des hommes qu'ils se dépassent, qu'ils se surpassent, mais qu'ils s'égalent. Qu'ils s'égalent eux-mêmes. Il ne réclame pas qu'ils soient supérieurs à ce qu'ils sont, mais qu'ils soient supérieurs ou égaux à eux-mêmes. Un juif doit être égal à ce qu'il est. C'est-à-dire le meilleur des hommes. Pour que les hommes puissent ne pas mourir, et faire mourir Dieu, un juif doit être supérieur ou égal à ce qu'il est. Donner le meilleur de lui-même. S'il se trouve quelque part un juif pour être supérieur ou égal à ce qu'il est, supérieurement égal à ce qu'il est, alors les autres hommes peuvent se contenter d'être inférieurs ou égaux à ce qu'ils sont.

Samedi 29 avril

Réveil avec *Solo*, Egberto Gismonti, 1979 (ECM Records, ECM-1-1136, US). Egberto Gismonti : piano, guitare, percussions et chant.

C'est sur les juifs que Dieu vient vérifier l'état d'équité des hommes, l'état de justice des hommes. C'est aux juifs que Dieu fait passer les tests, les examens d'humanité des hommes. Tout examen de divinité des juifs permet de vérifier l'état d'humanité des hommes. Un juif qui suit la loi divine, c'est-à-dire la Loi, suffit à Dieu pour se rassurer. Les juifs ne sont pas supérieurs aux autres. Dieu ne leur demande pas d'être supérieurs aux autres. Dieu demande aux juifs de rester des juifs.

Nous partons à Fécamp avec Emmanuelle.

Dimanche 30 avril

Réveil avec *Staircase*, Keith Jarrett, 1977 (ECM Records, 2625 033, US). Keith Jarrett : piano.

Fécamp.

Quand Dieu veut voir où en sont les hommes, où en est la bonté des hommes, c'est chez les juifs qu'il fait des prélèvements, des tests, des descentes inopinées. Les juifs ne sont pas punis par Dieu à cause du mal que font les hommes, ils rendent des comptes à Dieu à cause du bien qu'ils ont oublié de faire à autrui, qu'autrui soit juif ou non. Dieu se rend compte de ce qui tourne mal dans l'humanité en prenant comme échantillon le peuple juif. En prenant comme intermédiaire le peuple juif. Dieu déduit le comportement de tous les hommes en observant tout simplement le comportement des juifs. Le repère de Dieu pour se faire une idée de la situation des hommes, c'est l'étude à un moment t du peuple juif. Et même, de chaque juif ; de n'importe quel juif pris au hasard.

« De fait l'obligation pour l'homme n'est pas de voir, mais bien plutôt de se faire voir, comme l'on dit se faire entendre. Car c'est évidemment Dieu qui voit, et l'homme qui est vu » (Grand Rabbin Samuel Sirat, avant-propos du Talmud, traité Haguiga).

Les juifs ne sont donc pas simplement, gratuitement, arbitrairement responsables aux yeux de Dieu du mal que font les hommes, tous les hommes, sur la Terre. S'ils sont responsables aux yeux de Dieu, c'est que c'est à partir d'eux, de leur exemple à eux, pris comme un échantillon de l'humanité, un panel humain, que Dieu évalue la situation terrestre de tous les hommes. Quand les juifs suivent la Loi, c'est l'humanité tout entière qui se porte bien, qui se conduit bien, qui est dans la bonne voie. Quand les juifs cessent d'être de bons juifs, cessent d'être en harmonie avec la Torah, quand un seul juif délaisse la Torah, s'éloigne du chemin de la Loi, c'est un signe que non seulement les juifs trahissent le contrat qu'ils ont établi avec Dieu, mais c'est le signe, aussi, que l'humanité tout entière va mal.

MAI

IAM

Lundi 1er mai

Réveil avec *In The Light*, Keith Jarrett, 1974 (ECM Records, ECM 1033/34 ST, Germany). Keith Jarrett : piano.

« On leur avait appris, dit Abraham Heschel, à se préoccuper du plus lointain dans le plus immédiat ; ils savaient que le transitoire n'est qu'un reflet du permanent, que les tables de leurs pauvres chaumières pouvaient devenir de saints autels, qu'une seule action d'un seul homme peut décider du sort de toute l'humanité » (*Les Bâtisseurs du temps*, 1957 pour l'édition française).

« De la mort, de la crainte de la mort, dépend toute connaissance du Tout » (*L'Étoile de la Rédemption*). Le problème de la philosophie, sa bêtise, c'est qu'elle supprime cette peur de la mort. C'est une hérésie. Car, ce faisant, elle supprime la possibilité de l'Alliance, et donc de Dieu, et donc du judaïsme des Pères. Elle fait la place, elle fraye la place d'un judaïsme moderne, postmoderne. Moderne, donc postmoderne. Puisque tout ce qui est moderne est d'ores et déjà postmoderne. « Rejeter la peur du terrestre, enlever à la mort son dard venimeux, son souffle pestilentiel à l'Hadès, voilà ce qu'ose faire la philosophie. » C'est très grave. Pour l'humanité. Pour l'universel. D'autant qu'elle le fait au nom de l'universel…

« Tout ce qui est mortel vit dans l'angoisse de la mort. » Le judaïsme, c'est ce qui, depuis que Dieu est unique, depuis que Dieu est Un, exprime au mieux dans l'humanité, et au nom de cette humanité, l'angoisse de la mort. C'est ce qui exprime, pour le bien, pour le salut de cette humanité, l'angoisse de la mort. Quelle Alliance serait nécessaire sans angoisse de mourir ? Ce que le christianisme, croyant bien faire, a détruit dans le judaïsme en s'inspirant de lui (car le christianisme est un judaïsme), c'est cette angoisse de la mort. À l'angoisse de la mort du judaïsme, le christianisme a substitué une angoisse de la vie. Les juifs sont immortels dans les générations parce qu'ils se savent plus mortels que n'importe quel individu. Les chrétiens ont une vie après la mort. Les juifs n'ont qu'une vie pendant la vie. La vie qu'ils ont après la mort, c'est la vie des autres juifs. La vie qu'un juif a après la mort, c'est la vie d'un autre juif après lui. Mais, comme le dit Rosenzweig, « chaque naissance nouvelle multiplie l'angoisse d'un nouveau fondement, car elle multiplie ce qui est mortel ».

D'après tout ce que je viens d'écrire, on a (un peu) l'impression que les juif sont des intermédiaires entre Dieu et l'humanité tout entière. Que Dieu a donné un pays aux juifs (une existence, un destin aux juifs) pour avoir un échantillon d'humanité. On a (un peu) l'impression que Dieu aimerait que ce soi-disant « échantillon » s'étendît à la Terre tout entière, à l'ensemble des hommes. Parce qu'il ne pourrait pas s'adresser aux autres, aux non-juifs. La communication entre Dieu et les gentils ne serait pas établie, parce que les modalités n'en seraient pas définies… Un peu comme si Dieu était borgne, qu'Il ne distinguait, chez les hommes, que « Ses » hommes à Lui : les juifs. J'ai donné (un peu) (peut-être) l'impression que Dieu, comme en mathématiques, raisonnait par récurrence, par induction. Qu'Il étendrait un raisonnement valable pour les juifs à l'humanité dans son ensemble. Qu'Il partirait du principe que c'est intellectuellement un procédé valide. Faute de mieux, Il déduirait. Il extrapolerait. Il généraliserait… Il « universaliserait » son raisonnement. Les non-juifs, Il ne pourrait (dans cette hypothèse, alors) pas les appréhender directement. Il n'aurait pas d'emprise sur eux, et ils n'auraient pas (tellement) d'emprise sur Lui. (Car on ne comprend rien à la Torah si on s'imagine que les juifs n'ont aucun pouvoir sur Dieu. Ils ont sur Dieu un pouvoir humain, qui est le pendant du pouvoir divin que Dieu a sur eux. Seulement, du point de vue des juifs – et de notre point de vue, à nous, hommes –, un pouvoir humain n'est rien comparé à un pouvoir divin. Seulement, parce que nous ne sommes pas à la place de Dieu, ce que nous n'entrevoyons pas, c'est la toute-puissance du pouvoir humain sur le pouvoir divin. Nous craignons Dieu, mais, d'une certaine manière, d'une manière qui est sienne, d'une manière qui est la sienne, Dieu nous craint. Le pouvoir humain se considère infiniment faible en regard du pouvoir divin. Mais ce que nous ne savons pas, nous, humains, c'est que, du point de vue de Dieu, le pouvoir humain recèle une capacité de destruction ; du point de vue de Dieu, les hommes peuvent anéantir Dieu.)

En « réalité » ce n'est pas comme cela que Dieu raisonne. Il ne raisonne pas, comme en mathématiques, par récurrence. Il ne se dit pas que ce qui est valable au rang n pour les juifs est par conséquent valable pour les goys au rang n+1 puis pour l'humanité tout entière au rang n+p. On touche là à la question la plus complexe du judaïsme : la question de l'universel.

Mardi 2 mai

Réveil avec *Solo Improvisations*, Keith Jarrett, 1976 (ECM Records, TD-19, Japan). Keith Jarrett : piano.

Opéra.

Jeudi 4 mai

Réveil avec *Paris Concert*, Keith Jarrett, 1990 (ECM Records, ECM 1401, Germany). Keith Jarrett : piano.

Dermatologue.

Phrase extraordinaire de Levinas : « C'est ma mortalité, ma condamnation à mort, mon temps à l'article de la mort, ma mort qui n'est pas possibilité de l'impossibilité mais pur rapt, qui constituent cette absurdité qui rend possible la gratuité de ma responsabilité pour autrui » (*Dieu, la mort et le temps*, 1992).

Vendredi 5 mai

Réveil avec *Vienna Concert*, Keith Jarrett, 1992 (ECM Records, ECM 1481, Germany). Keith Jarrett : piano.

Prise de sang. Puis déjeuner avec Thierry Marembert.

Le Dieu des juifs, le Dieu inventé par le peuple juif, par le génie national des juifs, est un Dieu spécial, c'est le Dieu du monothéisme.

Le Dieu de la Torah n'est pas un Dieu un. Ce n'est pas un Dieu de l'unité. Mais c'est un Dieu unique. Unité : « Caractère de ce qui est un seul. » Lorsqu'on pense à un Dieu de l'unité, on dit ceci : en termes de dieux, Dieu est seul. Cela vient du latin *unus*. Dieu est le seul dieu. L'ensemble « dieux » ne comporte qu'un élément. Cet élément est appelé tout simplement Dieu, avec une majuscule. Mais le Dieu de la Torah n'est pas le Dieu de l'*unus*. C'est le Dieu de l'*unicus*. Ce n'est pas seulement un Dieu un, ce n'est pas seulement le seul Dieu qui existe. C'est un Dieu qui n'existe pas, d'abord, et puis que l'on nomme « Dieu » après. Car le Dieu un, le Dieu de l'unité, ce n'est au fond que cela : quelque chose dont on reconnaît la divinité, et puis dont on admet, juste après, l'unicité. Tandis que le Dieu unique, le Dieu du monothéisme juif, c'est un tout autre Dieu, c'est un Dieu dont le nom lui-même signifie ce quelque chose d'unique. C'est cette unicité elle-même qui, aussitôt qu'elle se révèle, en même temps qu'elle se révèle, s'appelle, ne peut s'appeler autrement que Dieu. Le Dieu du Sinaï n'est pas un Dieu à qui l'on trouve un nom après qu'il nous a révélé, prouvé, montré sa divinité, sa toute-puissance. Le Dieu du Sinaï est une unicité à laquelle on donne (immédiatement) le nom de Dieu. Un Dieu un, c'est un dieu d'abord, puis Dieu ensuite. Un Dieu unique, c'est une unicité d'abord, et c'est Dieu d'abord aussi. Il n'y a pas de d'abord ni d'ensuite pour le Dieu de l'unicité.

Quand on parle d'unité pour Dieu, cela revient à dire : il y a un Dieu. Quand on parle d'unicité pour Dieu, cela revient à dire : il n'y a rien d'autre que Dieu. Le peuple juif ne s'est pas contenté d'opposer un Dieul seul à une multitude de dieux. Le monothéisme n'est pas le contraire du polythéisme. Le contraire de plusieurs dieux, c'est un Dieu seul. Or, le monothéisme n'est pas l'expression d'un seul Dieu, mais d'un Dieu unique. Pas unique « en son genre », mais unique en tous les genres. L'unicité, c'est lui. Pas incomparable à, l'incomparabilité absolue, c'est lui. Il n'est pas l'exception, mais l'exceptionnalité. Il n'est pas l'unité, mais l'unicité. L'unité de Dieu s'oppose aux dieux. « L'unicité de Dieu s'oppose au monde » (Hermann Cohen). Où aurait été l'intérêt de passer d'une armada de dieux à un seul Dieu, à un nombre de dieux qui s'élève à un, si Dieu n'est que la synthèse, le résumé, la compilation de tous les autres ? Ou même la somme algébrique de tous ses prédécesseurs ? Le Dieu unique devait être nouveau, (se) devait d'être une invention nouvelle par rapport aux dieux.

Plusieurs dieux, ça peut (facilement) se confondre. Il est donc préférable de les dessiner. D'en faire des sculptures. Des statues. Des statuettes. C'est un moyen artistique de les aimer, bien sûr. Et c'est aussi, et c'est surtout, un moyen mnémotechnique pour ne pas les confondre. Pour ne pas les mélanger. Le polythéisme a besoin d'une représentation de ses idoles, de ses dieux. Le monothéisme n'en a plus besoin car on ne peut pas confondre Dieu avec Dieu. Le dessin n'est plus nécessaire, les arts plastiques ne sont plus utiles. Nommer suffit. Écrire suffit. Le texte suffit.

Plusieurs dieux, une multitude, une quantité exorbitante de dieux, cela banalisait quelque peu la divinité (elle était trop partagée). Ça ne posait pas de problème, partant de là, de les représenter. Leur (relative) banalité (banalité non par rapport aux hommes, mais en regard des autres dieux) autorisait qu'on les représente, un (ou une) parmi d'autres. La quantité intimide, mais un seul élément, un seul dieu à l'unité parmi cette quantité, cela intimide moins. Moins, en tous les cas, que lorsque Dieu est tout seul, seul parmi lui, unique parmi sa seule quantité, unique dans sa seule qualité. On préfère ne pas le représenter parce qu'il rend plus humble, parce qu'il semble plus puissant encore. Et surtout, parce qu'étant partout à la fois, il n'est nulle part exactement. Parce qu'étant absolument tout tout le temps, il n'est strictement rien du tout (de représentable, d'esthétiquement, d'artistiquement traduisible).

Samedi 6 mai

Réveil avec *Radiance*, Keith Jarrett, 2005 (ECM Records, ECM 1960/61, Germany). Keith Jarrett : piano.

Départ Italie.

25 décembre 1886. Naissance de Franz Rosenzweig. C'est un corps qui naît. Pas un corps philosophique mais biologique. La Terre vient, en la personne de Franz Rosenzweig, « d'accoucher du neuf ». Rien, jamais, au monde, n'est plus important que les corps, que le corps, que ton corps. Que mon corps. Nous sommes trop dans les idées. Nous mourons dedans. Le corps de Franz Rosenzweig, prêt à s'éveiller sur les choses, rejoint discrètement le monde humain le jour de Noël. À Cassel, située aujourd'hui au centre de ce qu'on appelle l'Allemagne.

Le 25 décembre 1886 n'est pas un Noël comme les autres. C'est un Noël claudélien. Ce jour-là, Paul Claudel, qui a perdu la foi, se rend à Notre-Dame (de Paris). Il a dix-huit ans. Paul (à dix-huit ans, il était davantage Paul que Claudel) se tient debout, près du deuxième pilier à droite à côté de la sacristie (j'y suis, là, et j'écris ces lignes : si vous venez maintenant, vous m'y croiserez). Des enfants de chœur chantent le Magnificat. Le Magnificat est le cantique de Marie. Les deux passions de Claudel, sans compter sa maîtresse, furent Rimbaud et Marie. Le fils du verbe et la mère de la chair. Le fils du vent et la mère du christ.

Magnificat anima mea Dominum,
et exsultavit spiritus meus in Deo salutari meo.

Paul Claudel est soudain chose, chose parmi les choses, il est quatuor de Beethoven, il est solo de Monk, sac de pommes de terre posé dans une cave, il est la moindre larme du moindre océan, il est pierre ponce au fond d'une eau, il est ému, il est honoré, il est immédiat. Il est comme à Vienne, il est Venise : il naît à la foi. C'est toute une Amérique. Il croit. Sa dignité humaine commence, et les au-delà rudes. Il pleure. N'ose regarder sa petitesse et la puissance de cette petitesse. Un amour très radical le dévore. Claudel, qui n'est qu'un Paul minuscule au bord de la pierre, est là simple matière offerte à Dieu, et malgré sa fierté, et malgré sa honte, et malgré son embarras. Un monument croît dans son cœur, c'est une œuvre d'art, mais humaine : il évalue les distances, en un éclair qui s'appelle une révélation. C'est une opération. C'est spécial. C'est irréparable et ce n'est pas mesuré. Paul habite un risque qui est total, ses articulations lui font mal. Ses crampes proviennent d'un mystère. Il pense à des événements : les enfants chantent, et tout est gratuit, et tout est méthodique et tout est beau. Paul n'est pas dans la poésie, il est livré à sa vie d'homme qui commence, il s'est trouvé l'endroit idéal pour devenir Claudel, pour faire advenir Claudel, pour appeler son œuvre qui peut-être est déjà faite, mais attend, sous un bloc enfoui, très marbre, d'être défrichée, dévoilée, découverte, déshabillée, révélée. Le temps est à lui. Le 25 décembre 1886 n'est pas un Noël comme les autres. C'est un Noël thérésien. Révélation de l'Enfant-Jésus à Thérèse… À Lisieux.

Dimanche 7 mai

Réveil avec *The Carnegie Hall Concert*, Keith Jarrett, 2006 (ECM Records, ECM 1989/60, Germany). Keith Jarrett : piano.

Un Messie qu'on n'attend plus cesse immédiatement d'être un Messie.

Lundi 8 mai

Réveil avec *Sun Bear Concerts (Excerpts)*, Keith Jarrett, 1978 (ECM Records, EP-1100, US). Keith Jarrett : piano.

Un Messie qui vient déçoit toute attente (de Messie).

Mardi 9 mai

Réveil avec *Bop-Be*, Keith Jarrett, 1978 (ABC Impulse!, 25 833 XOT, Germany). Charlie Haden : basse ; Paul Motian : batterie et percussions ; Keith Jarrett : piano, saxophone soprano et percussions ; Dewey Redman : saxophone ténor et suona.

Il suffit qu'il vienne pour que le Messie cesse de l'être.

Mercredi 10 mai

Réveil avec *Concerts*, Keith Jarrett, 1982 (ECM Records, 2641 227, Germany). Keith Jarrett : piano.

Le Messie, ce n'est pas celui qui ne viendra jamais, c'est celui qu'on attend toujours.

Samedi 13 mai

Réveil avec *Invocations / The Moth And The Flame*, Keith Jarrett, 1981 (ECM Records, ECM-D-1201, US). Keith Jarrett : piano, orgue et saxophone soprano.

À Praiano (pour la quatrième fois depuis 2011). Je ne me sens pas très bien, depuis deux jours. Tournis. Coup de chaud ? Trop marché (20 km sous le cagnard, tous les jours). La solitude à l'étranger est souvent propice (je l'avoue) à l'hypocondrie. Prise de sang faite, avant de partir ; les résultats sont bons. Mais là, je sens que je ne suis pas dans mon assiette. Ne peut-on jamais se sentir parfaitement bien ? Petites nausées, envies de minusculement vomir ; la tête me tourne quand je nage. Possiblement fatigue profonde, tout simplement. Il n'y a que lorsque j'écris que tout semble (à peu près) aller. Je n'aurais pas dû venir – car, en plus, je m'ennuie à mourir. Cela fait cher l'ennui. Emmanuelle est venue trois jours (à peine), samedi, dimanche, lundi. Oui, cette persistante envie de vomir.

J'écris ma pièce ; il serait temps, un jour, de la terminer. Pas mécontent de mes trouvailles – je les trouverai sans doute mauvaises à la relecture, dans quelques semaines.

Dans *Le Figaro*, je lis avec intérêt des articles sur les apparitions de Fatima (1917).

Hâte de rentrer à Paris – il est possible que les vacances n'aient été inventées que pour cela : l'envie de rentrer. Car, si je rentre, je pense (j'aime m'en persuader) que mes symptômes vont disparaître. J'écris ces lignes sur le toit de l'hôtel, tout près de la piscine. Ma chambre n'est pas encore prête, et c'est bien dommage, parce que je rêve de dormir. Sieste ! Le meilleur médicament du monde : le sommeil.

« 69 % des expatriés estiment que leurs enfants sont plus ouverts à de nouvelles cultures », selon *Le Figaro*.

J'ai momentanément abandonné mon essai sur la guerre ; je me disperse énormément. Je donnerais cher pour ne pas avoir ces petits symptômes qui me gâchent le séjour – et m'ont gâché ces deux derniers (ou trois derniers) jours. Tout bêtement, sans doute, le résultat d'un mauvais sommeil. Un jour, je relirai ces lignes (je l'espère en tout cas) en « méprisant » leur contenu – parce que, tout simplement, ça ira mieux, parce que je serai sorti de cet état bizarre. Je n'ai « rien » ; mais comment sortir de ce rien.

Surpris, toujours, par la propension des gens à bouffer, bouffer, bouffer. Cela est inquiétant. Et cache sans doute bien des choses : un vide à combler ? Une parole qui ne parvient pas à sourdre, à jaillir ?

Impression de n'avoir plus de forces. S'en moquer ? J'essaie. Je n'irai pas marcher mes 20 km aujourd'hui. D'ailleurs, hier, sur la route, ne me sentant pas au sommet de ma forme, j'ai fait le retour (Amalfi-Praiano) en bus. Nuées de touristes inouïs : en cette saison, que des retraités et des Asiatiques. J'ai voulu me mettre à l'ombre sur les escaliers d'une boutique (d'assiettes peintes avec des illustrations de citrons, tout cela étant immonde de mauvais goût) mais une femme, assise elle-même (et travaillant dans cette boutique), m'a immédiatement (je le pressentais) crié dessus, exigeant (en parfaite mégère) que je déguerpisse : ma présence entravait l'hypothétique ascension de ses pauvres marches dégueulasses et ornées d'assiettes débiles aux éventuels gogos épris de bibelots à vomir. Je suis resté quelques minutes malgré tout (mais debout) histoire de (ridiculement, je le concède) m'affirmer *quand même un peu*.

Il s'agit de boire beaucoup d'eau. Je vais aller voir si ma chambre est prête, et vais manger des oranges dedans. Puis je m'allongerai sur le lit. Apporté, comme à mon habitude, mille fois plus de livres (essentiellement des Pléiades) que je n'aurai pas même eu l'occasion d'ouvrir. J'ai lu du Nietzsche, et des livres d'histoire. La presse, aussi, sur mon iPad. Ces lignes ne sont pas intéressantes.

Je rêve de quitter cet état.

Les jours sont vides, il s'agit de les remplir. On essaie. Les gens essaient. Ils pratiquent des « activités ». Ils ne s'arrêtent jamais. Ils sont surpris : plus ils remplissent le temps, plus le temps se vide. Nous vivons dans un lavabo. Toutes les manifestations humaines, les gesticulations, les allers, les retours agissent comme un siphon. Ils aspirent les années, les secondes, les siècles, les minutes. Plus nous visons les sommets, plus l'azur des cimes ressemble au bas bitume. Nous sommes faits comme des rats. Pour divertir les foules, le cinématographe propose des spectacles remplis d'actions, de crimes, de prouesses. Des générations passives poussent à l'ombre de ces salles. Des vivants peints, presque des morts. Des momies qui se meuvent. Les corps ne sont jamais nouveaux, ils ressemblent aux corps. Les sentiments sont gelés : similaires à il y a mille ans. Personne ne progresse, tout le monde s'adapte. Nous sommes identiques à ceux qui furent, fussent, sont, seraient, seront. Je ne nie pas qu'ils possèdent quelques qualités. Je trouverai lesquelles. Peu pensent. Beaucoup se découragent. Il n'y a jamais eu de grands hommes, seulement des hommes si profonds qu'on pouvait chuter dedans, s'y perdre à jamais, mourir à l'intérieur, oubliés dans leurs viscères, perdus dedans leurs limbes. Les êtres humains courent, ils imaginent des choses. Ils produisent des cadavres et des excréments. Ils essaient de s'agrandir, rarement de se grandir. Ils retournent dans leur cuisine. Ils connaissent des recettes. Ils sont possessifs. La plupart jalousent la plupart. Ils possèdent une « condition », qu'on appelle généralement « condition humaine ». Certains pratiquent les mathématiques et tentent de donner une définition approximativement satisfaisante de la réalité. Vous avez souhaité mettre des enfants au monde, mettez-les. Vous les contenez, ils vous contiennent – c'est un échange de bons procédés. Ils vous prolongent jusqu'à la mort, ils vous autorisent l'illusion de mourir un peu moins, de suspendre un peu le rendez-vous final, minéral, végétal. Les enfants sont une chose sérieuse, ils sont votre œuvre, la figuration subtile de vos défaillances. Procréant, vous pensiez créer – faites donc. Ils sont lourds de vous, fatalement. Ils sont la modification actualisée de votre vieille chair. Ils prennent le relais, puisque décroît votre petite puissance locale, municipale, microéconomique, risible. Vous n'êtes pas capables de vous moquer de vous-mêmes, ils s'en chargent déjà. Vous êtes des motifs épuisés ; ils renouvellent ce sang.

Dimanche 14 mai

Réveil avec *Spheres*, Keith Jarrett, 1985 (ECM Records, ECM 1302, Germany). Keith Jarrett : orgue.

Soir. Je tape ces mots à la terrasse du café en face de l'hôtel. Ça va mieux. Il est évident que ce que j'ai eu est une insolation. Je ne savais pas que cela mettait KO à ce point – décidément, chaque fois que je pars en vacances, soit parce que je n'ai pas de chance, soit parce que je surestime mes forces, soit parce que je joue au con (ne jamais faire le malin, disait Péguy), il m'arrive une bricole.

Passé quasiment toute la journée à regarder la passation des pouvoirs. Qui dirige la France dans les jours comme celui-là, où tout n'est que parade et transition ?

Lundi 15 mai

Réveil avec *Keith Jarrett At The Blue Note (Complete Recordings)*, Keith Jarrett, 1995 (ECM Records, ECM 1575-80, Germany). Gary Peacock : contrebasse ; Jack DeJohnette : batterie ; Keith Jarrett : piano.

Ennui profond ; hâte de rentrer.

Lecture sur Gide, un *BAAG* de 2010, sur Gide et Chopin. Fait des cauchemars la nuit dernière.

Le président de la République nouvellement élu doit annoncer le choix de son Premier ministre ; il prend son temps. Plutôt bon signe.

Lecture de Cioran (le soir, avant de m'endormir) : il résume exactement la teneur de mes séminaires sur la Parole dans certains passages de ses *Entretiens*, tous excellents, et parus chez Gallimard en 1995. « Je n'aime pas démontrer. C'est pas la peine. Ce sont les professeurs qui démontrent. Je ne démontre rien. Je procède par décrets – entre guillemets n'est-ce pas ? » Puis, plus loin, joie de lire ceci : « Je n'aime pas convaincre. »

Beaucoup de lecteurs, et de journalistes, m'ont demandé, ces derniers mois, pourquoi *Terreur* était composé sous forme de fragments. Que n'avais-je, alors, pas lu ces pages de Cioran (toujours dans les *Entretiens*), pour leur répondre : « Quand quelqu'un entreprend un essai de quarante pages sur quoi que ce soit, il part de certaines affirmations préalables et il en reste *prisonnier*. Une certaine idée de la probité l'oblige à aller jusqu'au bout en les respectant, à ne pas se contredire ; cependant, tandis qu'il progresse, le texte lui présente d'autres tentations, qu'il lui faut rejeter, parce qu'elles s'écartent de la voie tracée. On est enfermé dans un cercle que l'on a soi-même tracé. C'est ainsi qu'en se voulant probe, on tombe dans la fausseté, et dans le manque de véracité. Si cela se produit dans un essai de quarante pages, que ne se passera-t-il pas dans un système ! Là est le drame de toute réflexion structurée : ne pas permettre la contradiction. C'est ainsi que l'on tombe dans le faux, que l'on se ment pour sauver la cohérence. En revanche, si l'on produit des fragments, on peut, en une même journée, dire une chose et son contraire. » Fabuleux. Heidegger et Péguy n'eussent pas mieux dit !

L'infini bleu de la mer, sous les yeux (il suffit que je me tourne un peu vers la droite). Un Italien parle très fort, il est au téléphone ; il troue toute cette beauté par ses invectives égoïstes. Pollution verbale, perpétuelle épée de Damoclès. Les gens se sentent définitivement seuls au monde, ou, plutôt, les plus importants au monde (les plus importants du monde). Bestialité de l'égoïsme. Pornographie de l'égocentrisme. Rien, pour ma part, ne me dérange davantage que de savoir que je dérange ; rien ne me gêne plus que d'avoir conscience que je gêne. Je me sens bien seul dans cette situation.

Dans le *BAAG* lu ce matin (avril 2010, nº 166), terrible portrait de Jean Guéhenno par Robert Levesque, dans le journal de ce dernier.

Maintenant, ce sont des travaux qui commencent : perceuse, etc. Malédiction des travaux, partout, sans cesse. Je me sens suivi, persécuté par les travaux ; partout où je vais, partout où j'arrive : travaux, travaux, travaux. Peut-on trouver quelque part le silence, le *vrai* silence, sur cette Terre ?

Le code wi-fi de mon hôtel est : 58B4YRR.

Ventre noué par ce que Cioran, justement, appelait le *cafard*.

Samedi 20 mai

Réveil avec *Paul Bley With Gary Peacock*, Paul Bley with Gary Peacock, 1970 (ECM Records, ECM 1003, Germany). Gary Peacock : contrebasse ; Billy Elgart et Paul Motian : batterie ; Paul Bley : piano.

« Incident » avant-hier pendant l'émission ; Vanessa, mon « binôme », posant d'affligeantes questions à Sylvain Tesson, je suis obligé de rectifier le tir. Mais Vanessa n'étant qu'à l'écoute de ses névroses, elle devient furibarde et confisque le débat, faisant soudain de l'émission en train de se faire une affaire strictement personnelle. Après l'algarade, elle est souriante et se dit super contente ; euphorie. Mais, hier matin, vendredi, flopée de SMS de paumée : hystérique, elle m'agonit d'injures, appelle tout le monde à la production, gémit dans le gilet de Laurent afin de faire (évidemment) couper la séquence qui, d'après ce que l'on me promet, ne le sera que partiellement. Je commence vraiment à (très) mal supporter cette engeance : les journalistes venus de ces chaînes du tout info, qui ne connaissent rien au silence, à la profondeur, à la littérature ; l'erreur de casting n'est probablement pas elle, au fond, mais moi. Il n'en reste pas moins que cet épisode laissera des traces ; mais, cette fois, contrairement à ce qui habituellement fait ma nature, je ne m'excuserai pas – je ne suis pas en tort. Je ne peux point passer mes jours à faire amende honorable à cause de la médiocrité de quelques contemporains limités,

limités humainement, limités moralement, limités intellectuellement. (Au fond, de Léa à Vanessa, je suis tombé de Charybde en Scylla.)

Je vais faire ma troisième saison l'an prochain ; ce sera la dernière, et ce sera enfin terminé – je serai libéré de mes obligations militaires. D'ailleurs, j'ignore pourquoi je m'inflige une année de plus. Sans aucun doute, assez misérablement, parce que je ne supporte pas que quelqu'un vienne prendre ma place. Tiens, oh, je me méprise ; je me méprise drôlement ce matin.

Fatigue immense hier ; pas loin de faire un malaise. Sieste comateuse, à *La Règle du jeu*.

Dîner avec Stéphane Laugier.

Dimanche 21 mai

Réveil avec *A Life*, Bill Elgart, 1976 (Mark Levinson, MLAS 3, US). Billy Elgart : percussions.

En forme : le mal de dos qui, depuis trois jours, me pliait en deux comme un vieillard a pratiquement disparu.

Je tape ces lignes sur le canapé d'Emmanuelle, il est 13 heures et 58 minutes ; j'écoute *Land of the Midnight Sun*, d'Al Di Meola.

Je quitte ce journal pour préparer mes affaires ; départ pour Caen (communion du jeune Tom).

Lundi 22 mai

Réveil avec *American Virtuoso*, Eliot Fisk, 1981 (Musicmasters, MM 20032, US). Eliot Fisk : guitare.

Dîner avec Éric Denut.

Mardi 23 mai

Réveil avec *Organ Works, vol. III*, Johann Sebastian Bach, Marie-Claire Alain, 1982 (Erato, SJU 71351, France). Marie-Claire Alain : orgue.

Cannes, pour l'émission.

Mercredi 24 mai.

Réveil avec *The Nightmind*, Peter Fulda Trio, 2002 (Jazz'n'Arts Records, JNA 0902, Germany). Henning Sieverts : basse ; Bill Elgart : batterie ; Peter Fulda : piano.

Voir mardi 23 mai.

Jeudi 25 mai

Réveil avec *Jazz At Long Wharf*, Doug Levinson, Mark Levinson, Bill Elgart, 1978 (Mark Levinson, J 45 000 007 MLAR, France). Mark Levinson : basse ; Bill Elgart : batterie, Doug Levinson : piano.

Départ pour Rapallo avec Emmanuelle.

Carnaval : les bouffons d'aujourd'hui qui se transforment en hommes politiques. Et vice versa. Les hommes, en femmes. Les femmes, en hommes. Le négationniste vient faire rire ; le comique vient réviser l'histoire.

Shoah : carnaval : ôter la chair.

« Le terme d'inversion employé curieusement par les sexologues pour désigner ces pratiques érotiques hétéromorphes eût certainement ravi les gnostiques : leur but, en ce domaine comme en tous les autres, n'était-il pas justement d'opérer une inversion totale des valeurs et des rapports entre l'homme, le monde et ses semblables ? » (Lacarrière).

Le carnaval est le lieu et le moment de l'inversion. Les rôles s'inversent. Le roi devient bouffon ; le bouffon, roi. La femme devient momentanément un homme, et l'homme, momentanément, devient une femme. Ce n'est pas que tout est déréglé, mais tout est réglé à l'envers. Le pauvre se transforme très précisément en prince, comme la princesse en grenouille ; ou le laideron, par la grâce de son masque, en magnifique et parfaite créature. Tout se déguise en son contraire, en son opposé. Il y a dans le terme « opposé » quelque chose qui manque à la notion de « contraire » : c'est l'énergie, la vitesse, la mobilité ; c'est l'activité. L'opposé est à la passivité ce que le contraire est à l'activité. L'opposé est encore trop posé. L'opposé est posé devant, il est placé contre, il est contre, certes, mais placé. Il ne bouge pas. Il pourrait (fort bien) être mort. La mort, par un exemple qui me vient facilement à l'esprit, s'oppose particulièrement bien à la vie. S'opposer, c'est se poser, c'est être contre mais posément contre, comme une pierre qui serait contre, qui ne serait faire que cela : endiguer, empêcher, mais empêcher, mais endiguer par son immobilité. Par son roc, par son rocher d'opposition ; il y a du barrage dans ce qui s'oppose. Dans le contraire, au contraire, il y a un fleuve adverse, un courant qui vient vers nous, dans la direction contraire à la nôtre, avec la même énergie que la nôtre et voire davantage. L'opposé ne sait même pas qu'il s'oppose, il peut juste être aveuglément posé là, aveugle et sourd à la force qui voudrait passer mais que sa stature bête bloque. Ce n'est pas nature contre nature, fougue contre fougue, courant contre courant, flux contre flux, c'est nature contre montagne, fougue contre ciment, courant contre béton, flux contre bunker. C'est vagues et flots contre barrage.

Vendredi 26 mai

Réveil avec *John Fogerty*, John Fogerty, 1975 (Fantasy, FT 526, UK). John Fogerty : guitare et chant.

Rapallo.

Se mettre en position d'opposition : résister aux positions de l'autre, pour le freiner, et, d'ailleurs, le sinistre petit monde politique nous donne souvent le spectacle, parfait, d'une opposition qui serait, perpétuellement, et quelle qu'elle soit, accusée de ne rien proposer, de ne rien contre-proposer. C'est un faux débat, évidemment, puisque l'opposition, contrairement aux contraires, n'est là que pour s'opposer à. Pour faire bloc, pour faire barrage. Telle une masse. Celui qui s'oppose, et dont le métier n'est ni d'être intelligent ni d'être vivant, n'est jamais celui qui propose, c'est la figure du contraire qui illustre une force qui, s'opposant, propose ; qui ne s'oppose d'ailleurs qu'en proposant. Dans l'idée de contraire, et mieux, au pluriel, dans l'idée de contraires, nous ne choisissons aucun camp : les deux camps sont considérés avec la même loyauté, avec la même lucidité, avec la même égalité. Tandis que dans l'idée d'opposition, il y a, de manière sous-jacente, non, de manière évidente, que l'opposition a peut-être raison, certes, mais qu'elle n'est pas en position de force, qu'elle n'est pas en position de vie, qu'elle n'existe, autrement dit, qu'en fonction de la force, du flux qu'elle a à endiguer, à contenir, à retenir. Il n'y a pas d'équivalence entre la proposition et l'opposition, ni, employons deux secondes un vocable spécifiquement politique, entre la majorité ou le gouvernement et l'opposition. La proposition exprime concrètement sa vitalité, licite, légitime, vivante, expressive, et l'opposition, comme réceptacle aveugle mué en bloc de béton armé sourd à toute force qu'il entend stopper, n'est là que pour censurer, oblitérer, empêcher, tuer.

Les contraires sont deux équipes équivalentes, équanimes, et, mieux encore, égales, tellement égales que nous nous attendons à ce que leurs forces s'annulent. Il n'y a pas un contraire qui soit plus passif que son ennemi, qui n'a d'ailleurs comme combat à mener que sa propre survie dans le sens opposé, dans la symétrie inverse, si bien qu'il est digne, plus digne que tout, dans cette survie qui n'est pas un simple barrage de pierre, un simple muet tombeau impassible et imperturbable. Le contraire sait ce qu'il fait ; il fait la même chose que nous, nous faisons la même chose que lui. Le contraire est vivant, turbulent, têtu, du même entêtement que nous et, somme toute, de la mêmement même turbulence. Il nous affronte parce que c'est une question de vie ou de mort et non parce qu'il doit passivement se poser contre nous, se dresser dans un mutisme d'opposition mécanique et buté. Le carnaval n'est pas la fête des opposés, mais la fête des contraires. Forces contraires. Le carnaval a de la force, il contient son énergie propre – il n'est d'ailleurs qu'énergie, car une fête vidée d'énergie, cela porte un nom : funérailles. Le carnaval contrarie. Il y a, dans la notion de contraire, quelque chose qui s'oppose, mais de toutes ses forces. Quelque chose qui veut s'opposer. Et qui le veut plus que tout au monde.

Il y a dans les contraires des ennemis face à face, mais qui sont frères, jumeaux, mais qui sont sosies. Il n'y a pas de sosies entre celui qui fait et celui qui s'oppose : le fleuve et le barrage ne sont pas de même nature. Ils ne sont pas (du tout) de même essence. L'inversion, c'est l'expression des contraires, c'est le jeu des contraires, le match d'un contraire contre son contraire, c'est le déroulé de la contrariété. Ce n'est pas un spectacle de barrage, d'écluse, de béton armé, de coulée de béton, de porte qui se referme, de blindage. C'est le match d'un torrent qui affronte son torrent contraire, c'est une force qui vient et veut contrarier la force qu'elle s'est choisie comme ennemie, comme ennemie strictement inversement égale, symétriquement aussi vivante et aussi vitale, aussi vibrante et aussi vivace, aussi fougueuse et (de son point de vue) aussi légitime.

Tout cela reste malgré tout théorique, puisque nous avons en réalité choisi notre camp : celui de la vérité. Le camp « contraire », rempli de toutes ses forces, et fort de tout son pouvoir, ne se présente pas sous la forme mensongère qui le trahit – le camp du mensonge ne se pare pas de mensonge, mais d'une vérité qui ne ressemble pas à la vérité. Il est déguisé en une vérité qui n'est pas la vérité. La vie sait parfois se travestir en mort, la mort en vie. Mais l'une est vivante et l'autre pas. Il n'y a qu'une vérité quand il n'y a que deux contraires. J'aimerais en arriver, à présent, au rouleau d'Esther. C'est un rouleau qui ne parle que de cela : d'inversion, de forces contraires, de courants inverses. Comme dit Maurice Mergui, le rouleau d'Esther interroge l'« inversion généralisée des valeurs ».

Le récit d'Esther, Henri Meschonnic le précise en avant-propos de sa traduction, « n'est pas allusion, il est création ». Meschonnic annonce le carnaval ; le propre du carnaval est de n'être jamais allusif : le carnaval est créatif, le carnaval est créateur, il est création. Il est le règne des créatures. L'allusion, *allusio*, est le lieu du jeu verbal. Mais le carnaval n'est pas verbal. Il n'est pas du côté du verbe. Mais du côté de la chair. Carnaval, *carne*. Il est là pour ôter la chair ; pour s'abstenir de viande. Le carnaval est là pour contrarier la viande, pour s'opposer à la chair ; et ce n'est pas un verbe, ce ne sont pas des verbes, ni le moindre mot ni même le plus puissant des verbes et le plus vigoureux de tous les mots qui viendront faire cesser toute viande : mais une viande contraire, mais une chaire symétrique, mais une incarnation opposée. Le carnaval désincarne, puis réincarne. On « incarne » momentanément un dieu, un roi, un bouffon, un animal, un héros. Ce n'est pas un flux de verbes qui déboule en sens contraire et vient affronter, de plein fouet, un flux de chair. C'est un courant de chair qui affronte, face à face, un contre-courant de chair. C'est le combat d'une viande et d'une contre-viande. C'est la lutte d'une chair et d'une contre-chair. Le duel de deux carnations antagonistes, qui sont deux incarnations disputées, concurrentes. Adverses ; ennemies.

Samedi 27 mai

Réveil avec *Centerfield*, John Fogerty, 1985 (Warner Bros. Records, L.P.-80075, Ecuador). John Fogerty : guitare et chant.

Rapallo.

Nous ne sommes pas, avec le rouleau d'Esther, dans le jeu de mots, dans l'allusion. Nous sommes dans le jeu de chairs. Nous sommes dans le jeu de viandes. Nous sommes dans la création : une création ennemie, inverse et frontale qui vient nous imposer son courant, son sens et sa direction, strictement opposée à la nôtre, et ne voudrait jamais céder, voudrait ne faire plus qu'un seul courant et nous emporter, nous imposer sa direction. Une fois pour toutes. Qu'on ne s'y trompe (surtout) pas, le carnaval est très sérieux. C'est une vraie force qui se déploie ; et si on la laissait faire, cette force, si on la laissait se déployer, elle viendrait bloquer le réel, sens et contre-sens, force et contre-force. Elle viendrait dévaster le réel, c'est pourquoi nous laissons la possibilité au carnaval d'exercer sa force quelques jours durant, au cours de l'année. Car cette contre-force, au fond de nous, est puissamment vivante, puissamment bruyante, nous ne pourrions l'étouffer, la juguler éternellement si le carnaval, en sa courte durée, ne nous permettait tout au moins d'en expurger la pulsion, d'en permettre l'expression, d'en libérer brièvement la censure. Le carnaval, comme le rouleau d'Esther, n'est pas allusif mais démonstratif. Il ne dit pas : « Je suis le roi », mais il le montre. Je ne suggère pas (allusivement) que j'aurais pu être moi aussi le roi, mais je le montre ; mais je le prouve. Je ne me dis pas roi, je me crée roi.

On le sait, dans ce rouleau, Dieu n'est pas nommé une seule fois. Il est ailleurs, « dans les jeûnes ». Il est parti soutenir le jeûne. Le carnaval tentera donc de faire jeûner tout le monde et de faire dé-jeûner Dieu. Le carnaval est un déjeuner où Dieu est invité ; il ne vient pas. La place est donc libre, cela crée un vide, nous pouvons le remplir à notre guise. J'occupe le temps où Dieu est parti jeûner à faire selon mon goût. À ma guise. À ma manière. Je deviens le roi, je deviens le héros. Le carnaval entend que « faire à ma guise », c'est épouser le contraire de ce que je suis. La guise est dé-guise. Je suis dé-guisé. Ce que je crois être ma guise n'est en réalité qu'une guise temporaire, une guise qui ne trompe personne, car c'est en réalité une fausse guise, un dé-guisement. Le déguisement me fait accroire (c'est son rôle) que je suis ce que je parais ; que tout a lieu selon ma guise. Mais, en même temps, il s'affirme comme n'étant pas la réalité car il intègre l'éphémère de sa loi, la dérision de sa démarche ; et cette dérision n'est dérision que parce qu'elle ne sait pas durer, parce qu'elle sait, plus exactement, qu'elle ne durera pas, qu'elle n'est pas faite pour durer. Un carnaval qui dure : telle serait la définition de l'enfer.

Ma guise est simultanément dé-guise. Je suis dé-guisé, paradoxalement, signifie « je suis démasqué ». Je porte un masque et, pourtant, ce masque se sachant masque, personne ne saurait être dupe. Le masque démasque toujours autant qu'il masque. La mascarade, ce n'est pas le fait de porter, d'arborer un masque, de défiler masqué sur un char, c'est l'affirmation par le masque même, par le masque lui-même, que le masque n'est qu'un masque. Que le masque est d'abord un masque. Le masque carnavalesque ne veut tromper personne, il joue à se tromper, il joue à jouer, il démasque en masquant. Sachant que le pauvre bougre ne saurait être roi bien longtemps, il préfère se doter d'un masque vaincu d'avance, d'un masque de roi qui, plutôt que d'honorer la respectabilité du roi et son honneur, de vénérer sa puissance et de la symboliser, choisit d'en surligner l'aspect dérisoire ; il s'agit de crier en réalité : « Regardez ce que je ne veux pas être. Ce que surtout je ne voudrais jamais être. » Mais cette pulsion de déguisement, notre volonté farceuse de faire le roi ne choisit-elle pas d'abord de le parer de ridicule pour ne pas trop rêver derrière le masque, pour ne pas d'abord soi-même rêver de puissance à l'abri du costume ?

Dimanche 28 mai

Réveil avec *A Spanish Treasure*, The Tete Montoliu Trio, 1992 (Concord Jazz, CCD-4493, Germany). Rufus Reid : basse ; Akira Tana : batterie ; Tete Montoliu : piano.

Rapallo. Emmanuelle en chapeau.

La fonction du carnaval est complexe, elle neutralise toute volonté de puissance par le ridicule qu'elle arbore parce que le carnaval, s'il durait, aurait finalement la tentation de prendre au sérieux une dérision qui elle-même n'est que le masque d'une frustration sourde, souterraine : chacun, même en son logis le plus terne, avec son intelligence la plus limitée, rêve de se voir octroyer davantage de pouvoir, de privilèges, d'honneurs et de respect. Quand je suis acclamé sous un déguisement, je suis acclamé quand même.

Là réside toute la différence entre le masque et le sosie. Car, si le masque démasque par sa conscience de masquer, et par conséquent s'abroge lui-même, se vainc lui-même, et lui-même se neutralise, le sosie ne porte pas en sa figure la volonté de ne pas tromper ; encore qu'il sache qu'il ne saurait être confondu strictement avec l'original, du moins l'espère-t-il. Et quel que soit son discours, mélange de modestie et de respect face à l'idole originale, il n'espère secrètement qu'une chose : qu'on le confonde avec celui qui pour lui est le roi (Michael Jackson, Johnny Hallyday, Elvis Presley ou Claude François…). Le sosie dure ; le masque ne fait que passer. Mais il nous faudrait imaginer un carnaval qui durerait un mois, six mois ou mieux, un an. Une année tout entière. On verrait alors, pas à pas, comment les rois les plus outranciers dans leur masque, dans leur emballage originellement irrespectueux, invraisemblable et satirique, deviendraient à mesure du temps plus crédibles, plus effacés dans le grotesque, moins caricaturaux dans la caricature : alors, l'inversion finirait par s'infiltrer dans les pores de la réalité, quand les bouffons deviendraient réellement rois, les malheureux ministres et les sans-abri traders à la Défense. L'outrance flagrante du masque carnavalesque ne mesure que la brièveté du temps permis à l'inversion. Du temps que nous avons accepté d'octroyer à la manifestation de cette inversion : sans limite dans le temps, elle tuerait les sociétés établies. Nous ne sommes pas dans l'allusion ; mais dans la création ; et cette création, indéfiniment prolongée, finirait par détruire la réalité pour la remplacer par son contraire : une re-création, une récréation infinie, indéfinie. Et c'est pourquoi les récréations sont courtes, on aurait tendance à vouloir devenir ce que l'on s'y fait accroire qu'on est.

C'est pourquoi le rouleau d'Esther lui-même est re-créatif et récréatif. Il divertit, voudrait divertir, ainsi qu'une histoire à dormir debout, un conte, une épopée carnavalesque. Dieu n'étant pas là, on peut faire n'importe quoi, et le raconter n'importe comment. Toutefois, on devra se demander s'il n'y a pas immédiatement, ici aussi, une inversion évidente : est-ce parce que Dieu n'est pas là qu'on peut agir à sa guise et faire n'importe quoi (à commencer par se déguiser) ? ou bien est-ce parce que nous faisons n'importe quoi et agissons à notre guise que, justement, Dieu n'est pas là ? Nous ne voudrions pas inverser la cause et l'effet. Ni même l'effet et la cause.

Ajoutons aussi cela, que j'ai (plus haut) décrit comme une catastrophe : celle d'un carnaval qui perdure ; or, il y a une fête dans le rouleau, pas explicitement un carnaval, mais une fête, et cette fête dure cent quatre-vingts jours. Le rouleau : farce, épopée, conte, délire ? Histoire imaginaire : contre-histoire « au contraire ». Non pas le contraire de l'histoire, mais contraire à l'histoire. « Une Perse de comédie », dit Meschonnic. « Sa force est l'imaginaire », poursuit-il un peu plus loin dans sa préface en évoquant ce rouleau. « C'est un conte populaire. La fête a créé la fable. » « Climat du conte », ajoute-t-il encore, avant de faire comparaître les frères Grimm. Il a parfaitement raison : Esther est carnaval. C'est l'équivalent, écrit, d'un carnaval, avec ses masques, ses chars, ses défilés, ses cris de joie, ses figures d'épouvante et ses gueules drôles, ses outrances burlesques et ses confettis, sa foule et sa liesse, son n'importe quoi et ses exagérations, énormités – inversions.

Sur le roi, tout est moqueur, outrancier, comique.

> Et ce fut du temps d'Assuérus
> Le même Assuérus qui est roi
> de l'Inde et jusqu'à l'Éthiopie sept
> et vingt et cent provinces.

Le ton est donné ; le ton n'est pas respectueux – nous sommes dans la dérision : « qui est roi de l'Inde et jusqu'à l'Éthiopie ». Nous dirions du Rabelais ; nous dirions du Céline – quand il nous décrit les despotes africains. « Sept et vingt et cent provinces » : exagération, évidente : cent-vingt-sept provinces cela n'est pas fidèle à la réalité. Ce qui est normal puisqu'Assuérus est, pour commencer (et nous commençons) un nom qui n'existe pas ; un nom imaginaire – un nom de Grimm, à la Grimm. De conte de fées. Assuérus est le roi des Mèdes et des Perses. Comme le rappelle Rachi, Assuérus est le successeur de Cyrus, et l'histoire (le rouleau) se déroule (se dé-roule) vers la fin des soixante-dix années de l'Exil de Babylone. Le modèle d'Assuérus serait « en réalité » Xerxès Ier. Qui vécut, lui – et régna – entre 486 et 465. Le « vrai » Assuérus, donc, succéda à son père Darius sur le trône des Achéménides. Les Perses, tout le monde connaît (c'est ainsi qu'on appellera les Iraniens jusque dans les années trente du XXe siècle). Les Mèdes sont moins connus du public. C'est également un peuple de l'Iran de l'ancien temps, de l'Iran « antique ». Xerxès Ier était le roi de l'« Iran ancien ». Le Talmud, traité Méguila, 12 a, précise les choses : « Les Perses et les Mèdes étaient deux peuples de même origine raciale qui formaient ensemble un vaste empire. Ils avaient conclu entre eux le contrat suivant : "Si nous fournissons les rois, vous fournirez les gouverneurs, et si c'est vous qui fournissez les rois, nous fournirons les gouverneurs." » D'après Hérodote, le modèle, l'original d'Assuérus (celui qui fut à Assuérus ce que Charles Haas fut à Swann) était un homme de haute stature, « très beau », mais sans noblesse de caractère. Il se faisait appeler le « Roi des Rois » – ce qui n'est qu'un signe, banal, de mégalomanie mais qui nous intéresse : il fallait, pour que son message soit plus fort, sa saga plus tonitruante, que le rouleau d'Esther choisisse le roi le plus roi, le plus roi de tous les rois – celui qui, dès le départ, était le plus caricaturalement roi, le plus épinaliquement le roi. Celui, aussi, évidemment, qui, tout en étant roi, tout en étant le roi, se prenait en même temps le plus pour le roi – se prenait le plus pour un roi. Napoléon était un fou qui se prenait pour Napoléon.

On note (immédiatement) que, d'habitude, celui que, plus tard mais d'habitude, on nomme le « Roi des Rois », c'est le Christ. C'est Jésus-Christ. *The King of Kings*, un film de Cecil B. DeMille, 1927. Nicholas Ray en a fait un remake en 1961 – que je n'ai pas vu ; que je n'ai pas (très) envie de voir. Cette remarque sur Jésus peut sembler anecdotique, et en vérité elle ne l'est pas, nous le verrons plus loin. Il y a beaucoup de choses que nous verrons plus loin ; et il en est ainsi, bien souvent, de ce qui touche, de près c'est-à-dire de loin, aux messianités. J'emploie ici le mot « messianités » dans une acception toute péjorative – exceptionnellement – qui rappelle « mondanités ». Je m'intéresse au monde, je m'intéresse au messianisme, mais je ne supporte pas les mondanités, je ne supporte pas les messianités. Nous verrons que la passion du Christ est un carnaval. Que la passion de Jésus-Christ n'est pas une mondanité, ni une messianité, mais un carnaval. Jésus s'incarne, Jésus se désincarne ; Dieu s'incarne, puis se désincarne. Mais ce n'est pas tout. Et nous y reviendrons – et bien avant les temps messianiques.

Lundi 29 mai

Réveil avec *Movin' On*, Jamey Aebersold, 1974 (JA Records, JA1213, US). Rufus Reid : basse ; Mike Hyman : batterie ; Dan Haerle : piano ; Jamey Aebersold : saxophone.

Déjeuner avec Éric Naulleau ; Emmanuelle nous rejoint à la fin.

Nous sommes en proie à des plans, à des structures, à des câblages, à des échafaudages. La seule chose qui importe, c'est de penser en direct, d'avancer sans filet aucun, en pleine aventure. Se profiler vers les précipices, défricher, se risquer, risquer. Sans les douleurs, les fatigues d'une ébauche à suivre, d'un patron à coudre, d'une ligne droite à ne jamais oublier. Un fil rouge suffit, que je peux casser comme je l'entends, au moment, à l'instant qu'il me plaira. Cela s'appelle vivre et cela s'appelle la vie. Nous ne sommes plus à l'Institut d'études politiques de Paris, avec des professeurs et des plans en deux parties, plus rarement trois, et des sous-parties fières d'appartenir à un plan bien établi, huilemment polissé, expressément présentable, dûment présenté.

Là-bas aussi c'était carnaval ; et tous les jours c'était carnaval. Nous nous déguisions en simples singes, peignés et planifiés, et nous singions les plans des autres, les plans planifiés de nos maîtres ès plans, qui planifiaient tout, et planifiaient si bien que parfois on ne voyait que le plan et que d'autres fois, on ne voyait plus le plan du tout. On récitait, on décrétait des idées qui n'étaient jamais les nôtres : nous perroquions des idées plus anciennes que nous, nous répétions, avec la voix menteuse de ceux qui découvrent (nous étions des singes, des imposteurs, des macaques, très fiers, très singes) des idées qui n'étaient pas de nous, des idées qui n'avaient jamais été et qui ne seraient jamais de nous. Pourquoi cela ? Parce que nous n'osions pas ; nous étions dans un institut, un institut d'études, d'études « politiques », et nous n'osions pas trop déborder de nous-mêmes, nous voulions rester, c'était plus sûr, enfermés dans la pensée des autres, parce qu'ils étaient plus autres, justement, et plus anciens, et plus habilités que nous à penser, à penser comme eux, puisqu'ils étaient eux, eux, et que nous, eh bien mon Dieu, nous n'étions que nous, que strictement nous. Il faut un courage monumental pour affronter la pensée des autres en la critiquant, en se trompant mais en la critiquant, parce que nous sommes sans cesse confrontés à l'ennemie du singe : la peur du ridicule. Est-ce que Xerxès Ier a eu peur du ridicule, lui, lorsqu'il s'est mis à ordonner de fouetter la mer ?

Car ce qu'on ne dit jamais, et c'est pourtant capital dans le carnaval qui nous préoccupe présentement, c'est l'ampleur, non seulement de son courage guerrier, mais de sa folie.

Sous le commandement du *King of Kings*, les troupes perses ont traversé l'Hellespont, le bras de mer qui sépare l'Asie de l'Europe, bras situé entre la mer Égée et la mer de Marmara. Une tempête énorme se déclenche, qui emporte les ponts provisoires installés sur le détroit des Dardanelles. Alors Xerxès, qui ne l'entend pas de cette oreille, se fâche et ordonne de flageller la mer afin de la punir !

Mardi 30 mai

Réveil avec *Say It With Music*, Irving Berlin, 1961 (Senator, WSR 821, UK). Irving Berlin : compositeur.

IRM rachis lombaire.

J'envoie cette lettre à NKM, car depuis des mois je culpabilise de ma cruauté lors de l'émission, à la rentrée dernière :

Chère Nathalie,

Parce que tu n'es pas une systématique, parce que tu n'es pas une dogmatique, parce que tu n'es pas une programmatique, tu as des ennemis. Parce que tu ne fais pas partie du XXe siècle, mais du XXIe, parce que tu n'es pas un homme politique mais une femme qui défend ses idées, tu déranges. Je sais, pour avoir suivi tes péripéties, que personne ne te fait, ni ne te fera, jamais de cadeaux. Depuis des années, quasiment seule, que les vents soient contraires ou apparemment favorables, tu endures les tempêtes ; tu avances sans jamais ni plier ni te plaindre. Pour cela, ton parcours est admirable. Mais tu ne fais pas que résister aux coups bas, tu ne fais pas qu'enregistrer les avanies, tu ne fais pas que collectionner les hématomes : tu sais, j'ai pu le constater en discutant avec toi, donner du relief à la réalité, prévenir les accidents, écouter les blessures, penser l'avenir et chercher des solutions pour arracher la France à ses irrémissibles marasmes. Tu sais approfondir les dossiers, parcourir la réalité en descendant, comme on dit, sur le « terrain » – sans jamais utiliser cette expression, car parcourir la France n'est pas une simple sortie. Tu appartiens à ton pays et tu incarnes ton époque : on te prétend dure, alors que tu es ferme. Tu ne calcules pas, tu anticipes. Dans ton combat quotidien pour redonner une fierté à ce pays que tu aimes, et qui t'a tant donné, je lis une constance qui t'honore, et une volonté qui impressionne. Tu n'es pas strictement de droite, car la droite a fait son temps ; tu n'es définitivement pas de gauche, puisque la gauche est morte. Tu es de toi-même, ce qui est plus courageux. Tu crées ta place, ce qui est plus audacieux. Lorsque la réalité est de droite, tu es réaliste ; lorsque la société est de gauche, tu es progressiste. Ton électorat n'est pas tant composé d'électeurs, que de gens qui t'aiment – c'est rare. Tu n'es ni une femme de concession, ni une femme de confession : ceux qui votent pour ton courage votent aussi pour ton mystère ; ceux qui votent pour ta fermeté votent aussi, peut-être, pour ces cicatrices qui, chez toi, ne se montrent ni ne s'atténuent. Je sais pourquoi tu es profonde ; je ne le dirai pas. Ceux qui te font confiance savent que tu te fais confiance ; cela les rassure. Tu as l'énergie apaisante, la fougue zen. Tu es l'oxymore de la vie politique française. Scientifique et littéraire, technicienne et poétique, adulte et enfant, raisonnable et fantasque, toujours ici et déjà là-bas, infiniment accessible et totalement inatteignable. Ta carrière pourrait s'arrêter net : tu serais heureuse autrement, et ailleurs. Ne l'oublie jamais : tu ne fais pas de politique, tu la vis. Bonne chance.

Yann Moix

Hérodote : « Xerxès indigné ordonna d'infliger à l'Hellespont trois cents coups de fouet et de jeter dans ses eaux une paire d'entraves. » Mais il envisagea une autre solution : « J'ai entendu dire aussi qu'il avait envoyé d'autres gens pour marquer l'Hellespont au fer rouge. » Marquer la mer au fer rouge ! C'est lui que le rouleau d'Esther choisit, c'est ce roi-là, le Roi des Rois, et pas un autre, car des comme celui-là, sous la main, le rouleau d'Esther n'en a guère. Hérodote poursuit : « En tout cas, il enjoignit à ses gens de dire, en frappant de verges l'Hellespont, ces mots pleins de l'orgueil insensé d'un Barbare : "Onde amère, notre maître te châtie parce que tu l'as offensé quand il ne t'a jamais fait de tort. Le roi Xerxès te franchira, que tu le veuilles ou non, et c'est justice que personne ne t'offre de sacrifices, car tu n'es qu'un courant d'eau trouble et saumâtre." Ainsi fit-il châtier la mer… et couper la tête aux ingénieurs qui avaient dirigé les travaux. » Puis, Xerxès fit botter le cul du ciel.

L'inversion, d'ores et déjà, est intéressante (même si l'épisode n'est pas relaté dans le rouleau d'Esther). Il va de soi qu'habituellement, c'est la mer qui nous fouette, les flots et vagues qui fouettent la coque du navire et les embruns qui nous fouettent le visage. Xerxès fait, lui, fouetter les vagues et les flots ; il gifle les embruns comme les embruns, usuellement, giflent le marin ou le voyageur. Ce n'est plus la mer qui se déchaîne, c'est le roi ; ce n'est plus la mer qui est en colère, mais c'est le souverain. Et ce n'est plus soudain la mer qui est dangereuse, c'est Xerxès au contraire qui est dangereux avec la mer.

Et ce fut du temps d'Assuérus
Le même Assuérus qui est roi
de l'Inde et jusqu'à l'Ethiopie sept
et vingt et cent provinces.

« Sept et vingt et cent provinces. » La formulation est étrange, vous ne trouvez pas ? Oui, elle est inversée. Le rouleau aurait pu dire « cent et vingt et sept », l'hébreu avait les capacités de dire hébraïquement « cent et vingt et sept », mais il a choisi le sens contraire : « sept et vingt et cent ». *Shèva' vé'èsrim véméah*. Et non pas *méah vé'èsrim véshèva'*. L'exagération s'accompagne aussitôt (nous ne sommes qu'au premier verset) de l'inversion. Elles vont de pair. Elles semblent marcher ensemble. L'exagération facilite l'inversion.

Amusons-nous (puisque c'est la fête) à regarder les différentes traductions : de ce passage du rouleau. Aucune ne s'intéresse à l'inversion. Aucune ne la respecte : autrement dit, toutes les traductions rectifient l'inversion. Toutes les traductions inversent l'inversion ! Personne ne s'est demandé si cette inversion initiale, initalement choisie, avait un sens. Personne n'a choisi de respecter cette étrangeté, cette bizarrerie du texte d'origine : on a renormalisé le passage, on l'a désétrangéisé, on a désinversé le verset. L'édition « de référence », très riche il est vrai, publiée par Colbo, d'après les publications des éditions ArtScroll, dans la collection « La Bible commentée » (édition de 1976, revue en 1987), tombe étrangement dans le même piège. Un avant-propos, pourtant, nous annonce la couleur (« Préface », page XIV) : cette édition d'Esther a « bénéficié des conseils et des encouragements des grands de la Torah de notre temps ». Suivent des noms sans nul doute très prestigieux. Puis : « Si cet ouvrage est, en quelque façon que ce soit, digne de l'attention du lecteur, c'est parce que nous avons eu l'honneur de bénéficier de l'amitié et des conseils de quelques-unes des personnalités les plus érudites et les plus douées intellectuellement de la scène contemporaine de la Torah. Elles ont gracieusement donné de leur temps et de leur génie pour lire le manuscrit à ses différents stades, nous sauvant, en de nombreuses circonstances, de notre propre ignorance. » Moi qui, de loin, est le plus ignorant de tous en la matière, qui en hébreu possède un niveau d'école primaire, je m'étonne quand même que toute cette brochette géniale de rabbins érudits et bénévoles n'ait pas relevé que le rouleau ne dit pas « cent et vingt et sept » mais « sept et vingt et cent », et non seulement ne l'ait pas relevé, mais l'ait rectifié, l'ait corrigé comme on corrige une vulgaire coquille. Voici la traduction « Colbo » :

> Ce fut au temps d'Assuérus, de ce même Assuérus qui régnait de Hodou à Couch, sur cent vingt-sept provinces.

Inversion annulée. Inversion inversée. Inversion empêchée. Inversion contrariée.

La traduction du Rabbinat français, sous la direction de l'illustre Zadoc Kahn (première édition, 1899, revue en 1966 puis en 1989), ne vaut guère mieux sur ce point pourtant crucial :

> Ce fut au temps d'Assuérus, de ce même Assuérus qui régnait, de l'Inde à l'Ethiopie, sur cent vingt-sept provinces.

Pourtant, en 1899, Zadoc Kahn tenait les propos que voici : « Notre seule ambition est de reproduire aussi fidèlement et clairement que possible le texte original, tel que la tradition l'a conservé à travers les siècles… C'est une œuvre modeste de translation devant donner satisfaction aux lecteurs qui demandent à la Bible des inspirations religieuses et morales. » Si la seule ambition était de reproduire aussi fidèlement et clairement que possible le texte original, comme le prétend cette émouvante et semble-t-il sincère profession de foi, je suis au regret de dire, d'écrire, que c'est raté. On repassera. C'est raté pour la fidélité et c'est raté pour la clarté. Car ce que les traducteurs appellent ici « clarté », c'est d'avoir caché, au contraire, d'avoir dissimulé (sous la moquette, sous le tapis) quelque chose qui pour eux n'était pas clair ; ils n'ont rien clarifié du tout, ils ont fait disparaître une difficulté, une « étrangeté ». Plutôt que d'ausculter l'aberration (cela devait en être une), ils l'ont rendue à sa soi-disant normalité originelle ; ils ont « rectifié le tir ». Sauf que le tir n'est pas le même, nous ne parlons plus de la même chose. Inverser l'inversion, c'est rendre invisible, pour toujours, pour tout lecteur ne possédant pas la langue hébraïque, une subtilité du texte qui, en l'occurrence (pas de chance !), le révèle complètement. Cette inversion, justement, permettait un éclaircissement du rouleau tout entier. Les traducteurs du Rabbinat français n'ont fait qu'obscurcir ce qui était là pour éclairer : ils ont, croyant sans doute bien faire, mais paresseux dans leur démarche (car il semble bien que tout fasse sens, n'est-ce pas ?), rendu incompréhensible le message délivré au seuil même du rouleau : l'inversion.

On notera également ce passage étrange, qui laisse apparaître un anglicisme (« translation » signifie « traduction » en anglais) : « C'est une œuvre modeste de translation devant donner satisfaction aux lecteurs qui demandent à la Bible des inspirations religieuses et morales. » Translation ! « Une œuvre modeste de translation. » Mais le mot « translation » n'est pas, mille fois hélas, qu'un pauvre et simple anglicisme comme on en rencontre un peu partout au coin des rues. La translation est l'acte de transporter des reliques. De les transférer d'un lieu à un autre, d'un endroit vers un autre. Lors du transfert des reliques de sainte Thérèse de Lisieux, par exemple, on transporte celles-ci de la chapelle du Carmel vers la Basilique (une fois l'an). Je ne nie pas qu'il existât (qu'il existe) des reliques juives. L'Arche d'alliance, avant la destruction du Temple par Nabuchodonosor, fut une des reliques du judaïsme. La première des reliques du judaïsme. C'est Dieu lui-même qui, dans Les Noms (alias l'Exode), avait demandé que l'on construisît cette Arche.

JUIN

Jeudi 1er juin

Réveil avec *Young At Heart / Wise In Time*, Muhal Richard Abrams, 1970 (Delmark Records, DS-423, US). Richard Abrams : piano.

Anniversaire de la naissance de Marilyn. Je ne comprends pas pourquoi l'homme, coq et arrogant, satisfait de sa culture ainsi que tous les cuistres, les diplômés et les importants, voudrait sans cesse rabaisser les très jolies femmes au rang de gourdes. En réalité, je comprends : il ne serait pas acceptable que la nature (encore une garce) ait pu doter la même entité d'aussi gros seins et d'une telle curiosité pour les écrits de Joyce. Je n'ai (vraiment) pas eu besoin d'attendre la publication de ces *Fragments* (poèmes, écrits intimes, lettres) de Marilyn pour savoir que c'était bien elle le génie, et non Arthur Miller, comme Jésus en son temps. Miller n'est même pas Judas, mais un imbécile imbu sur la photo, et cette photo est maintenant maintenue au mur par une punaise rouillée. Tout est trop tard : la légende d'une bécasse malheureuse partageant la vie trépidante d'un intellectuel rempli de tortures et de fulgurances. Désolé, les fulgurances c'était elle. Et les abysses aussi, les abîmes, les crevasses, tout ce qui donne le vertige, descend dans les soutes, parvient dedans les limbes. Miller, pauvre acrobate, petit clown binoclard satisfait de trimballer à son bras la plus belle femme du monde, qui eût mérité de se faire sauter par Joyce, Faulkner, sans doute Hemingway, mais pas par ce théâtreux, ce gommeux, ce chauve émacié au clope poseur et hautain. Oui, j'ai rencontré Miller, c'était en 2001. Il était de passage à Paris. Les tours du World Trade Center étaient tombées la veille, ou l'avant-veille. Je lui avais demandé de me parler de Marilyn : « Elle était magnifique. » Merci, je ne l'avais point remarqué, je ne me l'étais point figuré. Ce qu'il aurait dû me dire, c'est combien l'Amérique et Marilyn étaient confondues, ce pays pour qui la culture n'a pas forcément, comme sur la terre de notre Europe cultivée frimeuse, la tête crispée de l'emploi, avec les mimiques obligatoires de l'écrivain qui pense, toute cette panoplie gidienne de l'homme de lettres. Marilyn a le visage d'une intelligence américaine, une intelligence qui n'est pas scolaire, scolastique, universitaire, mais lumineuse plutôt que rabougrie. Il n'y a pas d'allure officielle pour penser, il n'y a pas d'études à suivre pour percer les mystères de l'existence, et d'ailleurs l'existence ne comporte qu'un seul et unique mystère. Celui que révèle Péguy (qui aurait adoré Monroe, et que Monroe aurait adoré, car lui avait de l'humour, et par conséquent de l'amour à donner, contrairement à ce sinistre con de Miller – et, décidément, on se dit qu'aux États-Unis, les Miller, voyez Henry, sont condamnés en littérature à une insondable médiocrité) à Daniel Halévy dans *Victor-Marie, comte Hugo*, et que je ne vais certainement pas révéler ici. Je ne me suis pas escrimé à lire tout Péguy pour que vous en profitiez aussi facilement. « Pardonne-nous d'être sentimentales », écrit Marilyn. Rien n'est plus profond, et nous parlons maintenant de mystique, que ce sentimentalisme répudié aujourd'hui, moqué, vilipendé, qui est pourtant à l'origine, non pas des grandes causes, mais des grandes œuvres. Les bons sentiments ne font peut-être pas les grandes œuvres, laissons Gide à ses déclarations normandes, mais les grands sentiments humains font les grands humains, et Proust était le plus sentimental des hommes, c'en était gênant. Et par une ironie du sort, c'est encore Halévy que nous croisons ici ; il raconte dans *Pays parisiens* la guimauve Proust.

Vendredi 2 juin

Réveil avec *The Loop*, Andrew Cyrille, 1978 (Ictus Records, Ictus 0009, Italy). Andrew Cyrille : batterie et percussions.

Rendez-vous au Berkeley avec M. Jong, le nouveau « délégué » de Pyongyang à Paris.

Ce n'est pas par cuistrerie ou volonté de faire le malin que je n'emploie pas l'expression « Exode » pour désigner ce que les chrétiens, partout de par le monde, nomment l'Exode, mais c'est pour déchristianiser ce livre biblique et le remettre à l'eau de sa judéité, de sa judaïté plutôt (la judéité est une stricte question de sang, de gamètes, la judaïté englobe plus largement ce qui relève du judaïsme et non de l'ADN). Donc : Les Noms. C'est la traduction choisie par Meschonnic de préférence au « titre grec, qui est le titre courant, le seul que la plupart connaissent, l'Exode, en grec *eksodos*. Je l'écris ainsi exprès pour dépayser, pour faire entendre autre chose que ce qu'on prononce, à la française, *egzode*. Qui évoque d'autres souvenirs. En grec, ΕΞΟΔΟΣ, c'est "sortie". Même si cette sortie traîne, traîne. L'hellénisation du titre n'est sans doute pas étrangère à la réduction de cette histoire à un récit. Un énoncé. Les traductions font le reste. Le langage aussi est sorti. La théologie n'a rien fait pour le retenir. Le titre hébreu, que je rétablis ici, Les Noms, c'est le titre traditionnel. » La Bible hébraïque, pour ceux qui ne peuvent, ne savent, ne pourront et ne sauront jamais la lire dans le texte hébreu d'origine, est ensevelie. Non pas seulement parce qu'elle est traduite imparfaitement – une traduction parfaite est illusoire, quels que soient le livre, la langue d'arrivée et la langue de départ –, mais parce qu'elle est traduite chrétiennement, christiquement, helléniquement. Nous parlons bien là de l'édition rabbinique française, qui donc, elle aussi, s'incline. S'avoue vaincue. Dans la traduction du Rabbinat, l'Exode est titré l'Exode, et dessous, s'excusant presque d'être là : « Chemot ». C'est assez révélateur : soit on n'entend strictement rien à l'hébreu et on est condamné à (devoir) lire : « Exode », soit on connaît l'hébreu et alors, c'est « Chemot ». Mais (je ne suis pas très malin, il faut dire), ce que je ne comprends pas, c'est que si on parle hébreu, on peut lire « Chemot » en hébreu, השמות, et on n'a nul besoin de la translittération, c'est-à-dire de l'écriture (pour ainsi dire phonétique) du mot hébreu avec des caractères latins. Si on voulait nous donner l'équivalent de l'hébreu, il suffisait d'opter pour la seule solution possible, la meilleure et la seule, celle de Meschonnic, à savoir : Les Noms. Les Noms, c'est à la fois clair pour ceux qui parlent français et ne parlent pas hébreu, et pour ceux qui parlent français et parlent hébreu. « Chemot », sous forme translittérée, franchement, personne n'en a besoin : ceux qui parlent français voient là un mot « français » qu'ils ne connaissent pas, et dont ils n'ont aucun moyen de savoir qu'il signifie « Les Noms », et ceux qui parlent hébreu lisent directement l'hébreu sans passer par sa phonétisation pour apprentis-hébraïsants, pour apprentis-juifs. Fin de la parenthèse cruciale.

Samedi 3 juin

Réveil avec *Crowed With Loneliness*, Full Moon Ensemble Featuring Claude Delcloo, 1970 (CBS, S 64267, France). Jeff Sicard : saxophone alto, saxophone ténor, clarinette basse et flûte ; Ron Miller : basse ; Claude Delcloo : batterie ; Martine Tourreil : piano électrique ; Joseph Déjean : guitare ; Gérard Coppéré : saxophone ténor, saxophone soprano et flûte ; Sarah : chant, voix et percussions.

J'étais dans les reliques : les reliques juives. Qui existent, puisque dans Les Noms (donc) 25, 26 et 27, Dieu ordonne la construction de l'Arche d'alliance et décrit, de manière fort détaillée, toutes les modalités de cette réalisation, étape par étape. Mais ne faisons pas les malins : quand on dit « reliques », on sait ce qu'on dit ; on sait de quoi on parle. On parle des saints. On parle de l'Église. Les reliques, c'est chrétien – c'est devenu quelque chose de spécifiquement chrétien. Et, en 1899, lorsque Zadoc Kahn écrivait sa préface à la traduction du Rabbinat français, la France était encore une France de reliques. Une France chrétienne de reliques chrétiennes. Le mot « translation » est décidément mal choisi, qui, comme la traduction hellénistique de Noms en Exode, fait passer la Bible hébraïque, par « translation », du côté de Jésus et de ses apôtres, de ses disciples dans les siècles. Les reliques, c'est ce qui permet le culte des saints. Le culte des saints, ce n'est pas quelque chose de juif. Dans les premiers siècles chrétiens, on aimait toucher les os sacrés des morts, des saints morts, creuser leur sépulture, les désépulturer, les triturer, caresser leurs morceaux de tibia, baiser leurs fragments, déplacer leurs clavicules, recomposer la plupart de leurs membres, baiser leurs crânes, caresser leurs genoux, faire jouer leurs articulations. Nous notons là d'ailleurs une inversion intéressante : alors que dans le monde antique les sépultures avaient, jusque-là, soigneusement été placées hors les enceintes des cités, la sainteté des ossements a déclenché un mouvement inverse visant à les replacer à l'intérieur des villes. Les morts reviennent, leurs reliques du moins, et par la grande porte, dans le sens contraire à celui qui les avait menés vers leur tombe supposée définitive, où leur sommeil éternel fut troublé par la curiosité avide des fidèles. Il est particulièrement notable qu'au fait de vouloir voir le saint mort, voir le cadavre du saint (au-delà de la morbidité particulière de l'opération), il y a accompagnement d'un phénomène d'inversion. Premier lien, visible, entre l'idôlatrie et l'inversion. Carnaval ? Cadavre : un saint sans chair, oui, décharné

– carnaval. Un masque peut-être ? Oui, celui de la mort : voici la figure défigurée du saint, voici le saint sans viande masqué par la mort.

Dimanche 4 juin

Réveil avec *Peace Treaty*, Nathan Davis Sextet, 1965 (SFP, SFP 10.003, France). Jean-Louis Chautemps : saxophone baryton ; Jimmy Woode : basse ; Kenny Clarke : batterie ; René Urtreger : piano ; Nathan Davis : saxophone ténor, saxophone soprano ; Woody Shaw : trompette.

Le saint mort quitte l'espace dévolu aux morts pour revenir dans la géographie où logent les vivants. Inversion. Trouble jeté ; confusion. Les frontières se troublent, entre la vie et la mort. Les limites sont ténues. Peter Brown parle de « rupture et d'inversion d'anciennes barrières ».

Lundi 5 juin

Réveil avec *Midnight Special*, The Incredible Jimmy Smith, 1961 (Blue Note, BST-84078, US). Donald Bailey : batterie ; Kenny Burrell : guitare ; Jimmy Smith : orgue ; Stanley Turrentine : saxophone ténor.

Le christianisme gagne sans cesse du terrain : en « rectifiant » une inversion volontaire, en laissant aux Livres de la Bible leur nom grec, en utilisant le terme de « translation », ici particulièrement malheureux.

Mardi 6 juin

Réveil avec *Ellington Is Forever*, Kenny Burrell, 1975 (Fantasy, F-79005, US). Stanley Gilbert : basse ; Thad Jones : cornet, bugle ; Jimmie Smith : batterie ; Jimmy Smith : orgue ; Mel Lewis et Richie Goldberg : percussions ; Jimmy Jones : piano ; Joe Henderson : saxophone ténor ; Jerome Richardson : saxophone ténor, saxophone soprano ; Snooky Young : trompette ; Jon Faddis : trompette et piccolo ; Ernie Andrews : chant.

La translation ne peut en aucun cas permettre de comprendre ce qu'est l'inversion. Si la main droite et la main gauche sont véritablement inversées l'une par rapport à l'autre, c'est précisément parce que leur manière d'être contraires l'une et l'autre, l'une à l'autre, résulte non pas d'une translation mais d'une rotation. La superposition par rotation de la main droite sur la main gauche définit ce que nous entendons ici par inversion. La translation, autrement dit, non seulement ne permet pas de comprendre l'inversion, mais elle augmente la confusion entre ce qui est inversion et renversement, envers. L'inversion ne donne pas de l'envers, mais de l'inverse. L'inversion de la main droite, ce n'est pas la main gauche, mais la main gauche après rotation. L'inversion n'est pas le symétrique opposé, c'est-à-dire ce qui se regarde dans le miroir : l'inversion n'est pas une image inversée de la réalité, ce n'est pas la réalité à l'envers.

Mercredi 7 juin

Réveil avec *The Solo Concert*, Roscoe Mitchell, 2011 (Tizona Records, 0010, US). Roscoe Mitchell : saxophone soprano, saxophone alto, saxophone ténor et saxophone basse.

Plus intéressant encore (sur l'inversion). Jacob Kaplan : « C'est dans le même esprit que nous publions cette nouvelle édition qui paraît à un moment où le besoin de lire le Livre se manifeste par la publication de nombreuses traductions du Texte sacré. Ce vif intérêt pour la Bible correspond à une aspiration spirituelle de notre temps, surtout depuis le développement à un rythme vertigineux du progrès scientifique et la découverte de la puissance nucléaire si terrifiante. »

Je vois le dernier film de Kusturica ; un véritable chef-d'œuvre.

Jeudi 8 juin

Réveil avec *Piano Solo The Complete Concert In Germany*, Michel Petrucciani, 2007 (Dreyfus Jazz, FDM 46050369062, France). Michel Petrucciani, piano.

Déjeuner avec Dominique Jamet.

La « nouvelle » traduction de la Bible parue chez Bayard sous la direction de Frédéric Boyer est sans doute l'une des pires qui soit. « En ce temps, Xerxès règne sur cent vingt-sept provinces de l'Inde à l'Éthiopie. »

Elle tue complètement le côté conte, conte de fées, l'aspect « il était une fois… » du rouleau d'Esther pour en faire un reportage en direct, c'est-à-dire quelque chose de strictement journalistique. C'était bien la peine d'aller chercher des « écrivains » si c'est pour faire d'Esther un reportage digne du *JDD*. Pire, on dirait un commentaire de feu Léon Zitrone : « Il montre à tous la richesse », etc.

La traduction œcuménique de la Bible, elle, est encore plus stupide : elle gomme le nom comique d'Assuérus pour le rebaptiser de son vrai nom historique Xerxès ! Pour elle, le Dictateur de Charlot et Hitler sont deux mêmes et identiques personnes. La personne historique et le personnage fictif inspiré par la personne historique se confondent.

Vendredi 9 juin

Réveil avec *Pianism*, Michel Petrucciani Trio, 1986 (Blue Note, CDP 7 46295, US). Palle Danielsson : basse ; Eliot Zigmund : batterie ; Michel Petrucciani, piano.

À Rennes, pour *Terreur*.

Esther I, 2 :

En ce temps
là
Comme siégeait le roi Assué-
rus
sur son trône royal
qui
était dans la Suse la citadelle.

« En ce temps / là » : cela commence effectivement comme un conte, de fées. Comme une histoire, à la Grimm, à la Frères Grimm, que l'on raconte aux enfants. Il y a un ton, une tonalité dans le rouleau d'Esther, qui est féerique, qui est onirique, qui est irréel. Avec des exagérations qui, aussi, revêtent l'allure de la répétition (insistant ainsi sur le burlesque en forçant le trait) : « Comme siégeait le roi Assué-/rus/ sur son trône royal. » Répétition de siège : siégeait sur son trône, siégeait sur son siège, et répétition du royal (répétition normale pour le Roi des Rois) : « Comme siégeait le roi Assué-/rus/ sur son trône royal. » Et même, le fait de repréciser qu'Assuérus est roi, alors que I, 1 vient de l'établir, cela est une redondance supplémentaire : Assuérus en un verset est triplement roi : « Comme siégeait le roi [il est roi une fois] Assué-/rus/ [il est roi deux fois] sur son trône royal [il est roi trois fois]. » D'autant que l'on pourrait se passer, aussi bien, de l'adjectif royal : « trône » seul était parfaitement explicite. Assuérus est roi quatre fois. : « Comme siégeait le roi [il est roi une fois] Assué-/rus/ [il est roi deux fois] sur son trône [il est roi trois fois] royal [il est roi quatre fois]. » Nous sommes bien dans une farce. Dans le fabuleux, comme le dit Meschonnic. Dans le farfelu, comme l'aurait dit Malraux, mais Malraux s'est-il exprimé sur ce rouleau ? Malraux s'intéressait surtout aux Évangiles, il était très Nouveau Testament. C'est le « génie chrétien » qui le fascinait. Et notamment la crucifixion, et justement le rouleau d'Esther nous y conduit tout droit, à la crucifixion. Nous n'irons pas chez Malraux chercher de quoi penser le Pentateuque.

Samedi 10 juin

Réveil avec *Live At The Village Vanguard*, The Michel Petrucciani Trio, 1985 (Concord Jazz, GW-3006, Germany). Palle Danielsson : basse ; Eliot Zigmund : batterie ; Michel Petrucciani, piano.

Reims. Avec les Mignot. Sur les traces des années Sup de Co. Années 1989-1992. Pas mes meilleures, loin s'en faut.

Dans ma chambre d'hôtel, place d'Erlon… Je continue à pister les inversions. Et nous allons mieux comprendre, encore, l'affaire Polanski. Puisque c'est d'elle qu'il sera question (comme paradigme). « Conte populaire » (Meschonnic), comique, voici la suite : on exagère encore, on force le trait, on appuie sur le stylet ; c'est du slapstick, c'eût pu être filmé, Laurel et Hardy. Tex Avery peut-être ? Il y a du Tex Avery dans le rouleau d'Esther. Il y a du Rabelais je le répète. Regardons (ensemble) I, 4 :

Pendant qu'il faisait montre
de l'opulence
de son faste royal
et de la magnificence

de sa splendeur
grandiose
Un grand nombre de jours
quatre-vingts et cent
jours.

Qu'on relise d'un coup, tout bien d'une traite, sans la respiration, sans les aérations : « Pendant qu'il faisait montre de l'opulence de son faste royal et de la magnificence de sa splendeur grandiose » ! Je rappelle quand même au lecteur que nous ne sommes pas là n'importe où, nous sommes dans la Bible. Et nous voyons à quel point la Bible, qui est très sérieuse, n'est pas toujours sérieuse : elle emprunte pour se dérouler, car ce rouleau se déroule devant nous, très animé, des voies spectaculaires, vivantes, très drôles, pour s'exprimer, pour avoir lieu. Rien n'est moins ennuyeux que la Bible, et même dans le Lévitique, qui paraît fastidieux avec son lot et son ensemble et (toutes) ses listes et litanies de règles, d'observances et de rituels, même si le maniaque Lévitique, quand nous l'envisageons autrement que par sa sacralité sacrée, inamovible et impressionnante, intimidante et sévère, est un roman qui sait passionner. Inversion, encore : « Un grand nombre de jours / quatre-vingts et cent / jours. » Avec, comme nous l'avons maintenant repéré, l'exagération qui est livrée avec : c'est un peu long, c'est un peu étiré 180 jours pour une fête. C'est la moitié d'une année. Il y a la moitié d'une année qui fait la fête, et l'autre moitié de cette même année qui ne fait pas la fête, où la fête n'est pas faite. Il y a six mois de l'année qui vont dans un sens ; et six mois de cette même année qui vont dans le sens contraire.

Dimanche 11 juin

Réveil avec *Solo Guitar*, Earl Klugh, 1989 (Warner Bros. Records, 9 26018-1, Europe). Earl Klugh : guitare.

Reims. Emmanuelle me rejoint ; conférence sur le terrorisme dans un merveilleux petit château, dans lequel nous restons dormir.

Pendant la fête, disais-je, je puis en faire enfin à ma guise. C'est à dire selon mon désir, et nous retrouvons cet aspect dans la suite, en I, 8 :

Et boire selon la loi
pas de contrainte
Car ainsi
avait ordonné le
roi
à tout grand dignitaire de sa maison
de faire
selon le désir de chacun.

Chacun fait à sa guise. Et là, le règne carnavalesque va (pouvoir) commencer (de manière subtile, nous allons le voir). Le spectacle va commencer. Avec son lot d'images, entendons, d'idolâtrie ; il y a idolâtrie quand règne l'image, quand l'image devient reine. Quand c'est l'image du roi qui devient reine. Quand le roi, autrement dit, est moins roi que son image. Qu'il règne moins que sa représentation. Assuérus entend alors exhiber au peuple, à tous, à ses sujets et à ses hommes, à ses serviteurs et à ses lieutenants, la beauté physique, c'est-à-dire extérieure, de la reine, Vachti. Il s'agit en effet, collons au texte (I, 11),

D'amener Vachti la reine
devant le roi
avec une couronne royale
Pour faire montre aux peuples et
aux gouverneurs
de sa beauté
car elle
était
merveilleuse à voir.

La répétition royale est toujours poussée – nous commençons à nous y habituer. « Vachti [royale] la reine [royale] devant le roi [royal] avec une couronne [royale] royale [royale]. » Accumulations de tautologies. Orgie de tautologies. Débauche… On a besoin de « faire royal » pour être royal, dans ce rouleau. Il ne suffit pas au roi d'être roi, il faut que le roi soit royal. Apparaisse comme tel. Assuérus ne veut pas simplement avoir l'autorité d'un roi, il veut en posséder les apparats, le costume, la couronne, l'image. C'est un roi qui veut se déguiser en ce qu'il est : un roi. Et il entend déguiser la reine en ce qu'elle est : une reine, mais pas seulement, une reine qui d'abord, qui avant tout est royale. Dont on voit la royauté, la reinitude, le royalisme ou, plutôt, la royalité. C'était le mot que je cherchais : royalité. La première étape, dans Esther, est de s'orner des parures, des apparences de ce que l'on est vraiment. Cela fait penser à la toile de David, le couronnement de « l'empereur » Napoléon ; où l'on voit que l'apparence, le cirque, le costume et la panoplie (malgré le rictus ironique de Talleyrand qui est peut-être la réplique du rictus du peintre lui-même) font entrer dans la réalité ce qui a toutes les apparences d'une fiction, d'une incroyable bouffonnerie, d'un jeu, d'un enfantillage, d'un conte. C'est la parure qui valide le grotesque pour le transformer en tout ce qu'il y a de plus solennel et de plus sérieux. Autrement dit : l'acceptation (forcée) du grotesque, entérinant ce qui a toutes les caractéristiques d'une fiction burlesque, fait basculer le tableau (l'image) dans la réalité réelle. C'est par la prise au sérieux du comique que le comique devient solennel, mais au plus haut point. L'exagération devient alors le gage même de la plus grande solennité. Si personne ne rigole, c'est gagné : le comique se métamorphose instantanément en gravité, en date historique, en cérémonie sévère, en étape officielle. L'empereur est plus sérieusement empereur lorsque tout le monde accepte de le voir jouer à l'empereur. La mise en scène de pacotille, une fois validée par la passivité de tous, accède effectivement, sinon à la normalité, du moins à l'évidence. À une évidence dans l'exceptionnel. Être roi, c'est aussi se prendre pour le roi ; c'est se prendre au sérieux comme tel – et faire prendre par tous au sérieux ce qui, regardé avec le recul des galaxies ou des siècles, apparaît bien sûr comme la manifestation spectaculaire, immature et pathétique, d'une mégalomanie soulignée par son ridicule et son emphase.

Lundi 12 juin

Réveil avec *Solo Guitar*, Ted Greene, 1977 (Professional Music Products, A-5010, US). Ted Greene : guitare.

Comité Grasset, puis, le soir, débat politique au Théâtre de Poche.

Assuérus se déguise en Assuérus : il entend déguiser la reine en reine, et l'exhiber à tous, parce qu'elle est belle et que le premier des spectacles est la beauté humaine. Celle des corps ; et des visages. Du corps et des visages des femmes. Que l'on possède comme des trophées ; et que l'on arbore comme des trophées. Le premier déguisé, le premier à être déguisé, dans le rouleau d'Esther, c'est le roi lui-même, Assuérus, qui se déguise en roi, et la deuxième à se déguiser, à vouloir être déguisée par le roi, c'est la reine, c'est Vachti, elle aussi déguisée en elle-même. Ainsi, subtilement, arrive, s'insinue l'idée du carnaval dans Esther.

Mardi 13 juin

Réveil avec *Solo Guitar*, Alan Sparhawk, 2006 (Silber Records, 049, US). Alan Sparhawk : guitare.

Je vois la *Jeanne d'Arc* de Péguy de Dumont ; et j'adore. Damien Le Guay déteste.

Le Talmud (Meguila, 11b) souligne cet aspect dès I, 1. :

> Et ce fut du temps d'Assuérus
> Le même Assuérus qui est roi
> de l'Inde et jusqu'à l'Éthiopie sept
> et vingt et cent provinces.

Qui est roi : « Rav dit : Il s'était élevé lui-même à la royauté. » Lui-même. De la même manière que Napoléon s'autoproclame Empereur (nous mettons évidemment une majuscule), Assuérus s'élève lui-même roi. Il y a cette idée, d'entrée de jeu, d'usurpation. Pour Rachi, Assuérus avait usurpé son trône (royal).

Mercredi 14 juin

Réveil avec *Solo Guitar*, Al Viola, 1957 (Mode Records, MOD-LP 121, US). Al Viola : guitare.

Émission, le matin, sur France Inter, puis le soir, séance de cryothérapie avec Emmanuelle.

« Un homme ne peut pas changer son style comme une femme change de chapeau » (Archie Shepp).

J'éteins la lumière.

Je tiens à remercier Élodie Sroussi-Veysman pour son travail d'édition, ainsi que Xavier Collet pour son travail de correction.

Composition et mise en pages
Nord Compo à Villeneuve-d'Ascq

#lisez! engagé
www.lisez.com
Pour plus d'information :
Imprimé sur du papier issu de forêts gérées durablement.

Cet ouvrage a été achevé d'imprimer en juillet 2023
dans les ateliers de Normandie Roto Impression s.a.s.
61250 Lonrai (Orne)
N° d'impression : 2302290

Imprimé en France

Si vous désirez recevoir gracieusement le journal
de la collection « Bouquins »,
découpez ce bulletin et adressez-le à :

ÉDITIONS BOUQUINS

92, avenue de France – 75013 Paris

NOM* & PRÉNOM* ....

PROFESSION ....

ADRESSE* ....

E-MAIL ....

Je m'intéresse aux disciplines suivantes :

- Dictionnaires et Ouvrages de référence .... ☐
- Histoire et Essais .... ☐
- Littérature et Poésie .... ☐
- Littérature populaire. Aventures et Policiers .... ☐
- Musique .... ☐
- Voyages .... ☐

Suggestions ....

....

....

Titre de l'ouvrage dans lequel est insérée cette page ....

....

* Les informations collectées par la Collection Bouquins – Robert Laffont directement auprès de vous font l'objet d'un traitement automatisé afin de vous tenir informé des nouvelles actualités de la maison d'édition. Les informations marquées d'un astérisque sont obligatoires et sont nécessaires pour pouvoir vous inscrire dans nos bases de données. À défaut, la Collection Bouquins – Robert Laffont ne sera pas en mesure de répondre à votre demande. Ces informations sont à destination exclusive de la Collection Bouquins – Robert Laffont et seront conservées pendant une durée maximum de trois ans à compter de leur date de collecte.

Conformément au Règlement (UE) 2016/679 relatif à la protection des données à caractère personnel, vous disposez des droits suivants sur vos données : droit d'accès, droit de rectification, droit à l'effacement (droit à l'oubli), droit d'opposition, droit à la limitation du traitement, droit à la portabilité. Vous pouvez également définir des directives relatives à la conservation, à l'effacement et à la communication de vos données à caractère personnel après votre décès.

Pour exercer vos droits, merci d'adresser votre courrier recommandé AR à l'adresse suivante : DPO EDITIS, 30, place d'Italie, 75013 Paris, en y joignant la copie d'une pièce d'identité.

En cas de manquement aux dispositions ci-dessus, vous avez le droit d'introduire une réclamation auprès de la CNIL.